D1667378

HANDBOEK AANNEMINGSRECHT

HANDBOEK AANNEMINGSRECHT

Frank Burssens
m.m.v. Laura De Smijter

intersentia
Antwerpen – Cambridge

Dit handboek is gebaseerd op de titel *Aannemingsrecht in hoofdlijnen*, tweede editie van dezelfde auteurs.

Handboek aannemingsrecht
Frank Burssens, m.m.v. Laura De Smijter

© 2019 Intersentia
Antwerpen – Cambridge
www.intersentia.be

ISBN 978-94-000-0980-6 (paperback)
ISBN 978-94-000-0972-1 (hardcover)
D/2019/7849/69
NUR 822

Dit boek is eveneens digitaal beschikbaar op www.jurisquare.be.

We shape our buildings, and
Afterwards our buildings shape us.
Winston Churchill

INHOUD

HOOFDSTUK 1
ALGEMENE BEPALINGEN

AFDELING 1. BEGRIP

§ 1. DE AANNEMINGSOVEREENKOMST

1. Het Burgerlijk Wetboek bevat geen specifieke definitie van het begrip "aanneming".

2. Echter, een aannemingsovereenkomst kan gekwalificeerd worden als een huur van werk en diensten. Hiervan bevat het Burgerlijk Wetboek wél een omschrijving. Overeenkomstig artikel 1710 BW is huur van werk een contract waarbij de ene partij zich verbindt om iets voor de andere te verrichten, tegen betaling van een tussen hen bedongen prijs.

Bovendien verduidelijkt artikel 1711 BW dat "een bestek, een aanneming of vast akkoord betreffende het uitvoeren van een werk tegen betaling van een bepaalde prijs, ook huur is, wanneer de grondstof geleverd wordt door hem voor wie het werk wordt uitgevoerd".

3. Uit de definitie van "huur van werk en diensten" kan afgeleid worden dat een aannemingsovereenkomst gekenmerkt wordt door drie essentiële zaken:
- er dient een akkoord te bestaan tussen partijen;
- dit akkoord dient betrekking te hebben op het verrichten van een welbepaalde prestatie door de éne partij ten voordele van de andere partij;
- de prestatie verlenende partij dient hiervoor vergoed te worden.

4. Deze definitie wordt bevestigd door het Hof van Cassatie. In haar arrest van 3 september 2010 heeft het Hof namelijk geoordeeld dat aanneming de overeenkomst is "waarbij een persoon zich ertoe verbindt tegen betaling van een prijs een bepaald intellectueel of stoffelijk werk te verrichten voor een ander door het stellen van materiële handelingen".[1]

Het Hof verduidelijkt bovendien dat de overeenkomst van aanneming veronderstelt dat de aannemer onafhankelijk is bij de uitoefening van zijn werk.

---

[1]   Cass. 3 september 2010, *RW* 2011-12, 565, noot VAN DEN BERGH.

5. Gelet op de definitie uit het Burgerlijk Wetboek en de rechtspraak van het Hof van Cassatie, kan de aannemingsovereenkomst als volgt gedefinieerd worden: "De aannemingsovereenkomst is de overeenkomst waarbij de ene partij zich verbindt om voor de andere partij, tegen vergoeding, een bepaald intellectueel of stoffelijk werk te verrichten door het stellen van materiële handelingen en dit in volle onafhankelijkheid."

6. De huur van werk en diensten wordt in het Burgerlijk Wetboek opgedeeld in drie subcategorieën:
"1° De huur van werklieden die in iemands dienst treden;
2° Die van vervoerders te land en te water, die zich belasten met het vervoer van personen of van koopwaren;
3° Die van aannemers van werken die handelen ingevolge bestekken of aannemingen." (art. 1779 BW)

De eerste twee categorieën worden in dit boek niet besproken, aangezien zij op heden het voorwerp uitmaken van bijzondere wetgeving.

De derde categorie omvat in het bijzonder de eigenlijke bouwovereenkomsten, zijnde de aannemingsovereenkomsten in enge zin. Deze soort aanneming wordt verder uitgewerkt in de artikelen 1787-1799 BW. Deze derde categorie wordt wel behandeld in dit boek.

Echter, het boek spitst zich niet enkel toe op bouwovereenkomsten. Het bespreekt namelijk de aannemingsovereenkomsten in de ruime zin van het woord, met name alle overeenkomsten die voldoen aan de hiervoor bepaalde definitie van aanneming.

§ 2. DE AANNEMER

7. De partij die zich tot uitvoeren van het werk verbindt, is de aannemer. In het gewone taalgebruik wordt deze term uitsluitend gebruikt voor de partij die belast is met de constructie van een bouwwerk. De andere overeenkomsten worden meestal aangeduid aan de hand van de beroepsnaam van de uitvoerder (de overeenkomst met een architect, advocaat, geneesheer, boekhouder enz.).

Hierna wordt de term aannemer gebruikt in zijn brede betekenis, ongeacht of het om een opdracht van materiële of intellectuele aard gaat en ongeacht of het roerende dan wel onroerende werken betreft.

8. Het Burgerlijk Wetboek hanteert in de artikelen 1788, 1789 en 1790 de term 'werkman' als synoniem. Deze term wordt nu in ons rechtssysteem echter gebruikt voor een werknemer, nl. iemand die werkt in ondergeschikt verband. In de context van een aanneming kan de term 'werkman' dus niet gehanteerd worden.

AFDELING 2. RECHTSAARD EN TOEPASSINGEN

§ 1. RECHTSAARD

9. De aannemingsovereenkomst is een wederkerige, consensuele overeenkomst ten bezwarende titel.

Het is een wederkerige overeenkomst omdat ze aan beide partijen verplichtingen oplegt. Ze is consensueel, aangezien ze ontstaat door de loutere wilsovereenstemming tussen partijen, zonder enig vormvereiste.[2]

Het is tevens een overeenkomst onder bezwarende titel. De aannemingsprijs, ongeacht de vorm ervan of de wijze van begroting, is een constitutief bestanddeel van de overeenkomst. Wie een werk uitvoert zonder daarvoor te worden vergoed (zoals een persoon die bij wijze van vriendendienst gratis meehelpt bij de bouw van woning van een vriend), sluit in beginsel geen aannemingsovereenkomst.

10. De overeenkomst veronderstelt dat de aannemer het werk uitvoert in volle onafhankelijkheid.[3] De aannemer heeft zich contractueel verbonden tot de uitvoering van een welbepaald werk, maar is vrij in de organisatie van zijn werk en de keuze van zijn werkmiddelen. Dat de opdrachtgever algemene richtlijnen geeft en een algemene controle uitoefent op de aannemer, houdt geen band van ondergeschiktheid in en is niet onverenigbaar met het principe van de aannemingsovereenkomst.[4]

11. De aannemingsovereenkomst is bovendien een overeenkomst die uit aanmerking van de persoon (*intuitu personae*) van de aannemer wordt aangegaan (art. 1795 BW).[5] De overeenkomst wordt immers gesloten met een welbepaalde aannemer vanwege diens veronderstelde bijzondere eigenschappen of bekwaamheden.

Het *intuitu personae*-karakter van de aannemingsovereenkomst belet niet dat sterkmaking mogelijk is. Sterkmaking kan immers ook betrekking hebben op de uitvoering van een verbintenis wanneer dat met zekerheid kan worden afgeleid uit de bedoeling van de partijen.[6] Sterkmaking impliceert dat een partij belooft dat een derde partij iets zal doen. Indien de derde partij de beloofde verbintenis niet nakomt, zal de sterkmakende partij een schadevergoeding moeten betalen aan haar contractpartij (art. 1120 BW).

12. De verbintenis van de aannemer moet nu eens als een middelen-, dan weer als een resultaatsverbintenis gekwalificeerd worden.

---

2   Hierop bestaan enkele uitzonderingen, zoals in het kader van de Woningbouwwet, de Wet Overheidsopdrachten, vastgoedbemiddelingsovereenkomsten met consumenten enz.
3   Cass. 24 mei 1956, *Arr.Cass.* 1955-56, 802; Cass. 3 september 2010, *Arr.Cass.* 2010, 2091.
4   Cass. 9 juni 1955, *Arr.Cass.* 1955, 833. W. GOOSSENS, *Aanneming van werk*, nr. 273; Cass. 3 september 2010, *Arr.Cass.* 2010, 2091.
5   Dit geldt in het bijzonder voor de contracten aangegaan met beoefenaars van vrije beroepen.
6   Cass. 24 maart 2016, *TBO* 2017, 550.

13.   De overeenkomst is van handelsrechtelijke aard in hoofde van de aannemer (art. I.1,1° WER). Ze is van burgerrechtelijke aard in hoofde van de opdrachtgever, behoudens in het geval dat deze als onderneming gekwalificeerd kan worden.[7]

§ 2.   TOEPASSINGEN

14.   Naast de overeenkomsten tussen partijen uit de bouwsector (aannemers, architecten, schrijnwerkers, loodgieters …) worden eveneens als aannemingsovereenkomsten beschouwd:

– het contract tussen cliënt en advocaat, bouwheer en architect, patiënt en geneesheer, de overeenkomst met een landmeter, verzekeringsmakelaar; het contract met boekhouders en fiscalisten, het contract met een studiebureau voor technische bijstand en advies[8], met een drukker, een uitgever;

– de overeenkomst met een garagehouder voor de herstelling of het onderhoud van een voertuig[9], met een carwash-uitbater[10], met een vennootschap die belast is met de technische controle van voertuigen[11];

– de overeenkomst met een makelaar in onroerende goederen, voor zover diens opdracht erin bestaat om een wederpartij voor zijn cliënt te zoeken en/of te bemiddelen tussen de partijen[12];

– de overeenkomst met een verhuisonderneming[13], met een onderhoudsfirma van liften[14];

– het contract met een bank voor het plaatsen van obligaties[15]; de overeenkomst van beleggingsadvies[16];

– het contract met een huwelijksbureau[17], de overeenkomst met een publiciteitsagentschap[18];

– het gerantencontract[19], de concessie van de uitbating van een cafetaria van een privéziekenhuis[20], de overeenkomst met een wasserij van kledingstukken[21];

---

[7]   Cass. 8 december 1952, *Pas.* 1952, I, 268.
[8]   Brussel 10 november 1988, *JT* 1989, 92.
[9]   Gent 15 april 1985, *Intern.Vervoerr.* 1986, afl. 2, 30; Kh. Brussel 17 april 1986, *TBH* 1987, 630.
[10]   Brussel 5 november 1982, *RGAR* 1984, nr. 10787.
[11]   Nijvel 22 januari 1987, *Rev. Liège* 1988, 579.
[12]   Cass. 7 november 1975, *RW* 1976-77, 145.
[13]   Brussel 5 januari 1976, *Pas.* 1976, II, 185; Vred. Luik 20 februari 1987, *Rev.Liège* 1987, 1549, noot P.H.
[14]   Gent 8 maart 1983, *RW* 1985-86, 321, noot; Luik 6 december 1985, *RRD* 1987, 11, noot M. BOURMANNE.
[15]   Cass. 13 oktober 1910, *Pas.* 1910, I, 443.
[16]   Brussel (9e k.), 12 oktober 2001, *TBH* 2002, 333 (verkort).
[17]   Rb. Luik 14 januari 1986, *JL* 1986, 108.
[18]   Cass. 8 april 1976, *Pas.* 1976, I, 880.
[19]   Arbrb. Luik 19 november 1986, *JTT* 1987, 412.
[20]   Rb. Brussel 27 februari 1987, *JT* 1988, 13.
[21]   Cass. 3 mei 1984, *RW* 1984-85, 1987; Vred. Sint-Gillis 22 februari 1982, *RGAR* 1984, nr. 10775.

– het auteurscontract[22], een overeenkomst voor het ontwerpen van een computerprogramma[23], het tentoonstellingscontract[24], de overeenkomst met een etalagist[25], met een stoffeerder van meubelen[26], de overeenkomst met een perscorrespondent die zelf de onderwerpen van de reportages mocht kiezen[27], met een ontwikkelingslabo voor films[28] enz.

AFDELING 3. AANNEMING EN ANDERE OVEREENKOMSTEN

§ 1. AANNEMING EN KOOP

15. De aannemingsovereenkomst onderscheidt zich van de koop aangezien het een overeenkomst is om iets te doen – de uitvoering van een bepaald werk of prestatie – terwijl het bij koop gaat over de eigendomsoverdracht van een zaak.

Een juiste kwalificatie van de overeenkomst is niet altijd eenvoudig, in het bijzonder wanneer de materialen waaraan of waarmee gewerkt moet worden, door de aannemer zelf geleverd worden.

16. In de rechtspraak werden verscheidene criteria ontwikkeld om het onderscheid te maken. Daarbij zijn doorgaans drie methodes te onderscheiden: de absorptiemethode, de cumulatiemethode en de *sui generis*-methode.[29]

17. Meestal wordt de *absorptiemethode* toegepast. De kenmerken van de overeenkomst die het meest dominant zijn om het contracttype te bepalen, zullen de andere kenmerken als het ware 'absorberen', zodat de volledige overeenkomst wordt geregeld door het dominante type.[30] Wanneer bijvoorbeeld blijkt dat het te presteren werk het belangrijkste onderdeel vormt van de overeenkomst, zal de overeenkomst gekwalificeerd worden als een aannemingsovereenkomst en dit ongeacht of de aannemer ook materialen levert.

---

[22] Cass.fr. 24 februari en 7 april 1987, *Dall.* 1988, 97.

[23] Kh. Brussel 4 februari 1985, *Computerr.* 1986, 172.

[24] Brussel 22 juni 1989, *Pas.* 1990, II, 54.

[25] Vred. Fexhe-Slins 23 maart 1992, *T.Vred.* 1992, 242.

[26] Vred. Maaseik 14 februari 1975, *Bull.ass.* 1976, 687.

[27] Cass. 24 september 1979, *JTT* 1980, 99.

[28] Brussel 30 juni 1983, *JT* 1984, 349; Kh. Brussel 11 oktober 1989, *DCCR* 1990-91, 426, noot R. DEWIT; Vred. Brussel 2 mei 1989, *T.Vred.* 1989, 214.

[29] M. SCHOUPS en D. VERHOEVEN, "Waterinsijpelingen en de tienjarige aansprakelijkheid", *TBO* 2018, 41 en de verwijzingen aldaar.

[30] Zie o.m. M. SCHOUPS en M. SOMERS, "Raakvlakken tussen koop en aanneming: recente tendensen op het vlak van de aansprakelijkheid voor gebreken in het geleverde goed", *TBO* 2012, 233-234; P. BRULEZ, *Koop en aanneming: faux amis?*, Antwerpen, Intersentia, 2015, 83-111; Antwerpen 6 maart 2017, *TBO* 2018, 38, noot M. SCHOUPS en D. VERHOEVEN.

18. De vraag is hoe de dominante kenmerken van een contract worden aangeduid.

19. In bepaalde rechtspraak werd rekening gehouden met het zogenaamde 'economisch criterium'.[31] Daarbij wordt nagegaan wat de hoogste economische waarde heeft: het te presteren werk of de te leveren zaak. Zo werd reeds bepaald dat een overeenkomst waarbij een aannemer zich verbond tot het leggen van een oprit met eigen materiaal, gekwalificeerd moet worden als een aannemingsovereenkomst. De waarde van de oprit was namelijk hoger dan de waarde van de gebruikte materialen.[32]

In recente rechtspraak wordt ook rekening gehouden met de werkelijke bedoeling van partijen. Er wordt met name nagegaan welk element voor de partijen het belangrijkste is. Om de werkelijke bedoeling te achterhalen, maakt men gebruik van twee criteria: het *conceptiecriterium* en het *specificiteitscriterium*.

20. Bij het eerste criterium is de persoonlijke inbreng van de opdrachtgever in het concept van het werk en in de keuze van de wijze van uitvoering van het werk doorslaggevend.

Zo werd de opdracht tot het bouwen van machines voor het kaarden van wol als een aannemingsovereenkomst gekwalificeerd, aangezien de opdrachtgever was tussengekomen bij het concipiëren van het product door plannen en een lijst van technische specificaties te bezorgen.[33]

21. Het specificiteitscriterium legt dan weer de nadruk op het resultaat van het werk: is dit gemaakt voor de specifieke behoefte van de opdrachtgever of betreft het een gestandaardiseerd product dat aan het grote publiek wordt aangeboden.[34]

Een treffende toepassing hiervan vinden we in een arrest van het hof van beroep van Antwerpen:

"Indien de wil van partijen kan bepaald worden en het blijkt dat de verbintenissen die vervat liggen in de gemengde overeenkomst, vooral worden beheerst door één dominant contract-type, dan zal op basis van de absoptiemethode het gehele contract onderworpen zijn aan de regels die door dit dominantie contracttype worden opgelegd.

---

[31] Zie bv. Cass. 6 mei 1977, *RLJB* 1979, 162: de levering en plaatsing van een LPG-installatie in een auto(verkoop); Brussel 6 februari 1985, *JT* 1985, 390: de levering en plaatsing van een lift werd als een verkoop beschouwd omdat de arbeid bijkomstig was en het voorwerp van het contract een afgewerkte realisatie was; Luik 29 januari 1999, *TBBR* 2000, 313.

[32] Brussel 9 november 2004, *RW* 2007-08, 152.

[33] Kh. Verviers 10 november 1997, *TBH* 1998, 462; zie ook P. FLAMME, en M.A. FLAMME, *Le contrat d'entreprise, quinze ans de jurisprudence (1975-1990)*, 1991, 13, nr. 2.

[34] M. SCHOUPS en D. VERHOEVEN, "Waterinsijpelingen en de tienjarige aansprakelijkheid", *TBO* 2018, 41.

Als overwegend criterium wordt het specificiteitscriterium weerhouden als de geobjectiveerde uiting van de wil van de partijen. Van een aanneming is er sprake indien het betreffende goed specifiek voor de behoeften van de opdrachtgever werd vervaardigd. De ramen werden hier na voorafgaande opmeting en na de gekozen materialen, specifiek vervaardigd voor de nieuwe woning van de opdrachtgever zodat het niet om een gestandaardiseerd product gaat. Dat de kostprijs van het materiaal de kosten van de plaatsing overstijgt, is irrelevant. De eerste rechter heeft de overeenkomst terecht als aanneming gekwalificeerd."[35]

Het Hof verduidelijkte bovendien dat het irrelevant was dat de kostprijs van de materialen die van de plaatsing van de ramen ruim oversteeg. Het was evenmin van belang dat partijen voor de materialen en de plaatsing afzonderlijke overeenkomsten hadden gesloten.

In een geval waarbij een transportsysteem voor documenten werd besteld, nam de rechtbank aan dat het een aannemingsovereenkomst betrof en geen koop omdat het systeem specifiek was ontworpen voor het gebouw van de opdrachtgever. Dit bleek uit de gedetailleerde technische beschrijving in het bijzonder bestek. De opdracht ging, aldus de rechtbank, veel verder dan een loutere standaardproductie en was niet beperkt tot een louter technische ondersteuning of normale uitvoering van leveranciersverplichtingen.[36]

Ook de vervanging van de controlekleppen van ventilators dient als aanneming te worden beschouwd, aangezien het een precies werk betreft dat aangepast is aan de productievoorwaarden in de fabriek waar de ventilators zich bevinden.[37] Dit geldt tevens voor het plaatsen van een poort indien het een op maat gemaakte poort betreft.[38] In dit verband werd ook geoordeeld dat de levering van een *a priori* standaardproduct, zoals een olietank, een aannemingsovereenkomst is wanneer er specifieke werken noodzakelijk zijn om de tank in overeenstemming te brengen met het concept en het gebruik ervan.[39] Diezelfde redenering werd toegepast bij een overeenkomst tot levering en plaatsing van een centrale verwarming met een mazoutpomp.[40]

22. Bij de *cumulatiemethode* worden de regels van de aanneming en de koop cumulatief toegepast.[41] Op het verrichten van de prestatie zullen derhalve de

---

35   Antwerpen 6 maart 2017, *TBO* 2018, 38, noot M. SCHOUPS en D. VERHOEVEN, "Waterinsijpelingen en de tienjarige aansprakelijkheid"; in dezelfde zin Rb. Brussel 15 juni 2009, AR 2007/15676/A, onuitg. (de levering van groot schuifraam gemaakt op maat van de opdrachtgever betreft een aanneming, ook al werd het geplaatst door een andere aannemer).

36   Kh. Antwerpen (afd. Antwerpen) 20 januari 2016, *TBO* 2018, 347.

37   Luik 29 januari 1999, *TBBR* 2000, 313.

38   Bergen 11 januari 1994, *RRD* 1994, 515.

39   Luik 26 januari 2009, *T.Aann.* 2009, 366.

40   Rb. West-Vlaanderen 14 juli 2014, *TGR-TWVR* 2015, afl. 1, 37.

41   Bv. Bergen 7 oktober 1987, *JL* 1988, 1297; Rb. Nijvel 18 april 1978, *JT* 1978, 419, met noot J. VELDEKENS; zie ook G. VANHECKE, "De la nature du contrat d'entreprise dans lequel l'entrepreneur fournit la matière", *RCJB* 1951, 100.

regels van aanneming toegepast worden en op het leveren van materiaal de regels van koop.

Zo oordeelde de rechtbank van eerste aanleg te Antwerpen dat een overeenkomst tot het leveren en plaatsen van buitenschrijnwerk een gemengde overeenkomst uitmaakte. Het koopaspect had betrekking op de ramen en glazen en het aannemingsaspect op het plaatsen en toebehoren.[42]

23. Partijen zullen vaak reeds een eigen kwalificatie geven aan de overeenkomst (principe van de wilsautonomie der partijen, art. 1134 BW).[43] Indien er evenwel discussie rijst tussen partijen en de rechter bijgevolg dient te oordelen over de juiste kwalificatie van de overeenkomst, dient de rechtbank de door de partijen gegeven kwalificatie te toetsen aan de feitelijke elementen. Oordeelt de rechtbank dat die verenigbaar zijn met de kwalificatie, dan moet de rechter de door de partijen gekozen kwalificatie volgen.[44]

24. Dat de aannemer het werk geheel of gedeeltelijk door een derde (de onderaannemer) laat uitvoeren, doet overigens geen afbreuk aan de kwalificatie van de overeenkomst. Indien de overeenkomst tussen de hoofdaannemer en de opdrachtgever beschouwd wordt als een aanneming en de hoofdaannemer doet uiteindelijk een beroep op een derde partij voor de uitvoering van deze overeenkomst, dan is en blijft de overeenkomst een aanneming.

25. Voor de volledigheid wordt opgemerkt dat de bouwovereenkomsten 'sleutel op de deur' als juridische entiteit zowel verschillen van de verkoop als van de klassieke aanneming.[45] Dergelijke overeenkomsten worden bijgevolg door een specifieke wet geregeld: de wet van 9 juli 1971 (de Woningbouwwet).[46]

26. Het belang van een juiste kwalificatie wordt duidelijk wanneer men de verschillen tussen beide types van overeenkomsten onderzoekt. Zij kunnen als volgt worden samengevat:
- bij de koop is de prijs een essentieel bestanddeel (art. 1582 BW), waar bij de aanneming de prijs ook achteraf kan worden bepaald (art. 1711, zesde lid BW);
- bij de koop gaat het risico onmiddellijk over samen met de eigendomsoverdracht, namelijk zodra er een overeenkomst is over de zaak en de prijs; bij de verkoop van toekomstige zaken gebeurt dit zodra die zaak tot stand geko-

---

[42] Rb. Antwerpen (afd. Antwerpen) (AB12ᵉ k.) 7 juni 2016, *TBO* 2016, 579.
[43] De rechter is niet gebonden door de loutere kwalificatie die partijen aan de overeenkomst hebben gegeven indien dit niet met hun werkelijke bedoeling overeenstemt (Cass. 27 oktober 1977, *Pas.* 1978, I, 255).
[44] Cass. 3 mei 2004, *RW* 2004-05, 1220, noot K. NEVENS; Cass. 6 december 2004, *NJW* 2005, 21, noot W. VAN EECKHOUTTE; Cass. 20 maart 2006, *RW* 2006-07, 1317.
[45] Gent 1 maart 1984, *RJI* 1984, 331, noot G. BAERT.
[46] Zie hoofdstuk 10.

men is (art. 1583 BW); bij aanneming gaat het risico over bij de oplevering (art. 1788 BW);

- de aanneming is principieel een overeenkomst *intuitu personae* in hoofde van de aannemer (art. 1795 BW); bij de koop heeft de persoon van de verkoper geen belang;
- de aanneming kan, anders dan de koop, eenzijdig worden herroepen door de opdrachtgever (art. 1794 BW);
- anders dan de verkoper van een onroerend goed, kan de aannemer van een werk tegen vaste prijs geen benadeling inroepen (art. 1674 BW);
- de niet betaalde verkoper heeft van rechtswege recht op interest op de koopprijs indien de geleverde zaak inkomsten opbrengt (art. 1652 BW), de aannemer dient eerst de opdrachtgever aan te manen (art. 1153 BW);
- de niet-gespecialiseerde verkoper kan zich contractueel vrijstellen van aansprakelijkheid voor verborgen gebreken (art. 1643 BW), de aannemer kan dat niet;
- de koper dient zijn rechtsvordering op grond van een verborgen gebrek binnen een korte tijd in te stellen (art. 1648 BW), terwijl de aannemer zijn vordering wegens lichte, verborgen gebreken binnen een "redelijke" termijn dient in te stellen;
- anders dan de verkoper, is de aannemer na de aanvaarding nog verantwoordelijk voor bepaalde ernstige gebreken, ook al waren die zichtbaar op het ogenblik van de aanvaarding van de werken (art. 1792 BW);
- anders dan ten aanzien van de verkoper bestaat er in hoofde van de aannemer geen vermoeden van fout.

Enkel de onderaannemer beschikt over een rechtstreekse vordering tegen de bouwheer (art. 1798 BW).

De keuze van de partijen om hun juridische relatie vooraf te kwalificeren als aanneming dan wel als koop-verkoop van toekomstige zaken, is dan ook van groot belang.[47]

§ 2.   AANNEMING EN ARBEIDSOVEREENKOMST

27.   De overeenkomst van aanneming onderscheidt zich van een arbeidsovereenkomst (*'locatio operarum'*) door het ontbreken van enige band van ondergeschiktheid.[48]

De aannemer heeft zich contractueel verbonden tot het tot stand brengen van een bepaald werk (*'locatio operis faciendi'*), maar bepaalt zelf de wijze van uit-

---

[47]   A. FETTWEIS, "L'option préliminaire: commande d'un ouvrage ou achat d'un bien fabriqué ou à construire" in *Droit de la construction, Act.dr.* 1991, 861.
[48]   Cass. 19 maart 1979, *Pas.* 1979, I, 835.

voering en de middelen die hij daartoe zal aanwenden. De aannemer werkt dus in volle onafhankelijkheid van zijn opdrachtgever. Bij een arbeidsovereenkomst dient de werknemer daarentegen te presteren volgens de richtlijnen van de werkgever, aan wie hij ondergeschikt is.

Het onderscheid tussen een arbeids- en aannemingsovereenkomst is dikwijls niet zo eenvoudig te maken. Immers, de rechtspraak heeft aanvaard dat de samenwerking tussen partijen waarbij een vorm van toezicht wordt uitgeoefend en algemene richtlijnen worden gegeven, niet noodzakelijk onverenigbaar is met het wezen van de aannemingsovereenkomst.[49]

28. Om meer rechtszekerheid te creëren, bepaalt artikel 333, § 1 van de Arbeidsrelatiewet van 27 december 2006 enkele algemene criteria die het mogelijk maken het bestaan of de afwezigheid van een gezagsverhouding te beoordelen:
- de wil der partijen zoals die in hun overeenkomst werd uitgedrukt;
- de vrijheid van organisatie van de werktijd;
- de vrijheid van organisatie van het werk;
- de mogelijkheid een hiërarchische controle uit te oefenen.[50]

Daarentegen bepaalt artikel 333, § 3 Arbeidsrelatiewet dat de volgende elementen, op zichzelf genomen, niet bij machte zijn om de arbeidsrelatie adequaat te kwalificeren:
- de titel van de overeenkomst;
- de inschrijving bij een instelling van sociale zekerheid;
- de inschrijving bij de Kruispuntbank voor Ondernemingen;
- de inschrijving bij de administratie van de btw;
- de wijze waarop de inkomsten bij de fiscale administratie worden aangegeven.

29. Voor bepaalde sectoren, waaronder de bouwsector, werd de lijst van algemene criteria aangevuld. Artikel 337/2 Arbeidsrelatiewet stipuleert dat het bestaan van een arbeidsovereenkomst weerlegbaar vermoed wordt wanneer uit de analyse van de arbeidsrelatie blijkt dat meer dan de helft van de hiernavolgende criteria vervuld zijn:
- gebrek aan een financieel of economisch risico, zoals onder meer het geval is:
  - bij gebrek aan een persoonlijke en substantiële investering in de onderneming met eigen middelen;
  - bij gebrek aan een persoonlijke en substantiële deelname in de winsten en de verliezen van de onderneming;

---

49 Cass. 24 september 1979, *JTT* 1980, 99; Cass. 16 januari 1962, *Pas.* 1962, I, 571; Arbh. Bergen 13 december 2012, nr. 2011/AM/371.
50 Zie voor een toepassing van deze algemene criteria: Cass. 6 december 2010, S.10.0073.N/1, www.cass.be; Cass. 18 oktober 2010, S.10.0023.N/1, www.cass.be.

- gebrek aan verantwoordelijkheid en beslissingsmacht aangaande de financiële middelen van de onderneming;
- gebrek aan beslissingsmacht over het aankoopbeleid van de onderneming;
- gebrek aan beslissingsmacht over het prijsbeleid van de onderneming;
- gebrek aan een resultaatverbintenis betreffende de overeengekomen arbeid;
- garantie op betaling van een vaste vergoeding, ongeacht de bedrijfsresultaten of de omvang van de prestaties geleverd door diegene die de werkzaamheden uitvoert;
- zelf geen werkgever zijn van persoonlijk en vrij aangeworven personeel of het ontbreken van de mogelijkheid om voor de uitvoering van het overeengekomen werk personeel aan te werven of zich te laten vervangen;
- zich niet voordoen als een onderneming of hoofdzakelijk of gewoonlijk voor één medecontractant werken;
- werken in ruimtes waarvan men niet de eigenaar of de huurder is of werken met materiaal dat ter beschikking wordt gesteld, gefinancierd of gewaarborgd door de medecontractant.

30.   Het onderscheid tussen een aannemingsovereenkomst en een arbeidsovereenkomst is van belang voor, onder andere, de volgende situaties:
- de aannemer die materiaal levert draagt het risico van het tenietgaan tot de werkelijke levering aan de opdrachtgever (art. 1788 BW), terwijl de arbeider geen risico zal dragen;
- een werknemer kan enkel aansprakelijk gesteld worden voor opzettelijke fouten, zware fouten of gewoonlijk voorkomende lichte fouten (art. 18 Arbeidsovereenkomstenwet), terwijl deze aansprakelijkheidsbeperking niet geldt voor de aannemer;
- de werkgever is als aansteller aansprakelijk voor de schade die zijn werknemer aan derden berokkent, terwijl de opdrachtgever in het kader van een aanneming niet als aansteller van de aannemer beschouwd kan worden;
- enkel bij een aanneming beschikt de opdrachtgever over de mogelijkheid om de overeenkomst eenzijdig te verbreken (art. 1794 BW).

§ 3.   AANNEMING EN HUUR VAN GOEDEREN

31.   Het onderscheid tussen een aannemingsovereenkomst en een overeenkomst van huur van goederen lijkt evident: de ene heeft betrekking op de huur van diensten en de andere op de huur van goederen. Het onderscheid vervaagt evenwel wanneer de eigenaar van de goederen (materialen of toestellen) tevens personeel ter beschikking stelt voor de bediening ervan.

Het probleem van kwalificatie doet zich in de praktijk vrij frequent voor naar aanleiding van ongevallen met een machine (bv. bemande kranen). Nu eens wordt gekozen voor een aannemingsovereenkomst[51], dan weer voor huur.[52]

In dergelijke gevallen dient nagegaan te worden wat de hoofdprestatie is: de terbeschikkingstelling van de machines of de uitvoering van de werken.

De rechter zal zich hierbij laten leiden door de werkelijke wil der partijen, door de graad van specialisatie van de werken waarvoor het toestel aangewend wordt en door de vrijheid van handelen waarover de bediener beschikte bij de plaatsing van het toestel en bij de wijze van uitvoering van de werken.[53]

Zo werd reeds geoordeeld dat de overeenkomst omtrent de huur van een kraan beschouwd moest worden als een (onder-)aannemingsovereenkomst wegens volgende motieven:

- het genot van de kraan maakt slechts een accessorium uit van een aannemingsovereenkomst waarin de menselijke arbeid als dominerend moet worden aangemerkt;
- de levering van prestaties tegen een afgesproken tarief door de kraanman, in de zin van het verrichten van een bepaald soort arbeid gedurende een bepaalde duur met een bepaald soort werktuig, is het essentiële kenmerk van de verbintenis;
- de kraan blijft onder de macht en het bestuur van de kraanman van de eigenaar-aannemer die deze gedurende de werkzaamheden bediende;
- er is geen enkele aanduiding of bewijs dat de opdrachtgever optrad als gelegenheidswerkgever van de kraanman.[54]

32. De juiste kwalificatie van de overeenkomst is in het bijzonder van belang wanneer een ongeval veroorzaakt wordt door de bediener van het toestel.

Bij huur wordt de persoon die de machine met een bediener heeft gehuurd, beschouwd als de aansteller van de bediener. Bijgevolg dient hij overeenkomstig artikel 1384, derde lid BW in te staan voor de door de bediener veroorzaakte schade aan derden. Hij is bovendien op grond van artikel 1732 BW aansprakelijk voor de beschadigingen aan het gehuurde goed (bv. de kraan) gedurende de huurperiode, tenzij hij een vreemde oorzaak kan aantonen.

In geval van aanneming is de eigenaar van het toestel de aansteller van de bediener. De eigenaar zal dus aansprakelijk zijn voor de door de bediener veroorzaakte schade aan derden en de aannemer dient zelf de schade aan het toestel te dragen.[55]

---

[51] Bergen 21 april 1975, *Pas.* 1977, II, 32; Luik 12 april 1991, *JLMB* 1991, 835, noot T. BEGUIN.
[52] Luik 12 maart 1992, *JLMB* 1994, 126, noot; Luik 30 januari 2004, *RRD* 2004, afl. 110, 16.
[53] Brussel 11 mei 1973, *RW* 1974-75, 171.
[54] Cass. 3 september 2010, *RW* 2011-12, 565, *TBH* 2010, 895.
[55] Zie hierover P. HENRY en V. D'HUART, "La responsabilité du commettant et la sous-traitance" in *Droit de la construction*, *Act.dr.* 1992, (177), 187.

§ 4.   AANNEMING EN LASTGEVING

33.   De opdracht van de lasthebber bestaat specifiek in het stellen van rechtshandelingen in naam van de lastgever. De aannemer stelt in principe slechts materiële daden en heeft derhalve geen bevoegdheid tot vertegenwoordiging.[56]

34.   Ook hier is de afbakening niet altijd eenvoudig wanneer een contract verbintenissen van gemengde aard bevat. Dit is bijvoorbeeld het geval wanneer een makelaarsovereenkomst bepaalt dat de vastgoedmakelaar, naast het zoeken van kandidaat-kopers of -huurders, tevens als opdracht heeft de koop- of huurovereenkomst af te sluiten in naam en voor rekening van de opdrachtgever.

35.   Voor de juiste kwalificatie van de overeenkomst dient nagegaan te worden wat de hoofdprestatie is, zoals die door partijen is bepaald of werd bedoeld.[57] Met andere woorden, indien het stellen van rechtshandelingen accessoir is aan het stellen van materiële handelingen, zal de overeenkomst gekwalificeerd kunnen worden als een aanneming.

36.   Het onderscheid tussen beide types van overeenkomsten is niet zonder belang:
–   de aannemer heeft altijd recht op loon, terwijl de lasthebber slechts aanspraak kan maken op een vergoeding wanneer dit overeengekomen werd (art. 1986 BW);
–   bij lastgeving kan het loon van de lasthebber door de rechter worden verminderd, zelfs indien dit contractueel werd vastgelegd.[58] Bij aanneming is de rechter principieel door de overeengekomen prijs gebonden;
–   waar de opdrachtgever, in principe, niet gebonden is door de handelingen die de aannemer stelt met derden (onderaannemers, leveranciers …), geldt dit niet voor de lastgever in wiens naam en voor wiens rekening de handelingen door de lasthebber werden gesteld (art. 1998 BW);
–   de lastgever kan de persoon die door de lasthebber in zijn plaats is gesteld, rechtstreeks aanspreken (art. 1994, 2° BW); dit is niet het geval in de relatie tussen de opdrachtgever en de onderaannemer;
–   bij lastgeving dient de lastgever in te staan voor de verliezen geleden door de lasthebber (art. 2000 BW), terwijl de opdrachtgever niet hoeft in te staan voor de schade geleden door de aannemer;

---

[56]   Zie Cass. 3 september 2010, AR C.08.0554.N/1, www.cass.be, waarin het Hof aanneming definieert als zijnde een overeenkomst waarbij een persoon zich ertoe verbindt tegen betaling van een prijs een bepaald intellectueel of stoffelijk werk te verrichten voor een ander door het stellen van *materiële* handelingen. Zie ook Cass. 27 maart 1968, *Arr.Cass.* 1967-68, 977.

[57]   Gent 1 februari 2006, *DCCR* 2006, afl. 73, 114; Rb. Veurne 28 januari 1999, *AJT* 1999-2000, 302-304. Voor een gedetailleerd overzicht van de rechtspraak inzake de kwalificatie van de vastgoedmakelaarsovereenkomst, zie F. BURSSENS, "Rechtspraakkroniek van de vastgoedberoepen (1983-1998), deel I: De Vastgoedmakelaar", *TOGOR* 1999, afl. 2, (184), 187-188.

[58]   Cass. 6 maart 1980, *Arr.Cass.* 1979-80, 842, *RW* 1981-82, 422.

– bij lastgeving hebben beide partijen het recht om de overeenkomst eenzijdig op te zeggen (art. 2003 en 2007 BW); bij aanneming beschikt enkel de
   opdrachtgever over die mogelijkheid (art. 1794 BW).

AFDELING 4. TOEPASSELIJKE WETGEVING

37.   De aannemingsovereenkomst is een van de bijzondere overeenkomsten
opgenomen in het Burgerlijk Wetboek.

Naast de specifieke bepalingen in de artikelen 1779 en 1787 tot 1799 BW, zijn
ook de bepalingen van titel III van boek III van het Burgerlijk Wetboek (art. 1101-
1368) van toepassing. In het bijzonder kan verwezen worden naar de artikelen 1108 tot 1133 BW, die de voorwaarden bevatten die voor de geldigheid van de
overeenkomsten vereist zijn (toestemming, bekwaamheid, voorwerp en oorzaak).
Voorts dient ook rekening gehouden te worden met de artikelen 6 en 1134 tot 1167
BW m.b.t. de gevolgen van overeenkomsten.

Bovendien zijn er in bepaalde situaties een aantal bijzondere wetten van toepassing, met name de Woningbouwwet, ook wel de 'Wet Breyne' genoemd, het
Wetboek van economisch recht en meer specifiek Boek VI 'Marktpraktijken en
consumentenbescherming' alsmede de Wet Overheidsopdrachten.

HOOFDSTUK 2

BETROKKEN PARTIJEN

AFDELING 1. OPDRACHTGEVER

38. De wederpartij van de aannemer wordt aangeduid als opdrachtgever, besteller, meester van het werk of, in bouwzaken, bouwheer of aanbesteder. Op grond van de hoedanigheid van de opdrachtgever kan een onderscheid gemaakt worden tussen de toevallige opdrachtgever en de professionele opdrachtgever.

§ 1. TOEVALLIGE OPDRACHTGEVER

39. Als toevallige opdrachtgever wordt de opdrachtgever beschouwd die geen specifieke kennis ter zake heeft. Dit kan zowel een particulier als een handelaar zijn, al dan niet in de vorm van een rechtspersoon.

40. Van een handelaar zal echter een meer diligent optreden verwacht worden (bv. ten aanzien van de plicht tot het tijdig protesteren van facturen), zelfs wanneer de gegeven opdracht vreemd is aan zijn eigen activiteit.

41. De toevallige opdrachtgever verdient een grotere bescherming dan de professionele opdrachtgever, die immers op de hoogte is of dient te zijn van de mogelijke problemen en risico's.

Deze bescherming zal onder meer tot uiting komen bij de beoordeling van de aansprakelijkheid van de aannemer in het licht van zijn raadgevings- en waarschuwingsplicht, bij de beoordeling van het al dan niet verborgen karakter van gebreken, en, niet het minst, ten aanzien van de toepasselijkheid van de Woningbouwwet.[59]

42. De opdrachtgever doet er goed aan om, zeker voor belangrijke werken, duidelijke en gedetailleerde afspraken te maken en die schriftelijk vast te leggen.

---

[59] Zie Hoofdstuk 10.

§ 2. DE PROFESSIONELE OPDRACHTGEVER

43. De professionele opdrachtgever is de opdrachtgever die over een specifieke kennis ter zake beschikt en derhalve op de hoogte is of dient te zijn van de mogelijke problemen en risico's. Een bouwpromotor zal bijvoorbeeld vermoed worden over voldoende vakkennis en deskundigheid te beschikken met betrekking tot de oprichting van gebouwen.[60]

44. Ook de aannemer kan als een professionele opdrachtgever beschouwd worden in de relatie met zijn onderaannemer. Het kan immers voorvallen dat de aannemer beschikt over de nodige kennis van zaken om de werken uit te voeren, maar wegens gebrek aan tijd, personeel of behoorlijke uitrusting een beroep doet op een onderaannemer.

45. Wanneer een aannemer een gebouw verkoopt dat hij zelf heeft opgericht, zal hij, in geval van bepaalde ernstige gebreken, zowel in zijn hoedanigheid van verkoper (art. 1641 e.v. BW) als in zijn hoedanigheid van aannemer (art. 1792 BW) aangesproken kunnen worden.

§ 3. GEDELEGEERD BOUWHEER

46. Het realiseren van een bouwproject is een zware taak die diverse verplichtingen voor de bouwheer met zich meebrengt. Voor omvangrijke bouwprojecten kan de bouwheer daarom een beroep doen op een afgevaardigd of gedelegeerd bouwheer.

47. De gedelegeerd bouwheer treedt op als afgevaardigde van de werkelijke bouwheer en neemt diverse verplichtingen van de bouwheer op zich. Partijen kunnen contractueel bepalen welke verplichtingen de gedelegeerd bouwheer precies op zich neemt.

Meestal wordt afgesproken dat de gedelegeerd bouwheer zal instaan voor de integrale coördinatie en organisatie van de uitvoering van de ontwerp-, bouw- en onderhoudsaspecten van het project. Kortom, de gedelegeerd bouwheer zal het volledige project sturen, de nodige informatie verstrekken aan alle participanten in het bouwproces en instaan voor de coördinatie van de verschillende partijen op de bouwwerf. Tevens zal de gedelegeerd bouwheer het aanspreekpunt vormen van de bouwheer om alle werken in goede banen te leiden.

48. De gedelegeerd bouwheer zal voor de uitvoering van de contractueel afgesproken prestaties optreden in naam en voor rekening van de bouwheer van het project. Hij zal met andere woorden fungeren als de vertegenwoordiger van de bouwheer. Dit impliceert dat de bouwheer de nodige volmachten zal moeten ver-

---

[60] Zie Hoofdstuk 12.

schaffen aan de gedelegeerd bouwheer. Het is evenwel mogelijk dat de bouwheer een algemeen mandaat toekent aan de bouwheer voor de uitvoering van de contractueel bepaalde prestaties en hierbij voorziet in een aantal uitzonderingen. Zo kan bijvoorbeeld bepaald worden de gedelegeerd bouwheer over een specifieke volmacht dient te beschikken voor de beëindiging van een contract met een aannemer of voor het opstarten van een gerechtelijke procedure.

Aangezien de gedelegeerd bouwheer louter optreedt als vertegenwoordiger van de bouwheer, kan de gedelegeerd bouwheer door de onderaannemer niet rechtstreeks worden aangesproken op grond van artikel 1798 BW.[61] Enkel wanneer de gedelegeerd bouwheer rechtstreeks en voor eigen rekening een overeenkomst afsluit met een aannemer, die op zijn beurt een onderaannemer aanstelt, kan de betreffende onderaannemer zich beroepen op de rechtstreekse vordering ten aanzien van de gedelegeerd bouwheer.[62]

AFDELING 2. INGENIEUR – STUDIEBUREAU

49. Meer en meer wordt in bouwzaken een beroep gedaan op de tussenkomst van een ingenieur. De hoge techniciteit van bepaalde studies, het gebruik van nieuwe materialen en de omvang van bepaalde werken maken het werk dermate complex dat het beroep op specialisten dikwijls noodzakelijk is.

§ 1. STATUUT VAN DE INGENIEUR

50. De titel van ingenieur is wettelijk beschermd.[63] Er bestaat evenwel geen regulering van de toegang tot het beroep noch een monopolie op de uitoefening ervan. Er zijn tevens geen wettelijke onverenigbaarheden.

De wet voorziet in verschillende types van opleidingen: burgerlijk, bio- en handelsingenieur, industrieel en technisch ingenieur.

Er bestaat geen beroepsorde zoals die bestaat voor architecten. Wel werden er diverse beroepsverenigingen opgericht. Zo bestaat in Vlaanderen de Koninklijke Vlaamse Ingenieursvereniging (KVIV).

De ingenieur kan zijn beroep beoefenen hetzij op zelfstandige basis hetzij als bezoldigde. Indien hij zelfstandig werkt, wordt hij beschouwd als beoefenaar van een vrij beroep. Hij kan zijn beroep ook beoefenen als handelaar. De uitbating van een studiebureau wordt in de rechtspraak als handelsactiviteit beschouwd.[64]

---

[61]   Zie Hoofdstuk 5, afdeling 3, § 6.
[62]   Luik 5 januari 2012, *T.Aann.* 2013, 214.
[63]   Zie wet 11 september 1933 op de bescherming van titels van hoger onderwijs, wet 21 november 1938, wet 9 april 1965 en wet 18 februari 1977.
[64]   Zie Brussel 3 februari 1972, *JCB* 1972, I, 416; Kh. Brussel 15 december 1969, *JCB* 1970, 288.

§ 2.   TUSSENKOMST VAN DE INGENIEUR IN DE AANNEMING

51.   Sedert jaren is de ingenieur de onontbeerlijke partner van de architect. Oorspronkelijk lag zijn taak vooral in de berekeningen m.b.t. de stabiliteit van het gebouw (betonstudies, funderingen, overspanningen enz.). Thans zien we dat meer en meer een beroep wordt gedaan op ingenieurs voor de studie van de uitrusting van het gebouw (het verwarmings-, acclimatisatie- en ventilatiesysteem, de thermische en akoestische isolatie en de elektriciteit).

52.   Wanneer de ingenieur tussenkomt op vraag van de bouwheer, worden de verbintenissen tussen partijen geregeld volgens het gemeen recht.[65] De bouwheer zal de ingenieur dus contractueel kunnen aanspreken, onder andere op basis van de tienjarige aansprakelijkheid op grond van de artikelen 1792 BW en 2270 BW.

A.   Als 'onderaannemer' van de architect

53.   Indien de ingenieur tussenkomt op vraag van de architect, bestaat er geen contractuele verhouding tussen de ingenieur en de bouwheer. De bouwheer kan dan enkel de architect aanspreken in geval van gebreken. Die zal dan uiteraard de ingenieur aanspreken in vrijwaring. Anders dan bij architecten, rust op de ingenieur geen enkel wettelijke of deontologische verplichting om zijn beroepsaansprakelijkheid te verzekeren. De architect zal bij het afsluiten van het contract met de ingenieur er dan ook goed aan doen om de ingenieur te verplichten om een gepaste verzekering af te sluiten.[66]

Echter, indien het lastenboek, dat door de architect werd opgesteld in opdracht van de bouwheer, voorziet in de tussenkomst van een ingenieur, dan is de architect louter en alleen belast met het zoeken van een ingenieur. Het bouwheer zal in dat geval het contract sluiten met de ingenieur.[67]

B.   Als 'onderaannemer' van de aannemer

54.   Het gebeurt dat het lastenboek aan de aannemer oplegt om voor de stabiliteitsstudies zelf een beroep te doen op een ingenieur en die te vergoeden. Een dergelijke praktijk is niet aan te raden, aangezien dit de onafhankelijkheid van de

---

[65]   Y. HANNEQUART, "La responsabilité de l'architecte face aux immixions du maître de l'ouvrage et face au promoteur", *RCJB* 1982, 514, nr. 23 en de verwijzingen aldaar.

[66]   Over de verzekering van de ingenieur, zie Y. HANNEQUART en A. DELVAUX, "L'assurance dans le domaine des activités de construction", *Statuts et responsabilités des édificateurs – L'architecte, l'entrepreneur et le promoteur*, Brussel, éd. Fac. Univ. St-Louis, 1989, 201 e.v., 241 e.v.

[67]   K. DEKETELAERE, M. SCHOUPS en A.L. VERBEKE (eds.), *Handboek bouwrecht*, Antwerpen, Intersentia-die Keure, 2013, 1000.

ingenieur in het gedrang brengt in het kader van zijn toezicht op de uitvoering van de door hem berekende werken.

§ 3.   MONOPOLIE VAN DE ARCHITECT DOORBROKEN?

55.   De wetgever heeft een monopolie gegeven aan de architecten voor het opmaken van de plannen en de controle op de werken.

In de praktijk blijkt dat architecten bepaalde studies systematisch uitbesteden aan ingenieurs, die dan ook worden belast met de controle op de uitvoering van die werken. Tegenover het wettelijke monopolie van de architect staat natuurlijk diens aansprakelijkheid jegens de bouwheer over de prestaties van de ingenieur. De vraag rees dan ook of de architect zich wettelijk kan ontheffen van deze aansprakelijkheid.

Het hoogste rechtscollege stelde hieromtrent dat de architect zich, zelfs impliciet, tegenover de bouwheer van zijn aansprakelijkheid kan bevrijden met betrekking tot bepaalde technische studies, zoals betonstudies en berekeningen van het weerstandsvermogen van materialen, waarvoor hij geen opleiding heeft gehad en die derhalve buiten zijn bevoegdheid vallen. Nochtans dient nagegaan te worden of de specialist, aangesteld door de architect, een goede keuze was en, in ieder geval, of de architect, gelet op zijn algemene beroepskennis, de fout van de specialist kon ontdekken.[68]

Voorts werd geoordeeld dat het toevertrouwen van de stabiliteitsstudie en van het toezicht op de uitvoering van de stabiliteitswerken aan een gespecialiseerde ingenieur de architect niet ontslaat van zijn verplichting om controle uit te oefenen op de totaliteit van de werken, met inbegrip van de stabiliteitswerken.[69]

Nu aanvaard werd dat de architect onder bepaalde voorwaarden een deel van zijn wettelijke taak kan doorschuiven naar derden, werd in het verleden reeds gepleit voor het openbreken van het wettelijke monopolie van de architect.[70] De rechtspraak is intussen alvast dermate geëvolueerd dat ook een stabiliteitsingenieur onder de tienjarige aansprakelijkheid valt van de artikelen 1792 en 2270 BW (zie verder in Hoofdstuk 6).

AFDELING 3.   ARCHITECT

56.   Voor de bespreking van het architectenberoep en de architectenovereenkomst, zie Hoofdstuk 11.

---

68   Cass. 1 april 1982, *RW* 1984, 603-606; Cass. 3 maart 1978, *Arr.Cass.* 1978, 780, noot; zie ook RvS 13 oktober 1987, *ED* 1988, 336 en Rb. Nijvel 8 april 2011, *RJI* 2011, 239.
69   Antwerpen 12 oktober 2005, *T.Aann.* 2008, 227.
70   Zie J.P. VERGAUWE, *Le droit de l'architecture*, Brussel, De Boeck, 1991, 109-111, en de verwijzingen aldaar.

AFDELING 4. ONDERAANNEMER

§ 1. BEGRIP

57. Bij gebrek aan wettelijke definitie werd het begrip onderaanneming omschreven als de overeenkomst waarbij een aannemer aan een andere persoon onder zijn verantwoordelijkheid het geheel of een gedeelte toevertrouwt van een aannemingscontract tussen hem en de opdrachtgever.[71]

Het is essentieel dat het gaat om de uitvoering van een bepaald werk, zonder enige band van ondergeschiktheid, overeenkomstig de specificaties van de opdrachtgever.[72]

Het contract wordt beheerst door de regels van toepassing op de aannemingsovereenkomst.[73]

§ 2. TOESTEMMING VAN DE OPDRACHTGEVER

58. Hierboven werd reeds aangeduid dat het aannemingscontract een contract *intuitu personae* is.[74] Het contract van onderaanneming is geen uitzondering op deze regel. De opdrachtgever kan de uitbesteding van het contract aan derden weigeren of onderwerpen aan bijzondere voorwaarden. Bij stilzwijgen van het contract wordt de opdrachtgever geacht zich niet te verzetten tegen de onderaanneming (art. 1236 en 1237 BW).

Dat de opdrachtgever heeft ingestemd met de persoon van de onderaannemer doet geen afbreuk aan de aansprakelijkheid van de hoofdaannemer voor de daden van de onderaannemer (art. 1797 BW).

59. Echter, indien de opdrachtgever zelf een onderaannemer heeft gekozen en die keuze heeft opgedrongen aan de hoofdaannemer (zodat de hoofdaannemer geen enkele zeggenschap had), kan worden aangenomen dat de hoofdaannemer louter een vertegenwoordiger was van de opdrachtgever. De onderaannemer wordt dan rechtstreeks medecontractant van de opdrachtgever. In dat geval staat de opdrachtgever zelf in voor de gevolgen van die keuze en is de hoofdaannemer niet aansprakelijk voor de daden van de onderaannemer.[75]

---

[71] P. FLAMME en M.A. FLAMME, *Le contrat d'entreprise; Quinze ans de jurisprudence (1975-1990)*, Brussel, Larcier, 1991, 72, nr. 88.

[72] Zonder dit laatste kan het gaan om een koopcontract, zie Hoofdstuk 1, afdeling 3, § 1.

[73] Cass. 5 mei 1967, *Pas.* 1967, I, 1046.

[74] Gent 21 december 1995, *T.Aann.* 1998, 149, noot P. FLAMME.

[75] A. DELVAUX en D. DESSARD, "Le contrat d'entreprise de construction", *Rep.not.*, IX, *Les principaux contrats usuels*, boek VIII, 1991, 107, nr. 85; A. VAN OEVELEN, *Overeenkomsten. Deel 2. Bijzondere overeenkomsten. E. Aanneming van werk – Lastgeving* in *Beginselen van Belgisch privaatrecht*, Mechelen, Kluwer, 2017, 305.

§ 3. AUTONOMIE VAN HET CONTRACT VAN ONDERAANNEMING

60. De onderaanneming staat los van de hoofdaanneming. Zo werd geoordeeld dat het onderaannemingscontract geldig was ondanks het feit dat de hoofdaannemingsovereenkomst geen doorgang vond omdat de opdracht niet werd toegewezen[76], of omdat er geen stedenbouwkundige vergunning werd verkregen[77], of omdat de hoofdaannemingsovereenkomst door de opdrachtgever eenzijdig werd opgezegd.[78] Ook het faillissement van de opdrachtgever is geen overmacht in hoofde van de hoofdaannemer en laat de onderaanneming onverkort gelden.[79]

Zo zal de betaling door de hoofdaannemer niet afhankelijk zijn van de betaling door de bouwheer of zullen de vaststellingen uit een deskundigenonderzoek in de verhouding hoofdaannemer-onderaannemer niet tegenwerpelijk zijn aan de bouwheer.[80]

§ 4. RELATIE TUSSEN DE ONDERAANNEMER EN DE OPDRACHTGEVER

61. Het onderaannemingscontract staat volkomen los van de overeenkomst tussen de opdrachtgever en de hoofdaannemer. Tussen de opdrachtgever en de onderaannemer bestaat geen enkele contractuele band.

Daarenboven zal de opdrachtgever de onderaannemer slechts in uitzonderlijke gevallen buitencontractueel aansprakelijk kunnen stellen. Immers, de onderaannemer kan, als uitvoeringsagent van de hoofdaannemer, enkel buitencontractueel aansprakelijk worden gesteld wanneer de fout niet alleen een contractuele wanprestatie uitmaakt, maar tevens een inbreuk is op de algemene zorgvuldigheidsplicht en indien de fout andere dan aan de slechte uitvoering van het contract te wijten schade heeft veroorzaakt.[81]

In dit opzicht kan verwezen worden naar een arrest van het Hof van Cassatie van 2 februari 2006. Een onderaannemer plaatste een verwarmingsketel rechtstreeks op een houten vloer, zonder installatie van een brandvrije sokkel. Hierdoor vatte de woning vuur. De eigenaar van de woning, die een overeenkomst had gesloten met de hoofdaannemer tot het leveren en plaatsen van een verwarmingsketel, stelde de onderaannemer buitencontractueel aansprakelijk. Het Hof oordeelde evenwel dat de opdracht van de hoofdaannemer niet enkel slaat op hetgeen

---

[76]   Gent 3 april 1980, *T.Aann.* 1983, 113, *RJI* 1981, 277.
[77]   Kh. Brussel 1 oktober 1990, onuitg., vermeld in P. FLAMME en M.A. FLAMME, *o.c.*, 73, nr. 89.
[78]   Brussel 6 februari 1985, *JT* 1985, 390; Kh. Brussel 13 januari 1988, *T.Aann.* 1989, 233.
[79]   Bergen 30 oktober 1984, *T.Aann.* 1992, 255.
[80]   Gent 19 mei 1998, *AJT* 1998-99, 618.
[81]   Cass. 29 september 2006, AR C.03.0502.N, www.cass.be, noot I. BOONE; Cass. 14 mei 2004, AR C.03.0434.F, www.cass.be; zie Hoofdstuk 6, afdeling 2, § 4.

expliciet contractueel werd afgesproken, maar dat het vervullen van de opdracht volgens de regels van de kunst eveneens een onderdeel uitmaakt van de overeenkomst. Het monteren van een brandvrije sokkel maakt een regel van de kunst uit en is bijgevolg niet vreemd aan de overeenkomst tussen de hoofdaannemer en de opdrachtgever. De opdrachtgever kon de onderaannemer dus niet buitencontractueel aansprakelijk stellen.[82]

62. Een rechtstreekse band kan enkel ontstaan naar aanleiding van een beding ten gunste van een derde, een rechtstreekse bestelling door de opdrachtgever, een overdracht van schuldvordering en de quasi-contracten van vermogensverschuiving zonder oorzaak en zaakwaarneming.[83]

63. Door de wet van 19 februari 1990 (*BS* 24 maart 1990) werd artikel 1798 BW in die zin gewijzigd dat aan de onderaannemer een rechtstreeks vorderingsrecht werd toegekend tegen de opdrachtgever voor de betaling van werken die bij aanneming zijn uitgevoerd.[84]

Door dezelfde wet werd tevens een voorrecht[85] toegekend aan de onderaannemer (art. 20, 12° Hyp.W.). Dit voorrecht is beperkt tot het tegoed voor werken aan het gebouw van de opdrachtgever en geldt niet voor andere aannemingswerken.

§ 5. RELATIE TUSSEN DE ONDERAANNEMER EN DE HOOFDAANNEMER

64. De relatie tussen hoofdaannemer en onderaannemer is dezelfde als die tussen opdrachtgever en aannemer. Beide partijen zijn evenwel een onderneming, wat onder meer gevolgen heeft voor de toepassing van de regels van het bewijsrecht. De hoofdaannemer kiest de onderaannemer omwille van zijn specifieke vakbekwaamheid en specialisatie. Deze hoedanigheid van specialist kan, afhankelijk van het werk in kwestie, in hoofde van de onderaannemer een resultaatsverbintenis doen ontstaan.[86]

De onderaannemer kan op zijn beurt een onderaannemer aanspreken voor de uitvoering van de werken. De hoofdaannemer staat dan los van dit contract.

65. Indien de aannemer zich, voor de uitvoering van de overeenkomst, laat vervangen door een hulppersoon, zoals de onderaannemer, is de aannemer contractueel aansprakelijk voor de hulppersoon waarop hij een beroep heeft gedaan.

---

[82] Cass. 2 februari 2006, *RW* 2008-09, 926.
[83] D. DELVAUX en D. DESSARD, *o.c.*, 109, nr. 90/91.
[84] Zie meer uitgebreid Hoofdstuk 5, afdeling 3, § 6.
[85] Zie meer uitgebreid Hoofdstuk 5, afdeling 3, § 5.
[86] Zie verder, Hoofdstuk 4, afdeling 1, § 3.

De opdrachtgever zal de hoofdaannemer dus kunnen aanspreken voor de niet-uitvoering of gebrekkige uitvoering door de onderaannemer.

66. Wanneer de aannemer een beroep doet op een onderaannemer voor afbraakwerken en er tijdens deze werken brand ontstaat ten gevolge van ontoereikende voorzorgsmaatregelen door de onderaannemer, kan de aannemer hiervoor dus aansprakelijk worden gesteld. De aansprakelijkheid van de aannemer blijft evenwel beperkt tot de schade die een voorzienbaar gevolg is van de gebrekkige uitvoering door de onderaannemer.[87] Zo zal de hoofdaannemer ook contractueel aansprakelijk gesteld worden wanneer de onderaannemer niet behandeld hout gebruikt, waardoor het gebouw op termijn stabiliteitsproblemen kent.[88]

De hoofdaannemer die aansprakelijk werd gesteld door de opdrachtgever zal vervolgens een regresvordering kunnen instellen tegen de onderaannemer.

AFDELING 5. DE TIJDELIJKE VENNOOTSCHAP

67. In de bouwsector wordt, om diverse redenen, dikwijls gebruikgemaakt van een tijdelijke vennootschap, zowel in het stadium van het ontwerp en de studie als bij de ruwbouw en de afwerking van het bouwwerk.

Het doel ervan is de gezamenlijke verwezenlijking van één of meer welbepaalde (handels)verrichtingen, zijnde diensten of werken. Het moet dus de bedoeling zijn in hoofde van de vennoten om samen te werken en aldus te streven naar de verwezenlijking van het gezamenlijke doel (*affectio societatis*).

68. Op 29 februari 2019 werd het nieuwe Wetboek van vennootschappen en verenigingen gestemd. Dit wetboek treedt in werking op 1 mei 2019.

Een van de belangrijkste punten van de hervorming is dat het aantal vennootschapsvormen drastisch herleid wordt. Ook de tijdelijke handelsvennootschap zal verdwijnen. Deze wijziging dient echter gerelativeerd te worden. De maatschap blijft immers wél bestaan. De maatschap heeft een aantal eigenschappen die vergelijkbaar zijn met de tijdelijke vennootschap: de afwezigheid van rechtspersoonlijkheid, de onbeperkte aansprakelijkheid van de vennoten en de mogelijkheid om een maatschap voor bepaalde duur of voor een bepaald aflopend project op te richten. In de praktijk zal de afschaffing van de tijdelijke vennootschap er dus toe leiden dat aannemers zich zullen bundelen in een tijdelijke maatschap.

Het nieuwe Wetboek van vennootschappen en verenigingen voorziet in een overgangsregeling. Bestaande vennootschappen waarvan de rechtsvorm wordt afgeschaft door het nieuwe Wetboek, moeten het nieuwe wetboek pas toepassen vanaf 1 januari 2020 en dienen zich pas tegen 1 januari 2024 te hebben omgezet in

---

87   Cass. 4 februari 2010, *TBO* 2011, 25.
88   Brussel 24 december 2013, *TBO* 2014, 23.

een andere rechtsvorm. Tijdelijke vennootschappen kunnen dus nog tot 1 januari 2024 hun bestaan en werking behouden. Het is dan ook nog steeds relevant om de regeling inzake de tijdelijke vennootschappen te belichten.

§ 1. DEFINITIE EN KENMERKEN

69.   Conform artikel 47 van het Wetboek van Vennootschappen (W.Venn.) is de tijdelijke handelsvennootschap een vennootschap zonder rechtspersoonlijkheid die, zonder een gemeenschappelijke naam te voeren, één of meer bepaalde handelsverrichtingen tot doel heeft.

Een tijdelijke vennootschap is dus 'tijdelijk', aangezien het doel van de vennootschap beperkt is tot een welbepaalde verrichting of een beperkt aantal welbepaalde handelsverrichtingen. Wanneer dat doel is bereikt, heeft ze geen reden van bestaan meer en dooft ze uit.

70.   Door het gebrek aan rechtspersoonlijkheid heeft de vennootschap geen eigen vermogen en maatschappelijke zetel, kan ze niet gedagvaard worden in rechte en niet in vereffening of in faling gaan.[89] Ze heeft geen eigen rechten of plichten.[90] Alle rechten en plichten bevinden zich in het vermogen van de vennoten, die zich natuurlijk wel aan de vennootschapsafspraken moeten houden.

Het Hof van Cassatie formuleert het als volgt: "Wanneer de leden van een vereniging zonder rechtspersoonlijkheid een overeenkomst aangaan met een derde, worden enkel de vennoten schuldeiser en schuldenaar van de daaruit voortvloeiende rechten en verplichtingen, die in de regel onder hen verdeeld en in hun vermogen opgenomen worden."[91]

71.   Het gebrek aan rechtspersoonlijkheid impliceert tevens dat enkel de vennoten een gerechtelijke procedure kunnen opstarten. Een vordering opgestart door een tijdelijke handelsvennootschap is niet ontvankelijk.[92] Volgens de rechtbank van eerste aanleg van Luik was dit zelfs het geval wanneer in de dagvaarding de namen van de vennoten waren aangegeven.[93] Uit de artikelen 2, § 1, 47 en 53 W.Venn. volgt evenwel dat een vennoot in een tijdelijke handelsvennootschap in eigen naam en voor zijn eigen aandeel in rechte kan optreden.[94]

---

[89]   Zie art. XX.1 WER, met ingang van 1 mei 2018; zie Adv.RvS, *Parl.St.* 2016-17, nr. 2407/001, 30; zie ook noot V. SIMONART onder Cass. 6 mei 2016, *RPS-TRV* 2017, nr. 8, 1045.
[90]   D. VAN GERVEN, *Handboek Vennootschappen*, Brussel, Larcier, 2016, 260, nr. 55.
[91]   Cass. 7 maart 2014, *Arr.Cass.* 2014, 665, *TRV* 2015, 713, noot S. SOBRIE.
[92]   Art. 43, eerste lid en art. 702, eerste lid, 1° Ger.W.
[93]   Rb. Luik 24 april 2015, *JT* 2015, 529.
[94]   Cass. 6 mei 2016, *TBO* 2017, 477, *TRV/RPS* 2017, nr. 8, 1038, noot V. SIMONART.

72. De tijdelijke vennootschap kan omschreven worden als een personenvennootschap. De persoon van de vennoten is namelijk essentieel (*intuitu personae*-karakter). Zij worden gekozen omwille van hun specifieke technische, financiële of andere kwaliteiten.

Dit heeft een aantal gevolgen:
- de vennoten kunnen hun aandeel in de vennootschap niet vrij overdragen;
- het overlijden of het faillissement van een vennoot heeft, in principe, de ontbinding van de vennootschap tot gevolg;
- behoudens andersluidend beding, is het akkoord van alle vennoten vereist voor een wijziging van de statuten;
- de afgesloten overeenkomsten kunnen niet worden overgedragen aan één van de vennoten zonder toestemming van de medecontractant (opdrachtgever van de werken).

73. Uit de praktijk zijn twee types van tijdelijke vennootschappen gegroeid: de geïntegreerde en de niet-geïntegreerde tijdelijke vennootschap. Bij een geïntegreerde tijdelijke handelsvennootschap delen de vennoten de eigen middelen voor de verwezenlijking van een gemeenschappelijk project, dat hen hoofdelijk bindt. In een niet-geïntegreerde vennootschap verwezenlijkt elke vennoot één of meer onderscheiden fasen van het project. In beide gevallen wordt het financieel resultaat – positief of negatief – in principe verdeeld onder de vennoten in functie van hun aandeel in de onderneming.

§ 2. DE OPRICHTING

74. De tijdelijke handelsvennootschap is een consensuele vennootschap. Dat betekent dat de oprichting en de werkingsvoorschriften geregeld worden volgens de wil van de partijen. Om bewijsproblemen te voorkomen, is het evenwel aangewezen een geschrift op te stellen. In bouwzaken wordt, gelet op de onzekerheid of een bepaalde opdracht zal worden toegewezen, vaak een voorovereenkomst afgesloten tussen de partijen waarin de principes van de toekomstige samenwerking worden uiteengezet.

De vennoten dienen een inbreng in de vennootschap te doen; dit kan gebeuren in geld, goederen of nijverheid.[95] Wanneer het geld of goederen betreft, ontstaat bij gebrek aan rechtspersoonlijkheid van de vennootschap een vrijwillige mede-eigendom, die beheerst wordt door de statutaire bepalingen daaromtrent, of, bij ontstentenis daarvan, door de artikelen 33 tot 37 W.Venn.

---

[95]   Art. 19 W.Venn.

§ 3. DE WERKING

75. In principe behoort het beheer aan elk van de vennoten toe (art. 36 W.Venn.). De vennoten worden immers geacht elkaar wederkerig de macht te hebben verleend om te beheren. Elke vennoot heeft dus een stilzwijgend mandaat om de vennootschap te beheren en te besturen, behoudens het recht van zijn medevennoten om zich tegen zijn handeling te verzetten voordat deze verricht is. Van deze regel kan in de statuten worden afgeweken door het aanduiden van zaakvoerders. De werking van de vennootschap wordt dus geregeld door de statuten, en bij gebrek daaraan, door de artikelen 33 e.v. W.Venn.

In de praktijk wordt een directiecomité aangesteld, bestaande uit vertegenwoordigers van de vennoten. Dit comité heeft in principe de meest uitgebreide bevoegdheden om daden van beheer en beschikking te treffen die nodig zijn voor het beheer van de vennootschap en de verwezenlijking van haar doel. Daarenboven wordt het dagelijks bestuur van de vennootschap vaak overgelaten aan één of meerdere 'administratieve beheerders', belast met de uitvoering van de beslissingen van het directiecomité.

76. Als gevolg van het feit dat de vennootschap geen eigen vermogen heeft, zijn alle goederen onverdeelde mede-eigendom van de vennoten. De vennoten kunnen echter niet vrij beschikken over hun aandeel. Dit zou de werking van de tijdelijke handelsvennootschap onmogelijk maken. De vennoten zijn gebonden aan hun vennootschapscontract en moeten de goederen aanwenden volgens het maatschappelijk doel.

77. Voorheen kon een tijdelijke vennootschap in principe niet als aannemer van overheidsopdrachten fungeren. Door het gebrek aan rechtspersoonlijkheid kon ze niet als aannemer worden erkend.[96] Nochtans werd een dergelijke vennootschap wel tot de uitvoering van overheidswerken toegelaten voor zover minstens één van de vennoten over een erkenning beschikte die overeenstemde met de voor die werken vereiste klasse en categorie of ondercategorie, én voor zover de andere vennoten beantwoordden aan bepaalde voorwaarden.

78. In de nieuwe Overheidsopdrachtenwet van 17 juni 2016[97] werd bepaald dat "combinaties van ondernemers mogen deelnemen aan overheidsopdrachten. Een aanbesteder kan niet eisen dat zij voor het indienen van een aanvraag tot deelname of een offerte een bepaalde rechtsvorm aannemen".[98] Een ondernemer is in de zin van deze wet elke natuurlijke persoon, elke privaat- of publiekrechtelijke

---

[96]   Zie Hoofdstuk 9, afdeling 6.
[97]   Wet 17 juni 2016 inzake overheidsopdrachten, *BS* 14 juli 2016.
[98]   Art. 8 wet 17 juni 2016 inzake overheidsopdrachten. Het volledige artikel 8 luidt:
       "§ 1. Ondernemers die krachtens de wetgeving van de lidstaat waar zij zijn gevestigd, gerechtigd zijn de betrokken dienst te leveren, mogen niet worden afgewezen louter op grond van

rechtspersoon of elke combinatie van deze personen, met inbegrip van alle tijdelijke samenwerkingsverbanden van ondernemingen, die werken, leveringen of diensten op de markt aanbieden.[99]

79. De tijdelijke handelsvennootschappen waarvan ten minste twee vennoten erkend zijn in dezelfde klasse en (onder)categorie worden geacht de vereiste erkenning te bezitten voor de uitvoering van de in de onmiddellijk hogere klasse ingedeelde werken van die categorie.[100]

80. Een vennoot in een tijdelijke handelsvennootschap kan steeds in eigen naam en voor zijn eigen aandeel in rechte optreden voor de gewone rechtbanken. In het voorliggende geval had een vennoot de overheid gedagvaard in betaling van onbetwiste facturen van de tijdelijke handelsvennootschap. Volgens het Hof van Cassatie had het hof van beroep ten onrechte de vordering afgewezen als niet ontvankelijk.[101]

81. In een geschil voor de Raad van State is het dan weer wel vereist dat alle vennoten samen optreden, bijvoorbeeld in het kader van een vordering tot vernietiging van een beslissing tot toewijzing van een overheidsopdracht.[102] De

---

het feit dat zij krachtens in België van toepassing zijnde wet- of regelgeving, een natuurlijke persoon dan wel een rechtspersoon moeten zijn.

§ 2. Combinaties van ondernemers mogen deelnemen aan overheidsopdrachten. Een aanbesteder kan niet eisen dat zij voor het indienen van een aanvraag tot deelname of een offerte een bepaalde rechtsvorm aannemen.

Aanbesteders kunnen in de opdrachtdocumenten verduidelijken op welke wijze combinaties van ondernemingen aan de vereisten op het gebied van economische en financiële draagkracht en technische en beroepsbekwaamheid als bedoeld in artikel 71, eerste lid, 2° en 3°, moeten voldoen, wat de klassieke sectoren betreft, dan wel, wat de speciale sectoren betreft, aan de criteria en voorschriften op het gebied van kwalificatie en kwalitatieve selectie als bedoeld in Titel 3, Hoofdstuk 4, Afdeling 3, Onderafdeling 2, mits deze gerechtvaardigd zijn op basis van objectieve gronden en proportioneel zijn. De Koning kan de voorwaarden voor de toepassing van die vereisten bepalen.

Alle aan combinaties van ondernemers opgelegde voorwaarden voor uitvoering van een opdracht, die afwijken van de voorwaarden die aan individuele deelnemers zijn opgelegd, moeten eveneens op objectieve gronden berusten en dienen proportioneel te zijn.

Niettegenstaande het eerste lid mogen aanbesteders van combinaties van ondernemers eisen dat zij een bepaalde rechtsvorm aannemen nadat de opdracht aan hen is gegund, voor zover dit nodig is voor de goede uitvoering van de overheidsopdracht."

[99]   Art. 2, 10° wet 17 juni 2016 inzake overheidsopdrachten.
[100] Art. 11, § 2 wet 20 maart 1991 houdende regeling van de erkenning van aannemers.
[101] Cass. 6 mei 2016, *TBO* 2017, 477, *RPS-TRV* 2017, 1038; Cass. 7 maart 2014, *TRV* 2015, 713, noot S. SOBRIE, "Het partieel optreden in rechte door leden van een groepering zonder rechtspersoonlijkheid".
[102] RvS 27 oktober 2008, nr. 187.384; RvS 28 november 2008, nr. 188.377; RvS 18 juni 2009, nr. 194.336, *T.Aann.* 2009, afl. 4, 356, noot C. DE WOLF, "Eén voor allen, allen voor één of toch niet? Beroep voor de Raad van State van een tijdelijke handelsvennootschap als inschrijver op een overheidsopdracht"; RvS 18 november 2010, nr. 208.987; RvS 24 november 2010, nr. 209.130, *T.Aann.* 2011, 304; RvS 7 januari 2011, nr. 210.299; RvS 9 maart 2011, nr. 211.866;

vordering in vernietiging heeft immers een ondeelbaar karakter. Ook hebben de vennoten niet te persoonlijken titel ingeschreven op de overheidsopdracht, maar in het kader van een tijdelijke handelsvennootschap. Mocht de opdracht zijn toegewezen, dan hadden alle vennoten samen de verplichting om de overeenkomst uit te voeren.[103]

82. Een tijdelijke handelsvennootschap kan een btw-nummer krijgen, in haar eigen naam facturen uitschrijven en facturen ontvangen.[104]

83. Boekhoudkundig moeten de activiteiten van de tijdelijke handelsvennootschap geboekt worden in afzonderlijke rekeningen.[105] Doorgaans worden de verrichtingen van geïntegreerde tijdelijke handelsvennootschappen zelfs in een afzonderlijke boekhouding geregistreerd. De rekeningen van de tijdelijke handelsvennootschap dienen vervolgens in de rekeningen van de geassocieerde ondernemingen te worden geïntegreerd.[106]

§ 4. AANSPRAKELIJKHEID VAN DE VENNOTEN

84. Overeenkomstig artikel 53 W.Venn. zijn de vennoten van een tijdelijke handelsvennootschap hoofdelijk gehouden jegens de derden met wie zij hebben gehandeld.

85. Zo kan een onderaannemer elk van de vennoten aanspreken ook al heeft hij gecontracteerd met één van hen. Het al dan niet geïntegreerde karakter van de vennootschap of het feit dat de uit te voeren werken tussen de vennoten in loten werden verdeeld en elk van hen onderaannemers kon aanstellen, doet hieraan geen afbreuk. Dit principe blijft gelden wanneer de vennoot met wie hij de overeenkomst heeft gesloten in faling is.[107]

86. Wat de buitencontractuele aansprakelijkheid betreft, dient er een onderscheid gemaakt te worden tussen de situatie waarbij slechts één enkele vennoot een buitencontractuele fout heeft begaan en de situatie waarbij de schade veroorzaakt is door de gezamenlijke fout van de vennoten. In het eerste geval kan de schadelijder zich enkel verhalen op de betreffende vennoot. In het tweede geval

---

RvS 27 januari 2012, nr. 217.590; RvS 13 februari 2015, nr. 230.188; RvS 20 augustus 2015, nr. 232.069; T. MAES, "De Raad van State en tijdelijke handelsvennootschappen", *TBP* 2010, 132.

[103] HvJ 8 september 2005, nr. C-129/04.

[104] T. TILQUIN, en V. SIMONART, *Traité des sociétés*, deel I, 635, nr. 834.

[105] MvT bij de oorspronkelijke wet van 17 juli 1975 op de boekhouding van de ondernemingen.

[106] Zie het advies van de Commissie voor Boekhoudkundige Normen nr. 3-3 inzake de boekhoudkundige verwerking van verrichtingen van tijdelijke handelsvennootschappen.

[107] Brussel (20ᵉ k.) 22 februari 2016, *TBO* 2017, 536, noot M. SCHOUPS en P. VAN DEN BOS.

kan het slachtoffer elk van de vennoten aanspreken voor vergoeding van de volledige schade (aansprakelijkheid *in solidum*).

87.   Volgens artikel 5 Sw. is een rechtspersoon – in dit kader wordt een tijdelijke handelsvennootschap gelijkgesteld met een rechtspersoon– strafrechtelijk verantwoordelijk voor misdrijven die hetzij een intrinsiek verband hebben met de verwezenlijking van zijn doel of de waarneming van zijn belangen, of die, naar blijkt uit de concrete omstandigheden, voor zijn rekening zijn gepleegd. Op deze wijze kunnen de vennoten van de tijdelijke handelsvennootschap strafrechtelijk worden vervolgd voor de genoemde misdrijven. Uiteraard blijven de vennoten daarnaast individueel strafrechtelijk verantwoordelijk voor misdrijven die losstaan van de werking van de tijdelijke handelsvennootschap.

§ 5.   ONTBINDING – VEREFFENING – VERDELING

A.   Ontbinding

88.   Indien het doel van de vennootschap verwezenlijkt wordt, wordt de tijdelijke handelsvennootschap ontbonden.[108] In bouwzaken is het doel van de vennootschap in principe bereikt bij de voorlopige oplevering van de werken, aangezien op dat moment wordt vastgesteld dat de werken voltooid zijn. Nochtans lijkt het aangewezen slechts over te gaan tot ontbinding van de vennootschap na de volledige vereffening van de rekeningen tegenover derden en na de beëindiging van alle geschillen en de uitdoving van de verantwoordelijkheden die voortvloeien uit de werken. Dit laatste betekent dat in vele gevallen dat gewacht moet worden tot na het verstrijken van de tienjarige aansprakelijkheid opgenomen in de artikelen 1792 en 2270 BW.

Een andere, veelvoorkomende reden van ontbinding is het faillissement van één van de vennoten.[109] Hiervan kan statutair worden afgeweken door te bepalen dat de andere vennoten diens deel van de aanneming zelf zullen uitvoeren.

Aangezien een tijdelijke vennootschap geen rechtspersoonlijkheid bezit, is het vennootschapsvermogen niet afgescheiden van het vermogen van de vennoten. De schuldeisers van de tijdelijke handelsvennootschap komen dan ook in samenloop met de schuldeisers van de vennoten.

B.   Vereffening

89.   Na de ontbinding worden de rekeningen tussen de vennoten gemaakt door de aangestelde vereffenaar.

---

[108]   Art. 39, 2° W.Venn.
[109]   Art. 39, 4° W.Venn.

Indien het aandeel van elke vennoot niet nader is bepaald, is ieders aandeel evenredig aan zijn inbreng.[110] Het aandeel in de winsten en verliezen van de vennoot die slechts zijn nijverheid heeft ingebracht wordt geregeld alsof zijn inbreng gelijk was aan die van de vennoot die het minste heeft ingebracht.

Echter, meestal bepalen de statuten de wijze van verdeling tussen de vennoten van de winsten en verliezen. De toekenning van de gehele winst aan één van de vennoten of de vrijstelling van deelname in de verliezen is evenwel ongeldig en leidt tot de nietigheid van de vennootschap.[111] Er wordt wel aanvaard dat een vennoot die enkel zijn werk inbrengt, wordt vrijgesteld van deelname in de verliezen, vermits op dat moment zijn werk mogelijk al niet of niet volledig zal zijn vergoed.

AFDELING 6. CONTROLEORGANISME

§ 1. BEGRIPSOMSCHRIJVING EN WETTELIJK KADER

90. Onder controleorganisme dient iedere instelling van (in hoofdzaak) privaatrechtelijke aard begrepen te worden dat – al dan niet verplicht – belast is met de technische controle van gebouwen en werken van civiele techniek of van allerhande mechanische (bv. liften) of elektrische installaties.

De organisatie, de afbakening van hun opdracht en de wijze van de controles wordt geregeld in diverse wetten en besluiten: artikel IX.11 WER, de Welzijnswet[112] en het KB van 27 april 2007.[113]

Bovendien dient het controleorganisme voor de uitvoering van bepaalde door de wet voorgeschreven controles erkend, geaccrediteerd of gecertificeerd zijn. Het betreft onder andere de controle van machines[114], elektrisch aangedreven werfmateriaal en stroomgroepen[115], heftoestellen en metaalstructuren enz.

De Codex Welzijn op het werk legt de erkenningsvoorwaarden en werkingscriteria van de zogenaamde 'externe diensten voor technische controles op de werkplaats' (EDTC's) en het toezicht daarop vast. Tot hiertoe werden EDTC's erkend voor stoomtoestellen, droogtoestellen met middelpuntvliedende kracht, hefwerktuigen, gasrecipiënten en metalen gordijnen en hulpapparatuur voor schouwspelzalen.[116]

---

[110] Art. 30 W.Venn.

[111] Art. 32 W.Venn.

[112] Art. 40, § 2 wet 4 augustus 1996 betreffende het welzijn van de werknemers bij de uitvoering van hun werk (*BS* 18 september 1996).

[113] KB 27 april 2007 ter bepaling van werkingscriteria en de modaliteiten van de controle op de werking van tussenkomende organismen, *BS* 21 mei 2007.

[114] KB 12 augustus 2008 betreffende het op de markt brengen van machines (*BS* 1 oktober 2008).

[115] Algemeen Reglement op de Elektrische Installaties (AREI): art. 262 en 272 (hoogspanningsinstallaties), art. 52.11 en 270 (huishoudelijke elektrische installaties), art. 57 (elektrisch aangedreven werfmateriaal en stroomgroepen).

[116] Zie www.werk.belgie.be/erkenningen.

91. De EDTC's, en het personeel in het bijzonder, moeten in volle onafhankelijkheid kunnen werken. Dit impliceert dat de EDTC's, de directeur en het technisch personeel ervan niet de ontwerper, de fabrikant, de leverancier, de installateur of de gebruiker mogen zijn van de machines, installaties, arbeidsmiddelen en beschermingsmiddelen die zij controleren, noch de gemachtigde van één van de genoemde personen. Het personeel mag evenmin op financiële wijze beïnvloed of onderdrukt worden. Zo mag de bezoldiging niet afhangen van het aantal controles dat ze verrichten, noch van de uitslagen van deze controles.

§ 2. AANSTELLING EN OPDRACHT

92. De controle kan opgelegd worden door een wettelijke of reglementaire bepaling. Indien dat het geval is, zal de wet of het reglement aangeven wie de controle moet laten uitvoeren en wat de inhoud en de reikwijdte van de opdracht precies omvatten. De taak van het controleorganisme bestaat er dan in na te gaan of de goederen, de installatie of het bouwwerk conform de wettelijke voorschriften zijn.

Wanneer de controle niet wettelijk voorgeschreven is, zal de opdracht meestal uitgaan van de opdrachtgever van de werken, die op deze wijze een grotere zekerheid heeft dat de werken uitgevoerd zijn volgens de regels van de kunst.

93. Naast de technische onderzoeken en controles die voorgeschreven zijn door wettelijke of reglementaire bepalingen, voeren de controleorganismen opdrachten uit als technische adviseurs van de verzekeraars van de tienjarige aansprakelijkheid van de ontwerpers en aannemers.

Indien de verzekerde werken gecontroleerd worden door een onafhankelijk controleorganisme, kan dit in het kader van een zogenaamde *controleverzekering* gebeuren. De aanstelling gebeurt dan hetzij door de verzekeraar (meestal), door de financier van het project of door de verzekeringnemer, zijnde de bouwheer of de (hoofd)aannemer.

In dergelijk geval bevat de technische controle zowel het nazicht van het ontwerp als de uitvoering van het bouwwerk. De controle van het ontwerp behelst het nazicht van de studie, plannen en lastenboeken opgesteld door de ontwerpers. De controle van de uitvoering speelt zich meestal af op drie niveaus, nl. de controle van de uitvoeringsdocumenten, de controle van de verwerkte materialen in de fabrieken en de controle van de uitvoering zelf, d.w.z. nazien of de uitvoering in overeenstemming is met de plannen en volgens de regels van de kunst gebeurt. Wanneer de opdracht tevens de technische installaties van het gebouw betreft, worden de werkingsprestaties van deze installaties gecontroleerd, tenzij anders vermeld in de overeenkomst.

94. Het controleorganisme zal aan de betrokken partijen elk gebrek of elke tekortkoming melden die het vaststelt en die van aard is om de stabiliteit en de goede werking van de gecontroleerde constructies in gevaar te brengen. Het komt dan aan deze partijen toe om, op hun verantwoordelijkheid, de gepaste maatregelen te nemen om eraan te verhelpen.

Indien er geen maatregelen worden genomen, kan het controleorganisme zijn activiteiten stopzetten. Voor de verzekeringnemer zal dit betekenen dat ook de dekking van de verzekering op de helling komt te staan.

Het controleorganisme heeft in de praktijk dan ook een aanzienlijke macht over het bouwproject, sommigen spreken zelfs over een ware 'voogdij' over de betrokken bouwpartijen.[117]

De controleopdracht wordt beëindigd bij de voorlopige oplevering van de werken en van de gecontroleerde technische installaties van het gebouw, of bij ontstentenis hiervan, op het ogenblik van de ingebruikneming of ingebruikstelling van het bouwwerk.

Op te merken valt dat de doelstelling van de controle totaal verschillend is van de wettelijke controleopdracht van de architect, zoals voorgeschreven door artikel 4 van de wet van 20 februari 1939.

§ 3. VERGOEDING

95. Het controleorganisme kan zijn ereloon op verscheidene wijzen begroten.

Soms wordt er gewerkt tegen vaste prijs. Dit zal doorgaans het geval zijn bij (routine)controles die opgelegd zijn door een wettelijke of reglementaire bepaling. Dikwijls wordt dan een 'abonnement' afgesloten met de opdrachtgever voor meerdere jaren.[118]

Wanneer het een opdracht betreft in het kader van een controleverzekering met betrekking tot een bouwwerk, wordt het ereloon dikwijls bepaald als een percentage van de definitieve kostprijs van de gecontroleerde werken met een vastgesteld bedrag als minimum. In dit geval wordt er gewerkt met voorschotten, opgevraagd in schijven volgens de vooruitgang van de werken. De eerste schijf zal worden opgevraagd bij het nazicht van de aanbestedingsdossiers.

Meestal is erin voorzien dat het ereloon voor de helft de prestaties geleverd bij de controle van de studie vergoed en voor de helft de prestaties geleverd bij de controle van de uitvoering. Dit zal van belang zijn bij een vroegtijdige stopzetting van de opdracht.

---

[117] J.-L. MISRANI, "Le contrôle technique pour la sécurité de la construction, les constructeurs et la jurisprudence", *T.Aann.* 1984, (289) 290.

[118] Bv. bij een opdracht voor de controle van liften.

§ 4. AANSPRAKELIJKHEID VAN HET CONTROLEORGANISME

A. Contractuele aansprakelijkheid

1. Algemeen

96. Bij wettelijk voorgeschreven technische controles ging bepaalde rechtspraak ervan uit dat het controleorganisme zijn taak uitvoerde los van iedere contractuele band. Er kon dan ook geen sprake zijn van een contractuele wanprestatie jegens de aansteller.[119]

Deze redenering kan niet gevolgd worden. Dat het controleorganisme door de overheid aldus erkend is en dat zijn tussenkomst volgt uit een wettelijke verplichting, wijzigt niets aan de juridische realiteit dat het zijn opdracht uitvoert na daartoe te zijn aangesteld door een partij.

Er is dus steeds een contractuele relatie, te omschrijven als een contract van huur van diensten. Het controleorganisme levert in volle onafhankelijkheid bepaalde intellectuele en materiële prestaties tegen vergoeding, net zoals een architect, een ingenieur of een studiebureau.

97. De opdracht van het controleorganisme is een middelenverbintenis. Dit impliceert dat steeds aangetoond moet worden dat het controleorganisme een fout heeft begaan.[120] Het bestaan van een gebrek in de werken houdt echter niet noodzakelijk een fout in.

De fout van het controleorganisme kan wel bestaan in:
- een gebrekkige, of meer bepaald een onvoldoende controle, met als gevolg dat bepaalde gebreken in de installatie, in het ontwerp of bij uitvoering van de werken niet werden vastgesteld terwijl dit redelijkerwijs wel had moeten gebeuren;
- een slechte toepassing of interpretatie van de bestaande norm of regels van de kunst of het stellen van buitenmatige eisen van kwaliteit waardoor installaties of werken onnodig worden afgekeurd of zeker de uitvoering ervan zware vertragingen oploopt;
- het opdringen aan de bouwpartijen van een ontwerp of uitvoeringswijze die gebreken bevat.

In het eerste en het derde geval wordt de fout meestal vastgesteld na de uitvoering en oplevering van de werken. Bijgevolg rijst de vraag naar de aansprakelijkheid van het controleorganisme voor verborgen gebreken en naar de toepasselijkheid van de tienjarige aansprakelijkheid (zie hierna).

---

[119] Luik 14 juni 1984, AIB t. Entreprises L. Duchène en Distrigaz, *T.Aann.* 1993, 249, met afwijzende noot van P. FLAMME; Kh. Brussel 8 september 1988, Landes Bank SAAR t. Distrigaz en AIB, onuitg.

[120] Brussel 30 juni 1982, *RGAR* 1983, nr. 10703, Brusilia Building t. Seco.

In het tweede geval leidt de te strenge toepassing van de normen tot een stopzetting of afkeuring van de werken en dit uiterlijk bij de oplevering ervan.

Wanneer de stopzetting of afkeuring onterecht is, kan de aannemer zich verhalen op de opdrachtgever. De opdrachtgever heeft immers de contractuele verplichting om de aannemer toe te laten het werk uit te voeren in normale omstandigheden. Hij dient jegens de aannemer in te staan voor fouten van zijn 'raadgevers', met name het controleorganisme. De opdrachtgever zal, in principe, op zijn beurt de schade kunnen verhalen op het controleorganisme.

2. Tienjarige aansprakelijkheid (art. 1792 BW)

98. De regels van de tienjarige aansprakelijkheid, zoals opgenomen in de artikelen 1792 en 2270 BW, zijn uitzonderingsbepalingen en moeten dus strikt geïnterpreteerd worden. De overeenkomst tussen een bouwheer en een controleorganisme behelst geen architectenopdracht of bouwovereenkomst en valt dus op zich niet onder het toepassingsgebied van de artikelen 1792 en 2270 BW.

Echter, wanneer het controleorganisme verplichtingen heeft onderschreven die nauw verwant zijn met die van een architect (bv. een rechtstreeks contract met de bouwheer voor het onderzoek van de bodem, interpretatie van de sonderingen, ontwerp- en uitvoeringsplannen, controle op de uitvoering enz.), draagt het dezelfde aansprakelijkheid als een architect en is het dus onderworpen aan de tienjarige aansprakelijkheid. Het is dus een feitenkwestie, waarover de feitenrechter soeverein zal oordelen.[121]

Om de tienjarige aansprakelijkheid te vermijden, wordt in de modelcontracten bepaald dat het controleorganisme geen ontwerpen of gedeelten ervan dient op te stellen. Ook wordt steeds bedongen dat op generlei wijze wordt deelgenomen aan de leiding van de werken, zoals wettelijk opgedragen aan de architect. De taak van het controleorganisme zal dan ook beperkt zijn tot het geven van opmerkingen en niet-bindende adviezen. Uit de (schaarse) rechtspraak blijkt evenwel dat het controleorganisme soms de limieten van zijn opdracht overschrijdt en daardoor samen met andere bouwpartijen aansprakelijk wordt gesteld.

B. Buitencontractuele aansprakelijkheid

99. Een controleorganisme kan eventueel overeenkomstig de artikelen 1382 en 1383 BW buitencontractueel aansprakelijk worden gesteld.

De fout kan bestaan in een tekortkoming van de algemene zorgvuldigheidsplicht of in een inbreuk op een specifieke wettelijke bepaling.

Aannemers, architecten, ingenieurs en anderen kunnen zich, indien de voorwaarden daartoe vervuld zijn, op basis van artikel 1382 BW richten tegen het

---

[121] Zie bv. Brussel 8 juni 1977, *RGAR* 1978, nr. 9972: toepassing van art. 1792 BW; Brussel 30 juni 1982, *RGAR* 1983, nr. 10703 en Rb. Turnhout 26 juni 1996, O.C.M.W. Turnhout t. A.B.E.B., onuitg., geen toepassing van art. 1792 BW.

controleorganisme dat buiten zijn opdracht is getreden, voor zover ze zelf niet medeplichtig zijn aan die fout door een eigen nalatigheid.

Geoordeeld werd dat het feit dat SECO, in strijd met zijn verbintenis om niet op te treden als bouwpartij, een beslissing had genomen in de loop van de uitvoering van de werken die leidde tot schade, een extracontractuele fout uitmaakte jegens de architect.[122]

Ook het feit dat het controleorganisme AIB buitenmatig streng was geweest bij de controle van lasnaden van een gaspijpleiding, met alle vertragingen en kosten van dien in hoofde van de aannemer, werd beschouwd als een buitencontractuele fout in hoofde van het controleorganisme ten aanzien van de aannemer.[123]

Het controleorganisme kan zich bovendien niet exonereren voor zijn buitencontractuele aansprakelijkheid.[124]

1. Invloed van de beslissingen van het controleorganisme
   op de aansprakelijkheid van de andere bouwpartijen

100. De loutere goedkeuring door een controleorganisme van een ontwerp of uitvoering vrijwaart de betrokken bouwpartijen niet van de aansprakelijkheid voor hun eigen fouten. Dat de opdrachtgever zich bij een verkeerde beslissing van het controlebureau alsnog op deze bouwpartijen kan verhalen, zal wel tot gevolg hebben dat de verantwoordelijkheid van de aannemer en de architect verminderd (of gedeeld) wordt.

101. Zoals eerder aangegeven, heeft het controleorganisme, zeker wanneer wordt gewerkt in het kader van een controleverzekering, dikwijls een grote invloed op het verloop van het bouwproces.[125] De vraag rijst dan ook naar de eigen aansprakelijkheid van de andere bouwpartijen wanneer zij gehouden zijn zich te schikken naar een beslissing van het controlebureau.

Het Franse Hof van Cassatie oordeelde hieromtrent dat een architect zich enkel kan onttrekken aan zijn tienjarige aansprakelijkheid indien hij een vreemde oorzaak kan aantonen. Het toegeven aan de eisen van een controlebureau kan daar niet onder worden begrepen, zodat zijn aansprakelijkheid onverkort blijft gelden.[126]

In België wordt echter gepleit voor een meer billijke oplossing, zeker wanneer de architect of aannemer voorbehoud hebben gemaakt bij de uitvoering van deze beslissing.[127]

---

[122] Brussel (5ᵉ k.) 29 mei 1991, *T.Aann.* 1994, noot A. CAEYMAEX: het betrof een beslissing tot ontkisting van een betonbalk, wat leidde tot de instorting van het dak van een muziekconservatorium in opbouw.

[123] Luik (7ᵉ k.) 14 juni 1984, *T.Aann.* 1993, 249, noot P. FLAMME.

[124] Brussel (5ᵉ k.) 29 mei 1991, *T.Aann.* 1994, noot A. CAEYMAEX.

[125] FLAMME spreekt zelfs van *"l'incontestable hiérarchie des compétences"* (*Le contrat d'entreprise, Quinze ans de jurisprudence (1975-1990)*, Brussel, Larcier, 1991, nr. 191).

[126] Cass.fr. 16 april 1986, *T.Aann.* 1987, 97, noot P. FLAMME.

[127] J.P. VERGAUWE, *Le droit de l'architecture*, Brussel, De Boeck, 1991, 144.

Zo oordeelde het hof van beroep van Brussel in een geval waarbij een dak deels was ingestort ten gevolge van de keuze om een overspanning uit te voeren in geprefabriceerde betonbalken in plaats van een monolithisch betonblok, dat de aansprakelijkheid van de aannemer en van de architect niet in aanmerking genomen kon worden, maar enkel die van het controleorganisme en het studiebureau. Het hof was van oordeel dat, gelet op hun grote graad van specialisatie, zij de enige partijen waren die schuld hadden aan het voorval.[128]

AFDELING 7. VERKOPER-FABRIKANT

102. De toegenomen industrialisering en prefabricatie maakt de verkoper-fabrikant tot een belangrijke medespeler in het totale bouwwerk. De meeste materialen worden geconcipieerd in de fabriek en kant-en-klaar geleverd. De producten zijn dikwijls het resultaat van een lang onderzoeksproces in de eigen labo's en hebben een doorgedreven techniciteit.

§ 1. PLICHT TOT CONFORME EN TIJDIGE LEVERING

103. De belangrijkste verplichting van de verkoper-fabrikant bestaat vanzelfsprekend uit de leveringsplicht. Deze plicht impliceert enerzijds dat de verkoper-fabrikant de zaken moet leveren zoals werd overeengekomen (de conforme levering) en anderzijds dat de verkoper-fabrikant deze zaken ook tijdig moet leveren.

A. Conforme levering

104. Een levering is conform wanneer de verkoper de goederen levert die met de overeenkomst in overeenstemming zijn (art. 1604 BW). Een verkoper dient aan de koper een zaak ter beschikking te stellen die in ieder opzicht volkomen identiek is aan de zaak die het voorwerp van de koop is geweest. Dit betekent dat de geleverde zaak op alle punten moet beantwoorden aan de kwaliteit, de hoeveelheid, de kenmerken of de hoedanigheden die contractueel werden bedongen. Een koper kan niet verplicht worden om een andere zaak aan te nemen dan diegene die hem op grond van de overeenkomst verschuldigd is.[129]

105. De verkoper moet bovendien de zaak leveren in de staat waarin deze zich bevindt op het ogenblik van de verkoop (art. 1614 BW). Dit betekent dat de zaak

---

[128] Brussel 29 mei 1991, *T.Aann.* 1994, 232.
[129] Rb. Oost-Vlaanderen (afd. Gent, 11ᵉ k.) 3 januari 2017, *TBO* 2017, 96 (onroerend goed bij onderhandse overeenkomst verkocht met kantmelding op de hypothecaire staat).

geen wijzigingen mag ondergaan tussen de verkoop en de levering (tenzij dit uit de aard van het goed voortvloeit).

106. Wanneer de koper vaststelt dat de geleverde zaak niet volledig overeenstemt met de verkochte zaak, heeft de verkoper een inbreuk gepleegd op zijn leveringsplicht. De koper zal derhalve een vordering wegens niet-conforme levering kunnen instellen. Een vrijwaringsvordering wegens verborgen gebreken zal in deze situatie ongegrond zijn. Het geleverde goed vertoont namelijk geen gebrek.

Een vordering op grond van niet-conforme levering kan *in se* dus niet gecombineerd worden met een vordering op grond van verborgen gebreken. Indien gesteld wordt dat de geleverde zaken niet conformeren aan de overeenkomst, staat enkel de vordering wegens niet-conforme levering open. Indien gesteld wordt dat er een verborgen gebrek bestaat dat de zaak ongeschikt maakt voor het gebruik waartoe de koper het met medeweten van de verkoper bestemde, staat enkel de vordering wegens verborgen gebreken open.[130]

Echter, in de rechtspraak worden beide vorderingen soms wél aanvaard. Zo achtte de rechtbank zowel de vordering wegens niet-conforme levering als de vrijwaringsvordering wegens verborgen gebreken gegrond in de situatie waarbij de verkoper van een onroerend goed ten onrechte in de compromis verklaard had dat voor alle bouwwerken een bouwvergunning was verkregen. Aangezien de verklaring van de verkoper inzake de bouwvergunningen onjuist was, had de verkoper niet geleverd wat overeengekomen werd (niet-conforme levering). Gelet op het ontbreken van een bouwvergunning liep de koper bovendien het risico dat hij het deel dat zonder vergunning werd gebouwd, zou moeten afbreken. Dit maakte de verkochte zaak ongeschikt voor het gebruik waartoe de koper het had bestemd. De verkochte zaak was derhalve ook behept met een verborgen gebrek.[131]

107. Wanneer de zaak aanvaard werd door de koper, houdt dit een erkenning in vanwege de koper dat de geleverde zaak overeenstemt met de verkochte zaak en dat deze vrij is van zichtbare gebreken. De koper zal zich dus niet meer op de niet-conformiteit kunnen beroepen (tenzij de non-conformiteit onnaspeurbaar was op het moment van de levering).[132]

Wanneer de bouwheer bijvoorbeeld de kans heeft gekregen om de geleverde goederen te keuren alvorens deze te verwerken, wanneer de goederen daadwerkelijk onderzocht werden door de bouwheer (door stalen te nemen) en wanneer de bouwheer de goederen vervolgens zonder voorbehoud in ontvangst nam en ze installeerde, zal de bouwheer de goederen als conform aanvaard hebben. Dit geldt

---

[130] Rb. Antwerpen (afd. Antwerpen, AB12ᵉ k.) 6 oktober 2015, *TBO* 2016, 346.
[131] Rb. Leuven 8 februari 2003, *T.App.* 2003, afl. 2, 34.
[132] S. STIJNS, B. TILLEMAN, W. GOOSSENS, B. KOHL, E. SWAENEPOEL en K. WILLEMS, "Overzicht van rechtspraak. Bijzondere overeenkomsten: Koop en aanneming (1999-2006)", *TPR* 2008, afl. 4, 1504-1505.

in het bijzonder wanneer de bouwheer nadien een bijkomende bestelling van precies dezelfde goederen plaatst.[133]

Het is dus van groot belang de goederen te controleren alvorens ze daadwerkelijk in ontvangst te nemen. Om de eigenschappen van de producten te kennen, zal de architect zich dikwijls moeten verlaten op de documentatie verstrekt door de fabrikant, wat de controle van de conformiteit van de goederen met de voorschriften van het lastenboek er niet gemakkelijker op maakt.

B. Tijdige levering

108. Partijen kunnen contractueel overeenkomen binnen welke termijn geleverd moet worden. Het is tevens mogelijk dat de termijn slechts bij benadering wordt gegeven.

109. Indien geen termijn werd bepaald door partijen, is de vraag wanneer precies geleverd moet worden. Het Burgerlijk Wetboek voorziet niet in een regeling. Er bestaat dus geen welbepaalde of specifieke suppletiefrechtelijke leveringstermijn.

Er werd reeds geopperd dat de levering bijgevolg dient te geschieden op het ogenblik dat partijen overeenstemming hebben bereikt over de zaak en de prijs. Het toekennen van een leveringstermijn is namelijk een gunst. Wie het voordeel van een termijn inroept, moet hiervan het bewijs kunnen aanbrengen.[134] De levering zou dus onmiddellijk eisbaar zijn.

Deze stelling wordt niet door iedereen gevolgd. Er wordt namelijk geargumenteerd dat de bedoeling van partijen steeds nagegaan moet worden. Bovendien moet de koper de overeenkomst te goeder trouw uitvoeren. Onverwijld de levering van een goed eisen, kan in sommige gevallen in strijd zijn met de uitvoering te goeder trouw. Bijgevolg wordt geoordeeld dat de levering in ieder geval dient te geschieden binnen "een redelijke termijn" na het sluiten van de overeenkomst.[135] Of de levering al dan niet binnen een redelijke termijn is uitgevoerd, hangt af van een aantal factoren, zoals de aard van de gekochte zaken, de behoeften van de koper waarvan de verkoper op de hoogte is, de normale tijd om de zaken te vervaardigen of aan te voeren, de (handels)gebruiken.[136]

Laatstvermelde stelling sluit overigens aan bij het Weens Koopverdrag. Dat verdrag is van toepassing op koopovereenkomsten van roerende zaken tussen

---

[133] Antwerpen 20 april 2015, *NJW* 2016, afl. 339, 253, noot J. WAELKENS.
[134] Antwerpen 30 maart 1993, *Turnh.Rechtsl.* 1993, 53.
[135] B. VAN DEN BERGH, "Artikel 1610-1611 BW" in *Comm.Bijz.Ov.*, I. Benoemde overeenkomsten, Titel VI. Koop, Hfdst. IV, 1-112, losbl.
[136] S. STIJNS, B. TILLEMAN, W. GOOSSENS, B. KOHL, E. SWAENEPOEL en K. WILLEMS, "Overzicht van rechtspraak. Bijzondere overeenkomsten: Koop en aanneming (1999-2006)", *TPR* 2008, 1496; B. VAN DEN BERGH, "Artikel 1610-1611 BW" in *Comm.Bijz.Ov.*, I. Benoemde overeenkomsten, Titel VI. Koop, Hfdst. IV, 1-112, losbl.

handelaren die in verschillende staten gevestigd zijn en bepaalt in artikel 33 dat de levering, bij gebrek aan een contractuele regeling, uitgevoerd moet worden binnen een redelijke termijn na het sluiten van de overeenkomst.

110. Bij de verkoop van toekomstige zaken wordt aangenomen dat de levering dient te geschieden bij de productie. De verkoper beschikt dus over een leverings- termijn die gebruikelijk is voor de fabricatie van het betreffende goed. Eventueel kan die termijn iets langer zijn indien de koper wist dat de producent zich nog diende te bevoorraden van de noodzakelijke grondstof.[137]

111. Indien de verkoper in gebreke blijft en de vertraging alleen aan de verko- per te wijten is, heeft de koper de keuze tussen twee sancties: de ontbinding van de overeenkomst of de inbezitstelling (zijnde de uitvoering in natura) (art. 1610 BW). Artikel 1611 BW voegt daar aan toe dat de verkoper in beide gevallen moet worden veroordeeld tot schadevergoeding indien de koper schade lijdt doordat de levering niet op het bedongen tijdstip heeft plaatsgehad.

Het Hof van Cassatie verwoordde het als volgt:

> "Luidens artikel 1147 Burgerlijk Wetboek wordt, indien daartoe grond bestaat, de schuldenaar veroordeeld tot het betalen van schadevergoeding, hetzij wegens de niet- uitvoering van de verbintenis, hetzij wegens vertraging in de uitvoering, wanneer hij niet bewijst dat het niet-nakomen het gevolg is van een veemde oorzaak die hem niet kan worden toegerekend, en ook al is er zijnerzijds geen kwade trouw.
>
> Volgens artikel 1610 van dat wetboek heeft de koper, wanneer de verkoper in gebreke blijft de levering te doen binnen de tussen partijen bedongen tijd, de keus om ontbin- ding van de koop ofwel inbezitstelling te vorderen, indien de vertraging alleen aan de verkoper te wijten is.
>
> Artikel 1611 van dat wetboek bepaalt dat de verkoper in elk geval tot schadevergoe- ding veroordeeld moet worden, indien de koper schade lijdt doordat de levering niet op het bedongen tijdstip heeft plaatsgehad.
>
> Uit die bepalingen volgt dat de verkoper tot schadevergoeding is gehouden wegens de laattijdige uitvoering van zijn verplichting tot levering, in alle gevallen waarin het niet is aangetoond dat de vertraging het gevolg is van een vreemde oorzaak die hem niet kan worden toegerekend."[138]

112. Normaal gezien zal de koper de verkoper eerst moeten aanmanen om als- nog te leveren. Hij zal de verkoper dus in gebreke moeten stellen. Echter, wanneer de stipte levering essentieel is voor de koper, met name wanneer de laattijdige levering door de koper geen nut meer heeft of de koper eventueel tot nadeel zal

---

[137]   B. TILLEMAN, *Bijzondere overeenkomsten A. Verkoop: Deel 2 Gevolgen van de koop* in *Beginselen van Belgisch privaatrecht*, Mechelen, Kluwer, 2012, 77; B. VAN DEN BERGH, "Artikel 1610-1611 BW" in *Comm.Bijz.Ov.*, I. Benoemde overeenkomsten, Titel VI. Koop, Hfdst. IV, 1-112, losbl.

[138]   Cass. 30 oktober 2015, *TBO* 2017, 22.

strekken, is een ingebrekestelling overbodig. Ze heeft namelijk geen nut meer. De koper kan derhalve meteen een vordering instellen tegen de verkoper wegens laattijdige levering.[139]

Of de partijen voor de levering een stipte termijn of slechts een bepaalde datum of een tijdspanne hebben beoogd, is in de praktijk niet altijd duidelijk. In dergelijk geval zal de rechter de overeenkomst moeten interpreteren, rekening houdend met de aard van de partijen, de aard en het voorwerp van de verbintenis, de gebruiken, de omstandigheden e.d.[140]

Wanneer een aannemer een overeenkomst sluit met een verkoper-fabrikant tot de levering van een welbepaald goed dat noodzakelijk is voor de uitvoering van de werken, zal de tijdige levering vaak een essentieel element zijn van de verkoopovereenkomst. Wanneer de verkoper niet tijdig levert, kan de aannemer op zijn beurt de werken niet tijdig aanvangen, wat vervolgens aanleiding kan geven tot vertragingsboetes in hoofde van de aannemer.

§ 2. VRIJWARINGSVERPLICHTING

A. Vrijwaring voor uitwinning

1. Vrijwaring voor eigen daad

113. De verkoper dient de koper te vrijwaren voor eigen daad. Dit impliceert dat hij zich zowel voor als na de verkoop dient te onthouden van elke handeling, ongeacht of het om een feitelijke of juridische stoornis gaat, die een (on)rechtstreekse vermindering of aantasting van het eigendomsrecht, de detentie of het vreedzaam rustig bezit van de koper zou inhouden.

2. Vrijwaring voor daden van derden

114. De verkoper dient de koper tevens te vrijwaren voor daden van derden. Deze verplichting houdt het volgende in:
- de verkoper moet de koper informeren over de lasten die het verkochte goed bezwaren;
- de verkoper moet de koper in rechte bijstaan wanneer de koper door een derde dreigt uitgewonnen te worden;
- de verkoper dient een schadevergoeding te betalen aan de koper wanneer de koper effectief uitgewonnen wordt.

---

[139] Kh. Hasselt 20 september 1999, *TBBR* 2000 (verkort), 377.
[140] B. VAN DEN BERGH, "Artikel 1610-1611 BW" in *Comm.Bijz.Ov.*, I. Benoemde overeenkomsten, Titel VI. Koop, Hfdst. IV, 1-112, losbl.

3. Contractuele regeling

115. Partijen kunnen contractueel afwijken van de vrijwaringsplicht en bijvoorbeeld bepalen dat de verkoper niet tot vrijwaring gehouden zal zijn (art. 1627 BW). Daarop voorziet de wet echter in een uitzondering: de verkoper dient in ieder geval gehouden te blijven tot vrijwaring die volgt uit zijn eigen daad (art. 1628 BW). Dit impliceert dat de verkoper zich niet kan indekken door een algemeen vrijwaringsbeding tegen de gevolgen van een uitwinningsoorzaak wegens eigen daad (daterend voor de sluiting van de verkoop) die hem nochtans bekend is en die hij aldus voor de koper verzwijgt.[141]

Een dergelijk exoneratiebeding mag echter niet zover gaan dat de verplichtingen van de verkoper volledig uitgehold worden. Zo had een professionele verkoper een stuk grond met bouwvergunning verkocht aan een particuliere koper. In de koopovereenkomst werd een beding opgenomen waarbij de verkoper geen waarborg gaf voor de bouwmogelijkheden op de verkochte grond (exoneratie voor vrijwaring vanwege een derde). Na de verkoop besliste de overheid dat de bouwvergunning ingetrokken moest worden aangezien de vergunning in strijd was met het plan van aanleg. De rechtbank oordeelde dat de koper in deze situatie wel degelijk een vrijwaringsvordering kon instellen tegen de verkoper wegens de daad van de overheid (= een derde). De verkoper kon zich niet beroepen op het beding, aangezien het beding iedere betekenis aan de overeenkomst zou ontnemen. Dit gold in het bijzonder omdat het een professionele verkoper betrof en die verkoper had moeten voorzien dat de overheid de vergunning zou intrekken.[142]

B. Vrijwaring voor verborgen gebreken

116. De verkoper staat in voor verborgen gebreken van het geleverde goed (art. 1641 BW). Een verborgen gebrek in de zin van artikel 1641 BW is een intrinsiek of functioneel gebrek dat hetzij het normale gebruik van de zaak in de weg staat, hetzij het gebruik waartoe de zaak is bestemd dusdanig vermindert dat de koper, mocht hij het gebrek hebben gekend, de zaak niet of slechts voor een mindere prijs zou hebben gekocht.

Het behoort aan de feitenrechter toe om te oordelen of het gebrek het gebruik van de zaak in de weg staat dan wel het gebruik waartoe de zaak is bestemd, wezenlijk vermindert.[143]

117. De verkoper is verplicht, wanneer hij een fabrikant of een gespecialiseerde verkoper is, om de zaak zonder gebrek te leveren en moet daartoe alle nodige

---

[141] S. STIJNS, B. TILLEMAN, W. GOOSSENS, B. KOHL, E. SWAENEPOEL en K. WILLEMS, "Overzicht van rechtspraak. Bijzondere overeenkomsten: Koop en aanneming (1999-2006)", *TPR* 2008, afl. 4, 1425.

[142] Rb. Gent 21 april 2009, *T.Aann.* 2009, 236.

[143] Cass. 9 mei 2016, *TBO* 2016, 556.

maatregelen nemen om mogelijke gebreken op te sporen. Dit houdt in dat hij, indien het bestaan van een gebrek wordt aangetoond, de door de koper geleden schade moet vergoeden, tenzij hij bewijst dat het gebrek onmogelijk kon worden aangetoond.

118. Deze resultaatsverbintenis rust niet op elke professionele verkoper, maar enkel op de fabrikant en op de gespecialiseerde verkoper.

De rechter oordeelt in feite of een verkoper als een gespecialiseerde verkoper kan worden beschouwd en hanteert daarbij als onderscheidingscriterium de specialisatiegraad en de technische competenties van de verkoper in kwestie.[144]

119. De fabrikant en de gespecialiseerde verkoper zullen, om vrijuit te gaan voor een gebrek in de zaak, het absoluut onnaspeurbare karakter van het gebrek moeten aantonen.[145] De onnaspeurbare aard van het verborgen gebrek hangt niet af van de technische mogelijkheden waarover de gespecialiseerde verkoper in het individuele geval beschikt, maar moet worden getoetst aan de mogelijkheden waarover elk normaal zorgvuldig gespecialiseerd verkoper beschikt.

De gespecialiseerde verkoper van bouwmaterialen die er niet in slaagt om aan te tonen dat het gebrek in de door hem verkochte materialen onnaspeurbaar was, kan zich niet beroepen op het in zijn factuur aan de aannemer opgenomen exoneratiebeding. Hij moet de aannemer volledig vergoeden.[146]

In een geval waarbij de kraanarm van de kraan, die gemonteerd stond op een vrachtwagen, afbrak en een derde (buurman die toevallig op de werf was) zwaar verwondde, stelde de rechtbank op basis van het verslag van de gerechtsdeskundige vast dat er sprake was van een conceptuele fout in de kraan. De kraanfabrikant diende de eigenaar van de vrachtwagen, die als bewaarder van de gebrekkige zaak op grond van artikel 1384, eerste lid BW tot schadevergoeding aan het slachtoffer werd veroordeeld, integraal te vrijwaren op grond van artikel 1641 BW.[147]

120. De verkoper die de gebreken van een zaak kende of moest kennen, is gehouden tot teruggave van de prijs die hij ervoor ontvangen heeft, alsmede tot schadevergoeding (art. 1645 BW).

Wanneer de koper de teruggave van de prijs en schadevergoeding vordert van de opeenvolgende verkopers en de rechter aanneemt dat zij *in solidum* moeten worden veroordeeld, is elk van de verkopers, in hun onderlinge verhouding,

---

[144]   Cass. 7 april 2017, *TBO* 2018, 412.

[145]   Cass. 6 mei 1977, *RW* 1977-78, 657; Cass. 7 december 1990, *Arr.Cass.* 1990-91, 391, *Pas.* 1991, 346, noot, *RW* 1992-93, 431, noot T. VANSWEEVELT, "Het begrip 'gespecialiseerde verkoper' en de beoordeling *in abstracto* van de onoverwinnelijke onwetendheid bij de fabrikant en de gespecialiseerde verkoper".

[146]   Antwerpen 22 december 1992, *T.Aann.* 1998, 15.

[147]   Antwerpen (2e k.) 17 februari 2016, *TBO* 2017, 179.

gehouden tot terugbetaling van de door hem ontvangen verkoopprijs, verhoogd met het aandeel van de vergoeding van de schade die aan hem te wijten is.[148]

121. De vordering wegens verborgen gebreken moet worden ingesteld binnen een korte tijd, al naar gelang de aard van de gebreken en de gebruiken van de plaats waar de koop is gesloten (art. 1648 BW). De rechter oordeelt vrij, geval per geval, de korte tijd, rekening houdend met alle omstandigheden van de zaak, en meer bepaald de aard van de verkochte goederen, de hoedanigheid van de partijen en de door hen verrichte buitengerechtelijke en gerechtelijke handelingen, zoals het vorderen van een gerechtelijk deskundigenonderzoek.[149] De termijn vangt aan op het ogenblik dat de koper het gebrek ontdekt of behoorde te ontdekken.[150]

122. Partijen kunnen hier evenwel rechtsgeldig van afwijken. Dit gebeurt op directe wijze door het opnemen van een vrijwaringsbeding[151] of op indirecte wijze, hetgeen het geval is wanneer de verkoper bepaalde kwaliteiten van de verkochte zaak heeft gewaarborgd voor een bepaalde termijn.[152]

123. Naast (samen met) de producent en de verkoper, kan de aannemer eveneens aansprakelijk worden gesteld, gelet op zijn professionaliteit. Dit was het geval in een zaak omtrent het plaatsen van betontegels. In de verkoopdocumenten en in de catalogus van de producent werden de betontegels ten onrechte voorgesteld als een "strakke klinker die vrijwel naadloos aansluit". Ook de facturen van de leverancier vermeldden de term "klinkers". Er bestaat evenwel een belangrijk verschil in behandelingswijze bij het leggen van een betonklinker dan wel een betontegel. De producent en de leverancier hadden bijgevolg verkeerde informatie verstrekt. Echter, als professionele klinkerlegger mocht van de aannemer worden verwacht dat hij de plaatsingsvoorschriften van het hem toevertrouwde materiaal kende, wat niet het geval was. Aangezien de schade haar oorsprong vond in de samenlopende fouten van de producent, de leverancier en de aannemer en elke fout nodig was om de schade te veroorzaken, was elk van de aansprakelijken tegenover de opdrachtgever *in solidum* gehouden tot vergoeding van de gehele schade.[153]

De leverancier dient de aannemer zo nodig de juiste plaatsingsinstructies te geven wanneer het nieuwsoortige producten of toepassingen betreft, en het aannemelijk is dat dit nog niet tot de gekende regels van de kunst behoort.[154]

---

[148] Cass. 22 oktober 1993, *Arr.Cass.* 1993, 870, noot, *Pas.* 1993, I, 851, *RW* 1995-96, 40.
[149] Cass. 23 maart 1984, *Arr.Cass.* 1984-85, nr. 424.
[150] R. DEKKERS, A. VERBEKE, N. CARETTE en K. VANHOVE, *Handboek Burgerlijk Recht*, III, nr. 866.
[151] Gent 14 juli 1956, *RW* 1957-58, 417; H. DE PAGE, *Traité*, IV, 215, nr. 183.
[152] Gent 13 juni 1959, *RW* 1960-61, 391; H. DE PAGE, *Traité*, IV, 214, nr. 182.
[153] Brussel 31 januari 2012, *RJI* 2012, 165.
[154] Cass. 21 mei 1999, *Arr.Cass.* 1999, 303.

124. In dit verband dient eveneens gewezen te worden op het arrest van het Hof van Cassatie van 18 mei 2006.[155] In dit arrest heeft het Hof geoordeeld over de vraag of de opdrachtgever over een rechtstreekse contractuele vrijwaringsaanspraak beschikt tegen de leverancier van zijn aannemer, hoewel niet hijzelf maar enkel de aannemer met de leverancier heeft gecontracteerd.

Het Hof oordeelde dat de omstandigheid dat de gebrekkige zaak door een aannemer is geleverd aan zijn opdrachtgever in het raam van een aannemingsovereenkomst, de oorspronkelijke verkoper, zijnde de leverancier, niet van zijn vrijwaringsplicht ten aanzien van de opdrachtgever bevrijdt. Met andere woorden, het Hof heeft beslist dat de contractuele vrijwaringsaanspraak van de aannemer tegen zijn leverancier op de opdrachtgever overgaat.

De automatische overgang van de contractuele vrijwaringsaanspraak vloeit, volgens het Hof, voort uit het feit dat alle rechten en vorderingen die een toebehoren zijn van de zaak, worden overgenomen. Het principe 'accessorium sequitur principale' (de bijzaak volgt de hoofdzaak) geldt bij elke eigendomsverkrijging onder bijzondere titel, ongeacht of deze eigendomsverkrijging gebeurt ingevolge een koop dan wel in het raam van een aannemingsovereenkomst.

De opdrachtgever die geconfronteerd wordt met gebrekkig materiaal dat in het gebouw werd verwerkt, kan zich dus tot twee partijen richten: enerzijds tot de aannemer op grond van het aannemingscontract en anderzijds tot de leverancier van de aannemer op grond van de overdracht van de contractuele vrijwaringsaanspraak waarover de aannemer beschikt ten aanzien van de leverancier (art. 1641 e.v. BW). Beide aangesproken partijen kunnen de eventuele exoneraties uit hun eigen overeenkomst tegenwerpen aan de opdrachtgever.

125. De opdrachtgever beschikt op dezelfde wijze over een "rechtstreekse vordering" tegen de leverancier van zijn onderaannemer. Samen met het geleverde goed krijgt de opdrachtgever/eindverkrijger immers van rechtswege de daaraan verbonden rechten van hun (onder)aannemer tegen hun verkoper.[156]

126. Anderzijds brengt dit niet mee dat de opdrachtgever ook de onderaannemer rechtstreeks kan aanspreken op grond van de verborgen koopgebreken (art. 1641 e.v. BW).[157] De aansprakelijkheid van de onderaannemer wordt enkel beoordeeld volgens de principes van het aannemingsrecht, dat geen rechtstreeks vorderingsrecht van de opdrachtgever tegen de onderaannemer toelaat.[158]

---

[155] Cass. 18 mei 2006, *RW* 2007-08, 147-152, noot N. CARETTE.

[156] K. VANHOVE, "De 'action directe" wegens verborgen koopgebreken in (onder)aannemingsgeschillen" (noot onder Cass. 15 september 2011), *RW* 2011-12, 1680-1685.

[157] Cass. 15 september 2011, *Arr.Cass.* 2011, 1816, *Jurim Pratique* 2014, afl. 2, 91, noot F. BALON en F. PINTE, *Pas.* 2011, afl. 9, 1962, *RGAR* 2012, afl. 7, nr. 14885, noot, *RW* 2011-12, 1679, noot K. VANHOVE, *T.Aann.* 2012, afl. 2, 54, noot, *T.Aann.* 2012, afl. 2, 54, noot J. CABAY, *TBO* 2012, 66.

[158] Zie bv. Luik 26 mei 2016, *JLMB* 18/649, vermeld door B. LOUVEAUX in "Inédits de la construction 2018-2019", *JLMB* deel 1: 2018, afl. 35, 1672, zie ook verder.

127. Overeenkomstig artikel 1648 BW dient de vordering tegen de verkoper-fabrikant te worden ingesteld binnen korte termijn vanaf de kennisneming van het gebrek (of vanaf het ogenblik dat men het gebrek behoorde te ontdekken).

Wanneer de koper van een gebouw de bouwheer-verkoper dagvaardt op grond van verborgen gebreken, kan die bouwheer-verkoper de aannemer in vrijwaring dagvaarden. Wanneer deze op zijn beurt dan de verkoper van de gebrekkige materialen in vrijwaring wil dagvaarden, begint de korte termijn te lopen vanaf het ogenblik dat de aannemer wordt aangesproken. Het is immers pas vanaf dat ogenblik dat de aannemer beschikt over het vereiste belang om de verkoper te dagvaarden.[159]

AFDELING 8. DE VEILIGHEIDSCOÖRDINATOR

§ 1. INLEIDING

128. De wet van 4 augustus 1996 betreffende het welzijn van de werknemers bij de uitvoering van hun werk[160] bepaalt dat bij tijdelijke of mobiele werkplaatsen een coördinator inzake veiligheid en gezondheid wordt aangesteld, en dit zowel in de ontwerpfase als bij de verwezenlijking van het bouwwerk. Deze verplichting geldt enkel voor bouwplaatsen waar werken worden uitgevoerd door meerdere aannemers.

De voorwaarden en de nadere regels daarvan zijn uitgewerkt in het KB van 25 januari 2001 betreffende de tijdelijke of mobiele bouwplaatsen.[161]

Onder *tijdelijke of mobiele bouwplaatsen* worden begrepen de bouwplaatsen waar volgende bouwwerken of werken van burgerlijke bouwkunde worden uitgevoerd: graafwerken, grondwerken, funderings- en verstevigingswerken, waterbouwkundige werken, wegenwerken, plaatsing van nutsleidingen, inzonderheid riolen, gasleidingen, elektriciteitskabels, en tussenkomsten op deze leidingen, voorafgegaan door andere in deze paragraaf bedoelde werken, bouwwerken, montage en demontage van, inzonderheid, geprefabriceerde elementen, liggers en kolommen; inrichtings- of uitrustingswerken, verbouwingswerken, vernieuwbouw, herstellingswerken, ontmantelingswerken, sloopwerken, instandhoudingswerken, onderhouds-, schilder- en reinigingswerken, saneringswerken, afwerkingswerkzaamheden behorende bij één of meer werken hierboven opgesomd (art. 2, § 1 KB).

---

[159] K. VANHOVE, "De 'action directe' wegens verborgen koopgebreken in (onder)aannemingsgeschillen" (noot onder Cass. 15 september 2011), *RW* 2011-12, (1680) 1684.

[160] *BS* 18 september 1996.

[161] *BS* 7 februari 2001. Zie ook Hoofdstuk 7, afdeling 1, § 2, C, 2.

§ 2. AANSTELLING

A. Aanstelling van de coördinator-ontwerp

129. Wanneer er verscheidene aannemers werkzaam zullen zijn, dient tijdens de studiefase van het ontwerp een coördinator-ontwerp aangesteld te worden (art. 16 Welzijnswet). Bij bouwwerken met een oppervlakte kleiner dan 500 m² dient dit te gebeuren door de bouwdirectie (art. 4*bis* KB) en bij bouwwerken met een oppervlakte groter dan 500 m² door de opdrachtgever (art. 5 KB).

Indien de medewerking van een architect wettelijk vereist is voor het ontwerp van het bouwwerk met een oppervlakte kleiner dan 500 m², kan de functie van coördinator-ontwerp uitgeoefend worden door een architect die voldoet aan alle voorwaarden om als coördinator-ontwerp te worden aangesteld (art. 4*bis* KB).

De bouwdirectie belast met het ontwerp mag de uitwerking van het project niet aanvatten of voortzetten zolang de coördinator-ontwerp niet is aangesteld (art. 4*ter* en 6 KB).

B. Aanstelling van de coördinator-verwezenlijking

130. De coördinatie, uitgevoerd in de loop van het ontwerp van het bouwwerk, wordt tijdens de verwezenlijking van het bouwwerk voortgezet wanneer alle werken door meerdere aannemers worden uitgevoerd (art. 4*octies* KB).

Wanneer het werfverslag de aanstelling van één aannemer vermeldt, maar deze aanstelling enkel het buitenmetselwerk en de dakbedekking betreft, moet het voor de opdrachtgever en de architect duidelijk zijn dat niet 'alle werken' uitgevoerd worden door die aannemer. Door het beperkte karakter van de opdracht dienen ze te weten dat de gelijktijdige of opeenvolgende tussenkomst van andere aannemers vereist is om de beoogde verbouwing te verwezenlijken. Bijgevolg dient er een veiligheidscoördinator te worden aangesteld.[162]

Voor bouwwerken met een oppervlakte kleiner dan 500 m² moet de bouwdirectie belast met de uitvoering of de bouwdirectie belast met de controle op de uitvoering een coördinator-verwezenlijking aanstellen (art. 4*decies* KB). Voor bouwwerken met een oppervlakte groter dan 500 m² rust deze verplichting op de opdrachtgever (art. 15 KB).

Voor bouwwerken met een oppervlakte kleiner dan 500 m² kan de functie van coördinator-verwezenlijking worden uitgeoefend door een architect die aan alle voorwaarden voldoet om als coördinator-verwezenlijking te worden aangesteld (art. 4*decies* KB).

Behalve in geval van overmacht mogen de werken op de tijdelijke of mobiele bouwplaatsen slechts aangevat of voortgezet worden na de aanstelling van de coördinator-verwezenlijking (art. 4*undecies* en art. 16, § 2 KB).

---

[162]   Antwerpen 24 januari 2007, *NJW* 2007, 657.

C. Modaliteiten van de aanstelling

131. De aanstelling van de coördinator-ontwerp en de coördinator-verwezenlij-king maakt telkens het voorwerp uit van een schriftelijke overeenkomst, gesloten tussen deze coördinator en de persoon belast met zijn aanstelling (art. 9 en 20 KB).

Ook wanneer de coördinator een werknemer is van hetzij een opdrachtgever, hetzij van de persoon belast met zijn aanstelling, dient de aanstelling van de coördinator het voorwerp uit te maken van een afzonderlijk document, dat door deze partijen is ondertekend.

De overeenkomst of het document bepaalt de regels voor het vervullen van de opdracht van de coördinator en de hem ter beschikking gestelde middelen. De overeenkomst of het document bepalen inzonderheid:

1° de taken die de coördinator vervult;

2° het ogenblik waarop de opdracht van de coördinator-verwezenlijking aan-vangt;

3° de verplichtingen van de personen belast met de aanstelling van de coördi-nator-verwezenlijking, voortvloeiend uit de bepalingen van de artikelen 7 en 17 KB (zijnde de plicht om de coördinator alle middelen en informatie ter beschikking te stellen zodat hij zijn taak volledig en adequaat kan vervullen);

4° de voor de veiligheid en de gezondheid kritieke fasen waarop de coördinator-verwezenlijking ten minste op de bouwplaats aanwezig zal zijn;

5° in voorkomend geval, het aantal adjuncten van de coördinator en de wijze waarop zij worden aangesteld;

6° in voorkomend geval, de medewerkers, lokalen en arbeidsmiddelen die ter beschikking gesteld worden van de coördinator-verwezenlijking;

7° de tijd die de coördinator-verwezenlijking en zijn eventuele adjuncten en medewerkers voor het vervullen van de coördinatieopdracht ter beschikking gesteld wordt (art. 21 KB).

Uit deze opsomming volgt dat diegene die belast is met de aanstelling van de vei-ligheidscoördinator ervoor moet zorgen dat de coördinator betrokken wordt bij alle etappes van de werkzaamheden omtrent de verwezenlijking van het bouw-werk en dat hij alle informatie krijgt die nodig is voor de uitvoering van zijn opdrachten.[163]

In geval van niet voorziene werken die een groot risico op ongevallen met zich mee kunnen brengen (zoals het uitgraven van een greppel langs een bestaande muur om tegen deze muur een nieuwe muur op te trekken), zal de opdrachtgever, gelet op zijn toezichtsplicht, zich ervan moeten vergewissen dat de coördinator bij deze werkzaamheden aanwezig is. Hij moet de coördinator van de werken

---

[163] Kh. Dendermonde 24 juni 2010, onuitg.

verwittigen en hij moet eisen dat de werken niet zullen worden aangevat alvorens de coördinator ter plaatse is geweest.[164]

De overeenkomst of het document mag echter geen clausules bevatten die de verantwoordelijkheden die krachtens de wet of het besluit aan de andere tussenkomende partijen toekomen, geheel of gedeeltelijk aan de coördinator overdragen.

§ 3. OPDRACHT

132. De coördinator-ontwerp en de coördinator-verwezenlijking dienen de algemene preventiebeginselen toe te passen (art. 15 Welzijnswet). Dit zijn beginselen die ertoe strekken het welzijn van de werknemers bij de uitvoering van hun werk te bevorderen. Onder deze beginselen vallen onder meer het voorkomen van risico's; de evaluatie van risico's die niet kunnen worden voorkomen; de bestrijding van de risico's bij de bron; het verschaffen van voorlichting over de aard van de werkzaamheden, de daaraan verbonden overblijvende risico's en de maatregelen die erop gericht zijn deze gevaren te voorkomen of te beperken (art. 5 Welzijnswet).

Daarnaast heeft de coördinator-ontwerp de volgende opdrachten:

1° hij coördineert de toepassing van de algemene preventiebeginselen bij de bouwkundige, technische of organisatorische keuzen die uitgaan van de architect of opdrachtgever;

2° hij maakt een veiligheids- en gezondheidsplan op of laat het opmaken, en houdt dit actueel in functie van de wijzigingen aan het ontwerp;

3° hij maakt de elementen uit het veiligheids- en gezondheidsplan over aan de in de bouw tussenkomende partijen voor zover deze elementen hen betreffen;

4° hij adviseert de persoon die hem heeft aangesteld over de overeenstemming van de offertes van de aannemers met het veiligheids- en gezondheidsplan;

5° hij opent het coördinatiedagboek en het postinterventiedossier en vult dit aan waar nodig (art. 18 Welzijnswet en art. 11 KB).

133. Bij de beëindiging van de ontwerpfase maakt hij aan de persoon die hem heeft aangesteld het veiligheids- en gezondheidsplan, het coördinatiedagboek en het postinterventiedossier over en stelt die overdracht en het einde van het ontwerp van bouwwerk vast in het coördinatiedagboek en in een afzonderlijk document, waardoor zijn opdracht eindigt.

134. De coördinator-verwezenlijking heeft de volgende bijkomende opdrachten:

1° hij past het veiligheids- en gezondheidsplan aan en maakt de elementen van het aangepaste veiligheids- en gezondheidsplan over aan de tussenkomende partijen voor zover die elementen hen aanbelangen;

---

[164] Antwerpen 26 maart 2009, *RABG* 2010, 910, noot V. DOOMS.

2° hij houdt het coördinatiedagboek bij en vult het aan;

3° hij noteert in het coördinatiedagboek de tekortkomingen van de tussenkomende partijen en stelt de opdrachtgevers hiervan in kennis;

4° hij noteert de opmerkingen van de aannemers in het coördinatiedagboek en laat ze door de betrokken partijen viseren;

5° hij roept de coördinatiestructuur samen;

6° hij vult het postinterventiedossier aan in functie van de elementen van het geactualiseerde veiligheids- en gezondheidsplan die voor de uitvoering van latere werkzaamheden aan het bouwwerk van belang zijn (art. 22 Welzijnswet en art. 22 KB).

Bij de voorlopige oplevering van de werken, of bij ontstentenis ervan, bij de oplevering van de werken, draagt hij het geactualiseerde veiligheids- en gezondheidsplan, het geactualiseerde coördinatiedagboek en het postinterventiedossier over aan de opdrachtgever en stelt die overdracht vast in een proces-verbaal dat bij het postinterventiedossier wordt gevoegd. Op dat moment eindigt zijn opdracht.

135. De meeste van deze opdrachten (behoudens de verplichtingen die betrekking hebben op de redactie en de overhandiging van bepaalde documenten) zijn middelenverbintenissen.[165]

136. Ingeval er werken in onroerende staat worden uitgevoerd waarvan het totale bedrag, exclusief btw, gelijk aan of hoger is dan 500.000[166] euro, dient de veiligheidscoördinator zijn aanwezigheid op de bouwplaats onmiddellijk en dagelijks te registreren (art. 31*bis*, § 2 Welzijnswet). Immers, de wet bepaalt dat de bouwdirectie belast met de controle op de uitvoering zich dient te registreren (art. 31*bis*, 6° Welzijnswet). Hieronder kan de veiligheidscoördinator gecategoriseerd worden.[167]

§ 4. COÖRDINATIE-INSTRUMENTEN

137. De taak van de veiligheidscoördinator is het vaststellen, aan de hand van risicoanalyses, van elementen die mogelijk een risico inhouden. De problemen die de veiligheidscoördinator vaststelt, hebben voornamelijk betrekking op het feit dat verschillende aannemers en ondernemingen tegelijkertijd of achtereenvolgens op eenzelfde bouwplaats werkzaam zijn. Zijn meerwaarde ligt er dan ook in dat hij deze helpt te voorkomen.

---

[165] Kh. Dendermonde 24 juni 2010, onuitg.

[166] Art. 1 KB 15 februari 2016 in uitvoering van art. 31*bis*, § 2 wet 4 augustus 1996 betreffende het welzijn van de werknemers bij de uitvoering van hun werk, wat betreft de wijziging van het grensbedrag voor de aanwezigheidsregistratie.

[167] Meer over de aanwezigheidsregistratie, zie Hoofdstuk 9, afdeling 5.

138. Het KB van 25 januari 2001 bepaalt daarom dat enkele documenten opgemaakt moeten worden door de veiligheidscoördinator in uitoefening van zijn opdracht. Het betreft een veiligheids- en gezondheidsplan, een coördinatiedagboek en een postinterventiedossier. Afhankelijk van de aard en de omvang van de werken moeten sommige van deze documenten vereenvoudigd dan wel volledig opgesteld worden.

139. Naast voormelde documenten is er ook de coördinatiestructuur. Dit is een vergadering van betrokken bouwpartijen die handelt over de coördinatie op de werf (zie verder).

A.   *Het veiligheids- en gezondheidsplan (VGP)*

1.   Algemeen

140. Het VGP is zonder twijfel het belangrijkste document voor de coördinatie van de veiligheid en ter preventie van de risico's op de werf. Het bevat preventiemaatregelen gebaseerd op risicoanalyses ter voorkoming van de risico's waaraan werknemers op de werf blootgesteld kunnen worden. Artikel 3, 6° KB 25 januari 2001 bepaalt welke zaken in een VGP opgenomen moeten worden:
-   de aard van het bouwwerk;
-   de wederzijdse inwerking van activiteiten van de diverse tussenkomende partijen die tegelijkertijd op de tijdelijke of mobiele bouwplaats aanwezig zijn;
-   de opeenvolging van activiteiten van de diverse tussenkomende partijen op een tijdelijke of mobiele bouwplaats wanneer een tussenkomst, na het beëindigen ervan, risico's laat bestaan voor de andere tussenkomende partijen die later zullen tussenkomen;
-   de wederzijdse inwerking van alle installaties of alle andere activiteiten op of in de nabijheid van de site waar de tijdelijke of mobiele bouwplaats is gevestigd, inzonderheid het openbaar of privaat goederen- of personenvervoer, het aanvatten of de voortzetting van het gebruik van een gebouw of de voortzetting van eender welke exploitatie;
-   de uitvoering van mogelijke latere werkzaamheden aan het bouwwerk.

141. Er moet door de coördinator-ontwerp op worden toegezien dat het VGP opgesteld en voldoende uitgebreid is voor de opening van de bouwplaats.

142. Indien een bouwwerk een oppervlakte heeft van minder dan 500 m², geen gevaarlijke werkzaamheden inhoudt en de werken van kleine omvang zijn, hoeft er geen VGP opgesteld te worden en is een schriftelijke overeenkomst voldoende. Indien de werken van grotere omvang zijn en wanneer er gevaarlijke werkzaamheden moeten gebeuren, moet een vereenvoudigd VGP worden opgemaakt.

143.   Heeft een bouwwerk een oppervlakte die gelijk is aan 500 m² of meer, dan moet een vereenvoudigd VGP opgesteld worden als er geen gevaarlijke werken moeten gebeuren en de werken niet van grote omvang zijn. Indien er wel gevaarlijke werkzaamheden en werken van grote omvang zijn, moet een volledig VGP opgesteld worden.

144.   Wanneer de werken bestempeld zijn als gevaarlijk of een verhoogd risico inhouden (art. 26, §§ 1-2 KB), is het opstellen van een VGP steeds verplicht. Werkzaamheden met een verhoogd risico zijn volgens het KB de volgende:
–   werkzaamheden die de werknemers aan gevaren van bedelving, wegzinken of vallen blootstellen, gevaren die bijzonder vergroot worden door de aard van de werkzaamheden of van de toegepaste procedures of door de omgeving van de arbeidsplaats of de werken.
    Inzonderheid als bijzonder vergrote gevaren worden beschouwd:
    •   het graven van sleuven of putten van meer dan 1,20 m diepte en het werken aan of in deze putten;
    •   het werken in de onmiddellijke nabijheid van materialen zoals drijfzand of slib;
    •   het werken met een valgevaar van een hoogte van 5 meter of meer;
–   werkzaamheden die de werknemers blootstellen aan chemische of biologische agentia die een bijzonder risico voor de gezondheid en de veiligheid van de werknemers inhouden;
–   elk werk met ioniserende stralingen waarvoor de aanwijzing van gecontroleerde en bewaakte zones vereist is, zoals bepaald in artikel 2 van het KB van 28 februari 1963 houdende algemeen reglement op de bescherming van de bevolking en van de werknemers tegen het gevaar van de ioniserende stralingen;
–   werkzaamheden in de nabijheid van elektrische hoogspanningslijnen of -kabels of van leidingen onder een inwendige druk van 15 bar of meer;
–   werkzaamheden die de werknemers blootstellen aan een risico op verdrinking;
–   ondergrondse werken en tunnelwerken;
–   werkzaamheden met duikuitrusting;
–   werkzaamheden onder overdruk;
–   werkzaamheden waarbij springstoffen worden gebruikt;
–   werkzaamheden in verband met de montage of demontage van geprefabriceerde elementen;
–   werken van een grotere omvang.

145.   De grote omvang uit het laatste puntje duidt niet op het onderscheid van bouwplaatsen groter of kleiner dan 500 m², maar wel op de omvang van de bouwplaats. Het gaat met name om bouwplaatsen waarvan de vermoedelijke duur van

de werkzaamheden langer dan 30 werkdagen is en waar meer dan 20 werknemers tegelijk aan het werk zullen zijn of waarvan het vermoedelijke werkvolume groter is dan 500 mandagen. Een mandag is het aantal in te zetten werknemers op de bouwplaats vermenigvuldigd met het aantal vereiste dagen voor verwezenlijking (art. 26, § 2 KB).

Zo werd geoordeeld dat de coördinator niet voldoet aan bovenstaande verplichting indien hij geen veiligheidsmaatregelen bij langs- en ondergravingen van oude muren voorziet in het veiligheidsplan. Immers, indien een kennisname van de te nemen veiligheidsmaatregelen mogelijk was, was de aandacht gevestigd geweest op de potentieel gevaarlijke situatie en was er een bijzondere waakzaamheid in acht genomen. Het volstaat niet dat de veiligheidsmaatregelen wel in het bijzonder lastenboek waren opgenomen.[168]

146. Wanneer een werk verschillende afzonderlijke opdrachten bevat die samen een geheel vormen, wordt voor de berekening van het werkvolume het geheel van de werken die een onderling verband hebben, als afzonderlijke tijdelijke of mobiele bouwplaats beschouwd.

2.   Vorm en inhoud van het VGP

147. Zoals hierboven vermeld, zijn er drie mogelijke vormen van veiligheids- en gezondheidsplan: het volledige plan, het vereenvoudigde plan of een schriftelijke overeenkomst.

148. Het volledige veiligheids- en gezondheidsplan dient opgemaakt te worden in geval van gevaarlijke werken of werken met een omvang van meer dan 500 mandagen, op een tijdelijke of mobiele bouwplaats waarvan de oppervlakte gelijk is aan of groter is dan 500 m². Het volledige VGP moet volgende elementen bevatten:
- de beschrijving van het te realiseren bouwwerk vanaf het ontwerp tot de volledige verwezenlijking ervan;
- de beschrijving van de resultaten van de risicoanalyse;
- de beschrijving van de preventiemaatregelen. Deze omvat: het geheel van de preventieregels en -maatregelen, aangepast aan de kenmerken van het bouwwerk en voortvloeiend uit de toepassing van de algemene preventieprincipes; de specifieke maatregelen met betrekking tot de gevaarlijke werkzaamheden of werkzaamheden met een verhoogd risico; de instructies voor de tussenkomende partijen;
- de raming van de verwezenlijkingsduur van de verschillende werken of werkfasen die tegelijkertijd of na elkaar plaatsvinden;
- de lijst met namen en adressen van alle opdrachtgevers, bouwdirecties en aannemers, vanaf het moment dat deze personen bij de bouwplaats betrokken worden;

---

[168]   Antwerpen 26 maart 2009, *RABG* 2010, 910, noot V. DOOMS.

- de naam en het adres van de coördinator-ontwerp;
- de naam en het adres van de coördinator-verwezenlijking vanaf het moment van zijn aanstelling.

149. Het vereenvoudigde VGP geldt voor tijdelijke of mobiele bouwplaatsen waarvan de oppervlakte groter is of gelijk is aan 500 m² en waar geen gevaarlijke werken of werken met een verhoogd risico worden uitgevoerd. Het vereenvoudigde VGP is andersom ook van toepassing op bouwplaatsen met een oppervlakte kleiner dan 500 m² waar wel gevaarlijke werken uitgevoerd worden. Dit type veiligheids- en gezondheidsplan bevat zeker de volgende gegevens:
- de inventarisatie van de risico's;
- de vastgestelde preventiemaatregelen;
- de lijst met namen en de adressen van alle opdrachtgevers, bouwdirecties en aannemers, vanaf het moment dat deze personen bij de bouwplaats betrokken worden.

150. Voor alle andere werken die niet voldoen aan de voorwaarden voor een volledig of vereenvoudigd VGP volstaat een schriftelijke overeenkomst tussen de relevante betrokken partijen. De voorwaarden in de schriftelijke overeenkomst worden gesteld op voorstel van de coördinator die het eerst tussenkomt. Ze bevat minstens de volgende elementen:
- duidelijke afspraken betreffende alle werkzaamheden die gelijktijdig of achtereenvolgens uitgevoerd zullen worden, en betreffende de uitvoeringstermijn van de werkzaamheden;
- een gedetailleerd overzicht van de te nemen preventiemaatregelen met de identificatie van de bouwdirecties, aannemers en opdrachtgevers die zullen instaan voor het treffen van deze maatregelen.

151. Het kan niet de bedoeling zijn dat het VGP een gestandaardiseerd document is dat voor elk bouwwerk gebruikt wordt. De focus mag evenmin liggen op het volume van het plan dat zou verkregen kunnen worden doormiddel van copy-paste-werk. Het VGP moet een document zijn dat specifiek is voor een bepaalde bouwplaats en dat uitgebreid en duidelijk de risico's en te nemen maatregelen vermeldt zonder daarbij overbodige informatie te voegen.

152. Situaties kunnen veranderen door overmacht of bepaalde (onvoorziene) omstandigheden. Het is dan ook de bedoeling dat het veiligheids- en gezondheidsplan steeds blijft overeenstemmen met de actuele situatie 'in the field'. Het VGP dient dus aangepast te worden in functie van de realiteit. Praktisch komt dit neer op een verfijning of uitbreiding van het bestaande plan. In bijlage I, deel A, afdeling I en II van het KB wordt bepaald in functie van welke elementen het plan gewijzigd dient te worden:

- in voorkomend geval, de wijzigingen in verband met de uitvoeringsmodaliteiten, overeengekomen tussen tussenkomende partijen, waarvan de weerslag op het welzijn op het werk dezelfde waarborgen biedt als de oorspronkelijk in het plan voorziene uitvoeringsmodaliteiten;
- in voorkomend geval, de opmerkingen aan de tussenkomende partijen aan wie de elementen uit het veiligheids- en gezondheidsplan, die hen aanbelangen, zijn overgemaakt;
- de stand van de werken;
- de identificatie van onvoorziene risico's of onvoldoende onderkende gevaren;
- het optreden of het vertrek van tussenkomende partijen (bv. het optreden van een (andere) aannemer dat niet op voorhand voorzien was naar aanleiding van een technisch probleem);
- de eventuele wijzigingen aangebracht aan het ontwerp.

B.   Het coördinatiedagboek

153.   Het coördinatiedagboek is het document of geheel van documenten dat door de coördinator wordt bijgehouden en dat, op genummerde bladzijden, de gegevens en aantekeningen vermeldt betreffende de coördinatie en gebeurtenissen op de bouwplaats. Het is verplicht op alle bouwplaatsen waar een coördinatie moet worden georganiseerd.

C.   Het postinterventiedossier

154.   Het postinterventiedossier is het dossier dat de voor de veiligheid en de gezondheid nuttige elementen bevat waarmee bij eventuele latere werkzaamheden moet worden rekening gehouden en dat aangepast is aan de kenmerken van het bouwwerk. Het is verplicht op alle bouwplaatsen waar een coördinatie moet worden georganiseerd. Er bestaat een vereenvoudigd model en een volledig model naargelang de grootte van het werk (werken met een oppervlakte kleiner of groter dan 500 m²), of naargelang er één of meerder aannemers bij betrokken zijn.[169]

§ 5.   VOORWAARDEN VOOR DE UITOEFENING
VAN DE FUNCTIE

155.   Om de functie van coördinator te mogen uitoefenen, werden drie vereisten gesteld.

156.   In de eerste plaats dient een coördinator te beschikken over een bepaalde beroepservaring waarvan de minimale omvang afhankelijk is van het diploma

---

[169]   Zie voor meer informatie: L. WEYTS, *Notarieel contractenrecht, Deel 1, Verkoop uit de hand – vrijwillige openbare verkoop*, Mechelen, Kluwer, 2014, 204-205.

waarover men beschikt. In de tweede plaats dient hij bepaalde aanvullende cursussen gevolgd te hebben. In de derde plaats moet hij kunnen aantonen dat hij over een voldoende kennis bezit van de reglementering en de technieken inzake welzijn op de tijdelijke of mobiele bouwplaatsen (art. 56, 58 en 59 KB).

Onder beroepservaring wordt verstaan:

1° voor de functie van coördinator-ontwerp: een beroepservaring in verband met het ontwerp van een bouwproject of met engineering;

2° voor de functie van coördinator-verwezenlijking: een beroepservaring in verband met de leiding van een tijdelijke of mobiele bouwplaats of het beheer en de opvolging van de werken op een dergelijke bouwplaats;

3° voor de functie van coördinator-ontwerp en verwezenlijking: een beroepservaring in verband met de twee onder 1° en 2° vermelde activiteitstypes (art. 57 KB).

§ 6.   AANSPRAKELIJKHEID

A.   *Contractuele aansprakelijkheid*

1.   Algemeen

157.   De veiligheidscoördinator is een contractpartij. Daardoor is hij gehouden tot de integrale uitvoering van de aangegane verbintenissen en van zijn wettelijke opdracht. Indien hij tekortkomt aan het uitvoeren van die verbintenissen, kan hij aansprakelijk gesteld worden. Hij zal de schade moeten vergoeden die voortvloeit uit het niet-uitvoeren van de verbintenissen. Zo is het mogelijk dat hij gehouden wordt schade te vergoeden die ontstaat door vertraging op de werf of wegens een (arbeids)ongeval dat veroorzaakt is door een gebrekkige controle op de uitvoering van het veiligheids- en gezondheidsplan.

158.   Omdat het over een contractuele aansprakelijkheid gaat, moet er steeds een fout aangetoond worden. Er rust bijgevolg geen foutloze aansprakelijkheid op de schouders van de veiligheidscoördinator, er is dus evenmin vermoeden van fout lastens hem. Bij de beoordeling van de fout is het nodig de aard van de verbintenis na te gaan. Sommige verbintenissen van de veiligheidscoördinator maken een resultaatsverbintenis uit, terwijl andere middelen- of inspanningsverbintenissen zijn.

Het opstellen van de coördinatiedocumenten en de overdracht ervan op het einde van de opdracht wordt beschouwd als een resultaatsverbintenis. Om de veiligheidscoördinator aansprakelijk te kunnen stellen ten aanzien van deze verbintenis, dient aangetoond te worden dat het beoogde resultaat niet werd bereikt. Hij zal zich enkel kunnen bevrijden indien hij erin slaagt een vreemde oorzaak of overmacht aan te tonen.

Inspanningsverbintenissen zijn: het coördineren zelf, het adviseren van bouw-partijen in verband met veiligheid en gezondheid op de tijdelijke of mobiele bouw-plaats en andere meer algemeen geformuleerde verplichtingen. Bij bovenstaande verbintenissen is er sprake van een fout of wanprestatie indien de coördinator niet de nodige zorg besteedt aan de uitvoering ervan die verwacht kan worden van een doorsnee goede veiligheidscoördinator. Er wordt doorgaans gebruikgemaakt van het abstracte criterium van de *bonus pater familias*. De fout wordt getoetst aan iedere normale voorzichtige huisvader die zich in dezelfde situatie bevindt met gelijkaardige externe omstandigheden.

Bij de beoordeling van een (eventuele) tekortkoming van de coördinator dient dan ook rekening gehouden te worden met de omstandigheden eigen aan de bouwplaats, met de inhoud en omvang van zijn opdracht en met de middelen die hem ter beschikking gesteld werden.

159. Overigens moet de opdrachtgever het werk van de veiligheidscoördinator mogelijk maken en vergemakkelijken; hij moet op alle vergaderingen uitgeno-digd worden en betrokken worden bij alle fasen van het bouwwerk. Indien dit niet gebeurt, moet de eventuele fout van de veiligheidscoördinator herbekeken worden.

Het is tevens mogelijk dat de coördinator *in solidum* tot vergoeding van de volledige schade gehouden wordt indien de fout samenvalt met die van andere betrokken partijen (ontwerpers, uitvoerders van de werken of de opdrachtgever).

160. De opdrachtgever of de persoon die belast is met de aanstelling van de veiligheidscoördinator kan de overeenkomst tot aanstelling van een veiligheids-coördinator eenzijdig opzeggen indien de coördinator zich schuldig maakt aan ernstige tekortkomingen in het uitvoeren van zijn werk. Zelfs wanneer hij nalaat een doeltreffend of passend gevolg te geven aan een opmerking van een van de bouwpartijen, is het mogelijk de overeenkomst op te schorten.

Er moet opgemerkt worden dat de mogelijke opschorting gebeurt op eigen risico van de contractpartijen. De aannemer of persoon belast met de aanstelling van de veiligheidscoördinator doet er dus goed aan de mogelijke eenzijdige beëin-diging op te nemen in een uitdrukkelijk ontbindend beding in de overeenkomst tot aanstelling van de veiligheidscoördinator.

2. Duur van de aansprakelijkheid

161. Het Burgerlijk Wetboek legt in de artikelen 1792 en 2270 een tienjarige aansprakelijkheid op aan ieder die aandeel heeft in een gebrek aan een bouwwerk. De veiligheidscoördinator valt op het eerste gezicht niet onder deze tienjarige aansprakelijkheid, hij staat immers in voor het welzijn, de gezondheid, de veilig-heid en de hygiëne op het werk. Hij neemt niet rechtstreeks deel aan de effectieve bouw van het bouwwerk. De veiligheidscoördinator valt in dat opzicht niet onder het toepassingsgebied van de artikelen 1792 en 2270 BW en wordt gezien als een secundaire bouwpartij (zoals de bureaus voor technische controle).

Echter, de taak van de veiligheidscoördinator beperkt zich niet louter tot de veiligheid op de bouwplaats. Hij staat ook in voor de veiligheid van het bouwwerk. De functie van veiligheidscoördinator kan bovendien gecombineerd worden met die van de bouwdirectie belast met het ontwerp of uitvoering. In die hoedanigheid is de bouwdirectie onderworpen aan de tienjarige aansprakelijkheid van artikel 1792 BW. Bij de beoordeling van de aansprakelijkheid is het moeilijk om een onderscheid te maken tussen beide hoedanigheden. In een dergelijk geval kan de veiligheidscoördinator dus wel onder het toepassingsgebied van artikel 1792 BW vallen en gedurende tien jaar aansprakelijk zijn voor een gebrekkig bouwwerk.

De aansprakelijkheid vervat in de artikelen 1792 BW en 2210 BW is enkel van toepassing op gebreken aan een gebouw die de stevigheid ervan in het gedrang brengen. Voor andere gebreken is de gemeenrechtelijke aansprakelijkheidstermijn van toepassing, die ook tien jaar bedraagt.

3.   Afbakening van de aansprakelijkheid

162.   Het is mogelijk voor partijen om de omvang van de aansprakelijkheid in te perken of contractueel te bepalen, voor zover de aansprakelijkheidsregels de openbare orde of het dwingend recht niet raken. Het is dus mogelijk om de aansprakelijkheid van de coördinator te beperken of om de aansprakelijkheidstermijn te verkorten.

163.   Hoewel exoneratiebedingen in de bouw een vaak voorkomend fenomeen zijn, is er een beperking opgelegd door het KB van 25 januari 2001: aansprakelijkheden die krachtens de wet aan andere partijen toegekend worden dan de veiligheidscoördinator, mogen niet via een overeenkomst aan de coördinator overgedragen worden.

164.   Indien een inperking bedongen wordt tussen partijen, geldt die enkel tussen deze partijen. Jegens derden hebben dergelijke afspraken geen gevolgen.

4.   Aansprakelijkheid als werknemer

165.   Indien de veiligheidscoördinator onder een arbeidsovereenkomst werkt, draagt hij een eigen aansprakelijkheid. Dat wordt bepaald in artikel 17, 4 Arbeidsovereenkomstenwet enn artikel 6 van de Welzijnswet van 4 augustus 1996. Deze artikelen bepalen dat een werknemer zelf verantwoordelijk is voor schade aan zijn eigen gezondheid en veiligheid.

Daartegenover staat artikel 18 Arbeidsovereenkomstenwet: de werkgever is verantwoordelijk voor elke vorm van schade die een werknemer veroorzaakt in de uitoefening van zijn werk. De werkgever kan enkel deze schade verhalen op de werknemer indien er sprake is van bedrog, zware fout of herhaaldelijke lichte fout.

B. Buitencontractuele aansprakelijkheid

166. Indien er schade aan derden, personen of goederen berokkend wordt in de uitoefening van de opdracht van de veiligheidscoördinator, komt deze toe aan de veiligheidscoördinator. Omdat hij instaat voor de veiligheid op de werf, zal er steeds in zijn richting gekeken worden wanneer er een ongeval gebeurt.

167. Om de coördinator aansprakelijk te kunnen stellen, moet er sprake zijn van een fout of verzuim. De coördinator begaat een fout wanneer hij niet voldoet aan de wettelijk voorgeschreven verplichtingen, wanneer hij verzaakt aan de algemene plicht van voorzichtigheid of wanneer hij een inbreuk pleegt op de wettelijke bepalingen. Enkele voorbeelden zijn het niet afschermen van een werf voor onbevoegden en het niet opstellen van de voorgeschreven coördinatie-instrumenten. Algemene verplichtingen zoals de adviesverplichting of de coördinatieplicht zijn te vaag om zomaar een fout uit af te leiden.

168. Om de veiligheidscoördinator aansprakelijk te kunnen stellen, moet er een zekere en vaststaande vorm van schade zijn. Het louter bestaan van een fout in hoofde van hem is onvoldoende om tot aansprakelijkheid te leiden. Er moet aangetoond worden dat de coördinatie onvoldoende was en dat er als gevolg daarvan schade ontstaan is. Indien er louter een onvoorzichtigheid van een werknemer aangetoond is, wordt het oorzakelijk verband tussen de schade en de (gebrekkige) veiligheidscoördinatie niet aangetoond en kan dit niet leiden tot een aansprakelijkheid van de coördinator. De coördinatie kon deze onvoorzichtigheid immers niet voorzien of voorkomen door een betere of andere coördinatie toe te passen.

169. Indien er schade veroorzaakt wordt doordat de veiligheidscoördinator niet aan zijn verplichtingen voldeed en tevens wordt vastgesteld dat het slachtoffer ook zelf een fout begaan heeft, zal de veiligheidscoördinator nooit voor de volledige schade aansprakelijk gesteld worden. De feitenrechter zal oordelen welk aandeel elke partij heeft in het schadegeval, aan de hand van de ernst en de omvang van de fouten van de partijen.

C. Strafrechtelijke aansprakelijkheid

170. Volgens het gemeen strafrecht kan de veiligheidscoördinator strafrechtelijk aansprakelijk gesteld worden voor het onopzettelijk toebrengen van lichamelijke letsels. Schuldig aan dit misdrijf is hij die het kwaad veroorzaakt door een gebrek aan voorzichtigheid of voorzorg, maar zonder het oogmerk om de persoon van een ander aan te randen (art. 418 Sw.). Het gebrek aan voorzichtigheid wordt getoetst volgens de *culpa levissima in abstracto*. Elke fout kan een gebrek aan voorzichtigheid uitmaken. De fout wordt getoetst aan het gedrag van de *bonus pater familias*, volgens dezelfde maatstaven als de fout op grond van de artikelen 1382 tot 1384 BW.

171. Op basis van artikel 131 Sociaal Strafwetboek (Soc.Sw.) worden de opdrachtgever, de bouwdirectie belast met de uitvoering of de controle op de uitvoering, de aannemer en de onderaannemer, hun aangestelden of lasthebbers, werkgevers of zelfstandigen die inbreuken begaan op de Welzijnswet, strafbaar gesteld met een sanctie van niveau 3 of 4, al naar gelang er gezondheidsschade of een arbeidsongeval veroorzaakt werd door de inbreuk.

AFDELING 9. DE ENERGIEDESKUNDIGE

172. Een energiedeskundige is een professioneel die zich bezighoudt met het energiebeheer en CO_2-reductie. Energiedeskundigen spelen voornamelijk een rol bij het vaststellen van de energieprestaties van gebouwen.

Er bestaan verschillende types van energiedeskundigen. Om erkend te worden als een welbepaald type van energiedeskundige, dient men een door het Vlaams Energieagentschap erkende opleiding tot dat welbepaald type van energiedeskundige te volgen en te slagen voor een centraal examen.[170]

Hierna wordt een overzicht gegeven van de diverse types van energiedeskundigen. Elders in dit boek wordt verder ingegaan op de energieprestaties en binnenklimaat van gebouwen en de verplichte attestering daarvan.[171]

§ 1. ENERGIEDESKUNDIGE TYPE A

173. Indien een woning te koop of te huur wordt aangeboden, dient de verkoper of verhuurder een energieprestatiecertificaat (EPC) voor te leggen aan de (potentiële) kopers of huurders. Het EPC toont aan hoe energiezuinig een woning is.[172]

Opdat een EPC opgesteld kan worden, moet de eigenaar van het gebouw een erkende energiedeskundige type A aanstellen. Een EPC is immers maar geldig indien het ondertekend is door een erkend energiedeskundige type A.[173]

Nadat de eigenaar een energiedeskundige type A heeft aangesteld, zal deze ter plaatse komen om de woning te inspecteren. Hiervoor dient hij gebruik te maken van een vaste inspectiemethode en specifieke software.[174]

---

[170]   Art. 8.1.1., 8.3.1-8.4.1 Besl.Vl.Reg. 19 november 2010 houdende algemene bepalingen over het energiebeleid, *BS* 8 december 2010 (hierna Energiebesluit).
[171]   Zie Hoofdstuk 5, afdeling 2, § 7.
[172]   Art. 9.2.3-9.2.4 Energiebesluit.
[173]   Art. 9.2.1. Energiebesluit.
[174]   Bijlage 2 bij MB 13 juli 2008 betreffende de vastlegging van de vorm en de inhoud van het model van het energieprestatiecertificaat residentiële gebouwen bij verkoop en verhuur en de

§ 2. ENERGIEDESKUNDIGE TYPE B

174. Naast een EPC, dat verplicht is, kan de eigenaar van een woning op eigen initiatief en geheel vrijwillig een energieaudit laten uitvoeren. Bij een energieaudit wordt, op maat van de eigenaar van de woning, een advies gegeven op het gebied van energiebesparende maatregelen.

Het energieadvies kan alleen betrekking hebben op eengezinswoningen. Appartementen en andere gebouwen voor collectieve huisvesting vallen hier niet onder.[175]

Enkel erkende energiedeskundigen type B mogen energieaudits uitvoeren.[176]

Om een energieaudit uit te voeren, gebruikt de energiedeskundige type B de specifieke auditsoftware.[177]

§ 3. ENERGIEDESKUNDIGE TYPE C

175. Voor gebouwen waarin publieke organisaties gevestigd zijn die aan een groot aantal personen overheidsdiensten verstrekken, dient een 'Energieprestatiecertificaat voor publieke gebouwen' opgemaakt te worden en het EPC dient tevens op een voor het publiek duidelijk zichtbare plaats uitgehangen worden. Deze regelgeving geldt echter enkel indien de bruikbare vloeroppervlakte groter is dan 250 m².[178]

De publieke organisatie stelt een interne of een erkende energiedeskundige type C voor publieke gebouwen aan. Bij de aanwijzing van een energiedeskundige voor publieke gebouwen dient de gebruiker van een publiek gebouw formeel te garanderen dat de energiedeskundige voor publieke gebouwen op een onafhankelijke wijze zijn opdracht kan uitvoeren.[179]

De energiedeskundige maakt het EPC op en overhandigt het gehandtekende EPC vervolgens aan de publieke organisatie.

§ 4. ENERGIEDESKUNDIGE TYPE D

176. Bij de verkoop of verhuur van een niet-residentieel gebouw, zoals een kantoor of een winkel, dient de verkoper of verhuurder een EPC voor te leggen aan de (potentiële) kopers of huurders.[180]

---

verklaring op erewoord model van het energieprestatiecertificaat residentiële gebouwen bij verkoop en verhuur en de verklaring op erewoord, *BS* 27 juni 2008.

[175] Bijlage 3 bij MB 13 juli 2008 betreffende de vastlegging van de vorm en de inhoud van het model van het energieprestatiecertificaat residentiële gebouwen bij verkoop en verhuur en de verklaring op erewoord model van het energieprestatiecertificaat residentiële gebouwen bij verkoop en verhuur en de verklaring op erewoord, *BS* 27 juni 2008.

[176] Art. 9.3.2. Energiebesluit.

[177] Art. 9.3.1. Energiebesluit.

[178] Art. 9.2.12 Energiebesluit.

[179] Art. 9.2.12 Energiebesluit.

[180] Art. 9.2.8-9.2.9 Energiebesluit.

Een EPC bij verkoop of verhuur van een niet-residentieel gebouw zal opgemaakt moeten worden door een erkende energiedeskundige type D.[181]

Deze zal ter plaatse komen om het gebouw te inspecteren. Hiervoor dient hij gebruik te maken van de specifieke software.[182]

AFDELING 10. DE BOUWCOÖRDINATOR

177. De hoofdtaak van de bouwcoördinator spreekt voor zich: hij dient de werken van de verschillende aannemers te coördineren. Soms neemt de bouwheer zelf deze taak op zich of wordt dit opgedragen aan de architect. De hoofdaannemer coördineert zijn eigen werken en die van zijn onderaannemers, waarvoor hij verantwoordelijk is.

178. Wanneer de bouwcoördinatie wordt opgedragen aan een professionele bouwpartij, bevat haar opdracht dikwijls meer dan dat. Zo kan haar opdracht erin bestaan dat zij erover dient te waken dat de werken kwalitatief en tijdig afgewerkt worden, binnen het vooropgestelde en afgesproken budget. In dit opzicht wordt zij veeleer een projectmanager.

179. De opdracht van de bouwcoördinator behelst in wezen een aannemingsovereenkomst (verhuur van diensten). Eventueel wordt dit aangevuld met diverse mandaten, zoals het opvragen van offertes, het bestellen van (bijkomende) werken, het nemen van beslissingen op de werfvergaderingen, het goedkeuren van vorderingsstaten en de oplevering van de werken in naam en voor rekening van de bouwheer.

180. De juiste kwalificatie van zijn opdracht is niet zonder belang. Zo moet het voor alle partijen duidelijk zijn of de bouwcoördinator werken bestelt in eigen naam dan wel als mandataris van de bouwheer.

181. In een geval waarin een bouwheer opdracht had gegeven tot renovatie van een woning, waarbij carte blanche werd gegeven zodat enkel nog de goedkeuring vereist was van de bouwheer voor de voorgestelde inrichting, materialen en meubels, was het hof van beroep van Antwerpen van oordeel dat de overeenkomst tussen de bouwcoördinator en de bouwheer een aannemingsovereenkomst was en geen lastgeving. De vordering tegen de bouwheer in betaling van werken door een partij die door de coördinator was opgedragen om de badkamer te renoveren en de verwarmingsketel te vervangen, werd om die reden afgewezen. Volgens het

---

[181] Art. 9.2.6 Energiebesluit.
[182] Art. 9.2.6, § 3 Energiebesluit.

hof kon enkel de coördinator worden aangesproken en wel als hoofdaannemer van de werken.[183]

182.   De bouwcoördinator die in wezen alle verbintenissen opneemt om een huis of appartement te bouwen riskeert als aannemer in de zin van artikel 1 Woning-bouwwet te worden beschouwd. Dit zal onder meer met zich meebrengen dat hij dient in te staan voor de plaatsing van een voltooiingswaarborg en dat de over-eenkomst verder aan alle dwingende bepalingen dient te voldoen, een en ander op straffe van nietigheid van de overeenkomst.[184]

---

[183]   Antwerpen (k. B7) 18 december 2017, *TBO* 2018, 223.
[184]   Brussel (20e k.) 4 september 2018, *TBO* 2019, 57.

HOOFDSTUK 3

TOTSTANDKOMING
VAN HET CONTRACT

AFDELING 1. DE PRECONTRACTUELE FASE

183. Vooraleer partijen gebonden zijn door een overeenkomst, zullen partijen besprekingen voeren over de inhoud van de overeenkomst en meer bepaald over de te verrichten prestaties en de corresponderende vergoeding. De fase vóór het sluiten van de overeenkomst is de precontractuele fase.

§ 1. VOORBESPREKINGEN, OFFERTES EN STUDIES

184. Vaak maakt de aannemer, alvorens hij gebonden is door een aannemingsovereenkomst, een offerte of bestek op.

185. De (toekomstige) opdrachtgever is niet gebonden door deze documenten. Met andere woorden, het staat de opdrachtgever vrij om uiteindelijk met een andere aannemer te contracteren. De aannemer daarentegen is wel gebonden door de offerte of het bestek. Deze documenten dienen namelijk als een aanbod vanwege de aannemer beschouwd te worden.[185] Zodra dit aanbod aanvaard wordt door de opdrachtgever, komt er een overeenkomst tot stand tussen partijen.

186. De vraag rijst of de studies waarop een offerte is gebaseerd, en de daarmee gepaard gaande kosten, vergoed moeten worden door de opdrachtgever.

Als algemeen principe geldt dat de aannemer deze kosten in zijn eigen belang maakt om uiteindelijk te komen tot het sluiten van de overeenkomst.[186] De contractuele vrijheid impliceert het recht van de klant om tegelijkertijd of achtereenvolgens met verschillende mogelijke partners te onderhandelen om uiteindelijk

---

[185]   B. KOHL, "Contrat d'entreprise" in *RPDB*, Brussel, Bruylant, 2016, 147; A. VAN OEVELEN, *Overeenkomsten. Deel 2. Bijzondere overeenkomsten. E. Aanneming van werk – Lastgeving* in *Beginselen van Belgisch privaatrecht*, Mechelen, Kluwer, 2017, 126.

[186]   Antwerpen 8 november 1976, *RW* 1976-77, 2349.

het meest voordelige contract te kiezen.[187] Het behoort tot de risico's van een onderneming dat een offerte niet in de smaak valt bij de klant.[188]

De kosten worden daarom beschouwd als een accessorium bij de overeenkomst en worden verondersteld gratis te zijn verstrekt, ook al komt de overeenkomst niet tot stand.[189] Zelfs wanneer de aannemer voor het opstellen van een offerte, tegen betaling, een beroep heeft moeten doen op derden, kan hij deze kost niet doorrekenen.[190]

Enkel wanneer de prestaties van de aannemer meer inhouden dan de loutere voorbereidingen voor het maken van een offerte, dienen ze vergoed te worden.[191] Hetzelfde geldt wanneer de opdrachtgever het voorbereidend werk heeft laten verrichten door de aannemer terwijl het vooraf reeds vaststond dat de aannemer de werken niet zou mogen uitvoeren. In een dergelijk geval wordt dan toepassing gemaakt van de leer van de *culpa in contrahendo*.[192]

187. Partijen kunnen echter van deze algemene regel afwijken en overeenkomen dat de kosten voor het opmaken van een offerte of bestek wél vergoed zullen worden.

188. Indien de aannemer toch een vergoeding wenst te ontvangen en er geen afspraken dienaangaande werden gemaakt, kan de aannemer eventueel opwerpen dat de opdrachtgever de onderhandelingen op onrechtmatige wijze heeft verbroken. De verbreking van de onderhandelingen zal echter slechts als een fout beschouwd worden wanneer de verbreking gebeurde zonder wettige redenen, op een ruwe en ontijdige wijze.[193] Op basis van de leer van de *culpa in contrahendo* dient de wederpartij in dat geval veroordeeld te worden tot betaling aan de aannemer van de schade die bestaat uit de kosten van de studie van het project, van het opmaken van de offerte, plannen en tekeningen, en het verlies van de kans om het contract te kunnen uitvoeren.[194]

Zo oordeelde het hof van beroep van Antwerpen dat, hoewel de partijen tijdens hun onderhandelingen principieel vrij blijven om uiteindelijk al dan niet met elkaar te contracteren, zij deze onderhandelingen te goeder trouw en als een normaal zorgvuldig persoon moeten voeren en eventueel beëindigen. Het hof

[187] Luik 20 oktober 1989, *JLMB* 1990, 86.
[188] Vred. Gent (eerste kanton), 15 januari 1996, *AJT* 1998-99, 321, noot P. DE SMET, "De invordering van de factuur en de prijsvergelijking".
[189] M.A. FLAMME en P. FLAMME, "Le contrat d'entreprise 1966-75", *JT* 1976, 342; Luik 6 oktober 1988, *JT* 1989, 6.
[190] *Ibid.*
[191] Bv. Brussel 27 september 1985, *RJI* 1986, 103: de aannemer had o.m. opdracht gekregen om een geschikt bouwterrein te vinden.
[192] Luik 19 januari 1965, *RGAR* 1965, nr. 7423; Vred. Menen 27 juni 1990, *T.Vred.* 1992, 7.
[193] Vred. Brussel 9 mei 1989, *T.Vred.* 1989, 278.
[194] Luik 28 februari 1997, *JLMB* 1998, 180: vergoeding voor gemaakte kosten: 2500 euro; voor gemiste kans: 6250 euro, voor een opdracht ter waarde van 125.000 euro.

stelde vast dat de potentiële opdrachtgevers parallelle onderhandelingen hebben gevoerd met minstens nog één andere aannemer zonder dat de eerste aannemer dat wist. Ze hebben hem integendeel in de waan gelaten dat zij uiteindelijk met hem zouden contracteren en hem het nodige voorbereidende studiewerk laten uitvoeren en een ontwerpovereenkomst laten opstellen. Op het ogenblik waarop die onderhandelingen enkel nog moesten worden geformaliseerd door de ondertekening van een geschreven overeenkomst, hebben ze de vergevorderde onderhandelingen abrupt en ontijdig afgebroken om te contracteren met een andere aannemer. Omdat ze volgens het hof daardoor niet te goeder trouw hadden gehandeld, dienden ze de schade van de aannemer, veroorzaakt door hun fout, te vergoeden. Deze schade bestond uit de nutteloze kosten, prestaties én gederfde winst van de aannemer. Omdat de schade onmogelijk exact kon worden geraamd, werd ze naar billijkheid begroot.[195]

189. Ook in het kader van een aanbesteding geldt overigens het principe van de contractvrijheid. De aanbesteder die een prijs vraagt aan verscheidene aannemers is dus niet gehouden om met de laagste bieder te contracteren. Deze heeft geen enkel recht op schadevergoeding indien er geen contract tot stand komt.[196]

190. Wanneer architecten, raadgevende ingenieurs en studiebureaus voorstudies opmaken, adviezen geven en plannen of ontwerpen opstellen in de precontractuele fase, zullen deze partijen normaal gezien wél recht hebben op vergoeding voor de geleverde prestaties.[197] Dergelijke werken worden namelijk beschouwd als het verstrekken van diensten die behoren tot de uitoefening van het beroep.[198]

§ 2. DE BESTELBON

191. Een bestelbon kan omschreven worden als een document waarin een partij de wil uitdrukt om een bepaalde (aannemings)overeenkomst te sluiten.[199]

---

[195] Antwerpen 16 juli 2018, *TBO* 2019, 49.
[196] Rb. Bergen 31 mei 1968, geciteerd door M.A. FLAMME en P. FLAMME, *o.c.*, nr. 22, 343.
[197] Antwerpen 16 maart 1988, *TBBR* 1992-93, 160, noot B. LOUVEAUX; Gent 9 november 1993, *RW* 1993-94, 1234; Brussel 18 juni 1993, *T.Aann.* 1994, 87; Luik 15 november 1993, *JLMB* 1994, 563; Gent 23 juni 1994, *TGR* 1995, nr. 6/95.
[198] Antwerpen 4 december 2002, *NJW* 2003, 1000, noot W. GOOSSENS; Antwerpen 17 november 2014, *TBO* 2015, 106; B. KOHL, "Contrat d'entreprise" in *RPDB*, Brussel, Bruylant, 2016, 153-154; A. VAN OEVELEN, *Overeenkomsten. Deel 2. Bijzondere overeenkomsten. E. Aanneming van werk – Lastgeving* in *Beginselen van Belgisch privaatrecht*, Mechelen, Kluwer, 2017, 127.
[199] W. GOOSSENS, *Aanneming van werk: het gemeenrechtelijke dienstencontract*, Brugge, die Keure, 2003, 440.

Zowel de opdrachtgever als de aannemer kunnen een bestelbon opmaken. Wanneer de opdrachtgever de bestelbon opmaakt, richt de opdrachtgever een aanbod aan de aannemer. Laatstgenoemde kan het aanbod vervolgens aanvaarden, bijvoorbeeld door uitvoering van de bestelling.[200] Omgekeerd kan de aannemer, door middel van een bestelbon, ook een aanbod richten aan de opdrachtgever.[201]

In geval van aanvaarding verkrijgt de bestelbon de aard van een contractueel document.[202]

192. Artikel 19 van het KB van 30 juni 1996 betreffende de prijsaanduiding van producten en diensten en de bestelbon[203] bepaalt welke minimale vermeldingen op de bestelbon moeten voorkomen:

1. de naam of benaming, het adres en in voorkomend geval het ondernemingsnummer;
2. de datum en het volgnummer van die bon;
3. een beschrijving die een zekere identificatie van het goed of de dienst mogelijk maakt;
4. de eenheidsprijs, de hoeveelheid en de totale prijs;
5. het bedrag van het betaalde voorschot;
6. het saldo;
7. de datum of termijn van de levering van het goed of van het verlenen van de dienst;
8. de handtekening van de onderneming.

193. De aannemer is overigens verplicht om gebruik te maken van een bestelbon indien zijn dienstverlening, of een deel daarvan, wordt uitgesteld én de consument reeds een voorschot heeft betaald.[204] De aannemer zal bovendien verbonden zijn door de gegevens vermeld op de bestelbon, ongeacht algemene of bijzondere, andere of strijdige voorwaarden.[205]

194. Deze verplichting werd ingevoerd opdat de consument steeds het bestaan en de inhoud van de overeenkomst met de onderneming zou kunnen bewijzen en zodoende minder risico zou lopen bij het betalen van een voorschot.

---

[200] Kh. Mechelen 25 juni 1999, *TBBR* 1999, 589.
[201] Voorz. Rb. Luik 19 mei 1995, *Pas.* 1995, III, 13.
[202] Luik 25 februari 2013, *TBBR* 2014, afl. 4, 183 (er werd geoordeeld dat de door alle partijen, inclusief de aannemer, ondertekende bestelbon gekwalificeerd diende te worden als een aannemingsovereenkomst).
[203] KB 30 juni 1996 betreffende de prijsaanduiding van producten en diensten en de bestelbon, *BS* 30 juli 1996.
[204] Art. VI.88, eerste lid WER.
[205] Art. VI.88, tweede lid WER.

AFDELING 2. GELDIGHEIDSVEREISTEN

195. De aannemingsovereenkomst is onderworpen aan de algemene geldigheidsvereisten inzake contracten: ondubbelzinnige toestemming, bekwaamheid om te contracteren, een welbepaald en wettig voorwerp en een geoorloofde oorzaak van de overeenkomst (art. 1108 BW).

196. De geldigheidsvoorwaarden van een overeenkomst worden beoordeeld op het tijdstip dat zij wordt gesloten, maar bij die beoordeling kan de rechter rekening houden met bewijselementen die dagtekenen van na het sluiten van de overeenkomst.[206]

§ 1. GELDIGE TOESTEMMING

A. Wilsuiting en wilsovereenstemming

197. De aannemingsovereenkomst is een consensueel contract dat kan ontstaan zonder geschrift zodra er een akkoord is bereikt over alle bestanddelen die partijen als essentieel aanzien.

Essentieel zijn uiteraard het voorwerp, de beoogde prestatie, maar ook eventueel de prijs, de uitvoeringstermijn, de wijze van betaling[207] en het bestaan van een financieringskrediet.[208]

198. De wil van de partijen dient op de een of andere wijze geuit te worden. Dit kan mondeling of schriftelijk gebeuren. De wilsovereenstemming kan ook impliciet worden afgeleid uit bepaalde daden, zoals bijvoorbeeld het laten aanvangen van de werken door de aannemer[209] of het uitvoeren van betalingen. Het volstaat dat de wederzijdse wil om een aannemingsovereenkomst te sluiten met zekerheid uit de omstandigheden kan worden afgeleid.

De wil dient bovendien te worden geuit door de betrokken partijen of door een lasthebber die daartoe een uitdrukkelijke volmacht ontving. Tenzij andersluidende overeenkomst, heeft de architect in principe niet de bevoegdheid om een overeenkomst te sluiten namens de bouwheer.[210]

199. Krachtens artikel 1108 BW is de toestemming van de partij die zich verbindt een noodzakelijke voorwaarde voor de geldigheid van een overeenkomst.

---

[206] Cass. 12 februari 2015, *TBO* 2016, 119.
[207] Luik 21 mei 1912, *P.P.* 1913, nr. 1113.
[208] Cass. 30 april 1975, *T.Aann.* 1980, 196, noot M. DENEVE; Brussel 14 januari 1972, *T.Aann.* 1980, 187, noot M. DENEVE.
[209] Kh. Hasselt 16 februari 2000, *Limb.Rechtsl.* 2000, 439; Kh. Mechelen 25 juni 1999, *TBBR* 589.
[210] Rb. Brussel 3 juni 1976, *T.Aann.* 1977, 1.

Die toestemming, uitdrukkelijk of stilzwijgend, vereist effectieve kennis of, minstens, de mogelijkheid om effectief kennis te nemen van de bedingen waarmee moet worden ingestemd. Dat men een onderneming is, creëert op zich geen vermoeden van kennis van alle bedingen (*in casu* de algemene voorwaarden bij een contract).[211]

200. De overeenkomst kan ontstaan zelfs indien er nog geen akkoord werd bereikt over bijkomstige zaken of modaliteiten waarover nog dient te worden onderhandeld.[212] Wanneer de onderhandelingen aanslepen, is het niet altijd gemakkelijk te achterhalen wanneer en of de overeenkomst zich voltrokken heeft. De feitenrechter oordeelt op soevereine wijze en rekening houdend met alle omstandigheden van de zaak in kwestie (in het bijzonder de afbakening van de verbintenis van de aannemer) of de partijen het inzicht hadden om zich juridisch te verbinden.[213]

Zo belet het ontbreken van een voorafgaandelijk akkoord aangaande de prijs van de werken niet het bestaan van een rechtsgeldige overeenkomst. Bij gebrek aan bepaling van de prijs dient de aannemer deze te goeder trouw en naar redelijkheid te bepalen.[214]

201. Het verkrijgen van een vergunning, een premie of een lening wordt, bij gebrek aan uitdrukkelijke bepaling daaromtrent, niet aanzien als een essentieel bestanddeel, maar wel als een ontbindende of opschortende voorwaarde.[215] Nietig is echter de aannemingsovereenkomst die gesloten werd onder de opschortende voorwaarde dat de opdrachtgever een stuk bouwgrond koopt op een bepaalde plaats. Dit is een potestatieve voorwaarde, waarvan de vervulling totaal afhankelijk is van de wil van één van de partijen.[216]

202. Het contract van onderaanneming wordt niet beschouwd als een accessorium van de hoofdaannemingsovereenkomst. Het niet tot stand komen van de hoofdaannemingsovereenkomst heeft dan ook geen invloed op het bestaan en de geldigheid van de onderaanneming.[217] Zelfs indien de onderaanneming uitdrukkelijk afhankelijk werd gemaakt van de realisatie van de hoofdaanneming, zal de

---

[211] Cass. 20 april 2017, *TBO* 2018, 294.

[212] Rb. Oost-Vlaanderen (afd. Dendermonde) 24 maart 2017, *DAOR* 2017 (samenv.), afl. 124, 62.

[213] Vred. Brussel 9 mei 1989, *T.Vred.* 1989, 278; S. STIJNS, W. VAN GERVEN en J. WERY, "Les obligations: les sources", *JT* 1996, 708, nr. 48.

[214] Brussel 16 september 1987, *TBH* 1988, 245; zie Hoofdstuk 3, afdeling 3, § 2.

[215] Brussel 21 november 1979, *JT* 1980, 297; Antwerpen 13 november 1979, *JCB* 1980, 193; P. FLAMME en M.A. FLAMME, *Le contrat d'entreprise, quinze ans de jurisprudence*, Brussel, Larcier, 1991, 29, nr. 25; anders Brussel 6 december 1958, *Pas.* 1960, II, 40.

[216] Rb. Antwerpen 26 maart 1981, *Rec.gén.enr.not.* 1982, 251; zie ook Cass. 30 juni 2016, *TBO* 2017, 42: de partij in het voordeel van wie een opschortende voorwaarde is bedongen, kan er, hangende de voorwaarde, afstand van doen.

[217] Gent 3 april 1980, *T.Aann.* 1983, 113, noot P. THIERRY.

onderaanneming geldig tot stand komen zo de hoofdaannemer schuld heeft aan de niet-vervulling van het hoofdcontract (art. 1178 BW).

203. Nadat men een principeakkoord heeft bereikt, kan men niet zonder meer onderhandelingen aanknopen met een derde. De aanbesteder die aldus handelt, is te kwader trouw en dient de aannemer schadeloos te stellen voor de gemaakte studie van het project, het opmaken van het bestek en voor het verlies van de kans om het werk te kunnen uitvoeren.[218]

B. Wilsgebreken

204. Partijen dienen elkaar volledig in te lichten over de gegevens die het ontstaan van het contract kunnen beïnvloeden.

De overeenkomst is vernietigbaar indien de toestemming van de partijen werd verkregen op grond van dwaling, bedrog of geweld (art. 1117 BW). Het contract blijft geldig tot wanneer het door de rechter nietig verklaard wordt (art. 1117 BW).[219]

1. Dwaling

205. Dwaling bestaat wanneer een persoon door een verkeerde voorstelling van een bestanddeel van de overeenkomst zich verbindt, terwijl hij dat niet zou hebben gedaan had hij de ware toedracht gekend.

206. Dwaling tast enkel de geldigheid van de overeenkomst aan indien ze betrekking heeft op de zelfstandigheid van de zaak, met andere woorden indien ze essentieel of doorslaggevend is geweest en niet louter betrekking heeft op bijkomstigheden.[220] Bijkomstige dwaling wordt niet als een relevant wilsgebrek aanvaard.

207. De zelfstandigheid van de zaak bestaat in elk gegeven dat een partij ervan heeft overtuigd de overeenkomst te sluiten, dat de medecontracterende partij moest kennen en zonder welk de overeenkomst niet zou zijn gesloten.[221]

Zo werd geoordeeld dat in het geval waarbij een aannemer zijn medecontractant ten onrechte had voorgespiegeld dat hij voor gevelwerken recht zou hebben op een renovatiepremie vanwege de overheid, en dit gegeven voor de opdrachtgever doorslaggevend was, de overeenkomst vatbaar was voor nietigverklaring

---

[218] Luik 28 februari 1997, *JLMB* 1998, 180.
[219] Cass. 21 oktober 1971, *RW* 1971-72, 1145.
[220] Cass. 23 januari 2014, AR C.13.0114.N, www.cass.be; Cass. 14 januari 2013, AR C.10.0661.N, www.cass.be.
[221] Cass. 12 februari 2015, *TBO* 2016, 119.

wegens dwaling.[222] Ook werd dwaling omtrent de zelfstandigheid van de zaak aanvaard in een geval waarbij een aannemer die zich had verbonden om te werken tegen vaste prijs, tijdens de uitvoering van het werk op onvoorziene moeilijkheden stuitte.[223] Het essentiële en doorslaggevende karakter van de dwaling wordt op soevereine wijze door de feitenrechter beoordeeld.[224]

Tevens werd er geoordeeld dat er sprake was van dwaling in hoofde van de aannemer die schade berokkende aan een kabel naar aanleiding van grondwerken, aangezien hij een ernstig en afdoende peilingen had ondernomen en er bijgevolg mocht van uitgaan dat hij op anderhalve meter van de gelokaliseerde kabel mocht werken.[225] Indien de aannemer heeft nagelaten de leidingen te lokaliseren, kan hij zich niet op dwaling beroepen.[226]

208. Bovendien leidt de dwaling die betrekking heeft op de zelfstandigheid van de zaak enkel tot de nietigheid van de overeenkomst indien de medecontractant van dit element op de hoogte was of hier redelijkerwijze op bedacht had moeten zijn.[227]

209. Dwaling is geen oorzaak van nietigheid wanneer zij alleen de persoon betreft met wie men bedoelde te handelen, tenzij de overeenkomst hoofdzakelijk uit aanmerking van deze persoon is aangegaan (art. 1110 BW).

210. De dwaling mag niet te wijten zijn aan een tekortkoming van degene die dwaalt. Ze moet verschoonbaar zijn in die zin dat degene die er zich op beroept, heeft gehandeld als elk bedachtzaam en voorzichtig persoon zou hebben gedaan die in dezelfde omstandigheden verkeerde.[228] Een dwaling die geen redelijk mens zou begaan, kan niet leiden tot de nietigverklaring van de overeenkomst. Zo werd geoordeeld dat de opdrachtgever die, uit vrees voor een dreigende instorting, in alle haast een stabiliseringswerk door middel van het plaatsen van muurankers had besteld tegen een prijs die manifest overdreven en buiten proportie was, op substantiële en verschoonbare wijze gedwaald had. Het hof meende dat hij nooit had gecontracteerd tegen die prijs indien hij voldoende geïnformeerd was geweest.[229]

211. Dwaling komt evenmin in aanmerking wanneer degene die dwaalt, het risico van de dwaling op zich heeft genomen. De aannemer die heeft nagelaten het gebouw te bezoeken en daardoor op moeilijkheden botst die hij had kunnen voorzien, kan zich niet beroepen op dwaling. Hetzelfde geldt wanneer hij nalaat

---

[222]   Bergen 31 maart 1987, *Rev.Liège* 1987, 770.

[223]   Brussel 24 juli 1889, *Pas.* 1890, II, 93.

[224]   Cass. 27 oktober 1995, *R.Cass.* 1996, 63, *RW* 1996-97, 298.

[225]   Kh. Brussel 18 mei 2011, *T.Aann.* 2011, 368.

[226]   Vred. Namen 8 april 2003, *Iuvis*, 2005, 1471; Kh. Brussel 24 maart 2003, *Iuvis* 2005, 1456.

[227]   Cass. 23 januari 2014, AR C.13.0114.N, www.cass.be.

[228]   Cass. 23 januari 1984, *Arr.Cass.* 1983-84, 598, *RW* 1983-84, 2820, Cass. 20 april 1978, *Arr.Cass.* 1978, 960, *Pas.* 1978, I, 950, *RW* 1978-79, 1489.

[229]   Luik 17 december 1993, *T.Aann.* 1999, 36 (bevestiging van Rb. Luik 15 juni 1992).

de berekeningen die de bouwheer heeft gemaakt te controleren en nadien blijkt dat de berekeningen foutief waren.[230]

212.   Voorafgaand aan het sluiten van een overeenkomst dienen alle partijen elkaar en zichzelf bovendien voldoende te informeren. De bijzondere bekwaamheid van de schuldeiser van de informatieverplichting kan in aanmerking worden genomen ter verzwaring van de van hem geëiste verplichting om zich op de hoogte te stellen. De bijzondere bekwaamheid wordt beoordeeld volgens hetzij het beroep, indien het een vakman betreft, hetzij volgens de bijzondere kennis van de schuldeiser van de informatieverplichting.

Wanneer de voor de schuldeiser belangrijke informatie een gespecialiseerd karakter vertoont en de schuldenaar er kennis van heeft, heeft de schuldeiser, tenzij hij een vakman is, niet de verplichting om zich op de hoogte te stellen nopens die gespecialiseerde informatie. Indien de schuldeiser echter wordt bijgestaan door een raadsman of een specialist, vermindert de informatieverplichting van de schuldenaar, daar de beslissing van de schuldeiser dan bij voorrang wordt bepaald door het advies van zijn raadsheer.[231] Op basis van deze redenering werd beslist dat een aannemer een bouwheer niet hoefde te waarschuwen dat een halvering van het vermogen van een verwarmingsinstallatie om kosten te sparen ertoe zou leiden dat de beoogde temperatuur niet kon worden gehaald, aangezien de bouwheer bij de onderhandelingen werd bijgestaan door zijn architect.[232]

213.   Het bewijs van de dwaling kan worden geleverd door alle rechtsmiddelen.[233]

214.   Er dient een onderscheid te worden gemaakt tussen de dwaling als wilsgebrek en het gebrek aan wilsovereenstemming. In het eerste geval is er een overeenkomst, die weliswaar vernietigbaar is, in het andere geval is er geen overeenkomst. Zo is er geen sprake van dwaling maar van gebrek aan wilsovereenstemming wanneer een partij dacht een contract te hebben gesloten tot bouw van een chalet op haar grond (contract van aanneming) en de andere partij van oordeel was dat ze een klaarstaande chalet had verkocht (koop-verkoop).[234]

2.   Bedrog

215.   Bedrog is een oorzaak van nietigheid van de overeenkomst wanneer de kunstgrepen die door een van de partijen zijn gebruikt, van die aard zijn dat de andere partij zonder die kunstgrepen klaarblijkelijk het contract niet zou zijn aangegaan (art. 1116 BW).

---

[230]   Rb. Mechelen 2 april 1958, *T.Aann.* 1970, 78.
[231]   Rb. Nijvel 6 oktober 2011, *T.Aann.* 2013, 57.
[232]   Kh. Hasselt 4 februari 1998, *RW* 1999-2000, 823.
[233]   Cass. 28 maart 1974, *Arr.Cass.* 1974, 834.
[234]   Rb. Gent 14 januari 1982, *RW* 1983-84, 596.

Bedrog omvat een materieel bestanddeel, de kunstgreep of list, en een psychologisch bestanddeel, het opzet van een partij om door middel van de kunstgreep de andere partij tot het aangaan van de overeenkomst te bewegen. Een grove tekortkoming maakt op zich geen bedrog uit.[235]

216. Ook de verzwijging kan bedrog inhouden wanneer die slaat op een element dat, indien het was gekend door de andere partij, deze niet zou hebben gecontracteerd of tegen andere voorwaarden.[236] De verzwijging dient wel opzettelijk gedaan te zijn.[237] Stilzwijgen maakt bedrog uit indien de partij die er zich aan bezondigt, de verplichting had de verzwegen inlichtingen te verstrekken.[238]

Geoordeeld werd dat het verzwijgen door de aannemer van schilderwerk die verbouwingswerken aannam, dat hij niet voor deze activiteit was ingeschreven in het handelsregister (RUKBO-register), dat hij niet beschikte over de vereiste vestigingsvergunning, dat hij niet als aannemer was geregistreerd, met de zware geldelijke gevolgen van dien voor de bouwheer (registratieplicht werd in 2012 afgeschaft), bedrog inhield in de zin van artikel 1116 BW.[239]

217. Het bedrog moet, om de vernietigbaarheid van de overeenkomst tot gevolg te hebben, doorslaggevend zijn geweest voor het sluiten ervan. Ingeval de kunstgrepen er enkel toe hebben geleid dat de bedrogene tegen meer bezwarende voorwaarden gecontracteerd heeft (incidenteel bedrog), kan hij niet de nietigheid van de overeenkomst verkrijgen. Hij heeft dan enkel recht op een schadevergoeding op grond van de extracontractuele fout van de bedrieger.[240]

Indien blijkt dat aannemers onderlinge afspraken gemaakt hebben over de prijs om de inschrijving van één van hen veilig te stellen in ruil voor vergoeding of andere tegenprestaties, kan de bouwheer de overeenkomst laten vernietigen op grond van bedrog of schadevergoeding eisen indien hij toch gecontracteerd zou hebben maar tegen andere voorwaarden.[241]

218. Anders dan bij dwaling hoeft de door het bedrog veroorzaakte dwaling niet verschoonbaar te zijn.[242]

---

[235] Antwerpen 20 januari 1988, *TBBR* 1990, 33, noot M. DAMBRE.

[236] Cass. 17 februari 2012, AR C.10.0323.F, www.cass.be; Cass. 6 augustus 1978, *JT* 1978, 544.

[237] Cass. 31 maart 2011, *TBBR* 2012, 243, noot F. PEERAER; Bergen 28 september 1989, *JLMB* 1990, 221.

[238] Bergen 6 februari 1990, *RNB* 1990, 554, noot D.S.; Bergen 8 oktober 1990, *JT* 1991, 584, noot P. RIGAUX.

[239] Antwerpen 11 mei 1993, *RW* 1994-95, 1168.

[240] Zie Cass. 21 april 1988, *TBH* 1991, 203, noot C. JASSOGNE; Cass. 10 februari 1983, *Arr.Cass.* 1982-83, 754, *RW* 1983-84, 1638.

[241] Brussel 5 april 1941, *Pas.* 1944, II, 6, geciteerd door M.A. FLAMME en J. LEPAFFE, *Le contrat d'entreprise*, Brussel, Bruylant, 1966, 47, nr. 40.

[242] Cass. 29 mei 1980, *Arr.Cass.* 1979-80, 1201, *Pas.* 1980, I, 1190, noot; Cass. 6 oktober 1977, *Arr. Cass.* 1978, 168; Cass. 23 september 1977, *Arr.Cass.* 1978, 107.

219.   Het bedrog moet uitgaan van de medecontractant en niet van derden. Bedrog uitgaande van de vertegenwoordiger van de medecontractant wordt toegerekend aan de contractpartij zelf. Hetzelfde geldt wanneer de medecontractant medeplichtig is aan het bedrog.

220.   Bedrog wordt niet vermoed, het moet worden bewezen (art. 1116 BW). Het bewijs kan worden geleverd door alle middelen van recht, ook door vermoedens. Zo werd geoordeeld dat het feit dat de werken mogelijk niet volgens de regels van de kunst werden uitgevoerd en niet altijd de meest adequate materialen zouden zijn gebruikt, er niet toe kan leiden dat het bedrog kan worden verondersteld.[243]

221.   Bedrog als wilsgebrek bij de totstandkoming van de overeenkomst mag niet worden verward met bedrog bij de uitvoering van de overeenkomst. In dit laatste geval betreft het een opzettelijke wanprestatie die de geldigheid van de overeenkomst op zich niet aantast.[244]

3.   Geweld of dwang

222.   Onder geweld dient te worden begrepen: de uitoefening van of dreiging met een aanzienlijk fysiek of moreel kwaad ten aanzien van de persoon of het vermogen van de medecontractant of diens naaste verwanten (art. 1111-1115 BW).
    De aanwending van morele dwang tast slechts de geldigheid van de wil aan indien de dwang onrechtmatig en ongeoorloofd is.[245] Het verschil in economische machtspositie volstaat niet om tot geweld te kunnen besluiten. Slechts bij misbruik van de invloed die de sterkere partij aan haar machtspositie ontleent, is er sprake van geweld.[246]

223.   Men kan de vernietiging van de overeenkomst niet meer vragen indien ze, nadat het geweld was opgehouden, werd goedgekeurd, hetzij uitdrukkelijk, hetzij stilzwijgend (art. 1115 BW).

224.   Het bewijs van het geweld kan worden geleverd met alle middelen van recht. Dikwijls staat het slachtoffer hier voor een zeer moeilijk taak. Aanvaard werd dat de aanvaarding van de werken onder dwang werd verkregen, omdat de aannemer had gedreigd om gebruik te maken van zijn beding tot wederinkoop indien de bouwheer opmerkingen had gemaakt bij de oplevering.[247] Een vordering tot vernietiging van een addendum bij een aannemingsovereenkomst

---

[243]   Kh. Dendermonde 3 maart 2011, *TBBR* 2014, 89.
[244]   Bergen 18 maart 1981, *Pas.* 1981, II, 82; Rb. Hasselt 11 oktober 1988, *DCCR* 1989-90, 40, noot P. VERSCHELDEN.
[245]   Cass. 15 mei 2000, AR S.99.0194.N, www.cass.be; Cass. 12 mei 1980, *Arr.Cass.* 1979-80, 1144.
[246]   Brussel 7 november 1986, *TBBR* 1987, 144, noot W. DE BONDT.
[247]   Kh. Brussel 3 mei 1967, *BRH* 1967, 223.

werd dan weer afgewezen bij gebrek aan bewijs van het feit dat de aannemer had gedreigd met het stilleggen van de werken indien de bouwheer weigerde te tekenen.[248]

C. Gevolgen

225. Dwaling, (hoofd)bedrog en geweld zijn een grond tot nietigverklaring van de overeenkomst.

226. Enkel de benadeelde partij kan de nietigverklaring vragen aan de rechter. Hij kan evenwel steeds in de overeenkomst berusten nadat de nietigheidsgrond werd ontdekt of, in geval van geweld, nadat ze heeft opgehouden te bestaan (relatieve nietigheid).

227. De vordering tot nietigverklaring wegens dwaling of bedrog dient te worden ingesteld binnen tien jaar na het ontdekken ervan. In geval van geweld begint deze termijn te lopen vanaf de dag waarop dit is opgehouden (art. 1304 BW).

§ 2. BEKWAAMHEID

228. De contracterende partijen dienen juridisch handelingsbekwaam te zijn. Het uitgangspunt daarbij is dat iedereen contracten kan aangaan, tenzij hij door de wet daartoe onbekwaam is verklaard (art. 1123 BW). Onbekwaam zijn minderjarigen, verlengd minderjarigen, onbekwaamverklaarden en personen aan wie een gerechtelijk raadsman is toegevoegd (art. 1124 BW).

A. Minderjarigen

1. Gewone minderjarigen

229. Een minderjarige is de persoon die de volle leeftijd van achttien jaar nog niet heeft bereikt (art. 388 BW). Minderjarigen zijn in principe onbekwaam om contracten te sluiten.

Het contract aangegaan door de minderjarige kan enkel worden bestreden door de minderjarige zelf en niet door de medecontractant (art. 1125, tweede lid BW, betrekkelijke nietigheid) en enkel wegens nietigheid naar de vorm, hetzij wegens benadeling (art. 1125, eerste lid, 1305 en 1311 BW). Eens meerderjarig kunnen zij hun overeenkomsten bekrachtigen (art. 1311 BW).

---

[248] Brussel 14 oktober 1987, *RJI* 1988, 195.

2. Ontvoogde minderjarigen

230. De ontvoogde minderjarige is bekwaam tot het stellen van daden van louter beheer (art. 481 BW). Hieronder vallen onder meer het aankopen van roerende en onroerende goederen met zijn inkomsten[249] en het instellen van roerende rechtsvorderingen (arg. art. 482 BW).

3. Geesteszieken

231. Geesteszieken kunnen door de rechtbank onbekwaam verklaard worden omwille van een geestelijke handicap. Onderscheid dient te worden gemaakt tussen de volledige en de gedeeltelijke onbekwamen.

Volledig handelingsonbekwaam zijn de onbekwaamverklaarden en de onder verlengde minderjarigheid geplaatsten. Hun wettelijke vertegenwoordigers (ouders, voogd) treden in hun naam op. In sommige gevallen dienen zij machtiging te vragen aan de familieraad en/of homologatie aan de rechtbank.

Gedeeltelijk handelingsonbekwaam zijn de zwakzinnigen en de verkwisters. Zij kunnen overeenkomsten sluiten mits dit gebeurt in de aanwezigheid en met de goedkeuring (bijstand) van hun gerechtelijk raadsman.

4. Gefailleerden

232. Vanaf de dag van het vonnis van faillietverklaring verliest de gefailleerde van rechtswege het beheer over al zijn goederen, zelfs over de goederen die hij mocht verkrijgen terwijl hij zich in staat van faillissement bevindt. Alle betalingen, verrichtingen en handelingen van de gefailleerde en alle betalingen aan de gefailleerde gedaan vanaf de dag van het vonnis kunnen niet aan de boedel worden tegengeworpen (art. XX.110 WER).

233. Deze bepaling ontneemt aan de gefailleerde niet zijn juridische bekwaamheid, maar heeft enkel tot doel te verhinderen dat hij de samenstelling van zijn vermogen zou wijzigen en de gelijkheid onder de schuldeisers zou verbreken.[250] De goederen die hij bezit op de dag van het faillissement worden door de curator beheerd.[251] Deze situatie houdt op bij de sluiting van het faillissement.

Hij kan nieuwe opdrachten aanvaarden, tenzij hem door de rechtbank het verbod werd opgelegd om handel te drijven.[252]

---

[249] Rb. Brussel 7 oktober 1988, *TBBR* 1990, 82.
[250] I. VEROUGSTRAETE, *Manuel de la faillite et du concordat*, Brussel, Kluwer Editions Juridiques, 2010-11, 414.
[251] Art. 45 Faill.W.
[252] Cass. 26 oktober 1987, *RW* 1987-88, 950.

5. Echtgenoten

234. Het huwelijk wijzigt de handelsbekwaamheid van de echtgenoten niet (art. 212 BW). Hun bestuursbevoegdheden zijn in een aantal gevallen evenwel beperkt.

235. Iedere echtgenoot bestuurt zijn eigen vermogen alleen (art. 1425 BW), met een beperking wat de gezinswoning betreft (art. 215 BW).

236. Het gemeenschappelijk vermogen wordt bestuurd door elk van de echtgenoten, waarbij ze elk de beslissingen van de andere dienen te respecteren (art. 1416 BW). De echtgenoot die een beroep uitoefent, verricht alle daartoe noodzakelijke bestuurshandelingen alleen. Wanneer beide echtgenoten samen een beroep uitoefenen, is de medewerking van beiden vereist voor alle handelingen behalve die van beheer (art. 1417, tweede lid BW). Onverminderd deze regels, is de toestemming van beide echtgenoten vereist voor bepaalde handelingen opgesomd in de artikelen 1418 en 1419 BW.

6. Mede-eigenaars

237. Een mede-eigenaar is bevoegd om een aannemingsovereenkomst te sluiten met betrekking tot een stuk grond dat hij samen met anderen in mede-eigendom bezit. De aannemingsovereenkomst is niet ongeldig omdat de goedkeuring van de andere mede-eigenaars ontbreekt.[253] Artikel 577-2 BW regelt uitsluitend de verhoudingen tussen de personen die de onverdeelde eigenaars zijn van een goed. De bepalingen van dit artikel gelden niet voor de verhoudingen tussen die personen en derden.[254]

Anderzijds geldt er een andere regeling in de verhouding tussen de mede-eigenaars onderling. Daden van behoud van het goed en daden van voorlopig beheer kan een mede-eigenaar rechtsgeldig alleen verrichten. Alle andere daden van beheer alsmede daden van beschikking moeten, om afdwingbaar te zijn, met medewerking van alle mede-eigenaars gebeuren (art. 577-2, § 6 BW). Zo vermag elke mede-eigenaar krachtens het recht dat hem eigen is, alleen optreden om de afbraak te vorderen van veranderingswerken die werden aangebracht door een mede-eigenaar zonder de toestemming van zijn deelgenoten en die van die aard zijn dat ze de bestemming van het goed wijzigen en het recht van een deelgenoot krenken.[255]

Een mede-eigenaar kan de andere mede-eigenaars evenwel noodzaken om deel te nemen aan daden van beheer waarvan de rechter de noodzakelijkheid erkent (art. 577-2, § 6).

---

[253] Cass. 4 december 1941, *Pas.* 1941, I, 443; Luik 24 februari 1967, *T.Aann.* 1972, 97.
[254] Cass. 10 oktober 1986, *Arr.Cass.* 1986-87, 171, *RNB* 1987, 205.
[255] Cass. 7 januari 1966, *RW* 1965-66, 1849.

Elke mede-eigenaar van onverdeelde onroerende goederen die bestemd zijn tot gemeenschappelijk gebruik van twee of meer onderscheiden aan verschillende eigenaars toebehorende erven, kan vrij op zijn kosten aan de gemeenschappelijke zaak veranderingen aanbrengen, mits hij de bestemming daarvan niet wijzigt en geen afbreuk doet aan de rechten van zijn deelgenoten (art. 577-2, § 10).

§ 3. VOORWERP

A. Inhoud

238. Het aannemingscontract kan als voorwerp de uitvoering van een bepaald werk van allerhande aard hebben: bouwconstructies, handarbeid, artistiek of intellectueel werk.

239. Het voorwerp dient voldoende bepaald of bepaalbaar te zijn (art. 1129 BW). Het is niet noodzakelijk dat alle details bekend zijn. Het voorwerp is bepaalbaar als de overeenkomst objectieve elementen bevat waardoor het kan worden bepaald zonder dat er een nieuw akkoord tussen partijen nodig is.[256]

De prijs kan aan de aannemer worden overgelaten voor zover de werken niet van al te grote omvang zijn. Immers, in tegenstelling tot bij koopovereenkomsten, kan de aannemingsovereenkomst geldig tot stand komen ook al werden er geen volledige en exacte prijsafspraken gemaakt.[257]

240. Het voorwerp moet zeker zijn in die zin dat de werken mogelijk dienen te zijn.

De aannemer kan de bouwheer niet verplichten hem de werken te laten aanvatten vooraleer een stedenbouwkundige vergunning (thans omgevingsvergunning) werd afgegeven.[258] Anderzijds is het de verantwoordelijkheid van de bouwheer dat hij tijdig over een stedenbouwkundige vergunning of omgevingsvergunning beschikt. Indien de bouwheer geen vergunning krijgt of veel te laat, kan de aannemer de ontbinding van de overeenkomst wegens contractbreuk eisen met schadevergoeding.[259]

241. Het voorwerp dient tevens wettig te zijn, wat impliceert dat het geen onwettige toestand mogelijk mag maken of in stand mag houden.[260] Indien de

---

[256]   Cass. 13 juni 2005, AR S.04.0109.N, www.cass.be.
[257]   Antwerpen 3 mei 1999, *TBBR* 2000, 52.
[258]   Gent 17 april 1970, *RW* 1972-73, 415; Brussel 21 november 1979, *JT* 1980, 296 (verkort).
[259]   Bepaalde rechtspraak aanziet het verkrijgen van de noodzakelijke vergunning als ontbindende (Rb. Turnhout 5 december 1961, *RW* 1961-62, 1357) of als opschortende voorwaarde (Brussel 21 november 1979, *JT* 1980, 296, verkort); G. BAERT, *Bestendig handboek privaatrechtelijk bouwrecht*, V.1.23, met verwijzing naar o.a. Franse cassatierechtspraak.
[260]   Cass. 4 oktober 2012, *RJI* 2013, 235; Cass. 8 april 1999, *TBH* 1999, noot I. CLAEYS.

aannemingswerken worden uitgevoerd in afwezigheid van of in strijd met de vereiste stedenbouwkundige vergunning (thans: omgevingsvergunning voor stedenbouwkundige handelingen), brengt het voorwerp van de overeenkomst een ongeoorloofde situatie tot stand waardoor het strijdig is met de openbare orde.[261]

Hebben een onwettig voorwerp, de overeenkomsten die strijdig zijn met:
- de imperatieve regels van de Woningbouwwet[262];
- artikel 4 van de wet van 20 februari 1939 tot bescherming van de titel en van het beroep van architect wat betreft de verplichting om een beroep te doen op een architect[263] en artikel 6 van dezelfde wet ten aanzien van de onafhankelijkheid tussen architect en aannemer.[264]

B. Gevolgen

242. De overeenkomst met ongeoorloofd voorwerp is absoluut nietig. Iedere partij kan de nietigheid opwerpen. De partijen kunnen niet berusten in de nietigheid. De nietigheid van de overeenkomst heeft tot gevolg dat de overeenkomst en de gevolgen ervan geacht worden nooit bestaan te hebben. De nietigheid werkt dus *ex tunc*, met name met terugwerkende kracht.

In de meeste uitspraken wordt de fout van de nietigheid bij de aannemer gelegd omdat die als specialist het probleem had moeten kennen. De bouwheer heeft in dat opzicht recht op vergoeding van de schade die het gevolg is van de nietigheid.[265]

Geoordeeld werd dat het feit dat een aannemingsovereenkomst die nietig was omdat de werken werden uitgevoerd waarvan de stedenbouwkundige vergunning werd vernietigd, niet belette dat de opdrachtgever toch aanspraak kon maken op vergoeding voor de schade die hij heeft geleden ingevolge de instorting van de

---

[261] Cass. 8 maart 2018, *TBO* 2018, 425; Cass. 28 november 2013, AR C.13.0233.N, www.cass.be; Luik 28 november 2013, *JT* 2014, 60; Gent 27 mei 2011, *TGR-TWVR* 2012, 24; Antwerpen 24 december 2003, *NJW* 2004, 527, noot S. LUST.

[262] Cass. 27 februari 1980, *La Construction* 1988, 7, concl. F. DUM (betaling van een voorschot voor een voorafgaandelijke studie); Brussel 14 september 2007, *NJW* 2008, 84, noot S. MAES; Brussel 18 maart 1986, *Pas.* 1986, II, 84 (geen borgstelling); Gent 14 mei 1982, *T.Aann.* 1988, 232 (geen aanduiding van begin- en einddatum); zie verder, Hoofdstuk 10.

[263] Kh. Charlerloi 25 juni 1997, *JLMB* 1999, 24; Brussel 11 december 1984, *Ann.dr.Lg.*, 1986, 128: de overeenkomst die de uitsluiting van de medewerking van een architect bevat is nietig.

[264] Cass. 10 september 1976, *Pas.* 1977, I, 32; Cass. 26 januari 1978, *RW* 1978-79, 665; Cass. 3 mei 1974, *Pas.* 1974, I, 916; Brussel 28 maart 1969, *RJI* 1969, 147; Brussel 18 oktober 1978, *T.Aann.* 1980, 321, noot P. RIGAUX: de aannemingsovereenkomst waarin is bepaald dat de architect door de aannemer wordt aangesteld en betaald, is nietig; Brussel 23 november 1972, *T.Aann.* 1973, 177, opm. BRICMONT en PHILIPS: indien bepaald is dat de architect zal worden betaald door de aannemer, dienen zowel de overeenkomst tussen bouwheer en architect als tussen bouwheer en aannemer te worden vernietigd; Antwerpen 11 oktober 1999, *T.Aann.* 2000, 140: de architect is niet onafhankelijk van de aannemer als de aannemer de kosten van de architect draagt en deze geen enkele controle uitoefent. Bijgevolg is de overeenkomst nietig.

[265] Zie o.m. Brussel 18 oktober 1978, *JT* 1979, 74, *T.Aann.* 1980, 321, noot P. RIGAUX; Rb. Brussel 4 april 1974, *RNB* 1975, 21.

werken, en meer bepaald aanspraak kon maken op vergoeding van diverse schadeposten (onder meer materiële schade aan gebouwen, kosten voor schorings- en opruimingswerken, genotsderving). Deze vordering kwam immers niet neer op het doen ontstaan of in stand houden van een ongeoorloofde toestand.[266]

C.   *Invloed van Boek VI 'Marktpraktijken en consumentenbescherming' van het Wetboek van economisch recht*

243.   Bij de totstandkoming van een overeenkomst tussen een aannemer en een consument dient erop gelet te worden dat de overeenkomst geen onrechtmatige bedingen bevat. Dit zijn bedingen die, alleen of in samenhang met een of meer andere bedingen of voorwaarden, een kennelijk onevenwicht scheppen tussen de rechten en plichten van de partijen ten nadele van de consument.[267] Zo werd reeds geoordeeld dat een clausule waardoor bij eenzijdige verbreking door de bouwheer het voorschot van 33% van de aannemingsprijs als verbrekingsvergoeding verworven is, kennelijk onevenwichtig is.[268]

244.   Specifiek met betrekking tot het voorwerp van de overeenkomst, bepaalt artikel VI.82 WER dat bedingen inzake het voorwerp duidelijk en begrijpelijk geformuleerd moeten zijn. De taken van de aannemer dienen dus duidelijk in de overeenkomst omschreven te worden.

Indien het contract bedingen inzake het voorwerp van de overeenkomst bevat die niet voldoende duidelijk en begrijpelijk werden geformuleerd, kunnen ze als onrechtmatige bedingen gekwalificeerd worden. Dit heeft verstrekkende gevolgen. Dergelijke bedingen zijn immers verboden en nietig.

De wet bepaalt evenwel dat de overeenkomst bindend blijft voor de partijen indien ze zonder de onrechtmatige bedingen kan voortbestaan.[269] Echter, de nietigheid van een beding inzake het voorwerp van de overeenkomst zal de nietigheid van de volledige overeenkomst met zich meebrengen.

§ 4.   OORZAAK

245.   De overeenkomst dient een werkelijke en geoorloofde oorzaak te hebben (art. 1108 BW). Onder oorzaak moet worden verstaan de doorslaggevende beweegredenen die de partijen ertoe bewogen hebben de rechtshandeling te stellen. Bij wederkerige contracten is de oorzaak van de verbintenis van de ene partij de verbintenis van de andere partij.[270]

---

[266]   Cass. 8 maart 2018, *TBO* 2018, 425.
[267]   Art. I.8, 20° WER.
[268]   Rb. Antwerpen 31 oktober 2017, *TBO* 2018, 254.
[269]   Art. VI.84 WER.
[270]   Cass. 13 maart 1981, *Pas.* 1981, I, 760, *RW* 1982-83, 1049, noot.

246. De oorzaak is ongeoorloofd wanneer zij door de wet verboden is, strijdig is met de goede zeden of met de openbare orde (art. 1133 BW). Een wet is van openbare orde wanneer zij de wezenlijke belangen van de Staat of van de gemeenschap betreft of, in het privaatrecht, de juridische grondslagen vastlegt waarop de economische of morele orde van de samenleving berust.[271]

Zo werd geoordeeld dat de overeenkomst tussen een bouwheer en een architect die zich, zonder medeweten van de eerste, een commissie liet betalen door de aannemer, nietig was aangezien de oorzaak immoreel was.[272] Dit is eveneens het geval bij een aannemingsovereenkomst waarbij de partijen de bedoeling hadden een aanzienlijk deel van de aannemingsprijs 'zonder factuur' te regelen.[273] Ook werd een onderaannemingsovereenkomst vernietigd wegens een ongeoorloofde oorzaak, aangezien het in werkelijkheid een vermomde afspraak was tussen aannemers om de inschrijvingssom van een openbare aanbesteding hoger te stellen en de winst te verdelen.[274] Een aannemingsovereenkomst tot het bouwen van een casino werd nietig verklaard aangezien het doel strijdig was met de openbare orde.[275] Een overeenkomst tussen een aannemer en een bedrijf dat sluikreclame wou maken in een tv-uitzending door het laten plaatsen van reclamepanelen, werd vernietigd wegens een ongeoorloofde oorzaak.[276] Zo ook een overeenkomst met een interieurarchitect tot het uitvoeren van werken waarvoor een stedenbouwkundige vergunning vereist was.[277]

247. De oorzaak dient niet noodzakelijk te zijn uitgedrukt (art. 1132 BW). De feitenrechter moet dan nagaan of er een oorzaak is en die bepalen.[278]

§ 5. SANCTIE: NIETIGHEID

A. Algemeen

248. De overeenkomst die niet voldoet aan de bovenvermelde geldigheidsvereisten, is nietig. Bij de beoordeling van de geoorloofdheid van het voorwerp en de oorzaak dient men zich te plaatsen op het moment van het sluiten van de overeenkomst.[279]

---

[271] Cass. 10 september 2015, *TBO* 2016, 131.
[272] Brussel 25 maart 1970, *Pas.* 1970, II, 155; zie ook Brussel 26 februari 1980, *RW* 1982-83, 507: de aannemingsovereenkomst voor het oprichten van een speelhuis (casino) heeft een ongeoorloofde oorzaak daar het doel strijdig is met de openbare orde en is volstrekt nietig.
[273] Kh. Gent 6 februari 2003, *TGR* 2003, 12.
[274] Kh. Antwerpen 14 januari 1953, *RW* 1952-53, 1560; zie ook Gent 2 april 1976, *RW* 1975-76, 2634.
[275] Brussel 26 februari 1980, *RW* 1982-83, 507.
[276] Kh. Sint-Niklaas 7 maart 1995, *AJT* 1994-95, 335, noot M. DE ZUTTER.
[277] Rb. Antwerpen 21 december 2006, *TBO* 2007, 228.
[278] Cass. 17 mei 1991, *Arr.Cass.* 1990-91, 927, *Pas.* 1991, I, 813, *RW* 1991-92, 684.
[279] Cass. 28 november 2013, AR C.13.0233.N, www.cass.be.

De overeenkomst is volstrekt nietig (nietig van rechtswege) wanneer een wezenlijk bestanddeel ervan ontbreekt of wanneer zij strijdig is met de openbare orde of de goede zeden.

Zij is betrekkelijk nietig (vernietigbaar enkel door de *in casu* beschermde partij) wanneer de essentie van de overeenkomst niet is aangetast of wanneer de ontbrekende geldigheidsvereiste enkel private belangen raakt.[280]

249. Overeenkomstig artikel 1304 BW dient de rechtsvordering tot nietigverklaring of tot vernietiging van een overeenkomst ingesteld te worden binnen de tien jaar, tenzij een bijzondere wet in een kortere termijn voorziet.

B. Gevolgen

250. Het gevolg van de nietigverklaring van een overeenkomst is dat de contractanten dienen te worden teruggeplaatst in de toestand waarin zij zich zouden hebben bevonden indien zij nooit hadden gecontracteerd (*restitutio in integrum*).[281]

251. Volgens het Hof van Cassatie betekent dit dat, wanneer in uitvoering van de overeenkomst goederen werden overgedragen, het herstel in de vorige toestand inhoudt dat de goederen worden teruggegeven aan de restitutieschuldeiser en, indien de teruggave niet mogelijk is, dat de waarde van de goederen wordt betaald.

252. Indien de goederen nog aanwezig zijn in het vermogen van de restitutieschuldenaar, dient hij de goederen in natura terug te geven, ongeacht de waardestijging of -daling ervan. De restitutieschuldeiser wordt geacht eigenaar van de goederen te zijn gebleven, zodat hij de risico's van de economische waardestijging of -daling moet dragen, behoudens indien dit verschil in waarde toe te schrijven is aan het doen of laten van de restitutieschuldenaar.

253. De verbintenis tot het betalen van de waarde van de goederen is een waardeschuld. De restitutieschuldenaar moet aan de restitutieschuldeiser een vergoeding betalen die gelijk is aan de waarde die de goederen, in de toestand waarin zij werden ontvangen, zouden hebben gehad op het ogenblik van de begroting van de vergoeding.[282]

Wat reeds werd gepresteerd in de uitvoering van de nietige overeenkomst, kan worden teruggevorderd (art. 1235 en 1376 BW).[283] Wanneer de nietigverklaring de restitutie van een geldsom tot gevolg heeft, dient enkel het nominale bedrag

---

[280] Zie voor meer uitleg: F. PEERAER, "De verhouding tussen openbare orde en dwingend recht *sensu stricto* in het Belgische verbintenissenrecht", *TPR* 2013, 2731-2744.

[281] Cass. 28 november 2013, AR C.13.0233.N, www.cass.be.

[282] Cass. 13 januari 2017, AR C.15.0226, www.cass.be.

[283] Cass. 24 september 1976, *Arr.Cass.* 1977, 98, *Pas.* 1977, I, 101, *RW* 1976-77, 2269.

teruggegeven te worden, zonder rekening te houden met de waardevermindering van de geldsom.[284]

Zo werd geoordeeld dat de architect wiens overeenkomst werd vernietigd wegens onvoldoende onafhankelijkheid ten aanzien van de aannemer, de reeds betaalde honoraria of voorschotten diende terug te storten.[285]

254. De opdrachtgever kan moeilijk de reeds uitgevoerde werken teruggeven aan de aannemer. Het herstel in natura zal bijgevolg vervangen moeten worden door een equivalente vergoeding.

De aannemer zal in dit geval op basis van de beginselen van de vermogensvermeerdering zonder oorzaak recht hebben op een vergoeding gelijk aan de tegenwaarde van het gepresteerde werk.[286]

Er dient te worden uitgegaan van de waarde bepaald op de dag van het sluiten van de overeenkomst, rekening houdend met het aanvankelijk overeengekomen bedrag en met de minderwaarde veroorzaakt door eventuele gebreken of tekortkomingen.[287]

Zo het werk voor de opdrachtgever geen enkel nut heeft opgebracht, zal de aannemer geen recht hebben op vergoeding.[288]

De opdrachtgever zal bovendien nog een vergoeding kunnen vorderen van de schade die hij door de nietigverklaring heeft opgelopen: de prijsverhoging van materialen en lonen die zich intussen heeft voorgedaan, de schade die voortkomt uit de opgelopen vertraging en genotsderving wegens gebreken en tekortkomingen.[289]

AFDELING 3. PRIJS

§ 1. ALGEMEEN

255. Zoals gezegd, is de aannemingsovereenkomst noodzakelijkerwijs een overeenkomst ten bezwarende titel. De prijs is een constitutief bestanddeel van

---

[284] Cass. 28 november 2013, AR C.13.0233.N, www.cass.be.

[285] Rb. Brussel 1 september 1998, *TBBR* 2000, 56; Rb. Brussel 20 oktober 1998, *JLMB* 2001, 285.

[286] Kh. Namen 28 oktober 1999, *JLMB* 2000, 1304; Rb. Chaleroi 16 februari 1995, *JLMB* 1996, 790; Kh. Bergen 12 april 1988, *Droit de la consommation* 1990, 150; A. DE BERSAQUES, "L'indépendance de l'architecte vis-à-vis de l'entrepreneur dans le contrat d'entreprise" (noot onder Rb. Luik 7 april 1967), *RCJB* 1970, 504, nrs. 14-17; zie evenwel in tegengestelde zin: Kh. Bergen 6 november 2002, *JLMB* 2003, 1285: de aannemer zou geen recht hebben op een vergoeding voor de reeds uitgevoerde werken, minstens dient een aftrek te worden doorgevoerd.

[287] Brussel 18 oktober 1978, *T.Aann.* 1980, 321, noot P. RIGAUX; anders: Brussel 6 maart 1986, *T.Aann.* 1987, 15, noot: wanneer de overeenkomst wordt nietigverklaard door een onwettigheid in hoofde van de aannemer, kan enkel de bouwheer aanspraak maken op restitutie.

[288] Brussel 1 juni 1987, *JLMB* 1987, 1105; Brussel 18 september 1980, *Pas.* 1981, II, 3, *T.Aann.* 183, 154, noot J. WERY en M. MENESTRET; Rb. Nijvel 13 februari 1995, *JLMB* 1996, 425.

[289] Zie Brussel 18 oktober 1978, *T.Aann.* 1980, 321, noot P. RIGAUX; Brussel 23 november 1972, *T.Aann.* 1973, 177; anders: Rb. Luik 7 april 1967, *RCJB* 1970, 491, noot A. DE BERSAQUES.

de overeenkomst.[290] Wie een bepaald werk uitvoert zonder daarvoor te worden vergoed, zoals wie bij wijze van vriendendienst een vriend helpt bij de bouw van zijn woning, sluit in principe geen aannemingsovereenkomst.

256. Het is echter voldoende dat de prijs bepaalbaar is.[291] Dit impliceert dat de prijs afgeleid moet kunnen worden uit de bepalingen van het contract.

257. De vergoeding hoeft niet noodzakelijk in geld bepaald te zijn.[292] De vergoeding kan bijvoorbeeld ook de vorm aannemen van het verrichten van een tegenprestatie of het leveren van een goed. Bovendien hoeft de vergoeding niet noodzakelijk betaald te worden door de opdrachtgever van de werken. Ook een derde kan de prijs voldoen.

258. De partijen kunnen zelf kiezen op welke wijze de prijs wordt vastgesteld. Afhankelijk van de gekozen methode, wordt een onderscheid gemaakt tussen (§ 2) aanneming in vrije rekening, (§ 3) aanneming tegen vaste prijs, (§ 4) aanneming tegen eenheidsprijzen en (§ 5) aanneming in regie.

§ 2. AANNEMING IN VRIJE REKENING

259. Anders dan bij de koop is de overeenkomst bij gebrek aan prijsbepaling (en uitdrukking ervan in de overeenkomst) niet noodzakelijk nietig.[293]

Bij sommige beroepen is het zelfs gebruikelijk dat de prijs niet vooraf bepaald wordt. De vrederechter te Gent wees erop dat de begroting van het honorarium van de advocaat zelfs een bij wet ingestelde vorm van partijbeslissing is.[294]

260. Vooral bij kleinere opdrachten wordt er dikwijls geen prijs afgesproken of bestek gevraagd. In die gevallen dient de aannemer een passende en verantwoorde prijs te becijferen voor de uit te voeren werken (zgn. "partijbeslissing"). Meer bepaald zal de aannemer de prijs na de beëindiging van de werken kunnen begroten en dit op basis van de omvang en de duur van de werken, waarbij ook rekening gehouden wordt met het arbeidsloon en de prijs voor de gebruikte materialen.

261. Bij deze vorm van prijsbepaling loopt de aannemer dus geen enkel risico, noch wegens moeilijkheden in de uitvoering, noch wegens de werkelijke omvang van de werken, noch wegens de prijsevolutie van materialen en lonen. Eventuele

---

[290] A. VAN OEVELEN, *Aanneming van werk – Lastgeving*, nr. 62.
[291] Cass. 21 februari 1991, *Arr.Cass.* 1990-91, 679; Cass. 27 oktober 2000, *Arr.Cass.* 2000, 1670.
[292] W. GOOSSENS, *Aanneming van werk*, nr. 295; B. KOHL, *Contrat d'entreprise*, Brussel, Bruylant, 2016, 191.
[293] Antwerpen 3 mei 1999, *TBBR* 2000, 52.
[294] Vred. Gent 26 mei 2000, *TGR* 2001-21, met verwijzing naar art. 459 Ger.W.

plannen of bestekken zijn louter indicatief. De aannemer mag de werkelijk uitgevoerde werken aanrekenen.

262. De aannemer moet bij de vaststelling van de prijs steeds te goeder trouw handelen, met inachtneming van wat gebruikelijk en billijk is (art. 1134-1135 BW). Dit impliceert onder meer dat de becijfering niet ontijdig mag zijn en dat deze de opdrachtgever in staat moet stellen om zijn controlerecht op een redelijke wijze uit te oefenen. De aannemer zal bijvoorbeeld geacht worden niet te goeder trouw te handelen indien de prijs klaarblijkelijk overdreven was.[295]

Het is aan de rechter om te oordelen of de aannemer op afdoende wijze de prijs en de uitgevoerde werken rechtvaardigt.[296] De rechter is echter niet bevoegd om zelf te bepalen welk bedrag voor de uitgevoerde werken verantwoord was. Hij kan slechts een *marginale* controle[297] uitvoeren en, wanneer met voldoende zekerheid blijkt dat de voorgelegde rekening abnormaal hoog is, een expertise bevelen.[298] In navolging van deze expertise kan de rechter uiteindelijk de aangerekende prijs verminderen in functie van de waarde van de gepresteerde diensten.[299]

263. Wanneer niet duidelijk is welke werken uitgevoerd moeten worden, heeft de aannemer bovendien de vrijheid om naar best vermogen de prestaties te bepalen die nodig zijn om het vooropgestelde resultaat te halen. Immers, soms zal de aannemer pas tijdens de uitvoering van de werken een goed beeld krijgen van de uit te voeren werken.

De bewegingsvrijheid van de aannemer wordt in evenwicht gehouden door de algemene plicht van de aannemer om de overeenkomst met de opdrachtgever te goeder trouw uit te voeren. Wanneer de (herstel)kost bijvoorbeeld relatief belangrijk blijkt te zijn, dient de aannemer de opdrachtgever hier vooraf van te verwittigen. Hij kan zijn klant niet voor een voldongen feit stellen. De opdrachtgever heeft immers steeds het recht een verregaande en kostelijke ingreep te weigeren en te kiezen voor een andere oplossing. Het hof van beroep te Brussel wees op deze grondslag de vordering van de aannemer die tegen dit principe had gezondigd, integraal af.[300]

---

[295] Kh. Brussel 11 juni 1968, *BRH* 1969, 411.

[296] Rb. Mechelen 11 februari 2014, AR 2013/1272/A, onuitg.; Vred. Oudenaarde-Kruishoutem 4 november 2015, *TGR-TWVR* 2016, afl. 2, 103.

[297] J. RONSE, "Marginale toetsing in het privaatrecht", *TPR* 1977, 215; Vred. Oudenaarde-Kruishoutem 4 november 2015, *TGR-TWVR* 2016, afl. 2, 103.

[298] Kh. Brussel 14 oktober 1983, *T.Aann.* 1986, 257; Kh. Brussel 16 september 1987, *TBH* 1988, 245.

[299] Luik 3 oktober 1997, *JLMB* 1998, 1844 (verkort); Brussel 11 juni 2012, *RW* 2012-13, 147; Brussel 14 juli 2011, *RW* 2013-14, 308; Rb. Antwerpen 26 oktober 2007, *RW* 2009-10, 1529; N. VERHEYDEN-JEANMART en I. DURANT, "La rémunération dans les contrats d'activité" in GLANSDORFF, VERHEYDEN-JEANMART, FORIERS, DIEUX, VAN OMMESLAGHE en MERCHIERS, *Les contrats de service*, Brussel, Ed. Jeune Barreau, 1994, 74.

[300] Brussel 1 december 2009, *NJW* 2010, 465, noot; zie ook W. GOOSSENS, *Aanneming van werk: het gemeenrechtelijk dienstencontract*, Brugge, die Keure, 2003, nrs. 363, 750 en 882.

De aanneming in vrije rekening wordt in de praktijk dikwijls 'aanneming in regie' genoemd (zie over dit begrip verder § 5).

§ 3.   AANNEMING TEGEN VASTE PRIJS

A.   Begrip

264.   De aanneming tegen vaste prijs is de overeenkomst waarbij een aannemer zich ertoe verbindt om het overeengekomen werk, waarvan de aard en de omvang vaststaan, voor een bepaalde en onveranderlijke prijs uit te voeren. De forfaitaire vergoeding omvat dus ook de eigenlijke uitvoering van de in het forfait opgenomen posten.

In geval van betwisting beslist de feitenrechter op onaantastbare wijze of de aannemingsovereenkomst al dan niet werd aangegaan tegen vaste prijs.[301]

265.   Een aanneming tegen vaste prijs belet niet dat partijen een herzieningsclausule inlassen, die bijvoorbeeld voorziet in de aanpassing van de prijs overeenkomstig een loonstijging.[302]

266.   Bovendien kunnen rekenfouten en verschrijvingen steeds in het voordeel van alle partijen hersteld worden. Wat bindend is, is immers niet de verklaarde wil, maar wel de werkelijke wil van de partijen (art. 1156 BW).[303]

B.   Gevolgen

267.   Dit type van aannemingsovereenkomst is gunstig voor de opdrachtgever. Hij kent op voorhand het bedrag dat hij moet betalen en hij hoeft niet in te staan voor prijsschommelingen van lonen en materialen. Bovendien zal de aannemer geen verhoging van prijs kunnen vragen wegens bepaalde moeilijkheden die zich voordeden tijdens de uitvoering van de werken of wegens een vergissing in de omvang van de kostprijs van het werk.[304]

268.   Enkel wanneer de opdrachtgever essentiële wijzigingen aanbrengt in de overeenkomst, vervalt het principe dat de aannemer gebonden is door de vaste prijs.[305]

---

[301]   Cass. 5 juni 1980, *Arr.Cass.* 1979-80, 1235, *Pas.* 1980, I, 1222.
[302]   Cass. 16 maart 1972, *Pas.* 1972, I, 663, *Arr.Cass.* 1972, 672, *RW* 1971-72, 1879; Brussel 18 oktober 1984, *T.Aann.* 1989, 111.
[303]   Zie G. BAERT, *o.c.*, nrs. 363-364; anders: Gent 25 juni 1991, *TGR* 1991, 22.
[304]   Gent 29 juni 2007, *T.Aann.* 2007, 376; Gent 25 juni 1991, *TGR* 1991, 122.
[305]   Kh. Gent 20 mei 1998, *nr.* 3903/95, onuitg.: *in casu* dienden de werken te worden uitgevoerd op een andere locatie, waardoor tevens bepaalde wijzigingen aan het concept dienden te worden aangebracht.

269. De aannemer zal dus alle risico's op zich nemen: prijsbewegingen, de juistheid van de plannen en berekeningen, onnauwkeurige maataanduidingen in het bestek van de aanbesteding, moeilijkheden bij de uitvoering, stijging van de arbeidslonen en de prijzen van bouwstoffen.[306]

270. Zo dienen alle noodzakelijke werken, zelfs al werden zij niet voorzien op het plan of in het beschrijvend bestek, uitgevoerd te worden, zonder dat de aannemer recht heeft op een bijkomende vergoeding. Dit geldt ook voor alle bijkomende werken en leveringen die noodzakelijk of normaal bij de beschreven werken horen voor een goede uitvoering en verzorgde afwerking.[307]

Er werd bijvoorbeeld geoordeeld dat het ophogen van een huis om het, conform de stedenbouwkundige voorschriften, op het rioleringsnetwerk te kunnen aansluiten, een noodzakelijk werk was en dus niet als een meerwerk kon worden beschouwd. Bijgevolg had de aannemer geen recht op een meerprijs.[308]

Voorts geldt het beginsel van de uitvoering te goeder trouw, waardoor de aannemer niet mag weigeren wijzigingen of meerwerken uit te voeren die de prijs niet doen stijgen of het risico niet verzwaren.[309]

271. Zelfs wanneer de aannemingsovereenkomst voorschrijft dat wijzigingen pas kunnen worden uitgevoerd na voorafgaandelijk schriftelijk akkoord van de bouwheer, kan (buiten de context van art. 1793 BW) dit akkoord toch blijken uit de toegelaten uitvoering van de aanpassingen of meerwerken.

272. De aannemer zou zich eventueel op zaakwaarneming kunnen steunen om alsnog een bijkomende vergoeding te verkrijgen. Hij dient dan het bewijs te leveren (1) dat hij het inzicht heeft de belangen van de opdrachtgever te behartigen, (2) dat hij vrijwillig handelt en (3) dat zijn optreden noodzakelijk was om de belangen van de opdrachtgever te behartigen. Daarenboven mag de aannemer bij de uitoefening van de concrete dienst niet op grond van een contractuele of wettelijke verplichting of op vraag van de opdrachtgever handelen.[310]

Het principe van zaakwaarneming werd in de rechtspraak toegepast in het geval waarbij een aannemer, tijdens de uitvoering van vloerwerken, ontdekte dat de ondergrond zich in een zeer slechte staat bevond en vervolgens spaanderplaten plaatste ter versteviging van de vloer. Aangezien het verstevigen van de vloer geen

---

[306] Gent 18 maart 2008, *Jaarboek Handelspraktijken & Mededinging* 2008, 416; Gent 29 juni 2007, *T.Aann.* 2007, 376.
[307] Brussel 26 oktober 1993, *JLMB* 1993, 1994, 1289; Antwerpen 9 januari 1991, *T.Aann.* 1992, 182; Rb. Dendermonde 30 september 1986, *T.Aann.* 1989, 177.
[308] Rb. Bergen 9 februari 1999, *Cah.dr.immo.* 2000, 18.
[309] Gent 7 september 2012, *T.Aann.* 2016, afl. 1, 92.
[310] S. STIJNS, B. TILLEMAN, W. GOOSSENS, B. KOHL, E. SWAENEPOEL en K. WILLEMS, "Overzicht van rechtspraak. Bijzondere overeenkomsten: koop en aanneming. 1999-2006", *TPR* 2008-4, 1684-1685.

deel uitmaakte van het contract, dat bestond uit 'het uitbreken van tapijt en egaliseren', had de aannemer recht op een vergoeding als zaakwaarnemer.[311]

273.   Omgekeerd kan de opdrachtgever niet eisen dat de factuur van de aannemer een prijs per uur vermeldt om de werkelijk geleverde prestaties te kunnen nagaan.[312] Ook indien het werk in werkelijkheid goedkoper blijkt te zijn dan contractueel bepaald, kan de opdrachtgever geen prijsvermindering vragen. Er bestaat evenmin aanleiding tot verrekening wanneer de aannemer bij het einde van het werk de materiaaloverschotten terugneemt.[313]

274.   Vindt de opdrachtgever de prijs overdreven, dan kan hij dit enkel aanvechten op grond van gemeenrechtelijke vorderingen, zoals een ongeoorloofde oorzaak of omstandige benadeling.[314]

275.   De opdrachtgever dient de aannemer bovendien te vergoeden voor de gevolgen van uitvoeringsmoeilijkheden die aan de opdrachtgever zelf te wijten zijn. Zo werd geoordeeld dat de bouwheer die nalaat de nodige informatie aan de aannemer te verstrekken om de uitvoering mogelijk te maken, zich niet kan beroepen op de herzieningsclausule in de overeenkomst zonder de aannemer te vergoeden wegens zijn eigen tekortkoming.[315]

276.   Vergoeding is eveneens verschuldigd voor bijkomende werken waarover de aannemer vooraf uitdrukkelijk, zonder protest van de opdrachtgever, heeft gesteld dat ze niet in de prijs begrepen zijn.[316]

C.   Volstrekt en betrekkelijk vaste prijs

277.   Bij aannemingen tegen een vooraf vastgestelde prijs moet er een onderscheid gemaakt worden tussen aannemingen tegen een volstrekt vaste prijs en aannemingen tegen een betrekkelijk vaste aannemingssom.

Bij een aanneming tegen een volstrekt vaste prijs staat de prijs absoluut vast. Dit impliceert dat de opdrachtgever geen wijzigingen aan het werk mag aanbrengen zonder akkoord van de aannemer.

Bij een aanneming tegen een betrekkelijk vaste prijs kan de opdrachtgever wél veranderingen in het plan aanbrengen zonder nieuwe overeenkomst, waarbij de

---

[311]   Antwerpen 7 november 2000, *AJT* 2001-02, 481.
[312]   Bergen 2 mei 2014, *FJF* 2015, afl. 7, 219.
[313]   Brussel 18 oktober 1984, *T.Aann.* 1989, 111.
[314]   W. DE BONDT, *De leer der gekwalificeerde benadeling*, Antwerpen, Kluwer rechtswetenschappen, 1985.
[315]   Antwerpen 27 oktober 2008, *TBO* 2010, 20.
[316]   Rb. Brussel 7 juni 1984, *T.Aann.* 1985, 41.

wijzigingen verrekend worden volgens een bijgevoegde prijslijst.[317] Anders dan bij aanneming tegen volstrekt vaste prijs, beperkt een aanneming tegen betrekkelijk vaste prijs de risico's van de aannemer dus louter tot de oorspronkelijk voorziene werken.

1. Aanneming tegen een volstrekt vaste prijs: toepassing van artikel 1793 BW

A. PRINCIPE

278. Zoals hiervoor aangegeven, staat de prijs voor het werk bij een aanneming tegen volstrekt vaste prijs absoluut vast. De aannemer zal bijgevolg alle risico's dragen. In de praktijk proberen aannemers alsnog deze risico's te ontlopen door te wijzen op veranderingen in het werk. Zodoende kunnen ze de prijsverhogingen wegens de zogenaamde veranderingen toch doorrekenen aan de opdrachtgever.

279. Om te vermijden dat aannemers hun verlies door prijsverhogingen, onder het mom van veranderingen aan het werk, zouden doorrekenen aan de opdracht-gever, bevat artikel 1793 BW een bijzondere bescherming voor de bouwheer tegen latere prijsverhogingen.
Artikel 1793 BW bepaalt namelijk het volgende:

> "Wanneer een architect of een aannemer het oprichten van een gebouw op zich heeft genomen tegen vaste prijs, volgens een met de eigenaar van de grond vastgelegd en overeengekomen plan, kan hij geen vermeerdering van de prijs vorderen, noch onder voorwendsel van vermeerdering van de arbeidslonen of van de bouwstoffen, noch onder voorwendsel van verandering of vergrotingen die in het plan zijn aangebracht, tenzij voor die veranderingen of vergrotingen schriftelijke toestemming is verleend en de prijs ervan met de eigenaar is overeengekomen."

280. Met andere woorden, overeenkomstig artikel 1793 BW kan, in geval van aanneming tegen volstrekt vaste prijs, de aannemer geen vermeerdering van de prijs vorderen, tenzij voor bepaalde veranderingen of vergrotingen in het plan schriftelijke toestemming is verleend en de prijs ervan met de eigenaar is over-eengekomen.[318]

281. Artikel 1793 BW vormt dus een afwijking van het gemeen recht.[319] Het bewijs van de toestemming van de bouwheer kan namelijk enkel geleverd worden door een geschrift. Wanneer een bouwheer op de hoogte was van de aangebrachte veranderingen en hierover geen enkele opmerking maakte of voorbehoud formu-

---

[317]   Cass. 29 mei 1981, *RW* 1981-82, 1746.
[318]   Brussel 11 januari 2006, *RJI* 2006, 107.
[319]   In de relatie tussen de hoofd- en onderaannemer gelden de gewone bewijsregels van het handelsrecht (Gent 28 oktober 1931, *J.C.Fl.* 1931, 397).

leerde, zal de aannemer bijvoorbeeld geen prijsverhoging kunnen doorrekenen. De aannemer beschikt namelijk niet over een schriftelijk bewijs van toestemming van de opdrachtgever.[320]

282. Wanneer artikel 1793 BW geen toepassing vindt, dan kan de toestemming van de bouwheer voor wijzigingen of meerwerken wél impliciet zijn en bijvoorbeeld voortvloeien uit het niet-betwisten van de uitvoering van deze wijzigingen en meerwerken.

283. Het geschrift in kwestie dient echter niet te voldoen aan de vereisten van artikel 1325 BW.[321] De schriftelijke toestemming kan bijvoorbeeld ook bewezen worden door wijzigingen die de bouwheer met de hand op de plannen heeft aangebracht.[322]

284. Daarenboven eist het wetsartikel enkel een schriftelijk bewijs van de toestemming. Het is dus niet vereist dat het akkoord over de prijs eveneens schriftelijk wordt vastgelegd. Het akkoord over de prijsverhoging kan door alle middelen van recht worden bewezen.

B.   VOORWAARDEN

285. Voor de toepassing van artikel 1793 BW dient aan drie voorwaarden voldaan te zijn.

In de eerste plaats moet het gaan om een aanneming tegen volstrekt vaste prijs. Het is niet van toepassing indien de opdrachtgever zich het recht heeft voorbehouden om tijdens de uitvoering van de werken veranderingen in het plan aan te brengen (relatief forfait).

In de tweede plaats gelden de uitzonderingsregels van artikel 1793 BW slechts ten aanzien van overeenkomsten die de oprichting van een nieuw gebouw betreffen. Artikel 1793 BW zal dus geen toepassing vinden op aannemingsovereenkomsten tot verandering of verbetering van een bestaand gebouw[323] of voor aannemingen buiten de bouwsector. Aangezien de overeenkomst betrekking moet hebben op een nieuw gebouw, is artikel 1793 BW evenmin van toepassing op het

---

[320]   Cass. 22 maart 1957, *Arr.Verbr.* 1957, 612.

[321]   M.A. FLAMME en J. LEPAFFE, *o.c.*, 311, nr. 548.

[322]   A. VAN OEVELEN, *Overeenkomsten. Deel 2. Bijzondere overeenkomsten. E. Aanneming van werk – Lastgeving* in *Beginselen van Belgisch privaatrecht*, Mechelen, Kluwer, 2017, 93; B. KOHL, "Contrat d'entreprise" in *RPDB*, Brussel, Bruylant, 2016, 940.

[323]   Cass. 4 oktober 1951, *Pas.* 1952, I, 119, *RW* 1951-52, 503, noot; Brussel 14 februari 1959, *Pas.* 1959, II, 22; B. KOHL, "Contrat d'entreprise" in *RPDB*, Brussel, Bruylant, 2016, 937; Anders: DE PAGE, *o.c.*, IV, nr. 907; Antwerpen 21 mei 1948, *JT* 1948, 642; Brussel 17 december 1952, *JT* 1953, 623; Antwerpen 29 oktober 2002, *NJW* 2003, 964, noot W. GOOSSENS; A. VAN OEVELEN, *Overeenkomsten. Deel 2. Bijzondere overeenkomsten. E. Aanneming van werk – Lastgeving* in *Beginselen van Belgisch privaatrecht*, Mechelen, Kluwer, 2017, 89.

bouwen van een zwembad[324] of op het leveren en plaatsen van een badkamerin-richting.[325]

In de derde plaats dient er tussen de aannemer en de opdrachtgever[326] een vast en overeengekomen plan van het uit te voeren werk te bestaan. Het plan dient voldoende gedetailleerd te zijn wat betreft de afmetingen van de constructie en de kwaliteit van de aan te wenden materialen. Aangezien de wet uitdrukkelijk bepaalt dat er een plan moet bestaan tussen de aannemer en de opdrachtgever, geldt artikel 1793 BW niet voor aannemingsovereenkomsten tussen hoofd- en onderaannemer.[327] Daarvoor gelden de gewone bewijsregels van het handelsrecht.

C.   CORRECTIE VAN DE PRIJS WEGENS ONVOORZIENE OMSTANDIGHEDEN OF RECHTSMISBRUIK

286.   Wanneer de aannemer, in de loop van de uitvoering van het werk, gecon-fronteerd wordt met onvoorziene moeilijkheden van materiële of technische aard die de uitvoering van het werk aanzienlijk verzwaren en bijgevolg het contractu-ele evenwicht verstoren, vindt artikel 1793 BW geen toepassing.

Volgens de meerderheid van de Belgische rechtsleer en rechtspraak is deze mogelijkheid tot aanpassing van de vaste aannemingsprijs evenwel beperkt tot omstandigheden die op het ogenblik van het sluiten van de overeenkomst reeds bestaan, maar slechts nadien worden ontdekt. Hierbij kan verwezen worden naar een arrest van het Hof Van Cassatie van 5 december 2002. Een aannemer had zich, voor de bepaling van de vaste prijs voor ruwbouwwerken, gebaseerd op aanwij-zingen verschaft door een gespecialiseerd studiebureau. De aannemer ondervond echter problemen bij het uitvoeren van werken die niet door het studiebureau waren voorzien. Gelet op de abnormale en onvoorziene uitvoeringsmoeilijkheden werd een prijsherziening toegestaan.[328]

287.   De aanpassing van de overeenkomst aan de algemene economische en financiële evoluties, zoals de stijging van de materiaalprijzen, wordt normaal gezien afgewezen.[329] Dit wordt niet beschouwd als een "onvoorziene omstandigheid".

---

[324]   Rb. Nijvel 6 oktober 2011, *T.Aann.* 2013, 57, noot K. SCHULPEN; Gent 7 september 2012, *T.Aann.* 2016, afl. 1, 92.

[325]   Vred. Torhout 16 februari 2010, *RW* 2012-13, 391.

[326]   De wet stelt "eigenaar van de grond", wat evenwel niet letterlijk geïnterpreteerd dient te worden (Cass.fr. 3 december 1942, *Gaz.Pal.* 1942, II, 274; Hoge Raad 3 juni 1927, *NJ*, 1927, 1247), niet-temin dient geconcludeerd te worden dat onderaannemingsovereenkomsten niet onder het toepassingsgebied van art. 1793 BW vallen (Cass.fr. 27 januari 1937, *RJI* 1937, 238).

[327]   Cass. 8 mei 1964, *Pas.* 1964, I, 953; B. KOHL, "Contrat d'entreprise" in *RPDB*, Brussel, Bruylant, 2016, 938; A. VAN OEVELEN, *Overeenkomsten. Deel 2. Bijzondere overeenkom-sten. E. Aanneming van werk – Lastgeving* in *Beginselen van Belgisch privaatrecht*, Mechelen, Kluwer, 2017, 91.

[328]   Cass. 5 december 2002, *RJI* 2003, afl. 2, 133.

[329]   Zie L. VAEL, "Enkele beschouwingen betreffende het leerstuk van de onvoorziene omstan-digheden: omtrent de lotsverbondenheid van contractpartijen bij een gewijzigd contractueel

288. Wanneer de opdrachtgever zich op zijn recht blijft beroepen om de overeenkomst, ondanks de gewijzigde omstandigheden, tegen dezelfde onveranderlijke prijs te laten uitvoeren, kan de opdrachtgever zich schuldig maken aan rechtsmisbruik. Dit zal het geval zijn indien het nadeel voor de aannemer om de werken aan een ongewijzigde prijs uit te voeren, buiten verhouding staat tot het voordeel dat de opdrachtgever uit de uitvoering van het werk aan deze prijs haalt.[330]

289. Zo aanvaardde het Hof van Cassatie reeds (impliciet) rechtsmisbruik als mogelijke grondslag voor de aanpassing van een overeenkomst ten gevolge van gewijzigde omstandigheden. Het onveranderlijke karakter van een overeenkomst is niet absoluut. Elke overeenkomst dient te goeder trouw te worden uitgevoerd. Daarbij moet rekening gehouden worden met de oorspronkelijke bedoeling van de partijen, uitgaande van de omstandigheden waarin zij zich bevonden op het ogenblik dat de overeenkomst werd gesloten.[331]

De sanctie voor rechtsmisbruik bestaat in de beperking van het recht dat misbruikt wordt tot de normale uitoefening of in het herstel van de door het misbruik veroorzaakte schade. Op deze wijze kan de aannemer aanspraak maken op een gehele of gedeeltelijke toekenning van een vergoeding voor de meerkosten. Echter, de aannemer zal geen winst kunnen maken op deze kosten. De onvoorziene omstandigheden moeten voor de aannemer immers op een 'nuloperatie' neerkomen.[332]

§ 4. AANNEMING TEGEN EENHEIDSPRIJZEN (AANNEMING OP BESTEK)

290. De aanneming tegen eenheidsprijzen is een contract dat voor elke werkpost of elke levering een onveranderlijke eenheidsprijs vastlegt, die zal worden toegepast rekening houdend met de werkelijk gerealiseerde hoeveelheden. Er wordt met name een vaste prijs afgesproken voor de arbeidsuren, de gebruikte materialen en grondstoffen. De hoeveelheden worden echter niet bepaald. Op het einde van het werk zal een afrekening opgemaakt worden waarbij de eenheidsprijzen vermenigvuldigd worden met de werkelijk gepresteerde uren en werkelijk geleverde hoeveelheden.

Deze vorm van aanneming wordt bijvoorbeeld gebruikt wanneer de aannemer niet tegen een vaste prijs wil werken, wanneer het werk dadelijk dient aange-

---

verhoudingskader" in J. SMITS en S. STIJNS (eds.), *Remedies in het Belgisch en Nederlands contractenrecht*, Antwerpen, Intersentia, 2000, 173-242.

[330]   E. DE BOCK, "Stijgende materiaalprijzen. Is er tegemoetkoming?", *NJW* 2005, 481.
[331]   Cass. 14 april 1994, *RW* 1994-95, 435.
[332]   E. DE BOCK, "Stijgende materiaalprijzen. Is er tegemoetkoming?", *NJW* 2005, 481.

vat te worden en de plannen nog niet voltooid zijn of wanneer de aannemer in de mogelijkheid van toevoegingen of wijzigingen voorziet.[333]

291.   In werkelijkheid is deze vorm van aannemingsovereenkomsten de regel. Indien de opdrachtgever beweert dat een forfait werd overeengekomen, zal hij daarvan het bewijs moeten leveren.

292.   Als voorbeeld van een overeenkomst tegen eenheidsprijzen kan verwezen worden naar het contract met een advocaat die aan een uurloontarief werkt. In dergelijk geval kan geen rekening gehouden worden met het bereikte resultaat.[334]

Ook een aannemingsovereenkomst die een prijsbepaling *a rato* van het aantal geleverde materialen bevat (bv. het aantal m³ geleverd beton), dient als een aanneming tegen eenheidsprijs beschouwd te worden. Bij deze overeenkomst wordt dus geen rekening gehouden met het aantal uren dat de aannemer nodig had om de hoeveelheden te verwerken.[335]

293.   Het kan voorkomen dat het bestek toch melding maakt van bepaalde hoeveelheden. Deze hoeveelheden zullen echter slechts als raming gelden.[336] In de loop van de werken zal de opdrachtgever namelijk de tussentijdse staten van de aannemer ontvangen. Als het werk af is, wordt nagegaan wat werkelijk gepresteerd werd en dit (onder andere) op basis van de tussentijdse staten. Vervolgens worden de overeengekomen eenheidsprijzen voor arbeid en materialen toegepast op de werkelijk geleverde prestaties.

294.   In principe zijn de eenheidsprijzen vast en onveranderlijk. Hierop bestaan drie uitzonderingen. Ten eerste kunnen partijen contractueel bepalen dat de prijzen kunnen schommelen op basis van een referentie-index (bv. de index van de consumptieprijzen of de ABEX-index). Ten tweede zijn de eenheidsprijzen vatbaar voor verandering wanneer de aard van het werk wezenlijk is veranderd en de overeengekomen eenheidsprijzen daardoor niet meer in verhouding zijn met het uitgevoerde werk. Ten derde is een wijziging van de eenheidsprijzen ook mogelijk wanneer de uitgevoerde hoeveelheden veel meer of minder zijn dan in het bestek opgegeven, waardoor de prijzen niet meer redelijk zijn. Deze laatste wijzigingsgronden zullen in het bijzonder toepassing vinden wanneer de opdrachtgever, door toepassing te maken van de eenheidsprijzen, misbruik maakt van zijn recht.

---

[333]   R. DEKKERS, *Handboek burgerlijk recht*, II, 2ᵉ uitg., Brussel, Bruylant, 1971, nrs. 1112 en 1113.
[334]   Rb. Brussel 3 september 1999, *JLMB* 2001, 438.
[335]   Brussel 19 november 1997, onuitg.
[336]   Rb. Luik 28 juni 1971, *JL* 1971-72, 26.

295.   Het risico van de aannemer is beperkter dan bij aanneming tegen vaste prijs. Hij draagt het risico voor schommelingen in de prijs van materialen en lonen, maar niet voor de juistheid van de plannen of voor de moeilijkheden van uitvoering. De aannemer wordt namelijk betaald voor de werkelijk gepresteerde uren en de werkelijk gebruikte hoeveelheden.

296.   Bij de aanneming tegen eenheidsprijzen voor een overheidsopdracht dient tevens rekening gehouden te worden met artikel 81 van het KB 14 januari 2013 tot bepaling van de algemene uitvoeringsregels van de overheidsopdrachten en van de concessies voor openbare werken.[337] Dit artikel bepaalt immers dat wanneer, onafhankelijk van elke door de aanbestedende overheid aangebrachte wijziging aan de opdracht, de werkelijk uitgevoerde hoeveelheden van een post volgens prijslijst het drievoudige overtreffen of minder bedragen dan de helft van de vermoedelijke hoeveelheden, elk van de partijen de herziening van de oorspronkelijke eenheidsprijzen en uitvoeringstermijnen kan vragen.

§ 5.   AANNEMING IN REGIE

297.   Alhoewel onder de noemer 'aanneming in regie' dikwijls alle aannemingen van werk zonder prijsafspraak worden gebracht[338], wordt deze term in de vakliteratuur aangewend voor aannemingen zonder vaste prijs en zonder eenheidsprijzen maar wél met aanduiding van de prijsvorming.

298.   Volgens BAERT komt dit type aannemingscontract voor in twee hoofdvormen, nl. het premiecontract en de aanneming tegen periodieke prijslijsten.[339]

Bij een premiecontract[340] betaalt de bouwheer de arbeid en de materialen aan kostprijs, vermeerderd met een vooraf bepaald percentage voor de algemene kosten en de winst van de aannemer. Bij deze contractvorm liggen dus alle risico's bij de opdrachtgever.[341] Hij dient zich voorzichtigheidshalve op regelmatige tijdstippen prestatiebons te laten afgeven door de aannemer voor een zekere en efficiënte controle over de werken.[342]

Bij de aanneming tegen periodieke prijslijsten zijn de eenheidsprijzen bepaald door de toepassing van barema's periodiek gepubliceerd door beroepsverenigin-

---

[337]   *BS* 14 februari 2013.
[338]   A. KLUYSKENS, *Beginselen van het burgerlijk recht*, IV, nr. 350; Kh. Gent 24 januari 1996, onuitg.
[339]   G. BAERT, *o.c.*, 5ᵉ ed., 584-585.
[340]   Ook 'Amerikaans contract' genoemd, omdat het tijdens de Eerste Wereldoorlog dikwijls werd toegepast door het Amerikaanse leger (M.A. FLAMME en J. LEPAFFE, *o.c.*, 56, nr. 56).
[341]   Cass. 14 mei 1956, *Pas.* 1956, I, 1020.
[342]   Kh. Doornik 6 juni 1963, geciteerd door M.A. FLAMME en J. LEPAFFE, *o.c.*, 56, nr. 57.

gen van aannemers en van architecten. In de eenheidsprijzen zitten tegelijk de kost en de aannemerswinst.[343] Ook hier liggen alle risico's bij de opdrachtgever.

299.   Bij werken in regie van enige omvang is het gebruikelijk dat de aannemer met bepaalde regelmaat (bv. wekelijks) een staat van het aantal gepresteerde werkuren[344] en de hoeveelheid verwerkte materialen voorlegt. Indien dit niet gebeurd is, belet dit de aannemer niet om het bewijs van de omvang van zijn vordering met andere bewijsmiddelen te leveren, zoals vermoedens[345] of zelfs het omstandig stilzwijgen van de bouwheer.[346]

Indien de concrete berekening gebeurt aan de hand van staten van de aannemer, rust op de partijen een samenwerking die als volgt kan worden omschreven:
- de aannemer dient een gedetailleerde afrekening te overhandigen aan de opdrachtgever waarbij de kosten overeenkomen met de betreffende facturen en staten en waarbij de bestede uren worden verantwoord;
- de verwerkte materialen en de bestede uren dienen door de opdrachtgever geregistreerd te worden en vergeleken te worden met overgelegde afrekeningen. Indien de opdrachtgever afwijkingen vaststelt, dient hij de facturen en afrekeningen te protesteren;
- indien de opdrachtgever nalaat de verwerkte materialen en de bestede uren te registreren en te vergelijken, kan hij de afrekening enkel betwisten indien hij kan aantonen dat de afrekening kennelijk onredelijk of onjuist is;
- een opdrachtgever die niet tevreden is over de productiviteit van de aannemer, dient dit onmiddellijk na ontvangst van de afrekeningen of staten te melden.[347]

300.   Het komt voor dat de opdrachtgever die een aanneming in regie afsluit, een richtprijs vraagt. Dit brengt bijkomende verplichtingen mee voor de aannemer. Indien de aanneming de voorziene prijs zal overschrijden, dient de aannemer de opdrachtgever hiervan te verwittigen. Partijen moeten vervolgens met elkaar overleg plegen over de wijze waarop een grotere overschrijding dan aanvaardbaar kan worden vermeden. Bij gebrek hieraan dient de aannemer aan te tonen dat hij geen misbruik heeft gemaakt van het in hem gestelde vertrouwen.[348]

301.   De opdrachtgever kan tevens een maximumprijs bedingen. De aannemer is uiteraard gebonden door deze prijs.

---

[343]   A. DELVAUX, *Traité juridique des bâtisseurs*, 78-79, nr. 42.
[344]   Kh. Dendermonde 11 juni 2009, *TGR-TWVR* 2011, 15.
[345]   Kh. Oudenaarde 30 mei 2000, onuitg., nr. 99/1170: als vermoeden werden ten gunste van de onderaannemer in aanmerking genomen de bevindingen van de expert die was aangesteld in een procedure tussen de aanbesteder en de hoofdaannemer.
[346]   Kh. Brussel 25 oktober 1950, *JT* 1950, 708.
[347]   Rb. Mechelen 12 oktober 2004, *DAOR* 2005, 31.
[348]   Kh. Gent 9 april 1991, *RW* 1994-95, 1232.

§ 6. BOEK VI 'MARKTPRAKTIJKEN EN CONSUMENTEN-BESCHERMING' VAN HET WETBOEK VAN ECONOMISCH RECHT

302. Bij de begroting van de prijs dient eveneens rekening gehouden te worden met de betreffende bepalingen die gelden in het Wetboek van economisch recht.

A. Precontractuele informatieplicht

303. Zo bepaalt artikel III.76 WER dat iedere onderneming informatie dient te verschaffen over de prijs van de dienst. Indien de precieze prijs niet kan worden gegeven, dient de manier waarop de prijs wordt berekend, meegedeeld te worden (zodat de afnemer de prijs kan controleren) of dient een voldoende gedetailleerde kostenraming ter beschikking gesteld te worden.

Deze informatie moet vóór de sluiting van enige overeenkomst of, indien er geen schriftelijke overeenkomst is, voor de verrichting van de dienst, meegedeeld of beschikbaar gesteld worden.[349] Op de onderneming rust het bewijs dat deze informatieplicht nageleefd werd.[350]

Deze informatieplicht geldt echter enkel wanneer de opdrachtgever uitdrukkelijk verzoekt om informatie te krijgen over de prijs(berekening).

304. Deze precontractuele informatieplicht werd versterkt en uitgebreid ingeval de aannemer wenst te contracteren met een consument.

Artikel VI.2, 3° WER bepaalt namelijk dat de onderneming de consument op duidelijke en begrijpelijke wijze moet informeren over "de totale prijs van het product, met inbegrip van alle belastingen, en alle diensten die door de consument verplicht moeten worden bijbetaald, of, als door de aard van het product de prijs redelijkerwijs niet vooraf kan worden berekend, de manier waarop de prijs moet worden berekend, en, desgevallend, alle extra vracht-, leverings-, of portokosten of, indien deze kosten redelijkerwijs niet vooraf kunnen worden berekend, in ieder geval het feit dat er eventueel dergelijke extra kosten verschuldigd kunnen zijn". Deze informatie moet verstrekt worden vooraleer de consument verbonden is door een overeenkomst. Met andere woorden, de prijs of de wijze waarop de prijs berekend zal worden dient steeds voorafgaand aan het sluiten van de overeenkomst meegedeeld worden.

Ingeval de opdrachtgever een consument is, geldt de informatieplicht dus van rechtswege, in tegenstelling tot bij de professionele opdrachtgever, die daar steeds om moet verzoeken.

---

[349] Art. III.77 WER.
[350] Art. III.78 WER.

B. Oneerlijke concurrentie

305. Artikel VI.104 WER bepaalt dat elke met de eerlijke marktpraktijken strijdige daad, waardoor een onderneming de beroepsbelangen van een of meer andere ondernemingen schaadt of kan schaden, verboden is. Dit impliceert tevens dat de prijs die wordt aangerekend door de aannemer moet overeenstemmen met de normale kostprijs voor die prestatie op de markt. Wanneer de aannemer een abnormaal lage prijs aanrekent, zal dit dan ook een met de eerlijke marktpraktijken strijdige daad zijn. Tegens deze aannemer kan bijgevolg een vordering tot staking ingesteld worden door een concurrent.[351]

AFDELING 4. PLAATS EN TIJDSTIP VAN TOTSTANDKOMING

306. De aannemingsovereenkomst komt tot stand bij overeenstemming tussen partijen over de zaak en de prijs en over alle andere voorwaarden die partijen essentieel achten. De overeenkomst komt tot stand waar deze besprekingen hebben plaatsgevonden.

307. Wanneer de partijen buiten elkaars aanwezigheid tot overeenstemming komen, ontstaat de overeenkomst, behoudens andersluidend beding, wanneer de ene partij haar akkoord met het door de andere partij gedane aanbod heeft gegeven en deze laatste van dit akkoord kennis heeft genomen of er redelijkerwijze kennis van kon nemen. Dit tijdstip bepaalt tevens de plaats waar de overeenkomst geacht wordt tot stand te zijn gekomen.[352]

AFDELING 5. INTERPRETATIE VAN HET CONTRACT

308. De aannemingsovereenkomst dient geïnterpreteerd te worden volgens de algemene regels van het verbintenissenrecht (art. 1156-1164 BW).

309. Dit impliceert dat de rechter in de eerste plaats de werkelijke bedoeling van de partijen moet nagaan en zich niet zo maar mag houden aan de letterlijke bewoordingen van de overeenkomst. De wet voorziet hiervoor in een aantal interpretatieregels.

---

[351] Gent 25 februari 1998, *T.Aann.* 1998, 181: dit arrest heeft betrekking op het voormalige art. 93 Handelspraktijkenwet, dat dezelfde regel bevatte als het huidige art. VI.104 WER.
[352] Cass. 25 mei 1990, *RW* 1990-91, 149, concl. Adv. Gen. D'HOORE.

310.   Indien de rechter er niet in slaagt om de gemeenschappelijke bedoeling van de partijen te achterhalen, kan de rechter zich beroepen op artikel 1162 BW. Dit artikel bepaalt dat, in geval van twijfel, de overeenkomst uitgelegd dient te worden tegen degene die heeft bedongen en ten voordele van degene die zich verbonden heeft. De bedingen die de opdrachtgever verbinden (bv. de prijsbepaling, de wijze van betaling) en de bedingen die de aannemer in zijn eigen belang gestipuleerd heeft (bv. een bevrijdingsbeding), dienen dus in het voordeel van de opdrachtgever geïnterpreteerd te worden.

311.   Wanneer de betekenis en de draagwijdte van de overeenkomst bepaald kunnen worden op grond van intrinsieke bestanddelen van die overeenkomst en van extrinsieke gegevens, is er geen sprake van twijfel die een toepassing van artikel 1162 BW zou verantwoorden.[353]

312.   Er wordt aangenomen dat de interpretatieregels van aanvullend recht zijn, zodat partijen er contractueel van kunnen afwijken.[354] Zo kunnen partijen bepalen dat de clausules in een aannemingsovereenkomst ten voordele van een welbepaalde partij uitgelegd moeten worden.

313.   Tenzij anders is overeengekomen tussen partijen, heeft de architect niet de bevoegdheid om een bindende uitleg aan de overeenkomst geven.

AFDELING 6. BEWIJS VAN DE AANNEMINGSOVEREENKOMST

§ 1. ALGEMEEN

314.   Wat betreft het bewijs van de overeenkomst, dient een onderscheid gemaakt te worden tussen de bewijsregeling ten aanzien van consumenten en de bewijsregeling ten aanzien van ondernemingen. Wanneer bewezen moet worden tegen een onderneming, geldt namelijk een veel vrijer bewijsstelsel.

315.   Wanneer het gaat om een gemengde handeling, zijnde een burgerlijke handeling in hoofde van de medecontractant (de particulier) en een commerciële in hoofde van de andere (de onderneming), kan alleen de particulier het soepelere bewijsrecht inroepen tegen de onderneming. De onderneming zal ertoe gehouden zijn de strengere bewijsregeling te volgen ten aanzien van de particulier.

---

[353]   Cass. 6 november 2015, *TBO* 2017, 25.
[354]   G. BAERT, *Aanneming van werk* in APR, Antwerpen, Kluwer, 2001, 178; P. MANDOUX, noot onder Cass. 22 maart 1979, *T.Aann.* 1982, 303; A. VAN OEVELEN, *Overeenkomsten. Deel 2. Bijzondere overeenkomsten. E. Aanneming van werk – Lastgeving* in *Beginselen van Belgisch privaatrecht*, Mechelen, Kluwer, 2017, 153.

§ 2. BEWIJS TEN AANZIEN VAN CONSUMENTEN

A. Gemeen recht

316. Wanneer het bewijs van een aannemingsovereenkomst geleverd moet worden ten aanzien van een particulier, zijn de bewijsregels van het algemeen contractenrecht van toepassing (art. 1315-1369 BW).[355] Dit is bijvoorbeeld het geval wanneer een consument de factuur van een aannemer in duidelijke termen en binnen een redelijke termijn betwist. De aannemer zal bijgevolg het bestaan van de aannemingsovereenkomst moeten bewijzen.[356]

317. Als algemene regel geldt dat alle zaken die de som of de waarde van 375 euro te boven gaan, bewezen moeten worden door een authentieke of onderhandse akte.[357] Er dient dus een schriftelijke aannemingsovereenkomst opgemaakt te worden. Zo werd reeds geoordeeld dat een niet ondertekend bestek niet voldoet aan artikel 1341 BW.[358]

Bovendien is een getuigenbewijs niet toegelaten tegen en boven de inhoud van een akte, ook al betreft het een zaak met een som of waarde die 375 euro niet te boven gaat.[359] Dit betekent dat er niet met een getuigenbewijs kan worden aangetoond dat het geschrift niet overeenstemt met de werkelijkheid of dat er bijkomende bedingen zijn die niet in de geschreven akte staan.

Die regels zijn echter niet van openbare orde of van dwingend recht.[360] Partijen kunnen er dus van afwijken.

318. Op deze regels heeft de wet in een belangrijke uitzondering voorzien. In burgerlijke zaken kan het bewijs van de overeenkomst, bij afwezigheid van een geschrift, ook geleverd worden door een begin van bewijs door geschrift, aangevuld door andere bewijsmiddelen zoals getuigen en vermoedens (art. 1347 BW). Artikel 1347, tweede lid BW beschouwt als begin van bewijs door geschrift elke geschreven akte die is uitgegaan van degene tegen wie de vordering wordt ingesteld, of van de persoon door hem vertegenwoordigd, en waardoor het beweerde feit waarschijnlijk wordt gemaakt.

319. Om als een waarschijnlijk feit in aanmerking te worden genomen, is het niet voldoende dat een feit mogelijk lijkt; het moet ook een schijn van waarheid bevatten.[361] Het feit hoeft daarentegen niet de beweerde omvang of inhoud van de

---

[355] Wat de totstandkoming en het bewijs van de architectenovereenkomst betreft, zie Hoofdstuk 11.
[356] Brussel (20ᵉ k.) 9 september 2014, *TBO* 2014, 329.
[357] Art. 1341 BW.
[358] Luik 21 mei 2015, *T.Aann.* 2017, afl. 1, 106.
[359] Art. 1341 BW.
[360] Cass. 22 februari 2010, www.cass.be.
[361] Cass. 18 september 2015, *TBO* 2016, 518.

overeenkomst waarschijnlijk te maken, het is voldoende wanneer het bestaan van de overeenkomst waarschijnlijk wordt door het begin van bewijs.[362]

320.   Plannen of schetsen die door de opdrachtgever niet ondertekend werden, leveren tegen hem geen bewijs op.[363] Een aangetekende brief waarin de overeenkomst wordt verbroken[364] of brieven van de opdrachtgever waarin technische instructies worden gegeven[365] of een schets die van de hand is van de bouwheer en door hem van aantekeningen is voorzien[366] vormen wél een begin van bewijs van de overeenkomst. Hetzelfde geldt wanneer een prijsofferte is aanvaard.[367] Ook sms-berichten waaruit het bestaan van de overeenkomst afgeleid kan worden, kunnen beschouwd worden als een begin van bewijs.[368]

321.   De regering diende op 31 oktober 2018 echter een wetsontwerp in houdende invoeging van Boek 8 'Bewijs' in het nieuw Burgerlijk Wetboek[369], dat het bewijsrecht wil moderniseren en versoepelen. De inwerkingtreding van het wetsontwerp is voorzien achttien maanden na de publicatie in het *Belgisch Staatsblad*.

322.   Het wetsontwerp wijzigt voormelde regelgeving als volgt:
–   in het nieuwe wetsontwerp wordt de drempel van 375 euro verhoogd tot 3.500 euro.[370] In de toekomst zal er dus geen geschreven contract meer nodig zijn voor transacties tot 3.500 euro om het bestaan ervan te bewijzen;
–   het begin van bewijs wordt in de toekomst als volgt omschreven: "Elk geschrift dat uitgaat van degene die een rechtshandeling betwist of van degene die hij vertegenwoordigt, en waardoor de aangevoerde rechtshandeling waarschijnlijk wordt gemaakt".[371]

B.   *Specifieke regelgeving*

323.   Wanneer het een overeenkomst betreft die buiten de gebruikelijke plaats van beroepsuitoefening gesloten wordt met een consument (bv. de aannemingsovereenkomst die bij de consument thuis wordt gesloten), bepaalt Boek VI WER dat de aan-

---

[362]   Cass. 19 mei 2017, www.cass.be.
[363]   Brussel 8 juni 1989, *RJI* 1989, 245; Rb. Neufchâteau 16 december 1992, *RRD* 1993, 135; *a contrario*: Rb. Dendermonde 21 oktober 1982, *RW* 1984-85, 2487.
[364]   Cass. 20 december 1974, *Pas.* 1975, I, 437.
[365]   Cass.fr. 1 oktober 1985, *Gaz.Pal.* 23 november 1975, 13.
[366]   Vred. Namen, 15 september 1987, *RRD* 1988, 388.
[367]   Antwerpen 27 april 1992, *Turnh.Rechtsl.* 1992, 536; Antwerpen 27 februari 1995, *AJT* 1994-95, 503, noot J. VAN BELLE; anders: Rb. Brugge 17 december 1993, *TVBR* 1994, 51.
[368]   Luik 21 mei 2015, *T.Aann.* 2017, afl. 1, 106.
[369]   Wetsontwerp van 31 oktober 2018 houdende invoeging van Boek 8 "Bewijs" in het nieuw Burgerlijk Wetboek, *Parl.St.* Kamer 2018-19, nr. 54-3349/001.
[370]   Art. 8.8. wetsontwerp 31 oktober 2018.
[371]   Art. 8.1, 7° wetsontwerp 31 oktober 2018.

nemer bepaalde informatie dient te verstrekken aan de consument.[372] Het betreft bijvoorbeeld informatie omtrent de specifieke kenmerken van de te leveren dienst, de duur van de overeenkomst, de wijze waarop de prijs bepaald zal worden, de wijze van betaling enz. Welnu, die informatie dient op papier of, indien de consument hiermee instemt, op een andere duurzame gegevensdrager verschaft te worden.[373]

Bovendien moet de aannemer de consument een kopie verstrekken van de ondertekende overeenkomst of de bevestiging van de overeenkomst op papier of, indien de consument hiermee instemt, op een andere duurzame gegevensdrager.[374]

Met andere woorden, het Wetboek van economisch recht vereist steeds het bestaan van een schriftelijke overeenkomst, ongeacht de prijs van de te leveren dienst.

324.   Indien de consument erom verzoekt, moet de aannemer, gratis, een bewijsstuk van deze overeenkomst afgeven.[375] De aannemer heeft er alle belang bij om een dergelijk bewijsstuk te verschaffen, aangezien de consument de geleverde diensten slechts hoeft betalen bij de afgifte van het gevraagde bewijsstuk.[376]

Verleent de aannemer homogene diensten aan de consument en werd de prijs hiervan schriftelijk, leesbaar, goed zichtbaar en ondubbelzinnig aangeduid of bevatte het bestek of de factuur de prijs op een schriftelijke, leesbare, goed zichtbare en ondubbelzinnige wijze, dan vervalt de bovenstaande verplichting.

Deze verplichting geldt evenmin voor overeenkomsten die onder de benaming 'forfaitair bedrag' of onder enige andere gelijkwaardige benaming zijn aangegaan en die het verlenen van een dienst tot voorwerp hebben voor een vast totaalbedrag dat vóór de dienstverlening is overeengekomen en dat op deze dienst in zijn geheel betrekking heeft.[377]

325.   Voor overheidsaanbestedingen en voor bouwovereenkomsten die onder de toepassing van de Woningbouwwet vallen, gelden bijzondere regels.[378]

§ 3.   BEWIJS TEN AANZIEN VAN ONDERNEMINGEN

A.   *Vrije bewijsvoering*

326.   Het bewijs van het bestaan van de aannemingsovereenkomst kan ten aanzien van een onderneming geleverd worden met inachtname van de bewijsregels

---

[372]   Art. VI.64 WER.
[373]   Art. VI.65 WER.
[374]   Art. VI.65, § 2 WER.
[375]   Art. VI.89 WER.
[376]   Art. VI.90 WER.
[377]   Art. VI.89 WER.
[378]   Zie Hoofdstuk 10, afdeling 3.

van het ondernemingsrecht. Deze regels zijn veel soepeler dan de bewijsregels uit het burgerlijk recht. Een particulier die het bewijs wil leveren tegen een aannemer, kan zich dus beroepen op die soepelere regels. Hetzelfde geldt wanneer een aannemer het bewijs wil leveren ten aanzien van de opdrachtgever die handelt in het kader van zijn beroepsactiviteiten en derhalve als een "onderneming" beschouwd kan worden.

327.   Tegen een onderneming kan het bestaan van de overeenkomst met alle middelen van recht bewezen worden, dus ook met vermoedens of getuigenbewijzen. Zo kan de rechter het bestaan van een aannemingsovereenkomst afleiden uit de omstandigheid dat er tussen partijen onderhandelingen werden gevoerd over de totstandkoming van een overeenkomst en dat er afspraken werden gemaakt over prijzen, werktijden en andere modaliteiten, ook al wordt er een derde partij vermeld in de overeenkomst en al diende de facturatie aan die derde te gebeuren.[379]

328.   Ook de uitvoering kan gelden als bewijs van het bestaan van een overeenkomst. Het bewijs van deze uitvoering betreft het bewijs van feiten en kan worden geleverd met alle middelen van recht, vermoedens inbegrepen.[380]

329.   Tevens werd geoordeeld dat een e-mail waarin wordt bevestigd dat een onderaannemingsovereenkomst werd gesloten, als buitengerechtelijke bekentenis van de hoofdaannemer geldt. Deze bekentenis is evenwel onsplitsbaar, in die zin dat de onderaannemer de bekentenis niet alleen in zijn voordeel kan inroepen. Wanneer uit de e-mail bijvoorbeeld blijkt dat de onderaannemingsovereenkomst in der minne is beëindigd, schadeloos en kosteloos voor beide partijen, zal de e-mail ook als bewijs gelden van die beëindiging.[381]

330.   Wanneer de aannemer vergoed wil worden voor de geleverde prestaties, dient de aannemer niet alleen te bewijzen dat er een aannemingsovereenkomst bestaat, maar ook dat hij over een concrete schuldvordering beschikt. Zo was het hof van beroep van Antwerpen van oordeel dat een aannemer aanspraak kon maken op vergoeding van de door hem uitgevoerde werken, maar dat er geen bewijs voorlag van zijn schuldvordering. De werken waren immers nog niet gefactureerd. De vordering van de aannemer werd bijgevolg afgewezen.[382]

B.   *Bijzonder bewijsmiddel: de factuur*

331.   Het Hof van Cassatie oordeelde dat de rechter inzake handelsverrichtingen waarvoor het gebruikelijk is facturen op te maken, zoals aannemingswerken,

---

[379]   Antwerpen 18 juni 1985, *RW* 1985-86, 2715.
[380]   Cass. 14 april 2016, *TBO* 2016, 554.
[381]   Antwerpen (7e k. *bis*) 3 april 2017, *TBO* 2017, 378.
[382]   Antwerpen (7e k. *bis*) 3 april 2017, *TBO* 2017, 378.

uit de aanvaarding van de factuur een feitelijk vermoeden kan putten en er het bewijs in kan vinden dat de schuldenaar zijn akkoord heeft gegeven met het in de factuur vermelde bedrag.[383] Wanneer niet tijdig geprotesteerd wordt tegen een factuur, kan de afwezigheid van protest beschouwd worden als een aanvaarding van de factuur.[384] Ook dit betreft echter een feitelijk vermoeden dat vatbaar is voor weerlegging.

332. Diezelfde redenering werd doorgetrokken naar andere documenten dan facturen. Zo werd geoordeeld dat de gebruiken in ondernemingszaken voorschrijven dat een onderneming aan wie een aanspraak wordt geadresseerd, verplicht is onverwijld de contractant op de hoogte te brengen van eventuele onjuistheden in de aanspraak. Bij gebrek aan enige reactie moet ervan uitgegaan worden dat de aanspraak stilzwijgend wordt aanvaard. De geadresseerde kan zich nadien niet meer beklagen over deze onjuistheden.[385] Tevens werd namelijk geoordeeld dat in handelszaken, "omwille van een vlot en efficiënt rechtsverkeer, algemeen wordt aangenomen dat op een handelaar een verplichting rust om op brieven te reageren als niet wordt ingestemd met de inhoud ervan".[386]

333. Een voorbeeld hiervan betreft de situatie waarbij de hoofdaannemer pas in graad van beroep opwierp dat de aangerekende prestaties veel omvangrijker waren dan vermeld op de bestelbon (het viervoudige). Het hof stelde vast dat de aangerekende prestaties wel degelijk betrekking hadden op de werf in kwestie. Bovendien dient een handelaar onverwijld de contractant op de hoogte te brengen van eventuele onjuistheden in de aanspraak. Indien hij dat nalaat, moet ervan worden uitgegaan dat de aanspraak stilzwijgend aanvaard werd. De verwijzing naar de aankoopvoorwaarden werd dan ook afgewezen als laattijdig.[387]

334. Opdat het stilzwijgen, zoals het niet protesteren van een factuur of een aanspraak, als een aanvaarding beschouwd kan worden, dient het een "omstandig" stilzwijgen te zijn (er moet ondubbelzinnig blijken dat de partij door haar stilzwijgen haar wil geuit heeft).[388] Wanneer een aannemer een factuur verstuurt en deze factuur vervolgens middels briefwisseling geprotesteerd wordt door de afzender ervan, kan het niet onmiddellijk reageren van de aannemer op deze briefwisseling niet automatisch beschouwd worden als een aanvaarding van deze briefwisseling. Dit geldt in het bijzonder wanneer partijen een vergadering beleg-

---

[383] Cass. 29 januari 1996, *Arr.Cass.* 1996, 126.

[384] Kh. Brussel 14 juni 1991, *T.Aann.* 1995, 80: de hoofdaannemer die de facturen van de onderaannemer niet geprotesteerd heeft, kan achteraf het opgegeven aantal werkuren niet meer betwisten.

[385] Brussel (20ᵉ k.) 22 februari 2016, *TBO* 2017, 536.

[386] Kh. Brussel 11 april 2000, *RW* 2003-04, 71.

[387] Brussel (20ᵉ k.) 22 februari 2016, *TBO* 2017, 536.

[388] B. ALLEMEERSCH, I. SAMOY en W. VANDENBUSSCHE, "Overzicht van Rechtspraak: Burgerlijk Bewijsrecht 2000-2013", *TPR* 2015, afl. 2, 819.

den om te onderhandelen over de facturatie en wanneer de aannemer uiteindelijk alsnog betaling van het volledige saldo vorderde middels een schrijven van zijn raadsman. De rechter kon terecht oordelen dat er in deze situatie geen sprake was van een "omstandig" stilzwijgen.[389]

C.   Toekomstig recht

335.   Oorspronkelijk was de bewijsregeling ten aanzien van handelaars opgenomen in het Wetboek van Koophandel. Meer bepaald werd uit het voormalige artikel 25 W.Kh. afgeleid dat het uitblijven van protest van de factuur tussen handelaars als bewijs geldt dat de schuldenaar zijn akkoord heeft gegeven met het in de factuur vermelde bedrag.[390]

336.   Met de wet van 15 april 2018 houdende hervorming van het ondernemingsrecht (in werking sinds 1 november 2018) werd het begrip 'handelaar' echter vervangen door het ruimere begrip 'onderneming' en werd de bewijsregeling uit het Wetboek van Koophandel opgeheven. De wet voerde evenwel een nieuw artikel 1348*bis* BW in, dat voortaan de bewijsregeling ten aanzien van ondernemingen regelt.

337.   Het algemene principe van de vrije bewijsvoering wordt bevestigd in artikel 1348*bis* BW. Partijen die geen onderneming zijn en die tegen een onderneming wensen te bewijzen, kunnen dus alle middelen van recht gebruiken. Dit dient echter genuanceerd te worden. Wanneer het bewijs geleverd moet worden van een rechtshandeling tegen een natuurlijke persoon die een onderneming uitoefent, maar de rechtshandeling is kennelijk vreemd aan zijn onderneming, dan geldt dit principe niet.

338.   Bovendien bepaalt dit artikel dat de boekhouding van een onderneming door de rechter aangenomen kan worden om als bewijs te dienen tussen ondernemingen. De boekhouding van een onderneming levert echter geen bewijs op tegen personen die geen onderneming zijn, behoudens de bepalingen inzake de eed.

339.   Dit artikel stelt voorts dat een door een onderneming aanvaarde factuur het bewijs oplevert tegen deze onderneming. Het feitelijke vermoeden dat de overeenkomst bewezen wordt door de aanvaarde factuur werd dus omgezet in een wettelijk vermoeden!

340.   Het is evenwel de bedoeling dat artikel 1348*bis* BW slechts tijdelijk van kracht is. De regering diende op 31 oktober 2018 immers een wetsontwerp in houdende invoeging van Boek 8 'Bewijs' in het nieuw Burgerlijk Wetboek[391], dat het

---

[389]   Cass. 5 oktober 2018, www.cass.be.
[390]   Cass. 29 januari 1996, *Arr.Cass.* 1996, 126.
[391]   Wetsontwerp van 31 oktober 2018 houdende invoeging van Boek 8 'Bewijs' in het nieuw Burgerlijk Wetboek, *Parl.St.* Kamer 2018-19, nr. 54-3349/001.

bewijsrecht wil moderniseren en versoepelen. De inwerkingtreding van het wetsontwerp is voorzien achttien maanden na de publicatie in het *Belgisch Staatsblad*. Het is de bedoeling dat artikel 1348*bis* BW wordt vervangen en dat de nieuwe bewijsregeling nog verder wordt uitgewerkt.

341. Zo bepaalt het wetsontwerp dat een factuur geldt als bewijs voor "de aangevoerde rechtshandeling", op voorwaarde dat zij aanvaard is door de onderneming of niet binnen een redelijke termijn is betwist.[392] Het betreft weliswaar een weerlegbaar vermoeden; de onderneming kan dus nog steeds het tegenbewijs leveren.

AFDELING 7. OVERDRACHT VAN DE AANNEMINGSOVEREENKOMST – INDEPLAATSSTELLING

342. Vaak gebeurt het in bouwzaken dat een bouwpartij de overeenkomst overdraagt.

343. Aangezien elke overeenkomst rechten en plichten bevat, dient hiervoor de toestemming van de andere partij te worden verkregen. Indien deze toestemming niet verkregen werd, blijft de overdragende partij gehouden tot uitvoering van de verbintenissen (zie art. 1271, tweede lid en art. 1275 BW).

Het akkoord met de overdracht kan uitdrukkelijk of impliciet zijn, wat betekent dat het afgeleid moet worden uit een gedraging van de schuldeiser die voor geen andere uitleg vatbaar is.[393]

344. De bewijslevering is onderworpen aan de gemeenrechtelijke bewijsregels. In handelszaken mag de schuldvernieuwing dus bewezen worden met getuigen en vermoedens. In burgerlijke zaken mogen getuigen en vermoedens aangewend worden wanneer er een begin van bewijs door geschrift is.[394]

Uit het feit dat de architect zijn eerste factuur reeds richtte aan de vennootschap, dat de bouwvergunning werd aangevraagd op naam van de vennootschap en dat de architect op de werfverslagen de vennootschap als bouwheer vermeldde, bleek volgens het hof van beroep te Brussel bijvoorbeeld dat de architect had ingestemd met de overdracht van de rechten en plichten uit de architectenovereenkomst van de natuurlijke personen aan de vennootschap. Het was dan ook de vennootschap die als bouwheer de architect kon dagvaarden.[395]

---

[392] Art. 8.11, § 4 wetsontwerp van 31 oktober 2018.
[393] Cass. 6 mei 2010, AR C.09.0423.N, www.cass.be.
[394] Cass. 29 juli 1841, *Pas.* 1842, I, 15.
[395] Brussel (20ᵉ k.) 8 november 2016, *TBO* 2017, 72.

HOOFDSTUK 4

VERBINTENISSEN VAN DE AANNEMER

AFDELING 1. HET WERK UITVOEREN

§ 1. CONFORME UITVOERING

A.   Uitvoeren volgens de overeenkomst

345.   De aannemer dient het overeengekomen werk goed uit te voeren en op te leveren, conform de overeenkomst, plannen, bestekken en alle andere gemaakte afspraken. De opdrachtgever mag er namelijk van uitgaan dat hem het werk wordt geleverd dat hem werd beloofd.

346.   Dergelijke beloftes kunnen overigens ook afgeleid worden uit de redelijk gecreëerde verwachtingen. Wanneer bij een verkoop op plan in een verkoopsbrochure vermeld staat "toonbeeld van comfort" en "uitstekende isolatie zowel qua geluid als warmte", begaat de aannemer een wanprestatie wanneer het gebouw daar niet aan voldoet. Dat op zich voldaan wordt aan een oudere (maar op het moment van het ontvangen van de bouwvergunning nog geldende) akoestische norm, neemt de fout niet weg nu volgens de oude norm geen "uitstekende" geluidsisolatie kan worden verkregen en dit net als verkoopsargument werd aangewend.[396]

Wanneer partijen bouwen volgens een ander plan dan waarvoor de stedenbouwkundige vergunning is verkregen, zal men bij een geschil echter moeten uitgaan van wat partijen werkelijk zijn overeengekomen veeleer dan van het oorspronkelijke plan en de prijsofferte.[397]

347.   Voormelde verplichting impliceert tevens dat de aannemer de uitvoeringswijze van de werken niet zomaar kan veranderen. Hij dient hiervoor vooraf de toestemming te krijgen van de opdrachtgever.[398] Een beweerd nieuw inzicht in de mogelijkheden van nieuwe materialen en technieken biedt geen verantwoording om af te wijken van wat in het lastenkohier is bepaald.[399]

---

[396]   Antwerpen (17ᵉ k.) 19 november 2015, *TBO* 2016, 451.
[397]   Gent 17 mei 1985, *T.Aann.* 1987, 191.
[398]   Rb. Hasselt 6 april 1976, *T.Aann.* 1976, 309, noot J. VAN DER STICHELEN.
[399]   Gent 4 januari 1996, *RW* 1998-99, 645.

Zo zal de aannemer die louter en alleen goedkeuring heeft verkregen van de algemene vergadering van mede-eigenaars voor de uitvoering van aanpassings- werken aan de bestaande lift, de betreffende lift niet mogen uitbreken en vervan- gen door een nieuwe lift waardoor de gebruiksmogelijkheden van de vroegere lift gevoelig worden herleid of gewijzigd. Uit het ontbreken van enige discussie, bespreking of stemming omtrent de afmetingen van de liftkooi, inbegrepen het gelijktijdige gebruik en de vermindering van het draagvermogen, kan niet afge- leid worden dat de aannemer de toestemming had verkregen om de functionele mogelijkheden of de gebruiksfaciliteiten van de lift gevoelig te wijzigen. De aan- nemer kan deze werkzaamheden enkel uitvoeren na een voorafgaande bespre- king ervan op een algemene vergadering en de vereiste instemming door de mede-eigenaars.[400]

Hierbij wordt opgemerkt dat de aannemer niet noodzakelijk een fout begaat wanneer de aannemer andere producten gebruikt dan de voorgeschreven pro- ducten en dit op voorwaarde dat het verwerkte product evenwaardig is aan het voorgeschreven product. Dit heeft evenmin tot gevolg dat de inspanningsverbin- tenis van de aannemer verandert in een resultaatsverbintenis.[401]

348. Echter, de aannemer mag niet slaafs de overeenkomst, plannen en andere documenten opvolgen. Hij moet namelijk de overeenkomst te goeder trouw uit- voeren. Dit brengt met zich mee dat hij de (verdere) uitvoering van de opdracht moet weigeren indien die onwettig is, onhaalbaar[402], een groot gevaar inhoudt of nadelig kan zijn.[403]

349. Bovendien moet de aannemer zich te allen tijde houden aan de wettelijke ver- plichtingen. Zo dient hij de toepasselijke stedenbouwkundige voorschriften en de voorschriften van de verleende stedenbouwkundige vergunning of omgevingsver- gunning na te leven en dit op straffe van zelf strafrechtelijk vervolgd te worden.[404]

350. Hoewel de aannemer in principe zelf moet instaan voor de uitvoering, mag hij, tenzij contractueel anders voorzien, het werk laten uitvoeren door onderaan- nemers.[405] Hij blijft evenwel verantwoordelijk jegens de opdrachtgever (art. 1797 BW) en dient de leiding over de werken te behouden.[406] Indien de opdrachtgever een belang aantoont, kan hij steeds eisen dat de uitvoering door de aannemer zelf gebeurt.

---

[400] Rb. Brugge 8 maart 2013, *RJI* 2013, 115.
[401] Kh. Gent 28 september 1992, *T.Aann.* 1993, 146.
[402] Brussel 12 januari 2006, *RJI* 2007, 267.
[403] Rb. Antwerpen 14 januari 2004, *RW* 2005-06, 1185.
[404] Art. 4.2.1 VCRO e.v. en art. 6.2.1 VCRO; Bergen 14 april 1989, *T.Agr.R.* 1990, 189.
[405] Cass. 13 januari 2012, AR C.11.0356.F, www.cass.be.
[406] Cass. 27 februari 2003, *RGDC* 2004, 410; Gent 30 mei 2008, *NJW* 2009, 458, noot M. DAMBRE; Brussel 18 maart 1952, *RJI* 1953, 575; Kh. Brussel 17 september 1971, *BRH* 1972, 31.

Ook ingeval een veiligheidscoördinator werd aangesteld, blijft de aannemer verantwoordelijk voor de algemene coördinatie en politie op de werf en de daaruit voortvloeiende veiligheidsverplichtingen.[407]

351.   In het kader van een aanbesteding, is de aannemer gebonden door de algemene voorwaarden van de aanbesteder. Hij kan zijn eigen algemene voorwaarden niet tegenwerpen wanneer hij die van de aanbesteder heeft ondertekend. Dit geldt in het bijzonder wanneer duidelijk is dat de opdrachtgever enkel aan zijn eigen voorwaarden wenste te contracteren en een heel lastenboek heeft opgesteld volgens welk de werken dienden te worden uitgevoerd.[408]

B.   Uitvoeren volgens de regels van de kunst

352.   De aannemer moet het werk goed uitvoeren, d.w.z. met inachtneming van de regels van de kunst, behoudens de contractuele voorschriften.[409]

Deze verplichting vloeit voort uit artikel 1135 BW, dat bepaalt dat de overeenkomsten niet enkel verbinden tot wat daarin uitdrukkelijk werd bepaald, maar tevens tot alle gevolgen die door de billijkheid, het gebruik of de wet aan de verbintenis, volgens de aard ervan, worden toegekend.[410]

353.   De plicht tot het uitvoeren van het werk volgens de regels van de kunst behelst onder andere het volgende.

354.   De aannemer moet de gebruikelijke technische aanbevelingen van de wetenschappelijke organismen (bv. WTCB) en de technische normen zoals uitgewerkt door het Bureau voor Normalisatie naleven. Volgens artikel VIII.1 WER geven de normen "de regels van goed vakmanschap weer die, op het ogenblik dat ze worden aangenomen, gelden voor een bepaald product, een bepaald procedé of een bepaalde dienst". Het niet-naleven van de normen houdt een schending in van de regels van de kunst en dus een fout in hoofde van de aannemer.[411]

Echter, het feit dat het werk van de aannemer in overeenstemming is met de fundamentele eisen en normen die ten tijde van de bouw van toepassing waren, is op zich niet voldoende om de aannemer te ontslaan van alle verantwoordelijkheid. Deze normen bepalen immers louter de minimumeisen van dat moment. Het komt aan de gerechtsdeskundige toe om te zeggen, gelet op de door de rechter

---

[407]   Kh. Dendermonde 24 juni 2010, onuitg.; zie Hoofdstuk 7, afdeling 1, § 2.

[408]   Kh. Gent 24 april 1990, *TBH* 1991, 555, noot M. STORME.

[409]   Over het begrip 'regels van de kunst', zie A. PENNEAU, "La notion de règles de l'art dans le domaine de la construction", *RDI* 1988, 107.

[410]   Cass. 2 februari 2006, AR C.04.0527.N, www.cass.be, *Pas.* 2006, 265, *RW* 2008-09, 926.

[411]   Cass. 1 april 1982, *Pas.* 1982, I, 909; Brussel 16 maart 1972, *JT* 606; Rb. Brussel 15 januari 1985, *T.Aann.* 1987, 145; K. UYTTERHOEVEN, "De toepassing van technische normen in de bouwsector en de aansprakelijkheid van de ontwerper", *TBO* 2008, 207; R. SIMAR, "Les normes techniques et la responsabilité", *T.Aann.* 2007, 7.

bepaalde criteria, aan welke eisen *in concreto* voldaan moest worden opdat het beloofde resultaat bereikt zou zijn[412]:

– de aannemer moet, alvorens tot de werken over te gaan, de plaatsgesteldheid van de werf controleren.

Zo oordeelde de rechtbank van koophandel te Leuven dat, door de steunvoeten van de betonpomp te plaatsen bovenop ondergrondse leidingen zonder voorafgaand navraag te doen naar de eventuele aanwezigheid van leidingen noch enig visueel onderzoek te doen, er niet was gewerkt volgens de regels van de kunst. De aannemer werd veroordeeld tot vergoeding van de veroorzaakte schade[413];

– de werken dienen te worden uitgevoerd volgens de gebruikelijke werkwijze van de *bonus pater familias*.

In een geval waarbij een landmeter had nagelaten een controlemeting te doen van de reeds aangebrachte hoogtepeilen van de bouwwerken, oordeelde het hof van beroep te Antwerpen dat hij daarbij niet had gehandeld als een normaal voorzichtig beëdigd landmeter. Topografische opmetingen behoren, aldus het hof, tot de essentie van het beroep, zodat de landmeter zich niet kon verschuilen achter het feit dat een andere partij (niet-landmeter) het foutieve peil had gezet.[414]

Zo werd ook geoordeeld dat een aannemer die voor de oprichting van een gebouw onbehandeld hout had gebruikt dat vervolgens werd aangetast door boktor, een ernstige fout beging. Het al dan niet bestaan van enige wettelijke verplichting ter zake is onbelangrijk, vermits de aannemer als specialist in de betrokken bouwsector als een goed huisvader met voorzichtigheid had moeten optreden en nooit dergelijke risico's had mogen nemen. De aannemer werd dan ook verantwoordelijk gesteld[415];

– de aannemer moet er, in alle omstandigheden, voor instaan dat de door hem gebruikte producten in veilige omstandigheden en op een veilige wijze worden gebruikt.

Wanneer er door het gebruik van PUR-isolatieschuim (zijnde een ontvlambaar product) brand ontstaat en de aannemer niet aannemelijk maakt dat enige niet aan hem toerekenbare omstandigheid tot het ontstaan van de brand heeft geleid, heeft de aannemer de werken niet volgens de regels van de kunst uitgevoerd. De aannemer dient er namelijk voor te zorgen dat elk risico op ontbranding van het isolatieschuim uitgesloten werd.[416]

---

[412] Brussel 14 januari 1993, *T.Aann.* 1993, 136; zie ook: R. SIMAR, "Les normes techniques et la responsabilité", *Actes du colloque organisé par la conference libre du jeune barreau de Liège, Droit de la construction*, Luik, Editions du Jeune Barreau, 2006, 470-473.

[413] Kh. Leuven (2e k.) 31 mei 2016, *TBO* 2016, 588.

[414] Antwerpen (2e k.) 18 mei 2016, *TBO* 2017, 187.

[415] Kh. Antwerpen 15 februari 1989, *T.Aann.* 1990, 83.

[416] Brussel (20e k.) 12 september 2017, *TBO* 2018, 46.

355.   De aannemer kan zich niet verschuilen achter het feit dat de opdrachtgever hem een bepaalde uitvoeringswijze heeft opgedrongen of dat de werken slechts vaag beschreven waren in het bestek.[417] Hij dient te weigeren af te wijken van de regels van de kunst.[418]

Zo behoort het tot de elementaire stielkennis dat pleisterwerken niet uitgevoerd mogen worden bij vriestemperaturen. De aannemer die door de bouwheer gevraagd wordt om bij vriesweer toch de pleisterwerken verder te zetten, dient de opdracht te weigeren. Minstens dient de aannemer een schriftelijk voorbehoud te maken. De uitvoering van de pleisterwerken bij vriestemperaturen maakt immers een ernstige tekortkoming uit van de regels van de kunst.[419]

C.   Kwaliteit van de bouwstoffen

356.   De keuze van (het type van) de materialen is in bouwzaken de taak van de architect.[420] Gelet op zijn professionele vakkennis, wordt de architect geacht in het lastenboek de materialen voor te schrijven die aangepast zijn aan het gebruik waarvoor ze worden bestemd. Hij dient tevens de bouwheer te verwittigen van de nadelen die bepaalde materialen kunnen teweegbrengen.[421]

Ook wanneer de aannemer of de bouwheer bepaalde materialen voorstelt, dient de architect na te gaan of deze materialen aangepast zijn aan het gebruik waarvoor ze worden bestemd.[422]

357.   Echter, wanneer de bijstand van een architect niet wettelijk verplicht is en de bouwheer ervoor opteert om geen architect aan te stellen, zal de aannemer moeten instaan voor de keuze van de materialen.

358.   Dit impliceert dat de aannemer materialen moet leveren die overeenstemmen met de contractuele voorwaarden en vrij zijn van intrinsieke gebreken. Dit is een resultaatsverbintenis.[423]

Zo dient een professionele aannemer uit de houtbranche te weten dat de spanten van een dak bouwtechnisch moeten bestaan uit hout of minstens behandeld hout. Wanneer de onderaannemer niet-behandeld hout gebruikt, kan de hoofdaannemer aansprakelijk worden gesteld wegens het gebrek aan controle van de conformiteit en/of de geschiktheid van het geleverde en gebruikte hout.[424]

---

417   Rb. Ieper 15 november 1982, *T.Aann.* 1983, 325.
418   Kh. Brussel 17 oktober 1968, *T.Aann.* 1974, 266.
419   Rb. Brussel 22 februari 2008, *RJI* 2009, 36.
420   Brussel 3 mei 1995, *RJI*, 1995, 265.
421   Cass. 3 maart 1978, *RW* 1978-79, 71.
422   Antwerpen 8 november 2000, *AJT* 2001-02, 371.
423   Luik 30 september 2010, *RGAR* 2011, nr. 14758.
424   Brussel 24 december 2013, *TBO* 2014, 23.

Anderzijds werd geoordeeld dat de aannemer niet aansprakelijk gesteld kon worden voor de schade aan een nieuwbouwwoning die veroorzaakt werd door een centrale verwarming met een mazoutpomp. Het gebrek aan de pomp kon immers pas na een doorgedreven en gespecialiseerd onderzoek van de elektronica van de pomp achterhaald worden, zodat het gebrek in hoofde van de installateur van de centrale verwarming onnaspeurbaar was.[425]

Bepaalde rechtspraak plaatste de aannemer op dezelfde lijn als de professionele verkoper: hij wordt geacht de gebreken in de door hem geleverde materialen te hebben gekend, tenzij hij zich in een situatie van onoverwinnelijke onwetendheid bevond.[426] Het Hof van Cassatie oordeelde intussen echter dat uit geen enkele wettelijke bepaling volgt dat een gespecialiseerde aannemer geacht wordt kennis te hebben van een bepaald gebrek.[427]

359. Zelfs indien het materiaal vrij is van gebreken en geen enkele afwijking vertoont, kan de aannemer aansprakelijk gesteld worden.

Indien het lastenboek geen specifieke kwaliteit voorschrijft, moet de aannemer immers materiaal van gemiddelde kwaliteit leveren (art. 1246 BW). De aannemer is dan ook verantwoordelijk voor het gebruik van nieuwe materialen of procedés waarvan de betrouwbaarheid op het moment van de aanwending nog onvoldoende gekend was.[428]

Bovendien moet het gebruikte materiaal de eigenschappen hebben die ze voor het voorziene doel geschikt maken. Dit geldt ook indien de materialen hem werden bezorgd door de opdrachtgever.[429] Wanneer de ongeschiktheid van het materiaal overduidelijk was, zal de aannemer dan ook aansprakelijk zijn voor de ontstane schade.[430]

360. Indien de gebruikte materialen en procedés, volgens de op dat moment heersende normen, algemeen aanvaard zijn, zal de aannemer niet aansprakelijk zijn voor de schade die ze veroorzaken: de aannemer staat dan voor een geval van overmacht.[431]

Opdat er van overmacht kan sprake zijn, dient het bewijs geleverd te worden dat de feiten die de uitvoering van de overeenkomst onmogelijk hebben gemaakt,

---

[425] Rb. West-Vlaanderen 14 juli 2014, *TGR-TWVR* 2015, afl. 1, 37.

[426] Gent 26 januari 1995, *AJT* 1995-96, 49.

[427] Cass. 5 december 2002, *Arr.Cass.* 2002, 2662, *RW* 2005-06, 420, *TBBR* 2004, afl. 4, 203, noot W. GOOSSENS.

[428] Luik 20 oktober 1985, vermeld door P. FLAMME en M.A. FLAMME, *o.c.*, 41, nrs. 42-43; zie ook D. TOMASIN, "Innovation et responsabilité des constructeurs", *RDI* 1990, 281.

[429] Antwerpen 22 december 1992, *T.Aann.* 1998, 35.

[430] Cass. 11 oktober 2012, *RJI* 2013, 251.

[431] Bergen 8 oktober 1990, *JT* 584, noot P. RIGAUX; Kh. Gent 9 oktober 1991, *TGR* 1992, 47: de aannemer bevindt zich dan in een geval van onoverwinnelijke onwetendheid met dezelfde gevolgen als een geval van overmacht; zie ook W. ABBELOOS, "De onoverwinnelijke onwetendheid in bouwzaken", *TGR* 1992, 48-50.

plots en onvoorzienbaar waren. Langdurige regen of vorst wordt in de bouwsector niet aanvaard als een geval van overmacht.[432]

D. Bewijs van de uitvoering

361. Overeenkomstig artikel 1315, eerste lid BW moet hij die de uitvoering van een verbintenis vordert, het bestaan daarvan bewijzen. Krachtens artikel 1315, tweede lid BW moet hij die beweert bevrijd te zijn, het bewijs leveren van de betaling of van het feit dat het tenietgaan van zijn verbintenis heeft teweeggebracht.

Wanneer een aannemer bijgevolg betaling vordert voor overeengekomen werken en de opdrachtgever aanvoert dat de werken of een gedeelte ervan niet door de aannemer werden uitgevoerd, komt het, in beginsel, aan deze laatste toe te bewijzen dat hij de werken heeft uitgevoerd.

Uit het feit dat de facturen dateren van jaren na de beweerde uitvoering van de werken en uit het ontbreken van werfverslagen en van een proces-verbaal van oplevering, kan de rechter rechtsgeldig tot het besluit komen dat de aannemer niet het bewijs levert dat de resterende werken, waarop de facturen betrekking hebben, wel degelijk werden uitgevoerd.[433]

§ 2. INFORMATIEPLICHT – WAARSCHUWINGSPLICHT – WEIGERINGSPLICHT

362. De aannemer dient de nodige voorzichtigheid aan de dag te leggen en de opdrachtgever te informeren over zijn vaststellingen en opmerkingen. Zijn informatieplicht is niet beperkt tot het geven van inlichtingen over het contract zelf, maar kan ook de vorm aannemen van een waarschuwings- of reactieplicht en soms zelfs van een weigeringsplicht.[434]

363. De informatieplicht geldt zowel voor als tijdens de uitvoering van de werken.

A. Precontractuele fase

364. Vooreerst dient de aannemer zijn precontractuele informatieverplichting na te komen.

365. Deze plicht houdt in dat de aannemer moet luisteren naar de bekommernissen van de opdrachtgever bij de voorbespreking van de overeenkomst. Hij

---

[432] Kh. Brussel 7 augustus 1965, *JT* 1966, 173; zie Hoofdstuk 13, afdeling 9.
[433] Cass. 21 januari 2016, *TBO* 2016, 432.
[434] Zie in dit verband B. VAN DEN BERGH, "De informatieplicht van de aannemer", *RW* 2010-11, 240.

dient vervolgens een contract voor te stellen dat voldoet aan de geuite verwachtingen van de opdrachtgever.

366. Zo oordeelde de rechtbank van eerste aanleg te Antwerpen dat de aannemer, die wist dat de opdrachtgever bij zijn beslissing om de ramen te vernieuwen groot belang hechtte aan de geluidsisolerende factor van de ramen, was tekortgeschoten aan zijn (precontractuele) informatieverplichting om geen geluidsisolerend (maar wel gelaagd) glas te voorzien. Het was zijn plicht om de opdrachtgever te informeren over de verschillende uitvoeringsmogelijkheden die hem ter beschikking stonden en hem te betrekken in de beslissing over de aan te wenden materialen en methodes.[435]

367. Wanneer de aannemer een overeenkomst sluit met een consument, dient bovendien rekening gehouden te worden met de precontractuele informatieverplichtingen uit het Wetboek van economisch recht.

Wanneer een aannemer in een offerte voor het plaatsen van dubbel glas op summiere wijze bedingt dat tien jaar waarborg wordt verleend, zonder de werkuren en de verplaatsingskosten daarvan uit te sluiten, komt hij bijvoorbeeld tekort aan zijn verplichting tot het verstrekken van duidelijke informatie aan de consument. Hij wekte hierdoor namelijk de indruk dat hij herstellingen zou uitvoeren in het raam van een volledige waarborg, inclusief de kosten van vervanging en verplaatsing.[436]

368. De naleving van de precontractuele informatieplicht is te beschouwen als het bewijs van een negatief feit. De rechtbank mag een bepaalde soepelheid in acht nemen en de vrijheid nemen om het bewijs van de niet-nakoming af te leiden uit vermoedens die volgen uit de omstandigheden van de zaak en die wijzen op een voldoende waarschijnlijkheid van het beweerde feit.[437]

B. Contractuele fase

369. Na het sluiten van de aannemingsovereenkomst is de aannemer niet de slaafse uitvoerder van de plannen van de architect. Dit geldt in het bijzonder wanneer er een gebrek is aan concrete uitvoeringsplannen of aan een behoorlijke controle vanwege de architect.

---

[435] Rb. Antwerpen, afd. Antwerpen (AB12ᵉ k.) 7 juni 2016, *TBO* 2016, 579; zie ook B. KOHL en M. HOEBEEK, "Contractuele aansprakelijkheid in het bouwrecht. Rechtspraakoverzicht 1999-2009", *TBO* 2010, 125.

[436] Vred. Zelzate 30 juni 2009, *RW* 2011-12, 667.

[437] Zie Antwerpen 12 juni 2006, *RW* 2008-09, 279, noot B. VAN DEN BERGH, "Dwaling versus precontractuele informatieplicht, the odd couple?".

1. Informatieplicht

370. Tenzij dit evident is voor de bouwheer, dient de aannemer-specialist de bouwheer erover in te lichten dat er voor de uit te voeren werken een omgevingsvergunning voor stedenbouwkundige handelingen nodig is. In een geval waarbij een aannemer in een nieuwe winkel koel- en vriescellen diende te plaatsen, alsook een airconditioning met warmtepompen en koelingen, was de rechtbank van oordeel dat de aannemer de bouwheer had moeten verwittigen van de noodzaak van een bouw- en milieuvergunning en erover had moeten waken dat deze vergunningen aanwezig waren vooraleer de werken van start gingen. Ook had de aannemer de bouwheer moeten verwittigen van het feit dat de installaties de geluidsnormen zouden overschrijden en dat de buren zouden klagen. De aannemer werd veroordeeld tot de kosten van het verplaatsen van de installaties van het plat dak naar het gelijkvloers en tot een forfaitaire vergoeding voor de verhoging van de aanwezige stroomsterkte.[438]

371. De aannemer dient tevens informatie te verschaffen over de aannemingsprijs. Zo dient een garagehouder de opdrachtgever op de hoogte te houden van de kosten[439] en dient de advocaat zijn opdrachtgever in te lichten over de berekeningswijze van zijn ereloon.[440]

372. De informatieplicht strekt zich niet enkel uit tot de bouwheer. Zo dient de aannemer ook de veiligheidscoördinator op de hoogte te brengen van de precieze planning van de stand van de werken, meer in het bijzonder van de cruciale fases van het constructieproces.[441]

373. Sommige verplichtingen rusten op de architect, zodat de informatieplicht van de aannemer hierdoor enigszins beperkt wordt.

Zo behoort het in de eerste plaats tot de bevoegdheid en de plicht van de architect om de keuze van de bouwheer voor een minder dure oplossing af te raden als de voorgestelde wijziging niet bevredigend is, gevaarlijk is of niet overeenstemt met de regels van de kunst. De informatieplicht rust bijgevolg in veel mindere mate op de algemene aannemer en enkel binnen de perken van zijn technische bevoegdheden.[442]

Bovendien heeft de architect als wezenlijke taak erop toe te zien dat het door hem geconcipieerde bouwwerk voldoende stevig is en op een aan de ondergrond aangepaste wijze wordt gefundeerd. Indien de bodemgesteldheid problemen veroorzaakt, kan hij zich laten bijstaan door een of meerdere specialisten. In geen

---

[438] Kh. Leuven (2e k.) 6 oktober 2015, *TBO* 2016, 170.
[439] Rb. Bergen 18 juni 1999, *TBBR* 2002, 63.
[440] Antwerpen 30 maart 1998, *RW* 1998-99, 369.
[441] Kh. Dendermonde 24 juni 2010, onuitg.
[442] Brussel 15 februari 1996, *JLMB* 1996, 1482.

geval kan hij dat onderdeel overlaten aan derden, zoals de aannemer.[443] De aannemer is dus niet aansprakelijk voor de geschiktheid van het terrein.[444]

Indien de bouwheer geen beroep doet op de diensten van een architect, is hij zelf verantwoordelijk voor de conceptie[445] en is hij, bij afwezigheid van controle, zelf aansprakelijk voor de schade die daaraan te wijten is.[446] Echter, volgens bepaalde rechtspraak blijft de aannemer in dergelijk geval steeds minstens deels verantwoordelijk.[447]

374. Daarnaast wordt de informatieplicht van de aannemer ook beperkt door de eigen informatieplicht van de opdrachtgever. Zo werd de bouwheer (VME) tot de helft van de herstelkosten van de betegeling van de terrastegels gehouden, omdat hij aan de aannemer niet had meegedeeld dat er geen spouwmuur was en de voegen zeer sterk waterabsorberend waren.[448]

De opdrachtgever dient de aannemer in principe ook te informeren over de reden waarom hij de betreffende werken wil laten uitvoeren. Het kan evenwel voorkomen dat de opdrachtgever zelf niet op de hoogte is van de precieze oorzaak. Welnu, wanneer de aannemer belast is met een relatief eenvoudige opdracht zonder dat hij in kennis gesteld werd van de oorzaak van de gevraagde werken, kan niet van hem verwacht worden dat hij, ongevraagd, een eenzijdig onderzoek gaat voeren naar de mogelijke, niet meegedeelde oorzaak van de hem opgedragen werken.[449]

2. Waarschuwingsplicht

375. De aannemer dient te wijzen op de grove en manifeste fouten van het plan en van het bestek. Wanneer de aannemer geen specialist ter zake is, kan de rechter evenwel oordelen dat bepaalde fouten in het bouwontwerp de aannemer kunnen ontgaan, zodat hij niet aansprakelijk is voor de schade ontstaan door de uitvoering van het ontwerp.[450]

Echter, zelfs indien de aannemer een specialist ter zake is, kunnen hem bepaalde fouten in het plan en het bestek ontgaan. Zo werd geoordeeld dat de aannemer van schilderwerken, die geen architect of ingenieur is, niet verantwoorde-

---

[443] Gent 3 december 1993, *RW* 1994-95, 644.

[444] Cass.fr. 4 februari 1987, *RDI* 1987, 230; Raad van Arbitrage 12 december 1978, *BR* 1979, 230.

[445] Rb. Antwerpen 9 april 1987, *T.Aann.* 1988, 328.

[446] Antwerpen 11 april 1989, *T.Aann.* 1990, 368; Luik 4 juni 1991, *JLMB* 1991, 1078; Gent 30 maart 1992, *TGR* 1992, 42, noot G. BAERT.

[447] Zie bv. Kh. Hasselt 23 januari 1996, *RW* 1996-97, 1342.

[448] Rb. Antwerpen (afd. Antwerpen, AB12ᵉ k.) 22 december 2015, *TBO* 2016, 168.

[449] Rb. Antwerpen (afd. Antwerpen, AB12ᵉ k.) 22 december 2015, *TBO* 2016, 168; S. DE BUSSCHER en W. GOOSSENS, "De aannemingsovereenkomst" in *Handboek bouwrecht*, Antwerpen, Intersentia 2013, 780.

[450] Cass. 25 april 1991, *Arr.Cass.* 1990-91, 873-874, *Pas.* 1991, I, 765. Zie ook Brussel 13 september 1995, *RW* 1997-98, (879), 880 en *T.Aann.* 1996, 175.

lijk is voor het feit dat de uitgevoerde werken onvoldoende zijn om de gevraagde herstelling te verwezenlijken. De aannemer had zich immers gedragen als een goede beroepsbeoefenaar die gespecialiseerd is in schilderwerken en kon desondanks de ongewone kenmerken van het metselwerk niet ontdekken Het kwam *in casu* aan de bouwheer toe, geadviseerd door zijn architect, om de aard van de uit te voeren werken te verduidelijken aan de aannemer.[451]

376.   Hij dient de opdrachtgever eveneens te waarschuwen voor de risico's van de opgedragen uitvoeringswijze en materialen[452] en aan te wenden producten[453], tenzij van de opdrachtgever verondersteld kan worden hiervan voldoende op de hoogte te zijn.[454] Volgens bepaalde rechtspraak moet schriftelijk voorbehoud worden gemaakt, zelfs al is de opdrachtgever bekend met dergelijke werken.[455]

377.   De aannemer dient ook te reageren op de instructies van de bouwheer en/of de architect als die gebrekkig of foutief zijn of niet zullen leiden tot het beoogde resultaat.[456]

378.   Wanneer de aannemer vaststelt dat er bepaalde conceptiefouten begaan werden, dient hij de bouwheer te waarschuwen voor de door de architect begane fouten. Deze waarschuwingsplicht gaat echter niet zover dat van de aannemer verwacht mag worden dat hij het concept van de aannemer in vraag stelt.

379.   Indien de aannemer zijn plicht niet nakomt terwijl de aannemer, gelet op zijn bijzondere vakkennis, moest ontwaren dat de conceptie gebrekkig was en niet toeliet om de overeengekomen normen te bereiken, kan de aannemer medeaansprakelijk worden gesteld met de architect voor de gebreken die voortspruiten uit de conceptie van een werk.[457]

Zo veroordeelde het hof van beroep te Gent een aannemer tot 20% van de schade omdat zij niet alleen onbehoorlijk de werken had uitgevoerd (onvoldoende draagkracht betonvloer), maar bovendien ook had nagelaten hetzij de bouwheer hetzij de architect aan te spreken op wat hij *de visu* kon vaststellen en waarvoor hij zelf nochtans toegaf onderlegd te zijn. Het hof nam geen *in solidum*-aansprakelijkheid van architect en aannemer in overweging vermits de oorzaak van alle

---

[451]   Luik 3 februari 2009, *JLMB* 2010, 1316.
[452]   Cass. 10 januari 1969, *RW* 1968-69, 1453.
[453]   Vred. Berchem 1 september 1987, *RW* 1988-89, 756: de uitbater van een wassalon heeft een voorlichtingsplicht die erin bestaat zijn klanten te wijzen op de mogelijke nadelige gevolgen verbonden aan het reinigen van bepaalde stoffen en textielproducten.
[454]   Gent 23 december 1974, *RGAR* 1976, nr. 9678, noot F. GLANSDORFF, *in casu* een intercommunale die over een gespecialiseerd bureau beschikte.
[455]   Zie bv. Brussel 25 maart 1999, *T.Aann.* 1999, 261.
[456]   Luik 11 januari 2007, *JLMB* 2008, 25.
[457]   Brussel 3 mei 1995, *RJI* 1995, 265.

---

schade met betrekking tot de vloer louter en alleen voortvloeide uit een conceptuele fout waarvoor de aannemer niet diende in te staan. De eigen 20% aansprakelijkheid betrof geen uitvoeringsfout, maar een fout inzake de raadgevings- en informatieplicht van de aannemer.[458]

De aannemer kan eveneens medeaansprakelijk worden gesteld met de architect indien de architect zijn controleverplichting niet nakomt. De aannemer dient immers, gelet op zijn beroepsbekwaamheid, op de hoogte te zijn van de wettelijke controleverplichting van de architect.[459]

380. Uit het bovenstaande mag niet afgeleid worden dat de aannemer het bestek aan een grondig onderzoek dient te onderwerpen om eventuele fouten op te sporen. Zo mag een aannemer in het kader van een overheidsopdracht ervan uitgaan dat, gelet op de grote omvang en specialisatie van de werken, het bestuur zelf de mogelijkheid heeft gehad om het ontwerp grondig te bestuderen.[460] Het is bovendien algemeen aanvaard dat de informatieplicht van de aannemer vervalt wanneer de opdrachtgever zich mengt in het bouwgebeuren en ter zake de nodige bekwaamheid bezit.[461]

381. De waarschuwingsplicht loopt ook gedurende de volledige termijn van de tienjarige aansprakelijkheid. Indien in deze periode blijkt dat de werken zijn uitgevoerd volgens een procedé dat onvoldoende veilig is, dient de aannemer de bouwheer hiervan op de hoogte te brengen. Een overtreding van deze plicht is een tekortkoming in de uitvoering van de overeenkomst te goeder trouw.[462]

3. Weigeringsplicht

382. De aannemer moet weigeren het werk uit te voeren indien dit hem onmogelijk lijkt.[463] Voert hij het werk toch uit, niettegenstaande zijn voorbehoud, dan is hij minstens deels aansprakelijk voor de gevolgen ervan.[464]

Zo werd een aannemer aansprakelijk gesteld die zich had beperkt tot de uitvoering van dichtingswerk aan een dak zonder erop te wijzen dat de specifieke

---

[458] Gent (16e k.) 8 april 2016, *TBO* 2016, 336.

[459] Rb. Brussel 8 april 2004, *RJI* 2044, 86.

[460] Antwerpen 24 oktober 2006, *T.Aann.* 2008, 218.

[461] W. GOOSSENS, *Aanneming van werk: het gemeenrechtelijk dienstencontract*, Brugge, die Keure, 2003, 800.

[462] Luik 29 oktober 1985, geciteerd door P. FLAMME en M.A. FLAMME, *o.c.*, nr. 49; cassatieberoep verworpen (15 oktober 1987).

[463] Luik 20 februari 1988, *RJI* 1989, 28; Brussel 24 oktober 1975, *RW* 1976-77, 227; Kh. Brussel 29 juni 1990, *T.Aann.* 1992, 345; Rb. Brussel 22 februari 2008, *RJI* 2009, 36; Gent (16e k.) 8 april 2016, *TBO* 2016, 336 (de aannemer gaf tevergeefs aan dat hij de slecht uitgevoerde vloer in zeer moeilijke omstandigheden had moeten uitvoeren).

[464] Kh. Turnhout 22 oktober 1992, *Turnh.Rechtsl.* 1992, 167 (*in casu* werd de aannemer veroordeeld tot 2/3 van de schade en de bouwheer tot 1/3; de architect diende de aannemer voor de helft van de door deze aan de bouwheer verschuldigde bedragen te vrijwaren).

toestand van het dak een bijkomende behandeling vereiste[465], alsook de aannemer die er niet op had gewezen dat de verwarmingsinstallatie te groot was voor de specifieke situatie.[466] In een geval waarbij de aannemer schilderwerken moest uitvoeren in een ondergrondse ruimte met een hoge vochtigheidsgraad had de aannemer de werken moeten weigeren of had hij moeten wijzen op de mogelijke nutteloosheid ervan. Aangezien hij dit laatste niet heeft gedaan, is hij eveneens tekortgeschoten aan zijn informatieplicht.[467]

§ 3. RESULTAATS- OF MIDDELENVERBINTENIS

383. De meeste aannemingsovereenkomsten bevatten zowel resultaats- als middelenverbintenissen. Of een specifieke verbintenis gekwalificeerd kan worden als een resultaats- dan wel een middelenverbintenis, hangt in de eerste plaats af van de wil der partijen.[468] Zo zijn partijen vrij om contractueel te bepalen of de verbintenissen van de aannemer al dan niet resultaatsverbintenissen inhouden.[469]

384. Wanneer niets uitdrukkelijke bepaald werd, is de feitelijke beoordeling daaromtrent van de rechter onaantastbaar.[470]

385. Bij een middelen- of inspanningsverbintenis verbindt de schuldenaar er zich toe alle redelijke middelen aan te wenden om een bepaald resultaat te bereiken. Gaat de aannemer daarentegen een verbintenis aan met een precies omschreven voorwerp, dan neemt de aannemer een resultaatsverbintenis op.

In bouwzaken werd dit onderscheid verfijnd. Zo stelde het hof van beroep van Brussel dat wanneer een gespecialiseerd aannemer (*in casu* een installateur sanitair) belast wordt met een bepaald werk dat niet uit zijn aard bepaalde risico's meebrengt die tot gevolg zouden hebben dat het beoogde resultaat niet op voorhand kan worden gegarandeerd (*in casu* het aanleggen van een kraan met leidingen en koppelingen bestand tegen de waterdruk), dan rust op die aannemer een resultaatsverbintenis.[471]

386. Het onderscheid is van groot belang voor de vaststelling van de wanprestatie en meer bepaald voor de bewijslast die rust op de bouwheer.

---

[465]   Luik 5 december 1997, *T.Aann.* 1999, 61, noot O. COLON.
[466]   Brussel 25 maart 1999, *T.Aann.* 1999, 261.
[467]   Brussel 21 november 2011, *RJI* 2012, 339.
[468]   Cass. 3 mei 1984, *Arr.Cass.* 1983-84, 1147, concl. PG KRINGS, *RW* 1984-85, 1987, *T.Aann.* 1985, 132, concl. PG KRINGS; Cass. 18 mei 1990, *Arr.Cass.* 1989-90, 1195, *Pas.* 1990, I, 1068.
[469]   Cass. 18 mei 1990, *Arr.Cass.* 1989-90, 1195, *Pas.* 1990, I, 1068; Cass. 3 mei 1984, *Arr.Cass.* 1983-84, 1147, concl. PG KRINGS, *Pas.* 1984, I, 1081, *RW* 1984-85.
[470]   Cass. 5 december 2002, AR C.01.0316.F, www.cass.be; Cass., 7 februari 1992, *Arr.Cass.* 1991-92, 529, *Pas.* 1992, I, 503.
[471]   Brussel (20e k.) 30 januari 2018, *TBO* 2018, 228.

387. Bij een resultaatsverbintenis dient de opdrachtgever van de werken enkel aan te tonen dat het beloofde resultaat niet werd bereikt. De bewijslast en het bewijsrisico verschuiven naar de aannemer.

Dat het schadegeval zich enkel na de uitvoering van de werken voordoet, doet trouwens geen afbreuk aan de resultaatsverbintenis van de aannemer. Het beoogde resultaat moet immers niet alleen op het ogenblik van het voltooien van het werk, maar ook nadien behaald worden.

388. De aannemer kan zich enkel bevrijden door het bewijs te leveren van een bevrijdende vreemde oorzaak (art. 1147 en 1315 BW).[472] Dit laatste zal bijvoorbeeld aanvaard worden wanneer blijkt dat, ten tijde van de werken, de stand van de wetenschap de aannemer niet toeliet op de hoogte te zijn van de mogelijke problemen met de gehanteerde werkwijze.

Wanneer de schade zich kort na de beëindiging van het werk voordoet, maakt deze korte tijdspanne het natuurlijk minder waarschijnlijk dat de schade te wijten is aan een andere factor dan aan de wanprestatie van de aannemer.[473]

389. Bij een middelenverbintenis is er slechts sprake van een wanprestatie wanneer bewezen is dat de schuldenaar niet de nodige zorg heeft besteed aan de uitvoering van de verbintenis (art. 1137 BW). Het zorgvuldigheidscriterium is dat van de goede huisvader, zijnde een redelijk persoon geplaatst in dezelfde externe omstandigheden.

Dat de aannemer andere producten gebruikt dan de voorgeschreven producten, verandert de inspanningsverbintenis van de aannemer trouwens niet in een resultaatsverbintenis.[474]

390. Nemen een resultaatsverbintenis op zich:
- de onderhoudstechnicus van een lift[475];
- het reisbureau dat als touroperator een reis inricht[476];
- de uitbater van een carwash.[477] De eigenaar van het voertuig dient evenwel de goede staat van het voertuig te bewijzen op het ogenblik dat het werd afgegeven aan de carwash-uitbater. Dit bewijs mag worden geleverd met alle middelen van recht en met name door vermoedens, aangezien het niet gebruikelijk is noch denkbaar om vóór de wasbeurt een beschrijvende staat van het voertuig te maken[478];

---

[472] Cass. 14 november 2012, AR P.11.1611.F/1, www.cass.be; Brussel (20e k.) 30 januari 2018, *TBO* 2018, 228.
[473] Brussel (20e k.) 30 januari 2018, *TBO* 2018, 228.
[474] Kh. Gent 28 september 1992, *T.Aann.* 1993, 146.
[475] Gent 8 maart 1983, *RW* 1985-86, 321.
[476] Kh. Brussel 5 mei 1975, *BRH* 1976, 19; Kh. Brussel 29 maart 1971, *BRH* 1971, 551.
[477] Rb. Brussel 22 oktober 1979, *RGAR* 1979, nr. 9973; Vred. Molenbeek 15 april 1986, *T.Vred.* 1987, 101; Rb. Dendermonde 22 maart 2013, *RGAR* 2014, afl. 6, nr. 150975; anders: Rb. Nijvel 25 april 1989, *TBBR* 1990, 483.
[478] Brussel 23 januari 1990, *RGAR* 1992, nr. 11903.

- de specialist die zich belast met de technische controle van voertuigen[479];
- de installateur van verwarmings- of koelinstallaties[480];
- hij die zich bezighoudt met het vernikkelen en vergulden van halfafgewerkte producten, hem bezorgd door de opdrachtgever[481];
- de aannemer belast met het adequaat plaatsen van dakplaten wat betreft hun draagvermogen[482];
- een transportmaatschappij[483], wat betreft de realisatie van het vervoer, niet wat betreft de bijzondere modaliteiten;
- de bouwpromotor[484], de projectontwikkelaar-coördinator[485];
- de aannemer die wordt opgeroepen om de oorzaak van een defect in een centrale verwarming op te sporen en het te herstellen[486];
- de verhuizer[487];
- de aannemer die zich had verbonden tot het bouwen van een privéwaterzuiveringsstation dat het vervuilde water zou behandelen zodat het conform zou zijn aan de normen om geloosd te worden[488];
- de aannemer die garandeert dat de zwembaden die hij plaatst tien jaar lang waterdicht zouden blijven zonder scheuren[489];
- de in sanitaire installaties gespecialiseerde aannemer die zich verbonden had tot het installeren van een perfect functionerend bubbelbad bediend met kranen die niet lekken[490] of die een kraan diende aan te leggen met leidingen en koppelingen bestand tegen waterdruk[491];
- de garagist die een distributieriem vervangt[492];
- de gespecialiseerde aannemer van schilderwerken voor het aanbrengen van een grondlaag die noodzakelijk is opdat de kwaliteit van zijn werk behouden zou blijven[493];
- de aannemer die wordt aangetrokken voor het waterdicht maken van de kelders;

---

[479] Nijvel 22 januari 1987, *JL* 1988, 579.
[480] Rb. Brussel 18 april 1989, *JT* 1989, 733.
[481] Cass. 18 mei 1990, *Arr.Cass.* 1989-90, 1195, *Pas.* 1990, I, 1068.
[482] Cass. 7 februari 1992, *Arr.Cass.* 1991-92, 529, *Pas.* 1992, I, 503.
[483] Kh. Oostende 5 september 1967, *JCB* 1968, 689.
[484] Antwerpen 19 november 2012, *RW* 2014-15, 306; Bergen 11 maart 1994, *JLMB* 1994, 1294; Brussel 21 april 1982, *RW* 1983-84, 212, noot; Rb. Antwerpen (afd. Antwerpen) 9 oktober 2018, *TBO* 2019, 61; Rb. Brussel 21 oktober 2011, *RJI* 2012, 31; Rb. Luik 28 februari 1986, geciteerd door P. FLAMME en M.A. FLAMME, *o.c.*, 48; Kh. Verviers 13 oktober 1986, *JLMB* 1987, 380.
[485] Cass. 21 oktober 2010, AR C.09.0582.F, *TBO* 2012, 24.
[486] Kh. Verviers 17 november 1986, *T.Aann.* 1987, 210, noot M.A. FLAMME.
[487] Antwerpen 16 oktober 1985, *RABG* 1987, 204; Kh. Brussel 24 september 1986, *RGAR* 1988, nr. 11.387; Vred. Luik 20 februari 1987, *Rev.Liège* 1987, 1549.
[488] Kh. Brussel 3 juni 1996, *T.Aann.* 1998, 162, noot B. LOUVEAUX.
[489] Kh. Hasselt 30 januari 2006, *RW* 2007-08, 1329.
[490] Gent 29 oktober 2009, *T.Verz.* 2011, 76.
[491] Brussel (20e k.) 30 januari 2018, *TBO* 2018, 228.
[492] Luik 10 juni 2013, *TBH* 2013, 931.
[493] Brussel 20 december 2007, *JLMB* 2012, 9.

- een tegelzetter[494];
- de specialist die zich belast met de installatie van alarmsystemen.[495]

391. Gaan slechts een middelenverbintenis aan:
- geneesheren[496];
- advocaten[497] (behalve wat betreft het 'formele' aspect);
- architecten[498];
- programmeurs[499];
- een bureau belast met een studie naar de mogelijkheden van energiebesparing[500];
- de installateur van alarmsystemen[501];
- een bewakingsfirma[502];
- een pechverhelpingsdienst[503];
- een wassalon[504];
- een fotograaf[505];
- een tandarts.[506]

§ 4. UITVOEREN BINNEN DE GESTELDE OF NUTTIGE TERMIJN

A. Algemeen

392. In bouwzaken wordt meestal een welbepaalde termijn overeengekomen waarbinnen de prestaties geleverd moeten worden. Bij andere aannemingsovereenkomsten is dit niet het geval.

Indien de overeenkomst geen termijn bevat, dienen de prestaties binnen een *normale* termijn uitgevoerd te worden. De dienstverschaffer moet aan de uitvoe-

---

[494] Rb. Brussel 11 juni 1996, *JLMB* 1997.
[495] Cass.fr. 28 april 1987, *Sem.jur.* 1987, II, 20, 893.
[496] Cass. 16 mei 1974, *Arr.Cass.* 1974, 1038, noot W.G.; Luik 14 maart 1979, *JL* 1979, 417; Bergen 13 november 2012, *RGAR* 2013, afl. 3, nr. 14954.
[497] Brussel 10 mei 1979, *Pas.* 1979, II, 103. Het respecteren van bv. de beroepstermijn is dan weer een resultaatsverbintenis.
[498] P. RIGAUX, *Le droit de l'architecte; Evolution des 20 dernières années*, Brussel, Larcier, 1993, nr. 314 en 316, 306-307 (genuanceerd).
[499] Kh. Brussel 18 februari 1980, *BRH* 1980, 377.
[500] Brussel 10 november 1988, *JT* 1989, 92.
[501] Antwerpen 24 april 1990, *De Verz.* 1990, 467; anders: Cass.fr. 28 april 1987, *Sem.jur.* 1987, II, 20, 893.
[502] Brussel 10 november 1988, *JT* 1989, 77.
[503] Rb. Leuven 4 november 1987, *TBBR* 1988, 493.
[504] Vred. Berchem 1 september 1987, *RW* 1988-89, 756; Vred. Gent 15 april 1991, *T.Vred.* 1992, 139.
[505] Brussel 15 oktober 2012, *DCCR* 2014, afl. 102, 92, noot M. DEFOSSE.
[506] Antwerpen 12 maart 2012, *T.Gez.* 2012-13, afl. 3, 241.

ring van de beloofde prestatie niet enkel de zorg maar ook de spoed besteden van een normaal, zorgvuldig professioneel.[507]

De notie 'normale termijn' is afhankelijk van de aard en omvang van de werken, de moeilijkheidsgraad, de plaats en de omstandigheden waarin het werk moet worden uitgevoerd en de verwachtingen van de bouwheer.[508] Wat herstellingswerken betreft, werd geoordeeld dat ook rekening gehouden moet worden met de nalatigheid van de gerechtsdeskundige om de inlichtingen over te maken.[509]

Zo werd reeds geoordeeld dat de 'normale termijn' overschreden werd in geval van de afbraak van een gebouw na drie jaar[510] en de herstelling van een salon na acht maanden.[511]

393. In het contract kan de uitvoeringstermijn op verschillende wijzen uitgedrukt zijn:
- aan de hand van een uiterste datum van afwerking;
- aan de hand van een aantal kalenderdagen;
- aan de hand van een aantal werkdagen.

In de eerste twee gevallen draagt de aannemer het risico van slechte weersomstandigheden. Wanneer de termijn uitgedrukt is aan de hand van werkdagen, zijn de volgende dagen uitgesloten: de zaterdagen, zon- en feestdagen, de vakantiedagen die gelden binnen het bouwbedrijf en de verletdagen ingevolge overmacht.[512]

394. Wanneer de uitvoeringstermijn een essentieel element uitmaakt van de aannemingsovereenkomst, kan de aannemer de overeenkomst niet eenzijdig wijzigen door eenvoudig te verwijzen naar zijn algemene verkoopsvoorwaarden.[513]

395. Indien de werken afhankelijk zijn van het verkrijgen van een omgevingsvergunning, dient de bouwheer de aannemer te verwittigen van het verkrijgen ervan, zodat hij de nodige schikkingen kan treffen. Deze verwittiging kan uitdrukkelijk of stilzwijgend gebeuren. Het bewijs ervan kan geleverd worden door alle middelen van recht.

---

507   Brussel 13 januari 2006, *RJI* 2007, 153.
508   Kh. Brussel 27 oktober 1978, *T.Aann.* 1979, 311; Rb. Mechelen 19 januari 1982, *RW* 1983-84, 818; Kh. Gent 2 juni 2003, *TGR* 2003, 250; Rb. Gent 28 december 2005, *TGR* 2006, 7; Brussel 13 januari 2006, *RJI* 2007, 153.
509   Antwerpen 29 oktober 2002, *NJW* 2003, 964, noot W. GOOSSENS.
510   Rb. Mechelen 19 januari 1982, *RW* 1983-84, 818.
511   Kh. Brussel 7 februari 1988, *DCCR* 1989-90, noot Y. MERCHIERS.
512   Brussel 5 november 1982, *RJI* 1982, 291.
513   Antwerpen 3 november 1997, nr. 1995/AR/2113, onuitg.

B. Ingebrekestelling – Uitzonderingen

396.   Indien de aannemer de contractueel bepaalde uitvoeringstermijn of (bij gebrek aan een contractuele bepaling) de normale termijn laat voorbijgaan, moet de opdrachtgever de aannemer aanmanen om de werken uit te voeren. Zonder ingebrekestelling kan de aannemer geen fout verweten worden en bestaat er geen recht op schadevergoeding (art. 1146 BW). Indien de aannemer niet *in gebreke* werd gesteld, kan hij zich beroepen op artikel 1187 BW, dat bepaalt dat tijdsbepalingen altijd vermoed worden te zijn bedongen ten voordele van de schuldenaar en als verweer opwerpen dat de termijn stilzwijgend verlengd werd.[514]

397.   Voor een geldige ingebrekestelling volstaat het dat de schuldeiser op duidelijke en ondubbelzinnige wijze aan de schuldenaar te kennen geeft dat de verbintenis moet worden uitgevoerd.[515] De feitenrechter beoordeelt op soevereine wijze, aan de hand van de feitelijke omstandigheden van de zaak, of een andere akte dan een aanmaning een ingebrekestelling bevat. Akten van rechtspleging (dagvaarding, conclusies, …) kunnen gelijkgesteld worden met een aanmaning waardoor de schuldenaar in gebreke wordt gesteld.[516]

Wanneer de opdrachtgever aanwijzingen heeft dat de aannemer de voorziene of normale uitvoeringstermijn zal laten verstrijken, kan hij hem reeds op voorhand aanmanen. Een dergelijke ingebrekestelling is geldig, hoewel ze pas gevolgen heeft vanaf het ogenblik dat de schuld opeisbaar wordt.[517]

398.   Op deze verplichting geldt een belangrijke uitzondering. Een ingebrekestelling is niet langer vereist wanneer ze geen nut meer heeft, nl. wanneer de uitvoering van de verbintenis materieel onmogelijk is geworden. De aannemer wordt dan geacht in gebreke te zijn gesteld vanaf het ogenblik dat de uitvoering onmogelijk is geworden.[518] Er is evenmin een ingebrekestelling vereist wanneer de schuldenaar op duidelijke en ondubbelzinnige wijze te kennen geeft dat hij zijn verbintenis niet wil nakomen.[519]

Partijen kunnen tevens de noodzaak van een ingebrekestelling contractueel uitsluiten (art. 1139 BW).[520]

---

[514]   Kh. Brussel 7 februari 1988, *DCCR* 1989-90, 135, noot Y. MERCHIERS.

[515]   Cass. 16 september 1983, *Pas.* 1984, I, 53, *RW* 1984-85, 464.

[516]   Cass. 7 juli 1921, *Pas.* 1921, I, 435.

[517]   Cass. 19 juni 1989, *Arr.Cass.* 1988-89, 1249, *Pas.* 1989, I, 1132, concl. Adv. Gen. LIEKENDAEL; Cass. 25 februari 1993, *Arr.Cass.* 1993, nr. 115, *Pas.* 1993, I, 210, *RW* 1993-94, 126.

[518]   Cass. 29 november 1984, *Arr.Cass.* 1984-85, 446.

[519]   Cass. 17 januari 1992, *Arr.Cass.* 1991-92, 436, *Pas.* 1992, I, 421, noot, *TBH* 1993, 238, noot M.E. STORME, "Het verzuim door eigen verklaring en de betekenis daarvan in aannemingsovereenkomsten".

[520]   Cass. 20 december 1951, *Pas.* 1952, I, 207, *RW* 1951-52, 1035; Cass. 9 april 1976, *Arr.Cass.* 1976, II, 921.

C. Overmacht en fout van een derde

399. Het uitvoeren van de prestaties binnen de overeengekomen tijd is een resultaatsverbintenis.[521] De aannemer die de voorziene of normale uitvoeringstermijn laat verstrijken, kan dus enkel ontsnappen aan de contractuele aansprakelijkheid indien hij kan aantonen dat de vertraging te wijten is aan een vreemde oorzaak of overmacht[522] (art. 1147 BW) of aan een fout van een derde (bv. de opdrachtgever).

1. Overmacht[523]

400. Enkel een onvoorzienbare en onvermijdbare gebeurtenis die onafhankelijk is van de wil van de betrokkenen kan overmacht uitmaken.[524] De feitenrechter oordeelt op soevereine wijze over het feitelijke bestaan van overmacht.[525]

Overstromingen zijn een typevoorbeeld van overmacht, tenminste indien dit gebeurt in een gebied waar dit uitzonderlijk is.[526]Aanhoudende regen, vorst en sneeuwval worden doorgaans niet aanvaard als overmacht, tenzij dit voor het seizoen in kwestie abnormale weersomstandigheden zijn.[527] Ook de ziekte van de aannemer is een grond van overmacht indien het werk alleen door hem kan worden uitgevoerd (art. 1147). De fout van een derde of van de benadeelde zelf kan overmacht of een vreemde oorzaak opleveren.

401. Indien de overmacht van tijdelijke aard is, wordt de uitvoering van de overeenkomst geschorst. Indien de overmacht van blijvende aard is, wordt de overeenkomst ontbonden.[528]

2. Fout van een derde

402. De aannemer gaat uiteraard vrijuit indien de vertraging te wijten is aan een derde partij, zoals de opdrachtgever. De opdrachtgever kan de aannemer bijvoorbeeld niets verwijten indien hij talmt met het geven van toestemming om de werken te beginnen, niet beschikt over de vereiste vergunningen, tegenstrijdige bevelen geeft met betrekking tot de uitvoering van de werken, om bijkomende werken verzoekt of wijzingen oplegt (zie hierna, 3. Sancties).

---

[521] Rb. Turnhout 4 februari 2008, *RABG* 2010, 641, noot B. VAN ACKER.
[522] Cass. 21 september 1991, *RW* 1990-91, 682.
[523] Zie ook Hoofdstuk 13, afdeling 9.
[524] Cass. 9 oktober 1986, *Arr.Cass.* 1986-87, nr. 74, 165, *RW* 1987-88, 778.
[525] Cass. 9 december 1976, *Arr.Cass.* 1977, 404.
[526] Rb. Brussel 1 maart 1988, *RJI* 1992, 230.
[527] Kh. Brussel 7 augustus 1965, *JT* 1966, 173.
[528] Cass. 10 januari 1994, *Arr.Cass.* 1994, 17, nr. 10; Cass. 13 januari 1956, *Arr.Cass.* 1956, 367, *Pas.* 1956, I, 461, *RW* 1956-57, 213, noot M. TAQUET.

Indien de opdrachtgever de oorzaak is van de vertraging, moet de aannemer hem zelf in gebreke stellen en voorbehoud maken voor de gevolgen van de vertraging.[529]

403. De omstandigheid dat de partijen bij een aannemingsovereenkomst hun wederzijdse verbintenissen niet zijn nagekomen, heft hun contractuele aansprakelijkheid niet op en evenmin hun gehoudenheid, naar evenredigheid van hun aandeel in die aansprakelijkheid, tot vergoeding aan de andere partij van de schade die het onmiddellijke en rechtstreekse gevolg is van hun tekortkomingen.[530]

3. Sancties – Strafbeding

404. Het niet respecteren van de voorziene of redelijke termijn laat de opdrachtgever toe om de betaling van de prijs op te schorten (*exceptio non adimpleti contractus*.[531]

405. Bovendien heeft de opdrachtgever recht op vergoeding voor de schade die door de vertraging is ontstaan. Hij heeft echter geen recht op een vertragingsvergoeding wanneer hij bijkomende werken oplegt aan de aannemer die de uitvoering van de werken vertragen en de aannemer de opdrachtgever tijdig op de hoogte heeft gebracht van deze vertraging.[532]

406. Partijen kunnen in hun contract in een forfaitaire schadevergoeding voorzien. Meestal wordt die uitgedrukt in een bepaald bedrag per dag vertraging. Voor bouwwerken die vallen onder de Woningbouwwet moet in een dergelijke schadevergoeding zelfs op straffe van vernietigbaarheid van de overeenkomst voorzien zijn. Deze schadevergoedingen moeten bovendien overeenstemmen met de normale huurprijs van het afgewerkte goed waarop de overeenkomst betrekking heeft (art. 7, f Woningbouwwet).[533]

De contractueel voorziene vergoeding is verschuldigd, zelfs indien de opdrachtgever geen schade kan bewijzen.[534] Evenmin dient de opdrachtgever te bewijzen dat de vertraging een gevolg is van de wanprestatie van de schuldenaar.[535]

407. De opdrachtgever kan tegelijk de uitvoering van de overeenkomst vorderen en de toepassing van het schadebeding dat laattijdigheid sanctioneert (art. 1229

[529] Cass. 12 januari 1968, *Pas.* 1968, 606; Kh. Antwerpen 15 juli 1973, *T.Aann.* 1975, 123, opm. H. VAN HOUTTE.
[530] Cass. 19 maart 1992, *Arr.Cass.* 1991-92, 701, *Pas.* 1992, I, 655, *RW* 1992-93, 752; Cass. 5 maart 1993, *Arr.Cass.* 1993, 259, *Pas.* 1993, I, 250, *RW* 1995-96, 60, noot.
[531] Zie Hoofdstuk 5, afdeling 3, § 2, A.
[532] Brussel 28 juni 2001, *RJI* 2001, 79.
[533] Zie Hoofdstuk 10.
[534] Cass. 3 februari 1995, *RW* 1995-96, 226; Cass. 1 februari 1974, *Arr.Cass.* 1974, 601; Cass. 6 maart 1947, *Pas.* 1947, I, 102.
[535] Cass. 23 februari 2001, AR C.98.0447.N, www.cass.be.

BW). Wanneer hij echter opteert voor de ontbinding van de overeenkomst, maakt deze ontbinding, die *ex tunc* werkt, het strafbeding dat enkel de vertraging sanctioneert zonder voorwerp.[536]

Bovendien kunnen diverse schadebedingen met elkaar of met de regels van gemeenrechtelijke schadebegroting gecumuleerd worden, wanneer zij onderscheiden tekortkomingen (vertraging, niet- of gedeeltelijke niet-uitvoering, gebrekkige uitvoering) sanctioneren.[537]

408. De vertragingsboete moet, om geldig te zijn, overeenstemmen met de potentiële schade.[538] Om te oordelen welke potentiële schade de partijen voor ogen hadden bij het aangaan van de overeenkomst, kan de rechter weliswaar ook elementen van reële schade in zijn redenering betrekken.[539]

Wanneer de rechter vaststelt dat de contractueel voorziene schade niet overeenstemt met de potentiële schade, kan de rechter de contractueel voorziene schade verminderen (art. 1231 BW).

De schadevergoeding wegens vertraging van de werken kan door de rechter tevens worden verminderd wanneer de werken op het voorziene tijdstip deels zijn uitgevoerd[540] en wanneer de opdrachtgever voordeel heeft gehaald uit deze gedeeltelijke uitvoering. De schadevergoeding kan dan worden verminderd in dezelfde mate als waarin de opdrachtgever voordeel heeft gehaald uit die gedeeltelijke uitvoering.[541]

409. De opdrachtgever kan tevens verzaken aan de contractueel voorziene schadevergoeding.[542] Geoordeeld werd dat de opdrachtgever die meerdere bijkomende en wijzigende bestellingen deed en een nieuwe leveringsplanning had gegeven aan de aannemer, geen aanspraak meer kon maken op de contractuele schadevergoeding wegens laattijdige levering.[543]

410. In de relatie hoofdaannemer-onderaannemer kan de rechter, bij de begroting van de schadevergoeding wegens laattijdige uitvoering door de onderaannemer, rekening houden met de feitelijke weerslag die zijn tekortkoming heeft op de tussen de hoofdaannemer en diens opdrachtgever gesloten overeenkomst. Zo

---

536 Cass. 16 juni 1955, *Pas.* 1955, I, 1126.
537 Cass. 3 oktober 1975, *Arr.Cass.* 1976, 155, *Pas.* 1976, I, 146, *T.Aann.* 1979, 407, noot K. VERBERNE.
538 Cass. 21 november 1985, *Arr.Cass.* 1985-86, 404, *RW* 1986-87, 2872.
539 Cass. 29 februari 1996, *R.Cass.* 1996, 313, nr. 637.
540 Cass. 10 april 1997, *RW* 1998-99, 1250, noot A. VAN OEVELEN, *TBBR* 1997, 519, noot B. WYLLEMAN.
541 B. WYLLEMAN, "Matiging van schadebedingen bij gedeeltelijke uitvoering (art. 1231 BW): toepasselijkheid op schadebedingen wegens vertraging in de uitvoering" (noot onder Cass. 10 april 1997), *TBBR* 1997, 520, met verwijzing naar rechtspraak.
542 Kh. Brussel 8 januari 1968, *T.Aann.* 1974, 73, noot KEUTGEN.
543 Cass. 10 november 1988, *Arr.Cass.* 1988-89, 287, *Pas.* 1989, I, 259, *JT* 1989, 275; Brussel 26 juni 1965, *RJI* 1965, 189; Rb. Antwerpen 10 juli 1957, *RW* 1957-58, 1058.

kan de onderaannemer veroordeeld worden tot een schadevergoeding gelijk aan de helft van de in de hoofdaannemingsovereenkomst overeengekomen forfaitaire schadevergoeding wegens laattijdigheid van de uitvoering.[544]

411. Een bijkomende sanctie voor de vertraging is dat de aannemer, voor de periode van de overschrijding van de bedongen of redelijke uitvoeringstermijn, geen toepassing kan maken van de overeengekomen prijsherziening van lonen en materialen.[545]

AFDELING 2. STELLEN VAN DE AFGESPROKEN WAARBORG

412. Tussen professionele bouwpartijen wordt vaak bedongen dat de (onder-) aannemer een waarborg moet stellen die tot doel heeft aan de opdrachtgever (of aan de hoofdaannemer) een zekerheid te verschaffen dat de (onder)aannemer het toevertrouwde werk zal voltooien.

Geregeld wordt daarbij de vrijgave van de waarborg gekoppeld aan de voorlopige oplevering door de uiteindelijke opdrachtgever. Het komt ook voor dat een deel van de waarborg wordt vrijgegeven bij de voorlopige oplevering en het saldo bij de definitieve oplevering.

413. Wanneer een dergelijke clausule in een onderaannemingsovereenkomst werd opgenomen, kan dit niet tot gevolg hebben dat de vrijgave van de waarborg strikt en altijd, ongeacht de omstandigheden, afhankelijk is van de ondertekening van een formeel proces-verbaal van oplevering in de verhouding tussen de opdrachtgever en de hoofdaannemer. Wanneer de opdrachtgever bijvoorbeeld weigert om over te gaan tot een voorlopige oplevering wegens grove tekortkomingen vanwege de hoofdaannemer, zal de onderaannemer toch om de vrijgave van zijn waarborg kunnen verzoeken.

Een voorbeeld maakt dit duidelijk. In een situatie waarbij er een geschil was tussen de opdrachtgever en een hoofdaannemer aangaande de oplevering van één appartement in een volledig gebouw, oordeelde het hof van beroep van Brussel als volgt: "In zoverre vaststaat dat de werken, waartoe de onderaannemer zich verbond, als voltooid moeten worden beschouwd en wanneer de afwezigheid van een formeel proces-verbaal van voorlopige oplevering niet aan de onderaannemer toerekenbaar is, heeft de hoofdaannemer geen enkel belang meer bij de waarborg. Die waarborg is feitelijk zonder voorwerp geworden. De waarborg kan niet langer in stand worden gehouden dan het redelijke belang van de hoofdaannemer vereist. Een beroep op de waarborg zou de grenzen van een redelijke uitoefening van een contractueel recht te buiten gaan."[546]

---

[544] Cass. 23 oktober 1987, *Arr.Cass.* 1987-88, 228, *Pas.* 1988, I, 212, *RW* 1987-88, 949.
[545] Brussel 15 april 1971, *T.Aann.* 1975, 269.
[546] Brussel (20ᵉ k.) 6 december 2016, *TBO* 2017, 80.

AFDELING 3. BEWARING VAN DE ZAAK – RISICO'S

§ 1. BEWARING VAN DE ZAAK

414. De aannemer heeft de verplichting om de hem toevertrouwde zaken te bewaren en voor het behoud ervan te zorgen. Hij dient aan deze zaken de zorgen van een goed huisvader te besteden. Deze behoudsplicht is een inspanningsverbintenis (art. 1789 BW).

415. De bewaringsplicht neemt een aanvang zodra de aannemer het meesterschap krijgt over de hem toevertrouwde zaken en eindigt zodra de aannemer de zaken opnieuw overhandigt aan de opdrachtgever. Bij aanneming van een bouwwerk valt dit samen met de voorlopige oplevering van de werken.

Vaak zal bepaald worden hoelang de bewaringsplicht duurt. Indien dit niet het geval is, moet uitgegaan worden van een normale termijn. Wanneer de opdrachtgever de materialen niet komt ophalen, zal de aannemer de opdrachtgever hiervoor in gebreke moeten stellen. Dit is belangrijk in het kader van de risico-overdracht (zie hierna).

416. De graad van zorg die de aannemer moet besteden aan de goederen is afhankelijk van de aard en de waarde van de goederen, van de gebruiken binnen een welbepaalde sector en van de professionele hoedanigheid van de aannemer.[547]

417. Geoordeeld werd dat de algemene bewakingsplicht van de werf, die op één van de aanwezige aannemers rustte, beschouwd moet worden als een verbintenis om de werfpolitie te verzekeren. Dit houdt in dat de aannemer belast is met de signalisatie en het onderhoud van de afsluitingen van de werf, maar niet dat hij de goederen van de andere aannemers moet bewaren.[548]

§ 2. DE RISICO'S

418. De vraag rijst wie het risico draagt voor het verlies van de aan te wenden materialen en de te bewerken zaken. Het antwoord is verschillend naargelang de aannemer dan wel de opdrachtgever de materialen verstrekt.

---

[547] A. VAN OEVELEN, *Overeenkomsten. Deel 2. Bijzondere overeenkomsten. E. Aanneming van werk – Lastgeving* in *Beginselen van Belgisch privaatrecht*, Mechelen, Kluwer, 2017, 184; W. GOOSSENS, *Aanneming van werk: het gemeenrechtelijk dienstencontract*, Brugge, die Keure, 2003, 835.
[548] Luik 13 maart 1990, *JT* 1990, 595.

A. De aannemer verstrekt de materialen

419. Indien de aannemer de materialen verstrekt, draagt hij het risico voor het verlies van het daarmee gerealiseerde werk tot de levering ervan (art. 1788 BW). Onder de levering verstaat men in dit verband de fysieke overdracht van het werk aan de opdrachtgever, zijnde de oplevering van het werk.[549]

420. De risicoregel van artikel 1788 BW wijkt derhalve af van het gemeen recht. Normaal gezien gaat het risico immers over zodra de zaak geleverd moest worden, ook al heeft de overgave niet plaatsgevonden, tenzij de schuldenaar in gebreke is om ze te leveren (art. 1138 BW).

Het risico blijft derhalve bij de aannemer, zelfs nadat de opdrachtgever eenzijdig de overeenkomst heeft verbroken.[550]

421. Op deze regel bestaat echter een uitzondering. Het risico zal reeds overgaan op het ogenblik dat de opdrachtgever in gebreke werd gesteld door de aannemer om de zaak te ontvangen (art. 1788 BW). Dit is een toepassing van het gemeen recht, vermits de ingebrekestelling het risico overdraagt.

422. Dat heeft tot gevolg dat de aannemer het financiële risico draagt indien de verwerkte of te verwerken zaken tenietgaan vóór de levering. Ook de eigendom van de materialen gaat namelijk pas over bij de levering, zodat de aannemer in toepassing van het principe *res perit domino* ook dit verlies moet dragen.[551]

Wanneer het volledige werk tenietgaat vóór de levering, met name het werk waar de materialen in verwerkt werden, heeft dit tot gevolg dat de aannemer geen recht heeft op vergoeding.[552] Ook indien het werk vóór de levering tenietgaat door de fout van een derde, bijvoorbeeld door een fout in de stabiliteitsberekening van de architect, draagt de aannemer het risico. In deze situatie kan de aannemer weliswaar zijn schade verhalen op de derde, bijvoorbeeld de architect en de opdrachtgever aan wie de fouten van de architect worden toegerekend.[553]

Pas na de levering komt het risico van het werk bij de opdrachtgever te liggen.

423. Volgens de heersende rechtspraak is artikel 1788 BW ook van toepassing op bouwwerken waarbij de opdrachtgever de grond ter beschikking stelt en de aannemer vervolgens een gebouw optrekt met zijn materialen. Alhoewel het eigendomsrecht van de materialen op de bouwheer overgaat door natrekking bij de verwerking ervan, blijft het risico van het werk bij de aannemer tot de leve-

---

[549] Zie Hoofdstuk 5, afdeling 4, § 3.
[550] Cass. 24 september 1981, *Arr.Cass.* 1981-82, 131, *Pas.* 1982, I, 124, *RW* 1982-83, 1062.
[551] Gent 14 april 1969, *RW* 1969-70, 1651; DE PAGE, *Traité*, IV, nr. 876.
[552] Brussel 20 maart 1981, *Pas.* 1980, II, 133.
[553] V. VAN HOUTTE-VAN POPPEL, "Artikel 1788" in *Comm.Bijz.Ov.*, Antwerpen, Kluwer, 1996, en de rechtspraak aldaar.

ring.[554] Dit geldt niet enkel voor nieuwbouw, maar ook voor verbouwings- en reparatiewerken indien de aannemer de materialen verstrekt en de werf onder zijn hoede heeft gedurende de werken.[555]

424. Wanneer het werk per stuk of per maat vervaardigd wordt en de goedkeuring bij gedeelten geschiedt (art. 1791 BW), gaat het risico over bij de goedkeuring van ieder deel.

B. De opdrachtgever verstrekt de materialen

425. Indien de aannemer enkel zijn werk verstrekt en de materialen derhalve door de opdrachtgever ter beschikking worden gesteld van de aannemer én indien de materialen vóór de levering tenietgaan, is de aannemer slechts voor zijn schuld aansprakelijk (art. 1789 BW).

426. De risicoregel van artikel 1789 BW is slechts van toepassing wanneer de materialen die aan de aannemer worden toevertrouwd, volledig onttrokken zijn aan de controle van de aannemer.[556] Dit is niet het geval wanneer de materialen waarmee of waaraan gewerkt wordt, niet aan de aannemer worden toevertrouwd maar zich nog bevinden bij de opdrachtgever (bv. een centraleverwarmingsinstallatie).

427. Bovendien draagt de aannemer enkel het risico voor de materialen die aan de aannemer worden toevertrouwd. Het lokaal dat door de opdrachtgever voor de werken ter beschikking wordt gesteld, valt daar niet onder.[557]

428. Met andere woorden, de aannemer zal slechts een risico dragen voor het tenietgaan van de materialen indien hij hier zelf (deels) verantwoordelijk voor is. Artikel 1789 BW bepaalt niet wie de bewijslast heeft betreffende de fout van de aannemer. Bijgevolg dient het gemeen recht toegepast te worden. De aannemer zal dus moeten bewijzen dat de materialen waaraan of waarmee hij moest werken, tenietgegaan zijn door overmacht of door een vreemde oorzaak (bv. het tenietgaan door een brand die niet aan hem toerekenbaar is).

---

[554] Brussel 13 juni 1917, *Pas.* 1918, II, 36; Brussel 26 juni 1958, *Pas.* 1959, II, 134; Gent 14 april 1968, *RW* 1968-69, 1651; zie ook G. BAERT, *Bestendig handboek Privaatrechtelijk Bouwrecht*, Antwerpen, Kluwer, 1998, losbl., V.1 – 120, en de talrijke verwijzingen naar Franse cassatierechtspraak; anders: DE PAGE, *Traité*, IV, nr. 878 C, 1016.

[555] P. FLAMME en M.A. FLAMME, *Le contrat d'entreprise, Quinze ans de jurisprudence (1975-1990)*, Brussel, Larcier, 1991, 104, nr. 129.

[556] A. DELVAUX, *Traité juridique des bâtisseurs*, Brussel, Bruylant, 1968, nr. 28, 51; P. FLAMME, en M.A. FLAMME, *Le contrat d'entreprise, Quinze ans de jurisprudence (1975-1990)*, Brussel, Larcier, 1991, 105, nr. 132.

[557] Kh. Brussel 7 december 1990, *JT* 1991, 663.

429. Voorts bepaalt artikel 1790 BW dat dat de aannemer geen recht zal hebben op betaling voor zijn werk indien de zaak tenietgaat, zelfs buiten enige schuld van de aannemer, voordat het werk ontvangen is.

430. Met andere woorden, indien de materialen tenietgaan door overmacht of een vreemde oorzaak, zal de aannemer bevrijd zijn van zijn leveringsplicht en dit op grond van artikel 1789 BW. De opdrachtgever draagt in dit geval namelijk het risico op verlies van de materialen. Echter, dit heeft tevens tot gevolg dat de aannemer geen aanspraak meer kan maken op de betalingsverbintenis van de opdrachtgever (behoudens uitzonderingen), op grond van artikel 1790 BW.

431. Op artikel 1790 BW bestaan er twee uitzonderingen: de aannemer heeft wél recht op betaling indien de opdrachtgever in gebreke was het werk goed te keuren of indien de zaak is tenietgegaan door een gebrek in de zaak.

432. De opdrachtgever is dus aansprakelijk indien hij gebrekkige materialen ter beschikking heeft gesteld. Nochtans, indien de aannemer als man van het vak de gebreken had moeten opmerken, zal hij zelf geheel of ten dele aansprakelijk zijn voor de schade ten gevolge van het tenietgaan van de zaak.

433. De artikelen 1788 tot 1790 BW worden geacht van toepassing te zijn op alle types van aannemingsovereenkomsten. Ze zijn echter niet van openbare orde noch van dwingend recht. Partijen kunnen dus anders bedingen. Ook zijn de daarvan afwijkende gebruiken (bv. in de diamantsector) geldig.[558]

434. Indien de overeenkomst valt onder het toepassingsgebied van de Woning-bouwwet, geldt er een specifieke regeling. De eigendom van de te bouwen opstallen gaat dadelijk over op de koper-opdrachtgever naarmate de bouwstoffen in de grond of in het gebouw worden geplaatst en verwerkt. Het risico kan evenwel niet overgaan vóór de voorlopige oplevering van de werken of, indien het een appartement betreft, vóór de voorlopige oplevering van de gedeelten bestemd voor privatief gebruik (art. 5 Woningbouwwet).[559]

AFDELING 4. LEVEREN VAN DE WERKEN EN TERUGGAVE VAN DE GOEDEREN

435. Na de uitvoering van zijn taak dient de aannemer de goederen van de opdrachtgever die hij onder zich heeft, terug te geven. De aannemer heeft niet enkel de plicht om de goederen van de opdrachtgever terug te geven. Hij moet ze

---

[558] Kh. Antwerpen 15 februari 1985, *TBH* 1985, 654.
[559] Zie Hoofdstuk 10.

ook teruggeven zonder de minste beschadiging.[560] Deze teruggave- of restitutie-plicht is een resultaatsverbintenis (art. 1245, 1730 en 1932 BW).

436. De niet-teruggave van de goederen door een professioneel reinigingsbe-drijf wegens het wegschenken van de goederen binnen twee maanden na een aangetekende ingebrekestelling tot het ophalen ervan, is dan ook een ernstige contractuele wanprestatie die de ontbinding van de aannemingsovereenkomst rechtvaardigt.[561]

437. Aangezien de teruggaveplicht beschouwd moet worden als een resultaats-verbintenis, kan de aannemer zich slechts bevrijden door overmacht te bewijzen.[562] Overmacht impliceert in hoofde van de schuldenaar de afwezigheid van elke fout.[563]

Hierbij wordt opgemerkt dat brand of diefstal niet zonder meer als overmacht beschouwd kan worden. In de rechtspraak zijn bijvoorbeeld verschillende geval-len terug te vinden waarbij een garagist aansprakelijk werd gesteld voor het verlies van de wagen van zijn klant door diefstal of brand.[564] Slechts zelden werd geoor-deeld dat diefstal overmacht inhield.[565] Anderzijds oordeelde het hof van beroep van Luik dat de dakwerker die een brand aan het dak had veroorzaakt, zich toch kon beroepen op overmacht en dit gelet op de aanwezigheid van buizen in het dak waardoor het vuur zich snel kon verplaatsen.[566]

438. Een exoneratieclausule is maar geldig als de aannemer bewijst dat ze werd aanvaard door de opdrachtgever. Zo werd gevonnist dat de exoneratieclausule die op de achterzijde stond van de bon die werd afgegeven als bewijs van bewaarne-ming van een te ontwikkelen fotofilm, nooit werd aanvaard, aangezien de klant er slechts kennis van kon nemen na zijn film te hebben afgegeven.[567]

439. De teruggaveplicht is slechts een resultaatsverbintenis in hoofde van de aannemer wanneer hem de bewaking van de zaak werd toevertrouwd. Dit is niet zo bij werken aan onroerende goederen. In dat geval is de aannemer slechts aan-sprakelijk voor zijn bewezen fout.[568]

---

[560]   Brussel 9 mei 1990, *RGAR* 1992, nr. 11926.
[561]   Rb. Antwerpen 9 juni 2011, *RW* 2013-14, 1510.
[562]   Cass. 18 februari 1892, *Pas.* 1892, I, 115; Luik 1 oktober 2001 *JLMB* 2002, 716; Bergen 25 maart 1980, *JT* 1981, 196.
[563]   Luik 17 november 1992, *RRD* 1993, 249.
[564]   Gent 20 mei 1999, *TBBR* 2000, 320; Brussel 20 oktober 1998, *JLMB* 1999, 1729; Brussel 13 maart 1990, *RGAR* 1991, nr. 11843; Kh. Brussel, 30 april 1991, *JT* 1991, 723; Rb. Nijvel 12 februari 1991, *TBBR* 1992, 442; Kh. Bergen 28 oktober 1999, *JLMB* 2000, 983.
[565]   Luik 5 maart 1991, *De Verz.* 1992, 103, noot; Luik 29 oktober 1997, *RRD* 1998, 169.
[566]   Luik 1 oktober 2001, *JLMB* 2002, 716.
[567]   Vred. Brussel 2 mei 1989, *T.Vred.* 1989, 214.
[568]   Bergen 4 november 1991, *RRD* 1992, 56; in dezelfde zin: Kh. Brussel 7 december 1990, *JT* 1991, 663.

HOOFDSTUK 5

VERBINTENISSEN VAN DE OPDRACHTGEVER

AFDELING 1. DE UITVOERING BEVORDEREN

440. De opdrachtgever moet de aannemer in staat stellen om de contractuele planning te eerbiedigen en het werk tijdig uit te voeren.

In dat opzicht dient hij in de eerste plaats ervoor in te staan dat het terrein toegankelijk is. Desgevallend dient hij hiertoe tijdig de toestemming te verkrijgen van derden.[569] De bouwheer dient tevens tijdig te beschikken over de noodzakelijke vergunningen voor de werken, zoals een omgevingsvergunning voor stedenbouwkundige handelingen.

Indien de bouwheer geen omgevingsvergunning verkrijgt of veel te laat, begaat hij een fout[570] tenzij hij kan aantonen dat hij op geen enkele wijze schuld heeft aan de weigering of de laattijdigheid. In dit laatste geval zal het worden beschouwd als een geval van overmacht. De bouwheer zal evenwel moeten aantonen dat de weigering (of intrekking) van de vergunning onvoorzienbaar was en dat hij dit niet had kunnen voorzien bij het indienen van de aanvraag.[571] Partijen kunnen dit opvangen door het contract te sluiten onder opschortende voorwaarde van de vergunning van de werken.[572] Indien de vergunning wordt verleend onder de verplichting het ontwerp lichtjes te wijzigen, dan verbiedt het principe van de uitvoering van de overeenkomst te goeder trouw dat de bouwheer dit aangrijpt om het aannemingscontract als nietig te beschouwen en te contracteren met een andere aannemer.[573]

De aannemer die de bouwwerken aanvat zonder dat de bouwheer over een omgevingsvergunning beschikt, doet dit, behoudens tegenbewijs, op eigen risico.

---

[569] Gent 9 april 1993, *T.Aann.* 1999, 51.

[570] G. BAERT, *Bestendig handboek privaatrechtelijk bouwrecht*, V.1.23, met verwijzing naar o.a. Franse cassatierechtspraak.

[571] Brussel 6 december 1958, *Pas.* II 1960, 40; M. WUYTSWINCKEL en C. JASSOGNE, "Le contrat d'entreprise" in C. JASSOGNE e.a., *Tome Pratique de Droit Commercial*, 306.

[572] Volgens bepaalde rechtspraak is iedere bouwovereenkomst stilzwijgend onderworpen aan het verkrijgen van een bouwvergunning, zie Brussel 21 november 1979, *JT* 1980, 296 (verkort).

[573] Rb. Turnhout 5 december 1961, *RW* 1961-62, 1357; anders Luik 25 maart 1970, *JL* 1970-71, 113.

Hij heeft de plicht om zich te informeren en kan niet voorhouden niet op de hoogte te zijn geweest.[574]

441. De opdrachtgever heeft een informatieverplichting tegenover de aannemer. Hij moet hem wijzen op de mogelijke problemen die zich kunnen voordoen, het gewijzigde traject van telefoonkabels, elektrische en waterleidingen enz. Deze plicht rust eveneens op de hoofdaannemer ten aanzien van de onderaannemer.[575]

Zo werd geoordeeld dat de opdrachtgever zijn informatieverplichting ten aanzien van zijn medecontractanten (architect, geoloog en studiebureau) niet was nagekomen door hen niet in te lichten over het feit dat een deel van de bouwgrond bestond uit opvullingen van een oude zandput. Het was nochtans evident dat dit gegeven, dat aan de opdrachtgever niet vreemd was gezien het vermeld was in zijn aankoopakte, mogelijk de stabiliteit van de toekomstige constructie zou kunnen beïnvloeden.[576]

Hij dient de aannemer tevens tijdig in te lichten over de ontvangst of weigering van de gevraagde vergunningen. De aannemer die in het ongewisse wordt gelaten, dient de opdrachtgever in gebreke te stellen alvorens hij de ontbinding van de overeenkomst lastens de opdrachtgever kan vorderen.

De opdrachtgever die niet tijdig alle uitvoeringsplannen aan de aannemer overhandigt waardoor deze het werk niet ononderbroken kan voortzetten[577], of waardoor deze in de onmogelijkheid wordt gesteld om zijn opdracht voort te zetten op een economisch verantwoorde wijze en om de uitvoering van het werk en de aankoop van het materiaal oordeelkundig te organiseren, begaat een fout.[578]

442. Indien er meerdere aannemers bij de uitvoering betrokken zijn, staat de opdrachtgever in voor de goede coördinatie. Dit houdt in dat hij de werken dermate moet organiseren dat elke aannemer overeenkomstig de planning zijn verbintenissen kan uitvoeren. De aannemer die belangrijke vertragingen oploopt door de slechte planning en coördinatie van de opdrachtgever moet voor zijn schade worden vergoed.[579]

De opdrachtgever dient eveneens het werk van de veiligheidscoördinator mogelijk te maken en te vergemakkelijken. Dit impliceert dat de coördinator de beschikking moet krijgen over alle relevante informatie die vereist is om zijn opdracht naar behoren uit te voeren.[580]

---

[574]   Brussel 21 november 1979, *JT* 1980, 296 (verkort): de aannemer en de bouwheer dienen elk de helft te dragen van de kost van werken die illegaal zijn uitgevoerd.

[575]   W. GOOSSENS, *Aanneming van werk: het gemeenrechtelijk dienstencontract*, Brugge, die Keure, 2003, 782.

[576]   Luik 19 november 2015, *T.Aann.* 2018/2, 205.

[577]   Antwerpen 27 oktober 2008, *TBO* 2010, 20.

[578]   Gent 9 april 1993, *T.Aann.* 1999, 48.

[579]   Luik 28 november 1983, *Pas.* 1984, II, 52.

[580]   Kh. Dendermonde 24 juni 2010, onuitg.

AFDELING 2. DE NODIGE ATTESTEN EN CERTIFICATEN VERKRIJGEN

§ 1. STOOKOLIEOPSLAG

443. Stookolietanks en -reservoirs worden gekeurd om bodemverontreiniging en lekken te voorkomen. Weglopende stookolie betekent immers verlies van betaalde brandstof en bovendien wordt de eigenaar van een pand waar een verlies van olie in de bodem vastgesteld wordt, verplicht om een bodemsanering te laten uitvoeren.

Voor bovengrondse stookolietanks en ondergrondse reservoirs voor particulier gebruik die kleiner zijn dan 5000 liter dient een keuring te gebeuren vóór de indienststelling (art. 6.5.4.1. VLAREM II[581]). Bovendien moeten de ondergrondse reservoirs om de vijf jaar gekeurd worden (art. 6.5.5.2 VLAREM II).

Voor de bovengrondse tanks voor particulier gebruik groter dan 5000 liter en kleiner dan 20.000 liter moet om de drie jaar een beperkt onderzoek doorgevoerd worden. Bevatten deze tanks meer dan 20.000 liter, dan moet om de drie jaar een beperkt onderzoek uitgevoerd worden én om de twintig jaar een algemeen onderzoek (art. 5.17.4.3.16 VLAREM II).

Voor reservoirs van 100 liter tot 20.000 liter die gebruikt worden voor de verwarming van gebouwen, niet uitsluitend voor particulier gebruik, moet tweejaarlijks een beperkt onderzoek worden uitgevoerd en om de vijftien jaar een algemeen onderzoek. Liggen de reservoirs echter in een beschermingszone, dan moet het beperkt onderzoek jaarlijks worden uitgevoerd en het algemeen onderzoek om de tien jaar.

Deze keuring omvat een visuele controle van de stookolietank, met inbegrip van de overvulbeveiliging, lekdetectie, inkuiping, dichtheidsbeproeving en verontreiniging buiten het reservoir.

Worden de tanks goedgekeurd, dan krijgen de aanvragers een certificaat en de tank een groen plaatje ter hoogte van de vulmond. Dit geeft stookolieleveranciers de toestemming om brandstof te leveren (art. 6.5.5.3 en 5.17.4.3.17 VLAREM II).

§ 2. GASINSTALLATIE[582]

444. Het keuren van de gasinstallatie is belangrijk om mogelijke gaslekken op te sporen en aldus brand en explosie te voorkomen.

Deze keuring is verplicht vóór het openstellen van de gasmeter (de indienststelling) en de uitbreiding van elke gasinstallatie.

---

[581] Besl.Vl.Reg. 1 juni 1995 houdende algemene en sectorale bepalingen inzake milieuhygiëne.
[582] Besluit van de Vlaamse Regering van 8 december 2006 betreffende het onderhoud en het nazicht van [centrale] stooktoestellen voor de verwarming van gebouwen of voor de aanmaak van warm verbruikswater, *BS* 27 april 2007.

Tijdens de keuring wordt nagegaan of de installatie conform de geldende normen uitgevoerd is. Er wordt een visuele controle uitgevoerd van de toevoer van de verbrandingslucht, de afvoer van de verbrandingsproducten, leidingen, de manier waarop buizen verbonden worden, de manier van plaatsing, de verbinding van het toestel met de binnenleiding en een dichtheidsproef.

Indien de gasinstallatie wordt goedgekeurd, ontvangt de aanvrager een conformiteitsattest. Een dergelijk attest is noodzakelijk voor het openzetten van de gasmeter.

§ 3.   CENTRALEVERWARMINGSINSTALLATIE[583]

445.   Regelmatig nazicht van de centraleverwarmingsinstallatie is van belang om een optimaal rendement uit de installatie te halen en luchtverontreiniging te voorkomen. Met een regelmatige controle kan CO-vergiftiging in veel gevallen voorkomen worden.

De keuring van de centraleverwarmingsinstallatie is verplicht in de onderstaande gevallen:

– keuring voor de eerste ingebruikname van een centraal stooktoestel bij:
  • gasvormige brandstof;
  • vloeibare brandstof;
  • vaste brandstof (hout, kolen);
– periodieke onderhoudsbeurt van een centraal stooktoestel werkend op:
  • gasvormige brandstof ≥ 20 kW: tweejaarlijks;
  • vloeibare brandstof ≥ 20 kW: jaarlijks;
  • vaste brandstof: jaarlijks;
– verwarmingsaudit voor de centrale stooktoestellen ≥ 20 kW:
  • met een vermogen tot en met 100 kW nadat het centraal stooktoestel vijf jaar is geworden en nadien: vijfjaarlijks;
  • voor een centraal stooktoestel gevoed met vloeibare brandstof: tweejaarlijks;
  • voor een centraal stooktoestel gevoed met gasvormige brandstof: vierjaarlijks.

Tijdens de keuring wordt de conformiteit van het verbruikstoestel nagegaan en worden er diverse metingen gedaan, waaronder het bepalen van de rookgasindex (voor vloeibare brandstof), de temperatuur van de rookgassen, het gehalte aan CO (koolmonoxide), CO_2 (koolstofdioxide), O_2 (zuurstof) in de rookgassen en het verbrandingsrendement.

---

[583]   Besluit van de Vlaamse Regering van 8 december 2006 betreffende het onderhoud en het nazicht van [centrale] stooktoestellen voor de verwarming van gebouwen of voor de aanmaak van warm verbruikswater, *BS* 27 april 2007.

Na de controle en goedkeuring ontvangt de aanvrager een attest voor de installatie en de werking van het toestel.

§ 4.   WATERINSTALLATIE[584]

446.   Het keuren van waterinstallaties in Vlaanderen gebeurt in eerste instantie om hygiënische redenen. Door deze controle voorkomt men vervuiling en besmetting van drinkbaar water.

De keuring van de waterinstallatie is verplicht bij:
- het openstellen van een teller, bijvoorbeeld bij een nieuwe installatie;
- een beduidende uitbreiding van de installatie;
- een belangrijke wijziging van de installatie.

Bij de keuring wordt onder andere nagekeken of er sprake is van volledig gescheiden drinkwater- en regenwaterinstallaties, en of de juiste beveiligingen zijn aangebracht op de kranen, zodat er geen bronnen van besmetting van drinkwater aanwezig zijn.

Na controle en goedkeuring van de waterinstallatie ontvangt de aanvrager het attest dat nodig is voor het openstellen van de waterteller.

§ 5.   PERSONENLIFTEN[585]

447.   De belangrijkste reden voor de controle van personenliften is het voorkomen of beperken van incidenten en ongevallen.

De volgende controles dienen uitgevoerd te worden:
- preventieve en tussentijdse inspecties: driemaandelijks of zesmaandelijks indien het onderhoud uitgevoerd wordt door een ISO-gecertificeerd onderhoudsbedrijf. De privéliften worden onderworpen aan een jaarlijkse preventieve inspectie;
- risicoanalyse: deze controle moet om de vijftien jaar uitgevoerd worden door een Externe Dienst voor Technische Controle (EDTC)[586];
- keuring voor herindienststelling:
  - bij belangrijke wijzigingen en omvormingen aan de lift;
  - na moderniseringswerken (verhelpen van de opmerkingen van de risico-analyse).

---

[584]   Besl.Vl.Reg. 8 april 2011 houdende bepalingen van rechten en plichten van de exploitanten van een openbaar waterdistributienetwerk en hun klanten met betrekking tot de levering van water bestemd voor menselijke consumptie, de uitvoering van de saneringsverplichting en het algemeen waterverkoopreglement, *BS* 10 juni 2011; Technisch reglement voor water bestemd voor menselijke aanwending, www.vinçotte.be.
[585]   KB 9 maart 2003 betreffende de beveiliging van liften, *BS* 30 april 2003.
[586]   Zie Hoofdstuk 2, afdeling 5.

Tijdens de keuring wordt onder andere de montage nagekeken, alsook de staat van de lift, de staat en/of werking van de veiligheidscomponenten en het vereiste veiligheidsniveau.

Afhankelijk van het type controle krijgt de aanvrager:
- een verslag van preventieve inspectie;
- een verslag van de risicoanalyse;
- een verslag voor herindienststelling na moderniseringswerken;
- een verslag voor herindienststelling na omvorming.

§ 6. ELEKTRICITEITSATTEST[587]

448. De keuring van de huishoudelijke elektrische installatie heeft tot doel de veiligheid van personen en het behoud van goederen te garanderen, en de kans op lichamelijk letsel of brand door een slecht werkende installatie tot een minimum te herleiden.

In geval van nieuwbouw, renovatie of verbouwing is een keuring van de huishoudelijke installatie verplicht:
- bij de indienststelling van:
  • een nieuwe installatie;
  • een beduidende uitbreiding van installaties;
  • een belangrijke wijziging van installaties;
  • een tijdelijke installatie (o.a. werfkasten);
- bij de verzwaring van de aansluiting.

De keuring omvat onder andere:
- administratieve controle: nazicht schema's;
- visuele controle: nazicht schema's met de realiteit en correct gebruik en plaatsing van het elektrisch materiaal;
- controle door beproeving: test differentieelschakelaars;
- controle door meting: aardings-, isolatie-, foutlusimpedantie- en continuïteitsmeting.

Na de controle en goedkeuring ontvangt de aanvrager een verslag dat hij nodig heeft voor de aansluiting op het elektriciteitsnet. een dergelijk attest is vijfentwintig jaar geldig.

---

[587] KB 10 maart 1981 waarbij het Algemeen Reglement op de elektrische installaties voor de huishoudelijke installaties en sommige lijnen van transport en verdeling van elektrische energie bindend wordt verklaard, *BS* 29 april 1981; Algemeen Reglement van 10 maart 1981 op de elektrische installaties, *BS* 29 april 1981.

§ 7. VERSLAGGEVING ENERGIEPRESTATIE EN BINNENKLIMAAT (EPB)[588]

449. Alle gebouwen waarvoor vanaf 1 januari 2006 een aanvraag om te bouwen of verbouwen wordt ingediend, maar ook sommige meldingen, moeten voldoen aan de EPB-regelgeving of energieprestatieregelgeving.

Deze regelgeving heeft als doel het energieverbruik van gebouwen te verminderen om de CO_2-uitstoot te verlagen.

Zodra een omgevingsvergunning voor stedenbouwkundige handelingen als vermeld in art. 4.2.1, 1°, 6° en 7° VCRO nodig is, dient de energieprestatieregelgeving nageleefd te worden.[589]

450. Voor de start van de werkzaamheden dient de bouwheer een verslaggever aan te stellen. Dit kan bijvoorbeeld de ontwerpende architect zijn.

De verslaggever maakt een berekening op van de energieprestatie en het binnenklimaat van het bouwproject, de voorafberekening. Als de berekening aantoont dat het ontwerp niet zal voldoen aan de EPB-eisen, signaleert de verslaggever dat aan de aangifteplichtige en aan de architect. De verslaggever geeft hen één schriftelijk, niet-bindend advies over hoe ze kunnen voldoen aan de EPB-eisen.

De verslaggever moet de startverklaring, waarvan de voorafberekening een onderdeel van uitmaakt, definitief elektronisch indienen bij de energieprestatiedatabank vóór de start van de werken. Vervolgens kan de verslaggever de papieren versie voorleggen aan de betrokkenen ter ondertekening. De verslaggever houdt die ondertekende versie bij.

451. Tijdens het uitvoeren van de werken houdt de verslaggever nauwkeurig alle zaken bij die de thermische isolatie, de energieprestatie en het binnenklimaat van de woning beïnvloeden.

Als de architect merkt dat er een risico ontstaat (door een slechte keuze van materiaal of installatie) dat het bouwproject niet zou voldoen aan de EPB-eisen, moet hij dit melden aan de aangifteplichtige en aan de verslaggever.

452. Na het einde van de werken dient de aangifteplichtige aan te tonen dat het gebouw(deel) voldoet aan de energieprestatieregelgeving. De verslaggever maakt hiervoor een berekening (de EPB-aangifte) op basis van de gedane vaststellingen, de lastenboeken, de facturen … Voor deze berekening gebruikt hij het softwarepakket van de overheid.

---

588 Decr.Vl. 8 mei 2009 houdende algemene bepalingen betreffende het energiebeleid, *BS* 7 juli 2009 (hierna ook: "Energiedecreet"); Besl.Vl.Reg. 19 november 2010 houdende algemene bepalingen over het energiebeleid, *BS* 8 december 2010; MB 28 december 2018 houdende algemene bepalingen inzake de energieprestatieregelgeving, energieprestatiecertificaten en de certificering van aannemers en installateurs, *BS* 29 januari 2019.
589 Art. 11.1.1, § 1 Energiedecreet.

Dat moet gebeuren zes maanden na de eerste van de volgende twee data[590]:
- de datum van de ingebruikname;
- de datum van het beëindigen van de vergunnings- of meldingsplichtige werken van het gebouw(deel).

Na indiening ontvangt de verslaggever de 'officiële EPB-aangifte' op papier samen met het energieprestatiecertificaat. Deze documenten dienen ondertekend te worden door de EPB-verslaggever en de bouwheer.

§ 8. HAALBAARHEIDSSTUDIE ALTERNATIEVE ENERGIEOPWEKKING[591]

453. Bij de bouw van grote gebouwen moet er verplicht een haalbaarheidsstudie naar alternatieve energiesystemen worden uitgevoerd. De bedoeling is om de bouwheer te laten nadenken over zijn energieverbruik en over het gebruik van alternatieve energiesystemen.

De verplichting geldt voor gebouwen die aan de volgende kenmerken voldoen:
- het nieuw op te richten (deel van een) gebouw heeft een totale bruikbare vloeroppervlakte groter dan 1000 m^2[592];
- er is een stedenbouwkundige vergunning of omgevingsvergunning voor stedenbouwkundige handelingen aangevraagd of er is een melding verricht;
- het gebouw of de betreffende delen worden verwarmd om ten behoeve van mensen een specifieke binnentemperatuur te verkrijgen (dus bv. geen parkings).

Onder nieuw op te richten (deel van een) gebouw wordt begrepen:
- nieuwbouw;
- herbouw na volledige afbraak van een gebouw;
- afbraak gevolgd door herbouw van een deel van een gebouw;
- nieuw gebouwd toegevoegd deel van een gebouw dat uitgebreid wordt;
- ontmanteling.

De haalbaarheidsstudie moet ingediend worden bij het Vlaamse Energieagentschap (VEA) binnen de maand na de indiening van de aanvraag voor een stedenbouwkundige vergunning of een omgevingsvergunning voor stedenbouwkundige handelingen of na de melding.[593]

---

[590] Art. 11.1.8 Energiedecreet.
[591] Art. 1.1.3, 63° Energiedecreet; MB 28 december 2018 houdende algemene bepalingen inzake de energieprestatieregelgeving, energieprestatiecertificaten en de certificering van aannemers en installateurs, *BS* 29 januari 2019.
[592] Art. 9.1.13 Energiebesluit.
[593] Art. 9.1.13 Energiebesluit.

Tijdens de studie worden onder meer de energieopwekking op basis van hernieuwbare energiebronnen, de warmtekrachtkoppeling, zonneboiler enz. onderzocht.

Het rapporteringsformulier geldt als bewijs van de uitvoering van een haalbaarheidsstudie.

§ 9.   TECHNISCH VERSLAG GRONDVERZET[594]

454.   Bij het afgraven van grond tijdens bouwwerkzaamheden op een terrein, is het in Vlaanderen in een aantal gevallen wettelijk verplicht om een technisch verslag voor grondverzet te laten opmaken. Een dergelijk verslag heeft tot doel de ontvanger en de gebruiker te beschermen tegen eventueel verontreinigde aangevoerde grond.

Een technisch verslag is sinds 1 januari 2004 verplicht bij uitgravingen op risicogronden en bij uitgravingen van meer dan 250 m³ op niet-risicogronden. Een risicogrond is een grond waarop een risico-inrichting, zoals een fabriek, een opslagplaats of machines gevestigd waren.

Via boringen worden stalen genomen van de uit te graven grond. Na analyse van de grondstalen worden de bestemmingsmogelijkheden voor de grond en de milieuhygiënische kwaliteit bepaald.

Na het uitvoeren van het technisch verslag voor grondverzet wordt een 'conformiteitsverklaring' verstrekt door een bodembeheersorganisatie (Grondbank of Grondwijzer). Eens in het bezit van deze verklaring, kan overgegaan worden tot het uitgraven en afvoeren van de grond.

AFDELING 3.   DE OVEREENGEKOMEN PRIJS BETALEN

§ 1.   BEGINSEL

455.   De aannemer krijgt recht op betaling voor de geleverde prestaties, niet door de oplevering en aanvaarding van de werken op zich, maar wel doordat hij recht heeft op de oplevering en aanvaarding van het werk, nl. door de correcte uitvoering van de overeenkomst.

456.   In principe is de opdrachtgever dus maar gehouden tot betaling van het werk na de volledige uitvoering en goedkeuring ervan. Er bestaat immers geen

---

[594]   Besl.Vl.Reg. 14 december 2007 houdende vaststelling van het Vlaams reglement betreffende de bodemsanering en de bodembescherming, *BS* 22 april 2008.

algemene verplichting voor de opdrachtgever om de aannemer te betalen naargelang de voortgang van de werf.[595]

In vele gevallen is echter contractueel vastgelegd dat de aannemer recht heeft op voorschotten die aangerekend kunnen worden naarmate de werken vorderen. Dikwijls is bepaald dat het saldo (van 5% of 10%) pas aanrekenbaar is na de aanvaarding van de werken.

Aangezien de hoofd- en onderaannemingsovereenkomst volkomen losstaan van elkaar (principe van de relativiteit van de overeenkomsten, art. 1165 BW), impliceert het feit dat de hoofdaannemer niet wordt betaald door de bouwheer niet dat de hoofdaannemer de betaling aan de onderaannemer kan inhouden.[596]

457. Wat betreft het recht op vergoeding voor voorbereidende werken, studies en offertes, zie Hoofdstuk 3, afdeling 1, § 1.

458. Wanneer de opdrachtgever een consument is, heeft de contractuele betalingsplicht tegenover de aannemer uitsluitend betrekking op "de totaal te betalen prijs", inclusief btw. Wat geldt voor de "aangeduide prijs" (art. VI.4 WER), geldt *a fortiori* voor de gefactureerde prijs.

459. Wanneer een aannemer ten onrechte een verlaagd btw-tarief aanrekent, zonder dat dit te wijten is aan een foute verklaring van de opdrachtgever, is er geen contractuele grondslag die de aannemer toelaat om op de volledig uitgevoerde (= betaalde) overeenkomst terug te komen (art. 1134 BW).

460. In beginsel zijn niet de opdrachtgevers-consumenten btw-plichtig, maar wel de aannemer. Een btw-plichtige moet als professioneel tegenover een consument weten welk btw-tarief van toepassing is.[597]

§ 2. SANCTIES

A. *Exceptie van niet-uitvoering – Stilleggen van de werken*

461. Deze rechtsfiguur is een uitzondering op het principiële verbod van eigenrichting. Het houdt in dat een partij de uitvoering van haar verbintenissen opschort tot op het ogenblik dat de andere partij haar verbintenissen uitvoert of aanbiedt uit te voeren. De *exceptio non adimpleti contractus* is een algemeen rechtsbeginsel.[598]

---

[595] Rb. Brussel (Nl.) (23ᵉ k.) 8 april 2016, *TBO* 2017, 211.

[596] Kh. Kortrijk 30 maart 1971, *RW* 1972-73, 1492; Kh. Oudenaarde 30 mei 2000, *onuitg.*, A.R., 99/1170.

[597] Brussel (20ᵉ k.) 7 juni 2016, *TBO* 2016, 567.

[598] Cass. 14 maart 1991, *Arr.Cass.* 1990-91, 735; Cass. 21 november 2003, AR C.01.0357, www.cass.be.

462.   Wanneer een partij zich op de exceptie van niet-uitvoering wenst te beroepen, dient zij te bewijzen dat de contractpartij een wanprestatie begaan heeft. Dit bewijs kan bijvoorbeeld geleverd worden door het aanhoudend protest over slecht uitgevoerde werken en de overschrijding van de termijnen.[599]

463.   De wanprestatie dient bovendien voldoende ernstig te zijn om de opschorting van de eigen prestatie te kunnen rechtvaardigen. Er moet met name een ernstige tekortkoming aan de hoofdverplichtingen van de overeenkomst zijn.[600] Dit is niet het geval wanneer de niet-uitvoering slechts betrekking heeft op een geringe prestatie.[601]

Een voorbeeld van een voldoende ernstige wanprestatie betreft de situatie waarbij de aannemer fundamentele wijzigingen aanbrengt aan de constructie, die ontworpen werd door de opdrachtgevers, waardoor deze constructie onvolledig was. Echter, indien de aannemer vervolgens de nodige herstellingswerken uitvoert zodat de werken toch conform zijn aan het ontwerp van de opdrachtgevers, kunnen de opdrachtgevers zich niet langer beroepen op de exceptie van niet-uitvoering en zullen ze de aannemer moeten vergoeden.[602]

De rechter zal de gegrondheid van de opgeworpen exceptie dan ook beoordelen in het licht van alle omstandigheden van de zaak en met name met inachtneming van de ernst van de aangevoerde wanprestatie.[603]

Wanneer de wanprestatie niet ernstig genoeg blijkt te zijn en een partij dus ten onrechte gebruik heeft gemaakt van het opschortingsrecht, heeft deze partij een contractuele fout begaan die de wederpartij recht geeft op vergoeding van de daardoor opgelopen schade.[604]

464.   Het bewijs van een voldoende ernstige wanprestatie volstaat niet. Er moet ook een voldoende samenhang bestaan tussen de op te schorten verbintenis en de wanprestatie. Deze voorwaarde is zeker vervuld wanneer de twee verbintenissen elkaars tegenhanger zijn, nl. bij wederkerige verbintenissen. In aannemingsovereenkomsten wordt de wederkerigheid aanvaard tussen wat de aannemer aan de opdrachtgever verschuldigd is wegens het partieel uitvoeren van de werken en het saldo van de prijs van de uitgevoerde werken verschuldigd door de opdrachtgever.[605]

Het wordt echter aanvaard dat de exceptie ook kan worden ingeroepen tegen degene die in het kader van een nauw verwante overeenkomst in gebreke blijft zijn verbintenissen uit te voeren.[606]

---

[599]   Rb. Brussel 19 juni 2012, *RJI* 2014, 9.
[600]   Cass. 15 juni 1981, *Arr.Cass.* 1980-81, 1190; Cass. 29 februari 2008, AR C.06.0303.F, www.cass.be.
[601]   Kh. Brugge 7 december 1989, *RW* 1990-91, 96.
[602]   Cass. 29 november 2007, AR C.06.0283.N, www.cass.be.
[603]   Cass. 29 februari 2008, *TBO* 2008, 151, noot.
[604]   Rb. Charleroi 30 januari 1990, *JT* 1990, 388.
[605]   Luik 8 januari 1996, *RRD* 1997, 193, *JLMB* 1997, 376.
[606]   Cass. 8 september 1995, *R.Cass.* 1996, 86, noot B. WYLLEMAN.

Zo werd geoordeeld dat aan de voorwaarde van samenhang voldaan was in een geval waarbij gelijktijdig twee aannemingsovereenkomsten werden gesloten tussen een opdrachtgever en een aannemer voor het oprichten van twee gebouwen op twee verschillende plaatsen. De opdrachtgever had het recht de uitvoering van zijn verbintenissen uit de ene overeenkomst op te schorten totdat de aannemer zijn verbintenissen uit de andere overeenkomst was nagekomen.[607]

465.　De exceptie mag vanzelfsprekend niet worden ingeroepen door de partij die haar verbintenis als eerste diende uit te voeren.[608]

Bij aanneming dient de aannemer, in principe, eerst te presteren alvorens hij betaling mag vragen. Partijen kunnen echter overeenkomen dat de opdrachtgever voorschotten dient te betalen. Wanneer de opdrachtgever in dat geval in gebreke blijft om de voorgeschreven voorschotten te betalen, kan de aannemer de werken toch stilleggen.

Hetzelfde geldt wanneer de opdrachtgever (of de hoofdaannemer t.a.v. de onderaannemer) de voorgeschreven materialen niet levert. In die zin werd geoordeeld dat de onderaannemer het recht heeft om de nakoming van zijn prestaties op te schorten wanneer de hoofdaannemer de werf gebrekkig coördineert, de materialen laattijdig aflevert en daarenboven weigert het daardoor voor de onderaannemer ontstane rendementsverlies te vergoeden.[609]

Deze regel heeft tevens tot gevolg dat de exceptie niet kan worden ingeroepen door de opdrachtgever wegens verborgen gebreken die opduiken na de aanvaarding van de werken. De verplichting van de aannemer tot vrijwaring (wegens verborgen gebreken[610]) ontstaat immers op een later ogenblik dan de verplichting tot betaling, die reeds ontstaat op het ogenblik van de aanvaarding van de werken. De opdrachtgever dient dus eerst te presteren.[611]

466.　Uit artikel 1134, derde lid BW volgt niet dat een partij bij een wederkerige overeenkomst, die van de wederpartij de nakoming vraagt van diens verbintenis, het bewijs dient te leveren dat zijzelf haar verbintenis zal kunnen uitvoeren wanneer de wederpartij om dat bewijs vraagt.[612] De opdrachtgever die een betaalverplichting heeft kan dus in de regel niet eisen van de aannemer dat hij aantoont dat hij in staat is om de verdere werken uit te voeren.

---

[607]　Kh. Tongeren 18 oktober 1979, *Limb.Rechtsl.* 1980, 21.

[608]　Cass. 5 mei 1971, *Pas.* 1971, I, 804.

[609]　Kh. Brussel 21 maart 1986, *T.Aann.* 1986, 181.

[610]　Zie Hoofdstuk 6, afdeling 3, § 1.

[611]　Gent 5 januari 2018, nr. 2014/AR/3096, onuitg.; Kh. Hasselt 4 december 1996, *TBH* 1998, 451, met verwijzing naar Cass. 5 mei 1971, *Pas.* 1971, I, 804; Kh. Hasselt 23 juni 1993, *Limb.Rechtsl.* 1994, 43.

[612]　Cass. 7 juni 2018, *TBO* 2019, 43.

467. Er mag vanzelfsprekend geen misbruik gemaakt worden van de exceptie van niet-uitvoering. De exceptie dient steeds te goeder trouw uitgeoefend te worden.[613] Dit impliceert dat de exceptie niet kan worden ingeroepen door de partij die zelf verantwoordelijk is voor de niet-uitvoering van haar medecontractant.[614]

Er mag daarenboven geen onevenredigheid bestaan tussen de wanprestatie van de wederpartij en het voordeel dat de partij die zich beroept op de exceptie, verkrijgt. Een opdrachtgever zal zich bijvoorbeeld niet rechtsgeldig kunnen beroepen op de exceptie en derhalve kunnen weigeren om de aannemingssom te betalen als de herstelkost van de vastgestelde gebreken zeer gering is.[615]

468. De niet-uitvoeringsexceptie kan in principe niet meer worden ingeroepen wanneer de uitvoering van de betwiste overeenkomst definitief onmogelijk is.[616]

Nochtans werd geoordeeld dat het faillissement de toepassing van de exceptie van niet-uitvoering niet in de weg staat, zelfs indien daardoor de wanprestatie definitief wordt.[617]

Conform artikel XX.56, § 1 WER maakt de aanvraag voor of opening van de procedure van gerechtelijke reorganisatie evenmin een einde aan de lopende overeenkomsten of aan de modaliteiten van de uitvoering ervan. Dit heeft tot gevolg dat ook de gerechtelijke reorganisatie de *exceptio non adimpleti contractus* evenmin in de weg staat.

De exceptie kan tevens worden opgeworpen in het kader van de wederkerige rechtsverhoudingen die ontstaan ingevolge de ontbinding van de overeenkomst.[618]

469. Het is mogelijk dat een geschil tussen partijen voor de kortgedingrechter wordt gebracht. De kortgedingrechter is echter niet bevoegd om te zeggen voor recht dat de aannemer bij gebrek aan betaling (of het voorleggen van een betalingswaarborg) door de opdrachtgever bevrijd zou zijn van zijn verplichting om de contractueel voorziene uitvoeringstermijn na te leven.[619] De kortgedingrechter kan wél het stilleggen van de werken bevelen bij incompetentie van de aannemer of wanneer belangrijk bewijsmateriaal over een slechte uitvoering verloren dreigt te gaan, eventueel onder de verbeurte van een dwangsom.[620]

---

[613] Rb. Waals-Brabant 15 mei 2015, *RJI* 2015, afl. 3, 251, noot.
[614] Cass. 23 oktober 2009, AR C.07.0521.F, www.cass.be.
[615] A. VAN OEVELEN, *Overeenkomsten. Deel 2. Bijzondere overeenkomsten. E. Aanneming van werk – Lastgeving* in *Beginselen van Belgisch privaatrecht*, Mechelen, Kluwer, 2017, 199.
[616] Cass. 24 april 1947, *Arr.Cass.* 1947, 133, *Pas.* 1947, I, 174.
[617] Cass. 13 september 1973, *Arr.Cass.* 1974, 37, RW 1973-74, 998.
[618] Cass. 12 september 1986, *Arr.Cass.* 1986-87, 43.
[619] Voorz. Kh. Brussel (KG) 13 juni 1989, *T.Aann.* 1999, 185.
[620] M. SCHOUPE, "Kort geding en bouwrecht" in VLAAMSE CONFERENTIE (ed.), *Kort Geding*, Gent, Larcier, 2009, 159.

B.   Schadebeding

470.   Een schadebeding (ook wel strafbeding genaamd) is een beding waarbij een persoon zich, voor het geval van niet-uitvoering van de overeenkomst, verbindt tot betaling van een forfaitaire vergoeding ter compensatie van de schade die kan worden geleden ten gevolge van de niet-uitvoering van de overeenkomst (art. 1226 BW).

471.   Een schadebeding heeft als voordeel dat enkel het bewijs van niet-uitvoering geleverd moet worden door de schuldeiser. Het schadebeding kan immers ook toepassing vinden ongeacht of er in werkelijkheid schade is geleden[621] en ongeacht de grootte van de werkelijk geleden schade.[622] De schuldeiser kan dus niet verplicht worden te bewijzen dat hij werkelijk schade heeft geleden.[623]

472.   Wanneer echter de forfaitaire geldsom kennelijk het bedrag te boven gaat dat partijen konden vaststellen om de schade wegens de niet-uitvoering van de overeenkomst te vergoeden, kan de rechter de geldsom verminderen. Hij kan de beslissing tot herziening zelfs ambtshalve nemen. De rechter kan de schuldenaar echter niet veroordelen tot een kleinere geldsom dan de som die verschuldigd zou zijn bij gebrek aan schadebeding.

473.   De rechter kan tevens de forfaitaire geldsom verminderen wanneer de hoofdverbintenis gedeeltelijk is uitgevoerd (art. 1231 BW).

Het schadebeding mag slechts een forfaitaire raming zijn van de schade die de schuldeiser kan lijden ingevolge de wanprestatie. Kan niet als zodanig worden beschouwd:
–   het beding dat aan de schuldeiser een veel grotere winst bezorgt dan de normale uitoefening van het contract.[624] De rechter dient, bij de beoordeling van het beding, dit gegeven te toetsen aan de concrete feiten[625];
–   het beding dat aan de schuldeiser een winst bezorgt die buiten verhouding staat tot de schade die de niet-uitvoering van het contract kan berokkenen.[626]

Indien een aannemer een contract sluit met een consument, dient tevens rekening gehouden te worden met Boek IV 'Marktpraktijken en Consumentenbescherming' van het Wetboek van economisch recht. Dit boek bevat immers een lijst met onrechtmatige bedingen. Dit zijn bedingen die verboden en van rechtswege nietig zijn.

---

[621]   Cass. 1 februari 1974, *Arr.Cass.* 1974, 601.
[622]   Cass. 2 december 1983, *Arr.Cass.* 1983-84, nr. 187, *Pas.* 1984, I, 374.
[623]   Cass. 3 februari 1995, *RW* 1995-96, 226.
[624]   Cass. 17 april 1970, *Arr.Cass.* 1970, 754.
[625]   Cass. 21 februari 1992, *RW* 1992-93, 658, *T.Not.* 1993, 381, noot M.E. STORME.
[626]   Cass. 28 november 1991, *Pas.* 1992, I, 240.

Zo bepaalt artikel VI.83.17° dat de overeenkomst geen schadebeding mag bevatten ingeval de bouwheer-consument zijn verplichtingen niet nakomt, zonder in een gelijkwaardig beding te voorzien ten laste van de aannemer die in gebreke blijft. Volgens het hof van beroep van Luik is aan de vereiste van wederkerigheid voldaan als de belangrijkste fouten van elke partij bestraft worden met een schadebeding. Er dient niet noodzakelijk te zijn voorzien in schadevergoedingen van een gelijke som. Er wordt niet vereist dat het bedrag van de schadevergoedingen gelijkwaardig zou zijn.[627]

Tevens bepaalt artikel VI.83.24° dat de overeenkomst geen schadevergoedingsbedragen mag bevatten wegens de niet-uitvoering of vertraging in de uitvoering van de verbintenissen van de bouwheer-consument, die duidelijk niet evenredig zijn aan het nadeel dat door de aannemer kan worden geleden.

C.   Interesten

474.   Vertraging in de betaling geeft de aannemer recht op interesten.

Volgens het gemeen recht is de opdrachtgever pas na de ingebrekestelling door de aannemer nalatigheidsinteresten verschuldigd (art. 1153 en 1154 BW). Partijen kunnen evenwel uitdrukkelijk overeenkomen dat er automatisch interesten verschuldigd zijn bij het verstrijken van de vervaldag van de facturen van de aannemer (art. 1139 BW).

Partijen zijn vrij om de interestvoet te bepalen. De rechter kan, ambtshalve of op verzoek van de schuldenaar, de interest die werd bedongen als schadevergoeding wegens vertraging in de uitvoering verminderen, indien deze kennelijk de ten gevolge van de vertraging geleden schade te boven gaat. In geval van herziening kan de rechter de schuldenaar niet veroordelen tot een interest die lager is dan de wettelijke interest (art. 1153 *in fine* BW).[628]

Indien de facturen van de aannemer een rentevoet bevatten die afwijkt van hetgeen werd afgesproken in de aannemingsovereenkomst én indien de aannemer niet kan bewijzen dat de opdrachtgever deze eenzijdige factuurvoorwaarden heeft aanvaard, kan enkel de contractueel bepaalde rentevoet toepassing vinden.[629]

D.   Retentierecht

475.   Het retentierecht of recht van terughouding is het recht om een goed van een ander onder zich te houden tot deze de vordering van de retentor met betrekking tot dat goed heeft voldaan.

---

[627]   Luik 3 december 2015, *T.Aann.* 2018, afl. 2, 201.
[628]   *Ibid.*
[629]   Brussel (20ᵉ k.) 6 december 2016, *TBO* 2017, 80.

476. Door de wet van 11 juli 2013[630] kreeg het retentierecht een wettelijke basis in het Burgerlijk Wetboek (middels invoeging van de Pandwet). Het retentierecht wordt als volgt gedefinieerd: "Het retentierecht verleent aan de schuldeiser het recht om de teruggave van een goed dat hem door zijn schuldenaar werd overhandigd of bestemd is voor zijn schuldenaar, op te schorten zolang zijn schuldvordering die verband houdt met dat goed niet is voldaan" (art. 73 Pandwet).

Het is een persoonlijk recht met een zakelijke werking. Het blijft bestaan ook al wordt het goed door de eigenaar verkocht.[631] Het geldt dan tegenover de nieuwe eigenaar.

477. De architect heeft bijvoorbeeld een retentierecht op de plannen, bestekken en al zijn stukken met betrekking tot zijn opdracht. Dit geldt niet voor de verkregen vergunning van de opdrachtgever, aangezien die niet tot diens vermogen als zodanig behoort.[632]

Het retentierecht is niet van dwingend recht. Partijen kunnen dus contractueel het beroep op het retentierecht uitsluiten.

478. Het retentierecht is ondeelbaar en blijft bestaan totdat de volledige schuld is voldaan. Zo werd geoordeeld dat een thuiswever, gelet op de doorlopende, ondeelbare wederkerige overeenkomst die bestond tussen hem en zijn opdrachtgever, gerechtigd was om de afgifte te weigeren van alle goederen die hij nog van de opdrachtgever in zijn bezit had (waaronder afgewerkte tapijten en de nog te verwerken grondstoffen) zolang het volledige maakloon (ook dat met betrekking tot afgewerkte tapijten die hij niet meer in zijn bezit had, maar reeds geleverd had aan de opdrachtgever) niet was betaald.[633]

De retentor mag de zaak echter niet gebruiken en heeft geen recht op de vruchten ervan.

479. De uitoefening van het retentierecht is aan een aantal toepassingsvoorwaarden gebonden.

Om aanleiding te kunnen geven tot uitoefening van het retentierecht, moet de schuldvordering van de retentor zeker en opeisbaar zijn.[634]
- De retentor moet te goeder trouw handelen.[635] Dit is niet het geval wanneer een garagist herstellingwerken aan een wagen uitvoert voor een prijs die veel

---

[630] Wet 11 juli 2013 tot wijziging van het Burgerlijk Wetboek wat de zakelijke zekerheden op roerende goederen betreft en tot opheffing van diverse bepalingen ter zake, *BS* 2 augustus 2013, zoals gewijzigd door de wet 25 december 2016 houdende de wijziging van verscheidene bepalingen betreffende de zakelijke zekerheden op roerende goederen, *BS* 30 december 2016.

[631] Cass. 7 oktober 1976, *Arr.Cass.* 1977, 153.

[632] G. BAERT, *Bestendig handboek privaatrechtelijk bouwrecht,* losbl., IV.3-38.

[633] Gent 3 december 1997, *TBH* 1999, 335.

[634] Bergen 23 september 1986, *RRD* 1986, 409; Vred. Sint-Niklaas 14 januari 1991, *RW* 1991-92, 1436; J. MALEKZADEM, "Retentierecht", *NJW* 2017, 253.

[635] Cass. 27 april 2006, AR C.04.0478.N, www.cass.be.

hoger is dan de raming en die buiten verhouding staat tot de waarde van het voertuig.[636] De aannemer handelt eveneens onrechtmatig wanneer hij aanvankelijk akkoord gaat met de consignatie van de herstellingskosten tot wanneer de rechtbank over het geschil heeft beslist en vervolgens toch weigert om de teruggehouden zaak af te geven.[637]

– De retentor moet over de feitelijke macht over het goed beschikken. Geeft de schuldeiser de feitelijke macht over het goed vrijwillig prijs (bv. door afgifte van het goed aan de schuldenaar), dan eindigt het retentierecht. Krijgt de schuldeiser de feitelijke macht terug krachtens dezelfde rechtsverhouding, dan beschikt de schuldeiser opnieuw over het retentierecht (art. 74 Pandwet).

– Er moet een nauw verband bestaan tussen de schuldvordering en de teruggehouden zaak. De schuldeiser kan immers enkel het retentierecht uitoefenen op goederen die normaal in het kader van de uitvoering van de overeenkomst in zijn bezit komen.[638]

480. Het retentierecht kan in conflict komen met de rechten van derde partijen.

De Pandwet bepaalt hierover dat het retentierecht dat betrekking heeft op een roerend lichamelijk goed, tegenwerpelijk is aan de andere schuldeisers (= de chirografaire schuldeisers) van de schuldenaar alsook aan derden die een later recht op het goed hebben verkregen, met name nadat de schuldeiser de feitelijke macht over het goed heeft verworven (bv. latere kopers van het goed).

481. Het is tevens tegenwerpelijk aan derden met een ouder recht, op voorwaarde dat de schuldeiser bij de inontvangstneming van het goed mocht aannemen dat de schuldenaar bevoegd was om dit goed aan een retentierecht te onderwerpen (art. 75 Pandwet). Tegenover derden met een ouder recht wordt dus vereist dat de retentor bij de inontvangstneming van de goederen te goeder trouw was.

Een conflict met de eigenaar of de pandhoudende en hypothecaire schuldeiser wordt dus opgelost door toepassing van artikel 2279 BW: bezit geldt als titel voor roerende goederen indien de retentor te goeder trouw is.[639] Wanneer een registerpandrecht of een hypotheekrecht in het vereiste register werd ingeschreven, wordt de professionele retentor (art. 15 Pandwet) en elke derde-verkrijger (art. 1 Hyp.W.) vanaf de publicatie geacht kennis te hebben van dit recht. De retentor die beschikt over een jonger recht zal in een dergelijke situatie dus moeilijk kunnen opwerpen dat hij kon aannemen dat de schuldenaar over de zaak mocht beschikken.

Het retentierecht geeft bovendien een preferente positie aan de retentor. In geval van niet-betaling zal de schuldeiser vóór alle andere schuldeisers betaald

---

636 Kh. Brussel (KG) 1 juni 1989, *JT* 1990, 29.
637 Cass. 17 februari 1978, *RW* 1978-79, 1091.
638 J. MALEKZADEM, "Retentierecht", *NJW* 2017, 253-254.
639 J. MALEKZADEM, "Retentierecht", *NJW* 2017, 257.

worden uit de opbrengst van het goed (art. 76 *juncto* art. 1 Pandwet). Het retentie-recht geeft namelijk aanleiding tot een in artikel 1 Pandwet bedoeld preferentieel recht van de pandhouder.

482. Het recht van terughouding blijft bestaan na het faillissement van de schul-denaar.[640] Echter, de onbetaalde schuldeiser die zich beroept op het retentierecht tegenover de curator, kan niet zelf overgaan tot realisatie van de activa (met name de verkoop van de activa) die hij bij zich heeft gehouden. Na faillissement komt het immers aan de curator toe om de desbetreffende activa te realiseren. Indien de curator de activa daadwerkelijk verkoopt, beschikt de retentor over een voor-recht op de opbrengst van die verkoop. Dit voorrecht kan echter niet slaan op de integrale verkoopopbrengst.[641]

De curator kan het goed terug in de massa brengen op voorwaarde dat de vol-ledige vordering wordt voldaan.[642] De kosten van bewaring door de retentor zijn ten laste van de massa en dit tot op het moment dat de curator heeft beslist om het goed te hernemen en de retentor bij voorkeur te betalen op de prijs die verkregen zal worden.[643]

483. Conform artikel XX.56, § 1 WER maakt de aanvraag tot of opening van de procedure van gerechtelijke reorganisatie geen einde aan de lopende overeen-komsten noch aan de modaliteiten van de uitvoering ervan. Dit heeft tot gevolg dat de schuldeiser zich tijdens de gerechtelijke reorganisatie van zijn schuldenaar nog steeds op zijn retentierecht kan beroepen.

E.   Eigendomsvoorbehoud

1.   Begrip

484. Overeenkomstig artikel 1583 BW is de koop tussen partijen voltrokken en verkrijgt de koper van rechtswege de eigendom ten aanzien van de verkoper zodra er overeenstemming is over de zaak en de prijs. Het maakt hierbij niet uit of de zaak reeds betaald is. Deze regel is van suppletief recht. Partijen zijn vrij om de overdracht van de eigendom uit te stellen tot een later tijdstip, bijvoorbeeld tot na de levering of tot de volledige betaling van de koopprijs.[644] Dit is het zogenaamde beding van eigendomsvoorbehoud.

Door het eigendomsvoorbehoud blijft de verkoper eigenaar van de goederen. De verkoper kan dus over de goederen beschikken en kan ze overdragen aan der-den. De goederen zijn tevens vatbaar voor beslag door de schuldeisers van de ver-

---

[640]   Cass. 7 november 1935, *Pas.* 1936, I, 43; Kh. Luik 16 juni 1999, *JLMB* 2000, 284.
[641]   Kh. Tongeren 24 mei 2012, *RW* 2012-13, 1270.
[642]   Cass. 12 september 1986, *Arr.Cass.* 1986-87, 43, noot.
[643]   Kh. Charleroi 27 maart 1991, *JLMB* 1993, 174.
[644]   Zie evenwel art. 46, § 2 Wet Consumentenkrediet.

koper (art. 1503 Ger.W.). De koper zal louter detentor zijn en beschikt over geen enkel zakelijk recht. De verkoper kan evenwel, in afwachting van de eigendomsoverdracht, bepaalde bevoegdheden geven aan de koper (zoals doorverkoop, verwerking, incorporatie). Derden zijn uiteraard niet gebonden door een dergelijke overeenkomst en kunnen slechts worden aangesproken op basis van de theorie van de derdemedeplichtigheid aan contractbreuk.

2. Huidige regeling

485. De nieuwe Pandwet[645] verankerde het eigendomsvoorbehoud in het Burgerlijk Wetboek en breidde het toepassingsgebied van het eigendomsvoorbehoud enorm uit. Zo bepaalt artikel 69, derde lid Pandwet uitdrukkelijk dat het beding van eigendomsvoorbehoud geldt ongeacht de juridische aard van de overeenkomst waarin het beding werd opgenomen. Met andere woorden, een beding van eigendomsvoorbehoud kan ook worden opgenomen in een aannemingsovereenkomst.

486. De wetgever wou bovendien meer zekerheid bieden omtrent de gelding en de tegenstelbaarheid van het beding van eigendomsvoorbehoud in een samenloopsituatie.

Vroeger was het eigendomsvoorbehoud niet tegenwerpelijk aan derden in geval van samenloop.[646] De Faillissementswet bracht hier verandering in en regelde de toepasselijkheid van het eigendomsvoorbehoud in het kader van een faillissement. Hierdoor ontstond er echter onzekerheid over de geldigheid van het eigendomsvoorbehoud in andere insolventieprocedures. De nieuwe Pandwet zorgt ervoor dat het eigendomsvoorbehoud voortaan ook uitdrukkelijk erkend wordt in iedere andere situatie van samenloop tussen schuldeisers (bv. gerechtelijk reorganisatie en beslag).

A.   VORMVEREISTEN

487. De wet bepaalt dat het beding van eigendomsvoorbehoud schriftelijk bedongen moet zijn en dit uiterlijk op het ogenblik van de levering van het goed wanneer hierdoor de eigendomsoverdracht van een roerend goed wordt opgeschort tot de volledige betaling van de prijs. Enkel wanneer tijdig een schriftelijk

---

[645]   Wet 11 juli 2013 tot wijziging van het Burgerlijk Wetboek wat de zakelijke zekerheden op roerende goederen betreft en tot opheffing van diverse bepalingen ter zake, *BS* 2 augustus 2013, zoals gewijzigd door wet 25 december 2016 houdende de wijziging van verscheidene bepalingen betreffende de zakelijke zekerheden op roerende goederen, *BS* 30 december 2016.

[646]   Cass. 22 september 1994, *RW* 1994-95, 1264, noot E. DIRIX, *TBH* 1995, 601, noot COPPENS (een uitzondering op de niet-tegenwerpelijkheid bestaat wanneer de verkoper heeft gerevindiceerd voor de samenloop en de koper hiervan tijdig kennis heeft genomen).

beding werd opgesteld, kan de verkoper het goed terugvorderen van de koper ingeval de koper in gebreke blijft de koopprijs te betalen.[647]

488. Wanneer de koper een consument is, moet bovendien uit het geschrift zelf blijken dat de koper-consument zijn instemming met het beding heeft gegeven. Het geschrift zal dus een clausule van instemming moeten bevatten dat tevens ondertekend wordt door de koper-consument.[648]

B.   REVINDICATIERECHT

489. Indien de koper zijn verplichtingen niet nakomt (bv. bij wanbetaling), heeft de verkoper het recht om de goederen waarop het eigendomsvoorbehoud betrekking heeft, terug te nemen. De schuldvordering van de verkoper dooft dan uit ten belope van de waarde van de gerevindiceerde goederen.

De terugvordering is, behalve indien partijen daaromtrent iets hebben bepaald, niet aan vormvereisten onderworpen. Indien de koper niet vrijwillig tot teruggave overgaat, kan de verkoper beslag tot terugvordering leggen (art. 1462 e.v. Ger.W.) en de koper dagvaarden.

490. Ook wanneer het goed niet meer in natura aanwezig is bij de koper, kan de verkoper zijn revindicatierecht uitoefenen. Wanneer het goed verkocht werd, reeds is tenietgegaan, beschadigd is of waardeverlies heeft geleden, kan de schuldvordering tot de betaling van de prijs immers in de plaats komen van het bezwaarde goed.[649]

Het eigendomsvoorbehoud geldt overigens ook op de vruchten die de bezwaarde goederen voortbrengen.[650]

C.   VERWERKING

491. Het is mogelijk dat het goed waarop het eigendomsvoorbehoud slaat, reeds verwerkt werd door de koper. Welnu, wanneer hierdoor een nieuw goed ontstaat, mag het eigendomsvoorbehoud uitgeoefend worden op het nieuw tot stand gekomen goed. Dit was in de oude regeling niet mogelijk.

Het nieuw gevormde goed kan echter meer waard zijn dan het oorspronkelijk verkochte goed. In een dergelijke situatie dient de waarde van het gerevindiceerde goed vergeleken te worden met het door de koper verschuldigde bedrag. De verkoper zal vervolgens aan de koper het saldo moeten terugbetalen.[651]

---

[647]   Art. 69, eerste lid Pandwet.
[648]   Art. 69, tweede lid Pandwet.
[649]   Art. 9, eerste lid Pandwet.
[650]   Art. 9, tweede lid Pandwet.
[651]   Art. 72 Pandwet.

492.   Het kan ook voorkomen dat goederen van derde partijen verwerkt werden in het nieuwe goed. In deze situatie kan het eigendomsrecht worden uitgeoefend op het nieuwe goed, op voorwaarde dat de afscheiding van de goederen van de derde partijen onmogelijk of economisch niet verantwoord is en het goed waarop het eigendomsvoorbehoud slaat, het voornaamste is of, desgevallend, de grootste waarde heeft.

Het is vanzelfsprekend niet de bedoeling dat een derde partij nadeel lijdt door de uitoefening van het eigendomsvoorbehoud. De derde partij zal bijgevolg een vordering wegens verrijking zonder oorzaak kunnen instellen tegen de begunstigde van het beding van eigendomsvoorbehoud.[652]

Partijen kunnen hiervan afwijken en bijvoorbeeld bedingen dat het eigendomsvoorbehoud enkel slaat op het oorspronkelijke goed.

493.   Voormelde regeling geldt echter enkel wanneer de koper bevoegd was om tot verwerking van het goed over te gaan. Indien de koper hiervoor geen toestemming had én het goed toch verwerkt wordt, gelden de gemeenrechtelijke principes van de zaakvorming. Er zal bijgevolg een toevallige mede-eigendom ontstaan. Wanneer de koper bijvoorbeeld een eigen goed samen met het goed waarop het eigendomsvoorbehoud rust, verwerkt tot een nieuw goed, ontstaat er een mede-eigendom tussen de verkoper en de koper in verhouding tot het aandeel van hun goederen in het nieuw gevormde goed.[653]

494.   Echter, als een van de betrokken goederen manifest meer waard is dan het andere goed, kan de eigenaar van het betrokken goed het nieuw gevormde goed opeisen. Met andere woorden, wanneer het goed van de koper beduidend meer waard is dan het goed van de verkoper, zal de koper toch het nieuwe goed kunnen opeisen en dit ondanks het eigendomsvoorbehoud van de verkoper! De koper zal weliswaar verplicht zijn om de waarde van het goed van de verkoper terug te betalen.[654]

D.   VERMENGING

495.   Het kan voorkomen dat het eigendomsrecht betrekking heeft op vermengbare zaken. Ook in die situatie blijft het eigendomsvoorbehoud bestaan niettegenstaande de vermenging van de onder eigendomsvoorbehoud verkochte goederen met andere goederen van dezelfde soort.

Als er meerdere verkopers met een eigendomsvoorbehoud zijn, kunnen zij elk in verhouding tot hun aanspraken een deel van de vermengde massa terugvorderen.[655]

---

[652]   Art. 18 Pandwet.
[653]   Art. 572 BW.
[654]   Art. 574 BW.
[655]   Art. 20 Pandwet.

E.   ONROERENDMAKING

496.   Zijn de verkochte goederen onroerend geworden door incorporatie, dan blijft het eigendomsvoorbehoud behouden op voorwaarde van registratie in het pandregister.[656]

De vraag is of deze regeling ook in de bouwsector gebruikt kan worden. Als voorbeeld kan verwezen worden naar een aannemer die enkele materialen levert voor de bouw van een woning. De aannemer zou hieromtrent kunnen bedingen dat de eigendom van de materialen pas overgaat bij de betaling van de laatste schijf. De betreffende goederen worden derhalve verwerkt in de woning en worden eveneens onroerend door incorporatie. Noch de verwerking, noch de incorporatie beletten de werking van het eigendomsvoorbehoud. Met andere woorden, de aannemer zal hierdoor wel degelijk een zekerheid verkrijgen op de woning (weliswaar beperkt tot het bedrag van de koopprijs).[657]

3.   Eigendomsvoorbehoud en faillissement

497.   Oorspronkelijk was het eigendomsvoorbehoud enkel voorzien in de Faillissementswet. Meer bepaald stipuleerde artikel 101 Faill.W. dat een beding van eigendomsvoorbehoud op roerende goederen tegenstelbaar was in geval van faillissement van de koper.

Er dienden evenwel enkele voorwaarden vervuld te zijn:
– de roerende goederen, verkocht met een beding dat de eigendomsoverdracht opschort tot de volledige betaling van de prijs, kunnen slechts op grond van dat beding van de schuldenaar worden teruggevorderd voor zover dit schriftelijk is opgesteld uiterlijk op het ogenblik van de levering van het goed;
– de verkochte goederen moeten zich nog *in natura* bij de koper bevinden en mogen niet onroerend door incorporatie zijn geworden of vermengd zijn met een ander roerend goed;
– op straffe van verval moet de rechtsvordering tot terugvordering worden ingesteld voor de neerlegging van het eerste proces-verbaal van verificatie van de schuldvorderingen;
– indien de bewaring of de teruggave van de teruggevorderde goederen kosten heeft veroorzaakt ten laste van de boedel, dienen deze kosten betaald te worden bij de afgifte van de goederen. Weigert de eigenaar deze kosten te betalen, dan is de curator gerechtigd het revindicatierecht uit te oefenen;
– hij die een zaak terugvordert, is verplicht voor de terugname in de boedel de door hem in mindering ontvangen bedragen, alsmede alle voorschotten

---

656   Art. 71 Pandwet.
657   F. HELSEN, "Pand en eigendomsvoorbehoud voorbij de onroerendmaking. De Nieuwe Pandwet en het notariaat", *Not.Fisc.M.* 2018, 17.

gedaan voor vracht of vervoer, commissie, verzekering of andere kosten terug te geven en de wegens dezelfde oorzaken verschuldigde bedragen te betalen (art. 105 Faill.W.).

498. Met de wet van 11 augustus 2017[658] werd de Faillissementswet echter opgeheven met ingang op 1 mei 2018. De insolventieregels zijn nu terug te vinden in Boek XX van het Wetboek van economisch recht. De artikelen 19 en 101 Faill.W. werden echter reeds opgeheven op 1 januari 2018 en de nieuwe artikelen XX.113 en XX.194 WER traden op diezelfde datum in werking.[659] Deze datum stemt overeen met de datum waarop de nieuwe Pandwet in werking trad.

Welnu, zoals hiervoor aangegeven, bepaalde artikel 101 Faill.W. aan welke voorwaarden voldaan moest zijn opdat de verkoper-eigenaar zich op een tegenwerpelijke wijze zou kunnen beroepen op het eigendomsvoorbehoud ten aanzien van de andere samenlopende schuldeisers van de koper. Door de veralgemening van de regelgeving van het eigendomsvoorbehoud zijn de tegenwerpbaarheidsvoorwaarden nu terug te vinden in het Burgerlijk Wetboek. Echter, artikel XX.194 WER bepaalt nog steeds enkele specifieke voorwaarden waaraan het eigendomsvoorbehoud dient te voldoen in het kader van het faillissement. Het beding inzake het eigendomsvoorbehoud dient derhalve zowel te voldoen aan de regelgeving van het Burgerlijk Wetboek als aan de specifieke regelgeving opgenomen in artikel XX.194 WER.

Meer bepaald herneemt artikel XX.194 WER de volgende voorwaarden van het voormalige artikel 101 Faill.W.:
- de verkochte goederen dienen nog in het bezit te zijn van de schuldenaar;
- op straffe van verval moet de rechtsvordering tot terugvordering worden ingesteld voor de neerlegging van het eerste proces-verbaal van verificatie van de schuldvorderingen;
- indien de bewaring of de teruggave van de teruggevorderde goederen kosten heeft veroorzaakt ten laste van de boedel, dienen deze kosten betaald te worden bij de afgifte van de goederen. Weigert de eigenaar deze kosten te betalen, dan is de curator gerechtigd het revindicatierecht uit te oefenen.

F.   Aanspraak op de gestelde waarborg

499. Partijen kunnen overeenkomen dat de opdrachtgever de betaling waarborgt, al dan niet via een derde (meestal een bank).

Bij niet-tijdige betaling kan de aannemer deze waarborg dan aanspreken.

Indien de opdrachtgever tegen de afspraak in geen bankwaarborg aflevert, kan de rechter hem daartoe niet verplichten, aangezien dit een handeling van een

---

[658] Wet 11 augustus 2017 houdende invoeging van het Boek XX "Insolventie van ondernemingen", in het Wetboek van economisch recht, en houdende invoeging van de definities eigen aan Boek XX en van de rechtshandhavingsbepalingen eigen aan Boek XX in het Boek I van het Wetboek van economisch recht, *BS* 11 september 2017.

[659] Art. 76 wet 11 augustus 2017.

derde (de bank) vergt en de gedwongen uitvoering van het vonnis derhalve niet mogelijk is.[660] De aannemer kan in een dergelijk geval enkel de ontbinding van de overeenkomst lastens de opdrachtgever vorderen.

Werd wel een bankwaarborg afgeleverd, dan kan de rechter in kort geding het beroep op de waarborg tegenhouden en de begunstigde verbieden de waarborg af te roepen, indien de begunstigde misbruik maakt van zijn recht of fraude pleegt. Over het misbruik of de fraude mag geen twijfel bestaan en het moet ogenblikkelijk en met zekerheid uit de dossierstukken blijken.[661]

§ 3. VERJARING VAN DE VORDERING IN BETALING

A.   Algemeen

500.   De betalingsplicht kan na verloop van tijd verjaren. Dit impliceert dat de opdrachtgever na het verstrijken van de verjaringstermijn bevrijd is van zijn betalingsplicht.

Wanneer een gerechtelijke procedure wordt opgestart, kan de opdrachtgever derhalve de verjaring opwerpen. De vordering van de aannemer zal daardoor onontvankelijk zijn.

1.   Hoofdsom

501.   De algemene verjaringstermijn voor een persoonlijke rechtsvordering bedraagt tien jaar (art. 2262*bis* BW). De aannemer dient zijn vordering in betaling derhalve in te stellen binnen de tien jaar nadat de vordering opeisbaar is geworden (art. 2257 BW).[662]

Dezelfde termijn is van toepassing op de vordering tot schadevergoeding.

Hierbij wordt opgemerkt dat de korte verjaringstermijn van één jaar, zoals bepaald in artikel 2272, derde lid BW, niet van toepassing is op de vordering van de aannemer tot betaling van de aannemingsprijs. Aannemers kunnen namelijk niet als "kooplieden" of "ambachtslieden" in de zin van dit artikel beschouwd worden.[663]

2.   Interesten

502.   Verwijlinteresten verjaren na vijf jaar, ongeacht of ze al dan niet conventioneel bepaald zijn (art. 2277 BW).[664]

---

[660]   Voorz. Kh. Brussel (KG) 13 juni 1989, *T.Aann.* 1999, 185.
[661]   M. SCHOUPS, "Kort geding en bouwrecht" in VLAAMSE CONFERENTIE (ed.), *Kort geding*, Gent, Larcier, 2009, 162.
[662]   Cass. 15 oktober 1975, *Arr.Cass.* 1976, 212, *Pas.* 1976, I, 201.
[663]   Luik 13 oktober 1976, *JT* 1977, 8.
[664]   Cass. 24 mei 1996, *R.Cass.* 1996, 356, nr. 823 (conventionele interesten).

3. Stuiting en schorsing

503. De verjaringstermijn kan gestuit of geschorst worden.

Bij een schorsing van de verjaringstermijn wordt de verjaringstermijn tijdelijk onderbroken. De reeds verlopen termijn blijft dus gelden en de verjaringstermijn loopt verder na het beëindigen van de schorsingsperiode.

In geval van stuiting van de verjaringstermijn begint de verjaringstermijn opnieuw te lopen na de stuiting. Om de verjaringstermijn te berekenen, dient dus geen rekening gehouden te worden met de periode vóór de stuiting.

De verjaring wordt onder andere geschorst in de volgende gevallen:
- voor voorwaardelijke verbintenissen, zolang de voorwaarde niet is vervuld;
- vorderingen in vrijwaring, zolang de uitwinning niet is gebeurd;
- verbintenissen onder tijdsbepaling (art. 2257 BW).

504. De verjaring wordt onder andere gestuit in de volgende gevallen:
- door een dagvaarding voor het gerecht, d.w.z. een akte van rechtsingang die de zaak aanhangig maakt voor het gerecht (art. 2244 BW). Ook een dagvaarding om de aanstelling van een scheidsrechterlijk college te verkrijgen, stuit de verjaring.[665] Dit is eveneens het geval voor een dagvaarding voor een onbevoegde rechter. Dit is niet het geval indien de dagvaarding nietig is wegens een gebrek in de vorm, indien de eiser afstand doet van zijn eis of indien zijn eis wordt afgewezen (art. 2247 BW). De stuiting duurt tot wanneer het geding is afgelopen;
- door het beslag van de goederen van de schuldenaar (art. 2244 BW);
- door de erkenning van schuld door de schuldenaar (art. 2248 BW). De betaling van een voorschot[666] of de loutere betwisting van de berekeningswijze van de schuld (maar niet van de schuld zelf)[667], kan worden beschouwd als een erkenning van schuld.

De ingebrekestelling van een van de hoofdelijke schuldenaars of de erkenning van schuld door een van hen stuit overigens de verjaring tegen alle overige schuldeisers, zelfs tegen hun erfgenamen.

4. Afstand van verjaring

505. In zaken van privaat belang kan men afstand doen niet alleen van een verkregen verjaring, maar ook van de reeds verlopen tijd van een nog steeds lopende verjaring. Afstand van de reeds verkregen verjaring van de reeds lopende tijd van

---

[665] Cass. 4 oktober 1963, *Pas.* 1964, I, 114, *RW* 1963-64, 765.
[666] Cass. 22 maart 1984, *RW* 1984-85, 1868.
[667] Cass. 29 oktober 1990, *Arr.Cass.* 1990-91, 254, *Pas.* 1991, I, 226, *RW* 1990-91, 917.

een nog lopende verjaring wordt niet vermoed en kan alleen worden afgeleid uit feiten die voor geen andere uitleg vatbaar zijn.

506. De rechter oordeelt hierover in feite. Zo kan de rechter uit de houding van de opdrachtgever van de werken tijdens het deskundigenonderzoek met betrekking tot het openstaande saldo van de werken afleiden dat hij afstand heeft gedaan van de reeds verlopen tijd van de verjaring.[668]

B.   Vorderingen ten laste van de Staat of de provincies

507. De regels met betrekking tot verjaring van de schuldvorderingen lastens de Staat en de provincies vindt men terug in de wet van 22 mei 2003 houdende organisatie van de begroting en van de comptabiliteit van de federale Staat.[669]

In principe zijn de verjaringsregels van het gemeen recht van toepassing (art. 113). Echter, de wet voorziet tevens in verschillende, specifieke verjaringstermijnen van vijf, tien of dertig jaar, al naar gelang het geval.

§ 4.   RECHTSVERWERKING

508. Rechtsverwerking vindt plaats wanneer iemand door eigen toedoen een recht geheel of gedeeltelijk verliest, omdat het verder uitoefenen ervan strijdig is met de voorheen door de betrokkenen ingenomen houding (*venire contra factum proprium nulli conceditur*). Deze rechtsfiguur is een toepassing van het principe dat contracten te goeder trouw uitgevoerd moeten worden (art. 1134, derde lid BW).

Een voorbeeld hiervan betreft de aannemer die door zijn manifest en langdurig gebrek aan belangstelling de uitdoving van zijn schuldvordering heeft veroorzaakt. Dit zal het geval zijn wanneer een aannemer, als gevolg van een betwisting ten aanzien van de kwaliteit van de werken, (1) gedurende verscheidene jaren nalaat de bouwheer in betaling van zijn factuur te vervolgen, (2) nalaat het deskundigenonderzoek, waartoe in gezamenlijk overleg was besloten, in werking te stellen en (3) nalaat om bewarende maatregelen te nemen om het goed in zijn staat te houden terwijl de bouwheer had aangekondigd dat hij de werken door een derde zou laten uitvoeren.[670]

Rechtsverwerking heeft niet tot gevolg dat de verbintenis zelf uitdooft. Er wordt enkel aan de titularis van het recht de mogelijkheid ontzegd om het recht uit te oefenen.

---

[668]   Cass. 18 februari 2016, *TBO* 2016, 440.
[669]   Wet 22 mei 2003 houdende organisatie van de begroting en van de comptabiliteit van de federale Staat, *BS* 3 juli 2003.
[670]   Brussel 4 oktober 1989, *JT* 1990, 161.

158   Intersentia

§ 5. VOORRECHT VAN DE AANNEMER EN DE ARCHITECT

A. Principe – Wetgeving

509. Overeenkomstig artikel 27, 5° Hyp.W. zijn de aannemers, architecten, metselaars en andere werklieden, die aangetrokken worden voor het ontginnen van land of het droogleggen van moerassen, voor het bouwen, herbouwen of herstellen van gebouwen, kanalen, of welke andere werken ook, bevoorrecht op de meerwaarde die het onroerend goed door hun werken heeft verkregen.

B. Titularissen van het voorrecht

510. De titularissen van het voorrecht zijn de aannemers, architecten, metselaars en werklieden die de werken hebben uitgevoerd.

Onderaannemers en leveranciers worden niet genoemd en kunnen derhalve geen aanspraak maken op dit voorrecht. Aannemers, architecten en werklieden die de werken hebben uitgevoerd voor de huurder van het onroerend goed, zijn evenmin bevoorrecht.

C. Bevoorrechte vorderingen

511. De bevoorrechte vorderingen zijn de vorderingen die betrekking hebben op werken aan onroerende goederen, grond of gebouwen.

Het voorrecht behelst de hoofdsom en het toebehoren, zoals de interesten en de gerechtskosten (inbegrepen de expertisekosten) om het voorrecht af te dwingen.

Het kan echter niet worden ingeroepen voor de schadevergoeding die aan de aannemer verschuldigd is wegens het verbreken van het contract.

D. Voorwerp van het voorrecht

512. Het voorrecht is beperkt tot de meerwaarde die het onroerend goed door de tussenkomst van de aannemer of architect heeft verkregen. De meerwaarde die voortvloeit uit omstandigheden die vreemd zijn aan de uitgevoerde werken (bv. een economische heropleving, een herwaardering van de buurt), is niet gedekt.

E. Toepassingsvoorwaarden

513. Het voorrecht krijgt maar uitwerking indien een gerechtsdeskundige, op verzoekschrift benoemd door de voorzitter van de rechtbank van eerste aanleg van het rechtsgebied waarbinnen de goederen gelegen zijn, vóór de aanvang van de werken een proces-verbaal heeft opgemaakt om de gesteldheid van de plaats te bepalen, waarbij de ingeschreven schuldeisers behoorlijk opgeroepen zijn. Het proces-verbaal dient te worden ingeschreven op het bevoegde kantoor van de Algemene Administratie van de Patrimoniumdocumentatie.

Ten laatste binnen zes maanden na de voltooiing van het werk moet een eveneens op verzoekschrift benoemde deskundige een tweede proces-verbaal opmaken waarin de meerwaarde van het goed, verkregen door de tussenkomst van de aannemer of architect, bepaald wordt, door een deskundige zijn in ontvangst genomen (art. 27, 5° Hyp.W.).

Deze voorwaarden dienen strikt te worden toegepast. Wanneer het eerste proces-verbaal niet tijdig werd opgemaakt, kan de schuldeiser zich bijvoorbeeld niet op het voorrecht beroepen.[671] In de praktijk wordt dan ook zelden een beroep gedaan op dit voorrecht.

Het voorrecht wordt uitgeoefend op de prijs, hetgeen een vrijwillige of gedwongen vervreemding veronderstelt. De meerwaarde moet dus nog bestaan op het moment van de vervreemding.

§ 6. RECHTSTREEKSE VORDERING VAN DE ONDERAANNEMER

A. Principe – Wetgeving

514. Wanneer de opdrachtgever een contractuele tekortkoming begaat, kan de onderaannemer, volgens het gemeen recht, de opdrachtgever niet rechtstreeks aanspreken. In het gemeen recht geldt immers de regel dat overeenkomsten alleen gevolgen teweegbrengen tussen de contracterende partijen (art. 1165 BW). Enkel de hoofdaannemer kan zich dus richten tot de opdrachtgever. Ook op extracontractuele basis zal de onderaannemer geen vordering hebben tegen de opdrachtgever. De miskenning door een partij (in casu de opdrachtgever) van haar contractuele verbintenis kan enkel de buitencontractuele aansprakelijkheid van deze partij jegens een derde (in casu de onderaannemer) met zich meebrengen, wanneer de tekortkoming aan haar contractuele verplichting tezelfdertijd en los van het contract een schending oplevert van de voor iedereen geldende algemene zorgvuldigheidsverplichting.[672]

Op de voormelde principes geldt echter een belangrijke uitzondering: de rechtstreekse vordering. Het principe van de rechtstreekse vordering laat een schuldeiser toe om de schuldenaar van zijn schuldenaar aan te spreken, zonder tussenkomst van laatstgenoemde. Deze vordering geeft een eigen recht aan de

---

[671] Luik 3 april 1968, *Pas.* 1968, II, 188, *JT* 1968, 366.
[672] Bv. Antwerpen 17 mei 1999, *T.Aann.* 1999, 293, waar geoordeeld werd dat een handeling van de opdrachtgever waardoor de uitvoering van de werken sterk werd bemoeilijkt en duurder werd gemaakt, geen extracontractuele fout uitmaakt jegens de onderaannemer.

titularis ervan en laat toe dat de samenloop met andere schuldeisers wordt vermeden. Op basis van de rechtstreekse vordering kan de onderaannemer zich dus wél rechtstreeks richten tot de opdrachtgever.

515. De rechtstreekse vordering die ter beschikking staat van de onderaannemer is opgenomen in artikel 1798 BW, zoals gewijzigd door de wet van 19 februari 1990 (*BS* 24 maart 1990). De tekst ervan luidt:

> "Metselaars, timmerlieden, arbeiders, vaklui en onderaannemers gebezigd bij het oprichten van een gebouw of voor andere werken die bij aanneming zijn uitgevoerd, hebben tegen de bouwheer een rechtstreekse vordering ten belope van hetgeen deze aan de aannemer verschuldigd is op het ogenblik dat hun rechtsvordering wordt ingesteld. De onderaannemer wordt als aannemer en de aannemer als bouwheer beschouwd ten opzichte van de eigen onderaannemers van de eerstgenoemde."

Het doel van de wet van 1990 was om de onderaannemers te beschermen, voornamelijk tegen het faillissement van de hoofdaannemer, dat dikwijls aanleiding gaf tot een cascade van faillissementen van onderaannemers.

B.   *Titularissen van de vordering*

516. De rechtstreekse vordering wordt verleend aan metselaars, timmerlieden, arbeiders, vaklui en onderaannemers aangetrokken bij het oprichten van een gebouw of voor andere werken die bij aanneming zijn uitgevoerd.

De meeste auteurs gaan ervan uit dat de gerechtigden van de rechtstreekse vordering op limitatieve wijze worden aangegeven.[673]

Vallen derhalve buiten het toepassingsgebied van artikel 1798 BW:
- leveranciers;
- bedienden van de aannemer;
- arbeiders van de onderaannemer;
- verhuurders (van kranen, van een ladderlift …).

517. Wat de onderaannemers betreft, werd vroeger verdedigd dat de rechtstreekse vordering slechts is toegestaan aan onderaannemers in de eerste en tweede graad.[674] Het Grondwettelijk Hof heeft echter geoordeeld dat niets erop wijst dat de wetgever artikel 1798 BW heeft willen beperken tot onderaannemers in de eerste en tweede graad. Het Hof verduidelijkt evenwel dat dit niet impliceert dat alle onderaannemers een rechtstreekse vordering hebben ten aanzien van de

---

[673]   Cass. 12 mei 1972, *Arr.Cass.* 1972, 849, *Pas.* 1972, I, 840; Luik 15 december 1987, *JL* 1988, 82, noot J. CAEYMAEX.

[674]   J. CAEYMAEX, "Les créances des sous-traitants", *Manuel des sûretés mobiliaires*, Luik, Ed. Jeune Barreau, losbl., 1996, nr 80/5; A. CUYPERS, "De rechtstreekse vordering en het voorrecht van de onderaannemer", *RW* 1997-98, (793), 795.

bouwheer, maar wel dat elke onderaannemer over een rechtstreekse vordering beschikt ten aanzien van de schuldenaar van zijn schuldenaar.[675] Zo heeft de onderaannemer in derde graad enkel een rechtstreekse vordering tegen de onderaannemer in eerste graad en dus niet tegen de bouwheer.

518.   Ook de bij een overheidsopdracht gebezigde werklieden en onderaannemers kunnen een rechtstreekse vordering instellen op basis van artikel 1798 BW (zie art. 12, § 4 KB 14 januari 2013 tot bepaling van de algemene uitvoeringsregels van de overheidsopdrachten).[676]

519.   Wanneer de gerechtigde van de rechtstreekse vordering zijn schuldvordering overdraagt, heeft dit tot gevolg dat de rechtstreekse vordering eveneens wordt overgedragen. De rechtstreekse vordering wordt namelijk beschouwd als een toebehoren van de schuldvordering in de zin van artikel 1692 BW.[677]

C.   Toepassingsgebied

520.   De rechtstreekse vordering kan worden uitgeoefend met betrekking tot *alle* werken die bij aanneming zijn uitgevoerd, dus ook werken aan roerende goederen.

521.   Ook de aannemer die enkel intellectuele arbeid presteert, bijvoorbeeld een studiebureau dat in onderaanneming belast is met het opmaken van berekeningen en plannen, kan een beroep doen op de rechtstreekse vordering.

D.   Schuldenaar

522.   De onderaannemer kan zich slechts richten tot de eigenlijke bouwheer (of als het de (sub)onderaannemer betreft, de hoofdaannemer). Hij heeft geen rechtstreeks vorderingsrecht tegen de "gedelegeerd bouwheer"[678], tenzij die in eigen naam en voor eigen rekening zou hebben gecontracteerd met de onderaannemer.

523.   Ook wanneer de onderaannemer heeft gecontracteerd met een tijdelijke handelsvennootschap of één van de vennoten ervan, kan de onderaannemer de

---

[675]   GwH 2 februari 2012, *NJW* 2012, 419.
[676]   Antwerpen 17 mei 1999, *T.Aann.* 1999, 293; A. DELVAUX, "Privilège, action directe et compensation dans le droit des marchés publics", *Act.dr.* 1992, 249; zie ook het verslag aan de Koning bij KB 26 september 1996 tot bepaling van de algemene uitvoeringsregels van de overheidsopdrachten en van de concessies voor openbare werken, *BS* 18 oktober 1996. Dit KB is thans evenwel opgeheven en gewijzigd door KB 14 februari 2013.).
[677]   Brussel 6 oktober 2017, *TBBR* 2018, afl. 9, 487.
[678]   Luik 5 januari 2012, *T.Aann.* 2013, 214.

bouwheer (dus de medecontractant van de tijdelijke handelsvennootschap) aanspreken.

524.   Volgens SCHOUPS en VAN DEN BOS kan dit ook indien één van de vennoten van de tijdelijke handelsvennootschap in faling is. Het faillissement van één van de deelgenoten in de tijdelijke handelsvennootschap brengt immers niet met zich mee dat het vermogen van de andere deelgenoten onbeschikbaar zou worden. Ook hebben de andere deelgenoten voor hun aandeel nog een vordering op de bouwheer.[679]

E.   Voorwerp van de vordering

525.   Op grond van artikel 1798 BW kan de onderaannemer de bouwheer rechtstreeks aanspreken om van hem betaling te eisen ten belope van wat de bouwheer nog aan de hoofdaannemer verschuldigd is op het ogenblik van het instellen van de rechtstreekse vordering.

Het Hof van Cassatie heeft in dit verband reeds verduidelijkt dat de onderaannemer tegen de bouwheer slechts een rechtstreekse vordering kan instellen voor de schuldvorderingen die betrekking hebben op de werken die werden uitgevoerd op de werf die door de bouwheer aan de hoofdaannemer werden toevertrouwd en door deze laatste aan de onderaannemer en dit beperkt tot het bedrag van de eigen schuldvordering van de onderaannemer op de hoofdaannemer en binnen de grenzen van deze schuldvordering.[680]

Met andere woorden, de rechtstreekse vordering wordt op drie manieren beperkt:

1) De vordering kan zich enkel uitstrekken tot hetgeen de bouwheer nog aan de hoofdaannemer verschuldigd is op het ogenblik van het instellen van de rechtstreekse vordering. Dit slaat zowel op de hoofdsom als op de interesten en het eventuele schadebeding.[681] De schuldvordering van de hoofdaannemer op de bouwheer hoeft niet opeisbaar te zijn.[682]

2) De vordering kan zich enkel uitstrekken tot de werken voor de bouwheer die werden toevertrouwd aan de hoofdaannemer en vervolgens in onderaanneming werden gegeven door de hoofdaannemer. Kortom, de vordering is beperkt tot de schuldvorderingen die betrekking hebben op het werk waaraan de onderaannemer heeft meegewerkt met die nuance dat de rechtstreekse vordering niet beperkt is tot dat deel van de schuld van de bouwheer dat specifiek werd aangegaan wegens de in onderaanneming gegeven werken. Wanneer de hoofdaannemer van een gebouw een onderaannemer aanstelt voor het uit-

---

[679]   M. SCHOUPS en P. VAN DEN BOS, "Het instellen van de rechtstreekse vordering" (noot onder Brussel (20e k.) 22 februari 2016 en Brussel (20e k.) 1 december 2015), *TBO* 2017, 537-540.

[680]   Cass. 21 december 2001, *DAOR* 2002, 263, noot P. WÉRY.

[681]   Cass. 22 maart 2002, *JT* 2002, 447; Brussel 19 december 2002, *RJI* 2003, 138.

[682]   Cass. 29 oktober 2004, AR C.03.0366.N, www.cass.be.

voeren van dakwerken, dient de rechtstreekse vordering dus niet beperkt te worden tot de vorderingen van de hoofdaannemer op de bouwheer voor de dakwerken.[683] De rechtstreekse vordering is wel beperkt tot de vorderingen van de hoofdaannemer op de bouwheer voor het specifieke project waaraan de onderaannemer heeft meegewerkt. Indien de hoofdaannemer bijvoorbeeld verschillende opdrachten krijgt van de bouwheer, zal de rechtstreekse vordering beperkt zijn tot de vorderingen van de hoofdaannemer op de bouwheer die betrekking hebben op de opdracht waaraan de onderaannemer heeft meegewerkt.

3) De vordering kan enkel worden ingesteld ten belope van de eigen vordering van de onderaannemer op de hoofdaannemer. De onderaannemer kan dus nooit meer vorderen van de bouwheer dan wat de hoofdaannemer aan hem verschuldigd is.

F. Vormvereisten van de vordering

526. De uitoefening van de rechtstreekse vordering van de onderaannemer is niet aan vormvoorschriften onderworpen.[684] De vordering kan bijvoorbeeld bij dagvaarding[685] worden ingesteld, alsook bij aangetekende[686] of gewone[687] brief. Er is zelfs rechtspraak die stelt dat het leggen van bewarend derdenbeslag in handen van de bouwheer beschouwd kan worden als het instellen van een rechtstreekse vordering.[688] Ook een e-mail met ontvangst- en/of leesbevestiging, in zoverre blijkt dat de bestemmeling van deze e-mail het bevoegde aanspreekpunt van de opdrachtgever is, is aanvaardbaar.

527. Nochtans is de precieze datum van het instellen van de rechtstreekse vordering van groot belang. De uitoefening van de rechtstreekse vordering heeft namelijk tot gevolg dat de vordering van de hoofdaannemer op de bouwheer volledig onbeschikbaar wordt. Echter, deze onbeschikbaarheid ontstaat slechts wan-

---

[683] Brussel 18 maart 2010, *T.Aann.* 2011, 70, noot P. SCHILLINGS.

[684] Cass. 10 juni 2011, AR C.10.0465.N, www.cass.be; Cass. 25 maart 2005, AR C.04.0126.N, www.cass.be; Antwerpen 13 oktober 2008, *TBO* 2009, 247; Antwerpen 9 mei 2007, *TBO* 2009, 256; J.P. RENARD, "Heurs et malheurs de l'action directe" (noot onder Cass. 25 maart 2005), *T.Aann.* 2005, 252, nr. 20.

[685] Antwerpen 1 maart 1995, *RW* 1995-96, 478, noot G. BAERT; Antwerpen 22 september 1997, *RW* 1997-98, 1087 (verkort); Rb. Oudenaarde 17 november 1997, *TGR* 1998, 116; Kh. Brussel 27 juli 1998, *TBH* 1999, 209; Rb. Gent 1 december 1999, *RW* 2000-01, 48; anders: Gent 6 mei 1998, *AJT* 1998-99, 910, noot S. VERBEKE; Kh. Dendermonde (afd. Sint-Niklaas) 13 maart 1998, *T.Aann.* 1999, 253, opm.

[686] Cass. 25 maart 2005, AR C.04.0126.N, www.cass.be; Brussel 18 maart 2010, *T.Aann.* 2011, 70, noot P. SCHILLINGS.

[687] Brussel 8 april 2009, *T.Aann.* 2010, 62, noot M. SOMERS.

[688] Antwerpen 30 mei 2005, *NJW* 2006, 269, noot K. VANHOVE.

neer de bouwheer van de uitoefening van de rechtstreekse vordering kennis heeft gekregen of redelijkerwijs kennis heeft kunnen krijgen.[689]

528. Er mag dus nooit twijfel bestaan over de datum en het feit dat de onderaannemer betaling eist van de bouwheer. Het hof van beroep van Brussel formuleerde het als volgt: "de onderaannemer moet op ondubbelzinnige wijze doen blijken aan de hoofdopdrachtgever dat de betalingsverbintenis (aan wie betaald moet worden) van deze laatste is gewijzigd en hij (de onderaannemer) thans aanspraak maakt op rechtstreekse betaling".[690]

529. Het komt aan de onderaannemer toe het bewijs te leveren dat de opdrachtgever kennis heeft gekregen of redelijkerwijs kennis heeft kunnen nemen van de rechtstreekse vordering. In een geval waarbij de onderaannemer een rechtstreekse vordering had ingesteld bij aangetekende brief, stelde de opdrachtgever dat hij hiervan geen kennis had gekregen. De onderaannemer argumenteerde vervolgens dat de aangetekende brief niet door de post aan hem werd teruggezonden. Daaruit zou moeten blijken dat de opdrachtgever de brief in ontvangst had genomen of had moeten nemen. Het hof van beroep van Brussel volgde de redenering van de onderaannemer niet, in het bijzonder omdat de brief gestuurd werd naar een vroegere bedrijfszetel van de opdrachtgever. Dat een latere aangetekende brief naar hetzelfde adres wél werd ontvangen door de opdrachtgever, vond het hof niet relevant.[691] Het was dus beter geweest dat de onderaannemer bij de post een bewijs van afgifte (en/of van ontvangst) had gevraagd.

G. Tijdstip van de vordering

530. De rechten van de onderaannemer worden pas gefixeerd op het moment van het uitoefenen van de rechtstreekse vordering.

531. Indien andere schuldeisers van de hoofdaannemer reeds beslag onder derden hebben gelegd op de vordering van de hoofdaannemer op de bouwheer, zal de schuldvordering van de hoofdaannemer op de bouwheer onbeschikbaar zijn en zal de onderaannemer zijn rechtstreekse vordering dus niet meer kunnen instellen.[692] Dit geldt eveneens indien de bouwheer reeds betaald heeft aan de hoofdaannemer, indien er reeds schuldvergelijking heeft plaatsgevonden of indien de hoofdschuldeiser zijn vordering heeft overgedragen aan een derde.

---

[689]   Cass 18 maart 2011, AR C.09.0136.N, www.cass.be.
[690]   Brussel (20ᵉ k.) 1 december 2015, *TBO* 2017, 534.
[691]   *Ibid.*
[692]   Cass. 20 januari 2012, AR C.10.0135.F, www.cass.be.

H. Gevolgen van de vordering

532. De uitoefening van de rechtstreekse vordering heeft tot gevolg dat de vordering van de hoofdaannemer op de bouwheer volledig onbeschikbaar wordt.

533. Zodra de onderaannemer de rechtstreekse vordering heeft ingesteld, kan de opdrachtgever dus geen bevrijdende betaling meer doen in handen van de hoofdaannemer. Deze regel geldt zelfs indien de vordering van de onderaannemer nog niet vaststaand en opeisbaar is, bijvoorbeeld omdat het bedrag van de schuld van de hoofdaannemer ten opzichte van de onderaannemer nog bepaald moet worden op basis van een deskundigenonderzoek.[693] De rechtstreekse vordering is immers in essentie een bewarende maatregel die kan worden omgezet in een uitvoerende maatregel.

534. Vóór het tijdstip van het instellen van de vordering kan de onderaannemer zijn rechten veiligstellen door het leggen van bewarend derdenbeslag in handen van de bouwheer.[694] Het bewarend derdenbeslag is tevens nuttig omdat het de opdrachtgever verplicht om binnen de vijftien dagen een verklaring af te leggen over wat hij nog verschuldigd is aan de hoofdaannemer (art. 1452 Ger.W.).

535. Ten gevolge van de rechtstreekse vordering heeft de bouwheer de verplichting om een bepaalde geldsom te betalen aan de onderaannemer.

536. Indien de rechtstreekse vordering het bedrag vermeldt en onmiddellijk opeisbaar is, geldt de instelling van deze vordering als ingebrekestelling.[695] Dit heeft tot gevolg dat de bouwheer vanaf dat ogenblik tevens verwijlinteresten verschuldigd is aan de wettelijke interestvoet op het gevorderde bedrag.

Ten gevolge van de rechtstreekse vordering kan de onderaannemer zich tot twee schuldenaars richten: de hoofdaannemer en de bouwheer. Deze vorderingen kunnen zowel afzonderlijk als gelijktijdig uitgeoefend worden. De bouwheer beschikt immers niet over een voorrecht van uitwinning.[696] Indien zowel de bouwheer als de hoofdaannemer gelijktijdig aangesproken worden, zullen ze *in solidum* gehouden zijn tot betaling.

I. Samenloop van verschillende rechtstreekse vorderingen

537. Indien er verschillende onderaannemers een rechtstreekse vordering uitoefenen op dezelfde hoofdaannemer en indien het nog door de bouwheer aan de

---

[693] Luik 23 mei 1996, *JLMB* 1997, 589, noot F. GEORGES.

[694] Beslagr. Brussel 30 november 1992, *JLMB* 1993, 281, noot G. DE LEVAL.

[695] Rb. Brussel 24 december 2010, *RJI* 2011, 126.

[696] Cass. 13 oktober 1977, *Arr.Cass.* 1978, 205; V. VAN HOUTTE-VAN POPPEL en B. KOHL, "Artikel 1798 B.W" in *Comm.Bijz.Ov.*, Mechelen, Kluwer, 2011, losbl.

hoofdaannemer verschuldigde bedrag ontoereikend is om de schuldvorderingen van alle onderaannemers te voldoen, worden ze pondspondsgewijs betaald.[697] Tussen de onderaannemers bestaat er namelijk samenloop, zodat de verdeling naar evenredigheid van hun vordering dient te geschieden.

538. In afwachting van de berekeningen van de tegoeden en de uitslag van eventuele betwistingen, kan de opdrachtgever overgaan tot consignatie van de bedragen in kwestie.[698]

De rechtstreekse vordering komt uiteraard enkel ten goede aan de onderaannemers die de vordering hebben gesteld.[699]

J.   *Tegenstelbaarheid van excepties*

539. De onderaannemer kan de rechtstreekse vordering slechts uitoefenen in de mate dat hij over een schuldvordering tegen de hoofdaannemer beschikt en binnen de grenzen van deze schuldvordering.[700] De onderaannemer kan dus niet meer rechten doen gelden tegen de bouwheer dan tegen de hoofdaannemer.

Dit heeft enerzijds tot gevolg dat de bouwheer tegen wie een rechtstreekse vordering wordt ingesteld door de onderaannemer, alle excepties aan de onderaannemer kan tegenwerpen die betrekking hebben op de contractuele verhouding tussen de bouwheer en de hoofdaannemer, indien ze ontstaan zijn vóór de uitoefening van de rechtstreekse vordering.[701] De bouwheer kan bijvoorbeeld opwerpen dat hij reeds een deel van de vordering betaald heeft aan de hoofdaannemer vóór het instellen van de rechtstreekse vordering.

540. Specifiek wat de *exceptio non adimpleti contractus* betreft, oordeelde het Hof van Cassatie reeds dat deze exceptie behoort tot het wezen van de wederkerige overeenkomst, zodat zij bestaat vóór de wanprestatie zelf en vóór de uitoefening van de rechtstreekse vordering.[702] De bouwheer kan de *exceptio non adimpleti contractus* dus ook tegenwerpen aan de onderaannemer.

---

[697]   Verslag van de Commissie voor Justitie, Senaat, *Parl.St.* Senaat 1989-90, 855/2; Kh. Antwerpen 24 april 1995, *RW* 1995-96, 264; Luik 23 mei 1996, *JLMB* 1997, 593; V. VAN HOUTTE-VAN POPPEL en B. KOHL, "Artikel 1798 BW" in *Comm.Bijz.Ov.*, Mechelen, Kluwer, 2011, losbl.

[698]   Luik 31 maart 1995, *JLMB* 1995, 1340.

[699]   Antwerpen 21 december 1998, *T.Aann.* 1999, 241.

[700]   E. DIRIX en R. DE CORTE, *Zekerheidsrechten*, Antwerpen, Kluwer, 2006, 397; M. DEBUCQUOY, "De rechtstreekse vordering" in *Comm.Bijz.Ov.*, Mechelen, Kluwer, 2011, losbl.; V. VAN HOUTTE-VAN POPPEL en B. KOHL, "Artikel 1798 BW" in *Comm.Bijz.Ov.*, Mechelen, Kluwer, 2011, losbl.

[701]   Cass 25 maart 2005, AR C.03.0318.N, www.cass.be; Luik 8 januari 1996, *JLMB* 1997, 376, *RRD* 1997, 193; Kh. Luik 26 oktober 1994, *TBH* 1996, 555; Kh. Tongeren 10 oktober 1994, *Limb. Rechtsl.* 1995, 72.

[702]   Cass. 25 maart 2005, AR C.03.0318.N, www.cass.be.

541. Tot diezelfde conclusie kwam het Hof van Cassatie wat betreft de exceptie van schuldvergelijking. Deze exceptie kan volgens het Hof zelfs opgeworpen worden door de bouwheer wanneer de voorwaarden voor schuldvergelijking pas na het faillissement van de hoofdaannemer in vervulling gaan. Het geschil waarover het Hof van Cassatie oordeelde, had betrekking op een overheidsopdracht waarbij de onderaannemer een rechtstreekse vordering had ingesteld tegen de Belgische Staat en de hoofdaannemer vervolgens failliet ging. De Belgische Staat had op basis van de Algemene Aannemingsvoorwaarden, na het faillissement van de hoofdaannemer, maatregelen van ambtswege genomen en boetes opgelegd wegens de laattijdige uitvoering van de werken. Vervolgens ging de Belgische Staat over tot compensatie met de aannemingsprijs. Ten gevolge van de compensatie had de hoofdaannemer geen tegoed meer op de Belgische Staat en verloren de rechtstreekse vorderingen hun voorwerp. Het Hof oordeelde dat de Belgische Staat wel degelijk de exceptie van schuldvergelijking kon tegenwerpen aan de onderaannemer en dat de omstandigheid dat er geen vertraging was vóór het faillissement en deze vertraging het gevolg was van het faillissement, daarbij zonder belang is.[703]

542. Anderzijds kan de bouwheer ook alle excepties aan de onderaannemer tegenwerpen die betrekking hebben op de contractuele verhouding tussen de onderaannemer en de hoofdaannemer. Alle verweermiddelen die de hoofdaannemer zelf aan de onderaannemer zou kunnen tegenwerpen, kunnen dus ook door de bouwheer opgeworpen worden, zelfs al zijn ze ontstaan na de uitoefening van de rechtstreekse vordering.[704] De bouwheer kan bijvoorbeeld opwerpen dat er gebreken zijn aan de door de onderaannemer uitgevoerde werken.

K. Contractuele bedingen

543. De hoofdaannemer kan de bouwheer niet rechtsgeldig beletten om te betalen aan de onderaannemer. Een beding daarover in de overeenkomst tussen opdrachtgever en hoofdaannemer is, gelet op relativiteit van de overeenkomsten (art. 1165 BW), niet afdwingbaar tegenover de onderaannemer. Indien de hoofdaannemer van oordeel is dat de onderaannemer zijn verbintenissen niet heeft uitgevoerd, kan hij de betaling enkel verhinderen door het leggen van bewarend beslag onder derden in handen van de opdrachtgever.

Een beding in het contract tussen hoofdaannemer en onderaannemer waarbij het beroep op de rechtstreekse vordering wordt uitgesloten, is eveneens ongeldig. Artikel 1798 BW beoogt namelijk de bescherming van de zwakkere partij en is derhalve van dwingend recht.[705] De onderaannemer kan pas na het eisbaar wor-

---

[703] Cass. 15 mei 2014, *TBO* 2014, 320.
[704] G. BAERT, *Aanneming van werk* in *APR*, Antwerpen, Story-Scientia, 2001, 601-602, nr. 1823; M. DEBUCQUOY, "De rechtstreekse vordering" in *Comm.Bijz.Ov.*, Mechelen, Kluwer, 2007, losbl.; V. VAN HOUTTE-VAN POPPEL en B. KOHL, "Artikel 1798 BW" in *Comm.Bijz.Ov.*, Mechelen, Kluwer, 2011, losbl.
[705] Gent 5 maart 2007, *T.Aann* 2009, 31, noot B. VAN LIERDE; A. CUYPERS, *o.c.*, 797.

den van zijn vordering afstand doen van zijn rechtstreeks vorderingsrecht. Een andersluidend beding is sanctioneerbaar met de relatieve nietigheid.

544. Gelet op het dwingend karakter van de rechtstreekse vordering, is het evenmin geoorloofd om te bedingen dat de rechtstreekse vordering niet mee overgaat bij de overdracht van de schuldvordering door de gerechtigde van de rechtstreekse vordering aan een derde partij.[706]

Enkel de onderaannemer beschikt over een rechtstreekse vordering ten aanzien van de opdrachtgever. Omgekeerd geldt dit niet. Echter, het is mogelijk om in de aannemingsovereenkomst tussen de bouwheer en de aannemer een beding op te nemen dat de aannemer in zijn onderaannemingscontracten een beding ten gunste van de bouwheer moet opnemen dat diens rechtstreekse vordering tegen hen toelaat. Zodoende kan de bouwheer alsnog een contractueel voorziene rechtstreekse vordering instellen tegen de onderaannemer.

L. *Lot van de vordering in geval van faillissement, vereffening of gerechtelijke reorganisatie van de hoofdaannemer*

545. Aangezien de rechtstreekse vordering bedoeld is om de onderaannemer te beschermen tegen het faillissement van de hoofdaannemer, spreekt het voor zich dat de rechtstreekse vordering die werd ingesteld vóór het faillissement, haar uitwerking blijft behouden.[707] De bouwheer kan dus niet meer bevrijdend betalen aan de curator nadat tegen hem een rechtstreekse vordering is ingesteld.

De rechtstreekse vordering van de onderaannemer tegen de bouwheer kan echter niet meer worden ingesteld na het faillissement van de hoofdaannemer. De rechtstreekse vordering kan immers slechts worden ingesteld wanneer de schuldvordering van de hoofdaannemer op de bouwheer nog beschikbaar is in het vermogen van de hoofdaannemer. Het faillissement heeft tot gevolg dat de schuldvordering in de failliete boedel valt en dat de bouwheer enkel nog bevrijdend kan betalen in handen van de curator.[708]

Bij wet van 11 juli 2013 werd dit principe ook wettelijk verankerd.[709] Het volgende lid inzake de rechtstreekse vordering werd immers in de wet gevoegd: "De rechtstreekse vordering kan niet meer worden ingesteld na het ontstaan van de samenloop." Deze bepaling werd meer bepaald opgenomen in het nieuwe artikel 20, 12° Hyp.W.

---

[706] Brussel 6 oktober 2017, *TBBR* 2018, afl. 9, 487.
[707] E. DIRIX, noot onder Rb. Turnhout, 21 mei 1997, *RW* 1997-98, 411-412.
[708] Cass. 18 maart 2010, *TBO* 2011, 82; Cass. 27 mei 2004, C.02.0435.N, www.cass.be; Antwerpen 13 oktober 2008, *TBO* 2009, 247; Antwerpen 9 mei 2007, *TBO* 2009, 256.
[709] Art. 91 wet 11 juli 2013 tot wijziging van het Burgerlijk Wetboek wat de zakelijke zekerheden op roerende goederen betreft en tot opheffing van diverse bepalingen ter zake, *BS* 2 augustus 2013.

546. Indien de vennootschap van de hoofdaannemer in vereffening is, kan de rechtstreekse vordering evenmin worden ingesteld. De wederkerige rechten van de schuldeisers van wie de schuldvordering is ontstaan vóór de invereffeningstelling, liggen namelijk onherroepelijk vast zodra de vennootschap in vereffening is gesteld.[710]

547. Wat de gerechtelijke reorganisatie betreft, bepaalt artikel XX.53, vierde lid WER dat de rechtstreekse vordering niet wordt verhinderd door het vonnis dat de gerechtelijke reorganisatie van de aannemer open verklaart en evenmin door latere beslissingen van de rechtbank tijdens de reorganisatie of met toepassing van artikel XX.84, § 2 WER. De wetgever wou op die manier de onderaannemer beschermen en domino-faillissementen vermijden.[711]

M. Onderscheid met de zijdelingse vordering

548. De zijdelingse vordering laat aan een schuldeiser toe om, in geval van stilzitten van zijn schuldenaar, diens rechten en vorderingen in zijn plaats uit te oefenen, met uitzondering van die welke uitsluitend aan zijn persoon verbonden zijn (art. 1166 BW). De schuldeiser treedt op in naam en voor rekening van de schuldenaar, op straffe van onontvankelijkheid van de vordering.[712] Het resultaat van zijn optreden komt dus in de eerste plaats ten goede aan het vermogen van de schuldenaar, waar het onderhevig is aan samenloop met de vorderingen van andere schuldeisers.

De rechtstreekse vordering wordt daarentegen in eigen naam en voor eigen rekening ingesteld en het resultaat komt toe aan diegene die de rechtstreekse vordering instelde. De gerechtigde van de rechtstreekse vordering ontsnapt dus aan de samenloop met de overige schuldeisers.

Wanneer een schuldeiser derhalve een vordering in eigen naam instelt, kan hij deze vordering in de loop van de procedure niet zo maar omzetten in een zijdelingse vordering.[713]

N. Conflict met cessionaris, pandhouder en beslaglegger

549. De rechtstreekse vordering krijgt pas gestalte op het ogenblik dat ze effectief wordt uitgeoefend (zgn. onvolmaakt karakter van de rechtstreekse vorde-

---

[710] Cass. 23 september 2004, *Arr.Cass.* 2004, afl. 9, 1452.
[711] *Parl.St.* Kamer 2008-09, nr. 52-0160/002, 62.
[712] Brussel 5 december 1991, *JLMB* 1993, 74, noot J.-F. J.
[713] Kh. Charleroi 1 maart 1994, *JLMB* 1995 (samenv.), 323. *In casu* had een bouwheer een rechtstreekse vordering ingesteld tegen de onderaannemer. Toen hij inzag dat zijn vordering dreigde onontvankelijk te worden verklaard op basis van het principe van art. 1165 BW, wijzigde hij ze naar een zijdelingse vordering. Dit gaf hem een andere hoedanigheid, wat strijdig werd bevonden met art. 807 Ger.W.

ring). Enkel wat de opdrachtgever op dat moment nog verschuldigd is aan de hoofdaannemer, kan door de onderaannemer worden gevorderd.

550. Wanneer de vordering van de hoofdaannemer op de bouwheer werd gecedeerd, bevindt de vordering zich niet meer in het vermogen van de hoofdaannemer en is een rechtstreekse vordering dus niet meer mogelijk. Volgens bepaalde rechtsleer moet het conflict met een cessionaris van de schuldvordering worden beoordeeld op basis van de anterioriteitsregel, waarbij het tijdstip van het instellen van de rechtstreekse vordering dient te worden vergeleken met dat van de kennisgeving van de cessie.[714]

551. Het kan ook voorkomen dat de hoofdaannemer zijn schuldvordering op de bouwheer in pand geeft aan een derde. Wat betreft het conflict met een pandhoudende schuldeiser, rijst er tot op heden discussie in rechtspraak en rechtsleer.

Enerzijds wordt de stelling verdedigd dat het pand op de vordering van de hoofdaannemer tegen de opdrachtgever slechts een voorrecht op deze vordering creëert. Er is geen sprake van enig rangconflict gezien de verschillende aard van beide waarborgen. Door het eigen recht van de onderaannemer ontsnapt hij aan samenloop met andere, al dan niet bevoorrechte schuldeisers van de hoofdaannemer.[715] Deze stelling geldt ook ten aanzien van een eerder pand op de handelszaak van de hoofdaannemer.[716]

Anderzijds wordt opgeworpen dat er wel degelijk een rangconflict bestaat tussen de rechtstreekse vordering en het pandrecht. Met name kan de rechtstreekse vordering niet meer worden ingesteld nadat de verpanding ter kennis werd gebracht aan de bouwheer (of door hem werd erkend).[717] Ook in geval van een pand op de handelszaak van de hoofdaannemer kan de rechtstreekse vordering niet meer worden uitgeoefend indien de pandhoudende schuldeiser is overgegaan tot realisatie van het pand en beslag heeft laten leggen op de handelszaak, waarvan hij de bouwheer kennis heeft gegeven.[718]

Waar de wet van 11 juli 2013 wél een rangregeling uitwerkt in geval van een conflict tussen de onderaannemer die over een voorrecht beschikt op de nog door

---

[714]   Hierbij wordt verwezen naar art. 1690, derde lid BW; E. DIRIX, "De vormvrije cessie", *RW* 1994-95, 141, nr. 19; A. CUYPERS, *o.c.*, nr. 18, 315.

[715]   Kh. Luik 26 oktober 1994, *RRD* 1994, 542, *TBH* 1996, 555; Kh. Charleroi 26 november 1996, *RRD* 1997, 51; anders: Rb. Turnhout 21 mei 1997, *RW* 1996-97, 411; Rb. Gent 1 december 1999, *RW* 2000-01, 48: indien de inpandgeving van de schuldvordering van de aannemer op de bouwheer ter kennis werd gebracht aan de bouwheer vooraleer de rechtstreekse vordering werd ingesteld, vormt dit gegeven een rechtsgeldige exceptie vanwege de bouwheer tegen de vordering van de onderaannemer.

[716]   J. CAEYMAEX, *Manuel des sûretés, o.c.*, 80/10, § 5; F. GEORGES, noot onder Luik 23 mei 1996, *JLMB* 1997, 601, voetnoot 11.

[717]   Kh. Tongeren 24 september 2013, *DAOR* 2013, 409; E. DIRIX en R. DE CORTE, *Zekerheidsrechten*, Mechelen, Kluwer, 2006, 333.

[718]   Gent 10 december 2002, *NJW* 2003, 932, noot.

de bouwheer aan de hoofdaannemer verschuldigde aannemingsprijs en de pandhouder met een pandrecht op de schuldvordering van de hoofdaannemer op de bouwheer[719], heeft de wetgever nagelaten om de discussie te beslechten wat betreft het conflict tussen de onderaannemer die een rechtstreekse vordering uitoefent en de pandhouder.

Zoals reeds aangegeven, mag de derde-beslagene de sommen of zaken die het voorwerp zijn van het beslag niet meer uit handen geven. Na het derdenbeslag zal de onderaannemer dus geen rechtstreekse vordering meer kunnen instellen m.b.t. deze sommen.[720]

O. Consignatie van de gelden

552. Bij wet van 11 juli 2013 tot wijziging van het Burgerlijk Wetboek wat de zakelijke zekerheden op roerende goederen betreft en tot opheffing van diverse bepalingen ter zake, werd artikel 1798 BW aangevuld met een derde lid[721]:

> "In geval van betwisting tussen de onderaannemer en de aannemer, kan de bouwheer het bedrag storten in de Deposito- en Consignatiekas of op een geblokkeerde rekening op naam van de aannemer en onderaannemer bij een financiële instelling. De bouwheer is hiertoe verplicht indien hij hiertoe schriftelijk wordt verzocht door de hoofdaannemer of de onderaannemer."

Dit nieuwe lid trad in werking op 1 januari 2018.

553. In de praktijk gebeurde het vaak dat de bouwheer een afwachtende houding aannam indien hij geconfronteerd werd met een betwiste rechtstreekse vordering. In deze situatie bestond immers de kans dat hij uiteindelijk twee keer moest betalen. Indien de rechtstreekse vordering bijvoorbeeld onterecht bleek te zijn en de bouwheer reeds betaalde aan de onderaannemer, kon de hoofdaannemer alsnog betaling van de bouwheer vorderen.

554. De wetgever trachtte hieraan tegemoet te komen door invoeging van het derde lid. Wanneer de bouwheer het verschuldigde bedrag consigneert, betaalt hij bevrijdend, zowel ten opzichte van de hoofdaannemer als de onderaannemer.[722] De consignatie verhindert dus dat de bouwheer twee keer moet betalen. Overigens zorgt de consignatie ervoor dat de interesten ophouden met lopen. De recht-

---

[719] Zie Hoofdstuk 5, Afdeling 3, § 7, E, 2.

[720] Cass. 20 januari 2012, AR C.10.0135.F, www.cass.be.

[721] Art. 90 wet 11 juli 2013 tot wijziging van het Burgerlijk Wetboek wat de zakelijke zekerheden op roerende goederen betreft en tot opheffing van diverse bepalingen ter zake, *BS* 2 augustus 2013.

[722] A. VAN OEVELEN, *Overeenkomsten. Deel 2. Bijzondere overeenkomsten. E. Aanneming van werk – Lastgeving* in *Beginselen van Belgisch privaatrecht*, Mechelen, Kluwer, 2017, 313; H. VAN OSTAEYEN, "De rechtstreekse vordering en het voorrecht van de onderaannemer: wijzigingen door de wet van 11 juli 2013", *RW* 2016-17, 477.

streekse vordering geldt namelijk als ingebrekestelling, waardoor de bouwheer zich, in geval van een afwachtende houding, ook blootstelt aan interesten.[723]

De consignatie heeft nog een derde voordeel. Zoals aangegeven, heeft de rechtstreekse vordering tot gevolg dat de volledige vordering van de hoofdaannemer op de bouwheer onbeschikbaar wordt. De consignatie zorgt er echter voor dat het saldo van de vordering van de hoofdaannemer op de bouwheer opnieuw beschikbaar wordt. Met andere woorden, de bouwheer kan het saldo, na de consignatie, toch bevrijdend betalen aan de hoofdaannemer. Onder het saldo wordt verstaan: de totale vordering van de hoofdaannemer op de bouwheer verminderd met het bedrag van de rechtstreekse vordering.[724]

De kosten van de consignatie moeten gedragen worden door de hoofdaannemer of de onderaannemer, al naargelang wie de meest gerede partij is bij de consignatie.[725]

§ 7.   VOORRECHT VAN DE ONDERAANNEMER

A.   Principe – Wetgeving

555.   De wetgever heeft, naast de rechtstreekse vordering (art. 1798 BW), nog een ander zekerheidsmechanisme ter beschikking gesteld aan de onderaannemer: een voorrecht op de nog door de opdrachtgever aan de hoofdaannemer verschuldigde aannemingsprijs (art. 20, 12° Hyp.W.).

556.   Het voorrecht werd ingevoerd bij de wet van 19 februari 1990[726] en vervolgens gewijzigd door de wet van 11 juli 2013.[727] Het gewijzigde artikel 20, 12° Hyp.W. trad in werking op 1 januari 2018.

De tekst van artikel 20, 12° Hyp.W. luidt als volgt:

"De schuldvorderingen, op bepaalde roerende goederen bevoorrecht, zijn:
Gedurende vijf jaar vanaf de datum van de factuur, de schuldvordering die de metselaars, timmerlieden, arbeiders, vaklui en onderaannemers gebezigd bij het oprichten van een gebouw of voor andere werken die bij aanneming zijn uitgevoerd tegenover hun medecontractant-aannemer hebben wegens werken die zij hebben uitgevoerd of

---

[723]   Rb. Brussel 24 december 2010, *RJI* 2011, 126.

[724]   H. VAN OSTAEYEN, "De rechtstreekse vordering en het voorrecht van de onderaannemer: wijzigingen door de wet van 11 juli 2013", *RW* 2016-17, 478.

[725]   A. VAN OEVELEN, *Overeenkomsten. Deel 2. Bijzondere overeenkomsten. E. Aanneming van werk – Lastgeving* in *Beginselen van Belgisch privaatrecht*, Mechelen, Kluwer, 2017, 314; H. VAN OSTAEYEN, "De rechtstreekse vordering en het voorrecht van de onderaannemer: wijzigingen door de wet van 11 juli 2013", *RW* 2016-17, 478.

[726]   Wet 19 februari 1990 tot aanvulling van artikel 20 van de Hypotheekwet en tot wijziging van artikel 1798 van het Burgerlijk Wetboek met oog op de bescherming van de onderaannemers, *BS* 24 maart 1990.

[727]   Art. 91 wet 11 juli 2013 tot wijziging van het Burgerlijk Wetboek wat de zakelijke zekerheden op roerende goederen betreft en tot opheffing van diverse bepalingen ter zake, *BS* 2 augustus 2013.

laten uitvoeren, op de schuldvordering die deze medecontractant-aannemer wegens dezelfde aanneming heeft tegenover de bouwheer.

De onderaannemer wordt als aannemer en de aannemer als bouwheer beschouwd ten opzichte van de eigen onderaannemers van de eerstgenoemde.

De rechtstreekse vordering kan niet meer worden ingesteld na het ontstaan van de samenloop."

B. Titularissen van het voorrecht

557. Het voorrecht komt toe aan "de metselaars, timmerlieden, arbeiders, vaklui en onderaannemers gebezigd bij het oprichten van een gebouw of voor andere werken die bij aanneming zijn uitgevoerd".

Omwille van het principe van de gelijkheid van de schuldeisers, zijn verscheidene auteurs van oordeel dat het voorrecht restrictief moet worden geïnterpreteerd en dat het derhalve beperkt is tot de onderaannemers in de eerste en de tweede graad.[728]

Een dergelijke beperking blijkt nochtans niet uit de tekst van de wet[729] noch uit de voorbereidende werken. Het voorrecht van artikel 20, 12° Hyp.W. dient dan ook zo begrepen te worden dat dit van toepassing is op alle onderaannemers, ongeacht hun graad ten opzichte van de hoofdaannemer. Ook de rechtspraak blijkt deze interpretatie aan te nemen.[730] Bovendien kan aangenomen worden dat het begrip 'onderaannemer' op dezelfde wijze geïnterpreteerd moet worden als in artikel 1798 BW. Hierover oordeelde het Grondwettelijk Hof reeds dat niets erop wijst dat de wetgever artikel 1798 BW heeft willen beperken tot onderaannemers in de eerste en tweede graad.

C. Bevoorrechte vorderingen

558. Oorspronkelijk was het voorrecht enkel van toepassing op de schuldvorderingen die de onderaannemer had tegenover zijn hoofdaannemer "wegens werken die hij aan het gebouw van de bouwheer heeft uitgevoerd of had laten uitvoeren". Het voorrecht van de onderaannemer was dus beperkt tot aannemingswerken met betrekking tot onroerende goederen. Hierdoor onderscheidde het voorrecht van de onderaannemer zich van de rechtstreekse vordering, die betrekking heeft op iedere aanneming.

In de rechtspraak werd echter geoordeeld dat het begrip "bouwwerken" ruim moest worden uitgelegd en eveneens grondwerken[731], zoals riolerings- en ver-

---

[728] Bv. A. VAN OEVELEN, *Overeenkomsten. Deel 2. Bijzondere overeenkomsten. E. Aanneming van werk – Lastgeving* in *Beginselen van Belgisch privaatrecht*, Mechelen, Kluwer, 2017, 322; G. BAERT, *Aanneming van werk* in *APR*, Antwerpen, Story-Scientia, 2001, 629.

[729] Integendeel, de wet spreekt van "werken die hij … heeft uitgevoerd of laten uitvoeren".

[730] Kh. Luik 26 april 1994, onuitg., vermeld door J.P. RENARD en M. VAN DEN ABEELE, "Les garanties offertes aux sous-traitants en cas de défaillance de l'entrepreneur général", *T.Aann.* 1997, 148, voetnoot 82; Kh. Hasselt 26 november 1998, *RW* 1998-99, 1285.

[731] Kh. Tongeren 24 september 2013, *DAOR* 2013, 409.

hardingswerken, onderhoudswerken aan onroerende goederen[732] en wegenwerken[733] omvatte. Het begrip was bovendien ook van toepassing op goederen die onroerend worden door incorporatie.[734]

De wetgever heeft het onderscheid tussen het voorrecht en de rechtstreekse vordering willen wegwerken. Het gewijzigde artikel 20, 12° Hyp.W. bepaalt nu dan ook dat het voorrecht geldt voor *alle* schuldvorderingen wegens werken die de onderaannemer heeft uitgevoerd of heeft laten uitvoeren "bij het oprichten van een gebouw of voor andere werken die bij aanneming zijn uitgevoerd".

559. Het voorrecht van de onderaannemer geldt voortaan dus ook voor andere werken die bij de aanneming zijn uitgevoerd en niet enkel bij werken inzake onroerende goederen.[735]

Het voorrecht van de onderaannemer wordt echter op twee manieren beperkt.

560. Ten eerste is het voorrecht beperkt tot de schuldvordering die de onderaannemer op de hoofdaannemer heeft. Onder het begrip 'schuldvordering' dient niet enkel de hoofdsom begrepen te worden, maar tevens de accessoria van de vordering van de onderaannemer op de hoofdaannemer, zoals het schadebeding en de verwijlinterest.[736]

561. Ten tweede is het voorrecht beperkt tot de schuldvordering die de hoofdaannemer heeft op de bouwheer wegens dezelfde aanneming. Deze schuldvordering omvat niet enkel de prijs van het werk, maar tevens andere bedragen waarop de hoofdaannemer jegens de bouwheer recht heeft (schadevergoedingen enz.).

Dit heeft tot gevolg dat het voorrecht maar bestaat zolang de hoofdaannemer zijn schuldvordering op de bouwheer in zijn vermogen heeft. Indien de bouwheer aan de hoofdaannemer betaalt, vervalt het voorrecht bij gebrek aan voorwerp[737], tenzij de ontvangen geldsom nog in het vermogen van de hoofdaannemer kan worden geïdentificeerd. De onderaannemer kan de betaling door de bouwheer aan de hoofdaannemer verhinderen door het leggen van bewarend derdenbeslag

---

[732]   Brussel 8 november 1995, *DAOR* 1995, 89: werken aan een fontein.
[733]   Anders: Rb. Kortrijk, 28 januari 1993, onuitg., vermeld door CUYPERS, *o.c.*, 807, voetnoot 125.
[734]   Kh. Luik 25 juni 1997, *TBH* 1997, 655: meubelen die door de aannemer in het gebouw werden geïncorporeerd.
[735]   H. VAN OSTAEYEN, "De rechtstreekse vordering en het voorrecht van de onderaannemer: wijzigingen door de wet van 11 juli 2013", *RW* 2016-17, 479; T. REYNTIENS en S. BUSSCHER, "Kanttekeningen bij de invoering van de nieuwe Pandwet: ook de rechtstreekse vordering en het voorrecht van de onderaannemer worden gewijzigd", *TBO* 2015, 179; J. DEL CORRAL, "Zekerheidsrechten. Stand van zaken", *NJW* 2014, afl. 306, 591; *contra:* A. VAN OEVELEN, *Overeenkomsten. Deel 2. Bijzondere overeenkomsten. E. Aanneming van werk – Lastgeving* in *Beginselen van Belgisch privaatrecht*, Mechelen, Kluwer, 2017, 322.
[736]   Cass. 22 maart 2002, AR C.00.0402.F, www.cass.be; anders: Kh. Antwerpen 24 april 1995, *RW* 1995-96, 264: enkel de hoofdsom is bevoorrecht.
[737]   Luik 8 december 1995, *JLMB* 1996, 896; Kh. Luik 10 januari 1995, *JLMB* 1996, 562.

(indien de voorwaarden daartoe vervuld zijn) of door het instellen van de rechtstreekse vordering (zie hierboven).

D.   Duur van het voorrecht

562.   De vordering van de onderaannemer is slechts gedurende vijf jaar bevoorrecht.

De aanvang van deze termijn is de datum van de factuur van de onderaannemer aan de hoofdaannemer.[738] Betwistingen over de juiste datum van de factuur dienen opgelost te worden aan de hand van de gewone bewijsmiddelen uit het ondernemingsrecht (boekhouding, briefwisseling, protesten enz.).

Het betreft een vervaltermijn, waardoor de termijn niet onderhevig is aan schorsing of stuiting.[739] Het instellen van de vordering binnen de vijf jaar houdt echter het voorrecht in stand, zelfs indien het vonnis hierover wordt uitgesproken na die termijn.[740]

E.   Samenloop van schuldeisers

1.   Samenloop van verschillende onderaannemers met betrekking tot dezelfde aanneming

563.   Bij samenloop tussen verschillende onderaannemers die tijdig hun voorrecht hebben ingeroepen op de schuldvordering van de hoofdaannemer tegenover de bouwheer wegens dezelfde aanneming, wordt de opbrengst naar evenredigheid van hun vordering verdeeld (art. 14 Hyp.W.).

2.   Samenloop tussen het voorrecht van de onderaannemer en dat van de schuldeiser met een pand op de handelszaak

564.   Het is mogelijk dat de onderaannemer in samenloop komt met de pandhoudende schuldeiser.

565.   In dat opzicht heeft het Hof van Cassatie geoordeeld dat het voorrecht van de onderaannemer krachtens artikel 20, 12° Hyp.W. voorrang heeft op het pandrecht van de pandhouder, zelfs indien het pand werd ingeschreven vooraleer de vordering van de onderaannemer ontstaan is.

De anterioriteitsregel kan dus niet toegepast worden in een dergelijke situatie. De gedachtegang hierachter is dat de rechtstreekse vordering niet meer kan worden ingesteld nadat het faillissement is uitgesproken. De bescherming van de onderaannemer zou dus volledig verdwijnen indien de onderaannemer ook zijn

---

[738]   Brussel 8 november 1995, *DAOR* 1995, afl. 37, 89.
[739]   A. CUYPERS, *o.c.*, 808, nr. 39 en de verwijzingen aldaar.
[740]   J. CAEYMAEX, *o.c.*, nr. 80/6.

bijzonder voorrecht niet meer kan laten gelden bij voorrang op de pandhouder op de handelszaak die zijn pand vóór het ontstaan van de vordering van de onderaannemer heeft laten inschrijven.[741]

566. Dit principe werd inmiddels ook wettelijk verankerd. Artikel 58 Pandwet, ingevoegd bij wet van 11 juli 2013[742], bepaalt namelijk dat het voorrecht van de onderaannemer in beginsel voorgaat op dat van de pandhouders (met uitzondering van de pandhouders van wie het pandrecht gebaseerd is op een retentierecht voor een schuldvordering tot behoud van de zaak).

Bovenstaande voorrangsregel werd in de rechtspraak uitgebreid naar de situatie waarin het pand betrekking heeft op een schuldvordering. Er werd geoordeeld dat de verpanding met zich meebrengt dat de schuldvordering in het vermogen van de schuldenaar is gebleven, hetgeen impliceert dat het voorrecht van artikel 20, 12° Hyp.W. nog nuttig kan worden uitgeoefend nadat het voorwerp van dat voorrecht (de schuldvordering) eerder werd verpand.[743]

AFDELING 4. HET WERK IN ONTVANGST NEMEN EN AANVAARDEN

§ 1. BEGRIPPEN EN WETTELIJK KADER

A. Begrippen

567. De opdrachtgever dient het geleverde werk in ontvangst te nemen en uiteindelijk ook te aanvaarden (= goed te keuren) indien de werken beantwoorden aan wat overeengekomen is.

De aanvaarding van het vervaardigde werk door de bouwheer is diens erkenning dat de wederpartijen bij de bouwovereenkomst aan hun contractuele verplichtingen hebben voldaan en – afgezien van een uitzondering voor lichte verborgen gebreken, voor gebreken die de stevigheid van het gebouw aantasten en behoudens bedrog – voor het vervaardigde werk geen verdere aansprakelijkheid meer hoeven te dragen.[744] Het is een eenzijdige rechtshandeling.[745] Bovendien is de aanvaarding onherroepelijk.[746]

---

[741]   Cass. 25 maart 2005, *RW* 2005-06, 62.

[742]   Art. 67 wet 11 juli 2013 tot wijziging van het Burgerlijk Wetboek wat de zakelijke zekerheden op roerende goederen betreft en tot opheffing van diverse bepalingen ter zake, *BS* 2 augustus 2013.

[743]   Kh. Tongeren 24 september 2013, *DAOR* 2013, 409.

[744]   Vgl. Cass. 18 november 1983, *Arr.Cass.* 1983-84, 323, *Pas.* 1984, I, 303, *RW* 1983-84, 47, noot BAERT.

[745]   P. RIGAUX, *Le droit de l'architecte – Evolution des 20 dernières années*, Brussel, Larcier, 1993, 366, nr. 380, met verwijzing naar rechtspraak; anders D. DEVOS, noot onder Brussel 9 februari 1982, *JT* 1982, 819-820.

[746]   Rb. Antwerpen 17 februari 1981, *T.Aann.* 1981, 128.

B.   Wettelijk kader

568.   De procedure en de gevolgen van de inontvangstname en aanvaarding van bouwwerken zijn niet uitdrukkelijk geregeld in het Burgerlijk Wetboek. Het Burgerlijk Wetboek schrijft enkel (impliciet) voor dat de opdrachtgever de werken dient te ontvangen (art. 1788 BW) en goed te keuren (art. 1790 BW). Overeenkomstig artikel 1791 BW kan de goedkeuring bij gedeelten geschieden.

569.   Voor overheidsopdrachten en overeenkomsten die vallen onder de Woningbouwwet (Wet Breyne) heeft de wetgever de procedure van de oplevering en aanvaarding in dwingende bepalingen vastgelegd en er bepaalde gevolgen aan gekoppeld.[747]

§ 2.   PARTIJEN

A.   Bouwheer

570.   De bouwheer is contractueel verplicht het werk in ontvangst te nemen en goed te keuren wanneer het is beëindigd en is uitgevoerd conform het contract en de regels van de kunst.[748]

De goedkeuring dient uit te gaan van de bouwheer. Hij wordt hierbij normaliter geassisteerd door zijn architect. Echter, de inontvangstname en de goedkeuring van het werk door de bouwheer alleen, zonder bijstand van zijn architect, is ook rechtsgeldig.[749]

571.   Behoudens bijzonder mandaat daartoe, kan de architect de goedkeuring niet verlenen in naam van de bouwheer.[750] Het bijzonder mandaat kan in het lastenboek opgenomen zijn[751] of blijken uit de concrete omstandigheden.[752] De bouwheer is gebonden door de goedkeuring door de architect, zelfs wanneer de architect geen goedkeuring mocht verlenen gezien de ernstige gebreken aan de bouw.[753] Vanzelfsprekend kan de goedkeuring door de architect enkel gevolgen

---

[747]   Zie Hoofdstuk 10.

[748]   A. DELVAUX, *Traité des bâtisseurs*, Brussel, Bruylant, 1968, 161, nr. 98.

[749]   Gent 12 augustus 1864, *Belg.Jud.* 1865, 919; anders: Rb. Brussel 24 maart 1972, *T.Aann.* 1977, 105.

[750]   Vgl. Rb. Brussel 17 april 1968, geciteerd door P. RIGAUX, *Le droit de l'architecte – Evolution des 20 dernières années*, 366, nr. 381; KLUYSKENS, IV, nr. 361.

[751]   M.A. FLAMME en P. FLAMME, *Le droit des constructeurs*, 1984, nr. 135.

[752]   Arbit.Besl. 7 augustus 1980, *T.Aann.* 1988, 295; Arbit.Besl. 20 juli 1987, *Bouwrecht*, 1987, 861.

[753]   Anders: Luik 22 februari 1988, *JL* 1988, 1276, noot R. DE BRIE, waar men de aanvaarding nietig verklaarde wegens dwaling aangezien de architect het proces-verbaal van goedkeuring reeds voor de oplevering ondertekend had.

hebben ten opzichte van de aannemer. De architect kan immers zijn eigen prestaties niet goedkeuren.[754]

572.   Indien de opdrachtgever in gebreke is om de werken te ontvangen en goed
te keuren, draagt hij het risico van de zaak (art. 1788-1790 BW).

B.   Aannemer-onderaannemer

573.   In zijn relatie met de onderaannemer treedt de hoofdaannemer op als
bouwheer. De onderaannemer dient te leveren, de hoofdaannemer dient te ontvangen en goed te keuren.

574.   De aanvaarding van het werk van de onderaannemer door de hoofdaannemer staat dan ook volledig los van de aanvaarding van de hoofdaanneming door
de opdrachtgever.[755] Echter, in onderaannemingsovereenkomsten wordt dikwijls
bepaald dat de aanvaarding van de werken van de onderaannemer niet eerder kan
plaatsvinden dan bij de aanvaarding van het geheel der werken door de bouwheer
alsook dat de onderaannemer zich in geen geval kan beroepen op een stilzwijgende aanvaarding van diens werken door de hoofdaannemer.[756]
    In een dergelijke situatie zal de hoofdaannemer de in gebreke blijvende bouw-
heer moeten aanmanen om de werken te ontvangen en goed te keuren.[757]

575.   De hoofdaannemer kan ook bedingen dat de vrijgave van de door de onderaannemer gestelde waarborg gekoppeld wordt aan de aanvaarding van de werken
door de opdrachtgever. Een dergelijk beding is geldig. Wanneer de opdrachtgever
evenwel weigert om het geheel der werken te aanvaarden om een reden die niet
te wijten is aan de werken van de onderaannemer, kan aan de onderaannemer de
vrijgave van zijn waarborg niet worden ontzegd.[758]
    De aanvaarding van het werk van de onderaannemer door de hoofdaannemer
zal in de praktijk geschieden voor de aanvaarding van het volledige werk door de
bouwheer. Indien dit evenwel niet gebeurd is, kan de hoofdaannemer het werk
van de onderaannemer nog weigeren goed te keuren.[759]

576.   De onderaannemer behoudt dan het risico voor de zaak tot aan deze aanvaarding.

---

[754]   Arbit.Besl. 7 augustus 1980, *T.Aann.* 1988, 295.
[755]   Kh. Hasselt 31 oktober 1995, *RW* 1995-96, 993.
[756]   B. KOHL, *Contrat d'entreprise* in *RPDB*, Brussel, Bruylant, 2016, nr. 267, 655-657.
[757]   Kh. Brussel 25 februari 1975, *BRH* 1975, 320.
[758]   Brussel (20ᵉ k.) 6 december 2016, *TBO* 2017, 80.
[759]   In die zin: Luik 19 juni 1974, *T.Aann.* 1978, 287; Brussel 13 maart 1978, *JT* 1978, 560; anders:
        Kh. Charleroi 10 januari 1973, *Het Bouwbedrijf*, 7 juli 1973, 7.

577. De onderaannemer kan, in geval van faillissement van de hoofdaannemer, van de curator inontvangstname en aanvaarding eisen.[760]

C. Andere partijen – Intuitu personae-karakter van de goedkeuring

578. Ook de andere partijen betrokken bij de bouwovereenkomst (architect, studiebureau, bouwpromotor …) hebben de goedkeuring nodig van de bouwheer voor het door hen geleverde werk.

579. De ontvangst en goedkeuring door de bouwheer zijn evenwel eigen aan de betrokken partij.[761] Zo kan de goedkeuring verleend aan de architect enkel door de architect worden ingeroepen en niet door de andere partijen.[762]

De bouwheer kan dus goedkeuring verlenen aan een welbepaalde partij en tegelijk de goedkeuring weigeren aan een andere partij.[763]

580. Wanneer de bouwheer een procedure opstart tegen een partij aan wie de goedkeuring geweigerd werd en deze partij vervolgens een vrijwaringsvordering instelt tegen een derde partij die wél reeds de goedkeuring heeft verkregen, kan deze derde partij de goedkeuring inroepen als verweer tegen de vordering in vrijwaring.[764]

581. De partijen die geen uitdrukkelijke goedkeuring hebben verkregen, kunnen zich eventueel beroepen op een stilzwijgende goedkeuring. Wanneer de architect het proces-verbaal van goedkeuring ondertekent en de bouwheer hierover geen enkele opmerking maakt, kan dit gegeven, samen met andere elementen, door de architect ingeroepen worden als bewijs van de stilzwijgende aanvaarding van zijn werk.[765] De bouwheer die de aanvaarding wil beperken tot de werken van de aannemer zal dan ook op precieze wijze zijn voorbehoud jegens de architect moeten aanduiden in het proces-verbaal.

582. Partijen kunnen ook contractueel bepalen dat de goedkeuring ten voordele van een partij (bv. hoofdaannemer) ook zal gelden ten opzichte van een andere partij (bv. architect, studiebureau of onderaannemer).

---

[760] M.A. FLAMME en P. FLAMME, "Chronique de jurisprudence et de doctrine – Le contrat d'entreprise (1966-1975)", *JT* 1983, 372, nr. 30.

[761] Brussel 12 april 1994, *RJI* 1995, nr. 6403.

[762] Cass. 14 mei 1985, *RJI* 1985, 173.

[763] Bv. Rb. Brussel 14 mei 1985, *RJI* 1985, 173, waar goedkeuring werd verleend aan de architect, maar niet aan de bouwpromotor.

[764] A. DELVAUX en A. DESSARD, "Le contrat d'entreprise de construction" in *Rép.not.*, dl. IX, Principaux contrats usuels, Bk. VIII, 1991, 161, nr. 189.

[765] Cass. 18 oktober 1973, *JT* 1974, 210, opm. RIGAUX; Rb. Brussel 22 december 1965, *Het Bouwbedrijf* 7 september 1968, 4.

§ 3. DE OPLEVERING VAN DE WERKEN

583.   De inontvangstname en aanvaarding van de werken door de bouwheer gaan hand in hand met de oplevering van de werken. De oplevering van een bouwwerk ('aflevering' voor roerende goederen) is de handeling waarbij de aannemer het resultaat van zijn werk aan de bouwheer 'levert', ter beschikking stelt, om hem de gelegenheid te geven het te keuren en het, na zijn goedkeuring, aan hem over te dragen.

Kortom, in de praktijk zal de bouwheer de werken in ontvangst nemen en goedkeuren door de oplevering van de werken door de aannemer.

A.   *Procedure*

584.   Volgens het gemeen recht gebeurt de aanvaarding van de werken middels een eenmalige oplevering. Het is echter niet evident voor de bouwheer om meteen na de beëindiging van de werken te bepalen of de werken wel degelijk correct en behoorlijk werden uitgevoerd. Voor belangrijke werken wordt daarom in de praktijk, en dit naar analogie met de reglementering voor overheidsopdrachten[766], gewerkt met een dubbele oplevering: de voorlopige oplevering en de definitieve oplevering. Meestal wordt deze formaliteit contractueel bepaald, bijvoorbeeld in het lastenboek of in het aannemingscontract.

585.   Het voordeel van een dubbele oplevering bestaat erin dat een welbepaalde, contractueel te bepalen proefperiode doorlopen wordt tussen de voorlopige en de definitieve oplevering. Deze proefperiode laat de bouwheer toe met meer kennis van zaken de werken te aanvaarden.

586.   De bouwheer zal worden bijgestaan door de architect. Conform het reglement van de beroepsplichten van de architect omvat diens opdracht namelijk ook het verlenen van bijstand bij de oplevering.[767]

1.   Enkele oplevering

587.   Indien er slechts één oplevering plaatsvindt, geldt de (stilzwijgende of uitdrukkelijke) oplevering als goedkeuring van de werken.[768] Dit brengt de onderstaande gevolgen met zich mee:
1°   de bouwheer heeft de werken ter beschikking gekregen. Hij draagt vanaf dat moment het risico van het gebouwde (art. 1788-1789 BW), tenzij partijen het

---

[766]   Art. 91 (werken), art. 1215 (leveringen) en art. 156 (diensten) KB 14 januari 2013 tot bepaling van de algemene uitvoeringsregels van de overheidsopdrachten.

[767]   Art. 20 Reglement van de beroepsplichten van de architect, *BS* 8 mei 1985.

[768]   Zie Gent 7 november 2014, nr. 2011/AR/502.

moment van risico-overdracht laten samenvallen met de eigendomsover-dracht (zie art. 1138 BW)[769];

2° de oplevering houdt de erkenning in van de bouwheer dat de werken zijn uitgevoerd conform de plannen en bestekken en volgens de regels van de kunst[770];

3° de datum waarop de werken zijn voltooid, staat vast. Partijen kunnen nagaan of de werken tijdig zijn uitgevoerd. De eventuele vertragingsboetes groeien niet verder aan[771];

4° de oplevering dekt de zichtbare gebreken. De aannemer hoeft dus geen verdere werken uit te voeren, behoudens de herstelling van de gebreken die werden vastgesteld bij de oplevering en waaromtrent een voorbehoud werd gemaakt. Eventueel bestaat er tussen partijen een onderhoudscontract, al dan niet opge-nomen in het lastenboek;

5° indien er geen voorbehoud werd gemaakt voor bepaalde tekortkomingen, kan de bouwheer de aannemer enkel nog aanspreken voor gebreken die val-len onder de tienjarige aansprakelijkheid en voor lichte, verborgen gebreken alsook op grond van bedrog[772];

6° de oplevering vormt het vertrekpunt van de tienjarige aansprakelijkheid[773];

7° de aannemer staat niet langer in voor de bewaking van de werf[774];

8° de aannemer heeft recht op betaling van het saldo;

9° door de goedkeuring worden op fiscaal vlak de schuldvorderingen van de aan-nemer op de bouwheer vast en zeker en dienen de werken bij het afsluiten van de boeken te worden ingeschreven voor hun handelswaarde, die de kostprijs en de winst omvat.[775]

---

[769] Het eigendomsrecht gaat over op de bouwheer naarmate de materialen in de grond en in het gebouw worden geïncorporeerd (arg. *ex* art. 552, 1° BW), zie Cass. 3 februari 1955, *Pas.* 1955, I, 578; Gent 9 december 1992, *RW* 1994-95, 96.

[770] H. DE PAGE, IV, 133, nr. 95.

[771] Gent (9e k.) 23 januari 2009, *TBO* 2010, 66. De vertragingsboetes hebben tot doel de bouwheer te vergoeden voor de schade die hij lijdt ten gevolge van de laattijdige terbeschikkingstelling van het gebouw. Zij stoppen met lopen zodra het gebouw door de bouwheer conform zijn bestemming gebruikt wordt, ook al heeft de voorlopige oplevering nog niet plaatsgehad. In de praktijk wordt dikwijls bepaald dat de vertragingsboetes stoppen met lopen vanaf de datum waarop de aannemer om de voorlopige oplevering verzocht heeft.

[772] Cass. 18 mei 1987, *RW* 1988-89, 1124; Cass. 25 oktober 1985, *RW* 1988-89, 670, noot C. VAN SCHOUBROECK; Cass. 18 november 1983, *RW* 1984-85, 48.

[773] Zie Hoofdstuk 6, afdeling 3, § 2.

[774] Gent 21 mei 1973, *T.Aann.* 1976, 237, noot P. LIBERT.

[775] P. FLAMME, P. MATHEI en M.A. FLAMME, *Praktische Kommentaar ...*, *o.c.*, 1059, nr. 474.4.

2. Dubbele oplevering

A. Voorlopige oplevering

i. De voorlopige oplevering als technisch gebeuren

588. De voorlopige oplevering is niet onderworpen aan bepaalde vormvereisten en kan derhalve zowel uitdrukkelijk als stilzwijgend plaatsvinden.

589. In de praktijk geschiedt de voorlopige oplevering meestal als volgt. De aannemer verwittigt de bouwheer en de architect dat de werken beëindigd zijn en stelt een datum voor waarop de partijen kunnen samenkomen. Op het overeengekomen tijdstip maken partijen een inspectietocht door en rond het gebouw ter controle van de werken. Vervolgens wordt een proces-verbaal opgemaakt van de vastgestelde onvolkomenheden en opmerkingen van partijen.

Het is aan te raden dat onmiddellijk besproken wordt (en op het pv wordt vermeld) hoe de gebreken dienen te worden hersteld.

Volgens BAERT[776] kunnen de opmerkingen in vijf categorieën worden ingedeeld:
- afwijkingen ten aanzien van plannen en bestekken;
- gebreken in de constructie (scheuren, waterinsijpeling, corrosie enz.);
- gebreken in de materialen;
- gebreken in de afwerking (kleurverschillen, spatten enz.);
- toevallige beschadigingen.

ii. Betekenis

590. Bij de voorlopige oplevering worden de werken voor nazicht ter beschikking gesteld van de bouwheer. De voorlopige oplevering is dus een rechtshandeling die tot doel heeft de voltooiing van de werken vast te stellen.[777]

591. Naar aanleiding van de voorlopige oplevering worden de werken in ontvangst genomen. De inontvangstneming houdt, in principe, niet meer in dan de vaststelling dat de werken voltooid zijn. Ze gaat niet gepaard met de goedkeuring van de werken.[778]

592. Hierbij wordt opgemerkt dat de voltooiing van de werken niet gelijkgesteld mag worden met de levering, zijnde de materiële handeling waardoor de aan-

---

[776] G. BAERT, o.c., V.1 – 128-129.
[777] Cass. 4 maart 1977, RW 1976-77, 2413; Gent 23 januari 2009, TBO 2009, 66; Rb. Hasselt 23 december 1977, RW 1977-78, 1647.
[778] Cass. 16 oktober 1969, RW 1969-70, 1053, Arr.Cass. 1970, 165; Cass. 4 maart 1977, RW 1976-77, 2413; Cass. 24 februari 1983, Arr.Cass. 1982-83, 809, RW 1983-84, 1641; Brussel 27 april 2010, RJI 2011, 295; Luik (13e k.) 7 september 2004, T.Aann. 2007, 251, noot; Gent 23 januari 2009, TBO 2010, 66; Bergen 27 mei 2013, JLMB 2014, afl. 34, 1617, noot B. LOUVEAUX.

nemer de bouwheer fysiek in het bezit stelt van het beëindigde bouwwerk. Niets belet over te gaan tot de voorlopige oplevering van een onroerend goed en toch de levering ervan uit te stellen.[779]

593. Partijen kunnen evenwel overeenkomen dat de voorlopige oplevering toch gepaard gaat met de goedkeuring van de werken. Aangezien deze afspraak afwijkt van de regel, dient dit voldoende duidelijk en eenvormig omschreven te zijn in de overeenkomst tussen partijen.[780]

Zoals hierboven aangegeven, kan de oplevering ook stilzwijgend plaatsvinden. Uit de omstandigheden zal moeten blijken of de stilzwijgende inontvangstname van de werken tevens gepaard ging met de goedkeuring ervan. Volgens DELVAUX heeft de stilzwijgende goedkeuring tot gevolg dat de bouwheer afstand doet van het overeengekomen systeem van dubbele oplevering.[781]

Zo werd reeds in de rechtspraak aangenomen dat partijen stilzwijgend de aanvaarding van de werken gekoppeld hebben aan de voorlopige oplevering indien bepaald werd dat de voorlopige oplevering het vertrekpunt vormt van de tienjarige aansprakelijkheid.[782] Nochtans impliceert het beding waarbij de tienjarige aansprakelijkheidstermijn gekoppeld wordt aan de voorlopige oplevering niet noodzakelijk dat de aanvaarding van de werken ook samenvalt met de voorlopige oplevering.[783]

iii.   Gevolgen

1)   In geval van inontvangstneming zonder goedkeuring

594. De inontvangstneming van de werken zonder goedkeuring heeft de volgende gevolgen:

1° de bouwheer heeft de werken ter beschikking gekregen. Hij draagt vanaf dat moment het risico van het gebouwde (art. 1788-1789 BW), tenzij partijen het moment van risico-overdracht laten samenvallen met de eigendomsoverdracht (zie art. 1138 BW)[784];

2° de datum waarop de werken zijn voltooid, staat vast. Partijen kunnen nagaan of de werken tijdig zijn uitgevoerd. De eventuele vertragingsboetes groeien niet verder aan.[785] Behoudens tegenbewijs geldt de datum van het pv van

---

[779]   Bergen 27 mei 2013, *JLMB* 2014, afl. 34, 1617, noot B. LOUVEAUX.

[780]   Brussel 15 februari 1988, *TBBR* 1990, 309, noot M. DAMBRE, *JLMB* 1988, 1271.

[781]   A. DELVAUX, *Traité juridique des bâtisseurs*, 1968, 167.

[782]   Rb. Nijvel 8 april 2011, *RJI* 2011, 251.

[783]   Zie evenwel Luik 12 december 1991, *TBBR* 1994, 367, noot G. TOSSENS.

[784]   Het eigendomsrecht gaat over op de bouwheer naarmate de materialen in de grond en in het gebouw worden geïncorporeerd (arg. *ex* art. 552, 1° BW), zie Cass. 3 februari 1955, *Pas.* 1955, I, 578; Gent 9 december 1992, *RW* 1994-95, 96.

[785]   Gent (9ᵉ k.) 23 januari 2009, *TBO* 2010, 66. De vertragingsboetes hebben tot doel de bouwheer te vergoeden voor de schade die hij lijdt ten gevolge van de laattijdige terbeschikkingstelling

voorlopige oplevering als datum van de voltooiing van de werken[786] of bepaalt de rechter deze *ex aequo et bono*, rekening houdend met de omstandigheden[787];

3° de voorlopige oplevering doet de waarborgtermijn lopen tot aan de definitieve oplevering;

4° de aannemer hoeft geen verdere werken uit te voeren, behoudens de herstelling van (1) de gebreken die werden vastgesteld bij de oplevering en (2) de gebreken die aan het licht komen tijdens de waarborgtermijn. Eventueel bestaat er tussen partijen een onderhoudscontract, al dan niet opgenomen in het lastenboek;

5° de aannemer staat niet langer in voor de bewaking van de werf.[788]

2) In geval van inontvangstneming met goedkeuring

595. De inontvangstneming van de werken met goedkeuring heeft, naast de gevolgen die hiervoor werden opgesomd, de volgende gevolgen:

1° ze houdt de erkenning in van de bouwheer dat de werken zijn uitgevoerd conform plannen en bestekken en volgens de regels van de kunst;

2° de oplevering dekt de zichtbare gebreken, voor zover daarbij geen voorbehoud werd gemaakt, voor zover zij niet verergeren tijdens de proefperiode en voor zover deze gebreken de tienjarige aansprakelijkheid niet in het gedrang brengen.[789] De goedkeuring van de werken heeft derhalve een bevrijdend karakter wat betreft de zichtbare gebreken[790];

3° ze vormt het vertrekpunt van de tienjarige aansprakelijkheid[791];

4° de aannemer heeft recht op betaling van het saldo;

5° door de goedkeuring worden op fiscaal vlak de schuldvorderingen van de aannemer op de bouwheer vast en zeker en dienen de werken bij het afsluiten van de boeken te worden ingeschreven voor hun handelswaarde, die de kostprijs en de winst omvat.[792]

---

van het gebouw. Zij stoppen met lopen zodra het gebouw door de bouwheer conform zijn bestemming gebruikt wordt, ook al heeft de voorlopige oplevering nog niet plaatsgehad. In de praktijk wordt dikwijls bepaald dat de vertragingsboetes stoppen met lopen vanaf de datum waarop de aannemer om de voorlopige oplevering verzocht heeft.

[786] Rb. Nijvel 18 november 1991, geciteerd door P. RIGAUX, *Le droit de l'architecte- Evolution …*, *o.c.*, 378.

[787] Rb. Antwerpen 18 april 1985, *T.Aann.* 1989, 77.

[788] Gent 21 mei 1973, *T.Aann.* 1976, 237, noot P. LIBERT.

[789] Brussel 5 april 1988, *Pas.* 1988, III, 93; zie ook Gent 16 juni 1975, *RGAR* nrs. 9726 en 9731; Brussel 3 maart 1977, *RJI* 1979, 87; Gent (9e k.) 23 januari 2009, *TBO* 2010, 66; Luik 26 november 2015, *JLMB* 16/288 en Luik 19 januari 2017, *JLMB* 17/508, beide weergegeven door B. LOUVEAUX in "Inédits de droit de la construction 2018-2019", *JLMB* deel 1: 2018, afl. 35, (1652) 1675.

[790] B. KOHL, *Le contrat d'entreprise* in *RPDB* 2016,404, nr. 164.

[791] Zie Hoofdstuk 6, afdeling 3, § 2.

[792] P. FLAMME, P. MATHEI en M.A. FLAMME, *Praktische Kommentaar …*, *o.c.*, 1059, nr. 474.4.

B. DEFINITIEVE OPLEVERING

i.   De definitieve oplevering als technisch gebeuren

596.   Na de voorlopige oplevering volgt er een proefperiode (de waarborgtermijn). De proefperiode wordt meestal conventioneel op één jaar bepaald.

Gedurende deze proefperiode dient de aannemer alle gebreken te herstellen die werden vastgesteld tijdens de voorlopige oplevering en werden opgenomen in het pv. Bovendien moet de aannemer ook alle gebreken herstellen die tijdens de proefperiode zichtbaar geworden zijn.

597.   De aannemer heeft niet enkel de plicht de gebreken te herstellen, maar hij heeft ook het recht daartoe. De bouwheer kan niet eenzijdig beslissen een andere aannemer de herstellingen te laten uitvoeren zonder vooraf daartoe gemachtigd te zijn door de rechter.[793]

598.   In principe zal de definitieve oplevering pas plaatsvinden na het verstrijken van de waarborgtermijn en wanneer alle gebreken hersteld werden door de aannemer, zowel degene die zijn vastgesteld bij de voorlopige oplevering als degene die opgedoken zijn tijdens de waarborgperiode.

599.   Net zoals de voorlopige oplevering, kan de definitieve oplevering zowel uitdrukkelijk als stilzwijgend gebeuren. Meestal wordt gewerkt met een proces-verbaal dat door aannemer, bouwheer en architect wordt ondertekend.

ii.   Betekenis

600.   De definitieve oplevering strekt er in beginsel toe de werken definitief te laten goedkeuren door de bouwheer.

Niets staat partijen echter in de weg om de definitieve oplevering te laten plaatsvinden onder voorbehoud van bepaalde opmerkingen.[794] De gevolgen die gekoppeld zijn aan de definitieve oplevering zullen in dat geval niet gelden ten aanzien van de problemen waarbij een voorbehoud werd gemaakt.

iii.   Gevolgen

601.   Zoals hiervoor aangegeven, heeft de voorlopige oplevering in de regel niet tot gevolg dat de werken worden goedgekeurd. Partijen kunnen echter anders overeenkomen en de goedkeuring van de werken toch koppelen aan de voorlopige oplevering. Om te bepalen welke concrete gevolgen de definitieve oplevering heeft, dient er dan ook een onderscheid gemaakt te worden tussen de situatie

---

[793]   Zie Hoofdstuk 6, afdeling 2, § 1, A, 2.
[794]   Vgl. RvS (fr.) 19 november 1971, *T.Aann.* 1976, 105.

waarbij de voorlopige oplevering geen goedkeuring van de werken inhoudt en de situatie waarbij dit wel het geval is.

1)   Voorlopige oplevering die geen goedkeuring inhield

602.   Indien de voorlopige oplevering geen goedkeuring van de werken impliceerde, heeft de definitieve oplevering deze gevolgen:

1° de aanvaarding van de werken vindt plaats met de definitieve oplevering. De bouwheer bevestigt hiermee dat de werken volledig, behoorlijk, volgens de regels van de kunst en conform de plannen, bestekken en overeenkomsten werden uitgevoerd[795];

2° indien er geen voorbehoud werd gemaakt bij bepaalde tekortkomingen, kan de bouwheer de aannemer enkel nog aanspreken voor gebreken die vallen onder de tienjarige aansprakelijkheid en voor lichte, verborgen gebreken alsook op grond van bedrog[796];

3° de definitieve oplevering vormt het vertrekpunt van de tienjarige aansprakelijkheidstermijn[797];

4° de definitieve oplevering maakt een einde aan de herstelplicht van de aannemer ten aanzien van de gebreken die zichtbaar zijn geworden sedert de voorlopige oplevering. Ze dekt derhalve de zichtbare gebreken;

5° de aannemer heeft recht op betaling van het saldo.

2)   Voorlopige oplevering die reeds goedkeuring inhield

603.   Indien de goedkeuring van de werken reeds gebeurde naar aanleiding van de voorlopige oplevering, impliceert de definitieve oplevering enkel de vaststelling dat de aannemer zijn verplichting vervuld heeft om de gebreken die werden vastgesteld bij de voorlopige oplevering en de gebreken die tijdens de waarborgtermijn aan het licht zijn gekomen, te herstellen.

De gevolgen van de definitieve oplevering zijn dan ook beperkt:

1° indien geen voorbehoud werd gemaakt voor bepaalde tekortkomingen, kan de bouwheer de aannemer enkel nog aanspreken voor gebreken die vallen onder de tienjarige aansprakelijkheid en voor lichte, verborgen gebreken alsook op grond van bedrog[798];

2° de definitieve oplevering maakt een einde aan de herstelplicht van de aannemer ten aanzien van de gebreken die zichtbaar zijn geworden sedert de voorlopige oplevering. Ze dekt derhalve de zichtbare gebreken;

3° de aannemer heeft recht op betaling van het eventueel nog openstaande saldo.

---

[795] H. DE PAGE, IV, 133, nr. 95.

[796] Cass. 18 mei 1987, *RW* 1988-89, 1124; Cass. 25 oktober 1985, *RW* 1988-89, 670, noot C. VAN SCHOUBROECK; Cass. 18 november 1983, *RW* 1984-85, 48.

[797] Zie Hoofdstuk 6, afdeling 3, § 2.

[798] Cass. 18 mei 1987, *RW* 1988-89, 1124; Cass. 25 oktober 1985, *RW* 1988-89, 670, noot C. VAN SCHOUBROECK; Cass. 18 november 1983, *RW* 1984-85, 48.

C. UITDRUKKELIJKE OF STILZWIJGENDE AANVAARDING EN OPLEVERING

604. De oplevering en de goedkeuring zijn niet onderworpen aan bepaalde vormvereisten.[799] Ze kunnen bijgevolg uitdrukkelijk, mondeling (voor kleinere werken) of schriftelijk, of stilzwijgend geschieden. Meestal wordt in de aannemingsovereenkomst of het bestek voorzien in de opmaak van een proces-verbaal dat ondertekend moet worden door de betrokken partijen. Bovendien kan contractueel bepaald worden dat een stilzwijgende oplevering niet mogelijk is.

605. Ook voor overheidsopdrachten is de regel dat de (definitieve) oplevering van de werken dient te gebeuren bij schriftelijk proces-verbaal (art. 43, § 3 (oude) AAV), geen substantiële vormvereiste die niet kan worden vervangen door een stilzwijgende (definitieve) oplevering.[800]

De feitenrechter bepaalt soeverein of uit de omstandigheden de stilzwijgende aanvaarding van de bouwwerken kan worden afgeleid.[801] In ieder geval dient de stilzwijgende aanvaarding afgeleid te worden uit de omstandigheden die noodzakelijkerwijs de wil van de bouwheer om goed te keuren inhouden.[802]

606. Als omstandigheden waaruit de stilzwijgende aanvaarding kan blijken, werden reeds aanvaard:
- de volledige betaling zonder voorbehoud[803];
- de inbezitneming van een gebouw zonder enig voorbehoud[804], zelfs niet na ontvangst van de eindafrekening[805];
- de verhuring[806] of verkoop[807] van het gebouw;
- het gebruik van een verwarmingsinstallatie en betaling van een deel van de facturen zonder enig voorbehoud[808];

---

[799] Cass. 24 oktober 1963, *Pas.* 1964, I, 197.
[800] Cass. 6 november 2015, *TBO* 2017, 25.
[801] Cass. 26 oktober 2006, AR C.05.0329.F, www.cass.be; Cass. 6 november 2015, *TBO* 2017, 22 (aangaande de definitieve oplevering van een overheidsopdracht).
[802] DELVAUX, *o.c.*, 166, nr. 102; Brussel 25 juni 1992, *JLMB* 1992, 1272; Bergen 2 maart 1992, *JT* 1993, 228; Rb. Brussel 23 mei 1966 en 29 oktober 1968, *T.Aann.* 1968, 69.
[803] Gent 9 januari 1960, *Pas.* 1961, II, 192; Brussel 13 januari 1970, *T.Aann.* 1975, 15, noot BERLEMONT; Gent 16 juni 1975, *RGAR* 1977, nrs. 9726 en 9731; Brussel 5 januari 1984, *De Verz.* 1985, 253; Bergen 17 januari 1984, *RRD* 1984, 272; Kh. Hasselt (1e k.) 27 maart 2002, *RW* 2004-05, 232; Rb. Antwerpen 3 juni 2004, *RW* 2007-08, 1416; Kh. Hasselt 25 januari 2006, *RABG* 2007, 642, noot B. VAN BAEVEGHEM.
[804] Bergen 24 juni 1975, *Pas.* 1976, II, 86; Brussel 20 november 1979, *JT* 1980, 297; Antwerpen 24 mei 1983, *RW* 1985-86, 2718; Rb. Antwerpen 22 januari 1958, *RW* 1959-60, 793; Rb. Brussel 7 juni 1984, *T.Aann.* 1985, 39; Gent 7 november 2014, 2011/AR/502, onuitg.; Rb. Antwerpen 23 oktober 2007, *TBO* 2008, 199; Rb. Dendermonde 12 december 2003, *RW* 2005-06, 154.
[805] Brussel 4 mei 1995, *AJT* 1995-96, 101, noot; Rb. Charleroi 5 november 1969, *La construction*, 19 maart 1976, 10.
[806] Brussel 18 juni 1957, *RJI* 1958, 331; Brussel, 5 januari 1984, *De Verz.* 1985, 253.
[807] Brussel 4 mei 1995, *AJT* 1995-96, 101, noot.
[808] Kh. Gent 3 september 1987, *RDC* 1988, 244.

- het langdurig stilzitten na ontvangst van de factuur[809];
- het gedeeltelijk betalen van een factuur zonder protest ervan gedurende zes maanden[810];
- het betrekken van een gebouw en het laten aanbrengen van veranderingswerken door een andere aannemer[811];
- de betaling van de afgewerkte gedeelten wanneer een werk bij het stuk of de maat werd vervaardigd (art. 1791 BW);
- de eigenaar van een auto die zijn voertuig voor herstelling toevertrouwt aan een garage en nadien dit voertuig in bezit neemt en er een aantal maanden mee rijdt zonder de herstelling bij de garagehouder te protesteren[812];
- het niet volledig betalen van de eindfactuur van de aannemer door de bouwheer, waarbij de aannemer het saldo niet opvordert en er evenmin betwisting wordt gevoerd over de kwaliteit van de uitgevoerde werken over een periode van meer dan tien jaar.[813]

Algemeen wordt geoordeeld dat de ingebruikname op zich niet voldoende is als bewijs van de goedkeuring der werken.[814] Dit is zeker het geval wanneer de opdrachtgever het goed in gebruik heeft genomen, maar geweigerd heeft het eindsaldo te betalen en protesten heeft geuit.[815]

607. Werden niet aanvaard als stilzwijgende aanvaarding:
- een gedeeltelijke betaling[816];
- het in gebruik nemen van het goed en de betaling ervan, wanneer kort nadien een vordering in kort geding werd ingeleid tot aanstelling van een gerechtsdeskundige[817];
- een louter technisch onderzoek of schouwing[818];
- een brief van de bouwheer waarin weliswaar sprake is van de voorlopige oplevering op een bepaalde datum, maar waarin tevens de werken worden opgesomd die nog uitgevoerd moeten worden.[819]

---

[809] Kh. Brussel 22 april 1959, *RJI* 1959, 133; Kh. Nijvel 7 juni 1977, *R.R.D.* 1978, 425; Kh. Brussel 14 maart 2008, *RW* 2008-09, 586; Kh. Hasselt 25 januari 2006, *RABG* 2007, 642, noot B. VAN BAEVEGHEM.
[810] Brussel 18 oktober 1984, *T.Aann.* 1989, 111 (situatie tussen hoofd- en onderaannemer).
[811] Rb. Brussel 23 mei 1980, geciteerd in RIGAUX, *Droit de l'Architecte – Evolution ...*, o.c., 371.
[812] Antwerpen 26 februari 2007, *RW* 2009-10, 584.
[813] Rb. West-Vlaanderen (afd. Brugge) 18 oktober 2017, *TGR-TWVR* 2018, afl. 2, 105, noot F. MOEYKENS.
[814] Rb. Brussel 9 maart 1983, *T.Aann.* 1990, 249, noot F.
[815] Brussel 13 mei 1968 en 21 oktober 1968, *T.Aann.* 1975, 155; Luik 6 december 1994, *JLMB* 1995, 1317; Kh. Brussel 25 februari 1975, *BRH* 1975, 320.
[816] Bergen 10 februari 1989, *JLMB* 1990, 447; Rb. Veurne 17 oktober 1975, *T.Aann.* 1978, 177; Rb. Brussel 3 juni 1976, *T.Aann.* 1977, 1.
[817] Bergen 10 februari 1989, *JLMB* 1990, 447.
[818] Brussel 28 februari 1979, *T.Aann.* 1986, 148.
[819] Brussel 28 februari 1979, *T.Aann.* 1984, 5, noot K. VER BERNE.

608. Zelfs wanneer partijen vooraf de wijze van oplevering en aanvaarding zijn overeengekomen, is er toch een stilzwijgende goedkeuring mogelijk.[820] Zo stelt het hof van beroep van Brussel dat "de omstandigheid dat de aannemingsovereenkomst uitdrukkelijk bepaalt dat de definitieve oplevering door de aannemer dient aangevraagd te worden en tegensprekelijk in een geschreven akte moeten worden opgesteld, niet belet dat partijen hiervan kunnen afzien en dat de goedkeuring van het werk stilzwijgend kan geschieden".[821]

Het is de aannemer die de bewijslast draagt inzake de aanvaarding.[822] Om bewijsmoeilijkheden te voorkomen, is het aan te raden de oplevering en aanvaarding van de werken uitdrukkelijk te laten geschieden.

Bovendien moet de architect, overeenkomstig artikel 20 *in fine* van het Reglement op de beroepsplichten van de architect, de bouwheer bijstand verlenen bij de voorlopige en definitieve oplevering.[823] De architect zal bijgevolg eveneens, als bewijs van de vervulling van zijn taak, de uitdrukkelijke aanvaarding van de werken nastreven.

B. Weigering van oplevering

1. Weigering over te gaan tot voorlopige oplevering

A. CONTRACTUELE VERPLICHTING

609. De inontvangstname van de werken is een essentiële contractuele verplichting in hoofde van de bouwheer. Wanneer de werken af zijn en geen gebreken vertonen, is hij gehouden de werken in ontvangst te nemen.[824]

Slechts in geval van ernstige gebreken kan de bouwheer de inontvangstname van de bouwwerken weigeren. Kleine gebreken en tekortkomingen kunnen namelijk in het proces-verbaal aangestipt worden en tijdens de onderhoudstermijn hersteld worden.[825] Het feit dat nog verschillende werken uitgevoerd moeten worden om kleine tekortkomingen van de aannemer te verhelpen, vormt dus geen hinderpaal om over te gaan tot de voorlopige oplevering (weliswaar met voorbehoud).[826]

---

[820]   Brussel 5 april 1955, *JCB* 1955, 140; Rb. Dinant 8 november 1972, *JL* 1972-73, 84; anders: Luik 3 mei 1974, geciteerd door RIGAUX, *Evolution* ..., o.c., 372, nr. 388: geen stilzwijgende aanvaarding door de ingebruikname wanneer het lastenboek een uitdrukkelijke aanvaarding van de werken voorschrijft.

[821]   Brussel 4 mei 1995, *AJT* 1995-96, 101, noot; *idem* Gent 7 november 2014, nr. 2011/AR/502, onuitg.: uit het feit dat de schilderwerken reeds elf jaar in gebruik waren zonder klachten leidt het hof af dat de werken reeds definitief werden opgeleverd en aanvaard. Het tegenovergestelde zou in de gegeven omstandigheden een gebrek aan goede trouw en/of rechtsmisbruik uitmaken.

[822]   Cass. 8 januari 1976, *RJI* 1976, 115.

[823]   Goedgekeurd bij KB 18 april 1985 (*BS* 8 mei 1985).

[824]   Bergen 13 oktober 1997, *JLMB* 1999, 15; Gent (9e k.) 23 januari 2009, *TBO* 2010, 66; Rb. Dendermonde 26 april 1968, *T.Aann.* 1972, 12; Rb. Brussel 12 december 1988, *JLMB* 1989, 1265; JASSOGNE, *Traité pratique de droit commercial*, t. I, 306, nr. 394.

[825]   Brussel 18 december 1987, *T.Aann.* 1990, 249; Rb. Brussel 8 mei 1974, *RJI* 1974, 197.

[826]   Gent 23 januari 2009, *TBO* 2010, 67; Rb. Bergen 3 juni 1980, bevestigd door Bergen 20 april 1982, geciteerd door M.A. FLAMME en P. FLAMME, o.c., nr. 136; Rb. Brussel 9 maart 1983, o.c., *l.c.*

B.   CRITERIA TER RECHTVAARDIGING VAN DE WEIGERING

610.   De rechtspraak heeft reeds verscheidene criteria aangewend om uit te maken of de aanwezigheid van gebreken de weigering van de oplevering al dan niet rechtvaardigt.

Een eerste criterium is de waarde van de aangevoerde gebreken in verhouding tot de totale waarde van de uitgevoerde bouwwerken. Zo stelde de Gentse rechtbank dat "de enkele punten, waarvan het nazicht of de verhelping door de toeziende architect werd voorgeschreven, [...] zowel afzonderlijk beschouwd als bij vergelijking met het geheel van de aanneming, van dermate weinig belang [zijn] dat zij de verweerster niet toelieten deswege de definitieve aanvaarding te weigeren, des te minder daar de aannemer blijkbaar zonder verwijl het nodige heeft gedaan".[827]

Een ander criterium is het feit of de werken al dan niet gebruikt kunnen worden voor het doel waartoe ze bestemd zijn. Zo zal de bouwheer bij bewoning of verhuur van het gebouw de voorlopige oplevering niet meer kunnen weigeren, ook al zijn de onvolkomenheden talrijk.[828]

C.   BEROEP OP DE RECHTER

611.   Indien de bouwheer weigert het werk in ontvangst te nemen, kan de aannemer hem dagvaarden, desnoods voor de voorzitter van de rechtbank, zetelend in kort geding. Die kan door een gerechtsdeskundige doen vaststellen dat de werken conform de plannen en het bestek werden uitgevoerd en zich al dan niet in staat van voorlopige oplevering bevinden.[829]

De rechter ten gronde is bevoegd om, op grond van die vaststellingen, te beslissen dat de oplevering verworven is.

D.   GEVOLG VAN DE WEIGERING

612.   Indien de bouwheer onterecht de werken weigert in ontvangst te nemen, draagt hij het risico van de zaak (art. 1788-1790 BW) vanaf de datum waarop de oplevering is aangeboden.

2.   Weigering over te gaan tot de definitieve oplevering

613.   Indien bij de voorlopige oplevering of tijdens de proefperiode gebreken aan het licht zijn gekomen die door de aannemer niet werden hersteld, heeft de bouwheer het recht het werk af te keuren.[830]

---

[827]   Rb. Gent 20 januari 1981, geciteerd door W. ABBELOOS, *o.c.*, 88.
[828]   Luik 13 maart 1974, *T.Aann.* 1975, 310; Rb. Brussel 12 december 1988, *JLMB* 1989, 1265; Rb. Namen 20 september 1983, bevestigd door Luik 26 maart 1986, *T.Aann.* 1992, 168, noot P. FLAMME.
[829]   Gent (9e k.) 23 januari 2009, *TBO* 2010, 66; M.A. FLAMME, P. MATHEI en P. FLAMME, *o.c.*, nr. 474.2.
[830]   Rb. Brussel 13 oktober 1987, *JT* 1987, 703.

De bouwheer mag de definitieve oplevering echter niet weigeren indien er slechts enkele kleine gebreken resteren.[831] De bouwheer heeft dan recht op een vermindering van de aannemingsprijs als schadevergoeding[832], tenzij de aannemer alsnog overgaat tot herstelling. Zo nodig kan de bouwheer de werken aanvaarden onder voorbehoud van zijn rechten en zich vervolgens tot de rechter wenden.

De oplevering kan niet geweigerd worden omdat er nog een nazicht van de rekeningen dient te gebeuren. De financiële afwikkeling van de bouwovereenkomst staat immers los van de goedkeuring van de werken.

Net zoals bij de voorlopige oplevering, kan de aannemer zich tot de rechter wenden om te laten vaststellen dat de werken zich bevinden in staat van definitieve oplevering en om, op grond van die vaststellingen, te laten zeggen voor recht dat de definitieve oplevering verworven is.

3. Weigering wegens schade aan derden

614. Dat tijdens de werken door de aannemer schade werd aangebracht aan derden (gemeente, buren) is geen reden om de oplevering te weigeren. De oplevering ontheft de aannemer immers niet van zijn aansprakelijk ten aanzien van derden.[833]

Enkel indien het schadeverwekkende feit tegelijk een contractuele tekortkoming inhoudt ten aanzien van de bouwheer, kan die de oplevering weigeren (in geval van voldoende ernst) of toestaan onder voorbehoud.

C. Geldigheid van de oplevering

1. Ontbreken van toestemming

615. Opdat de oplevering en aanvaarding van de werken geldig zou zijn, dient in hoofde van de betrokken partijen de daadwerkelijke wil te bestaan om respectievelijk op te leveren en te aanvaarden (zie art. 1108 BW). Indien er geen instemming werd verleend ten aanzien van de oplevering of aanvaarding van de werken, is deze rechtshandeling nietig.

Zo werd een proces-verbaal van eindoplevering nietigverklaard omdat de bouwheer ondertekend had onder druk van de aannemer om nieuwe kredieten te verkrijgen, bestemd voor de eindoplevering, hoewel het gebouw nog niet voltooid was en gebreken vertoonde.[834]

Ook werd de geldigheid van een door de bouwheer ondertekende, maar door de aannemer voorgetypte 'verklaring van conformiteit', afgewezen.[835]

---

[831] Gent 23 januari 2009, *TBO* 2010, (66), 69.
[832] Luik 3 augustus 1861, *Pas.* 1862, II, 336.
[833] Cass. 18 mei 1961, *RW* 1961-62, 1561; Luik 17 oktober 1968, *JL* 1968-69, 193; Rb. Hoei 25 januari 1982, *JL* 1983, 486.
[834] Rb. Brussel 24 november 1972, *T.Aann.* 1977 105, noot R. VOLCKAERT.
[835] Rb. Dendermonde 30 september 1977, onuitg., geciteerd door W. ABBELOOS, *o.c.*, 88, nr. 17.

2. Aanvaarding met kennis van zaken

616. De aanvaarding dient met kennis van zaken te gebeuren. De opdrachtgever kan immers slechts afstand doen van zijn aansprakelijkheidsvorderingen indien hij kennis heeft van deze vorderingen.

Hoe de kennis van zaken precies wordt bewerkstelligd of verhinderd, doet niet ter zake. Met andere woorden, het is niet vereist dat de aannemer bepaalde zaken opzettelijk verzwegen heeft voor de opdrachtgever. De onwetendheid van de opdrachtgever kan ook door de goede trouw van de aannemer worden veroorzaakt.[836]

3. Wilsgebreken: bedrog, dwaling, geweld

A. TOEPASBAARHEID VAN DE LEER DER WILSGEBREKEN OP DE OPLEVERING

617. De inontvangstname en aanvaarding van de werken houdt geen overeenkomst in, maar wel een eenzijdige rechtshandeling, nl. de erkenning van de bouwheer dat de werken voltooid zijn respectievelijk voldoen aan de afspraken en volgens de regels van de kunst zijn uitgevoerd.

De theorie van de wilsgebreken geldt niet enkel inzake de geldigheid van overeenkomsten (art. 1110 BW). Het is een algemeen rechtsbeginsel dat van toepassing is op alle rechtshandelingen, ook de eenzijdige rechtshandelingen.[837] De algemene principes inzake bedrog en dwaling als wilsgebreken zijn derhalve ook van toepassing inzake de oplevering van bouwwerken.

i.   Toepassing: bedrog[838]

1)   Begrip

618. Er is sprake van bedrog bij de oplevering indien de wil van de bouwheer om de werken te aanvaarden is aangetast door kunstgrepen uitgaande van de begunstigde van de aanvaarding. Het bedrog moet van die aard zijn dat zonder die kunstgrepen de bouwheer de werken niet (hoofdbedrog) of slechts onder andere voorwaarden – bv. onder voorbehoud – (bijkomend bedrog) zou hebben aanvaard.

Bedrog veronderstelt een opzettelijke fout, waarbij men wist of moest weten dat een contractuele verplichting werd geschonden en dat schade zou worden veroorzaakt.[839]

---

[836]   W. GOOSSENS, *Aanneming van werk: het gemeenrechtelijke dienstencontract*, Brugge, die Keure, 2003, 959-961.

[837]   H. DE PAGE, *Traité élémentaire de droit civil belge*, Brussel, Bruylant, I, 34, nr. 21, 46-64, nrs. 34-37.

[838]   Zie voor bedrog bij de totstandkoming van de overeenkomst: Hoofdstuk 3, afdeling 2, § 1, B, 2.

[839]   P. FLAMME en M.A. FLAMME, *Le contrat d'entreprise – Quinze ans de jurisprudence (1975-1990)*, Brussel, Larcier, 1991, 137, nr. 171.

Enkele voorbeelden:
- de eenzijdige vervanging, uit besparingsoogmerk, van de voorgeschreven materialen door goedkopere;
- de verdoezeling of camouflage van gebreken[840];
- het wetens en willens uitvoeren van funderingen die niet conform het plan zijn.[841]

Een zware fout kan en mag niet gelijkgesteld worden met bedrog.[842] Steeds dient het bewijs van 'arglist' geleverd te worden. Door de gelijkstelling van zware fout met bedrog zou de verjaringstermijn opgenomen in de artikelen 1792 en 2270 BW uitgeheld worden.

Ook de verzwijging kan bedrog inhouden wanneer de kennisname van het betreffende element ertoe geleid zou hebben dat de wederpartij niet zou hebben gecontracteerd of tegen andere voorwaarden. Zo werd een oplevering als nietig beschouwd omdat een architect een vooraf door hem ondertekend proces-verbaal van definitieve oplevering door de bouwheer liet ondertekenen zonder dat hij hem had gewezen op de gebreken aan de kapconstructie.[843]

Bedrog van een onderaannemer-specialist kan door de bouwheer tegen de hoofdaannemer worden ingeroepen: het maakt geen overmacht uit in zijn hoofde.[844]

2)   Gevolgen

619.   In geval van hoofdbedrog kan de bouwheer de nietigheid van de oplevering inroepen. De vordering tot nietigverklaring dient evenwel ingesteld te worden binnen de tien jaar na het ontdekken van het bedrog (art. 1304 BW).

De nietigverklaring geldt enkel ten aanzien van de contractpartij die bedrog gepleegd heeft (relatieve nietigheid). Tegenover de andere partijen blijft de oplevering geldig.

Indien het bedrog slechts betrekking had op bepaalde, minder essentiële punten, kan de bouwheer niet de nietigheid van de totale oplevering inroepen. Hij heeft enkel recht op de vergoeding van de aangetoonde minwaarde en bijkomende schade.

---

[840]   Cass.fr. 28 oktober 1987, *Sem.Jur.*, 1988, IV, 2.

[841]   Bergen 6 februari 1990, *Rev.not.*, 1990, 554.

[842]   Cass. 5 januari 1961, *RW* 1960-61, 1669; Cass. 18 mei 1987, *Arr.Cass.* 1986-87, 1250, *Pas.* I, 1125, *RW* 1988-89, 1124, noot.

[843]   Luik 22 februari 1988, *JLMB* 1988, 1276, noot R. DE BRIE, "La responsabilité des constructeurs et de la nulleté des réceptions".

[844]   Cass. 3 februari 1983, onuitg., geciteerd in P. FLAMME en M.A. FLAMME, *Le contrat d'entreprise – Quinze ans ...*, *o.c.*, 138-139, nr. 173; anders: Antwerpen 30 maart 1982, onuitg., aangehaald in P. FLAMME en M.A. FLAMME, *JT* 1983, 57.

HOOFDSTUK 6

CONTRACTUELE AANSPRAKELIJKHEID VAN DE AANNEMER EN SANCTIONERING

AFDELING 1. VASTSTELLING VAN DE WANPRESTATIE

620. De opdrachtgever draagt de bewijslast aangaande de wanprestatie van de aannemer.

621. Als algemene regel geldt dat de tekortkomingen steeds tegensprekelijk vastgesteld moeten worden. De eenzijdige vaststellingen door de architect voldoen niet aan dat criterium.[845]

Anderzijds kan het bewijs van een wanprestatie (of van een bevrijdende vreemde oorzaak) door alle middelen van recht worden geleverd, zodat in het bijzijn van beide partijen gedane vaststellingen niet noodzakelijk vereist zijn. Zo kan het bewijs van een wanprestatie geleverd worden wanneer de aannemer, na de melding van het gebrek, ter plaatse komt en een herstelling uitvoert.[846]

622. Het tijdsverloop na een schadegeval belet overigens niet (noodzakelijk) dat het bewijs van een contractuele tekortkoming kan worden geleverd.[847]

623. Indien de opdrachtgever over onvoldoende bewijsmateriaal beschikt, kan de opdrachtgever de rechtbank ook verzoeken om zelf onderzoeksmaatregelen te nemen. De opdrachtgever zal in een dergelijke situatie een vordering instellen tot aanstelling van een deskundige. In dat geval kan de rechtbank de opdrachtgever veroordelen tot het betalen van de voorschotten van de deskundige. De weigering van de opdrachtgever om deze voorschotten te betalen, kan beschouwd worden als een inbreuk op de plicht tot loyale medewerking in de bewijsvorming en kan leiden tot de afwijzing van zijn klachten.[848]

---

[845] Bergen 13 oktober 1997, *JLMB* 1999, 15.
[846] Brussel (20ᵉ k.) 30 januari 2018, *TBO* 2018, 228.
[847] Brussel (20ᵉ k.) 30 januari 2018, *TBO* 2018, 228.
[848] Zie bv. Rb. Namen 3 juni 1999, *T.Aann.* 1999, 258. Zie Hoofdstuk 16.

624. Het is tevens mogelijk dat de partijen in een wijze van vaststelling hebben voorzien in de overeenkomst of dit afspreken op het moment van het ontstaan van het geschil.[849] Partijen kunnen bijvoorbeeld bepalen dat het onderzoek naar de beweerde gebreken gebeurt in het kader van een minnelijke expertise, een arbitrage of andersoortige bindende derdenbeslissing.[850] Dit wordt regelmatig opgenomen in overeenkomsten m.b.t. grote bouwprojecten.[851]

Ze kunnen tevens de vaststellingen en conclusies laten afhangen van een derde of zelfs van een enkele contractpartij, van wie zij de beslissingen als bindend zullen aanvaarden. Zo kunnen partijen bepalen dat de vaststellingen gebeuren door de partij die de gebreken aanklaagt (partijbeslissing) of dat de partijen, en de eventueel te vatten rechtbank, gebonden zijn door de bevindingen van de aangestelde deskundigen.[852]

AFDELING 2. CONTRACTUELE AANSPRAKELIJKHEID TOT DE AANVAARDING

625. Wanneer in de loop van de werken blijkt dat de aannemer zijn verplichtingen niet nakomt, beschikt de opdrachtgever over een waaier van mogelijke sancties.

§ 1. SANCTIES BIJ WANPRESTATIE

A. Uitvoering in natura

1. Principe

626. De uitvoering van de verbintenis in natura is de regel.[853] Dit impliceert dat de opdrachtgever geen schadevergoeding mag verkiezen boven uitvoering in natura indien de uitvoering in natura mogelijk is en die de schade integraal kan

---

[849] Voor een exhaustief overzicht, zie G. BAERT en S. DE COSTER, "Aspecten van procesrechtelijk bouwrecht – De nood aan (zeer) dringende vaststellingen en onderzoeken op de bouwplaats", *T.Aann.* 1995, 222-278.

[850] Een bindende derdenbeslissing is te onderscheiden van een arbitrage, zie Cass. 13 december 2013, *TBO* 2014, 202.

[851] Over arbitrage en de figuur van de bindende derdenbeslissing, zie M. HUYS en G. KEUTGEN, *L'arbitrage en droit belge et international*, Brussel, Bruylant, 1981; H. VAN HOUTTE, "Voorlopige maatregelen bij arbitrage", *RW* 1989-90, 532; M. STORME en M.E. STORME, "De bindende derdenbeslissing naar Belgisch recht", *TPR* 1985, 725.

[852] P. QUANJARD, *Geschillen voorkomen en regelen, een praktisch draaiboek*, Antwerpen, Kluwer, 1983, 97, nr. 255.

[853] Rb. Brussel 17 februari 1994, *T.Aann.* 1995, 76.

herstellen.[854] De opdrachtgever is dus verplicht de uitvoering in natura te aanvaarden die de aannemer hem aanbiedt[855] en de aannemer kan zich niet bevrijden van zijn verbintenis door aan te bieden de conventioneel bepaalde schadevergoeding te betalen.[856]

627. Noch de schuldeiser, noch de schuldenaar hebben in principe recht van keuze tussen de uitvoering in natura en uitvoering bij equivalent.[857]

628. Dat de aannemer de uitvoering van de aannemingsovereenkomst aan een onderaannemer heeft toevertrouwd, staat de veroordeling tot het herstel in natura door de aannemer overigens niet in de weg. In deze situatie kan de aannemer een vrijwaringsvordering instellen tegen zijn onderaannemer die betrekking heeft op de uitvoering in natura.[858]

629. Wanneer door het stilzitten van de aannemer moeilijk te herstellen schade dreigt te ontstaan, kan de opdrachtgever zich wenden tot de rechter in kort geding. De gevraagde maatregelen mogen echter geen definitieve en onherstelbare aantasting van de rechten van de partijen meebrengen.[859]

630. Het kan gebeuren dat, in het kader van een gerechtelijke procedure, een deskundige wordt aangesteld en de aannemer tijdens het onderzoek voorstelt om de herstellingen in natura uit te voeren. Wanneer de bouwheer de uitvoering in natura weigert en deze weigering door de rechtbank onterecht wordt bevonden, zal dit implicaties hebben op de verdeling van de gerechtskosten (meer bepaald de expertisekosten). De extra kosten ten gevolge van de verderzetting van de expertise, zijnde de kosten die niet gemaakt zouden zijn wegens de aanvaarding door de bouwheer, kunnen ten laste gelegd worden van de bouwheer. De onterechte weigering zal op zich echter geen invloed hebben op de herstelkost die begroot werd door de deskundige en ten laste wordt gelegd van de aannemer. Immers, indien de uitvoering in natura aanvaard werd, zouden deze kosten ook gemaakt zijn door de aannemer.[860]

2. Uitvoering door de opdrachtgever zelf of door een derde

631. Indien de aannemer de nodige herstellingen niet uitvoert, kan de opdrachtgever zich door de rechter laten machtigen om zelf de werken – al dan niet via een

---

854   W. VAN GERVEN en A. VAN OEVELEN, *Verbintenissenrecht*, Leuven, Acco 2015, 182.
855   Brussel 17 november 2015, *TBO* 2016, 69; Antwerpen 21 mei 2015, 2014/AR/378, onuitg.; Brussel 20 januari 1987, *Rev.Liège* 1987, 865; Brussel 18 maart 1986, *Pas.* 1986, II, 84.
856   Antwerpen 4 oktober 1984, *TBH* 1985, 324.
857   Rb. Antwerpen (afd. Antwerpen, AB12ᵉ k.) 15 november 2016, *TBO* 2017, 94; Brussel 18 maart 1986, *Pas.* 1986, II, 84; Rb. Brussel 15 januari 1985, *T.Aann.* 1987, 145.
858   Rb. Brussel 13 maart 2012, *RJI* 2013, 7.
859   Cass. 9 september 1982, *Arr.Cass.* 1982-83, 51.
860   Rb. Antwerpen (afd. Antwerpen, AB12ᵉ k.) 15 november 2016, *TBO* 2017, 94.

andere aannemer – uit te voeren, op kosten van de aannemer (art. 1144 en 1184 BW).[861] Dit is een bijzondere vorm van het principe van de uitvoering in natura.

632. Dit belet trouwens niet dat de opdrachtgever ook een bijkomende schadevergoeding kan vorderen.[862]

De rechter kan het beroep op een derde laten afhangen van bepaalde voorwaarden, zoals het verstrijken van de tijd die aan de aannemer werd toegekend voor het uitvoeren van de herstelwerken.[863]

De bouwheer kan niet eenzijdig beslissen een andere aannemer de herstellingen te laten uitvoeren zonder vooraf daartoe gemachtigd te zijn door de rechter. Van deze regel kan echter worden afgeweken indien de volgende voorwaarden vervuld zijn:

1) de tekortkomingen in hoofde van de aannemer zijn ernstig,
2) de werken dienen bij hoogdringendheid te worden voortgezet,
3) de aannemer werd in gebreke gesteld[864] maar heeft de aanmaning in de wind geslagen,
4) voorafgaandelijk aan de tussenkomst van de derde moet de stand der werken en de ernst van de gebreken worden vastgesteld aan de hand van een tegensprekelijke of gerechtelijke expertise.[865] Een eenzijdige vaststelling door een gerechtsdeurwaarder of een eenzijdig proces-verbaal van de architect is in dat opzicht onvoldoende.[866]

Indien de opdrachtgever zonder daartoe door een vonnis te zijn gemachtigd of buiten de omstandigheden hierboven vernoemd, herstellingen laat uitvoeren door een andere aannemer, verliest hij zijn recht op herstelling en schadevergoeding.[867]

B. Uitvoering bij equivalent

633. Wanneer de uitvoering in natura niet of niet meer mogelijk is, heeft de schuldeiser recht op uitvoering bij equivalent.[868]

Ook de feitelijke omstandigheden kunnen ertoe leiden dat geopteerd wordt voor de uitvoering bij equivalent. Dit is bijvoorbeeld het geval in de volgende situaties:

---

[861] Zie hierover P. WERY, "Le principe de l'exécution en nature et son application à l'article 1144 du Code civil" (noot onder Cass. 14 april 1994), *T.Not.* 1996, 31-38.
[862] Kh. Hasselt 21 mei 1990, *Limb.Rechtsl.* 1990, 159.
[863] Rb. Gent 2 februari 1988, *TGR* 1988, 155.
[864] Tenzij de werken niet werden uitgevoerd binnen de contractuele termijn, Cass. 22 maart 1985, *Arr.Cass.* 1985, 1011.
[865] Voor een toepassing, zie Luik 24 juni 1991, *JT* 1991, 698; Kh. Brussel 29 juli 1989, *JT* 1989, 623.
[866] Gent 15 december 1971, *T.Aann.* 1973, 22.
[867] Brussel 23 november 1976, *T.Aann.* 1979, 243, noot LEONARD; Kh. Hasselt 21 mei 1990, *Limb.Rechtsl.* 1990, 159 (rechtsverwerking); Kh. Kortrijk 10 mei 1958, *RW* 1958-59, 1975.
[868] Cass. 14 april 1994, *Arr.Cass.* 1994, 374.

- de herstelkosten zouden onredelijk hoog zijn, waardoor het voordeel dat de schuldeiser haalt uit de uitvoering in natura kennelijk buiten verhouding staat tot het nadeel dat hij aan de schuldenaar berokkent; de eis tot herstel in natura zal dan wegens rechtsmisbruik afgewezen worden[869];
- wanneer het onderlinge vertrouwen tussen de partijen dermate aangetast is dat iedere verdere samenwerking onmogelijk is.[870] Dit is bijvoorbeeld het geval wanneer tijdens de uitvoering van de werken blijk werd gegeven van een gebrek aan professionalisme[871] of wanneer de deskundige aan de aannemer de mogelijkheid heeft gegeven om de gebreken op te lossen, maar de aannemer gedurende de expertise tot tweemaal toe tevergeefs herstellingen heeft doorgevoerd[872];
- wanneer de voorgestelde wijze van herstel onvoldoende is of niet overeenstemt met de bevindingen van de gerechtsdeskundige[873];
- wanneer de eerste herstelwerken onvoldoende blijken te zijn.[874]

634. De opdrachtgever kan eveneens opteren voor schadevergoeding indien de uitvoering in natura voor hem zonder nut is geworden, zelfs als de uitvoering in natura materieel nog mogelijk is.[875] Dit zal bijvoorbeeld het geval zijn wanneer de woning waaraan de kwestieuze werken werden uitgevoerd, intussen werd verkocht.[876]

635. De uitvoering bij equivalent moet de bouwheer plaatsen in de situatie waarin hij zich zou bevonden hebben indien er geen wanprestatie was geweest.

Wanneer de schuldenaar zijn verbintenis niet of slechts gedeeltelijk nagekomen is, zal derhalve een vervangende (compensatoire) schadevergoeding toegekend worden. De vervangende schadevergoeding strekt er namelijk toe alle schadelijke gevolgen van de niet-uitvoering van de overeenkomst uit te wissen (art. 1149 BW). Zo werd gevonnist dat de schadevergoeding tevens het bedrag van de btw op de nodige herstellingswerken diende te bevatten.[877]

In geval van laattijdige uitvoering van de verbintenis zal de bouwheer recht hebben op een moratoire schadevergoeding.

---

[869] Zie o.m. Cass. 8 januari 1981, *Arr.Cass.* 1980-81, 502; Luik 13 februari 1980, *RJI* 1981, 7; Gent 4 februari 1971, *RW* 1970-71, 1289; Cass. 27 oktober 1988, *RJI* 1989, 21.

[870] P. VAN OMMESLAGHE, "Examen de jurisprudence", *RCJB* 1975, 686, nr. 105, *RCJB* 1986, 88 e.v.; A. DELVAUX en D. DESSARD, *o.c.*, 164; Luik 22 oktober 2013, *TBBR* 2014, 188; Rb. Brussel 22 februari 2008, *RJI* 2009, 36; Antwerpen 30 juni 1987, *T.Aann.* 1988, 306.

[871] Gent 5 januari 2018, nr. 2014/AR/3096, onuitg.; Bergen 10 september 2013, *JLMB* 2014, 1626; Luik 15 juni 1995, *AJT* 1995-96, 161, noot B. WYLLEMAN.

[872] Gent 5 januari 2018, nr. 2014/AR/3096, onuitg.

[873] Luik 22 februari 1988, *JL* 1988, 1276.

[874] Kh. Verviers 17 november 1986, *T.Aann.* 1987, 210, noot M.A. FLAMME.

[875] Cass. 30 september 1983, *Pas.* 1984, I, 95, nr. 57.

[876] Cass. 13 maart 1998, *JLMB* 2000, 136.

[877] Vred. Zele 28 juni 1989, *T.Vred.* 1990, 370.

Het is mogelijk dat de herstellingswerken duurder uitvallen dan de oorspronkelijke aannemingswerken. Echter, het herstel van de contractuele schade mag geen onrechtmatig voordeel opleveren aan de schadelijder.[878] Zo zal de rechter onder meer rekening moeten houden met de vetusteit van de werken die opnieuw worden gedaan.

In een geval waarbij brand uitbrak door het niet-vakkundig gebruik van PUR-isolatieschuim werd de aannemer bijvoorbeeld veroordeeld tot betaling van de vervangingswaarde gelijk aan de werkelijke waarde (en niet gelijk aan de nieuwwaarde).[879]

636. Bij het bepalen van de schadevergoeding dient rekening gehouden te worden met de gebrekkige staat van het gebouw en de eigen tekortkoming van de bouwheer. Wanneer blijkt dat de betegeling van terrasgevels gebrekkig werd uitgevoerd, maar dat de bouwheer op zijn beurt niet had meegedeeld dat het gebouw, dat reeds negen jaar oud was, geen spouwmuur had en dat de voegen zeer waterabsorberend waren, zullen zowel de aannemer-tegelwerken als de bouwheer elk tot de helft van de herstelkost gehouden zijn.[880]

637. Wanneer de bouwheer een schadevergoeding krijgt, kan hij vrij beschikken over deze vergoeding. Er kan hem niet de verplichting worden opgelegd om daadwerkelijk tot herstel over te gaan. Door de uitvoering bij equivalent wordt hij namelijk in een positie geplaatst alsof de werken wel degelijk volgens de regels van de kunst waren uitgevoerd en inzonderheid geen gebreken vertoonden.[881]

C. Contractuele regeling

638. De keuze tussen de uitvoering in natura of bij equivalent is niet van openbare orde en kan dus contractueel geregeld worden.

Geoordeeld werd dat het beding dat aan de hoofdaannemer toestaat om, in geval van faillissement van de onderaannemer, van rechtswege maatregelen te nemen en een daarbij horende forfaitaire schadevergoeding op te eisen, slechts geldig is indien de hoofdaannemer bewijst dat er werken behept zijn met gebreken, dat deze van een dergelijke omvang zijn dat ze het optreden van de hoofdaannemer rechtvaardigen en dat ze daadwerkelijk zijn uitgevoerd.[882]

D. Ontbinding wegens foutieve niet-uitvoering met schadevergoeding

639. Bij een wederkerige overeenkomst heeft de schuldeiser steeds de keuze tussen de gedwongen uitvoering en de ontbinding van de overeenkomst (art. 1184,

---

[878] Antwerpen 31 januari 2013, 2011/AR/2581, onuitg.
[879] Brussel (20ᵉ k.) 12 september 2017, *TBO* 2018, 46.
[880] Rb. Antwerpen (afd. Antwerpen, AB12ᵉ k.) 22 december 2015, *TBO* 2016, 168.
[881] Gent 5 januari 2018, 2014/AR/3096, onuitg.
[882] Bergen 13 oktober 1997, *JLMB* 1999, 15.

tweede lid BW). De rechter dient deze keuze te respecteren[883], met die nuance dat de benadeelde partij geen misbruik mag maken van haar keuzerecht.[884]

640. De wanprestatie dient echter ernstig genoeg te zijn om de radicale sanctie van de ontbinding te rechtvaardigen. Een onbelangrijke tekortkoming of een tekortkoming aan een nevenverbintenis is derhalve niet voldoende.[885]

De schuldeiser die aanvankelijk kiest voor de gedwongen uitvoering van de verbintenis doet niet noodzakelijk afstand van zijn recht op ontbinding van de overeenkomst. Hij kan naderhand, middels een nieuwe vordering, alsnog de gerechtelijke ontbinding van de overeenkomst eisen op basis van artikel 1184 BW.[886]

De omgekeerde situatie is ook mogelijk. Wanneer oorspronkelijk geopteerd werd voor de ontbinding met schadeloosstelling, kan later een vordering ingesteld worden tot uitvoering in natura en dit zolang de ontbinding niet werd uitgesproken. Het komt dan aan de rechter toe om te beoordelen of de uitvoering in natura nog mogelijk is.[887]

Het kan ook voorkomen dat het aannemingscontract overeenkomstig artikel 1794 BW eenzijdig werd opgezegd en het contract aldus is beëindigd (zie verder Hoofdstuk 13, afdeling 5). Dit belet echter niet dat de ontbinding alsnog wordt uitgesproken, zelfs ten nadele van de partij die deze overeenkomst heeft beëindigd.[888]

Omgekeerd kan de opdrachtgever de overeenkomst ook eenzijdig opzeggen wanneer hij reeds een vordering in gerechtelijke ontbinding heeft ingesteld. Immers, zolang de rechtbank de ontbinding niet heeft uitgesproken, bestaat de overeenkomst en kan ze nog worden opgezegd.[889]

641. De ontbinding heeft tot gevolg dat partijen geplaatst worden in de toestand waarin ze zich bevonden zouden hebben indien ze nooit gecontracteerd hadden.[890] Deze restitutieverplichting strekt echter niet tot vergoeding van de schade die het gevolg is van de tekortkomingen door de wederpartij.[891] Daarom bestaat de mogelijkheid om, naast de ontbinding, ook een bijkomende schadevergoeding te vorderen.[892]

---

[883] Cass. 5 september 1980, *RW* 1980-81, 1323.

[884] Cass. 6 januari 2011, AR C.09.0624.F, www.cass.be; Cass. 16 januari 1986, *Arr.Cass.* 1988-89, 683, *RW* 1987-88, 1470, noot A. VAN OEVELEN.

[885] Cass. 28 oktober 2013, AR C.12.0596.F, www.cass.be; Cass. 12 november 1976, *Arr.Cass.* 1977, 293; Brussel (20e k.) 30 september 2014, *TBO* 2014, 336.

[886] Cass. 24 juni 1920, *Pas.* 1921, I, 24; Cass. 1 oktober 1934, *Pas.* 1934, I, 399; Luik 27 mei 1986, *Rev.Liège* 1987, 1017, noot C. PARMENTIER.

[887] Luik 19 februari 2001, *TBH* 2001, 531.

[888] Cass. 25 april 2013, *TBO* 2013, 259; Luik 21 februari 2008, *T.Aann.* 2009, 275.

[889] F. VERMANDER, *De opzegging van overeenkomsten*, 2014, 182, nr. 223.

[890] Cass. 6 juni 1996, *Arr.Cass.* 1996, 558, *RW* 1997-98, 1049; Cass. 19 mei 2011, *TBO* 2012, 166.

[891] Cass. 21 april 2016, *TBO* 2016, 555.

[892] Rb. Brussel 8 april 2016, *TBO* 2017, 211.

E.   Exceptie van niet-uitvoering[893]

642.   Indien de aannemer het werk slecht of niet volledig uitvoert, kan de opdrachtgever zich beroepen op de *exceptio non adimpleti contractus* en de uitvoering van zijn verbintenissen opschorten.[894] Zo kan hij weigeren te betalen tot aan de correcte uitvoering.[895]

643.   De exceptie kan echter niet worden ingeroepen door de partij die haar verbintenis als eerste diende uit te voeren[896] of door de partij die zelf verantwoordelijk is voor de niet-uitvoering van haar medecontractant.[897]

644.   Opdat de exceptie van niet-uitvoering rechtsgeldig ingeroepen kan worden door een partij, dient deze partij te bewijzen dat haar wederpartij een voldoende ernstige wanprestatie heeft begaan. De aangevoerde niet-nakoming moet de opschorting van de eigen prestatie dus kunnen rechtvaardigen. Dit is niet het geval wanneer de niet-uitvoering slechts betrekking heeft op een geringe prestatie en de *excipiens* zelf in verzuim is.[898]

645.   Bovendien dient er voldoende samenhang te zijn tussen de verbintenis die men opschort en die waarvan men de niet-uitvoering aanklaagt. Het wordt echter aanvaard dat de exceptie ook kan worden ingeroepen tegen degene die in het kader van een nauw verwante overeenkomst in gebreke blijft zijn verbintenissen uit te voeren.[899]

De rechter dient de gegrondheid van de opgeworpen exceptie dan ook te beoordelen in het licht van alle omstandigheden van de zaak en met name met inachtneming van de ernst van de aangevoerde wanprestatie.[900] Een rechter mag dus niet zonder meer de exceptie afwijzen wanneer hij niet uitsluit dat de andere partij contractueel of quasi-contractueel aansprakelijk is voor bepaalde tijdens de uitvoering van haar verbintenissen begane fouten en de ernst daarvan niet in aanmerking neemt.[901]

646.   De toepassing van de exceptie wordt zelfs in geval van faillissement van de aannemer aanvaard.[902] Bovendien bepaalt artikel XX.56, § 1 WER dat de aan-

---

[893]   Zie ook Hoofdstuk 6, afdeling 3, § 6, B en Hoofdstuk 5, afdeling 3, § 2, A.

[894]   J. HERBOTS, "De exceptie van niet-nakoming", *TPR* 1991, 379-400.

[895]   Cass. 19 november 1970, *T.Aann.* 1971, 143, noot M.A. FLAMME.

[896]   Cass. 5 mei 1971, *Pas.* 1971, I, 804.

[897]   Cass. 23 oktober 2009, AR C.07.0521.F, www.cass.be.

[898]   Kh. Brugge 7 december 1989, *RW* 1990-91, 96.

[899]   Cass. 8 september 1995, *R.Cass.* 1996, 86, noot B. WYLLEMAN; Kh. Tongeren 18 oktober 1979, *Limb.Rechtsl.* 1980, 21.

[900]   Cass. 29 februari 2008, *TBO* 2008, 151, noot.

[901]   Cass. 26 mei 1989, *Arr.Cass.* 1988-89, 1131, *Pas.* 1989, I, 1020.

[902]   Cass. 13 september 1973, *RCJB* 1974, 352, noot M.L. STENGERS.

vraag of opening van de procedure van gerechtelijke reorganisatie geen einde maakt aan de lopende overeenkomsten of aan de modaliteiten van hun uitvoering. Dit heeft tot gevolg dat ook de gerechtelijke reorganisatie de *exceptio non adimpleti contractus* niet in de weg staat.

F. Uitdrukkelijk ontbindend beding

647. Een ontbindend beding is een specifieke beëindigingswijze van wederkerige overeenkomsten. Het voorziet in de ontbinding van de overeenkomst als sanctie wegens de wanuitvoering van het contract door een van de partijen. Het beding biedt derhalve de mogelijkheid aan een contractpartij om de overeenkomst eenzijdig en buitengerechtelijk te beëindigen, wanneer voldaan is aan alle voorwaarden opgesomd in het beding.

Een dergelijk beding is krachtens het principe van de wilsautonomie in de regel geldig. Wanneer echter een minimale wanprestatie het beding reeds in werking doet treden, kan de rechter het beschouwen als een ongeoorloofd boetebeding en het bijgevolg nietigverklaren.[903]

Meestal wordt bepaald dat bij een welbepaalde, contractuele wanprestatie het contract *van rechtswege* ontbonden zal zijn. In dat geval heeft de rechter geen appreciatiebevoegdheid meer wat de ernst van de tekortkoming betreft.

Aangezien het beding van het gemeen recht afwijkt, dient het restrictief te worden geïnterpreteerd.

§ 2. BEVRIJDINGS- OF EXONERATIEBEDINGEN

648. De aannemer kan zich geldig bevrijden voor de gevolgen van zijn fout.

Hij zal uiteraard dienen aan te tonen dat het exoneratiebeding rechtsgeldig werd aanvaard door de opdrachtgever. Een bevrijdingsbeding opgenomen in de bijsluiter van een product of uitgehangen in het bedrijf van de aannemer, is niet tegenstelbaar aan de klant wanneer uit niets blijkt dat deze er kennis van nam, laat staan ermee instemde.[904]

Een uitdrukkelijke overeenkomst omtrent het exoneratiebeding is echter niet vereist. Er kan ook een stilzwijgende instemming zijn, die evenwel een omstandig karakter vergt. Dit hangt af van de concrete omstandigheden van de zaak en van de appreciatie van de feitenrechter.[905]

---

[903] Rb. Marche-en-Famenne 7 oktober 1985, *Rec.gén.enr.not.* 1986, nr. 23318, noot A.C.

[904] Kh. Brussel 11 oktober 1989, *DCCR* 1990-91, 426, noot R. DE WIT (een exoneratiebeding opgenomen in de gebruiksaanwijzing van een fotofilm); Vred. Gent 15 april 1991, *T.Vred.* 1992, 139 (een exoneratiebeding opgenomen in de algemene voorwaarden die uithingen in een wassalon).

[905] Cass. 20 mei 1988, *Arr.Cass.* 1987-88, 1237, *Pas.* 1989, I, 1149, *DCCR* 1989, 268, noot PAUWELS.

Ook de inhoud van het beding dient duidelijk en ondubbelzinnig te zijn. Bij twijfel wordt het geïnterpreteerd in het nadeel van degene wiens aansprakelijkheid wordt beperkt.[906]

649.   Een exoneratiebeding is principieel geldig[907], tenzij:
- in geval van strijdigheid met de openbare orde. Een beding waarbij de tienjarige aansprakelijkheid wordt beperkt, is bijvoorbeeld in strijd met de openbare orde;
- in geval van strijdigheid met bepalingen van dwingend recht. Zo kan verwezen worden naar de dwingende, wettelijke verbodsbepalingen zoals vervat in Boek VI 'Marktpraktijken en consumentenbescherming' van het Wetboek van economisch recht (de onrechtmatige bedingen);
- het beding de aangegane verbintenis volledig uitholt en aldus iedere betekenis aan de overeenkomst ontneemt. Dit is bijvoorbeeld het geval wanneer bepaald werd dat de aannemer van alle aansprakelijkheid is ontslagen;
- bij opzettelijke fout, bedrog of fraude. Een exoneratieclausule voor een zware fout is daarentegen wél mogelijk.[908]

650.   Het exoneratiebeding kan ook bepalen dat een contractpartij slechts de aansprakelijkheid tot een welbepaald bedrag op zich neemt. Zo kan een maximaal bedrag aangeduid worden in de contractuele voorwaarden of kan verwezen worden naar het dekkingsplafond van de aansprakelijkheidsverzekering.

651.   Dergelijke bedingen zijn, onder de hiervoor geformuleerde voorbehouden, op zich geldig. Het bedrag mag bijvoorbeeld niet dermate laag zijn dat het iedere aansprakelijkheid uitholt.

§ 3.   AANSPRAKELIJKHEIDSBEDINGEN

652.   Diametraal tegenover het exoneratiebeding staat het aansprakelijkheidsbeding. In dat geval neemt de aannemer een grotere aansprakelijkheid op zich dan waartoe hij normaal gehouden is.

Iedere betrokken partij (opdrachtgever, aannemer en architect) kan zijn verantwoordelijkheid verzwaren, hetzij door de opname van een bepaald risico, hetzij door het geven van een extra garantie.

Geoordeeld werd dat een beding krachtens hetwelk de aannemer, behalve in geval van opzettelijke fout van de organen van de opdrachtgever, ten voordele van de opdrachtgever instaat voor alle schadelijke gevolgen die zich naar aanleiding

---

[906]   Cass. 22 maart 1979, *Arr.Cass.* 1978-79, 861, *RCJB* 1981, 189, noot L. CORNELIS, "Les clauses d'exonération de responsabilité couvrant la faute personelle et leur interprétation".
[907]   Cass. 25 september 1959, *Arr.Cass.* 1960, 86, *Pas.* 1960, I, 112.
[908]   Cass. 25 september 1959, *Pas.* 1960, I, 113.

van de aanneming mochten voordoen, niet strijdig is met de openbare orde en evenmin met artikel 1147 BW.[909]

653.   De aannemer kan ook de aansprakelijkheid voor de goede uitvoering van de taken van de architect op zich nemen. Een dergelijk beding is geldig, maar vermindert niet de eigen verantwoordelijkheid van de architect.[910]

654.   Het is tevens toegestaan dat de aannemer zich rechtsgeldig verbindt om in te staan voor het vergoeden van de compensatie waartoe de opdrachtgever is gehouden wegens bovenmatige burenhinder (zie Hoofdstuk 7, afdeling 2).

655.   Aansprakelijkheidsbedingen gelden enkel tussen partijen. Ze kunnen niet aan derden worden tegengeworpen, tenzij het beding tevens beschouwd kan worden als een 'beding ten gunste van een derde' (art. 1121 BW). In dat geval bekomt de derde een eigen recht dat hij rechtstreeks tegen de belover kan laten gelden.[911] De derde-begunstigde kan slechts de nakoming van de verbintenis in kwestie vorderen, maar niet de ontbinding van de hoofdovereenkomst (art. 1165 BW).

§ 4.   SAMENLOOP VAN CONTRACTUELE EN EXTRACONTRACTUELE AANSPRAKELIJKHEID

656.   Het is sinds jaren vaste cassatierechtspraak dat samenloop van de contractuele aansprakelijkheid met de extracontractuele aansprakelijkheid (art. 1382 e.v.) enkel mogelijk is wanneer twee voorwaarden vervuld zijn:
- in de eerste plaats dient de ten laste gelegde fout een tekortkoming uit te maken, niet aan de contractuele verbintenis, maar aan de algemene zorgvuldigheidsplicht;
- in de tweede plaats dient die fout andere dan aan de slechte uitvoering van het contract te wijten schade veroorzaakt te hebben.[912] Dit impliceert niet dat de schade totaal vreemd moet zijn aan de uitvoering van het contract.[913]

Een typevoorbeeld van samenloop is het geval waarbij een aannemer, die belast was met afbraakwerken van een deel van het gebouw, schade toebrengt aan een ander deel van dat gebouw dat niets met de aannemingsovereenkomst te maken had.[914]

---

[909]   Gent 14 oktober 1987, *RW* 1990-91, 226; Cass. 26 januari 1978, *RW* 1978-79, 666.
[910]   Cass. 21 september 1979, *Arr.Cass.* 1979-80, 84, *RCJB* 1982, 487, noot Y. HANNEQUART.
[911]   Cass. 4 januari 1988, *Arr.Cass.* 1987-88, 556, *RW* 1988-89, 90.
[912]   Bv. Cass. 17 maart 2017, www.cass.be; Cass. 29 september 2006, *TBO* 2007, 66; Cass. 14 oktober 1985, *Arr.Cass.* 1985-86, 179; Kh. Tongeren 26 juni 2007, *TBO* 2007, 149.
[913]   Cass. 12 oktober 2012, AR C.12.0079.F, www.cass.be.
[914]   Zie bv. Brussel 13 november 1987, *RGAR* 1989, nr. 11.524.

Algemeen wordt aangenomen dat een extracontractuele aansprakelijkheidsvordering tussen contracterende partijen in ieder geval mogelijk blijft wanneer de contractuele wanprestatie tevens strafrechtelijk wordt gesanctioneerd.[915]

657.   Dezelfde regels van de beperkte samenloop gelden ten aanzien van de aansprakelijkheid van de uitvoeringsagent of aangestelde van de medecontractant (de onderaannemer zal ten opzichte van de bouwheer bijvoorbeeld als een aangestelde van de hoofdaannemer beschouwd worden).

658.   Gelet op het principe van de relativiteit van de verbintenissen, kan de aangestelde niet worden veroordeeld op grond van de contractuele aansprakelijkheid.[916] Concreet, de bouwheer kan geen contractuele vordering instellen tegen de onderaannemer wegens gebrek aan een contractuele relatie tussen beide partijen.

659.   De aangestelde kan bovendien slechts wegens onrechtmatige daad jegens de medecontractant van zijn opdrachtgever aansprakelijk worden gesteld onder dezelfde voorwaarden als waaronder die opdrachtgever zelf op buitencontractuele grondslag jegens zijn medecontractant gehouden is.[917] Concreet, de bouwheer kan de onderaannemer slechts buitencontractueel aansprakelijk stellen in de mate dat hij zijn rechtstreekse contractpartij, de hoofdaannemer, buitencontractueel aansprakelijk kan stellen.

De hoofdschuldeiser heeft derhalve geen contractuele en slechts een zeer beperkte buitencontractuele aansprakelijkheidsvordering tegen de aangestelde of uitvoeringsagent van zijn medecontractant (zgn. *quasi-immuniteit van aangestelde of uitvoeringsagent).*[918]

Dat een inbreuk op de algemene zorgvuldigheidsplicht ook een tekortkoming uitmaakt op een contractuele verplichting, belet uiteraard niet dat degene die de fout begaat extracontractueel aansprakelijk is voor de schade die werd veroorzaakt aan een derde.[919]

§ 5.   VERJARING VAN DE VORDERING IN AANSPRAKELIJKHEID

660.   Het probleem van de verjaring van de vordering van de opdrachtgever rijst in de praktijk haast uitsluitend voor problemen die opduiken na de aanvaarding of minstens na de voorlopige oplevering van de werken (zie hierna Afdeling 3).

---

[915]   Cass. 1 juni 1984, *Arr.Cass.* 1983-84, 1291; Brussel 1 juni 1988, *RW* 1989-90, 1401.
[916]   Cass. 13 april 1984, *Arr.Cass.* 1984-85, 1083.
[917]   Cass. 8 april 1983, *Arr.Cass.* 1982-83, 934, *RW* 1983-84, 163, noot J. HERBOTS.
[918]   Zie inzake de onderaannemer: Hoofdstuk 2, afdeling 3.
[919]   Cass. 21 januari 1988, *Arr.Cass.* 1987-88, 641, *RW* 1988-89, 675, noot E. DIRIX.

661. Voor zoveel als nodig, volstaat het hier te wijzen op het feit dat sinds de wet van 10 juni 1998 de gemeenrechtelijke verjaringstermijn voor persoonlijke rechtsvorderingen teruggebracht is op tien jaar (i.p.v. dertig jaar zoals voorheen). Deze verjaringstermijn loopt vanaf de inwerkingtreding van de wet (27 juli 1998). De totale duur van de verjaringstermijn van de aansprakelijkheid kan, wat betreft aansprakelijkheidsvorderingen die dateren van voor 27 juli 1998, evenwel maximaal dertig jaar bedragen.

662. De wet bepaalt niet expliciet op welk ogenblik de tienjarige verjaringstermijn begint te lopen. Er wordt echter algemeen aangenomen dat deze termijn aanvangt op de dag waarop de rechtsvordering opeisbaar wordt.[920]

§ 6. AFSTAND VAN RECHT

663. De opdrachtgever kan, zoals elke schuldeiser, afstand doen van de rechten die hij bezit tegenover de aannemer.

Afstand van recht wordt niet vermoed, zodat het moet blijken uit feiten en handelingen die niet voor een andere interpretatie vatbaar zijn.[921]

Een louter stilzitten kan dus niet volstaan. Het aanbrengen van niet-dringende herstellingen zonder ingebrekestelling kan daarentegen wel beschouwd worden als berusting in hoofde van de bouwheer.[922]

§ 7. RECHTSVERWERKING

664. Er is sprake van rechtsverwerking wanneer de houder van een recht, zonder vrijwillig afstand te doen van dat recht, een houding aanneemt die objectief onverenigbaar is met dat recht, waardoor hij aldus het gewettigde vertrouwen van de schuldenaar en van derden misleidt.

Deze rechtsfiguur wordt in het Belgisch recht niet aanvaard als algemeen rechtsbeginsel, maar maakt deel uit van de leer van het rechtsmisbruik.[923]

---

[920] I. CLAEYS, "Opeisbaarheid, kennisname en schadeverwekkend feit als vertrekpunten van de verjaring" in I. CLAEYS (ed.), *Verjaring in het privaatrecht. Weet de avond wat de morgen brengt?*, Mechelen, Kluwer, 2005, (31) 46; C. LEBON, "Verjaring" in *Comm.Bijz.Ov.*, Mechelen, Kluwer, losbl., 18; I. CLAEYS, "[Bevrijdende verjaring – Vertrekpunt] Overzicht vertrekpunten – Persoonlijke rechtsvorderingen en de opeisbaarheid – Rechtsvorderingen tot schadevergoeding op grond van buitencontractuele aansprakelijkheid", *TPR* 2018, afl. 1-2, 726-752; Gent 18 januari 2018, *P&B* 2018, afl. 3, 128; GwH 6 november 2014, *RW* 2015-16, 298.

[921] Cass. 19 december 1991, *Arr.Cass.* 1991-92, nr. 21, 369; Cass. 13 januari 1994, *Arr.Cass.* 1994, nr. 17, 33; Cass. 16 oktober 2015, *TBO* 2017, 21.

[922] A. DELVAUX, *Traité des batisseurs*, nr. 445.

[923] Cass. 5 juni 1992, *Arr.Cass.* 1992, 212, noot M.E. STORME; Cass. 20 februari 1992, *Rev.Liège* 1992, 530.

Er is, in deze context, sprake van rechtsmisbruik wanneer de titularis van een recht die een gedrag heeft aangenomen dat objectief onverenigbaar is met de uitoefening van dit recht en aldus het rechtmatig vertrouwen heeft gewekt dit recht niet meer te zullen uitoefenen, dit recht toch wenst uit te oefenen en dit kennelijk de grenzen van een normale uitoefening door een voorzichtig persoon te buiten gaat.[924]

Dit zal bijvoorbeeld het geval zijn wanneer de opdrachtgever zelf de toestand heeft gewijzigd zodat de beweerde fouten van de aannemer of architect niet meer vast te stellen zijn.[925] De bouwheer verliest zijn vorderingsrecht niet wanneer de herstellingen de vaststelling van de oorzaak van de gebreken niet beletten.[926]

AFDELING 3. CONTRACTUELE AANSPRAKELIJKHEID NA DE AANVAARDING VAN DE WERKEN

§ 1. AANSPRAKELIJKHEID VOOR VERBORGEN GEBREKEN

A. Begrip

665. Een verborgen gebrek is een gebrek in de bouw dat door de bouwheer en de personen die hem hebben geassisteerd bij de goedkeuring van de werken niet vaststelbaar was en dat het bouwwerk of een gedeelte ervan niet of minder geschikt maakt tot het gebruik waartoe men het heeft bestemd, maar dat toch niet van die aard is dat het valt onder de tienjarige aansprakelijkheid van de aannemer en de architect (zgn. lichte verborgen gebreken).

B. Wettelijk kader

666. Noch in het Burgerlijk Wetboek, noch in de uitzonderingsregimes (Wet Breyne, regulering van overheidsopdrachten) wordt melding gemaakt van de problematiek van de aansprakelijkheid voor verborgen gebreken.

Met het cassatiearrest van 25 oktober 1985[927] kwam een einde aan de controverse over de vraag of de aanvaarding van het werk door de opdrachtgever ook

---

[924] L. CORNELIS, "Aansprakelijkheid in deban van de goede trouw" in *P.U.C. Willy Delva 1992-93, Recht halen uit aansprakelijkheid*, Gent, Mys & Breesch, 1993, 42-43.

[925] Zie bv. Brussel 6 februari 1952, *RW* 1951-52, 1040, waar de bouwheer zelf herstellingen had uitgevoerd aan een niet-waterdichte kelder; Kh. Brussel 28 maart 1946, *JCB* 1946, 103; H. DE PAGE, IV, nr. 887.

[926] Luik 15 februari 1952, *JL* 1951-52, 273.

[927] Cass. 25 oktober 1985, *Arr.Cass.* 1985-86, 270, *Pas.* 1986, I, 226, *RW* 1988-89, 670; Cass. 15 september 1994, *Arr.Cass.* 1994, 748. Cass. 13 maart 1975, *Arr.Cass.* 1975, 783.

de aansprakelijkheid dekt van de aannemer en de architect voor lichte verborgen gebreken. Het Hof stelt immers uitdrukkelijk dat de goedkeuring van het werk door de opdrachtgever de aannemer niet vrijstelt voor verborgen gebreken, ook al tasten die de stevigheid van het gebouw of een essentieel bestanddeel ervan niet aan.

C. Rechtsaard

667. Het betreft een contractuele aansprakelijkheid.

De grondslag van de aansprakelijkheid is het principe van de uitvoering te goeder trouw van verbintenissen[928] en de beperkte werking van de goedkeuring van het werk. De bouwheer kan niets goedkeuren waar hij geen kennis van heeft. De aanvaarding van de werken kan dus geen betrekking hebben op gebreken die op dat ogenblik niet door de opdrachtgever vastgesteld konden worden.[929]

D. Suppletief recht

668. De aansprakelijkheid voor lichte verborgen gebreken is niet van openbare orde of van dwingend recht. Een conventionele beperking is dan ook mogelijk.

E. Foutaansprakelijkheid

669. Aangezien de aanspraken van de bouwheer niet berusten op een loutere garantieplicht van de aannemer, maar wel op diens contractuele aansprakelijkheid, dient de bouwheer het bestaan van een fout in hoofde van de aannemer of architect te bewijzen.[930]

De bewijslast is afhankelijk van het feit of het gebrek een tekortkoming is aan een resultaats- dan wel aan een middelenverbintenis.[931]

F. Materieel toepassingsgebied

670. De aansprakelijkheid voor verborgen gebreken geldt enkel voor zover er een aannemingsovereenkomst voorligt. Het principe is meer bepaald van toepas-

---

[928] Brussel 12 januari 2016, *TBO* 2016, 161; *contra*: D. PETOSA, "Gemeenrechtelijke aansprakelijkheid van aannemer voor lichte, verborgen gebreken", *NJW* 2018, 463.

[929] KLUYSKENS, IV, nr. 352; S. DE COSTER, "De aansprakelijkheid na oplevering voor (lichte) verborgen gebreken. Grondslag en toepassingsvoorwaarden", *T.Aann.* 1989, 351; Cass. 5 december 2002, *RW* 2005-06, 420; Brussel 30 maart 2010, *TBO* 2010, 266.

[930] Bergen 8 oktober 1990, *JT* 1991, 584; A. DELVAUX en D. DESSARD, *o.c.*, nr. 231; zie verder punt J, 3.

[931] Zie verder punt J, 3.

sing op aannemingswerken van alle aard, ook degene die vreemd zijn aan bouw-werken.[932]

Zo werd geoordeeld dat de overeenkomst waarbij een partij de ruwbouw van een in aanbouw zijnde flat verkoopt en zich verbindt tot het uitvoeren van de voltooiingswerken, geen aannemingsovereenkomst is, maar een verkoop van een toekomstige zaak. De vordering in aansprakelijkheid in hoofde van de aannemer voor verborgen gebreken werd dan ook afgewezen.[933]

Bovendien speelt de leer van de lichte verborgen gebreken ook in het kader van overheidsopdrachten[934] en ten aanzien van contracten die vallen onder het toepassingsgebied van de Woningbouwwet.

G.   Toepassingsvoorwaarden

1.   Gebrek

A.   Begrip

671.   Het begrip 'gebrek' dient in het kader van de aanneming geïnterpreteerd te worden als "elke onvolkomenheid, elke abnormaliteit, elke tekortkoming van, in of rond het bouwwerk en zijn functie, hier inbegrepen de grond, de componenten en de grondstoffen".[935]

B.   Gebrek in het materiaal

672.   Het verborgen gebrek kan slaan op een gebrek in de geleverde materialen (bv. verkleuring van doorzichtige plastic platen die zodanig donker werden dat zij heel wat minder licht doorlieten dan was voorzien[936], afschilferende bovenlaag van dakleien[937] ...).

C.   Uitvoeringsfout

673.   De theorie van de aansprakelijkheid voor verborgen gebreken is ook van toepassing wanneer het een loutere uitvoeringsfout betreft (bv. plaatsing van silo's op een onvoldoende stevige ondergrond).[938]

---

[932] Cass. 5 december 2002, *RW* 2005-06, 420, noot A. VAN OEVELEN; Bergen 2 maart 1992, *JT* 1993, 228; B. KOHL, "Contrat d'entreprise" in *RPDB*, Brussel, Bruylant, 2016, 545-546.

[933] Gent 24 november 1978, *T.Aann.* 1979, 133.

[934] Brussel 27 juni 1988, *JLMB* 1989, 909, noot R. DE BRIEY.

[935] S. DE COSTER, *o.c.*, 365.

[936] Cass. 25 oktober 1985, *Arr.Cass.* 1985-86, 270.

[937] Antwerpen (7e k.) 20 maart 2017, *TBO* 2017, 377.

[938] Cass. 18 mei 1987, *Pas.* 1987, I, 1125, *RW* 1988-89, 1124.

Geoordeeld werd dat het loskomen van de inwendige lasverbindingen geen verborgen uitvoeringsfout inhoudt indien het loskomen veroorzaakt is door de versnelde corrosie ten gevolge van het gebruik van een te sterk aantastend water.[939]

D. FUNCTIONEEL GEBREK

674. Het verborgen gebrek kan ook een functioneel gebrek zijn, nl. een gebrek dat het gevolg is van het onaangepast zijn van de grond of van de materialen aan het bouwwerk. Het werk is conform aan de opdracht, maar in realiteit is het onbruikbaar of minstens niet geschikt voor het doel dat de opdrachtgever voor ogen had.

Dit is bijvoorbeeld het geval wanneer het werk bij zijn gebruik schade toebrengt aan de omgeving[940], of indien de werkingskosten zo hoog zijn dat het gebruik ervan voor het doel waarvoor het bestemd is, economisch niet verantwoord is.[941]

De architect zal in deze situatie aansprakelijk zijn. Hij staat immers in voor de conceptie van het werk. Het is hierbij irrelevant dat de bouwheer de bouwplaats of de materialen heeft opgelegd.

2. Verborgen gebrek

A. BEGRIP

675. Het gebrek dient ten tijde van de goedkeuring van de werken onzichtbaar te zijn voor de normaal zorgvuldige en omzichtige bouwheer behorend tot dezelfde beroepscategorie en geplaatst in dezelfde concrete omstandigheden, die de werken aan een nauwkeurig onderzoek heeft onderworpen.[942]

De gebreken die zichtbaar zijn (of waarvan zelfs het begin vaststelbaar is) worden gedekt door de aanvaarding van de werken.[943] Het feit dat de bouwheer het belang van een zichtbaar gebrek onderschat heeft of dat het zichtbaar gebrek met de tijd groter wordt, verandert niets aan het feit dat het gebrek zichtbaar was bij de goedkeuring van de werken en daardoor gedekt is.

---

[939] Cass. 15 december 1995, *Arr.Cass.* 1995, 1135.

[940] BAERT geeft hier het voorbeeld van een niet te stuiten oververhitting van de centrale verwarming waardoor de parketvloeren stuksspringen ("De garantieverbintenis van architecten en aannemers uit het gemene recht van de overeenkomst van aanneming van werk", *RW* 1993-94, 246).

[941] Bergen 2 maart 1992, *JLMB* 1992, 1262, noot B. LOUVEAUX (een koelinstallatie van een ijsbaan verbruikte door haar overcapaciteit zo veel elektriciteit dat een normale exploitatie niet mogelijk was).

[942] B. KOHL, "Contrat d'entreprise" in *RPDB*, Brussel, Bruylant, 2016, 552; A. VAN OEVELEN, *Overeenkomsten, II, Bijzondere overeenkomsten. E: Aanneming van werk – lastgeving* in *Beginselen van Belgisch Privaatrecht*, Antwerpen, Kluwer, 2017, 277-278.

[943] Cass. 18 mei 1987, *Arr.Cass.* 1986-87, nr. 546; Cass. 15 september 1994, *Arr.Cass.* 1994, nr. 382; Cass. 12 januari 1995, *Arr.Cass.* 35; Rb. Antwerpen 9 november 2006, *TBO* 2008, 197.

---

676. In ieder geval beslist de feitenrechter soeverein over het al dan niet verborgen karakter van de gebreken.[944] Zo werd geoordeeld dat een gebrek dat reeds bestond op het ogenblik van de aanvaarding van het gebouw, zoals een fout in de geluidsisolatie, maar slechts kon worden ontdekt vanaf de ingebruikneming van het gebouw, beschouwd moet worden als een verborgen gebrek.[945]

B.   ONDERZOEK EN BIJSTAND

677. Het verborgen dan wel zichtbare karakter van het gebrek dient beoordeeld te worden *in concreto*, rekening houdend met de hoedanigheid van de bouwheer en de bijstand die hij bij de oplevering heeft gehad.

Er bestaat geen algemene verplichting in hoofde van de bouwheer om zich te laten bijstaan door een deskundige. Zeker voor kleinere werken is dit niet gebruikelijk. Echter, indien de goedkeuring van de werken een zekere kennis vereist, moet de bouwheer een beroep doen op een technisch raadsman.[946] Of de bouwheer bijstand nodig had, dient beoordeeld te worden in het licht van een normaal zorgvuldige en omzichtige bouwheer behorend tot dezelfde beroepscategorie en geplaatst in dezelfde concrete omstandigheden.[947]

Bovendien is de bouwheer wettelijk verplicht om voor bepaalde werken een beroep te doen op een architect (zie art. 4 wet 20 februari 1939). In dergelijke situaties moet hij zich ook bij de oplevering laten bijstaan door een architect. Negeert hij deze verplichting, dan blijft de aannemer aansprakelijk voor de door zijn fout ontstane lichte verborgen gebreken. De bouwheer loopt in die situatie wel het gevaar zelf te moeten instaan voor een deel van de schade dat veroorzaakt is door de niet-nakoming van de wettelijke verplichting.

678. Werden door de rechtspraak beschouwd als *zichtbaar* gebrek:
- de niet-rechtlijnigheid van sommige muurgedeelten[948];
- geluidshinder in appartementen veroorzaakt door de lift[949];
- afwijkingen in de maten van het plan[950];
- een verkeerd type van dakpannen die bovendien kleurverschillen vertonen[951];

---

944   Cass. 13 maart 1975, *Arr.Cass.* 1975, 783, *Pas.* 1975, I, 708, *T.Aann.* 1977, 310.
945   Brussel 15 maart 1996, *JLMB* 1996, 785, noot J. BOULANGER, *RJI* 1997, 21.
946   H. DE PAGE, IV, 1025, nr. 884.
947   A. VAN OEVELEN, *Overeenkomsten, II, Bijzondere overeenkomsten. E. Aanneming van werk – lastgeving* in *Beginselen van Belgisch Privaatrecht*, Antwerpen, Kluwer, 2017, 278; W. GOOSSENS, *Aanneming van werk: Het gemeenrechtelijk dienstencontract*, Brugge, die Keure, 2003, 1008.
948   Rb. Kortrijk 18 oktober 1983, *T.Aann.* 1984, 216, noot.
949   Brussel 13 november 1963, *RJI* 1963, 323.
950   Brussel 19 januari 1946, *JT* 1946, 71.
951   Kh. Gent 27 november 1930, *Jur.Comm.Fl.*, 1930, 319.

- een gebrekkige waterdichtheid, afwerking en sluiting van het raamwerk[952], de gebrekkige herstelling van een balkonleuning[953];
- de overdreven vochtigheid van het gebruikte hout[954], slechte plaatsing van vensterluiken[955];
- de afwezigheid van afdekkapjes op de verluchtingspijpen[956];
- het ontbreken van een perifere draineersleuf[957];
- de niet-conformiteit van een verwarmingsinstallatie die werd gemeld door het plaatsen van een rood karton en rode stop[958];
- de vochtigheid van een chalet;
- een elektrische installatie die dateert van rond 1950, waardoor verschillende elektriciteitsonderdelen, zoals aftakdozen, stopcontacten en/of lichtschakelaars, zichtbaar niet veilig meer waren[959];
- het probleem van gebrekkige verluchting doordat geen enkele wijze van verluchting is voorzien, geen ventilatie, geen kokers, geen raamroosters, geen gevelroosters. Volgens het hof van beroep van Antwerpen is dit een zichtbaar gebrek, nu bij de ingebruikname van een appartement meteen duidelijk is of moet zijn dat er slechts door middel van het openen van een raam kan worden verlucht.[960]

679. Het *verborgen* karakter van het gebrek werd aanvaard in de volgende gevallen:
- het optreden na verloop van tijd van condensatie in de dubbele beglazing[961];
- het slecht functioneren van een schouw[962];
- een koelinstallatie die onaanvaardbaar veel elektriciteit verbruikte[963];
- de slechte sluiting van de overloop van een septische put[964];
- een slechte soldering die zelfs na verschillende onderzoeken niet aan het licht was gekomen[965];
- barsten in de betonbekleding die diende voor de thermische isolatie van een reservoir[966];

---

[952] Kh. Brussel 9 maart 1993, geciteerd door FLAMME en LEPAFFE, *RPDB*, v° *Devis et Marchés*, compl. t. II, 510, nr. 511.
[953] Gent 9 december 1955, *RW* 1955-56, 1419.
[954] Kh. Brussel 10 januari 1935, *JCB* 1935, 192.
[955] Luik 22 oktober 1987, *T.Aann.* 1990, 208.
[956] Kh. Kortrijk 27 februari 1993, *RW* 1994-95, 546.
[957] Cass. 12 januari 1995, *Arr.Cass.* 1995, 35.
[958] Rb. Brussel 31 oktober 2007, *JT* 2008, 12.
[959] Bergen 22 december 2003, *T.Verz.* 2006, 365, noot J. GAILLY.
[960] Antwerpen (17ᵉ k.) 19 november 2015, *TBO* 2016, 451.
[961] Brussel, 9 mei 1986, *T.Aann.* 1988, 242, noot M.A. FLAMME; Brussel 1 april 1983, *RJI* 1984, 29.
[962] Cass. 13 maart 1975, *T.Aann.* 1977, 310.
[963] Bergen 2 maart 1992, *JLMB* 1992, 1262, noot B. LOUVEAUX.
[964] Bergen 24 november 1981, *Rev.Not.* 1982, 309.
[965] Brussel 9 februari 1982, geciteerd door M.A. FLAMME en P. FLAMME, *o.c.*, nr. 129.
[966] Cass. 3 april 1959, *RCJB* 1960, 208.

- een onvoldoende geluidsisolatie[967];
- de slechte verbinding tussen twee complementaire toestellen[968];
- het barsten of afschilferen van bakstenen na de plaatsing[969];
- het ontbreken van cement in een chape[970];
- de fout in het ontwerp waardoor de schouwen slecht geplaatst waren ten opzichte van de naburige gebouwen, waardoor ze slecht functioneerden[971];
- slecht geplaatste ondergrond die breuken in de vloertegels veroorzaakt[972];
- oxidatie van dakleien[973];
- de helling van een leiding die te zwak is en de diameter van de afvoerbuizen die te gering is voor de voorziene capaciteit[974];
- het naar beneden komen van een stukje bezetting van de zijmuur[975];
- problemen met een slechte waterdichting die de essentiële onderdelen (muren, draagstructuur) van een zwembad niet in het gedrang brengen[976];
- een lek in de sanitaire leidingen[977];
- huiszwam, houtetende insecten, rot en schimmel[978];
- een lekkende afvoerbuis die ingewerkt werd in de muur[979];
- een vochtprobleem onder meer te wijten aan de onvoldoende helling van het dak[980];
- een gebrek in de geluidsisolatie[981];
- een slecht functionerende dampkap[982];
- de niet-conforme dikte van de betonplaat[983];
- beschadigde mazoutleidingen ten gevolge van foutief uitgevoerde waterdichtings- en drainagewerken[984];
- waterinfiltratie[985];

---

[967] Antwerpen (7ᵉ k.) 3 april 2017, *TBO* 2017, 381; Brussel 15 maart 1996, *JLMB* 1996, 785, noot, *RJI* 1997, 21; Brussel 3 mei 1995, *RJI* 1995, 265; Brussel 14 januari 1993, *T.Aann.* 1993, 136; Brussel 5 april 1978, *RJI* 1978, 283.

[968] Cass. 17 mei 1984, *RW* 1984-85, 2090.

[969] Gent 26 januari 1995, *AJT* 1995-96, 49; Brussel 12 juni 1979, geciteerd door M.A. FLAMME en P. FLAMME, *o.c.*, nr. 129.

[970] Rb. Nijvel 18 april 1978, *JT* 1978, 419.

[971] Rb. Brussel 12 januari 1965, *RJI* 1965, 125.

[972] Rb. Nijvel 28 juni 1991, *JLMB* 1991, 1067, noot.

[973] Antwerpen 22 november 1992, *T.Aann.* 1998, 35.

[974] Rb. Brussel (5ᵉ k.) 29 oktober 1995, *RJI* 1996, 223.

[975] Rb. Antwerpen 9 november 2006, *TBO* 2008, 196.

[976] Rb. Antwerpen 9 november 2006, *TBO* 2008, 196.

[977] Kh. Gent 2 december 2004, *TGR-TWVR*, 2006, 101.

[978] Luik 3 november 2008, *For.ass.* 2009, 146, noot S. ANDREANI.

[979] Kh. Tongeren 2 oktober 2007, *RW* 2009-10, 246.

[980] Brussel 7 augustus 2007, *RJI* 2008, 80.

[981] Rb. Antwerpen 3 januari 2014, *TBO* 2014, 36.

[982] Gent 5 januari 2018, 2014/AR/3096, onuitg.

[983] Brussel 1 augustus 2013, *TBO* 2015, 143.

[984] Brussel 12 januari 2016, *TBO* 2016, 163.

[985] Brussel 8 februari 2016, *TBO* 2016, 166.

- barsten in golfplaten[986];
- gebreken aan het buitenschrijnwerk.[987]

3. Ernstig gebrek

680. Het gebrek dient van die te aard te zijn dat de bouwheer, indien hij van het bestaan ervan had geweten, niet tot de goedkeuring van de werken zou zijn overgegaan.[988] Door het gebrek komt immers het normale gebruik van de zaak in het gedrang.

Volgens sommigen dienen de gebreken dermate ernstig te zijn dat het voor de bouwheer een vermogensschade van een bepaalde omvang teweegbrengt.[989] Echter, de feitenrechter heeft ter zake een ruime beoordelingsbevoegdheid.

681. Kleine onvolkomenheden (bv. kleine barsten in de bevloering die enkel bij betasting kunnen worden waargenomen[990]) komen dus niet in aanmerking. Zo werd geoordeeld dat de aanwezigheid van kleine haarscheurtjes in de gevel geen voldoende ernstig gebrek was. Het werd namelijk niet beschouwd als een structureel gebrek en kwam evenmin in aanmerking als esthetische schade, omdat de scheurtjes slechts waarneembaar waren van zeer dichtbij.[991]

Het gebrek mag echter niet zodanig ernstig zijn dat het de stevigheid van een gebouw, groot werk of een essentieel bestanddeel ervan aantast. Voor dergelijke gebreken geldt namelijk de tienjarige aansprakelijkheid.

4. Fout

682. De aansprakelijkheid van aannemer of architect voor verborgen gebreken geldt slechts wanneer er een fout in hun hoofde wordt vastgesteld.[992] De bewijslast zal echter verschillen naargelang het een tekortkoming betreft van een resultaats- dan wel een middelenverbintenis.

5. Schade

683. Gelet op de contractuele aard van de aansprakelijkheid, dient de eiser ook zijn schade te bewijzen.

---

986   Brussel 30 maart 2010, *TBO* 2010, 265.
987   Luik 19 januari 2017, *JLMB* 17/508, vermeld in B. LOUVEAUX, "Inédits de droit de la construction 2018-2019", *JLMB* deel 1: 2018, afl. 35, (1652) 1676.
988   Rb. Antwerpen 9 november 2006, *TBO* 2008, 197; Rb. Antwerpen 21 oktober 2010, *TBO* 2011, 177.
989   P. RIGAUX, *Le droit de l'architecte*, nr. 451.
990   Vred. Herve 17 oktober 1989, *JLMB* 1990, 463.
991   Brussel (20e k.) 30 september 2014, *TBO* 2014, 336.
992   Vgl. Bergen 8 oktober 1990, *JT* 584, noot P. RIGAUX.

De schade kan beperkt zijn tot het gebrek zelf. Indien er ook andere schade bestaat, dient daarvan het bewijs geleverd te worden alsook het bewijs van het oorzakelijk verband tussen de fout en de schade.

H.   Termijn voor de vordering

684.   Om te bepalen of de opdrachtgever een ontvankelijke aansprakelijkheidsvordering wegens verborgen gebreken kan instellen, dient zowel rekening gehouden te worden met de waarborgtermijn als met de proceduretermijn.[993] De waarborgtermijn is de termijn waarbinnen de aannemer en de architect aangesproken kunnen worden voor lichte, verborgen gebreken. De proceduretermijn is de termijn waarbinnen de vordering daadwerkelijk moet worden ingesteld nadat het gebrek ontdekt werd.

1.   Proceduretermijn

685.   Voorheen werd algemeen aangenomen dat de vordering in aansprakelijkheid wegens verborgen gebreken, naar analogie met de wettelijke regeling inzake koop-verkoopcontracten, binnen een korte termijn na het ontdekken van het gebrek diende te worden ingesteld (art. 1648 BW).

Het is thans vaste rechtspraak dat artikel 1648 BW niet van toepassing is op aannemingsovereenkomsten.[994] Hierbij wordt opgemerkt dat de koop van een woning op plan wél onder het toepassingsgebied van artikel 1648 BW valt.[995]

686.   Als algemene regel geldt dat de aansprakelijkheidsvordering op grond van lichte verborgen gebreken *tijdig* dient te worden ingesteld na de ontdekking ervan.[996]

A.   Aanvangspunt termijn

687.   De termijn waarbinnen de opdrachtgever een vordering kan instellen wegens lichte, verborgen gebreken vangt aan op het ogenblik dat de opdrachtgever kennis heeft of redelijkerwijze kennis kon hebben van die gebreken.[997]

---

[993]   A. VAN OEVELEN, *Overeenkomsten, II, Bijzondere overeenkomsten. E: Aanneming van werk – lastgeving* in *Beginselen van Belgisch Privaatrecht*, Antwerpen, Kluwer, 2017, 284; D. PETOSA, "Gemeenrechtelijke aansprakelijkheid van aannemer voor lichte, verborgen gebreken", *NJW* 2018, 465; K. DEKETELAERE, M. SCHOUPS en A.L. VERBEKE (eds.), *Handboek bouwrecht*, Antwerpen, Intersentia, 2013, 632-633.

[994]   Cass. 15 september 1994, *Arr.Cass.* 1994, 748, *RW* 1995-96, 454, noot; Cass. 8 april 1988, *Arr. Cass.* 1987-88, 1000, *T.Aann.* 1989, 301.

[995]   Zie bv. Antwerpen (7ᵉ k.) 20 maart 2017, *TBO* 2017, 377; Antwerpen (7ᵉ k.) 3 april 2017, *TBO* 2017, 381.

[996]   Cass. 8 april 1988, *Arr.Cass.* 1988, I, 921; Cass. 15 september 1994, *Arr.Cass.* 1994, nr. 382; GwH 19 juli 2017, nr. 98/2017, *BS* 22 november 2017, 100.029, *NJW* 2017, 651, noot F. BRULOOT; *RW* 2017-18, 160, *T.Aann.* 2017, 264, *TBO* 2018, 25, noot M. SCHOUPS en J. BATS.

[997]   Brussel 5 juni 2014, *T.Aann.* 2015, afl. 2, 212; Kh. Antwerpen 28 juni 2016, *T.Aann.* 2017, afl. 2, 213.

688. De rechter oordeelt in feite en derhalve op onaantastbare wijze op welk ogenblik de opdrachtgever kennis heeft of redelijkerwijze kon hebben van de gebreken.[998]

689. Aanvaard wordt dat wanneer een koper van een gebouw de promotorverkoper aanspreekt in vrijwaring wegens verborgen (koop)gebreken, de termijn voor de promotor-verkoper om zijn aannemer aan te spreken in vrijwaring pas start op dat moment.[999]

690. Om het aanvangspunt van de vrijwaringsvordering van de bouwpromotor-aannemer tegen de aannemer of van de hoofdaannemer tegen de onderaannemer te bepalen, dient de rechter daarentegen niet noodzakelijk uit te gaan van het tijdstip waarop de vordering van de bouwheer tegen de bouwpromotor of de hoofdaannemer werd ingesteld.[1000]

B. TIJDIGHEID VAN DE VORDERING

691. De vordering dient bovendien tijdig ingesteld te zijn na het ogenblik dat de opdrachtgever kennis heeft of redelijkerwijze kennis kon hebben van het gebrek. Onder het begrip "tijdig" dient te worden verstaan binnen een "redelijke"[1001] of "nuttige"[1002] termijn.[1003]

De "redelijkheid" houdt verband met de al dan niet aanvaarding van het gebrek door de opdrachtgever en met de eventueel te verwachten bewijsmoeilijkheden die zouden kunnen rijzen wanneer de opdrachtgever onredelijk lang wacht met het instellen van zijn vordering.[1004]

Het "nuttig" karakter van de termijn houdt in dat het oorzakelijk verband tussen de werken en de schade nog op nuttige wijze onderzocht moet kunnen worden, bijvoorbeeld door een gerechtelijke deskundige.[1005]

---

[998] Cass. 26 maart 2018, *TBO* 2018, 436.

[999] K. VANHOVE, "De proceduretermijn voor een gedwongen vrijwaringsvordering wegens lichte verborgen gebreken inzake aanneming" (noot onder Cass. 14 november 2008), *RW* 2009-10, 1224-1227.

[1000] Cass. 14 november 2008, *RW* 2009-10, 1223, noot K. VANHOVE. In de noot bij dit arrest geeft K. VANHOVE terecht aan dat het Hof van Cassatie hier ten onrechte geen onderscheid maakt tussen de promotor-verkoper en de promotor-aannemer.

[1001] Zie bv. Brussel 12 januari 2016, *TBO* 2016, 161; Kh. Antwerpen 28 juni 2016, *T.Aann.* 2017, afl. 2, 213; Rb. Oost-Vlaanderen 8 februari 2016, *TBO* 2016, 472.

[1002] Zie Cass. 4 april 2003, *Arr.Cass.* 2003, nr. 227; Cass. 2 februari 2006, *Arr.Cass.* 2006, nr. 69; Brussel 29 juni 2010, *RJI* 2011, afl. 1, 17; Brussel 5 juni 2014, *T.Aann.* 2015, afl. 2, 212.

[1003] Cass. 15 september 1994, *Arr.Cass.* 1994, 748, *RW* 1995-96, 454, noot, *JLMB* 1995, 1068, noot B. LOUVEAUX en noot R. DE BRIEY.

[1004] Brussel (20e k.) 12 januari 2016, *TBO* 2016, (161), 163; Rb. Waals-Brabant 27 juni 2014, *RJI* 2014, afl. 4, 333.

[1005] Brussel 29 juni 2010, *RJI* 2011, afl. 1, 17.

In ieder geval oordeelt de feitenrechter op onaantastbare wijze of de vordering op grond van verborgen gebreken "tijdig" is ingesteld.[1006]

692. Om de tijdigheid van de reactie van de bouwheer te beoordelen, dient men na te gaan binnen welke tijdspanne na het ontdekken van het gebrek de bouwheer een rechtsvordering ter zake heeft ingesteld. Het moment van de ingebrekestelling is dus niet doorslaggevend.[1007]

Bij de beoordeling van de tijdigheid zal rekening gehouden worden met de omstandigheden van de zaak. Die omstandigheden kunnen bijvoorbeeld zijn:
- de onderhandelingen gevoerd tussen de partijen[1008];
- het plaatsvinden van een gerechtelijke expertise[1009];
- het feit dat ten gronde werd gedagvaard tot herstel of tot vergoeding van de schade hoewel in de procedure de gebreken aanvankelijk anders werden gekwalificeerd en men zich baseerde op een andere rechtsgrond[1010];
- de houding van de bouwheer[1011] en de aannemer.[1012]

Uit het feit dat na het doorlopen van een duur deskundigenonderzoek en de neerlegging van het eindadvies van de gerechtsdeskundige relatief lang werd gewacht met het uitbrengen van een dagvaarding ten gronde, werd bijvoorbeeld niet afgeleid dat het gebrek werd aanvaard.[1013]

Tevens werd geoordeeld dat wanneer een aannemer verscheidene keren gepoogd heeft om vochtproblemen op te lossen, de termijn voor het instellen van een vordering wegens verborgen gebreken iedere keer opnieuw begint te lopen na iedere herstelling. De bouwheer moet namelijk afwachten of de vochtplekken wel

---

[1006] Cass. 15 september 1994, *Arr.Cass.* 1994, 748, *RW* 1995-96, 454, noot, *JLMB* 1995, 1068, noot B. LOUVEAUX en noot R. DE BRIEY; Brussel 5 juni 2014, *T.Aann.* 2015, afl. 2, 212; Brussel 12 januari 2016, *TBO* 2016, 161; Rb. Waals-Brabant 27 juni 2014, *RJI* 2014, afl. 4, 333.

[1007] Anders: Brussel 3 mei 1995, *RJI* 1995, 265, waar men uitgaat van de datum waarop de bouwheer het gebrek aan de aannemer kenbaar heeft gemaakt.

[1008] Cass. 15 september 1994, hoger reeds geciteerd, dat een arrest van het hof van beroep van Brussel bevestigde dat de vordering tegen de aannemer en de architect ontvankelijk en gegrond verklaarde alhoewel de bouwheer na verscheidene pogingen om tot een minnelijke oplossing te komen, pas overging tot dagvaarding drie jaar na de manifestatie van de gebreken; Rb. Brussel 11 juni 1996, *JLMB* 1997, waar de onderhandelingen twee jaar in beslag namen; Rb. Gent 29 maart 1995, *TGR* 1995, 232; Antwerpen 16 februari 2009, *Limb.Rechtsl.* 2009, afl. 2, 125, noot I. SAMOY.

[1009] Zie o.m. Cass. 23 maart 1984, *Arr.Cass.* 1983-84, 969, *RW* 1984-85, 127; Brussel 30 maart 2010, *TBO* 2010, 265; Antwerpen 16 februari 2009, *Limb.Rechtsl.* 2009, afl. 2, 125, noot I. SAMOY; zie evenwel Kh. Kortrijk 27 februari 1993, *RW* 546.

[1010] Cass. 29 maart 1984, *Arr.Cass.* 1983-84, 1016, *RW* 1984-85, 1094: "De dagvaarding stuit de verjaring voor de vordering die zij inleidt en voor de vordering die zij inleidt en voor de vorderingen die virtueel daarin zijn begrepen."

[1011] Rb. Brussel (Nl.) 27 juli 2016, *RABG* 2017, afl. 2, 113, noot J. VAN DONINCK; Antwerpen 16 februari 2009, *Limb.Rechtsl.* 2009, afl. 2, 125, noot I. SAMOY.

[1012] Vred. Aalst 14 augustus 2012, *T.Vred./T.Pol.* 2013, afl. 9-10/4, 485/185.

[1013] Brussel 12 januari 2016, *TBO* 2016, 161.

zullen uitdrogen. Aangezien de bouwheer aanvankelijk niet correct kon inschatten wat de ernst van de door hem vastgestelde problemen was, kan de bouwheer niet verweten worden dat hij eerst afwachtte wat het effect was van de door aannemer ondernomen herstellingsmaatregelen.[1014] In die zin kan ook verwezen worden naar een arrest van het hof van beroep te Brussel, waarin geoordeeld werd dat het verstrijken van een termijn van negen jaar (!) tussen de ontdekking van de gebreken en de inleiding van het geding niet verhinderde dat de rechtsvordering tijdig werd ingesteld. Het hof hield rekening met het feit dat in voormelde periode oplossingen voorgesteld werden, vergaderingen werden gehouden en dat partijen getracht hebben een buitengerechtelijke beslechting van het geschil te bekomen.[1015]

Een vordering voor een licht geborgen gebrek in thermische dakisolatie, ingesteld drie maanden nadat de bouwheer ervan kennis heeft genomen door persoonlijk het gebouw te betrekken na zes jaar betrekking door een derde (huurder) zonder klacht, en dit ondanks de voorlopige oplevering die heel wat vroeger werd toegekend zonder voorbehoud m.b.t. de dakisolatie, werd eveneens tijdig ingesteld.[1016]

693. Het stilzitten van de opdrachtgever mag enkel als een aanvaarding van het gebrek beschouwd worden als er een zodanig lange tijd verlopen is sedert de ontdekking van de gebreken, zonder reactie van de opdrachtgever, dat zulks niet anders kan worden uitgelegd dan als een aanvaarding van de gebrekkige toestand.[1017]

Dit zal bijvoorbeeld het geval zijn bij het verstrijken van een aanzienlijk lange termijn sedert de ontwikkeling van de gebreken, zonder enige reactie van de opdrachtgever.[1018] Ook het betekenen van de inleidende dagvaarding bijna zeven jaar na de eerste onderzoeken van de expert, hoewel de bouwheer niet ontkende dat hij ervan op de hoogte was, werd geacht laattijdig te zijn.[1019] Dit is eveneens het geval wanneer de vordering pas werd ingesteld zes jaar nadat de gebreken aan het licht gekomen zijn, in het bijzonder wanneer uit niets blijkt dat er onderhandelingen zijn gevoerd.[1020]

Anderzijds werd geoordeeld dat een dagvaarding van 13 juni 2013 voor gebreken die reeds in oktober 2012 werden vastgesteld, toch nog tijdig was aangezien er

---

[1014] Brussel 29 juni 2010, *RJI* 2011, afl. 1, 17.
[1015] Brussel 28 februari 2008, *Jurim Pratique* 2008, afl. 2, 83.
[1016] Brussel 5 juni 2014, *T.Aann.* 2015, afl. 2, 212.
[1017] Zie bv. Cass. 8 april 1988, *Arr.Cass.* 1987-88, 1000, *Pas.* 1988, I, 921, dat een arrest van het hof van beroep van Gent bevestigde dat de bouwheer had toegestaan om in rechte op te treden vier jaar na de ontdekking van het gebrek, aangezien daar niet uit kon worden afgeleid dat hij aan zijn rechten had verzaakt; Brussel 15 februari 1996, *JLMB* 1996, 1482; Rb. Brussel 27 juli 2016, *RABG* 2017, afl. 2, 113, noot J. VAN DONINCK; Kh. Gent 8 januari 2016, *TGR-TWVR* 2017, afl. 1, 9.
[1018] Antwerpen 27 oktober 2008, *TBO* 2009, 249; Antwerpen 23 september 1997, *T.Aann.* 1999, 312, noot W. ABBELOOS.
[1019] Brussel 20 december 2007, *JLMB* 2012, 9.
[1020] Antwerpen 20 maart 2017, *TBO* 2017, 377; zie ook Kh. Antwerpen 28 juni 2016, *T.Aann.* 2017, afl. 2, 213.

geen sprake was van een dermate lang tijdsverloop dat wijst op de aanvaarding van de gebreken door de bouwheer.[1021] Zo werd ook geoordeeld dat de dagvaarding ten gronde door de schadelijder drie jaar na de neerlegging van het eindverslag van de gerechtsdeskundige, aangesteld in kort geding, nog steeds tijdig was. Uit het louter stilzitten van de schadelijder en zijn verzekeraar, na het houden van een kostelijke expertise, kon niet ernstig worden afgeleid dat het gebrek werd aanvaard.[1022]

694. Een vordering die niet tijdig werd ingesteld, zal worden afgewezen als niet-ontvankelijk.

Deze niet-ontvankelijkheid van de oorspronkelijke vordering (*in casu* de betaling van een schadevergoeding wegens verborgen gebreken) belet niet dat de rechter, voor wie een gewijzigde of uitgebreide vordering (art. 807 Ger.W.) aanhangig is, zich over alle punten van die vordering dient uit te spreken. Zo dient de rechter bijvoorbeeld nog een uitspraak te vellen over een later ingestelde vordering in schadevergoeding wegens vertraging in de uitvoering van de werken.[1023]

695. Wanneer de aannemer door de opdrachtgever in vrijwaring wordt aangesproken en hij zelf de verkoper in vrijwaring wil roepen wegens verborgen gebreken in de bij die verkoper aangekochte materialen, start de korte termijn (art. 1648 BWB) voor deze vrijwaringsvordering tegen de verkoper op het ogenblik dat de aannemer wordt gedagvaard. Het is immers pas vanaf dat ogenblik dat de aannemer beschikt over het vereiste belang om de verkoper te dagvaarden.[1024]

2. Waarborgtermijn

696. Thans wordt aangenomen dat de aansprakelijkheid op grond van verborgen gebreken onderhevig is aan de gemeenrechtelijke verjaringstermijn van tien jaar, bepaald in artikel 2262*bis*, § 1 BW. Deze termijn kan worden gestuit of geschorst.[1025]

697. Voorheen werd in bepaalde rechtspraak en rechtsleer aanvaard dat het vorderingsrecht, net zoals inzake de aansprakelijkheid op basis van de artikelen 1792 en 2270 BW, onderhevig was aan een tienjarige vervaltermijn (en dus geen verjaringstermijn) na de goedkeuring van de werken.[1026] Deze stelling werd echter verworpen.

[1021] Kh. Gent 8 januari 2016, *TGR-TWVR* 2017, afl. 1, 9.

[1022] Brussel (20ᵉ k.) 12 januari 2016, *TBO* 2016, 161.

[1023] Cass. 25 november 2016, *TBO* 2017, 145.

[1024] K. VANHOVE, "De 'action directe' wegens verborgen koopgebreken in (onder)aannemingsgeschillen" (noot onder Cass. 15 september 2011), *RW* 2011-12, (1680) 1684.

[1025] GwH 19 juli 2017, nr. 98/2017, *BS* 22 november 2017, 100.029, *NJW* 2017, 651, noot F. BRULOOT; *RW* 2017-18, 160, *T.Aann.* 2017, 264, *TBO* 2018, 25, noot M. SCHOUPS en J. BATS; Luik 6 maart 2017, *JLMB* 2017, afl. 25, 1196; Brussel 28 juni 2016, *TBO* 2017, 189, noot M. SCHOUPS en J. BATS.

[1026] Zie Bergen 12 juli 1985, geciteerd door P. RIGAUX, *Le droit de l'architect. Evolution ...*, o.c., 427 (noot 1061); Brussel 9 februari 1982, *JT* 1982, 816, noot D. DEVOS; *T.Aann.* 1983, 1, noot M.A.

698. Met andere woorden, de aannemer en de architect kunnen tot tien jaar na de aanvaarding van de werken aangesproken worden wegens lichte, verborgen gebreken.

Deze termijn begint te lopen de dag na die van de aanvaarding van de werken. Zoals hierboven aangeduid, valt de aanvaarding in principe samen met de definitieve oplevering, tenzij anders overeengekomen. De waarborgtermijn vangt normaliter dus aan de dag na de definitieve oplevering.

In geval van bedrog loopt er echter een nieuwe waarborgtermijn van tien jaar vanaf de ontdekking van het bedrog.[1027]

I. *Conventionele regeling*

699. Over de vraag of de partijen afspraken kunnen maken omtrent de aansprakelijkheid voor verborgen gebreken, bevestigde het Grondwettelijk Hof het standpunt van de rechtsleer en de rechtspraak:

> "De in artikel 2262*bis* van het Burgerlijk Wetboek bedoelde gemeenrechtelijke verjaring heeft betrekking op de gemeenrechtelijke aansprakelijkheid van de architecten of aannemers die, op grond van artikel 1147 van het Burgerlijk Wetboek, na de oplevering kan worden aangevoerd wegens lichte gebreken. Zij is niet van openbare orde en kan het voorwerp uitmaken van ontheffings- of beperkende clausules, binnen de perken van het gemeen recht, aangezien zij de bescherming van de opdrachtgever en niet de openbare veiligheid beoogt."[1028]

700. Zo werd reeds geoordeeld dat een exoneratiebeding waarbij het vorderingsrecht van de bouwheer voor lichte verborgen gebreken en voor de verrekening van eventuele minderwaarden, beperkt werd tot drie maanden na de voorlopige oplevering, geldig is.[1029]

701. Over de inhoud en de strekking van deze conventionele regelingen, zie verder onder § 6. Bevrijding van aansprakelijkheid.

FLAMME; Kh. Kortrijk 27 februari 1993, *RW* 1994-95, 546; M.A. FLAMME en P. FLAMME, *o.c.*, 113, nr. 127; Y. HANNEQUART, *Le droit de la construction*, nr. 173; G. BAERT, *Aanneming* in *APR*, 770.

[1027] *"Fraus omnia corrumpit"*: bedrog doet alles teniet. De aanvaarding van het werk zal door het bedrog als onbestaande worden beschouwd.

[1028] GwH 19 juli 2017, nr. 98/2017, *BS* 22 november 2017, 100.029, *NJW* 2017, 651, noot F. BRULOOT; *RW* 2017-18, 160, *T.Aann.* 2017, 264, *TBO* 2018, 25, noot M. SCHOUPS en J. BATS.

[1029] Brussel 1 augustus 2013, *TBO* 2015, 143.

J. Bewijs

1. Principe

702. Opdat een vordering wegens verborgen gebreken enige slaagkans zou hebben, dient de bouwheer het volgende aan te tonen:
- dat het bouwwerk aangetast is door een (verborgen) gebrek,
- dat de aangesproken partij (aannemer, architect, ingenieur, promotor) schuld heeft aan het gebrek, en
- dat er schade veroorzaakt is door het gebrek.

2. Bewijs van het bestaan van het gebrek

703. Het bewijs van het (verborgen) gebrek mag gebeuren met alle middelen van recht. Meestal zal dit geschieden aan de hand van een tegensprekelijk deskundig onderzoek.

Het verborgen gebrek dient, minstens in de kiem, op het ogenblik van de oplevering te bestaan. Uit de aard van het gebrek, zoals dat blijkt uit het deskundig onderzoek, volgt een vermoeden van het bestaan ervan bij de oplevering. De gedaagden kunnen echter het tegenbewijs leveren.[1030]

De bouwheer dient enkel te bewijzen dat er een gebrek aanwezig is. Hij dient derhalve niet aan te tonen dat het gebrek ook verborgen was op het ogenblik van de aanvaarding van de werken. Eenmaal de aanwezigheid van gebreken vaststaat, is het aan de gedaagden om aan te tonen dat ze zichtbaar waren bij de oplevering.[1031] De aannemer zal dus moeten bewijzen dat het gebrek reeds zichtbaar was op het ogenblik van de oplevering om alsnog aan zijn aansprakelijkheid te kunnen ontkomen.[1032]

3. Bewijs van de fout[1033]

704. De meeste aannemingsovereenkomsten bevatten meerdere middelen- en resultaatsverbintenissen. Telkens moet de concrete bedoeling van de partijen nagegaan worden. Zo zijn partijen vrij om contractueel te bepalen of de verbintenissen van de aannemer al dan niet resultaatsverbintenissen inhouden.[1034]

[1030] S. DE COSTER, *o.c.*, 364, nr. 45 en de verwijzingen aldaar.
[1031] M.A. FLAMME en P. FLAMME, *o.c.*, nr. 160.
[1032] A. VAN OEVELEN, *Overeenkomsten, II, Bijzondere overeenkomsten. E: Aanneming van werk – lastgeving* in *Beginselen van Belgisch Privaatrecht*, Antwerpen, Kluwer, 2017, nr. 230; D. PETOSA, "Gemeenrechtelijke aansprakelijkheid van aannemer voor lichte, verborgen gebreken", *NJW* 2018, 464.
[1033] Inzake de begrippen middelen- en resultaatsverbintenis, zie ook Hoofdstuk 4, afdeling 1, § 3.
[1034] Cass. 18 mei 1990, *Arr.Cass.* 1989-90, 1195; *Pas.* 1990, I, 1068; Cass. 3 mei 1984, *Arr.Cass.* 1983-84, 1147, Concl. Proc.-Gen. Krings; *Pas.* 1984, I, 1081; *RW* 1984-85.

De juiste kwalificatie van de verbintenis is van belang voor de bewijslast die rust op de bouwheer. Bij een middelenverbintenis zal de bouwheer moeten aantonen dat de aannemer een inbreuk gepleegd heeft op de algemene zorgvuldigheidsnorm. Bij een resultaatsverbintenis volstaat het dat de bouwheer aantoont dat het beoogde resultaat niet werd bereikt.

A. Principe: middelenverbintenis

705. Een aannemingsovereenkomst is in principe een middelen- of inspanningsverbintenis. Indien het beoogde resultaat niet bereikt werd, dient de opdrachtgever aan te tonen dat de aannemer daar schuld aan heeft.

Wanneer bijvoorbeeld blijkt dat er verborgen gebreken zijn aan de door de aannemer geleverde materialen, zal de fout beoordeeld worden rekening houdend met de kennis van de aannemer, zijn ervaring, de grootte van zijn bedrijf, de graad van specialisatie, zijn nevenactiviteiten, het feit dat hij tevens leverancier is van bouwmaterialen en de redelijke voorzorgsmaatregelen waarover hij beschikt om door middel van navorsingsmiddelen de gebreken te ontdekken.[1035]

Bepaalde rechtspraak plaatste de aannemer op dezelfde lijn als de professionele verkoper: hij wordt geacht de gebreken in de door hem geleverde materialen te hebben gekend, tenzij hij zich in een situatie van onoverwinnelijke onwetendheid bevond.[1036] Echter, het Hof van Cassatie oordeelde intussen dat uit geen enkele wettelijke bepaling volgt dat een gespecialiseerde aannemer geacht wordt kennis te hebben van een bepaald gebrek.[1037]

B. Uitzondering: resultaatsverbintenis

706. In bepaalde gevallen houdt de aannemingsovereenkomst een resultaatsverbintenis in. Dit zal dikwijls het geval zijn voor specialisten:
- de onderaannemer die wordt aangetrokken voor het waterdicht maken van de kelders;
- een tegelzetter[1038];
- de specialist die zich belast met de installatie van alarmsystemen[1039], verwarmings- of koelinstallaties[1040] of een privéwaterzuiveringsstation dat het vervuilde water zou behandelen zodat het conform zou zijn aan de normen om geloosd te worden.[1041]

[1035] W. NACKAERTS, "Exoneratieclausules voor lichte verborgen gebreken bij aannemingscontracten", *RW* 1992-93, 1423, nr. 13.
[1036] Gent 26 januari 1995, *AJT* 1995-96, 49.
[1037] Cass. 5 december 2002, *Arr.Cass.* 2002, 2662, *RW* 2005-06, 420, *TBBR* 2004, afl. 4, 203, noot W. GOOSSENS.
[1038] Rb. Brussel 11 juni 1996, *JLMB* 1997.
[1039] Cass.fr. 28 april 1987, *Sem.jur.* 1987, II, 20, 893.
[1040] Rb. Brussel 18 april 1989, *JT* 1989, 733.
[1041] Kh. Brussel 3 juni 1996, *T.Aann.* 1998, 163, noot DE BRIEY.

Ook de bouwpromotor wordt geacht verbonden te zijn door een resultaatsverbintenis.[1042]

707.   Indien het gebrek betrekking heeft op een resultaatsverbintenis, dient de bouwheer enkel aan te tonen dat het resultaat niet bereikt werd. Dit zal namelijk reeds de fout uitmaken. De gedaagde kan zich enkel bevrijden door het bewijs van overmacht. Dit laatste zal bijvoorbeeld aanvaard worden wanneer blijkt dat, ten tijde van de werken, de stand van de wetenschap niet toeliet aan de aannemer om kennis te hebben van de mogelijke problemen met de gehanteerde werkwijze.

C.   Eigen fout van de bouwheer

708.   De aannemer dient natuurlijk niet in te staan voor fouten begaan door de bouwheer zelf, tijdens of na de werken. Anderzijds kan dit niet gratuit worden opgeworpen door de aannemer om te ontkomen aan zijn eigen aansprakelijkheid.
   Een aannemer had werken uitgevoerd aan een pand en daarbij een mazoutleiding gebroken. Nadat dit werd vastgesteld, herstelde de aannemer het gebrek met een koppeling die hem werd aangereikt door de bouwheer. Enige tijd nadien werd vastgesteld dat de leiding tussen de mazouttank en de cv-installatie gelekt had ter hoogte van de koppeling, waardoor er bodemverontreiniging ontstaan was. De koppeling bleek immers foutief te zijn. De aannemer trachtte zijn aansprakelijkheid wegens verborgen gebreken te ontlopen met verwijzing naar de eigen fout van de bouwheer. Het hof volgde deze redenering niet. Volgens het hof van beroep van Brussel was het aan de aannemer om de juiste koppeling te gebruiken en had de aannemer eigenlijk de volledige leiding moeten vervangen in plaats van een koppeling te gebruiken.[1043]

§ 2.   DE TIENJARIGE AANSPRAKELIJKHEID VAN AANNEMERS EN ARCHITECTEN

A.   Begrip – Wettelijk kader

709.   De architect die de opdracht heeft aanvaard om een gebouw te ontwerpen en controle te houden op de uitvoering ervan en de aannemer die de uitvoering heeft aanvaard van de werken tegen een bepaalde prijs, zijn gedurende tien jaar aansprakelijk voor het geheel of gedeeltelijk tenietgaan van het gebouw, zelfs indien dit te wijten is aan de ongeschiktheid van de grond (art. 1792 BW).

[1042]   Brussel 31 mei 1978, *RJI* 1979, 230; Brussel 21 april 1982, *RW* 1983-84, 212, noot; Rb. Luik 28 februari 1986, geciteerd door M.A. FLAMME en P. FLAMME, *o.c.*, 48; Kh. Verviers 13 oktober 1986, *JLMB* 1987, 380; Antwerpen 19 november 2012, *RW* 2014-15, 306; Gent 2 mei 2014, *TBO* 2014, 217.

[1043]   Brussel (20e k.) 12 januari 2016, *TBO* 2016, (161) 164.

Na verloop van tien jaren zijn architecten en aannemers ontslagen van hun aansprakelijkheid met betrekking tot de grote werken die zij hebben uitgevoerd of geleid (art. 2270 BW).

Waar artikel 1792 BW een tienjarige garantie biedt aan de bouwheer en diens rechtsopvolgers, beschermt artikel 2270 BW de aannemer en de architect door hun aansprakelijkheid tot een maximale termijn van tien jaar te beperken.

B.   Rechtsaard

710.   De tienjarige waarborg is van contractuele aard[1044], ook al is hij het door de wet georganiseerde gevolg van verplichtingen die voortvloeien uit het architecten- en het aannemingscontract. De redenering hierachter is dat de tienjarige aansprakelijkheid voortvloeit uit de contractuele verhouding tussen de aannemer/architect en de opdrachtgever. Dit heeft tevens tot gevolg dat derden niet door artikel 1792 BW worden beschermd. Derden dienen zich te beroepen op de artikelen 1382 e.v. BW of, wat nabuurschade betreft, op artikel 544 BW.

711.   De tienjarige aansprakelijkheid heeft niet de draagwijdte van een resultaatsverbintenis. Gezien de contractuele grondslag, dient er steeds een fout voorhanden te zijn.[1045] De opdrachtgever die zich wenst te beroepen op de tienjarige aansprakelijkheid, zal dus moeten bewijzen dat zijn contractpartij een fout begaan heeft. Er geldt geen vermoeden van aansprakelijkheid louter en alleen omdat er zich een gebrek of schade manifesteert.

De tienjarige aansprakelijkheid raakt de openbare orde, aangezien ze er niet alleen toe strekt de bouwheer te beschermen, maar ook de openbare veiligheid te dienen.[1046]

Dit impliceert dat partijen de tienjarige aansprakelijkheid niet contractueel kunnen uitsluiten, beperken of uitbreiden. Partijen kunnen derhalve vooraf geen

---

[1044]   Cass. 15 september 1989, *RW* 1989-90, 776; Cass. 17 oktober 1968, *Pas.* 1969, I, 181; Cass. 9 september 1965, *Pas.* 1966, I, 44; Bergen 26 september 2006, *JT* 2006, 812; Brussel 22 april 2008, *RJI* 2009, 26; Brussel 30 maart 2010, *TBO* 2010, 165; Kh. Hasselt 30 januari 2006, *RW* 2007-08, 1329; Brussel 4 november 2014, *RJI* 2015, afl. 2, 108; K. UYTTERHOEVEN, "De contractuele aansprakelijkheid" in K. DEKETELAERE, M. SCHOUPS en A.L. VERBEKE (eds.), *Handboek bouwrecht*, Antwerpen, Intersentia, 2013, (611), 624; B. LOUVEAUX, "Inédits de droit de la construction 2015-2016", *JMLB* 2016, afl. 34, (1592) 1597.

[1045]   Antwerpen 6 maart 2017, *TBO* 2018, 38, noot M. SCHOUPS en D. VERHOEVEN, "Waterinsijpelingen en de tienjarige aansprakelijkheid"; Antwerpen 8 februari 1999, *T.Aann.* 1999, 249; Bergen 8 oktober 1990, *JT* 1990, 584; K. UYTTERHOEVEN, "De contractuele aansprakelijkheid" in K. DEKETELAERE, M. SCHOUPS en A.L. VERBEKE (eds.), *Handboek bouwrecht*, Antwerpen, Intersentia, 2013, (611), 624; B. LOUVEAUX, "Inédits de droit de la construction 2015-2016", *JMLB* 2016, afl. 34, (1592) 1597.

[1046]   GwH 19 juli 2017, nr. 98/2017, *BS* 22 november 2017, 100.029, *NJW* 2017, 651, noot F. BRULOOT, *RW* 2017-18, 160, *T.Aann.* 2017, 264, *TBO* 2018, 25, noot M. SCHOUPS en J. BATS; Cass. 5 september 2014, *Arr.Cass.* 2014, 1764 en www.cass.be, *NJW* 2015, afl. 316, 108; Cass. 11 april 1986, *RW* 1986-87, 2692; Cass. 10 mei 1984, *RW* 1984-85, 1951; Cass. 18 oktober 1973, *Arr.Cass.* 1974, 202, noot W.G., *Pas.* 1974, I, 185; Rb. Hasselt 25 januari 2012, *Limb.Rechtsl.* 2012, 204; Brussel 17 maart 2004, *RRD* 2004, 333; Antwerpen 14 december 2009, *TBO* 2010, 215.

afspraken maken over de aanvang of de duur van de aansprakelijkheid of over de omvang ervan. Men kan anderzijds wel afstand doen van een verkregen verjaring (art. 2220 BW).

C.   Personeel toepassingsgebied: aansprakelijke personen

712.   Hoewel er in de tekst van de artikelen 1792 en 2270 BW enkel sprake is van aannemers en architecten, wordt aangenomen dat de tienjarige aansprakelijkheid ook andere bouwpartijen kan raken.

Bij de totstandkoming van het Burgerlijk Wetboek in 1804 was het voeren van de titel en het uitoefenen van het beroep van architect namelijk nog niet beschermd. Hieruit wordt afgeleid dat de wetgever destijds niet alleen de architect in de strikte betekenis van het woord beoogde, maar ook andere partijen die belast zijn met het ontwerp van een gebouw of een bouwwerk of een belangrijk onderdeel ervan, en eventueel met de controle op die werken.[1047]

De tienjarige aansprakelijkheid strekt zich dus uit tot elke professionele bouwpartner die ingevolge een aannemingsovereenkomst heeft meegewerkt aan de realisatie van een gebouw, groot werk of een belangrijk onderdeel van een gebouw of een groot werk door het te ontwerpen, uit te voeren, leiding te geven of toezicht te houden op de uitvoering.[1048]

De ingenieur en het studiebureau zullen bijvoorbeeld onderworpen zijn aan de tienjarige aansprakelijkheid voor het ontwerp, de plannen en de (eventuele) controle op de uitvoering ervan.[1049]

Het controleorganisme, zijnde de instelling belast met de technische controle van gebouwen en werken van civiele techniek of van allerhande mechanische of elektrische installaties, zal in principe niet onder het toepassingsgebied van de tienjarige aansprakelijkheid vallen. Echter, indien het controleorganisme verplichtingen op zich heeft genomen die nauw verwant zijn met die van de architect (bv. controle op de uitvoering), zal dit wel het geval zijn. Het is derhalve een feitenkwestie.[1050]

713.   Vooralsnog is er geen uitsluitsel of een veiligheidscoördinator onder het toepassingsgebied valt van de tienjarige aansprakelijkheid.

[1047]   A. DELVAUX, *Traité juridique des bâtisseurs*, I, Brussel, Bruylant, 1968, nr. 435; Y. HANNEQUART, *Le droit de la construction. Traits caractéristiques et évolution des responsabilités*, Brussel, Bruylant, 1974, 530.

[1048]   K. VER BERNE en J. EMBRECHTS, "Tienjarige aansprakelijkheid" in *Onroerend goed in de praktijk*, 2012, IV.D.3-1; M. DELILLE en S. SCHOENMAEKERS, *10-jarige aansprakelijkheid in de bouwwereld*, Turnhout, Story, 2018, 65; G. BAERT, *Aanneming van werk* in APR, Antwerpen, Kluwer, 2001, 618; A. VAN OEVELEN, *Overeenkomsten. Deel 2. Bijzondere overeenkomsten. E. Aanneming van werk – Lastgeving* in *Beginselen van Belgisch privaatrecht*, Mechelen, Kluwer, 2017, 251.

[1049]   K. DEKETELAERE, M. SCHOUPS en A.L. VERBEKE (eds.), *Handboek bouwrecht*, Antwerpen, Intersentia-die Keure, 2013, 1004; zie voor een toepassingsgeval: Gent 30 juni 2009, *RABG* 2010, 611, noot D. ABBELOOS.

[1050]   K. DEKETELAERE, M. SCHOUPS en A.L. VERBEKE (eds.), *Handboek bouwrecht*, Antwerpen, Intersentia-die Keure, 2013, 996.

Enerzijds kan men opwerpen dat de veiligheidscoördinator instaat voor de veiligheid en het welzijn op de werf en dus niet rechtstreeks deelneemt aan het bouwgebeuren. Bijgevolg is de veiligheidscoördinator niet onderworpen aan de tienjarige aansprakelijkheid. Anderzijds kan men argumenteren dat de taak van de veiligheidscoördinator zich ook uitstrekt tot het bouwwerk en de veiligheid ervan als dusdanig. Bovendien kan de aannemer of architect eveneens de taak van veiligheidscoördinator op zich nemen.[1051]

714.   Aangezien artikel 6 Woningbouwwet de tienjarige aansprakelijkheid heeft uitgebreid naar de koopovereenkomsten die onder haar toepassingsgebied vallen, kan ook de bouwpromotor aangesproken worden op grond van artikel 1792 BW.

D.   Materieel toepassingsgebied

715.   Tussen partijen dient in de eerste plaats een aannemingsovereenkomst te bestaan.

716.   De Franse tekst van artikel 1792 BW gebruikt de woorden *"l'édifice construit à prix faite"*. Ten onrechte werd in de Nederlandse tekst van artikel 1792 BW de uitdrukking *"à prix faite"* vertaald door "tegen vaste prijs", in de betekenis van *"à prix forfait"* (zie art. 1794 BW). Nochtans bedoelde men gebouwen die bij aanneming zijn opgericht ongeacht de prijsafspraak en de prijsvorming. De artikelen 1792 BW en 2270 BW zijn dus van toepassing op alle aannemingsovereenkomsten.

717.   Wanneer een aannemer voor eigen rekening bouwt en nadien het gebouw verkoopt, kan de koper zich dus niet op de artikelen 1792 en 2270 BW beroepen. De verkoper heeft immers nooit de hoedanigheid van 'aannemer' gehad. De koper zal de aannemer enkel kunnen aanspreken als verkoper van een gebrekkige zaak (art. 1641 e.v. BW).[1052]

E.   Toepassingsvoorwaarden

718.   Om een beroep te kunnen doen op de tienjarige verantwoordelijkheid van de aannemer of architect dient de bouwheer aan te tonen dat er door de fout van de aannemer en/of architect in een gebouw of groot werk van onroerende aard dat door hun toedoen werd gerealiseerd, een ernstig gebrek aanwezig is dat de stabiliteit of de stevigheid van een gebouw of een belangrijk deel ervan in gevaar brengt.
    Hieruit blijkt dat aan de volgende toepassingsvoorwaarden voldaan moet zijn.

[1051]   K. DEKETELAERE, M. SCHOUPS en A.L. VERBEKE (eds.), *Handboek bouwrecht*, Antwerpen, Intersentia-die Keure, 2013, 979-980. Voor meer informatie omtrent de veiligheidscoördinator, zie Hoofdstuk 2, afdeling 7.
[1052]   Cass. 9 september 1965, *Pas.* 1966, I, 44, *RW* 1967-68, 740, noot MAHILLON, *RCJB* 1967, 42, noot J. RENAULD; Brussel 17 april 1986, *La Construction* 22 januari 1988, 8.

1. Een gebouw of een groot werk van onroerende aard

719. In artikel 1792 BW is enkel sprake van "een gebouw"; artikel 2270 BW maakt dan weer gewag van "grote werken".

720. Het begrip "gebouw" in de zin van artikel 1792 BW dient geïnterpreteerd te worden in de klassieke betekenis van het woord, zijnde een onroerende constructie die met duurzame materialen is opgericht en met zijn fundamenten in de grond zit.[1053]

721. Onder een "groot werk" in de zin van artikel 2270 BW werden aanvankelijk alleen belangrijke bouwkundige werken van onroerende aard begrepen die niet gekwalificeerd kunnen worden als een gebouw zoals bedoeld in artikel 1792 BW. Over de jaren heen werd dit begrip verruimd, zodat ook de belangrijke onderdelen van het gebouw onder dit begrip vallen.[1054] "Grote werken" zijn dan ook "werken die noodzakelijk of essentieel zijn voor het gebouw en waarvan de stevigheid en de duurzaamheid slechts door het verstrijken van een zeker tijdsverloop kunnen blijken en waarvan de stevigheid gedurende ten minste tien jaar mag worden verondersteld".[1055]

722. Thans wordt algemeen aangenomen dat de artikelen 1792 BW en 2270 BW "wederzijds aanvullend" zijn zodat "hun voorwerp, toepassingsgebied en toepassingsvoorwaarden [hetzelfde] zijn".[1056]

Onder beide begrippen kan dan ook verstaan worden "elk bouwwerk of belangrijk onderdeel ervan alsmede de daaraan verbonden installaties, waarvan de stevigheid en de deugdelijkheid slechts door het verloop van een min of meer belangrijke tijd kan blijken, voor de uitvoering waarvan een zekere deskundigheid is vereist, en dat naar zijn aard of naar hetgeen ervan werd voorgesteld, ook na verloop van tien jaren moeten kunnen dienen tot het gebruik waartoe het is gemaakt".[1057]

Of bepaalde bouwwerken aldus gecatalogeerd kunnen worden, is een feitenkwestie.

Alleszins vallen woningen hieronder alsook gebouwen voor collectieve bewoning, zoals flatgebouwen, ziekenhuizen, rusthuizen, fabrieken, magazijnen, bruggen, wegen, terrassen, verharde speelterreinen zoals een tennisveld, zwembaden, kelders en daken. Dit is eveneens het geval voor de technische installaties die een

---

[1053] M. SCHOUPS en S. BUSSCHER, *Privaatrechtelijke aanneming van bouwzaken*, Antwerpen, Intersentia, 2016, 87.

[1054] A. DELVAUX, *Traité juridique des bâtisseurs*, I, Brussel, Bruylant, 1968, nr. 434.

[1055] M. SCHOUPS en D. VERHOEVEN, "Waterinsijpelingen en de tienjarige aansprakelijkheid" (noot onder Antwerpen 6 maart 2017), *TBO* 2018, 40, en de verwijzingen aldaar.

[1056] M. SCHOUPS en S. BUSSCHER, *Privaatrechtelijke aanneming van bouwzaken*, CBR Cahiers, Antwerpen, Intersentia, 2016, 85.

[1057] Antwerpen 14 december 2009, *TBO* 2010, 2154; BAERT, *o.c.*, 781.

essentieel onderdeel uitmaken van de gebouwen, zoals het rioleringsstelsel en de centrale verwarming.

723. Werden eveneens beschouwd als gebouwen of grote werken:
- de overkapping van een dak[1058];
- funderingen[1059];
- de gevels[1060] en de muren[1061] van een woning;
- het buitenschrijnwerk van een nieuwe woning, waarbij vochtinsijpeling zich voordoet bij de meeste ramen[1062];
- het door een stukadoor uitgevoerd bezetwerk dat afviel[1063];
- dakisolatie die verrot[1064];
- de beglazing van de wand van een overdekt zwembad[1065];
- een dakbedekking[1066] die niet overeenstemt met de dakhelling en die aan de basis ligt van waterinsijpelingen[1067];
- riolering en aflopen van een woning[1068];
- leidingen van de centrale verwarming ingewerkt in de muren en vloeren[1069];
- elektrische, sanitaire, isolatie- en verwarmingsinstallaties die als een essentieel onderdeel van het gebouw beschouwd worden[1070];
- liften en alle installaties die essentieel en noodzakelijk zijn voor het gebouw[1071];
- gevelbekleding die vocht laat doorsijpelen waardoor de stenen en mortel barsten en de gevelplaten worden beschadigd[1072];
- een zwembad waarvan de bodem niet waterdicht was[1073];
- de betegeling van de voorgevel van een gebouw, aangezien door de gebreken de muur ontdaan is van iedere bescherming tegen slechte weersomstandigheden[1074];

[1058] Cass. 9 december 1988, *Arr.Cass.* 1988-89, 440, concl. Adv. Gen. DU JARDIN, *Pas.* 1989, I, 401, *RW* 1988-89, 1229 noot G. BAERT.
[1059] Brussel 14 december 1979, *RJI* 1980, 95; Bergen 17 september 1992, *T.Aann.* 1996, 312.
[1060] Rb. Brussel 5 april 1988, *T.Aann.* 1989, 227.
[1061] Cass. 11 oktober 1979, *Arr.Cass.* 1979-80, 186; Antwerpen 8 februari 1999, *T.Aann.* 1999, 249.
[1062] Antwerpen 6 maart 2017, *TBO* 2018, 38, noot M. SCHOUPS en D. VERHOEVEN, "Waterinsijpeling en de tienjarige aansprakelijkheid".
[1063] Antwerpen 30 juni 1987, *T.Aann.* 1991, 374, noot.
[1064] Rb. Tongeren 7 januari 1983, *T.Aann.* 1987, 115.
[1065] Cass. 11 april 1986, *Arr.Cass.* 1985-86, 1088, *RW* 1986-87, 2629.
[1066] Luik 22 november 2002, *RGAR* 2004, nr. 13.881; W. ABBELOOS en D. ABBELOOS, "De tienjarige aansprakelijkheid van aannemer en architect: tendenzen in de recente rechtsleer en rechtspraak", *AJT* 2000-01, 512.
[1067] Rb. Dendermonde 17 juni 1988, *T.Aann.* 1990, 54.
[1068] Rb. Veurne 11 juni 1976, *RJI* 1977, 327.
[1069] Brussel 15 februari 1988, *Rev.Liège* 1988, 1271, *TBBR* 1990, 309, noot M. DAMBRE.
[1070] Kh. Tongeren 9 juni 1977, *Limb.Rechtsl.*, 1977, 135.
[1071] Kh. Brussel 24 september 1972, *BRH* 1973, 263; Cass.fr. 22 januari 1985, *RDI* 1985, 259; A. VAN OEVELEN, *Aanneming van werk – Lastgeving*, nr. 202.
[1072] Cass. 18 oktober 1973, *JT* 1974, 210.
[1073] Kh. Sint-Niklaas 19 december 1967, *RW* 1967-68, 706.
[1074] Cass. 18 oktober 1973, *JT* 1974, 210.

- de betegeling van een binnenkoer[1075];
- dakpannen, wanneer zij in groten getale behept zijn met een gebrek[1076];
- een veranda[1077];
- vaste ramen, in tegenstelling tot schuiframen[1078];
- de aanleg van een tennisterrein[1079];
- de gevelbekleding die het aanbrengen van thermische isolatie en een vochtwerende pleisterlaag op een draagnet omvat[1080];
- belangrijke herstelwerken aan de ruwbouw van een gebouw[1081];
- vervanging, levering en plaatsing van ramen en raamkozijnen.[1082]

Of er voor de werken in kwestie al dan niet een stedenbouwkundige vergunning of omgevingsvergunning voor stedenbouwkundige handelingen nodig is, is van geen belang.[1083]

Bovendien kunnen ook belangrijke herstellingswerken als "groot werk" beschouwd worden.[1084]

724. Werden niet beschouwd als gebouwen of grote werken:
- tegel- en bezetwerk en faience in keuken en badkamer[1085];
- de indeling van een bestaand gebouw in verschillende ruimtes door houten panelen[1086];
- buitenschrijnwerk[1087];
- epoxy-coating van een vloer die vroegtijdig afsleet[1088];
- deuren[1089];
- het plaatsen van muurtegels[1090];
- het plaatsen van parket[1091];
- roofing[1092];

[1075] Kh. Sint-Niklaas 19 december 1967, *RW* 1967-68, 706.
[1076] Brussel 25 april 1974, *T.Aann.* 1976, 332.
[1077] Kh. Brussel 21 september 1984, *T.Aann.* 1985, 36.
[1078] M.A. FLAMME en P. FLAMME, "Le contrat d'entreprise, quinze ans …', *o.c.*, 125, nr. 155 *in fine*, en 126, nr. 156, met verwijzing naar Franse rechtspraak.
[1079] Rb. Brussel 27 juni 1988, *RRD* 1989, 315, noot P. JADOUL, *JLMB* 1989, 908.
[1080] Luik 1 december 2011, *T.Aann.* 2014, 177, noot R. DE WIT.
[1081] Cass. 9 december 1988, *RW* 1988-89, 1229, noot G. BAERT.
[1082] Antwerpen 6 maart 2017, *TBO* 2018, 38, noot M. SCHOUPS en D. VERHOEVEN.
[1083] Cass. 8 november 1988, *Pas.* 1989, I, 251.
[1084] Antwerpen 4 november 2008, *TBO* 2009, 31, noot K. UYTTERHOEVEN.
[1085] Kh. Gent 22 oktober 1963, *T.Aann.* 1969, 83; Rb. Antwerpen 17 februari 1981, *T.Aann.* 1981, 128.
[1086] Cass.fr. 15 december 1982, *JCP* 1983, IV, 75.
[1087] Rb. Marche-en-Famenne 28 februari 1991, *TBBR* 1992, 527.
[1088] Vred. Antwerpen 11 februari 1991, *DCCR* 1991-92, 1039, noot I. DEMUYNCK.
[1089] Kh. Luik 26 mei 1964, *La construction* 11 mei 1979, 12.
[1090] Rb. Antwerpen 17 februari 1981, *T.Aann.* 1981, 128.
[1091] A. DELVAUX, *Traité juridique*, I, nr. 434.
[1092] Gent 11 oktober 1985, geciteerd door M.A. FLAMME en P. FLAMME, *Le contrat d'entreprise, Quinze ans …*, *o.c.*, 119, nr. 150.

- het schoonmaken, schilderen en plamuren van gevels[1093];
- de sanitaire installatie.[1094]

Uiteraard vallen sloop- en afbraakwerken niet onder het toepassingsgebied van de tienjarige aansprakelijkheid.[1095]

2. Een zwaar gebrek dat de stevigheid van het gebouw of een deel ervan in gevaar brengt

725. Het gebrek in kwestie dient dermate ernstig te zijn dat het de stevigheid of de stabiliteit van het gebouw, of een deel ervan, in gevaar brengt.[1096] De gebreken kunnen zich ook voordoen aan onderdelen van een gebouw die op zich roerend zijn maar werden geïncorporeerd in het gebouw.[1097]

Het is hierbij voldoende, maar noodzakelijk, dat de gebreken een ernstige bedreiging vormen voor de stevigheid van het gebouw of een deel ervan.[1098] Er moet dus met zekerheid gesteld kunnen worden dat de stevigheid op korte of lange termijn in gevaar komt.

Het Hof van Cassatie heeft in die zin geoordeeld dat de aansprakelijkheid op grond van artikel 1792 BW geldt indien het gebrek de stabiliteit in gevaar brengt of *op min of meer lange termijn* in gevaar kan brengen.[1099] De rechter kan derhalve rekening houden met het progressieve karakter van de gebreken.[1100]

Zo werd reeds geoordeeld dat er sprake is van een dreiging tot tenietgaan, wanneer het een ernstig gebrek betreft van aanhoudende aard dat vatbaar is voor een mogelijke gestage uitbreiding.[1101]

726. Het gevaar dient nochtans reeds bestaand en zeker te zijn en niet louter hypothetisch.[1102]

[1093] Brussel 8 juni 1989, geciteerd door P. FLAMME en M.-A. FLAMME, *o.c.*, 126, nr. 157; V. VAN HOUTTE-VAN POPPEL en B. KOHL, *De aannemingsovereenkomst*, 67.

[1094] Kh. Brussel 17 maart 1981, *Het Bouwbedrijf* 24 juli 1981, 8; Rb. Antwerpen 24 mei 1989, *T.Aann.* 1990, 60; Rb. Veurne 24 december 1976, *RJI* 1977, 301; *contra*: Antwerpen 8 februari 1999, *T.Aann.* 1999, 249.

[1095] Gent 16 juni 1975, *RJI* 1977, 311; Rb. Antwerpen 30 januari 1975, *RW* 1974-75, 2354.

[1096] Cass. 18 november 1983, *Pas.* 1984, I, 303, *RW* 1984-85, 47.

[1097] Gent 13 juni 1959, *RW* 1960-61, 391.

[1098] Cass. 9 januari 2017, www.cass.be, concl. VANDERLINDEN, *TBO* 2017, 361, noot J. VAN CAEYZEELE, "De kwalificatie van stabiliteitsbedreigende gebreken: size doesn't matter?"; Brussel 3 juni 1992, *T.Aann.* 1998, 47; Rb. Antwerpen 21 oktober 2010, *TBO* 2011, 177.

[1099] Cass. 9 januari 2017, www.cass.be, concl. VANDERLINDEN, *TBO* 2017, 361, noot J. VAN CAEYZEELE, "De kwalificatie van stabiliteitsbedreigende gebreken: size doesn't matter?".

[1100] Brussel 10 april 1987, *RJI* 1987, 85; Antwerpen 6 maart 2017, *TBO* 2018, 38, noot M. SCHOUPS en D. VERHOEVEN.

[1101] Gent 12 juni 2015, *T.Aann.* 2017, afl. 3, 284.

[1102] Antwerpen 5 mei 1987, *TBH* 691, waarin een bouwheer tevergeefs compensatie zocht tussen de openstaande som ten voordele van de gefailleerde aannemer en de premies van een verzekering die diende om zich in te dekken tegen ernstige gebreken aan het gebouw.

Het Hof van Cassatie heeft in die zin ook verduidelijkt dat het niet vereist is dat het gebrek de stabiliteit van het gebouw of het groot werk geheel of gedeeltelijk in het gedrang brengt binnen de tienjarige termijn. Het volstaat immers dat er binnen deze termijn een gebrek aan het licht komt dat de stevigheid van het gebouw of van een van zijn belangrijke onderdelen op korte of langere termijn in het gedrang brengt of kan brengen. Het is dus niet vereist dat de stabiliteit van het gebouw of een belangrijk onderdeel ervan reeds binnen de tienjarige termijn moet zijn aangetast.[1103]

Er is een bepaalde tendens (geweest) in de rechtspraak om de ernst van de gebreken te toetsen aan de mate van het verlies van comfort van de bewoners.[1104] Dit criterium kan niet worden bijgetreden.

Het is evenmin van belang of de gebreken in kwestie van die aard zijn dat ze het gebouw niet meer toelaten zijn bestemming of normaal gebruik te vervullen.[1105] Een louter functioneel gebrek dat op zich geen bedreiging vormt voor de stabiliteit, kan dus niet onder het toepassingsgebied van de tienjarige aansprakelijkheid vallen.

Het loutere feit dat een gebrek zich op grote schaal in het bouwwerk voordoet, is evenmin voldoende om de tienjarige aansprakelijkheid te kunnen inroepen.[1106]

In dit opzicht oordeelde het hof van beroep van Gent dat "het loskomen van quasi 60% van de faiencetegels van de badkamer, waarbij cementmortel op de muur blijft kleven, onweerlegbaar een ernstig gebrek is, met ongemakken tot gevolg, doch – afgezien van de hoegrootheid van de herstelkosten – geen tekortkoming van aard is om de tienjarige aansprakelijkheid van de aannemer te engageren. Immers, een dergelijke toestand staat niet gelijk met een geheel of gedeeltelijk tenietgaan van het gebouw en creëert zelfs geen risico dat – al weze het na verloop van tijd – de stabiliteit van de constructie in het gedrang zou komen".[1107]

[1103] Cass. 11 januari 2019, www.cass.be.
[1104] Kh. Dendermonde (afd. Aalst) 19 januari 1999, onuitg., AR/562/98; Rb. Verviers 28 juni 1991, 1097, noot P. HENRY; Vred. Herve 17 oktober 1989, *JLMB* 1990, 463.
[1105] Cass. 11 april 1986, *JT* 1987, 85; Cass. 18 november 1983, *Pas.* 1984, I, 303; Cass. 8 juni 1979, *Pas.* 1979, I, 1152; Brussel 15 maart 1996, *RJI* 1997, 21; K. UYTTERHOEVEN, "De gebreken die onder het toepassingsgebied van de tienjarige aansprakelijkheid vallen: indien niet ernstig, gelieve u te onthouden" (noot onder Antwerpen 5 juni 2000), *TBO* 2008, 192 e.v.; K. UYTTERHOEVEN, "Tien jaar de tienjarige aansprakelijkheid. Een kritische reflectie over de stevigheid van de artikelen 1792 en 2270 B.W.", *TBO* 2012, (225) 227, nr. 11; Rb. Dendermonde 27 januari 2012: de aantasting van een woning door opstijgend vocht impliceert op zich geen stabiliteitsbedreigend gebrek.
[1106] Cass. 9 januari 2017, www.cass.be, concl. VANDERLINDEN, *TBO* 2017, 361: vloertegels die in het hele gebouw loskwamen door een slechte verlijming en het niet aanwezig zijn van uitzetvoegen.
[1107] Gent (9e k.) 29 mei 1992, geciteerd door W. ABBELOOS en D. ABBELOOS, "De tienjarige aansprakelijkheid van aannemer en architect: tendenzen in de recente rechtsleer en rechtspraak", *AJT* 2000-01, 509.

727. Werden beschouwd als zware gebreken die vallen onder de tienjarige aansprakelijkheid:

- een ernstig stabiliteitsprobleem door differentiële zakkingen[1108];
- barsten in de gevel door het ontbreken van uitzettingsvoegen[1109] of als gevolg van het vervormen van de dragende elementen[1110];
- onaangepaste funderingen[1111];
- het barsten van de paramentstenen van een gevel door waterinsijpelingen langs de nok van het dak[1112];
- gebrekkig metselwerk van de buitengevels[1113];
- gebreken aan de dakconstructie, ook al is het waterdicht, van die aard dat er geen normale levensduur kan verwacht worden[1114];
- slecht concept en uitvoering van de dakgoten met het risico van waterinfiltraties in de muren[1115];
- gebrekkige uitvoering van de riolering van een appartementsgebouw die geregeld verstopt waardoor de kelders overstromen, wat langzaam maar zeker de stevigheid van het gebouw aantast[1116];
- lekken in een zwembad, waardoor zeker op de lange duur dat bouwwerk zou vergaan[1117];
- de slechte verankering van de kap van een woning, waardoor bij stormweer het dak werd afgerukt[1118];
- de verrotting van een parketvloer in een gymnastiekzaal[1119];
- overmatige vochtigheid en schimmelvorming[1120];
- het barsten van grote glazen scheidingswanden die een expositieruimte van een winkel scheidden[1121];
- afvallend bezetwerk[1122];
- een lek in een dubbelwandige industriële leiding waardoor de inhoud van één circuit (warm water) terechtkomt in het andere circuit (vloeibare chocolade),

---

[1108] Brussel 8 november 2016, *TBO* 2017, 72.

[1109] Brussel 3 juni 1992, *T.Aann.* 1998, 47.

[1110] Antwerpen 23 september 1997, *T.Aann.* 1999, 312, noot W. ABBELOOS.

[1111] Bergen 17 september 1992, *T.Aann.* 1996, 312; Brussel 14 december 1979, *RJI* 1980, 95.

[1112] Cass. 18 oktober 1973, *Arr.Cass.* 1974, 202, *Pas.* 1974, I, 185; anders: Rb. Kortrijk 24 april 1981, *T.Aann.* 1984, 227, aangezien dit geen dragende delen van het gebouw zijn.

[1113] Antwerpen 9 oktober 1990, *T.Aann.* 1997, 164; Gent 30 maart 1992, *TGR* 1992, 42, noot G. BAERT; Brussel 3 maart 1977, *RJI* 1979, 87; Rb. Kortrijk 9 januari 1990, *TGR* 1990, 52.

[1114] Brussel 8 juni 1983, *RW* 1985-86, 2718.

[1115] Antwerpen 8 februari 1999, *T.Aann.* 1999, 249.

[1116] Kh. Veurne 7 september 1977, *T.Aann.* 1978, 128, noot M. COLPAERT en J. DE LAT.

[1117] Brussel 8 juni 1977, *RGAR* 1979, nr. 9972 en 9978.

[1118] Cass. 8 januari 1976, *T.Aann.* 1978, 208; Antwerpen 11 april 1989, *T.Aann.* 1990, 633; Rb. Tongeren, 23 oktober 1964, *RW* 1964-65, 975.

[1119] Rb. Gent 16 februari 1977, *RW* 1978-79, 180.

[1120] Brussel 14 juni 1985, *T.Aann.* 1987, 101.

[1121] Cass. 3 november 1960, *La construction* 7 september 1963, 15.

[1122] Antwerpen 30 juni 1987, *T.Aann.* 1988, 306.

gezien het belang van de investering en het ernstige gevolg van het gebrek, nl. de onmiddellijk stillegging van de productie[1123];

- het bestaan van belangrijke waterinfiltraties die schade veroorzaken in het interieur van een onroerend goed en die voortvloeien uit de afwezigheid van noklood in de gevelmuur, uit een gebrek aan afdekking van de dakpannen en uit de gebrekkige toepassing van waterafstotende middelen[1124];
- lekken in een zinken dakgoot met waterinfiltraties in de muren tot gevolg[1125];
- gebreken in het buitenschrijnwerk wanneer blijkt dat alle ramen aangetast zijn en moeten worden vervangen[1126];
- ontoelaatbare doorbuiging van welfsels, met scheuren tot gevolg[1127];
- belangrijke roestvorming van metalen gevelbekleding zodat de gevel op termijn zou tenietgaan[1128];
- een niet-vorstbestendig terras[1129];
- corrosie van de leidingen van een verwarmingsinstallatie[1130];
- de scheurvorming in de vochtwerende pleisterlaag en het loskomen ervan[1131];
- het gebruik van niet behandeld hout bij daktimmerwerken[1132];
- gebreken aan de verwarmingskanalen van een gebouw waarbij het gevaar op instorten reëel was[1133];
- een gebrek inzake waterdichtheid als gevolg van de totale afwezigheid van enige waterdichting van de vloerplaat[1134];
- houtzwam.[1135]

Doorgaans worden ernstige waterinfiltraties in een gebouw ook als een stabiliteitsbedreigend gebrek beschouwd.[1136]

728. Werden niet beschouwd als ernstige gebreken:
- gebreken in de waterleiding van een appartementsgebouw[1137];

[1123] Luik 11 oktober 1994, verworpen door Cass. 15 december 1995, *T.Aann.* 1997, 179, *JLMB* 1996, 780.
[1124] Rb. Nijvel 24 oktober 1997, *JLMB* 2000, 159, noot B. LOUVEAUX.
[1125] Antwerpen 8 februari 1999, *T.Aann.* 1999, 249.
[1126] Kh. Brussel 22 mei 1981, *Het Bouwbedrijf* 26 maart 1982, 14; Luik 8 april 1981, *Het Bouwbedrijf* 8 mei 1981, 13.
[1127] Gent 2 maart 1995, *T.Aann.* 1999, 77.
[1128] Antwerpen 11 oktober 1994, *T.Aann.* 1995, 16; Kh. Hasselt 13 mei 1992, *T.Aann.* 1995, 15, noot.
[1129] Luik 25 juni 1996, *T.Aann.* 1997, 222.
[1130] Brussel 15 februari 1988, *TBR* 1990, 309, noot M. DAMBRE; Brussel 8 mei 1980, *T.Aann.* 1981, 141.
[1131] Luik 1 december 2011, *T.Aann.* 2014, 177, noot R. DE WIT.
[1132] Brussel 24 december 2013, *TBO* 2014, 23.
[1133] Gent 30 juni 2009, *RABG* 2010, 611, noot D. ABBELOOS.
[1134] Antwerpen 3 mei 2017, *T.Aann.* 2017, afl. 3, 278, noot.
[1135] Rb. Antwerpen 16 februari 2016, *T.Aann.* 2017, afl. 3, 267.
[1136] Zie bv. Antwerpen 6 maart 2017, *TBO* 2018, 38, noot M. SCHOUPS en D. VERHOEVEN, "Waterinsijpelingen en de tienjarige aansprakelijkheid" (vochtindringing en waterinsijpeling bij de meeste ramen met progressief karakter); Antwerpen 8 februari 1999, *T.Aann.* 1999, 249; Rb. Nijvel 24 oktober 1997, *JLMB* 2000, 159, noot B. LOUVEAUX.
[1137] Kh. Antwerpen 24 mei 1989, *T.Aann.* 1990, 60.

- gebreken in de aanleg van een parkeerterrein[1138];
- scheuren in de tegels van een keukenvloer die blijkbaar werden veroorzaakt door bewegingen in de vloer onder de tegels die gelegd werden zonder de tussenplaatsing van een kleine armatuur[1139];
- het loskomen van een bevloering[1140] of van parket[1141];
- het loskomen van voegen in een gevel[1142];
- een capaciteitsprobleem van expansievaten in de centrale verwarming van een appartementsgebouw[1143];
- de verrotting van raamwerk[1144];
- condensatie van dubbel glas[1145];
- gebrekkige werking van sanitaire installaties[1146], en de corrosie van de leidingen[1147];
- gebrekkige akoestische isolatie[1148];
- scheuren in het zinkwerk[1149];
- gebreken in de linoleum vloerbekleding en moeilijk te openen binnendeuren veroorzaakt door fouten bij de plaatsing van de chape[1150];
- afbladderen van schilderwerken[1151];
- het overlopen van verliesputten in een weg[1152];
- het naar beneden komen van een stukje bezetting van de zijmuur[1153];
- het plaatselijk loskomen van gedeelten van de dakbedekking zonder uitbreiding tot de volledige hechting ervan[1154];
- problemen met een slechte waterdichting die de essentiële onderdelen (muren, draagstructuur) van een zwembad niet in het gedrang brengen[1155];
- een lek in de sanitaire leidingen[1156];

[1138] Bergen 3 januari 1990, *Pas.* 1990, II, 136, noot.

[1139] Rb. Verviers 28 juni 1991, *JLMB* 1991, 1097, noot P. HENRY.

[1140] Gent 29 mei 1992, vermeld door W. ABBELOOS en D. ABBELOOS, "De tienjarige aansprakelijkheid van aannemer en architect: tendensen in de recente rechtsleer en rechtspraak", *AJT* 2000-01, 509 (loskomen van een groot aantal tegels in de badkamer); Kh. Gent 22 oktober 1963, *T.Aann.* 1969, 83.

[1141] Kh. Hasselt 14 april 1980, *Limb.Rechtsl.* 1980 145, noot A. VAN DEURZEN.

[1142] Rb. Kortrijk 18 oktober 1983, *T.Aann.* 1984, 216.

[1143] Brussel 26 september 1990, *RGAR* 1993, nr. 12.156.

[1144] Kh. Hasselt 7 februari 1977, *La construction* 7 oktober 1977, 12.

[1145] Brussel 9 mei 1986, *T.Aann.* 1988, 242, noot M.A. FLAMME; Brussel 1 april 1983, *RJI* 1984, 29.

[1146] Rb. Veurne 24 december 1976, *RJI* 1977, 307.

[1147] Kh. Brussel 17 maart 1981, *La construction* 1981, nr. 30, 5.

[1148] Brussel 15 maart 1996, *RJI* 1997, 21; Brussel 14 januari 1993, *T.Aann.* 1993, 136; Brussel 5 april 1978, *RJI* 1978, 283.

[1149] Vred. Namen 30 oktober 1964, *JL* 1964-65, 183.

[1150] Rb. Antwerpen 21 oktober 2010, *TBO* 2011, 177; Vred. Antwerpen 11 februari 1991, *DCCR* 1991-92, 1039.

[1151] Brussel 16 november 2009, *RABG* 2010, 633.

[1152] Rb. Brussel 21 december 2007, *TBO* 2008, 201.

[1153] Rb. Antwerpen 9 november 2006, *TBO* 2008, 196.

[1154] Antwerpen 2 november 1994, *T.Aann.* 1996, 422.

[1155] Rb. Antwerpen 9 november 2006, *TBO* 2008, 196.

[1156] Kh. Gent 2 december 2004, *TGR-TWVR*, 2006, 101.

- dampvorming op de buitenzijde van de veluxramen[1157];
- afwezigheid van bladroosters in de goten[1158];
- afwezigheid van verluchtingspannen[1159];
- gebreken aan de vloerbekleding van een woning waardoor de binnendeuren nog moeilijk te openen waren[1160];
- minieme waterinfiltraties die niet tot verrotting aanleiding kunnen geven[1161];
- afschilfering van de bovenlaag van dakleien[1162];
- een eenmalige waterinfiltratie van de kelder als gevolg van wateroverlast in de omgeving van het betrokken gebouw.[1163]

3. Zichtbaar of verborgen gebrek

729. De omstandigheid dat de gebreken in kwestie reeds bij de oplevering van de werken zichtbaar waren, verhindert niet dat de bouwheer zich op de artikelen 1792 en 2270 BW kan beroepen. De tienjarige aansprakelijkheid behelst immers zowel zichtbare als onzichtbare gebreken.[1164]

730. Hierbij wordt opgemerkt dat de bouwheer een schadebeperkingsplicht heeft. Hij moet ageren zodra het gebrek zichtbaar is geworden en toekomstige schade voorzienbaar is.

4. Een fout van de aannemer of architect

731. Hierboven werd reeds gewezen op de contractuele aard van de aansprakelijkheid van de aannemer en de architect. De bouwheer zal dan ook een fout dienen aan te tonen. Er bestaat geen vermoeden van fout[1165] (zie verder hierna onder F. Bewijs).

Zo dient de aannemer van schilderwerken zich vooraf te vergewissen van de toestand en de staat van de materialen waarop hij de schilderwerken zal uitvoeren. Hij

---

[1157] Gent 14 maart 2014, onuitg.
[1158] *Ibid.*
[1159] *Ibid.*
[1160] Rb. Antwerpen 21 oktober 2010, *TBO* 2011, 177.
[1161] Antwerpen 5 juni 2000, *TBO* 2008, 190, noot K. UYTTERHOEVEN.
[1162] Antwerpen (7e k.) 20 maart 2017, *TBO* 2017, 377.
[1163] Gent 12 juni 2015, *T.Aann.* 2017, afl. 3, 284.
[1164] Cass. 4 april 2003, *Pas.* 2003, 736; Cass. 11 april 1986, *Arr.Cass.* 1985-86, 1088, *RW* 1986-87, 2629, noot W. EMBRECHTS; Cass. 18 november 1983, *Pas.* 1984, I, 303, *RW* 1984-85, 47; Brussel 3 juni 1992, *T.Aann.* 1998, 47.
[1165] Cass. 15 december 1995, *JLMB* 1996, 780; Cass. 15 oktober 1987, *Pas.* I, 1987; Kh. Brussel 26 juli 1994, *T.Aann.* 1995, 24; Kh. Antwerpen 22 maart 1985, *Het Bouwbedrijf* 18 april 1986, 17; Bergen 8 oktober 1990, *JT* 1990, 584; Bergen 24 december 1986, *JLMB* 1987, 381; Luik 29 oktober 1985, *RRD* 1985, 339; Luik 29 oktober 1985, *RRD* 1985, 339; J. HERBOTS en C. PAUWELS, "Bijzondere overeenkomsten – Overzicht van rechtspraak (1982-87)", *TPR* 1989, 1341, nr. 396; anders: G. BAERT, *Privaatrechtelijk bouwrecht*, 1994, 801-802.

dient tevens na te gaan of de schilderwerken volgens de regels van de schilderkunst uitgevoerd kunnen worden en of het gewenste resultaat bereikt kan worden. Wanneer de aannemer vaststelt dat de ondergrond waarop hij moet schilderen niet beantwoordt aan de norm, dient hij de bouwheer hiervan op de hoogte te stellen. Wanneer de bouwheer, ondanks deze informatie, toch verlangt dat de werken worden uitgevoerd zonder bijkomende voorzorgen, kan de bouwheer zich achteraf niet meer beroepen op artikel 1792 BW wegens een tekortkoming in de informatieplicht.[1166]

732. Het begrip fout dient beoordeeld te worden in het licht van de verbintenis die de aansprakelijke partij op zich heeft genomen alsmede in functie van de hoedanigheid van de betrokkene.

Zo wordt aanvaard dat een architect niet aansprakelijk kan worden gesteld als zijn opdracht geen stabiliteits- noch bodemstudies bevat omdat die werken waren toevertrouwd aan een studiebureau, en hij diens foutieve beoordeling niet kon ontdekken.[1167]

Indien de verbintenis een resultaatsverbintenis betreft, zal er reeds sprake zijn van een contractuele tekortkoming wanneer het resultaat niet wordt behaald. Betreft het daarentegen een middelenverbintenis, dan moet aangetoond worden dat de schuldenaar niet alle inspanningen heeft geleverd die een normaal vooruitziend persoon geplaatst in dezelfde omstandigheden zou hebben geleverd. De bewijslast is dus veel groter bij een middelenverbintenis dan bij een resultaatsverbintenis.

Voorts zal een gespecialiseerd aannemer strenger beoordeeld worden dan een algemeen aannemer.

F. Bewijs

733. De opdrachtgever die zich wenst te beroepen op artikel 1792 BW dient het bewijs te leveren dat voldaan is aan alle toepassingsvoorwaarden. Het is dus niet voldoende dat de bouwheer aantoont dat er (actuele of dreigende) schade is, hij dient tevens te bewijzen dat hij met de aansprakelijk persoon een aannemingsovereenkomst gesloten heeft, dat de aansprakelijke persoon een fout begaan heeft en dat het gebrek dermate ernstig is dat het de stevigheid of de stabiliteit van het gebouw, of een deel ervan, in gevaar brengt.[1168]

734. De schade kan resulteren uit de ongeschiktheid van de bodem, een foutief concept of een berekeningsfout, een gebrek in de gebruikte materialen, het gebruik van materialen die niet conform de contractuele voorschriften zijn dan wel uit een

---

[1166] Brussel 16 november 2009, *RABG* 2010, 633.
[1167] Bv. Luik 19 november 2015, *T.Aann.* 2018/2, 205; zie ook Cass. 1 april 1982, *RW* 1984, 603-606; Cass. 3 maart 1978, *Arr.Cass.* 1978, 780, noot; zie ook RvS 13 oktober 1987, *ED* 1988, 336 en Rb. Nijvel 8 april 2011, *RJI* 2011, 239.
[1168] Cass. 15 december 1995, *Arr.Cass.* 1995, 1134, *JLMB* 1996, 780.

gebrekkige uitvoering van de werken. De bouwheer zal dienen aan te tonen, meestal aan de hand van een deskundigenonderzoek, wie de verantwoordelijkheid draagt.

735. Het uitgangspunt blijft hier de foutaansprakelijkheid. Toch staat men dicht bij een omkering van de bewijslast. Zo heeft het Hof van Cassatie reeds geoordeeld dat het volstaat dat de bouwheer bewijst dat het gebouw ten gevolge van een gebrek in de bouw gedeeltelijk teniet is gegaan. Er hoeft dus niet aangetoond te worden dat de aannemer een fout begaan heeft. De aannemer kan zich enkel van zijn verantwoordelijkheid bevrijden door te bewijzen dat hij op onoverwinnelijke wijze van het gebrek onwetend is geweest.[1169]

G. Duur van de aansprakelijkheid – Verjaring

1. Aard van de voorgeschreven termijn

736. Artikel 2270 BW bepaalt dat de architecten en aannemers na verloop van tien jaren ontslagen zijn van hun aansprakelijkheid met betrekking tot de grote werken die zij hebben uitgevoerd (art. 2270 BW).

Met andere woorden, de architecten en aannemers kunnen enkel worden aangesproken voor de gebreken die zich manifesteren binnen deze termijn van tien jaar. Na de tienjarige termijn zijn de architect en de aannemer dus bevrijd van hun aansprakelijkheid op grond van artikel 1792 BW (art. 2219 BW).

737. De bij artikelen 1792 en 2270 BW bepaalde tienjarige aansprakelijkheidstermijn is bovendien een vervaltermijn die niet kan worden geschorst of gestuit.[1170] Na het verstrijken van de termijn vervalt derhalve het recht om de architect en de aannemer aan te spreken op grond van artikel 1792 BW.

Dit impliceert tevens dat de bouwheer de rechtsvordering over de grond van de zaak binnen de voormelde termijn dient in te stellen. Het instellen van een vordering tot aanstelling van een deskundige staat daarbij niet gelijk aan een aansprakelijkheidsvordering. Het instellen van een vordering tot aanstelling van een deskundige volstaat dus niet om het vorderingsrecht van de bouwheer op grond van artikel 1792 BW aan het verval te onttrekken.[1171] Ook het loutere feit dat men herstellingswerken uitvoert of de schade onmiddellijk aangeeft aan zijn verzekeraar, volstaat niet.[1172]

[1169]   Cass. 6 oktober 1961, *Pas.* 1962, I, 152, *RW* 1961-62, 783, met advies F. DUMON.
[1170]   Cass. 17 februari 1989, *Arr.Cass.* 1988-89, 691, *Pas.* 1989, I, 621, *RW* 1988-89, 1267, noot G. BAERT; Cass. 22 december 2006, *Arr.Cass.* 2006, nr. 670; Kh. Dendermonde 3 maart 2011, *TBBR* 2014, 89.
[1171]   Gent 19 juni 2009, *NJW* 2010, 632, noot C. LEBON.
[1172]   Luik 6 maart 2017, *JLMB* 2017, afl. 25, 1196.

738. Dit vormt een belangrijk onderscheid met de waarborgtermijn die van toepassing is op de gebreken die de stevigheid en stabiliteit van het gebouw niet in gevaar brengen (zijnde de zichtbare gebreken waarvoor bij de oplevering voorbehoud werd gemaakt, dan wel de verborgen gebreken die niet vallen onder het toepassingsgebied van art. 1792 BW). De voormelde gebreken zijn immers onderworpen aan de verjaringstermijn van tien jaar, bepaald in artikel 2262*bis*, § 1 BW. Deze termijn kan bijgevolg wél gestuit en geschorst worden.

739. Aan het Grondwettelijk Hof werd de vraag gesteld of dit verschil in behandeling (verjaringstermijn die gestuit en geschorst kan worden versus de vervaltermijn die niet gestuit en geschorst kan worden) een ontoelaatbare discriminatie inhoudt. Het Hof heeft deze vraag negatief beantwoord.[1173]

Het Hof is namelijk van oordeel dat het bestaande onderscheid redelijkerwijze verantwoord is en dit gelet op het volgende:
- de aansprakelijkheid op grond van de artikelen 1792 en 2270 BW streeft niet enkel de bescherming na van de opdrachtgever, maar ook van de openbare veiligheid die door gebrekkige constructies in gevaar wordt gebracht en is derhalve van openbare orde;
- de tienjarige aansprakelijkheidsvordering dient niet ingesteld te worden binnen een nuttige termijn vanaf de ontdekking van het gebrek;
- de tienjarige aansprakelijkheidsvordering is niet vatbaar voor ontheffings- of beperkende clausules.

740. De tienjarige termijn raakt de openbare orde. Een beding waarbij deze termijn wordt verkort, is bijgevolg van rechtswege nietig. De termijn kan ook niet worden verkort ter gelegenheid van de oplevering, zelfs niet voor zichtbare grove gebreken.[1174]

Er bestaat op heden geen duidelijkheid of de vervaltermijn verlengd kan worden.[1175] Enerzijds wordt gesteld dat enkel de minimumaansprakelijkheidsregeling van openbare orde is, zodat een verlenging van de tienjarige termijn mogelijk is. Anderzijds wordt geoordeeld dat de tienjarige termijn een wettelijke vervalter-

---

[1173] GwH 19 juli 2017, nr. 98/2017, *BS* 22 november 2017, 100.029, *NJW* 2017, 651, noot F. BRULOOT, *RW* 2017-18, 160, *T.Aann.* 2017, 264, *TBO* 2018, 25, noot M. SCHOUPS en J. BATS.

[1174] Brussel 24 februari 1961, *Pas.* 1962, II, 193.

[1175] *Pro*: Kh. Hasselt 30 januari 2006, *RW* 2007-08, 1329; A. VAN OEVELEN, *Overeenkomsten. Deel 2. Bijzondere overeenkomsten. E. Aanneming van werk – Lastgeving in Beginselen van Belgisch privaatrecht*, Mechelen, Kluwer, 2017, 239; *contra*: Antwerpen 4 november 2008 *NJW* 2008, 930, noot S. MAES: *in casu* ging de hoofdaannemer ermee akkoord om de tienjarige aansprakelijkheid met betrekking tot de uitgevoerde herstellingen aan het dak met één jaar te verlengen. Het hof oordeelde dat de tienjarige aansprakelijkheid een vervaltermijn is, waardoor deze termijn noch verkort, noch verlengd kan worden; G. BAERT, *Aanneming van werk* in *APR*, Antwerpen, Kluwer, 2001, 473; B. KOHL, "Contrat d'entreprise" in *RPDB*, Brussel, Bruylant, 2016, 1039; M. DELILLE en S. SCHOENMAEKERS, *10-jarige aansprakelijkheid in de bouwwereld*, Turnhout, Story, 2018, 130-132.

mijn is, zodat een verlenging ongeoorloofd is. Het lijkt logisch dat de aannemer en de architect inderdaad de nietigheid van een dergelijk beding kunnen inroepen. De vervaltermijn werd immers in de wet in hun voordeel voorzien.

2. Aanvang van de termijn

741. De tienjarige aansprakelijkheidstermijn loopt vanaf de aanvaarding, uitdrukkelijk of stilzwijgend, van de werken door de bouwheer.[1176]

742. De aanvaarding van de werken is niet onderworpen aan enige vormvereiste. Meestal wordt gewerkt met een oplevering van de werken, waarbij een proces-verbaal van oplevering wordt opgemaakt. Dit proces-verbaal zal als bewijsstuk van de aanvaarding van de werken gelden.

De aanvaarding van de werken door de opdrachtgever kan echter ook plaatsvinden vóór de redactie van het proces-verbaal dat de aanvaarding vaststelt, in welk geval de termijn loopt vanaf dat moment. Meestal zal men bij gebrek aan bewijs toch moeten terugvallen op het proces-verbaal.

743. In het geval van een tweevoudige oplevering, dient men na te gaan welke betekenis de voorlopige oplevering heeft. Indien partijen hieromtrent niets zijn overeengekomen, houdt de voorlopige oplevering de loutere inontvangstname van de werken in, waarbij de bouwheer enkel erkent dat de werken af zijn.[1177] Pas bij de definitieve oplevering worden de werken aanvaard en loopt derhalve de tienjarige aansprakelijkheidstermijn.

De partijen kunnen evenwel geldig bedingen dat de voorlopige oplevering de aanvaarding van de werken tot gevolg heeft en dat dit moment het vertrekpunt is van de tienjarige termijn.

De architect kan zich in ieder geval niet beroepen op een beding uit de aannemingsovereenkomst dat de tienjarige aansprakelijkheidstermijn laat ingaan op datum van de voorlopige oplevering. Dat hij het proces-verbaal van oplevering mee heeft ondertekend, verandert daar niets aan. Een van de opdrachten van de architect bestaat er namelijk in de opdrachtgever bij te staan tijdens de opleveringen.[1178] Voor iedere contractpartij zal dus afzonderlijk nagegaan moeten worden wanneer de tienjarige aansprakelijkheidstermijn begint te lopen.

744. De aanvaarding kan ook stilzwijgend gebeuren. Zo werd reeds geoordeeld dat, bij gebrek aan een contractuele regeling betreffende het tijdstip van de aanvaarding van de werken, ervan uitgegaan mag worden dat de aanvaarding plaatsvindt op het ogenblik dat de bouwheren het bouwwerk in gebruik hebben

---

[1176] Cass. 18 november 1983, *Pas.* 1984, I, 303.
[1177] Cass. 4 maart 1977, *Pas.* 1977, I, 721.
[1178] Cass. 22 oktober 1999, *TOGOR*, 2000, 199, noot K. TROCH.

genomen.[1179] Ook kan de aanvaarding van de werken afgeleid worden uit de betaling zonder voorbehoud van het honorarium.[1180] Wanneer de bouwheer de eindfactuur van de aannemer niet volledig heeft betaald, de aannemer het saldo niet heeft opgevorderd en er evenmin betwisting werd gevoerd over de kwaliteit van de uitgevoerde werken over een periode van meer dan tien jaar, dient het omstandig stilzwijgen eveneens beschouwd te worden als een stilzwijgende oplevering.[1181]

745.   Het loutere feit dat de aannemer de werken voltooide, kan echter niet het vertrekpunt zijn van de tienjarige termijn. De tienjarige aansprakelijkheid is namelijk een foutaansprakelijkheid en de fout van de aannemer kan slechts bewezen worden eens de werken door de aannemer aan de bouwheer zijn geleverd.

746.   Wanneer het bouwwerk onder het toepassingsgebied valt van de Woningbouwwet, dient de oplevering bewezen te worden door een schriftelijk en tegensprekelijk tussen partijen opgemaakte akte.[1182] Wat betreft de voorlopige oplevering geldt er weliswaar een weerlegbaar vermoeden van stilzwijgende oplevering door de voorbehoudsloze ingebruikname of bewoning van het bouwwerk.[1183] Daarnaast bepaalt de Woningbouwwet dat er onweerlegbaar van uitgegaan mag worden dat de werken (voorlopig of definitief) aanvaard werden wanneer de opdrachtgever niet reageert op de vraag tot oplevering.[1184]

747.   Wat betreft de appartementsmede-eigendom dient een onderscheid gemaakt te worden tussen de oplevering van het privatieve gedeelte en de oplevering van het gemeenschappelijke gedeelte. Zo dient het privatieve gedeelte opgeleverd te worden door de eigenaar ervan, terwijl de vereniging van mede-eigenaars instaat voor de oplevering van de gemeenschappelijke gedeelten.

Valt het appartementsgebouw onder het toepassingsgebied van de Woningbouwwet, dan is het verboden om over te gaan tot de definitieve oplevering van het privatieve deel vóór de definitieve oplevering van de gemeenschappelijke delen.[1185] Bovendien gelden de vormvereisten voor de oplevering ook in het kader van het appartementsrecht, met als enige uitzondering het weerlegbaar vermoeden van ingebruikname.[1186] In die zin werd reeds bepaald dat de gemeenschappelijke gedeelten ook stilzwijgend opgeleverd worden wanneer alle mede-eigenaars voorbehoudsloos hun appartement betrekken. De oplevering zal

---

[1179] Rb. Brussel 21 oktober 2011, *RJI* 2012, 31; Gent 13 oktober 2008, *NJW* 2009, afl. 204, 508.
[1180] Kh. Chaleroi 29 september 1992, *RRD* 1993, 22; Rb. Antwerpen 3 juni 2004, *RW* 2007-08, 1416.
[1181] Rb. West-Vlaanderen 18 oktober 2017, *TGR-TWVR* 2018, afl. 2, 105, noot F. MOEYKENS.
[1182] Art. 2, § 1, tweede lid uitvoeringsbesluit Woningbouwwet.
[1183] Art. 2, § 2, eerste lid uitvoeringsbesluit Woningbouwwet.
[1184] Art. 2, § 2, tweede lid uitvoeringsbesluit Woningbouwwet.
[1185] Art. 9 Woningbouwwet.
[1186] Het onweerlegbaar vermoeden van stilzwijgen werd namelijk uitdrukkelijk uitgesloten in het kader van appartementsmede-eigendom: art. 2, § 2 uitvoeringsbesluit Woningbouwwet.

dan plaatsvinden op het ogenblik dat de laatste mede-eigenaar zijn appartement betrekt.[1187]

3. Eindpunt van de termijn

748. Het eindpunt van de aansprakelijkheidstermijn ligt op tien jaar na de aanvaarding van de werken. Meer bepaald dient de *procedure ten gronde* binnen de tien jaar na de aanvaarding van de werken opgestart te zijn.[1188]

De aansprakelijkheidsvordering dient dus niet binnen een redelijke of nuttige termijn vanaf de ontdekking van het gebrek ingesteld te worden, zoals vereist is bij de lichte, verborgen gebreken die niet onder het toepassingsgebied vallen van artikel 1792 BW. Het volstaat dat de effectieve aansprakelijkheidsvordering binnen de tienjarige termijn na de aanvaarding van de werken wordt ingesteld.[1189]

Het instellen van een vordering in kort geding tot verkrijging van een deskundigenonderzoek is dus niet voldoende, zelfs als deze vordering gebaseerd is op de tienjarige aansprakelijkheid.[1190] Wanneer de vervaltermijn zijn einde nadert, wordt dan ook best meteen ten gronde gedagvaard waarbij de aansprakelijkheidsvordering gecombineerd wordt met de vordering tot het aanstellen van een deskundige.

Dat de aannemer of de architect zijn aansprakelijkheid erkend heeft, kan het verval evenmin verhinderen.[1191] Een loutere ingebrekestelling of een vaststelling van de schade door een gerechtsdeurwaarder volstaan ook niet.[1192]

749. De vervaltermijn heeft tevens tot gevolg dat de oorspronkelijke dagvaarding niet meer kan worden uitgebreid met gebreken die zich pas na het verstrijken van de tienjarige termijn hebben gemanifesteerd.[1193]

[1187] Rb. Oost-Vlaanderen 8 februari 2016, *TBO* 2016, 472.

[1188] Hier en daar vindt men evenwel andersluidende uitspraken, bv. Antwerpen 30 juni 1987, *T.Aann.* 1988, 306, waar wordt gesteld dat een vordering in kort geding niettemin de vervaltermijn kan schorsen wanneer de dagvaarding wordt beschouwd als inleiding tot een vordering op grond van de aansprakelijkheid van de aannemer, zelfs indien het voorwerp van de vordering niet onmiddellijk een vergoeding beoogt; zie ook Rb. Nijvel 5 september 1991, *JT* 1993, 25, goedkeurende noot E. BOIGELOT.

[1189] Cass. 2 februari 2006, *Arr.Cass.* 2006, nr. 69, *NJW* 2006, afl. 138, 218; Cass. 4 april 2003, *Arr. Cass.* 2003, nr. 227, *Pas.* 2003, 736; GwH 19 juli 2017, nr. 98/2017, *BS* 22 november 2017, 100.029, *NJW* 2017, 651, noot F. BRULOOT, *RW* 2017-18, 160, *T.Aann.* 2017, 264, *TBO* 2018, 25, noot M. SCHOUPS en J. BATS.

[1190] Cass. 17 februari 1989, *Arr.Cass.* 1988-89, 691, *Pas.* 1989, I, 621, *RW* 1988-89, 1267, noot G. BAERT.

[1191] M. DELILLE en S. SCHOENMAEKERS, *10-jarige aansprakelijkheid in de bouwwereld*, Turnhout, Story, 2018, 127.

[1192] G. BAERT, *Aanneming van werk* in *APR*, Antwerpen, Kluwer, 2001, 494.

[1193] Kh. Luik 17 oktober 1984, *JL* 1985, 602.

750. De vervaltermijn belet echter niet dat, na het verstrijken van de termijn, bij conclusie nog vergoeding gevraagd wordt voor bijkomende schade die het gevolg is van de gebreken waaromtrent men tijdig heeft gedagvaard.

Bovendien kan ook na het verstrijken van de vervaltermijn een vordering ingesteld worden wanneer dat gebeurt op grond van nieuwe gevolgen, voor een bepaald bouwwerk, van een gebrek en van een contractuele tekortkoming in de conceptie of de uitvoering waarvoor al binnen de vervaltermijn een vordering werd ingesteld. De bouwheer mag zijn initiële vordering echter niet beperkt hebben tot de schade die hij in de akte vermeldt in verband met een bepaald bouwwerk, maar dient ook de eventuele navolgende schade te beogen aan dat bouwwerk of aan bouwwerken die eveneens aan de aannemer of de architect waren toevertrouwd in eenzelfde contractueel kader.[1194]

751. De aannemer en de architect zijn elk tot verschillende verbintenissen gehouden jegens de bouwheer en zijn in principe niet hoofdelijk gehouden tegenover hem. De bouwheer zal dus tijdig een vordering moeten instellen tegen zowel de aannemer als tegen de architect. De aansprakelijkheidsvordering ingesteld tegen de aannemer zal immers geen impact hebben op de vervaltermijn van de aansprakelijkheidsvordering tegen de architect. Hetzelfde geldt bij gesplitste aannemingen: de vordering die tijdig werd ingesteld tegen een van de aannemers heeft niet tot gevolg dat de vorderingen jegens de andere aannemers hierdoor ook tijdig ingesteld zouden zijn. In die zin oordeelde het Hof van Cassatie tevens dat wanneer de bouwheer een vordering instelt tegen de aannemer en de aannemer vervolgens een vordering tegen de architect, niet wegneemt dat de bouwheer ook zelf tijdig een vordering moet instellen tegen de architect.[1195]

Indien de tienjarige aansprakelijkheidstermijn verstreken is, kan de koper zich nog steeds beroepen op artikel 1648 BW om een vordering wegens verborgen gebreken tegen de verkoper in te stellen, ook al kan de verkoper op dat moment geen vrijwaring meer vorderen van zijn aannemer of architect.[1196]

4. Herstellingswerken

752. De termijn van tien jaar begint te lopen, niet alleen na de oplevering van de oorspronkelijke aanneming, maar evenzeer en om dezelfde redenen na de oplevering van herstellingswerken die als grote werken moeten worden aangemerkt.[1197] De herstellingswerken zijn immers het verlengstuk van het oorspronkelijke aan-

---

[1194] Cass. 22 december 2006, AR C.05.0210.N, www.cass.be.
[1195] Cass. 27 oktober 2006, *RW* 2006-07, 1435.
[1196] Cass. 10 oktober 2003, *RW* 2006-07, 1216.
[1197] Cass. 9 december 1988, *Arr.Cass.* 1988-89, 440, concl. Adv. Gen. DU JARDIN, *Pas.* 1989, I, 401, concl. Adv. Gen. DU JARDIN en noot G. BAERT, *T.Aann.* 1989, 213, concl. Adv. Gen. DU JARDIN en noot S. SONCK; Brussel 29 juni 2010, *RJI* 2011, 17; Antwerpen 14 december 2009, *TBO* 2010, 215; Luik 6 maart 2017, *JLMB* 2017, afl. 25, 1196.

nemingscontract, waarvan ze een nieuwe en betere uitvoering moeten zijn. Ze doen derhalve, vanaf de goedkeuring ervan, een nieuwe garantietermijn ontstaan die rechtstreeks onderworpen is aan artikel 2270 BW.[1198]

Aangezien de aannemers hierdoor geen eindpunt zien aan hun aansprakelijkheid, zullen zij veelal de uitvoering bij equivalent (schadevergoeding) verkiezen boven herstelling in natura.[1199]

5.   Bedrog[1200]

753.   Voorheen werd aanvaard dat in geval van bedrog de tienjarige aansprakelijkheidstermijn verlengd werd tot dertig jaar.[1201] Zeker sedert de wetswijziging van 1998 kan deze stelling niet langer worden aangehouden. Het bedrog maakt de rechtshandeling die de aanvaarding van de werken inhoudt, nietig. Deze nietigheid dient te worden gevorderd binnen de tien jaar na de ontdekking van het bedrog (art. 1304 BW).

754.   Bedrog veronderstelt een beroepsmatige oneerlijkheid, een handeling of een fout die opzettelijk werd begaan met de bedoeling of met het volle bewustzijn om een contractuele verplichting te schenden en schade te veroorzaken.

Het is niet omdat de werken mogelijk niet volgens de regels van de kunst werden uitgevoerd en er niet altijd de meest adequate materialen zijn gebruikt, dat bedrog kan worden verondersteld.[1202]

Maken wel bedrog uit:
– de vervanging van de voorgeschreven materialen door goedkopere;
– het verhelen of camoufleren van fouten in de uitvoering;
– het stilzwijgen van een specialist die belast was met het toezicht op de werken wanneer hij beroepshalve de verplichting had om zijn medecontractant te informeren. Hierbij wordt opgemerkt dat de architect die niet belast was met de controle over de werken reeds een fout begaat door het aanvaarden van een onvolledige opdracht. Deze fout maakt op zichzelf echter geen bedrog uit.[1203] Bovendien heeft de architect die nalaat de uitvoering van de werken te controleren, zich niet noodzakelijk schuldig gemaakt aan kwaad opzet.[1204]

[1198]   J. HERBOTS, "De verjarings- en vervaltermijnen in de Wet Breyne" in *Actuele problemen uit het notariële recht. Opstellen aangeboden aan Prof. A. De Boungne*, Antwerpen, Kluwer Rechtswetenschappen, 1985, (73), 87.

[1199]   P. FLAMME en M.A. FLAMME, *Le contrat d'entreprise. Quinze ans de jurisprudence (1975-1990)*, 1991, nr. 168, 136.

[1200]   Zie voor bedrog bij de totstandkoming van de overeenkomst: Hoofdstuk 3, afdeling 2, § 1, A, 2; en voor bedrog bij oplevering: Hoofdstuk 5, afdeling 4, § 3, C, 3.

[1201]   P. FLAMME en M.A. FLAMME, *Le contrat d'entreprise. Quinze ans de jurisprudence (1975-1990)*, Brussel, Larcier, 1991, 136, nr. 170.

[1202]   Kh. Dendermonde 3 maart 2011, *TBBR* 2014, 89.

[1203]   Bergen 6 februari 1990, *RNB* 1990, 554; Kh. Charleroi 29 september 1992, *RRD* 1993, 22.

[1204]   Bergen 6 februari 1990, *RNB* 1990, 554.

755. Een zware fout is niet te vereenzelvigen met bedrog[1205], aangezien dit een uitholling zou betekenen van de bijzondere verjaringstermijn van artikel 2270 BW.

756. Het bedrog is bovendien persoonlijk. De bouwheer kan het bedrog van een onderaannemer-specialist jegens de hoofdaannemer dus niet opwerpen om de nietigheid van de aanvaarding van de werken te bekomen.

§ 3. TITULARISSEN VAN DE VORDERING IN AANSPRAKELIJKHEID

A. Bouwheer

757. De vordering in aansprakelijkheid voor verborgen gebreken en voor ernstige gebreken die vallen onder de tienjarige aansprakelijkheid komt uiteraard in de eerste plaats toe aan de bouwheer, de medecontractant van de aannemer en de architect.

Meestal is de bouwheer tevens de eigenaar, maar dat is niet noodzakelijk het geval. Hij kan titularis zijn van een ander zakelijk recht (bv. opstalhouder of vruchtgebruiker[1206]). Uitzonderlijk kan het ook zijn dat de opdrachtgever van de werken helemaal geen zakelijk recht heeft op het onroerend goed in kwestie. We denken hierbij aan de vereniging van mede-eigenaars die belangrijke herstelwerken aan een appartementsgebouw heeft besteld.

Ten aanzien van de onderaannemers treedt de hoofdaannemer op als bouwheer.[1207]

758. Het vorderingsrecht van de bouwheer gaat over op zijn erfgenamen en rechtverkrijgenden (art. 1122 BW).

759. De bouwheer kan zijn vorderingsrecht ook overdragen aan derden. Een voorbeeld hiervan is de situatie waarbij de eigenaar van een fabrieksgebouw zijn vorderingsrechten ter zake overdraagt aan de vennootschap die de fabriek exploiteert. Opdat de overdracht tegenwerpelijk zou zijn aan de aansprakelijke persoon, zal de overdracht aan hem ter kennis moeten worden gebracht of door hem moeten worden erkend. De toestemming van de aansprakelijke persoon is niet vereist.[1208]

760. De schuldeisers van de bouwheer kunnen via de zijdelingse vordering eveneens de vordering instellen (art. 1166 BW). Zo werd door het Franse Hof van

---

[1205] Cass. 18 mei 1987, *Pas.* 1987, I, 1125.
[1206] Gent 10 november 2017, *Huur* 2018, afl. 3, 135.
[1207] Cass. 11 april 1986, *RW* 1986-87, 2629, noot J. EMBRECHTS.
[1208] Art. 1689-1690 BW.

Cassatie geoordeeld dat, bij gebrek aan actie door de eigenaar van het gebouw, de zijdelingse vordering van de huurders van het gebouw ontvankelijk was.[1209]

B. Onderverkrijger

761. De opeenvolgende onderverkrijgers van het goed kunnen de aannemer en architect rechtstreeks aansprakelijk stellen voor verborgen gebreken en voor ernstige gebreken die vallen onder de tienjarige aansprakelijkheid.[1210] De nieuwe eigenaar kan de aansprakelijkheidsvordering dus zelf instellen.[1211]

Als grondslag van dit vorderingsrecht wordt hetzij artikel 1615 BW (de aansprakelijkheidsvordering is een toebehoren van de verkochte zaak)[1212], hetzij artikel 1122 BW (men wordt geacht bedongen te hebben voor de rechtverkrijgenden) aangeduid. Ook wordt een beroep gedaan op de theorie van de stilzwijgende overdracht van schuldvordering.[1213]

762. De koper heeft evenwel niet meer rechten dan de verkoper had. Indien de verkoper een regeling heeft getroffen met de architect of de aannemer met betrekking tot de gebreken, zullen zij aan de koper dit akkoord kunnen tegenwerpen. De koper zal de aannemer en de architect enkel nog kunnen aanspreken voor gebreken die opduiken na dit akkoord. Bovendien kan de aannemer de rechten en de excepties die hij had ten aanzien van de verkoper, ook tegenwerpen ten aanzien van de koper. Wanneer de verkoper bijvoorbeeld de factuur van de aannemer niet betaalde en de aannemer bijgevolg de exceptie van niet-uitvoering heeft ingeroepen tegen de verkoper, kan hij deze exceptie ook tegenwerpen aan de koper van het gebouw.[1214]

Anderzijds kunnen de onderverkrijgers zich niet steunen op de middelen die ze hebben tegen de verkoper, zoals een exoneratiebeding in de koopovereenkomst, aangezien hun vordering gebaseerd is op de aannemingsovereenkomst tussen de verkoper en de aannemer.[1215]

763. De oorspronkelijke bouwheer kan na de verkoop van het goed in principe zelf geen vordering meer instellen. Het hof van beroep van Bergen nuanceert deze

---

[1209] Cass.fr. 25 januari 1989, *Gaz.Pal.* 8 augustus 1990, 8, noot M. PEISSE; Cass.fr. 16 juli 1986, *Sem.jur.* 1986, IV, 283.

[1210] Cass. 29 februari 2008, *TBO* 2008, 151, noot; Brussel 18 oktober 2002, *NJW* 2003, afl. 40, 887, noot W. GOOSSENS; Gent 2 mei 2014, *TBO* 2014, 217.

[1211] Brussel 8 november 2016, *TBO* 2017, 72; Brussel 30 maart 2010, *TBO* 2010, 265; Gent 2 maart 1995, *T.Aann.* 1999, 77; Brussel 1 februari 1989, *JLMB* 1989, 904; Brussel 15 februari 1988, *JLMB* 1988, 1271; Brussel 17 april 1986, *Het Bouwbedrijf* 22 januari 1988, 7; Kh. Antwerpen 24 mei 1989, *T.Aann.* 1990, 60.

[1212] Zie Cass. 29 februari 2008, *TBO* 2008, 151, noot; Gent 2 mei 2014, *TBO* 2014, 217; K. SWINNEN, *Accessoriteit in het vermogensrecht*, Antwerpen, Intersentia, 2014, 325-326.

[1213] E. DIRIX, *Obligatoire verhoudingen tussen contractanten en derden*, Antwerpen, Maarten Kluwer, 1984, 30, nr. 16.

[1214] Cass. 29 februari 2008, *TBO* 2008, 151, noot.

[1215] Brussel 30 maart 2010, *TBO* 2011, 265.

regel waar het stelt dat de verkoper de vordering in aansprakelijkheid (tegen de architect) houdt in de mate dat hij nog een rechtstreeks en zeker belang behoudt om vergoed te worden voor de schade die hij ten gevolge de contractuele fouten (van de architect) heeft geleden.[1216] Hij zal in dit opzicht moeten aantonen dat bij het bepalen van de verkoopprijs bij de overdracht van het goed rekening werd gehouden met de gebreken in kwestie. Tevens bevestigde het Hof van Cassatie dat artikel 1615 BW niet uitsluit dat de verkoper die rechten alsnog kan uitoefenen wanneer hij nog steeds een belang heeft.[1217]

Ook kan de verkoper de aannemer en/of de architect nog steeds in vrijwaring roepen op basis van artikel 1792 BW indien hij door de koper wordt aangesproken wegens verborgen gebreken uit de koopovereenkomst (art. 1641 e.v. BW). Het is in een dergelijke situatie immers duidelijk dat de verkoper nog steeds over het noodzakelijke belang beschikt.

764.   Dat de koop gebeurde op rechterlijk gezag, en er derhalve geen rechtsvordering mogelijk is tegen de verkoper op grond van koopvernietigende gebreken (art. 1649 BW), is geen beletsel voor de overgang van het recht van de bouwheer op de verkrijger. Dit recht gaat immers van rechtswege over.[1218]

765.   Overeenkomstig artikel 6 Woningbouwwet hebben de achtereenvolgende kopers van een gebouw op plan een vordering op grond van artikel 1792 BW lastens de verkoper. De rechtsvordering kan evenwel enkel tegen de oorspronkelijke verkoper (promotor) worden ingesteld (alsook tegen de aannemer van de ruwbouwwerken en tegen de architect).

Betwistbaar is of dit vorderingsrecht tegen de verkoper ook geldt ten aanzien van verborgen gebreken. Bepaalde rechtspraak acht de verantwoordelijkheid van de promotor ruimer dan de tienjarige aansprakelijkheid en van toepassing op alle tekortkomingen en gebreken.[1219]

766.   De vraag rijst wie de procedure kan voortzetten wanneer het gebouw in de loop van de procedure verkocht wordt. Het Hof van Cassatie oordeelde in dit verband dat de vordering op basis van artikel 1792 BW een persoonlijke rechtsvordering is die in het vermogen van de verkoper blijft, tenzij in de verkoopsvoorwaarden of bij een afzonderlijke akte is bedongen dat de vordering aan de koper wordt overgedragen.[1220]

[1216]   Bergen 24 februari 1993, *T.Aann.* 1994, 149.
[1217]   Cass. 20 april 2012, *TBBR* 2015, afl. 4, 223.
[1218]   E. DIRIX en K. BROECKX, *Beslag* in APR, 2010, 592, nr. 968.
[1219]   Brussel 21 april 1982, *RW* 1984-85, 212.
[1220]   Cass. 15 september 1989, *RW* 1989-90, 776, *RCJB* 1992, 511, noot HERBOTS.

C. Mede-eigenaars

767. Verscheidene situaties zijn hier mogelijk. Het onroerend goed in kwestie kan behoren tot een huwgemeenschap (hetgeen geen eigenlijke vorm van mede-eigendom is), of kan het voorwerp zijn van een vrijwillige of gedwongen mede-eigendom.

1. Huwgemeenschap

768. Een vordering tot vrijwaring op grond van artikel 1792 BW met betrekking tot een huis dat tot het gemeenschappelijk vermogen van de echtgenoten behoort, en die slechts door één echtgenoot wordt ingesteld, is ontvankelijk.[1221] Het instellen van een aansprakelijkheidsvordering is immers een daad van beheer en instandhouding van het gemeenschappelijk vermogen. Dergelijke bestuursdaden kan iedere echtgenoot afzonderlijk stellen overeenkomstig de artikelen 1415 en 1416 BW.

2. Vrijwillige mede-eigendom

769. In geval van vrijwillige mede-eigendom heeft elke mede-eigenaar het recht om daden van behoud van het goed en daden van voorlopig beheer alleen te stellen. De vordering gegrond op de tienjarige aansprakelijkheid of wegens verborgen gebreken past in dat kader, zodat iedere mede-eigenaar dergelijke vorderingen alleen kan instellen.

3. Gedwongen mede-eigendom

770. Bij gedwongen mede-eigendom dient vooreerst rekening gehouden te worden met artikel 577-9, § 1, tweede lid BW. Dat artikel bepaalt als volgt: "Niettegenstaande artikel 577-5, § 3, heeft de vereniging van mede-eigenaars het recht om, als eiser en als verweerder, al dan niet samen met een of meerdere mede-eigenaars, in rechte op te treden ter vrijwaring van alle rechten tot uitoefening, erkenning of ontkenning van zakelijke of persoonlijke rechten op de gemene delen, of met betrekking tot het beheer ervan, alsook met het oog op de wijziging van de aandelen in de gemene delen en verdeling van de lasten."

Hieruit volgt dat de vereniging van mede-eigenaars de bevoegdheid heeft om rechtsvorderingen in te stellen die verband houden met de gemeenschappelijke delen of het beheer ervan, ongeacht of de vereniging eigenaar is van het gebouw of van privégedeelten of niet.[1222]

[1221] Bergen 17 september 1992, *T.Aann.* 1996, 310.
[1222] R. TIMMERMANS, "Concurrerende procesbekwaamheid Vereniging van Mede-eigenaars en individuele appartementseigenaars m.b.t. gemene delen: Cassatie zet de puntjes op de i", *T.App.* 2013, 26.

Dit werd bevestigd door het hof van beroep van Gent, dat oordeelde dat het vorderingsrecht wat betreft de gebreken aan de gemeenschappelijke gedeelten van het gebouw toekomt aan de vereniging van mede-eigenaars. De vereniging van mede-eigenaars kan in het bijzonder het herstel van de gebrekkige toestand van de gemene delen vorderen. Dit is zelfs het geval wanneer deze rechtsbevoegdheid aan het eigendomsrecht van de appartementsmede-eigenaars raakt.[1223]

771. Echter, de vereniging van mede-eigenaars beschikt niet over een exclusief vorderingsrecht. Artikel 577-9, § 1, vijfde lid BW bepaalt namelijk dat iedere mede-eigenaar alle rechtsvorderingen kan instellen betreffende zijn kavel, na de syndicus daarover te hebben ingelicht, die op zijn beurt de andere eigenaars inlicht.

Nu elke kavel noodzakelijkerwijs een privatief deel bevat alsook een aandeel in de gemeenschappelijke delen, kan elke mede-eigenaar niet enkel een vordering instellen met betrekking tot het privatieve deel, maar ook voor schade aan de gemeenschappelijke delen.

Zijn vorderingsrecht strekt zich uit tot schade aan de gemeenschappelijke delen, en dit voor het geheel ervan, indien de schade een rechtstreeks gevolg heeft voor de privatieve delen van die mede-eigenaar. Indien dat niet het geval is, kan de mede-eigenaar een vordering instellen in verhouding tot zijn aandeel in de gemeenschappelijke delen.[1224]

Elke individuele mede-eigenaar mag dus met betrekking tot de gemeenschappelijke delen individueel optreden. De individuele belangen van de mede-eigenaars met betrekking tot de gemene delen vallen namelijk niet noodzakelijkerwijze samen met die van de vereniging van mede-eigenaars. Dat een individuele mede-eigenaar in een bepaalde aangelegenheid, direct of indirect, schade lijdt, impliceert immers niet dat de overige mede-eigenaars zich solidair met hun deelgenoot zullen opstellen en mee zullen procederen.[1225]

Bijgevolg kan geconcludeerd worden dat elke mede-eigenaar een concurrerende procesbekwaamheid heeft met de vereniging van mede-eigenaars wat betreft de gemeenschappelijke delen[1226], zoals de vordering op grond van artikel 1792 BW voor gebreken aan de gemeenschappelijke delen.

[1223] Brussel (20ᵉ k.) 20 februari 2017, *TBO* 2017, 196; Antwerpen (17ᵉ k.) 19 november 2015, *TBO* 2016, 451; Gent 8 mei 2013, *T.App.* 2014, 54.

[1224] Brussel (20ᵉ k.) 20 februari 2017, *TBO* 2017, 196; B. KOHL, *Contrat d'entreprise*, Brussel, Larcier, 2016, 1100-1101, nr. 454. Anders: Rb. Waals-Brabant 27 juni 2014, *RJI* 2014, afl. 4, 333: de mede-eigenaar kan enkel een aansprakelijkheidsvordering instellen wat de gemeenschappelijke delen betreft krachtens zijn aandeel in de mede-eigendom.

[1225] R. TIMMERMANS, "[De appartementswet van 2 juni 2010 – Vereniging van mede-eigenaars met een enkelvoudige indeling] Andere rechtsvorderingen van de mede-eigenaar buiten besluiten van de algemene vergadering", *OGP* 2010, 250.

[1226] Cass. 26 april 2013, *Arr.Cass.* 2013, 1017, concl. VAN INGELGEM, *Pas.* 2013, 989, *T.App.* 2013, afl. 3, 29, noot R. TIMMERMANS, *TBBR* 2014, afl. 5, 222, *TBO* 2013, 226, *TGR-TWVR* 2013, afl. 4, 246, *TGR-TWVR* 2015, afl. 1, 42; zie ook Cass. 29 februari 2008, *TBO* 2008, 151, noot.

Het vooraf inlichten van de syndicus omtrent het instellen van de vordering is geen ontvankelijkheidsvereiste.[1227]

772.   De vereniging van mede-eigenaars staat overigens ook in voor de bewaring van de gemeenschappelijke gedeelten, in de zin van artikel 1384, eerste lid BW.[1228]

Bij de uitoefening van haar bewaarplicht kan zij, onder bepaalde omstandigheden, noodzakelijke schade veroorzaken aan de privatieve kavel van een mede-eigenaar. In dat geval is de vereniging van mede-eigenaars, binnen de grenzen van haar bewaarplicht, gehouden tot vergoeding van de mede-eigenaar.

773.   Ook als de schadelijdende mede-eigenaar niet in eigen naam in de aansprakelijkheidsprocedure tegen de schade-aansprakelijke partij aanwezig is, kan de vereniging van mede-eigenaars een vergoeding vorderen voor de schade die geleden wordt door de mede-eigenaar als gevolg van het herstel van gebreken aan de gemeenschappelijke delen (of, desgevallend, van het zoeken naar de oorzaken van deze gebreken). In die omstandigheden kan en moet de vereniging zelfs optreden en beschikt zij over de vereiste hoedanigheid en belang om de schade te vorderen. Zij is immers gehouden tot het behoud van de privatieve delen.[1229]

D.   Aannemer en onderaannemer

774.   De aannemer of onderaannemer heeft een vordering wegens verborgen gebreken tegen de opeenvolgende verkopers en de fabrikant van de gebrekkige materialen.[1230]

Indien het gaat om verschillende opeenvolgende leveringen, dient het gebrek, zo dit reeds aanwezig was bij de eerste levering, nog steeds verborgen te zijn bij de volgende leveringen.[1231] Ook kan de vordering slechts gericht worden tegen de verkopers die de zaak onder zich hadden nadat het gebrek was ontstaan.

Deze vordering is uiteraard gebaseerd op de betreffende bepalingen van de koop (art. 1641-1648 BW).

[1227]   Antwerpen (17e k.) 19 november 2015, *TBO* 2016, 451.

[1228]   Cass. 28 mei 2010, *TBO* 2011, 27, concl. OM.

[1229]   Brussel (20e k.) 20 februari 2017, *TBO* 2017, 196; zie in dezelfde zin Cass. 5 oktober 2000, *Arr. Cass.* 2000, 1515, *Bull.* 2000, 1484, *Cah.dr.immo.* 2000, afl. 6, 7, noot M. PLESSERS, www.cass.be (18 oktober 2001), *JLMB* 2001, 628 en http://JLMBi.larcier.be/ (14 augustus 2001), noot J.H., *RNB* 2000, 665, *RW* 2001-02, 679 en www.rw.be/ (21 januari 2002), noot A. CARETTE, *TBBR* 2002, afl. 1, 52, *T.Not.* 2001, 553, *T.Vred.* 2001, 144 ("Wanneer het vonnis beslist dat de syndicus in het bezit dient te zijn van een uitdrukkelijke volmacht om de rechtsvordering in te stellen m.b.t. de kosten voor privatieve delen die niet vallen onder het begrip gemeenschappelijke zaken waartoe de algemene kosten behoren, schendt het de artikelen 577-8, § 4 en 577-9, § 1, BW.").

[1230]   Zie bv. Brussel 15 februari 1988, *JLMB* 1988, 1271.

[1231]   P.A. FORIERS, "Les contrats commerciaux, Chronique de jurisprudence", *TBH* 1987, 51, nr. 70.

E. Derden

775. De tienjarige aansprakelijkheid en de aansprakelijkheid wegens verborgen gebreken is van contractuele aard. Derden kunnen er zich dus niet op beroepen, tenzij wanneer het vorderingsrecht ter zake aan hen werd gecedeerd of via het instellen van een zijdelingse vordering.

Een derde die persoonlijk schade heeft geleden door de gebreken, kan uiteraard wel een quasi-delictuele vordering instellen (art. 1382 e.v. BW) tegen de participant aan het bouwproces die verantwoordelijk is voor de schade[1232] (zie verder, Hoofdstuk 7). Hierbij wordt opgemerkt dat ook de extracontractuele aansprakelijkheid van de architect gebaseerd moet worden op de artikelen 1382 en 1383 BW en niet op artikel 4, eerste lid van de wet van 20 februari 1939.[1233]

Wanneer een aannemer ernstige vochtschade veroorzaakt aan een naburige woning omdat hij niet de nodige afdekking heeft aangebracht op een onbeschermde, niet gevoegde, gemene muur, kan deze aannemer door de eigenaar van de woning dus enkel op grond van artikel 1382 BW worden aangesproken en niet op grond van artikel 1792 BW en dit gelet op het ontbreken van enige contractuele verhouding.[1234]

Ook ontwerpers en uitvoerders van de bouwwerken moeten ten opzichte van elkaar als derden worden beschouwd. Tussen hen gelden derhalve de regels van de buitencontractuele aansprakelijkheid, ook wat hun onderlinge regresvordering betreft. De tienjarige aansprakelijkheid kan bijvoorbeeld niet dienen als grondslag voor een vordering in vrijwaring die wordt ingesteld door een aannemer lastens de architect.[1235]

§ 4. MOGELIJKE AANSPRAKELIJKEN

776. Hoewel in de artikelen 1792 en 2270 BW enkel sprake is van "architecten" en "aannemers", wordt in de rechtspraak unaniem aanvaard dat ook andere bouwpartijen onder het toepassingsgebied van deze artikelen kunnen vallen.

Zo oordeelde het hof van beroep van Brussel recent nog dat een stabiliteitsingenieur overeenkomstig de artikelen 1792 en 2270 BW gedurende tien jaren aansprakelijk is jegens de eigenaar wegens bouwgebreken die de stevigheid van het gebouw, van een belangrijk deel ervan of van een essentieel bestanddeel ervan in het gedrang brengen, ongeacht het werk al dan niet aanvaard is en of de gebreken zichtbaar dan wel verborgen zijn.[1236]

[1232] Brussel 4 november 2014, *RJI* 2015, afl. 2, 108.
[1233] Cass. 30 juni 1995, *Arr.Cass.* 1995, 704.
[1234] Gent 22 februari 2008, *T.Verz.* 2009, afl. 1, 62.
[1235] Rb. Brussel 21 oktober 2011, *RJI* 2012, 31.
[1236] Brussel (20e k.) 4 september 2018, *TBO* 2019, 50.

Ook de bouwpromotor[1237] kan op grond van de tienjarige aansprakelijkheid worden aangesproken (zie art. 6 Woningbouwwet). Dit zal bijvoorbeeld het geval zijn wanneer hij vaststelt of als professioneel had moeten vaststellen dat bepaalde ruwbouwwerken (*in casu* een betonbalk) erbarmelijk zijn uitgevoerd, maar geen opmerkingen maakt en nalaat de architect hiervan op de hoogte te brengen.[1238]

777.   Omwille van de contractuele aard van de aansprakelijkheid kan de bouwheer echter enkel de partijen aanspreken met wie hij rechtstreeks heeft gecontracteerd. Dit zijn derhalve de aannemer(-ruwbouw), de architect, de ingenieur of het studiebureau[1239], de promotor[1240] en het controle-organisme.[1241]

778.   Bij gebrek aan contractuele relatie heeft de bouwheer geen contractuele vordering tegen de onderaannemer.[1242] De bouwheer heeft om dezelfde reden geen rechtstreeks vorderingsrecht tegen de ingenieur of het studiebureau aangesteld door de architect. De bouwheer beschikt tegenover deze personen wel over een zijdelingse vordering (art. 1166 BW).

Hierbij dient opgemerkt te worden dat de architect ook enkel belast kan worden met het zoeken naar een ingenieur. Indien de opdracht van de ingenieur vervolgens bevestigd wordt door bouwheer, komt er een contract tot stand tussen de bouwheer en de ingenieur. In die situatie kan de ingenieur natuurlijk wel door de bouwheer worden aangesproken.[1243]

A.   *Verdeling van de aansprakelijkheid tussen architect, aannemer, ingenieur en studiebureau*

779.   Iedere professionele bouwactor is slechts aansprakelijk voor de tekortkomingen aan de verplichtingen die krachtens de overeenkomst of de wet op hem rusten.

[1237]   Zie Hoofdstuk 12.
[1238]   Brussel (20ᵉ k.) 4 september 2018, *TBO* 2019, 50.
[1239]   Antwerpen 23 september 1997, *T.Aann.* 1999, 312, noot W. ABBELOOS: *in casu* de leverancier van de betonwelfsels die tevens de studie daarover had gemaakt in opdracht van de architect.
[1240]   A. RENARD en P. VANDERSMISSEN, *La loi Breyne*, Brussel, Nemesis, 1989, 93 e.v.
[1241]   Brussel 13 november 1987, *JLMB* 1987, 1460; anders: Rb. Turnhout 26 juni 1996, onuitg., vermeld in M.A. FLAMME, P. FLAMME, A. DELVAUX en F. POTTIER, *Chronique de jurisprudence 1990-2000, Les dossiers du Journal des Tribunaux*, 340, nr. 411.
[1242]   Zie bv. Luik 26 mei 2016, *JLMB* 18/649, vermeld door B. LOUVEAUX in "Inédits de la construction 2018-2019", *JLMB* deel 1: 2018, afl. 35, 1672; K. VAN HOVE, "De 'action directe' wegens verborgen koopgebreken in (onder)aannemingsgeschillen" (noot onder Cass. 15 september 2011), *RW* 2011-12, (1679), 1682; P. RIGAUX, noot onder Brussel 28 oktober 1987, *JL* 1988, 312; Y. HANNEQUART en A. DELVAUX, "La responsabilité des édificateurs; état actuel de quelques problèmes et perspectives" in *Statuts et responsabilités des édificateurs*, publications des Facultés Universitaires de Saint-Louis, Brussel 1989, 110, nr. 125: de bouwheer heeft o.b.v. art. 1122 BW een rechtstreekse vordering tegen de onderaannemer; zie ook Brussel 25 juni 1992, *JLMB* 1992, 1272; Brussel 26 oktober 1990, *JLMB* 1992, 364; Cass.fr. 8 maart 1988, *T.Aann.* 1989, 204.
[1243]   K. DEKETELAERE, M. SCHOUPS en A.L. VERBEKE (eds.), *Handboek bouwrecht*, Antwerpen, Intersentia-die Keure, 2013, 1005.

780. Zo dient de architect in te staan voor de conceptie van het werk. Hieruit vloeit voort dat de architect, in principe, exclusief verantwoordelijk is voor de ongeschiktheid van de grond en de keuze van de materialen. De architect zal, om bevrijd te zijn van aansprakelijkheid voor de schade veroorzaakt door de ongeschiktheid van de grond, moeten aantonen dat hij alle nodige voorzorgen heeft genomen, nl. dat hij de bodem aan een nauwkeurig onderzoek heeft onderworpen, dat hij bij zijn ontwerp voldoende rekening heeft gehouden met de impact van de voorziene werken op de bodem, dat hij heeft rekening gehouden met de algemene architecturale ervaring in de streek en met de relevante wetenschappelijke informatie verspreid in vakbladen.

De architect kan een deel van de hem toevertrouwde opdracht uitbesteden aan een derde. Zo gebeurt het vaak dat de architect een betonstudie laat uitvoeren door een ingenieur. Het Hof van Cassatie heeft hieromtrent reeds geoordeeld dat de architect zich tegenover de bouwheer kan bevrijden met betrekking tot bepaalde technische studies, zoals betonstudies, waarvoor hij geen opleiding heeft gehad en die derhalve buiten zijn bevoegdheid vallen. Hij dient in dit opzicht wel in te staan voor de goede keuze van de geraadpleegde technicus en voor de door de specialist begane fouten die ook door hem, gelet op zijn vakkennis, konden worden vastgesteld.[1244]

781. De architect is tevens verantwoordelijk voor de controle en het toezicht op de uitvoering van het werk. Hij dient er dus op toe te zien dat de aannemer de werken volgens het plan en het bestek uitvoert. Dit impliceert dat de architect de aannemer moet verzoeken om de werken correct uit te voeren en de bouwheer moet verwittigen indien de aannemer deze instructies weigert op te volgen. Het is dus niet omdat de aannemer een fout begaat tijdens de uitvoering van de werken dat de architect automatisch zijn controle- en toezichtsplicht niet is nagekomen. Er bestaat geen vermoeden van fout in hoofde van de architect[1245] wanneer vaststaat dat hij de werken nauwgezet heeft gecontroleerd, zowel tijdens de uitvoering als bij de oplevering ervan, en is hij van alle verantwoordelijkheid ontheven.[1246]

Voorts werd reeds geoordeeld dat het toevertrouwen van de stabiliteitsstudie en van het toezicht op de uitvoering van de stabiliteitswerken aan een gespecialiseerde ingenieur de architect niet ontslaat van zijn verplichting om controle uit te oefenen op de totaliteit van de werken met inbegrip van de stabiliteitswerken.[1247]

782. De aannemer dient op zijn beurt de werken goed uit te voeren en is verantwoordelijk voor de intrinsieke gebreken van de materialen en de niet-conformiteit ervan met de contractuele voorschriften. Wanneer de aannemer de werken uitvoert in strijd met de regels van de kunst, zal hij derhalve aansprakelijk zijn. Dit geldt ook wanneer de architect de werken van de aannemer gecontroleerd heeft.

[1244] Cass. 3 maart 1978, *Arr.Cass.* 1978, 780, *RW* 1978-79, 711; zie ook Brussel 5 juni 1962, geciteerd door P. MATHEI in een noot onder Rb. Antwerpen, *T.Aann.* 1971, 25.

[1245] Brussel 25 juni 1986, *RJI* 1988, 5; Rb. Brussel 5 september 1975, *RJI* 1976, 5.

[1246] Brussel 23 januari 1975, *T.Aann.* 1975, 146, noot P. FLAMME.

[1247] Antwerpen 12 oktober 2005, *T.Aann.* 2008, 227.

Bovendien heeft de aannemer een raadgevings- en waarschuwingsplicht ten aanzien van de bouwheer. Wanneer de aannemer vaststelt dat er bepaalde conceptiefouten gemaakt werden door de architect die hem niet mochten ontgaan, dient hij de bouwheer hiervan in te lichten.[1248] Verzuimt hij aan deze verplichting, dan zal hij hiervoor aansprakelijk zijn. De verantwoordelijkheden van de aannemer en de architect lopen dus dooreen gelet op de controleplicht van de architect en de onderzoeks- en voorlichtingsplicht van de aannemer.

783. Ook de aannemer kan beslissen om een deel van zijn opdracht te laten uitvoeren door een specialist ter zake. De aannemer zal in dit geval aansprakelijk zijn ten opzichte van de bouwheer voor de door de specialist begane fouten, maar de aannemer zal een vrijwaringsvordering kunnen instellen tegen de specialist.

784. De aannemer kan tevens een verzwaarde aansprakelijkheid op zich nemen en zich er bijvoorbeeld toe verbinden om in te staan voor de fouten van derden, zoals de architect. Een dergelijk beding is geldig.[1249]

B.   Aansprakelijkheid in solidum – Regres – Vordering in vrijwaring

785. Wanneer verschillende partijen elk afzonderlijk een fout begaan hebben, kunnen deze actoren *in solidum* aansprakelijk gesteld worden.

786. Dit zal het geval zijn wanneer de schade haar oorsprong vindt in de samenlopende fouten van de partijen, en wanneer zonder de fout van een van hen de fouten van ieder van de anderen niet zouden hebben volstaan om de schade te veroorzaken. In dat geval is elk van hen ertoe gehouden de gehele schade te vergoeden. Dit geldt zelfs wanneer eenieders aandeel in de schade kan worden bepaald op grond van de zwaarwichtigheid van de respectieve fouten.[1250]

De aannemer en de architect zullen dus *in solidum* aansprakelijk zijn indien zij beiden een fout hebben begaan én indien zonder de controlefout van de architect de uitvoeringsfout van de aannemer niet voldoende geweest zou zijn om de schade te doen ontstaan.

Zo werd geoordeeld dat de gebreken aan een vensterdrempel het resultaat zijn van de conceptfout door de architect (niet-naleving van de technische voorschriften inzake waterdichting) en van een gebrekkige, latere uitvoering door de aannemer.[1251]

[1248]   Cass. 6 maart 1975, *RJI* 1976, 193; Cass. 19 november 1970, *T.Aann.* 1971, 142, noot M.-A. FLAMME; Brussel 3 juni 1992, *T.Aann.* 1998, 47.

[1249]   Gent (22e k.) 10 mei 2000, 1999/AR/799, onuitg.: de architect had een inefficiënte beschermingsmaatregel voorgesteld ter voorkoming van waterinfiltratie bij uitbreidingswerken van de woning.

[1250]   Cass. 2 oktober 1992, *T.Aann.* 1997, 165; Cass. 15 februari 1974, *Arr.Cass.* 1974, 661, *RW* 1973-74, 1715, advies F. DUMON.

[1251]   Brussel 18 oktober 2002, onuitg.; Gent 2 mei 2014, *TBO* 2014, 217.

De architect en de aannemer werden eveneens *in solidum* veroordeeld in het geval waarin de architect onvoldoende toezicht had uitgeoefend op de uitvoering en de aannemer een uitvoeringsfout had begaan.[1252]

In een geval waarbij de architect slechte, gebrekkige plannen tekende (zonder exacte maten in de doorsneden, dakplaten zonder aangegeven draagconstructie, geen kolommen, geen ringbalk) en geen toezicht had gehouden op de uitvoering van de werken (er was geen enkel werfverslag, de architect kwam kennelijk pas tussen na de plaatsing van de volledige draagconstructie én de vaststelling van de problemen), werd de architect toch *in solidum* veroordeeld met de aannemer tot vergoeding van de schade van de opdrachtgever. De aannemer was namelijk enkel voortgegaan op de slechte plannen (waarvan werd erkend dat de fouten onmiddellijk zichtbaar waren) en had bijgevolg materialen besteld die enkel werden opgemeten op basis van de manifest gebrekkige plannen van de architect. Hij had bovendien geen enkel voorbehoud gemaakt tegen de architect en geen bijkomend nazicht of opmetingen gevraagd.[1253]

787.   De aannemer en architect kunnen eveneens *in solidum* aansprakelijk worden gesteld met de ingenieur. Zo werden de aannemer, de ingenieur en de architect die bij de uitvoering van de restauratie aan een kerk betrokken waren, *in solidum* aansprakelijk gesteld voor de schade veroorzaakt aan de kerkfabriek op grond van de tienjarige aansprakelijkheid. Meer bepaald werd de interne bijdrageplicht geraamd op 50% voor de aannemers, 30% voor de ingenieur, die een primaire toezichtsplicht had op dat deel van de werken waarvoor hij was aangezocht en 20% voor de architect, die een secundaire algemene toezichtsplicht had op de werken.[1254]

788.   Wanneer verschillende partijen *in solidum* veroordeeld worden, is elk van hen jegens de benadeelde ertoe gehouden de gehele schade te vergoeden. Dat het werkelijke aandeel van iedere partij in de schade bepaald kan worden, is van geen belang.[1255]

De betaling van de gehele schadeloosstelling door een van de schuldenaars doet de schuldvordering van de eiser teniet.

789.   De rechtbank zal in de onderlinge verhouding tussen de schuldenaars wél ieders aandeel in de schade bepalen. De aansprakelijke partij die de volledige schuld voldaan heeft, kan vervolgens *regres* uitoefenen tegen de andere schuldenaars en dit ten belope van hun aandeel in de schade.

Zo kan de architect die wegens onvoldoende controle werd veroordeeld, regres uitoefenen tegen de aannemer voor diens slechte uitvoering, zij het slechts voor een gedeelte en dit gelet op zijn eigen fout.[1256] De aannemer kan regres uitoefenen op

---

[1252] Rb. Gent 31 mei 2013, *TBO* 2013, 203, noot N. CARETTE.
[1253] Antwerpen (2ᵉ k.) 6 januari 2016, *TBO* 2017, 174.
[1254] Gent 30 juni 2009, *RABG* 2010, 611, noot D. ABBELOOS.
[1255] Brussel 12 april 1994, *RJI* 1995, 26; anders: Gent 17 mei 1985, *T.Aann.* 1987, 191, noot VOLCKAERT.
[1256] Brussel 20 september 1962, *RJI* 1962, 373.

de architect voor fouten in zijn plan indien hij die fouten niet had moeten vaststellen.[1257] De aannemer kan evenwel geen regres uitoefenen op de architect wegens verzuim van controle, aangezien de controleplicht enkel ten opzichte van de bouwheer bestaat en indien de uitvoeringsfouten reeds voor de controle aanwezig waren.[1258]

790. Hoewel de rechter op onaantastbare wijze het aandeel van de respectieve fouten van de *in solidum* veroordeelde schuldenaars beoordeelt en op grond daarvan ieders aandeel in de schade bepaalt, kan hij niet oordelen dat een of meerdere van de *in solidum* veroordeelden geen deel van de schade zal dragen. Hierdoor negeert hij immers het oorzakelijk verband tussen de fout van die veroordeelde(n) en de aan de derde veroorzaakte schade.[1259]

Een vordering tot het bepalen van het aandeel van de verschillende bouwactoren in de schade waartoe zij *in solidum* veroordeeld worden, kan overigens geen voorwerp uitmaken van verval of verjaring indien ze gelijktijdig met het verweer tegen de *in solidum*-vordering wordt ingesteld.[1260]

791. Behalve in geval van contractueel bedongen vrijwaring tussen twee of meer *in solidum* veroordeelden, geldt dit principe ook wanneer de aansprakelijkheid van een of meer van de *in solidum* veroordeelden contractueel is. Zo kunnen de leverancier van betongewelven, de architecten en de aannemer *in solidum* veroordeeld worden tot betaling van de hele schade aan de bouwheer.

792. De *in solidum*-aansprakelijkheid geldt ook ten aanzien van de koper van een gebouw. In geval van een samenlopende fout van de architect en de aannemer kan de koper zowel de verkoper, de aannemer als de architect *in solidum* aansprakelijk stellen. De verkoper is namelijk gehouden tot het leveren van een verkocht goed zonder gebreken.[1261]

793. De in rechte aangesproken promotor of aannemer zal tegen respectievelijk zijn hoofdaannemer, onderaannemer of leverancier een vordering in vrijwaring stellen.

794. Artikel 812, tweede lid Ger.W. bepaalt in dit opzicht dat tussenkomsten tot het verkrijgen van een veroordeling niet voor de eerste maal kunnen plaatsvinden in hoger beroep. Volgens het hof van beroep van Brussel verhindert deze regel dat een nieuwe vordering in hoger beroep wordt ingesteld. Wanneer een vrijwarings-

---

[1257]   Cass.fr. 3 juli 1968, *T.Aann.* 1970, 168, noot G. BRICMONT.

[1258]   Cass.fr. 8 mei 1978, geciteerd door G. BAERT, *o.c.*, 747; M. DEVROEY, "Het verhaal van de aannemer op de architect", *T.Aann.* 1981, 96.

[1259]   Cass. 2 februari 1979, *Arr.Cass.* 1978-79, 626, *RW* 1979-80, 52, *T.Aann.* 1981, 212, noot K. VERBERNE; in dezelfde zin: Cass. 9 maart 1992, *Arr.Cass.* 1991-92, 643, *Pas.* 1992, I, 607; *RW* 1994-95, 756, noot; Cass. 10 mei 1984, *Arr.Cass.* 1983-84, 1177, *Pas.* 1984, I, 1106, *T.Aann.* 1985, 125, noot M.A. FLAMME.

[1260]   Brussel (20e k.) 4 september 2018, *TBO* 2019, 50.

[1261]   Gent 2 mei 2014, *TBO* 2014, 217.

vordering van de bouwpromotor tegen de stabiliteitsingenieur gesteund was op dezelfde feiten en dezelfde grondslag als de vordering die de VME en de mede-eigenaars tegen de stabiliteitsingenieur in eerste aanleg hadden ingesteld, kan er geen sprake zijn van enige schending van de rechten van verdediging. Het hof besloot dan ook, mede gelet op het beginsel van de proceseconomie, dat de vordering ingesteld door de promotor tegen de stabiliteitsingenieur in hoger beroep niet nieuw en dus ontvankelijk was.[1262]

795. De vraag rees of een beding in de architectenovereenkomst of in de aannemersovereenkomst dat de *in solidum*-aansprakelijkheid uitsluit en/of beperkt, geldig is. In bepaalde rechtsleer en rechtspraak werd aangenomen dat de *in solidum*-aansprakelijkheid wel degelijk contractueel beperkt en/of uitgesloten kan worden.[1263] Het Hof van Cassatie heeft echter geoordeeld dat het beding op grond waarvan de architect, in geval van een samenlopende fout met die van de aannemer, enkel voor zijn aandeel in de totstandkoming van de schade een vergoeding verschuldigd is aan de bouwheer, een beperking inhoudt van de aansprakelijkheid van de architect jegens de bouwheer op grond van artikel 1792 BW en bijgevolg strijdig is met de openbare orde.[1264] Met andere woorden, de beperking of uitsluiting van de *in solidum*-aansprakelijkheid is geldig, behalve voor ernstige gebreken die onder het toepassingsgebied van de tienjarige aansprakelijkheid vallen.

796. Wanneer de verschillende schadeposten afzonderlijk toe te wijzen zijn aan verkoper, aannemer of architect, is er geen reden om een veroordeling *in solidum* uit te spreken.[1265]

§ 5. VOORWERP VAN DE VORDERING IN AANSPRAKELIJKHEID

A. Ontbinding

797. De gerechtelijke ontbinding kan niet meer worden toegestaan na de aanvaarding van de werken. Op dat moment is de overeenkomst tussen de betrokken partijen immers beëindigd en heeft de aannemer al zijn verplichtingen vervuld.

[1262] Brussel (20ᵉ k.) 4 september 2018, *TBO* 2019, 50, kritische noot S. BUSSCHER en G. VAN HOEYWEGHEN.

[1263] Antwerpen (17ᵉ k.) 19 november 2015, *TBO* 2016, 451; Brussel 11 oktober 1991, *JLMB* 1992, 367; Brussel 26 november 1998, *T.Aann.* 1999, 323; genuanceerd: Rb. Nijvel 24 oktober 1997, *JLMB* 2000, 159, noot B. LOUVEAUX; P. FLAMME en M.A. FLAMME, *Le contrat d'entreprise – Quinze ans de jurisprudence*, Brussel, Larcier, 1991, 180, nr. 232, en de verwijzingen aldaar; G. BAERT, *Aanneming van werk* in *APR* 2001, 429, nr. 1292.

[1264] Cass. 5 september 2014, AR C.13.0395.N, www.cass.be, *NJW* 2015, afl. 316, 108; zie ook: Rb. Antwerpen 16 februari 2016, *T.Aann.* 2017, afl. 3, 267; Rb. Antwerpen 13 maart 2017, *TBO* 2017, 399; Rb. Waals-Brabant 15 mei 2015, *RJI* 2015, afl. 3, 251, noot.

[1265] Antwerpen (17ᵉ k.) 19 november 2015, *TBO* 2016, 451.

Er rest hem enkel de tienjarige aansprakelijkheid opgenomen in de artikelen 1792 en 2270 BW, alsmede de verantwoordelijkheid voor verborgen gebreken.[1266]

B. Uitvoering in natura[1267]

798. Als algemene regel geldt dat de rechtstreekse uitvoering of de uitvoering in natura de principiële voorkeur heeft op de uitvoering bij wijze van equivalent.[1268] Deze regel is algemeen aanvaard in het Belgische verbintenissenrecht en geldt voor alle soorten verbintenissen en in het bijzonder voor overeenkomsten om iets te doen, zoals de aannemingsovereenkomst.

De uitvoering in natura impliceert dat diegene die schade heeft veroorzaakt, of althans voor die schade aansprakelijk gesteld kan worden, de nodige herstellingswerken moet uitvoeren.

Indien de herstellingswerken niet alle schade kunnen wegnemen, kan de rechter de aansprakelijke partij tevens veroordelen tot het betalen van een bijkomende schadevergoeding. Alle schade dient immers vergoed te worden. Dit principe geldt zelfs wanneer de verschuldigde schadevergoeding overeenstemt met een belangrijk percentage van de prijs van de aanneming of wanneer de aanneming voor het grootste deel werd uitgevoerd.[1269]

De architect zal echter niet veroordeeld kunnen worden tot uitvoering in natura. Hij heeft zich namelijk enkel tot een intellectuele prestatie verbonden. Hij zal dus uitsluitend veroordeeld kunnen worden tot betaling van een schadevergoeding.

C. Uitvoering bij equivalent[1270]

799. De feitelijke situatie kan ertoe leiden dat het herstel bij equivalent door middel van een vervangende schadevergoeding opgelegd wordt. Dit zal meer bepaald het geval zijn in de volgende situaties:
- de herstelling heeft geen enkel nut en doet de gebreken niet verdwijnen;
- de herstelkosten zouden onredelijk hoog zijn, waardoor het voordeel dat de schuldeiser haalt uit de uitvoering in natura kennelijk buiten verhouding staat in vergelijking met het nadeel dat hij aan de schuldenaar berokkent; de eis tot herstel in natura zal dan wegens rechtsmisbruik afgewezen worden[1271];

[1266] Kh. Brussel 3 juni 1996, *T.Aann.* 1998, 163, noot DE BRIEY; A. FETTWEIS, "La résolution pour faute", *Actualités du droit, Droit de la construction*, 1992, 405.

[1267] Zie ook Hoofdstuk 6, afdeling 2, § 1, A.

[1268] S. STIJNS, *De gerechtelijke en de buitengerechtelijke ontbinding van overeenkomsten*, Antwerpen, Maklu, 1994, 327, nr. 237 en de verwijzingen aldaar.

[1269] Rb. Nijvel 24 oktober 1997, *JLMB* 2000, 159, noot B. LOUVEAUX, zie hierna meer uitgebreid.

[1270] Zie ook Hoofdstuk 6, afdeling 2, § 1, B.

[1271] Zie o.m. Cass. 8 januari 1981, *Arr.Cass.* 1980-81, 502; Luik 13 februari 1980, *RJI* 1981, 7; Gent 4 februari 1971, *RW* 1970-71, 1289.

- wanneer het onderlinge vertrouwen tussen de partijen dermate aangetast is dat iedere verdere samenwerking verder onmogelijk is.[1272] Dit zal bijvoorbeeld het geval zijn wanneer tijdens de uitvoering van de werken blijk werd gegeven van een gebrek aan professionalisme[1273] of wanneer de deskundige aan de aannemer de mogelijkheid heeft gegeven om de gebreken op te lossen, maar de aannemer gedurende de expertise tot tweemaal toe tevergeefs herstellingen heeft doorgevoerd.[1274]

De bouwheer kan vervolgens vrij beschikken over de schadevergoeding. Er kan hem niet de verplichting worden opgelegd om daadwerkelijk tot herstel over te gaan. Door de uitvoering bij equivalent wordt hij in een positie geplaatst alsof de werken wel degelijk volgens de regels van de kunst waren uitgevoerd en inzonderheid geen gebreken vertoonden.[1275]

800. De keuze tussen de uitvoering in natura of bij equivalent is niet van openbare orde en kan dus contractueel geregeld worden.

801. Wanneer de opdrachtgever vergoeding krijgt bij equivalent heeft hij uiteraard ook recht op *vergoedende interesten* op de herstelkosten. Het betreft een waardeschuld, zodat vergoedende interesten de invloed van de tijd op de omvang van de schade compenseren. Zij dekt de schade geleden door de vertraging bij de betaling van de schadevergoeding en maakt integrerend deel uit van de schadevergoeding De rechter is vrij in de beoordeling van de rentevoet, maar doorgaans wordt de wettelijke rente toegepast.

De vergoedende interesten worden soms toegekend vanaf de datum van de eerste ingebrekestelling[1276], vanaf de dagvaarding in aanstelling van een gerechtsdeskundige in kort geding[1277], maar doorgaans vanaf het moment dat de schade is begroot. Dit laatste is het geval op het moment van de neerlegging van het eindverslag van de gerechtsdeskundige.[1278]

Op waardeschulden is artikel 1154 BW niet van toepassing, zodat interesten kunnen worden gekapitaliseerd zonder dat eerst een gerechtelijke aanmaning noodzakelijk is.[1279]

[1272] P. VAN OMMESLAGHE, "Examen de jurisprudence", *RCJB* 1975, 686, nr. 105, *RCJB* 1986, 88 e.v.; A. DELVAUX en D. DESSARD, *o.c.*, 164.

[1273] Gent 5 januari 2018, 2014/AR/3096, onuitg.; Bergen 10 september 2013, *JLMB* 2014, 1626; Luik 15 juni 1995, *AJT* 1995-96, 161, noot B. WYLLEMAN.

[1274] Gent 5 januari 2018, 2014/AR/3096, onuitg.

[1275] Gent 5 januari 2018, 2014/AR/3096, onuitg.

[1276] Gent 5 januari 2018, 2014/AR/3096, onuitg.

[1277] Antwerpen (17ᵉ k.) 19 november 2015, *TBO* 2016, 451.

[1278] Brussel (20ᵉ k.) 24 december 2013, *TBO* 2014, (23) 28; Kh. Gent (afd. Oudenaarde) 18 augustus 2015, nr. A/10/00053, onuitg.

[1279] *Cf.* Cass. 5 september 2013, *Arr.Cass.* 2013, 1721, *RW* 2014-15, 1224, *TGR-TWVR* 2013, afl. 5, 322.

802. Op de herstelkost is tevens de btw verschuldigd aan het juiste tarief[1280], tenzij de opdrachtgever btw-plichtig is en de btw kan recupereren.

803. Net zoals bij het herstel in natura, heeft de opdrachtgever bij het herstel bij equivalent recht op vergoeding van alle andere door de wanprestatie veroorzaakte schade. De schadeloosstelling bestaat uit het geheel van herstel- en vergoedingsmiddelen die tot doel hebben de schadelijder te plaatsen in de toestand waarin hij zou zijn gebleven of gekomen wanneer de schade niet zou zijn ontstaan. In beginsel moet de schadeloosstelling integraal zijn en strekt zij tot de *restitutio in integrum*. Maar de schadeloosstelling mag de schade niet overtreffen. Hierdoor zou immers ten voordele van de schadelijder een vermogensverschuiving zonder oorzaak plaatsvinden. De schadeloosstelling moet bijgevolg én volledig én passend zijn en dus *in concreto* worden begroot.

Om de schade integraal te vergoeden moet de rechter zich bij het begroten van de schadeloosstelling plaatsen op het ogenblik van zijn einduitspraak. De rechter kan bij de beoordeling van die schade geen gegevens of voorvallen in aanmerking nemen die zich na de contractuele tekortkoming hebben voorgedaan en met het schadeverwekkende feit of de schade zelf geen verband houden en ten gevolge waarvan de toestand van de schuldeiser verbeterd of verergerd is. Positief geformuleerd betekent dit dat de rechter bij de beoordeling van de schade ten tijde van de uitspraak rekening moet houden met alle omstandigheden van de zaak waardoor het bestaan en de omvang van de schade kunnen worden beïnvloed, en ook met latere gebeurtenissen waardoor de schade wordt verergerd of verminderd, voor zover zij verband houden met het schadeverwekkende feit of met de schade.[1281]

804. Wanneer volledig herstel van de schade niet mogelijk is of een kost met zich mee zou brengen die disproportioneel aan de schade is, kan de rechter een *minderwaarde* toekennen. Door vergoeding van die minderwaarde worden de opdrachtgevers geplaatst in dezelfde vermogenstoestand als die waarin zij zich bij een correcte uitvoering van de aanneming zouden hebben bevonden.[1282]

805. Een bijkomende schadepost is ook het *mingenot* (de *genotsstoornis*) van het gebouw. Er is genotsstoornis vanaf dat de schade zich heeft voorgedaan tot op het moment van het herstel. Zo kende het hof van beroep van Antwerpen een vergoeding wegens mingenot toe voor een parking die was verzakt tot aan de vrijgave van de werf, door de gerechtsdeskundige vermeerderd met de tijd nodig voor het herstel van de schade.[1283]

[1280]   Dit zal afhankelijk van de situatie 21% of 6% bedragen.
[1281]   Brussel (20ᵉ k.) 24 december 2013, *TBO* 2014, (23) 28.
[1282]   Brussel (20ᵉ k.) 24 december 2013, *TBO* 2014, (23) 28.
[1283]   Antwerpen 6 juni 2016, 2014/AR/1104, onuitg.

806. *Morele schade* wordt in bouwgeschillen zelden of nooit toegekend.[1284] De schade betreft immers vermogensschade.

D. Uitvoering in natura door een derde[1285]

807. In geval van een tekortkoming van de aannemer kan de bouwheer krachtens artikel 1144 BW ook gemachtigd worden om zelf de verbintenis uit te voeren of om de verbintenis te laten uitvoeren door een derde en dit op kosten van de aannemer. Dit kan eveneens gevorderd worden in kort geding.[1286]

Meestal vordert men de uitvoering door een derde slechts in ondergeschikte orde. Er kan enkel geopteerd worden voor onmiddellijke toepassing van artikel 1144 BW wanneer de bouwheer door de wanprestatie het vertrouwen heeft verloren in de aannemer, gelet op diens flagrante onbekwaamheid of kwade trouw of wanneer deze aannemer duidelijk heeft gemaakt niet vrijwillig te zullen uitvoeren.[1287]

Over de mogelijkheden van de bouwheer om zonder machtiging van de rechter een andere aannemer de gebreken te laten herstellen, zie Hoofdstuk 6, afdeling 2, § 1, A, 2.

§ 6. BEVRIJDING VAN AANSPRAKELIJKHEID

A. Afstand van rechtsvordering – Rechtsverwerking in hoofde van de opdrachtgever

808. Het vorderingsrecht van de bouwheer eindigt wanneer hij er afstand van gedaan heeft. Dit kan hetzij uitdrukkelijk hetzij stilzwijgend gebeuren. Afstand van recht wordt in ieder geval niet vermoed, zodat het moet blijken uit feiten en handelingen die niet voor een andere interpretatie vatbaar zijn.[1288]

Hij doet uitdrukkelijk afstand van zijn vorderingsrecht wanneer hij bijvoorbeeld met de aannemer en/of architect een dading afsluit, waarbij er door wederzijdse toegevingen een einde komt aan het geschil over de aansprakelijkheid en er aldus een nieuwe overeenkomst in de plaats komt.

Hij doet stilzwijgend afstand van recht wanneer hij de aannemer zonder enige vorm van voorbehoud betaalt nadat de gebreken zichtbaar zijn gewor-

---

[1284] Zie G. BAERT, *Aanneming* in *APR*, nr. 1642.
[1285] Zie ook Hoofdstuk 6, afdeling 2, § 1, A, 2.
[1286] M. SCHOUPS, "Kort geding en bouwrecht" in VLAAMSE CONFERENTIE (ed.), *Kort Geding*, Gent, Larcier, 2009, 159.
[1287] S. STIJNS, *o.c.*, 354, nr. 255 en de verwijzingen aldaar.
[1288] Cass. 19 december 1991, *Arr.Cass.* 1991-92, nr. 21, 369; Cass. 13 januari 1994, *Arr.Cass.* 1994, nr. 17, 33; Cass. 16 oktober 2015, *TBO* 2017, 21.

den of indien hij niet-dringende herstellingen aanbrengt zonder ingebrekestelling.[1289]

809. Er is sprake van rechtsverwerking wanneer de houder van een recht, zonder vrijwillig afstand te doen van dat recht, een houding aanneemt die objectief onverenigbaar is met dat recht, waardoor hij aldus het gewettigde vertrouwen van de schuldenaar en van derden schaadt.

Deze rechtsfiguur wordt in het Belgische recht niet aanvaard als algemeen rechtsbeginsel, maar maakt deel uit van de leer van het rechtsmisbruik.[1290]

Dit zal bijvoorbeeld het geval zijn wanneer hij de toestand heeft gewijzigd zodat de beweerde fouten van de aannemer of architect niet meer vaststelbaar zijn.[1291] De bouwheer verliest zijn vorderingsrecht echter niet wanneer de herstellingen de vaststelling van de oorzaak van de gebreken niet beletten.[1292]

B. Exceptie van niet-uitvoering

810. De algemene principes inzake wederkerige contracten kunnen ook toegepast worden op de tienjarige aansprakelijkheid en de aansprakelijkheid wegens verborgen gebreken. Dit impliceert dat een aannemer zich, in principe, kan beroepen op de *exceptio non adimpleti contractus* om (tijdelijk) aan zijn aansprakelijkheid te ontsnappen.[1293] Deze exceptie laat een partij toe haar verbintenissen op te schorten als zij bewijst dat haar medecontractant in gebreke is gebleven zijn eigen verbintenissen uit te voeren.[1294] De aannemer zou derhalve kunnen opwerpen dat de opdrachtgever de aannemingssom niet betaald heeft.

Hierbij worden twee bedenkingen gemaakt:
- ten eerste kan niet elke fout van de opdrachtgever aanleiding geven tot de *exceptio non adimpleti contractus*. De wanprestatie van de bouwheer moet namelijk ernstig genoeg zijn. De rechter zal dan ook de gegrondheid van de opgeworpen exceptie beoordelen in het licht van alle omstandigheden van de zaak en met name met inachtneming van de ernst van de aangevoerde wanprestatie[1295];

[1289] A. DELVAUX, *Traité des batisseurs*, nr. 445.
[1290] Cass. 5 juni 1992, *Arr.Cass.* 1992, 212, noot M.E. STORME; Cass. 20 februari 1992, *Rev.Liège* 1992, 530.
[1291] Zie bv. Brussel 6 februari 1952, *RW* 1951-52, 1040: de bouwheer had zelf herstellingen uitgevoerd aan een niet-waterdichte kelder; Kh. Brussel 28 maart 1946, *JCB* 1946, 103; H. DE PAGE, *Traité*, IV, nr. 887.
[1292] Luik 15 februari 1952, *JL* 1951-52, 273.
[1293] *Contra*: Vred. Antwerpen 11 februari 1991, *DCCR* 1991-92, noot I. DEMUYNCK: hier werd geoordeeld dat de aannemer zich niet kan verbergen achter het feit dat de bouwheer niet betaalde voor de werken om te ontsnappen aan zijn vrijwaringsplicht voor verborgen gebreken, aangezien dit strijdig zou zijn met de goede trouw.
[1294] Brussel 1 februari 1989, *RJI* 1990, 123, *JLMB* 1989, 904, noot A.D.; Cass. 29 februari 2008, *TBO* 2008, 151, noot.
[1295] Cass. 29 februari 2008, *TBO* 2008, 151, noot.

– ten tweede kan de bouwheer steeds het verweer van de aannemer tenietdoen door zijn verbintenis (alsnog) uit te voeren (bv. door het betalen van de aannemingsprijs). De aannemer kan zich niet langer beroepen op de exceptie van niet-uitvoering wanneer er geen wanprestatie meer is in hoofde van de bouwheer.

Omgekeerd kan de exceptie niet worden ingeroepen door de opdrachtgever van de werken in het kader van verborgen gebreken die opduiken na de aanvaarding van de werken. De exceptie mag immers niet worden ingeroepen door de partij die haar verbintenis als eerste diende uit te voeren.[1296] Welnu, de verplichting van de aannemer tot vrijwaring (wegens verborgen gebreken) ontstaat op een later ogenblik dan de verplichting tot betaling, die reeds ontstaat op het ogenblik van de aanvaarding van de werken. De opdrachtgever dient dus eerst te presteren.[1297]

C. Exoneratiebedingen

1. Principe

811. Door een exoneratiebeding wordt een contractpartij geheel of gedeeltelijk bevrijd van de op haar rustende aansprakelijkheid ten gevolge van een contractuele tekortkoming.

In bouwzaken is een bevrijdings- of exoneratiebeding principieel geldig[1298], tenzij:
– in geval van strijdigheid met de openbare orde of bepalingen van dwingend recht;
– zo het beding de aangegane verbintenis volledig uitholt en aldus iedere betekenis aan de overeenkomst ontneemt;
– bij opzettelijke fout, bedrog of fraude.

Elk exoneratiebeding dient restrictief te worden geïnterpreteerd. In geval van twijfel dient het te worden uitgelegd tegen degene die bedongen heeft.

A. Strijdigheid met de openbare orde of bepalingen van dwingend recht

i. Artikelen 1792 en 2270 BW – Ernstige verborgen gebreken

812. De artikelen 1792 en 2270 BW, zijnde de bepalingen die de tienjarige aansprakelijkheid regelen, zijn van openbare orde. Een beding waarbij deze aansprakelijkheid wordt beperkt of uitgesloten, is dus ongeoorloofd.

[1296] Cass. 5 mei 1971, *Pas.* 1971, I, 804.
[1297] Gent 5 januari 2018, 2014/AR/3096, onuitg.; Kh. Hasselt 4 december 1996, *TBH* 1998, 451, met verwijzing naar Cass. 5 mei 1971, *Pas.* 1971, I, 804; Kh. Hasselt 23 juni 1993, *Limb.Rechtsl.* 1994, 43.
[1298] Cass. 25 september 1959, *Arr.Cass.* 1960, 86, *Pas.* 1960, I, 112.

Ook het beding in een architecten- of aannemersovereenkomst dat de *in solidum*-aansprakelijkheid tussen de architect en de aannemer op grond van artikel 1792 BW uitsluit of beperkt, is overigens strijdig met de openbare orde.[1299]

Voor de volledigheid wordt opgemerkt dat de aansprakelijkheid voor lichte verborgen gebreken, nl. gebreken die niet de stevigheid van de gebouwen in gevaar brengen, niet van openbare orde is. Hierover kunnen dus wél ontheffings- of beperkende clausules, binnen de perken van het gemeen recht, in het contract opgenomen worden.[1300]

ii.   Wet van 20 februari 1939 – Architecten

813.   Algemeen wordt aanvaard dat artikel 4 van de wet van 20 februari 1939 bepaalt dat de tussenkomst van de architect voor het opmaken van de plannen en de controle op de uitvoering van de werken verplicht is. Er wordt met andere woorden een wettelijk monopolie aan de architect verleend. Men gaat ervan-uit dat voormeld artikel van openbare orde is.[1301] Hieruit werd afgeleid dat elk bevrijdingsbeding ten voordele van een architect nietig is.[1302]

Het Hof van Cassatie heeft deze stelling echter genuanceerd door te stel-len dat de architect zich tegenover de bouwheer kan bevrijden met betrekking tot bepaalde technische studies, zoals betonstudies en berekeningen van weer-stand van materialen, waarvoor hij geen opleiding heeft gehad en die derhalve buiten zijn bevoegdheid vallen. Hij dient in dit opzicht wel in te staan voor de goede keuze van de geraadpleegde technicus en voor de door de specialist begane fouten die ook door hem, gelet op zijn vakkennis, konden worden vast-gesteld.[1303]

iii.   Boek VI 'Marktpraktijken en Consumentenbescherming' van het Wetboek van economisch recht – Consumenten

814.   Indien een aannemer of architect een contract sluit met een consument, dient rekening gehouden te worden met Boek VI 'Marktpraktijken en Consumen-tenbescherming' van het Wetboek van economisch recht. Dit boek bevat immers bepalingen die handelen over onrechtmatige bedingen (art. VI.82 tot VI.87).

Aangezien een consument wordt omschreven als "iedere natuurlijke persoon die handelt voor doeleinden die buiten zijn handels-, bedrijfs-, ambachts- of

---

[1299]   Cass. 5 september 2014, AR C.13.0395.N, *NJW* 2015, afl. 316, 108.

[1300]   GwH 19 juli 2017, nr. 98/2017, *BS* 22 november 2017, 100.029, *NJW* 2017, 651, noot F. BRULOOT, *RW* 2017-18, 160, *T.Aann.* 2017, 264, *TBO* 2018, 25, noot M. SCHOUPS en J. BATS.

[1301]   Zie Hoofdstuk 11, afdeling 4.

[1302]   P. RIGAUX, *Le droit de l'architecte – Evolution ...*, *o.c.*, nr. 457; M.-A. FLAMME, noot onder Cass. 27 september 1973, *RCJB* 1974, 540.

[1303]   Cass. 3 maart 1978, *Arr.Cass.* 1978, 780, *RW* 1978-79, 711; zie ook Brussel 5 juni 1962, geciteerd door P. MATHEI, in een noot onder Rb. Antwerpen 4 november 1970, *T.Aann.* 1971, 25.

beroepsactiviteit vallen"[1304], zijn voornoemde bepalingen enkel van toepassing op de relatie tussen de aannemer of architect en de bouwheer-consument. Zij raken derhalve niet de overeenkomsten met de opdrachtgever die beroepsmatig bouwt.

In de context van de bevrijding voor verborgen gebreken dienen aangehaald te worden:

- artikel I.8, 22° WER: onrechtmatig en vernietigbaar is elk beding dat of elke voorwaarde in een overeenkomst tussen een onderneming en een consument die, alleen of in samenhang met een of meer andere bedingen of voorwaarden, een kennelijk onevenwicht schept tussen de rechten en plichten van de partijen ten nadele van de consument;
- artikel VI.83, 13° WER: het beding dat de onderneming ontslaat van haar aansprakelijkheid voor haar opzet, haar grove schuld of voor die van haar aangestelden of lasthebbers, of, behoudens overmacht, voor het niet-uitvoeren van een verbintenis die een van de voornaamste prestaties van de overeenkomst vormt;
- artikel VI.83, 14° WER: het beding waarbij de wettelijke waarborg voor verborgen gebreken, bepaald bij de artikelen 1641 tot 1649 BW, wordt verminderd of opgeheven;
- artikel VI.83, 15° WER: het beding waarbij een onredelijk korte termijn wordt bepaald om gebreken in het geleverde product aan de onderneming te melden;
- artikel VI.83, 22° WER: het beding waarbij, in geval van betwisting, de consument afziet van elk middel van verhaal tegen de onderneming;
- artikel VI.83, 30° WER: het beding waarbij op ongepaste wijze de wettelijke rechten van de consument ten aanzien van de onderneming of een andere partij uitgesloten of beperkt worden in geval van volledige of gedeeltelijke wanprestatie of van gebrekkige uitvoering door de ondernemer van een van zijn contractuele verplichtingen. Zo oordeelde de Commissie voor Onrechtmatige Bedingen dat het onrechtmatig was om de termijn waarbinnen de aannemer aangesproken kan worden voor lichte, verborgen gebreken te beperken tot één jaar na de voorlopige oplevering. Een termijn van drie jaar na de voorlopige oplevering was wel geoorloofd.[1305]

Bedingen die strijdig zijn met artikel VI.83 WER zijn van rechtswege nietig. De consument kan geen afstand doen van zijn rechten (art. VI.84, § 1 WER).

B.   BEDING DAT IEDERE ZIN OF BETEKENIS AAN DE OVEREENKOMST ONTNEEMT

815.   De contractuele clausule die de aannemer exonereert voor alle garanties of aansprakelijkheid ten aanzien van verborgen gebreken is nietig. De verbintenis

---

[1304]   Art. I.1, 2° WER.
[1305]   Advies nr. 26 van de Commissie voor Onrechtmatige Bedingen inzake de contractuele bepalingen in overeenkomsten tussen een architect en zijn cliënt van 16 september 2009, 22.

van de aannemer om te presteren overeenkomstig het contract en de regels van de kunst zou immers niet meer afgedwongen kunnen worden.[1306] Deze regel geldt ook in de relatie tussen ondernemingen.

Een beding in een verhuurcontract voor een kraan dat stipuleert dat de verhuurfirma niet aansprakelijk is voor schade veroorzaakt door de aanwezigheid en het gebruik van de kraan, is wél geldig. Dit beding belet immers niet dat de verhuisfirma nog steeds aansprakelijk kan worden gesteld wanneer zij de kraan niet voor een welbepaalde termijn ter beschikking stelt van de huurder.[1307]

In de rechtsleer werd reeds de vraag gesteld of een zeer korte waarborgtermijn voor verborgen gebreken de verbintenissen van de aannemer niet uitholt.[1308] Het hof van beroep van Brussel oordeelde echter dat een exoneratiebeding in een contract tussen twee ondernemingen waarbij het vorderingsrecht voor lichte verborgen gebreken beperkt werd tot slechts drie maanden na de voorlopige oplevering "niet als dusdanig iedere zin of betekenis aan de overeenkomst ontneemt".[1309]

C.   OPZETTELIJKE FOUT, BEDROG OF FRAUDE

816.   Een contractpartij kan zich niet exonereren voor haar eigen opzettelijke fout, bedrog of fraude.[1310] Dit is bijvoorbeeld het geval wanneer een aannemer, op basis van zijn specifieke kennis of deskundigheid, wist dat het opgeleverde werk een verborgen gebrek had.[1311] De eisende partij zal hiervan echter het bewijs moeten leveren. Uit geen enkele wettelijke bepaling vloeit namelijk voort de gespecialiseerde aannemer vermoed wordt kennis te hebben van het verborgen gebrek.[1312]

Hierbij wordt opgemerkt dat een exoneratieclausule voor een zware fout wél mogelijk is.[1313] Zo kan een aannemer zich exonereren voor zijn persoonlijke zware fout.

2.   Beding omtrent de termijnen

817.   Wat betreft de aansprakelijkheid voor lichte, verborgen gebreken, zijnde de gebreken die niet onder het toepassingsgebied van de tienjarige aansprakelijkheid

---

[1306]   Y. HANNEQUART, "Droit de la construction. Réflexions générales", *Act.dr.* 1992, 448-449; A. DELVAUX, "Transmissibilité des actions en responsabilité", *o.c.*, 374.

[1307]   Kh. Hasselt 29 april 2003, *RW* 2004-05, 351.

[1308]   D. PETOSA, "Gemeenrechtelijke aansprakelijkheid van aannemer voor lichte, verborgen gebreken", *NJW* 2018, 469.

[1309]   Brussel 1 augustus 2013, *TBO* 2015, 144.

[1310]   Cass. 29 september 1972, *Pas.* 1973, I, 124; Cass. 5 januari 1961, *Pas.* 1962, I, 483.

[1311]   A. VAN OEVELEN, "Geen vermoeden van kennis van de gespecialiseerde aannemer van de verborgen gebreken van het door hem opgeleverde werk", *RW* 2005-06, 420-423.

[1312]   Cass. 5 december 2002, AR C.01.0316.F, www.cass.be.

[1313]   Cass. 25 september 1959, *Pas.* 1960, I, 113.

vallen, kan de duur van de aansprakelijkheid en de termijn voor het instellen van een aansprakelijkheidsvordering contractueel beperkt worden.[1314]

818. Slechts wanneer de vastgelegde termijnen uitzonderlijk kort zijn, is er sprake van een exoneratieclausule die zal worden getoetst aan de bepalingen van openbare orde en dwingend recht. Het al dan niet uitzonderlijk kort zijn van de termijnen is uiteraard een feitenkwestie. Zo oordeelde het hof van beroep van Brussel dat een exoneratieclausule geldig is wanneer het vorderingsrecht van de opdrachtgever voor lichte verborgen gebreken beperkt wordt tot drie maanden na de voorlopige oplevering, omdat een dergelijk beding niet strijdig was met de openbare orde of dwingend recht.[1315]

Men kan zich de vraag stellen of dergelijk beding niet een te uitgebreide exoneratie toelaat. De bouwheer moet namelijk steeds voldoende tijd hebben om het geleverde te testen. Om te zien of de werken bestand zijn tegen alle weersomstandigheden zal bijvoorbeeld minstens een vol jaar dienen te verlopen. Voor grote gebouwen zal men dikwijls enkele jaren nodig hebben om de werken op gebreken te testen.[1316]

Indien er enkele maanden liggen tussen de voorlopige en de definitieve oplevering, en de voorlopige oplevering de aanvaarding van de werken inhoudt, kan men geldig bedingen dat de verborgen gebreken gedekt zijn bij de definitieve oplevering.[1317]

Wat betreft de tienjarige aansprakelijkheid werd geoordeeld dat de tienjarige termijn de openbare orde raakt. Een beding waarin deze termijn wordt verkort, is bijgevolg van rechtswege nietig.[1318]

D.   Overmacht[1319]

819. De aannemer kan de aansprakelijkheid die op hem weegt voor verborgen gebreken en de aansprakelijkheid op basis van artikel 1792 BW, enkel afwenden wanneer het hem op onoverwinnelijk wijze onmogelijk is geweest om zich te vergewissen van enig gebrek in de materialen. Hij dient dan het bewijs van de door hem ingeroepen onoverwinnelijke onwetendheid te leveren.[1320]

Of de aannemer al dan niet verkeerde in een "onoverwinnelijke onwetendheid", is onderworpen aan de beoordeling van de rechter.

Op dit punt varieert de rechtspraak. Volgens de ene, strenge opvatting gaat de aannemer enkel vrijuit indien hij alle technische middelen heeft aangewend,

---

[1314]   Cass. 15 december 1995, *T.Aann.* 1997, 177; Kh. Verviers 23 april 1991, bevestigd op andere gronden door Luik 11 oktober 1994, cassatieberoep afgewezen.

[1315]   Brussel 1 augustus 2013, *TBO* 2015, 144.

[1316]   Vgl. Brussel 20 maart 1961, *RW* 1960-61, 1621.

[1317]   Brussel 9 mei 1986, *T.Aann.* 1988, 242, noot M-A. FLAMME, J. HERBOTS en C. PAUWELS, "Overzicht van rechtspraak. Bijzondere overeenkomsten (1988-1994)", *TPR* 1997, 1067, nr. 679.

[1318]   Cass. 30 september 1960, *Pas.* I, 108.

[1319]   Zie verder meer uitgebreid in Hoofdstuk 13, afdeling 9.

[1320]   Cass. 6 oktober 1961, *Pas.* 1962, I, 152, *RW* 1961-62, 783; Antwerpen 9 oktober 1990, *T.Aann.* 1997, 169, noot J. EMBRECHT.

en zo nodig zelfs een diepgaand wetenschappelijk onderzoek heeft laten uitvoeren.[1321] Volgens andere rechtspraak dient de aannemer de gewone tests uit te voeren (zoals bv. de geluidsproef en de keurtest om te bepalen of de baksteen voldoende gebakken werd) en hoeft hij dus geen proeven te laten uitvoeren in laboratoria met uiterst geperfectioneerde apparatuur.[1322]

[1321] Gent 26 januari 1995, *AJT* 1995-96, 49: barsten in baksteen; Antwerpen 9 oktober 1990, *T.Aann.* 1997, 162, noot J. EMBRECHT: bakstenen met zwarte kern die de desintegratie van de mortel veroorzaakten.

[1322] Luik 11 juni 2007, *T.Aann.* 2008, 242, noot B. VAN LIERDE; Bergen 28 juni 1995, *T.Aann.* 1997, 157; Bergen 16 juni 1985, *T.Aann.* 1990, 243; Kh. Kortrijk 24 april 1981, *T.Aann.* 1984, 227, noot DIEUSART; Kh. Turnhout 9 januari 1986, *T.Aann.* 1986, 173.

HOOFDSTUK 7

AANSPRAKELIJKHEID TEGENOVER DERDEN

AFDELING 1. ONRECHTMATIGE DAAD

§ 1. NALEVING VAN DE ALGEMENE ZORGVULDIGHEIDSNORM

A.   Tekortkoming van de aannemer

820.   De aannemer is op grond van de regels inzake de extracontractuele aansprakelijkheid (art. 1382-1384 BW) gehouden tot vergoeding van door hem veroorzaakte schade aan derden.

821.   De eiser moet overeenkomstig de gewone bewijsregels aantonen dat de aannemer een fout heeft begaan. Het is hierbij onvoldoende dat het oorzakelijk verband tussen de werken en de schade bij een naburige derde is bewezen.[1323]

Een fout in hoofde van de aannemer zal aanwezig zijn wanneer hij manifest niet volgens de regels van de kunst heeft gewerkt en hierdoor schade heeft veroorzaakt. Dit is bijvoorbeeld het geval wanneer de aannemer afwijkt van het bestek en van de door het bestek voorgeschreven uitvoeringsmethodes.

Zo zal de aannemer van graafwerken die nalaat de plannen op te vragen en te peilen en daardoor een ondergrondse hoogspanningskabel beschadigt, buitencontractueel aansprakelijk zijn ten opzichte van de schuldloze derde die schade lijdt ingevolge de daardoor ontstane stroompanne.[1324]

De aannemer werd eveneens aansprakelijk gesteld in een situatie waarbij een muur omviel, met een dodelijk slachtoffer tot gevolg. De aannemer had namelijk een greppel langs een bestaande muur uitgegraven om tegen deze muur een nieuwe muur op te trekken. Dit was een werkwijze in strijd met "de beschrijving der werken en meetstaaf". Bovendien vergrendelde de aannemer de geplaatste

---

[1323]   Cass. 14 december 1990, *Arr.Cass.* 1990-91, 419, *Pas.* 1990, I, 370.
[1324]   Kh. Dendermonde 8 maart 2012, *RABG* 2014, 107, noot S. HEIRBRANT.

stutten niet. Door dergelijke werkwijze te hanteren, had de aannemer moeten stilstaan bij het risico dat de muur kon omvallen.[1325]

822. Op de aannemer rust bovendien de verplichting om bij de uitvoering van zijn opdracht de nodige maatregelen te nemen om schade te vermijden. Dit betreft evenwel een middelenverbintenis en dus geen resultaatsverbintenis.[1326] Indien de plannen of het bestek duidelijke leemten of fouten bevatten waardoor de werken mogelijk schade aan derden zullen toebrengen, is de aannemer er bijgevolg toe gehouden de bouwheer te verwittigen.[1327] Geoordeeld werd dat de aannemer niet de verplichting heeft om derden (*in casu* de buren) te waarschuwen voor de mogelijke gevolgen van de werken. Enkel de bouwheer is daartoe gehouden.[1328]

Echter, de opdrachtgever heeft eveneens een eigen zorgvuldigheidsplicht. Die houdt niet op doordat de vervulling ervan contractueel aan de aannemer werd opgedragen.[1329]

Zo werd geoordeeld dat een opdrachtgever niet alle voorzorgen neemt om schade te vermijden wanneer hij een uitvoeringsmethode voorschrijft waarvan hij weet dat ze risico's inhoudt zonder het plaatselijk grondonderzoek te laten uitvoeren dat noodzakelijk is om de situatie in te schatten. De opdrachtgever heeft hierdoor wetens en willens een risico genomen op beschadiging, wat een fout is in de zin van artikel 1382 BW.[1330]

823. Het is mogelijk voor partijen om de omvang van de buitencontractuele aansprakelijkheid in te perken of contractueel te bepalen. Exoneratieclausules in de aannemingsovereenkomst in verband met de extracontractuele aansprakelijkheid van de aannemer zijn dus geldig.[1331]

B. Verjaringstermijn voor de buitencontractuele aansprakelijkheid

824. Overeenkomstig artikel 2262*bis*, tweede lid BW verjaren rechtsvorderingen tot vergoeding van schade op grond van buitencontractuele aansprakelijk-

---

[1325] Antwerpen 26 maart 2009, *RABG* 2010, afl. 14, 910, noot V. DOOMS: voor de volledigheid wordt opgemerkt dat in een dergelijk geval ook de bouwheer aansprakelijk gesteld werd, aangezien hij niet-voorziene werkzaamheden liet uitvoeren zonder aanwezigheid van de coördinator en dat de coördinator-ontwerp en de coördinator-verwezenlijking eveneens verantwoordelijk geacht werden omdat ze de veiligheidsmaatregelen niet in het veiligheidsplan hadden opgenomen.

[1326] Rb. Luik 29 februari 1972, *RGAR* 1972, nr. 8900, bevestigd door Luik 4 december 1973, *RGAR* nr. 9198.

[1327] Brussel 1 oktober 1973, geciteerd door FLAMME, *Praktische Kommentaar*, 1986, 975.

[1328] Luik 8 oktober 1986, *T.Aann.* 1992, 275.

[1329] Cass. 14 januari 1994, *Arr.Cass.* 1994, 43, *Pas.* 1994, I, 40.

[1330] Antwerpen 13 mei 1997, *T.Aann.* 1998, 366.

[1331] T. VANSWEEVELT en B. WEYTS, *Handboek buitencontractueel aansprakelijkheidsrecht*, Antwerpen, Intersentia, 2009, 879-881.

heid door verloop van vijf jaar vanaf de dag volgend op die waarop de benadeelde kennis heeft gekregen van enerzijds de schade of van de verzwaring ervan en, anderzijds, van de identiteit van de daarvoor aansprakelijke persoon.

Bij een ongeval op de werf zal de schade meestal onmiddellijk ontstaan en vastgesteld worden. De verjaringstermijn zal dus dadelijk ingaan. Wanneer de letsels zwaardere gevolgen hebben dan oorspronkelijk werd vastgesteld of werd ingeschat, loopt een nieuwe termijn vanaf het moment dat men van deze verzwaring kennis krijgt.

825.   Als het een grote werf betreft waar verschillende aannemers aan het werk zijn, zal het voor het slachtoffer niet altijd duidelijk zijn welke partij aansprakelijk is voor de schade. In dat geval is de verjaringstermijn geschorst. Wanneer verschillende personen aansprakelijk zijn, is het trouwens mogelijk dat de verjaringstermijn tegen verschillende personen op een verschillend tijdstip begint te lopen.

826.   Voor de volledigheid wordt ook opgemerkt dat de definitieve oplevering van de werken niet betekent dat de aannemer en de architect niet langer aansprakelijk zijn jegens derden.[1332] Zij kunnen de tienjarige verjaring van de artikelen 1792 en 2270 BW niet tegenwerpen aan derden, aangezien dit enkel hun contractuele aansprakelijkheid betreft.[1333]

§ 2.   BEWAKING VAN DE WERFVEILIGHEID

A.   *Aansprakelijkheid van de bouwheer*

827.   Op de opdrachtgever rust de verplichting om de werken mogelijk te maken. Deze algemene verplichting houdt ook in dat de opdrachtgever ervoor dient te zorgen dat de aannemers in veilige omstandigheden kunnen werken.

828.   De opdrachtgever dient dus actief mee te werken met de aannemers om de veiligheid van de aannemers en derden te bewerkstelligen. Indien de opdrachtgever weet heeft van gevaarlijke plaatsen op de werf die voor de aannemer redelijkerwijs niet opspoorbaar zijn, dient hij bijvoorbeeld de nodige veiligheidsmaatregelen te treffen. Minstens dient hij de aannemers hiervan te verwittigen.

Een voorbeeld kan dit verduidelijken. Indien er werken worden uitgevoerd die gepaard gaan met brandgevaar (bv. las- en roofingwerken), dient de opdrachtgever te wijzen op de voor de aannemer onzichtbare brandbare elementen en de nodige voor-

---

[1332]   Luik 13 februari 1969, *JL* 1968-69, 193.
[1333]   Cass. 5 februari 1981, *Arr.Cass.* 1980-81, 632, *Pas.* 1981, I, 613; Cass. 21 oktober 1966, *Pas.* 1966, I, 240.

zorgsmaatregelen nemen. Zo werd een opdrachtgever aansprakelijk geacht voor de brand in zijn gebouwen, veroorzaakt door laswerken van de aannemer. Hij had nagelaten de aannemer te signaleren dat er achter een pleisterlaag een kurklaag zat.[1334]

829.   De opdrachtgever dient er tevens voor te zorgen dat de aannemers de werf op gemakkelijke en veilige wijze kunnen betreden. Een dergelijke verplichting wordt dikwijls opgenomen in onderaannemingscontracten.

B.   *Aansprakelijkheid van de algemene aannemer*

1.   Algemeen: coördinatie- en bewakingsplicht

830.   Op de aannemer rust een coördinatie- en bewakingsverplichting.

831.   De *coördinatieverplichting* houdt zowel een positieve als een negatieve verplichting in, nl. enerzijds voorkomen dat de gelijktijdige aanwezigheid van verschillende ondernemingen op een bouwplaats aanleiding geeft tot moeilijkheden en anderzijds het organiseren van de werkzaamheden van de verschillende bouwpartners.

De bewakingsplicht impliceert dan weer dat de aannemer de bouwplaats moet bewaken en de toegang aan derden moet ontzeggen of verhinderen.

832.   Uit de voormelde verplichtingen vloeit voort dat de aannemer dient op te treden indien de coördinatie of de veiligheid op de bouwplaats gevaar loopt (zgn. *politiebevoegdheid*).

De politiebevoegdheid berust bij de aannemer die de algehele coördinatie van de bouwplaats als taak heeft, namelijk de hoofdaannemer. In de praktijk voorzien veel onderaannemingscontracten bijvoorbeeld in deze bevoegdheid van de algemene aannemer.

Wanneer er gewerkt wordt met gesplitste aannemingen, rijst de vraag wie verantwoordelijk is voor de veiligheid van de werf. Dikwijls wordt voorgehouden dat in een dergelijk geval de verantwoordelijkheid berust bij de aannemer-ruwbouw.[1335] Uiteraard is elke aannemer verantwoordelijk voor de veiligheidsmaatregelen die specifiek zijn voor zijn deel van de werken.

2.   Grondslag van de aansprakelijkheid

833.   Wanneer de aannemer tekortkomt aan zijn politiebevoegdheid en hierdoor schade berokkent aan derden, kan de aannemer, afhankelijk van de begane fout, op verschillende grondslagen aansprakelijk gesteld worden.

[1334]   Kh. Leuven 6 oktober 1998, onuitg., vermeld door W. GOOSSENS, "Veiligheid op de bouwplaats", *T.Aann.* 2001, 33, nr. 7.

[1335]   Gent 21 december 1994, *AJT* 1994-95, 531, noot W. DE BRUYN; anders: Rb. Brussel 30 januari 1940, *Bull.ass.*, 1942, 279, bevestigd door Brussel 5 november 1941, *Bull.ass.*, 1942, 280.

A. AANSPRAKELIJKHEID WEGENS NALATIGHEID OF GEBREK AAN VOORZORG

834. In de eerste plaats kan hij aansprakelijk zijn op grond van de artikelen 1382 en 1383 BW, namelijk wegens een nalatigheid of gebrek aan voorzorg. De aansprakelijkheid van de aannemer wordt in deze context meestal veroorzaakt door:
- het toelaten van voorbijgangers op een bouwplaats terwijl het nog niet zeker was dat deze doorgang veilig kon gebeuren of het creëren of laten bestaan van een gevaarlijke toestand;

  Wanneer de aannemer de werf gebrekkig afsluit, waardoor onbevoegde personen zich toegang kunnen verschaffen tot de werf, zal de aannemer een tekortkoming begaan. De omstandigheid dat de aannemer zijn werken beëindigd zou hebben, kan niet rechtvaardigen dat hij een bouwplaats onbewaakt en niet afgesloten achterlaat en aldus een gevaarlijke situatie doet ontstaan.[1336]

  Een treffend voorbeeld van een dergelijke tekortkoming betrof de situatie waarbij de aannemer van de ruwbouwwerken de kelderopening van een onafgewerkte woning had afgedekt met planken, maar de planken door een opvolgende aannemer werden weggenomen waardoor een binnenhuisarchitecte ten val kwam. De oorspronkelijke aannemer was zijn bewakingsplicht nagekomen, aangezien niet van hem verwacht kan worden dat hij na het beëindigen van zijn opdracht nog regelmatig ter plaatse kwam om de veiligheid op de werf te controleren. De beveiligingsplicht kwam daarentegen toe aan de opvolgende aannemer. Aangezien duidelijk bleek dat deze tekortgeschoten was aan zijn verplichting, werd hij buitencontractueel aansprakelijk gesteld.[1337]
- het onbewaakt achterlaten van potentieel gevaarlijke voorwerpen;

  Dit betreft bijvoorbeeld de situatie waarbij de aannemer er niet over waakt om schijven die op een werf gebruikt worden en explosieve ladingen bevatten, weg te nemen.[1338]
- het achterlaten van werken waar deze nog niet geschikt zijn voor gebruik;

  Een aannemer die de bewoners tijdens de werken de gelegenheid wil geven om hun voertuig op hun eigendom te plaatsen en bijgevolg de opritten voorlopig opvult, moet erover waken dat de opvulling voldoende stevig is om in alle normale voorzienbare omstandigheden de nodige steun aan een personenwagen te bieden. Indien de aannemer dit niet kan garanderen, dient hij de bewoners te verwittigen dat zij de oprit niet mogen gebruiken.[1339]
- het toevertrouwen van een gevaarlijk werk aan een onbekwame of onbevoegde.[1340]

[1336] Brussel 29 juni 2005, *RJI* 2005, afl. 3, 219.
[1337] Rb. Gent 24 december 2007, *T.Verz.* 2009, afl. 1, 76.
[1338] Bergen (16ᵉ k.) 13 januari 2011, *RGAR* 2011, nr. 14770.
[1339] Vred. Zomergem 23 september 1994, *TGR* 1994, 6.
[1340] Deze indeling is ontleend aan W. GOOSSENS, *o.c.*, 49-51, waar ook telkens voorbeelden uit de rechtspraak worden gegeven.

Zo begaat de aannemer een fout wanneer hij een arbeider die niet de hoedanigheid van kraanbestuurder heeft, een draaibeweging met de arm van een kraan laat uitvoeren. Deze fout is des te zwaarder wanneer de zichtbaarheid om de kraan te manipuleren slecht was en het risico op een ongeval dus groot. Dat de aannemer veiligheidsvoorschriften heeft opgesteld om de kraan te gebruiken, doet niet ter zake. Die zijn immers onvoldoende en onaangepast, aangezien zij het ongeval niet hebben kunnen voorkomen.[1341] Dit is eveneens het geval indien de aannemer er niet over gewaakt heeft om schijven die op een werf gebruikt werden en explosieve ladingen konden bevatten, weg te nemen. Daarentegen kan de aannemer niet verweten worden de werf niet te hebben afgesloten, wat onmogelijk was gelet op de lengte ervan en de vraag van de gemeente om aan de omwonenden toe te laten er te rijden.[1342]

B.   AANSPRAKELIJKHEID WEGENS EEN INBREUK OP EEN WETTELIJKE OF REGLEMENTAIRE BEPALING

835.   Het niet naleven van de contractuele verplichtingen kan leiden tot buitencontractuele aansprakelijkheid tegenover derden indien de schending daarvan tevens een inbreuk uitmaakt op de algemene zorgvuldigheidsplicht.[1343]

836.   De materiële overtreding van een wets- of verordeningsbepaling maakt op zichzelf een fout uit die leidt tot de burgerrechtelijke aansprakelijkheid van de dader, mits die overtreding wetens en willens is begaan.[1344] Hierbij kan gedacht worden aan een schending van het Algemeen Reglement inzake Arbeidsbescherming (ARAB)[1345], van de bepalingen van de Welzijnswet van 4 augustus 1996 en het uitvoeringsbesluit van 25 januari 2001 betreffende de tijdelijk of mobiele bouwplaatsen[1346] of van de technische normen (ongeacht of de technische normen gepubliceerd zijn dan wel deel uitmaken van de regels van goed vakmanschap).[1347]

[1341]   Rb. Brussel (11ᵉ k.) 22 maart 2011, *RGAR* 2011, nr. 14779.

[1342]   Bergen (16ᵉ k.) 13 januari 2011, *RGAR* 2011, nr. 14770.

[1343]   Zie Cass. 26 maart 1992, *JLMB* 1994, 38, noot D. PHILIPPE.

[1344]   Cass. 9 februari 2017, *TBO* 2018, 291: *in casu* de onrechtmatige toe-eigening van een grond door het plaatsen van een mast gedeeltelijk op het naburige erf als gevolg van een overtreding van de wet, met name de bepalingen betreffende de eigendom.

[1345]   Zie bv. Cass. 22 september 1988, *RW* 1989-90, 433; Antwerpen 14 december 2011, *T.Aann.* 2012, 63, noot; Antwerpen 8 maart 1989, *RW* 1991-92, 920.

[1346]   Zie bv. Rb. Brussel 22 maart 2011, *RGAR* 2011, nr.14.779: een aannemer werd buitencontractueel aansprakelijk gesteld wegens een inbreuk op art. 5, § 1 Welzijnswet.

[1347]   Zie bv. Rb. Kortrijk 9 januari 1990, *TGR* 1990, 53 (contractuele aansprakelijkheid); Rb. Dendermonde 17 juni 1988, *T.Aann.* 1990, 54 (contractuele aansprakelijkheid).

C.   Aansprakelijkheid wegens zijn hoedanigheid van aansteller

837.   De aannemer kan ook aansprakelijk zijn op grond van artikel 1384, derde lid BW, namelijk als aansteller van degene die de fout heeft begaan. De aangestelden van de aannemer zijn in de eerste plaats zijn werknemers.[1348]

In principe kunnen de onderaannemer noch diens aangestelden beschouwd worden als aangestelde van de hoofdaannemer, aangezien zij niet in een ondergeschikt verband staan ten opzichte van de algemene aannemer.[1349] Echter, wanneer de onderaannemer bij de uitvoering van zijn taken onder de leiding staat van (een werknemer van) de hoofdaannemer, kan hij wél beschouwd worden als aangestelde.[1350]

838.   Een bijzondere situatie is de *terbeschikkingstelling van werknemers aan derden*. Deze situatie komt regelmatig voor bij verhuur van machines met een bestuurder. Om uit te maken wie als aansteller aansprakelijk is, dient bepaald te worden onder wiens feitelijk gezag, leiding en toezicht de werkzaamheden worden uitgevoerd.[1351]

D.   Aansprakelijkheid wegens zijn hoedanigheid van bewaarder
       van de gebrekkige zaak

839.   Ten slotte kan de aannemer aansprakelijk zijn als bewaarder van de gebrekkige zaak (art. 1384, eerste lid BW).

840.   Een zaak is gebrekkig in de zin van artikel 1384, eerste lid BW wanneer zij een abnormaal kenmerk vertoont waardoor zij in bepaalde omstandigheden schade kan veroorzaken. De rechter kan het bestaan van een gebrek slechts uit de *gedraging* van die zaak afleiden wanneer hij elke andere oorzaak dan een gebrek voor die gedraging uitsluit.[1352]

Zo werd een mobiele kraan die omviel en daardoor een torenkraan van een andere partij beschadigde, niet gebrekkig beschouwd in de zin van artikel 1384, eerste lid BW. Het omvallen werd namelijk veroorzaakt door de ongeschikte positionering van een stabilisator rechts achteraan, met name op een niet-zichtbaar deksel van een ondergrondse tank.[1353]

[1348]   Zie bv. Antwerpen 8 maart 1989, *RW* 1991-92, 920.

[1349]   Luik 18 november 2010, *RGAR* 2011, nr. 14.715; Brussel 22 april 2008, *RJI* 2009, 26; Luik 31 maart 1992, *JLMB* 1993, 1298.

[1350]   Zie bv. Kh. Namen 19 december 1994, *Iuvis* 1996, 609.

[1351]   Cass. 31 oktober 1980, *RW* 1980-81, 1053; Cass. 21 april 1971, *RGAR* 1972, nr. 8873; Gent 29 maart 1994, *RW* 1996-97, 191.

[1352]   Cass. 7 oktober 2016, *TBO* 2017, 61: volgens het Hof is bv. een brand van de zaak een gedraging en geen kenmerk.

[1353]   Cass. 8 maart 2018, *TBO* 2018, 421.

841. De bewaarder van een zaak, in de zin van artikel 1384, eerste lid BW, is degene die voor eigen rekening ervan gebruikmaakt, het genot ervan heeft of ze onder zich houdt, met recht van toezicht, leiding en controle. Er moet sprake zijn van een *intellectuele* leiding van die zaak, waardoor de betrokken persoon de werking en het gebruik ervan heeft kunnen beheersen, al was het maar op een abstracte manier en zelfs zonder dat hij die zaak daadwerkelijk in zijn bezit had.[1354]

842. De hoedanigheid van bewaarder moet beoordeeld worden op het ogenblik van het ontstaan van de schade en niet op het ogenblik van ontstaan van het gebrek.[1355]

Zo kan de aannemer in sommige gevallen beschouwd worden als bewaarder van de bouwmaterialen en machines die zich op de werf bevinden. Zo oordeelde de rechtbank dat de aannemer bewaarder was van de geleende gasbrander, zodat het aan hem toekwam om de gasbrander voorafgaandelijk aan het uitvoeren van de herstellingswerken te controleren. Aangezien hij deze controleplicht niet was nagekomen, was hij aansprakelijk voor de aangerichte schade.[1356]

In de situatie waarbij een hydraulische kraan gemonteerd stond op een vrachtwagen en waarbij de kraanarm plots afbrak en een derde (een buurman die zich toevallig op de werf bevond) ernstig verwondde, werd de eigenaar van de vrachtwagen daarentegen als bewaarder beschouwd en niet de aannemer van de werf. Echter, omdat het een conceptuele fout bij de bouw van de kraan bleek te zijn, diende de kraanfabrikant de eigenaar integraal te vrijwaren. De firma belast met het onderhoud van de kraan en het controle-organisme belast met de periodieke controle van de kraan gingen vrijuit omdat uit de gerechtelijke expertise niet met zekerheid kon worden afgeleid dat zij het gebrek hadden kunnen vaststellen.[1357]

843. De aannemer is ook de bewaarder van het bouwwerk zelf (of een gedeelte ervan) en dit tot aan de voorlopige oplevering.

Zo is de aannemer die belast is met het herstellen van de rijweg, de bewaarder ervan.[1358] Wanneer een gat niet voldoende werd aangeduid voor de voetgangers, kan de aannemer, als bewaarder van de met een gebrek behepte plaats, aansprakelijk worden gesteld.[1359]

Diezelfde redenering dient toegepast te worden in de situatie waarbij een aannemer, die door een gemeente belast was met het herstellen van een verzakt

---

[1354] Cass. 13 september 2012, *Arr.Cass.* 2012, 1923, www.cass.be (8 oktober 2012), concl. T. WERQUIN, *Pas.* 2012, 1647, concl. T. WERQUIN, *RW* 2013-14, 782 en www.rw.be/ (21 januari 2014), noot T. VANSWEEVELT en B. WEYTS.

[1355] Cass. 22 februari 2018, *TBO* 2018, 308 (aangaande bodemvervuiling).

[1356] Kh. Hasselt 16 november 1999, *TBBR* 2001, 309.

[1357] Antwerpen (2e k.) 17 februari 2016, *TBO* 2017, 179.

[1358] Rb. Dinant 6 april 2011, *VAV* 2011, 279.

[1359] Bergen 10 januari 2012, *T.Verz.* 2013, 225.

wegdek, een buitencontractuele aansprakelijkheidsvordering instelde tegen de gemeente omdat een kraan door het wegdek zakte en beschadigd werd. Het hof van beroep te Brussel oordeelde dat de gemeente geen fout verweten kon worden, aangezien de aannemer de bewaarder was van het gebrekkige wegdek op het ogenblik van de feiten.[1360]

844. Krachtens artikel 1384, eerste lid BW is men aansprakelijk voor de schade die veroorzaakt wordt door zaken die men onder zijn bewaring heeft. De bewaarder van de gebrekkige zaak is gehouden de door het gebrek veroorzaakte schade te vergoeden en de schadelijder heeft, in de regel, recht op volledig herstel van de schade die hij heeft geleden.

Hierbij is vereist dat de schade zich zonder het gebrek van de zaak niet zou hebben voorgedaan zoals die zich *in concreto* heeft voorgedaan. Wanneer meerdere oorzaken eenzelfde schade hebben veroorzaakt, volstaat het, om tot volledig herstel gehouden te zijn, dat het gebrek van de zaak de omvang van de schade heeft vergroot, ook al zou het schadegeval zich zonder het gebrek van de zaak eveneens hebben voorgedaan, maar met minder schade tot gevolg.[1361]

De bewaarder blijft bovendien aansprakelijk, zelfs wanneer hij het gebrek van de zaak niet kende of niet kon kennen.[1362]

C. De Welzijnswet[1363]

845. De Welzijnswet van 4 augustus 1996 omvat het algemene kader van de regelgeving in verband met het welzijn, de preventie en de bescherming van werknemers.[1364]

846. Bovendien bevat de Welzijnswet ook een aantal bepalingen die van toepassing zijn wanneer gewerkt wordt met 'ondernemingen van buitenaf', zijnde derden die niet verbonden zijn door een arbeidsovereenkomst met de opdrachtgever. Hieronder worden dus de aannemers en onderaannemers verstaan. Voorts kan de Welzijnswet beschouwd worden als de wettelijke basis voor de voorschriften inzake veiligheid en gezondheid die gelden op tijdelijke en mobiele bouwplaatsen.

847. De Welzijnswet is dan ook van groot belang voor de veiligheid in de aannemingssector.

[1360] Brussel 8 november 2011, *TBH* 2012, 91.
[1361] Cass. 12 november 2015, *TBO* 2016, 151: schade aan een woning door een overstroming waarbij de schade groter was als gevolg van een gebrekkig rioleringsstelsel.
[1362] Antwerpen (2ᵉ k.) 17 februari 2016, *TBO* 2017, 179.
[1363] Zie uitgebreid F. BURSSENS en L. DE SMIJTER, "Veiligheid op de werf en preventie", *TBO* 2015, 354-365.
[1364] Voor het strafrechtelijke aspect, zie Hoofdstuk 8, afdeling 3.

1. Werkzaamheden van ondernemingen van buitenaf

848. Afdeling 1 van hoofdstuk IV bevat een aantal verplichtingen inzake veiligheid die van toepassing zijn wanneer aannemers en onderaannemers in de inrichting van een opdrachtgever werkzaamheden uitvoeren.

A. MATERIEEL EN PERSONEEL TOEPASSINGSGEBIED

849. Een aannemer wordt in deze wet gedefinieerd als *"een werkgever of zelfstandige van buitenaf die in de inrichting van een werkgever, voor diens rekening of met diens toestemming, werkzaamheden verricht conform een met deze laatste werkgever gesloten overeenkomst"* (art. 8, § 2, 2° Welzijnswet). Het maakt hierbij niet uit of de aannemer werknemers tewerkstelt of alleen werkt.

Een onderaannemer is een werkgever of zelfstandige van buitenaf die in het kader van de overeenkomst die de aannemer gesloten heeft met de opdrachtgever, werkzaamheden verricht in de inrichting van een werkgever op basis van een met een aannemer gesloten overeenkomst alsook iedere onderaannemer die met een andere onderaannemer een overeenkomst gesloten heeft (art. 8, § 2, 3° Welzijnswet).

850. Afdeling 1 van hoofdstuk IV is niet van toepassing op de tijdelijke en mobiele bouwplaatsen. Voor deze bouwplaatsen voorziet de Welzijnswet immers in bijzondere verplichtingen. Opdat afdeling 1 van hoofdstuk IV van toepassing zou zijn, dient dus aan twee voorwaarden voldaan te zijn:
- er wordt gewerkt met aannemers en/of onderaannemers;
- het bouwproject kan niet gekwalificeerd worden als een tijdelijke en mobiele bouwplaats (zie verder).

851. Indien aan voormelde vereisten voldaan is, legt de wet zowel veiligheidsverplichtingen op aan de opdrachtgevers als aan de aannemers en onderaannemers.

B. VERPLICHTINGEN OPGELEGD AAN DE OPDRACHTGEVER

852. Op de opdrachtgever rust er een informatie-, medewerkings- en coördinatieplicht.

853. De opdrachtgever dient vooreerst de nodige informatie te verstrekken aan de aannemer ten behoeve van de werknemers van de aannemer en onderaannemers. Dit impliceert dat de opdrachtgever minstens volgende informatie ter kennis moet brengen:
- de risico's voor het welzijn van de werknemers;
- de beschermings- en preventiemaatregelen en -activiteiten;

– de maatregelen die genomen zijn voor de eerste hulp, de brandbestrijding en de evacuatie van werknemers.

854. Daarnaast dient de opdrachtgever zich ervan te vergewissen dat de betreffende werknemers de passende opleiding en instructies inherent aan zijn bedrijfsactiviteit hebben ontvangen en hij dient de gepaste maatregelen te treffen voor de organisatie van het onthaal van de werknemers.

Tijdens de werkzaamheden dient de opdrachtgever het optreden van de aannemers en onderaannemers ook te coördineren en de samenwerking tussen deze aannemers en onderaannemers en zijn inrichting inzake het welzijn van de werknemers te verzekeren.

Ten slotte dient hij er zorg voor te dragen dat de aannemers hun verplichtingen inzake het welzijn van de werknemers naleven (art. 9, § 1 Welzijnswet). Daarvoor voorziet de Welzijnswet in de verplichting voor de opdrachtgever om een schriftelijke overeenkomst te sluiten met de aannemer waarin de aannemer zich ertoe verbindt de veiligheidsverplichtingen na te leven. Deze overeenkomst moet ook bepalen dat de opdrachtgever bij gebrek daaraan zelf de nodige maatregelen kan treffen, op kosten van de aannemer.

855. Wanneer de opdrachtgever vaststelt dat de aannemer de veiligheidsverplichtingen niet naleeft, dient hij de desbetreffende aannemer te weren. Bovendien dient hij, zelfs na ingebrekestelling van de aannemer, zelf de nodige veiligheidsmaatregelen te treffen. De opdrachtgever beschikt bijgevolg over een afdwingingsmechanisme ten aanzien van de aannemers (art. 9, § 2, 3° Welzijnswet).

C.   Verplichtingen opgelegd aan de aannemer en de onderaannemer

856. Vanzelfsprekend dient de aannemer de veiligheidsverplichtingen na te leven en te doen naleven door zijn onderaannemers. In dit verband dient de aannemer de informatie die de opdrachtgever hem diende te verstrekken, op zijn beurt aan zijn werknemers en onderaannemer(s) te geven.

857. Op de aannemer en de onderaannemer rust tevens een informatie- en coördinatieplicht. Zij dienen de opdrachtgever te informeren over de risico's eigen aan de werkzaamheden die ze zullen uitvoeren en ze dienen ook hun medewerking te verlenen aan de hierboven vermelde coördinatie- en samenwerkingsplicht van de opdrachtgever (art. 10, § 1 Welzijnswet).

858. Bovendien dient iedere aannemer of onderaannemer ervoor te zorgen dat hun (sub)onderaannemers hun verplichtingen inzake het welzijn van de werknemers naleven (art. 10, § 1 Welzijnswet). De Welzijnswet bevat in dit verband dezelfde verplichting voor de aannemers en onderaannemers: ze dienen een schriftelijke overeenkomst te sluiten met de (sub)onderaannemers waarin de (sub)onderaannemers zich ertoe verbinden de veiligheidsverplichtingen na te leven. Deze overeenkomst moet ook bepalen dat de aannemer respectievelijk de onderaannemer bij gebrek daaraan zelf de nodige maatregelen kan treffen, op kosten van de (sub)onderaannemer.

859. Ook ten aanzien van de aannemers en, in voorkomend geval, de onderaannemers geldt een afdwingingsmechanisme. Wanneer ze vaststellen dat de (sub)onderaannemer de veiligheidsverplichtingen niet naleeft, dienen ze de desbetreffende (sub)onderaannemer te weren. Bovendien dienen ze, zelfs na ingebrekestelling van de (sub)onderaannemer, zelf de nodige veiligheidsmaatregelen te treffen. Immers, ze hebben ten aanzien van hun onderaannemers dezelfde verplichtingen als de opdrachtgever heeft ten aanzien van de aannemers (art. 10, § 2 Welzijnswet).

860. Bovenstaande verplichtingen dienen evenwel genuanceerd te worden. Een aannemer of, in voorkomend geval, een onderaannemer, kan met de opdrachtgever in wiens inrichting hij werkzaamheden komt uitvoeren, namelijk overeenkomen dat deze laatste in naam en voor rekening van de aannemer of onderaannemer zorgt voor de naleving van de maatregelen inzake het welzijn van de werknemers bij de uitvoering van hun werk eigen aan de inrichting (art. 11 Welzijnswet).

2.   Bijzondere bepalingen betreffende tijdelijke of mobiele bouwplaatsen

861. Hoofdstuk V van de Welzijnswet heeft betrekking op tijdelijke of mobiele bouwplaatsen. Dit hoofdstuk werd uitgevoerd door het KB van 25 januari 2001 betreffende de tijdelijke of mobiele bouwplaatsen.[1365] Dit KB is de omzetting van de Europese richtlijn ter zake[1366] en trad in werking op 1 mei 2001.

A.   MATERIEEL TOEPASSINGSGEBIED

862. De Welzijnswet bepaalt dat een tijdelijke of mobiele bouwplaats elke bouwplaats is waar civieltechnische werken of bouwwerken worden uitgevoerd en waarvan een lijst wordt vastgesteld door de Koning (art. 3, 14° Welzijnswet). De betreffende lijst is terug te vinden in artikel 2, § 1 KB 25 januari 2001.

Het betreft de plaatsen waar de volgende werken worden uitgevoerd: graafwerken; grondwerken; funderings- en verstevigingswerken; waterbouwkundige werken; wegenwerken; plaatsing van nutsleidingen; bouwwerken; montage en demontage van inrichtings- of uitrustingswerken; verbouwingswerken; vernieuwbouw; herstellingswerken; ontmantelingswerken; sloopwerken; instand-

---

[1365]   KB 25 januari 2001 betreffende de tijdelijke of mobiele bouwplaatsen, *BS* 7 februari 2001.

[1366]   Achtste bijzondere richtlijn 92/57/EEG van de Raad van de Europese Gemeenschappen van 24 juni 1992 betreffende de minimumvoorschriften inzake veiligheid en gezondheid voor tijdelijke en mobiele werkplaatsen.

houdingswerken; onderhouds-, schilder- en reinigingswerken; saneringswerken, en de aan deze werken gekoppelde afwerkingswerkzaamheden.

Het KB is daarentegen niet van toepassing op boor- en winningswerkzaamheden in de winningsindustrieën; de montage van installaties, met uitzondering van het plaatsen van nutsinstallaties en de werken die betrekking hebben op de funderingen, op de beton- en de metselwerken en op de dragende structuren.

Opdat het KB van toepassing zou zijn, dienen bovenstaande werken uitgevoerd te worden door meer dan één aannemer (art. 2, § 2, 3° KB 25 januari 2001). Hierop gelden twee uitzonderingen: afdeling V geldt voor bouwplaatsen waar de werken uitgevoerd worden door slechts één aannemer en afdeling VI geldt voor alle bouwplaatsen, ongeacht of deze door één of meerdere aannemers worden uitgevoerd.

B.   TOEPASSEN VAN DE ALGEMENE PREVENTIEBEGINSELEN

863.   De Welzijnswet legt aan een aantal personen de verplichting op om de nodige maatregelen te treffen ter bevordering van het welzijn van de werknemers bij de uitvoering van hun werk, de zogenaamde algemene preventiebeginselen[1367] (art. 15 Welzijnswet).

864.   Onder deze beginselen vallen onder andere: het voorkomen van risico's; de evaluatie van risico's die niet kunnen worden voorkomen; de bestrijding van de risico's bij de bron; het verschaffen van voorlichting over de aard van de werkzaamheden, de daaraan verbonden overblijvende risico's en de maatregelen die erop gericht zijn deze gevaren te voorkomen of te beperken (art. 5 Welzijnswet).

865.   De algemene preventiebeginselen moeten door de volgende personen nageleefd worden:
1° de opdrachtgever;
2° de bouwdirectie belast met het ontwerp en de personen aan wie zij bepaalde opdrachten in onderaanneming heeft toevertrouwd;
3° de bouwdirectie belast met de uitvoering;
4° de bouwdirectie belast met de controle op de uitvoering en de personen aan wie zij bepaalde opdrachten in onderaanneming heeft toevertrouwd;
5° de aannemer;
6° de coördinator inzake veiligheid en gezondheid tijdens de uitwerkingsfase van het ontwerp van het bouwwerk;
7° de coördinator inzake veiligheid en gezondheid tijdens de verwezenlijking van het bouwwerk;
8° de werknemer (art. 14 Welzijnswet).

[1367]   Antwerpen 11 juni 2009, onuitg.: wegens het nemen van onvoldoende preventiemaatregelen kwam een arbeider om het leven doordat hij, tijdens het reinigen van een hoogspanningscabine, in aanraking kwam met de geleiders die nog onder spanning stonden.

866. Een voorbeeld hiervan betrof de situatie waarbij een kraanman van een mobiele kraan, opgeroepen door een onderaannemer-dakwerker die isolatiewerken aan een dak uitvoerde voor een hoofdaannemer, ernstig verbrand raakte door elektrocutie. De kraanman was op dat moment tewerkgesteld als uitzendkracht en ter beschikking gesteld van de dakwerker. De zaakvoerder van het dakwerkersbedrijf werd schuldig bevonden aan onopzettelijke slagen en verwondingen wegens inbreuken op de Welzijnswet (algemene preventiebeginselen) en het KB van 25 januari 2001 door het geven van onvoldoende instructies aan zijn 'werknemer' om op voldoende veilige afstand te blijven van een hoogspanningskabel. Ook de projectleider, een werknemer van het dakwerkersbedrijf, werd veroordeeld wegens overtreding van de preventiebeginselen, die nochtans voorzien waren in de risicoanalyse van de werkzaamheden die hij zelf had opgesteld. Op burgerlijk vlak werd evenwel verwezen naar artikel 18 Arbeidsovereenkomstenwet en werd hij immuun verklaard. De coördinator-verwezenlijking werd beschuldigd van het onvoldoende overbrengen van informatie betreffende de risico's van de hoogspanningslijn en de hiervoor getroffen maatregelen. Hij werd evenwel vrijgesproken wegens onvoldoende bewijs van schuld.[1368]

Een ander voorbeeld betreft de situatie waarbij een bouwwerf werd gecontroleerd door de sociale inspectie. De inspectie stelde vast dat er ernstige valrisico's en onvoldoende beveiligingsmaatregelen waren aan de stellingen, trappen en liftopeningen. Bovendien werd een onveilige slijpmachine gebruikt. De zaakvoerder van de bouwonderneming en de ploegbaas werden aansprakelijk gesteld wegens het gebruik van de onveilige slijpschijf en het nemen van onvoldoende beveiligingsmaatregelen. Dit maakt namelijk een schending uit van de algemene preventiebeginselen.[1369]

C.   Toepassen van de veiligheids- en gezondheidsmaatregelen

867. Het KB bevat een lijst met veiligheids- en gezondheidsmaatregelen die de algemene preventiebeginselen nader uitwerken.

868. De aannemer dient deze veiligheids- en gezondheidsmaatregelen na te leven en hij dient deze maatregelen eveneens te doen naleven door iedere persoon die, in welk stadium ook, als onderaannemer van hemzelf of van een andere onderaannemer is opgetreden evenals door iedere persoon die hem personeel ter beschikking stelt (art. 26 Welzijnswet).

869. De aannemer dient bijgevolg een overeenkomst af te sluiten met de onderaannemers waarin is opgenomen dat de onderaannemers zich ertoe verbinden de verplichtingen inzake veiligheid en gezondheid op tijdelijke of mobiele bouwplaatsen na te leven. Bovendien moet de overeenkomst ook bepalen dat de aan-

---

[1368]   Corr. Turnhout 18 maart 2009, vermeld in J. DILLEN, *De burgerlijke en strafrechtelijke aansprakelijkheid van de preventieadviseur en de veiligheids- en gezondheidscoördinator op tijdelijke of mobiele bouwplaatsen*, Kortrijk, UGA, 2011, 77-82.
[1369]   Rb. Antwerpen (afd. Turnhout) 5 januari 2015, onuitg.

nemer, bij gebrek daaraan, zelf de nodige maatregelen kan treffen op kosten van de persoon die in gebreke is gebleven (art. 29 Welzijnswet).

870.   Wanneer de aannemer weet of kan weten dat de onderaannemer zich niet aan zijn verplichtingen houdt, dient hij hem te weren en dient de aannemer, na ingebrekestelling van deze onderaannemer, zelf de nodige maatregelen te nemen (art. 29 Welzijnswet).

871.   In dit kader kan verwezen worden naar een arrest van het hof van beroep van Brussel. Een onderaannemer had zelf beslist om bovenop losse planken op een niet vastgehechte stelling op een balkon van de eerste verdieping, op ongeveer zeven meter van de grond, een losse vouwladder te plaatsen en daarop te gaan staan om planken tegen een muur te plaatsen. De aannemer had geen overeenkomst afgesloten met de onderaannemer conform artikel 29 Welzijnswet. Desondanks oordeelde het Hof dat noch de aannemer noch de veiligheidscoördinator aansprakelijk konden worden gesteld, aangezien de eigen fout van de onderaannemer de oorzaak van de schade uitmaakte. Immers, deze manier van werken was bijzonder roekeloos en niet verzoenbaar met het gedrag van een normaal zorgvuldig persoon, laat staan een vakman.[1370]

D.   COÖRDINATIE VAN DE AANNEMERS OP BOUWPLAATSEN WAAR WERKEN DOOR VERSCHILLENDE AANNEMERS UITGEVOERD WORDEN

872.   Naast de algemene verplichting opgelegd door de Welzijnswet, bevat het KB regels in verband met de coördinatie van de aannemers op bouwplaatsen waar werken door verschillende aannemers uitgevoerd worden.

Hierbij maakt het KB enerzijds een onderscheid tussen bouwwerken met een totale oppervlakte kleiner dan 500 m^2 en bouwwerken met een totale oppervlakte groter dan 500 m^2, en anderzijds tussen de coördinatie tijdens het ontwerp van het bouwwerk en de coördinatie tijdens de uitvoering van de werkzaamheden.

i.   Coördinatie tijdens het ontwerp van het bouwwerk

873.   Wanneer er verscheidene aannemers werkzaam zullen zijn, dient een coördinator inzake veiligheid en gezondheid aangesteld te worden (art. 16 Welzijnswet). Bij bouwwerken met een oppervlakte kleiner dan 500 m^2 dient dit te gebeuren door de bouwdirectie (art. 4*bis* KB) en bij bouwwerken met een oppervlakte groter dan 500 m^2 door de opdrachtgever (art. 5 KB).

De bouwdirectie belast met het ontwerp mag de uitwerking van het project niet aanvatten of voortzetten zolang de coördinator-ontwerp niet is aangesteld (art. 4*ter* en art. 6 KB).

[1370]   Brussel 28 januari 2014, onuitg.

ii.   Coördinatie tijdens de uitvoering van de werkzaamheden

874.   Wanneer alle werken door meerdere aannemers worden uitgevoerd, wordt de coördinatie, uitgevoerd in de loop van het ontwerp van het bouwwerk, tijdens de verwezenlijking van het bouwwerk voortgezet (art. 4*octies* KB).

Voor bouwwerken met een oppervlakte kleiner dan 500 m², moet de bouwdirectie belast met de uitvoering of de bouwdirectie belast met de controle op de uitvoering een coördinator-verwezenlijking aanstellen (art. 4*decies* KB). Voor bouwwerken met een oppervlakte groter dan 500 m² rust deze verplichting op de opdrachtgever (art. 15 KB).

Behalve in geval van overmacht, mogen de werken op de tijdelijke of mobiele bouwplaatsen slechts aangevat of voortgezet worden na de aanstelling van de coördinator-verwezenlijking (art. 4 *undecies* en art. 16, § 2 KB).

Hierbij dient opgemerkt te worden dat de functies van coördinator-ontwerp en coördinator-verwezenlijking door dezelfde persoon uitgevoerd mogen worden (art. 4*terdecies* KB).

Het gegeven dat de bouwdirectie dan wel de opdrachtgever een veiligheidscoördinator heeft aangesteld, leidt er niet toe dat de bouwdirectie/opdrachtgever zijn opdracht, met name wat betreft de doorstroming van informatie die voor een effectieve risicopreventie vereist is, volledig aan de veiligheidscoördinator kan overlaten.[1371]

iii.   Hulpinstrumenten voor de coördinatie

875.   Voorts voorziet het KB in een aantal hulpinstrumenten voor de coördinatie.

876.   De coördinatoren dienen een *veiligheids- en gezondheidsplan* op te stellen.[1372] De bouwheer dient erover te waken dat dit plan deel uitmaakt van, al naar gelang het geval, het bijzonder bestek, de prijsaanvraag of de contractuele documenten en daarin als een afzonderlijke en als dusdanig betiteld deel wordt opgenomen (art. 30 KB).

Wanneer het een bouwplaats van minder dan 500 m² betreft, volstaat het dat een vereenvoudigd veiligheids- en gezondheidsplan wordt opgesteld. Echter, het is niet de taak van de coördinatoren om de oppervlakte van de bouwplaats te controleren. Wanneer de veiligheidscoördinatoren verkeerdelijk een overeenkomst voor een bouwplaats van minder dan 500 m² hadden gesloten en bijgevolg verkeerdelijk een vereenvoudigd veiligheids- en gezondheidsplan hadden opgesteld, kunnen zij hiervoor niet aansprakelijk gesteld worden.[1373]

[1371]   Cass. 14 november 2012, AR P.11/1611.F/1, www.cass.be.

[1372]   Antwerpen 26 maart 2009, *RABG* 2010, afl. 14, 910, noot V. DOOMS: coördinator-ontwerp en coördinator-verwezenlijking werden (mede) verantwoordelijk geacht voor het dodelijk ongeval, omdat ze de veiligheidsmaatregelen niet in het veiligheidsplan hadden opgenomen.

[1373]   Rb. Antwerpen (afd. Turnhout) 5 januari 2015, onuitg.

877.   Bovendien moet een *coördinatiestructuur* (art. 37 en 40 KB) worden opgericht voor alle bouwplaatsen waarvan hetzij het vermoedelijke werkvolume meer dan 5000 mandagen bedraagt, hetzij de totale prijs van de werken, geschat door de bouwdirectie belast met het ontwerp, 2.500.000 euro, btw niet meegerekend, overschrijdt, en waar ten minste drie aannemers gelijktijdig werken uitvoeren (art. 37 KB).

E.   VOORBEELD

878.   Een gekend geval betreft de gasontploffing in Gellingen (Ghislenghien) waarbij verschillende (dodelijke) slachtoffers vielen.

Tijdens de grondwerken voor de bouw van een nieuwe fabriek werd een gasleiding geraakt, wat leidde tot een enorme ontploffing. De volgende personen werden hiervoor verantwoordelijk geacht:

- de netbeheerder, Fluxys, wegens het gebrek aan een adequaat risicobeheer;
- de opdrachtgever, wegens een tekortkoming aan zijn zorgvuldigheidsplicht. Hij had genoegen genomen met een veiligheids- en gezondheidsplan waarin de veiligheidsvoorschriften van de netbeheerder niet geïntegreerd waren. Nochtans had de opdrachtgever kennis van de ondergrondse gasleiding. Bovendien had de opdrachtgever met de aannemer een gewijzigde uitvoeringsmethode onderhandeld zonder de veiligheidscoördinator hiervan op de hoogte te brengen en was hij zijn coördinatieplicht niet afdoende nagekomen;
- de coördinator-ontwikkeling en de coördinator-verwezenlijking, aangezien ze de risico's onvoldoende hadden ingeschat en ze het veiligheids- en gezondheidsplan niet aangepast hadden aan elke planwijziging. Daarenboven werd het coördinatiedagboek niet afdoende bijgehouden/ingevuld;
- de architect, wegens het niet naleven van zijn controleverplichting (o.a. wegens een onvoldoende fysieke aanwezigheid op de bouwplaats);
- de technische directeur, omdat hij onvoldoende gecontroleerd had of de gegevens van het plan overeenstemden met de realiteit en of de prestaties, zoals beschreven in het plan, wel degelijk werden uitgevoerd;
- de werfleiders, omdat ze de technische directeur onvoldoende geïnformeerd hadden over eerdere incidenten op de bouwplaats.

§ 3.   INSTORTING VAN EEN BOUWWERK

879.   De eigenaar van een bouwwerk is op grond van artikel 1386 BW aansprakelijk voor de schade veroorzaakt door de instorting ervan, wanneer deze te wijten is aan verzuim van onderhoud of gebrek in de bouw. Hij blijft aansprakelijk ook al is het verzuim of het gebrek niet aan hem te wijten.

Deze regel geldt ook indien de instorting gebeurt op een moment dat het gebouw nog niet voltooid noch opgeleverd is en de werken worden uitgevoerd door een derde. De materialen gaan immers bij hun verwerking ingevolge natrekking over van de aannemer op de eigenaar van de grond.[1374]

880. Artikel 1386 BW sluit de toepassing van artikel 1384, eerste lid BW uit. Dit betekent dat een cumul van aansprakelijkheden, zoals die van de bewaarder (art. 1384, eerste lid BW) en die van de eigenaar (art. 1386 BW), niet mogelijk is.[1375]

§ 4. SCHADE AAN ONDERGRONDSE KABELS EN LEIDINGEN

881. De aansprakelijkheid van de aannemer ten aanzien van derden komt vaak in het gedrang bij de uitvoering van graafwerken. Het komt immers regelmatig voor dat een aannemer een kabel of leiding raakt, waardoor een derde partij hinder ondervindt.

882. Om het risico op schade ten gevolge van grondwerken te vermijden, werd in het Vlaams Gewest het zogenaamde KLIP-decreet[1376] afgekondigd. Dit decreet bepaalt onder andere dat elke persoon die op het grondgebied van het Vlaamse Gewest grondwerken zal uitvoeren, verplicht is om ten vroegste veertig werkdagen op voorhand een planaanvraag in te dienen bij het "Kabel en Leiding Informatie Portaal (KLIP)". Hierop gelden slechts drie uitzonderingen:
– in geval van overmacht;
– voor grondwerken die manueel worden uitgevoerd;
– indien het grondwerken betreft op grond die eigendom is of in beheer is van de persoon die de grondwerken zal uitvoeren en indien die persoon weet dat er sinds de voorafgaande planaanvraag aan de aanwezigheid en de ligging van de kabels en leidingen niets is veranderd.[1377]

De desbetreffende grondwerken mogen pas een aanvang nemen nadat de planaanvrager de noodzakelijke informatie heeft ontvangen over (1) de aan- of afwezigheid van kabels en leidingen en (2) de lokalisatie van de aanwezige kabels en leidingen.[1378]

883. Wanneer voormelde verplichtingen niet nageleefd worden waardoor er schade veroorzaakt wordt aan derden, zal de aannemer buitencontractueel aansprakelijk gesteld kunnen worden. De niet-naleving maakt immers een tekortkoming uit.

[1374] Cass. 16 juni 1995, *RW* 1996-97, 1428, concl. Adv. Gen. BRESSELEERS.
[1375] Cass. 28 november 2016, *TBO* 2018, 193, *JT* 2017, nr. 6681, 210, noot F. GLANSDORFF.
[1376] Decr.Vl. 14 maart 2008 houdende de ontsluiting en de uitwisseling van informatie over ondergrondse kabels en leidingen, *BS* 6 mei 2008.
[1377] Art. 8 KLIP-decreet.
[1378] Art. 11 KLIP-decreet.

Zo zal de aannemer van graafwerken die nalaat de plannen op te vragen en daardoor een ondergrondse hoogspanningskabel beschadigt, buitencontractueel aansprakelijk zijn ten opzichte van de schuldloze derde die schade lijdt ingevolge de daardoor ontstane stroompanne.[1379]

884. Echter, de naleving van deze verplichtingen stelt de aannemer niet vrij van enige aansprakelijkheid. De verkregen informatie kan namelijk foutief of onnauwkeurig zijn (bv. door verschuivingen). Een aannemer gespecialiseerd in grondwerken, dient er bijgevolg van uit te gaan dat ondergrondse kabels niet exact liggen zoals aangeduid op de meegedeelde plannen. Een aannemer moet dus steeds ter plaatse nagaan of de verkregen informatie correct is. Meer bepaald moet de aannemer de precieze ligging van de kabels en leidingen onderzoeken.[1380] Dit onderzoek dient te gebeuren door het uitvoeren van peilingen op regelmatige afstand die een representatief en betrouwbaar beeld opleveren van de hele oppervlakte.[1381]

Enkel wanneer de aannemer kan aantonen dat hij alle mogelijke en redelijke voorzorgen heeft genomen om de vereiste informatie op te vragen en vervolgens ter plaatse de kabels en leidingen te lokaliseren, zal hij kunnen ontkomen voor de schade aangebracht aan kabels en leidingen die zich op een niet-gebruikelijke en reglementair voorgeschreven diepte bevinden.[1382]

Zo werd geoordeeld dat van een voorzichtig handelende aannemer van grondwerken niet verwacht mag worden dat hij er moet van uitgaan dat een kabel op anderhalve meter zou kunnen liggen van de plaats zoals aangeduid in de plannen. Bij een dergelijk groot verschil tussen de liggingsplannen en de reële toestand kan de aannemer zich beroepen op een onoverwinnelijke dwaling.[1383] Dit is in het bijzonder het geval wanneer de aannemer kan aantonen dat hij een ernstig doorgevoerde peiling had ondernomen.[1384]

Diezelfde redenering werd gemaakt in een situatie waarbij de enige oorzaak van het schadegeval gelegen was in het feit dat de elektriciteitskabel, die volgens de plannen van de nutsmaatschappij en de mechanische peilingen van de aannemer op regelmatige afstanden, over de volledige lengte in het talud van de gracht lag, plots zonder enige reden met 70 centimeter ten opzichte van de as van de weg tot in de gracht versprong en daar op slechts 20 centimeter onder de bodem lag.[1385]

[1379] Kh. Dendermonde 8 maart 2012, *RABG* 2014, 107, noot S. HEIRBRANT.
[1380] Vred. Namen 8 april 2003, *Iuvis* 2005, 1471; Kh. Brussel 24 maart 2003, *Iuvis* 2005, 1456; Luik 24 juni 2010, *JLMB* 2011, 233; Kh. Hasselt 23 september 2003, *RW* 2005-06, 511; Kh. Brussel 18 mei 2011, *T.Aann.* 2011, 368; Kh. Dendermonde 8 maart 2012, *RABG* 2014, 107, noot S. HEIRBRANT; Gent 3 april 2015, *TBO* 2016, 60.
[1381] Kh. Dendermonde 8 maart 2012, *RABG* 2014, 107, noot S. HEIRBRANT; Gent 3 april 2015, *TBO* 2016, 60; Gent 22 februari 2013, *T.Aann.* 2014, afl. 3, 330.
[1382] Kh. Brussel 31 januari 2007, *T.Aann.* 2007, 168; Kh. Brussel 22 maart 2011, *T.Aann.* 2011, 372.
[1383] Brussel (1e k.) 30 juni 2015, *RJI* 2015, afl. 4, 459.
[1384] Kh. Brussel 18 mei 2011, *T.Aann.* 2011, 368.
[1385] Antwerpen 28 maart 2012, *T.Aann.* 2014, afl. 3, 348.

Een afwijking van slechts 50 centimeter ten opzichte van de plaats zoals aangeduid op de liggingsplannen maakt daarentegen geen onoverwinnelijke dwaling uit.[1386] Dit is eveneens het geval wanneer de aannemer er genoegen mee neemt om de plannen op te vragen, maar verder niets onderneemt om de ondergrondse hoogspanningskabel te lokaliseren en uiteindelijk blijkt dat een kabel op een diepte lag van 50 centimeter in plaats van op de wettelijke diepte van 60 centimeter. Het gegeven dat in theorie maar tot op een diepte van 30 centimeter gewerkt zou worden, ontsloeg de aannemer niet van zijn plicht om de kabel toch te lokaliseren.[1387]

885. Voor de volledigheid wordt opgemerkt dat de opdrachtgever een informatieverplichting heeft tegenover de aannemer. Hij moet hem wijzen op de mogelijke problemen die zich kunnen voordoen, zoals het gewijzigde traject van telefoonkabels, elektrische en waterleidingen enz. Deze plicht rust eveneens op de hoofdaannemer ten aanzien van de onderaannemer.[1388] Wanneer de opdrachtgever onvoldoende informatie verschaft heeft aan de aannemer en de aannemer op zijn beurt heeft nagelaten om ter plaatse de kabels en leidingen te lokaliseren, zullen zowel de opdrachtgever als de aannemer buitencontractueel aansprakelijk zijn tegenover de schadelijdende derde.

§ 5. VEILIGHEID VAN PRODUCTEN EN DIENSTEN EN PRODUCTAANSPRAKELIJKHEID

886. Het Wetboek van economisch recht bevat in Boek IX regelgeving inzake de bescherming van de veiligheid van de gebruiker van bepaalde producten en diensten.[1389]

A. Materieel toepassingsgebied

887. De regelgeving vervat in Boek IX heeft betrekking op elk lichamelijk goed dat, ongeacht of het nieuw, tweedehands of opnieuw in goede staat gebracht is, tegen betaling of gratis, in het kader van een handelsactiviteit of in het kader van een dienst aan een gebruiker wordt geleverd of ter beschikking gesteld. Hieron-

---

[1386] Brussel (1e k.) 30 juni 2015, *RJI* 2015, afl. 4, 459.
[1387] Rb. Brussel 12 november 2013, *RJI* 2015, afl. 1, 54.
[1388] W. GOOSSENS, *Aanneming van werk: het gemeenrechtelijk dienstencontract*, Brugge, die Keure, 2003, 782.
[1389] Wet 9 februari 1994 betreffende de veiligheid van producten en diensten werd immers door wet 25 april 2013 houdende invoeging van boek IX 'Veiligheid van producten en diensten' in het Wetboek van economisch recht en houdende invoeging van de definities eigen aan boek IX in boek I van het Wetboek van economisch recht, *BS* 1 april 1994 grotendeels opgeheven.

der vallen eveneens de installaties, met name de gezamenlijke constructie van producten die zodanig opgesteld zijn dat zij in samenhang functioneren.[1390]

Uit bovenstaande definitie valt af te leiden dat de wet geen onderscheid maakt tussen roerende en onroerende goederen. Algemeen wordt echter aangenomen dat de regelgeving inzake productveiligheid niet tot doel heeft de veiligheid van gebouwen te regelen, maar wel van producten die door hun bestemming als onroerend worden beschouwd. Hierbij valt te denken aan liften en verwarmingsinstallaties.[1391]

888. Daarnaast geldt de regelgeving van Boek IX eveneens voor diensten. Diensten worden gedefinieerd als zijnde "elke terbeschikkingstelling van een product aan consumenten[1392] en elk gebruik door een dienstverlener van een product dat risico's inhoudt voor een consument, voor zover het een product betreft dat rechtstreeks verband houdt met de dienstverlening".[1393]

De veiligheidsreglementering is dus enkel van toepassing op diensten die aan een product gekoppeld zijn, zoals de installatie van een lift.

889. Om de veiligheid van de producten en diensten te garanderen, legt Boek IX WER bepaalde verplichtingen op aan de producent, zijnde "de fabrikant van het product of de dienstverlener, indien deze in een lidstaat gevestigd is, en eenieder die zich als fabrikant aandient door op het product zijn naam, merk of ander kenteken aan te brengen, of degene die het product opnieuw in goede staat brengt en een ieder die zich als dienstverlener aandient".[1394]

Met andere woorden, een dienstverlener, zoals een aannemer, is eveneens onderworpen aan de regelgeving vervat in Boek IX, aangezien hij als een 'producent' beschouwd wordt.

B.   Veiligheid van producten en diensten

1.   Verplichtingen ten aanzien van de producent

890. Boek IX bepaalt vooreerst dat de producent een veilig product of een veilige dienst moet verschaffen.

891. Een product wordt geacht veilig te zijn indien het product bij normale of redelijkerwijs te verwachten gebruiksomstandigheden geen enkel risico oplevert,

---

[1390]   Art. I.10, 1° WER.
[1391]   Zie MvT bij de voormalige wet 9 februari 1994 betreffende de veiligheid van producten en diensten: MvT, *Parl.St.* Kamer 2000-01, nr. 867/4, 10.
[1392]   'Consument' dient geïnterpreteerd te worden als 'gebruiker': J. VERLINDEN, "Veiligheid van producten en diensten en productaansprakelijkheid" in DEPARTEMENT VORMING EN OPLEIDING VAN DE ORDE VAN ADVOCATEN VAN DE BALIE VAN KORTRIJK (ed.), *Huur van diensten, Aanneming van werk*, Brussel, De Boeck & Larcier, 2007, 49.
[1393]   Art. I.10, 5° WER.
[1394]   Art. I.10, 8° WER.

ook wat betreft de gebruiksduur en eventuele indienststelling, de installatie en de onderhoudseisen. Een product wordt eveneens als veilig beschouwd indien het slechts beperkte risico's bevat die verenigbaar zijn met het gebruik van het product en die vanuit het oogpunt van een hoog beschermingsniveau voor de gezondheid en de veiligheid van personen aanvaardbaar worden geacht.[1395]

Om te oordelen of een product aan voormelde veiligheidsverplichtingen voldoet, wordt rekening gehouden met volgende criteria:

a) de kenmerken van het product, met name de samenstelling, de verpakking, de voorschriften voor assemblage en, in voorkomend geval, voor installatie en onderhoud;

b) het effect ervan op andere producten, ingeval redelijkerwijs kan worden verwacht dat het product in combinatie met die andere producten zal worden gebruikt;

c) de aanbiedingsvorm van het product, de etikettering, eventuele waarschuwingen en aanwijzingen voor het gebruik en de verwijdering ervan, alsmede iedere andere aanwijzing of informatie over het product;

d) de categorieën gebruikers die bij het gebruik van het product een groot risico lopen, in het bijzonder kinderen en ouderen.[1396]

892.   De definitie van een veilige dienst is vrij gelijklopend met die van een veilig product. Een veilige dienst is namelijk "een dienst waarbij enkel veilige producten worden aangeboden en waarbij de dienstverlening geen risico's inhoudt voor de gebruiker dan wel beperkte risico's die verenigbaar zijn met de dienstverlening en vanuit het oogpunt van een hoog beschermingsniveau voor de gezondheid en de veiligheid aanvaardbaar worden geacht".[1397]

893.   Daarnaast bepaalt Boek IX eveneens dat, indien de risico's zonder passende waarschuwing niet onmiddellijk herkenbaar zijn, de producenten de nodige informatie dienen te verstrekken aan de gebruiker opdat die zich enerzijds een oordeel zou kunnen vellen omtrent de risico's die inherent zijn aan het product gedurende de normale of redelijkerwijs te verwachten gebruiksduur, en anderzijds opdat de gebruiker zich tegen deze risico's zou kunnen beschermen.[1398]

Bovendien moet de producent het nodige doen om op de hoogte te blijven van de risico's van de producten en diensten en dient de producent passende acties te ondernemen indien deze risico's daadwerkelijk voorkomen.[1399]

Ten slotte is de producent onderworpen aan een kennisgevingsplicht. Indien de producent weet, of op grond van de hem ter beschikking staande gegevens beroepshalve behoort te weten, dat een product of dienst dat door hem op de

---

[1395]   Art. I.10, 2° WER.
[1396]   Art. I.10, 2° WER.
[1397]   Art. I.10, 6° WER.
[1398]   Art. IX.8, § 1 WER.
[1399]   Art. IX.8, § 1 WER.

markt werd gebracht, voor de gebruiker risico's met zich meebrengt die onver-enigbaar zijn met de algemene veiligheidseisen, dient hij het Centraal Meldpunt voor producten[1400] onmiddellijk in kennis te stellen.[1401]

2.   Verplichtingen ten aanzien van de distributeur

894.   Naast de verplichtingen die opgelegd worden aan de producent, legt de wet ook enkele verplichtingen op aan de distributeur, zijnde de persoon die beroeps-halve betrokken is bij de verhandelingsketen of de dienstverlening en wiens acti-viteit geen invloed heeft op de veiligheidskenmerken van de producten.[1402]

De distributeurs dienen namelijk bij te dragen tot de naleving van de toepas-selijke veiligheidseisen. De distributeurs mogen geen producten leveren waarvan zij weten, of op grond van de hun ter beschikking staande gegevens hadden moe-ten weten, dat deze niet aan de veiligheidseisen voldoen.[1403]

Bovendien dienen ze de veiligheid van de op de markt gebrachte producten te bewaken. Dit dient voornamelijk te gebeuren door informatie over de risico's van de producten te geven door de nodige documentatie bij te houden en te ver-strekken om de oorsprong van producten op te sporen en door medewerking te verlenen aan de door de producenten en de bevoegde autoriteiten genomen maat-regelen om de risico's te vermijden.[1404]

De kennisgevingsplicht die rust op de producent, rust eveneens op de distri-buteur.[1405]

3.   Specifieke verplichting voor producten bestemd voor consumenten

895.   Voor de producten bestemd voor consumenten geldt ten slotte een bijko-mende verplichting. Met name dienen de etikettering, de informatie die dwingend voorgeschreven is bij Boek IX, de gebruiksaanwijzingen en de garantiebewijzen minstens gesteld te zijn in een voor de gemiddelde consument begrijpelijke taal, gelet op het taalgebied waarin de producten of diensten op de markt worden gebracht.[1406]

Sanctie in geval van een onveilig product of dienst

896.   Indien blijkt dat een product of dienst toch niet aan de veiligheidsvereisten van Boek IX voldoet, kan de Koning, op voordracht van de minister, bepaalde

---

[1400]   Het Centraal Meldpunt voor producten wordt tot hiertoe nog geregeld door de wet van 9 febru-ari 1994 betreffende de veiligheid van producten en diensten, *BS* 1 april 1994.
[1401]   Art. IX.8, § 4 WER.
[1402]   Art. I.10, 9° WER.
[1403]   Art. IX.8, § 3 WER.
[1404]   Art. IX.8, § 3 WER.
[1405]   Art. IX.8, § 4 WER.
[1406]   Art. IX.9 WER.

maatregelen nemen. Zo kan de Koning, onder andere, de verkoop, de invoer en de vervaardiging verbieden of reglementeren, alsmede de voorwaarden inzake veiligheid en gezondheid bepalen die in acht genomen moeten worden.

De Koning kan deze maatregelen echter pas nemen indien de minister of zijn gemachtigde, voor elk ontwerp van besluit ter uitvoering van de bovenvermelde maatregelen, een vertegenwoordiger van de sector van de betrokken producten of diensten, van de consumentenorganisaties en, in voorkomend geval, de werknemersorganisaties heeft geraadpleegd.[1407] Deze raadplegingsplicht geldt evenwel niet in geval van een ernstig risico. In een dergelijke situatie kan de minister of zijn gemachtigde voor een periode van ten hoogste één jaar, maximaal eenmaal verlengbaar met een periode van ten hoogste één jaar, maatregelen nemen zonder voorafgaande raadpleging.[1408]

C.   Productaansprakelijkheid

897.   Indien de producent materialen levert die een gebrek vertonen, dient rekening gehouden te worden met de Wet Productaansprakelijkheid.[1409] De Wet Productaansprakelijkheid stelt een producent immers aansprakelijk voor de schade die veroorzaakt wordt door een gebrek in zijn product.

1.   Materieel toepassingsgebied

898.   Voor aannemingsgeschillen is het belangrijk om op te merken dat de wet enkel van toepassing is op elk lichamelijk roerend goed, ook indien het een bestanddeel vormt van een ander roerend of onroerend goed of indien het door bestemming onroerend is geworden.[1410]

Met andere woorden, de wet is enkel van toepassing op roerende goederen. De aannemer van een onroerend goed dat gebreken vertoont, zal dus niet op basis van de Wet Productaansprakelijkheid aangesproken kunnen worden. Echter, de roerende goederen die deel uitmaken van een onroerend goed, bijvoorbeeld bakstenen, vensters en dakpannen, vallen wel onder het toepassingsgebied van de Wet Productaansprakelijkheid. Bijgevolg is de Wet Productaansprakelijkheid van toepassing op de aannemer die in het kader van zijn dienstverlening een gebrekkig lichamelijk roerend goed produceert.[1411]

[1407]   Art. IX.4 WER.

[1408]   Art. IX.5 WER.

[1409]   Wet 25 februari 1991 betreffende de aansprakelijkheid voor producten met gebreken, *BS* 22 maart 1991.

[1410]   Art. 2 Wet Productaansprakelijkheid.

[1411]   J. VERLINDEN, "Veiligheid van producten en diensten en productaansprakelijkheid" in DEPARTEMENT VORMING EN OPLEIDING VAN DE ORDE VAN ADVOCATEN VAN DE BALIE VAN KORTRIJK (ed.), *Huur van diensten, Aanneming van werk*, Brussel, De Boeck & Larcier, 2007, 64.

De volgende producten vallen bijvoorbeeld onder het toepassingsgebied van de Wet Productaansprakelijkheid: een voorvork van een fiets waarvan schroeven abnormaal afgeschroefd zijn[1412], een elektrische waterboiler[1413], een flexibel in een kraan waarvan de wanddikte plaatselijk te smal is en de boring niet gecentreerd[1414] enz.

899. Dat de aannemer zich hoofdzakelijk verbindt tot het verrichten van een dienst en de vervaardiging of overdracht van een goed ondergeschikt is aan de dienstverlening, sluit de toepassing van de Wet Productaansprakelijkheid niet uit. Dit werd bevestigd door het Hof van Justitie. Het Hof heeft immers geoordeeld dat de wet van toepassing is op een gebrekkig product dat bij een dienstverrichting gebruikt wordt, aangezien niet het gebrek van een dienstverrichting als zodanig wordt ingeroepen, maar wel het gebrek van een bij de dienstverrichting gebruikt product.[1415]

2.   Personeel toepassingsgebied

900. Enkel de producent van een gebrekkig product kan worden aangesproken op grond van de Wet Productaansprakelijkheid. Onder producent wordt verstaan: (1) de fabrikant van een eindproduct, de fabrikant van een onderdeel van een eindproduct, (2) de fabrikant of de producent van een grondstof, (3) eenieder die zich als fabrikant of producent aandient door zijn naam, zijn merk of een ander herkenningsteken op het product aan te brengen, (4) de invoerder, zijnde eenieder die, in het kader van zijn economische werkzaamheden, een product in de EG invoert met het oogmerk het te verkopen of het gebruik ervan aan derden over te dragen, (5) de leverancier, in zoverre het product vervaardigd is op of ingevoerd is in de Europese Gemeenschap, de identiteit van de producent of invoerder onbekend is en de leverancier de identiteit van de producent of invoerder of van degene die hem het product heeft geleverd, niet binnen en een redelijke termijn heeft meegedeeld aan het slachtoffer.[1416]

3.   Gebrekkig product

901. De Wet Productaansprakelijkheid vereist het bestaan van een gebrekkig product. De wet bepaalt dat een product gebrekkig is wanneer het niet de veiligheid biedt die men gerechtigd is te verwachten, alle omstandigheden in aanmerking genomen, met name:
a) de presentatie van het product;

[1412]   Rb. Brussel 10 november 2009, *RGAR* 2010, nr. 14632.
[1413]   Kh. Hasselt 8 november 1999, *RW* 2001-02, 100, noot A. DE BOECK.
[1414]   Antwerpen 6 april 2011, *NJW* 2011, 657, noot R. STEENNOT.
[1415]   HvJ 10 mei 2001, C-144/99, www.curia.europa.eu.
[1416]   Art. 3 en 4 Wet Productaansprakelijkheid.

b) het normale of redelijkerwijze voorzienbare gebruik[1417] van het product;

c) het tijdstip waarop het product in het verkeer is gebracht (zijnde de eerste daad waaruit de bedoeling van de producent blijkt om aan het product de bestemming te verlenen die hij aan dat product geeft door overdracht aan derden of door gebruik ten behoeve van laatstgenoemden).[1418]

Het bewijs van de schade, van het gebrek en van het oorzakelijk verband[1419] tussen het gebrek en de schade moet door de benadeelde worden geleverd.[1420] Er dient dus geen fout aangetoond te worden.

In het kader van de Wet Productaansprakelijkheid geldt immers een foutloze of objectieve aansprakelijkheid[1421]: het loutere feit dat een goed gebrekkig is waardoor er schade ontstaat, volstaat om de producent aansprakelijk te kunnen stellen. Hieruit vloeit tevens voort dat een aansprakelijkheid op grond van de Wet Productaansprakelijkheid niet zonder meer een aansprakelijkheid in de zin van artikel 1382 BW impliceert.

Indien verscheidene personen aansprakelijk zijn voor dezelfde schade, is elk van hen, onverminderd het regresrecht, hoofdelijk aansprakelijk.[1422]

902.   Om aan deze aansprakelijkheid te ontkomen, dient het bewijs geleverd te worden dat het product niet gebrekkig is. Dit bewijs kan geleverd worden door te wijzen op het feit dat er 'onredelijk misbruik' werd gemaakt van het product. Er is sprake van 'onredelijk misbruik' wanneer de meest elementaire veiligheidsvoorschriften worden miskend. Immers, bij de beoordeling van de legitieme veiligheidsverwachtingen dient ook rekening gehouden te worden met het normale of redelijkerwijze voorzienbare gebruik van het product.[1423] De beoordeling van het redelijkerwijze voorzienbare gebruik moet niet gebeuren in het licht van de normale geestelijk gezonde volwassene.[1424] Zo werd geoordeeld dat er sprake is van 'onredelijk misbruik' indien een zak gebluste kalk gebruikt wordt door een kind

---

[1417] Antwerpen 28 oktober 2009, *TBBR* 2011, 381, noot D. VERHOEVEN. Zo werd reeds geoordeeld dat, gelet op de aantrekkingskracht die de wagen, en meer bepaald de ventilatoren, hebben op een kind, het niet vreemd is aan het normale gebruik van de wagen dat een kind zijn handen in die ventilatoren tracht te steken.

[1418] Art. 5.

[1419] Hieronder dient begrepen te worden: de zekerheid die van aard is de rechtbank ervan te overtuigen dat het in hoge mate waarschijnlijk is dat er een causaal verband bestaat tussen gebrek en schade. Een absolute zekerheid is dus niet vereist. Rb. Brussel 10 februari 2005, *JLMB* 2006, 1193.

[1420] Art. 7 Wet Productaansprakelijkheid; Luik (20e k.) 17 december 2015, *RGAR* 2016, afl. 7, nr. 15314.

[1421] Pol. Antwerpen 22 maart 2016, *RW* 2016-17, 115.

[1422] Art. 9 Wet Productaansprakelijkheid.

[1423] Antwerpen 6 april 2011, *NJW* 2011, 657, noot R. STEENNOT.

[1424] Antwerpen 28 oktober 2009, *TBBR* 2011, 381, noot D. VERHOEVEN: zie het voorbeeld van het kind dat zijn handen in de ventilatoren van een wagen tracht te steken.

om mee te gooien. De producent kan bijgevolg niet aansprakelijk worden gesteld wanneer een kind hierdoor het poeder in zijn oog kreeg.[1425]

4. Bevrijdingsgronden

903. De aansprakelijkheid van de producent ten aanzien van het slachtoffer kan niet worden uitgesloten of beperkt bij overeenkomst. De aansprakelijkheid kan immers enkel en alleen worden uitgesloten of beperkt wanneer de schade wordt veroorzaakt door een gebrek in het product en door schuld van het slachtoffer of van een persoon voor wie het slachtoffer verantwoordelijk is.[1426]

904. Echter, de producent kan zich van zijn aansprakelijkheid bevrijden door het bewijs te leveren van één van de onderstaande bevrijdingsgronden:

a) dat hij het product niet in het verkeer heeft gebracht. Omtrent deze bevrijdingsgrond heeft het Hof van Justitie reeds geoordeeld dat het feit dat een bij een dienstverrichting gebruikt product is bereid door een derde, door de dienstverrichter zelf of door een met de dienstverrichter verbonden organisatie, op zich niets afdoet aan het feit dat het in het verkeer is gebracht. Met andere woorden, zelfs indien een aannemer het bij zijn dienstverrichting gebruikte, gebrekkige product niet zelf heeft geproduceerd en hij noch de identiteit van de producent of invoerder kent, noch van degene die hem het product heeft geleverd, binnen een redelijke termijn heeft meegedeeld, kan hij aangesproken worden onder de Wet Productaansprakelijkheid[1427];

b) dat het, gelet op de omstandigheden, aannemelijk[1428] is dat het gebrek dat de schade heeft veroorzaakt, niet bestond op het tijdstip waarop hij het product in het verkeer heeft gebracht, dan wel dat het gebrek later is ontstaan[1429];

c) dat het product noch voor de verkoop of voor enige andere vorm van verspreiding met een economisch doel van de producent is vervaardigd, noch vervaardigd of verspreid in het kader van de uitoefening van zijn beroep;

d) dat het gebrek een gevolg is van het feit dat het product in overeenstemming is met dwingende overheidsvoorschriften;

e) dat het op grond van de stand van de wetenschappelijke en technische kennis op het tijdstip waarop hij het product in het verkeer bracht, onmogelijk was het bestaan van het gebrek te ontdekken. Het Hof van Justitie heeft reeds

---

[1425] Gent 27 november 2008, *TBBR* 2010, 510.

[1426] Art. 10 Wet Productaansprakelijkheid.

[1427] HvJ 10 mei 2001, C-144/99, www.curia.europa.eu.

[1428] De producent hoeft dus niet te bewijzen dat het gebrek niet bestond op het moment van het in verkeer brengen: Cass. 4 mei 2007, *RW* 2007-08, 1283, noot D. WUYTS.

[1429] Antwerpen 28 oktober 2009, *TBBR* 2011, 381, noot D. VERHOEVEN: zodra de producent het bewijs levert van een onvakkundige herstelling van het product, is voldoende aannemelijk gemaakt dat het gebrek later is ontstaan.

geoordeeld dat deze bevrijdingsgrond enkel speelt indien bewezen kan worden dat het voor de producent op grond van de objectieve stand van de wetenschappelijke en technische kennis, daaronder begrepen het meest geavanceerde niveau, op het tijdstip waarop hij het betrokken product in het verkeer bracht, onmogelijk was het gebrek te ontdekken[1430];

f) dat, wat de producent van een onderdeel of de producent van een grondstof betreft, het gebrek te wijten is aan het ontwerp van het product waarvan het onderdeel of de grondstof een bestanddeel vormt, dan wel aan de onderrichtingen die door de producent van dat product zijn verstrekt.[1431]

5. Schadevergoeding

905. Het slachtoffer, dat de producent op grond van deze wet aanspraak, kan een schadevergoeding verkrijgen voor de schade toegebracht aan personen, met inbegrip van morele schade en, onder bepaalde voorwaarden, voor de schade toegebracht aan goederen.[1432]

6. Verval- en verjaringstermijn

906. Het recht van het slachtoffer om van de producent schadevergoeding te verkrijgen uit hoofde van deze wet vervalt evenwel na een termijn van tien jaar, te rekenen van de dag waarop deze het product in het verkeer heeft gebracht, tenzij het slachtoffer gedurende die periode op grond van deze wet een gerechtelijke procedure heeft ingesteld.

907. Bovendien verjaart de rechtsvordering door verloop van drie jaar, te rekenen van de dag waarop het slachtoffer er redelijkerwijs kennis van had moeten hebben.[1433] Dit houdt in dat het slachtoffer op de hoogte moet zijn van het feit dat hij een eis kan instellen tegen de producent. De termijn kan dus pas beginnen lopen vanaf het ogenblik dat het slachtoffer kennis heeft van zijn schade, van de identiteit van de fabrikant/invoerder en zich ervan bewust was – of redelijkerwijs had moeten zijn – dat er een defect was opgetreden.[1434]

[1430] HvJ 29 mei 1997, C-300/95, www.curia.europa.eu.
[1431] Art. 8 Wet Productaansprakelijkheid.
[1432] Art. 11 Wet Productaansprakelijkheid.
[1433] Art. 12 Wet Productaansprakelijkheid.
[1434] Rb. Leuven 4 mei 2016, *Juristenkrant* 2016 (weergave D. VERHOEVEN), afl. 331, 4; Luik 26 juni 2014, *JLMB* 2015, afl. 13, 603.

AFDELING 2. ABNORMALE BURENHINDER

§ 1. BURENHINDER EN NABUURSCHADE

908. Het is niet ondenkbaar dat, naar aanleiding van bouwwerken, naburige eigendommen hinder en schade ondervinden.

Iedereen dient nochtans bepaalde, maatschappelijk aanvaardbare hinder te tolereren van zijn buren. Enkel wanneer de lasten abnormaal worden, heeft de getroffen buur recht op een passende compensatie of op herstel in natura waardoor het evenwicht wordt hersteld.[1435]

Hierbij wordt een onderscheid gemaakt tussen de situatie waarbij het volle genot van de eigendom wordt beperkt en die waarbij er enkel materiële schade wordt aangericht. In het eerste geval spreekt men van burenhinder, in het tweede van nabuurschade.

§ 2. BURENHINDER EN NABUURSCHADE DOOR SCHULD

909. Dikwijls wordt de hinder of nabuurschade veroorzaakt door de schuld van de buur. In dat geval is deze op grond van de artikelen 1382 en 1383 BW gehouden tot herstel of tot vergoeding van de aangerichte schade.[1436]

Uiteraard moet dan niet enkel de schade, maar ook de fout en het causaal verband worden aangetoond. Indien geen schade wordt aangetoond, wordt het bestaan van een fout irrelevant.

De fout kan zowel bestaan in een inbreuk op de wettelijke of reglementaire bepalingen als in een inbreuk op de algemene zorgvuldigheidsnorm. De algemene zorgvuldigheidsnorm kan immers hogere eisen stellen dan wettelijke of reglementaire bepalingen.

Zo werd geoordeeld dat de aanplanting van hoogstammige bomen weliswaar conform was met de afstand van de perceelgrens zoals voorgeschreven door artikel 35 Veldwetboek, maar toch overdreven hinder veroorzaakte aan de buren.[1437]

Een bedrijf dat, onder andere door bodemverontreiniging, het milieu van de omwonende schaadt, kan op grond van artikel 1382 BW aansprakelijk worden gesteld, zelfs indien de wettelijke of reglementaire normen geëerbiedigd werden. De algemene zorgvuldigheidsnorm blijft van toepassing, maar moet *in concreto* worden getoetst aan de redelijke en normale zorgvuldigheid die rust op een exploitant van een soortgelijke bedrijvigheid in vergelijkbare omstandigheden.[1438]

[1435] Cass. 6 april 1960, *Arr.Cass.* 1960, 722, *Pas.* 1960, I, 915, concl. Adv. Gen. MAHAUX, *JT* 1960, 339, noot J. DE MEULDER, *RCJB* 1960, 257, noot J. DABIN, *RGAR* 1960, nr. 6.557, noot R. DALQ.

[1436] Cass. 20 januari 2011, *TBO* 2012, 104.

[1437] Rb. Brugge 12 september 1988, *RW* 1990-91, 337.

[1438] Antwerpen 17 februari 1988, *RW* 1989-90, 50: *in casu* werd de vordering afgewezen bij gebrek aan fout.

Bij de beoordeling stellen de rechtbanken zich strenger op ten aanzien van professionelen. Zij worden immers geacht meer vertrouwd te zijn met de diverse vormen van hinder tussen twee erven.[1439]

910. Enkele voorbeelden waarbij een foutieve handeling werd vastgesteld:
- een aannemer die een belendend gebouw ondergraaft en nalaat het op voldoende wijze te onderschoren, waardoor het verzakt[1440];
- de aannemer die heeft nagelaten de elementaire maatregelen te nemen om het stof tegen te houden[1441];
- de aannemer die een beroepsfout maakt, waardoor zich waterinsijpeling heeft voorgedaan[1442];
- de onderaannemer die geen voorzorgsmaatregelen heeft genomen bij het heien van palen (*in solidum* aansprakelijk)[1443];
- een architect die voor de oprichting van een gebouw een bestaand gebouw laat afbreken en het aanpalende gebouw laat ondergraven zonder voorafgaande studies in verband met de stabiliteit van de ondergrond en de funderingen en steunmuren van dit belendende gebouw[1444];
- het studiebureau dat laat bouwen volgens een systeem waarbij er geen volledige onafhankelijkheid tussen het nieuwe gebouw en het aanpalende bestaat, zodat de zetting van het nieuwe gebouw tot beschadiging van het andere leidt[1445];
- de architect die tekortgeschoten is in zijn controleplicht[1446];
- de gemeente die bij de uitvoering van moderniseringswerken aan een straat de wegbedding dermate verlaagt dat een aangelande onmogelijk nog toegang kan hebben tot zijn garage[1447];
- de aannemer van wegenwerken die een volledig vrije keuze van middelen genoot en die zonder noodzaak daartoe zware trilmachines heeft ingezet in de onmiddellijke nabijheid van een woning zonder de nodige beveiligingsmaatregelen te nemen[1448];
- de houthakker die bij het omzagen van een verrotte boom geen rekening heeft gehouden met het feit dat deze bij het vallen in een verkeerde richting kon draaien en zo de breuk van elektriciteitskabels kon veroorzaken[1449];

[1439] Rb. Brugge 12 september 1988, *RW* 1990-91, 337.
[1440] Rb. Antwerpen 14 maart 1986, *T.Aann.* 1991, 271.
[1441] Brussel 11 december 1973, *RW* 1974-75, 423.
[1442] Rb. Antwerpen 23 november 1972, bevestigd door Antwerpen 28 juli 1975, *T.Aann.* 1977, 6, noot P. MATHEI.
[1443] Rb. Veurne 29 maart 1973, *T.Aann.* 1976, 129, noot T. DELAHAYE.
[1444] Brussel 17 april 1991, *T.Aann.* 1991, 35.
[1445] *Ibid.*
[1446] Antwerpen 26 juni 1985, *T.Aann.* 1991, 360.
[1447] Luik 22 januari 1988, *RGAR* 1990, nr. 11.637.
[1448] Rb. Turnhout 10 februari 1992, *Turnh.Rechtsl.* 1992, 163.
[1449] Rb. Turnhout 21 september 1988, *Turnh.Rechtsl.* 1989, 67.

- dakherstellingswerken uitgevoerd door een aannemer, die waterinsijpeling in het aangrenzende onroerend goed veroorzaken[1450];
- een woning die beschadigd wordt na rioleringswerken door een aannemer in opdracht van de gemeente[1451];
- de kennelijke desinteresse van de verhuurders voor het gebouw, waardoor er schimmel veroorzaakt wordt die zich verspreidt naar het naburige gebouw.[1452]

911.   In de volgende gevallen werd geen fout aanvaard:
- wegenwerken die strooksgewijs waren uitgevoerd door de aannemer zodat de aangelanden zo weinig mogelijk hinder ondervonden, en het uit veiligheids-overwegingen plaatsen van absolute verbodstekens door de opdrachtgevende gemeente, ook voor aangelanden[1453];
- het feit dat het geluid van theateropvoeringen en de reacties van het publiek af en toe te horen waren in een naburige woning. De uitbater werd evenmin aansprakelijk geacht voor het lawaai veroorzaakt door het aankomende en vertrekkende publiek[1454];
- het oprichten van een groot niet-vergund publiciteitsbord palend aan een naburige woning[1455];
- van de bouwheer en de uitvoerder van de werken kan niet worden verwacht dat zij voorafgaandelijk ingrijpende onderzoeken zouden uitvoeren naar de funderingswijze van de aanpalende bouwwerken.[1456]

§ 3.   BURENHINDER EN NABUURSCHADE ZONDER SCHULD

A.   *Grondslag: de evenwichtsleer*

912.   In bepaalde gevallen is de hinder of nabuurschade niet veroorzaakt door een fout of nalatigheid. Nochtans vereist de billijkheid dat de benadeelde buur in bepaalde mate vergoed wordt voor de schade.

De grondslag voor deze vergoeding vond men in artikel 544 BW.[1457] Dit arti-kel erkent voor elke eigenaar het recht om op de meest volstrekte wijze het genot

---

[1450]   Luik (3ᵉ k.) 12 november 2013, *JLMB* 2014, afl. 26, 1240.
[1451]   Brussel 6 september 2011, *RJI* 2012, afl. 2, 190.
[1452]   Cass. (1ᵉ k.) 16 februari 2017, AR C.16.0115.F, *TBO* 2018, 291.
[1453]   Bergen 15 november 1987, *RGAR* 1989, nr. 11.567.
[1454]   Gent (KG) 29 juni 1991, *TGR* 1992, 50.
[1455]   Vred. Zelzate 8 januari 2009.
[1456]   Rb. Gent 5 maart 2003, *TGR* 2003, 6; Rb. Brugge 25 november 2014, AR 13/377/A, onuitg.
[1457]   Cass. 6 april 1960, *Arr.Cass.* 1960, 722, *Pas.* 1960, I, 915, concl. Adv. Gen. MAHAUX, *JT* 1960, 339, noot J. DE MEULDER, *RCJB* 1960, 257, noot J. DABIN, *RGAR* 1960, nr. 6.557, noot R. DALQ; en recenter nog Cass. 20 januari 2011, *RW* 2012-13, 1137, noot, *JLMB* 2011, 1141, *TBH* 2011, 496.

te hebben van een zaak. Aangezien de naburen een gelijk recht hebben, dient het evenwicht tussen de respectieve rechten van de eigenaars te worden gehandhaafd.[1458]

In twee principearresten van dezelfde datum (het zgn. *Schoorsteenarrest*, met betrekking tot burenhinder, en het zgn. *Kanaalarrest*, met betrekking tot nabuurschade) oordeelde het Hof van Cassatie dan ook dat de eigenaar van een onroerend goed die door een niet foutief feit het evenwicht tussen de rechten van naburige eigenaars verbreekt door het opleggen aan een naburige eigenaar van een stoornis die de maat van de gewone buurschapsnadelen overschrijdt, hem een rechtmatige en passende compensatie verschuldigd is, waardoor het verbroken evenwicht wordt hersteld.[1459]

913. De regels inzake burenhinder zijn noch van openbare orde noch van imperatief recht. Partijen zijn vrij om er in onderling overleg van af te wijken.[1460] Dergelijke afspraken binden uiteraard enkel de contractpartijen.[1461]

Indien de partijen hun afspraken tegenstelbaar willen maken aan alle partijen die zakenrechtelijke of persoonlijke rechten hebben op het onroerend goed, kunnen deze afspraken worden opgenomen in een authentieke akte in de vorm van een erfdienstbaarheid en vervolgens worden overgeschreven in de registers van de hypotheekbewaarder.[1462] Uiteraard bindt dit niet de buren die schade ondervinden.

B.   Toepassingsvereisten

1.   Nabuurschap

914. De rechtspraak heeft het begrip 'buur' een ruime toepassing gegeven. Het is nodig maar ook voldoende dat men als houder van een persoonlijk of zakelijk recht over één van de attributen van het eigendomsrecht beschikt. Het is daarbij onbelangrijk of dit zakelijk of persoonlijk recht krachtens de wet of op basis van een overeenkomst werd verworven.[1463]

Bovendien is het niet noodzakelijk dat de twee 'buren' een zakelijk of persoonlijk recht hebben op een verschillende eigendom. Het zakelijk of persoonlijk recht moet enkel slaan op een naburig erf, met name een erf dat onderscheiden is van

---

[1458]   Zie nochtans de kritiek van de recente rechtsleer op art. 544 BW als grondslag voor de burenleer, V. SAGAERT, *Goederenrecht* in *Beginselen van Belgisch Privaatrecht*, 2014, 231, nr. 266.
[1459]   Cass. 6 april 1960, *Arr.Cass.* 1960, 722, *Pas.* 1960, I, 915, concl. Adv. Gen. MAHAUX, *RCJB* 1960, 257, noot J. DABIN.
[1460]   Cass. 29 mei 1989, *Arr.Cass.* 1989-90, 1137, *Pas.* 1989, I, 1026.
[1461]   Zie Vred. Zomergem 24 juni 2011, *NJW* 2011, 660, noot J. DEL CORRAL, *TBBR* 2011, 412, noot J. KOKELENBERG, *T.Vred.* 2013, 107, noot A. SALVE: de overeenkomst tussen de huurder en de buur over te dulden hinder is niet tegenstelbaar aan de verhuurder.
[1462]   V. SAGAERT, *Goederenrecht* in *Beginselen van Belgisch Privaatrecht*, 2014, 235, nr. 272.
[1463]   Cass. 9 juni 1983, *Arr.Cass.* 1982-83, 1256; Vred. Gent 17 januari 1989, *TGR* 1989, 56.

een ander erf. Er is reeds sprake van een afzonderlijk erf als het recht van de ene buur betrekking heeft op een deel van de eigendom dat is onderscheiden van het deel van de eigendom waarop het recht van de andere buur slaat.[1464]

Het is niet vereist dat de betrokken eigendommen aan elkaar palen.[1465] Het is voldoende dat de percelen in elkaars omgeving liggen. Zo werd, wat de hinder van de luchthaven betreft, geoordeeld dat het voldoende was dat men in de 'nabijheid' van de luchthaven woonde.[1466]

Het nabuurschap hoeft evenmin betrekking te hebben op grondpercelen. Ook de eigenaar van een nutsleiding kan bijvoorbeeld als 'buur' worden gekwalificeerd.[1467]

Dit ruime toepassingsgebied geldt in beide richtingen, nl. voor degene de een vordering wenst in te stellen en voor degene tegen wie de vordering is gericht.

915. Het betreft derhalve de eigenaar[1468] en mede-eigenaars[1469], vruchtgebruiker[1470], erfpachter[1471] en opstalhouder.[1472]

Worden eveneens beschouwd als 'buur':
- de huurder[1473] of onderhuurder[1474] van een onroerend goed;
- publiekrechtelijke concessiehouders[1475];
- de uitbaters van een luchthaven[1476];

[1464] Cass. 4 juni 2012, *NJW* 2012, 725, noot I. BOONE: *in casu* werd een loods verhuurd aan verscheidene eigenaars van motorboten. Bij de werkzaamheden aan n van deze boten ontstond brand, waardoor ook de andere boten aanzienlijke schade opliepen. De eigenaars van de beschadigde boten vorderden een schadevergoeding van de eigenaar van de boot waaraan de werkzaamheden werden uitgevoerd op basis van burenhinder. Het Hof oordeelde dat er geen sprake was van naburige erven.

[1465] Cass. 28 april 1983, *RW* 1983-84, 1699; Cass. 19 oktober 1972, *T.Aann.* 1973, 227, noot J.-L. FAGNART; Rb. Gent 8 mei 1987, *TBBR* 1988, 577; Rb. Brussel 15 januari 1985, *T.Aann.* 1987, 145, noot M. HOTERMANS.

[1466] Brussel 12 september 2007, *JT* 2008, 140, *RGAR* 2008, nr. 14.378; zie ook Gent 17 november 2006, *NJW* 2007, 372, noot I. BOONE, *TBO* 2007, 72: schade aan het dak van een woning ten gevolge van een overvliegend vliegtuig dat moest landen op de nabijgelegen luchthaven van Oostende, vordering tegen Vlaams Gewest; Brussel 15 januari 1998, *JLMB* 1998, 268.

[1467] V. SAGAERT, *Goederenrecht* in *Beginselen van Belgisch Privaatrecht*, 2014, 239, nr. 276; Vred. Antwerpen 24 april 2003, *T.Vred.* 2003, 370.

[1468] De eigenaar van de grond en/of het gebouw (bv. bouwpromotor).

[1469] Voor een toepassing waarbij de verschillende mede-eigenaars werden veroordeeld naar evenredigheid van hun aandeel, zie Gent 7 maart 1967, *RW* 1967-68, 348.

[1470] Brussel 3 april 1968, *JT* 1969, 10; Kh. Luik 23 oktober 1970, *RGAR* 1972, 8753, noot J. FONTEYNE.

[1471] Luik 13 januari 1980, *JL* 1980, 81; Rb. Namen, 15 september 2000, *JLMB* 2001, 643.

[1472] Rb. Namen 24 november 1981, *RRD* 1982, 10.

[1473] Luik 24 april 2002, *RGAR* 2003, nr. 13.738; Rb. Hasselt 12 september 2002, *TBBR* 2003, 87; Antwerpen 21 december 1988, *De Verz.* 1989, 472, noot F. MELIS; zie ook de uitgebreide verwijzingen naar rechtspraak in R. DERINE, "Hinder uit nabuurschap en rechtsmisbruik", *TPR* 1983, 271, waarbij de huurder nu eens optrad als eiser (voetnoot 82), dan weer als verweerder (voetnoot 83).

[1474] Luik 4 december 1978, *JL* 1978-79, 289.

[1475] Cass. 31 oktober 1975, *Arr.Cass.* 1976, 285; *RW* 1975-76, 1571, noot A. VAN OEVELEN; *T.Aann.* 1976, 48, noot P. MATHEI; Luik 30 januari 1980, *JL* 1980, 81.

[1476] Luik 21 mei 1992, *JLMB* 1992, 446; anders: Brussel 31 juli 1991, *Amén.* 1991, (232), 236.

- de nutsvoorzieningsmaatschappij die het recht heeft om leidingen in de openbare weg (en zelfs ten dele in de privéwoningen) te leggen[1477];
- de titularis van een losweg gebruikt voor hinderlijk verkeer van en naar zijn bedrijf[1478];
- de verzekeraar die werd gesubrogeerd in de rechten in één van de bovengenoemde partijen;
- de persoon die een woning heeft gekocht en in afwachting van het verlijden van de authentieke akte enkel de genotsrechten over het goed krijgt en in die hoedanigheid reeds werken aan het pand kan uitvoeren[1479];
- een festivalorganisator.[1480]

De feitelijke controle is daarbij bepalend.

Volgens de heersende rechtspraak wordt de aannemer, die nochtans net als een huurder een detentor is van de werf en tot restitutie is gehouden, niet beschouwd als 'buur'. De aannemer zal dus niet aansprakelijk gesteld kunnen worden op grond van artikel 544 BW.

916. Voor hinder vanuit de gemene delen van een appartementsgebouw is de vereniging van mede-eigenaars gehouden (art. 577-9, § 1, 1°, tweede lid BW).

2. Bovenmatige hinder of schade

917. Enkel nabuurschade of burenhinder die de gewone burenlasten te boven gaat, is in deze relevant.[1481] Voor de toepassing van artikel 544 BW is dus vereist dat er hinder werd veroorzaakt die de grens van de normale lasten uit nabuurschap overtreft en derhalve het evenwicht tussen de naburige erven verstoort.[1482]

918. Niet alleen de aantasting van de materiële integriteit van de eigendom, maar ook degene die de geschiktheidsaspecten en veraangenaming van het leven in de maatschappij treft, moet daarbij gesanctioneerd worden.[1483]

De hinder kan voortvloeien uit een bepaalde daad, een nalaten of enige gedraging die schade veroorzaakt.[1484] Het is daarbij niet vereist dat de hinder of schade

---

[1477] Rb. Brussel 17 september 1990, *TBBR* 1992, 367, noot J. KOKELENBERG.

[1478] Vred. Halle 29 januari 1992, *T.Vred.* 1992, 172.

[1479] Rb. Gent 8 maart 2000, AR.95.2933, onuitg.

[1480] Rb. Brugge 18 juni 2003, *TMR* 2004, 75.

[1481] Luik 27 september 2016, *T.Aann.* 2018, afl. 2, 71.

[1482] Cass. 20 april 2012, AR C.10.0103.F, www.cass.be; Cass. 13 december 1985, *Pas.* 1986, I, 490, *RW* 1986-87, 278, noot.

[1483] Luik 26 januari 1989, *RGAR* 1990, nr. 11.699 (de aanleg van een autostrade vlakbij een 150 jaar oude woning met alle comfort in een prachtige omgeving).

[1484] Cass. 20 april 2012, AR C.10.0103.F, www.cass.be; Cass. 3 april 2009, *TBO* 2009, 139; Cass. 17 december 1992, *Arr.Cass.* 1991-92, 1388, *Pas.* 1992, I, 1339, *JT* 1993, 473, noot D. VAN GERVEN.

een blijvend karakter heeft. Een tijdelijke of sporadische stoornis kan eveneens overdreven hinder uitmaken.[1485]

919. Opdat een vordering op burenhinder kan worden gebaseerd, is tevens vereist dat het erf daadwerkelijk gebruikt wordt en dat dit gebruik hinder veroorzaakt aan een naburig erf die de gewone ongemakken van nabuurschap overschrijdt.

Een vordering kan bijgevolg niet op burenhinder worden gebaseerd wanneer er geen sprake is van hinder veroorzaakt door het gebruik van een naburig erf, maar wel van het betreden of het zonder recht noch titel bezetten van een erf door een nabuur.[1486] Wanneer er werkzaamheden worden uitgevoerd aan een erf en de bouwheer laat de aannemers toe om hun materiaal te stockeren op het perceel van de nabuur, zonder dat de bouwheer hiervoor toestemming heeft gekregen, zal de nabuur zich niet kunnen beroepen op artikel 544 BW.

920. Of er sprake is van bovenmatige burenhinder, is een feitenkwestie en derhalve onderworpen aan het soevereine appreciatierecht van de bevoegde rechtbank. De ene rechter zal de lat hoger leggen dan de andere. Gelijkaardige feiten kunnen derhalve leiden tot verschillende uitspraken. Veelal zal de rechter een deskundige aanstellen om hem te helpen bij de beoordeling van het geschil.

921. In de volgende gevallen werd een verstoring van het evenwicht aanvaard:
- bij beschadiging aan een private oprit en tuinmuur door de aanleg van een riolering[1487];
- een sterk verminderde licht- en zoninval door de oprichting van een groot gebouw[1488], een scheidingsmuur[1489] of een haag.[1490] Dat de betwiste werken conform de stedenbouwkundige vergunning waren uitgevoerd, impliceert niet dat er geen burenhinder veroorzaakt zou kunnen zijn door deze werken[1491];
- de inplanting van een kwekerij van varkens of andere dieren[1492];
- het optrekken van een hoogspanningskabel boven een woning[1493];

[1485] Rb. Gent 11 oktober 1990, *TGR* 1990, 121 (bijen in de tuin); Rb. Antwerpen 25 november 1977, *T.Aann.* 1980, 260, noot M. DEVROEY.
[1486] Cass. 5 december 2016, *TBO* 2017, 146; Cass. 4 juni 2012, *TBO* 2014, 11.
[1487] Gent (9ᵉ k.) 27 november 1998, onuitg.
[1488] Luik 16 juni 1989, *JT* 1990, 134 (vergoeding van 200.000 BEF); Brussel 2 juni 1982, *RW* 1984-85, 207 (vergoeding van 150.000 BEF); Rb. Brussel 30 juni 1989, *TBBR* 1990, 360; Rb. Mechelen 7 april 1981, *RW* 1981-82, 2753 (minwaarde van het gebouw van 10%, wegens gemis aan zonnestralen (50% van de schade), meer elektriciteitsgebruik (10%), en wegens het gevoel van ingeslotenheid (40%)).
[1489] Vred. Gent 17 januari 1989, *TGR* 1989, 56.
[1490] Vred. Louveigné 12 maart 1993, *T.Vred.* 1993, 185.
[1491] Rb. Brussel 30 juni 1989, *TBBR* 1990, 360.
[1492] RvS 27 juni 1991, *Arr.RvS* 1991, nr. 37.329.
[1493] RvS 25 juni 1992, *Arr.RvS* 1992, nr. 39.834.

- het feit dat een druk verkeer ontstaat van wagens voor aanvoer en afvoer naar een bedrijf gelegen naast een residentiële wijk[1494], of naast een ander bedrijf dat daarvan voortdurend hinder en schade ondervindt[1495], ook al zijn het vrachtwagens van derden;
- wanneer werken van lange duur en grote omvang met een bestendig karakter de toegang tot de verhuurde panden feitelijk beletten en definitief verlies van cliënteel meebrengen[1496];
- wanneer een restaurant of winkel minder cliënteel heeft door de uitvoering van werken aan de openbare weg[1497];
- wanneer slopings- en verbouwingswerken een belendende woning beschadigen[1498] of noodzaken dat de gasleiding dient te worden afgesloten[1499];
- wanneer, zelfs in een industriële zone, een afvalverwerkend bedrijf geurhinder veroorzaakt die onder andere verhindert dat men in de zomer de vensters van de bureaus van een naburig bedrijf kan openzetten[1500];
- wanneer een gebouw dermate slecht wordt onderhouden dat er een ideale voedingsbodem ontstaat voor houtzwam, die zich verspreidt naar het aanpalend gebouw[1501];
- een verlies van uitzicht door het feit dat ramen dienden te worden dichtgemetseld[1502];
- het feit dat de draaibewegingen van een kraan het naburige appartementsgebouw overvleugelde, hetgeen een gevaar creëerde dat dermate ernstig was dat het de normale burenhinder oversteeg[1503];
- overmatig lawaai door een elektriciteitsgroep[1504];
- de intensiteit van hanengekraai en het feit dat meerdere dieren elkaar bij het kraaien aflossen en zelfs op elkaar antwoorden, tenzij men vlak naast een landbouwbedrijf woont[1505];
- wanneer een verblijf gekocht werd in een groene bosrijke omgeving precies omwille van de residentiële ligging, rust en kalmte, verstoort de komst van een verblijf voor kinderopvang het bestaande evenwicht[1506];

[1494] Vred. Halle 29 januari 1992, *T.Vred.* 1992, 172.
[1495] Antwerpen 3 mei 1989, *Limb.Rechtsl.* 1989, 126.
[1496] Cass. 9 maart 1995, *RW* 1994-95, 402; Cass. 28 juni 1973, *Arr.Cass.* 1973, 1063, *Pas.* 1973, I, 1013.
[1497] Cass. 1 oktober 1981, *JT* 1982, 41; Luik 4 december 1978, *JL* 1978-79, 289; Rb. Brussel 9 maart 1965, *JT* 1966, 27.
[1498] Brussel 8 maart 1968, *JT* 1968, 401; Rb. Gent 8 maart 2000, onuitg., AR.95.2933; Rb. Veurne 29 maart 1973, *T.Aann.* 1976, 129, noot T. DELAHAYE.
[1499] Rb. Brussel 17 september 1990, *TBBR* 1992, 367, noot J. KOKELENBERG.
[1500] Bergen 20 februari 1990, *RRD* 1990, 389, noot.
[1501] Cass. 16 februari 2017, *TBO* 2018, 291; Rb. Brussel 2 mei 1988, *DCCR* 1988-89, 179, noot B. LOUVEAUX.
[1502] Rb. Antwerpen 14 maart 1986, *T.Aann.* 1991, 271.
[1503] Bergen 3 mei 1988, *RNB* 1988, 480.
[1504] Cass. 19 oktober 1972, *T.Aann.* 1973, 227.
[1505] Rb. Doornik, 17 januari 2013, *JT* 2013, afl. 6525, 422.
[1506] Vred. Gent (3) 27 november 2012, *Huur* 2013, afl. 1, 47.

- wanneer de eigendom van een buur op grote oppervlakte bezaaid wordt met dennennaalden die ook in zijn vijver terechtkomen, een plat dak bedekken en de waterafvoer verstoppen en er schaduwvorming is die onaanvaardbare proporties aanneemt[1507];
- geluids-, esthetische en gezichtshinder veroorzaakt door een voetbalterrein in een landbouwzone waar openluchtrecreatie, zoals op een voetbalterrein, een uitzondering moet blijven[1508];
- het uitvoeren van afbraakwerken waardoor een aanpalende woning niet meer wind- en waterdicht wordt achtergelaten[1509];
- barsten en zettingen veroorzaakt door de uitvoering van (funderings)werken in een naburige woning, en meer bepaald door de zware ingraving tegen en onder de gemene muur, het ontbreken van de noodzakelijke ondersteuning onder de gemene muur en een sterke bronbemaling[1510];
- wanneer een woning waarop zonnepanelen werden geplaatst enkele meters lager is ingepland dan de naburige woning en de hellingshoek van de zonnepanelen de zon recht naar de aanpalende woning en tuin weerkaatst gedurende gemiddeld 1 à 2 uur per dag[1511];
- het plaatsen van vensters in de zijgevel van een gebouw op een afstand van ongeveer één meter van het naburige pand[1512];
- barstvorming ontstaan door wegenwerken die leidt tot een herstellingskost of minderwaarde van 1500 euro.[1513]

922. In de volgende gevallen werd geen verstoring van het evenwicht aanvaard:
- bij normale verkeers- en geluidshinder veroorzaakt door wegenwerken[1514];
- de aanleg van een expresweg achter de bestaande weg zodat een garage-tankstation een groot deel van zijn voordelige ligging ziet verdwijnen[1515];
- het voor consumptie ongeschikt worden van de vruchten in een boomgaard door verstuiving van loodmenie wegens schilderwerken aan een nabijgelegen viaduct[1516];
- een slechts sporadische onderbreking van de toegang tot een handelspand door openbare werken[1517];
- de vermindering van een aangenaam uitzicht[1518];

[1507] Vred. Zomergem 24 juni 2011, nr. 10A463, *NJW* 2011, afl. 250, 660.
[1508] Brussel (21e k.) 16 februari 2011, *Amén.* 2011 (weergave X. THUNIS), afl. 3, 224.
[1509] Brussel 7 april 2009, *RABG* 2011, afl. 11, noot A. VAN HOE.
[1510] Brussel (20e k.) 17 november 2015, *TBO* 2016, 156.
[1511] Rb. Brussel (Nl.) (23e k.) 30 januari 2015, *TBO* 2016, 167.
[1512] Antwerpen 29 januari 2018, *NJW* 2018, afl. 391, 846, noot G. DEGEEST.
[1513] Rb. Brussel 30 oktober 2015, *T.Aann.* 2017, afl. 2, 159.
[1514] Rb. Leuven 27 juni 1990, *TBBR* 1991, 401.
[1515] Luik 20 december 1989, *RRD* 1990, 387.
[1516] Cass. 14 oktober 1976, *Arr.Cass.* 1977, 197, *Pas.* 1977, I, 199.
[1517] Rb. Luik 7 mei 1976, *Pas.* 1976, III, 62, *JT* 1976, 679, noot J.-L. FAGNART; in dezelfde zin Antwerpen 20 december 1976, *RW* 1976-77, 2156.
[1518] Rb. Brussel 30 maart 1976, *JT* 1976, 410.

- het overslaan van een brand van één gebouw naar een ander[1519];
- het hangen van hoogspanningskabels boven een bouwgrond, wanneer niet was aangetoond dat er daardoor niet meer kon worden gebouwd of dat het lawaai van de wind door de kabels de grenzen van het normale overschreed[1520];
- het feit dat een bedrijf milieuhinder veroorzaakt, onder andere door bodemverontreiniging, wanneer dit gebeurt in overeenstemming met een exploitatievergunning[1521];
- de aanwezigheid van hoogstammige bomen op 10,5 meter van een woning[1522];
- vallende bladeren en vruchten in een zeer beboste omgeving[1523];
- de nachtelijke sporadische geluidspieken wanneer transporten van poststukken aankomen en/of vertrekken, wanneer men zijn slaapvertrek desbewust vlak naast het postkantoor heeft ingericht[1524];
- het plaatsen van een kunstwerk op de zeedijk dat weliswaar opvalt door zijn dieprode kleur, maar dat aan de bewoners van een op de eerste verdieping gelegen appartement op de zeedijk geen lichtinval noch lucht ontneemt[1525];
- het plaatsen van geluidswerende schermen waardoor een bedrijf niet meer zichtbaar is vanop de weg.[1526]

923. De beoordeling of de hinder al dan niet de grens van het normale overschrijdt, hangt mede af van verschillende factoren:

- *factor plaats (collectieve eerstaanwezigheid)*

924. Een zeer belangrijke factor is de omgeving waarin de hinder plaatsvindt. Traditioneel wordt geoordeeld dat in een landelijke omgeving meer hinder moet worden aanvaard. Zo dient de geur van een varkensfokkerij in een streek waar er meerdere zijn, als normale hinder te worden beschouwd.[1527] Hetzelfde geldt ten aanzien van de hinder veroorzaakt door een bedrijf gelegen in een indus-triële zone.

Ook bij twee percelen die in een parkbebouwing gelegen waren, werd geoordeeld dat het ontnemen van licht aan een naburig perceel door reeds lang bestaande bomen en waarbij de tuin op een normale wijze onderhouden wordt, niet als abnormale burenhinder beschouwd kon worden.[1528]

[1519] Rb. Brussel 14 januari 1980, *RGAR* 1980, 10.260.
[1520] Rb. Brussel 5 september 1988, *TBBR* 1991, 497.
[1521] Antwerpen 17 februari 1988, *RW* 1989-90, 50.
[1522] Gent 13 maart 1992, *T.Agr.R.* 1992, 97.
[1523] Rb. Bergen 1 maart 2013, *JLMB* 2014, afl. 26, 1250.
[1524] Brussel 16 maart 2010, *RABG* 2011, afl. 11, 760, noot M. SOMERS.
[1525] Rb. West-Vlaanderen (afd. Brugge) 2 februari 2017, *RW* 2017-18, 391.
[1526] Gent 9 september 2016, *T.Gem.* 2017, afl. 1, 60.
[1527] Rb. Brussel 7 maart 1972, *RW* 1973-74, 433; Vred. Beveren 10 april 1990, *T.Vred.* 1990, 374.
[1528] Vred. Brugge 6 juli 2017, *TGR-TWVR* 2018, afl. 2, 90.

Evenwel dient enkel de hinder eigen aan de omgeving te worden geduld, maar niet de buitengewone. Zo werd het lawaai en de stank van een kennel waar overtallig veel honden werden gefokt, als overlast beschouwd.[1529] Ook werd geoordeeld dat overdreven geurhinder van een afvalverwerkingsbedrijf niet moet worden gedoogd door een bedrijf dat in hetzelfde industriepark was gevestigd.[1530]

– *factor tijd*

925. Het overdreven karakter van hinder wordt sneller aanvaard indien de hinder 's nachts plaatsvindt. De nachtrust van de burgers mag niet worden gestoord.[1531]

– *factor (individuele) eerstaanwezigheid*

926. Indien men zich vestigt in de onmiddellijke omgeving van een relatief hinderlijke inrichting, heeft men de gekende ongemakken aanvaard. Dit geldt des te meer indien het bedrijf in kwestie werkt met de vereiste vergunningen en volgens de laatste technieken om de hinder zo veel mogelijk te beperken.[1532]

Zo dient de eigenaar van een gebouw gelegen naast de spoorlijn zich ervan bewust te zijn dat hij er nadeel van zal ondervinden.[1533]

Ook hier hoeft enkel de inherente hinder te worden gedoogd, maar niet de buitengewone.

– *factor technische vooruitgang*

927. De vraag rijst of de drempel van de al dan niet aanvaardbare hinder dient te worden afgewogen aan de vereisten van de tijd en de daarmee gepaard gaande modernisering. Vandaag kan men in een agglomeratie niet meer rekenen op volledige stilte of zuivere lucht, zodat men zich noodgedwongen binnen een zekere mate moet aanpassen aan ongemakken die vroeger niet als duldbaar werden gezien.[1534]

Anderzijds mag dit geen vrijkaart zijn om ongestraft hinder te veroorzaken. Zo wees de rechter van Antwerpen in de veelbesproken premetro-zaken het argument dat er geen sprake kon zijn van burenhinder omdat de werken zouden

---

[1529] Vred. Louveigné 19 juni 1990, *JLMB* 1991, 66; in dezelfde zin Rb. Gent 11 oktober 1990, *TGR* 1990, 121 (de systematische uitbreiding van een bijenbestand); Vred. Sint-Truiden 26 november 1991, *Limb.Rechtsl.* 1993, 120 (dagelijks geroffel op een drumstel).

[1530] Bergen 20 februari 1990, *RRD* 1990, 389, noot D. DÉOM.

[1531] Cass. 24 oktober 1989, *Pas.* 1990, I, 528 (lawaai van een dancing); Brussel 12 november 1970, *RGAR* 1973, 8992, bevestigd door Cass. 19 oktober 1972, *RW* 1972-73, 1282 (lawaai van elektrische generatoren).

[1532] Vred. Beveren 10 april 1990, *T.Vred.* 1990, 374.

[1533] Brussel 15 januari 2004, *RGAR* 2007, nr.14.257.

[1534] Rb. Turnhout 14 juni 1977, *T.Aann.* 1978, 292, noot J. SLOOTMANS.

beantwoorden aan een absolute noodzaak om het verkeer aan te passen aan de vereisten van de tijd, resoluut van de hand.[1535]

– *bijzondere gevoeligheid van zakelijke of persoonlijke aard*

928. De bijzondere gevoeligheid van het naburig gebouw (veroorzaakt door bv. de slechte staat ervan of bepaalde gebreken) voor de hinder belet de toepassing van artikel 544 BW niet.[1536] Anderzijds kan het ook geen verzwarende factor zijn.

929. Wanneer er barstvorming optreedt in een gyprocwand ten gevolge van wegenwerken, kan de gemeente aansprakelijk gesteld worden op grond van artikel 544 BW. Dat de gyprocwand minder goed bestand is tegen trillingen, betekent immers niet dat er geen burenhinder is.[1537]

Hetzelfde geldt voor de persoonlijke gevoeligheid voor hinder. Met de gezondheidstoestand van de buur wordt geen rekening gehouden bij de beoordeling van het normale of overdreven karakter van de hinder.[1538]

Met de bijzondere gevoeligheid voor schade kan wél rekening gehouden worden bij de begroting van de schade.[1539]

3.   Aan de buur toerekenbaar

930. De hinder of nabuurschade moet te wijten zijn aan de buur in kwestie. De hinder dient meer bepaald veroorzaakt te zijn door een daad, een verzuim of een gedraging die hem kan worden toegerekend.[1540]

De omstandigheid dat deze daad, dit verzuim of deze gedraging als foutief kan worden bestempeld, verhindert de toepassing van artikel 544 BW niet.[1541]

Ook wanneer wordt vastgesteld dat een derde een fout begaan heeft, bijvoorbeeld de architect of de aannemer, kan een vordering op grond van artikel 544 BW ingesteld worden tegen de buur.[1542]

[1535]   Rb. Antwerpen 25 november 1977, *RW* 1977-78, 1579.

[1536]   Cass. 26 september 1980, *Pas.* 1981, I, 96.

[1537]   Rb. Brussel 30 oktober 2015, *T.Aann.* 2017, afl. 2, 159.

[1538]   Rb. Turnhout 14 juni 1977, *T.Aann.* 1978, 292, noot J. SLOOTMANS.

[1539]   Rb. Brussel 30 oktober 2015, *T.Aann.* 2017, afl. 2, 159.

[1540]   Cass. 3 april 2009, *Arr.Cass.* 2009, 981; Cass. 12 maart 1999, *Arr.Cass.* 1999, 362; Cass. 10 maart 2017, *NJW* 2018, afl. 377, 171, noot M. KRUITHOF; Cass. (1e k.) 16 februari 2017, AR C.16.0115.F, *TBO* 2018, 291.

[1541]   Cass. 11 februari 2016, AR C.15.0031.N, www.cass.be, *TBO* 2016, 437.

[1542]   Cass. 25 juni 2009, *TBO* 2010, 166; Cass. 13 maart 1987, *Arr.Cass.* 1986-87, 920; Gent 4 februari 2011, *T.Verz.* 2012, 133; Antwerpen 15 februari 2010, *TBO* 2010, 217; Gent (9e k.) 27 november 1998, onuitg.; Rb. Antwerpen 14 maart 1986, *T.Aann.* 1991, 271. In een geval waarbij schade werd veroorzaakt door een uitslaande brand als gevolg van een gebrekkige elektrische kabel aangelegd door de huurder waardoor kortsluiting werd veroorzaakt, werd de vordering wegens abnormale burenhinder afgewezen (Cass. 10 maart 2017, *TBO* 2017, 517).

931. Enkel degene in wiens opdracht de werken in kwestie werden uitgevoerd, kan worden aangesproken op grond van artikel 544 BW.

Zo kan, indien de storende activiteit te wijten is aan de huurder, de eigenaar niet worden aangesproken op grond van artikel 544 BW.[1543] Dit is eveneens het geval wanneer de eigenaar geen enkel attribuut meer uitoefent van het eigendomsrecht, hij geen meester is van het werk en hij niet is tussengekomen in de werken.[1544]

Anderzijds is het niet nodig dat de buur effectief zélf als bouwheer is opgetreden. Voldoende is dat de werken die de stoornis hebben veroorzaakt, met zijn toestemming zijn uitgevoerd, dat ze noodzakelijk waren voor de oprichting van een gebouw op zijn erf en dat hij er volkomen van op de hoogte was.[1545]

932. De aanwezigheid van hoogstammige bomen met verlaging van het grondwaterpeil en verzakking van de naburige woning tot gevolg, is geen toerekenbare hinder maar een natuurfenomeen. Het veroorzaakt evenmin aansprakelijkheid op grond van artikel 1384, eerste lid BW.[1546]

4.   Causaal verband

933. Het oorzakelijk verband tussen de overlast, veroorzaakt door het gebruik van een naburig erf, en de schade dient vast te staan.[1547] Meer bepaald moet vastgesteld worden dat zonder de daad, het verzuim of het gedrag van de veroorzaker van de bovenmatige hinder, de hinder zich niet zou hebben voorgedaan zoals hij *in concreto* is ontstaan.[1548]

Twee aanpalende woningen waren oorspronkelijk deel van een groter geheel, zodat beide woningen zich recht hielden door op elkaar te steunen. Één van deze woningen werd evenwel afgebroken, waardoor de aanpalende woning stabiliteitsgebreken vertoonde. Er werd geargumenteerd dat artikel 544 BW *in casu* geen toepassing kon vinden, aangezien de aanpalende woning voorbestemd was om schade te lijden. Er werd echter geoordeeld dat het verbreken van het evenwicht tussen de erven niet het gevolg was van enig voorbeschikt karakter van het goed,

---

[1543]   Rb. Brussel 27 november 1989, *TBBR* 1990, 359 (schade veroorzaakt door het springen van een waterleiding door gebrek aan verwarming); Cass. 10 maart 2017, *NJW* 2018, afl. 377, 171, noot M. KRUITHOF: de huurder van een houten schuur, met stopcontacten die niet waren aangesloten op het elektriciteitsnet, had een elektriciteitskabel vanuit zijn appartement over het dak van de nabijgelegen snookerzaal naar de houten schuur gelegd met kortsluiting van de kabel en brand tot gevolg. Het Hof kwam tot de conclusie dat het loutere feit eigenaar te zijn van stallingen die niet zijn aangesloten op het elektriciteitsnet en die te verhuren niet als een toerekenbare gedraging van de eigenaar kan worden beschouwd.

[1544]   Brussel 2 juni 1989, *RJI* 1990, 57 (overdracht van een waterloop door de Staat aan een gemeente); Rb. Antwerpen 25 november 1977, *RW* 1977-78, 1579 (premetro-activiteiten in Antwerpen).

[1545]   Cass. 5 maart 1981, *Arr.Cass.* 1980-81, 748, *Pas.* 1981, I, 728, concl. PG F. DUMON.

[1546]   Luik (3ᵉ k.) 30 april 2018, *JLMB* 2018, 1687.

[1547]   Gent 13 maart 1992, *T.Agr.R.* 1992, 97; Vred. Gent 17 januari 1989, *TGR* 1989, 50.

[1548]   Cass. 24 maart 2016, www.cass.be.

maar wel van de uitgevoerde afbraakwerken. Het causaal verband stond dus wel degelijk vast.[1549]

Men zal dus geen recht hebben op vergoeding van de schade indien men door zijn eigen daad tot de schade heeft bijgedragen.[1550]

C. Betrokken partijen

1. De nabuur

934. Hierboven werd reeds gewezen op de ruime interpretatie die in de rechtspraak wordt gegeven aan het begrip 'nabuur'. Aansprakelijk op grond van burenhinder is degene die de genotsrechten met betrekking tot het pand uitoefent.

2. De overheid

935. De theorie van de burenhinder is van toepassing op de overlast veroorzaakt door openbare werken. Er bestaat geen algemeen rechtsbeginsel volgens welk het algemeen belang voorrang zou hebben op het particuliere belang. Derhalve is ook de overheid op grond van artikel 544 BW verplicht om het verbroken evenwicht te vergoeden wanneer zij een hinder veroorzaakt die de normale lasten uit nabuurschap overschrijdt.[1551]

Artikel 544 BW heeft betrekking op de verhouding tussen onroerende goederen en niet op de hoedanigheid van partijen; dit betekent niet dat het begrip bovenmatigheid geen andere invulling behoeft naarmate men te maken heeft met privé- dan wel openbare erven.[1552]

936. De rechter is verplicht om bij de beoordeling van de omvang van de hinder rekening te houden met de lasten die een particulier in het algemeen belang moet dulden.[1553] De overheid kan bij het verbreken van het evenwicht verder gaan dan de particulier, maar is tot compensatie gehouden zodra de maat van ongemakken die iedereen in het algemene belang moet dulden, wordt overschreden.[1554]

Zo werd geoordeeld dat elke eigenaar van een goed, palende aan een openbare weg, de normale hinder moet verdragen die werken aan de openbare weg meebrengen, maar dat het veroorzaken van schade aan het goed de normale hinder

---

[1549]   Cass. 24 maart 2016, www.cass.be.

[1550]   Cass. 18 januari 1990, *Arr.Cass.* 1989-90, 658, *RW* 1991-92, 993; Brussel (20ᵉ k.) 17 november 2015, *TBO* 2016, 156.

[1551]   Cass. 23 mei 1991, *Arr.Cass.* 1990-91, 943, *Pas.* 1991, I, 827, concl. Adv. Gen. LIEKENDAEL, *RW* 1991-92, 463, *RCJB* 1992, 179, noot J. HANSENNE; Rb. Brussel 30 oktober 2015, *T.Aann.* 2017, afl. 2, 159; Luik 21 oktober 2015, *T.Aann.* 2017, afl. 2, 148, noot V. DEFRAITEUR.

[1552]   Gent 1 oktober 2004, *De Verz.* 2005, 566, noot P. FONTAINE.

[1553]   Cass. 4 december 2008 *Arr.Cass.* 2008, 2831.

[1554]   Gent 1 oktober 2004, *De Verz.* 2005, 566, noot P. FONTAINE.

overtreft en het evenwicht verbreekt tussen de naburige erven, wat aanleiding kan geven tot een vordering op grond van artikel 544 BW.[1555]

937.   Indien het gaat om werken die het openbaar belang niet raken, maar werken m.b.t. goederen die behoren tot het privaat domein, moet de overheid worden beoordeeld volgens dezelfde maatstaf als de particulieren.

3.   De aannemer

938.   De aannemer die werken uitvoert voor rekening van een ander, is vreemd aan de rechtsbanden die uit nabuurschap voortvloeien. Aldus is de aannemer geen buur in de zin van de evenwichtsleer en is hij geenszins gehouden tot compensatie op grond van artikel 544 BW wanneer hij hinder berokkent die de maat van de gewone lasten uit nabuurschap overtreft.[1556] Een clausule in de aannemingsovereenkomst waarbij de aannemer de aansprakelijkheid voor alle schade op zich neemt, doet hieraan geen afbreuk. Een dergelijk beding is immers niettegenstelbaar aan derden.[1557]

939.   Wanneer een naburig pand verzakt door de uitvoering van funderingswerken, kan de opdrachtgever dus aansprakelijk gesteld worden op grond van artikel 544 BW, aangezien de beslissing om de werken te laten uitvoeren en de uitvoering van deze beslissing de oorzaak zijn van de verstoring van het evenwicht. Het argument dat de aannemer de werken niet conform de plannen van de architect uitgevoerd heeft, doet geen afbreuk aan de toerekenbaarheid van de abnormale hinder aan de opdrachtgevers.[1558]

Vanzelfsprekend kan de aannemer die onrechtmatig heeft gehandeld, nog altijd op een andere grondslag door de schadelijdende derden worden aangesproken. Het onrechtmatig handelen kan bestaan in de schending van een specifieke regel of in de inbreuk op de zorgvuldigheidsnorm.[1559]

Bovendien kan de opdrachtgever in dit geval een vrijwaringsvordering tegen de aannemer instellen.[1560]

[1555]   Gent (9e k.) 27 november 1998, onuitg.

[1556]   Cass. 28 januari 1965, *Pas.* 1965, I, 521, concl. Adv. Gen. MAHAUX, *RW* 1964-65, 2117, noot C.C., *JT* 1965, 259, noot M.-A. FLAMME; Cass. 29 mei 1975, *RW* 1975-76, 915; Antwerpen 15 februari 2010, *TBO* 2010, 217; Antwerpen 14 april 2008, *TBO* 2010, 18; Brussel 24 april 1986, *T.Aann.* 1987, 41, noot; Gent 12 september 2000, *TBBR* 2000, 681. In de Franse cassatierechtspraak wordt de aannemer als 'gelegenheidsbuurman' beschouwd, Cass.fr. 13 april 2005, *Bull. civ.*, III, nr. 99; Cass.fr. 18 maart 2003, *Bull.civ.*, I, nr. 77; Cass.fr. 11 mei 2000, *Bull.civ.*, II, nr. 106.

[1557]   Luik 27 september 2016, *T.Aann.* 2016, afl. 2, 71.

[1558]   Brussel 14 juni 2016, *RJI* 2017, afl. 2, 135.

[1559]   Antwerpen 15 februari 2010, *TBO* 2010, 217; Gent (9e k.) 27 november 1998, onuitg.; Luik 21 oktober 2015, *T.Aann.* 2017, afl. 2, 148, noot V. DEFRAITEUR.

[1560]   Luik 27 september 2016, *T.Aann.* 2016, afl. 2, 71; Brussel 14 juni 2016, *RJI* 2017, afl. 2, 135; Gent 17 april 2015, *MER* 2017, afl. 1, 49, noot T. VAN NOYEN.

4. De architect en de ingenieur

940. Wat hierboven werd uiteengezet inzake de aannemer, geldt ook voor de architect en de ingenieur.[1561]

D. *Overdracht van het goed*

941. Voor feiten die zich hebben voorgedaan vóór de overdracht van de eigendomsrechten, blijft de oorspronkelijke eigenaar gerechtigd om de vordering tot compensatie op basis van artikel 544 BW in te stellen, ook al heeft hij op het moment van de inleiding van de vordering zijn eigendom reeds overgedragen aan derden.[1562]

Wordt de overlast veroorzaakt naar aanleiding van de bouw van een appartementsgebouw waarvan de promotor reeds één of meer of reeds alle appartementen heeft verkocht, dan is en blijft de promotor de vergoedingsplichtige. Hij was immers eigenaar van de grond bij de oprichting.[1563]

E. *Vergunning*

942. Het bestaan van bovenmatige hinder hangt niet af van het al dan niet voorhanden zijn van de nodige vergunningen. Een regelmatige vergunning belet immers niet dat de uitgeoefende activiteit de burgerlijke rechten van de nabuur miskent.[1564]

Wanneer de oorzaak van de bovenmatige hinder bijvoorbeeld ligt in de exploitatie, die door de overheid is vergund, biedt de vergunning op zich geen rechtvaardiging voor deze hinder. Een vergunning wordt immers steeds afgeleverd onder voorbehoud van de subjectieve rechten van derden.

De rechter kan echter geen maatregelen bevelen die ingaan tegen de vergunning in die mate dat ze het bestaan van de inrichting aantasten of de vergunde activiteit verbieden.[1565]

F. *Vergoeding*

1. In geval van schuld

943. De schadevergoeding uit onrechtmatige daad dient de schadelijder zo goed mogelijk in de toestand te plaatsen waarin hij zich bevond, had de fout niet

---

[1561] Zie ook Y. HANNEQUART, "L'article 544 du Code civil et la faute de l'entrepreneur ou de l'architecte", *T.Aann.* 1985, 58; Brussel 28 juni 1978, *RJI* 1979, nr. 5732 (aansprakelijkheid betoningenieur); Brussel 1 oktober 1973, *T.Aann.* 1975, 42, noot G. ROMMEL (aansprakelijkheid architect).

[1562] Cass. 28 juni 1990, *Arr.Cass.* 1989-90, 659, *Pas.* 1990, I, 1243, *RW* 1990-91, 1402, noot E. DIRIX.

[1563] G. BAERT, *Bestendig Handboek Privaatrechtelijk Bouwrecht*, Antwerpen, Kluwer, losbl., II.15-6, met verwijzing naar DE PAGE.

[1564] Vred. Izegem 26 april 2017, *TMR* 2017, afl. 6, 763.

[1565] Cass. 29 oktober 1991, *Arr.Cass.* 1991-92, 200; Cass. 27 november 1974, *Arr.Cass.* 1975, 370.

plaatsgevonden. Alle schade moet worden vergoed ook al was deze niet voorzienbaar.[1566]

944. Wanneer de schade erin bestaat dat een zaak verloren is, moet er een vergoeding worden uitbetaald die de benadeelde in staat stelt hetzij de zaak te herstellen (met eventueel een vergoeding voor de blijvende minderwaarde), hetzij een gelijkwaardige zaak aan te schaffen. De vervangingswaarde van een vernielde zaak is gelijk aan de werkelijke waarde ervan, zelfs wanneer de benadeelde zich geen gelijkaardige zaak met eenzelfde graad van vetustheit kan aanschaffen. De nieuwwaarde komt dus niet in aanmerking.[1567]

De schadevergoeding wordt vermeerderd met de *vergoedende of compensatoire interest*. Die vergoedt het uitstel van betaling van het bedrag waarop de schadelijder recht had op het moment dat de schade werd aangebracht.[1568]

Kortom, wanneer de buur bovenmatige hinder heeft veroorzaakt door het begaan van een fout, kan de vordering op grond van artikel 544 BW een integrale schadevergoeding opleveren.

2. In geval van foutloze aansprakelijkheid

A. HERSTEL VAN HET EVENWICHT

945. Wanneer het evenwicht tussen twee erven wordt verbroken, dient dit te worden hersteld. Er kan dus enkel een vergoeding worden toegekend voor de hinder die de normale ongemakken van nabuurschap overschrijdt.[1569]

946. De *compensatie* waarop men recht heeft, strekt derhalve niet tot de integrale schadeloosstelling. Wanneer dit echter de enige mogelijkheid is om het evenwicht te herstellen, is een volledige vergoeding wél mogelijk.[1570]

947. De rechter kan de compensatie naar billijkheid ramen.[1571] Zo werd reeds geoordeeld dat de compensatie gelijk is aan de vergoeding voor de gebouwenschade en de gevolgschade die hierdoor is ontstaan.[1572]

Bij de beoordeling van de schade dient vanzelfsprekend rekening gehouden te worden met de voordelen die het voorval voor de schadelijder heeft teweeggebracht en met de meerwaarde die het gebouw zal hebben ten gevolge van de werken.

[1566] Cass. 11 februari 2016, AR C.15.0031.N, www.cass.be, *TBO* 2016, 437.
[1567] Cass. 11 februari 2016, AR C.15.0031.N, www.cass.be, *TBO* 2016, 437.
[1568] Cass. 26 april 1996, *RW* 1999-2000, 130.
[1569] Cass. 20 april 2012, AR C.10.0103.F, www.cass.be.
[1570] Brussel 27 maart 2006, *RJI* 2006, 214, noot; Cass. 8 februari 2010, *Pas.* 2010, I, 388.
[1571] Cass. 24 maart 2016, *TBO* 2016, 549.
[1572] Brussel (20ᵉ k.) 17 november 2015, *TBO* 2016, 156.

B. WIJZE VAN VERGOEDING

948. De compensatie kan bestaan in een geldelijke vergoeding of in het herstel in natura. Wanneer er schade veroorzaakt werd aan een gebouw, dient bijvoorbeeld de voorkeur gegeven te worden aan het herstel in natura.

949. Het herstel in natura mag natuurlijk geen aanleiding geven tot rechtsmisbruik. Wanneer een nabuur bovenmatige hinder ondervindt wegens het plaatsen van vensters in het aanpalende gebouw op één meter van zijn gebouw, kan hij bezwaarlijk de afbraak van het volledige gebouw vorderen. Dit maakt immers rechtsmisbruik uit.[1573]

Tevens werd geoordeeld dat de rechtmatige en passende compensatie, waardoor het evenwicht wordt hersteld, niet kan bestaan in het volledige verbod van het hinder veroorzakende feit, zelfs als dit volledige verbod, volgens de appreciatie van de feitenrechter, de enige wijze is om het verbroken evenwicht te herstellen.[1574]

950. De vergoeding is een waardeschuld en geen geldschuld. Bijgevolg is er geen moratoire rente maar wel een vergoedende rente verschuldigd.[1575]

De rechter bepaalt vrij de datum vanaf wanneer vergoedende interesten worden toegekend, voor zover er geen interesten worden toegekend voor een periode die het ontstaan van de schade voorafgaat.[1576]

Volgens het hof van beroep van Gent mag men ervan uitgaan dat de gerechtsdeskundige in zijn eindverslag de schadevergoeding heeft begroot aan de geactualiseerde prijzen, en dus niet op datum van het ontstaan van de schade: "Met andere woorden werd de schade begroot op datum van het eindverslag zodat de door de deskundige weerhouden bedragen pas vanaf dat ogenblik opeisbaar zijn en er dus voorheen geen vertraging in de betaling was. In de mate dat de vergoedende interesten ook de negatieve gevolgen van de muntontwaarding vermijden is er geen muntontwaarding die voorafgaand de datum van het definitief deskundig verslag dienen te worden vermeden." De vergoedende interesten werden dan ook toegekend vanaf de datum van het definitief deskundig verslag.[1577]

[1573] Antwerpen 29 januari 2018, *NJW* 2018, afl. 391, 846, noot G. DEGEEST.

[1574] Cass. 14 december 1995, *RW* 1996-97, 188, *AJT* 1995-96, noot S. SNAET.

[1575] Luik 5 mei 2003, *JT* 2004, 29; V. SAGAERT, *Goederenrecht* in *Beginselen van Belgisch Privaatrecht*, 2014, 252, randnr. 292; anders: Gent 1 oktober 2004, *De Verz.* 2005, 566, noot P. FONTAINE.

[1576] Cass. 22 december 2006, *Arr.Cass.* 2006, 2764, *RW* 2006-07, 1439, noot VAN OEVELEN, *TBO* 2007, 40, noot.

[1577] Gent 5 januari 2018, 2014/AR/3096, onuitg.; in dezelfde zin Rb. Brugge 25 november 2014, onuitg., AR 13/377/A: vergoedende interesten vanaf de vordering in rechte tot betaling van de schade, *in casu* na neerlegging van het eindverslag van de deskundige, aangesteld in kort geding.

G. Vorderingen in rechte

1. Samenloop van de artikelen 1382 en 544 BW

951. Wanneer de bouwheer-buur een abnormale hinder veroorzaakt door een daad, verzuim of gedraging die als foutief kan worden bestempeld, kan de benadeelde buur zijn vordering tegen de bouwheer-buur zowel baseren op artikel 1382 als op artikel 544 BW.[1578] De vordering op basis van artikel 544 BW is niet ondergeschikt aan de vordering op grond van artikel 1382 BW. In de praktijk zal de vordering op grond van artikel 1382 BW echter steeds in hoofdorde worden ingesteld en de vordering op grond van artikel 544 BW in subsidiaire orde. Op grond van artikel 1382 BW kan men immers (integrale) vergoeding verkrijgen, zelfs voor de geringste schade, terwijl artikel 544 BW – in principe – enkel aanleiding geeft tot een passende en billijke compensatie.

Indien de vordering op grond van artikel 1382 BW wordt gegrond verklaard, hoeft de rechter de vordering ingesteld op basis van artikel 544 BW niet meer te onderzoeken.[1579]

952. Wanneer vastgesteld wordt dat een derde partij, bijvoorbeeld de aannemer of de architect, een fout heeft begaan waardoor de bovenmatige hinder is ontstaan, kan deze derde aansprakelijk gesteld worden op basis van artikel 1382 BW. De schadelijdende buur kan zich dus richten tot twee personen: de bouwheer-buur op grond van artikel 544 BW en de derde op grond van artikel 1382 BW. De ene vordering sluit de andere niet uit.[1580]

953. De aannemer en de architect die veroordeeld werden op grond van artikel 1382 BW, kunnen bovendien *in solidum* met de bouwheer-buur, veroordeeld worden op basis van artikel 544 BW. Hiervoor moet worden aangetoond dat de schade haar oorsprong vindt in de samenlopende fouten van de aannemer en de architect en dat elke fout nodig was om de schade te veroorzaken.[1581]

[1578] Cass. 11 februari 2016, AR C.15.0031.N, www.cass.be; Antwerpen 17 februari 1988, *RW* 1988-89, 50; Rb. Gent 11 oktober 1990, *TGR* 1990, 121.

[1579] Vred. Beveren 10 april 1990, *T.Vred.* 1990, 374.

[1580] Cass. 25 juni 2009, *Arr.Cass.* 2009, 1821; Cass. 13 maart 1987, *Arr.Cass.* 1986-87, 920, *Pas.* 1987, I, 834, *RW* 1987-88, 22, noot; Cass. 14 juni 1968, *Arr.Cass.* 1968, 1247, *Pas.* 1968, I, 1177; Gent 4 februari 2011, *T.Verz.* 2012, 133; Antwerpen 15 februari 2010, *TBO* 2010, 217; Gent 22 februari 2008, *T.Verz.* 2009, 62: de aannemer werd aansprakelijk gesteld o.b.v. art. 1382 BW voor waterinsijpelingen en de bouwheer o.b.v. art. 544 BW voor scheuren in de voorgevel.

[1581] Gent 4 februari 2011, *T.Verz.* 2012, 133; Antwerpen 15 februari 2010, *TBO* 2010, 217; Antwerpen 4 januari 1989, *Limb.Rechtsl.* 1989, 88: *in casu* werden de gemeente en de aannemer ieder voor de helft veroordeeld.

C.   GEEN ENKELE FOUTIEVE GEDRAGING

954.   Indien de rechter oordeelt dat er niet voldoende elementen voorliggen om te besluiten tot het bestaan van een foutaansprakelijkheid in hoofde van enige partij (hetzij contractueel, hetzij extracontractueel), zal enkel de bouwheer-buur aansprakelijk gesteld kunnen worden op grond van artikel 544 BW (onder voorbehoud van de tussenkomst van diens verzekering).[1582]

H.   Vordering in vrijwaring

1.   Principe

955.   Het is mogelijk dat enkel de bouwheer wordt aangesproken door de schadelijder op grond van artikel 544 BW. Wanneer de bouwheer van oordeel is dat een derde partij, bijvoorbeeld de aannemer of de architect, een fout begaan heeft met schade aan de naburige panden tot gevolg, kan de bouwheer een vrijwaringsvordering tegen deze derde instellen.

Inzake bouwwerken kan bijvoorbeeld niet worden betwist dat de contractuele plicht van de architect er ook in bestaat schade aan de naburige panden in de mate van het mogelijke te voorkomen. De bouwheer kan derhalve zijn architect aanspreken op grond van diens contractuele aansprakelijkheid.

956.   De aannemer dient op zijn beurt te werken volgens goed vakmanschap. Hij heeft een waarschuwingsplicht, die in bepaalde gevallen zelfs leidt tot een weigeringsplicht. Hij is niet de slaafse uitvoerder van de plannen van de architect. De aannemer kan zich dus niet verschuilen achter de fouten van de architect.

Zo verklaarde het hof van beroep van Brussel de vrijwaringsvordering tegen een architect en aannemer gegrond omdat beiden fouten hadden begaan. De architect had geen grondsonderingsonderzoek uitgevoerd (hoewel voorzien in het lastenboek), had geen tekeningen en berekeningen van de onderschoeiingswijze gemaakt (conceptfout) en had geen behoorlijke leiding of corrigerende directieven gegeven tijdens de werken (controlefout). De aannemer had bovendien funderingswerken uitgevoerd zonder enige kennis van grondsondering, zonder gedetailleerde funderingsplannen en onderschoeiingsontwerpen. Het hof van beroep van Brussel veroordeelde om die reden de aannemer en de architect *in solidum* tot vergoeding van de schade en tot integrale vrijwaring van de bouwheer.[1583]

[1582]   Rb. Brugge 25 november 2014, AR 13/377/A, onuitg.
[1583]   Brussel (20ᵉ k.) 17 november 2015, *TBO* 2016, 156.

2. Vrijwaringsbeding

957. Er wordt vaak contractueel bedongen dat de aannemer de bouwheer moet vrijwaren tegen vorderingen op grond van artikel 544 BW.[1584] Dergelijke vrijwaringsbedingen zijn geldig, maar zijn niet-tegenwerpbaar ten aanzien van derde partijen. Een contract geldt immers enkel tussen de contractpartijen.[1585] Een derde kan zich dus nog steeds tot de bouwheer richten.

958. Aangezien deze bedingen afwijken van het gemeen recht, dienen ze restrictief geïnterpreteerd te worden.[1586]

De overheid die zich door de aannemer gevrijwaard wenst te zien voor nabuurschade, moet dit uitdrukkelijk en ondubbelzinnig opnemen in het lastenboek. Deze afwenteling van aansprakelijkheid is een afwijking van de Algemene Aannemingsvoorwaarden (voorheen opgenomen in het KB van 26 september 1996, thans in het KB van 14 januari 2013[1587]) en dient eveneens restrictief te worden beoordeeld.[1588]

Indien het aannemingscontract niet in een verwijzing naar artikel 544 BW voorzien heeft, mag niet worden besloten dat de aannemer duidelijk en ondubbelzinnig gehouden is tot het vrijwaren van de bouwheer.[1589]

I. Regres

959. Wanneer de bouwheer wordt veroordeeld tot betaling van compensatie wegens foutloze aansprakelijkheid op grond van artikel 544 BW, zal hij de betaalde vergoeding kunnen terugvorderen van degene die aansprakelijk is voor de aangerichte hinder. Dat zal meestal de aannemer of architect zijn.[1590]

De vordering is gebaseerd op de artikelen 1382 en 1383 BW indien de benadeelde zelf een vorderingsrecht had op deze grondslag. Indien dit niet het geval was, kan de vordering tot regres enkel een contractuele grondslag hebben.

J. Verjaring

960. Een vordering gesteund op artikel 544 BW verjaart – op dezelfde wijze als bij een vordering op basis van artikel 1382 BW – door verloop van vijf jaar vanaf

---

[1584] Art. 1134 BW; Cass. 5 mei 1967, *RW* 1967-68, 79, *Pas.* 1967, I, 1049; Bergen 14 maart 2005, *T.Verz.* 2006, 70, noot P. FONTAINE; Rb. Brugge, 25 november 2014, AR 13/377/A, onuitg.

[1585] Luik 27 september 2016, *T.Aann.* 2016, afl. 2, 71.

[1586] Gent 1 oktober 2004, *T.Verz.* 2005, 566, noot P. FONTAINE.

[1587] KB 14 januari 2013 tot bepaling van de algemene uitvoeringsregels van de overheidsopdrachten en van de concessies voor openbare werken, *BS* 14 februari 2013.

[1588] Cass. 31 oktober 1975, *T.Aann.* 1976, 48, noot P. MATHEI; Cass. 14 juni 1968, *RW* 1968-69, 405; Gent (9e k.) 27 november 1998, onuitg.; zie ook B. ASSCHERICKX, "De poging tot kontraktuele afwenteling op de aannemer van de foutloze aansprakelijkheid wegens bovenmatige burenhinder bij openbare werken", *T.Aann.* 1988, 394.

[1589] Gent 1 oktober 2004, *De Verz.* 2005, 566, noot P. FONTAINE.

[1590] Gent 4 februari 2011, *T.Verz.* 2012, 133.

de dag volgend op die waarop de benadeelde kennis heeft gekregen van de schade en van de identiteit van de aansprakelijke persoon, en in ieder geval door verloop van twintig jaar vanaf de dag volgend op die waarop het schadeverwekkende feit zich heeft voorgedaan.[1591]

961. Wanneer de schade verzwaart, zal een nieuwe vijfjarige verjaringstermijn beginnen lopen vanaf de verzwaring van de schade (art. 2262*bis*, § 1, tweede lid BW). Kennisname van de schade impliceert immers niet de kennis van de verzwaring van de schade. Onder verzwaring wordt begrepen: een onvoorziene toename van de schade die niet kadert in de redelijkerwijze voorzienbare evolutie van de oorspronkelijke schade.[1592]

962. De feitenrechter beoordeelt het tijdstip van de kennisname van de schade en van de identiteit van de aansprakelijke persoon *in concreto*. De persoon die zich op de verjaring beroept, zal het bewijs moeten leveren van het tijdstip van kennisname (art. 870 Ger.W. en art. 1315 BW).

Aan de bedoelde "kennis van de schade" en "kennis van de identiteit van de aansprakelijke persoon" moet een geobjectiveerde en normatieve betekenis worden toegekend: op grond van de aangebrachte (bewijs)elementen moet de (feiten)rechter oordelen of er al dan niet kennis was bij de benadeelde. De normatieve beoordeling leidt naar het referentietype van de normaal zorgvuldige persoon.

Wanneer een normaal zorgvuldige benadeelde, geplaatst in dezelfde omstandigheden, dus redelijkerwijze op de hoogte was geweest van de schade (los van de omvang) en de identiteit van de aansprakelijke persoon, kan dit ook van de benadeelde in een specifieke zaak worden verwacht.

In een zaak waarbij, tijdens waterdichtingswerken aan een woning, de aannemer mazoutleidingen had beschadigd, oordeelde het hof van beroep van Brussel dat "de verjaring voor buitencontractuele schade niet kan beginnen lopen voor de benadeelde kennis heeft van alle gegevens die nodig zijn om een aansprakelijkheidsvordering te kunnen instellen. Men kan van de aansprakelijke niet eisen dat hij, in afwachting van het advies van een gerechtelijk deskundige, iedere mogelijke aansprakelijke dagvaardt, vooraleer enige zekerheid te hebben over de identiteit van de aansprakelijke persoon".[1593]

Het is niet noodzakelijk dat de benadeelde kennis heeft van alle details om zijn zaak te bewijzen alvorens de verjaringstermijn een aanvang zou nemen. Het

---

[1591]   Cass. 20 januari 2011, *RW* 2012-13, 1137, noot, *JLMB* 2011, 1141, *TBH* 2011, 496; Antwerpen 27 oktober 2010, *TBBR* 2012, 408; *NjW* 2011, 304; V. SAGAERT, *Goederenrecht* in *Beginselen van Belgisch Privaatrecht*, 2014, 233, randnr. 269; Rb. Brussel 21 maart 2017, *RJI* 2017, afl. 3, 23: Bergen 5 december 2017, *JLMB* 2018, afl. 33, 1567; Luik (20e k.) 4 mei 2018, *JLMB* 2018, afl. 33, 1559.

[1592]   Luik (20e k.) 4 mei 2018, *JLMB* 2018, afl. 33, 1559.

[1593]   Brussel (20e k.) 12 januari 2016, *TBO* 2016, 161.

volstaat dat een redelijk persoon, geplaatst in dezelfde omstandigheden, tot het besluit zou komen om een vordering in te stellen.

De kennis van de schade impliceert dus niet de kennis van de omvang ervan. De vordering zal bijvoorbeeld verjaard zijn wanneer het slachtoffer meer dan vijf jaar vóór de gedinginleidende dagvaarding kennis heeft gekregen van het voortdurende, schadeverwekkende feit en de gevolgen ervan.[1594]

963.   De rechtbank van eerste aanleg van Brussel oordeelde dan weer dat de eisende partij niet kon argumenteren dat de verjaringstermijn pas zou lopen vanaf het ogenblik waarop zij kennis heeft genomen van het verslag van haar deskundige. Om te voldoen aan het kenniscriterium moet het slachtoffer kennis hebben van de nodige feiten voor het instellen van een aansprakelijkheidsvordering, maar niet noodzakelijk van de juridische draagwijdte ervan. De eisende partij was in staat om de rechthebbenden aan te spreken en om desgevallend te overwegen andere actoren bij het geding te betrekken. Aangezien zij deze overwegingen niet gemaakt heeft, moet ze zelf instaan voor de gevolgen ervan.[1595]

Zo zal de benadeelde ook zelf de gevolgen moeten dragen van een gebeurlijk verkeerde keuze tussen verschillende identificeerbare (mogelijk) aansprakelijke personen.[1596]

[1594]   Luik (20ᵉ k.) 4 mei 2018, *JLMB* 2018, afl. 33, 1559.
[1595]   Rb. Brussel (Fr.) (burg.) (6ᵉ k.) 21 maart 2017, *RJI* 2017, afl. 3, 233.
[1596]   Gent (9ᵉ k.) 25 april 2014, nr. 2011/AR/1344, *TBO* 2014, 151.

HOOFDSTUK 8

STRAFRECHTELIJKE AANSPRAKELIJKHEID

AFDELING 1. ONOPZETTELIJKE DODING EN VERWONDINGEN (art. 418-420 Sw.)

§ 1. ALGEMEEN

964. Overeenkomstig artikel 418 Sw. is schuldig aan het onopzettelijk doden of aan het onopzettelijk toebrengen van letsels: hij die het kwaad veroorzaakt door gebrek aan voorzichtigheid of voorzorg, maar zonder het oogmerk om de persoon van een ander aan te randen.

965. De onvoorzichtigheid of gebrek aan voorzorg dient te worden beoordeeld volgens de *culpa levissima in abstracto*.[1597] Elke fout, hoe licht ook, kan een gebrek aan voorzichtigheid of voorzorg in de zin van artikel 418 Sw. opleveren.[1598] De fout van een professioneel dient te worden getoetst aan het gedrag van een normaal voorzichtig en vooruitziend professioneel, geplaatst in dezelfde omstandigheden.

De beoordeling van de fout die aanleiding heeft gegeven tot de letsels of de dood, wordt volgens dezelfde maatstaven beoordeeld als bij de aansprakelijkheid op grond van de artikelen 1382 en 1383 BW.[1599] Zo zal het feit dat wettelijke bepalingen of technische normen niet werden nageleefd, een belangrijke indicatie van de fout geven.

966. Indien meerdere partijen betrokken zijn bij het ongeval, dient de schuldige partij te worden geïdentificeerd.

§ 2. STRAFRECHTELIJKE AANSPRAKELIJKHEID VOOR EIGEN DADEN, TOEREKENING EN DELEGATIE

967. In de eerste plaats is de persoon die de onvoorzichtigheid of nalatigheid heeft begaan, strafrechtelijk verantwoordelijk voor zijn eigen daden.

[1597] Luik 5 oktober 1973, *JT* 1973, 728; Corr. Luik 23 november 1963, *RDP* 1963-64, 454.
[1598] Cass. 27 september 1985, *Arr.Cass.* 1985-86, 96.
[1599] Cass. 26 oktober 1990, *RCJB* 1992, 497, noot R. DALCQ.

968. Een persoon kan echter ook aansprakelijk zijn voor daden van derden, voor zover deze derden op dat moment onder zijn gezag staan.

Ook toezichthoudende personen zoals bestuurders, ondernemingshoofden of leidinggevende werknemers (opzichters, ingenieurs enz.) kunnen strafrechtelijk aansprakelijk gesteld worden, voor zover aan twee criteria is voldaan. In de eerste plaats dienen zij de leiding over of het toezicht op de veroorzaker van het ongeval gehad te hebben en in de tweede plaats moeten zij tevens een persoonlijke fout begaan hebben.

Zo werd de bestuurder van een aannemingsvennootschap vrijgesproken voor een ongeval dat werd veroorzaakt door onvoldoende verlichting van de werken, aangezien er geen afdoend bewijs was geleverd dat de werken onder zijn leiding of toezicht waren uitgevoerd.[1600]

In een gelijkaardig geval werd de verantwoordelijkheid van de opzichter wél behouden omdat hij erop diende toe te zien dat de arbeiders de werken behoorlijk verlichtten.[1601]

De correctionele rechtbank van Gent veroordeelde een werfleider omdat hij arbeiders een stelling, die niet geschikt was om zware lasten te dragen, bij sterke wind liet bestijgen. Volgens de rechtbank was het feit dat een ander bedrijf op de bouwplaats de naleving van de ARAB-voorschriften diende te verzekeren, niet relevant.[1602]

969. Bij grote werken wordt het toezicht op de werf steeds aan een technisch bevoegd persoon gedelegeerd. Wanneer de delegatie voldoende precies is omschreven, en de gedelegeerde over de nodige bekwaamheid (opleidingsniveau, ervaring enz.), middelen (financiële en andere middelen om de nodige veiligheidsmaatregelen te treffen), gezag en bevoegdheid (bevoegdheid om sancties te treffen ten aanzien van personen die zijn instructies niet opvolgen) beschikt, is de gedelegeerde persoonlijk strafrechtelijk aansprakelijk.

In een geval waarbij een arbeider gewond raakte door een val die te wijten was aan een onvoldoende afdekking van een liftopening, werd de hoofdaannemer vrijgesproken, aangezien hem geen persoonlijke fout kon worden verweten en hij een ervaren werfleider had aangesteld.[1603] Anderzijds werd een veiligheidschef vrijgesproken van de strafrechtelijke verantwoordelijkheid van een ongeval, aangezien hij slechts in dringende omstandigheden maatregelen mocht nemen. Enkel de bedrijfsleider werd aansprakelijk gesteld.[1604]

1600 Brussel 18 september 1963, *RW* 1963-64, 1331.
1601 Brussel 22 januari 1954, *RW* 1954-55, 1158.
1602 Corr. Gent 21 februari 1974, *T.Aann.* 1980, 229, noot A. DIEUSART.
1603 Corr. Luik 6 november 1965, *JL* 1965-66, 146, noot, vermeld door W. GOOSSENS, "Veiligheid op de bouwplaats", *T.Aann.* 2001, 85, nr. 105.
1604 Corr. Namen 24 november 1980, *RRD* 1981, 78, bevestigd door Luik 27 mei 1981, *RRD* 1981, 378, noot M. DUMONT.

970.   Aangezien de strafrechtelijke aansprakelijkheid in principe de openbare orde raakt, kan geen enkele partij zichzelf of een derde van de gevolgen ervan contractueel vrijstellen. Dergelijke bedingen zijn nietig.[1605]

971.   De onderaannemer dient als uitvoeringsagent van de aannemer gekwalificeerd te worden. In dit geval zal de aannemer contractueel aansprakelijk zijn voor de onderaannemer, zijnde de hulppersoon op wie hij beroep heeft gedaan.[1606] Bovendien is de hoofdaannemer eveneens verantwoordelijk voor de algemene coördinatie en politie over de werf en de daaruit voortvloeiende veiligheidsverplichtingen. De hoofdaannemer zal dan ook strafrechtelijk aansprakelijk zijn voor ongevallen veroorzaakt door een inbreuk op deze verplichtingen.

Zo werd de veiligheidschef van de hoofdaannemer strafrechtelijk veroordeeld wegens onopzettelijke doding omdat er, in strijd met het ARAB, geen leuning was aangebracht op het platform waar een werknemer werkzaam was en de werknemer daardoor een dodelijke val maakte. De werfleider van de onderaannemer ging vrijuit omdat de onderaannemer enkel diende te zorgen voor de veiligheid gepaard gaande met de elektriciteitswerken die hij moest uitvoeren. Deze contractuele verplichting kon volgens de rechtbank niet worden uitgebreid tot de algemene veiligheidsmaatregelen eigen aan een bouwplaats.[1607]

§ 3.   STRAFRECHTELIJKE AANSPRAKELIJKHEID VAN RECHTSPERSONEN

972.   Door de wet van 4 mei 1999[1608] werd de strafrechtelijke aansprakelijkheid van rechtspersonen ingevoerd. Met rechtspersonen worden gelijkgesteld de tijdelijke verenigingen en verenigingen bij wijze van deelneming, de handelsvennootschappen en handelsvennootschappen in oprichting en de burgerlijke vennootschappen die niet de vorm van een handelsvennootschap hebben aangenomen.

973.   Bepaald is dat de rechtspersoon strafrechtelijk aansprakelijk is voor misdrijven die hetzij een intrinsiek verband hebben met de verwezenlijking van zijn doel of de waarneming van zijn belangen, of die, naar blijkt uit de concrete omstandigheden, voor zijn rekening werden gepleegd (art. 5, eerste lid Sw.).

Het Hof van Cassatie heeft hieromtrent geoordeeld dat het begrip 'intrinsiek verband' niet vereist dat het maatschappelijk doel van de rechtspersoon op misdrijven moet zijn gericht, maar enkel dat de misdrijven moeten zijn gepleegd ter verwezenlijking van zijn maatschappelijk doel.[1609]

[1605]   Bergen 20 november 1987, *JLMB* 1988, 25; Luik 5 oktober 1973, *JT* 1973, 728, *RJI* 1973, 229.
[1606]   Zie Hoofdstuk 2, afdeling 3.
[1607]   Corr. Veurne 13 november 1979, *JTT* 1982, 207, noot.
[1608]   *BS* 22 juni 1999.
[1609]   Cass. 9 november 2004, P.04.0849.N, www.cass.be.

Zo werd reeds geoordeeld dat het misdrijf van huisjesmelkerij een misdrijf uitmaakt dat intrinsiek verbonden is met de verwezenlijking van het doel van een projectontwikkelingsvennootschap voor woningbouw en van een woning-verhuurmaatschappij.[1610] Ook het uitvoeren van niet vergunde werken aan een gebouw maakte een inbreuk uit die intrinsiek in verband stond met de verwezenlijking van het doel van de rechtspersoon, rekening houdend met het feit dat de huurgelden voor de studentenkamers aan de rechtspersoon werden betaald en de regularisatieaanvraag op haar naam geschiedde.[1611]

974. Opdat een rechtspersoon daadwerkelijk strafrechtelijk verantwoordelijk kan worden gesteld, is eveneens vereist dat er in zijnen hoofde voldaan is aan het 'morele element'.

Het Hof van cassatie heeft reeds geoordeeld dat de verwezenlijking van het misdrijf moet volgen uit hetzij een wetens en willens genomen beslissing binnen de rechtspersoon, hetzij het gevolg moet zijn van een binnen deze rechtspersoon gepleegde nalatigheid.[1612] Er is sprake van het 'wetens en willens' plegen van een fout wanneer er bewust en buiten iedere dwang wordt gehandeld.[1613]

Bovendien is deze bepaling van toepassing zowel op opzettelijke als op onacht-zaamheidsmisdrijven.[1614]

Om te bepalen of aan bovenstaande vereiste voldaan is, kan de rechter zich steunen op de gedragingen van de bestuursorganen van de rechtspersoon of zijn gezagdragers, die onder meer natuurlijke personen kunnen zijn.[1615] Echter, de strafrechtelijke verantwoordelijkheid van de rechtspersonen sluit die van de natuurlijke personen, die daders zijn van dezelfde feiten of eraan hebben deelge-nomen, niet uit (art. 5 Sw., tweede lid).

975. De straffen van toepassing op misdrijven gepleegd door rechtspersonen zijn de volgende: geldboete, bijzondere verbeurdverklaring, ontbinding van de rechtspersoon, verbod op bepaalde werkzaamheden die deel uitmaken van het maatschappelijk doel, de sluiting van een of meer inrichtingen en de bekendma-king en verspreiding van de beslissing (art. 7*bis* Sw.).

AFDELING 2. ILLEGALE ARBEID

976. Het is mogelijk dat een werk wordt uitgevoerd met tussenkomst van illegaal verblijvende onderdanen van een derde landen. De wet betreffende de

---

[1610] Brussel 14 september 2010, *JLMB* 2011, 318.
[1611] Corr. Gent 5 april 2004, *TMR* 2004, 721.
[1612] Cass. 23 september 2008, *RABG* 2009, 477, noot P. WAETERINCKX.
[1613] Cass. 4 februari 2014, P.12.1757.N, www.cass.be.
[1614] Cass. 4 februari 2014, P.12.1757.N, www.cass.be; Cass. 4 maart 2003, *NJW* 2003, 563.
[1615] Cass. 19 september 2007, *Arr.Cass.* 2007, 1706.

tewerkstelling van buitenlandse werknemers[1616] bepaalt dat zowel de werkgever, de aannemer als de opdrachtgever hiervoor strafrechtelijk aansprakelijk gesteld kunnen worden.

977.   De werkgever, zijn lasthebber of een aangestelde worden gestraft met een gevangenisstraf van zes maanden tot drie jaar en een strafrechtelijke geldboete van 600 tot 6000 euro, of met een van die straffen alleen, als hij op het ogenblik van de tewerkstelling van een onderdaan van een derde land (art. 12/2 wet 13 april 1999):

- niet vooraf is nagegaan of die over een geldige verblijfsvergunning of een andere machtiging tot verblijf beschikt;
- niet, ten minste voor de duur van de tewerkstelling, een afschrift of de gegevens van zijn verblijfsvergunning of van zijn andere machtiging tot verblijf beschikbaar gehouden heeft voor de bevoegde inspectiediensten.

978.   Ook de aannemer, buiten het kader van een keten van onderaannemers, of een intermediaire aannemer, in het kader van een dergelijke keten, wordt gestraft met een gevangenisstraf van zes maanden tot drie jaar en een strafrechtelijke geldboete van 600 tot 6000 euro, of met een van die straffen alleen, als zijn rechtstreekse onderaannemer een dergelijke inbreuk pleegt.

De aannemer kan enkel aan zijn aansprakelijkheid ontkomen, wanneer de aannemer in het bezit is van een schriftelijke verklaring waarin zijn rechtstreekse onderaannemer bevestigt dat hij geen illegaal verblijvende onderdanen van derde landen tewerkstelt en zal tewerkstellen én indien de aannemer, voorafgaand aan de inbreuk, niet op de hoogte was van het feit dat zijn rechtstreekse onderaannemer een of meer illegaal verblijvende onderdanen van derde landen tewerkstelt (art. 12/4, § 1 wet 13 april 1999).

Bovenstaande sanctie geldt niet alleen wanneer een rechtstreekse onderaannemer een illegale arbeidskracht tewerkstelt, maar eveneens wanneer deze tewerkstelling gebeurt door een onrechtstreekse onderaannemer. Echter, in die situatie zal de aannemer enkel strafrechtelijk veroordeeld kunnen worden wanneer hij voorafgaand aan de gepleegde inbreuk op de hoogte is van de tewerkstelling van illegale arbeiders (art. 12/4, § 2 wet 13 april 1999).

979.   De opdrachtgever zal dezelfde strafrechtelijke sancties oplopen wanneer zijn aannemer of een onderaannemer één van voormelde inbreuken pleegt én wanneer de opdrachtgever voorafgaand aan de gepleegde inbreuk op de hoogte is van het feit dat zijn aannemer of een onderaannemer een of meer illegaal verblijvende onderdanen van derde landen tewerkstelt (art. 12/4, § 3 wet 13 april 1999).

[1616]   Wet 13 april 1999 betreffende de tewerkstelling van buitenlandse werknemers, *BS* 21 mei 1999.

980. De sociaalrechtelijke inspecteurs kunnen de aannemers en opdrachtgevers er schriftelijk van op de hoogte brengen dat hun aannemers of rechtstreekse of onrechtstreekse onderaannemers een of meer illegaal verblijvende onderdanen van derde landen tewerkstellen. De schriftelijke kennisgeving door de sociale inspecteurs kan vervolgens als bewijs dienen dat de aannemers en de opdrachtgevers op de hoogte waren van de illegale tewerkstelling voorafgaand aan de gepleegde inbreuk.

981. In bovenstaande gevallen wordt de geldboete vermenigvuldigd met het aantal betrokken werknemers.

AFDELING 3. DE WELZIJNSWET[1617]

§ 1. DE STRAFRECHTELIJK GESANCTIONEERDE VERPLICHTINGEN VOOR DE WERKGEVER

982. Conform artikel 9, § 1 Welzijnswet is de werkgever in wiens inrichting werkzaamheden worden uitgevoerd door aannemers en, in voorkomend geval, door onderaannemers, ertoe gehouden de aannemers bepaalde informatie te verstrekken. Indien de werkgever nalaat dit te doen, kan hij strafrechtelijk gesanctioneerd worden (art. 130, 1° Sociaal Strafwetboek, hierna Soc.Sw.).

Dit is eveneens het geval indien de werkgever nalaat met elke aannemer een overeenkomst te sluiten waarin bepaalde bedingen worden opgenomen of wanneer de werkgever nalaat de aannemer te weren indien hij de veiligheidsverplichtingen niet naleeft.

Indien de aannemer de veiligheidsmaatregelen niet neemt of zijn verplichtingen gebrekkig naleeft, dient de werkgever, na ingebrekestelling van de aannemer, onverwijld de nodige veiligheidsmaatregelen te treffen. Bij een inbreuk op deze bepaling kan de werkgever ook strafrechtelijk gesanctioneerd worden (art. 130, 3° Soc.Sw.).

§ 2. DE STRAFRECHTELIJK GESANCTIONEERDE VERPLICHTINGEN VOOR DE AANNEMER

983. De Welzijnswet legt eveneens bepaalde strafrechtelijk gesanctioneerde verplichtingen op aan de aannemers (art. 130, 2° en 4° Soc.Sw.).

Het betreft meer bepaald volgende verplichtingen:
- de verplichting om de veiligheidsverplichtingen na te leven en te doen naleven door hun onderaannemers;

[1617]   Zie ook Hoofdstuk 7, afdeling 1, § 2, C.

- de verplichting om de informatie die de werkgever aan hen diende te verstrekken, op hun beurt aan hun werknemers en onderaannemer(s) te verstrekken;
- de verplichting de werkgever te informeren over de risico's eigen aan de werkzaamheden die zij zullen uitvoeren;
- de verplichting om hun medewerking te verlenen aan de coördinatie- en samenwerkingsplicht van de werkgever;
- de verplichting met elke onderaannemer een overeenkomst te sluiten waarin bepaalde bedingen worden opgenomen;
- de verplichting de onderaannemer te weren die de veiligheidsverplichtingen niet naleeft;
- de verplichting om, na ingebrekestelling van de onderaannemer, onverwijld de nodige veiligheidsmaatregelen te treffen indien de onderaannemer de veiligheidsmaatregelen niet neemt of zijn verplichtingen gebrekkig naleeft.

§ 3.   STRAFRECHTELIJKE SANCTIE

984.   De niet-naleving van bovenstaande verplichtingen wordt gesanctioneerd hetzij met een strafrechtelijke geldboete van 100 tot 1000 euro, hetzij met een administratieve geldboete van 50 tot 500 euro.

Echter, de inbreuk wordt bestraft hetzij met een gevangenisstraf van zes maanden tot drie jaar en een strafrechtelijke geldboete van 600 tot 6000 euro of met een van die straffen alleen, hetzij met een administratieve geldboete van 300 tot 3000 euro, wanneer ze gezondheidsschade of een arbeidsongeval tot gevolg heeft gehad voor een werknemer (art. 101 en 130 Soc.Sw.).

Daarenboven kan de rechter de veroordeelde het verbod opleggen om gedurende een periode van één maand tot drie jaar, zelf of via een tussenpersoon, de onderneming of inrichting waar de inbreuk werd begaan, geheel of gedeeltelijk uit te baten of er onder gelijk welke hoedanigheid dan ook in dienst te worden genomen (art. 106 en art. 130 Soc.Sw.).

§ 4.   TIJDELIJKE OF MOBIELE BOUWPLAATSEN

985.   Hoofdstuk V van de Welzijnswet heeft betrekking op tijdelijke of mobiele bouwplaatsen. Met betrekking tot deze bouwplaatsen dienen, onder andere, de opdrachtgevers en aannemers aan bepaalde verplichtingen te voldoen.

986.   Meer bepaald wordt een inbreuk door de opdrachtgever of de bouwdirectie belast met het ontwerp, hun aangestelde of lasthebber, op de artikelen 15 tot 17 en 19 Welzijnswet strafrechtelijk gesanctioneerd (art. 131, 1° Soc.Sw.). De opdrachtgever of de bouwdirectie belast met het ontwerp, hun aangestelde of hun lasthebber, die geen of onvoldoende toezicht heeft gehouden op de door de coördinatoren inzake veiligheid en gezondheid tijdens de uitwerkingsfase van het ontwerp van het bouwwerk na te leven verplichtingen, onderwerpen zich eveneens aan een strafrechtelijke sancties (art. 131, 2° Soc.Sw.).

987. Ook de coördinator inzake veiligheid en gezondheid kan tijdens de verwezenlijking van een bouwwerk strafrechtelijk gesanctioneerd worden wanneer hij, als werkgever, zijn aangestelde of lasthebber, de taken waarmee hij belast is volgens de Welzijnswet en de uitvoeringsbesluiten ervan, hetzij uitvoert in strijd met de wet of de uitvoeringsbesluiten, hetzij niet uitvoert (art. 131, 3° Soc.Sw.).

988. Deze inbreuken worden gesanctioneerd hetzij met een strafrechtelijke geldboete van 100 tot 1000 euro, hetzij met een administratieve geldboete van 50 tot 500 euro. De inbreuk wordt bestraft hetzij met een gevangenisstraf van zes maanden tot drie jaar en een strafrechtelijke geldboete van 600 tot 6000 euro of met een van die straffen alleen, hetzij met een administratieve geldboete van 300 tot 3000 euro, wanneer ze gezondheidsschade of een arbeidsongeval tot gevolg heeft gehad voor een werknemer (art. 101 en 131 Soc.Sw.).

Daarenboven kan de rechter de veroordeelde het verbod opleggen om gedurende een periode van één maand tot drie jaar, zelf of via een tussenpersoon, de onderneming of inrichting waar de inbreuk werd begaan geheel of gedeeltelijk uit te baten of er onder gelijk welke hoedanigheid dan ook in dienst te worden genomen (art. 106 en art. 131 Soc.Sw.).

AFDELING 4. STRAFRECHTELIJKE AANSPRAKELIJKHEID IN HET RUIMTELIJKEORDENINGSRECHT

§ 1. DADER, MEDEDADER OF MEDEPLICHTIGE

989. Wanneer vergunningsplichtige handelingen vermeld in de artikelen 4.2.1 en 4.2.15 VCRO worden uitgevoerd hetzij zonder voorafgaande stedenbouwkundige vergunning, verkavelingsvergunning, omgevingsvergunning voor stedenbouwkundige handelingen of omgevingsvergunning voor het verkavelen van gronden, hetzij in strijd met de betreffende vergunning, of handelingen verder worden uitgevoerd, vermeld in de artikelen 4.2.1 en 4.2.15 VCRO, hetzij na verval, vernietiging of het verstrijken van de termijn van de betreffende vergunning, hetzij in geval van schorsing van de betreffende vergunning, worden strafrechtelijk gesanctioneerd met een gevangenisstraf van acht dagen tot vijf jaar en met een geldboete avn 26 euro tot 400.000 euro of met een van deze straffen alleen (art. 6.2.1, 1° VCRO).

Hetzelfde geldt voor het uitvoeren van handelingen in strijd met een ruimtelijk uitvoeringsplan of met stedenbouwkundige en verkavelingsverordeningen, of met bouw- en verkavelingsvergunningen die zijn verleend krachtens het DRO, of – na 1 mei 2000 – met plannen van aanleg en verordeningen tot stand gekomen volgens de bepalingen van het DRO die nog steeds van kracht zijn, tenzij de uitgevoerde handelingen vergund zijn of tenzij het gaat om handelingen vermeld in artikel 6.2.2, 6° VCRO (art. 6.2.1, 2°, 5° en 4° VCRO).

Ook het verder uitvoeren van de handelingen in strijd met een stakingsbevel, een bekrachtigingsbeslissing of een beschikking in kortgeding, alsook het uitvoeren van bepaalde handelingen in watergevoelig openruimtegebied is strafrechtelijk sanctioneerbaar met dezelfde sancties (art. 6.2.1, 3° en 6° VCRO).

De eigenaar die toestaat of aanvaardt dat een van de voormelde misdrijven wordt gepleegd, is evenzeer strafrechtelijk sanctioneerbaar met dezelfde sancties.

Dit zijn de stedenbouwkundige misdrijven.

990. Bouwen zonder inachtneming van de wettelijke bepalingen ter zake is derhalve niet enkel voor de bouwheer strafbaar, maar ook voor de aannemer, de architect en de ingenieur, voor zover zij op een of andere wijze hun medewerking aan het misdrijf hebben verleend. Zij kunnen worden beschouwd als dader dan wel als mededader of medeplichtige.

De personen die in de uitoefening van hun beroep of activiteit onroerende goederen bouwen of ontwerpen, of de personen die bij die verrichtingen als tussenpersoon optreden, worden echter gestraft met een minimumstraf (met name een gevangenisstraf van vijftien dagen en een geldboete van 2000 euro) als zij deze misdrijven plegen bij de uitoefening van hun beroep (art. 6.2.1, laatste lid VCRO). Hetzelfde geldt voor de andere professionelen in de vastgoedsector, onder wie notarissen en vastgoedmakelaars.

Misdrijven kunnen ofwel door de strafrechter bestraft worden, of er kan geopteerd worden voor de alternatieve bestuurlijke geldboete.

991. Het uitvoeren van een werk in strijd met de stedenbouwkundige voorschriften is geen voortzettingsmisdrijf. Het instandhouden van die werken is geen misdrijf meer indien het plaatsvindt buiten kwetsbaar gebied.[1618] Aangezien de aannemer en de architect de onwettige toestand niet kunnen wijzigen, kan het misdrijf van instandhouding hen hoe dan ook niet toegerekend worden.[1619]

992. Daarnaast zijn er nog bepaalde handelingen en omissies die gedepenaliseerd zijn, de zogenaamde stedenbouwkundige inbreuken, die enkel bestraft worden met een exclusieve bestuurlijke geldboete van maximaal 400.000 euro. Het betreft:

[1618] Zie art. 6.2.2, 1° VCRO.
[1619] Cass. 4 februari 2003, AR P.01.1462.N, www.cass.be; Antwerpen 27 oktober 1983, *T.Aann.* 1984, 163.

1° de instandhouding van de illegale gevolgen van de misdrijven, vermeld in artikel 6.2.1, eerste lid VCRO, voor zover die gevolgen zich situeren in kwetsbaar gebied;

2° het schenden van de verplichtingen vermeld in artikel 6.3.6, § 2, tweede en vierde lid VCRO, en artikel 6.4.9, § 2, tweede en vierde lid VCRO;

3° het uitvoeren van de handelingen vermeld in de artikelen 4.2.2 en 4.2.5, eerste lid, 3° VCRO, die voorafgaan aan de betekening van de meldingsakte, vermeld in artikel 6, tweede lid van het decreet van 25 april 2014 betreffende de omgevingsvergunning;

4° het schenden van de informatieplicht, vermeld in de artikelen 5.2.1 tot en met 5.2.6 VCRO;

5° het uitvoeren van handelingen zonder de controle van een architect als die controle verplicht is met toepassing van artikel 4 van de wet van 20 februari 1939 op de bescherming van den titel en van het beroep van architect en de uitvoeringsbesluiten ervan;

6° het uitvoeren van de handelingen, vermeld in artikel 4.4.1, § 3, tweede lid VCRO, in strijd met bijzondere plannen van aanleg, gemeentelijke uitvoeringsplannen en verkavelingsvergunningen of omgevingsvergunningen voor het verkavelen van gronden, voor zover die plannen of vergunningen, of de relevante delen ervan, niet zijn opgenomen in een door de gemeenteraad vastgestelde lijst als vermeld in artikel 4.4.1, § 3 VCRO;

7° het als eigenaar toestaan of aanvaarden dat de inbreuken vermeld in punt 1°, 3°, 5° en 6° worden gepleegd.

De bestuurlijke geldboete is een sanctie waarbij de gewestelijke beboetingsambtenaar een overtreder ertoe verplicht om een geldsom te betalen, afgestemd op de ernst van de inbreuk of het misdrijf en de frequentie en de omstandigheden waarin de overtreder de inbreuk of het misdrijf gepleegd heeft.[1620]

§ 2. OPZET – ONOVERKOMELIJKE DWALING

993. De strafbaar gestelde feiten zijn enkel strafbaar indien ze met opzet zijn gepleegd.[1621] Er is sprake van opzet indien men bewust in strijd met de wet handelt.[1622] Een loutere onvoorzichtigheid is niet voldoende.[1623]

Wanneer het opzet is bewezen, wordt het misdrijf enkel uitgesloten op grond van *onoverkomelijke dwaling*. Het te goeder trouw zijn is onvoldoende. Zo oor-

---

[1620] Art. 6.2.7 VCRO.

[1621] Zie bv. Cass. 8 september 1982, *Arr.Cass.* 1982-83, nr. 20.

[1622] Gent 16 januari 1998, *TMR* 1998, 285; Antwerpen 4 november 1987, *RW* 1988-89, 541, noot D. MERCKX, "Over enkele aspecten van de uitoefening van de strafvordering inzake stedenbouwkundige misdrijven".

[1623] Cass. 8 september 1982, *Arr.Cass.* 1982-83, nr. 20.

deelde het Hof van Cassatie dat er geen sprake is van onoverwinnelijke dwaling wanneer de bouwwerken werden uitgevoerd onder toezicht van een architect bij wie de bouwheer terechtkon om zo nodig inlichtingen in te winnen.[1624] Ook het gedogen door de gemeenteoverheid wordt als niet relevant beschouwd.[1625]

Onoverkomelijke dwaling kan slechts worden ingeroepen indien de beschuldigde zich in de absolute onmogelijkheid bevond om het bestaan van een bepaald strafrechtelijk beteugeld voorschrift te kennen of wanneer hij al het nodige deed om de juiste informatie over de wettelijke bepaling te verwerven, maar slecht werd ingelicht. De juridische dwaling dient derhalve onvermijdelijk te zijn.[1626]

Beroepsmensen die met de overheid moeten samenwerken en een informatieplicht hebben tegenover hun klanten, hebben nog een zwaardere bewijslast. Zij worden verondersteld niet te goeder trouw te zijn.[1627]

Zo kan een aannemer van wie wordt verwacht dat hij zich de vergunning laat voorleggen, niet voorhouden dat hij geen weet heeft van de vereiste van een stedenbouwkundige of omgevingsvergunning en van het feit dat de ontvangstmelding van een aanvraag tot vergunning en/of een gunstig advies geen vergunning is.[1628] Nog minder kan een architect, wiens professionele taak het is om de administratieve formaliteiten te vervullen die essentieel zijn om de opdracht tot een goed einde te brengen, zich ten aanzien van het ontbreken van een vergunning op zijn onwetendheid beroepen.

§ 3. HERSTELMAATREGELEN

994. Overeenkomstig artikel 6.3.1. VCRO kan de rechtbank, naast de straf, bevelen een meerwaarde te betalen en/of bouw- of aanpassingswerken uit te voeren en/of de plaats in de oorspronkelijke toestand te herstellen of het strijdige gebruik te staken.

Dit gebeurt ambtshalve of op vordering van een bevoegde overheid, met name het Openbaar Ministerie, de gewestelijke stedenbouwkundige inspecteur in naam van het Vlaamse Gewest, de gemeentelijke stedenbouwkundige inspecteur en de burgemeester in naam van de gemeente (art. 6.3.1, § 2 VCRO).

995. Herstel in de vorige staat betekent niet dat de plaats hersteld moet worden in een materiële toestand die identiek is aan de toestand die voor de bouwovertreding bestond, maar kan ook inhouden dat de illegale constructie volledig of

---

[1624] Cass. 16 mei 1995, *Arr.Cass.* 1995, nr. 238, *Pas.* 1995, I, 505.
[1625] Antwerpen 5 januari 1998, *RW* 1998-99, 119, noot S. DE TAEYE.
[1626] P. LEFRANC, "De strafrechtelijke aansprakelijkheid van beroepsmensen in het stedenbouwrecht", *TOGOR* 1999, 87.
[1627] B. HUBEAU en R. PEREMANS, *De sanctionering van stedenbouwmisdrijven*, Brugge, die Keure, 1993, 39, nrs. 38-39.
[1628] Zie bv. Gent 16 januari 1998, *TMR* 1998, 285.

gedeeltelijk wordt afgebroken zonder dat de constructie die voor de bouwovertreding op de plaats stond, behouden blijft.[1629] Het kan ook inhouden dat grondwerken en aanplantingen moeten worden verricht om het terrein in overeenstemming te brengen met zijn bestemming of omgeving, ook al stelt de rechter niet
vast dat voor de overtreding daarop een identieke begroeiing bestond.[1630]

996. De vordering tot betaling van de meerwaarde kan alleen maar worden
opgelegd aan de partij die zich door de bouwinbreuk ook daadwerkelijk heeft ver-
rijkt.[1631] Een dergelijke vordering tegen de architect is dan ook ongegrond.[1632]

AFDELING 5. SCHADE AAN KABELS
EN ONDERAARDSE LEIDINGEN

997. Bij de uitvoering van bouwwerken worden regelmatig allerhande kabels en
leidingen beschadigd. Het gaat hier om elektriciteits-, telefoon- en televisiekabels,
water- en gasleidingen enz. Om dit te voorkomen en met oog op de veiligheid en
de gezondheid van de bevolking, zijn talrijke regels uitgevaardigd waarvan de
overtreding strafrechtelijk gesanctioneerd wordt.

998. Voorafgaand aan de strafbepalingen en de aansprakelijkheidsregeling,
is het wenselijk de gebruikelijke terminologie en afkortingen die in het decreet
gebruikt worden, te verduidelijken.
- KLIP: Kabel en Leiding Informatie Portaal, dit is een elektronisch informa-
  tie- en uitwisselpunt voor informatie over kabels en leidingen tussen KLB's,
  planaanvragers en ODB's;
- KLB: Kabel en Leiding Beheerder: persoon die in het kader van zijn beroepsactiviteiten of taken van het publiek belang het beheer van kabels en leidingen
  op het Vlaamse grondgebied op zich neemt of op zich zal nemen binnen uiterlijk vijftig werkdagen;
- KLB-zone: het gebied waarbinnen een KLB kabels en leidingen beheert of zal
  beheren binnen uiterlijk vijftig werkdagen;
- ODB: OpenbaarDomeinBeheerder: persoon die het openbaar domein in zijn
  beheer heeft en zich aldus in het KLIP geregistreerd heeft.

Het KLIP-decreet bepaalt in artikel 15 dat iedereen die zich niet of niet-tijdig
registreert in het KLIP, of zijn KLB-zone niet invoert en activeert in het KLIP,

---

[1629] Cass. 4 april 2000, *Arr.Cass.* 2000, 221; zie ook Cass. 5 juni 2001, *TROS* 2001, 245; Cass.
24 november 2009, *RW* 2010-11, 453.
[1630] Cass. 13 september 2005, *Arr.Cass.* 2005, 1625.
[1631] Cass. 15 september 2009, www.cass.be, *Pas.* 2009, 1914; Rb. Kortrijk 15 januari 1991, *RW* 1991-
92, 155-157; Antwerpen 27 oktober 1983, *T.Aann.* 1984, 163.
[1632] B. HUBEAU en R. PEREMANS, *o.c.*, nr. 50.

zoals bepaald in artikel 6, § 1 of die zijn KLB-zone niet bijhoudt zoals bepaald in artikel 6, § 2 of die geen gevolg geeft aan een planaanvraag, zoals bepaald in de artikelen 9 tot 11, aansprakelijk is voor de schade die hiervan het gevolg is.

In geval van overdracht door een KLB van kabels en leidingen aan één of meerdere andere KLB's, is er een solidaire aansprakelijkheid tussen de betrokken KLB's voor de schade die het gevolg is van het feit dat er geen gevolg wordt gegeven aan de planaanvraag, zoals bepaald in de artikelen 9 tot 11 KLIP-decreet, tenzij er contractueel tussen de betrokken KLB's is overeengekomen dat slechts één van de betrokken KLB's de gehele aansprakelijkheid ter zake op zich zal nemen. In voorkomend geval is enkel die contractueel aangewezen KLB aansprakelijk.

999. Overeenkomstig artikel 17 van het KLIP-decreet van 14 maart 2008, gewijzigd door diverse decreten van de Vlaamse regering[1633], worden de volgende personen strafbaar gesteld:

- elke KLB die zich niet of niet tijdig registreert in het KLIP of die zijn KLB-zone niet invoert en activeert in het KLIP, zoals bepaald in artikel 6, § 1. Dit is uiterlijk de vijftigste werkdag voorafgaand aan het ogenblik dat hij in het kader van zijn beroepsactiviteiten of taken van publiek belang kabels en leidingen op het grondgebied van het Vlaamse Gewest begint te beheren, te registreren in het KLIP en uiterlijk de vijfenveertigste werkdag voor dat ogenblik zijn initiële KLB-zone via het KLIP in te voeren en te activeren;
- elke in het KLIP geregistreerde KLB die zijn KLB-zone niet bijhoudt zoals bepaald in artikel 6, § 2. Elke in het KLIP geregistreerde KLB is tevens verplicht om via het KLIP elke wijziging aan zijn KLB-zone in te voeren. Als de wijziging betrekking heeft op gebieden die voorheen niet in de KLB-zone begrepen waren, moet de KLB de wijziging invoeren en activeren. Dit gebeurt uiterlijk de vijfenveertigste werkdag voorafgaand aan het ogenblik dat men in het kader van zijn beroepsactiviteiten of taken van publiek belang in die zone kabels en leidingen begint te beheren. Als de wijziging betrekking heeft op het schrappen van gebieden die voorheen begrepen waren in de KLB-zone, dan mag die wijziging pas geactiveerd worden nadat de KLB effectief in de te schrappen gebieden geen leidingen meer beheert;
- elke persoon die overeenkomstig dit decreet een planaanvraag moet indienen en die die planaanvraag niet indient of niet tijdig heeft ingediend;
- elke persoon die overeenkomstig het decreet een planaanvraag moet indienen en die de verplichting uit artikel 11, § 2 miskent; dit houdt in dat hij de grondwerken niet mag aanvangen alvorens hij de informatie ontvangen heeft als antwoord op zijn planaanvraag;
- elke persoon die ter uitvoering van dit decreet opzettelijk foutieve informatie verstrekt, de verkregen informatie gebruikt voor andere doeleinden dan

---

[1633] Art. 11 DVR 2014-01-17/07, art. 4 DVR 2010-12-10/11.

bepaald in het decreet of op gelijk welke andere wijze oneigenlijk gebruik maakt van het KLIP;
– elke KLB die de informatie, zoals bepaald in artikel 11, niet tijdig verstrekt.

De bepalingen van hoofdstuk VII en artikel 85 Sw. zijn van toepassing op deze misdrijven. Personen die één van de bovenstaande misdrijven begaan, worden bestraft met een geldboete van 50 euro tot 50.000 euro.

1000. Ook de wet van 21 maart 1991 betreffende de hervorming van sommige economische overheidsbedrijven is nog van kracht. Die wet stelt in artikel 114 de personen strafbaar die:
– behalve in geval van overmacht, zonder de betrokken operator van een openbaar telecommunicatienet ten minste acht dagen vooraf bij ter post aangetekende brief in te lichten, eender welk werk uitvoert of laat uitvoeren waardoor de infrastructuur kan worden beschadigd of waardoor de werking ervan in gevaar kan komen;
– zich bij het uitvoeren of laten uitvoeren van voorgaande werken niet gedraagt naar de richtlijnen die met het oog op de beveiliging van de infrastructuur door de betrokken leverancier van een openbaar telecommunicatienetwerk zijn voorgeschreven;
– onopzettelijk door gebrek aan voorzichtigheid of voorzorg of opzettelijk een gedeelte van een openbaar telecommunicatienet beschadigt, vernielt of de werking ervan hindert of belet.

HOOFDSTUK 9

VERPLICHTINGEN VAN ALGEMEEN HANDELSRECHTELIJKE, FISCALE, SOCIALE EN BOEKHOUDKUNDIGE AARD

AFDELING 1. REGELS VAN TOEPASSING OP ONDERNEMINGEN IN HET ALGEMEEN

§ 1. ONDERNEMING OF AMBACHTSMAN

1001.   De wet van 15 april 2018 houdende hervorming van het ondernemingsrecht introduceerde een nieuw, ruimer ondernemingsbegrip. Volgens het gewijzigde artikel I.1, 1° WER worden als onderneming beschouwd:
– iedere natuurlijke persoon die zelfstandig een beroepsactiviteit uitoefent;
– iedere rechtspersoon;
– iedere andere organisatie zonder rechtspersoonlijkheid, tenzij zij niet aan winstuitkering doet of beoogt te doen.

Hieruit volgt dat ook natuurlijke personen die handelaars, ambachtslieden, vrijberoepsbeoefenaars of bestuurders van vennootschappen zijn, gekwalificeerd kunnen worden als "onderneming". Gelet op het ruime ondernemingsbegrip, werd het onderscheid tussen ambachts-, handels- en andere ondernemingen in het WER opgeheven.

1002.   Niettemin blijft de wet van 19 maart 2014 houdende wettelijke definitie van de ambachtsman bestaan. Volgens deze wet is de ambachtsman of de ambachtsonderneming een natuurlijk persoon of een rechtspersoon actief in de productie, de transformatie, de reparatie, de restauratie van voorwerpen, de levering van diensten waarvan de activiteiten in essentie betrekking hebben op manuele aspecten, op een authentiek karakter, en die een zekere kennis ontwikkelen gericht op kwaliteit, traditie, creatie of innovatie (art. 2). Om de erkenning als ambachtsman te kunnen aanvragen en om die hoedanigheid te behouden, moet de ambachtsman of de ambachtsonderneming een onderneming zijn die ingeschreven is in de Kruispuntbank van Ondernemingen voor de uitoefening van een of verschillende ambachtelijke activiteiten met een winstgevend doel en die minder dan twintig werknemers tewerkstelt.[1634]

Een aannemer die hoofdzakelijk materieel werk levert, uit hoofde van een overeenkomst van aanneming van werk, zonder levering of slechts toevallige levering van koopwaar, kan dus beschouwd worden als een ambachtsman (bv. kappers, uurwerkmakers, naaisters).[1635] Echter, in de meeste gevallen wordt naast het werk ook het materiaal geleverd door de aannemer, zodat de hoedanigheid van ambachtsman slechts zelden voorkomt.

Voor de ambachtsman gelden dikwijls specifieke regels (bv. een korte verjaringstermijn voor de vordering tegenover zijn klant).

§ 2. INSCHRIJVING IN DE KRUISPUNTBANK VAN ONDERNEMINGEN

1003. Voorafgaandelijk aan iedere activiteit dient iedere onderneming zich in te schrijven in de Kruispuntbank van Ondernemingen (KBO).[1636] Deze verplichting geldt zowel op het ogenblik van de oprichting van de onderneming als op het ogenblik van de opening van een nieuwe vestigingseenheid.[1637]

De inschrijving dient te gebeuren bij een ondernemingsloket naar keuze. Dit zijn door de bevoegde minister erkende instellingen die er onder meer voor zorgen dat de ondernemingen in de KBO worden ingeschreven.

Iedereen kan bij een ondernemingsloket inzage nemen van de gegevens betreffende een bepaalde onderneming en zich afschriften dan wel een uittreksel doen afgeven.[1638]

1004. De gegevens vermeld op de uittreksels van de KBO hebben bewijskracht tot bewijs van het tegendeel.[1639] De inschrijving in de KBO met de hoedanigheid van inschrijvingsplichtige onderneming vormt, behoudens tegenbewijs, een vermoeden van de hoedanigheid van onderneming.[1640]

1005. Tevens verkrijgen de ondernemingen, op het moment dat ze zich in de KBO inschrijven, een ondernemingsnummer, zijnde een uniek identificatienummer.[1641] Dit nummer dient op alle facturen, aankondigingen, bekend-

---

[1634] Art. 3 wet 19 maart 2014, zoal gewijzgd door de wet van 14 april 2018 houdende hervorming van het ondernemingsrecht (art. 251).

[1635] Voor een toepassing, zie Gent 24 februari 1988, *TGR* 1988, 56.

[1636] De wet maakt melding van het begrip "geregistreerde entiteit". Dit begrip is ruimer dan het begrip "onderneming" en toont aan dat de organisaties opgenomen in de KBO veel meer omvatten dan ondernemingen (zie art. III.16 WER).

[1637] Art. III.51 WER.

[1638] Art. III.34 WER.

[1639] Art. III.35 WER.

[1640] Art. III.49 WER.

[1641] Art. III.17 WER.

makingen, brieven, orders en andere stukken uitgaande van de onderneming vermeld te worden. Ook de voor de uitoefening van een economische activiteit gebruikte vervoermiddelen die hoofdzakelijk gebruikt worden voor in het kader van de uitoefeningsactiviteiten, dienen op zichtbare wijze het nummer te dragen.[1642]

Het nummer dient tevens op elk deurwaardersexploot opgenomen te worden, bij gebreke waarvan de rechtbank uitstel zal verlenen om de inschrijving in de KBO op de datum van de inleiding van de vordering te bewijzen.[1643] Indien deze termijn overschreden wordt of indien blijkt dat de onderneming geen inschrijving heeft, zal de vordering van ambtswege onontvankelijk verklaard worden.[1644] Dit geldt eveneens voor de vordering van een vrijwillig tussenkomende partij.[1645]

1006. Het Grondwettelijk Hof oordeelde in dit verband reeds dat artikel III.26 WER grondwetsconform moet worden geïnterpreteerd in de zin dat de sanctie van niet-ontvankelijkheid eveneens van toepassing is op elke gedinginleidende vordering, ongeacht de wijze waarop zij wordt ingesteld (deurwaardersexploot, verzoekschrift op tegenspraak, …).[1646]

1007. Indien de onderneming wel is ingeschreven, maar voor een andere activiteit dan degene waarop haar vordering gebaseerd is, of wanneer de vordering gebaseerd is op een activiteit die niet onder het maatschappelijk doel valt waarvoor de onderneming op die datum is ingeschreven, zal de vordering eveneens onontvankelijk zijn indien deze exceptie *in limine litis* (voor elke andere exceptie of elk ander verweer[1647]) werd opgeworpen.[1648] De exceptie moet dus in elk geval in de eerste conclusie opgeworpen worden.[1649]

Het Grondwettelijk Hof heeft daarom geoordeeld dat de sanctie van niet-ontvankelijkheid eveneens van toepassing is op een bij conclusie ingestelde tegenvordering die gebaseerd is op een activiteit waarvoor de onderneming op de datum van de inleiding van de vordering in de KBO niet is ingeschreven of op een activiteit die niet valt onder het maatschappelijk doel waarvoor de onderneming op die datum is ingeschreven.[1650] In de rechtsleer wordt aangenomen dat hieruit geconcludeerd moet worden dat de sanctie zal gelden voor elke akte waarmee een procespartij een vordering instelt, ongeacht de vorm van die akte.

[1642] Art. III.25 WER.
[1643] Art. III.26 WER. Het uitstel is vatbaar voor beroep: Brussel 8 januari 2010, *RW* 2010-11, 1002.
[1644] Art. III.26 WER.
[1645] Kh. Brussel (29e k.) 24 februari 2006, *RW* 2006-07, 1211.
[1646] GWH 22 november 2018, www.const-court.be.
[1647] Cass. 28 mei 2010, *Juristenkrant* 2010, afl. 219, 6.
[1648] Art. III.26, § 2 WER; Cass. 8 februari 2013, *TBO* 2014, 15; Kh. Bergen 5 december 2013, *JLMB* 2014, 190.
[1649] Cass. 17 oktober 2008, *Pas.* 2008, I, 2284.
[1650] GwH 21 maart 2007, *RW* 2006-07, 1378.

Zodoende dient het ondernemingsnummer eveneens op elke conclusie vermeld te worden.[1651]

Dat de opdrachtgever van de werken geen correcte inschrijving heeft in de KBO kan hem niet worden tegengeworpen en leidt niet tot de niet-ontvankelijkheid van zijn vordering wanneer zijn vordering niet gebeurt vanuit zijn beroepsactiviteit, maar louter als bouwheer-schadelijder. Zo oordeelde het hof van beroep van Antwerpen dat de vordering van een bedrijf wegens gebrekkige dakwerken ontvankelijk was ook al had ze geen inschrijving voor de yoga-activiteiten die zij zinnens was te doen in het gebouw.[1652]

De niet-inschrijving kan worden rechtgezet, waarna opnieuw tot dagvaarding kan worden overgegaan.[1653]

1008. Het uitoefenen van een activiteit zonder hiervoor in de KBO te zijn ingeschreven, leidt niet per definitie tot de nietigheid van de in het kader van deze activiteit gesloten overeenkomst wegens ongeoorloofde oorzaak. Het volstaat immers niet dat de overeenkomst een bepaling van openbare orde schendt, zij moet tevens tot doel hebben de openbare orde te schenden.[1654]

§ 3. INSCHRIJVING ALS BTW-BELASTINGPLICHTIGE

1009. Als handelaar dient de aannemer te zijn ingeschreven als btw-belastingplichtige. Hij dient zijn btw-nummer onder meer te vermelden op zijn brieven en facturen.

§ 4. BEKENDMAKING VAN DE HUWELIJKSVOORWAARDEN

1010. Indien de onderneming-natuurlijke persoon gehuwd is onder een ander huwelijksvermogensstelsel dan het wettelijke, dient hij daarvan aangifte te doen ter griffie van de ondernemingsrechtbank waar hij is ingeschreven in de KBO.

Indien hij nalaat dit te doen, kan hij in geval van faillissement worden veroordeeld tot het misdrijf van eenvoudige bankbreuk.

[1651] D. DE MAREZ en P. VAN CAENEGEM, "De inschrijving in de Kruispuntbank der ondernemingen" in B. TILLEMAN en E. TERRYN (eds.), *Beginselen van Belgisch privaatrecht, Handels- en economisch recht*, Deel I. Ondernemingsrecht, Volume A, Mechelen, Kluwer, 2011, 491.

[1652] Antwerpen (2e k.) 6 januari 2016, *TBO* 2017, 174.

[1653] Gent 2 januari 2013, *TGR* 2014, 137.

[1654] Gent 2 januari 2013, *TGR* 2014, 137.

§ 5. HET VOEREN VAN EEN BOEKHOUDING

1011. Als algemeen principe geldt dat iedereen die in België zelfstandig een beroepsactiviteit uitoefent, iedere onderneming naar Belgisch recht en iedere onderneming met in België gevestigde bijkantoren of centra van werkzaamheden boekhoudplichtig[1655] zijn en dit met inachtneming van de gebruikelijke regels van het dubbel boekhouden.[1656]

Elke boeking gebeurt normaal gezien aan de hand van een gedagtekend verantwoordingsstuk. Voor verrichtingen van verkoop en dienstverlening in het klein waarvoor geen factuur vereist is, kan de boeking weliswaar geschieden door middel van een dagelijkse, gezamenlijke inschrijving.[1657]

De boeken moeten gedurende zeven jaar bewaard worden, te rekenen van de eerste januari van het jaar dat op de afsluiting volgt.[1658]

§ 6. HOUDER ZIJN VAN EEN POSTCHEQUEREKENING OF VAN EEN REKENING BIJ EEN BANKINSTELLING[1659]

1012. Het rekeningnummer dient onder meer te worden vermeld op alle brieven en facturen.

AFDELING 2. REGELS MET BETREKKING TOT DE TOEGANG TOT HET BEROEP

§ 1. OUDE REGELING

1013. De programmawet van 10 februari 1998 tot bevordering van het zelfstandig ondernemerschap bepaalde dat elke KMO, natuurlijke persoon of rechtspersoon die een activiteit uitoefende die in het handels- of ambachtsregister moest worden ingeschreven, vooraf moest bewijzen over de basiskennis van het bedrijfsbeheer te beschikken.[1660] Daarnaast bepaalde de programmawet dat voor bepaalde beroepsactiviteiten tevens het bewijs moest worden voorgelegd van de specifieke beroepsbekwaamheid.[1661]

[1655] Art. III.88 WER.
[1656] Art. III.84 WER.
[1657] Art. III.86 WER.
[1658] Art. III.88 WER.
[1659] KB nr. 56 van 10 november 1967 tot bevordering van het gebruik van giraal geld, *BS* 14 november 1967.
[1660] Art. 4 Vestigingswet.
[1661] Art. 3, 2° Vestigingswet.

A. Basiskennis van het bedrijfsbeheer

1014. Vanaf 1 januari 1999 diende elke KMO, natuurlijke of rechtspersoon die een activiteit uitoefent die in de KBO moet worden ingeschreven, vooraf te bewijzen over de basiskennis van het bedrijfsbeheer te beschikken.[1662]

Er diende meer bepaald een opleiding van minstens 120 uren gevolgd te worden waarin zowel gepeild werd naar het ondernemend denken en de ondernemerscompetenties als naar de elementaire kennis over de oprichting van een onderneming, de boekhoudkundige, financiële en fiscale aspecten, het commerciële beheer en de wetgeving.

Er werden wel enkele vrijstellingen voorzien. Zo dienden natuurlijke personen die een diploma hoger onderwijs hadden, de opleiding niet te volgen. Er werd immers aangenomen dat deze personen reeds over voldoende kennis beschikten. Ook wanneer voldoende praktijkervaring aangetoond kon worden, diende de opleiding niet meer gevolgd te worden.

B. Beroepsbekwaamheid

1015. Bij KB van 29 januari 2007[1663] werd bepaald dat iedereen die een van de volgende activiteiten wilde verrichten, het bewijs diende te leveren van zijn beroepsbekwaamheid.

1016. De activiteiten die rechtstreeks betrekking hebben op het optrekken, herstellen of slopen van een gebouw of op het aanbrengen van een roerend goed in een gebouw zodat het onroerend wordt door incorporatie:
– de ruwbouwactiviteiten, met name metsel-, beton- of sloopwerken;
– de stukadoor-, cementeer- en dekvloeractiviteiten;
– de tegel-, marmer- en natuursteenactiviteiten;
– de dakdekkers- en de waterdichtingsactiviteiten;
– de schrijnwerkers- en de glazenmakersactiviteiten;
– de eindafwerkingsactiviteiten, met name schilder- en behangwerken en het plaatsen van soepele vloerbekleding;
– de installatieactiviteiten voor centrale verwarming, klimaatregeling, gas en sanitair;
– de elektrotechnische activiteiten;
– de algemene aannemingsactiviteiten (art. 1).

Onder de 'algemene aannemingsactiviteiten' dienden de activiteiten gekwalificeerd te worden van de aannemer die, in naam en voor rekening van derden,

---

[1662] Art. 4 programmawet 10 februari 1998 tot bevordering van het zelfstandig ondernemerschap, *BS* 21 februari 1998.

[1663] KB 29 januari 2007 betreffende de beroepsbekwaamheid voor de uitoefening van zelfstandige activiteiten van het bouwvak en van de elektrotechniek, alsook van de algemene aanneming, *BS* 27 februari 2007.

in uitvoering van een aannemingscontract, een gebouw bouwt, verbouwt, laat bouwen of verbouwen zodat dit afgewerkt wordt, en hiervoor een beroep doet op meerdere onderaannemers (art. 31).

1017. De vereiste van 'beroepsbekwaamheid' impliceerde dat het bewijs geleverd moest worden dat men over de noodzakelijke technische en administratieve kennis beschikte. Dit bewijs kon bijvoorbeeld geleverd worden middels praktijkervaring of door het voorleggen van een passend diploma/getuigschrift.

Bij gebrek aan beroepsbekwaamheid is de aannemingsovereenkomst integraal en absoluut nietig.[1664]

§ 2. NIEUWE REGELING IN VLAANDEREN

1018. De verplichting om te bewijzen dat men over de vereiste basiskennis van het bedrijfsbeheer en de specifieke beroepsbekwaamheid beschikt, werd inmiddels opgeheven in het Vlaamse Gewest.

Eerst werden de wettelijke bepalingen over de basiskennis van het bedrijfsbeheer opgeheven vanaf 1 september 2018 bij decreet van 18 mei 2018.[1665] Bij Besluit van de Vlaamse Regering van 19 oktober 2018[1666] werd het KB van 29 januari 2007 betreffende de beroepsbekwaamheid vervolgens opgeheven en dit met ingang vanaf 1 januari 2019.

In het Vlaams Gewest gelden er dus geen vereisten meer inzake basiskennis van het bedrijfsbeheer of beroepsbekwaamheid.

Hierbij wordt opgemerkt dat de afschaffing enkel voor de toekomst werkt. Bovendien moet het geoorloofde karakter van een overeenkomst beoordeeld worden op het ogenblik waarop ze wordt gesloten. Een overeenkomst die gesloten werd met een aannemer die niet over vereiste beroepsbekwaamheden en/of kennis beschikte op de datum waarop de overeenkomst werd gesloten, zal bijgevolg nog steeds nietig verklaard kunnen worden.[1667] De aannemer zal zich niet kunnen beroepen op de latere afschaffing van deze vereisten.

1019. De beslissing tot opheffing van de vestigingsvoorwaarden werd genomen in navolging van de Europese richtlijn op de beroepskwalificaties. De richtlijn

---

[1664] Luik 15 december 2015, *T.Aann.* 2016, 87, noot; Luik 15 december 2011, *T.Aann.* 2013, 178; Brussel 29 mei 2009, *T.Aann.* 2010, 454, noot C. WIJNANTS; Rb. Brussel 23 mei 2017, *T.Aann.* 2018/3, 266, noot I. EKIERMAN.

[1665] Decr.Vl. 18 mei 2018 tot opheffing van de wettelijke bepalingen over de basiskennis van het bedrijfsbeheer, *BS* 11 juni 2018.

[1666] Besl.Vl.Reg. 19 oktober 2018 tot opheffing van het koninklijk besluit van 21 december 1974 tot bepaling van de eisen tot uitoefening van de beroepswerkzaamheid van installateur-frigorist in de kleine en middelgrote handels- en ambachtsondernemingen en het koninklijk besluit van 29 januari 2007 betreffende de beroepsbekwaamheid voor de uitoefening van zelfstandige activiteiten van het bouwvak en van de elektrotechniek, alsook van de algemene aanneming, *BS* 23 november 2018.

[1667] Cass. 27 september 2018, AR C.17.0669.F, www.cass.be.

vertrekt namelijk vanuit de idee dat beroepskwalificaties alleen toegelaten zijn als zij nodig zijn voor het *algemeen belang*. Als algemeen principe geldt namelijk het *vrij verkeer van diensten*, waardoor iedereen die in een lidstaat een gereglementeerd beroep mag uitoefenen, dat ook moet kunnen in een andere lidstaat. Wanneer een lidstaat derhalve vestigingsvoorwaarden oplegt, zoals beroepskwalificaties, zullen die voorwaarden niet opgelegd mogen worden aan onderdanen van andere EU-lidstaten die in België willen werken.

Er zou bijgevolg een onderscheid gemaakt moeten worden tussen Belgische ondernemingen en hun buitenlandse concurrenten, waarbij de Belgische ondernemingen aan strengere regels moeten voldoen. In het Vlaams Gewest werd geoordeeld dat deze discriminatie niet houdbaar is, in het bijzonder in de bouwsector, en werden de vestigingsvoorwaarden bijgevolg afgeschaft.

1020.   Opmerkelijk is dat het Brussels Hoofdstedelijk Gewest en het Waals Gewest deze redenering niet volgen. Daar gelden de vestigingsvoorwaarden nog steeds. Wanneer een Vlaamse onderneming dus activiteiten wil ontplooien in Brussel of Wallonië, bestaat de kans dat de Vlaamse onderneming geweigerd zal worden. De Vlaamse onderneming kan namelijk niet meer bewijzen dat ze beschikt over de nodige beroepsbekwaamheid en basiskennis van het bedrijfsbeheer …

1021.   De vestigingsvoorwaarden zorgden er bovendien voor dat alleen personen die over voldoende kennis ter zake beschikten, activiteiten in de bouwsector mochten verrichten. Vooral in de bouwsector zijn kwaliteit en veiligheid namelijk essentiële begrippen. De afschaffing van de vestigingsvoorwaarden heeft tot gevolg dat iedereen opeens een bouwonderneming kan opstarten. De vraag is dan ook hoe de veiligheid en de kwaliteit in de bouwsector nog gewaarborgd zullen worden.

Het zou evenwel de bedoeling zijn om de doelstellingen van de Vestigingswet in de toekomst te verwezenlijken door algemene voorschriften (zoals het principe dat de werken uitgevoerd moeten worden volgens de regels van de kunst) en specifieke regels (zoals het Algemeen Reglement op de Elektrische Installaties (AREI), keuringsattesten, productspecificaties …).

AFDELING 3. HOOFDELIJKE AANSPRAKELIJKHEID EN INHOUDINGS- EN DOORSTORTINGSPLICHT VOOR SOCIALE EN FISCALE SCHULDEN

1022.   Oorspronkelijk gold er een registratieplicht voor aannemers. Deze registratieplicht was ingevoerd met als doel sociale en fiscale fraude tegen te gaan. Immers, een aannemer kon enkel geregistreerd worden indien hij in overeenstemming was met de Vestigingswet en dus over de nodige beroepsbekwaamheid beschikte. Bovendien werden opdrachtgevers en hoofdaannemers die een beroep deden op een niet-geregistreerde (onder)aannemer, hoofdelijk aansprakelijk gesteld voor de sociale en fiscale schulden van de (onder)aannemer en dienden de opdrachtgevers en hoofdaannemers die een beroep wensten te doen op een niet-geregistreerde aannemer, verplicht inhoudingen te doen op het verschuldigde bedrag en die door te storten aan de RSZ en de fiscus.

In haar arrest van 9 november 2006 besliste het Hof van Justitie evenwel dat de verplichte registratie en de bijbehorende procedure een belemmering vormden voor het vrij verkeer van diensten.[1668]

In navolging van dit arrest werd in 2008 de koppeling tussen de registratieplicht en de hoofdelijke aansprakelijkheid en de inhoudings- en doorstortingsplicht in geval van sociale of fiscale schulden afgeschaft.

Sinds 2008 dienen de opdrachtgevers en de (hoofd)aannemers *op het moment van het sluiten van de overeenkomst* na te gaan of de aannemer op wie ze een beroep wensen te doen, fiscale of sociale schulden heeft. Indien dit het geval is, zijn ze hoofdelijk aansprakelijk voor de betaling van de fiscale of sociale schulden van de (onder)aannemer.[1669]

Met ingang van 1 september 2012 werd de registratieplicht voor aannemers ten slotte afgeschaft.

§ 1. TOEPASSINGSGEBIED[1670]

1023. De opdrachtgever of de (hoofd)aannemer die een beroep doet op een (onder)aannemer die sociale of fiscale schulden heeft op het ogenblik van het afsluiten van de overeenkomst, is hoofdelijk aansprakelijk voor de betaling van de sociale of fiscale schulden van zijn medecontractant.

De hoofdelijke aansprakelijkheid geldt eveneens voor de fiscale en sociale schulden van de aannemer of de onderaannemer die ontstaan in de loop van de uitvoering van de overeenkomst.[1671]

Bovenstaande regelgeving impliceert dus dat de opdrachtgever of de (hoofd)aannemer voor het geheel van de bovenstaande schulden kan worden aangesproken.

1024. Als opdrachtgever wordt iedereen beschouwd die de opdracht geeft om tegen een prijs werken uit te voeren of te laten uitvoeren.[1672] Wanneer een vennootschap louter aangeduid staat als degene die de factuur van de aannemer moet betalen die werken uitvoert in opdracht van een andere partij, kan de betreffende vennootschap dus niet als opdrachtgever beschouwd worden.[1673]

[1668]   HvJ 9 november 2006, *TBO* 2007, 131, noot I. MASSIN.
[1669]   Art. 55 programmawet 27 april 2007, *BS* 8 mei 2007.
[1670]   Art. 402 WIB 1992; art. 30*bis* RSZ-Wet.
[1671]   Art. 402, § 6 WIB 1992; art. 30*bis*, § 3, elfde lid RSZ-Wet.
[1672]   Art. 400, 2° WIB 1992; Art. 30*bis*, § 1, 1° RSZ-Wet.
[1673]   Arbh. Brussel 17 maart 2016, *JTT* 2016, afl. 1249, 245.

1025. Onder aannemer worden dan weer begrepen[1674]:
- iedereen die er zich toe verbindt om tegen een prijs voor een opdrachtgever werken uit te voeren of te laten uitvoeren;
- iedere onderaannemer ten overstaan van de na hem komende onderaannemers, waarbij een onderaannemer iedereen is die zich ertoe verbindt, hetzij rechtstreeks, hetzij onrechtstreeks, in welk stadium ook, tegen een prijs het aan de aannemer toevertrouwde werk of een onderdeel ervan uit te voeren of te laten uitvoeren of daartoe werknemers ter beschikking te stellen.

1026. De hoofdelijke aansprakelijkheid geldt echter niet voor elke opdrachtgever of (hoofd)aannemer. Enkel wanneer de overeenkomst betrekking heeft op het uitvoeren van volgende werken, geldt de hoofdelijke aansprakelijkheid:
- de werken omschreven in artikel 20, § 2 KB nr. 1 van 29 december 1992, waaronder de werken in onroerende staat[1675];
- de werken die vallen onder het Paritair Comité voor de bewakings- en/of toezichtdiensten (KB 27 december 2007, *BS* 31 december 2007);
- werken in de vleessector (KB 27 december 2007, *BS* 31 december 2007).

Bovendien bestaat het risico op hoofdelijke aansprakelijkheid niet wanneer de opdrachtgever een natuurlijk persoon is die voormelde werkzaamheden uitsluitend laat uitvoeren voor privédoeleinden.[1676] Het Hof van Cassatie heeft in dit verband verduidelijkt dat er sprake is van "privéwerken" wanneer de opdrachtgever-natuurlijke persoon de werken louter laat uitvoeren in het kader van het gewone beheer van het eigen bezit. De omstandigheid dat een onroerend goed niet enkel als woonst dient, maar ook voor handelsdoeleinden is bestemd, is op zich niet ter zake dienend.[1677] Het onroerend goed waarop de werken betrekking hebben, hoeft dus niet uitsluitend voor privaat gebruik bestemd te zijn.

Zo werd reeds geoordeeld dat de hoofdelijke aansprakelijkheid niet speelt wanneer er werken worden uitgevoerd aan een pand dat was aangekocht als private belegging met private gelden. Het betrof namelijk werken die uitsluitend voor privédoeleinden werden verricht. Dat het pand daarna als winkelruimte verhuurd werd en het onroerend goed bijgevolg een bestemming als handelspand kreeg voor de uitoefening van de beroepsactiviteiten van een derde partij, is irrelevant.[1678]

[1674] Art. 400, 3° WIB 1992; Art. 30*bis*, § 1, 2° RSZ-Wet.
[1675] Hieronder wordt begrepen: het bouwen, het verbouwen, het afwerken, het inrichten, het herstellen, het onderhouden, het reinigen en het afbreken, geheel of ten dele, van een uit zijn aard onroerend goed, en de handeling die erin bestaat een roerend goed te leveren en het meteen op zodanige wijze aan te brengen aan een onroerend goed dat het onroerend uit zijn aard wordt (art. 20, § 2 KB nr. 1 van 29 december 1992 met betrekking tot de regeling voor de voldoening van de belasting over de toegevoegde waarde *juncto* art. 19, § 2 BTW-Wetboek).
[1676] Art. 30*bis*, § 10 RSZ-wet; art. 407 WIB 1992.
[1677] Cass. 9 oktober 2017, www.cass.be.
[1678] Arbh. Gent 24 juni 2016, *NJW* 2016, afl. 348, 692, noot E. TIMBERMONT.

§ 2. OMVANG VAN DE AANSPRAKELIJKHEID

1027. Wat betreft de fiscale schulden kan de hoofdelijke aansprakelijkheid worden aangewend voor de betaling in hoofdsom, verhogingen, kosten en interesten, ongeacht hun datum van vestiging. Ze wordt evenwel beperkt tot 35% van de totale prijs van de werken toevertrouwd aan de aannemer of onderaannemer, exclusief btw.[1679]

1028. Wat betreft de sociale schulden wordt de hoofdelijke aansprakelijkheid beperkt tot de totale prijs van de werken toevertrouwd aan de aannemer of onderaannemer, exclusief btw.[1680]

1029. De hoofdelijke aansprakelijkheid geldt ook voor de belastingschulden en sociale schulden van de vennoten van een tijdelijke handelsvennootschap, een stille handelsvennootschap of een maatschap die optreedt als aannemer of onderaannemer.[1681]

1030. In dit verband werd een prejudiciële vraag gesteld aan het Grondwettelijk Hof. Meer bepaald werd gevraagd of de regeling van artikel 30*bis*, § 3 RSZ-Wet in strijd is met de artikelen 10 en 11 Gw., aangezien de rechter die zich over de hoofdelijke aansprakelijkheid uitspreekt, het bedrag niet kan milderen op grond van het evenredigheidsbeginsel. Het Hof oordeelde hieromtrent dat de RSZ evenmin over de bevoegdheid beschikt om de omvang van de vordering te beperken. Het bedrag waarop de hoofdelijke aansprakelijkheid betrekking heeft, wordt immers slechts bepaald door de omvang van de sociale schulden van de aannemer en door het totale bedrag van de aan de aannemer toevertrouwde werken, exclusief btw. Het risico voor een opdrachtgever weegt niet op tegen de doelstelling om de sociale fraude efficiënt te bestrijden en is een onvermijdelijk gevolg van de legitieme keuze van de wetgever om de opdrachtgevers in dit verband te responsabiliseren. Artikel 30, § 3*bis* RSZ-Wet is dus wel degelijk bestaanbaar met de artikelen 10 en 11 Gw.[1682]

1031. De wet voorziet eveneens in een ketenaansprakelijkheid. Wanneer de betaling van de sommen die van een onderaannemer worden gevorderd bij toepassing van de hoofdelijke aansprakelijkheid, niet of niet volledig werd verricht, zullen de opdrachtgever, de aannemer alsook iedere tussenkomende onderaannemer hiervoor hoofdelijk aansprakelijk zijn.

Evenwel wordt de ketenaansprakelijkheid in de eerste plaats toegepast in hoofde van de aannemer die een beroep heeft gedaan op de in gebreke blijvende

---

[1679] Art. 402, § 4, eerste en tweede lid WIB 1992.
[1680] Art. 30*bis*, § 3, vierde lid RSZ-Wet.
[1681] Art. 402, § 5 WIB 1992; art. 30*bis*, § 3, tiende lid RSZ-Wet.
[1682] GwH 25 mei 2016, nr. 79/2016, www.const-court.be.

onderaannemer. Pas wanneer deze aannemer nalaat de fiscale schulden te vereffenen binnen dertig dagen na de betekening van een dwangbevel en de sociale schulden binnen dertig dagen na de verzending van een aangetekende ingebrekestelling, wordt de hoofdelijke aansprakelijkheid in chronologische volgorde toegepast ten opzichte van de in een voorafgaand stadium tussenkomende aannemers en in de laatste plaats ten opzichte van de opdrachtgever.[1683]

§ 3. SAMENLOOP TUSSEN DE SOCIALE EN DE FISCALE HOOFDELIJKE AANSPRAKELIJKHEID

1032.   De wetgever heeft ervoor geopteerd een regeling uit te werken voor de samenloop van de sociale en de fiscale hoofdelijke aansprakelijkheid, om te vermijden dat de aansprakelijkheid niet hoger zou oplopen dan het totale bedrag van de toevertrouwde werken.

1033.   De RSZ-Wet bepaalt dat de hoofdelijke aansprakelijkheid in hoofde van de opdrachtgever of de aannemer wordt beperkt tot 65% wanneer de fiscale hoofdelijke aansprakelijkheid is toegepast in hoofde van dezelfde opdrachtgever of aannemer.[1684]

1034.   Het WIB bepaalt daarentegen dat de hoofdelijke aansprakelijkheid in hoofde van de opdrachtgever of aannemer vervalt wanneer de sociale hoofdelijke aansprakelijkheid is toegepast in hoofde van dezelfde opdrachtgever of aannemer.[1685]
Hoewel het WIB dus bepaalt dat de fiscale hoofdelijke aansprakelijkheid zal vervallen, heeft dit niet tot gevolg dat de fiscale en de sociale hoofdelijke aansprakelijkheid nooit kunnen samenlopen. Voornoemde vervalregeling heeft namelijk enkel en alleen tot doel de volgorde te bepalen waarin de hoofdelijke aansprakelijkheid moet worden toegepast.

1035.   Bovenstaande bepalingen dienen dus als volgt geïnterpreteerd te worden:
- indien eerst de sociale hoofdelijke aansprakelijkheid wordt toegepast voor het totale bedrag van de werken, kunnen de opdrachtgever en de hoofdaannemer nadien niet meer hoofdelijk aangesproken worden voor de fiscale schulden;
- indien eerst de fiscale hoofdelijke aansprakelijkheid wordt toegepast voor 35%, dient de sociale hoofdelijke aansprakelijkheid nadien beperkt te worden tot 65%.[1686]

[1683]   Art. 402, § 8 WIB 1992; art. 30bis, § 3/1 RSZ-Wet.
[1684]   Art. 30bis, § 3, elfde lid RSZ-Wet.
[1685]   Art. 402, § 7 WIB 1992.
[1686]   C. DE WOLF en A. VERHEGGEN, *De sociale en fiscale inhoudingsplicht van opdrachtgevers en aannemers*, Kortrijk-Heule, UGA, 2009, 145.

§ 4. INHOUDINGS- EN DOORSTORTINGSPLICHT[1687]

A. Toepassingsgebied

1036. Wanneer de opdrachtgever of (hoofd)aannemer werken laat uitvoeren door een (onder)aannemer en hiervoor een prijs betaalt aan de (onder)aannemer, dient de opdrachtgever of (hoofd)aannemer bij de betaling van een deel of het geheel van de prijs aan de (onder)aannemer een percentage van deze betaling, exclusief btw, in te houden en door te storten naar de aangeduide ontvanger bij de fiscale of sociale administratie, indien de (onder)aannemer op het ogenblik van de betaling fiscale of sociale schulden heeft.

De inhoudingsplicht geldt voorts voor de werkzaamheden waarvoor ook de hoofdelijke aansprakelijkheid geldt en er geldt eveneens een uitzondering ingeval het een opdrachtgever-natuurlijk persoon betreft die de werkzaamheden uitsluitend laat uitvoeren voor privédoeleinden.

B. Omvang van de inhoudings- en doorstortingsplicht

1037. Heeft de (onder)aannemer op het ogenblik van de betaling fiscale schulden, dan zal de opdrachtgever of (hoofd)aannemer 15% van het door hem verschuldigde bedrag, exclusief btw, dienen in te houden en door te storten aan de fiscale administratie.[1688]

Heeft de (onder)aannemer op het ogenblik van de betaling sociale schulden, dan zal de opdrachtgever of (hoofd)aannemer 35% van het door hem verschuldigde bedrag, exclusief btw, dienen in te houden en door te storten aan de sociale administratie.[1689]

Heeft de (onder)aannemer op het ogenblik van de betaling zowel fiscale als sociale schulden, dan zal de opdrachtgever of (hoofd)aannemer dus 50% van het door hem verschuldigde bedrag, exclusief btw, dienen in te houden en door te storten aan de fiscale en de sociale administratie.

1038. In dit kader oordeelde het Hof van Cassatie reeds dat artikel 30*bis*, eerste lid RSZ-Wet strikt moet worden uitgelegd. Zo bepaalde het Hof dat de verplichting tot inhouding en doorstorting niet geldt indien er tussen de opdrachtgever of hoofdaannemer en de (onder)aannemer een schuldvergelijking heeft plaatsgevonden. De wettelijke schuldvergelijking heeft immers tot gevolg dat de wederzijdse schulden tussen de opdrachtgever of hoofdaannemer en de (onder)aannemer, uit welke oorzaak deze schulden ook zijn ontstaan, krachtens de wet van rechtswege

---

[1687] Art. 403 WIB 1992; art. 30*bis* wet 27 juni 1969 tot herziening van de besluitwet van 28 december 1944 betreffende de maatschappelijke zekerheid der arbeiders.

[1688] Art. 403, § 1 WIB 1992.

[1689] Art. 30*bis*, § 4, eerste lid RSZ-Wet.

tenietgaan, zonder enig handelend optreden van de opdrachtgever of hoofdaannemer en zelfs buiten diens weten. De schuldvergelijking kan dus niet gelijkgesteld worden met een "betaling" in de zin van artikel 30*bis*, eerste lid RSZ-Wet.[1690]

Aangezien de inhoudingsplicht en de doorstortingsplicht voor fiscale schulden gelijkaardig is, kan worden aangenomen dat de redenering van het Hof ook in die situatie van toepassing is.

1039. De algemene regeling voor de inhoudings- en doorstortingsplicht dient evenwel genuanceerd te worden. De wet heeft namelijk een beperkingsmogelijkheid voorzien van het in te houden en door te storten factuurbedrag. De wet stelt namelijk dat de inhoudingen en stortingen in voorkomend geval beperkt worden tot het bedrag van de schulden van de aannemer of onderaannemer op het ogenblik van de betaling. De beperking werd gekoppeld aan de minimumgrens van 7143 euro.[1691]

Met andere woorden, indien het factuurbedrag lager is dan 7143 euro, speelt de beperkingsmogelijkheid niet. De opdrachtgever of (hoofd)aannemer zal bijgevolg steeds 15% dan wel 35% van het factuurbedrag dienen in te houden en door te storten.

Indien het factuurbedrag gelijk is aan of hoger is dan 7143 euro en de schulden van de aannemer of onderaannemer bedragen minder dan 15% dan wel 35% van het factuurbedrag, worden de inhoudingen en stortingen beperkt tot het bedrag van de schulden van de aannemer of onderaannemer op het ogenblik van de betaling.

C. Gevolgen van het niet-naleven van de inhoudings- en doorstortingsplicht

1040. De opdrachtgever en de (hoofd)aannemer dienen voorafgaand aan elke betaling na te gaan of de (onder)aannemer fiscale of sociale schulden heeft, om de correcte inhoudingen en doorstortingen te kunnen doorvoeren.

Bij een correcte inhouding op de betalingen en doorstorting wordt de hoofdelijke aansprakelijkheid immers niet toegepast. De opdrachtgever of de (hoofd)aannemer kunnen dus niet langer hoofdelijk worden aangesproken voor de fiscale of sociale schulden van zijn medecontractant.[1692]

Wordt de inhoudings- en doorstortingsplicht niet correct nageleefd, dan blijft de hoofdelijke aansprakelijkheid onverkort gelden.[1693]

1041. Bovenop de hoofdelijke aansprakelijkheid zal een bijkomende financiële sanctie worden opgelegd gelijk aan het te betalen bedrag.[1694] Deze sanctie kan

---

[1690] Cass. 12 maart 2018, *TBO* 2018, 426.
[1691] Art. 403, § 5 WIB 1992; art. 30*bis*, § 4, zevende lid RSZ-Wet.
[1692] Art. 403, § 4 WIB 1992; art. 30*bis*, § 4, vierde lid RSZ-Wet.
[1693] Art. 403, § 4 WIB 1992; art. 30*bis*, § 4, vijfde lid RSZ-Wet.
[1694] Art. 404 WIB 1992; art. 30*bis*, § 5 RSZ-Wet.

weliswaar verminderd worden. De fiscale reglementering voorziet in een vermindering tot een achtste wanneer het een eerste overtreding betreft, een vermindering tot een vierde wanneer het een tweede overtreding betreft en een vermindering tot de helft wanneer het een derde overtreding betreft. De sociale reglementering daarentegen bepaalt dat de sanctie verminderd kan worden wanneer de aannemer en de onderaannemers geen schuldenaar zijn van bijdragen voor sociale zekerheid.

1042. Een vrijstelling van 50% kan worden verleend wanneer de niet-betaling het gevolg is van uitzonderlijke omstandigheden.[1695]

1043. Bovenop het bedrag dat verschuldigd was ingevolge de hoofdelijke aansprakelijkheid, vorderde de RSZ jarenlang ook de betaling van het bedrag van de niet-gedane inhouding. Het Hof van Cassatie oordeelde recent echter dat de inhoudingen en stortingen beschouwd moeten worden als voorschotten op de bedragen die de opdrachtgever of de (hoofd)aannemer verschuldigd is ingevolge de hoofdelijke aansprakelijkheid. Van de opdrachtgever of de (hoofd)aannemer kan dus enkel het bedrag gevorderd worden dat verschuldigd is op grond van de hoofdelijke aansprakelijkheid. Er kan geen bijkomende betaling gevorderd worden van het bedrag dat niet werd ingehouden en doorgestort.[1696]

1044. Of een (onder)aannemer sociale en/of fiscale schulden heeft, kan eenvoudig nagegaan worden via de onlinedienst Check Inhoudingsplicht (www.checkinhoudingsplicht.be). Door het invullen van het ondernemingsnummer van de (onder)aannemer kan de vereiste informatie snel verkregen worden.

AFDELING 4. HOOFDELIJKE AANSPRAKELIJKHEID VOOR LOONSCHULDEN

1045. Bij de programmawet van 29 maart 2012[1697] werd een nieuw hoofdstuk 'Hoofdelijke aansprakelijkheid voor de betaling van loon' in de wet van 12 april 1965[1698] ingevoerd. Bij wet van 11 februari 2013[1699] werd dit hoofdstuk

---

[1695] Art. 210 KB WIB 1992; art. 28 KB 27 december 2007 tot uitvoering van de artikelen 400, 403, 404 en 406 van het Wetboek van de inkomstenbelastingen 1992 en van de artikelen 12, 30*bis* en 30*ter* van de wet van 27 juni 1969 tot herziening van de besluitwet van 28 december 1944 betreffende de maatschappelijke zekerheid der arbeiders en van artikel 6*ter* van de wet van 4 augustus 1996 betreffende het welzijn van de werknemers bij de uitvoering van hun werk, *BS* 31 december 2007.

[1696] Cass. 11 september 2017, www.cass.be; Arbh. Gent 22 mei 2015, *RW* 2015-16, 1626.

[1697] Programmawet 29 maart 2012, *BS* 6 april 2012.

[1698] Wet 12 april 1965 betreffende de bescherming van het loon der werknemers, *BS* 30 april 1965.

[1699] Wet 11 februari 2013 tot vaststelling van sanctie en maatregelen voor werkgevers van illegaal verblijvende onderdanen van derde landen, *BS* 22 februari 2013.

opgedeeld in twee afdelingen, zijnde de algemene regeling en een bijzondere regeling in geval van tewerkstelling van een illegaal verblijvende onderdaan van een derde land. Bij wet van 11 december 2016[1700] werd ten slotte een derde afdeling ingevoegd: de bijzonder regeling in geval van activiteiten in de bouwsector.

§ 1. ALGEMENE REGELING

A. Toepassingsgebied

1046. De algemene regeling is van toepassing op opdrachtgevers[1701], aannemers[1702] en onderaannemers[1703] die werken of diensten laten uitvoeren die vastgesteld zijn bij koninklijk besluit.

Op dit ogenblik is de algemene regeling inzake de hoofdelijke aansprakelijkheid voor loonschulden van toepassing op de volgende activiteiten die vallen binnen het toepassingsgebied van de volgende sectoren:
– het Paritair Comité voor het bouwbedrijf (PC 124);
– het Paritair Comité voor de bewakings- en/of toezichtsdiensten (PC 317);
– het Paritair Comité voor het tuinbouwbedrijf (PC 145);
– het Paritair Comité voor de schoonmaak (PC 121);
– het Paritair Comité voor de landbouw (PC 144);
– het Paritair Subcomité voor het wegvervoer en de logistiek voor rekening van derden (PC 140.03).
– het Paritair Comité voor de metaal-, machine- en elektrische bouw (PC 111);
– het Paritair Subcomité voor de elektriciens: installatie en distributie (PC 149.01);
– het Paritair Comité voor de stoffering en de houtbewerking (PC 126);
– het Paritair Comité voor de voedingsnijverheid (PC 118);
– het Paritair Comité voor de handel in voedingswaren (PC 119).

[1700] Wet 11 december 2016 houdende diverse bepalingen inzake detachering van werknemers, *BS* 20 december 2016, in werking getreden op 30 december 2016, genomen in uitvoering van de Europese Handhavingsrichtlijn, Richtlijn 2014/67/EU inzake de handhaving van de detacheringsrichtlijn en tot wijziging van de IMI-Verordening 1024/2012/EU.
[1701] Art. 35/1, § 1, 2° wet 12 april 1965: "eenieder die opdracht geeft om tegen een prijs activiteiten uit te voeren of te doen uitvoeren".
[1702] Art. 35/1, § 1, 3° wet 12 april 1965:
"– eenieder die er zich toe verbindt om tegen een prijs voor een opdrachtgever activiteiten uit te voeren of te doen uitvoeren;
– iedere onderaannemer ten overstaan van de onmiddellijk na hem komende onderaannemer;".
[1703] Art. 35/1, § 1, 4° wet 12 april 1965: "eenieder die er zich toe verbindt, hetzij rechtstreeks, hetzij onrechtstreeks, in welk stadium ook, tegen een prijs de aan de aannemer toevertrouwde activiteit of een onderdeel ervan uit te voeren of te laten uitvoeren".

1047.   Net zoals dit het geval is bij de hoofdelijke aansprakelijkheid voor sociale en fiscale schulden en de daarmee verband houdende inhoudings- en doorstortingsplicht, geldt er een uitzondering voor de opdrachtgever-natuurlijke persoon die louter voor privédoeleinden werkzaamheden laat uitvoeren.[1704]

B.   Toepassingsvoorwaarden

1048.   Opdat een opdrachtgever, aannemer of onderaannemer aansprakelijk gesteld kan worden, dienen de bevoegde inspectiediensten de opdrachtgever, aannemer of onderaannemer een schriftelijke kennisgeving te bezorgen.[1705] Deze kennisgeving dient onder andere te vermelden dat de na hen komende (onder) aannemers op zwaarwichtige wijze tekortschieten aan hun verplichting om tijdig het aan hun werknemers verschuldigde loon te betalen (bv. het langdurig nalaten om het verschuldigde (minimum)loon te betalen).

In tegenstelling tot de hoofdelijke aansprakelijkheid voor sociale en fiscale schulden, dient dus niet vóór het sluiten van de overeenkomst nagegaan te worden of de (onder)aannemer loonschulden heeft.

1049.   Hierbij wordt opgemerkt dat de inspectie kan kiezen aan wie ze de kennisgeving verstuurt: aan de opdrachtgever en/of aan iedere aannemer die boven de in gebreke blijvende (onder)aannemer staat.[1706] De opdrachtgever en/of aannemer is namelijk hoofdelijk aansprakelijk voor alle (onder)aannemers onder hem in de keten.

C.   Duur van de hoofdelijke aansprakelijkheid

1050.   De hoofdelijke aansprakelijkheid treedt in veertien werkdagen nadat de opdrachtgever of (onder)aannemer een schriftelijke kennisgeving van de inspectiediensten ontvangen heeft.[1707] Met andere woorden, de hoofdelijke aansprakelijkheid geldt maar voor het loon dat eisbaar is geworden vanaf de veertiende werkdag na de kennisgeving.

Vervolgens moet de inspectie (of één van de betrokken werknemers) de opdrachtgever of de (hoofd)aannemer, na de periode van veertien werkdagen, aanmanen om het verschuldigde loon te betalen.[1708] Er moet derhalve aangetoond worden dat de in gebreke blijvende (hoofd)aannemer ook na de termijn van veertien werkdagen op zwaarwichtige wijze tekortkomt in de betaling van het loon.

[1704]   Art. 35/5 wet 12 april 1965.
[1705]   Art. 35/2 wet 12 april 1965.
[1706]   S. COCKX, "De hoofdelijke aansprakelijkheid voor lonen. Stand van zaken na twee jaar toepassing van de wet", *TBO* 2015, 384.
[1707]   Art. 35/3, § 4 wet 12 april 1965.
[1708]   Art. 35/3, § 1 wet 12 april 1965.

1051. De duur van de hoofdelijke aansprakelijkheid wordt bepaald in de schriftelijke kennisgeving, met die nuance dat de periode van de hoofdelijke aansprakelijkheid niet langer mag zijn dan één jaar te rekenen vanaf het verstrijken van de periode van veertien werkdagen na de kennisgeving.[1709]

D.   Omvang van de hoofdelijke aansprakelijkheid

1052. Wanneer alle voorwaarden vervuld zijn, kan de hoofdelijk aansprakelijke worden aangesproken voor het verschuldigde loon (en de daarop verschuldigde socialezekerheidsbijdragen[1710]). Dit is het loon dat eisbaar is geworden sinds de aanvang van de periode van hoofdelijke aansprakelijkheid, met uitzondering van de vergoedingen waarop de werknemer recht heeft ingevolge de beëindiging van de arbeidsovereenkomst.[1711] De hoofdelijke aansprakelijkheid strekt zich dus niet uit tot de opzegvergoeding.

1053. De hoofdelijke aansprakelijkheid blijft weliswaar beperkt tot de activiteiten die voor de hoofdelijk aansprakelijke werden uitgevoerd:
- wanneer de hoofdelijk aansprakelijke aangemaand wordt door een betrokken werknemer, heeft de hoofdelijke aansprakelijkheid betrekking op het nog niet betaalde gedeelte van het verschuldigd loon. Wanneer de hoofdelijk aansprakelijke echter bewijst dat de arbeidstijd die de betrokken werknemer heeft besteed voor de hoofdelijk aansprakelijke beperkt is tot een welbepaald aantal uren, heeft de hoofdelijke aansprakelijkheid slechts betrekking op het met deze prestaties overeenstemmende niet-betaalde gedeelte van het verschuldigde loon. De hoofdelijke aansprakelijke kan ook steeds bewijzen dat de betrokken werknemer geen prestaties (meer) geleverd heeft voor hem om alsnog aan de aansprakelijkheid te ontsnappen[1712];
- wanneer de hoofdelijk aansprakelijke aangemaand wordt door de inspectie, heeft de hoofdelijke aansprakelijkheid enkel betrekking op het niet betaalde gedeelte van het verschuldigd loon dat overeenstemt met de prestaties geleverd voor de hoofdelijk aansprakelijke.[1713]

Er wordt aangenomen dat het begrip 'loon' geïnterpreteerd moet worden in de zin van de Loonbeschermingswet. Het betreft dus loon in geld waarop de werknemer recht heeft ingevolge zijn dienstbetrekking ten laste van de werkgever, alsook de fooien of het bedieningsgeld waarop de werknemer ingevolge zijn

---

[1709]   Art. 35/3, § 4 wet 12 april 1965.
[1710]   Art. 78 programmawet 29 maart 2012.
[1711]   Art. 35/1, § 1, 8° wet 12 april 1965.
[1712]   Art. 35/3, § 2 wet 12 april 1965.
[1713]   Art. 35/3, § 3 wet 12 april 1965.

dienstbetrekking recht heeft.[1714] Vakantiegeld zal dus niet onder de hoofdelijke aansprakelijkheid vallen. Ook dagvergoedingen die eigen zijn aan de detachering en die gelden als kostenvergoeding voor maaltijden en andere kleine uitgaven, zijn een toeslag verbonden aan de detachering en worden dus niet beschouwd als loon.[1715]

1054. Na de aanmaning wordt de hoofdelijk aansprakelijke voor de betrokken werknemers beschouwd als werkgever wat betreft de betaling van het loon. De hoofdelijke aansprakelijke zal onverwijld moeten overgaan tot betaling, aangezien er wettelijke interesten beginnen te lopen op het brutoloon vanaf de vijfde werkdag na verzending van de aanmaning.[1716]

E. Contractuele modaliteiten

1055. Er kan geen clausule in de overeenkomst opgenomen worden waarin de opdrachtgever en/of (onder)aannemer zich exonereert voor zijn hoofdelijke aansprakelijkheid voor loonschulden, gelet op het dwingende karakter van de wetgeving.

1056. Niettemin kunnen de opdrachtgever en de (onder)aannemer zich contractueel trachten in te dekken tegen de hoofdelijke aansprakelijkheid.[1717] Zo kan bepaald worden dat het ontvangen van een kennisgeving door de inspectie de mogelijkheid biedt aan de opdrachtgever/(hoofd)aannemer om de overeenkomst te beëindigen. Deze beëindigingsmodaliteit kan ook als een ontbindende voorwaarde in het contract opgenomen worden. De overeenkomst dient dan definitief beëindigd te worden vooraleer de periode van veertien werkdagen verstreken is om te vermijden dat er alsnog loon opeisbaar zou worden.

Voor vier sectoren (landbouw, schoonmaak, tuinbouwbedrijf en voedingsnijverheid en -handel) werd overigens bij KB bepaald waaraan de contractuele clausules tot beëindiging van de overeenkomst moeten voldoen.[1718]

1057. Tevens kan ook voorzien worden in een recht op inhouding. Dit geeft de mogelijkheid om de betaalde lonen (en socialezekerheidsbijdragen) in te houden op de facturen van de (onder)aannemer.

[1714] S. COCKX, "De hoofdelijke aansprakelijkheid voor lonen. Stand van zaken na twee jaar toepassing van de wet", *TBO* 2015, 383.

[1715] Arbh. Brussel 21 oktober 2016, *JTT* 2017, afl. 1266, 26.

[1716] Art. 35/6 wet 12 april 1965.

[1717] Zie ook MvT, *Parl.St.* Kamer 2011-12, nr. 2018/001, 43-44, waarin een aantal suggesties gedaan worden van contractuele clausules.

[1718] Art. 35/2, § 2 wet 12 april 1965.

§ 2. HOOFDELIJKE AANSPRAKELIJKHEID VOOR LOONSCHULDEN IN DE BOUWSECTOR

1058. Met de wet van 11 december 2016[1719] werd specifiek voor de bouwsector een nieuw systeem van hoofdelijke aansprakelijkheid voor loonschulden ingevoerd in de Loonbeschermingswet.[1720]

A. Toepassingsgebied

1059. De bijzondere regelgeving geldt enkel voor de rechtstreekse medecontractant. Met "rechtstreekse medecontractant" wordt bedoeld de opdrachtgever, de aannemer en de zogenaamde "intermediaire aannemer" in het kader van een keten van onderaannemingen. De intermediaire aannemer is iedere onderaannemer ten overstaan van de na hem komende onderaannemer.[1721]

In tegenstelling tot de algemene regelgeving inzake de hoofdelijke aansprakelijkheid voor loonschulden, kan dus enkel de rechtstreekse contractant hoofdelijk aansprakelijk worden gesteld voor de loonschulden van diens medecontract (die lager in de aannemingsketen staat). Bijvoorbeeld: enkel de onderaannemer in de tweede graad kan hoofdelijk aansprakelijk gesteld worden voor de loonschulden van de onderaannemer in de derde graad; de hoofdelijke aansprakelijkheid strekt zich niet uit tot de onderaannemer in de eerste graad.

1060. De bijzondere regeling is enkel van toepassing op activiteiten in de bouwsector. Dit zijn de activiteiten verricht binnen de volgende paritaire comités: PC 124 (bouwbedrijf); PC 111 (metaal-, machine- en elektrische bouw), PC 121 (schoonmaak); PC 126 (stoffering en houtbewerking) en PC 149.01 (elektriciens).[1722]

1061. Ook hier geldt de vrijstelling voor de opdrachtgever-natuurlijke persoon die werken uitsluitend voor privédoeleinden laat uitvoeren.[1723]

B. Uitzonderingsregeling

1062. Waar de algemene regeling de kennisgeving van de wanbetaling als voorwaarde vooropstelt voor de toepasselijkheid van de hoofdelijke aansprakelijkheid, geldt de hoofdelijke aansprakelijkheid in de bouwsector onmiddellijk bij

---

[1719] Wet 11 december 2016 houdende diverse bepalingen inzake detachering van werknemers, *BS* 20 december 2016, in werking getreden op 30 december 2016, genomen in uitvoering van de Europese Handhavingsrichtlijn, Richtlijn 2014/67/EU inzake de handhaving van de detacheringsrichtlijn en tot wijziging van de IMI-Verordening 1024/2012/EU.

[1720] Hoofdstuk VI/1, Afdeling 1/1 Loonbeschermingswet.

[1721] Art. 35/6/1, 2° en 5° wet 12 april 1965.

[1722] Art. 35/6/1, 1° wet 12 april 1965.

[1723] L. ELIAERTS en S. COCKX, "Specifieke hoofdelijke aansprakelijkheid voor loonschulden in de bouwsector", *TBO* 2017, 126.

elke wanbetaling van het loon door de rechtstreekse contractant! De hoofdelijke aansprakelijkheid geldt dus automatisch.

Het betreft weliswaar nog steeds loonschulden voor arbeidsprestaties verricht voor de hoofdelijk aansprakelijke.

1063. Echter, de hoofdelijke aansprakelijkheid kan vermeden worden indien de opdrachtgever, aannemer of onderaannemer in het bezit is van een schriftelijke verklaring waarin (1) de coördinaten worden meegedeeld van de internetsite van de FOD WASO waar de inlichtingen betreffende het verschuldigde loon zijn opgenomen[1724] en (2) de medecontractant bevestigt dat hij het verschuldigde loon aan zijn werknemers betaalt en zal betalen.[1725]

Die verklaring kan in een afzonderlijk document worden opgenomen, ondertekend door beide partijen, dan wel in de aannemingsovereenkomst worden opgenomen. Voor lopende contracten dient er uiteraard een afzonderlijke verklaring te worden opgesteld.

1064. Wanneer de opdrachtgever, aannemer of onderaannemer evenwel kennis krijgt van het feit dat zijn medecontractant toch loonachterstand heeft bij zijn werknemers, eindigt de aldus verkregen vrijstelling van de hoofdelijke aansprakelijkheid. Of en wanneer die partij er kennis van kreeg, kan worden aangetoond met alle middelen van recht. De kennisneming staat in elk geval vast na de melding ervan door de inspectiediensten.[1726]

In deze situatie treedt de hoofdelijke aansprakelijkheid toch in werking na het verstrijken van een termijn van veertien werkdagen na de kennisneming en geldt de aansprakelijkheid enkel voor toekomstige loonschulden.[1727] Binnen deze termijn kan de hoofdelijk aansprakelijke maatregelen nemen om zijn medecontractant te dwingen om de situatie te regulariseren of, desgevallend, een einde maken aan de samenwerking (bv. op basis van een contractuele clausule).

§ 3. VERPLICHTING TOT WERFMELDING

A. *Principe*

1065. Om sluikwerk te voorkomen, heeft de wetgever het principe van de verplichte voorafgaandelijke werfmelding ingevoerd.[1728] Dit principe houdt in dat iedere aannemer op wie de opdrachtgever een beroep heeft gedaan, de werken

---

[1724] Www.werk.belgië.be, ga vervolgens naar 'detachering', 'arbeidsvoorwaarden' en 'loon'.
[1725] Art. 35/6/3, §§ 1 en 2 wet 12 april 1965.
[1726] Overeenkomstig de bepalingen van art. 49/3 Soc.Sw.; L. ELIAERTS en S. COCKX, "Specifieke hoofdelijke aansprakelijkheid voor loonschulden in de bouwsector", *TBO* 2017, 126.
[1727] Art. 35/6/3, § 1, derde lid en § 2, derde lid wet 12 april 1965.
[1728] Art. 30*bis*, § 7 RSZ-Wet.

moet melden en alle inlichtingen moet verstrekken aan de RSZ in verband met de bouwplaats, de opdrachtgever en de onderaannemers.

B.   Toepassingsgebied

1066.   De werfmelding rust op de aannemer. Als aannemer wordt beschouwd: iedereen die er zich toe verbindt tegen een prijs voor een opdrachtgever werken uit te voeren of te laten uitvoeren.[1729]

Daarnaast worden een aantal personen gelijkgesteld met een 'aannemer': "a) iedere aannemer die zijn eigen opdrachtgever is, dat wil zeggen de werken in onroerende staat zelf uitvoert of laat uitvoeren voor eigen rekening om daarna dat onroerend goed geheel of gedeeltelijk te vervreemden; b) iedere aannemer die de bedoelde werken (werken in onroerende staat) voor eigen rekening uitvoert".[1730]

Hieruit volgt dat bouwpromotoren eveneens onderworpen zijn aan de werfmelding (zie hierover verder in Hoofdstuk 12, afdeling 4).

1067.   De melding is verplicht voor de volgende werken:
- alle werken in onroerende staat. Hieronder dient te worden verstaan: "het bouwen, het verbouwen, het afwerken, het inrichten, het herstellen, het onderhouden, het reinigen en het afbreken, geheel of ten dele, van een uit zijn aard onroerend goed, en de handeling die erin bestaat een roerend goed te leveren en het meteen op zodanige wijze aan te brengen aan een onroerend goed dat het onroerend uit zijn aard wordt"[1731];
- bepaalde gevaarlijke werken in niet-onroerende staat[1732]:
  • iedere handeling die tot voorwerp heeft zowel de levering als de aanhechting aan een gebouw:
    - van de bestanddelen of een gedeelte van de bestanddelen van een installatie voor centrale verwarming of airconditioning, daaronder begrepen de branders, de reservoirs en de regel- en controletoestellen verbonden aan de ketels of aan de radiatoren;
    - van de bestanddelen of een gedeelte van de bestanddelen van een sanitaire installatie van een gebouw en, meer algemeen, van alle vaste toestellen voor sanitair of hygiënisch gebruik aangesloten op een waterleiding of een riool;
    - van de bestanddelen of een gedeelte van de bestanddelen van een elektrische installatie van een gebouw, met uitzondering van toestellen voor de verlichting en van lampen;

[1729]   Art. 30*bis*, § 1, 3° RSZ-Wet.

[1730]   Art. 30*bis*, § 7, vijfde lid RSZ-Wet.

[1731]   Art. 30*bis*, § 1, 1°, a) RSZ-Wet *juncto* art. 20, § 2 KB nr. 1 van 29 december 1992 met betrekking tot de regeling voor de voldoening van de belasting over de toegevoegde waarde *juncto* art. 19, § 2 BTW-Wetboek.

[1732]   Art. 30*bis*, § 1, 1°, b) RSZ-Wet.

- van de bestanddelen of een gedeelte van de bestanddelen van een elektrische belinstallatie, van brandalarmtoestellen, van alarmtoestellen tegen diefstal en van een huistelefoon;
- van opbergkasten, gootstenen, gootsteenkasten en meubels met ingebouwde gootsteen, wastafels en meubels met ingebouwde wasbak, afzuigkappen, ventilators en luchtverversers waarmee een keuken of badkamer is uitgerust;
- van luiken, rolluiken en rolgordijnen die aan de buitenkant van het gebouw worden geplaatst;
  - iedere handeling die tot voorwerp heeft zowel de levering van wandbekleding of vloerbedekking als de plaatsing ervan in een gebouw, ongeacht of die bekleding of bedekking aan het gebouw wordt vastgehecht of eenvoudig ter plaatse op maat wordt gesneden volgens de afmetingen van de te bedekken oppervlakte;
  - ieder werk dat bestaat in het aanhechten, het plaatsen, het herstellen, het onderhouden en het reinigen van goederen bedoeld in 1° of 2° hierboven. Wordt ook bedoeld de terbeschikkingstelling van personeel met het oog op het verrichten van een werk in onroerende staat of van een onder 1°, 2° of 3° hierboven bedoelde handelingen[1733];
- de uitvoering, voor een opdrachtgever, van activiteiten en diensten beschreven in het KB van 7 november 1983 houdende oprichting van het Paritair Comité voor de bewakingsdiensten[1734];
- de uitvoering voor een opdrachtgever met activiteiten in de vleessector in de uitsnijderijen, activiteiten in verband met vleesbereidingen en vleesproducten, het slachten van hoefdieren, gevogelte en konijnen.[1735]

Bijgevolg vallen onder meer grondwerken, slopingswerken, voegwerken, restauratiewerken, metselwerken en stukadoorswerken onder de werfmelding.

1068.   Echter, de meldingsplicht geldt **niet** wanneer aan een cumulatieve voorwaarde is voldaan:

[1733]   Art. 20, § 2 KB nr. 1 van 29 december 1992 met betrekking tot de regeling voor de voldoening van de belasting over de toegevoegde waarde, *BS* 31 december 1992.

[1734]   Art. 30*ter* RSZ-Wet *juncto* art. 1 KB 27 december 2007 tot uitvoering van de artikelen 400, 403, 404 en 406 van het Wetboek van de inkomstenbelastingen 1992 en van de artikelen 12, 30*bis* en 30*ter* van de wet van 27 juni 1969 tot herziening van de besluitwet van 28 december 1944 betreffende de maatschappelijke zekerheid der arbeiders en van artikel 6*ter* van de wet van 4 augustus 1996 betreffende het welzijn van de werknemers bij de uitvoering van hun werk, *BS* 31 december 2007.

[1735]   Art. 30*ter* RSZ-Wet *juncto* art. 2 KB 27 december 2007 tot uitvoering van de artikelen 400, 403, 404 en 406 van het Wetboek van de inkomstenbelastingen 1992 en van de artikelen 12, 30*bis* en 30*ter* van de wet van 27 juni 1969 tot herziening van de besluitwet van 28 december 1944 betreffende de maatschappelijke zekerheid der arbeiders en van artikel 6*ter* van de wet van 4 augustus 1996 betreffende het welzijn van de werknemers bij de uitvoering van hun werk, *BS* 31 december 2007.

- het betreft werken waarvan het totaalbedrag, exclusief btw, lager is dan 30.000,00 euro, en
- voor de werken wordt geen beroep gedaan op een onderaannemer;
OF
- het betreft werken waarvan het totaalbedrag, exclusief btw, lager is dan 5.000,00 euro en
- voor de werken wordt een beroep gedaan op één enkele onderaannemer.[1736]

Met andere woorden, werken waarbij een beroep gedaan wordt op twee of meerdere onderaannemers, dienen steeds gemeld te worden.

C. Omvang meldingsplicht

1069. De aannemer moet, alvorens de werken aan te vatten, aan de RSZ alle juiste inlichtingen verstrekken die nodig zijn om de aard en de belangrijkheid van de werken te ramen alsook om de opdrachtgever en, in voorkomend geval, in welk stadium ook, de onderaannemers te identificeren.[1737]

Zo dient de begin- en einddatum van de werken gemeld te worden, alsook de begin- en einddatum van de tussenkomst van een onderaannemer[1738]:
- begindatum van de werken: de datum waarop de onderaannemer voor het eerst fysiek aanwezig is op de werf om met de uitvoering van het contract met de aannemer een aanvang te nemen;
- einddatum van de werken: de datum waarop de aanwezigheid van de aannemer en de eventuele onderaannemers op de werf niet langer gerechtvaardigd is, omdat de bestelde werken zijn beëindigd, het materiaal en de werknemers van de betrokken aannemer(s) zich niet langer gerechtvaardigd op de werf bevinden en de werf is opgekuist;
- einddatum van de tussenkomst van de onderaannemer: de datum waarop de aanwezigheid van de bedoelde onderaannemer op de werf niet langer gerechtvaardigd is omdat de bestelde werken zijn beëindigd, het materiaal en de werknemers van de betrokken aannemer(s) zich niet langer gerechtvaardigd op de werf bevinden en de werf is opgekuist.

[1736] Art. 31 KB 27 december 2007 tot uitvoering van de artikelen 400, 403, 404 en 406 van het Wetboek van de inkomstenbelastingen 1992 en van de artikelen 12, 30*bis* en 30*ter* van de wet van 27 juni 1969 tot herziening van de besluitwet van 28 december 1944 betreffende de maatschappelijke zekerheid der arbeiders en van artikel 6*ter* van de wet van 4 augustus 1996 betreffende het welzijn van de werknemers bij de uitvoering van hun werk, *BS* 31 december 2007.

[1737] Art. 30*bis*, § 7 RSZ-Wet.

[1738] Art. 30 KB 27 december 2007 tot uitvoering van de artikelen 400, 403, 404 en 406 van het Wetboek van de inkomstenbelastingen 1992 en van de artikelen 12, 30*bis* en 30*ter* van de wet van 27 juni 1969 tot herziening van de besluitwet van 28 december 1944 betreffende de maatschappelijke zekerheid der arbeiders en van artikel 6*ter* van de wet van 4 augustus 1996 betreffende het welzijn van de werknemers bij de uitvoering van hun werk, *BS* 31 december 2007.

Indien tijdens de uitvoering van de werken (andere) onderaannemers tussenkomen, moet de aannemer de RSZ eveneens vooraf verwittigen. Iedere onderaannemer die op zijn beurt een beroep doet op een andere onderaannemer, moet de
hoofdaannemer hiervan dan ook vooraf in kennis stellen.[1739]

D. Praktische toepassing

1070. De werken moeten elektronisch gemeld worden in de vorm bepaald door
de RSZ. Er werd daarvoor een webtoepassing ter beschikking gesteld op de website www.socialsecurity.be, met name de toepassing "aangifte van werken".

Na de melding zal de aannemer een identificatienummer van de melding van
de werkplaats ontvangen en een volgnummer voor het gemelde contract.

1071. De melding dient te gebeuren alvorens de aannemer zijn werken aanvat.[1740] Wanneer in de loop van de uitvoering van de werken een onderaannemer
tussenkomt, kan de aannemer op basis van de voormelde nummers de onderaannemer toevoegen via de webapplicatie.

E. Sanctie

1072. Wanneer de aannemer nalaat de werken te melden, is hij een som verschuldigd van 5% van het totaalbedrag, exclusief btw, van de werken die niet aan de RSZ
werden gemeld. Die som is eveneens verschuldigd wanneer de aannemer nalaat te
melden dat hij een gedeelte van de werken toevertrouwt aan een onderaannemer.

Hetzelfde geldt voor de onderaannemer die nalaat om voorafgaandelijk op
schriftelijke wijze aan de hoofdaannemer te melden dat hij op zijn beurt een
beroep doet op een onderaannemer. In dat geval zal de onderaannemer een som
verschuldigd zijn van 5% van het totaalbedrag, exclusief btw, van de werken die
hij heeft toevertrouwd aan zijn onderaannemer.

1073. Wanneer de onderaannemer nalaat de hoofdaannemer te informeren en de
hoofdaannemer wordt vervolgens aangesproken voor het feit dat hij heeft nagelaten
de onderaannemer van zijn onderaannemer te melden aan de RSZ, wordt de som die
de aannemer moet betalen verminderd met het bedrag dat door de onderaannemer
werd betaald aan de RSZ ten gevolge van die fout (zijnde 5% van het totaalbedrag,
exclusief btw, van de werken die hij heeft toevertrouwd aan zijn onderaannemer).[1741]

1074. Deze sanctie wordt niet toegepast indien de aannemer of de onderaannemers aantonen dat zij in de onmogelijkheid verkeerden hun verplichtingen

---

1739   Art. 30*bis*, § 7 RSZ-Wet.
1740   Art. 30*bis*, § 7 RSZ-Wet.
1741   Art. 30*bis*, § 8 RSZ-Wet.

binnen een redelijke termijn na te komen ingevolge een geval van verantwoorde overmacht. Deze vrijstelling geldt eveneens wanneer het gaat om een eerste overtreding en voor zover geen enkele inbreuk op de wetgeving inzake sociale zekerheid of inzake werkloosheid of op de sociale wetgeving werd vastgesteld die verband houdt met de werken die niet werden gemeld.

1075.   Bovendien kan de verschuldigde som tot 50% worden verminderd wanneer de niet-naleving van de verplichting van de aannemer en de onderaannemer die een beroep heeft gedaan op een andere onderaannemer, als uitzonderlijk kan worden beschouwd en voor zover ze de verplichtingen naleven die zijn voorgeschreven door de wet van 27 juni 1969 en de desbetreffende uitvoeringsbesluiten, alsook de verplichtingen voorgeschreven door het KB van 5 november 2002.[1742]

AFDELING 5. DE AANWEZIGHEIDSREGISTRATIE

§ 1. MATERIEEL TOEPASSINGSGEBIED

1076.   Sinds 1 april 2014 dienen de aanwezigen op de bouwplaats zich te registreren.

1077.   Deze verplichting geldt evenwel enkel indien aan twee voorwaarden voldaan is (art. 31*bis*, § 2 Welzijnswet).

1078.   Vooreerst geldt de registratieplicht enkel voor werken in onroerende staat zoals gedefinieerd in artikel 20, § 2 van het KB nr. 1 van 29 december 1992 met betrekking tot de regeling voor de voldoening van de belasting over de toegevoegde waarde. Hieronder dient onder andere te worden verstaan: "het bouwen, het verbouwen, het afwerken, het inrichten, het herstellen, het onderhouden, het reinigen en het afbreken, geheel of ten dele, van een uit zijn aard onroerend goed, en de handeling die erin bestaat een roerend goed te leveren en het meteen op zodanige wijze aan te brengen aan een onroerend goed dat het onroerend uit zijn aard wordt" (art. 30*bis*, § 1, 1°, a) RSZ-Wet; art. 19, § 2 BTW-Wetboek).

1079.   Daarnaast dient het totale bedrag van deze werken, exclusief btw, gelijk te zijn aan of hoger dan 800.000 euro voor werken die gestart zijn in de periode van 1 april 2014 tot en met 29 februari 2016 en 500.000 euro voor werken die gestart zijn na 29 februari 2016.

[1742]   Art. 29 KB 27 december 2007 tot uitvoering van de artikelen 400, 403, 404 en 406 van het Wetboek van de inkomstenbelastingen 1992 en van de artikelen 12, 30*bis* en 30*ter* van de wet van 27 juni 1969 tot herziening van de besluitwet van 28 december 1944 betreffende de maatschappelijke zekerheid der arbeiders en van artikel 6*ter* van de wet van 4 augustus 1996 betreffende het welzijn van de werknemers bij de uitvoering van hun werk, *BS* 31 december 2007.

Hoe dit bedrag precies begroot moet worden, bepaalt de wet niet. De RSZ heeft bijgevolg een document opgesteld waarin ze haar eigen interpretatie geeft van de wetgeving. Volgens de RSZ dient nagegaan te worden welke (onder)aannemingsovereenkomsten voor het project gemeld werden via de online webapplicatie "aangifte werken" (de zogenaamde "werfmelding"). Alle bedragen van deze overeenkomsten dienen vervolgens opgeteld te worden.[1743]

1080.   Indien de drempel in de loop van de werkzaamheden overschreden wordt, dient de aanwezigheidsregistratie vanaf dat ogenblik te gebeuren.

Zodra de RSZ vaststelt, via de werfregistratie, dat de drempel overschreden is, zal de RSZ een verwittigingsbrief sturen naar alle tussenkomende partijen (bv. onderaannemers). Vervolgens krijgen deze partijen tien kalenderdagen de tijd, te rekenen vanaf de verzending van de brief, om de aanwezigheidsregistratie te organiseren.[1744]

§ 2.   PERSONEEL TOEPASSINGSGEBIED

1081.   Indien aan alle materiële toepassingsvoorwaarden voldaan is, dienen de volgende personen onmiddellijk en dagelijks hun aanwezigheid op de bouwplaats te registreren[1745]:

1° de werkgevers en de daarmee gelijkgestelde personen die in de hoedanigheid van aannemer of onderaannemer activiteiten verrichten tijdens de uitvoering van de verwezenlijking van het bouwwerk;

2° de werknemers en de daarmee gelijkgestelde personen die opdrachten uitvoeren voor de in 1° bedoelde werkgevers;

3° de zelfstandigen die in de hoedanigheid van aannemer of onderaannemer activiteiten verrichten tijdens de uitvoering van de verwezenlijking van het bouwwerk;

4° de bouwdirectie belast met het ontwerp[1746];

5° de bouwdirectie belast met de uitvoering[1747];

6° de bouwdirectie belast met de controle op de uitvoering[1748];

7° de coördinator inzake veiligheid en gezondheid tijdens de uitwerkingsfase van het ontwerp van het bouwwerk;

8° de coördinator inzake veiligheid en gezondheid tijdens de verwezenlijking van het bouwwerk.

[1743]   https://www.socialsecurity.be/site_nl/employer/infos/checkinatwork/documents/pdf/vragen_aanwezigheidsregistratie_NL.pdf.

[1744]   Https://www.socialsecurity.be/site_nl/employer/infos/checkinatwork/documents/pdf/vragen_aanwezigheidsregistratie_NL.pdf.

[1745]   Art. 31*bis* Welzijnswet.

[1746]   Art. 3, § 1, 8° Welzijnswet: "iedere natuurlijke of rechtspersoon die voor rekening van de opdrachtgever zorg draagt voor het ontwerp van het bouwwerk;".

[1747]   Art. 3, § 1, 9° Welzijnswet: "iedere natuurlijke of rechtspersoon die voor rekening van de opdrachtgever zorg draagt voor de uitvoering van het bouwwerk;".

[1748]   Art. 3, § 1, 10° Welzijnswet: "iedere natuurlijke of rechtspersoon die voor rekening van de opdrachtgever zorg draagt voor het toezicht op de uitvoering van het bouwwerk;".

Onder het begrip "aannemer" wordt verstaan: iedere natuurlijke of rechtspersoon die activiteiten verricht tijdens de uitvoeringsfase van de verwezenlijking van het bouwwerk ongeacht of hij werkgever of zelfstandige is of een werkgever die samen met zijn werknemers werkt op de bouwplaats.[1749] Een leverancier van materiaal kan dus ook als aannemer gekwalificeerd worden wanneer hij activiteiten verricht m.b.t. de uitvoering van het bouwwerk. Wanneer een leverancier van prefabonderdelen deze onderdelen ook plaatst, kan de leverancier dus beschouwd worden als een aannemer die onderworpen is aan de aanwezigheidsregistratie.[1750]

De aannemer die de werfmelding moet doen, wordt evenwel gelijkgesteld met de bouwdirectie belast met de uitvoering.[1751]

§ 3. UITVOERING VAN DE AANWEZIGHEIDSREGISTRATIE

1082. De bouwdirectie belast met de uitvoering dient een registratiesysteem ter beschikking te stellen van de aannemers op wie zij een beroep doet, tenzij er onderling werd overeengekomen dat de aannemer een andere gelijkwaardige registratiewijze toepast. Elke (onder)aannemer dient op zijn beurt het registratiesysteem ter beschikking te stellen van zijn onderaannemers (art. 31*quater* Welzijnswet).

Aangezien de bouwdirectie belast met de uitvoering gelijkgesteld wordt met de aannemer die de werfmelding moet doen, zal deze aannemer dus instaan voor de terbeschikkingstelling van het registratiesysteem. Het kan echter voorkomen dat er verschillende aannemers moeten instaan voor de werfmelding. De RSZ heeft hieromtrent geoordeeld dat de eerste meldingsplichtige aannemer verantwoordelijk is voor de organisatie van de registratie.[1752]

1083. Meestal zal er gewerkt worden met het elektronisch registratiesysteem dat door de overheid ter beschikking gesteld wordt, het zogenaamde "Checkinatwork". Dit systeem kan teruggevonden worden op de website www.socialsecurity.be.

Het registratiesysteem bestaat uit drie onderdelen:
– de gegevensbank: hierin worden alle gegevens verzameld over de geregistreerde aanwezigen met het oog op de controle en de exploitatie daarvan[1753];

[1749] Art. 3, § 1, 11° Welzijnswet.
[1750] S. COCKX, "De elektronische aanwezigheidsregistratie op bouwwerven – Have you checked in yet", *TBO* 2015, 346.
[1751] Art. 30*bis*, § 1, tweede lid Welzijnswet.
[1752] Https://www.socialsecurity.be/site_nl/employer/infos/checkinatwork/documents/pdf/vragen_ aanwezigheidsregistratie_NL.pdf.
[1753] Art. 31*ter*, § 1, 1° Welzijnswet.

- het registratieapparaat: het apparaat waarin de gegevens geregistreerd kunnen worden en dat toelaat om deze gegevens door te zenden naar de gegevensbank of een systeem dat toelaat om de voormelde gegevens te registreren en door te zenden naar de gegevensbank.[1754] De RSZ heeft verschillende applicaties ontwikkeld die als registratieapparaat gebruikt kunnen worden[1755]:

  - de webtoepassing "Checkinatwork". Dit systeem laat onder meer toe dat de aanwezigheden dertig dagen op voorhand geregistreerd worden. De werkgever kan zodoende reeds op voorhand al zijn werknemers registreren;
  - de mobiele applicatie waarbij de aannemer een QR-code ontvangt. De aannemer kan de QR-code vervolgens op de bouwplaats afficheren zodat de aanwezige personen met hun gsm de code kunnen scannen en zich vervolgens kunnen registreren;
  - het plaatsen van een centrale computer aan de ingang van de bouwplaats;
  - een webservice waarbij het eigen systeem van de aannemer gekoppeld kan worden aan de gegevensbank van de overheid.

1084. Het registratiemiddel is het middel dat elke natuurlijke persoon moet gebruiken om zijn identiteit te bewijzen bij de registratie[1756] (bv. identiteitskaart). De wet bepaalt hierover dat de werkgever verantwoordelijk is voor de aflevering van een registratiemiddel aan zijn werknemers dat compatibel is met het op de bouwplaats gebruikte registratieapparaat.[1757] Dit geldt echter enkel wanneer de registratie op de bouwplaats zelf gebeurt en is dus bijvoorbeeld niet van toepassing wanneer de werkgever, op basis van de webapplicatie "Checkinatwork", vooraf zijn werknemers registreert.[1758]

1085. Indien de registratie gebeurt via een registratieapparaat op de bouwplaats, zijn de bouwdirectie, aannemers en onderaannemers ten aanzien van hun (onder)aannemers verantwoordelijk voor de levering, de plaatsing en de goede werking van het registratieapparaat op de bouwplaats. Indien de registratie gebeurt op een andere plaats, dienen zij de nodige maatregelen te treffen opdat de registratie dezelfde waarborgen biedt als de registratie die gebeurt op de bouwplaats.[1759]

[1754] Art. 31ter, § 1, 2° Welzijnswet.
[1755] Zie meer uitgebreid: S. COCKX, "De elektronische aanwezigheidsregistratie op bouwwerven – Have you checked in yet", *TBO* 2015, 350.
[1756] Art. 31ter, § 1, 1° Welzijnswet.
[1757] Art. 31sexies, § 2 Welzijnswet.
[1758] S. COCKX, "De elektronische aanwezigheidsregistratie op bouwwerven – Have you checked in yet", *TBO* 2015, 352.
[1759] Art. 31quater, § 2 Welzijnswet.

1086. Elke aannemer en elke onderaannemer moet er vervolgens voor zorgen dat de noodzakelijke gegevens die betrekking hebben op zijn onderneming, daadwerkelijk en correct worden geregistreerd en doorgestuurd naar de gegevensbank.[1760] Iedere (onder)aannemer moet er dus voor zorgen dat zijn aanwezigheid en die van zijn werknemers op de bouwplaats geregistreerd wordt.

1087. Indien ze beroep doen op een onderaannemer, dienen ze bovendien maatregelen te nemen opdat deze onderaannemer de noodzakelijke gegevens daadwerkelijk en correct registreert en doorstuurt naar de gegevensbank. Ze moeten er tevens voor zorgen dat elke persoon die in hun opdracht de bouwplaats betreedt, wordt geregistreerd vooraleer die de bouwplaats daadwerkelijk betreedt.[1761]

Iedere (onder)aannemer heeft dus een controleplicht op zijn (onder)aannemers en op de personen die in zijn opdracht de werf betreden. Met het KB van 11 februari 2014[1762] werd dan ook de verplichting opgelegd om in iedere (onder) aannemingsovereenkomst een aantal clausules op te nemen in verband met de aanwezigheidsregistratie (bv. de verplichting voor de (onder)aannemer om zich daadwerkelijk en correct te registreren).

1088. Ten slotte is elke persoon van wie de aanwezigheid geregistreerd moet worden, ertoe gehouden onmiddellijk en dagelijks zijn aanwezigheid op de bouwplaats te registreren.[1763]

§ 4. SANCTIE

1089. Iedere persoon die nalaat om zich onmiddellijk en dagelijks te registreren, wordt gesanctioneerd met een administratieve geldboete van 10 tot 100 euro[1764] (art. 132/1 Soc.Sw.).

Daarenboven kunnen ook de bouwdirectie belast met de uitvoering, de aannemer en de onderaannemer, de werkgever en hun aangestelden of lasthebbers die een inbreuk hebben gepleegd op de registratieverplichtingen, gesanctioneerd worden met hetzij een strafrechtelijke geldboete van 100 tot 1000 euro, hetzij een administratieve geldboete van 50 tot 500 euro. De geldboete wordt vermenigvuldigd met het aantal bij de inbreuk betrokken personen[1765] (art. 132, 9°, 10° en 11° Soc.Sw.).

[1760] Art. 31*quinquies* Welzijnswet.
[1761] Art. 31*quinquies* Welzijnswet.
[1762] Art. 12 KB 11 februari 2014 tot uitvoering van de artikelen 31*ter*, § 1, tweede lid en § 3, eerste lid, 31*quinquies*, vierde lid, 31*sexies*, § 2, derde en vierde lid en 31*septies*, derde lid van de wet van 4 augustus 1996 betreffende het welzijn van de werknemers bij de uitvoering van hun werk en van artikel 13 van de wet van 27 december 2012 tot invoering van de elektronische registratie van aanwezigheden op tijdelijke of mobiele bouwplaatsen, *BS* 21 februari 2014.
[1763] Art. 31*sexies*, § 1 Welzijnswet.
[1764] Art. 132/1 Soc.Sw.
[1765] Art. 132, 9°, 10° en 11° Soc.Sw.

AFDELING 6. REGELS MET BETREKKING TOT DE ERKENNING VAN AANNEMERS

§ 1. PRINCIPE

1090. De erkenning van de aannemers is thans geregeld door de wet van 20 maart 1991[1766] en haar uitvoeringsbesluiten (KB van 26 september 1991[1767] en MB's van 27 september 1991[1768]). De wet is van toepassing op de aanbestedingen door publiekrechtelijke personen en op de aanbestedingen die voor ten minste 25% worden gesubsidieerd of gefinancierd door publiekrechtelijke personen waarop de wet betreffende de overheidsopdrachten van toepassing is. De erkenningsplicht betreft dus een eis die specifiek wordt gesteld voor inschrijvingen op bepaalde overheidsopdrachten voor werken.[1769]

De wet van 20 maart 1991 is van openbare orde. Het algemeen belang vereist immers dat de gebouwen waarborgen van stevigheid en van noodzakelijke hygiëne vertonen, zodat de opdrachtgever, de eigenaars en het publiek beschermd worden tegen elk risico.[1770] Deze vereisten worden onder andere door de erkenningsreglementering bewerkstelligd. Het doel van deze reglementering bestaat er namelijk in de opdrachtgevers van openbare werken bepaalde garanties te geven wat betreft de vakbekwaamheid en de uitrusting van de aannemer in kwestie. De erkenning vormt een vermoeden van algemene geschiktheid in hoofde van de aannemer. Niets belet de bouwheer om bijkomende voorwaarden op te leggen.[1771]

1091. In het privaatrechtelijk bouwrecht is de erkenning van de aannemer enkel van belang in het kader van de Woningbouwwet (zie verder Hoofdstuk 10).

§ 2. DREMPEL EN INDELING

1092. De wet voorziet in een drempel vanaf wanneer de erkenning noodzakelijk is. Deze drempel wordt om de vijf jaar aangepast op basis van de schommelingen van het ABEX-indexcijfer.[1772]

[1766] Wet 30 maart 1991 houdende regeling van de erkenning van aannemers van werken, *BS* 6 april 1991.
[1767] MB 27 september 1991 betreffende de bij de aanvragen voor een erkenning, een voorlopige erkenning, een overdracht van erkenning of bij de beoordeling van de bewijzen vereist met toepassing van art. 3, § 1 van de wet van 20 maart 1991, houdende regeling van de erkenning van aannemers van werken, voor te leggen documenten, *BS* 18 oktober 1991.
[1768] MB 27 september 1991 tot nadere bepaling van de indeling van de werken volgens hun aard in categorieën en ondercategorieën met betrekking tot de erkenning van de aannemers, *BS* 18 oktober 1991.
[1769] RvS 20 december 2017, nr. 240.254, *OOO* 2018 (weergave), afl. 1, 209.
[1770] Gent 30 januari 2009, *TBO* 2013, 37.
[1771] HvJ 24 mei 1963, nr. 10.039, *Jur.* 1963, 409.
[1772] Art. 2 KB 26 september 1991: de oorspronkelijke drempel werd vastgesteld op 75.000 euro (excl. btw) voor de in categorieën ingedeelde werken en op 50.000 euro (excl. btw) voor de in ondercategorieën ingedeelde werken.

De erkenning wordt verleend in bepaalde categorieën naargelang de aard van de werken die de aannemer mag uitvoeren en in klassen naargelang de grootte van de opdrachten die hem gegund mogen worden. Zodoende kan een erkenning verleend worden in klassen, categorieën en ondercategorieën. Een aannemer kan dan ook voor meerdere categorieën en in verscheidene klassen worden erkend.[1773] Er dient in ieder geval gekeken te worden naar de werkelijke aard en omvang van de opdracht.[1774]

1093. Wanneer de aanneming werken omvat die in verscheidene categorieën en/of ondercategorieën gerangschikt zijn, moet nagegaan worden tot welke categorieën en/of ondercategorieën het gedeelte van het uit te voeren werk behoort waarvan het bedrag het grootste percentage van de aannemingssom vertegenwoordigt. Wanneer de relatieve belangrijkheid van de werken van verschillende aard ongeveer gelijk is, mogen zij gerangschikt worden in meerdere van de betreffende categorieën of ondercategorieën. De aannemer dient in dat geval slechts erkend te zijn in één van de voorgeschreven categorieën of ondercategorieën.[1775]

Wanneer een aannemer erkend wordt voor een welbepaalde categorie of ondercategorie, geeft deze erkenning ook de toelating tot het uitvoeren van de werken die door hun aard de aanvulling vormen van het in hoofdzaak uit te voeren werk, zelfs indien ze tot een andere categorie of ondercategorie behoren.[1776]

1094. De maximale bedragen van de opdrachten, exclusief btw, die aan een aannemer mogen worden toevertrouwd zijn voor de onderscheiden klassen:

Klasse 1: 135.000 euro;
Klasse 2: 275.000 euro;
Klasse 3: 500.000 euro;
Klasse 4: 900.000 euro;
Klasse 5: 1.810.000 euro;
Klasse 6: 3.225.000 euro;
Klasse 7: 5.330.000 euro.[1777]

Daarnaast is er per klasse een totaalbedrag voorzien voor alle werken, zowel openbare als private, die de aannemer in België en in het buitenland op het ogenblik van het afsluiten van de overeenkomst gelijktijdig mag uitvoeren.[1778]

[1773] Art. 5, § 1 KB 26 september 1991.
[1774] Rb. Tongeren 3 september 2015, *OOO* 2016 (weergave), afl. 1, 158.
[1775] Art. 5, § 7 KB 26 september 1991; Cass. AR C.16.0407.N, 12 april 2018, www.cass.be.
[1776] Art. 6, § 6 KB 26 september 1991.
[1777] Art. 3, § 2 KB 26 september 1991.
[1778] Art. 3, § 3 KB 26 september 1991.

1095. Zelfs wanneer de opdracht de drempel niet overschrijdt, moet de aannemer toch aan een aantal erkenningsvoorwaarden voldoen vooraleer de betreffende opdracht aan de aannemer gegund kan worden (zie hierna § 3, B).[1779]

§ 3. ERKENNINGSVOORWAARDEN

A. Opdrachten die de toepassingsdrempel overschrijden

1096. De basisvoorwaarden om een erkenning te verkrijgen zijn:
- de Belgische nationaliteit hebben of de nationaliteit van een andere lidstaat van de Europese Gemeenschap, en gevestigd zijn binnen deze Gemeenschap;
- de inschrijving in het handels- of beroepsregister volgens de eisen van de wetgeving van de lidstaat waar hij gevestigd is;
- het niet verkeren in staat van faillissement, vereffening of gerechtelijke reorganisatie;
- niet bij een vonnis, dat in kracht van gewijsde is gegaan, veroordeeld zijn voor bepaalde in de wet opgesomde misdrijven of elk ander misdrijf dat door zijn aard de beroepsmoraal van de aannemer aantast;
- niet uitgesloten zijn van overheidsopdrachten en concessies op basis van artikel 19, § 3 van de wet van 20 maart 1991;
- over voldoende technische bekwaamheid beschikken;
- voldoende financiële en economische draagkracht hebben;
- zijn sociale en fiscale verplichtingen vervuld hebben.[1780]

1097. Het beschikken over eigen materiaal is niet van fundamenteel belang voor de beoordeling van de technische bekwaamheid van de aannemer. Zo werd geoordeeld dat de erkenning van een aannemer niet kan worden ingetrokken of geweigerd wanneer de aannemer gespecialiseerde kranen mét bestuurder inhuurt, maar voor het overige de noodzakelijke werkzaamheden zelf uitvoert.[1781] Daarentegen komt een projectontwikkelaar die zelf geen werken uitvoert niet in aanmerking voor een erkenning. Hij beschikt immers niet over de vereiste vakbekwaamheid.[1782]

1098. Tijdelijke vennootschappen kunnen geen eigen erkenning verkrijgen, aangezien ze geen rechtspersoonlijkheid hebben. Ze worden echter toch toegelaten tot uitvoering van werken wanneer één deelgenoot erkend is in de vereiste categorie en klasse en de andere deelgenoten voldoen aan de basiserkennings-

---

[1779] Art. 3, tweede lid wet 20 maart 1991.
[1780] Art. 4, § 1 wet 20 maart 1991.
[1781] RvS 12 juli 1996, *TBP*, 1997 (verkort), 129.
[1782] RvS 14 juni 1994, *RW* 1994-95, 846, noot I. OPDEBEEK, *T.Aann.* 1994, 421 en 1995, 300 en 388.

voorwaarden. Het is dus niet vereist dat alle deelgenoten aannemers zijn. Zo is het mogelijk dat één ervan de functie van studiebureau of promotor heeft.[1783]

B. Opdrachten die de toepassingsdrempel niet overschrijden

1099. Zoals vermeld, mag een opdracht die de toepassingsdrempel niet overschrijdt, slechts gegund worden wanneer de aannemer, op het ogenblik van de gunning, aan een aantal van de erkenningsvoorwaarden voldoet[1784]:
- de Belgische nationaliteit hebben of de nationaliteit van een andere lidstaat van de Europese Gemeenschap, en gevestigd zijn binnen deze Gemeenschap;
- niet bij een vonnis, dat in kracht van gewijsde is gegaan, veroordeeld zijn voor een misdrijf dat door zijn aard de beroepsmoraal van de aannemer aantast;
- niet uitgesloten zijn van overheidsopdrachten op basis van artikel 19, § 3 van de wet van 20 maart 1991;
- de sociale en fiscale verplichtingen vervullen.

1100. Van deze regel is evenwel een afwijking mogelijk, indien:
- er ten behoeve van een voldoende concurrentie aanleiding bestaat om de in de lagere klassen erkende aannemers toe te laten tot de uitvoering van de werken;
- er ten behoeve van de instandhouding of het herstel van het cultureel patrimonium en het bouwkundig erfgoed aanleiding bestaat om deze restauratiewerken te gunnen aan ambachtelijk werkende bedrijven;
- er geen regelmatige offerte werd neergelegd door een voldoende erkende aannemer om reden van onaanvaardbare prijzen of inbreuken inzake de bepalingen betreffende de normale mededingingsvoorwaarden;
- door de gunning van een bepaalde opdracht het totaalbedrag van alle werken, zowel openbare als private, die gelijktijdig mogen worden uitgevoerd, rekening houdend met de stand van de aan de gang zijnde aannemingen, het bedrag dat in artikel 2, § 3 is vastgesteld voor de klasse waarin zij erkend zijn, overschrijdt.[1785]

De afwijking kan verleend worden door de federale ministers of de Gemeenschaps- en Gewestregeringen wanneer het werken betreft die in opdracht van een publiekrechtelijke of privaatrechtelijke rechtspersoon worden uitgevoerd en die voor ten minste 25% worden gesubsidieerd, of in gelijk welke vorm rechtstreeks gefinancierd, ten laste van hun begroting of van de begroting van openbare instellingen die van hen afhangen.

[1783] Zie meer uitgebreid: D.-B. FLOOR, *Tijdelijke handelsvennootschap*, Brussel, Larcier, 2007, 139-152.

[1784] Art. 3, tweede lid wet 20 maart 1991.

[1785] Zie art. 17 KB 26 september 1991.

1101. Wanneer de werken in aanbesteding gegeven worden door een provincie, een federatie van gemeenten, een gemeente, een vereniging van gemeenten of een van de andere instellingen die van de provincies of gemeenten afhangen, een watering of een polder en wanneer ze niet rechtstreeks gesubsidieerd noch gefinancierd worden, voor ten minste 25%, door de Staat, de Gemeenschappen of de Gewesten, wordt de afwijking onder dezelfde voorwaarden toegestaan door de provinciegouverneur.[1786]

§ 4. TIJDSTIP VAN ERKENNING EN LIJST MET ERKENDE AANNEMERS

1102. De aannemer in kwestie dient erkend te zijn op het ogenblik dat de overeenkomst wordt gesloten. De omstandigheid dat de aannemer de vereiste erkenning niet heeft, belet de aannemer dus niet om een aanbod te doen en belet de overheid evenmin om dit bod te onderzoeken.[1787]

1103. Wanneer de aannemer uiteindelijk niet erkend is voor de werken die het voorwerp van de aanbesteding uitmaken, dient de gunning vernietigd te worden.[1788]

1104. De Commissie voor Erkenning levert, na het onderzoek van de voorwaarden, een getuigschrift af dat vaststelt dat de aannemer in een bepaalde categorie en klasse is erkend.

De bevoegde minister stelt een lijst op met erkende aannemers. Deze lijst in terug te vinden op https://ng3.economie.fgov.be/NI/agrea/aannemer_nl.asp.

De inschrijving op de officiële lijst van de erkende aannemers in een andere lidstaat van de Europese Unie geldt als erkenning in België, voor zover die erkenning gelijkwaardig is aan de Belgische. Hierover beslist de bevoegde minister. Deze beslissing geldt slechts voor die bepaalde opdracht.

AFDELING 7. BIJDRAGE BETALEN AAN HET WTCB

1105. Bij besluitwet van 30 januari 1947 (*BS* 28 februari 1947) werden, op verzoek van de beroepsgroeperingen, de wetenschappelijke centra opgericht. In de bouwsector zijn de voornaamste centra het "Onderzoekscentrum voor de Wegenbouw" (OCW) en het "Wetenschappelijk en Technisch Centrum voor de Bouw" (WTCB).

[1786] Art. 21 wet 20 maart 1991.
[1787] RvS 19 februari 1986, *Arr.RvS.* 1986; Cass. 15 april 2011, AR C.10.0211.N, www.cass.be; Gent 30 januari 2009, *TBO* 2013, 37.
[1788] RvS 13 juli 2011, *OOO* 2011, 486; RvS 1 oktober 1980, nr. 20.607; Luik 24 juni 2010, *JT* 2010, 599.

Iedere aannemer in de bouwsector dient zich aan te sluiten bij het WTCB of het OCW. Een schrijnwerker-installateur van keukens zal bijvoorbeeld niet bijdrageplichtig zijn. Dit is immers een activiteit van inwendige inrichting en niet van oprichting van het gebouw. Dat de keuken onroerend wordt door incorporatie, verandert daar niets aan.[1789]

1106. De inkomsten van deze centra, die rechtspersoonlijkheid hebben, worden gevormd door een bijdrage van alle ondernemingen in de sector. De bijdrage wordt bepaald in functie van de loonmassa in het bedrijf. Iedere aannemer-zelfstandige dient jaarlijks een minimumbijdrage te betalen.

Het WTCB kan de verschuldigde bijdrage in rechte opvorderen. Het kan de grootte van de bijdrage zelf berekenen op basis van de hem bekende gegevens, zoals de uitbetaalde lonen.[1790] Het moet evenwel de juistheid van zijn aanslag bewijzen.[1791] De begroting van de bijdrage gebeurt op basis van de werken uitgevoerd in de betrokken sector. De werken uitgevoerd in andere sectoren komen niet in aanmerking.[1792]

1107. De jaarlijkse bijdrage te betalen aan het WTCB verjaart na vijf jaar (art. 2277 BW).[1793] De verjaringstermijn begint te lopen zodra de berekeningsgrondslag vaststaat.[1794]

§ 1. WITWASWETGEVING

1108. In principe kan steeds betaald worden met cash geld, zijnde bankbiljetten en muntstukken. De Witwaswet[1795] voorziet echter in een belangrijke uitzondering op die regel.

Boek III van de voornoemde wet beperkt de mogelijkheid om te betalen in contanten. Als algemene regel geldt namelijk dat geen enkele betaling of schenking in contanten mag worden verricht of ontvangen voor meer dan 3000 euro. Met andere woorden, een aannemer mag slechts betaald worden met cash geld zolang de prijs van de dienstverlening niet meer bedraagt dan 3000 euro.

Er wordt rekening gehouden met het geheel van verrichtingen waartussen een verband lijkt te bestaan om te bepalen of de drempel van 3000 euro overschreden

---

[1789] Vred. Herve 1 oktober 1991, *JLMB* 1992, 390, noot B. LOUVEAUX.
[1790] Vred. Sint-Jans-Molenbeek 19 november 1981, *T.Aann.* 1982, 274.
[1791] Brussel 11 januari 1974, *T.Aann.* 1976, 84, noot VAN DER STICHELEN; Vred. Kapellen 27 oktober 1971, *RW* 1971-72.
[1792] Cass. 1 maart 1990, *RW* 1991-92, 430 (in verband met de sector van de wegenbouw).
[1793] Vred. Sint-Jans-Molenbeek 19 november 1981, *T.Aann.* 1982, 274.
[1794] Kh. Brussel 19 oktober 1984, *T.Aann.* 1982, 274.
[1795] Wet 18 september 2017 tot voorkoming van het witwassen van geld en de financiering van terrorisme en tot beperking van het gebruik van contanten, *BS* 6 oktober 2017.

wordt.[1796] Wanneer een schuld in schijven betaald wordt, geldt het totale bedrag van de schuld dus als beoordelingsgrond.

Indien de voormelde regels met de voeten getreden worden, kan een strafrechtelijke sanctie opgelegd worden van 250 tot 225.000 euro, waarbij de geldboete niet meer mag bedragen dan 10% van de betaling of de schenking.[1797]

1109. Bovendien geldt er sinds 1 januari 2014 een absoluut verbod om te betalen in cash geld bij vastgoedtransacties.[1798] De wet bepaalt immers dat de prijs van de verkoop van een onroerend goed enkel vereffend mag worden door middel van overschrijving of cheque. De verkoopovereenkomst en akte moeten het nummer van de financiële rekening vermelden waarlangs het bedrag werd of zal worden overgedragen.[1799]

Indien het absolute verbod bij vastgoedtransacties overtreden wordt, kan een administratieve geldboete opgelegd worden van minimum 250 euro en maximum 1.250.000 euro.[1800]

AFDELING 8. VERBODEN TERBESCHIKKING-STELLING VAN WERKNEMERS

§ 1. ALGEMEEN PRINCIPE

1110. De Belgische wetgeving bepaalt uitdrukkelijk dat het verboden is om werknemers ter beschikking te stellen van een derde. Artikel 31, § 1 van de wet van 22 juli 1987 betreffende de tijdelijke arbeid, de uitzendbureaus, en de terbeschikkingstelling van werknemers ten behoeve van gebruiker stelt daarover:

> "Verboden is de activiteit die buiten de in de hoofdstukken I en II voorgeschreven regels, door een natuurlijke persoon of een rechtspersoon wordt uitgeoefend om door hen in dienst genomen werknemers ter beschikking te stellen van derden die deze werknemers gebruiken en over hen enig gedeelte van het gezag uitoefenen dat normaal aan de werkgever toekomt (...)."

[1796] Art. 67, § 2 Witwaswet.
[1797] Art. 137, 1° Witwaswet.
[1798] GwH 11 mei 2005, nr. 89/2005, www.const-court.be: het Grondwettelijk Hof heeft hieromtrent reeds geoordeeld dat de onderscheiden behandeling van de toegelaten betalingswijze voor onroerende goederen geen ongeoorloofde discriminatie uitmaakt, gelet op het objectieve criterium – de aard van het verkochte goed. De bestreden bepaling is evenmin onevenredig ten aanzien van het nagestreefde doel aangezien zij een beperking beoogt van de stortingen in contanten die witwasoperaties kunnen verdoezelen, waartegen de wetgever de strijd wil aanbinden, ongeacht het bedrag ervan.
[1799] Art. 66, § 2 Witwaswet.
[1800] Art. 132, § 2 Witwaswet.

Dit verbod is van openbare orde (er kan dus niet contractueel van worden afgeweken) en de niet-naleving wordt onder meer strafrechtelijk gesanctioneerd.

1111. Er is sprake van terbeschikkingstelling wanneer de gebruiker een deel van het werkgeversgezag uitoefent.[1801] Met werkgeversgezag wordt gedoeld op de bevoegdheid om instructies te geven over de organisatie en uitvoering van het werk, daarop controle uit te oefenen en er de nodige gevolgen aan te koppelen.[1802] Zo werd reeds geoordeeld dat de feitenrechter kon besluiten tot een gezagsverhouding wanneer de gebruiker de arbeidsvoorwaarden bepaalt (o.a. op het vlak van tijd en ruimte) en hierop controle uitoefent.[1803]

Hierbij wordt opgemerkt dat instructies m.b.t. de welzijnsvoorschriften (bv. veiligheidsinstructies) niet beschouwd worden als het uitoefenen van werkgeversgezag.[1804] Hierbij kan gedacht worden aan de algemene preventiebeginselen die toegepast moeten worden op tijdelijke en mobiele bouwplaatsen.[1805]

§ 2. UITZONDERINGEN

1112. De wet voorziet in enkele uitzonderingen op het algemeen verbod van terbeschikkingstelling. Deze uitzonderingen worden echter zeer strikt geïnterpreteerd en zijn aan tal van voorwaarden verbonden.

A. Instructierecht

1113. De overeenkomst waarbij de werkgever zijn personeel bij de gebruiker een werk laat uitvoeren én waarbij aan de gebruiker wordt toegelaten om bepaalde werkinstructies aan de werknemers te geven zonder dat dit gepaard gaat met een uitholling van het gezag van de werkgever[1806], kan als een geoorloofde dienstverlenings- of aannemingsovereenkomst beschouwd worden.

1114. Aan de onderstaande voorwaarden dient weliswaar voldaan te zijn:
- een schriftelijke overeenkomst dient te worden gesloten tussen de werkgever en de gebruiker, waarin een uitdrukkelijke en gedetailleerde opsomming opgenomen wordt van alle instructies die de gebruiker mogelijk mag/zal geven aan de desbetreffende werknemer;
- de instructies waarvan toegelaten wordt dat de gebruiker ze mag geven aan de desbetreffende werknemers, mogen het werkgeversgezag van de werkgever

---

[1801] L. ELIAERTS, *Terbeschikkingstelling van werknemers en uitzendarbeid* in APR 2014, 38-49.
[1802] Arbh. Brussel 9 juni 2009, *JTT* 2009, 428.
[1803] Cass. 22 mei 2006, www.cass.be; Cass. 25 mei 2009; Cass. 9 juni 2008.
[1804] Art. 31, § 1 Uitzendarbeidswet.
[1805] Art. 50 KB 25 januari 2001.
[1806] Art. 33, § 1, derde lid Uitzendarbeidswet.

niet uithollen. Dit houdt in dat, op zijn minst, de ontslagbevoegdheid, de aanwervingsbevoegdheid, het bepalen van de arbeidsvoorwaarden, de toekenning van vakantie, de melding en controle van ziekteverlof, de evaluatie en disciplinaire bevoegdheid bij de werkgever dienen te blijven;
– de feitelijke situatie dient volledig overeen te stemmen met de bepalingen van de geschreven overeenkomst. Dit betekent onder meer dat door de gebruiker geen andere instructies mogen gegeven worden dan diegene die expliciet opgesomd staan;
– informatieplicht: de ondernemingsraad, dan wel, bij ontstentenis, het comité voor preventie en bescherming op het werk dan wel, bij ontstentenis, de leden van de vakbondsafvaardiging dienen op de hoogte gebracht te worden van het bestaan van de overeenkomst (deze voorwaarde geldt niet wanneer er noch een ondernemingsraad, noch een comité voor preventie of bescherming op het werk, noch een vakbondsafvaardiging aanwezig is).

Hierbij wordt opgemerkt dat instructies niet verward mogen worden met aanmaningen of algemene aanwijzingen. Aanmaningen worden enkel verstrekt om de nakoming van een verbintenis te verkrijgen, terwijl instructies het voorwerp van de door de werknemer te verrichten activiteiten nader bepalen.[1807] Bovendien oordeelde het Hof van Justitie dat de kwalificatie van een dienstverleningsovereenkomst niet uitsluit dat de gebruiker bepaalde algemene aanwijzingen geeft, zolang de specifieke en individuele aanwijzingen worden gegeven door de werkgever.[1808]

B. Tijdelijke en uitzonderlijke terbeschikkingstelling

1115. In afwijking van het principieel verbod op terbeschikkingstelling kan de werkgever, naast zijn normale activiteiten, zijn vaste werknemers voor een beperkte tijd ter beschikking stellen van een gebruiker (en dus met uitoefening van het werkgeversgezag), als de gebruiker vooraf de toestemming van de Inspectie Toezicht op de Sociale Wetten heeft gekregen.[1809]
Er moet dus voldaan zijn aan vier vereisten:
– de terbeschikkingstelling mag niet de gewone activiteit van de werkgever uitmaken;
– een vaste werknemer dient ter beschikking gesteld te worden (en dus niet een werknemer die speciaal aangeworven werd om ter beschikking te stellen);
– de terbeschikkingstelling gebeurt voor een beperkte tijd. Wat verstaan moet worden onder "beperkte tijd", wordt niet bepaald in de wet;
– de terbeschikkingstelling kan pas aanvangen nadat de inspectie haar toestemming heeft gegeven. De voorafgaande toelating is niet nodig voor de ter-

---

[1807] L. ELIAERTS, *Terbeschikkingstelling van werknemers en uitzendarbeid* in *APR* 2014, 57; L. ELIAERTS, "Terbeschikkingstelling en uitzendarbeid in de bouwsector", *TBO* 2015, 300.
[1808] HvJ 18 juni 2015, C-586/13, *Martin Meat*.
[1809] Art. 32, § 1, eerste lid Uitzendarbeidswet; L. ELIAERTS, *Terbeschikkingstelling van werknemers en uitzendarbeid* in *APR* 2014, 71-76.

beschikkingstelling in het kader van de samenwerking tussen de ondernemingen van eenzelfde economische en financiële entiteit met het oog op de kortstondige uitvoering van gespecialiseerde opdrachten die een bijzondere beroepsbekwaamheid vereisen. Dit betreft taken waarvoor het vanuit economisch oogpunt niet aangewezen is en niet rendabel zou zijn om als onderneming hiervoor zelf personeel in dienst te nemen. In dergelijk geval dient de Inspectie Toezicht Sociale Wetten wel nog steeds verwittigd te worden.[1810]

Wanneer het gaat over een *georganiseerde en systematische* dienstverlening door personeel van de werkgever aan de gebruiker, kan deze uitzondering dus geen toepassing vinden.

1116. Wanneer deze uitzondering toepassing vindt, wordt de gebruiker hoofdelijk aansprakelijk voor de betaling van de lonen, vergoedingen en voordelen en is de gebruiker verantwoordelijk voor het respecteren van de regels inzake arbeidsduur, feestdagen, welzijn op het werk, discriminatie, zondagsrust, nachtarbeid en de regels inzake deeltijdse arbeid.[1811]

1117. De sociale partners van de bouwsector hebben in een cao bijkomende voorwaarden vastgelegd. Meer bepaald gelden volgende bijkomende voorwaarden voor de bouwsector[1812]:
- de terbeschikkingstelling kan enkel gebeuren tussen ondernemingen die ressorteren onder het PC 124 voor het bouwbedrijf en die niet het voorwerp uitmaken van de inhoudingsplicht van artikel 30*bis*, § 4, eerste lid RSZ-Wet en artikel 403, § 1 WIB 92;
- de terbeschikkingstelling kan enkel gebeuren bij een tijdelijk toename van werk of voor een technische bijstand voor het uitvoeren van specifieke werken.

C. Sancties

1118. Wanneer een gebruiker arbeid laat uitvoeren door werknemers die te zijner beschikking werden gesteld in strijd met de wettelijke regelgeving, worden die gebruiker en die werknemers beschouwd als verbonden door een arbeidsovereenkomst voor onbepaalde tijd vanaf het begin van de uitvoering van de arbeid. Bovendien kunnen de werknemers de overeenkomst beëindigen zonder opzegging noch vergoeding en dit tot op de datum waarop zij normaal niet meer ter beschikking van de gebruiker zouden zijn gesteld.[1813]

[1810] Art. 32, § 1, tweede lid Uitzendarbeidswet.
[1811] Art. 7 Cao 12 juni 2014.
[1812] Art. 4 en 5 Cao 12 juni 2014, Ter beschikking stellen van personeel, algemeen verbindend verklaard bij KB 10 april 2015, *BS* 6 mei 2015.
[1813] Art. 31, § 3 Uitzendarbeidswet.

De uitlenende werkgever blijft evenwel, samen met de gebruiker, hoofdelijk aansprakelijk voor de betaling van de sociale bijdragen, lonen, vergoedingen en voordelen die uit deze overeenkomst voortvloeien.[1814]

Deze regeling heeft tot gevolg dat de werknemer verbonden zal zijn door twee arbeidsovereenkomsten:
- de arbeidsovereenkomst met de uitlenende werkgever;
- de arbeidsovereenkomst met de gebruiker.

Dit werd recent nog bevestigd door het Hof van Cassatie.[1815]

1119. Wanneer de terbeschikkingstelling een einde neemt, zal de uitlenende werkgever de werknemer dus opnieuw in dienst moeten nemen.[1816] Wanneer de samenwerking met de werknemer een einde neemt op initiatief van zowel de gebruiker als de uitlenende werkgever, zal de werknemer recht hebben op twee opzegvergoedingen, waarbij de opzegvergoeding voor de gebruiker gebaseerd wordt op de anciënniteit van de terbeschikkingstelling.[1817]

Wanneer de werknemer echter in dienst werd genomen louter om ter beschikking te worden gesteld van een gebruiker, is deze arbeidsovereenkomst nietig vanaf het begin van de uitvoering van de arbeid bij de gebruiker.[1818]

1120. Het Hof van Cassatie verduidelijkte tevens dat de overeenkomst tussen de gebruiker en de uitlenende werkgever die tot voorwerp heeft de terbeschikkingstelling van werknemers, eveneens nietig is. Het betreft een absolute nietigheid, aangezien het verbod op terbeschikkingstelling de openbare orde raakt. Wanneer de uitlenende werkgever derhalve een vergoeding vordert van de gebruiker voor de terbeschikkingstelling, kan de gebruiker terecht weigeren om deze factuur te voldoen. Een nietige overeenkomst kan namelijk geen gevolgen hebben.[1819]

1121. Daarenboven wordt de terbeschikkingstelling ook strafrechtelijk gesanctioneerd met een strafrechtelijke geldboete van 100 tot 1000 euro, hetzij een administratieve geldboete van 50 tot 500 euro, waarbij de geldboete vermenigvuldigd wordt met het aantal betrokken werknemers. Deze sanctie kan zowel aan de uitlenende werkgever als aan de gebruiker worden opgelegd.[1820]

[1814] Art. 31, § 4 Uitzendarbeidswet.
[1815] Cass. 8 oktober 2018, AR S.14.0006.N en S.14.0059.N, www.cass.be.
[1816] Arbh. Luik 15 mei 2003, onuitg.
[1817] Arbh. Brussel 22 februari 2011, *Soc.Kron.* 2011/10, 514.
[1818] Art. 31, § 2 Uitzendarbeidswet.
[1819] Cass. 15 februari 2016, AR C.14.0448.F, www.cass.be.
[1820] Art. 177 Soc.Sw.

§ 3. DETACHERING VAN WERKNEMERS

A. *Principe*

1122. Binnen de EU geldt het vrij verkeer van werknemers, waardoor elke binnen de EU gevestigde werkgever de mogelijkheid heeft om werknemers te rekruteren in andere landen van de EU. Een Belgische werkgever kan dus zonder problemen een EU-werknemer aanwerven. De betreffende werknemer zal bijgevolg onderworpen zijn aan de Belgische reglementering inzake tewerkstelling (bv. arbeidsvoorwaarden, sociale zekerheid, fiscale voordelen enz.).

Tevens geldt het vrij verkeer van diensten, waardoor ondernemingen hun diensten mogen aanbieden in de andere landen van de EU. Een vaak voorkomende toepassing van dit principe is de detachering van werknemers. Bij detachering stuurt een werkgever van wie de zetel gevestigd is buiten het Belgische grondgebied, een werknemer naar België met het oog op het verrichten van arbeidsprestaties.

Met de Detacheringsrichtlijn 96/71/EG heeft de Europese wetgever getracht om een evenwicht te vinden tussen het vrij verkeer van diensten enerzijds en de sociale bescherming van werknemers anderzijds. Deze richtlijn werd in de Belgische rechtsorde omgezet door de wet van 5 maart 2002.[1821] In 2014 trad de Handhavingsrichtlijn 2014/67/EU in werking die tot doel heeft de uitvoering, toepassing en handhaving van de Detacheringsrichtlijn te verbeteren en te harmoniseren. Ten gevolge van deze richtlijn verscheen de wet van 11 december 2016 houdende diverse bepalingen inzake detachering van werknemer[1822] in het *Belgisch Staatsblad*, die de wet van 5 maart 2002 wijzigt.

1123. Op 9 juli 2018 werd de herziene Detacheringsrichtlijn 2018/957/EG gepubliceerd. Deze richtlijn breidt onder andere de arbeids-, loon- en tewerkstellingsvoorwaarden van de lidstaat van ontvangst uit die van toepassing zijn op de gedetacheerde werknemer. België heeft tot 30 juli 2020 om de bestaande wetgeving aan de nieuwe detacheringsregels aan te passen.

1124. Conform de Detacheringswet is een gedetacheerde werknemer een persoon die:

– op basis van een overeenkomst, arbeidsprestaties verricht tegen loon en onder het gezag van een andere persoon
   EN
– die tijdelijk arbeidsprestaties verricht in België
   EN

[1821] Wet 5 maart 2002 betreffende de arbeids-, loon- en tewerkstellingsvoorwaarden in geval van detachering van werknemers in België en de naleving ervan, *BS* 13 april 2002 (hierna Detacheringswet).

[1822] Wet 11 december 2016 houdende diverse bepalingen inzake detachering van werknemer, *BS* 20 december 2016.

–   die hetzij gewoonlijk werkt op het grondgebied van een of meer andere landen
    dan België, hetzij is aangeworven in een ander land dan België.[1823]

Zodra een werknemer één arbeidsprestatie levert in België, valt deze dus onder
het toepassingsgebied van de Detacheringswet. Het maakt daarbij niet uit welke
prestatie de betreffende werknemer levert en wat de duur ervan is.

B.   *Gevolgen op het vlak van sociale zekerheid*

1125.   Binnen de EU werd getracht de verschillende nationale reglementering
inzake sociale zekerheid te coördineren via Verordening 883/2004 en haar toe-
passingsverordening 987/2009. Deze verordeningen hebben tot doel de gelijktijdige toepassing van verschillende nationale regelingen en de daaruit voortvloeiende complicaties te vermijden.

Verordening 883/2004 bepaalt dat de gedetacheerde werknemer onderworpen
blijft aan de socialezekerheidsreglementering van het land van afkomst tijdens de
duur van de detachering in België, op voorwaarde dat:
–   de detachering maximaal 24 maanden duurt (indien deze termijn afgelopen
    is, kan een verlenging van de detacheringsperiode worden toegekend met
    wederzijds akkoord tussen de socialezekerheidsinstellingen van de betrokken
    lidstaten[1824]);
–   de werkgever economische activiteiten van betekenis ontplooit in het uitstu-
    rende land;
–   er een band van ondergeschiktheid blijft bestaan tussen werknemer en werk-
    gever gedurende de detachering;
–   de werknemer voorafgaand aan de detachering reeds sociaal verzekerd was in
    het uitsturende land;
–   de gedetacheerde werknemer niet wordt uitgezonden om een andere gedeta-
    cheerde werknemer te vervangen.[1825]

1126.   Om duidelijkheid te creëren omtrent de toepasselijke sociale zekerheid,
werd het A1-formulier ontwikkeld.[1826] Het A1-formulier is een verklaring die
door de socialezekerheidsinstelling van een EU-lidstaat wordt uitgereikt en aangeeft welke socialezekerheidsreglementering op de werknemer van toepassing is
voor de periode opgenomen in de verklaring[1827] en in welk land de socialezekerheidsbijdragen betaald moeten worden.

[1823]   Art. 2, 2° Detacheringswet.
[1824]   Art. 16 Verordening 883/2004.
[1825]   Art. 12 Verordening 883/2004.
[1826]   Zie ook F. VAN OVERMEIREN, "Buitenlandse werknemers binnen de EU: het sociaalrechte-
         lijk kader van aanwerving versus detachering", *TBO* 2015, 315-318.
[1827]   Cass. 2 februari 2016, AR P.15.0846.N, www.cass.be: het Hof oordeelde dat de detacherings-
         documenten niet in orde zijn indien de geldigheid van het A1-formulier reeds verstreken was

Het Hof van Justitie heeft reeds geoordeeld dat het A1-formulier een vermoeden creëert dat de gedetacheerde werknemer regelmatig aangesloten is bij de socialezekerheidsregeling van de uitzendende lidstaat en dit bindend is voor de lidstaat waar de gedetacheerde werknemer activiteiten zal uitvoeren. Het A1-formulier kan dus niet ongeldig verklaard worden door de RSZ of de Belgische rechtbanken.[1828]

C. Gevolgen op arbeidsrechtelijk vlak

1127. De werkgever die zijn werknemers naar België detacheert, moet voor de arbeidsprestaties die in België worden verricht, de arbeids-, loon- en tewerkstellingsvoorwaarden naleven die bepaald worden door Belgische wettelijke, bestuursrechtelijke of conventionele bepalingen (cao's), die strafrechtelijk worden beteugeld.[1829]

Dit heeft tot gevolg dat alle bepalingen van de Belgische arbeidsreglementering van toepassing zijn op de gedetacheerde werknemer. Hierbij kan gedacht worden aan de reglementering omtrent de arbeidstijd (arbeidsduurgrenzen, rusttijden, feestdagen), het welzijn op het werk (veiligheid), de loonvoorwaarden en de andere arbeidsvoorwaarden die bij algemeen verbindend verklaarde cao zijn vastgelegd (d.w.z. strafrechtelijk gesanctioneerd) enz.

Indien de arbeids-, loon- en tewerkstellingsvoorwaarden in het land van afkomst echter voordeliger zijn voor de gedetacheerde werknemer, kunnen deze voorwaarden toepassing vinden.[1830]

D. Detachering en terbeschikkingstelling

1128. Hiervoor werd reeds aangegeven dat het verbod op terbeschikkingstelling van werknemers strafrechtelijk gesanctioneerd wordt. Het algemeen verbod is bijgevolg eveneens van toepassing op de detachering in België.

Anders gezegd, de gebruiker van de gedetacheerde werknemer (de Belgische onderneming) zal zich moeten beperken tot het geven van zeer algemene instructies en zal op geen enkel ogenblik aanspraak mogen maken op het werkgeversgezag. Echter, in de praktijk zal de Belgische onderneming, alleen al uit praktische overwegingen, wél een deel van het werkgeversgezag overnemen, waardoor de detachering in het vaarwater van de verboden terbeschikkingstelling komt.[1831]

---

voor het einde van de tewerkstelling.

[1828] HvJ 6 september 2018, *Salzburger Gebietskrankenkasse, Bundesminister für Arbeit, Soziales und Konsumentenschutz/Alpenrind GmbH, Martin-Meat Szolgáltató és Kereskedelmi Kft, Martimpex-Meat Kft, e.a.*; HvJ 6 februari 2018, *Ömer Altun, Abubekir Altun, Sedrettin Maksutogullari, e.a.*; HvJ 26 januari 2006, *Herbosch Kiere*.

[1829] Art. 5, § 1 Detacheringswet.

[1830] Art. 7 Detacheringswet.

[1831] Zie ook F. VAN OVERMEIREN, "Buitenlandse werknemers binnen de EU: het sociaalrechtelijk kader van aanwerving versus detachering", *TBO* 2015, 323-328.

1129. Wanneer de detachering gekwalificeerd wordt als een verboden terbeschikkingstelling, heeft dit – normaal gezien – tot gevolg dat de gedetacheerde werknemer geacht wordt een arbeidsovereenkomst van onbepaalde duur te hebben met de gebruiker (de Belgische onderneming).

Bovendien zal de gebruiker hoofdelijk aansprakelijk zijn voor de betaling van de socialezekerheidsbijdragen. Echter, deze sanctie houdt geen rekening met het reeds bestaande socialezekerheidsstelsel van de gedetacheerde werknemer en het feit dat de buitenlandse werkgever reeds socialezekerheidsbijdragen betaald heeft in het land van afkomst. Om een dubbele betaling van de socialezekerheidsbijdragen te vermijden, wordt gebruik gemaakt van het A1-formulier. Wanneer de gedetacheerde werknemer over een geldig A1-formulier beschikt, kan de burgerlijke Belgische sanctie wat betreft het betalen van de socialezekerheidsbijdragen geen toepassing vinden.[1832]

E.   Uitzendarbeid

1130. Conform artikel 1 Uitzendarbeidswet is uitzendarbeid mogelijk om te voorzien in de vervanging van een vaste werknemer of om te beantwoorden aan een tijdelijke vermeerdering van werk of om te zorgen voor de uitvoering van een uitzonderlijk werk.[1833]

De sectorale cao van 4 december 2014 met betrekking tot het PC 124 (de bouwsector) beperkt echter de mogelijkheden tot uitzendarbeid. Uitzendarbeid is namelijk slechts toegelaten in de volgende drie gevallen:
–   bij vervanging van een werkonbekwame, vaste arbeider wegens ziekte of ongeval, zwangerschap, een arbeidsongeval of een beroepsziekte (en dus niet om een werknemer te vervangen wiens arbeidsovereenkomst geschorst of beëindigd werd).[1834] Deze vervanging dient te gebeuren binnen de twaalf maanden na aanvang van de werkonbekwaamheid en dit tot de arbeider opnieuw werkbekwaam is. Tevens dient de syndicale afvaardiging van de onderneming hiervan op de hoogte gebracht te worden;
–   bij een tijdelijke vermeerdering van het werkvolume.[1835] In dat geval dient de werkgever de toestemming te krijgen van de meerderheid van de syndicale afvaardiging. Bij ontstentenis van een syndicale afvaardiging, dient het uitzendkantoor aan het Sociaal Fonds van de uitzendarbeid te melden dat er een beroep wordt gedaan op uitzendarbeid. De duur van de tewerkstelling mag de zes maanden niet overschrijden.[1836] Bovendien wordt het maximale aantal toegelaten dagprestaties beperkt tot 10% van de totale werkbare man-

---

[1832]   Cass 2 juni 2003, *Pas.* 2003, 1099, *TBO* 2015, 328.
[1833]   Art. 1 Uitzendarbeidswet.
[1834]   Art. 4 Cao 14 december 2014 (sectorale cao van de bouwsector – PC 124).
[1835]   Art. 5 Cao 4 december 2014.
[1836]   Art. 11 Cao 4 december 2014.

dagen van het voorafgaande kalenderjaar bij ondernemingen met meer dan tien arbeiders[1837];

– bij de invulling van een vacante betrekking bij de gebruiker met de bedoeling om na afloop van de periode van terbeschikkingstelling de uitzendkracht vast in dienst te laten nemen door de gebruiker voor diezelfde betrekking (instroom). De werkgever dient vooraf de vakbondsafvaardiging te informeren en te raadplegen over de keuze voor uitzendarbeid, de betrokken werkpost(en) en de betrokken functie(s).[1838] Per werkpost zijn bovendien niet meer dan drie pogingen voor maximaal zes maanden per uitzendkracht toegestaan binnen een periode die in totaal niet langer mag zijn dan negen maanden.[1839]

1131. Bovendien is uitzendarbeid slechts mogelijk in de normale functies van de normale activiteit van de bouwonderneming en volgens de bepalingen van het arbeidsreglement, met inbegrip van de daarin vermelde uurregelingen.[1840] Er kan dus geen beroep gedaan worden op uitzendarbeid voor het uitvoeren van uitzonderlijke werkzaamheden.

1132. In alle omstandigheden dient de gebruiker het uitzendbureau, vóór de terbeschikkingstelling van de uitzendkracht, alle inlichtingen te verstrekken omtrent de vereiste beroepskwalificatie en de specifieke kenmerken van de werkpost. Dit dient te gebeuren door middel van een werkpostfiche.[1841]

Het uitzendbureau dient vervolgens na te gaan of de uitzendkracht arbeidsgeschikt werd verklaard voor de betrokken werkpost of functie en de gebruiker dient ervoor te zorgen dat de uitzendkracht hetzelfde niveau van bescherming geniet als de andere werknemers van de onderneming (bv. ter beschikking stellen van de werkkledij).[1842]

1133. Wanneer de regelgeving inzake uitzendarbeid niet correct wordt nageleefd, kan dit tot gevolg hebben dat de gebruiker en de uitzendkracht verbonden zullen zijn door een arbeidsovereenkomst van onbepaalde duur.[1843] Voor de bouwsector bepalen de toepasselijke cao's tevens de omstandigheden waarin deze sanctie kan worden opgelegd.[1844]

[1837] Art. 10 Cao december 2014.
[1838] Art. 6 Cao 4 december 2014.
[1839] Art. 26 Cao nr. 108 van 16 juli 2013, *BS* 10 februari 2014.
[1840] Art. 9 Cao 4 december 2014.
[1841] Art. X.2-3 Welzijnscodex.
[1842] Art. X.2-7 en X. 2-10 Welzijnscodex; L. ELIAERTS, "Terbeschikkingstelling en uitzendarbeid in de bouwsector", *TBO* 2015, 307-308; L. ELIAERTS, *Terbeschikkingstelling van werknemers en uitzendarbeid* in *APR* 2014, 569-589.
[1843] Art. 20 Uitzendarbeidswet.
[1844] Art. 15 Cao 4 december 2014; art. 41 Cao nr. 108.

E. Sociale documenten

1. LIMOSA-aangifte

A. ALGEMEEN

1134. Voorafgaandelijk aan de tewerkstelling van een gedetacheerde werknemer dient de werkgever of een aangestelde of lasthebber bij de RSZ een elektronische melding doen, de zogenaamde LIMOSA-melding.[1845]

De definitie van gedetacheerde werknemer is grotendeels gelijk aan die in de Detacheringswet[1846]:

– de personen die in België tijdelijk of gedeeltelijk, tegen een loon en onder het gezag van een andere persoon, arbeidsprestatie leveren en die, hetzij
  • gewoonlijk werken op het grondgebied van een of meer andere landen dan België,
  • zijn aangeworven in een ander land dan België.

Iemand die in het buitenland werd aangeworven om voor onbepaalde duur uitsluitend in België te komen werken, zal dus niet onderworpen zijn aan de LIMOSA-melding.

1135. Ook zelfstandigen moeten een dergelijke melding doen wanneer ze in België tijdelijk of gedeeltelijk een of meerdere zelfstandige activiteiten komen uitoefenen. Deze meldingsplicht is sinds 1 januari 2019[1847] echter beperkt tot een aantal risicosectoren:

– bouwactiviteiten;
– activiteiten in de vleessector;
– schoonmaakactiviteiten.[1848]

1136. De meldingsplicht rust bij de werkgever van de gedetacheerde werknemer of bij de zelfstandige en moet vóór de aanvang van de werkzaamheden gedaan worden aan de RSZ. De werkgever wordt overigens beloond voor het verrichten van de LIMOSA-melding. Hij wordt namelijk, voor maximaal twaalf maanden, vrijgesteld van het opstellen en bijhouden van bepaalde Belgische soci-

---

[1845] Art. 139 programmawet (I) 27 december 2006, *BS* 28 december 2006.
[1846] Art. 137, 1° en 2° programmawet (I) 27 december 2006.
[1847] Voorheen bestond er een algemene meldingsplicht voor zelfstandigen.
[1848] KB 21 december 2018 tot wijziging van het koninklijk besluit van 20 maart 2007 tot uitvoering van het Hoofdstuk 8 van Titel IV van de programmawet (I) van 27 december 2006 tot voorafgaande melding voor gedetacheerde werknemers en zelfstandigen, wat betreft de bepaling van de risicosectoren bedoeld in artikel 137, 6° van de programmawet (I) van 27 december 2006 in het kader van de voorafgaande melding voor gedetacheerde zelfstandigen, *BS* 31 december 2018.

ale documenten met betrekking tot de arbeidsorganisatie, zoals het personeelsregister.[1849]

1137. Indien het een werknemer betreft, dient de melding de volgende gegevens te bevatten:
- de identificatiegegevens van de werknemer;
- de identificatiegegevens betreffende de werkgever;
- de identificatiegegevens van de Belgische gebruiker;
- de voorziene begin- en einddatum van de detachering in België;
- de aard van de diensten verricht in het kader van de detachering in België;
- in geval van uitzendarbeid, het erkenningsnummer van het buitenlandse uitzendbureau, wanneer deze erkenning voorgeschreven is;
- voor arbeid in de bouwsector: of de gedetacheerde werknemer in de zendstaat vergelijkbare voordelen genieten met de getrouwheidszegels en de weerverletzegels binnen het PC 124;
- de plaats waar, in België, de arbeidsprestaties worden geleverd;
- het werkrooster;
- de identificatiegegevens en de contactgegevens van de verbindingspersoon (d.i. de contactpersoon voor de Belgische inspectiediensten).[1850]

1138. De melding van een zelfstandige dient louter het volgende te omvatten:
- identificatiegegevens van de zelfstandige;
- identificatiegegevens betreffende de Belgische gebruiker;
- de voorziene begin- en einddatum van de detachering in België;
- de plaats waar in België de arbeidsprestaties worden geleverd;
- de vermelding of de zelfstandige in het kader van de detachering al dan niet activiteiten verricht in de bouwsector.

1139. Wanneer de werkgever of de zelfstandige over alle vereiste gegevens beschikt, kan de melding elektronisch gebeuren via de website https://www.international.socialsecurity.be/working_in_belgium/nl/limosa.html. Na deze melding wordt onmiddellijk een ontvangstbewijs LIMOSA-1 afgeleverd.

1140. De melding moet steeds overeenstemmen met de duur van de activiteiten in België. Wanneer de werkzaamheden langer duren dan gepland, zal dus

---

[1849] Art. 6*quater* en art. 6*quinquies* KB nr. 5 van 23 oktober 1978 betreffende het bijhouden van sociale documenten, *BS* 2 december 1978; art. 2 KB 1 april 2007 houdende diverse uitvoeringsmaatregelen betreffende de detachering van werknemers in België, *BS* 12 april 2007; G. VAN LIERDE, "Sociale documenten" in *Handboek bouwrecht*, Antwerpen, Intersentia, 2013, 1366-1367.
[1850] Art. 4, § 1 KB 20 maart 2007 tot uitvoering van het Hoofdstuk 8 van Titel IV van de programmawet (I) van 27 december 2006 tot voorafgaande melding voor gedetacheerde werknemers en zelfstandigen, *BS* 28 maart 2007.

een nieuwe melding moeten gebeuren en dit voor het verstrijken van de initiële duur.[1851]

Bovendien moet voor elke nieuwe periode van tewerkstelling in België een nieuwe LIMOSA-melding gebeuren. Voor gedetacheerde werknemers of zelfstandigen die regelmatig werkzaamheden uitoefenen in België, vormt dit vanzelfsprekend een zware administratieve belemmering. Daarom voorziet de Belgische wet in een uitzondering. Wanneer regelmatig werkzaamheden in België worden uitgevoerd, kan een melding gedaan worden voor een periode van maximaal twaalf maanden, die na afloop telkens verlengd kan worden voor een volgende periode van maximaal twaalf maanden.[1852] Deze uitzondering geldt echter niet voor activiteiten in de bouwsector[1853] of in de sector van de uitzendarbeid. Men achtte deze sectoren te fraudegevoelig, waardoor het noodzakelijk is om steeds de exacte tewerkstellingslocaties en -duur te kennen.

1141. Er gelden een aantal vrijstellingen op de meldingsplicht. De vrijstellingen zijn gebaseerd op de reden van detachering en de duur van het verblijf in België. Zo geldt er een vrijstelling voor werknemers die naar België komen om dringende onderhouds- of reparatiewerken uit te voeren aan machines of apparatuur. De machines of apparatuur moeten weliswaar door hun werkgever geleverd zijn aan de in België gevestigde onderneming waar de reparaties of het onderhoud plaatsvinden en hun verblijf in België mag niet meer dan vijf dagen per maand bedragen.[1854]

1142. De Belgische onderneming waarvoor de gedetacheerde werknemer of zelfstandige activiteiten zal verrichten, dient te controleren of de LIMOSA-melding daadwerkelijk gebeurd is. Indien de werknemer of zelfstandige het LIMOSA-bewijs niet kan voorleggen, dient de Belgische onderneming zelf bepaalde identificatiegegevens van de werknemer/zelfstandige te melden aan de RSZ.[1855] Wanneer de Belgische eindgebruiker een natuurlijk persoon is en de werkzaamheden voor strikt private doeleinden plaatsvinden, geldt deze controleverplichting niet.[1856]

[1851] Art. 139 programmawet (I); art. 153 programmawet (I).

[1852] Art. 5 KB 20 maart 2007.

[1853] Hieronder wordt begrepen (art. 10 KB 20 maart 2007): alle activiteiten in de bouwsector die betrekking hebben op van nature onroerende goederen of op onroerende goederen door incorporatie en die de verwezenlijking, het herstel, het onderhoud, de wijziging of de vernietiging van bouwwerken beogen, en met name de volgende werkzaamheden: uitgravingswerk; grondwerk; opbouw; montage en demontage van geprefabriceerde elementen; inrichting of uitrusting; verbouwing; renovatie; herstelling; ontmanteling; afbraak; onderhoud; onderhouds-, schilder- en schoonmaakwerken; sanering.

[1854] Art. 1, 3° KB 20 maart 2007.

[1855] Art. 141 Programmawet (I); art. 155 Programmawet (I).

[1856] Art. 8 KB 20 maart 2007.

B.   Sancties

1143.   De LIMOSA-melding is een wettelijke verplichting die strafrechtelijk gesanctioneerd is.

De werkgever of zijn aangestelde of lasthebber die de melding niet doet, wordt gestraft met een gevangenisstraf van zes maanden tot drie jaar en een strafrechtelijke geldboete van 600 tot 6000 euro of uit een van die straffen alleen, hetzij een administratieve geldboete van 300 tot 3000 euro. De geldboete wordt bovendien vermenigvuldigd met het aantal betrokken werknemers.[1857] Wanneer er geen verbindingspersoon wordt aangesteld, geldt er een strafrechtelijke geldboete van 50 tot 500 euro, hetzij een administratieve geldboete van 25 tot 250 euro.[1858]

De gedetacheerde zelfstandige die de melding niet doet, wordt gestraft met een strafrechtelijke geldboete van 100 tot 1000 euro, hetzij een administratieve geldboete van 50 tot 500 euro.[1859]

1144.   Ook de onderneming bij wie of voor wie door de gedetacheerde werknemer of zelfstandige werkzaamheden verricht worden, kan gesanctioneerd worden wanneer zij nalaat de identificatiegegevens mee te delen van de personen die niet beschikken over een LIMOSA-melding. Hierop staat een strafrechtelijke geldboete van 100 tot 1000 euro, hetzij een administratieve geldboete van 50 tot 500 euro, waarbij de boete vermenigvuldigd wordt met het aantal betrokken werknemers of zelfstandigen.[1860]

2.   Arbeidsvergunning en arbeidskaart

1145.   Op 1 januari 2019 is het besluit van de Vlaamse Regering houdende uitvoering van de wet van 30 april 1999 betreffende de tewerkstelling van buitenlandse werknemers[1861] in werking getreden en werd het koninklijk besluit van 9 juni 1999[1862], dat de regeling voor de aflevering van arbeidskaarten en -vergunning omvatte, opgeheven.[1863] Het besluit vormt de omzetting van onder meer de ICT-Richtlijn 2014/66/EU betreffende de binnen een onderneming overgeplaatste personen en wijzigt de procedure voor het verkrijgen van een arbeidsvergunning en arbeidskaart voor een tewerkstelling langer dan negentig dagen.

[1857]   Art. 182, § 1 Soc.Sw.
[1858]   Art. 184/1 Soc.Sw.
[1859]   Art. 182, § 2 Soc.Sw.
[1860]   Art. 183 Soc.Sw.
[1861]   Besl.Vl.Reg. 7 december 2018 houdende uitvoering van de wet van 30 april 1999 betreffende de tewerkstelling van buitenlandse werknemers, *BS* 21 december 2018.
[1862]   KB 9 juni 1999 houdende de uitvoering van de wet van 30 april 1999 betreffende de tewerkstelling van buitenlandse werknemers, *BS* 26 juni 1999.
[1863]   Sommige artikelen blijven nog enige tijd in werking tot de dag van de inwerkingtreding van het uitvoerend samenwerkingsakkoord van 6 december 2018: art. 85 Besl.Vl.Reg. 7 december 2018.

Aangezien de reeds afgeleverde arbeidskaarten geldig blijven tot het ogenblik dat ze verstrijken en de aanvragen die werden ingediend vóór 1 januari 2019 worden behandeld volgens de oude regels, wordt hierna toch kort ingegaan op de oude regeling om vervolgens de nieuwe regeling te belichten.

A.   OUDE REGELING

i.   Principe

1146.   Vooraleer een buitenlandse werknemer in België tewerkgesteld kan worden (indiensttreding of detachering), dient nagegaan te worden of de werknemer over een arbeidskaart beschikt en of de werkgever een arbeidsvergunning heeft aangevraagd.

Onder een buitenlandse werknemer wordt iedere werknemer verstaan die niet de Belgische nationaliteit bezit.[1864] Met een werknemer wordt bovendien iedere buitenlandse onderdaan gelijkgesteld die anders dan krachtens een arbeidsovereenkomst arbeid verricht onder het gezag van een ander persoon.[1865]

Echter, de onderdanen van een lidstaat van de Europese Economische Ruimte en Zwitserland zijn vrijgesteld van de verplichting tot het verkrijgen van een arbeidskaart en bijgevolg is de werkgever ook vrijgesteld van het aanvragen van een arbeidsvergunning. Onderstaande regelgeving geldt dan ook enkel voor niet-EEG-onderdanen (met uitzondering van Zwitserse onderdanen).

ii.   Arbeidsvergunning

1147.   Voor iedere buitenlandse werknemer die in België activiteiten verricht, is een voorafgaande arbeidsvergunning vereist.[1866] De arbeidsvergunning is het document waarbij aan de werkgever de toelating wordt gegeven om een bepaalde buitenlandse werknemer tewerk te stellen.

De arbeidsvergunning dient verkregen te worden voordat de buitenlandse werknemer naar België komt en dit op straffe van het niet-toekennen van de arbeidsvergunning.[1867]

Wanneer een arbeidsvergunning verkregen werd, kan de werkgever de buitenlandse werknemer tewerkstellen, maar enkel binnen de perken en onder de voorwaarden waaronder de vergunning werd toegestaan.[1868]

[1864]   Art. 2, 1° wet 30 april 1999 betreffende de tewerkstelling van buitenlandse werknemers, *BS* 21 mei 1999.
[1865]   Art. 3, 1° wet 30 april 1999.
[1866]   F. BLOMME, "De tewerkstelling van buitenlandse werknemers van buiten de EER in de bouwsector: arbeidskaarten en -vergunningen", *TBO* 2015, 335-340.
[1867]   Art. 4, § 2 wet 30 april 1999.
[1868]   Art. 4, § 1 wet 30 april 1999.

1148. Op de verplichting tot het aanvragen van een arbeidsvergunning bestaan drie grote uitzonderingen:

- de werknemer beschikt over een arbeidskaart A[1869];
- de werknemer beschikt over een arbeidskaart C[1870];
- de werknemer is vrijgesteld van de verplichting tot het verkrijgen van een arbeidskaart.[1871]

In deze drie gevallen mag de werkgever de betreffende werknemer dus onmiddellijk in dienst nemen en tewerkstellen.

iii.   Arbeidskaart

1149.   Er bestaan drie types van arbeidskaarten.[1872]

De arbeidskaart A is een document van onbepaalde duur dat de werknemer toelating geeft om gelijk welk beroep in loondienst uit te oefenen bij om het even welke werkgever. De aflevering van een arbeidskaart A is aan zeer strikte voorwaarden gebonden en wordt slechts toegekend aan buitenlandse werknemers die reeds meerdere jaren in België hebben gewerkt met een arbeidskaart B.[1873]

De arbeidskaart B geeft de werknemer toelating om gedurende een periode van maximum twaalf maanden één welbepaalde functie uit te oefenen bij één welbepaalde werkgever.[1874] In deze situatie dient de werkgever steeds een arbeidsvergunning aan te vragen, waarbij de geldigheidsduur van de arbeidskaart gekoppeld zal zijn aan die van de arbeidsvergunning. De arbeidskaart B verliest alle geldigheid indien de houder ervan zijn recht op of machtiging tot verblijf verliest.[1875]

De arbeidskaart C geeft de werknemer toelating om gedurende een periode van maximum twaalf maanden gelijk welk beroep in loondienst uit te oefenen bij om het even welke werkgever.[1876] Deze arbeidskaart wordt enkel toegekend aan personen van wie het recht op verblijf niet onbeperkt is (bv. in het kader van gezinshereniging).[1877] De arbeidskaart C verliest alle geldigheid indien de houder ervan zijn recht op of machtiging tot verblijf verliest.[1878]

1150.   Op de verplichting tot het aanvragen van een arbeidskaart gelden een aantal vrijstellingen, die opgesomd werden in artikel 2 van het KB van 9 juni 1999.

[1869]   Art. 4, § 1 KB 9 juni 1999.
[1870]   Art. 4, § 3 KB 9 juni 1999.
[1871]   Art. 2 KB 9 juni 1999.
[1872]   F. BLOMME, "De tewerkstelling van buitenlandse werknemers van buiten de EER in de bouwector: arbeidskaarten en -vergunningen", *TBO* 2015, 340.
[1873]   Art. 16 KB 9 juni 1999.
[1874]   Art. 3, 2° KB 9 juni 1999.
[1875]   Art. 4, § 2 KB 9 juni 1999.
[1876]   Art. 3, 3° KB 9 juni 1999.
[1877]   Art. 17 KB 9 juni 1999.
[1878]   Art. 4, § 3 KB 9 juni 1999.

iv.   Europese blauwe kaart

1151.   De Europese blauwe kaart is een titel die de bezitter ervan machtigt tot een verblijf van meer dan drie maanden op het Belgische grondgebied en hem gelijktijdig het recht geeft om er te werken.[1879]

De blauwe kaart wordt uitgereikt aan onderdanen van een niet-EEG-lidstaat die in België wensen te verblijven om er te werken in een hooggekwalificeerde baan.

Een werkgever die een hooggekwalificeerde niet-EEG-burger wenst te werk te stellen, zal een voorlopige arbeidsvergunning kunnen aanvragen indien aan alle wettelijke voorwaarden voldaan is.[1880]

1152.   De voorlopige arbeidsvergunning wordt toegekend voor een periode van twaalf maanden. Na de toekenning zal de Dienst Economische Migratie de Dienst Vreemdelingenzaken op de hoogte brengen van de toekenning van de voorlopige arbeidsvergunning. Pas na deze kennisname kan de Europese blauwe kaart door de Dienst Vreemdelingenzaken worden verleend.

1153.   De bepalingen omtrent de Europese blauwe kaart, zoals opgenomen in het KB van 9 juni 1999 blijven van toepassing tot de dag van de inwerkingtreding van het uitvoerend samenwerkingsakkoord van 6 december 2018.[1881]

B.   Nieuwe regeling

1154.   Conform de nieuwe regelgeving dient er een onderscheid gemaakt te worden tussen drie situaties.

1155.   De eerste situatie betreft de tewerkstelling van de onderdaan van een derde land die:
–   wordt toegelaten tot arbeid voor een periode van maximum negentig dagen; OF
–   wordt toegelaten tot arbeid voor een beperkte duur, zonder dat hij zijn hoofd-verblijfplaats vestigt op het Belgische grondgebied.

In die situatie dienen nog steeds een arbeidskaart en een arbeidsvergunning aangevraagd te worden. De arbeidskaart wordt toegekend voor de duur van het arbeidscontract of van de opdracht, met een maximumduur van één jaar[1882] en is beperkt tot de tewerkstelling bij één werkgever.

[1879]   F. BLOMME, "De tewerkstelling van buitenlandse werknemers van buiten de EER in de bouwector: arbeidskaarten en -vergunningen", *TBO* 2015, 341-342.
[1880]   Zie art. 15/1 KB 9 juni 1999.
[1881]   Art. 85 Besl.Vl.Reg. 7 december 2018.
[1882]   Art. 8 Besl.Vl.Reg. 7 december 2018.

In geval van detachering kan de werknemer wel prestaties uitvoeren bij verschillende gebruikers in het Vlaams Gewest indien de detacheringsovereenkomst de gegevens van al deze gebruikers opgeeft.[1883] De toelating tot arbeid voor een bepaalde duur verliest haar geldigheid als de houder ervan niet langer beschikt over een wettig verblijf in België.[1884] De verplichting tot het aanvragen van de toelating tot arbeid berust bij de werkgever.[1885] Dit is vergelijkbaar met de vroegere arbeidskaart type B.

Er worden tevens in een aantal uitzonderingen voorzien in de artikelen 16 en 17 van het besluit.

Wanneer de werknemer die toegelaten is tot arbeid voor een periode van maximum negentig dagen, de duur van zijn verblijf met het oog op werk wil verlengen en daarbij de totale periode van negentig dagen overschrijdt, zal een aanvraag ingediend moeten worden volgens de *"single permit"*-procedure[1886] (zie hierna).

1156. De tweede situatie betreft de mogelijkheid om een werknemer toelating te verschaffen tot arbeid voor onbepaalde duur. Deze toelating kan verschaft worden voor alle beroepen die in loondienst worden uitgeoefend voor zover ze voldoen aan de criteria van artikel 19 van het besluit van de Vlaamse Regering. Wanneer de onderdaan van een derde land een toelating tot arbeid verkregen heeft voor onbepaalde duur, is er geen arbeidsvergunning vereist voor de werkgever.[1887] Dit document komt in de plaats van de arbeidskaart type A.

1157. De derde situatie betreft de tewerkstelling van een onderdaan van een derde land die zijn hoofdverblijfplaats vestigt op het Belgische grondgebied voor een periode van meer dan negentig dagen. Voor deze werknemer kan een gecombineerde vergunning (de zogeheten *"single permit"*) aangevraagd worden. De *single permit* is een combinatie van een arbeids- en een verblijfsvergunning die via één enkele aanvraagprocedure uitgereikt wordt.

Die procedure geldt sinds 1 januari 2019 in het Vlaams Gewest. Voor bepaalde categorieën van werknemers (Europese blauwe kaart, seizoenarbeiders, *Intracorporate transfers* (ICT), onderzoekers, stagiairs en vrijwilligers) zal de *single permit* echter later ingevoerd worden. De datum is momenteel nog niet bekend. Ook in de ander gewesten is nog niet bekend wanneer deze procedure zal worden ingevoerd.

De werkgever (of zijn mandataris) vraagt de *single permit* bij de bevoegde regionale migratiedienst aan. De migratiedienst dient een kopie over te maken aan de Dienst Vreemdelingenzaken. Bij de aanvraag moet er gebruikgemaakt worden

---

[1883] Art. 4 Besl.Vl.Reg. 7 december 2018.
[1884] Art. 14, § 1 Besl.Vl.Reg. 7 december 2018.
[1885] Art. 69 Besl.Vl.Reg. 7 december 2018.
[1886] Art. 75 Besl.Vl.Reg. 7 december 2018.
[1887] Art. 5 Besl.Vl.Reg. 7 december 2018.

van het aanvraagformulier vergezeld van enkele basisdocumenten (zoals een geldige identiteitskaart, een medisch attest, een uittreksel uit het strafregister ...).[1888]

Zowel de Dienst Vreemdelingenzaken (DVZ) als de regionale migratiedienst moeten hun fiat over het dossier geven. De beslissing over de toekenning van een *single permit* wordt uiterlijk vier maanden na de indieningsdatum van de aanvraag genomen. Deze procedure duurt dus veel langer dan de procedure voor het afleveren van een arbeidsvergunning en -kaart, waar de beslissing genomen wordt binnen de zes à acht weken.[1889]

Door de nieuwe procedure wordt de arbeidskaart type C afgeschaft.

[1888] Zie hoofdstuk 9 Besl.Vl.Reg. 7 december 2018.
[1889] R. ABADJAN, "Nieuwe wetgeving tewerkstelling buitenlandse werknemers maakt zaken niet eenvoudiger", *Juristenkrant* 2018, afl. 381, 10; S. NERINCKX, "Single permit' vanaf 1 januari 2019", *Expat News* 2018, nr. 9, 14-16.

HOOFDSTUK 10
DE WONINGBOUWWET[*]

AFDELING 1. WETGEVING

1158. Om verschillende redenen heeft de wetgever een bijzondere regeling uitgewerkt voor de verkoop van een te bouwen of een in aanbouw zijnde woning.

In de eerste plaats wilde men een einde maken aan de talrijke misbruiken van bouwpromotoren die zich vooraf ('op plan') lieten betalen en vervolgens met de noorderzon verdwenen of in faling gingen, waarbij de koper achterbleef met een niet afgewerkte of met gebreken behepte woning. Anderzijds wenste men aan de hand van dwingende regels het evenwicht tussen de contracterende partijen te herstellen ten voordele van de koper, die meestal de zwakste partij was.

De Woningbouwwet (hierna ook WW), ook Wet Breyne genoemd naar de initiatiefnemer in de Senaat, biedt aan de koper een bijkomende bescherming ter aanvulling van het gemeen recht. Deze bijkomende bescherming wordt onder meer gerealiseerd door het opleggen van financiële verplichtingen aan de verkoper (de verplichte zekerheidstelling), door de uitvoering van een verzwaarde aansprakelijkheid in hoofde van de verkoper (de uitbreiding van de tienjarige aansprakelijkheid van aannemers en architecten) en de plicht tot informeren van de koper (verplichte vermeldingen in de overeenkomst).

De regels zijn opgenomen in de wet van 9 juli 1971 tot regeling van de woningbouw en de verkoop van de te bouwen of in aanbouw zijnde woningen[1890], aangevuld door een uitvoeringsbesluit, namelijk het KB van 21 oktober 1971[1891] (hierna KB).

De Woningbouwwet en het uitvoeringsbesluit zijn op 1 januari 1972 in werking getreden en werden onmiddellijk van toepassing op alle contracten die onder het toepassingsgebied vielen.[1892]

Door de wet van 3 mei 1993 tot wijziging van de wet van 9 juli 1971[1893] en het KB van 21 september 1993[1894] werden een aantal wijzigingen aangebracht.

---

[*] Met medewerking van Jana MESSENS.
[1890] *BS* 11 september 1971.
[1891] *BS* 4 november 1971.
[1892] Anders: Gent 13 november 1980, *T.Aann.* 1986, 157; Brussel, 14 mei 1985, *RJI* 1985, 173.
[1893] *BS* 12 juni 1993.
[1894] *BS* 1 oktober 1993.

AFDELING 2. TOEPASSINGSGEBIED

1159. De Woningbouwwet is van toepassing wanneer alle wettelijke toepassingsvoorwaarden zijn vervuld (art. 1 WW) en het geval niet valt onder de uitzonderingsbepaling (art. 2 WW).

Op basis van de contractvrijheid kunnen partijen evenwel de Woningbouwwet geheel of gedeeltelijk van toepassing verklaren op de door hen afgesloten overeenkomst.

Zodra een overeenkomst onder de Woningbouwwet valt, zijn naast de dwingende bepalingen van de Woningbouwwet tevens de algemene bepalingen van het Burgerlijk Wetboek inzake koop of aanneming van toepassing (art. 3 WW).

Het is dus van belang nauwgezet na te gaan of de Woningbouwwet van toepassing is op de gesloten overeenkomst.

§ 1. OVEREENKOMSTEN WAAROP DE WONINGBOUWWET VAN TOEPASSING IS

1160. De Woningbouwwet is van toepassing op iedere overeenkomst tot eigendomsovergang van een te bouwen of in aanbouw zijnd huis of appartement, alsmede op iedere overeenkomst waarbij de verbintenis wordt aangegaan om een zodanig onroerend goed te bouwen, te doen bouwen of te verschaffen, mits het huis of het appartement tot huisvesting of tot beroepsdoeleinden en huisvesting is bestemd en de koper of de opdrachtgever volgens de overeenkomst verplicht is vóór de voltooiing ervan een of meer stortingen te doen (art. 1 WW).

Opdat de Woningbouwwet van toepassing zou zijn, dient aan de volgende voorwaarden cumulatief voldaan te zijn:

a. het moet gaan om een wederkerige overeenkomst, met als voorwerp
b. hetzij de eigendomsovergang van een te bouwen of in aanbouw zijnd huis of appartement,
c. hetzij de verbintenis te bouwen, te doen bouwen of te verschaffen, van een dergelijk onroerend goed,
d. dat bestemd is tot huisvesting of tot beroepsdoeleinden en huisvesting, en waarbij
e. de koper of opdrachtgever verplicht is een of meerdere stortingen te doen vóór de voltooiing ervan.

A. Gesloten, wederkerige overeenkomst

1161. Hoe de partijen de overeenkomst hebben gekwalificeerd (koop, aanneming of lastgeving …), is van geen belang. Enkel de inhoud van de overeenkomst en de werkelijke bedoeling van de partijen bepalen of zij aan de Woningbouwwet onderworpen is. Er worden geen specifieke voorwaarden opgelegd met betrekking tot het *instrumentum* van de overeenkomst. De Woningbouwwet is dus van toepassing op zowel authentieke akten, onderhandse overeenkomsten als zelfs briefwisseling en e-mailberichten.[1895]

– *Belofte van overeenkomst*

1162. De belofte van overeenkomst (optie) houdt slechts verbintenissen in voor één partij (koper of verkoper), die belooft om binnen een bepaalde termijn een contract te sluiten.

Een belofte van overeenkomst kan worden afgeleid uit een geheel van overeenkomsten, bijvoorbeeld een studiecontract, de aankoop van een perceel grond met een bouwverplichting en een architectuurovereenkomst met een architect die was aangebracht door de verkoper.[1896] Ook zogenaamde terbeschikkingstellingsovereenkomsten of reserveringsovereenkomsten kunnen gezien worden als beloften van overeenkomst.[1897]

Uit de loutere aankoop van een perceel bouwgrond met als bijzondere voorwaarde dat de kopers op het perceel een woning moeten laten bouwen door toedoen van de verkoper, kan geen belofte van overeenkomst worden afgeleid. De bouwverplichting behelst immers enkel de verbintenis van de kopers om te goeder trouw met de verkopers te onderhandelen over een woningbouw- of aannemingsovereenkomst.[1898]

De eenzijdige belofte (optie) van overeenkomst is te onderscheiden van de wederzijdse contractbelofte. Dat is een volmaakte wederkerige overeenkomst, waarop de Woningbouwwet integraal van toepassing is.[1899]

1163. De Woningbouwwet is niet van toepassing op beloften van overeenkomst als dusdanig. De Woningbouwwet stelt wel uitdrukkelijk dat de belofte van overeenkomst dezelfde minimale vermeldingen moet bevatten als de overeenkomst zelf (art. 7 WW) en dit op straffe van nietigheid (art. 13 WW).[1900]

Wanneer de belofte van overeenkomst niet gevolgd wordt door het sluiten van de overeenkomst, mag de contractuele vergoeding lastens de koper of opdrachtgever niet hoger zijn dan 5% van de totale prijs. Dit percentage mag evenwel vermeerderd of verminderd worden, niettegenstaande het forfaitaire karakter ervan, indien vaststaat dat het bedrag ervan lager of hoger is dan de werkelijk geleden schade (art. 10, zesde lid WW).

[1895]   Gent 22 januari 2004, *NJW* 2004, 703.
[1896]   Bergen 4 april 1991, *JCMB* 1991, 1049.
[1897]   Rb. Gent 14 september 2010, *T.App.* 2011, 54.
[1898]   Gent 29 mei 2012, *TBO* 2012, 209.
[1899]   Cass. 27 februari 1980, *Arr.Cass.* 1979-80, 788, *Pas.* 1980, I, 782.
[1900]   Brussel 14 september 2007, *NJW* 2008, 84, noot S.M.: een aankoopbelofte bevatte niet de verplichte vermeldingen van art. 7 WW en werd bijgevolg vernietigd.

De vraag rijst evenwel of de bovenstaande regeling enkel van toepassing is op de aankoopbelofte of ook op de verkoopbelofte. In de rechtsleer kunnen twee stellingen teruggevonden worden. Soms wordt gesteld dat de Woningbouwwet enkel de koper of bouwheer beschermt zodat deze bepaling enkel van toepassing is voor aankoopbeloften.[1901] Elders wordt gewezen op het gegeven dat artikel 10 WW over het algemeen spreekt over 'een belofte' en dus geen onderscheid maakt.[1902]

– *Overeenkomst onder opschortende voorwaarde*

1164. Bij een overeenkomst onder opschortende voorwaarde wordt de uitvoering ervan opgeschort tot op het ogenblik van de verwezenlijking van de voorwaarde.[1903] De opschortende voorwaarde mag geen betrekking hebben op een van de hoofdverbintenissen van een van de partijen.

In het kader van een bouwovereenkomst zijn de twee meest voorkomende opschortende voorwaarden het verkrijgen van de benodigde omgevingsvergunning en van de financiering.

Wanneer de partijen de overeenkomst afhankelijk stellen van de realisatie van deze (of andere) voorwaarden, bestaat de overeenkomst, maar is enkel de uitvoering ervan opgeschort. In de mate dat de overige toepassingsvoorwaarden zijn vervuld, valt deze overeenkomst onder opschortende voorwaarde derhalve onder het toepassingsgebied van de Woningbouwwet (art. 1 WW).[1904]

Wanneer een opschortende voorwaarde in het uitsluitend belang van een van de partijen is bedongen, kan die partij, hangende de voorwaarde, daarvan afstand doen.[1905]

B.   De eigendomsovergang van een te bouwen of in aanbouw zijnde woongelegenheid

1165. Hiermee wordt voornamelijk de 'verkoop op plan' bedoeld, waarbij tegelijk de grond (en de eventueel reeds uitgevoerde bouwwerken) worden verkocht en de verbintenis wordt aangegaan om (al dan niet door een derde) de bouwwerken te voltooien.

Het gebouw in kwestie kan zowel een individuele woonst als een appartementsgebouw zijn, waarbij dan een of meerdere appartementen worden verkocht samen met de bijbehorende aandelen in de gemeenschappelijke delen en in de grond.

[1901]   M. DEVROEY, *De Wet Breyne – Woningbouwwet,* Lokeren, Konstruktieve Publikaties en Advies, 2008, 10; Rb. Gent 21 april 2009, *RW* 2009-10, 546.

[1902]   S. BEYAERT, "Overdracht van aankoopopties door vastgoedmakelaars" (noot onder Luik 6 april 2000), *TBBR* 2002, 289.

[1903]   S. STIJNS, "De opschortende voorwaarde in de onroerende koop: de notariële praktijk tegen het licht gehouden van de recente rechtspraak en rechtsleer", *Not.Fisc.M.* 2008, 77-102.

[1904]   Antwerpen 28 april 1982, *T.Aann.* 1982, 253.

[1905]   Cass. 30 juni 2016, *TBO* 2017, 42.

Het gaat niet louter om koopovereenkomsten; een vestiging van een opstalrecht voor een te bouwen of in aanbouw zijnde woning zal ook vallen onder het toepassingsgebied van de Woningbouwwet.[1906]

1166. De Woningbouwwet is van toepassing wanneer het een huis of appartement betreft dat nog te bouwen of in aanbouw is.

De overeenkomst tot eigendomsoverdracht van een reeds afgewerkte woongelegenheid valt dus niet onder het toepassingsgebied van de Woningbouwwet.[1907] Hiermee wordt de situatie bedoeld waarbij de werkzaamheden zodanig zijn gevorderd dat het gebouw normaal kan worden bewoond.[1908]

Hetzelfde geldt indien de verkoper (of een derde) niet de verbintenis op zich neemt om de werken te voltooien, dit wil zeggen zodanig af te werken dat een normale bewoonbaarheid mogelijk is.[1909] Dit laatste is het geval wanneer de koperbouwheer op eigen initiatief beslist de werken op te splitsen en toe te wijzen aan verschillende aannemers[1910], tenzij dergelijke afzonderlijke, gesplitste overeenkomsten door de promotor worden aangewend om de Woningbouwwet te omzeilen.[1911]

Zo werd eveneens geoordeeld dat de Woningbouwwet niet van toepassing is op de verkoopovereenkomst van een private loft in ruwbouw, dit is een wind- en waterdichte cascoloft, waarbij de verkoper niet hoeft te zorgen voor de afwerking en de inrichting ervan, maar integendeel de koper zelf moet instaan voor het sanitair, de bevloering, de elektriciteit, de verwarming, de verlichting en de indelingswanden.[1912]

De Woningbouwwet zal wel van toepassing zijn wanneer de werken reeds begonnen zijn door de koper zelf of door een andere aannemer, of door de oorspronkelijke promotor die in faling is gegaan, en dit zolang het een voortzetting van werken betreft die op zich nog geen woning uitmaken.[1913] Enkel bijkomstige

---

[1906] A. VAN OEVELEN, "De zgn. Wet Breyne" in *A. Overeenkomsten. Deel 2. Bijzondere overeenkomsten. E. Aanneming van werk – lastgeving* in *Beginselen van het Privaatrecht*, Mechelen, Kluwer, 2017, 404.

[1907] Kh. Luik 29 januari 1982, *JL* 1982, 304.

[1908] Cass. 4 mei 2012, *JT* 2013, 104, noot B. KOHL; Antwerpen (7ᵉ k.) 20 maart 2017, *TBO* 2017, 377.

[1909] Bij de beoordeling of de werken leiden tot een normale bewoonbaarheid van het huis of appartement zal de rechter zich o.m. laten leiden door de graad van comfort die de woning na de uitvoering van het contract zal bezitten, en door de respectievelijke waarde van de afgesproken en uitgesloten werken (M. DEVROEY, *De Wet Breyne – Woningbouwwet*, Lokeren, Konstruktieve Publikaties en Advies, 2008, 48, nr. 56).

[1910] Brussel 13 maart 1978, *T.Aann.* 1979, 264; Bergen 30 september 1975, *Pas.* 1976, II, 106; Charleroi 12 juni 1974, *RNB* 1974, 569; Rb. Namen 11 april 1978, *RRD* 1978, 589; N. CARETTE, A. QUIRYNEN en T. SOETE, "Deel II Toepassingsgebied (artikel 1 en 2 Wet Breyne)" in N. CARETTE (ed.), *Handboek Wet Breyne*, Antwerpen, Intersentia, 2015, 37.

[1911] Brussel (2ᵉ k.) 26 november 1998, *T.Aann.* 1999, 323 (de aannemingsovereenkomst werd nietig verklaard).

[1912] Vred. Oudenaarde 1 april 2010, *T.Vred.* 2013, 44, noot C. ENGELS.

[1913] M. DEVROEY, *De Wet Breyne – Woningbouwwet*, Lokeren, Konstruktieve Publikaties en Advies, 2008, 37-38.

werken (schilderwerken, plaveien van toegangen tot de woning, afwerking van terras of tuin enz.) vallen daarbuiten.

Hierbij valt op te merken dat het Hof van Cassatie geoordeeld heeft dat een onroerend goed in aanbouw beschouwd moet worden als een onroerend goed waarvan de bouw niet voltooid is. De bouw van een onroerend goed is pas voltooid wanneer de werkzaamheden zodanig zijn gevorderd dat het gebouw normaal kan worden bewoond.[1914] Het onroerend goed dat nog belangrijke werken vereist, zoals de plaatsing van binnendeuren, de plaatsing van de hydrofoorgroep, de inwerkingstelling van de verwarmingsketel na de plaatsing van de zonnepanelen, kan niet als afgewerkt worden beschouwd.[1915]

Wanneer de Woningbouwwet van toepassing is op een bouwovereenkomst, blijft zij evenwel van toepassing op alle werken die de verkoper of aannemer op zich nemen, met name ook op de werken die de verkoper of aannemer uitvoeren na het bereiken van de normale bewoonbaarheid.[1916]

C. De verbintenis tot bouwen, doen bouwen of te verschaffen

1. De verbintenis tot bouwen

1167. Hiermee worden niet alleen de bouw 'sleutel op de deur', maar ook de algemene aanneming bedoeld[1917], ongeacht hoe de prijs ervan is vastgesteld (vaste prijs, tegen prijslijst, in regie …).

2. De verbintenis tot doen bouwen

1168. Hiermee wordt de bouwpromotie-koopovereenkomst bedoeld waarbij een promotor het initiatief neemt om in eigen naam en voor eigen rekening een gebouw te laten oprichten om daarna het eigendomsrecht tegen betaling van een prijs aan particulieren over te dragen. Deze bouwpromotor treedt op als bouwheer en sluit in die hoedanigheid de nodige overeenkomsten met de aannemer en de architect.[1918]

In dezelfde zin werden twee gewezen zaakvoerders van een failliete vennootschap die ten onrechte betoogden dat de vennootschap slechts een "coördinatiebedrijf" was dat werkte met erkende aannemers, precontractueel aansprakelijk gesteld voor de miskenning van de dwingende bepalingen van de Woningbouwwet.[1919]

[1914] Cass. 4 mei 2012, AR C.10.0595.F, www.cass.be.
[1915] Rb. Dinant 28 mei 2009, *RNB* 2010, 383.
[1916] L. ROUSSEAU, *La Loi Breyne*, Waterloo, Kluwer, 2008, 54.
[1917] Gent 14 mei 1982, *RW* 1984-85, 1851, *T.Aann.* 1988, 232; Gent 14 november 1980, *RW* 1981-82, 2743.
[1918] Antwerpen (7e k.) 3 april 2017, *TBO* 2017, 381.
[1919] Brussel (20e k.) 4 september 2018, *TBO* 2019, 57.

3. De verbintenis een huis of appartement te verschaffen

1169. Hiermee wordt gelijk welk contract bedoeld waarbij iemand, zonder persoonlijk over te gaan tot het verwerken van de materialen en zonder zelf de contracten met betrekking tot de technische en materiële uitvoering van het gebouw te sluiten, zich ertoe verbindt over te gaan tot een geheel van verrichtingen die noodzakelijk zijn om het werk tot een goed einde te brengen.[1920]

Dergelijke verrichtingen kunnen zijn: de bouwheer in contact brengen met een architect, het berekenen van de kostprijs, het nodige doen om de vereiste vergunning of de lening te verkrijgen, het voorstellen van de aannemers, het opstellen van contracten, het coördineren van de werken, het verdelen van de bedragen onder de aannemers enz.[1921]

1170. De wetgever heeft deze zogenaamde *catch-all*-bepaling doelbewust breed geformuleerd om omzeiling van de Woningbouwwet door de promotoren te vermijden. De rechter zal steeds *in concreto* moeten onderzoeken of de promotor zich ertoe verbonden heeft om de woning te verschaffen.[1922]

Het betreft de tussenpersoon die een volledig pakket van diensten aanbiedt die nodig zijn om het gebouw te realiseren, en aldus als organisator en raadgever de feitelijke leiding over de werken heeft.[1923]

Zo is de grondeigenaar die in alle stadia van de voorbereiding en de totstandkoming van het bouwproject optreedt als een professioneel van de vastgoedsector, een bouwpromotor.[1924] De woning wordt evenwel niet verschaft indien de tussenpersoon enkel advies verleent en bijstand levert aan de bouwheer, zonder de effectieve leiding over het bouwproject te hebben.[1925]

D. Het huis of appartement moet bestemd zijn tot huisvesting of tot beroepsdoeleinden en huisvesting

1. Huis of appartement

1171. De begrippen 'huis' en 'appartement' hebben dezelfde betekenis als in de gewone omgangstaal.[1926] De overeenkomst inzake verscheidene flatwo-

---

[1920] *Parl.St.* Senaat 1969-70, nr. 639 7.

[1921] *Parl.St.* Senaat, 1969-70, nr. 639, 7.

[1922] N. CARETTE, A. QUIRYNEN en T. SOETE, "Deel II Toepassingsgebied (artikel 1 en 2 Wet Breyne). Hoofdstuk 1. Wettelijk toepassingsgebied" in N. CARETTE (ed.), *Handboek Wet Breyne*, Antwerpen, Intersentia, 2015, 140, 38-40.

[1923] M. DEVROEY, *De Wet Breyne – Woningbouwwet*, Lokeren, Konstruktieve Publikaties en Advies, 2008, 24. Zie voor een toepassingsgeval: Gent 9 juni 2006, *NJW* 2006, 953; Gent 5 september 2006, *TGR-TWVR*, 2007, 247, noot; Antwerpen 11 december 2000, *RW* 2002-03, 544.

[1924] Brussel 8 april 2014, *TBO* 2015, 50, noot M. DE CLERCQ.

[1925] K. UYTTERHOEVEN, "De Woningbouwwet" in K. DEKETELAERE, M. SCHOUPS en A.L. VERBEKE, *Handboek bouwrecht*, Antwerpen, Intersentia, 2013, 908.

[1926] M. DEVROEY, *De Wet Breyne – Woningbouwwet*, Lokeren, Konstruktieve Publikaties en Advies, 2008, 34.

---

ningen of zelfs een volledig appartementsgebouw valt onder de Woningbouwwet.[1927]

Een bijgebouw dat op zich niet geschikt is voor bewoning (garage, tuinhuis, bureau, winkel, atelier), maar dat gekoppeld is aan de overeenkomst tot een te bouwen woning of appartement en aldus een onderdeel uitmaakt van de woongelegenheid, valt eveneens onder het toepassingsgebied van de Woningbouwwet[1928], zelfs wanneer het fysiek niet verbonden is met de woning of het appartement.[1929] Dit betreft een toepassing van het beginsel *accessorium sequitur principale*. De partijen dienen de constructie dus als één geheel te zien.[1930]

De overeenkomst tot het bouwen van enkel een veranda valt bijgevolg niet onder het toepassingsgebied van de Woningbouwwet.[1931]

2. Bestemd tot huisvesting of tot beroepsdoeleinden en huisvesting

A. HET BESTEMMINGSCRITERIUM

1172. De Woningbouwwet is een huisvestingswet. Het gebouw in kwestie moet dan ook bestemd zijn tot huisvesting.

De Woningbouwwet beoogt niet de gebouwen bestemd voor gemeenschappelijke bewoning zoals rusthuizen, scholen, kloosters, ziekenhuizen, hotels, onderwijsinstellingen (internaat) enz.[1932]

Wanneer het een gemengde bestemming heeft, namelijk deels voor beroepsdoeleinden en deels voor huisvesting, moet het deel bestemd voor bewoning minstens evenwaardig zijn aan het deel dat bestemd is voor beroepsdoeleinden.[1933]

De overeenkomst tot aankoop van een gelijkvloers van een op te richten appartementsgebouw bestemd voor commerciële doeleinden valt derhalve niet onder de Woningbouwwet. Dit zal wel het geval zijn zodra een evenwaardig appartement voor bewoning mee verkocht wordt.

[1927] Corr. Brussel 26 februari 1975, *T.Aann.* 1875, 317, (afkeurende) noot K. VAN BERRE, bevestigd door Brussel 8 januari 1976, *T.Aann.* 1976, 147; Rb. Antwerpen 17 juni 1992, *T.Aann.* 1994, 137; *contra*: G. BAERT, *Privaatrechtelijk bouwrecht*, 1994, 683.

[1928] Zie i.v.m. garages: Kh. Brussel 6 januari 1982, *TBH* 1982, 212; Rb. Dendermonde 26 februari 1981, *RW* 1981-82, 1899.

[1929] A. RENARD en P. VAN DER SMISSEN, *La loi Breyne*, Brussel, Nemesis, 1989, 55; *contra*: M. DEVROEY, *De Wet Breyne – Woningbouwwet*, Lokeren, Konstruktieve Publikaties en Advies, 2008, 34, 36.

[1930] A. RENARD en P. VAN DER SMISSEN, *La loi Breyne*, Brussel, Nemesis, 1989, 53-56.

[1931] Kh. Hasselt 13 december 1994, *RW* 1995-96, 1242.

[1932] N. CARETTE, A. QUIRYNEN en T. SOETE, "Deel II Toepassingsgebied (artikel 1 en 2 Wet Breyne)" in N. CARETTE (ed.), *Handboek Wet Breyne*, Intersentia, 2015, 69.

[1933] D. MEULEMANS, "De Woningbouwwet" in *Een woning kopen en verkopen*, Leuven, Acco, 1991, nr. 487; *contra*: M. DEVROEY, *De Wet Breyne – Woningbouwwet*, Lokeren, Konstruktieve Publikaties en Advies, 2008, 38, nr. 53, die stelt dat de wet van toepassing is zodra er een woonelement aanwezig is.

B.   OBJECTIEVE BEOORDELING VAN HET BESTEMMINGSCRITERIUM

1173.   De bestemming moet blijken uit de objectieve eigenschappen van het gebouw, zoals het is gepland[1934] of blijkt "uit de aard van het goed".[1935] Een verklaring van partijen, zelfs wanneer ze gedaan is in de bouwaanvraag, dat het goed niet bestemd is voor bewoning is onvoldoende. Het uiteindelijke feitelijke gebruik van de woning heeft evenmin invloed op de toepasselijkheid van de Woningbouwwet.[1936]

Deze objectieve beoordeling van de bestemming heeft tot het gevolg dat het geen verschil uitmaakt of het goed als hoofdverblijfplaats of als tweede verblijf bestemd is dan wel verhuurd zal worden.[1937] Wanneer een niet-professionele koper bijgevolg een appartementsgebouw laat bouwen met de bedoeling om de appartementen te verhuren, zal de Woningbouwwet van toepassing zijn.[1938]

E.   *De koper of opdrachtgever is verplicht een of meerdere stortingen te doen*
     vóór de voltooiing van het gebouw

1.   Storting

1174.   De Woningbouwwet is van toepassing indien de koper/opdrachtgever een of meer stortingen dient te doen vóór de voltooiing van het huis of appartement (art. 1, eerste lid WW).

Indien dus pas betaald dient te worden na de afwerking[1939], is de Woningbouwwet niet van toepassing op de overeenkomst, ook al is de prijs van de grond onmiddellijk betaald.

De Woningbouwwet voorziet niet in een minimum. Elke storting, zelfs de kleinste, komt dus in aanmerking.

1175.   De Woningbouwwet gebruikt het woord 'storting', dat ruimer is dan 'betaling'.[1940]

Als storting dient derhalve ook te worden beschouwd het afgeven van een wissel of cheque, het plaatsen van een som geld op rekening van de verkoper als

---

[1934]   P. RIGAUX, "La promotion d'immeubles d'habitations" in *Le droit de la construction et de l'urbanisme*, Ed. Jeune Barreau, 1976, 456; Kh. Brussel 6 januari 1982, *TBH* 1982, 212, noot P. RIGAUX.

[1935]   Gent 22 januari 2004, *NJW* 2004, 703.

[1936]   N. CARETTE, A. QUIRYNEN en T. SOETE, "Deel II Toepassingsgebied (artikel 1 en 2 Wet Breyne)" in N. CARETTE (ed.), *Handboek Wet Breyne*, Antwerpen, Intersentia, 2015, 71.

[1937]   Kh. Brussel 6 januari 1982, *BRH* 1982, 212: "Wanneer een onroerend goed van aard (studio) objectief bestemd is voor de huisvesting, moet de Woningbouwwet worden toegepast, zelfs indien het gebouw in feite bestemd is om door bemiddeling van een beheersmaatschappij voor een zeer korte termijn te worden verhuurd."

[1938]   Rb. Gent 29 oktober 2008, *TBO* 2008, 203.

[1939]   Antwerpen 27 oktober 2008, *TBO* 2009, 249.

[1940]   Gent 31 januari 2008, *RW* 2011-12, 275.

---

waarborg.[1941] Ook wanneer de opdrachtgever fondsen stort op een rekening op beider naam onder beding dat de som pas wordt vrijgegeven op vertoon van het proces-verbaal van voorlopige oplevering, is er sprake van een 'storting'.[1942]

Volgens de rechtbank van eerste aanleg van Brussel kan ook een meer complexe operatie waarbij door de koper bepaalde voordelen in natura worden verstrekt in ruil voor het verkrijgen van een nog te bouwen huis of appartement, als 'storting' worden beschouwd. Zo bevat de operatie waarbij een grondeigenaar aan een projectontwikkelaar een grond verkoopt en daarbij bedingt dat hij voor eenzelfde waarde als de verkoopprijs een appartement zal verkrijgen in het te realiseren project, een 'storting' in de zin van artikel 1 Woningbouwwet, doordat wordt afgesproken dat de prijs van het appartement wordt verrekend met de aankoopprijs van de grond. De koper betaalt aldus de prijs van het appartement nog voor het is opgericht.[1943]

Opdat aan de stortingsvereiste voldaan zou zijn, dient niet per se rechtstreeks betaald te worden aan de projectontwikkelaar. De betalingen kunnen eveneens gebeuren aan een met de projectontwikkelaar verbonden derde[1944], bijvoorbeeld een bouwcoördinator.[1945]

1176. In de rechtsleer heerst betwisting over de vraag of het blokkeren door de klant van een waarborg op een eigen rekening, of een rubriekrekening bij de notaris of bank, moet worden beschouwd als een storting in de zin van artikel 1 WW.

De eerste strekking meent dat er sprake is van een 'storting' zodra de gelden zijn onttrokken aan de koper/opdrachtgever.[1946]

De tweede (meerderheids)strekking verwijst naar de *ratio legis* van de Woningbouwwet, namelijk de koper/opdrachtgever beschermen tegen een mogelijk faillissement van de verkoper/aannemer en het verlies van reeds gedane stortingen. De storting op een geblokkeerde rekening bij de notaris of op een rekening op de naam van de koper, zou geen financieel risico inhouden voor de koper/opdrachtgever en aldus geen 'storting' uitmaken in de zin van artikel 1 WW.[1947]

In dezelfde zin oordeelde de rechtbank van eerste aanleg Oost-Vlaanderen, afdeling Gent, dat de storting van een voorschot van 10% van de verkoopprijs op een bijzondere rubriekrekening van de notaris op naam van de koper, en waarbij het bedoeling was dat deze som daar geconsigneerd zou blijven tot de dag van de

---

[1941] Kh. Antwerpen 31 maart 1974, *T.Aann.* 1976, 279, noot A. DE CAUWE.
[1942] Luik 6 januari 1992, *JLMB* 1992, 1289.
[1943] Rb. Brussel (23ᵉ k.) 17 maart 2017, *TBO* 2018, 60.
[1944] Rb. Antwerpen 5 juni 2003, *RW* 2005-06, 1023.
[1945] Antwerpen 11 december 2000, *RW* 2002-03, 544.
[1946] J.-M. CHANDELLE, "La loi Breyne" in *Rép.not.*, deel VII, Brussel, Larcier, losbl. (1996), 71-72; K. UYTTERHOEVEN, *o.c.*, 913.
[1947] A. VERBEKE en K. VANHOVE, *De Wet Breyne Sans Gêne*, Brussel, Larcier, 2003, 83; A. VAN OEVELEN, *o.c.*, 417-418; N. CARETTE, A. QUIRYNEN en T. SOETE, "Deel II Toepassingsgebied (artikel 1 en 2 Wet Breyne)" in N. CARETTE (ed.), *Handboek Wet Breyne*, Antwerpen, Intersentia, 2015, 76.

ondertekening van de notariële akte, op zich geen storting inhield in de zin van artikel 1 Woningbouwwet.[1948]

2. Voltooiing

1177. Voltooiing houdt in dat de werken uitgevoerd zijn volgens de overeenkomst en volgens de regels van de kunst. Bij de voorlopige oplevering erkent de opdrachtgever dat de werken voltooid zijn, ook al zijn ze op dat moment nog niet noodzakelijk aanvaard.

De voltooiing valt dus niet samen met het ogenblik waarop de woning normaal kan worden bewoond.[1949]

F. Overeenkomst tot eigendomsovergang gekoppeld aan de verplichting tot verbouwing of uitbreiding

1178. De Woningbouwwet is ook van toepassing op iedere overeenkomst tot eigendomsovergang waarbij de verbintenis wordt aangegaan om een huis of appartement, bestemd tot huisvesting of tot beroepsdoeleinden en huisvesting, *te verbouwen of uit te breiden*, en de koper of opdrachtgever verplicht is om vóór de voltooiing van het gebouw n of meerdere stortingen te doen (art. 1, tweede lid WW).

Hierbij dient cumulatief te worden voldaan aan de volgende bijkomende voorwaarden:
- in de eerste plaats moet de totale prijs van de overeengekomen (al dan niet vergunningsplichtige) verbouwings- of uitbreidingswerken ten minste 80% bedragen van de verkoopprijs van het onroerend goed dat wordt overgedragen;
- ten tweede moet de totale prijs van de werken minstens 18.600,00 euro bedragen.[1950]

1179. De Woningbouwwet is niet van toepassing op verbouwings- of uitbreidingswerken die niet gekoppeld zijn aan de aankoop van de woning of het appartement, dat wil zeggen waartoe men contracteert met een aannemer die vreemd is aan de koopovereenkomst.

Dit zou evenwel aanleiding kunnen geven tot een poging tot omzeiling van de Woningbouwwet door afzonderlijke overeenkomsten af te sluiten, zijnde een

---

[1948]   Rb. Oost-Vlaanderen (afd. Gent, 12ᵉ k.), 8 februari 2016, *TBO* 2016, 472.
[1949]   N. CARETTE, A. QUIRYNEN en T. SOETE, "Deel II Toepassingsgebied (artikel 1 en 2 Wet Breyne)" in N. CARETTE (ed.), *Handboek Wet Breyne*, Antwerpen, Intersentia, 2015, 85; M. DEVROEY, *De Wet Breyne – Woningbouwwet*, Lokeren, Konstruktieve Publikaties en Advies, 2008, 47.
[1950]   Art. 1, tweede lid WW; art. 1, § 5 KB 21 oktober 1971, zoals gewijzigd door KB 21 september 1993.

koopovereenkomst tot eigendomsoverdracht van de grond en een aannemingsovereenkomst tot het bouwen van een woning, wat streng wordt bestraft in de
rechtspraak.[1951]

§ 2.   UITZONDERINGEN

1180.   De Woningbouwwet voorziet in drie categorieën van uitzonderingen.

A.   Bepaalde overheden en besturen

1181.   De Woningbouwwet is niet van toepassing op overeenkomsten aangegaan door:
1° de Regionale Huisvestings- en Landmaatschappijen en hun erkende maat-
schappijen;
2° de gemeenten en de intercommunale besturen.[1952]

Deze overheidsinstellingen, die de sector van de sociale woningbouw bestrijken,
vallen niet onder de Woningbouwwet, noch als koper noch als verkoper.

B.   Professionelen

1182.   De verkrijger of opdrachtgever wiens geregelde werkzaamheid erin bestaat
huizen of appartementen op te richten of te laten oprichten om ze onder bezwarende titel te vervreemden, geniet geen bescherming van de Woningbouwwet.
   Of het de geregelde werkzaamheid is van een persoon, is een feitenkwestie. Bij
vennootschappen zullen het maatschappelijk doel en de inschrijving in het KBO
zeker een aanwijzing zijn. Men zal dit vermoeden evenwel steeds kunnen weerleggen aan de hand van de boeken.
   Dat iemand een groot onroerend patrimonium bezit en geregeld bouwt, is
niet doorslaggevend. Wel belangrijk is of de verwerving gebeurt met het oogmerk
deze goederen onmiddellijk weer te verkopen[1953], zelfs wanneer dit niet de hoofd-
activiteit uitmaakt van de betrokken (rechts)persoon.[1954]

1183.   De door de Woningbouwwet geviseerde beroepspersonen zijn aannemers,
makelaars en promotoren. Iedere overeenkomst die zij als professionele verkrijger

---

[1951] Zie verder, § 3 Splitsing van overeenkomsten en omzeiling van de Woningbouwwet.
[1952] Art. 2 WW; Gent 4 februari 1988, *RW* 1990-91, 1203; Brussel 9 augustus 1988, *RGAR* 1989,
   nr. 11.554.
[1953] Rb. Antwerpen 17 juni 1992, *T.Aann.* 1994, 137, waar gesteld wordt dat het feit dat de persoon
   in kwestie zijn andere onroerende goederen had verkocht om de bouwwerken in kwestie te
   kunnen betalen, de bevestiging vormde van het feit dat hij niet beroepsmatig handelde.
[1954] Rb. Gent 29 oktober 2008, *TBO* 2008, 203; Kh. Brussel 23 juni 1994, *T.Aann.* 1994, 329.

of opdrachtgever afsluiten tot het oprichten van een woning om ze vervolgens te vervreemden en dit hun geregelde werkzaamheid uitmaakt, valt niet onder het toepassingsgebied. Het louter professioneel actief zijn in de vastgoedsector is evenwel onvoldoende om onder de uitzonderingsbepaling te vallen.

De Woningbouwwet zal evenmin van toepassing zijn wanneer de professionele opdrachtgever wiens geregelde werkzaamheid erin bestaat huizen of appartementen op te richten of te laten oprichten, in het kader van zijn privévermogen een woning wenst te laten oprichten.[1955]

Volgens het hof van beroep van Brussel volstaat het niet om te besluiten tot de niet-toepasselijkheid van de Woningbouwwet wanneer de kopers fysieke personen zijn die bij wijze van investering een appartementsgebouw laten oprichten en beschikken over een aantal andere onroerende goederen. Het is vereist dat "de geregelde werkzaamheid van het oprichten of laten oprichten van huizen of appartementen gebeurt *met de bedoeling ze te vervreemden.*"[1956]

De omschrijving van de klant in de overeenkomst als professioneel zal hem niet tegenstelbaar zijn indien dit een standaardclausule is in het contract en louter bedoeld is om de Woningbouwwet te omzeilen.

C. Studieopdrachten

1184. Een studieopdracht heeft als doel om potentiële cliënten inlichtingen te verschaffen en ervoor te zorgen dat ze de nodige financiële en administratieve toezeggingen verkrijgen.[1957]

De Woningbouwwet is niet van toepassing op overeenkomsten die een studieopdracht tot voorwerp hebben met betrekking tot te bouwen of in aanbouw zijnde huizen of appartementen, verbouwingen en uitbreidingswerken gekoppeld aan de eigendomsoverdracht van een gebouw, bestemd tot huisvesting of tot beroepsdoeleinden, wanneer aan de volgende cumulatieve voorwaarden is voldaan:

- de overeenkomst moet een beschrijving bevatten van de werken waarop de opdracht betrekking heeft, alsmede een opgave van de behoeftenstudie van de verkrijger of opdrachtgever;
- de kostprijs van de studieopdracht mag niet meer bedragen dan 2% van de voorziene bouwkost;
- de verkrijger of opdrachtgever moet beschikken over een bedenktijd van minstens 7 dagen.[1958, 1959]

[1955] Art. 2, eerste lid, 3° *in fine* WW: het gaat om een onweerlegbaar vermoeden in hoofde van deze geviseerde professionele verkrijger; N. CARETTE, *o.c.*, 21.

[1956] Brussel 26 februari 2018, *TBO* 2019, 45-49.

[1957] M. DEVROEY, *De Wet Breyne – Woningbouwwet*, Lokeren, Konstruktieve Publikaties en Advies, 2008, 13.

[1958] Art. 2, laatste lid WW.

[1959] Zie voor een toepassingsgeval: Rb. Tongeren 28 februari 2012, *Limb.Rechtsl.* 2013, 300.

Het bestaan van deze voorwaarden moet worden gecontroleerd op het ogenblik waarop de studieovereenkomst wordt gesloten.[1960]

1185. Volgens bepaalde rechtspraak dient de beperking van de kostprijs van de opdracht tot 2% van de voorziene bouwkost te goeder trouw te worden uitgevoerd en te worden geïnterpreteerd in de context van de *ratio legis*, nl. de bescherming van de belangen van de kandidaat-verkrijger. De rechter die vaststelt dat de kost van de studie het maximumpercentage overschrijdt, kan de belangen van de verkrijger beschermen door louter de kost van de studie te verminderen, veeleer dan het toepasselijk maken van de Woningbouwwet op de studieopdracht.[1961]

De verbintenis aangegaan door een aannemingsbedrijf om een volledig bouwdossier samen te stellen, kan niet beschouwd worden als een studieopdracht onder de uitzonderingsbepaling wanneer deze opdracht in feite ook een bouwovereenkomst inhoudt of er minstens een onlosmakelijke band mee vertoont. Dit is het geval wanneer het ereloon meer dan 2% van de voorziene bouwkost bedraagt en als de vergoeding voor de studieopdracht aftrekbaar is van de eigenlijke bouwprijs.[1962]

Het ereloon van de architect mag niet bij de "voorziene bouwkost" gerekend worden voor de bepaling van het maximumbedrag van de diensten die in het kader van een studieovereenkomst gepresteerd worden.[1963]

De voorziene bouwkost zoals becijferd in het kader van de studieopdracht kan niet worden beschouwd als de totale prijs in de zin van artikel 7, (e) WW. Het is net omdat de totale prijs nog niet kan worden bepaald dat er een studieopdracht wordt aangegaan. Het is de studie, voorwerp van de overeenkomst, die aan de partijen zal toelaten een project te definiëren waarvoor een totale prijs in de zin van artikel 7, (e) Woningbouwwet kan worden opgegeven.[1964]

§ 3. SPLITSING VAN OVEREENKOMSTEN EN OMZEILING VAN DE WONINGBOUWWET

1186. Wanneer meerdere overeenkomsten worden gesloten die afzonderlijk geen woningbouwovereenkomsten zijn, moet men op zijn hoede zijn dat dit geen omzeiling van de Woningbouwwet impliceert.

Het artificieel splitsen van de eigendomsoverdracht van de grond en het bouwen of verbouwen van de woning, waarbij uiteindelijk enkel de koopovereenkomst passeert via de notaris, kan een omzeiling van de Woningbouwwet zijn. Ook bij de overeenkomst gesloten met een bouwpromotor die de koper/opdracht-

---

[1960] Luik 15 november 2012, *JLMB* 2014, 1335.
[1961] Rb. Neufchâteau 24 december 1997, *T.Aann.* 1999, 31.
[1962] Antwerpen 20 september 2000, *TBBR* 2001, 554.
[1963] Rb. Brussel (23ᵉ k.) 17 februari 2017, *TBO* 2018, 57.
[1964] Rb. Brussel (23ᵉ k.) 17 februari 2017, *TBO* 2018, 57.

gever weliswaar begeleidt tijdens het bouwproces, maar deze laatste afzonderlijke overeenkomsten sluit met de architect, ruwbouwaannemer en aannemer voor de afwerking, doet vragen rijzen. De koper verliest op die manier de bescherming van de Woningbouwwet.[1965]

Rechtspraak hoedt zich hiervoor en stelt zich streng op.[1966]

De rechter dient na te gaan of de verscheidene overeenkomsten kunnen gekwalificeerd worden als één samenhangend geheel door de vaststelling van een eenheid van opzet bij de constructie.[1967]

Zo werd het sluiten van drie overeenkomsten (1. garage en perceel grond, 2. appartement ruwbouw en 3. appartement afwerking) door een bouwpromotor met de verkoper gezien als een omzeiling van de Woningbouwwet.[1968] Ook het sluiten van een verkoopovereenkomst voor de ruwbouw met een promotor en een aannemingsovereenkomst voor de afwerkingen waarbij de promotor een beroep deed op dezelfde aannemer voor de ruwbouwwerken én de afwerking, werd beschouwd als één transactie.[1969]

Het hof van beroep van Gent besloot tot een ontoelaatbare omzeiling van de Woningbouwwet (en het appartementsrecht) toen de verkoper de lofts casco verkocht en de koper zich contractueel verbond tot afwerking van de loft en de gemeenschappelijke delen onder leiding van de vereniging van mede-eigenaars (via een tijdelijk renovatiefonds). Gelet op de inmenging van de verkoper in het bouwproces (o.m.: de verkoper werd in de werfverslagen aangeduid als bouwheer, aanstelling van de architect door de verkoper en onderhouden van de contacten met de aannemers), werd de verkoper beschouwd als een bouwpromotor die de Woningbouwwet trachtte te omzeilen.[1970]

Om te besluiten tot een eenheid van opzet is het niet noodzakelijk dat de afzonderlijke overeenkomsten allemaal met dezelfde verkoper/aannemer worden gesloten.[1971] Er dient een zekere verwevenheid te bestaan tussen de verschillende overeenkomsten, maar ook tussen de verschillende verkopers/aannemers.[1972]

[1965] S. MAES, "Wet Breyne. Knelpunten bij de toepassing", *NJW* 2008, 54-55.

[1966] Rb. Tongeren 19 december 2008, *T. App.* 2009, 38; Bergen 13 oktober 2003, *TBBR* 2005; Antwerpen 20 september 2000, *AJT* 2001-02, 64; Brussel 25 mei 1999, *TBBR* 2002, afl. 9, 597; Bergen 4 april 1991, *JLMB* 1991, 1049; Rb. Antwerpen 26 maart 1981, *RW* 1981-82, 1837.

[1967] N. CARETTE, A. QUIRYNEN en T. SOETE, "Deel II Toepassingsgebied (artikel 1 en 2 Wet Breyne)" in N. CARETTE (ed.), *Handboek Wet Breyne*, Antwerpen, Intersentia, 2015, 57; S. MAES, "Wet Breyne. Knelpunten bij de toepassing", *NJW* 2008, 54-55, nr. 29.

[1968] Rb. Tongeren 19 december 2008, *T.App.* 2009, 38.

[1969] Luik 28 april 2016, *TBH* 2016, afl. 9, 872.

[1970] Gent (1e k.) 9 november 2017, AR 2015/AR/2844, 2016/AR/471 en 2017/AR/1078, *T.App.* 2018, afl. 1, 19.

[1971] N. CARETTE, A. QUIRYNEN en T. SOETE, "Deel II Toepassingsgebied (artikel 1 en 2 Wet Breyne)" in N. CARETTE (ed.), *Handboek Wet Breyne*, Antwerpen, Intersentia, 2015, 59, nr. 106.

[1972] Brussel 9 december 1997, *T.Aann.* 2000, 244.

AFDELING 3. VORM- EN GELDIGHEIDSVEREISTEN VAN DE CONTRACTEN

§ 1. DE OVEREENKOMST (OF DE BELOFTE VAN OVEREENKOMST) DIE VALT ONDER HET TOEPASSINGSGEBIED VAN DE WONINGBOUWWET DIENT SCHRIFTELIJK TE WORDEN AANGEGAAN

1187.   De overeenkomst die valt onder de Woningbouwwet komt consensueel tot stand, maar om bewijswaarde te hebben dient het onderhands geschrift te voldoen aan de regels opgenomen in de artikelen 1320 e.v. BW. Bovendien kan het geschrift vernietigd worden wanneer niet de wettelijk voorgeschreven vermeldingen opgenomen zijn in het geschrift (zie hierna, § 2).

Het zorgen voor een geldige akte is in de eerste plaats de verantwoordelijkheid van de verkoper/aannemer.[1973]

§ 2. VERPLICHTE VERMELDINGEN EN STUKKEN

1188.   Het contract moet een aantal vermeldingen en bijlagen bevatten (art. 7 WW).

A.   *De identiteit van de eigenaar van de grond en van de bestaande opstallen (art. 7, a WW).*

1189.   Bij gebrek aan identiteit van de eigenaar van de grond kan de overeenkomst nietig verklaard worden.[1974]

De overeenkomst die de verkoper vermeldt als eigenaar van de grond, terwijl die op dat ogenblik nog aan een andere persoon toebehoorde, kan, op vraag van de koper, nietig verklaard worden[1975], ook al heeft de verkoper een ander zakelijk recht op de grond.

1190.   In de praktijk is het dikwijls zo dat de promotor geen eigenaar is van de grond, maar van de eigenaar een onherroepelijke volmacht krijgt om te verkopen. Dit heeft als voordeel dat de promotor de grond niet hoeft te prefinancieren en dat er slechts één maal registratierechten dienen te worden betaald, nl. bij de verkoop tussen de eigenaar en de klant.

De Woningbouwwet schrijft niet voor dat bij de verkoop de koper eigenaar moet worden van de grond of een grondaandeel. Er wordt enkel bepaald dat door

---

[1973]   Zie bv. Brussel 23 november 1976, *T.Aann.* 1979, 243, noot C. LEONARD: de verkoper of aannemer die verzuimd heeft aan zijn contractspartij een geldige akte te bezorgen, pleegt bedrog (*culpa in contrahendo*, art. 1382 en 1383 BW).

[1974]   Kh. Dendermonde 12 januari 1999, *T.App.* 2001, 15; Gent 20 november 2000, *T.App.* 2001, afl. 2, 18.

[1975]   Kh. Brussel 6 januari 1982, *TBH* 1982, 212, noot P. RIGAUX; Rb. Gent 28 oktober 1998, *AR* 231/98, onuitg.

de overeenkomst de rechten van de verkoper op de grond en op de bestaande opstallen dadelijk op de koper overgaan (art. 4 WW). De verkoop kan derhalve louter de overdracht van een recht van erfpacht, opstal of vruchtgebruik op de gebouwen met zich meebrengen, zonder enige overdracht van de grond of wanneer het een appartement betreft, van een grondaandeel.[1976]

Van deze zakelijke rechten is de koper uiteraard het meest gediend met een recht van opstal, aangezien dit belet dat de eigenaar van de grond door natrekking ook onmiddellijk eigenaar wordt van de op te richten gebouwen.

Wanneer de verkoper ten onrechte aangeeft dat hij eigenaar is van de grond, is de verkoop vernietigbaar op grond van artikel 1599 BW, en dit ongeacht de goede trouw van de koper of verkoper. De overeenkomst is dan enkel vernietigbaar tegenover de verkoper en niet tegenover de aannemer belast met de uitvoering van de werken. Dit laatste geldt ook wanneer de aannemer werd aangesteld in dezelfde akte.[1977]

B. De datum van de uitgifte van de bouwvergunning en de voorwaarden van die vergunning[1978]

1191. Gelet op de wijziging van de VCRO[1979] wordt uiteraard thans de omgevingsvergunning in de zin van artikel 4.2.1. VCRO bedoeld.

Het moet gaan om een effectief verkregen omgevingsvergunning; een stedenbouwkundig attest (art. 5.3.1. VCRO) of een verkavelingsvergunning (art. 4.2.15 VCRO) is onvoldoende.

1192. Indien het verkrijgen van een omgevingsvergunning als opschortende voorwaarde werd opgenomen, dient de aanvrager van de omgevingsvergunning zich ertoe te verbinden zijn medecontractant in het bezit te stellen van een voor eensluidend verklaard afschrift van deze vergunning en van de voorwaarden ervan, binnen de maand na de ontvangst van de kennisgeving van de beslissing over de bouwaanvraag (art. 7, b WW).

Wanneer de overeenkomst werd aangegaan onder de opschortende voorwaarde van het verkrijgen van een omgevingsvergunning, dient deze voorwaarde uitdrukkelijk te zijn opgenomen in de overeenkomst.

Wanneer de verkregen omgevingsvergunning voorwaarden bevat die niet in overeenstemming zijn met de bepalingen van de overeenkomst, is de opschortende voorwaarde niet vervuld.

[1976] M. DEVROEY, *De Wet Breyne. Woningbouwwet*, Lokeren, Konstruktieve Publikaties en Advies, 2008, 53.

[1977] Rb. Gent 28 oktober 1998, *AR* 231/98, onuitg.

[1978] De overeenkomst die de voorwaarden niet vermeldt, maar louter verwijst naar de aangehechte bouwvergunning is geldig (Rb. Doornik 21 april 1988, onuitg., aangehaald door A. RENARD en P. VANDERSMISSEN, *o.c.*).

[1979] Decr.Vl. 24 april 2014 betreffende de omgevingsvergunning, *BS* 23 april 2014, inwerkingtreding op 23 februari 2017.

1193. Een voorafgaande verkavelingsvergunning is vereist wanneer een stuk grond vrijwillig wordt verdeeld in twee of meer kavels om ten minste een van die onbebouwde kavels te verkopen of te verhuren voor meer dan negen jaar, om er een recht van erfpacht of opstal op te vestigen, of om een van deze overdrachtsvormen aan te bieden, zelfs onder opschortende voorwaarde.[1980]

De verkoop van een perceel grond met het oog op woningbouw onder de opschortende voorwaarde van het verkrijgen van een verkavelingsvergunning kan dan ook niet wettig worden gesloten en is absoluut nietig.[1981]

De verkavelingsakte moet verleden zijn bij de onderhandse verkoopovereenkomst en dus niet pas bij het verlijden van de notariële akte van verkoop, ongeacht of in de onderhandse overeenkomst voorzien is in een uitgestelde eigendomsoverdracht of niet. Indien hieraan niet voldaan is, is de koop vernietigbaar. De verkoper dient het voorschot terug te betalen, eventueel aangevuld met een schadevergoeding.[1982]

1194. Ook een eenzijdige verkoopbelofte onder opschortende voorwaarde van het verkrijgen van een omgevingsvergunning voor het verkavelen van gronden is niet mogelijk, net zomin als het aanbieden van een perceel grond in een toekomstige verkaveling onder de opschortende voorwaarde van het verkrijgen van een omgevingsvergunning voor het verkavelen van gronden.

Hetzelfde geldt zolang het college van burgemeester en schepenen geen attest heeft afgeleverd waaruit blijkt dat de lasten van de verkaveling zijn uitgevoerd of gewaarborgd.[1983] Betwist is of in die situatie een wederzijdse aankoop- en verkoopbelofte kan worden afgesloten.[1984]

C. *De overeenkomst moet vermelden of de koper of opdrachtgever de overeenkomst al dan niet afhankelijk maakt van de opschortende voorwaarde van het bekomen van een financiering voor een minimaal vastgesteld bedrag aan te bepalen voorwaarden. Deze opschortende voorwaarde kan nooit langer gelden dan drie maanden, te rekenen vanaf de datum van afsluiting van de overeenkomst (art. 7, bbis WW).*

1195. De te bepalen voorwaarden slaan op de rentevoet, de terugbetalingstermijn, de te verstrekken waarborgen enz.[1985]

[1980] Zie de interpretatieve bepaling bij art. 4.2.15, § 1 VCRO, art. 20 Decr.Vl. 11 mei 2012, *BS* 6 juni 2012.

[1981] F. HAENTJENS, *Vastgoedcontracten en ruimtelijke ordening*, Antwerpen, Intersentia, 2015, nr. 245 *in fine*; K. KEMPE en G. VAN WALLE, "Contractuele aspecten van de verkavelingsvergunning", *TBO* 2017, 120.

[1982] Rb. Leuven 20 mei 2014 en Rb. Turnhout 10 september 2012, *TOO* 2014, afl. 4, 582, noot M. DEWEIRDT, "Zonder verkavelingsvergunning geen koop mogelijk", *TOO* 2014, afl. 4, 582-583.

[1983] Zie art. 4.2.16 VCRO; W. DE VOGELAERE, "Voorlopige verkoopovereenkomst of wederzijdse aankoop-verkoopbelofte?", *Not.Fisc.M.* 2013, afl. 3, 88-89.

[1984] K. KEMPE en G. VAN WALLE, "Contractuele aspecten van de verkavelingsvergunning", *TBO* 2017, (112) 121.

[1985] A. RENARD, "La loi du 3 mai 1993", *T.Aann.* 1994, 130.

Alle voorwaarden dienen vervuld te zijn. Wanneer de koper binnen de termijn van drie maanden geen lening krijgt voor het opgegeven bedrag, of aan mindere voorwaarden, dan is de opschortende voorwaarde dus niet vervuld en zal de overeenkomst niet uitgevoerd worden.

De koper die weet dat hij geen lening kan krijgen of hij die onvoldoende inspanningen levert om een financiering te krijgen, zal gehouden zijn tot schadevergoeding, de eerste wegens bedrog (*culpa in contrahendo*, art. 1382 en 1383 BW), de tweede wegens contractbreuk.

Indien de koper onvoldoende inspanningen levert, zou de verkoper er eveneens voor kunnen opteren om de uitvoering van de overeenkomst te vorderen op basis van artikel 1178 BW.[1986] Dit geldt met name indien de verkoper kennis heeft van het feit dat de koper voldoende solvabel is om de aankoop te financieren zonder hypothecair krediet.

D.   *De overeenkomst moet de nauwkeurige beschrijving inhouden van de privatieve en van de gemeenschappelijke gedeelten die het voorwerp uitmaken van de overeenkomst. In bijlage moeten de nauwkeurige plannen en gedetailleerde bestekken van de werken waarop de overeenkomst betrekking heeft, opgenomen zijn. De wijze waarop en de materialen waarmee deze werken zullen worden uitgevoerd moeten uitdrukkelijk vermeld worden en eventueel of onder welke voorwaarden hiervan kan worden afgeweken.*

De plannen en bestekken dienen ondertekend te zijn door een tot de uitoefening van dat beroep in België toegelaten architect en, indien het een appartement betreft, dient een afschrift van de in authentieke vorm opgemaakte basisakte en van het reglement van mede-eigendom toegevoegd te worden.

De afwezigheid van deze bijlage in de authentieke akte kan gedekt worden door de verklaring van de notaris, in deze akte, dat deze documenten in het bezit van de partijen zijn (art. 7, c en d WW).

1196.   Deze verplichting geldt vooral voor de overeenkomsten die betrekking hebben op een onroerend goed waarop de regels van de gedwongen mede-eigendom van toepassing zijn, zoals flatgebouwen en woningen waaraan een onverdeeld aandeel in een gemeenschappelijk onroerend goed is verbonden. Voor een alleenstaande woning dient de opdrachtgever/koper echter ook voldoende geïnformeerd te worden over de te uit te voeren bouwwerken. Een geldige overeenkomst vereist immers een bepaald of bepaalbaar voorwerp (art. 1108 BW *juncto* art. 1129 BW).

Het opzet van deze bepalingen is te voorkomen dat de promotor of aannemer achteraf nog wijzigingen aan het project zou aanbrengen en dat de koper/opdrachtgever nadien de uitgevoerde werken kan controleren.

[1986]   Cass. 18 november 2011, *JLMB* 2012, 186.

1197. De overgelegde plannen dienen voldoende nauwkeurig te zijn. Voldoen niet aan deze vereiste: plannen die geen afmetingen vermelden van de binnenruimten noch een schema bevatten van de uitrusting van de nutsvoorzieningen, zoals de riolering en de leidingen inzake verwarming, sanitair, elektriciteit en gas.[1987] De plannen die werden gebruikt voor het verkrijgen van een omgevingsvergunning zijn voldoende op voorwaarde dat zij nauwkeurig zijn.[1988]

Dit heeft tot gevolg dat het voor de koper/opdrachtgever mogelijk moet zijn de oppervlakte te controleren op basis van de overeenkomst en de nauwkeurige plannen en bestekken. Zo werd geoordeeld dat een exoneratie voor de juistheid van de oppervlakte bij de verkoop van een appartement op plan strijdig is met artikel 7, d WW.[1989] Dergelijke exoneratieclausules zijn eveneens in strijd met artikel VI.83, 6° en 30° WER.

1198. Een beding in de basisakte of in de notariële verkoopakte waarbij de opdrachtgever/koper volmacht verleent aan de promotor om de statuten te wijzigen, is nietig.[1990] Zodra de vereniging van mede-eigenaars bestaat, behoort de wijziging van de statuten tot de bevoegdheid van de algemene vergadering.[1991]

1199. Ook artikel VI.83, 4° WER verbiedt het onrechtmatig beding waarbij het recht wordt verleend aan de onderneming om de kenmerken van het te leveren product te wijzigen indien die kenmerken wezenlijk zijn voor de consument of voor het gebruik waartoe hij het product bestemt.

Merk wel op dat het nieuwe artikel 577-4, § 1/1 BW[1992] het recht verleent aan de partijen die de oorspronkelijke statuten hebben ondertekend, om tot op het ogenblik van de voorlopige oplevering van de gemeenschappelijke delen wijzigingen aan de statuten aan te brengen. Dit kan enkel op voorwaarde dat dit door technische omstandigheden of door het rechtmatig belang van de vereniging van mede-eigenaars is ingegeven en dat niet aan de rechten van andere mede-eigenaars op hun privatief gedeelte raakt en dit geen verzwaring van de verplichtingen van een of meerdere mede-eigenaars met zich meebrengt. De mede-eigenaar die niet akkoord gaat met de wijziging van de statuten kan binnen de twee maanden na ontvangst van het ontwerp van de wijzigende akte verzet aantekenen bij de betrokken notaris en in rechte optreden.[1993]

[1987] Rb. Gent 28 oktober 1998, *AR* 231/98, onuitg.

[1988] J. DERUMEAUX, "Deel III Bescherming van de verkrijger/opdrachtgever. Hoofdstuk 1 Informatieplichten, verplichte vermeldingen, bijlagen en algemene consumentenbescherming (artikel 7 en 13 Wet Breyne)" in N. CARETTE (ed.), *Handboek Wet Breyne*, Antwerpen, Intersentia, 2015, 123.

[1989] Rb. Leuven 7 april 2011, *T.App.* 2012, 30.

[1990] Brussel 7 juni 2007, *T.App.* 35; Rb. Leuven 25 november 2008, *T.App.* 2012, afl. 2, 48; Rb. Leuven 11 mei 2011, *T.App.* 2012, afl. 2, 43.

[1991] Art. 577-6, art. 577-7, § 1, 1°, a) en art. 577-7, § 1, 2° BW.

[1992] In werking sinds 1 januari 2019.

[1993] R. TIMMERMANS, *Handboek Appartementsrecht, Volume II*, Mechelen, Kluwer, 2018, 208-210.

In de mate dat de wijziging van de statuten niet kan worden doorgevoerd overeenkomstig artikel 577-4, § 1/1 BW heeft de promotor, indien hij tevens mede-eigenaar is, de mogelijkheid om de statutenwijziging als agendapunt te laten opnemen op de algemene vergadering.[1994]

1200. De vermelding van het aandeel in de gemeenschappelijke delen is van essentieel belang. Dit heeft immers gevolgen voor de oplevering, de omvang van de rechten van de eigenaars, de grootte van hun bijdrage in de gemeenschappelijke kosten, het beheer van de gemene delen, en in het bijzonder wat de Woningbouwwet zelf betreft, de draagwijdte van de waarborg.

De Woningbouwwet maakt daarbij geen onderscheid tussen de gevallen waarbij de verkoopovereenkomst werd opgemaakt onder de opschortende voorwaarde van het verkrijgen van een omgevingsvergunning. Een andere redenering zou betekenen dat de verkoper een vrijgeleide zou krijgen om het aandeel van de koper in de gemeenschappelijke delen te bepalen naargelang de voorwaarden in de nog te verkrijgen omgevingsvergunning. De wetgever heeft dergelijke toestanden precies willen vermijden, gezien de belangrijke gevolgen ervan zoals hiervoor vermeld.[1995]

De aangehechte basisakte en het reglement van eigendom dienen volledig te zijn. De overeenkomst die slechts naar een wijziging van de basisakte[1996] verwijst of een ontwerp van basisakte en reglement van mede-eigendom[1997], voldoet niet aan de bepaling van artikel 7, d WW.

1201. De stukken moeten aan de klant worden overhandigd vijftien dagen vóór de ondertekening van de onderhandse overeenkomst (art. 7, d WW.). De verklaring van de notaris dat de stukken in het bezit van de partijen zijn, kan de laattijdigheid van de overhandiging van de stukken niet dekken.[1998]

Het is voldoende dat de notaris in de akte verklaart dat hij heeft vastgesteld dat de stukken in het bezit zijn van de partijen. De stukken hoeven dan niet als bijlage te worden opgenomen, zodat bijkomende kosten (zegel- en registratierechten) worden vermeden.

De notaris dient zich ervan te vergewissen dat de documenten en bijlagen daadwerkelijk in het bezit zijn van de koper. Hij mag geen genoegen nemen met een verklaring daarover door partijen. Hij die na het verlijden van de authentieke akte beweert dat hij op dat moment niet beschikte over deze stukken, kan het bewijs daarvan enkel nog leveren door een vordering wegens valsheid in geschrifte tegen de notaris.

[1994] F. BURSSENS, *Appartementsrecht in hoofdlijnen. Het nieuwe appartementsrecht na de wet van 18 juni 2018*, brochure uitgegeven door Verenigde Eigenaars, Brussel-Antwerpen, 21.
[1995] Rb. Gent 28 oktober 1998, *AR* 231/98, onuitg.
[1996] Kh. Brussel 13 april 1984, onuitg., geciteerd door M. DEVROEY, *o.c.*, 62.
[1997] Rb. Gent 31 mei 2011, *T.App.* 2012, 42.
[1998] A. RENARD en P. VAN DER SMISSEN, *o.c.*, 128.

E. *De overeenkomst moet de totale prijs van het huis of van het appartement*
    of, in het desbetreffende geval, de totale prijs van de verbouwing of de
    uitbreiding alsmede de wijze van betaling opgeven, er moet vermeld worden
    dat de prijs kan worden herzien. Deze prijs omvat alle werken die nodig zijn
    voor de normale bewoonbaarheid (art. 7, e WW).

1202. Enkel de prijs van de bouwwerken is voor herziening vatbaar, niet de prijs
van de grond.[1999]

Naast de dwingende bepalingen van de Woningbouwwet, mogen uiteraard
de dwingende bepalingen van Boek VI van de Wetboek van economisch recht
over de marktpraktijken en consumentenbescherming niet uit het oog verloren
worden. Op grond van artikel VI.2, 3° WER dient de verkoper/aannemer de consument op een duidelijke en begrijpelijke wijze te informeren over de kosten die
ten laste zijn van de consument. Zo kan contractueel bepaald worden dat de consument gehouden is tot de kosten die de financiële instelling aan de aannemer
vraagt als tegenprestatie voor de vergoeding van de waarborg, voor zover dit op
een begrijpelijke wijze in de overeenkomst werd opgenomen.[2000]

F. *De overeenkomst moet het bestaan vermelden van de gewestelijke*
    overheidstegemoetkomingen inzake huisvesting. Als bijlage moet zij de
    desbetreffende basisvoorwaarden meedelen (art. 7, ebis WW).

1203. Deze bepaling werd door de wetswijziging van 1993 opgenomen om de
verkoper te beletten aan zijn klant de mogelijkheid van het verkrijgen van premies
voor te spiegelen zonder dat deze over een basisdocumentatie zou beschikken die
hem zou toelaten om in functie van zijn persoonlijke situatie zijn kansen in te
schatten.[2001]

Het gaat enkel over de gewestelijke tegemoetkomingen, niet die van andere
instellingen, zoals de provincie of gemeente.

De verkoper hoeft zelf geen berekening te maken, maar enkel inlichtingen te
verschaffen en de betreffende documentatie, afkomstig van het Ministerie of van
zijn beroepsorganisatie, bijvoegen. Aan deze vormvereiste is voldaan wanneer bijvoorbeeld verwezen wordt naar de website premiezoeker.be.[2002]

Het is dus niet de bedoeling dat de verkoper de overheidstegemoetkoming
berekent voor de koper; dit is niet in strijd met artikel VI.2, 3° WER, dat de onderneming de verplichting oplegt om op een duidelijke en begrijpelijke wijze de con-

---

[1999] Zie hierna over de prijs: Afdeling 3.
[2000] J. CALLEBAUT, "Marktpraktijken, consumentenbescherming en Woningbouwwet: enkele
aandachtspunten toegelicht", *Not.Fisc.M.* 2017, afl. 8, 240.
[2001] *Parl.St.* 22/2 – 91/92, 2.
[2002] J. CALLEBAUT, "Marktpraktijken, consumentenbescherming en Woningbouwwet: enkele
aandachtspunten toegelicht", *Not.Fisc.M.* 2017, afl. 8, 243.

sument te informeren over de totale prijs van het product, met inbegrip van alle belastingen, en alle diensten die hij verplicht moet bijbetalen.[2003]

De partijen kunnen de overeenkomst sluiten onder de opschortende voorwaarde dat de koper-opdrachtgever overheidstegemoetkomingen krijgt.

G. *De overeenkomst moet de aanvangsdatum van de werken, de uitvoerings-*
    of leveringstermijn en de schadevergoedingen wegens vertraging in de
    uitvoering of levering vermelden. Deze vergoedingen moeten minstens met
    een normale huurprijs van het afgewerkte goed waarop de overeenkomst
    betrekking heeft, overeenstemmen (art. 7, f WW).

1204. De te vermelden aanvangsdatum is de datum die met objectieve maatstaven kan worden bepaald.[2004] De aanvangsdatum kan bepaald worden op het ogenblik dat de opschortende voorwaarde tot het verkrijgen van een omgevingsvergunning of van een financiering zijn vervuld; dit zijn immers geen potestatieve voorwaarden.[2005] Wanneer de overeenkomst werd aangegaan onder deze opschortende voorwaarden, dient bepaald te worden dat de verkoper of aannemer de werken moet aanvangen binnen een welbepaalde tijd nadat hij kennis heeft genomen van het feit dat de voorwaarde is gerealiseerd.

Het is voldoende dat de aanvangsdatum bij benadering wordt gegeven.[2006]

De uitvoeringstermijn kan zowel in kalenderdagen als in werkdagen worden aangeduid.[2007] Zowel de uitvoeringstermijn van de werken aan de gemeenschappelijke als aan de privatieve delen dient te worden opgegeven.[2008]

Het niet vastleggen van de aanvangsdatum en de uitvoeringstermijn kan leiden tot nietigheid, zelfs wanneer dit te wijten is aan de koper-opdrachtgever.[2009]

1205. De Woningbouwwet schrijft een minimale schadevergoeding voor die door de promotor moet worden betaald indien de afgesproken leveringstermijn niet wordt gerespecteerd. Die moet minstens overeenstemmen met een normale huurprijs van het afgewerkte goed waarop de overeenkomst betrekking heeft.

Niets belet partijen om in een hogere vergoeding te voorzien op basis van de werkelijke schade die de koper-opdrachtgever zal lijden of op basis van een forfaitair bedrag, bijvoorbeeld per dag of per begonnen maand vertraging.

[2003] J. CALLEBAUT, "Marktpraktijken, consumentenbescherming en Woningbouwwet: enkele aandachtspunten toegelicht", *Not.Fisc.M.* 2017, afl. 8, 243, nr. 65.

[2004] J. DERUMEAUX, "Deel III Bescherming van de verkrijger/opdrachtgever. Hoofdstuk 1 Informatieplichten, verplichte vermeldingen, bijlagen en algemene consumentenbescherming (artikel 7 en 13 Wet Breyne)" in N. CARETTE (ed.), *Handboek Wet Breyne*, Antwerpen, Intersentia, 2015, 140.

[2005] Gent 20 oktober 2004, *RW* 2007-08, 280-283.

[2006] Brussel 23 november 1976, *T.Aann.* 1979, 243, noot C. LEONARD, waar men de vaststelling van de aanvangsdatum 'rond 15/8' in overeenstemming achtte met art. 7, g WW.

[2007] B. KOHL, "Contrat d'entreprise" in *Répertoire pratique du droit belge. Législation, Doctrine, Jurisprudence*, Brussel, Bruylant, 2016, 1178.

[2008] Rb. Gent 28 oktober 1998, *AR* 231/98, onuitg.

[2009] Gent 14 mei 1982, *RW* 1984-85, 1851, *T.Aann.* 1988, 932, noot.

Bij betwisting over de normale huurwaarde van het afgewerkte goed kan de rechter een gerechtsdeskundige aanstellen voor de raming ervan. Indien duidelijk wordt dat de contractueel bepaalde schadevergoeding lager is dan de normale huurwaarde van het afgewerkte goed, is dit beding nietig.[2010]

Ook op grond van artikel VI.83, 30° WER kan een beding, dat voorziet in een vergoeding die lager is dan de normale huurprijs, nietig worden verklaard omdat het de wettelijke rechten van de consument ten aanzien van de onderneming op een ongepaste wijze beperkt, in geval van een volledige of gedeeltelijke wanprestatie door de onderneming.[2011]

1206. Behalve wanneer partijen uitdrukkelijk hebben voorzien in de overeenkomst dat de schadevergoeding van rechtswege bij het verstrijken van de bepaalde uitvoeringstermijn begint te lopen, gaat zij pas in nadat de koper-opdrachtgever de verkoper-aannemer in gebreke heeft gesteld (art. 1146 BW).

Doorgaans voorzien de contracten in een forfaitaire vergoeding per dag vertraging. Dit betekent dat de voorziene vergoeding alle schade die de koper oploopt ten gevolge van de vertraging in de levering dekt.

Deze vergoeding beslaat evenwel enkel de schade tot aan de voorlopige oplevering, en niet de schade die de koper nadien lijdt ten gevolge van gebreken die aan het licht komen na de voorlopige oplevering.[2012]

H.   De overeenkomst moet de wijze bepalen waarop de oplevering geschiedt (art. 7, g WW).

1207. Hoe de oplevering dient te gebeuren, wordt voorgeschreven door artikel 2, § 1 KB. De overeenkomst dient dan ook de inhoud van deze bepaling te bevatten.[2013]

I.   De overeenkomst dient de erkenning van partijen te bevatten dat zij sedert vijftien dagen kennis hebben van de in artikel 7 vermelde gegevens en stukken (art. 7, h WW).

1208. De overeenkomst kan daarom maar ten vroegste twee weken na de voorbesprekingen gesloten worden.

[2010]   Art. 13, tweede lid WW.
[2011]   J. CALLEBAUT, "Marktpraktijken, consumentenbescherming en Woningbouwwet: enkele aandachtspunten toegelicht", *Not.Fisc.M.* 2017, afl. 8, 248, nr. 94; in dezelfde zin, maar afgewezen omdat het onevenwicht niet werd aangetoond: Luik 21 september 2017, *JLMB* 18/650, vermeld in B. LOUVEAUX, "Inédits de droit de la construction 2018-2019", *JLMB* deel 1: 2018, afl. 35, (1652) 1675.
[2012]   Brussel (20e k.) 8 februari 2016, *TBO* 2016, 165.
[2013]   Zie uitgebreid hierna, Afdeling 5.

De Woningbouwwet schrijft niet voor dat in de tussenperiode de koper-opdrachtgever in het bezit moet zijn van het ontwerp van overeenkomst en de bijlagen. Hij moet er enkel 'kennis' van hebben. In de praktijk zal dit voorschrift dan ook dikwijls een loutere stijlformule zijn. De koper-opdrachtgever kan achteraf tegen de overeenkomst in niet met getuigen bewijzen dat hij geen kennis had of minder dan vijftien dagen kennis had van de gegevens en stukken (art. 1341 BW). Het tegenbewijs kan enkel geleverd worden aan de hand van andere geschriften (uitgaande van de promotor of notaris) (art. 1347 BW).

J.   *De overeenkomst moet in ieder geval in een afzonderlijk lid, in andere en vette lettertekens, vermelden dat de koper of opdrachtgever het recht heeft de nietigheid van de overeenkomst of de nietigheid van een met de wet strijdig beding in te roepen bij niet-nakoming van de bepalingen van of krachtens de artikelen 7 en 12, waarvan de tekst integraal in de overeenkomst moet worden opgenomen (art. 7, laatste lid WW).*

1209.   De koper/opdrachtgever moet geïnformeerd worden over de mogelijkheid om de nietigheidssanctie in te roepen. De volledige tekst van de artikelen 7 en 12 Woningbouwwet moet worden opgenomen in de overeenkomst.

De sanctie op het niet-naleven van de voorschriften van artikel 7 Woningbouwwet is van burgerlijke aard, zodat er geen sprake kan zijn van een misdrijf.[2014]

Ook de voorovereenkomsten (bv. principeakkoord, bestelbon …) dienen aan de voorwaarden van artikel 7 Woningbouwwet te voldoen.[2015]

De koper of opdrachtgever dienen de nietigheid in te roepen vóór het verlijden van de authentieke akte of, wanneer het een aannemingsovereenkomst betreft, vóór de voorlopige oplevering.

De notaris heeft ter zake een strenge controleverplichting. Indien hij meent dat niet alle verplichte vermeldingen en bijlagen aanwezig zijn, moet hij weigeren om de authentieke verkoopakte te verlijden.

Weliswaar werd geoordeeld dat in geval van een geheel van overeenkomsten (verkoop van terreinen, architectuur, promotie) waarvan enkel de promotieovereenkomst nietig is wegens schending van artikel 7 WW, enkel de nietigverklaring van de promotieovereenkomst gevorderd kan worden. De verkoopovereenkomst kan bijgevolg blijven bestaan.[2016]

[2014]   Corr. Brussel 26 februari 1975, *RW* 1975-76, 2222, *T.Aann.* 1975, 317, noot. K. VERBERNE; zie verder Afdeling 8.
[2015]   Cass. 2 mei 1983, *Arr.Cass.* 1982-83, 1075, *Pas.* 1983, I, 980, *T.Aann.* 1987, 131; Rb. Gent 21 april 2009, *RW* 2009-10, 546.
[2016]   Luik 28 april 2011, *JLMB* 2012, 1424.

§ 3. VERBODEN VERMELDINGEN: BEDING VAN WEDERINKOOP

1210. Overeenkomstig artikel 11 Woningbouwwet mag de overeenkomst geen beding van wederinkoop inhouden. een dergelijk beding wordt voor niet geschreven gehouden (art. 13, eerste lid WW).

Het recht van wederinkoop is een beding waarbij de verkoper zich het recht voorbehoudt om de verkochte zaak terug te nemen, tegen teruggave van de oorspronkelijke prijs en de teruggave van de kosten van de koop (art. 1659-1673 BW).

Dit verbod werd ingevoerd om te beletten dat door een dergelijk beding de verkoper de koper onder druk zou kunnen zetten om af te zien van het uiten van klachten over gebreken.[2017]

AFDELING 4. VASTSTELLING, HERZIENING EN BETALING VAN DE PRIJS

§ 1. DE VASTSTELLING VAN DE PRIJS

1211. In de overeenkomst moet de totale prijs van het gebouw of van de veranderings- of uitbreidingswerken zijn opgenomen (art. 7, e WW). De prijs dient derhalve (relatief) forfaitair te zijn. Een andere vorm van prijsbepaling (in regie of tegen eenheidsprijzen) is niet in overeenstemming met de Woningbouwwet.[2018]

Artikel VI.2, 3 WER legt de onderneming ook de verplichting op om op een duidelijke en begrijpelijke wijze de totale prijs van het product, met inbegrip van alle belastingen, en alle diensten die door de consument verplicht moeten worden bij betaald, mee te delen.

De overeenkomst dient naast de totale prijs ook afzonderlijk de prijs van de grond te vermelden (art. 1, § 1 KB).

De vermelde prijs dient alle werken te omvatten die nodig zijn voor de normale bewoonbaarheid (art. 7, e *in fine* WW).[2019]

1212. De kosten van de akte, de btw- en registratierechten zijn geen bestanddeel van de prijs, aangezien zij verschuldigd zijn aan derden.

Of de kosten van het aansluiten van de nutsvoorzieningen in de totale prijs vervat dienen te zijn, is afhankelijk van de vraag of dit noodzakelijk is voor de normale bewoonbaarheid, waarover de rechter soeverein zal oordelen.

[2017] MvT, *Parl.St.* Senaat 1969-70, nr. 639, 10.

[2018] J.M. CHANDELLE, "La loi Breyne" in *Rép.not.*, VII, Brussel, Larcier, 1991, nr. 93.

[2019] Zie bv. Rb. Nijvel 22 augustus 2000, *Cah.dr.immo.* 2001, afl. 6, 13: de aanleg van een funderingsplaat was niet in de prijs ingecalculeerd. Er werd geoordeeld dat deze prijsberekening niet in overeenstemming was met de totale prijs in de zin van de Woningbouwwet.

Zo oordeelde het hof van beroep van Gent dat deze kosten inbegrepen dienen te zijn in de totale prijs, vermits het om een 'sleutel-op-de-deur'-verkoop ging.[2020]

Het hof van beroep van Luik stelt daarentegen dat de kosten bijkomend ten laste van de koper kunnen gelegd worden in de mate dat ze afdoende kunnen gestaafd worden.[2021]

In de mate dat deze kosten niet inbegrepen zijn in de totale prijs, is het hoe dan ook raadzaam om deze kosten uitdrukkelijk te vermelden in de overeenkomst.[2022]

§ 2. DE HERZIENING VAN DE PRIJS

1213. De overeenkomst *moet* vermelden dat de prijs *kan* worden herzien (art. 7, eerste lid, e WW).

Hieruit kan afgeleid worden dat een aannemingsovereenkomst tegen een forfaitaire prijs die niet voor herziening vatbaar is, verboden is.[2023] Echter, soms wordt aangenomen dat de prijsherziening slechts een facultatief karakter heeft. Bijgevolg zou een aannemingsovereenkomst tegen een niet-herzienbare forfaitaire prijs volgens deze stelling wel mogelijk zijn.[2024] Bepaalde auteurs stellen dat een absoluut forfaitaire prijs kan worden verkregen door het percentage van de prijs dat kan worden herzien te bepalen op 0%.[2025]

1214. Enkel de prijs van het gebouw of van de uitbreidings- of verbouwingswerken is voor herziening vatbaar, dus niet de prijs van de grond. Daarom dient de overeenkomst afzonderlijk de prijs van de grond te vermelden. Bij uitbreidings- of verbouwingswerken zal de prijs van het onroerend goed zelf niet voor herziening vatbaar zijn.

De prijs van de werken is ten hoogste voor 80% vatbaar voor herziening, en dit op basis van twee factoren:

a) de schommelingen van de arbeidskosten (lonen en sociale lasten). Een herziening van deze kostfactor is mogelijk ten bedrage van maximaal 50% van de prijs van de werken (art. 1, § 3 KB);

b) de schommelingen van de prijzen van materialen, grondstoffen of producten.

[2020] J. CALLEBAUT, "Marktpraktijken, consumentenbescherming en Woningbouwwet: enkele aandachtspunten toegelicht", *Not.Fisc.M.* 2017, afl. 8, 242, waarin zij verwijst naar Gent (16ᵉ *bis* k.), 21 november 2014, AR 2012/AR/992, onuitg.

[2021] Luik 13 januari 2011, *JLMB* 2012, 1453.

[2022] Art. VI.2 WER.

[2023] M. DEVROEY, *De Wet Breyne. Woningbouw-wet*, Lokeren, Konstruktieve Publikaties en Advies, 2008, 73.

[2024] F. DELWICHE, "De wet Breyne, (ongeveer) tien jaar later" in *Bijzondere overeenkomsten. Actuele problemen*, Antwerpen, Kluwer, 1982, 259-260.

[2025] S. SNAET en P. TRUYEN, "Hoofdstuk 3 Prijs en betalingsmodaliteiten (artikel 7, eerste lid e, 8 en 10 Wet Breyne)" in N. CARETTE (ed.), *Handboek Wet Breyne*, Antwerpen, Intersentia, 2015, 140; B. KOHL, *o.c.*, 1178; K. UYTTERHOEVEN, "Woningbouwwet" in K. DEKETELAERE, M. SCHOUPS en A.L. VERBEKE (eds.), *Handboek Bouwrecht*, 2ᵉ ed., Antwerpen, Intersentia, 2013, 924.

De herziening dient te worden berekend uitgaande van de laatste stand van lonen, sociale lasten en prijzen van materialen, grondstoffen en producten die gelden op het moment van de aanvang van de betreffende werken waarvoor betaling wordt gevraagd (art. 1, §§ 2 en 3 KB).[2026]

Als basis voor de herziening dient men steeds uit te gaan van de prijs opgenomen in de overeenkomst (art. 8 WW).

Een contractuele clausule die strijdig is met deze modaliteiten wordt voor niet geschreven gehouden (art. 13, eerste lid WW).

§ 3. DE BETALING VAN DE PRIJS

1215. De Woningbouwwet is van toepassing wanneer de opdrachtgever-koper één of meer stortingen dient te doen vóór de voltooiing van het gebouw (art. 1 WW).

Artikel 10 WW voorziet in een betalingsregeling in verschillende fasen. De wetgever wenst hiermee de opdrachtgever-koper te beschermen door ervoor te zorgen dat de betalingen overeenstemmen met de evolutie van de bouwwerken.

A. *Vóór het aangaan van de overeenkomst*

1216. De verkoper of aannemer mag geen enkele betaling onder welke vorm ook, eisen of aanvaarden voordat de in artikel 1 bedoelde overeenkomst is aangegaan (art. 10, eerste lid WW).

Het begrip 'betaling' dient, net als het begrip 'stortingen' uit artikel 1 WW ruimer te worden geïnterpreteerd dan de loutere overhandiging van geld. Het omvat ook de ondertekening van handelspapieren zoals van een geaccepteerde wissel of orderbriefje of een cheque, alsmede iedere vorm van zekerheidstelling.[2027]

De woorden 'aangaan van de overeenkomst' slaan niet op het mondelinge akkoord tussen partijen, maar op de effectieve ondertekening van de overeenkomst.[2028]

Dit belet niet dat er voorbereidende contracten kunnen worden aangegaan en dat de koper de erin voorziene prestaties betaalt. Hierbij kan gedacht worden aan de opdracht aan een architect om de plannen op te stellen en een omgevingsvergunning aan te vragen[2029] of een studieopdracht die niet onder de Woningbouwwet valt.

[2026] Voor een uitgewerkte formule, zie M. DEVROEY, *De Wet Breyne. Woningbouw-wet*, Lokeren, Konstruktieve Publikaties en Advies, 2008, 84-85 of N. CARETTE, *o.c.*, 232-233.

[2027] Zie ook *supra* Afdeling 2, § 1.

[2028] Antwerpen 22 maart 1978, *RW* 1983-84, 2716; Brussel 8 januari 1976, *RW* 1975-76, 2217, noot S. ORBIE, *T.Aann.* 1976, 147, noot K. VERBERNE; Kh. Brussel 12 september 1978, *BRH* 1979, 84.

[2029] M. DEVROEY, *De Wet Breyne. Woningbouw-wet*, Lokeren, Konstruktieve Publikaties en Advies, 2008, 77.

Een overtreding van deze bepaling wordt burgerrechtelijk gesanctioneerd (art. 13 WW), maar is ook strafbaar met een gevangenisstraf van acht dagen tot een maand en/of een geldboete van 26 tot 200 euro (te vermenigvuldigen met de opdeciemen) (art. 14 WW).

B. Bij het sluiten van de overeenkomst

1217. Bij het sluiten van de overeenkomst mag een voorschot of handgeld worden gevraagd van maximaal 5% van de totale prijs, zijnde de prijs van de grond en de gebouwen.

Door de term 'handgeld' op te nemen, laat de Woningbouwwet de ruimte aan de partijen om in een eenzijdige belofte te voorzien dat elk van de partijen eenzijdig de overeenkomst kan herroepen (art. 1590 BW). Degene die het handgeld heeft gegeven, verliest dit geld indien hij van de overeenkomst afziet. Hij die het handgeld heeft ontvangen dient, indien hij de overeenkomst herroept, het dubbele terug te geven.

1218. Een overeenkomst die gesloten wordt onder opschortende voorwaarde, schort in principe de betalingsverplichtingen in hoofde van de koper/opdrachtgever op. De koper/opdrachtgever kan wel beslissen het voorschot toch te betalen. In de mate dat de opschortende voorwaarde niet vervuld wordt, kan dit voorschot worden teruggevorderd op grond van de rechtsfiguur van de onverschuldigde betaling.[2030] Het ontvangen van het voorschot brengt niet mee dat er zou zijn gehandeld in strijd met artikel 10 WW.[2031]

C. Bij het verlijden van de authentieke akte

1219. Bij het verlijden van de authentieke akte mag de verkoper-promotor betaling eisen van een som, gelijk aan de prijs van de grond of het aandeel daarin dat verkocht wordt, en wanneer de overeenkomst verbouwings- of uitbreidingswerken omvat, de prijs van het bestaande gebouw, verhoogd met de prijs van de op dat moment reeds uitgevoerde werken.

Tot op het moment van het verlijden van de authentieke akte kan de verkoper, behalve het voorschot van maximaal 5%, dus geen betaling vragen, hoe omvangrijk de intussen uitgevoerde werken ook zouden zijn (art. 10, vierde lid WW).

1220. Opdat bij het verlijden van de akte betaling zou kunnen worden geëist voor de reeds uitgevoerde werken, dienen ze eerst door een architect te zijn goedgekeurd.

De architect dient na te gaan of de aangerekende prijs in verhouding is met de waarde van de uitgevoerde werken.

[2030] B. KOHL, "Contrat d'entreprise" in *RPDB*, Brussel, Bruylant, 2016, 1191.
[2031] Rb. Gent 28 oktober 1998, nr. 231/98, onuitg.

Het is aan te raden dat de koper het onderzoek laat doen door een architect die hij zelf heeft aangesteld, en niet door die van de promotor. Verkoper en koper kunnen er ook voor kiezen gezamenlijk een architect aan te duiden die geen banden heeft met hen.[2032]

Een afschrift van de goedkeuring van de architect wordt gevoegd bij de notariële akte (art. 10, derde lid WW).

1221. De notaris heeft hierbij een belangrijke controleverplichting. Indien de notaris nalaat een afschrift bij de notariële akte te voegen, begaat hij een fout. Dit is eveneens het geval, wanneer hij, met kennis van zaken, meewerkt aan het innen door de promotor van een bedrag dat hoger is dan de prijs van de grond. In dergelijk geval kan de notaris aansprakelijk gesteld worden voor de schade die de kopers hebben geleden door hetgeen zij te veel hebben betaald aan de inmiddels failliet verklaarde promotor.[2033]

D. Na het verlijden van de notariële akte

1222. Het saldo van de prijs van de werken is opeisbaar bij gedeelten, overeenkomstig de vooruitgang van de werken. De opgeëiste betalingen mogen nooit de waarde van de uitgevoerde werken overtreffen. (art. 10, vierde lid WW). Bij een faillissement van de verkoper of aannemer is het risico van de koper-bouwheer dan ook beperkt.

Bij aannemingsovereenkomsten die niet authentiek moeten worden verleden, kan onmiddellijk vanaf de ondertekening betaling gevraagd worden voor de reeds uitgevoerde werken.

Voorzichtigheid is geboden bij de verkoop van een appartement. Bij de afwerking en voorlopige oplevering van het appartement mag het saldo van de verkoopprijs niet zomaar geïnd worden. De promotor heeft immers pas recht op de volledige prijs als de gemene delen eveneens zijn afgewerkt.[2034]

AFDELING 5. DE OPLEVERING

§ 1. ORGANISATIE

1223. De Woningbouwwet geeft geen definitie van het begrip 'oplevering'. Hiervoor dient te worden gekeken naar het gemeen recht.[2035] Wel werden de vorm en de procedure van de oplevering door de wetgever nauwkeurig bepaald.

[2032] M. DEVROEY, *De Wet Breyne. Woningbouw-wet*, Lokeren, Konstruktieve Publikaties en Advies, 2008, 173.

[2033] Gent 13 mei 2005, *T.Not.* 2008, afl. 1, 51; Gent 22 januari 2004, *NJW* 2004, 703.

[2034] L. ROUSSEAU, *La loi Breyne*, Waterloo, Kluwer, 2008, 126, nr. 301.

[2035] Zie Hoofdstuk 5, afdeling 4, § 3.

De wijze waarop de oplevering zal gebeuren, betreft tevens een verplichte vermelding in de woningbouwovereenkomst (art. 7, g WW). Een schending van deze formaliteit kan aanleiding geven tot de nietigheid van de overeenkomst.[2036]

A. Dubbele oplevering

1224. Er wordt voorzien in een dubbele oplevering.

Tussen de voorlopige en definitieve oplevering dient er een minimale proefperiode van één jaar te liggen (art. 9 WW). De termijn van één jaar wordt gezien als een waarborgtermijn waarbinnen de verkoper/promotor gehouden is de gebreken te herstellen die vastgesteld zijn bij de voorlopige oplevering en de gebreken die naderhand nog zouden opduiken. Het is de bedoeling dat kan worden gecontroleerd dat het bouwwerk één winter zonder problemen kan doorstaan.[2037]

Bij appartementsgebouwen kan men niet tot de definitieve oplevering van de privatieve delen overgaan vooraleer de definitieve oplevering van die gemeenschappelijke delen die een normale bewoonbaarheid mogelijk maken, heeft plaatsgevonden (art. 9 *in fine* WW).

B. Uitdrukkelijke of stilzwijgende oplevering

1225. De Woningbouwwet laat de partijen vrij om de wijze te bepalen hoe de oplevering zal gebeuren, maar zij dienen zich wel contractueel te houden aan de minimumvereisten opgenomen in het KB van 21 oktober 1971.

De wet voorziet als regel in uitdrukkelijke opleveringen, met enkele uitzonderingen.

C. Voorlopige oplevering

1. Privatieve delen

1226. De oplevering van de privatieve delen wordt bewezen door een schriftelijke en tegensprekelijke akte ondertekend door beide partijen (art. 2, § 1 KB).

Hierop bestaan twee uitzonderingen.

Ten eerste geldt de bewoning of het in gebruik nemen van het gebouw, of van de verbouwde of uitgebreide delen ervan, als vermoeden dat de koper of opdrachtgever stilzwijgend de werken in ontvangst heeft genomen en dat de voorlopige oplevering dus heeft plaatsgehad, behoudens tegenbewijs (art. 2, § 2, eerste lid KB).

[2036] Zie Afdeling 9. Sancties.
[2037] A. VAN OEVELEN, "De zgn. Wet Breyne" in A. VAN OEVELEN, *A. Overeenkomsten. Deel 2. Bijzondere overeenkomsten. E. Aanneming van werk – lastgeving* in *Beginselen van het Privaatrecht*, Mechelen, Kluwer, 2017, 456.

In dat opzicht laat de Woningbouwwet meer ruimte voor een stilzwijgende oplevering dan het gemeen recht, waar er daartoe samenhangende vermoedens vereist zijn en uit de loutere bewoning geen aanvaarding kan worden afgeleid.

Zoals aangegeven, is dit vermoeden weerlegbaar. Zo kunnen de kopers die het gebouw gaan bewonen, de aannemer inlichten dat in hun hoofde de intentie ontbreekt om de bewoning met een voorlopige oplevering gelijk te stellen.[2038]

Tevens kan de rechter het beding dat bepaalde feiten gelijkstelt met een ingebruikname (zoals het ophalen van de sleutels, plaatsen van meubels, uitvoeren van decoratiewerken), terzijde schuiven als ze niet op een werkelijke ingebruikname wijzen.[2039] Ook de ingebruikname van het goed die gepaard gaat met een latere ingebrekestelling van de koper, werd door de rechter niet beschouwd als een stilzwijgende oplevering van de werken.[2040] Het is ook mogelijk dat het vermoeden van aanvaarding door bewoning contractueel wordt uitgesloten.[2041]

De bewijslast van het vermoeden van aanvaarding door bewoning rust op de verkoper/promotor.[2042]

Ten tweede wordt de koper of opdrachtgever vermoed de werken voorlopig te hebben aanvaard wanneer de koper het geschreven verzoek van de verkoper of aannemer om op een bepaalde dag de oplevering te doen zonder gevolg heeft gelaten, en hij binnen de vijftien dagen na aanmaning bij gerechtsdeurwaardersexploot niet is verschenen (art. 2, § 2, tweede lid KB). Wanneer aan deze twee voorwaarden cumulatief is voldaan, bestaat er een onweerlegbaar vermoeden dat de voorlopige oplevering stilzwijgend heeft plaatsgehad.[2043]

2. Gemeenschappelijke delen

1227. Net zoals de voorlopige oplevering van de privatieve delen, gebeurt de voorlopige oplevering van de gemeenschappelijke delen in principe door een schriftelijke en tegensprekelijke tussen partijen opgemaakte akte (art. 2, § 1 KB).

Hierop bestaat eveneens een uitzondering. Aangezien artikel 2, § 2, eerste lid KB geen onderscheid maakt tussen de voorlopige oplevering van privatieve delen en die van gemene delen, wordt soms aanvaard dat dit vermoeden voor beide geldt.[2044] Dit zou betekenen dat de stilzwijgende oplevering van de privatieve

---

[2038]   Rb. Antwerpen 26 oktober 1998, *T.Not.* 1999, 620.
[2039]   Gent 21 december 2007, *T.Aann.* 2011, afl. 2, 158.
[2040]   Bergen 19 januari 2011, *JLMB* 2011, 39.
[2041]   Brussel 21 oktober 2011, *RJI* 2012, 31.
[2042]   Gent 30 maart 2007, *T.Aann.* 2011, 167; Rb. Nijvel 22 augustus 2000, *Cah.dr.immo.* 2001, 13.
[2043]   W. ABBELOOS, "De oplevering van bouwwerken" in *AJT-Dossier*, 1995-96, 93; J.M. CHANDELLE, *o.c.*, nr. 99; anders: Y. HANNEQUART, "Un droit spécial et nouveau de la construction: la loi Breyne" in *Le droit de la construction*, Brussel, Bruylant, 1974, (149), nr. 259 (*juris tantum*).
[2044]   M. DEVROEY, *De Wet Breyne. Woningbouw-wet*, Lokeren, Konstruktieve Publikaties en Advies, 92.

delen door een mede-eigenaar tevens, wat hem betreft, de voorlopige oplevering van de gemene delen inhoudt.[2045]

Het onweerlegbaar vermoeden van artikel 2, § 2, tweede lid KB geldt echter niet.

1228. Noch de Woningbouwwet noch de Appartementswet bepalen hoe de oplevering van de gemeenschappelijke delen moet gebeuren.

1229. Voor gebouwen waarop de dwingende bepalingen van de Appartementswet van toepassing zijn (art. 577-3 e.v. BW) moet worden aangenomen dat de beslissing tot oplevering van de gemene delen (of de weigering ervan) tot de bevoegdheid hoort van de algemene vergadering van de mede-eigenaars.[2046] Deze beslissing wordt genomen met volstrekte meerderheid van stemmen (art. 577-6, § 8 BW).

De syndicus kan instaan voor de oplevering van de gemeenschappelijke delen.[2047] De syndicus die door de algemene vergadering gemachtigd wordt om over te gaan tot oplevering, ondertekent het proces-verbaal van oplevering in naam en voor rekening van de vereniging van mede-eigenaars.

Indien de syndicus zonder machtiging van de algemene vergadering het proces-verbaal zou tekenen, gaat hij zijn bevoegdheid te buiten en kan hij daarvoor aansprakelijk worden gesteld.

Het is aangewezen om de procedure van de oplevering van de gemeenschappelijke delen uit te schrijven in het reglement van interne orde.[2048]

Behoudens indien de syndicus zelf voldoende bouwtechnisch onderlegd zou zijn, wordt best een extern technisch raadsman aangesteld om de algemene vergadering te adviseren over de opleverbaarheid van de gemene delen en om de gebreken en onvolkomenheden op te lijsten. Op die wijze kan de algemene vergadering met kennis van zaken een beslissing nemen.

Omwille van evidente strijdigheid van belangen mag de verkoper/promotor die eigenaar blijft van een gedeelte van het gebouw dat wordt opgeleverd, bij de oplevering van de gemeenschappelijke delen geen van de aan de mede-eigendom verbonden rechten uitoefenen (art. 2, § 3 KB). Het zou onaanvaardbaar zijn dat verkoper/promotor zijn eigen werk zou moeten beoordelen door een stem uit te brengen in de algemene vergadering.[2049]

Indien de vereniging van mede-eigenaars zonder gegronde reden de voorlopige oplevering weigert, zal de rechtbank oordelen of de gemeenschappelijke delen zich al dan niet in staat van oplevering bevinden (art. 2, § 3, tweede lid KB).

[2045] Kh. Brussel 12 oktober 1984, onuitg., geciteerd door M. DEVROEY, *De Wet Breyne. Woningbouw-wet*, Lokeren, Konstruktieve Publikaties en Advies, 2008, 93.

[2046] R. PEETERS, "De oplevering van de gemeenschappelijke delen in mede-eigendom", *T.App.* 2012, afl. 4, 6.

[2047] R. TIMMERMANS, *Handboek Appartementsrecht. Volume II*, Mechelen, Kluwer, 2018, 945.

[2048] Zie art. 577-4, § 2 BW.

[2049] B. KOHL, "Contrat d'entreprise" in *RPDB*, Brussel, Bruylant, 2016, 1210, nr. 500.

D. Definitieve oplevering

1. Privatieve delen

1230. Ook de definitieve oplevering dient in principe vastgelegd te worden bij geschrift (art. 2, § 1, tweede lid KB).

De bewoning of ingebruikname geldt niet als wettelijk vermoeden van definitieve oplevering.[2050]

De definitieve oplevering van de privatieve delen kan maar plaatshebben na verloop van een jaar sedert de voorlopige oplevering (art. 9 WW).

De definitieve oplevering van de privatieve delen dient evenwel steeds vooraf te worden gegaan door de definitieve oplevering van de gemeenschappelijke delen die noodzakelijk zijn voor een normale bewoonbaarheid van het gebouw, waaronder de toegangen (art. 9 WW). Merk dus op dat dit niet geldt voor de voorlopige oplevering: de privatieve delen kunnen perfect voorlopig opgeleverd worden vóór de voorlopige oplevering van de gemeenschappelijke delen (voor zover op dat moment de gemeenschappelijke delen ook reeds een zekere graad van afwerking hebben opdat de privatieven ook daadwerkelijk en nuttig in gebruik kunnen worden genomen[2051]).

Artikel 9 Woningbouwwet is niet van openbare orde maar van dwingend recht.[2052]

2. Gemeenschappelijke delen

1231. Zoals hierboven werd aangegeven, dient de definitieve oplevering van de gemene delen steeds de definitieve oplevering tot van de privatieve delen vooraf te gaan.

De wet voorziet niet in een stilzwijgende definitieve oplevering wat betreft de gemeenschappelijke delen (zie art. 2, § 2, eerste lid KB). In bepaalde rechtspraak wordt evenwel aangenomen dat wanneer er geen processen-verbaal van voorlopige of definitieve oplevering van de gemene delen voorliggen, er een stilzwijgende oplevering en aanvaarding van de gemene delen heeft plaatsgevonden op het ogenblik dat de laatste individuele koper de gemene delen zonder voorbehoud in gebruik heeft behouden.[2053]

E. Weigering van oplevering

1232. De Woningbouwwet geeft aan op welke wijze de koper/opdrachtgever de weigering ter kennis dient te brengen aan de verkoper of aannemer. Hij dient

---

[2050] Gent 6 november 1996, *AJT* 1997-98, 230; Rb. Nijvel 5 september 1991, *JT* 1993, 25, noot E. BOIGELOT; art. 2, § 2, tweede lid KB vermeldt enkel de voorlopige oplevering.

[2051] Rb. Brussel (Nl.) (23e k.) 22 april 2016, *TBO* 2017, 214.

[2052] Brussel 30 juni 1976, *JT* 1976, 279.

[2053] Rb. Oost-Vlaanderen (afd. Gent, 12e k.) 8 februari 2016, *TBO* 2016, 472.

dit te doen bij aangetekend schrijven, met opgave van de redenen van weigering (art. 2, § 1, derde lid KB).

Het louter niet verschijnen bij de voorlopige oplevering wordt niet geïnterpreteerd als weigering (art. 2, § 2, tweede lid KB).

De Woningbouwwet geeft niet aan onder welke omstandigheden de oplevering kan worden geweigerd. Hierover dient derhalve te worden teruggegrepen naar het gemeen recht.

De koper/opdrachtgever dient erop toe te zien dat zijn weigering van de (voorlopige) oplevering gegrond is, nu hij in principe verplicht is om de voorlopige oplevering te aanvaarden. Indien de koper/opdrachtgever de voorlopige oplevering weigert terwijl de gebreken niet van die aard zijn dat een weigering gerechtvaardigd is, begaat de koper/opdrachtgever een fout.[2054]

§ 2. BETEKENIS EN GEVOLGEN VAN DE OPLEVERING

A. Voorlopige oplevering

1. Betekenis

1233. De Woningbouwwet zegt niets over de betekenis van de onderscheiden opleveringen. Aangenomen wordt dat die niet verschilt van het gemeen recht, namelijk dat enkel de definitieve oplevering de goedkeuring van de werken inhoudt.

Partijen zijn evenwel vrij anders overeen te komen.[2055] In de meeste typecontracten wordt dan ook bepaald dat de voorlopige oplevering geldt als goedkeuring/aanvaarding van de werken.

2. Gevolgen

1234. De Woningbouwwet koppelt een aantal specifieke gevolgen aan de voorlopige oplevering:
1) ten vroegste vanaf dat moment kan het risico van de werken overgaan op de koper/opdrachtgever (art. 5, tweede lid WW);
2) de voorlopige oplevering doet de waarborgtermijn aanvangen. Die bedraagt minstens één jaar (art. 9 WW);
3) de helft van de door een erkende verkoper of aannemer gestelde waarborg wordt vrijgemaakt (art. 3, zesde lid KB). Zo het een niet-erkende verkoper of

---

[2054] P. BRULEZ en A.L. VERBEKE, "Hoofdstuk 2 Bijzonder regime van koop en aanneming (artikel 3-6, 9 en 11 Wet Breyne)" in N. CARETTE (ed.), *Handboek Wet Breyne*, Antwerpen, Intersentia, 2015, 178, nr. 436.
[2055] Cass. 24 februari 1983, *Arr.Cass.* 1982-83, 809, *RW* 1983-84, 1641, *Pas.* 1984, I, 305.

aannemer betreft, eindigt de verbintenis van de borg bij de voorlopige oplevering (art. 4, vierde lid KB);

4) de mogelijkheid om de nietigheid van de overeenkomst in te roepen vervalt (art. 13, derde lid WW).[2056]

Naast deze wettelijke gevolgen, bestaat er in de rechtsleer discussie over de vraag of de voorlopige oplevering de zichtbare gebreken dekt.[2057]

Het Hof van Cassatie heeft in die zin reeds geoordeeld dat de voorlopige oplevering niets meer is dan de loutere inontvangstname van het gebouw en de erkenning dat de werken beëindigd zijn. De voorlopige oplevering omvat dus geen aanvaarding van de werken en dekt derhalve geenszins de zichtbare gebreken.[2058] Echter, de partijen kunnen andere contractuele afspraken maken (wat in de praktijk meestal gebeurt).[2059]

Het is dus cruciaal na te gaan of de voorlopige oplevering effectief de aanvaarding van de werken inhoudt. De aanvaarding van de werken houdt immers in dat de lichte zichtbare gebreken waarvoor geen voorbehoud werd geformuleerd, gedekt zijn.[2060]

Wanneer de koper/opdrachtgever beslist de woning te verkopen vóór de oplevering, blijft de Woningbouwwet van toepassing. De vraag is hoe en tussen wie de oplevering dient te gebeuren. In een dergelijk geval zal meestal de verbintenis tot afwerking van de woning contractueel bij de initiële verkoper/promotor blijven, zodat de oplevering dient te gebeuren tussen de nieuwe koper en de initiële verkoper/promotor.[2061]

B. Definitieve oplevering

1235. Hierboven werd reeds aangegeven dat ten aanzien van overeenkomsten die vallen onder het toepassingsgebied van de Woningbouwwet, de goedkeuring van de werken slechts plaatsvindt bij de definitieve oplevering, behoudens andersluidende overeenkomst.

De definitieve oplevering heeft de volgende specifieke gevolgen:

1) ze maakt een einde aan de waarborgtermijn bepaald door artikel 9 van de wet;
2) de tweede helft van de door erkende aannemers gestorte borgsom dient te worden vrijgegeven (art. 3, zesde lid KB).

2056   Voor een toepassing, zie Rb. Nijvel 27 juni 1994, *JLMB* 1995, 313.

2057   S. MAES, "Wet Breyne. Knelpunten bij de toepassing", *NJW* 2008, 68-69.

2058   Cass. 5 juni 1980, *Pas.* 1980, I, 1222; Cass. 4 maart 1977, *JT* 1977, 621, noot A. BRUYNEEL.

2059   Cass. 24 februari 1983, *RCJB* 1985, 400, noot J.H. HERBOTS; Cass. 4 maart 1977, *JT* 1977, 621, noot A. BRUYNEEL.

2060   Luik 25 april 1997, *JLMB* 1997, 813.

2061   P. BRULEZ en A.L. VERBEKE, "Hoofdstuk 2 Bijzonder regime van koop en aanneming (artikel 3-6, 9 en 11 Wet Breyne)" in N. CARETTE (ed.), *Handboek Wet Breyne*, Antwerpen, Intersentia, 2015, nr. 450-451.

Conform het gemeen recht en in de mate dat niet contractueel werd vastgelegd dat de voorlopige oplevering een aanvaarding van de werken inhoudt, heeft de definitieve oplevering eveneens bijkomende gevolgen:
1) de lichte zichtbare gebreken zijn gedekt;
2) de tienjarige aansprakelijkheid van aannemers en architecten neemt een aanvang;
3) de korte (koop) of redelijke (aanneming) termijn inzake aansprakelijkheid voor lichte verborgen gebreken begint te lopen.[2062]

Zoals reeds aangehaald, komt het dus in de praktijk vaker voor dat partijen contractueel overeenkomen dat de voorlopige oplevering de aanvaarding van de werken uitmaakt. De definitieve oplevering zal in dat geval dan ook enkel de vaststelling uitmaken dat alle in het proces-verbaal van voorlopige oplevering opgenomen gebreken verholpen zijn.[2063]

Opgelet, indien er tussen de voorlopige oplevering en de definitieve oplevering andere, nieuwe gebreken ontdekt worden, zijn dit verborgen gebreken waarbij de vordering ten aanzien van de verkoper/promotor moet worden ingesteld binnen een korte termijn (koopovereenkomst), dan wel een redelijke termijn (aannemingsovereenkomst).

AFDELING 6. DE CONTRACTUELE AANSPRAKELIJKHEID

§ 1. DE GEMEENRECHTELIJKE REGELS INZAKE KOOP EN AANNEMING

1236. Op grond van artikel 3 WW zijn de bepalingen van het Burgerlijk Wetboek inzake koop en aanneming van toepassing op de overeenkomsten die onder de Woningbouwwet vallen, behoudens wanneer de Woningbouwwet van die bepalingen afwijkt.

Dit is van belang voor de beoordeling van de aansprakelijkheid voor gebreken die niet onder de tienjarige aansprakelijkheid vallen.

1237. Elke overeenkomst die onder de Woningbouwwet valt, zal dus gekwalificeerd moeten worden als een koopovereenkomst of een aannemingsovereenkomst, zodat de juiste regels toegepast kunnen worden.

[2062] De partijen kunnen echter contractueel overeenkomen dat de aanvaarding van de werken reeds gebeurt bij de voorlopige oplevering. In dat geval begint de termijn inzake aansprakelijkheid voor lichte verborgen gebreken reeds te lopen vanaf de voorlopige oplevering.

[2063] A. VAN OEVELEN, "De zgn. Wet Breyne" in A. VAN OEVELEN, *A. Overeenkomsten. Deel 2. Bijzondere overeenkomsten. E. Aanneming van werk – lastgeving* in *Beginselen van het Privaatrecht*, Mechelen, Kluwer, 2017, 404.

De gemeenrechtelijke regels inzake koop verschillen immers van die inzake aanneming. Zo is bijvoorbeeld de koper ertoe gehouden de vordering voor vrijwaring wegens verborgen gebreken in te stellen binnen een *korte* tijd na de ontdekking van het gebrek, terwijl in het kader van een aannemingsovereenkomst de opdrachtgever de vordering dient in te stellen binnen een *redelijke* termijn.

Deze kwalificatie is niet altijd een evident vraagstuk. De rechter dient op zoek te gaan naar de gemeenschappelijke bedoeling van de partijen (art. 1156 BW). De door de partijen gegeven kwalificatie van de overeenkomst kan een aanwijzing zijn van wat er tussen partijen werd overeengekomen. Echter, de rechter is niet gebonden door de woordelijke kwalificatie van de overeenkomst door partijen. De rechter kan de overeenkomst anders kwalificeren indien andere extrinsieke elementen aantonen dat de kwalificatie die partijen aan de overeenkomst hebben gegeven niet correct is.[2064]

1238. Indien de partijen de overeenkomst niet hebben aangeduid als een koopovereenkomst of aannemingsovereenkomst, onderzoekt de rechter wat het meest doorslaggevende element is in de overeenkomst.[2065]

Zo oordeelde het hof van beroep van Luik dat er sprake was van een aannemingsovereenkomst vermits er specifieke werken noodzakelijk waren om de bestelde tank in overeenstemming te brengen met het concept en het gebruik ervan.[2066]

Bij overeenkomst tot overdracht van een woning in aanbouw oordeelde het hof van beroep van Bergen dat er sprake van een koopovereenkomst omdat de koper geen inspraak had in de bouwplannen en in de uitvoering van de bouwwerken.[2067]

De rechtbank van eerste aanleg Oost-Vlaanderen, afdeling Oudenaarde kwalificeerde de overeenkomst tot eigendomsovergang van een nog op te richten bouwwerk als een koopovereenkomst.[2068]

Zodra er een effectieve eigendomsovergang is van de grond en reeds bestaande opstallen zal het logischerwijs steeds gaan om een koopovereenkomst. Wanneer het gaat over grootschalige renovatiewerken zonder eigendomsovergang van de grond, zal er sprake zijn van een aannemingsovereenkomst die valt onder de Woningbouwwet.

1239. Indien de partijen de overeenkomst anders kwalificeerden dan een koop- of aannemingsovereenkomst, kan de rechter alsnog de regels van koop en aanneming toepassen. Op grond van artikel 13 WW wordt elk beding dat strijdig is met artikel 3 WW voor niet geschreven gehouden.

De wetgever heeft hiermee willen vermijden dat de bouwpromotor de Woningbouwwet zou omzeilen door de overeenkomst bijvoorbeeld te kwalificeren als een

---

[2064] Cass. 27 november 2015, *Pas.* 2015, 2712; Cass. 22 april 2010, *Arr.Cass.* 2010, 1127; Cass. 25 mei 2009, *JT* 2009, 369; Cass. 23 maart 2009, *JT* 2009, 70.

[2065] Zie Hoofdstuk 1, afdeling 3, § 3.

[2066] Luik 26 januari 2009, *T.Aann.* 2009, 366.

[2067] Bergen 11 maart 1994, *JLMB* 1994, 41.

[2068] Rb. Oudenaarde (5e k.), 8 november 2018, nr. 10/72/A, onuitg.

zuivere lastgevingsovereenkomst. Dit belet evenwel niet dat de woningbouwovereenkomst bepalingen met betrekking tot lastgeving kan bevatten, waardoor ook
de regels uit het Burgerlijk Wetboek inzake lastgeving van toepassing kunnen
zijn.[2069]

§ 2. KWALIFICATIE TOT KOOPOVEREENKOMST

A. Zichtbare gebreken

1240. Ingeval de woningbouwovereenkomst gekwalificeerd wordt als een koopovereenkomst, rust op de verkoper de leveringsplicht overeenkomstig de artikelen 1604 e.v. BW.

Er is geen sprake van een conforme levering wanneer de woning een zichtbaar
gebrek vertoont dat onmiddellijk na de levering door een aandachtig maar normaal onderzoek ontdekt kan worden en die ze ongeschikt maakt voor het gebruik
waarvoor ze normaal is bestemd.[2070]

Wanneer op het ogenblik van de voorlopige oplevering zichtbare gebreken
worden vastgesteld en deze als opmerking werden opgenomen in het proces-
verbaal, is de verkoper hiervoor aansprakelijk. Voor andere zichtbare gebreken
waarover geen opmerking werd gemaakt, kan de koper zich niet meer richten tot
de verkoper op grond van een niet-conforme levering.

Wanneer de verkoper niet overgaat tot herstelling van de gebreken waarvoor
voorbehoud werd gemaakt bij de oplevering, dient de vordering van de koper
ingesteld te worden binnen de gemeenrechtelijke verjaringstermijn van tien jaar
na de oplevering van de woning (art. 2262*bis* BW).[2071]

B. Verborgen gebreken

1241. Op grond van artikel 1641 BW is de verkoper gehouden tot vrijwaring
voor de verborgen gebreken van de verkochte zaak die het goed ongeschikt maken
voor het gebruik waartoe de koper het goed heeft bestemd, ofwel dit gebruik verminderen, en de koper het goed niet of slechts voor een mindere prijs zou hebben
aangekocht mocht hij kennis hebben gehad van deze gebreken.

De verkoper kan zich in principe exonereren voor de vrijwaring van verborgen gebreken (art. 1643 BW).

De verkoper te kwader trouw kan zich evenwel niet beroepen op het beding
van niet-vrijwaring.[2072] In de rechtspraak werd immers algemeen aanvaard dat

---

[2069] Gent 5 september 2006, *TGR-TWVR* 2007, 247.
[2070] Cass. 9 oktober 2006, *Pas.* 2006, 1993.
[2071] M. SCHOUPS en J. BATS, "De verschillen tussen de aansprakelijkheidsregimes na aanvaarding van de werken" (noot onder Brussel 20 februari 2017), *TBO* 2017, 189-196.
[2072] Cass. 3 april 1959, *Arr.Cass.* 1959, 592.

op een professionele verkoper een vermoeden van kennis van de verborgen gebreken rust dat enkel kan worden weerlegd indien het bewijs wordt geleverd van onoverwinnelijke onwetendheid of het absoluut onnaspeurbare karakter van het gebrek.[2073]

Specifiek werd bijvoorbeeld reeds aangenomen dat een bouwpromotor[2074] en een professionele verkoper van appartementen[2075] vermoed worden te kwader trouw te zijn.

De rechtspraak is echter geëvolueerd van het exoneratieverbod in hoofde van de "professionele" verkoper naar "gespecialiseerde" verkoper, waarbij het beroepsmatige karakter niet onmiddellijk voldoende is om de verkoper als te kwader trouw te aanzien.[2076]

De professionele verkoper als tussenpersoon heeft niet dezelfde technische bekwaamheid als een fabrikant.[2077] De specialisatiegraad en de technische competenties zullen afgetoetst worden om te oordelen of de verkoper zich rechtsgeldig kon exonereren.

Een projectontwikkelaar-aannemer is weliswaar een professionele verkoper van sleutel-op-de-deur-woningen, maar is niet te beschouwen als een gespecialiseerde verkoper van de geleverde bouwmaterialen, althans niet in dezelfde mate als de leverancier en de fabrikant, aan wie hogere verwachtingen op het vlak van deskundigheid worden gesteld.[2078]

1242.   De al dan niet geldigheid van bedingen tot niet-vrijwaring voor verborgen gebreken in woningbouwovereenkomsten dient dus geval per geval beoordeeld te worden.

1243.   Zo oordeelde de rechtbank van Oost-Vlaanderen, afdeling Gent, dat in hoofde van de verkoper-promotor de verplichting tot vrijwaring voor lichte verborgen gebreken op grond van de artikelen 1641 e.v. BW een garantieverbintenis inhoudt. Volgens de rechtbank kon de verkoper zich onder geen beding van hun aansprakelijkheid voor verborgen gebreken bevrijden, zelfs indien zij erin slagen aan te tonen dat zij het gebrek niet kenden en onmogelijk konden kennen. De exoneratieclausule in de verkoopovereenkomst werd dan ook nietig verklaard.

Brussel 30 maart 2010, *TBO* 2010, 265; Brussel 8 december 2008, *DCCR* 2009, 836; Brussel 13 november 1986, *JLMB* 1987, 178; Luik 27 januari 1992, *RGAR* 1992, nr. 12.029.
[2074]   Antwerpen 3 april 2017, *TBO* 2017, 391.
[2075]   Gent 2 mei 2014, *TBO* 2014, 217.
[2076]   Cass. 7 april 2017, *TBBR* 2018, afl. 3, 168, noot S. DE REY en B. TILLEMAN: de opsporings- en vaststellingsverbintenis van de gespecialiseerde, professionele verkoper wordt uitdrukkelijk als een resultaatsverbintenis omschreven, wat een omkering van de bewijslast tot gevolg heeft; de koper dient enkel het bestaan van het verborgen gebrek te bewijzen en niet meer dat de verkoper op de hoogte was of diende te zijn van dit gebrek.
[2077]   S. DE REY en B. TILLEMAN, "Het 'vermoeden van kwade trouw' bij verborgen gebreken: welke verkoper past het schoentje?", *TBBR* 2018, afl. 3,136 e.v.
[2078]   Gent 18 juni 1999, *RW* 2002-03, 1060.

Volgens de rechtbank gold in dat geval "een zeker milderen voor de verkopers te goeder trouw bij de berekening van de omvang van een eventuele aanvullende schadevergoeding".[2079]

1244.   Bovendien mag niet vergeten worden dat een beding in een overeenkomst tussen een onderneming en een consument, dat ertoe strekt de wettelijke waarborg voor verborgen gebreken op te heffen of te verminderen, op grond van artikel VI.83, 14° WER, onrechtmatig is. De onderneming kan zich ook niet exonereren voor haar eigen zware en opzettelijke fout en die fouten begaan door haar aangestelden (art. VI.83, 13° en 30° WER).

1245.   Artikel 1644 BW schrijft voor dat de koper voor verborgen gebreken de ontbinding van de koopovereenkomst kan vragen, dan wel aanspraak kan maken op een prijsvermindering. De verkoper te kwader trouw is tevens gehouden de koper te vergoeden voor alle schade aan de koper (art. 1645 BW).

1246.   De vraag rijst of de verkoper-promotor dan wel kan overgaan tot herstelling van de gebreken. Op grond van het algemene verbintenissenrecht, waarbij steeds de voorkeur dient gegeven te worden aan de uitvoering in natura, zou bevestigend geantwoord kunnen worden.

Het Hof van Cassatie oordeelde echter in 2017 dat het aanbod van de verkoper om over te gaan tot herstelling van het verborgen gebreken (*in casu* gebreken aan de installatie van de centrale verwarming, de thermische en akoestische isolatie en de ventilatie) niet mag worden opgedrongen aan de kopers doordat de koper op grond van artikel 1644 BW een keuzerecht heeft tussen de ontbinding van de koopovereenkomst en een prijsvermindering.[2080]

1247.   De vordering tot vrijwaring van verborgen gebreken moet worden ingesteld binnen een *korte* termijn na de ontdekking van het gebrek (art. 1648 BW).

Aangezien de gemeenrechtelijke regels inzake koop van suppletief recht zijn, kan de meldingstermijn van de verborgen gebreken contractueel worden vastgelegd.

Bij het contractueel bepalen van deze termijn mag men ook hier de regels inzake consumentenbescherming niet uit het oog verliezen. Overeenkomstig artikel VI.83, 15° WER is elk beding dat ertoe strekt een onredelijk korte termijn te bepalen om gebreken in het geleverde product aan de onderneming te melden onrechtmatig.

Zo werd een contractuele clausule in de verkoopakten van de individuele mede-eigenaars die stelt dat "de waarborg voor lichte verborgen gebreken loopt tot aan de oplevering en enige vordering betreffende zulke lichte verborgen gebre-

---

[2079]   Rb. Oost-Vlaanderen (afd. Gent, 12ᵉ k.), 8 februari 2016, *TBO* 2016, 472.
[2080]   Cass. 23 maart 2017, *TBBR* 2018, afl. 3, 144-153, noot S. DE REY.

ken dient onmiddellijk te worden gemeld na de vaststelling ervan" als een geldige exoneratieclausule aanzien en was zelfs tegenwerpelijk tegenover de VME voor gebreken aan de gemeenschappelijke delen.[2081]

Artikel 1648 BW geldt niet ten aanzien van de architect omdat hij niet door een koopovereenkomst met de opdrachtgever verbonden is. De vordering tegen de verkoper/promotor kan derhalve verjaard zijn wegens niet ingesteld binnen korte termijn, terwijl de vordering tegen de architect wel tijdig werd ingesteld, namelijk binnen een redelijke termijn na de ontdekking van de gebreken.[2082]

C. Gebreken die de tienjarige aansprakelijkheid raken[2083]

1248. Indien de rechtbank vaststelt dat de Woningbouwwet niet van toepassing is op de overeenkomst, kan de verkoper niet worden aangesproken op grond van de tienjarige aansprakelijkheid (art. 1792 BW *juncto* art. 2270 BW), maar enkel op grond van zijn gemeenrechtelijke aansprakelijkheid als verkoper (art. 1641 e.v. BW).[2084]

Op grond van artikel 1615 BW (de accessoriumtheorie) worden evenwel alle kwalitatieve rechten in hoofde van de verkoper overgedragen aan de koper en dus ook de vordering op grond van de tienjarige aansprakelijkheid die de verkoper had ten aanzien van zijn aangestelde aannemer/architect. De koper die geconfronteerd wordt met een gebrek dat de stabiliteit van de woning raakt, zal dus zowel een vordering kunnen instellen tegen zijn verkoper tot vrijwaring van de verborgen gebreken als een vordering ten aanzien van de aannemer/architect op grond van de tienjarige aansprakelijkheid.

In de Woningbouwwet werd dit kwalitatieve karakter van de vordering op grond van tienjarige aansprakelijkheid wettelijk verankerd in artikel 6 WW.

§ 3. KWALIFICATIE TOT AANNEMINGSOVEREENKOMST

1249. Ook in het kader van een aannemingsovereenkomst onder de Woningbouwwet dient de aannemer in te staan voor de zichtbare gebreken en zijn die gebreken gedekt door de aanvaarding van de werken. De aannemer is tevens aansprakelijk voor verborgen gebreken na de aanvaarding van de werken en de gebreken die vallen onder de tienjarige aansprakelijkheid voor aannemers en architecten.[2085]

Net zoals de gemeenrechtelijke regels inzake koop zijn de regels inzake aanneming ook van suppletief recht zodat de aannemer zich contractueel kan exonereren voor de aansprakelijkheid wegens lichte, verborgen gebreken. Het principe

---

[2081] Rb. Gent (12ᵉ k.) 23 november 2016, AR 13/819/A, onuitg.
[2082] Rb. Oost-Vlaanderen (afd. Gent, 12ᵉ k.) 8 februari 2016, *TBO* 2016, 472.
[2083] Zie ook verder, § 4. De tienjarige aansprakelijkheid.
[2084] Rb. Gent 8 februari 2016, *TBO* 2016, 472.
[2085] Zie ook verder, § 4. De tienjarige aansprakelijkheid.

dat een professionele verkoper als te kwader trouw wordt beschouwd, geldt evenwel niet voor de aannemer.[2086]

Het is wel verboden een exoneratieclausule op te nemen die iedere zin of betekenis ontneemt aan de door partijen beoogde contractuele verbintenissen. De aannemer kan zich niet exonereren voor zijn zware en opzettelijke fout. In geval van consumentenovereenkomsten kan de aannemer zich evenmin exonereren voor zijn eigen zware en opzettelijke fout alsook voor de zware fout van zijn onderaannemers en aangestelden.[2087] Zo sluit een beding dat de vrijwaringsverplichting laat bestaan maar beperkt in tijd het persoonlijke opzet niet uit en ontneemt het niet iedere zin of betekenis aan de overeenkomst.[2088]

1250. De opdrachtgever kan zich ten aanzien van de aannemer beroepen op de verbintenisrechtelijke actiemiddelen overeenkomstig artikel 1184 BW: de uitvoering in natura, de uitvoering bij equivalent of de ontbinding van de overeenkomst met bijpassende schadevergoeding.

1251. De vordering wegens verborgen gebreken dient wel ingesteld te worden binnen een redelijke termijn *vanaf de ontdekking van het gebrek* (proceduretermijn).[2089] De vorderingen wegens zichtbare dan wel verborgen gebreken dienen ingesteld te worden binnen de gemeenrechtelijke verjaringstermijn van tien jaar (art. 2262*bis* BW) *vanaf de aanvaarding van de werken* (waarborgtermijn).

In de mate dat de vordering wegens verborgen gebreken niet werd ingesteld binnen een redelijke termijn, maar wel binnen de gemeenrechtelijke verjaringstermijn van tien jaar, is de vordering niet verjaard, maar wel onontvankelijk wegens overschrijding van de redelijke termijn.

AFDELING 7. DE TIENJARIGE AANSPRAKELIJKHEID ONDER DE WONINGBOUWWET

§ 1. DRAAGWIJDTE

1252. Overeenkomstig artikel 6 WW zijn de regels met betrekking tot de tienjarige aansprakelijkheid waaraan aannemers en architecten onderhevig zijn (art. 1792 en 2270 BW) eveneens van toepassing op de verkoper, de aannemer en de bouwpromotor.

[2086] Kh. Brussel 11 juni 2007, *RW* 2008-09, 1612; Kh. Brussel 5 juni 2001, *RW* 2003-04, 390.
[2087] Art. VI.83, 13° WER.
[2088] Gent 1 maart 2007, *T.Aann.* 2010, 202.
[2089] Zie Hoofdstuk 6, afdeling 3, § 1. Aansprakelijkheid voor verborgen gebreken.

Deze regel houdt een belangrijke verzwaring in van de aansprakelijkheid van de verkoper die het gebouw niet zelf als aannemer heeft opgericht. Volgens het gemeen recht is de verkoper immers enkel aansprakelijk voor verborgen gebreken (art. 1641 e.v. BW). Hij kan zich bovendien contractueel van deze verantwoordelijkheid ontlasten of de aanspraken van de koper in omvang en tijd beperken.

De bouwpromotor van een nog op te richten appartement draagt dus net zoals de aannemer en de architect de tienjarige aansprakelijkheid conform de artikelen 1792 en 2270 BW.[2090]

Aangezien de gemeenrechtelijke tienjarige aansprakelijkheid de openbare orde raakt, wordt algemeen aanvaard dat ook artikel 6 WW van openbare orde is.[2091]

1253. Bij de verkoop van een woning met daaraan verbonden uitbreidings- of verbouwingswerken, geldt de tienjarige aansprakelijkheid van de verkoper zowel ten aanzien van het bestaande gebouw als voor de uitgevoerde uitbreidings- of verbouwingswerken.[2092]

1254. De aansprakelijkheid van de verkoper of aannemer voor gebreken die niet vallen onder het toepassingsgebied van de tienjarige aansprakelijkheid, wordt niet geregeld door de Woningbouwwet. Hiervoor blijven de regels uit het gemeen recht inzake koop of aanneming gelden (zie § 1).

§ 2. DOOR WIE EN TEGEN WIE KAN DE VORDERING WORDEN INGESTELD?

1255. De vordering op grond van de tienjarige aansprakelijkheid komt toe aan de koper/opdrachtgever.

De verzwaarde aansprakelijkheid van de verkoper geldt tevens ten opzichte van de achtereenvolgende eigenaars van de woning of appartement, met dien verstande dat zij enkel de oorspronkelijke verkoper kunnen aanspreken, en niet de tussentijdse eigenaars (art. 6, tweede lid WW).

Wanneer het goed dus na de oplevering aan een derde wordt verkocht, beschikt die opeenvolgende koper over een vordering op grond van de tienjarige aansprakelijkheid ten aanzien van de bouwpromotor, de architect of de aannemer.[2093] Er zal wel nagegaan worden of die opeenvolgende koper over het juiste belang beschikt, in het geval dat de verkoper (namelijk de eerste koper die kocht

---

[2090] Kh. Dendermonde 29 mei 2001, *T.App.* 2002, 33.
[2091] P. BRULEZ en A.L. VERBEKE, "Hoofdstuk 2 Bijzonder regime van koop en aanneming (artikel 3-6, 9 en 11 Wet Breyne)" in N. CARETTE (ed.), *Handboek Wet Breyne,* Antwerpen, Intersentia, 2015 196-197.
[2092] M. DEVROEY, *o.c.,* 141, en de aangehaalde rechtsleer.
[2093] A. LEMMERLING, "De doorverkoop onder de Wet Breyne", *Notariaat* 2012, afl. 10, 6.

van de bouwpromotor) reeds een vordering heeft ingesteld ten aanzien van de bouwpromotor en de vordering dan ook niet werd overgedragen.[2094]

De verkoper van de opeenvolgende koper zelf kan enkel aangesproken worden op grond van de gemeenrechtelijke regels inzake koop.[2095]

1256. Zodra één appartement van een collectief gebouw is verkocht vóór de voltooiing van het gebouw, geldt de tienjarige aansprakelijkheid van de verkoper eveneens voor de gemeenschappelijke delen (art. 6 *in fine* WW).

Dit houdt in dat de kopers van afgewerkte appartementen, die normaal niet de bescherming van de Woningbouwwet en de tienjarige aansprakelijkheid genieten, toch aanspraak kunnen maken op de tienjarige garantie met betrekking tot de gemeenschappelijke delen. Dit geldt enkel indien minstens één appartement is verkocht krachtens een overeenkomst die onderworpen is aan de Woningbouwwet.

Op grond van artikel 577-9 BW kan een vordering op grond van de tienjarige aansprakelijkheid voor gebreken in de gemeenschappelijke delen ingesteld worden door de vereniging van mede-eigenaars alsook door de afzonderlijke mede-eigenaar(s). Op grond van artikel 577-9, § 1, laatste lid BW kan iedere individuele mede-eigenaar alle rechtsvorderingen betreffende zijn kavel, dat zowel bestaat uit een privatief gedeelte als een aandeel in de gemeenschappelijke delen, instellen.[2096]

1257. De opdrachtgever/koper kan de vordering richten tegen elke bouwpartner die deel uitmaakte van het bouwproject[2097], voor zover de overeenkomst onder de Woningbouwwet werd gekwalificeerd als een koopovereenkomst, dan wel een aannemingsovereenkomst en de koper/opdrachtgever een contractuele band heeft met diegene tegen wie de vordering wordt ingesteld.[2098]

Naast de oorspronkelijke verkoper op grond van artikel 6 Woningbouwwet, kan de koper dus ook de aannemer en de architect, die aangesteld werden door de bouwpromotor/verkoper, aanspreken op basis van hun gemeenrechtelijke tienjarige aansprakelijkheid.[2099]

[2094] P. BRULEZ en A.L. VERBEKE, "Hoofdstuk 2 Bijzonder regime van koop en aanneming (artikel 3-6, 9 en 11 Wet Breyne)" in N. CARETTE (ed.), *Handboek Wet Breyne*, Antwerpen, Intersentia, 2015, 198.

[2095] Rb. Gent 24 juni 2008, *T.App.* 2012, 25.

[2096] Antwerpen 2 maart 2016, *NJW* 2017, 150, noot E. DEWITTE; Antwerpen 19 november 2015, *TBO* 2016, 451; Cass. 26 april 2013, *T.App.* 2013, 29-30; maar zie Antwerpen 2 mei 2017, *TBO* 2017, 385, waarin het hof oordeelde dat de VME, vertegenwoordigd door haar syndicus, het monopolie heeft over de rechtsvorderingen die de gemene delen betreffen.

[2097] Gent 30 juni 2009, *RAGB* 2010, afl. 10, 623-626, waarin geoordeeld werd dat elke van de bij de uitvoering van de restauratie aan een kerk betrokken partijen *in solidum* aansprakelijk zijn voor de schade op grond van art. 1792 en 2270 BW.

[2098] P. BRULEZ en A.L. VERBEKE, "Hoofdstuk 2 Bijzonder regime van koop en aanneming (artikel 3-6, 9 en 11 Wet Breyne)" in N. CARETTE (ed.), *Handboek Wet Breyne*, Antwerpen, Intersentia, 2015, 196-197, 198-199.

[2099] Cass. 8 juli 1886, *Pas.* 1886, I, 300; Brussel 8 april 1992, *T.Aann.* 1994, 55 (o.b.v. de theorie van de kwalitatieve rechten).

De vordering op grond van de contractuele aansprakelijkheid, zowel de tienjarige aansprakelijkheid als de verborgen gebreken die de bouwpromotor tegen de eigen architect en/of aannemer had, gaat van rechtswege over op de koper als *accessorium* van het op te richten of opgerichte gebouw.[2100]

In de mate dat het gaat om een aannemingsovereenkomst onder de Woningbouwwet zal de opdrachtgever zich voor gebreken die de tienjarige aansprakelijkheid raken enkel kunnen richten tegen de bouwpromotor (art. 3 WW) en niet tegen de aannemer en de architect aangesteld door deze bouwpromotor, tenzij er een overeenkomst gesloten zou zijn met de opdrachtgever.[2101]

Er bestaat immers geen rechtstreekse vordering tussen de opdrachtgever en de onderaannemer van de bouwpromotor; zelfs een buitencontractuele vordering is niet mogelijk gelet op het samenloopverbod.[2102]

§ 3. STARTDATUM VAN DE TERMIJN

1258. De tienjarige aansprakelijkheid vangt aan bij de aanvaarding van de werken door de koper of opdrachtgever. Dat is normaal gezien op het moment van de definitieve oplevering, tenzij de partijen hebben bepaald dat de voorlopige oplevering tevens de aanvaarding van de werken inhoudt.[2103] Dit laatste is in de praktijk meestal het geval en is niet in strijd met het feit dat de tienjarige aansprakelijkheid de openbare orde raakt.

§ 4. RESULTAATSVERBINTENIS VAN DE BOUWPROMOTOR

1259. Algemeen wordt aanvaard dat de promotor, die zich verbindt zowel tot het leveren van een concept als tot de uitvoering ervan, een resultaatsverbintenis op zich neemt.[2104] Dit heeft tot gevolg dat de koper geen fout moet bewijzen in hoofde van de promotor wanneer het onroerend goed behept is met verschillende gebreken.[2105]

[2100]   Cass. 29 februari 2008, *Arr.Cass.* 2008, nr. 147; Rb. Oudenaarde (5ᵉ k.) 8 november 2018, AR nr. 10/72/A, onuitg.; Antwerpen 15 januari 2004, *RW* 2007-08, 1207.

[2101]   P. BRULEZ en A.L. VERBEKE, "Hoofdstuk 2 Bijzonder regime van koop en aanneming (artikel 3-6, 9 en 11 Wet Breyne)" in N. CARETTE (ed.), *Handboek Wet Breyne*, Antwerpen, Intersentia, 2015, 196-197.

[2102]   Cass. 7 december 1973, *Pas.* 1974, I, 378.

[2103]   Gent 12 juni 2009, *NJW* 2010, 253; Cass. 24 februari 1983, *Arr.Cass.* 1983, 808, *T.Aann* 1983, 221, *RW* 1984, 1641.

[2104]   Cass. 21 oktober 2010, *T.Verz.* 2011, 1; Antwerpen (7ᵉ k.) 3 april 2017, *TBO* 2017, 381; Brussel 8 april 1992, *T.Aann.* 1994, 55; Gent 1 maart 1984, *JT* 1984, 311; Brussel 31 mei 1978, *JT* 1979, 203; Rb. Antwerpen (afd. Antwerpen) 9 oktober 2018, *TBO* 2019, 61.

[2105]   Brussel 11 december 2008, *RNB* 2012, afl. 3060, 117, noot B. KOHL.

Hij kan dus worden aangesproken voor verborgen gebreken.[2106] De vordering voor verborgen gebreken dient evenwel binnen 'korte termijn' na de ontdekking te worden ingesteld (art. 1648 BW).[2107]

Ook werd aanvaard dat de bouwpromotor ingevolge zijn resultaatsverbintenis diende in te staan voor de meerprijs die het gevolg is van de uitvoering door een andere aannemer na het faillissement van de oorspronkelijke aannemer.[2108] Dit impliceert dat hij ten aanzien van de koper steeds een deel van de aansprakelijkheid zal dragen. Bij gebrek aan enige eigen fout kan de promotor aanspraak maken op een volledige vrijwaring/regres door de aannemer en/of de architect, in zoverre zij voor de schade of gebreken verantwoordelijk zijn.[2109] Bij gebrek aan vermoede hoofdelijkheid is deze vrijwaring dan door hen in *solidum* verschuldigd.[2110]

De verkoper kan niet veroordeeld worden om de met gebreken behepte werken te herstellen onder toezicht van een deskundige. Hij kan enkel worden veroordeeld tot het betalen van een, zij het geïndexeerde, geldsom.[2111]

AFDELING 8. OVERGANG VAN RECHTEN EN RISICO

§ 1. OVERGANG VAN DE RECHTEN

1260. Er dient een onderscheid te worden gemaakt tussen de overgang van de rechten op de bestaande en de toekomstige goederen. De Woningbouwwet laat hierbij dezelfde regels gelden voor koop- en aannemingsovereenkomsten.

A. Overgang van de rechten op de bestaande goederen

1261. Door de overeenkomst gaan de rechten van de verkoper op de grond en op de bestaande gebouwen met betrekking tot het te bouwen of in aanbouw zijnde huis of appartement dadelijk over op de koper (art. 4 WW).

Bij de aankoop van een appartement verkrijgt de koper dus dadelijk de rechten die de verkoper had op de onverdeelde delen in de grond en in de reeds opgerichte

---

[2106] Brussel 21 april 1982, *RW* 1983-84, 212; zie Hoofdstuk 2, afdeling 6, § 2, B, 1.

[2107] Antwerpen (7ᵉ k.) 3 april 2017, *TBO* 2017, 381: *in casu* nam het hof aan dat de termijn aanving bij het verslag van de technische raadsman van de koper; Rb. Antwerpen (afd. Antwerpen) 16 mei 2017, *TBO* 2017, 401: tijdens de besprekingen tussen de partijen wordt de nuttige termijn om tot dagvaarding over te gaan geschorst); zie ook E. DE BAERE en S. VEREECKEN, "Over verborgen gebreken en korte termijnen" (noot onder Brussel 2 oktober 2008), *TBBR* 2011, 34 e.v.; A. STEVENS, "De omstandigheden bij de beoordeling van de korte termijn overeenkomstig artikel 1648 BW" (noot onder Antwerpen 18 december 2008), *Limb.Rechtsl.* 2009, 177.

[2108] Brussel 8 april 2014, *TBO* 2015, 50.

[2109] Rb. Oudenaarde, 8 november 2018, nr. 10/72/A, onuitg.

[2110] Antwerpen (7ᵉ k.) 3 april 2017, *TBO* 2017, 381.

[2111] Luik 22 oktober 1987, *T.Aann.* 1990, 206.

---

gemeenschappelijke delen, en dit in verhouding tot de aangekochte onverdeelde rechten en de reeds gebouwde privatieve delen.

Deze regeling is van dwingend recht. De verkoper kan geen eigendomsvoorbehoud bedingen, bijvoorbeeld tot de oplevering of tot de volledige betaling van de prijs. Een dergelijk beding wordt voor niet geschreven gehouden (art. 13, eerste lid WW).

De Woningbouwwet zet de partijen ertoe aan om zo snel mogelijk de notariële akte te verlijden. De koper heeft hier alle belang bij, omdat pas bij de overschrijving van de overeenkomst in de registers op het bevoegde kantoor van de Algemene Administratie van de Patrimoniumdocumentatie[2112] zijn rechten tegenstelbaar worden aan derden.[2113] Tot op dat moment vallen, bij een faillissement, de goederen in de failliete massa en wordt de koper gewoon schuldeiser.

Bij faillissement van de promotor zal de curator beslissen of hij de aannemingsovereenkomst wil voortzetten of niet. De bouwheer kan de curator aanmanen om deze beslissing te nemen binnen een termijn van vijftien dagen (voorheen 46 Faill.W., thans art. XX.139 WER). Als de curator beslist om de overeenkomst niet voort te zetten[2114], kan de bouwheer aanspraak maken op de door de promotor gestelde waarborg.

1262. De verkoper zal eveneens spoed zetten achter het verlijden van de akte. Pas op dat moment kan hij betaling eisen van de totale prijs van de grond en de reeds bestaande gebouwen.

Indien de overeenkomst werd aangegaan onder een of meerdere opschortende voorwaarden, vindt de overgang slechts plaats wanneer die voorwaarden zijn vervuld.

Zo de verkoper geen eigenaar is van de grond, maar slechts een ander zakelijk recht heeft dat hem toelaat op de grond te bouwen, zoals een recht van opstal, kan de eigendomsoverdracht van de grond gebeuren op een later ogenblik. De overgang van het zakelijk recht zelf van de verkoper moet wel plaatsvinden bij de ondertekening van de koopovereenkomst.

De koper kan zijn verkregen rechten overdragen aan derden, ook al heeft hij de volledige prijs ervan nog niet betaald.[2115]

B.   Overgang van de rechten op de toekomstige goederen

1263. Overeenkomstig artikel 5, § 1 WW gaat de eigendom van de op te richten gebouwen over op de koper of de opdrachtgever naarmate de bouwstoffen in de grond of in het gebouw worden geplaatst en verwerkt.

[2112] De functie en benaming "hypotheekbewaarder" werd afgeschaft bij wet van 11 juli 2018, *BS* 20 juli 2018 en in werking sinds 30 juli 2018.

[2113] Art. 1 en 2 Hyp.W., *BS* 22 december 1851.

[2114] Zie Hoofdstuk 13, afdeling 7, § 1, B.

[2115] J. DE SURAY, *Vente et entreprise des immeubles, commentaire de la loi du 9 juillet 1971*, Brussel, Bruylant, 1972, nr. 120.

Er wordt hierbij geen onderscheid gemaakt tussen contracten van verkoop en van aanneming.

Ook hier is geen eigendomsvoorbehoud mogelijk (art. 13, eerste lid WW). Het eigendomsrecht van de koper geldt tevens ten aanzien van derden (bv. een leverancier of een onderaannemer), ook al hadden zij ten aanzien van de promotor of aannemer de eigendom van de grondstoffen of materialen voorbehouden tot de betaling ervan.[2116]

§ 2.   OVERGANG VAN HET RISICO

1264.   Ook ten aanzien van de overgang van het risico bevat de Woningbouwwet eenzelfde regeling voor overeenkomsten van koop en van aanneming.

Overeenkomstig artikel 5, tweede lid WW kunnen de partijen zowel in geval van een verkoop als van een aannemingscontract het risico van het tenietgaan of de beschadiging van de werken niet laten overgaan naar de koper of opdrachtgever vóór de voorlopige oplevering van de werken. Als de overeenkomst betrekking heeft op een appartement, kan het risico niet overgaan vóór de oplevering van de privatieve delen.

Dit houdt, wat de verkoop betreft, een afwijking in van het gemeen recht. Daar vindt de overgang van het risico naar de koper tegelijk plaats met de eigendomsoverdracht, namelijk op het moment van het sluiten van de overeenkomst (art. 1302 en 1138 BW).

Deze regel is van dwingend recht. Elk daarmee strijdig beding wordt voor niet geschreven gehouden (art. 13, eerste lid WW).

Aangezien de Woningbouwwet tot doel heeft een minimale bescherming te geven aan de koper of opdrachtgever, kunnen partijen bedingen dat het risico pas op een later tijdstip overgaat naar de klant, bijvoorbeeld bij de definitieve oplevering.

AFDELING 9. DE WAARBORGEN

1265.   Een van de belangrijkste verwezenlijkingen van de Woningbouwwet is de verplichte zekerheidstelling door de verkoper of aannemer ten gunste van de koper of opdrachtgever. Dat heeft tot doel de koper/opdrachtgever te beschermen tegen een mogelijk faillissement van de verkoper/aannemer terwijl de bouwwerken nog niet afgerond zijn.

De Woningbouwwet maakt hierbij een onderscheid naargelang de verkoper of aannemer al dan niet een erkende aannemer is.

[2116]   Rb. Gent 16 juni 1987, *TGR* 1987, 109.

§ 1. DE BORGSOM VAN DE ERKENDE AANNEMER

A. De erkenning

1266. De erkenningsreglementering voor aannemers die overheidswerken uit-voeren is opgenomen in de wet van 20 maart 1991 en haar uitvoeringsbesluiten (KB 26 september 1991; MB's 27 september 1991).

De verkoper of aannemer in kwestie dient persoonlijk erkend te zijn voor wer-ken die vallen in de categorie D (algemene aannemingen). Afhankelijk van de omvang van de werken moet hij erkend zijn in een bepaalde klasse. De klasse bepaalt tevens het maximum van de waarde van de werken die door dezelfde aannemer gelijktijdig mogen worden uitgevoerd op het ogenblik van het sluiten van de overeenkomst.

Enkel aannemers kunnen erkend worden. De verkoper-promotor die zelf geen werken uitvoert, kan derhalve geen erkenning krijgen. Hij kan de verplichte borg-stelling voor erkende aannemers niet omzeilen door erkende aannemers aan te stellen. Artikel 12 WW vereist uitdrukkelijk dat de "verkoper of aannemer", dus de effectieve contractpartij van de koper/opdrachtgever, de borgtocht stelt.[2117]

Daarom wordt in de praktijk vaak een tijdelijke handelsvennootschap opge-richt. Een tijdelijke handelsvennootschap kan zelf niet beschikken over een erkenning, aangezien ze geen rechtspersoonlijkheid heeft. Zij voldoet evenwel aan de erkenningsreglementering[2118] zodra een van haar deelgenoten als aanne-mer erkend is in de betreffende categorie en klasse voor de werken in kwestie, en de andere deelgenoot of deelgenoten, die niet noodzakelijk aannemers hoeven te zijn (bv. promotor of studiebureau), voldoen aan de basisvoorwaarden (zie art. 11, § 1 wet 20 maart 1991).[2119] Met andere woorden, enkel de erkende deelgenoot-aannemer dient een waarborg te stellen van 5%.[2120] Een bijkomende bescherming wordt geboden door de wettelijke hoofdelijkheid van de vennoten in een tijdelijke handelsvennootschap (art. 53 W.Venn.).

Bepaalde rechtsleer[2121] neemt echter een strenger standpunt in, namelijk dat elke deelgenoot van de tijdelijke vennootschap aan de erkenningscriteria dient te voldoen om in aanmerking te komen voor een 5%-waarborg. Dit heeft tot gevolg dat de erkende deelgenoot enkel de 5%-waarborg moet stellen en de niet-

---

[2117] M. DEVROEY, *De Wet Breyne – Woningbouwwet*, Lokeren, Konstruktieve Publikaties en Advies, 2008, 109.

[2118] Zie Hoofdstuk 9, afdeling 6.

[2119] Art. 11, § 1 wet 20 maart 1991.

[2120] M. DEVROEY, *De Wet Breyne – Woningbouwwet*, Lokeren, Konstruktieve Publikaties en Advies, 2008, 109.

[2121] A. VAN OEVELEN, "De zgn. Wet Breyne" in A. VAN OEVELEN, *A. Overeenkomsten. Deel 2. Bijzondere overeenkomsten. E. Aanneming van werk – lastgeving* in *Beginselen van het Privaatrecht*, Mechelen, Kluwer, 2017, 466-461; S. MAES, "Wet Breyne. Knelpunten bij de toe-passing", *NJW* 2008, 65-66.

erkende deelgenoot de voltooiingswaarborg.[2122] Deze opvatting verwijst ook naar het notariaat en de Verzekeringen van het Notariaat, die zich aansluiten bij deze strengere opvatting.

1267. Een aannemer die werken uitvoert die niet vallen binnen de categorie en/of klasse waarvoor hij een erkenning heeft, of die werken aanvaardt waardoor hij boven het totale bedrag van werken (zowel openbare als private) uitkomt die hij gelijktijdig mag uitvoeren (in België en in het buitenland), wordt voor die werken gelijkgesteld met een niet erkende aannemer.

Bij de oprichting van een woning dient de aannemer te beschikken over een erkenning die overeenstemt met de contractueel bepaalde waarde van de werken. Met de waarde van de grond dient hier geen rekening te worden gehouden.

Wanneer het de verkoop van een appartement betreft, dient de verkoper/aannemer te beschikken over een erkenning in de klasse die overeenstemt met de waarde van de werken aan de overeengekomen privatieve delen en het geheel van de gemeenschappelijke delen.[2123] Het gaat over de waarde van de werken die noodzakelijk zijn om een normale bewoonbaarheid te verkrijgen.

1268. De erkenning dient in orde te zijn op het ogenblik van het sluiten van de woningbouwovereenkomst. Is er geen erkenning op het ogenblik van het sluiten van de overeenkomst, dan zal er een voltooiingswaarborg gestort moeten worden. Het gegeven dat de aannemer na het sluiten van de overeenkomst zijn erkenning alsnog krijgt, doet hieraan geen afbreuk. Het is niet mogelijk om de voltooiingswaarborg naderhand nog om te vormen naar een borgsom van een erkende aannemer.[2124]

Het is de plicht van de notaris om, bij het verlijden van de koopakte, aan de verkoper of aannemer het bewijs van zijn erkenning te vragen en te controleren.[2125]

B. De borgsom: vorm

1269. Wanneer de verkoper of aannemer die wat de aard en de omvang van de werken betreft, voldoet aan de erkenningsreglementering voor overheidsopdrachten, moet hij ten voordele van de koper of opdrachtgever een borgsom plaatsen ten belope van 5% van de totale prijs van het gebouw.

[2122] R. JANSEN, "Hoofdstuk 4. De financiële waarborgregeling in de Wet Breyne (artikel 12 Wet Breyne)" in N. CARETTE (ed.), *Handboek Wet Breyne*, Antwerpen, Intersentia, 2015, 250-251.

[2123] M. DEVROEY, *De Wet Breyne – Woningbouwwet*, Lokeren, Konstruktieve Publikaties en Advies, 2008, 107.

[2124] R. JANSSEN, "Hoofdstuk 4. De financiële waarborgregeling in de Wet Breyne" in N. CARETTE (ed.), *Handboek Wet Breyne*, Antwerpen, Intersentia, 2015, 252, nr. 608.

[2125] Brussel 18 maart 1986, *Pas.* 1986, II, 84.

Deze borgsom wordt geplaatst bij de Deposito- en Consignatiekas, hetzij in geld of in openbare fondsen, hetzij in de vorm van een solidaire borgtocht, hetzij in de vorm van een globale borgtocht (art. 12, eerste lid WW; art. 3 KB).

Het plaatsen van een borgsom in geld is de meest courante vorm waarbij het bedrag van de waarborg gestort wordt aan de Deposito- en Consignatiekas.

Een solidaire borgtocht betreft de borgstelling die ook wordt gedaan in het kader van overheidsopdrachten. De aannemer maakt gebruik van een gezamenlijke borgtocht door bemiddeling van een van de volgende borgen: bepaalde kredietinstellingen, verzekeringsondernemingen of vennootschappen die voldoen aan de voorwaarden zoals opgelegd door het KB van 14 maart 2002 betreffende de gezamenlijke borgtochten voor overheidsopdrachten voor aanneming van werken, leveringen en diensten.

Een globale borgtocht kan worden toegestaan aan aannemers die doorgaans gelijktijdig verschillende borgstellingen moeten doen. Zij mogen, mits toelating van het Ministerie van Financiën, een deposito aanleggen bij de Deposito- en Consignatiekas in de vorm van publieke fondsen tot zekerheid van al hun lopende verbintenissen.[2126]

1270. De borg moet worden gesteld binnen de dertig dagen na het sluiten van de overeenkomst. De verkoper of aannemer dient het bewijs daarvan aan de hand van een door de Deposito- en Consignatiekas ondertekend attest binnen dezelfde termijn voor te leggen aan de koper of opdrachtgever (art. 3, derde lid KB). Schending van deze vereiste kan aanleiding geven tot de nietigheid van de overeenkomst (art. 13, tweede lid WW).

In tegenstelling tot de regeling van de voltooiingswaarborg, hoeft het attest niet te worden aangehecht aan de notariële akte, maar het is aangewezen dat de notaris aan de verkoper/aannemer vraagt dit attest voor te leggen. De notaris zal vervolgens een verklaring opnemen van de koper/opdrachtgever dat hij het attest correct heeft ontvangen.[2127]

Wanneer de overeenkomst werd aangegaan onder een of meerdere opschortende voorwaarden, begint deze termijn pas te lopen bij de vervulling van de voorwaarde(n) (art. 3, vierde lid KB).

C. Het bedrag van de borgtocht

1271. De borgtocht dient overeen te stemmen met 5% van de prijs van het gebouw. Dit slaat op de overeengekomen totale prijs voor het huis of appartement, met uitsluiting van de prijs van de grond.

[2126]   Art. 1 MB 23 januari 1937.
[2127]   R. JANSSEN, "Hoofdstuk 4. De financiële waarborgregeling in de Wet Breyne" in N. CARETTE (ed.), *Handboek Wet Breyne*, Antwerpen, Intersentia, 2015, 252, nr. 623.

Wat appartementsgebouwen betreft, voorziet de Woningbouwwet niet in een waarborg voor de gemeenschappelijke delen en wordt enkel de prijs van het individuele appartement in aanmerking genomen voor de bepaling van het bedrag van de borg.[2128]

Er bestaat wel een minderheidsstrekking[2129] in de rechtsleer die van oordeel is dat de prijs van het gebouw doelt op zowel het privatieve gedeelte als op de gemeenschappelijke delen, vermits het appartement niet alleen kan bestaan zonder de gemeenschappelijke delen.

De waarborg kan volgens deze strekking bestaan uit een 5%-waarborg op de prijs van het appartement en een gezamenlijke waarborg van 5% voor de gemeenschappelijke delen, dan wel een individuele waarborg voor de gemeenschappelijke delen berekend volgens het aandeel van het appartement in de gemeenschappelijke delen.

De grootte van de waarborg is vrij beperkt en zal, wanneer de problemen reeds ontstaan in de beginfase van de werken, zelden voldoende zijn om de volledige schade te dekken (door de vertraging, de meerprijs die de nieuwe aannemer zal vragen voor de verdere afwerking en de organisatorische en juridische kosten). In dat opzicht is een voltooiingswaarborg voor de koper of opdrachtgever dikwijls interessanter.

D. Aanspraken op de borgtocht

1272. Bij vertraging in de uitvoering of bij volledige of gedeeltelijke niet-uitvoering van de overeenkomst, te wijten aan de verkoper of aan de aannemer, mag de koper of de opdrachtgever op het bedrag van de borgtocht de sommen afromen die hem toekomen wegens het geleden nadeel (art. 3, vijfde lid KB).

Onder de gedeeltelijke niet-uitvoering van de overeenkomst dient ook de gebrekkige uitvoering te worden begrepen.[2130]

De waarborg gesteld ten voordele van de private eigenaars kan ingeroepen worden zowel voor de gebreken in de uitvoering of de (gedeeltelijke) niet-uitvoering van de overeenkomst met betrekking tot de gemeenschappelijke delen, als met betrekking tot de private delen.[2131] Aangezien de vereniging van mede-eigenaars bevoegd is voor de gemeenschappelijke delen, kan zij een vordering instel-

---

[2128] S. MAES, "Wet Breyne. Knelpunten bij de toepassing", *NJW* 2008, afl. 175, 62; M. DEVROEY, *De Wet Breyne – Woningbouwwet*, Lokeren, Konstruktieve Publikaties en Advies, 2008, 111; E. WYMEERSCH, F. NICHELS en D. BLOMMAERT, "De garantieregeling in de Wet Breyne", *RW* 1994-95, 184, nr. 9.

[2129] R. TIMMERMANS, *Privaatrechtelijke aspect koop van appartementen*, Mechelen, Kluwer, 2012, 78, nr. 117; voor een overzicht van de twee strekkingen: R. JANSSEN, "Hoofdstuk 4. De financiële waarborgregeling in de Wet Breyne" in N. CARETTE (ed.), *Handboek Wet Breyne*, Antwerpen, Intersentia, 2015, 260-261, nrs. 620-621.

[2130] M. DEVROEY, *De Wet Breyne – Woningbouwwet*, Lokeren, Konstruktieve Publikaties en Advies, 2008, 113.

[2131] Antwerpen 26 februari 2015, *NJW* 2015, 852, noot J. WAELKENS.

len om aanspraak te maken op de waarborg, dan wel een aangifte van schuldvordering doen in het faillissement van de verkoper/aannemer, met betrekking tot de gemeenschappelijke delen.[2132]

Na de voorlopige oplevering kan de koper of opdrachtgever de tweede helft van de borgtocht enkel aanspreken voor gebreken die aan het licht gekomen zijn tijdens de waarborgtermijn of wanneer hij kan aantonen dat verkoper of aannemer tekortgeschoten is in zijn verplichting tot onderhoud van de werken tijdens de waarborgtermijn of nagelaten heeft om de gebreken die bij de voorlopige oplevering zijn vastgesteld te herstellen.[2133] Opgelet, de waarborg dekt niet de aansprakelijkheden wegens verborgen gebreken en de tienjarige aansprakelijkheid.[2134]

De koper/opdrachtgever kan de nodige sommen voorafnemen die hem toekomen wegens het geleden nadeel (art. 3, vijfde lid KB).

De borgtocht waarvan sprake in de Woningbouwwet is een zakelijke zekerheid in de vorm van een inpandgeving van een som geld of publieke fondsen.[2135]

Vóór de inwerkingtreding van de nieuwe Pandwet kon de koper/opdrachtgever niet zonder het akkoord van de verkoper of aannemer zijn rechten op de borgtocht doen gelden en had hij, bij gebrek aan akkoord, een uitvoerbare titel nodig om de vrijgave te verkrijgen (oud art. 2078 BW).[2136] Thans is de uitvoeringsprocedure vereenvoudigd. Voor niet-consument-pandgevers is er thans geen voorafgaandelijke rechterlijke tussenkomst meer nodig (art. 47 Pandwet).

E. Opheffing van de borgtocht

1273. De borgtocht wordt bij helften vrijgemaakt: de eerste helft bij de voorlopige oplevering, de tweede helft bij de eindoplevering (art. 3, zesde lid KB).

De koper of opdrachtgever dient binnen de vijftien dagen na de aanvraag daartoe vanwege de verkoper of aannemer aan de Deposito- en Consignatiekas opheffing te verlenen voor de eerste of de tweede helft van de borgtocht, naar gelang het geval (art. 3, zevende lid KB).

Indien de koper of aannemer zonder gegronde reden deze termijn laat voorbijgaan, heeft de verkoper of de aannemer als vergoeding recht op een interest gelijk aan de wettelijke rentevoet op het bedrag van de borgtocht waarvoor geen opheffing werd verleend (art. 3, laatste lid KB).

[2132] Kh. Hasselt 23 september 2010, *T.App.* 2011, afl. 2, 40.

[2133] M. DEVROEY, "De draagwijdte van de zekerheid der erkende aannemers in de Wet koop op plan" (noot onder Rb. Antwerpen 28 september 1988), *T.Aann.* 1990, 195.

[2134] M. DEVROEY, *De Wet Breyne – Woningbouwwet*, Lokeren, Konstruktieve Publikaties en Advies, 2008, 114.

[2135] Zie wet 11 juli 2013 tot wijziging van het Burgerlijk Wetboek wat de zakelijke zekerheden op roerende goederen betreft en tot opheffing van diverse bepalingen ter zake, inwerkingtreding op 1 januari 2018, opgenomen in het Burgerlijk wetboek; hierna Pandwet.

[2136] R. JANSSEN, "Hoofdstuk 4. De financiële waarborgregeling in de Wet Breyne" in N. CARETTE (ed.), *Handboek Wet Breyne*, Antwerpen, Intersentia, 2015, 260-261, nr. 620-621.

In het geval het de verkoop van een appartement betreft, verloopt de vrijgave van het tweede deel van de borgtocht dikwijls problematisch. De definitieve oplevering van de privatieve delen kan immers slechts plaatsvinden na de eindoplevering van de gemeenschappelijke delen (art. 9 WW). Hiervoor dient de toestemming te worden verkregen van de vereniging van mede-eigenaars of haar vertegenwoordigers.

Wanneer de Deposito- en Consignatiekas de borgtocht vrijgeeft vooraleer de definitieve oplevering van de gemeenschappelijke delen had plaatsgevonden, is zij verantwoordelijk voor de schade die de kopers of opdrachtgevers in kwestie hierdoor hebben geleden.

§ 2. DE VOLTOOIINGS- OF TERUGBETALINGSWAARBORG VAN DE NIET-ERKENDE AANNEMER

1274.   Wanneer de verkoper of aannemer niet erkend is als aannemer of werken uitvoert van een hogere categorie dan waarvoor hij erkend is, moet hij aan de koper of opdrachtgever een waarborg verstrekken die ertoe leidt dat:
– hetzij de voltooiing van het huis of appartement of de uitbreidings- of verbouwingswerken,
– hetzij bij de ontbinding van het contract wegens de niet-voltooiing, de terugbetaling van de gestorte bedragen,
wordt gegarandeerd (art. 12, tweede lid WW).

In tegenstelling tot de waarborg gesteld door de erkende aannemer (5% van het gebouw), gaat het hier om een waarborg van 100%.

De waarborg kan gekwalificeerd worden als een borgstelling. Immers, de waarborg is in principe een overeenkomst waarbij de financiële tussenpersoon zich ertoe verbindt aan de schuldeiser (de koper of bouwheer) een bedrag te betalen indien diens schuldenaar (de verkoper of aannemer) zijn verbintenis niet nakomt (art. 2011 BW).

A.   De voltooiingswaarborg

1.   Inhoud

1275.   De voltooiingwaarborg moet gesteld worden door een in België gevestigde bankinstelling, openbare kredietinstelling of een onderneming voor hypothecaire leningen.

Het betreft een hoofdelijke borgstelling waarbij de bank zich ertoe verbindt, bij het in gebreke blijven van de verkoper of de aannemer, aan de koper of opdrachtgever de sommen te betalen die nodig zijn voor de voltooiing van het huis of van het gebouw waarvan het appartement deel uitmaakt, of, in het betreffende geval, van de verbouwings- of uitbreidingswerken (art. 4, eerste lid KB).

De bank zal dus de sommen voorschieten die nodig zijn voor de afwerking van het gebouw.[2137]

Aangezien het een hoofdelijke borgstelling betreft, kan de borg (de bank) zich niet beroepen op het voorrecht van uitwinning (art. 2021 BW). De koper of opdrachtgever kan onmiddellijk de borg aanspreken wanneer de verkoper of aannemer in gebreke blijft, zonder dat hij verplicht is om vooraf over te gaan tot de uitwinning van de goederen van de verkoper of aannemer.

1276. Onder het begrip 'voltooiing' dient de voltooiing van alle overeengekomen werken te worden verstaan.[2138] Het gaat over de werken zoals ze zijn bepaald in de plannen, bestekken en/of in het lastenboek.[2139]

Wanneer het gaat om een appartement, slaat dit niet enkel op de privatieve delen, maar ook op de gemeenschappelijke delen van het gebouw waarvan het deel uitmaakt.[2140] De voltooiing van een appartement veronderstelt immers dat de gemeenschappelijke delen die noodzakelijk zijn voor een normale bewoonbaarheid ervan, afgewerkt zijn.[2141]

De waarborg dekt niet de schade veroorzaakt door de vertraging in de uitvoering, de schade die het gevolg is van gebreken in de uitvoering (voor zover die de oplevering niet in de weg staan), de schade voortkomend uit de vernietiging of de ontbinding van de overeenkomst of uit de uitvoering van de overeenkomst bij equivalent (nl. door een vervangende schadevergoeding).[2142]

2. Aanspraken op de voltooiingswaarborg

1277. Het is niet wettelijk bepaald in welke gevallen de koper of opdrachtgever gerechtigd is zich op de voltooiingswaarborg te beroepen.

Gezien de *ratio legis* van de Woningbouwwet kan er alleszins geen discussie bestaan over wanneer de koper/opdrachtgever zich beroept op de voltooiingswaarborg bij faillissement van de verkoper/aannemer.

Indien de werken niet verder worden uitgevoerd en er een aanzienlijke vertraging is omwille van niet-financiële problemen, maar bijvoorbeeld wel door tech-

---

[2137] M. DEVROEY, *De Wet Breyne – Woningbouwwet*, Lokeren, Konstruktieve Publikaties en Advies, 2008, 122; S. MAES, "Wet Breyne. Knelpunten bij de toepassing", *NJW* 2008, 64.

[2138] Kh. Antwerpen 21 januari 1982, *T.Aann.* 1983, 211. Hieronder valt tevens de prijs voor het mandelig maken van de zijgevels (Rb. Luik 4 september 1986, *JL* 1986, 560).

[2139] Kh. Veurne, 16 februari 2005, *NJW* 2006, afl. 150, 809.

[2140] Kh. Hasselt, 23 september 2010, *T.App.* 2011, afl. 2, 40.

[2141] M. DEVROEY, *De Wet Breyne – Woningbouwwet*, Lokeren, Konstruktieve Publikaties en Advies, 2008, 126.

[2142] A. DE CAUWE en A.C. DEL CORDE, *o.c.*, 186, nr. 41.

nische conceptfouten, zal de koper/opdrachtgever zich niet kunnen beroepen op de voltooiingswaarborg.[2143]

1278. Hoe de koper/opdrachtgever zich op de voltooiingswaarborg moet beroepen, wordt evenmin wettelijk geregeld. Vaak wordt dit geregeld in de overeenkomst zelf (wijze van ingebrekestelling, te respecteren termijn na ingebrekestelling, wijze van verdere uitvoering van de werken onder leiding van de borg enz.).

De koper of opdrachtgever is er alleszins toe gehouden te bewijzen dat de verkoper of aannemer in gebreke is en zal de aanspraak op de waarborg moeten afdwingen. Dit is een feitenkwestie die desnoods door de rechtbank zal moeten worden beslecht.

In het kader van gebreken met betrekking tot de gemeenschappelijke delen zal de vereniging van mede-eigenaars de voltooiingswaarborg met betrekking tot de gemeenschappelijke delen dienen af te dwingen en dus niet de individuele mede-eigenaar(s).[2144]

Merk wel op dat aangenomen wordt dat de procesbevoegdheid van de vereniging van mede-eigenaars niet exclusief is.[2145] Op grond van artikel 577-9, § 1, laatste lid BW kan iedere individuele mede-eigenaar alle rechtsvordering betreffende zijn kavel instellen. Deze kavel bestaat uit een privatief gedeelte en een aandeel in de gemeenschappelijke delen.[2146]

In de mate dat de individuele mede-eigenaar kan aantonen dat hij belang heeft bij de aanspraak op de waarborg voor de gebreken in de gemeenschappelijke delen, heeft hij dus ook de mogelijkheid om hiervoor een vordering in te stellen ten aanzien van de verkoper/aannemer.

3. Termijnen

1279. In geval van een verkoopovereenkomst moet de notaris in de notariële akte melding maken van de overeenkomst waarbij de borgtocht werd verleend, en er een afschrift van bij de akte voegen (art. 4, tweede lid KB). De borgstelling dient derhalve nog niet voorhanden te zijn bij de ondertekening van de compromis.

Zo het een aannemingsovereenkomst betreft en er dus geen sprake is van een notariële akte, dient de aannemer aan de opdrachtgever binnen de dertig dagen na het sluiten van de overeenkomst het bewijs van de borgstelling te geven.

Wanneer de overeenkomst onder een opschortende voorwaarde werd gesloten, begint deze termijn te lopen vanaf de dag waarop de aannemer kennis heeft van het vervuld zijn van die voorwaarde (art. 4, derde lid KB).

[2143] M. DEVROEY, *De Wet Breyne – Woningbouwwet*, Lokeren, Konstruktieve Publikaties en Advies, 2008, 130; R. JANSSEN, "Hoofdstuk 4. De financiële waarborgregeling in de Wet Breyne" in N. CARETTE (ed.), *Handboek Wet Breyne*, Antwerpen, Intersentia, 2015, 273.

[2144] Kh. Veurne 16 februari 2005, *NJW* 2006, afl. 150, 809.

[2145] Cass. 26 april 2013, *T.App.* 2013, 29-30; maar zie Antwerpen 2 mei 2017, *TBO* 2017, 385, waarin het hof oordeelde dat de VME, vertegenwoordigd door haar syndicus, het monopolie heeft over de rechtsvorderingen die de gemene delen betreffen.

[2146] Antwerpen 2 maart 2016, *NJW* 2017, 150, noot E. DEWITTE; Antwerpen 19 november 2015, *TBO* 2016, 451.

De koper of opdrachtgever kan het gebouw, met de waarborg, overdragen.[2147] Overeenkomstig artikel 1690 BW zal de overdracht van de schuldvordering wel ter kennis moeten worden gebracht aan de bank.

De borg kan jegens de koper of opdrachtgever alle excepties inroepen die voortvloeien uit de niet-naleving van de overeenkomst, bijvoorbeeld de niet-betaling van reeds uitgevoerde werken.[2148]

1280. De verbintenis van de borg eindigt bij de (uitdrukkelijk of stilzwijgend verleende) voorlopige oplevering (art. 4, vierde lid KB).

Bij de verkoop van een appartement houdt dit in dat de borgstelling loopt tot de voorlopige oplevering van de privatieve en gemeenschappelijke delen.[2149]

B.   De terugbetalingswaarborg

1281. In het uitvoeringsbesluit bij de Woningbouwwet werd enkel de voltooiingswaarborg behandeld. Het ontbreken van een uitvoeringsbesluit doet evenwel geen afbreuk aan het feit dat de Woningbouwwet integraal in werking is getreden, inbegrepen de terugbetalingswaarborg.

In plaats van een voltooiingswaarborg kan in de overeenkomst derhalve worden voorzien in een terugbetalingswaarborg, waarvan de modaliteiten niet mogen afwijken van de doelstellingen van de Woningbouwwet.[2150]

De koper of opdrachtgever zal aanspraak kunnen maken op de verleende terugbetalingswaarborg wanneer hij wegens de niet-voltooiing van de werken de ontbinding verkrijgt van de overeenkomst (art. 12, tweede lid WW). De terugbetalingswaarborg kan niet worden ingeroepen wanneer de ontbinding wordt verkregen om andere redenen.

1282. De terugbetalingswaarborg omvat slechts de terugbetaling van de door de koper of opdrachtgever gedane betalingen, en niet van de kosten, vertragingsboeten of schadevergoedingen die de koper of opdrachtgever van de verkoper of aannemer kan eisen.[2151]

De koper of opdrachtgever die de ontbinding van de overeenkomst vordert ten laste van de verkoper of aannemer, kan enkel aanspraak maken op de terugbetalingswaarborg en niet op de voltooiingswaarborg.

Hij zal er zich derhalve vooraf moeten van vergewissen of er hem wel degelijk een terugbetalingswaarborg werd verstrekt, en niet enkel een voltooiingwaarborg.

Het bewijs van de terugbetalingswaarborg wordt verstrekt zoals bij de voltooiingwaarborg (art. 4, tweede en derde lid KB).

[2147]   Luik 28 juni 1990, *RRD* 1991, 27.

[2148]   Rb. Antwerpen 21 januari 1982, *T.Aann.* 1986, 211, noot M. DEVROEY.

[2149]   M. DEVROEY, *De Wet Breyne – Woningbouwwet*, Lokeren, Konstruktieve Publikaties en Advies, 2008, 135.

[2150]   Antwerpen 22 mei 1985, *T.Aann.*, 1986, 139.

[2151]   M. DEVROEY, *De Wet Breyne – Woningbouwwet*, Lokeren, Konstruktieve Publikaties en Advies, 2008, 134.

In de praktijk blijkt dat de banken zich in de waarborgovereenkomst meestal het recht voorbehouden om zelf te beslissen om hetzij de fondsen te verstrekken die nodig zijn voor de voltooiing van het gebouw dan wel in te staan voor terugbetaling.

Na de ontbinding wordt de verkoper opnieuw eigenaar van het verkochte goed met de eventueel reeds uitgevoerde werken en krijgt de koper de betaalde sommen terug, desgevallend van de financiële instelling die de waarborg heeft verleend. Indien de aannemer reeds werken heeft uitgevoerd op de grond van de opdrachtgever, zal hij daarvoor een vergoeding krijgen.

De verbintenis van de borg eindigt eveneens bij de voorlopige oplevering van de werken (art. 4, vierde lid KB).

AFDELING 10. DE SANCTIES

§ 1. AARD VAN DE WETGEVING

1283. Om de kopers en opdrachtgevers te beschermen heeft de wetgever regels uitgevaardigd waarvan wordt aangenomen dat ze van dwingende aard zijn. Dat is met name niet het geval voor de artikelen 3 tot 9 en 11 en 12 van de Woningbouwwet.

Volgens bepaalde rechtsleer zou de uitbreiding van de aansprakelijkheid van de verkoper tot de tienjarige aansprakelijkheid van de aannemer en de architect (art. 6 WW) zelfs de openbare orde raken.[2152] Ook artikel 10 Woningbouwwet inzake de betalingsregeling is van openbare orde, aangezien de overtreding van deze bepaling strafrechtelijk gesanctioneerd wordt.[2153]

De overtreding van artikel 6 en artikel 10 Woningbouwwet zal derhalve gesanctioneerd worden met absolute nietigheid, terwijl de overtreding van dwingende nutsbepalingen slechts kan leiden tot de (relatieve) nietigheid van de overeenkomst of van het beding in kwestie op verzoek van de beschermde partij.

§ 2. DE VERSCHILLENDE SANCTIES

1284. De Woningbouwwet voorziet in drie vormen van sancties, twee ervan burgerrechtelijk, één ervan zelfs strafrechtelijk.

A. Strafrechtelijke sanctie

1285. Overeenkomstig artikel 14 Woningbouwwet is hij die rechtstreeks of onrechtstreeks de bepalingen van artikel 10 overtreedt door vóór de ondertekening

---

[2152]   Y. HANNEQUART, *o.c.*, nr. 223; F. DELWICHE, "De Wet Breyne, tien jaar later", *Bijzondere Overeenkomsten, actuele problemen*, Antwerpen, Kluwer, 1980, 251.

[2153]   Gent 2 januari 2004, *NJW* 2004, 703.

van de overeenkomst betalingen te eisen of te aanvaarden, strafbaar met een gevangenisstraf van acht dagen tot een maand en met een geldboete van 26 tot 200 euro (te vermenigvuldigen met de opdeciemen) of met een van die straffen alleen.

Ook indien de betalingen door de koper of bouwheer vrijwillig werden gedaan, is er sprake van een inbreuk op de artikelen 10 en 14 Woningbouwwet.[2154]

Eenieder die heeft meegewerkt aan een schending van artikel 10 Woningbouwwet, dus ook de notaris[2155] of de vastgoedmakelaar[2156], kan strafrechtelijk gesanctioneerd worden.

B. Burgerrechtelijke sancties

1. Het beding wordt voor niet geschreven gehouden

1286. Elk beding dat strijdig is met de artikelen 3 tot 6 en 8 tot 10, alsmede de koninklijke besluiten genomen in uitvoering van artikel 8, tweede lid, wordt op verzoek van de koper of opdrachtgever voor niet geschreven gehouden (art. 13, eerste lid WW).

Het koninklijk besluit waarnaar wordt verwezen betreft het KB van 21 oktober 1971, meer bepaald artikel 1, § 1, derde lid tot § 4 ervan.

Enkel de strijdige clausule wordt nietigverklaard, zonder dat dit de nietigheid van de volledige overeenkomst met zich meebrengt.

De Woningbouwwet voorziet niet in een termijn waarbinnen de beschermde partij deze sanctie kan inroepen. Dit kan derhalve tot op het moment dat de volledige overeenkomst is uitgevoerd, nl. tot de definitieve oplevering en de volledige betaling van de prijs[2157], met een maximum van tien jaar sedert de ondertekening van de overeenkomst (art. 1304 BW). De betaling van handgeld bij de ondertekening van de overeenkomst[2158], noch de voorlopige oplevering, noch de ondertekening van de authentieke akte gelden als vermoeden van bekrachtiging van het beding.[2159]

2. De nietigheid van het beding of van de overeenkomst

1287. Overeenkomstig artikel 13, tweede lid Woningbouwwet heeft de nietnakoming van de bepalingen van artikel 7, van artikel 12, of van de koninklijke besluiten genomen in uitvoering van deze artikelen[2160], de nietigheid van de overeenkomst ofwel de nietigheid van het met de wet strijdige beding tot gevolg.

[2154]   Antwerpen 29 april 2002, *Limb.Rechtsl.* 2002, 294.

[2155]   Gent 22 januari 2004, *NJW* 2004, 703.

[2156]   Rb. Gent 14 september 2010, *T.App.* 2011, afl. 3, 54.

[2157]   Y. HANNEQUART, *o.c.*, nr. 226.

[2158]   Kh. Charleroi 12 juni 1974, *JT* 1974, 532, noot A. DE CAUWE.

[2159]   M. DEVROEY, *De Wet Breyne – Woningbouwwet*, Lokeren, Konstruktieve Publikaties en Advies, 2008, 147.

[2160]   Art. 1, eerste lid en art. 2, genomen in uitvoering van art. 7 Woningbouwwet, en KB van 21 oktober 1971; art. 2, 3 en 4 van hetzelfde KB, genomen in uitvoering van art. 12 WW.

Enkel de beschermde partij heeft die (keuze)mogelijkheid, niet de verkoper of aannemer (art. 13, derde lid WW).[2161]

Eén enkele met nietigheid gesanctioneerde tekortkoming aan de bepalingen van de Woningbouwwet volstaat om de nietigheid van de gehele overeenkomst mee te brengen. De verkrijger of opdrachtgever hoeft geen belang of schade aan te tonen.[2162]

Indien een bepaald beding, opgelegd door de Woningbouwwet, ontbreekt in de overeenkomst, kan dit enkel aanleiding geven tot de nietigheid van de volledige overeenkomst. De rechter mag de leemten in de overeenkomst niet zelf aanvullen met de toepasselijke wettelijke voorschriften.[2163]

Aangezien de Woningbouwwet ook uitdrukkelijk vereist dat de aankoopbelofte voldoet aan artikel 7 Woningbouwwet[2164], kan die bij schending van deze bepaling ook volledig vernietigd worden, ook al volgt hierop geen wederkerige overeenkomst.[2165]

Ingeval de overeenkomst enerzijds bestaat uit de koop-verkoop van de grond en anderzijds uit de aanneming van de werken, dient de vordering tot nietigverklaring betrekking te hebben op de volledige overeenkomst en niet enkel op de aannemingswerken.[2166]

1288. De nietigheid kan niet bekrachtigd worden door de koper bij een overeenkomst gesloten buiten de notariële tussenkomst. Zo zal een brief waarin de koper stelt dat de verkoper een schadevergoeding verwerft en waarin de koper verklaart geen vordering te hebben jegens de verkoper, niet beschouwd kunnen worden als een rechtsgeldige bekrachtiging van nietigheden. De koper zal nog steeds de nietigheid kunnen inroepen conform de Woningbouwwet.[2167]

1289. De nietigheid dient te worden aangevoerd vóór het verlijden van de notariële akte of, indien het een aannemingsovereenkomst betreft, vóór de voorlopige oplevering (art. 13, derde lid WW).

De (relatieve) nietigheid wordt dus in principe gedekt door het verlijden van de notariële akte, maar dit moet genuanceerd worden.

Dit betekent immers niet dat de koper/opdrachtgever met het verlijden van de notariële akte zonder meer afstand heeft gedaan van de nietigheid in de notariële akte. De notaris moet in de authentieke akte immers vermelden dat alle voor-

---

[2161] Rb. Brussel 17 oktober 1996, *RJI* 1996, 247.
[2162] Gent 14 mei 1982, *RW* 1984-85, 1851; Antwerpen 31 mei 1976, *RW* 1976-77; Rb. Nijvel 22 augustus 2000, *Cah.dr.immo.* 2001, afl. 6, 13; Rb. Gent 28 oktober 1998, *nr.* 231/98, onuitg.; Antwerpen 14 juni 2000, *T.Not.* 2002, 25.
[2163] L. VAN VALCKENBORG, "Het recht op en de bekrachtiging van de relatieve nietigheid van de woningbouwovereenkomst wegens schending van artikel 7 van de Wet Breyne" (noot onder Kh. Dendermonde 1 april 2010), *TBBR* 2013, afl. 5, 264.
[2164] Zie Afdeling 2. Toepassingsgebied, § 1. Overeenkomsten waarop de Woningbouwwet van toepassing is.
[2165] Rb. Gent 21 april 2009, *RW* 2009-10, 546; Brussel 14 september 2007, *NJW* 2008, 84.
[2166] Rb. Brussel 17 oktober 1996, *RJI* 1996, 247.
[2167] Rb. Gent 23 mei 2001, *TGR* 2003, 261.

schriften van de artikelen 7 en 12 Woningbouwwet zijn nageleefd. De notaris moet weigeren een niet-conforme akte te verlijden, zo niet, is hij aansprakelijk voor de gevolgen van de niet-naleving van deze voorschriften.[2168]

Zo zal de notaris onder meer moeten verifiëren of de verkoper in de vereiste klasse en categorie erkend is, of er een geldige voltooiings- en terugbetalingswaarborg voorligt, of de verkrijger of opdrachtgever wel in het bezit gesteld is van alle stukken, de juistheid van de identiteit van de opgegeven eigenaar van de grond enz.

De notaris is aansprakelijk wanneer hij een notariële akte laat verlijden die bepaalt dat de volledige koopprijs wordt betaald op het ogenblik van het verlijden van de notariële akte.[2169]

Wanneer de notaris zijn informatieverplichting niet heeft nageleefd en de koper dan ook niet op de hoogte was van de nietigheidsgronden, kan het verlijden van de notariële akte geen bekrachtiging of verzaking van de nietigheid inhouden.

Sommigen menen dat de met nietigheid behepte overeenkomst kan worden geremedieerd vóór het verlijden van de notariële akte en de notaris de partijen hiertoe kan aanzetten.[2170] Op de notaris rust evenwel een zeer grote verantwoordelijkheid (en bewijslast) dat hij de koper correct heeft ingelicht over zijn rechten en de gevolgen van het verlijden van de notariële akte en dit zonder enige uitoefening van druk.[2171]

1290.   De overeenkomst kan ook na het verlijden van de notariële akte nog nietig verklaard worden op grond van schending van andere wettelijke bepalingen dan de artikelen 7 en 12 Woningbouwwet, zoals de bepalingen van het algemeen verbintenissenrecht.[2172]

Zo is een overeenkomst die de Woningbouwwet tracht te omzeilen nietig omdat het voorwerp (art. 1108 BW) van de overeenkomst dan wel de prijs onvoldoende bepaald of bepaalbaar is (art. 1591 BW).[2173] Een aankoopbelofte met betrekking tot de grond en het op te richten gebouw werd nietig verklaard bij gebrek aan bepaald of bepaalbaar voorwerp vermits er nog onderhandeld moest worden over onder andere de grootte, de materiaalkeuze en de indeling van de woning.[2174]

Een studieovereenkomst die zo nauw verbonden is met de bouwovereenkomst is nietig wanneer die studieovereenkomst niet voldoet aan de dwingende bepalingen van de Woningbouwwet.[2175]

[2168]   Voor een toepassing, zie Brussel 10 maart 1986, *Pas.* 1986, II, 84 i.v.m. het ontbreken van een onbestaande voltooiingswaarborg; Gent 13 mei 2005, *T.Not.* 2008, 51.

[2169]   Gent 22 januari 2004, *NJW* 2004, afl. 74, 703, noot B. WYLLEMAN.

[2170]   S. MAES, "Wet Breyne. Knelpunten bij de toepassing", *NJW* 2008, 72, nr. 128, met verwijzing naar D. PATART, "Questions d'actualité en matière de loi Breyne", *Rec.gén.enr.not.* 2001, 333.

[2171]   M. DE CLERCQ, "Hoofdstuk 1 Sancties" in N. CARETTE (ed.), *Handboek Wet Breyne*, Antwerpen, Intersentia, 2015, 37.

[2172]   Brussel 28 januari 1999, *Cah.dr.immo.* 2001, afl. 2, 11.

[2173]   Gent (1e k.) 9 november 2017, AR 2015/AR/2844, 2016/AR/471, 2017/AR/1078, onuitg. (waarin ook de betrokken notarissen aansprakelijk werden gesteld).

[2174]   Brussel 14 september 2007, *NJW* 2008, 84, noot S. MAES.

[2175]   Luik 15 november 2012, *JLMB* 2014, afl. 28, 1335, noot B. LOUVEAUX.

1291. Bij een aannemingsovereenkomst wordt de nietigheid van een beding gedekt door de voorlopige oplevering van de werken. Een vordering in nietigverklaring van een clausule die de hoogte van het schadebeding wegens laattijdigheid bepaalt op 25 euro per dag werd dan ook afgewezen omdat ze werd ingesteld na de voorlopige oplevering van de werken.[2176]

C. De gevolgen van de nietigverklaring

1. Bij de nietigverklaring van een beding

1292. In dit geval blijft de overeenkomst als geheel onverkort gelden. De leemte ontstaan door het wegvallen van het beding dient te worden opgevangen door de bepalingen van de Woningbouwwet en het KB, door het gemeen recht en door de interpretatie van de overige bepalingen van de overeenkomst.

2. Bij de nietigverklaring van de overeenkomst

1293. De nietigheid is de sanctie die tot gevolg heeft dat de overeenkomst in principe geen enkel rechtsgevolg teweegbrengt, noch voor het verleden, noch voor de toekomst. De uitvoering die de overeenkomst reeds heeft gekend, dient in beginsel ongedaan te worden gemaakt en de partijen dienen zo veel mogelijk te worden teruggeplaatst in de toestand alsof er nooit een overeenkomst was gesloten.[2177]

1294. De nietigheidssanctie mag niet verder reiken dan haar doel het noodzakelijk maakt en ze moet zo goed mogelijk aangepast worden aan de overtreding die ze beoogt te beteugelen.[2178]

1295. De restitutie heeft tot doel de vermogensverschuivingen die in uitvoering van de overeenkomst plaatsvonden, te neutraliseren.

1296. Indien een partij zich, ondanks de restitutie, nog steeds in een nadeligere (vermogens)positie bevindt dan wanneer zij de vernietigde overeenkomst niet had gesloten, kan zij in aanmerking komen voor een schadevergoeding.[2179]

[2176] Luik 21 september 2017, *JLMB* 18/650, vermeld in B. LOUVEAUX, "Inédits de droit de la construction 2018-2019", *JLMB* deel 1: 2018, afl. 35, (1652) 1675.

[2177] A. VAN OEVELEN, *De nietigheid van de overeenkomst* in *Bijzondere overeenkomsten, Artikelsgewijze commentaar met overzicht van rechtspraak en rechtsleer, IV. Commentaar verbintenissenrecht. Titel II. Contractenrecht, Hfdst. IV*, 1-32.

[2178] W. VAN GERVEN, *Beginselen van het privaatrecht. I. Algemeen Deel*, 1987, Brussel, Story-Scientia, 404.

[2179] J. BAECK, *Restitutie na vernietiging of ontbinding van de overeenkomsten*, Antwerpen, Intersentia, 2012, 269-283.

Indien op het ogenblik van de nietigverklaring de werken nog niet zijn begonnen, dient de verkoper of aannemer het eventueel reeds betaalde voorschot en de aktekosten voor de aankoop van de grond en de lening terug te betalen, verhoogd met de vergoedende interesten, in voorkomend geval vanaf de betaling van het voorschot.[2180]

Dikwijls wordt een bijkomende schadevergoeding toegekend voor de opgelopen vertragingen[2181], de genotsdervingen[2182], de prijsverhoging daardoor veroorzaakt[2183], het financiële verlies door de gelijktijdige betaling van huur en van leninginteresten[2184] en soms wel voor morele schade.[2185]

1297. Wanneer er op het moment van de nietigverklaring reeds werken zijn uitgevoerd, zal op basis van het principe van de verrijking zonder oorzaak het tegoed van de opdrachtgever van de werken worden gecompenseerd met de waarde van de uitgevoerde werken die hij kan houden, althans indien hij voordeel uit de werken haalt.[2186]

Bij de schatting van de waarde van de reeds uitgevoerde werken dient men uit te gaan van de algemeen gangbare prijzen, met als maximum de contractuele prijs, inclusief de geschatte winstmarge van de aannemer.[2187] Echter, in tegenstelling tot het voorgaande heeft het hof van beroep te Brussel geoordeeld dat de prijs de winst van de aannemer niet mag bevatten.[2188]

Als de werken voor de koper of opdrachtgever van de werken van geen nut zijn, hoeft hij, bij gebrek aan verrijking, geen vergoeding te betalen.[2189]

1298. Het principe van de verrijking zonder oorzaak kan enkel gelden in geval van de vernietiging van een aannemingsovereenkomst en niet in geval van de vernietiging van een koopovereenkomst met betrekking tot een woning of appartement. Door de nietigheid van het contract is de koper immers eigenaar af en komen de grond en de gebouwen opnieuw in het vermogen van de verkoper.

De waardestijging of waardedaling van het terug te geven goed komt ten goede aan de restitutieschuldeiser. Hij wordt immers geacht eigenaar van het goed te zijn gebleven, zodat hij de risico's van een economische waardestijging of -daling van de goederen moet dragen, behoudens indien dit verschil in waarde toe te schrijven is aan het doen of laten van de restitutieschuldenaar.[2190]

[2180] Brussel 23 november 1976, *T.Aann.* 243, noot C. LEONARD; Rb. Gent 28 oktober 1998, nr. 231/98, onuitg.

[2181] Rb. Brussel 14 januari 1991, *RJI* 1991, 251 (schadevergoeding van 50.000 BEF).

[2182] Bergen 4 april 1991, *JLMB* 1991, 1049; Gent 14 mei 1982, *RW* 1984-85, 1851; Kh. Nijvel 1 juni 1978, *T.Aann.* 1983, 301.

[2183] Rb. Brussel, 12 januari 1977, *T.Aann.* 1977, 319, noot RIGAUX.

[2184] Rb. Doornik 25 juni 1980, *T.Aann.* 1981, 82.

[2185] Rb. Brussel 27 maart 1973, *nr.* 81.876, onuitg. geciteerd door M. DEVROEY, *o.c.*, 157.

[2186] Rb. Brussel 14 januari 1991, *RJI* 251; over de gevolgen van de nietigheid van overeenkomsten wegens de overtreding van een regel van openbare orde, zie Hoofdstuk 3, afdeling 2, § 5.

[2187] Kh. Nijvel 1 juni 1978, *T.Aann.* 1983, 301; anders: P. RIGAUX, "Considérations concernants le contrat de promotion" in *Statuts et responsabilités des édificateurs*, Brussel, Fac. Univ. St. Louis, 1989, 122, met verwijzing naar Brussel (4e k.) 11 december 1984, nr. 1951/81, onuitg.

[2188] Brussel 28 januari 1999, *Cah.dr.immo.* 2001, afl. 2, 11.

[2189] Brussel 18 september 1980, *T.Aann.* 1983, 155.

[2190] Cass. 13 januari 2017, *TBO* 2017, 485, *RAGB* 2018, 275, noot, *TRV/RPS* 2018, 44.

Zo oordeelde het hof van beroep van Gent dat de koper onder meer recht heeft op terugbetaling van koopsom, aktekosten, bijdragen aan het renovatiefonds en de kosten verbonden aan de afgesloten kredieten.[2191]

Regelmatig komt het evenwel voor dat de verkoper van de grond (of van het grondaandeel in geval van de verkoop van een appartement op plan) een andere partij is dan de verkoper van de opstallen. De koper blijft dan als gevolg van de natrekking eigenaar van de opstal.

Het hof van beroep van Gent oordeelde dat de verkoper van de opstal recht heeft op vergoeding voor de materialen en bouwwerkzaamheden voor de opstallen die niet teruggegeven kunnen worden. De koper kan hiervan dan de winst op de prijs van de bouwwerken aftrekken, aangezien er geen winst mag genomen worden op de opgerichte opstallen en uitgevoerde werken.[2192]

§ 3. PRECONTRACTUELE AANSPRAKELIJKHEID

1299. Het nalaten van het stellen van een voltooiingswaarborg kan leiden tot een precontractuele fout in hoofde van de zaakvoerder. In een geval waarbij een intussen faillietverklaarde vennootschap geen voltooiingswaarborg had gesteld, werden de gewezen zaakvoerders aansprakelijk gesteld voor de gevolgen van het ontbreken van die waarborg.

1300. Het hof van beroep van Brussel stelde dat de niet-naleving van dwingende bepalingen die de geldigheid van de overeenkomst in het gedrang brengen en leiden tot de nietigheid ervan, een buitencontractuele fout is die het sluiten van de overeenkomst voorafgaat (*"culpa in contrahendo"*). De fout die een orgaan van de vennootschap begaat bij het sluiten van een overeenkomst brengt de aansprakelijkheid van de vennootschap mee, maar die aansprakelijkheid sluit de persoonlijke aansprakelijkheid van het orgaan, naast die van de vennootschap, niet uit.[2193]

De zaakvoerders werden om die redenen *in solidum* aansprakelijk gesteld voor de schade die het gevolg was van de gezamenlijk gepleegde precontractuele fout. Volgens het hof bestond deze schade uit de meerprijs aangerekend door de aannemers die de werken na de faling afwerkten, naar billijkheid begroot op 10% van de oorspronkelijke aannemingsprijs.[2194]

[2191] Gent (1e k.) 9 november 2017, nr. 2016/AR/471, onuitg.

[2192] Gent (9e k.) 13 april 2018, nr. 2011/AR/464, onuitg.

[2193] Cass. 20 juni 2005, *Arr.Cass.* 2005, 1362, *DAOR* 2005, afl. 76, 340, noot G. GATHEM, *JT* 2006, afl. 6230, 435, *JLMB* 2005, afl. 27, 1199, *Pas.* 2005, 1354, *RABG* 2005, afl. 17, 1549, noot I. BLOCKX en E. JANSSENS, *JDSC* 2006, 90, concl. J. LECLERCQ, noot M. DELVAUX, *RGAR* 2006, afl. 4, nr. 14106, noot C. DALCQ, *RNB* 2005, afl. 2991, 665, noot, *RPS* 2005, afl. 2, 183, concl. J. LECLERCQ, noot Y. DE CORDT, *RPS* 2010 (samenv.), afl. 1-2, 197, noot B. DUBUISSON, *TBBR* 2005, afl. 8, 473, *TBH* 2005 (weergave H. DE WULF), afl. 8, 891, *TBH* 2006, afl. 4, 418.

[2194] Brussel (20e k.) 4 september 2018, *TBO* 2019, 57.

HOOFDSTUK 11
DE ARCHITECT*

AFDELING 1. INLEIDING

1301. Het beroep van de architect wordt geregeld door diverse regelgevende instrumenten, zoals:
- de wet van 20 februari 1939 op de bescherming van de titel en van het beroep van de architect (hierna Architectenwet);
- de wet van 26 juni 1963 tot instelling van een orde van architecten;
- de wet van 15 februari 2006 betreffende de uitoefening van het beroep van architect in het kader van een rechtspersoon;
- de recente wet van 31 mei 2017 betreffende de verplichte verzekering van de 10-jarige burgerlijke aansprakelijkheid van aannemers, architecten en andere dienstverleners in de bouwsector van werken in onroerende staat en tot wijziging van de wet van 20 februari 1939 enz.

1302. De voornaamste bron van deontologische voorschriften m.b.t. de uitoefening van het architectenberoep is het Reglement van beroepsplichten[2195], goedgekeurd bij KB van 18 april 1985.

Dit Reglement werd in de rechtsleer enthousiast onthaald.[2196] Het was meer aangepast aan de sociale en economische tijdsgeest en was bovendien dringend nodig, aangezien het Hof van Cassatie de toepassing van de bestaande reglementen ter zake als onwettig afwees bij gebrek aan goedkeuring bij KB.[2197]

Het Reglement is van toepassing op iedereen die ingeschreven is op de tableau of op de lijst van stagiairs, alsmede op iedereen die door de Orde gemachtigd is om bij gelegenheid het architectenberoep uit te oefenen in België, bij toepassing van artikel 8, derde lid van de wet tot instelling van een Orde van Architecten.[2198]

---

* Met medewerking van Evelien DE WINNE.
[2195] Reglement 16 december 1983 van beroepsplichten door de Nationale Raad van de Orde der architecten vastgesteld.
[2196] Bv. G. BAERT, "Het nieuwe reglement op de beroepsplichten van de architect", *RW* 1985-86, 1457; Y. HANNEQUART, "Le nouveau règlement de déontologie de l'Ordre des Architectes", *JT* 1986, 85; M.A. FLAMME en P. FLAMME, "Le nouveau code de déontologie des architectes", *T.Aann.* 1985, 139.
[2197] Cass. 6 juni 1985, *Pas.* 1985, I, 1956; Cass. 30 juni 1995, *Arr.Cass.* 1995, 704.
[2198] Art. 2 Reglement van beroepsplichten.

Ook in het Stagereglement[2199] zijn er belangrijke deontologische regels te vinden. Het werd goedgekeurd bij KB van 13 mei 1965.

1303.   Naast de regels die eigen zijn aan het architectenberoep, wordt de relatie tussen de architect en de bouwheer, en tussen de architect, de aannemer en derden, in de eerste plaats beheerst door de bepalingen van het gemeen recht.

Ten aanzien van de bouwheer zijn dit in het bijzonder:
– het verbintenissenrecht en de bepalingen omtrent de extracontractuele aansprakelijkheid;
– de artikelen 1792 en 2270 BW, met betrekking tot de tienjarige aansprakelijkheid;
– artikel 1794 BW, dat aan de bouwheer de mogelijkheid geeft om de overeenkomst te allen tijde eenzijdig op te zeggen;
– de artikelen 1795 en1796 BW, die de gevolgen van het overlijden van de architect aangeven.

1304.   Aangezien het voorwerp van de architectenovereenkomst niet de overgang van de eigendom van een onroerend goed uitmaakt, noch de verbintenis bevat om een onroerend goed te bouwen of te doen bouwen, valt de architect niet rechtstreeks onder de bepalingen van de Woningbouwwet.

Wel kunnen de achtereenvolgende eigenaars van een huis of appartement, ontworpen door de architect in opdracht van de promotor, de architect aansprakelijk stellen voor grove gebreken die vallen onder diens tienjarige aansprakelijkheid (art. 1792 en 2270 BW).

1305.   Hieronder worden de verschillende aspecten van het architectenberoep en de verhouding tussen de architect en diverse andere bouwactoren besproken.

AFDELING 2. DE BESCHERMDE TITEL VAN ARCHITECT

1306.   Luidens artikel 1[2200] Architectenwet[2201] kan niemand de titel van architect voeren noch het beroep uitoefenen zonder in het bezit te zijn van het vereiste diploma.[2202]

[2199] Stagereglement 5 februari 1965 door de Nationale Raad van de Orde der Architecten vastgesteld.
[2200] Zoals aangepast aan de Richtlijn van de Raad van de Europese Gemeenschappen van 10 juni 1985 (85/384/EEG), inzake de onderlinge erkenning van diploma's, certificaten en andere titels op het gebied van de architectuur, met het oog op het vergemakkelijken van de daadwerkelijke uitoefening van het recht van vestiging en het vrij verrichten van diensten bij KB van 6 juli 1990, *BS* 28 juli 1990). Bij KB 29 maart 1995 (*BS* 26 juli 1995) werden art. 1, § 2 en 3 en art. 8 Architectenwet nogmaals gewijzigd ingevolge de uitbreiding van het recht van vestiging en het vrij verrichten van diensten tot de Europese Economische Ruimte.
[2201] *BS* 25 maart 1939.
[2202] Raad van Beroep van de Orde van Architecten 17 september 2003, onuitg.: de Raad van Beroep bevestigde de beslissing van de provinciale Raad, die oordeelde dat het diploma van burgerlijk

De Architectenwet maakt een onderscheid tussen de voorwaarden voor het dragen van de titel van architect en de voorwaarden voor de uitoefening van het beroep. Het dragen van de titel staat dus los van de uitoefening van het beroep.[2203]

1307. Het *dragen van de titel* is louter afhankelijk van het bezit van het diploma van architect of een daarmee gelijkgesteld buitenlands diploma. Een administratieve beslissing waarmee een buitenlands diploma wordt gelijkgesteld, verleent aan de begunstigde daarvan automatisch het recht om in België de titel van architect te voeren.

1308. Wie zich publiekelijk, zonder daartoe te zijn gerechtigd, de titel van architect toe-eigent, wordt gestraft met een geldboete van 200 tot 1000 euro.

Wie in het openbaar de door hem gevoerde titel verandert door een schrapping of toevoeging van woorden, wordt gestraft met een geldboete van 100 tot 500 euro.

Wanneer een handelsvennootschap zich publiekelijk de titel van architect toe-eigent zonder daartoe gerechtigd te zijn, is de voor de vennootschap strafrechtelijk verantwoordelijke persoon, *in casu* de zaakvoerders van een bvba, onderhevig aan de strafsancties voorzien door de Architectenwet wegens het wederrechtelijk gebruik van de titel van architect.[2204]

Hij die, zonder daartoe gerechtigd te zijn, uitreikt of zich aanbiedt voor het uitreiken van de diploma's, getuigschriften of om het even welke attesten, die de titel van architect, met of zonder nadere bepaling, toekennen, of die door de bewoordingen waarin zij zijn opgesteld het uiterlijk voorkomen hebben van het diploma van architect, wordt gestraft met een gevangenisstraf van acht dagen tot drie maanden en met een geldboete van 200 tot 1000 euro, of met een van die straffen alleen. De diploma's of getuigschriften worden vernietigd.[2205]

AFDELING 3. DE TOEGANG TOT HET ARCHITECTENBEROEP

§ 1. VOORWAARDEN

1309. Voor wie aan de wettelijke vereisten voldoet, dient het recht om het vrij beroep van architect uit te oefenen als een grondrecht beschouwd te worden. Het is

---

elektronisch en werktuigkundig ingenieur mechanica onvoldoende aansluit bij het beroep van architect om tot de stage toegelaten te worden.

[2203] De titel van architect geniet derhalve geen bescherming als beroepstitel (wat wel het geval is voor de titel van advocaat en bedrijfsrevisor), maar enkel als academische titel (net zoals de titel van doctor in de geneeskunde), zie daarover meer bij K. GEENS, *De reglementering van het vrij beroep* in APR, 1988, nr. 103 e.v.

[2204] Cass. 12 juni 1979, *Pas.* 1979, I, 1179.

[2205] Art. 11 Architectenwet.

een burgerlijk recht in de zin van artikel 6 van het Verdrag van Rome van november 1950 tot bescherming van de rechten van de mens en de fundamentele vrijheden.[2206]

A. Inschrijving op het tableau of op de lijst

1310. Het *beroep van architect* kan slechts worden uitgeoefend door de architecten die zijn ingeschreven op het tableau van architecten van de Orde of op de lijst van stagiairs.[2207]

Het verbod om het architectenberoep in welke hoedanigheid ook uit te oefenen zonder inschrijving op een van de tabellen van de Orde of op een lijst van stagiairs, geldt enkel ten aanzien van degene die hetzij als zelfstandige, hetzij als ambtenaar of beambte van een openbare dienst, hetzij als bezoldigde handelingen stelt die behoren tot het monopolie van de architect.[2208]

1311. De Architectenwet bepaalt wie het architectenberoep mag uitoefenen[2209]:

1. de personen die ertoe worden gemachtigd de titel van architect overeenkomstig artikel 1 te voeren;
2. de ingenieurs die gediplomeerd werden overeenkomstig de wetten op het toekennen der academische graden;
3. de ingenieurs die hun diploma behaald hebben aan een Belgische universiteit, zoals zij bepaald werd bij de genoemde wetten, of in een daarmee gelijkgestelde instelling;
4. de officieren der genie of der artillerie die uit de applicatieschool komen.

Een ingenieur met het diploma van burgerlijk elektrotechnisch ingenieur of burgerlijk werktuigkundig ingenieur mag optreden in de hoedanigheid van architect.[2210] Een industrieel ingenieur bouwkunde mag dat daarentegen niet.[2211]

Ook rechtspersonen die over rechtspersoonlijkheid beschikken, mogen het beroep van architect uitoefenen indien zij aan bepaalde voorwaarden beantwoorden[2212] (zie verder).

[2206] Cass. 4 maart 1983, *RW* 1982-83, 2753; Cass. 24 juni 1983, *RW* 1983-84, 439.

[2207] Art. 5 wet tot instelling van een Orde van Architecten. Hieruit volgt tevens dat een inschrijving met retroactieve werking op een lijst van stagiairs niet mogelijk is (Raad van Beroep van de Orde van Architecten 26 juni 2013, *Not. 12/3135*, onuitg.).

[2208] Art. 4, eerste lid Architectenwet; art. 5 wet tot instelling van een Orde van Architecten; Cass. (1e k.) 31 mei 2013, AR D.11.0019.N, *Pas.* 2013, 1224.

[2209] Art. 2, § 1 Architectenwet.

[2210] Cass. (1e k.) 22 september 2005, AR D.04.0022.N, *Arr.Cass.* 2005, 1711.

[2211] Beslissing Raad van Beroep Gent, nr. 18/3219 (www.architect.be).

[2212] Art. 2, § 2 Architectenwet.

B.   Beroepsaansprakelijkheidsverzekering

1312.   Niemand mag het beroep van architect uitoefenen zonder door een verzekering gedekt te zijn, behalve in enkele wettelijk bepaalde uitzonderingen.[2213]
De wet van 31 mei 2017 betreffende de verplichte verzekering van de tienjarige burgerlijke aansprakelijkheid van aannemers, architecten en andere dienstverleners in de bouwsector van werken in onroerende staat en tot wijziging van de wet van 20 februari 1939 op de bescherming van de titel en van het beroep van architect (de zogenaamde "Wet Peeters")[2214] stelt de nadere regels vast in verband met de verplichte aansprakelijkheidsverzekering van de architect.
Deze wet verplicht de architect ertoe om zich te verzekeren voor de handelingen waarvoor zijn tussenkomst verplicht is, die hij beroepshalve stelt en die zijn tienjarige burgerlijke aansprakelijkheid in het gedrang kunnen brengen met betrekking tot in België gelegen woningen.[2215]
De wet voorziet in een minimale dekking[2216], maar ook in een aantal uitsluitingen. Zo dient onder meer de architect-ambtenaar bij de Staat, een gewest, een gemeenschap of de Regie der Gebouwen geen eigen verzekering af te sluiten indien zijn aansprakelijkheid, met inbegrip van zijn tienjarige burgerlijke aansprakelijkheid, wordt gedekt door de Staat, het gewest, de gemeenschap of de Regie der Gebouwen.[2217]
Er kan gekozen worden tussen een individuele polis en een globale polis, alsook tussen een jaarpolis en een polis per project.[2218]
Het bewijs van de verzekering wordt voor architecten thans geregeld via een communicatiesysteem tussen de verzekeraar en Orde van Architecten. Ten laatste op 31 maart van elk jaar moet een elektronische lijst van alle bij haar verzekerde architecten aan de Raad van de Orde worden overgemaakt door de verzekeringsonderneming.[2219] Bovendien kan de verzekeringsovereenkomst niet opgezegd of ontbonden worden zonder de Raad van de Orde daarvan vooraf te hebben verwittigd.[2220] De Raad van de Orde wordt ook op de hoogte gebracht van de geschorste verzekeringsovereenkomsten en de overeenkomsten waarvan de dekking geschorst is.[2221]
De verzekeraars die hun zetel hebben in een andere lidstaat van de Europese Economische Ruimte moeten aan de Orde van Architecten een attest bezorgen waaruit blijkt dat de dekking gelijkwaardig of in wezen vergelijkbaar is met een

---

[2213]   Art. 2, § 4 Architectenwet en art. 15, eerste lid Reglement van beroepsplichten.
[2214]   *BS* 9 juni 2017.
[2215]   Art. 2, 2° en art. 5 Wet Peeters.
[2216]   Art. 6 Wet Peeters.
[2217]   Art. 9, eerste lid Wet Peeters.
[2218]   Art. 8 Wet Peeters.
[2219]   Art. 11, § 1, eerste lid Wet Peeters.
[2220]   Art. 11, § 1, tweede lid Wet Peeters.
[2221]   Art. 11, § 1, derde lid Wet Peeters.

verzekering die conform de Wet Peeters van 31 mei 2017 en haar uitvoeringsbesluiten is. Een aanvullende garantie kan desgevallend worden geëist als de verzekeringsdekking niet in overeenstemming met die wet blijkt te zijn.[2222]

1313.   De *ratio legis* van de Wet Peeters is onder andere het wegwerken van de discriminatie tussen architecten en aannemers. Daarom heft deze wet de voorheen geldende verzekeringsverplichting uit de artikelen 9 en 11, vierde lid Architectenwet integraal op. Thans geldt voor architecten enkel nog dezelfde verzekeringsverplichting als voor aannemers, zoals opgenomen in de Wet Peeters, alsook de deontologische verplichting voor de architect om zijn beroepsaansprakelijkheid te verzekeren.[2223]

C.   Talenkennis

1314.   Om het beroep van architect te kunnen uitoefenen, moet men beschikken over de vereiste talenkennis. De Architectenwet stelt het als volgt: de begunstigden van de erkenning van beroepskwalificaties moeten beschikken over de talenkennis die voor de uitoefening van het beroep van architect in België vereist is.[2224]

1315.   De Orde van Architecten moet zich ervan verzekeren dat de controle op de talenkennis evenredig is met de uit te oefenen activiteit.[2225]

Er kunnen controles worden opgelegd indien er een ernstige en concrete twijfel over bestaat of de beroepsbeoefenaar over voldoende talenkennis beschikt voor de beroepswerkzaamheden die hij wil uitoefenen.[2226] Deze controles mogen slechts worden uitgevoerd na de erkenning van de beroepskwalificatie.[2227]

§ 2.   VORMEN EN MODALITEITEN VAN DE UITOEFENING VAN HET ARCHITECTENBEROEP

1316.   Overeenkomstig artikel 4 Reglement van de beroepsplichten oefent de architect zijn beroep uit hetzij als zelfstandige, hetzij als ambtenaar of beambte van een openbare dienst, hetzij als bezoldigde. Hij kan tevens optreden als deskundige.[2228]

[2222]   Art. 11, § 2 Wet Peeters.
[2223]   Art. 15 Reglement van beroepsplichten.
[2224]   Art. 2, § 5, eerste lid Architectenwet.
[2225]   Art. 2, § 5, vierde lid Architectenwet.
[2226]   Art. 2, § 5, tweede lid Architectenwet.
[2227]   Art. 2, § 5, derde lid Architectenwet.
[2228]   Art. 9 Reglement van beroepsplichten.

Ongeacht welk zijn statuut is, moet de architect:
- de nodige technische en intellectuele onafhankelijkheid hebben om zijn beroep uit te oefenen[2229];
- het aantal en de omvang van de opdrachten die hij aanneemt aanpassen aan zijn persoonlijke mogelijkheden en middelen, en aan de bijzondere eisen van belangrijkheid en plaats van uitvoering van zijn opdrachten.[2230]

Zo oordeelde de raad van beroep van de Orde van Architecten dat een architect niet over de nodige onafhankelijkheid beschikt en bijgevolg een inbreuk pleegt op de eerste voorwaarde indien een zeer belangrijk aantal klanten worden aangebracht door een verkoper van een bepaalde firma, aan wie vergoedingen worden betaald voor het aanbrengen van kandidaat-bouwheren. Een dergelijke handelswijze leidt immers tot toestanden waarin de belangen van de firma de overhand hebben op die van de bouwheren.[2231]

Tevens oordeelde de raad van beroep van de Orde van Architecten dat een architect die 85 nieuwe opdrachten heeft aanvaard, terwijl hij slechts met twee tekenaars en één 'zelfstandig medewerker voor technieken en werfbezoeken' werkt en slechts voor een aantal projecten samenwerkt met een zelfstandig architect, dermate veel projecten heeft aangenomen dat dit niet aangepast is aan zijn persoonlijke mogelijkheden en middelen.[2232] Tot dezelfde conclusie kwam de raad van beroep bij een architect die meer dan 50 projecten had aanvaard, terwijl hij enkel bijgestaan werd door twee tekenaars.[2233]

A. Zelfstandige architect

1317. De zelfstandige architect is degene die, voltijds of deeltijds, zijn beroep uitoefent buiten ieder publiekrechtelijk statuut of dienstbetrekking.[2234]

Hij oefent zijn beroep alleen uit, of in groep als medewerker van een of meer op het tableau of een lijst ingeschreven personen, of in een professionele burgerlijke vennootschap of in een vereniging (zie verder).[2235]

1318. De architecten die hun beroep uitoefenen als medewerker van een of meerdere andere architecten of van een architectenvennootschap of -vereniging, balanceren soms op de lijn van de schijnzelfstandigheid. Om hun werkelijke statuut te bepalen, dient de wil van de partijen bij de contractsluiting te worden nagegaan alsook de concrete omstandigheden waarin het werk wordt uitgevoerd.

[2229] Art. 4, tweede lid Reglement van beroepsplichten.
[2230] Art. 4, vierde lid Reglement van beroepsplichten.
[2231] Raad van Beroep van de Orde van Architecten 26 juni 2013, *Not. 12/3134*, onuitg.
[2232] Raad van Beroep van de Orde van Architecten 19 februari 2012, *Not. 11/3106*, onuitg.
[2233] Raad van Beroep van de Orde van Architecten 26 januari 2011, *Not. 10/3086*, onuitg.
[2234] Art. 5, eerste lid Reglement van beroepsplichten.
[2235] Art. 5, tweede lid Reglement van beroepsplichten.

In ieder geval is het feit van het diploma van architect te hebben behaald, noch de inschrijving in het provinciaal register van de Orde van Architecten, noch de inschrijving in het bevolkingsregister in de hoedanigheid van architect voldoende om te bepalen of de betrokkene zijn beroep heeft uitgeoefend als werknemer of als zelfstandige.[2236]

B. Architect-bezoldigde

1319. De architect-bezoldigde is diegene die het beroep geheel of ten dele in dienst van een natuurlijke of rechtspersoon uitoefent in het raam van een arbeidsovereenkomst voor bedienden.[2237]

Krachtens artikel 7 van het Reglement moet de architect-bezoldigde beschikken over de mogelijkheid om zijn verantwoordelijkheid op te nemen in functie van de specificiteit van het beroep. Hij moet meer bepaald voldoende onafhankelijk zijn en erover waken dat de betrekkingen tussen zijn werkgever en diens medecontractant niet strijdig zijn met de wetten en reglementen die de uitoefening van het beroep van architect regelen. Zo nodig dient hij zijn werkgever daarvan op de hoogte te brengen.[2238]

Uit deze bepalingen kan niet wettig worden afgeleid dat een architect-bezoldigde zijn architectenberoep alleen mag uitoefenen voor een werkgever die voor zichzelf bouwt en dit eventueel met het doel het goed te verkopen of het gebruik ervan af te staan voor een duur van meer dan negen jaar.[2239]

1320. Om als werknemer het beroep van architect te kunnen uitoefenen, is het uiteraard vereist dat hij regelmatig ingeschreven is op een van de tabellen van de Orde of op een lijst van de stagiairs.[2240] Deze wetsbepaling raakt de openbare orde. Een arbeidsovereenkomst die daarmee in strijd is, is volstrekt nietig, waardoor de werknemer geen recht heeft op een opzeggingsvergoeding.[2241]

Hij kan zijn beroep van architect niet als zelfstandige uitoefenen dan mits voorafgaande toestemming van de Orde.[2242] Hij mag in dienst treden van een bouwpromotor[2243], tenzij wanneer deze optreedt als bouwaannemer.[2244] Hieruit volgt niet dat het degene die een ander beroep dan dat van architect uitoefent in het kader van een privaatrechtelijke dienstbetrekking, verboden is het beroep van architect deeltijds als zelfstandige uit te oefenen.[2245]

[2236] Arbh. Luik 27 juni 1995, *Soc.Kron.* 1996, 200.
[2237] Art. 7, eerste lid Reglement van beroepsplichten.
[2238] Art. 7, derde lid Reglement van beroepsplichten.
[2239] Cass. 14 oktober 1994, *Arr.Cass.* 1994, 836, *RW* 1994-95, 1080.
[2240] Art. 5 wet tot instelling van een Orde van Architecten.
[2241] Cass. 9 december 1991, *Arr.Cass.* 1991-92, 322, *Pas.* 1992, I, 273, *RW* 1991-92, 1294, noot.
[2242] Art. 8 Reglement van beroepsplichten.
[2243] Art. 19 Reglement van beroepsplichten.
[2244] Art. 6 Architectenwet en art. 10 Reglement van beroepsplichten.
[2245] Cass. 31 mei 2013, *AR* D.11.0019.N/4, *Arr.Cass.* 2014, 1356.

C. Architect-ambtenaar

1321. De architect-ambtenaar is diegene die aangeworven of benoemd is als architect door een openbare dienst zoals de Staat, een gewest, een provincie, een gemeente, een intercommunale, een openbare of een parastatale instelling.[2246]

Buiten zijn functies mag de architect-ambtenaar niet optreden als architect, tenzij hij enkel aangeworven of benoemd is als architect-docent of wanneer de ambtenaar-architect optreedt als architect van zijn eigen woning.[2247] Hieruit volgt dat de architect-ambtenaar, behoudens bovenvermelde uitzonderingsgevallen, niet mag optreden als zelfstandige architect.[2248]

Dit geldt niet alleen voor de vastbenoemde, maar in beginsel ook voor de tijdelijke architect-ambtenaren en de beambten van de gemeenten. Een tijdelijk architect in dienst van een gemeente mag derhalve geen opdrachten als particulier architect aanvaarden.[2249] Het is tevens irrelevant of de ambtenaar in zijn officiële functies handelingen stelt die kenmerkend zijn voor het beroep van architect of niet.[2250] Een zelfstandig architect die door een gemeente is aangesteld om haar technische dienst waar te nemen, wordt hierdoor op zich echter nog geen ambtenaar.

De architect-ambtenaar oefent zijn beroep evenzeer uit in algehele intellectuele en technische onafhankelijkheid.[2251]

D. Architect-deskundige

1322. De architect die als deskundige optreedt, ongeacht of dit gebeurt in het kader van een minnelijke of gerechtelijke expertise, dient zijn opdracht uit te voeren met bekwame spoed, discretie en onafhankelijkheid.[2252]

Hij mag bovendien slechts een opdracht als deskundige aanvaarden als en voor zover zijn beroepservaring dit toelaat.[2253]

E. Vereniging en vennootschap van architecten

1323. Oorspronkelijk konden enkel natuurlijke personen het beroep van architect uitoefenen.

Door de wet van 15 februari 2006 betreffende de uitoefening van het beroep van architect in het kader van een rechtspersoon[2254] (de zogenaamde "Wet Laruelle"),

---

2246 Art. 6 Reglement van beroepsplichten.
2247 Art. 5 Architectenwet.
2248 Cass. 31 mei 2013, AR D.11.0019.N/4, *Arr.Cass.* 2014, 1356.
2249 Cass. 10 april 2006, *TBO* 2007, 65; Cass. 28 september 1984, *Arr.Cass.* 1984-85, 173, *Pas.* 1985, I, 148.
2250 Cass. 10 april 2006, *TBO* 2007, 65.
2251 Art. 6 Reglement van beroepsplichten.
2252 Art. 9 Reglement van beroepsplichten.
2253 Art. 9 Reglement van beroepsplichten.
2254 *BS* 25 april 2006.

werd het mogelijk om een architect-rechtspersoon in te schrijven op de tabellen van de Orde en aldus het architectenberoep te laten uit te oefenen door een rechtspersoon die over rechtspersoonlijkheid beschikt en die aan bepaalde voorwaarden voldoet. Hier handelen de architecten-vennoten steeds in naam en voor rekening van de rechtspersoon. De keuze van een vennootschap met volkomen rechtspersoonlijkheid heeft tot gevolg dat het vennootschapsvermogen van een architect-rechtspersoon afgescheiden wordt van de privévermogens van de vennoten/aandeelhouders. De aansprakelijkheid van de vennoten/aandeelhouders wordt dan in beginsel beperkt tot hun inbreng in de vennootschap (zie verder).

Daarnaast bestaat ook nog steeds de mogelijkheid om het architectenberoep uit te oefenen via een (gewone) professionele architectenvennootschap. In deze hypothese zal de architectenvennootschap niet gerechtigd zijn om het architectenberoep uit te oefenen, maar enkel de *architect-natuurlijke persoon zelf*. Dit zal bijvoorbeeld het geval zijn als de rechtspersoon niet aan alle vereisten voldoet om zelf het beroep van architect te kunnen uitoefenen. Hier blijft de architect-natuurlijke persoon zowel contractueel als extracontractueel persoonlijk gehouden, ongeacht of de architect zijn beroep uitoefent in het kader van een vereniging of in het kader van een vennootschap (zie verder).

1.   De uitoefening van het beroep van architect door een rechtspersoon

A.   Voorwaarden

1324.   Zoals hierboven reeds werd aangegeven, dient een rechtspersoon aan een aantal voorwaarden te voldoen om zelf het beroep van architect te kunnen uitoefenen.

Daarbij dient rekening gehouden te worden met de recente Aanbeveling van 24 november 2017 die de Orde van Architecten in dit kader heeft uitgewerkt.[2255] Hierin zijn deontologische voorwaarden en verplichte statutenvermeldingen opgenomen. De Aanbeveling geldt voor alle architecten die officieel zijn ingeschreven en die, al dan niet tijdelijk, het beroep van architect uitoefenen in België, of dit wensen uit te oefenen in het kader van een (inter)professionele burgerlijke vennootschap.[2256] Onder "(inter)professionele burgerlijke vennootschap" moet worden verstaan: elke vereniging of vennootschap met of zonder rechtspersoonlijkheid waarbinnen een of meerdere architecten hun professionele samenwerking organiseren.[2257]

De voorheen geldende Aanbeveling van 27 april 2007 betreffende de uitoefening van het beroep van architect door een rechtspersoon is met ingang van 1 januari 2018 opgeheven.

[2255]   Aanbeveling 24 november 2017 betreffende het uitoefenen van het beroep van architect in het kader of in de vorm van een vennootschap (www.architect.be).

[2256]   Laatste lid van de inleiding van de Aanbeveling van 24 november 2017.

[2257]   Art. 1.1 Aanbeveling 24 november 2017.

De voorwaarden waaraan de architecten-rechtspersonen (of Laruelle-vennootschappen[2258]) moeten beantwoorden, worden hieronder uiteengezet.

Een architect-rechtspersoon wordt door de Aanbeveling gedefinieerd als volgt: de vennootschap zoals bedoeld in artikel 2, § 2 Architectenwet die over rechtspersoonlijkheid beschikt en zelf als architect is ingeschreven en het beroep van architect mag uitoefenen.[2259]

i. De rechtsvorm

1325. Artikel 2, § 2 Architectenwet bepaalt dat rechtspersonen die over rechtspersoonlijkheid beschikken, het beroep van architect kunnen uitoefenen indien zij aan bepaalde voorwaarden voldoen. Hieruit kan afgeleid worden dat de rechtspersoon over rechtspersoonlijkheid moet beschikken. Dit impliceert dat een uittreksel van de oprichtingsakte moet zijn neergelegd ter griffie van de ondernemingsrechtbank van het rechtsgebied waar de vennootschap haar zetel heeft.[2260]

Artikel 2, § 2 maakt geen onderscheid tussen vennootschappen met volkomen en onvolkomen rechtspersoonlijkheid. De keuze voor een architect-rechtspersoon wordt evenwel veelal ingegeven door de nood aan beperking van de aansprakelijkheid van de vennoten. Derhalve zal er veelal geopteerd worden voor een vennootschapsvorm met volkomen rechtspersoonlijkheid (BVBA, CVBA, NV, of in de toekomst BV), waardoor het vennootschapsvermogen van de architect-rechtspersoon afgescheiden wordt van de privévermogens van de vennoten/aandeelhouders.[2261] De aansprakelijkheid van de vennoten/aandeelhouders blijft dan in beginsel beperkt tot hun inbreng in de vennootschap.

Uit artikel 3.1 van de Aanbeveling van 24 november 2017 blijkt dat de architect-rechtspersoon als een burgerlijke *vennootschap met rechtspersoonlijkheid dient te worden opgericht*.

ii. Het bestuur

1326. Conform artikel 2, § 2, 1° Architectenwet dienen alle zaakvoerders, bestuurders, leden van het directiecomité en meer algemeen alle zelfstandige mandatarissen die optreden in naam en voor rekening van de rechtspersoon, natuurlijke personen te zijn die ertoe gemachtigd werden het beroep van architect uit te oefenen en ingeschreven zijn op een van de tabellen van de Orde van Architecten.[2262]

[2258] Art. 1.2.1 Aanbeveling 24 november 2017.
[2259] Art. 1.2.1 Aanbeveling 24 november 2017.
[2260] Art. 2, § 4, eerste lid Architectenwet en art. 68 W.Venn.
[2261] De Orde heeft in de Aanbeveling van 24 november 2017 een ESV (Economisch Samenwerkingsverband) of een LV (landbouwvennootschap) uitgesloten (art. 3.1 Aanbeveling 24 november 2017).
[2262] Art. 7.1.1 Aanbeveling 24 november 2017.

1327. Enkel officieel ingeschreven architecten mogen beslissingen nemen en handelingen stellen in het kader van de uitoefening van het beroep van architect.[2263]

Bij de ondertekening van elk document uitgaande van de vennootschap moeten de naam en functie van de ondertekenaar worden vermeld.[2264]

1328. In tegenstelling tot de Architectenwet bepaalt artikel 7.1.2. van de Aanbeveling van de Orde wat er moet gebeuren indien de vennootschap na het overlijden van een zaakvoerder of bestuurder niet meer rechtsgeldig kan worden vertegenwoordigd. De vennootschap heeft dan zes maanden de tijd om dit in orde te brengen. Regularisatie gebeurt door het benoemen van een nieuwe zaakvoerder of bestuurder.

Tijdens deze periode mag de vennootschap het beroep van architect blijven uitoefenen, op voorwaarde dat alle handelingen die onder het beroep van architect vallen, worden uitgevoerd door personen die het recht hebben om het beroep van architect uit te oefenen en officieel zijn ingeschreven op een van de tableaus van de Orde van Architecten.

Vindt er geen regularisatie plaats binnen de hiervoor genoemde termijn van zes maanden, dan mag de vennootschap tot regularisatie niet langer het beroep van architect uitoefenen.

Na de termijn van zes maanden en tot de regularisatie moet de vennootschap, voor alle handelingen die onder het beroep van architect vallen, in overleg met de opdrachtgevers, een externe architect aanstellen die handelt in naam en voor rekening van de vennootschap of in zijn eigen naam en voor eigen rekening. Deze architect mag een natuurlijke of een rechtspersoon zijn, maar moet op een tableau ingeschreven zijn.

Blijkt regularisatie onmogelijk, dan moet de algemene vergadering onverwijld samenkomen om te beraadslagen en te beslissen over de ontbinding en vereffening van de vennootschap of de wijziging van het maatschappelijk doel van de vennootschap, zodat ze niet langer is te aanzien als architect-rechtspersoon in de zin van artikel 2, § 2 Architectenwet.

Indien de vennootschap niet meer geldig kan worden vertegenwoordigd om een andere reden dan het overlijden van een zaakvoerder of bestuurder, mag ze tot de regularisatie het beroep van architect niet meer uitoefenen. Regularisatie gebeurt door het benoemen van een nieuwe zaakvoerder of bestuurder.[2265]

Tot de regularisatie moet de vennootschap voor alle handelingen die onder het beroep van architect vallen, in overleg met de opdrachtgevers, een externe architect aanstellen die handelt in naam en voor rekening van de vennootschap of in zijn eigen naam en voor eigen rekening. Deze architect mag een natuurlijke of een rechtspersoon zijn, maar moet op een tableau ingeschreven zijn.[2266]

[2263] Art. 7.3.1 Aanbeveling 24 november 2017.
[2264] Art. 7.3.2 Aanbeveling 24 november 2017.
[2265] Art. 7.1.3 Aanbeveling 24 november 2017.
[2266] Art. 7.1.4, eerste lid 1 Aanbeveling 24 november 2017.

Blijkt regularisatie onmogelijk, dan moet de algemene vergadering onverwijld samenkomen om te beraadslagen en te beslissen over de ontbinding en vereffening van de vennootschap of de wijziging van het maatschappelijk doel van de vennootschap, zodat ze niet langer is te aanzien als architect-rechtspersoon in de zin van artikel 2, § 2 Architectenwet.[2267]

iii. Het doel en de activiteit

1329. Artikel 2, § 2, 2° Architectenwet en artikel 5.1 van de Aanbeveling van 24 november 2017 bepalen dat het doel en de activiteit van de rechtspersoon beperkt moeten zijn tot het verlenen van diensten die behoren tot de uitoefening van het beroep van architect.

Behoudens de bij wet of door de beroepsleer bepaalde beperkingen mag de vennootschap alle handelingen verrichten die rechtstreeks of onrechtstreeks verband houden met haar maatschappelijk doel.[2268]

iv. De oprichting

1330. De statuten moeten naast alle wettelijk verplichte gegevens ook alle informatie bevatten die is opgenomen in Bijlage 1 van de Aanbeveling van 24 november 2017.[2269] Het betreft de volgende tekst:

"1. Vorm
Architectenvennootschappen moeten burgerlijke vennootschappen zijn, al dan niet met handelsvorm.

2. Doel
2.1. Het maatschappelijk doel en de activiteiten van de architectenvennootschap moeten beperkt zijn tot het leveren van diensten met betrekking tot de uitoefening van het beroep van architect.

3. Respect voor beroepsleer
3.1. De statuten moeten uitdrukkelijk garanderen dat de wettelijke en deontologische voorschriften met betrekking tot de uitoefening van het beroep van architect worden nageleefd, zowel door de (inter)professionele burgerlijke vennootschap als door alle architecten die hierbij zijn aangesloten.
3.2. De statuten mogen geen bepalingen bevatten die in strijd zijn met de deontologie van het beroep van architect en ze moeten uitdrukkelijk stellen dat ze, bij twijfel, zullen worden geïnterpreteerd in overeenstemming hiermee.

[2267] Art. 7.1.4, tweede lid 2 Aanbeveling 24 november 2017.
[2268] Art. 5.3 Aanbeveling 24 november 2017.
[2269] Art. 2.1.1 Aanbeveling 24 november 2017.

4. Aandelen en overdracht van aandelen

4.1. Aandelen moeten altijd op naam zijn. De statuten bepalen het aantal aandelen van elke vennoot.

4.2. De statuten bevatten een bepaling die elk van de vennoten ertoe verplicht om het register van vennoten of een uittreksel hiervan, op eenvoudig verzoek van elke raad van de Orde, ter controle voor te leggen.

4.3. De statuten moeten het reglement bevatten met betrekking tot de overdracht van aandelen, zowel tussen levenden als bij overlijden of bij de ontbinding van een vennoot-rechtspersoon.

Op dezelfde manier moeten de statuten vermelden wie, bij onverdeeldheid of versnippering van eigendom, het stemrecht mag uitoefenen.

In afwachting van de implementatie van deze officiële bepaling wordt de uitoefening van stemrechten van aandelen die worden overgedragen, geschorst.

5. Dagelijks bestuur

De statuten moeten uitdrukkelijk stellen dat de handelingen met betrekking tot het beroep van architect in België altijd voorbehouden zijn aan personen die het beroep van architect mogen uitoefenen.

6. Belangen van derden

6.2. De statuten van de architectenvennootschap bevatten de verplichting om de burgerlijke en professionele aansprakelijkheid, inclusief de tienjarige aansprakelijkheid, te laten verzekeren.

6.3. De statuten vermelden de maatregelen die worden getroffen om een architect-vennoot in het kader van lopende opdrachten te vervangen in geval van ontslag, uitsluiting, overlijden, afwezigheid, ongeschiktheid of onbeschikbaarheid van een architect-vennoot en meer bepaald na een tuchtsanctie, zoals schorsing of schrapping van een lijst of tableau.

6.4. De statuten leggen de te volgen procedure vast voor de overdracht van lopende contracten in geval van ontbinding van de rechtspersoon."

1331. Elk statutenontwerp, alsook de gecoördineerde tekst in geval van wijziging ervan, moet, vooraleer te worden aangenomen door de betrokken partijen, ter goedkeuring voorgelegd worden aan de Raad van de Orde.[2270]

v.   De aandelen en de aandeelhouders

1332. Indien ervoor gekozen wordt om de rechtspersoon op te richten in de vorm van een NV of een commanditaire vennootschap op aandelen, moeten alle aandelen op naam zijn.[2271] De Orde van Architecten heeft deze voorwaarde in haar Aanbeveling verscherpt, door te stellen dat het kapitaal van de

---

[2270]   Art. 2.1.2 Aanbeveling 24 november 2017.
[2271]   Art. 2, § 2, 3° Architectenwet.

architect-rechtspersoon *enkel* mag worden vertegenwoordigd door aandelen op naam.[2272]

Elk voorstel tot overdracht van aandelen moet eerst ter goedkeuring worden voorgelegd aan de bevoegde (provinciale) raad (raden).[2273]

1333. Het aantal vennoten is onbeperkt.[2274]

Nieuwe vennoten worden slechts toegelaten met de goedkeuring van minstens de helft van de officieel ingeschreven architecten-vennoten, die bovendien over een meerderheid beschikken van het totale aantal aandelen of maatschappelijke rechten die de officieel ingeschreven architecten-vennoten bezitten.[2275]

Elk voorstel tot toelating van nieuwe vennoten moet eerst ter goedkeuring worden voorgelegd aan de bevoegde (provinciale) raad (raden).[2276]

1334. Krachtens artikel 2, § 2, 4° Architectenwet en artikel 6.3.1.1 Aanbeveling moet ook minstens 60% van de aandelen en van de stemrechten, rechtstreeks of onrechtstreeks, in het bezit zijn van natuurlijke personen die ertoe gemachtigd werden het architectenberoep uit te oefenen en die ingeschreven zijn op een van de tabellen van de Orde van Architecten. Met "onrechtstreeks" wordt bedoeld dat de architect-aandelen ook in handen kunnen zijn van een andere rechtspersoon, die ertoe gemachtigd is het beroep van architect uit te oefenen en opgenomen is op de tabel.[2277] De overige aandelen mogen slechts in het bezit zijn van natuurlijke of rechtspersonen die een niet-onverenigbaar beroep uitoefenen en gemeld zijn bij de raad van de Orde van Architecten.[2278]

Als aanverwante, niet-onverenigbare discipline wordt gezien: een beroepsmatig uitgeoefende activiteit of discipline in verband met het domein van de architectuur en die de uitoefening van het beroep van architect kan bevorderen zonder dat de uitoefening ervan door een architect door een wet of reglement verboden is.[2279]

Dat de aandelen in de vennootschap werden verworven door een architect die het kapitaal daartoe verkregen heeft van een aannemer/promotor, is irrelevant. De herkomst van het kapitaal voor de verwerving van de aandelen is enkel van belang indien de geldschieter zich ook mengt in de activiteiten van de vennootschap.[2280]

Anderzijds werd een architect-rechtspersoon geschrapt en werd de architect-natuurlijke persoon die de zaakvoerder was van deze rechtspersoon twaalf maanden geschorst omdat gebleken was dat in werkelijkheid meer dan 60% van de

---

[2272] Art. 6.2 Aanbeveling 24 november 2017.
[2273] Art. 6.6 Aanbeveling 24 november 2017.
[2274] Art. 6.1 Aanbeveling 24 november 2017.
[2275] Art. 6.5.1 Aanbeveling 24 november 2017.
[2276] Art. 6.5.2 Aanbeveling 24 november 2017.
[2277] Art. 6.3.1.1 Aanbeveling 24 november 2017.
[2278] Art. 6.3.1.1 Aanbeveling 24 november 2017.
[2279] Art. 1.4 Aanbeveling 24 november 2017.
[2280] Raad van Beroep van de Orde van Architecten 14 november 2012, *Not. 11/3110*, onuitg.

aandelen in handen was van natuurlijke personen die niet gerechtigd waren om het beroep van architect uit te oefenen.[2281] Uit het tuchtonderzoek was gebleken dat de architect in werkelijkheid de aandelen van een bestaande vennootschap "tijdelijk in bezit" had ontvangen zonder ervoor te moeten betalen, om ze op eerste verzoek te moeten teruggeven. Door mee te werken aan deze geveinsde constructie had de architect de mogelijkheid verschaft aan derden om zelf aan architectuur te doen en/of hem als architect voor weinig of niets te laten werken, terwijl de omstandigheden waarin hij werkte hem ook volledig afhankelijk maakten van deze opdrachtgevers.

1335.   Enkel de algemene vergadering mag beslissingen nemen over het bestuur van de vennootschap, en in het bijzonder over de benoeming en het ontslag, de duur van mandaten en de vergoedingen van mandatarissen.[2282]

1336.   In de veronderstellingen beschreven in het Wetboek van Vennootschappen moet de zaakvoerder de algemene vergadering samenroepen telkens een architect-vennoot hierom verzoekt. Die architect bepaalt de gewenste agendapunten van de algemene vergadering.[2283]

1337.   Indien de rechtspersoon bij het overlijden van een natuurlijke persoon die het beroep van architect mag uitoefenen, niet langer voldoet aan de voorwaarden die vereist zijn om het beroep van architect uit te oefenen, heeft hij zes maanden de tijd om opnieuw te voldoen aan deze voorwaarden.[2284]

Tijdens deze termijn kan de rechtspersoon het beroep van architect blijven uitoefenen.[2285]

Is de overblijvende vennoot geen architect, dan moet de vennootschap in elk geval, tot de regularisatie, voor alle handelingen die onder het beroep van architect vallen, in overleg met de opdrachtgevers, een externe architect aanstellen die handelt in naam en voor rekening van de vennootschap of in zijn eigen naam en voor eigen rekening. Deze architect mag een natuurlijke of een rechtspersoon zijn, maar moet op het tableau ingeschreven zijn.[2286]

De regularisatie kan plaatsvinden door overdracht van aandelen aan een architect, die al dan niet vennoot is, zodat opnieuw wordt voldaan aan de 60%-verdelingsvoorwaarde.[2287]

[2281]   Raad van Beroep van de Orde van Architecten met Nederlands als voertaal 20 mei 2015, *TBO* 2017, 364, noot K. UYTTERHOEVEN, "De tuchtrechtelijke sanctionering van een architect-rechtspersoon".

[2282]   Art. 6.4.1 Aanbeveling 24 november 2017.

[2283]   Art. 6.4.2 Aanbeveling 24 november 2017.

[2284]   Art. 6.3.1.2, eerste lid Aanbeveling 24 november 2017.

[2285]   Art. 6.3.1.2, tweede lid Aanbeveling 24 november 2017.

[2286]   Art. 6.3.1.2, derde lid Aanbeveling 24 november 2017.

[2287]   Art. 6.3.1.2, vierde lid Aanbeveling 24 november 2017.

Vindt er geen regularisatie plaats binnen de hiervoor genoemde termijn van zes maanden, dan mag de vennootschap tot de regularisatie niet langer het beroep van architect uitoefenen.[2288]

Na de termijn van zes maanden en tot de regularisatie moet de vennootschap, voor alle handelingen die onder het beroep van architect vallen, in overleg met de opdrachtgevers, een externe architect aanstellen die handelt in naam en voor rekening van de vennootschap of in zijn eigen naam en voor eigen rekening. Deze architect mag een natuurlijke of een rechtspersoon zijn, maar moet op het tableau ingeschreven zijn.[2289]

Blijkt regularisatie onmogelijk, dan moet de algemene vergadering onverwijld samenkomen om te beraadslagen en te beslissen over de ontbinding en vereffening van de vennootschap of de wijziging van het maatschappelijk doel van de vennootschap, zodat ze niet langer is te aanzien als architect-rechtspersoon in de zin van artikel 2, § 2 Architectenwet.[2290]

1338. Indien niet wordt voldaan aan de voorwaarde vermeld in punt 6.3.1. om een andere reden dan het overlijden van een natuurlijke persoon-architect-vennoot, bijvoorbeeld bij schrapping of weglating van een architect-vennoot van het tableau van architecten of de ontbinding van een vennoot-rechtspersoon, dan mag de vennootschap het beroep van architect niet verder uitoefenen tot de regularisatie.[2291]

De regularisatie kan plaatsvinden door overdracht van aandelen aan een architect, die al dan niet vennoot is, zodat opnieuw wordt voldaan aan de hiervoor vermelde voorwaarde.[2292]

Tot de regularisatie moet de vennootschap voor alle handelingen die onder het beroep van architect vallen, in overleg met de opdrachtgevers, een externe architect aanstellen die handelt in naam en voor rekening van de vennootschap of in zijn eigen naam en voor eigen rekening. Deze architect mag een natuurlijke of een rechtspersoon zijn, maar moet op het tableau ingeschreven zijn.[2293]

Blijkt regularisatie onmogelijk, dan moet onverwijld een algemene vergadering samenkomen om te beraadslagen en te beslissen over de ontbinding en vereffening van de vennootschap of de wijziging van het maatschappelijk doel van de vennootschap, zodat ze niet langer is te aanzien als architect-rechtspersoon in de zin van artikel 2, § 2 Architectenwet.[2294]

1339. In geval van een versnippering van het eigendomsrecht van de aandelen of de onverdeeldheid van deze rechten, mag de uitoefening van het stemrecht van

---

[2288] Art. 6.3.1.2, vijfde lid Aanbeveling 24 november 2017.
[2289] Art. 6.3.1.2, zesde lid Aanbeveling 24 november 2017.
[2290] Art. 6.3.1.2, zevende lid Aanbeveling 24 november 2017.
[2291] Art. 6.3.1.3, eerste lid Aanbeveling 24 november 2017.
[2292] Art. 6.3.1.3, tweede lid Aanbeveling 24 november 2017.
[2293] Art. 6.3.1.3, derde lid Aanbeveling 24 november 2017.
[2294] Art. 6.3.1.3, vierde lid Aanbeveling 24 november 2017.

de aandelen van architecten enkel rechtstreeks of onrechtstreeks worden toegekend aan een natuurlijke persoon die het beroep van architect mag uitoefenen in
overeenstemming met de wet van 20 februari 1939.[2295]

vi. De deelnemingen

1340. Artikel 2, § 2, 5° Architectenwet stelt duidelijk dat de rechtspersoon geen
deelnemingen mag bezitten in andere vennootschappen en/of rechtspersonen
dan van uitsluitend professionele aard. Het maatschappelijk doel en de activiteiten van deze vennootschappen mogen bovendien niet onverenigbaar zijn met de
functie van architect.

Niets belet de rechtspersoon om een deelneming te bezitten in vennootschappen die zelf het beroep van architect of een aanverwant beroep uitoefenen. Een
deelname door de rechtspersoon in een vennootschap die aannemingswerken
uitvoert of optreedt als bouwpromotor kan echter niet.[2296]

vii. De inschrijving

1341. De rechtspersoon dient volgens artikel 2, § 2, 6° Architectenwet eveneens
ingeschreven te zijn op een van de tabellen van de Orde van Architecten.

Deze inschrijving heeft tot gevolg dat de rechtspersoon zelf lid wordt van de
Orde van Architecten.[2297]

viii. De architect-stagiair

1342. Voor de architect-stagiair werd specifieke regelgeving uitgewerkt. Artikel 2, § 3 Architectenwet bepaalt met name dat een architect-stagiair slechts een
rechtspersoon kan oprichten, of er vennoot, zaakvoerder, bestuurder, of lid van
het directiecomité van kan zijn, indien het een rechtspersoon betreft waarin hij
het beroep van architect uitoefent samen met zijn stagemeester of een architect
ingeschreven op een van de tabellen van de Orde van Architecten.[2298]

ix. Verplichte verzekering

1343. Conform artikel 2, § 4 Architectenwet mag niemand het beroep van
architect uitoefenen zonder door een verzekering gedekt te zijn (zie hierboven,

---

[2295] Art. 6.3.1.4 Aanbeveling 24 november 2017.
[2296] K. UYTTERHOEVEN, "De uitoefening van het beroep van architect in het kader van een
rechtspersoon na de Wet van 15 februari 2006", *TBO* 2006, 120, met verwijzing naar de parlementaire voorbereidende werken bij de wet van 15 februari 2006.
[2297] Art. 21 Architectenwet.
[2298] Zie ook art. 6.3.3 Aanbeveling 24 november 2017.

Afdeling 3, § 1, B). De architect-vennootschap dient zich derhalve zelf als architect te laten verzekeren.[2299]

De Wet Peeters van 31 mei 2017 stelt duidelijk dat als verzekerde beschouwd wordt: elke natuurlijke persoon of *rechtspersoon die het beroep van architect*, aannemer of andere dienstverlener *uitoefent* en die vermeld wordt in de verzekeringsovereenkomst, evenals zijn aangestelden en onderaannemers.[2300]

x.   Naam en logo

1344.   Hoewel de Architectenwet hier niets over zegt, heeft de Orde hierover wel regels uitgevaardigd in haar Aanbeveling van 24 november 2017.

De naam van de vennootschap moet de term 'architect' bevatten.[2301]

Alle documenten uitgaande van de vennootschap moeten de naam vermelden, steeds voorafgegaan of gevolgd, naargelang van het geval, door de termen 'burgerlijke vennootschap' of 'burgerlijke vennootschap met handelsvorm'.[2302]

Benamingen of logo's die de eer, de discretie of de waardigheid van het beroep of van de leden van de Orde in het gedrang kunnen brengen, zijn verboden.[2303]

De vennootschap heeft slechts één benaming en dat is degene die vermeld is in de statuten. Afkortingen, vertalingen of andere transcripties van deze benaming zijn niet toegestaan. De vennootschapsvorm mag worden afgekort.[2304]

Indien de benaming van een architectenvennootschap de naam bevat van natuurlijke personen, zijn enkel die namen toegelaten van architecten-vennoten of voormalige architecten-vennoten, onverminderd wat staat beschreven in punt 4.6.[2305]

Alle vennoten moeten in het kader van hun activiteiten binnen de vennootschap papier met hetzelfde briefhoofd gebruiken.[2306]

De naam van de architect-rechtspersoon moet worden vermeld op alle documenten uitgaande van de architect-rechtspersoon.[2307]

xi.   Ontbinding en vereffening

1345.   Bij ontbinding van de vennootschap worden door de vereffenaars, met inachtneming van de regels van de deontologie, de nodige schikkingen getroffen ter vrijwaring van de belangen van de cliënten, onder meer wat betreft de voort-

---

[2299]   Art. 2, 2° Wet Peeters.
[2300]   Art. 4, eerste lid Wet Peeters.
[2301]   Art. 4.1 Aanbeveling 24 november 2017.
[2302]   Art. 4.2 Aanbeveling 24 november 2017.
[2303]   Art. 4.3 Aanbeveling 24 november 2017.
[2304]   Art. 4.4 Aanbeveling 24 november 2017.
[2305]   Art. 4.5 Aanbeveling 24 november 2017.
[2306]   Art. 4.7 Aanbeveling 24 november 2017.
[2307]   Art. 4.9 Aanbeveling 24 november 2017.

zetting van contracten, lopende architectuuropdrachten en de tienjarige aansprakelijkheid.[2308]

Voor de lopende opdrachten zal/zullen een of meerdere perso(o)n(en) worden aangesteld die het beroep van architect mag (mogen) uitoefenen en ingeschreven is (zijn) op een van de tableaus van de Orde van Architecten om voor rekening van de vennootschap in vereffening deze opdrachten verder uit te voeren.[2309]

1346. Elke ontbindingsvoorstel zal onverwijld worden meegedeeld aan de bevoegde (provinciale) raad (raden), met vermelding van de regeling inzake de lopende opdrachten en de tienjarige aansprakelijkheid.[2310]

1347. De vereffening mag enkel worden voltooid indien er geen lopende opdrachten meer zijn of indien alle contracten met betrekking tot lopende opdrachten werden overgedragen op externe architecten.[2311]

B.   GEVOLGEN VOOR DE AANSPRAKELIJKHEID VAN DE ARCHITECT-VENNOOTSCHAP EN DE ARCHITECT-NATUURLIJKE PERSOON

1348. Indien het beroep van architect uitgeoefend wordt door een rechtspersoon, zal de architect-vennootschap optreden als contractpartij in de architectenovereenkomst. Dit heeft tot gevolg dat de rechtspersoon contractueel en buitencontractueel aansprakelijk zal zijn voor de fouten die tijdens de uitvoering worden begaan.

De natuurlijke personen die de architectenovereenkomst uitvoeren, bijvoorbeeld als orgaan of bestuurder van de vennootschap met volkomen rechtspersoonlijkheid, kunnen niet aansprakelijk gesteld worden door de medecontractant van de rechtspersoon, aangezien er geen enkele contractuele of wettelijke band bestaat tussen beiden.

De medecontractant van de architectenvennootschap zal evenmin een buitencontractuele vordering kunnen instellen tegen de organen, uitvoeringsagenten en aangestelden van de rechtspersoon, tenzij hun een schending van de algemene zorgvuldigheidsnorm ten laste kan worden gelegd en de fout een andere schade heeft veroorzaakt dan deze die aan de slechte uitvoering van het contract te wijten is.

C.   DE ARCHITECT-RECHTSPERSOON EN HET TUCHTRECHT

1349. Door de inschrijving op een tabel van de Orde van Architecten wordt de architect-rechtspersoon lid van de Orde van Architecten.[2312]

[2308]   Art. 8.1 Aanbeveling 24 november 2017.
[2309]   Art. 8.2 Aanbeveling 24 november 2017.
[2310]   Art. 8.3 Aanbeveling 24 november 2017.
[2311]   Art. 8.4 Aanbeveling 24 november 2017.
[2312]   F. BURSSENS, "Het voeren van de titel en de uitoefening van het beroep van architect na de Wet van 15 februari 2006" in *De Architectenvennootschap*, Antwerpen, Maklu, 2007, 25; S. DE

Dit betekent dat hij onderworpen is aan dezelfde deontologische regels als de architect-natuurlijke persoon en dat hij dus tuchtrechtelijk kan worden gesanctioneerd. In de artikelen 20 en 21, § 1 van de wet tot instelling van een Orde van Architecten wordt er geen onderscheid gemaakt tussen architecten-natuurlijke personen en architect-rechtspersonen.

1350. Er zal evident verwevenheid bestaan tussen de deontologische inbreuken gepleegd door de architect-rechtspersoon en door de betrokken architect-natuurlijke persoon of personen, zodat voor dezelfde feiten vaak zowel de rechtspersoon als de natuurlijk persoon of personen tuchtrechtelijk gesanctioneerd kunnen worden.

Wat de architecten-natuurlijke personen betreft, zal hun persoonlijke betrokkenheid moeten worden aangetoond. Dit zal evident zijn als het een eenpersoonsvennootschap betreft. Het is minder evident als er meerdere architect-natuurlijke personen actief zijn in de vennootschap, als zaakvoerder, als werkend vennoot of als zelfstandig medewerker/stagiair.

Ook omgekeerd geldt dit principe: het is niet omdat een architect-natuurlijke persoon een deontologische inbreuk begaat, dat die eveneens de rechtspersoon moet raken.[2313]

1351. In geval van schorsing of schrapping van de architect-rechtspersoon kan hij het beroep van architect tijdelijk of definitief niet meer uitoefenen.

Voor zover de architect-natuurlijke personen zelf niet geschorst of geschrapt zijn, kunnen zij – uiteraard met toestemming van de opdrachtgever – de rechtspersoon (tijdelijk) opvolgen als architect. Op deze wijze kunnen de werken worden voortgezet. Dit betekent wel dat de architect-natuurlijk persoon vanaf dan persoonlijk aansprakelijk is voor beroepsfouten in het kader van de opdracht.

De architect-natuurlijke persoon kan er ook voor kiezen om te blijven werken via de rechtspersoon, die dan louter een middelenvennootschap wordt. Ook hiervoor is de toestemming van de opdrachtgever nodig. De architect-natuurlijke persoon is dan aansprakelijk naast de middelenvennootschap voor de goede uitvoering van de architectenopdracht.[2314] Deze oplossing zal waarschijnlijk gekozen worden als er personeel tewerkgesteld is binnen de vennootschap.

Bij schrapping van de architect-rechtspersoon kan uiteraard ook een nieuwe architect-rechtspersoon worden opgericht.

COSTER, *Architect en vennootschap. Een privaatrechtelijke analyse*, Antwerpen, Intersentia, 2015, nr. 49.

[2313] Zie K. UTTERHOEVEN, "De tuchtrechtelijke sanctionering van een architect-rechtspersoon" (noot onder Raad van de Orde van Architecten met Nederlands als voertaal 20 mei 2015), *TBO* 2017, (369) 370 en de voorbeelden aldaar.

[2314] Zie Cass. 9 september 2016, *TBO* 2017, 354, noot K. UYTTERHOEVEN, *RABG* 2017, afl. 2, 87, *TRV-RPS* 2017, afl. 6, 738, noot S. DE COSTER, "Aansprakelijkheid van een architectenvennootschap die het beroep van architect niet zelf uitoefent", zie verder.

1352.   In geval van schorsing of schrapping van een architect-natuurlijke persoon die een bestuursmandaat bekleedt binnen de vennootschap, kan deze geen bestuurshandelingen meer stellen in de architect-rechtspersoon.[2315] Als daardoor niet meer wordt voldaan aan de bepalingen van artikel 2, § 2, eerste lid Architectenwet, moet hij onmiddellijk worden vervangen.[2316]

Wanneer een architect-natuurlijk persoon geschorst wordt die louter werkend vennoot is, heeft dit op zich geen gevolgen voor de architect-rechtspersoon. De betrokken architect kan tijdelijk het beroep van architect niet uitoefenen, maar blijft tijdens de schorsing ingeschreven op de tabel.[2317] Hij heeft weliswaar geen stemrecht meer tijdens de schorsing[2318], maar zijn aandelen zullen wel blijven meetellen om het 60%-quorum te bereiken.

Bij schrapping van de architect-natuurlijke persoon tellen zijn aandelen niet meer mee om het 60%-quorum te bereiken. Er zal desgevallend in zijn vervanging moeten worden voorzien. Hij heeft ook geen stemrecht meer en zijn naam zal uit de vennootschapsbenaming en uit het logo van de rechtspersoon moeten worden verwijderd.[2319]

2.   De uitoefening van het beroep van architect in het kader van een professionele middelenvennootschap (of 'gewone vennootschap')

1353.   Conform artikel 5 van het Reglement van de beroepsplichten[2320], kan de architect-natuurlijke persoon zijn beroep uitoefenen in een professionele burgerlijke vennootschap of in een vereniging.

Het gaat hier louter over een samenwerkingsverband tussen verschillende architect-vennoten. De verschillende vennoten zullen het beroep van architect uitoefenen in naam en voor rekening van de vennootschap. De vennootschap kan zelf het beroep van architect niet uitoefenen.

[2315]   K. UYTTERHOEVEN, "De tuchtrechtelijke sanctionering van een architect-rechtspersoon" (noot onder Raad van de Orde van Architecten met Nederlands als voertaal 20 mei 2015), *TBO* 2017, (369) 372.

[2316]   F. BURSSENS, "Het voeren van de titel en de uitoefening van het beroep van architect na de Wet van 15 februari 2006" in *De Architectenvennootschap*, Antwerpen, Maklu, 2007, 25; S. DE COSTER, *Architect en vennootschap. Een privaatrechtelijke analyse*, Antwerpen, Intersentia, 2015, nr. 49 en 64.

[2317]   Zie art. 15, § 1, eerste lid Huishoudelijk Reglement.

[2318]   K. UYTTERHOEVEN, "De uitoefening van het beroep van architect door een rechtspersoon en de aansprakelijkheid van de architect na de wet van 15 februari 2006" in *De uitoefening van het beroep van architect in het kader van een vennootschap. Een veelzijdige benadering*, Kortrijk, UGA, 2008, 27. DE COSTER is van mening dat de betrokken architect-natuurlijke persoon dient te worden vervangen als aandeelhouder tijdens de periode van schorsing: S. DE COSTER, *Architect en vennootschap. Een privaatrechtelijke analyse*, Antwerpen, Intersentia, 2015, nr. 64.

[2319]   Art. 4.6 Aanbeveling 24 november 2017.

[2320]   KB 18 april 1985 tot goedkeuring van het door de nationale raad van de Orde van Architecten vastgestelde reglement van beroepsplichten, *BS* 8 mei 1985.

De vennootschap kan ook de vorm aannemen van een EBVBA. Het Hof van Cassatie heeft immers geoordeeld dat artikel 5 van het Reglement van de beroepsplichten niet vereist dat de vennootschap uit meerdere architecten dient te bestaan.[2321]

A.   VOORWAARDEN

1354.   Ook voor deze samenwerkingsvorm bevat de Aanbeveling van 24 november 2017 een aantal deontologische bepalingen en verplicht in de statuten op te nemen vermeldingen.[2322] De voorheen geldende Aanbeveling van 28 november 1997 betreffende de uitoefening van het beroep van architect in het kader van een vennootschap of associatie, is opgeheven sedert 1 januari 2018.

Zoals gezegd, geldt de Aanbeveling van 24 november 2017 voor alle architecten die officieel zijn ingeschreven en die, in overeenstemming met artikel 5 van het Reglement van beroepslichten van de Orde van Architecten, al dan niet tijdelijk, het beroep van architect uitoefenen in België, of dit wensen uit te oefenen in het kader van een (inter)professionele burgerlijke vennootschap.[2323] Onder "(inter)professionele burgerlijke vennootschap" moet worden verstaan: elke vereniging of vennootschap met of zonder rechtspersoonlijkheid waarbinnen een of meerdere architecten hun professionele samenwerking organiseren.[2324]

De voor de gewone vennootschap van toepassing zijnde bepalingen uit de Aanbeveling worden hieronder besproken.

i.   De rechtsvorm

1355.   Elke gewone vennootschap moet worden opgericht in de burgerlijke vennootschap met of zonder rechtspersoonlijkheid, al dan niet met handelsvorm.[2325]

De gewone vennootschap (lees: de burgerlijke vennootschap die geen architect-rechtspersoon of Laruelle-vennootschap is) kan opgericht worden met en zonder rechtspersoonlijkheid. De Aanbeveling geeft de volgende definities[2326]:
- gewone vennootschap met rechtspersoonlijkheid: de vennootschap tussen architecten die officieel zijn ingeschreven en, in voorkomend geval, professionals die een of meer aanverwante, niet-onverenigbare disciplines uitoefenen, waarbinnen de architecten-vennoten onder eigen naam, maar voor rekening van de vennootschap het beroep van architect uitoefenen;
- gewone vennootschap zonder rechtspersoonlijkheid: de architectenvennootschap (in de zin van art. 46 W.Venn.) of de tijdelijke vennootschap (in de zin van

---

2321   Cass. 27 april 2001, AR C.00.0258.N, www.cass.be.
2322   Derde lid van de inleiding Aanbeveling 24 november 2017.
2323   Laatste lid van de inleiding Aanbeveling 24 november 2017.
2324   Art. 1.1 Aanbeveling 24 november 2017.
2325   Art. 3.2 Aanbeveling 24 november 2017.
2326   Art. 1.2.2 Aanbeveling 24 november 2017.

art. 47 W.Venn.) tussen architecten die officieel zijn ingeschreven en, in voorkomend geval, professionals die een of meer aanverwante, niet-onverenigbare
disciplines uitoefenen, waarbinnen de architecten-vennoten onder eigen naam,
maar voor rekening van de vennootschap het beroep van architect uitoefenen.

In elk geval is de gewone vennootschap niet ingeschreven op een tabel en oefent
ze zelf niet het beroep van architect uit.[2327]

ii.   Het bestuur

1356.   Enkel vennoten mogen lid zijn van het bestuursorgaan van de gewone
vennootschap.[2328] De meerderheid van de leden moeten officieel ingeschreven
architecten zijn. Wanneer één persoon belast is met het dagelijks bestuur, moet
deze een officieel ingeschreven architect zijn.[2329]

Wanneer het mandaat wordt verzekerd door een rechtspersoon, wordt een
permanente vertegenwoordiger belast met deze opdracht in naam en voor rekening van de rechtspersoon.[2330]

1357.   Enkel officieel ingeschreven architecten mogen beslissingen nemen en handelingen stellen in het kader van de uitoefening van het beroep van architect.[2331]

Bij ondertekening van elk document uitgaande van de vennootschap moeten
de naam en functie van de ondertekenaar worden vermeld.[2332]

iii.   Het doel en de activiteit

1358.   Het maatschappelijk doel en de activiteiten van de gewone vennootschap
bestaan uit het uitoefenen, door de vennoten, voor rekening van deze vennootschap, van het beroep van architect, evenals alle met het architectenberoep aanverwante en niet-onverenigbare disciplines in overeenstemming met de bepalingen van artikel 2, § 2, 2° Architectenwet.[2333]

Onder "aanverwante, niet-onverenigbare discipline" wordt begrepen: een
beroepsmatig uitgeoefende activiteit of discipline in verband met het domein van
de architectuur en die de uitoefening van het beroep van architect kan bevorderen zonder dat de uitoefening ervan door een architect door een wet of reglement
verboden is.[2334]

[2327]   Art. 1.2.2.3 Aanbeveling 24 november 2017.
[2328]   Art. 7.2.1 Aanbeveling 24 november 2017.
[2329]   Art. 7.2.2 Aanbeveling 24 november 2017.
[2330]   Art. 7.2.3 Aanbeveling 24 november 2017.
[2331]   Art. 7.3.1 Aanbeveling 24 november 2017.
[2332]   Art. 7.3.2 Aanbeveling 24 november 2017.
[2333]   Art. 5.2 Aanbeveling 24 november 2017.
[2334]   Art. 1.4 Aanbeveling 24 november 2017.

Behoudens de bij wet of door de beroepsleer bepaalde beperkingen mag de vennootschap alle handelingen verrichten die rechtstreeks of onrechtstreeks verband houden met haar maatschappelijk doel.[2335]

*iv.	De oprichting*

1359.	Naast de bij wet verplichte gegevens moeten de statuten[2336] ook alle informatie bevatten die is opgenomen in bijlage I van deze Aanbeveling.
Het betreft de volgende tekst:

"1. Vorm
Gewone vennootschappen moeten burgerlijke vennootschappen zijn, al dan niet met handelsvorm.

2. Doel
2.2. Het maatschappelijk doel en de activiteiten van de gewone vennootschap bestaat uit het uitoefenen, door de vennoten, voor rekening van deze vennootschap, van het beroep van architect evenals alle met het architectenberoep aanverwante en niet-onverenigbare disciplines in overeenstemming met de bepalingen van artikel 2 § 2 2° van de wet van 20 februari 1939.

3. Respect voor beroepsleer
3.1. De statuten moeten uitdrukkelijk garanderen dat de wettelijke en deontologische voorschriften met betrekking tot de uitoefening van het beroep van architect worden nageleefd, zowel door de (inter)professionele burgerlijke vennootschap als door alle architecten die hierbij zijn aangesloten.
3.2. De statuten mogen geen bepalingen bevatten die in strijd zijn met de deontologie van het beroep van architect en ze moeten uitdrukkelijk stellen dat ze, bij twijfel, zullen worden geïnterpreteerd in overeenstemming hiermee.

4. Aandelen en overdracht van aandelen
4.1. Aandelen moeten altijd op naam zijn. De statuten bepalen het aantal aandelen van elke vennoot.
4.2. De statuten bevatten een bepaling die elk van de vennoten ertoe verplicht om het register van vennoten of een uittreksel hiervan, op eenvoudig verzoek van elke raad van de Orde, ter controle voor te leggen.
4.3. De statuten moeten het reglement bevatten met betrekking tot de overdracht van aandelen, zowel tussen levenden als bij overlijden of bij de ontbinding van een vennoot-rechtspersoon.
Op dezelfde manier moeten de statuten vermelden wie, bij onverdeeldheid of versnippering van eigendom, het stemrecht mag uitoefenen.

[2335]	Art. 5.3 Aanbeveling 24 november 2017.
[2336]	De Aanbeveling van 24 november 2017 definieert "statuten" als volgt: oprichtingsakte van een vennootschap of vereniging, ongeacht of ze rechtspersoonlijkheid heeft (art. 1.3).

In afwachting van de implementatie van deze officiële bepaling wordt de uitoefening van stemrechten van aandelen die worden overgedragen, geschorst.

5. Dagelijks bestuur
De statuten moeten uitdrukkelijk stellen dat de handelingen met betrekking tot het beroep van architect in België altijd voorbehouden zijn aan personen die het beroep van architect mogen uitoefenen.

6. Belangen van derden
6.1. De statuten van de gewone vennootschap moeten voor elke architect-vennoot die is ingeschreven en het beroep van architect mag uitoefenen de verplichting bevatten om zijn burgerlijke en professionele aansprakelijkheid, inclusief de tienjarige aansprakelijkheid, te laten verzekeren.
6.3. De statuten vermelden de maatregelen die worden getroffen om een architect-vennoot in het kader van lopende opdrachten te vervangen in geval van ontslag, uitsluiting, overlijden, afwezigheid, ongeschiktheid of onbeschikbaarheid van een architect-vennoot en meer bepaald na een tuchtsanctie, zoals schorsing of schrapping van een lijst of tableau.
6.4. De statuten leggen de te volgen procedure vast voor de overdracht van lopende contracten in geval van ontbinding van de rechtspersoon."

1360. Elk statutenontwerp, alsook de gecoördineerde tekst in geval van wijzigingen ervan, moet, voor het wordt aangenomen door de betrokken partijen, ter goedkeuring worden voorgelegd aan de provinciale raad van de Orde.[2337]
In dit verband oordeelde het Hof van Cassatie in een arrest van 27 april 2001 dat zelfs indien de middelenvennootschap geen architectenopdrachten verricht en haar maatschappelijk doel niet het uitoefenen van het beroep van architect is, de statuten aan de Raad van de Orde moeten worden voorgelegd ingeval de statuten handelingen omvatten die, hoewel ze niet uitsluitend aan een architect zijn voorbehouden, tot zijn gereglementeerde of gebruikelijke professionele bevoegdheden behoren.[2338]

v. De aandelen en de aandeelhouders

1361. Het aantal vennoten in een middelenvennootschap is niet aan enige beperking onderworpen.[2339]
Enkel personen die door de uitoefening van hun beroep meewerken aan de realisatie van het maatschappelijk doel mogen vennoot zijn van een gewone vennootschap.[2340] Rechtspersonen mogen enkel vennoot zijn indien hun maatschappelijk doel gelijk is aan of in verband staat met, maar niet onverenigbaar is met dat van de vennootschap.[2341]

[2337] Art. 2.1.2 Aanbeveling 24 november 2017.
[2338] Cass. 27 april 2001, AR D.00.0006.N, www.cass.be.
[2339] Art. 6.1 Aanbeveling 24 november 2017.
[2340] Art. 6.3.2.1 Aanbeveling 24 november 2017.
[2341] Art. 6.3.2.2 Aanbeveling 24 november 2017.

Nieuwe vennoten worden slechts toegelaten met de goedkeuring van minstens de helft van de officieel ingeschreven architecten-vennoten die bovendien over een meerderheid beschikken van het totale aantal aandelen of maatschappelijke rechten die de officieel ingeschreven architecten-vennoten bezitten.[2342]

Elk voorstel tot toelating van nieuwe vennoten moet eerst ter goedkeuring worden voorgelegd aan de bevoegde provinciale raad/raden.[2343]

1362.   De aandelen moeten steeds op naam zijn.

Elk voorstel tot overdracht van aandelen moet eerst ter goedkeuring worden voorgelegd aan de bevoegde provinciale raad/raden.[2344]

1363.   Enkel de algemene vergadering mag beslissingen nemen over het bestuur van de vennootschap, en in het bijzonder over de benoeming en het ontslag, de duur van mandaten en de vergoedingen van mandatarissen.[2345]

1364.   In de veronderstellingen beschreven in het Wetboek van Vennootschappen moet de zaakvoerder de algemene vergadering samenroepen telkens een architect-vennoot hierom verzoekt. Deze architect bepaalt de gewenste agendapunten van de algemene vergadering.[2346]

vi.   De architect-stagiair

1365.   In overeenstemming met artikel 2, § 3 Architectenwet bepaalt de Aanbeveling dat stagiairs geen vennootschap mogen oprichten, noch vennoot, zaakvoerder, bestuurder, lid van het directiecomité mogen zijn, behalve in een vennootschap waarbinnen zij het beroep uitoefenen met hun stagemeester of met een architect die is ingeschreven op een van de tableaus van de Orde van Architecten.[2347]

vii.   Naam en logo

1366.   De naam van de vennootschap moet de term 'architect' bevatten.[2348]

Alle documenten uitgaande van de vennootschap moeten de naam vermelden, steeds voorafgegaan of gevolgd, naargelang van het geval, door de termen 'burgerlijke vennootschap' of 'burgerlijke vennootschap met handelsvorm'.[2349]

[2342]   Art. 6.5.1 Aanbeveling 24 november 2017.
[2343]   Art. 6.5.2 Aanbeveling 24 november 2017.
[2344]   Art. 6.6 Aanbeveling 24 november 2017.
[2345]   Art. 6.4.1 Aanbeveling 24 november 2017.
[2346]   Art. 6.4.2 Aanbeveling 24 november 2017.
[2347]   Art. 6.3.3 Aanbeveling 24 november 2017.
[2348]   Art. 4.1 Aanbeveling 24 november 2017.
[2349]   Art. 4.2 Aanbeveling 24 november 2017.

Benamingen of logo's die de eer, de discretie of de waardigheid van het beroep of van de leden van de Orde in het gedrang kunnen brengen, zijn verboden.[2350]

De vennootschap heeft slechts één benaming en dat is degene die vermeld is in de statuten. Afkortingen, vertalingen of andere transcripties van deze benaming zijn niet toegestaan. De vennootschapsvorm mag worden afgekort.[2351]

Indien de benaming of het logo de naam van een architect-natuurlijke persoon bevat, moeten de vennootschap en de vennoten erover waken dat de naam van de architect-natuurlijke persoon wordt verwijderd indien de architect-natuurlijke persoon wordt geschrapt met een tuchtbeslissing die in kracht van gewijsde is gegaan.[2352]

Alle vennoten moeten in het kader van hun activiteiten binnen de vennootschap papier met hetzelfde briefhoofd gebruiken.[2353]

De namen van alle architecten-vennoten worden vermeld op alle documenten uitgaande van de gewone vennootschap.[2354]

Contracten gesloten tussen een gewone vennootschap en haar klanten moeten altijd de identiteit van de officieel ingeschreven architect vermelden die is belast met de opdracht.[2355]

viii. Ontbinding en vereffening

1367. Bij ontbinding van de vennootschap worden door de vereffenaars, met inachtneming van de regels van de deontologie, de nodige schikkingen getroffen ter vrijwaring van de belangen van de cliënten, onder meer wat betreft de voortzetting van contracten, lopende architectuuropdrachten en de tienjarige aansprakelijkheid.[2356]

Voor de lopende opdrachten zal/zullen een of meerdere perso(o)n(en) worden aangesteld die het beroep van architect mag (mogen) uitoefenen en ingeschreven is (zijn) op een van de tableaus van de Orde van Architecten om voor rekening van de vennootschap in vereffening deze opdrachten verder uit te voeren.[2357]

1368. Elke ontbindingsvoorstel zal onverwijld worden meegedeeld aan de bevoegde (provinciale) raad (raden) met vermelding van de regeling inzake de lopende opdrachten en de tienjarige aansprakelijkheid.[2358]

[2350] Art. 4.3 Aanbeveling 24 november 2017.
[2351] Art. 4.4 Aanbeveling 24 november 2017.
[2352] Art. 4.6 Aanbeveling 24 november 2017.
[2353] Art. 4.7 Aanbeveling 24 november 2017.
[2354] Art. 4.8 Aanbeveling 24 november 2017.
[2355] Art. 4.10 Aanbeveling 24 november 2017.
[2356] Art. 8.1 Aanbeveling 24 november 2017.
[2357] Art. 8.2 Aanbeveling 24 november 2017.
[2358] Art. 8.3 Aanbeveling 24 november 2017.

1369. De vereffening mag enkel worden voltooid indien er geen lopende opdrachten meer zijn of indien alle contracten met betrekking tot lopende opdrachten werden overgedragen op externe architecten.[2359]

B. DE AANSPRAKELIJKHEID VAN DE MIDDELENVENNOOTSCHAP EN VAN DE ARCHITECT-NATUURLIJKE PERSOON

1370. Artikel 4 Architectenwet bepaalt dat de bouwheer verplicht is om een beroep te doen op een architect voor het opmaken van de plannen en voor de controle op de uitvoering van de werken. Met andere woorden, enkel een architect kan de plannen opmaken en controle uitoefenen op de uitvoering van de werken. Een niet-ingeschreven rechtspersoon kan deze taken niet vervullen.

Van het wettelijk monopolie van de architect kan niet worden afgeweken door het uitvoeren van de architectenopdracht in het kader van een middelenvennootschap. Het wettelijk monopolie kan niet worden overgedragen aan de (niet-ingeschreven) rechtspersoon waarin de architect zijn beroepsactiviteit uitoefent.[2360]

In die zin kan ook verwezen worden naar het arrest van het Grondwettelijk Hof van 10 oktober 2001. Een architect oefende zijn activiteit uit in het kader van een BVBA. Hoewel de overeenkomst met de bouwheer enkel door de BVBA werd gesloten, werd zowel een aansprakelijkheidsvordering ingesteld tegen de BVBA als tegen de architect-natuurlijke persoon. De architect-natuurlijke persoon betwistte hierop de ontvankelijkheid van de vordering die tegen hem werd ingesteld. Het Grondwettelijk Hof oordeelde dat de aansprakelijkheid van de architect-natuurlijke persoon daadwerkelijk persoonlijk is, gelet op het feit dat de wettelijke opdracht die bij de wet van 20 februari 1939 uitsluitend aan hem is toegekend.[2361]

Uit dit arrest dient afgeleid te worden dat de persoonlijke aansprakelijkheid van de architect-natuurlijke persoon beperkt is tot het wettelijk monopolie van de architect. De architect kan derhalve niet persoonlijk aansprakelijk worden gesteld voor opdrachten die niet ressorteren onder dit monopolie (expertiseopdrachten, opstellen van plaatsbeschrijvingen, schatting van gebouwen …) of voor het stellen van handelingen die geen verband houden met het uitoefenen van de beroepsactiviteit als dusdanig (aankoop van bureaumaterieel, aanwerving van personeel, verhuring van het bedrijfsgebouw …).[2362] Voor dergelijke handelingen en opdrachten zal enkel de middelenvennootschap, als contractpartij van de bouwheer, contractueel aansprakelijk kunnen zijn.

[2359] Art. 8.4 Aanbeveling 24 november 2017.
[2360] Brussel 17 maart 2004, *RRD* 2004, afl. 113, 333; S. SCHOENMAEKERS, *The Regulation of Architects in Belgium and the Netherlands, Ius Commune Europaeum*; 89, Antwerpen, Intersentia, 2010, 231-233.
[2361] Arbitragehof 10 oktober 2001, nr. 121/2001.
[2362] Gent 18 juni 2004, *TBO* 2004, 238; Brussel 17 maart 2004, *RRD* 2004, 333; R. VAN BOVEN, "De vrije beroepsbeoefenaar en de professionele vennootschap", *Not.Fisc.M.* 2003, 163.

1371. De vraag rees of uit het bovenstaande diende afgeleid te worden dat de middelenvennootschap niet aansprakelijk kon worden gesteld, ook niet samen met de architect(en), voor de taken die voorbehouden zijn aan de architect. Immers, het wettelijk monopolie kan niet worden overgedragen aan de middelenvennootschap. Lang was er hierover controverse in de rechtspraak.

Zo oordeelde het hof van beroep van Antwerpen in een arrest van 20 november 2002 dat artikel 1 van de wet van 20 februari 1939 miskend wordt indien de rechtspersoon eveneens aansprakelijk wordt gesteld wegens de gebrekkige uitvoering van de opdracht van de architect.[2363] In dezelfde zin stelde het hof van beroep van Gent in diverse arresten dat de middelenvennootschap ter zake geen aansprakelijkheid draagt[2364] en dat enkel de architect-natuurlijke persoon aansprakelijk kan worden gesteld, ondanks het gegeven dat de architectenvennootschap het contract gesloten heeft met de bouwheer. De architectenvennootschap dient immers louter als een administratief vehikel beschouwd te worden.[2365]

In enkele uitspraken werd anders geoordeeld. Zo stelde het hof van beroep van Gent in zijn arrest van 18 juni 2004 dat de financiële gevolgen van de fouten van de architect-natuurlijke persoon verhaald kunnen worden op de middelenvennootschap die met de bouwheer contracteerde en die het ereloon heeft opgestreken.[2366] Volgens een arrest van het hof van beroep van Brussel belet het verbod in hoofde van een architect om de aansprakelijkheid die gepaard gaat met zijn wettelijke opdracht over te dragen of te beperken, niet dat een middelenvennootschap zich contractueel kan verbinden om een architectenopdracht te laten uitvoeren door haar orgaan, aangestelde of werknemer die als natuurlijke persoon wel beantwoordt aan de bepalingen van de wet van 20 februari 1939 en de wet van 26 juni 1963 tot instelling van een Orde van Architecten. Dit belet evenmin dat zij, naast de architect in persoon, de aansprakelijkheid van de architect op zich neemt.[2367]

Intussen bevestigde het Hof van Cassatie in zijn principearrest van 9 september 2016 dat, aangezien de middelenvennootschap de medecontractant is van de

---

[2363] Antwerpen 20 november 2002, onuitg.

[2364] Gent 16 november 2012, nr. 2006/AR/1794, onuitg.

[2365] Rb. Oost-Vlaanderen (afd. Gent) (12e k.) 8 februari 2016, *TBO* 2016, 472; Gent 14 maart 2014, *TBO* 2015, 40, afkeurende noot F. BURSSENS en L. DE SMIJTER, en intussen verbroken in cassatie (zie verder); in dezelfde zin Brussel 17 maart 2004, *RRD* 2004, 333; Gent 18 juni 2004, *TBO* 2004, 238; K. UYTTERHOEVEN, "De contractuele aansprakelijkheid van een 'niet-Laruelle architectenvennootschap'", *TBO* 2017, 354 e.v., en de verwijzingen naar rechtspraak en rechtsleer aldaar.

[2366] Gent 18 juni 2004, *TBO* 2004, 238.

[2367] Brussel 28 mei 2013, nr. 2009/AR/1417, onuitg., vermeld in K. UYTTERHOEVEN, "De contractuele aansprakelijkheid van een 'niet-Laruelle architectenvennootschap'", *TBO* 2017, 357, waar ook verwezen wordt naar Brussel 12 januari 2016, nr. 2013/AR/816, onuitg.; in dezelfde zin t.a.v. een landmeter: de landmeter werd op grond van art. 12 *juncto* art. 18 KB 15 december 2005 persoonlijk verantwoordelijk geacht, en zijn vennootschap was jegens de opdrachtgever solidair gehouden op basis van haar contractuele verantwoordelijkheid, Antwerpen (2e k.) 18 mei 2016, *TBO* 2017, 187.

opdrachtgever, deze vennootschap bij toepassing van artikel 1134, eerste lid BW dan ook de schuldenaar is van de verbintenissen die zij in de architectenovereenkomst is aangegaan en daarop kan worden aangesproken.[2368]

Dit betekent dat wat de contractuele tekortkomingen betreft die betrekking hebben op taken die onder het monopolie vallen van de architect (nl. het concept en de controle op de ruwbouwwerken), en waarvoor de architect een persoonlijke verantwoordelijkheid heeft, de middelenvennootschap samen (desgevallend *in solidum*) met de architect kan worden aangesproken. Niet de architect, maar enkel de middelenvennootschap aansprakelijk kan worden gesteld voor alle andere fouten.

C. De overdracht van erelonen door de architect-natuurlijke persoon aan de middelenvennootschap

1372. De architect-natuurlijke persoon kan zijn tegoed aan erelonen overdragen aan de middelenvennootschap. Deze overdracht is tegenstelbaar aan de opdrachtgever door de kennisgeving ervan. Deze kennisgeving is gebeurd door de ingebrekestelling uitgaande van de vennootschap aan de opdrachtgever m.b.t. de achterstallige erelonen. Deze overdracht van erelonen betekent evenwel niet dat ook de verbintenissen van de architect tegenover de opdrachtgever zouden zijn overgegaan op de vennootschap.[2369]

AFDELING 4. VERPLICHTE BIJSTAND VAN DE ARCHITECT

§ 1. PRINCIPE: VERPLICHTING, TENZIJ VRIJSTELLING OF NIET VERGUNNINGSPLICHTIG

1373. Luidens artikel 4 Architectenwet moeten de Staat, de provincies, de gemeenten, de openbare instellingen en de particulieren een beroep doen op de medewerking van een architect voor het opmaken van de plans en de controle op de uitvoering van de werken voor welke door de wetten, besluiten en reglementen een voorafgaande aanvraag om toelating tot bouwen is opgelegd.

Artikel 4.2.1 VCRO bepaalt waarvoor in beginsel een omgevingsvergunning voor stedenbouwkundige handelingen vereist is.[2370]

[2368] Cass. 9 september 2016, *TBO* 2017, 354, noot K. UYTTERHOEVEN, *RABG* 2017, afl. 2, 87, *TRV-RPS* 2017, afl. 6, 738, noot S. DE COSTER, "Aansprakelijkheid van een architectenvennootschap die het beroep van architect niet zelf uitoefent".

[2369] Luik 7 juni 2012, *JLMB* 2013, 827.

[2370] Hiervan kan worden afgeweken zoals bepaald in Besl.Vl.Reg. 16 juli 2010 tot bepaling van stedenbouwkundige handelingen waarvoor geen omgevingsvergunning nodig is.

In principe is de medewerking van een architect dus niet verplicht als een vergunning niet vereist is.[2371] Zelfs als er voor gespecialiseerde en moeilijke (restauratie)werken aan een gebouw geen vergunning vereist is, en er in principe dus geen architect moet worden ingeschakeld, dient de aannemer toch de werken te weigeren of minstens de bouwheer op zijn verantwoordelijkheid te wijzen.[2372]

Voor vergunningsplichtige handelingen is de medewerking van een architect verplicht, tenzij deze handelingen bij KB vrijgesteld zijn van de tussenkomst van een architect.[2373] Voor Vlaanderen geldt thans het besluit van de Vlaamse Regering van 23 mei 2003 tot bepaling van de handelingen die vrijgesteld zijn van de medewerking van de architect (hierna Besluit Vrijstelling Architect).[2374]

De werken die vrijgesteld zijn van de verplichte medewerking van een architect, zijn veelal werken van weinig belang of geringe omvang, maar niet altijd. In 2003 vorderde de Orde van Architecten de nietigheid van het Besluit Vrijstelling Architect wegens strijdigheid met de parlementaire voorbereiding van de Architectenwet. De Orde voerde aan dat daaruit zou blijken dat het vrijstellen van werken van de medewerking van een architect enkel geoorloofd is indien de stevigheid, de veiligheid en de esthetica van de bouwwerken niet in het gedrang komen zodat de tussenkomst van een architect niet noodzakelijk is. De Raad van State oordeelde evenwel dat de Architectenwet niet in het criterium voorziet dat enkel werken van weinig belang vrijgesteld kunnen worden.[2375] Aldus biedt deze uitzonderingsbepaling aan de Vlaamse Regering een voldoende rechtsgrond om die werken van de verplichte tussenkomst van de architect vrij te stellen, waarvoor zij die tussenkomst overbodig acht, ook indien deze werken niet van weinig belang of van geringe omvang zijn.

Enkele interessante vrijstellingen die opgenomen zijn in het Besluit Vrijstelling Architect zijn de volgende:

- het aanbrengen van een gevelsteen, een bepleistering of een andere gevelbekleding aan de buitenkant van een vergund gebouw, zonder dat een wijziging van de fundering noodzakelijk is;
- het aanbrengen, wijzigen en dichtmaken van raam- en deuropeningen aan de buitenkant van een vergund gebouw;
- het plaatsen van schotelantennes aan de buitenkant van een vergund gebouw;
- het plaatsen van een serre, veranda, tuinhuisje, bergplaats, garage of carport, niet groter dan 40 m², met een kroonlijsthoogte van maximaal 3 meter en een nokhoogte van maximaal 4,50 meter;
- het aanleggen of wijzigen van een zwembad met een totale oppervlakte van maximaal 150 m² in de open lucht op minstens 2 meter afstand van de perceelgrenzen en gebouwen;

[2371] Art. 4, eerste en derde lid Architectenwet; art. 21, eerste lid Reglement van beroepsplichten *juncto* art. 4.2.1 VCRO.
[2372] Antwerpen 5 september 1995, *AJT* 1995-96, 404.
[2373] Art. 4, derde lid Architectenwet.
[2374] *BS* 16 juli 2003.
[2375] RvS 22 september 2009, nr. 196.257, *Juristenkrant* 2009, afl. 198, 2.

– het plaatsen van een niet overdekt terras aan een horecazaak;
– het plaatsen of wijzigen van publiciteitsinrichtingen of uithangborden;
– het aanleggen of wijzigen van recreatieve terreinen (golfterreinen, voetbalter-
  reinen, tennisvelden …), voor zover het geen gebouwen betreft.

1374. Het Besluit Vrijstelling Architect bepaalt bij diverse vrijstellingen uitdrukkelijk dat zij enkel gelden voor zover ze noch de oplossing van een constructieprobleem met zich meebrengen, noch de stabiliteit van het gebouw wijzigen
(bv. voor het aanbrengen van gevelsteen, dakvlakvensters, zonnepanelen, voor
een functiewijziging, of voor de verbouwings- en inrichtingswerkzaamheden
binnen in een gebouw).

De omstandigheid dat een vergunning wordt verleend voor de oprichting
van een voor een bepaalde functie bestemd gebouw, houdt niet in dat de tussenkomst van de architect verplicht is voor alle werken die noodzakelijk zijn voor
het gebruik van het gebouw overeenkomstig die bestemming. Na de uitvoering
van de ruwbouwwerken is de bouwheer dus niet verplicht om een beroep te doen
op de medewerking van een architect voor de afwerkingswerken waarvoor er op
zich geen vergunning is vereist, of die wettelijk vrijgesteld zijn van de medewerking van een architect. Het is dan ook volkomen rechtsgeldig om de architect
enkel te gelasten met prestaties wat betreft de ruwbouw-winddichtfase[2376], tenzij
de afwerkingswerken de oplossing van een constructieprobleem met zich meebrengen of de stabiliteit van het gebouw wijzigen.[2377]

1375. De vraag of de (afwerkings)werken van die aard zijn dat zij constructiepro-
blemen oplossen of de stabiliteit van het gebouw aantasten, dient *in concreto* te worden beoordeeld.[2378] Indien er in de afwerkingsfase toch werken worden uitgevoerd
waarvoor er op zich een vergunning vereist is én die niet vrijgesteld zijn van de medewerking van een architect, dient de architect hierop toch controle uit te oefenen.

Zo is de medewerking van een architect wel wettelijk vereist voor het plaatsen
van het dak en de dakbedekking, zoals de roofing van een nieuwe woning, nu dit
de constructie raakt.[2379]

Het Besluit Vrijstelling Architect maakt geen onderscheid tussen constructieve wijzigingen aan een gebouw die al dan niet beperkt van aard zijn. Zodra

---

[2376] Luik 19 juni 2014,nr. 2012/AR/1865, www.juridat.be; Rb. Antwerpen 17 februari 1981, *T.Aann.*
1981, 128; K. UYTTERHOEVEN, "Het monopolie van de architect en de onverenigbaarheden"
in K. UYTTERHOEVEN (ed.), *De architect in de 21e eeuw. Beschermde ondernemer of (vogel)
vrij beroep? De wet van 20 februari 1939: 75 jaar*, Antwerpen, Intersentia, 2016, (21) 46-47; J.-F.
HENROTTE en L.-O. HENROTTE, *L'architecte. Contraintes actuelles et statut de la profession
en droit belge*, Brussel, Larcier, 2013, 50, nr. 48.
[2377] Cass. 19 mei 2016, *TBO* 2017, 32, noot A. QUIRYNEN, "Het wettelijk monopolie van de architect en de verplichte bouwbijstand: beperking van de 'volledige' (controle)opdracht tot ruwbouw wind- en waterdicht", *RW* 2017-18, 1218.
[2378] Cass. 19 mei 2016, *TBO* 2017, 32, *RW* 2017-18, 1218; RvVb/A/1516/0811 van 15 maart 2016.
[2379] Antwerpen 11 april 1989, *T.Aann.* 1990, 368.

handelingen een constructieve wijziging met zich meebrengen, vallen zij niet langer onder het toepassingsgebied van de bewuste bepalingen van het Besluit Vrijstelling Architect.[2380]

1376. Voor meldingsplichtige handelingen stelt artikel 4.2.2, § 2 VCRO expliciet dat een meldingsakte gelijkgesteld wordt met een voorafgaande toelating om te bouwen voor wat de toepassing van artikel 4 Architectenwet betreft, behalve als de meldingsakte alleen betrekking heeft op handelingen die niet gebouwd worden. In principe zullen de meldingsplichtige handelingen dus ook de medewerking van een architect vereisen, tenzij het gaat om vrijgestelde handelingen of handelingen die niet gebouwd worden.

1377. Wanneer de medewerking van een architect vereist is bij een digitale vergunningsaanvraag of melding, meldt de architect die verantwoordelijk is voor de plannen bij de aanvraag of bij de melding, zich aan in het omgevingsloket in zijn hoedanigheid van architect en ondertekent hij de aanvraag of de melding in het omgevingsloket.[2381] De medeondertekening van de aanvrager is dan niet vereist.[2382]

Artikel 155, eerste lid Omgevingsvergunningenbesluit vereist uitdrukkelijk dat de architect in kwestie ingeschreven is bij de Orde van Architecten en als zodanig opgenomen is in hun databank van ingeschreven architecten.

Vóór de invoering van de omgevingsvergunning was bij het indienen van een vergunningsaanvraag een visum nodig dat bewees dat de in het aanvraagformulier vermelde architect was ingeschreven bij de Orde van Architecten en gerechtigd was om het beroep van architect uit te oefenen. Artikel 155, tweede lid Omgevingsvergunningenbesluit stelt de digitaal ondertekende aanvragen of meldingen vrij van het visum van de Orde van Architecten.[2383] De Orde van Architecten blijft evenwel controle uitoefenen op wie gerechtigd is het beroep van architect uit te oefenen in nauwe samenwerking met de Vlaamse overheid. Deze controles gebeuren thans door middel van steekproeven en niet meer automatisch.

§ 2. OPENBARE ORDE

1378. De wetgeving ter zake heeft enerzijds tot doel de bouwheer te beschermen, en anderzijds de openbare veiligheid, die eist dat bouwwerken stevig en veilig zijn.[2384] De architect vervult een taak van algemeen belang[2385], reden waarom

---

[2380] RvVb/A/1819/0073 van 18 september 2018.
[2381] Art. 155, eerste lid Besl.Vl.Reg. tot uitvoering van het decreet van 25 april 2014 betreffende de omgevingsvergunning (hierna Omgevingsvergunningenbesluit).
[2382] Art. 155, derde lid Omgevingsvergunningenbesluit.
[2383] Art. 155, tweede lid Omgevingsvergunningenbesluit.
[2384] Rb. Antwerpen (12ᵉ k. B) 21 december 2006, *TBO* 2007, 228.
[2385] MvT, *Parl.St.* Kamer, 1936-37, nr. 236.

deze wetgeving van openbare orde[2386] is en derhalve strikt dient te worden geïnterpreteerd.[2387] Het miskennen van de wettelijk verplichte tussenkomst van een architect wordt gesanctioneerd met een absolute nietigheid (zie ook verder).[2388]

§ 3. MINIMALE OMVANG VAN DE ARCHITECTENOPDRACHT

1379. De Architectenwet regelt de architectenopdracht als zodanig niet. De wet bepaalt enkel wat de tussenkomst van de architect in het bouwproces minstens moet omvatten: het opmaken van de plannen, en het toezicht op de uitvoering ervan.[2389]

Hiermee vervult de architect een taak van algemeen belang. Zijn tussenkomst strekt ertoe de veiligheid en de gezondheid van het gebouw te garanderen, zowel in het voordeel van de gebruikers ervan als van het publiek in het algemeen.[2390]

Wat precies onder het opmaken van de plannen en de controle op de uitvoering van de werken moet worden begrepen, blijkt niet uit de wet. Er kan worden aangenomen dat alle andere aspecten dan degene opgesomd in de wet (bv. de aanbesteding, de afwerking en bekleding, de installaties, de coördinatie van de verschillende aannemingen, het onderzoek van de rekeningen …) door de bouwheer zelf in handen genomen kunnen worden of uitbesteed aan derden.

1380. De bouwheer kan voor de verschillende aspecten van het bouwproces contracten sluiten met verschillende architecten. Geoordeeld werd dat artikel 4 Architectenwet niet verhindert dat de opdrachtgever de architect enkel belast met het maken van een voorontwerp en dat de opdracht voor het uitvoeringsontwerp, de technische leiding en het toezicht op de werken aan een andere architect werd toevertrouwd na de goedkeuring van het voorontwerp.[2391]

De architect mag een opdracht voor het opmaken van een uitvoeringsontwerp evenwel niet aanvaarden zonder tegelijkertijd belast te zijn met de controle op de uitvoering van de werken, behoudens wanneer hij de verzekering heeft dat een andere architect met de controle belast is.[2392]

Het hof van beroep van Gent haalde terecht aan dat de beroepsregelgeving en de deontologie geen vermoeden instellen (laat staan een onweerlegbaar vermoe-

---

[2386] Een wet is van openbare orde wanneer zij de wezenlijke belangen van de Staat of van de gemeenschap betreft of, in het privaatrecht, de juridische grondslagen vastlegt waarop de economische of morele orde van de samenleving berust (Cass. 10 september 2015, *TBO* 2016, 131).

[2387] Cass. 6 januari 2012, AR C.10.082.F. Zie ook Brussel 18 november 1980, *Turnh.Rechtsl.* 1982, 18; Rb. Luik 17 februari 1994, *T.Aann.* 1996, 93.

[2388] Rb. Waals-Brabant 23 oktober 2015, *RJI* 2015, afl. 4, 395.

[2389] Art. 4 Architectenwet.

[2390] Brussel 17 november 2014, *RJI* 2015, afl. 2, 130, *RJI* 2016, afl. 4, 271.

[2391] Cass. 26 juni 1992, *Arr.Cass.* 1991-92, 1038, *Pas.* 1992, I, 963, *RW* 1992-93, 302.

[2392] Art. 21 Reglement van beroepsplichten, vastgesteld bij KB 18 april 1985.

den) dat de architect noodzakelijkerwijze *in concreto* ook steeds en effectief met de controle op de uitvoering van de werken is gelast.[2393]

1381. Het volstaat niet dat de bouwheer zich enkel bij de voorlopige oplevering van de bouw laat bijstaan door een architect. De architect dient daadwerkelijk de controle te hebben tijdens de uitvoering van de werken. Wordt hem dit geweigerd, dan moet hij zijn architectenopdracht beëindigen.[2394]

Dit belet de bouwheer uiteraard niet om zelf of met behulp van derden bijkomend toezicht te houden op de uitvoering van de werken.

Zodra de architectenopdracht beëindigd is, maar de werken die de medewerking van een architect vereisen nog niet beëindigd zijn, mag de bouwheer de werken niet verder laten uitvoeren, tenzij mits medewerking van een andere architect.

§ 4. MISKENNING VAN DE VERPLICHTING – MISDRIJF

A. *In hoofde van de bouwheer*

1382. De miskenning van de verplichting om een beroep te doen op de medewerking van een architect voor vergunningsplichtige, niet vrijgestelde werken, wordt bestraft met een geldboete van 200 tot 1000 euro.[2395]

Het misdrijf is verschoonbaar indien, na concrete toetsing van de feitelijke gegevens, een onoverwinnelijke dwaling wordt aangetoond.[2396]

Het misdrijf doet zich ook voor wanneer de bouwheer de plannen wel door een architect heeft laten opmaken, maar geen architect heeft aangesteld voor de controle.

De bouwheer die een beroep op een architect heeft gedaan om uiteindelijk volgens een ander plan te bouwen dan waarvoor een omgevingsvergunning werd verleend, maakt zich eveneens schuldig aan een misdrijf.

1383. Het als eigenaar toestaan of aanvaarden dat handelingen uitgevoerd worden zonder de controle van een architect als die controle verplicht is door de Architectenwet en haar uitvoeringsbesluiten wordt sinds kort ook gekwalificeerd als een stedenbouwkundige inbreuk, die bestraft wordt met een exclusieve geldboete van maximaal 400.000 euro.[2397]

[2393] Gent (9ᵉ k.) 7 oktober 2016, nr. 2009/AR/666, onuitg.
[2394] P. RIGAUX, *L'architecte, le droit de la profession*, Brussel, Larcier,1975, 68.
[2395] Art. 10, derde lid Architectenwet.
[2396] Antwerpen 19 januari 1993, *Turnh.Rechtsl.* 1993, 700.
[2397] Art. 31 Decr.Vl. 25 april 2014 betreffende de handhaving van de omgevingsvergunning, in werking getreden op 1 maart 2018 ingevolge art. 51, 1° van het Handhavingsbesluit Ruimtelijke Ordening van 9 februari 2018; art. 6.2.2, 5° en 7° VCRO.

Deze inbreuk werd nooit eerder als een stedenbouwkundige inbreuk aangemerkt. Dat dit nu wel het geval is, heeft twee redenen. Ten eerste wordt de verplichte architectencontrole over vergunnings- en meldingsplichtige werken als uiterst belangrijk beschouwd voor de uitvoering van het gewestelijk beleid inzake ruimtelijke ordening. Ten tweede werd de beperkte sanctiemogelijkheid van artikel 10 Architectenwet door zowel de Orde van Architecten, de diverse vakorganisaties als de Vlaamse en gemeentelijke overheden al jaren als inadequaat ervaren.[2398]

Niet alleen gaat het parket zelden of nooit over tot vervolging van een bouwheer die werken uitvoert zonder controle van een architect, maar vermits het vroeger niet om een stedenbouwkundige inbreuk ging kon er ook geen stakingsbevel bevolen worden in een dergelijk geval. Na het opstellen van een proces-verbaal op grond van de Architectenwet kon de bouwheer in feite de werken voortzetten zonder controle van een architect.[2399]

Door deze inbreuk te kwalificeren als een stedenbouwkundige inbreuk in de VCRO, kan de sanctionering ervan bestuurlijk en op Vlaams niveau gebeuren, los van het parket, en kan er een stakingsbevel opgelegd worden tot de controle van een architect opnieuw verzekerd is.[2400]

Men beschouwt deze inbreuk evenwel als een administratieve inbreuk, die geen rechtstreekse ruimtelijke schade doet ontstaan. Daarom is het geen stedenbouwkundig misdrijf, maar enkel een stedenbouwkundige inbreuk.[2401]

1384. Hoewel hier in twee parallelle sanctiemechanismen voorzien is op twee verschillende niveaus, enerzijds door de federale Architectenwet, anderzijds door de Vlaamse decreetgever in de VCRO, kan dit niet tot gevolg hebben dat een persoon tweemaal voor hetzelfde feit gestraft wordt. Dit vloeit voort uit het algemene beginsel 'non bis in idem': iemand die strafrechtelijk definitief werd veroordeeld of vrijgesproken in toepassing van de Architectenwet, kan aldus niet nog eens bestuurlijk worden vervolgd of beboet in toepassing van het nieuwe artikel 6.2.2 VCRO voor identiek hetzelfde feit, of omgekeerd.[2402]

Het EHRM heeft dit beginsel intussen reeds gerelativeerd.[2403] Na een gerechtelijke veroordeling of bestuurlijke boete kan immers wél nog een gerechtelijke of bestuurlijke herstelmaatregel volgen. Een herstelmaatregel is geen strafvordering, maar enkel een maatregel van burgerlijke aard die het herstel in de vorige staat beoogt.[2404]

[2398] *Parl.St.* Vl.Parl. 2013-14, 2419 – nr. 1, 26.
[2399] *Parl.St.* Vl.Parl. 2013-14, 2419 – nr. 1, 26.
[2400] Art. 6.4.4 VCRO.
[2401] *Parl.St.* Vl.Parl. 2013-14, 2419 – nr. 3, 5.
[2402] Arbitragehof 6 december 2000, nr. 127/200.
[2403] EHRM 18 mei 2017, nr. 22007/11, *Jóhanneson e.a./IJsland*; EHRM 15 november 2016, nr. 24310/11 en 29758/11, *A. en B./Noorwegen*; P. LEFRANC, "Enkele aspecten van het handhaven van een goede ruimtelijke ordening na de Codextrein", *TMR* 2018/4, 429.
[2404] Cass. 29 april 2015, *Arr.Cass.* 2015, 1105.

B. In hoofde van de architect

1385. De architect die zijn persoonlijke architectennummer tegen vergoeding laat vermelden op bouwplannen die opgemaakt zijn door iemand die daar wettelijk niet toe bevoegd is (zogenaamde "naamlening"), maakt zich schuldig aan valsheid in geschrifte en pleegt een inbreuk op artikel 4 Architectenwet.[2405]

Naast een strafrechtelijke veroordeling riskeert de architect tevens een ernstige tuchtstraf. Zo werd een tuchtstraf van twee jaar schorsing van het recht om zijn beroep uit te oefenen opgelegd aan een architect die zich schuldig had gemaakt aan naamlening, onvoldoende bijstand en het aanvaarden van onvolledige opdrachten omdat was gebleken dat hij samenwerkte met verschillende tekenaars en zich ertoe beperkte om hun plannen te ondertekenen.[2406] Zo ook werd de tuchtsanctie van schrapping opgelegd aan een architect die reeds eerder gedurende zes maanden geschorst was, aangezien hij geen schriftelijke contracten had opgesteld, geen controle had uitgevoerd en zich ertoe beperkte de plannen die opgesteld werden door een tekenaar, te ondertekenen.[2407]

C. In hoofde van de aannemer

1386. De strafrechtelijke sanctie van artikel 10 Architectenwet is niet van toepassing op de aannemer.[2408] De verplichting om met controle van een architect te bouwen rust immers enkel op de bouwheer.

1387. Het uitvoeren van handelingen zonder de controle van een architect als die controle verplicht is door de Architectenwet en haar uitvoeringsbesluiten wordt evenwel sinds kort ook gekwalificeerd als een stedenbouwkundige inbreuk, die bestraft wordt met een exclusieve geldboete van maximaal 400.000 euro.[2409] Voor de bespreking van deze stedenbouwkundige inbreuk, zie § 4, A.

§ 5. MISKENNING VAN DE VERPLICHTING – BURGERRECHTELIJKE GEVOLGEN

A. In hoofde van de bouwheer

1388. De bouwheer die geen beroep doet op een architect begaat niet enkel een strafrechtelijk misdrijf en een stedenbouwkundige inbreuk, maar ook een bur-

---

[2405]   Gent 17 april 1967, *RW* 1966-67, 2056; vgl. Cass. 30 maart 1976, *Arr.Cass.* 1976, 877, *Pas.* 1976, I, 837.

[2406]   Cass. 17 december 1982, *RW* 1982-83,1808.

[2407]   Raad van Beroep van de Orde van Architecten 23 februari 2011, *Not. 10/30916*, onuitg.

[2408]   Vgl. Gent 17 mei 1985, *T.Aann.* 1987, 191.

[2409]   Art. 6.2.2, 5° VCRO.

gerrechtelijke fout. Deze fout kan tot gevolg hebben dat hij zelf een deel van de schade wegens gebreken in de bouw dient te dragen.[2410] De bouwheer dient meer bepaald in te staan voor de schade die, mits controle over de werken door een architect, had kunnen worden voorkomen.[2411]

De overeenkomst tussen een bouwheer en een aannemer voor de uitvoering van vergunningsplichtige werken, waarin is gestipuleerd dat er geen beroep wordt gedaan op een architect en dat de aannemer diens functie op zich neemt, is nietig omdat dit indruist tegen het wettelijke verbod van cumul van de taak van architect en die van aannemer.[2412] Dit verbod raakt de openbare orde.

De overeenkomst gesloten met een interieurarchitect met betrekking tot vergunningsplichtige werken heeft een ongeoorloofde oorzaak en is absoluut nietig indien geen beroep wordt gedaan op een architect en de interieurarchitect bij het sluiten van de overeenkomst wist dat een stedenbouwkundige vergunning noodzakelijk was.[2413]

De bouwheer die geen beroep heeft gedaan op een architect voor de controle op de uitvoering van de werken zal, wanneer hij de woning verkoopt zonder hiervan melding te maken, beschouwd worden als een verkoper te kwader trouw.[2414] De koper mocht er immers van uitgaan dat bij de bouw een architect was ingeschakeld op de bij de wet voorziene wijze.

1389. Op grond van het adagium *nemo auditur suam turpitudinem allegans* werd ook geoordeeld dat de opdrachtgevers die vrijwillig hadden beslist om af te zien van de medewerking van een architect om controle te voeren op de uitvoering van de bouwwerken, niet de ontbinding van de overeenkomst kunnen vragen ten laste van de architect, noch zijn veroordeling om hen te vergoeden voor de schade die voortvloeit uit een tekortkoming aan zijn informatieplicht en/of ontstentenis van toezicht op de werken.[2415]

B. *In hoofde van de architect*

1390. De architect heeft de deontologische plicht om zowel in te staan voor het ontwerp als voor de controle op de uitvoering van de werken. De architect die

---

[2410] Antwerpen 1 december 1997, *TBBR* 1998, 360: een bouwheer liet een gebouw met twee verdiepingen en een terras op het dak van de eerste verdieping oprichten zonder toezicht van een architect, en moest zelf een gedeelte van de schade dragen omdat de schade niet zou ontstaan zijn zonder de fouten van de bouwheer zelf; Luik 4 juni 1991, *JLMB* 1991, 1078; anders Antwerpen 3 november 1997, nr. 1992/2534, nr. 1993/1061 en nr. 1994/1886, onuitg.: daarin werd geoordeeld dat de aannemer alleen de gevolgen van een verkeerde inplanting van een woning diende te dragen.

[2411] A. DELVAUX en D. DESSARD, "Le contrat d'entreprise de construction" in *Rép.Not.*, VIII, 1991, 72, nr. 33.

[2412] Cass. 10 september 1976, *Pas.* 1977, I, 32; Brussel 29 juni 1985, *T.Aann.* 1988, 222.

[2413] Rb. Antwerpen (12ᵉ k. B) 21 december 2006, *TBO* 2007, 228.

[2414] Art. 1643 BW.

[2415] Luik 22 september 2016, *T.Aann.* 2018/1, 53.

---

een onvolledige opdracht heeft aanvaard, kan door de bouwheer enkel op extra-contractuele basis[2416] worden aangesproken indien er een oorzakelijk verband bestaat tussen de fout (bv. het niet uitoefenen van controle op de werken) en de schade.[2417]

Op grond van het adagium *nemo auditur suam turpitudinem allegans* kunnen de opdrachtgevers die vrijwillig beslist hebben om af te zien van de medewerking van de architect om toezicht te houden op de uitvoering van de bouwwerken, niet de ontbinding van de overeenkomst vragen ten laste van de architect, noch zijn veroordeling om hen te vergoeden voor de schade die voortvloeit uit een tekortkoming aan zijn informatieplicht en/of uit de ontstentenis van toezicht op de werken.[2418]

1391. Het ontbreken van controle betekent niet noodzakelijk dat er uitvoeringsfouten zijn gemaakt. Zo kan de verkeerde keuze van de *materialen* door de aannemer niet ten laste gelegd worden van de architect.[2419]

In verscheidene rechterlijke uitspraken werd de architect die geen controle had gevoerd, evenwel schuldig geacht aan wetsontduiking en *in solidum* met de aannemer veroordeeld voor de schade veroorzaakt door uitvoeringsfouten.[2420]

C.   In hoofde van de aannemer

1392. De aannemer die erin toestemt te bouwen zonder controle van een architect begaat een contractuele fout.

Zijn verantwoordelijkheid is des te zwaarder wanneer blijkt dat hij de bouwheer heeft nagelaten te informeren over de noodzaak om een architect in te schakelen en het belang van diens rol.[2421]

De aannemer zal naast de schade die te wijten is aan zijn slechte uitvoering, tevens dienen in te staan voor die schade die voortkomt uit een fout in het concept die hij had moeten zien of wanneer hij blindelings heeft meegewerkt aan werken die niet in overeenstemming zijn met de regels van de kunst.[2422] Immers, ook zonder resultaatsverbintenis draagt de aannemer een advies- en een waarschuwingsplicht voor de fouten en tekorten die hij, gelet op de normale beroepskennis en -bekwaamheid die hij behoort te hebben, bij het onderzoek van het plan diende

---

[2416]   Art. 1382 BW.

[2417]   Rb. Brussel 14 december 1979, *RJI* 1980, 95.

[2418]   Luik 22 september 2016, *T.Aann.* 2018, afl. 1, 52, noot J. VERJUS, en S. FAGNOUL; Rb. Antwerpen (afd. Antwerpen) 9 oktober 2018, *TBO* 2019, 61.

[2419]   Rb. Brussel 18 juni 1987, *T.Aann.* 1988, 213, noot.

[2420]   Gent 30 maart 1992, *TGR* 1992, 42; in dezelfde zin Brussel 14 december 1979, *RJI* 1980, 95; Rb. Brussel 14 januari 1978, *RGAR* 1984, nr. 10.761.

[2421]   Rb. Waals-Brabant 23 oktober 2015, *RJI* 2015, afl. 4, 395; Antwerpen 8 december 1981, *RW* 1982-83, 2476; Rb. Brussel 14 december 1979, *RJI* 1980, 95; P. RIGAUX, *L'architecte*, Brussel, Larcier, 1975, 89 e.v.

[2422]   Luik 4 juni 1991, *JLMB* 1991, 1078: aansprakelijkheid aannemer 90%, bouwheer 10%.

te bemerken.[2423] De aansprakelijkheid van de aannemer strekt zich eveneens uit tot de schade veroorzaakt door de slechte keuze van materialen.[2424]

Volgens bepaalde rechtspraak brengt het feit dat de bouwheer geen architect heeft belast met de controle over de werken de nietigheid van de aannemingsovereenkomst en zelfs de onderaannemingsovereenkomst met zich mee.[2425] Luidens deze rechtspraak moet deze nietigheid, wegens de schending van bepalingen van openbare orde, zelfs ambtshalve worden opgeworpen door de rechter.[2426]

Deze rechtspraak kan niet worden bijgetreden om verscheidene redenen. In de eerste plaats is het zo dat de verplichting in kwestie enkel op de bouwheer rust en niet op de aannemer. Door de nietigheid van de aannemingsovereenkomst kan de bouwheer in principe ontsnappen aan betaling van het loon van de aannemer of van schadevergoeding wegens het niet nakomen van de overeenkomst. Anderzijds heeft de aannemer ook zijn eigen verbintenissen jegens de bouwheer, los van die van de architect (o.m. de goede uitvoering van de werken en de juiste keuze van de materialen). De nietigheid van de aannemingsovereenkomst ontneemt de bouwheer de mogelijkheid om de aannemer in schadevergoeding aan te spreken.

De aannemer die zelf heeft ingestaan voor de plannen en het bestek, neemt de volledige aansprakelijkheid van de architect op zich.

De aannemer kan de architect, die een onvolledige opdracht heeft aanvaard, slechts in vrijwaring aanspreken indien vaststaat dat de deontologische fout van de architect tevens (mede) de oorzaak was van de schade. Geoordeeld werd dat dit niet het geval was in een zaak waarbij de bouwheer de aannemer verweet het gebouw op een verkeerde plaats te hebben ingepland, nl. deels op het erf van de buren. De inplanting overeenkomstig het bouwplan is een werk dat de aannemer op een correcte wijze volgens de regels van goed vakmanschap zou moeten kunnen uitvoeren. Om dezelfde reden moest ook de bouwheer in dit geval een deel van de schade dragen.[2427]

Indien de aannemer in de loop van de werken vaststelt dat de bouwheer geen beroep meer doet op zijn architect, kan hij de werken stilleggen.[2428] De controle van de architect komt immers ook ten goede aan de aannemer.

Of het voortzetten van de werken zonder architect zal beschouwd worden als een fout, is afhankelijk van de graad van afwerking van het gebouw en de complexiteit van de werken. Hoe dan ook doet de aannemer er goed aan om op schriftelijke wijze de bouwheer op zijn plichten ter zake te wijzen.

[2423] Antwerpen 8 februari 1999, *T.Aann.* 1999, 249.
[2424] Rb. Brugge 18 juni 1987, *T.Aann.* 1988, 213, noot; Rb. Antwerpen 3 juni 2004, *RW* 2007-08, 1416-1420.
[2425] Rb. Waals-Brabant 23 oktober 2015, *RJI* 2015, afl. 4, 395.
[2426] Brussel 29 juni 1985, *T.Aann.* 1988, 222.
[2427] Antwerpen 3 november 1997, onuitg., nr. 1992/2534, nr. 1993/1061 en nr. 1994/1886; in dezelfde zin Luik 22 september 2016, *T.Aann.* 2018/1, 53: afwijzing van de vordering in vrijwaring tegenover de architect.
[2428] Luik 22 september 2016, *T.Aann.* 2018/1, 53, noot J. VERJUS en S. FAGNOUL.

In elk geval blijft de aannemer tegenover de opdrachtgever gehouden tot een raadgevingsplicht, wat hem ertoe verplicht om te reageren op elke tekortkoming die hij ontdekt in hoofde van andere tussenkomende partijen.

De overeenkomst waarbij de aannemer ten voordele van de bouwheer de aansprakelijkheden van de architect mee op zich neemt, is geldig, voor zover dit niet tot doel heeft de architect te ontlasten maar enkel aan de bouwheer een bijkomende garantie te bieden.[2429]

§ 6. AFWIJKINGEN

A. Beoordeling in concreto door de provinciegouverneur

1393. Van de verplichting om een beroep te doen op een architect kunnen, ten aanzien van de openbare instellingen en de particulieren, afwijkingen worden toegestaan door de provinciegouverneur, op voorstel van het schepencollege van de gemeente waar de werken moeten worden uitgevoerd.[2430] Volgens de Raad van State heeft die uitzonderingsbepaling betrekking op weinig belangrijke werken die de waarborg van de tussenkomst van een architect niet behoeven.[2431]

De vragen om afwijking gesteund op artikel 4, tweede lid Architectenwet dienen geval per geval door de provinciegouverneur onderzocht en beoordeeld te worden.

B. In acht te nemen criteria

1394. Daarbij kan de gouverneur bepaalde criteria in acht nemen en aldus een bepaald beleid voeren, wat strekt tot de eerbiediging van het beginsel dat al degenen die in dezelfde omstandigheden verkeren op gelijke wijze behandeld worden. Het criterium "kennis en bekwaamheid van de aanvrager op het gebied van bouwtechniek en architectuur" ligt in de lijn van de doelstellingen van de Architectenwet en kan als wettig criterium worden beschouwd.[2432]

Het voorhanden zijn van die kennis en bekwaamheid kan wettig worden vermoed bij titularissen van sommige diploma's, zoals dat van burgerlijk ingenieur.

Die kennis en bekwaamheid is evenwel niet uitsluitend afhankelijk van het diploma en kan er niet toe leiden dat de aanvraag van al degenen die niet aan dit criterium voldoen, automatisch en zonder onderzoek van de correcte gegevens van de zaak wordt geweigerd. Het besluit van de gouverneur van de provincie Antwerpen, dat toelating weigerde aan een landbouwkundig ingenieur die toelating had gevraagd om zelf de plannen van zijn woning op te stellen, werd op die

---

[2429] Cass. 29 september 1972, *T.Aann.* 1975, 8; Cass. 21 september 1979, *Pas.* 1980, I, 100; Brussel 2 juni 1975, *T.Aann.* 1976, 214.

[2430] Art. 4, tweede lid Architectenwet.

[2431] RvS 19 april 1994, nr. 46.910.

[2432] RvS 26 juni 1986, nr. 26.763, *RACE* 1986.

gronden vernietigd. Immers, kennis en bekwaamheid zijn niet uitsluitend afhankelijk van het diploma. Er dient ook rekening te worden gehouden met de aard en de omvang van het bouwwerk en eventueel met nog andere gegevens.[2433]

C. Discretionaire bevoegdheid

1395. Bij de beoordeling van een aanvraag tot afwijking oefent de gouverneur een discretionaire bevoegdheid uit, die slechts het redelijkheidsprincipe als grens heeft. Het komt de Raad van State dan ook niet toe zijn beoordeling van de aanvraag in de plaats te stellen van die van de gouverneur. De Raad van State mag slechts een marginale controle uitoefenen, waarbij hij nagaat of de gouverneur op basis van de in aanmerking genomen gegevens van het dossier redelijkerwijze tot zijn besluit is kunnen komen dat een afwijking van de algemene regel verantwoord is.[2434]

D. Niet enkel voor kleine werken of werken van gering belang

1396. De gouverneur mag een vrijstelling niet weigeren met het argument dat een vrijstelling alleen voor kleine werken of werken van gering belang mogelijk is, vermits dit de afwijkingsmogelijkheid van artikel 4 Architectenwet volkomen zou uithollen.[2435] De afwijking kan ook verleend worden voor het bouwen van een woning.

§ 7. HET BOUWINFORMATIEMODEL (BIM)

1397. Partijen kunnen gebruikmaken van het zogenaamde BIM (*Building Information Model*). Dat is een model dat gebruikt wordt bij het ontwerpen en bouwen van een constructie. Met behulp van digitale technologie wordt informatie over het project gestructureerd beschreven, beheerd en uitgewisseld tijdens de volledige levenscyclus van een project. Op basis van de verzamelde informatie zal bovendien een 3D-model geconstrueerd worden. Het is de bedoeling dat fouten in het ontwerp- en uitvoeringsproces hierdoor eenvoudiger en sneller gedetecteerd worden.[2436]

[2433] RvS 26 juni 1986, nr. 26.763, *RACE* 1986.

[2434] RvS 3 oktober 2011, nr. 215.487: toegestane afwijking voor een persoon met een diploma van een tweejarige cyclus hout en bouw in het onderwijs voor sociale promotie en met ervaring als kwaliteitsinspecteur van een woningbouwonderneming.

[2435] RvS 1 juni 1979, nr. 19.673; RvS 9 juni 1970, nr. 14.154-14.155.

[2436] A. QUIRYNEN, "Actualia: Het BIM-referentieprotocol: eerste stap in de (o.m. juridische) omkadering van BIM in België", *TBO* 2018, 286-288; K. SCHULPEN en J. BOSQUET, "De juridische aansprakelijkheidsaspecten van het bouwinformatiemodel (BIM) – De juridische aspecten van het bouwinformatiemodel (BIM)", *T.Aann.* 2017, 125-126; K. SCHULPEN en J. BOSQUET, "De juridische aansprakelijkheidsaspecten van het bouwinformatiemodel (BIM)

Er bestaat in België geen specifieke wetgeving over het BIM. Het gemeen recht bepaalt dan ook de onderlinge relaties tussen de bouwheer en de bouwactoren die werken met het BIM. Daarom zal een BIM-protocol opgesteld worden dat de afspraken en verwachtingen rond het BIM bevat en onder andere vastlegt wie verantwoordelijk is voor welke informatie en wanneer deze aangeleverd dient te worden. Er werd reeds een Belgisch BIM-referentieprotocol ontwikkeld.[2437]

1398. Vanzelfsprekend kan deze regeling niet tot gevolg hebben dat het monopolie van de architect doorbroken wordt. De architect is en blijft dus verantwoordelijk voor het ontwerp en controleert de uitvoering van de werken. Daarom dient het BIM-protocol duidelijk aan te geven dat iedere projectpartner verantwoordelijk is voor het doorvoeren van wijzigingen binnen de eigen deelmodellen. Wanneer een partij derhalve een wijziging wil aanbrengen in het oorspronkelijke ontwerp van de architect, zal de betreffende partij dit moeten aanvragen bij de architect. Indien de architect hiermee akkoord gaat, zal de architect zélf de wijziging moeten doorvoeren.[2438]

Het BIM-proces kan er enkel toe leiden dat alle partijen in het bouwproces een verhoogde waarschuwings- en meldingsplicht hebben ten aanzien van elkaar. De verschafte informatie zal immers (meestal) gedetailleerder zijn dan wanneer gewerkt wordt zonder BIM en de informatie wordt veel eerder in het proces beschikbaar. Bovendien is elke projectpartner verantwoordelijk voor de juistheid van de informatie die hij aanlevert.[2439]

AFDELING 5. ONVERENIGBAARHEID MET HET BEROEP VAN AANNEMER

§ 1. PRINCIPE – STRIKTE INTERPRETATIE

1399. Luidens artikel 6 Architectenwet en de artikelen 10 en 11 Reglement van beroepsplichten is het uitoefenen van het beroep van architect onverenigbaar met het beroep van aannemer van openbare of private werken. De aannemer en de

---

– De juridische aspecten van het bouwinformatiemodel (BIM) – Deel 2", *T.Aann.* 2017, 350-351.

[2437] Https://www.bimportal.be/nl/projecten/tc/publicaties-resultaten/belgisch-bim-protocol/.

[2438] A. QUIRYNEN, "Actualia: Het BIM-referentieprotocol: eerste stap in de (o.m. juridische) omkadering van BIM in België", *TBO* 2018, 287; K. SCHULPEN en J. BOSQUET, "De juridische aansprakelijkheidsaspecten van het bouwinformatiemodel (BIM) – De juridische aspecten van het bouwinformatiemodel (BIM)", *T.Aann.* 2017, 133-134.

[2439] A. QUIRYNEN, "Actualia: Het BIM-referentieprotocol: eerste stap in de (o.m. juridische) omkadering van BIM in België", *TBO* 2018, 287; K. SCHULPEN en J. BOSQUET, "De juridische aansprakelijkheidsaspecten van het bouwinformatiemodel (BIM) – De juridische aspecten van het bouwinformatiemodel (BIM)", *T.Aann.* 2017, 133.

architect hebben immers conflicterende belangen. De aannemer handelt in essentie uit winstbejag, wat niet steeds recht evenredig is met de zorg voor kwaliteit, degelijkheid en een goede uitvoering waarover de architect waakt.[2440]

Door deze onverenigbaarheid wordt het opmaken van de plannen en het toezicht op de uitvoering ervan gescheiden van de effectieve uitvoering van de werken, hetgeen de onafhankelijkheid van de architect moet garanderen.[2441] Deze onverenigbaarheid dient niet alleen het belang van de opdrachtgevers, maar ook het belang van het beroep van architect en het algemeen belang.[2442]

1400.   Aangezien deze regel afwijkt van het grondwettelijke principe van vrijheid van onderneming, moet die strikt geïnterpreteerd worden.[2443] Niettemin is het verbod om beide beroepen te cumuleren algemeen en dus niet beperkt tot de cumulatie van de functies in het kader van eenzelfde concreet bouwproject.[2444] Zo werd reeds geoordeeld dat een architect die jarenlang aandeelhouder of zaakvoerder is geweest van handelsvennootschappen die geregistreerd waren als aannemer voor diverse bouwwerkzaamheden, artikel 6 Architectenwet op ernstige wijze heeft geschonden.[2445]

1401.   In dit kader werd artikel 51, § 2 van het KB Plaatsing Overheidsopdrachten klassieke sectoren van 15 juli 2011[2446] vernietigd. Deze bepaling stelde een automatische passieve hoofdelijkheid in tussen deelnemers in een combinatie zonder rechtspersoonlijkheid. Dit kon van toepassing zijn op een architect en hem aldus hoofdelijk verbonden maken met andere deelnemers, onder andere een aannemer. Daardoor kon een architect niet in een dergelijke combinatie stappen en werd zijn contractvrijheid beperkt. Bij een foute uitvoering van de werken zou hij immers daarvoor kunnen worden aangesproken. Dit tast zijn onafhankelijkheid aan nu de architect werkt in opdracht van de opdrachtgever en niet van de aannemer.[2447]

Ook de overheidsopdrachten die in de selectiecriteria bepalen dat de inschrijvers dienen te beschikken over een aannemer en een architect, zijn vatbaar voor vernietiging ongeacht de deelnemersvorm. De onafhankelijkheid van de architect kan daardoor in het gedrang komen, hetzij omdat de architect vennoot is in

---

[2440]   Gent 27 juni 2007, *RW* 2010-11, 1135.

[2441]   Cass. 26 januari 1978, *Arr.Cass.* 1978, 780, *RW* 1978-79, 665, *T.Aann.* 1979, 416, noot P. FLAMME, *Pas.* 1978, I, 759; RvS 22 oktober 2013, *TBP* 2014/3, 176-177, *TBO* 2014, 321, noot S. SCHOENMAEKERS, *T.Aann.* 2014, 165, noot S. PARYS.

[2442]   RvS 22 oktober 2013, nr. 225.191, *T.Aann.* 2014, afl. 2, 165, *TBO* 2014, 321; Cass. 16 november 2012, *Arr.Cass.* 2012, 2585.

[2443]   Tuchtr. Ber. Architecten (Fr.) 20 mei 1981, *T.Aann.* 1982, 270, noot; Cass. 16 november 2012, AR D.11.0021.N.

[2444]   Cass. 16 november 2012, AR D.11.0021.N.

[2445]   Raad van Beroep van de Orde van Architecten 19 december 2012, *Not. 11/3126*, onuitg.; Raad van Beroep van de Orde van Architecten 20 juni 2012, *Not. 12/3112*, onuitg.

[2446]   Thans het nieuwe KB Plaatsing overheidsopdrachten in de klassieke sectoren van 18 april 2017.

[2447]   RvS 22 oktober 2013, nr. 225.191, *T.Aann.* 2014, afl. 2, 165, *TBO* 2014, 321.

dezelfde rechtspersoon als de aannemer, hetzij omdat de architect in dienstverband is of in onderaanneming werkt voor een aannemer of vice versa, hetzij omdat een aannemer en een architect in een combinatie optreden waarbij zij hoofdelijk verbonden zijn ten aanzien van de aanbestedende overheid. Dit principe geldt eveneens wanneer de opdracht in wezen een promotieovereenkomst inhoudt.[2448]

1402. Het gebrek aan onafhankelijkheid van de architect kan worden afgeleid uit de concrete omstandigheden, zoals de chronologische orde waarin verschillende documenten werden opgemaakt. Dit is bijvoorbeeld het geval als in de aannemingsovereenkomst reeds melding wordt gemaakt van de honoraria van de architect terwijl de bouwheer op dat moment de architect nog niet had ontmoet.[2449]

Dat de architect niet onafhankelijk is, kan ook blijken uit de overeenkomst tussen bouwheer en aannemer als daarin staat dat deze laatste zal instaan voor de betaling van de ereloon van de architect[2450], of uit de contractuele clausule die de keuze van de architect overlaat aan de aannemer[2451], of uit het feit dat de aannemer en de architect een afzonderlijk contract hebben gesloten m.b.t. een bepaalde bouwovereenkomst[2452], of uit het feit dat de architect de gebruikelijke architect is van de aannemer.[2453]

Het hof van beroep van Brussel leidde de afwezigheid van onafhankelijkheid van de architect af uit het bestek en het voorontwerp van bouw die vóór de tussenkomst van de architect door de aannemer waren opgesteld, en waaruit bleek dat deze in werkelijkheid als promotor had gehandeld. Anderzijds bewees de architectuurovereenkomst, waarin de vooraf door de aannemer bepaalde bouwprijs tot op de cent is overgenomen, dat de architect het bouwwerk geenszins had ontworpen, maar enkel het door de aannemer opgestelde ontwerp had bekrachtigd.[2454]

Door het hof van beroep van Gent werd de onvoldoende onafhankelijkheid van de architect afgeleid uit een combinatie van verschillende elementen, zoals het feit dat de aannemer en de architect regelmatig samen werkten, dat de vestigingsplaats van de architect nauwelijks honderd meter verwijderd is van die van de aannemer, dat de architect de zoon is van de bestuurder van het aannemersbedrijf, dat eenzelfde paraaf voorkomt op stukken die zowel van de aannemer als van de architect uitgaan, dat de architect en de aannemer zich van hetzelfde faxtoestel bedienen, dat de bouwheer bij contactname met de aannemer de architect te zien kreeg.[2455]

[2448] RvS 22 oktober 2013, nr. 225.192, *TBO* 2014, 323, noot S. SCHOENMAEKERS, "Over het beroep van architect met dat van aannemer en selectiecriteria bij openbare aanbestedingen".

[2449] Rb. Neufchâteau 2 december 1992, *T.Aann.* 1993 279, *RRD* 1993, 132.

[2450] Rb. Antwerpen (12ᵉ B k.) 5 juni 2003, *RW* 2005-06, 1023; Rb. Charleroi 8 april 1982, *RRD* 1982, 222.

[2451] Cass. 24 september 1976, *Arr.Cass.* 1977, 98, *RW* 1976-77, 2269, *Pas.* 1977, I, 101, *JT* 1977, 471, *RNB* 1977, 602.

[2452] Rb. Tongeren 2 september 1981, *Limb.Rechtsl.* 1982, 11.

[2453] Bergen 25 juni 1991, *JLMB* 1992, 758, noot B. LOUVEAUX; anders en meer genuanceerd: Luik 23 januari 1995, *Pas.* 1994, II, 35.

[2454] Brussel 9 september 2016, *JLMB* 2016, afl. 34, 1626.

[2455] Gent 29 juni 2007, *RW* 2010-11, 1135.

De rechtbank van eerste aanleg Antwerpen, afdeling Turnhout oordeelde dan weer dat er geen reden was tot nietigverklaring van een aannemingsovereenkomst noch tot nietigverklaring van de afzonderlijke architectuurovereenkomst wegens een vermeend gebrek aan onafhankelijkheid tussen aannemer en architect in een zaak waarin de aannemingsovereenkomst op briefpapier van de architect stond. De rechtbank motiveerde dat de architect immers tot taak heeft advies te geven bij de keuze van de aannemer en dat het voorbereiden van de aannemingsovereenkomst kan worden beschouwd als behorend tot de bijstandsplicht van de architect. Ook het feit dat de aannemer handelt conform de instructies die de architect hem geeft, is volgens de rechtbank alleen maar logisch, nu dit van de architect nog geen aannemer maakt en de aannemer overigens verplicht is die instructies te weigeren of voorbehoud te formuleren indien hij de instructies onjuist acht.[2456]

§ 2. GEVOLGEN

A. Algemeen

1403. Artikel 6 Architectenwet is van openbare orde. Elke overeenkomst die indruist tegen de verplichte onafhankelijkheid van de architect is ongeldig en absoluut nietig.[2457] Deze nietigheid is niet vatbaar voor bevestiging of bekrachtiging.[2458] Zolang de strijdigheid met de bepalingen van openbare orde blijft bestaan, kan de nietigheid niet ongedaan worden gemaakt of worden hersteld, aangezien van voorschriften van openbare orde geen afwijking of overtreding kan worden geduld.[2459]

Zo oordeelde het hof van beroep van Brussel dat het ontbreken van onafhankelijkheid van de architect en de schending van het beginsel van onverenigbaarheid tussen dit beroep en dat van aannemer niet alleen de absolute nietigheid van de architectenovereenkomst, maar ook van de verkoopbelofte, de aannemingsovereenkomst en het proces-verbaal van voorlopige oplevering veroorzaakte.[2460]

B. Gevolgen voor de architectenovereenkomst

1404. In principe leidt de nietigheid van het architectencontract tot de wederzijdse teruggave bij equivalent en dit op grond van de leer van de verrijking zonder oorzaak.

De rechtbanken stellen doorgaans een deskundige aan om de rekeningen tussen partijen op te maken, rekening houdend met o.m. de waarde van de uitgevoerde werken, de gebreken, de genotsderving en de ten onrechte ontvangen winsten.[2461]

[2456] Rb. Antwerpen (afd. Turnhout) (5ᵉ k. TB) 13 maart 2017, *TBO* 2017, 399.
[2457] Brussel 9 september 2016, *JLMB* 2016, afl. 34, 1626; Gent 29 juni 2007, *RW* 2010-11, 1135; Gent 7 mei 2004, *TGR-TWVR* 2004, 283; Brussel 13 oktober 1993, *JT* 1994, 156, *RJI* 1993, 261.
[2458] Gent 29 juni 2007, *RW* 2010-11, 1135.
[2459] Gent 29 juni 2007, *RW* 2010-11, 1135.
[2460] Brussel 9 september 2016, *JLMB* 2016, afl. 34, 1626.
[2461] Rb. Nijvel 9 november 1990, *T.Aann.* 1993, 283, noot.

Sommige uitspraken gaan verder waar zij de architect veroordelen tot teruggave aan de bouwheer van alle honoraria die hij heeft ontvangen van de bouwheer[2462] of rechtstreeks van de aannemer, bijvoorbeeld omdat de nietigheid niet te wijten is aan de fout van de bouwheer.[2463]

C. Gevolgen voor de aannemingsovereenkomst

1405. Artikel 6 Architectenwet wordt geschonden wanneer de architect van de bouwheer terzelfdertijd de gebruikelijke architect is van de aannemer of wanneer de aannemer de taken van de architect op zich genomen heeft.

De vraag rijst wat het lot is van de aannemingsovereenkomst waarin aangeduid is met welke architect moet worden gewerkt. Doorgaans wordt hieromtrent geoordeeld dat dit de nietigheid van de volledige aannemingsovereenkomst met zich meebrengt.[2464]

1406. Indien tot de nietigheid van de aannemingsovereenkomst besloten wordt, worden deze overeenkomst en de gevolgen ervan retroactief uitgewist. De aannemer moet dan de reeds betaalde aannemingsprijs of voorschotten teruggeven, de opdrachtgever moet de reeds uitgevoerde werken restitueren. Indien een restitutie in natura onmogelijk is, moet deze bij equivalent gebeuren in toepassing van de leer van de vermogensverrijking zonder oorzaak.

Restitutie bij equivalent betekent voor uitgevoerde bouwwerken dat de werkelijke waarde van het geleverde werk moet worden vergoed, dit is de tegenwaarde van de materialen en de arbeid, inclusief de btw maar exclusief de winst[2465], verminderd met de eventuele schadevergoeding voor herstelwerken en minderwaarden. Onder de *werkelijke waarde* mag niet worden verstaan de "waarde op basis van het nietig verklaarde contract", omdat uit de nietige overeenkomst als dusdanig geen rechten en plichten meer kunnen gepuurd worden, wat niet betekent dat deze waarde niet kan samenvallen met de contractuele waarde.[2466]

De interest die aan de opdrachtgever wordt toegekend in het kader van een vordering tot wederzijdse teruggave als gevolg van de vernietiging van een aannemingsovereenkomst, is van vergoedende aard aangezien de verschuldigde schadevergoeding een waardeschuld vormt.[2467]

[2462] Luik 21 juni 1995, *JLMB* 1996, 416, noot.
[2463] Bergen 25 juni 1991, *JLMB* 1992, 758, noot B. LOUVEAUX.
[2464] Rb. Neufchâteau 2 december 1992, *T.Aann.* 1993, 279, *RRD* 1993, 1328: de nietigheid van het architectencontract strekt zich uit tot de aannemingsovereenkomst; Rb. Nijvel 9 november 1990, *T.Aann.* 1993, 283, noot; anders: Brussel 11 december 1984, *Ann.fac.dr.Lg.* 1986, 128, noot Y. HANNEQUART.
[2465] Het hof van beroep van Brussel oordeelde dat in het kader van de wederzijdse teruggaven als gevolg van de vernietiging van de aannemingsovereenkomst aan de aannemer zijn winstmarge, die wordt geraamd op 33,30%, dient te worden ontzegd (Brussel 9 september 2016, *JLMB* 2016, afl. 34, 1626).
[2466] Brussel 16 september 2014, *TBO* 2014, 331.
[2467] Brussel 9 september 2016, *JLMB* 2016, afl. 34, 1626.

Het bovenstaande en een eventuele vordering tot schadevergoeding bovenop de restitutie kan eventueel worden gecorrigeerd door de toepassing van de adagia *nemo auditur propriam turpitudinem allegans* en *in pari causa turpitudinis cessat repetitio*. Op basis daarvan kan de rechter weigeren de terugvordering in te willigen, hetzij omdat hij van oordeel is dat het aan een van de contractanten toegekende voordeel de preventieve rol van de sanctie van absolute nietigheid in het gedrang zou brengen, hetzij nog omdat hij meent dat de sociale orde vereist dat een van de medecontractanten zwaarder moet worden getroffen.[2468] De rechter is evenwel nooit verplicht om de vordering tot terugbetaling af te wijzen van wat in uitvoering van een krachtens artikel 1131 BW nietige overeenkomst is betaald of overhandigd, voormelde adagia zijn geen verplichte normen.[2469]

§ 3. ONAFHANKELIJKHEID TEN AANZIEN VAN PROMOTOREN

1407. Talrijk zijn de uitspraken die bindingen en/of samenwerkingen tussen architecten en promotoren sanctioneren.

Een gebrek aan onafhankelijkheid van de architect ten aanzien van de promotor staat vast wanneer deze laatste de keuze van de architect heeft opgedrongen aan de kandidaat-koper.[2470] Uit het feit dat de architect woordelijk vermeld staat in de samenwerkingsovereenkomst tussen de bouwheer en de bouwpromotor en het in deze samenwerkingsovereenkomst omschreven bouwontwerp dateert van geruime tijd vóór de eerste ontmoeting van de bouwheer met de architect, blijkt dat de architect door de bouwpromotor werd gekozen en opgedrongen aan de bouwheer.[2471]

De architect-bouwer, dit is een architect wiens overeenkomst wordt aangevuld met een mandaat dat hem machtigt om alle handelingen te stellen die tot de realisatie van een bouw behoren, wordt evenwel niet gekwalificeerd als promotor. De architect-bouwer kiest zelf de aannemers en ondertekent namens en voor rekening van de opdrachtgever de aannemingsovereenkomst. Dit mandaat wordt bepaald door artikel 10.3 Reglement van beroepsplichten van 16 december 1983 en is wettig.[2472]

Wel problematisch is de architectenovereenkomst die een prijs bevat waarin zowel de bouwkosten als de erelonen begrepen zijn en waarbij, zonder enige inspraak van de opdrachtgever, de architect de aannemers kiest, betaalt en het werk van de aannemers keurt.[2473]

[2468] Brussel 16 september 2014, *TBO* 2014, 331.
[2469] Cass. 24 september 1976, *Arr.Cass.* 1977, 98, *RW* 1976-77, 2269, *JT* 1977, 471, *Pas.* 1977, I, 101, *RNB* 1977, 602.
[2470] Rb. Nijvel 5 november 1990, *T.Aann.* 1993, 283, noot; Rb. Bergen 23 april 1985, *T.Aann.* 1993, 347, noot G. BAUS.
[2471] Antwerpen 14 september 2011, *Limb.Rechtsl.* 2012, 60, noot.
[2472] Luik (20ᵉ k.) 3 december 2015, *JLMB* 2016, afl. 34, 1621, *T.Aann.* 2016, afl. 4, 392, noot J. RENARD en S. TAMINIAU.
[2473] Gent 9 oktober 2007, *T.Aann.* 2008, 54; Gent 20 oktober 2006, *T.Aann.* 2008, 50.

1408. Op 31 januari 1992 stemde de nationale raad van de Orde van Architecten twee deontologische regels die voor deze problematiek relevant zijn. De eerste betrof de deelneming van de architect in een zogenaamde vennootschap van de onroerende diensten (VOD), de tweede de aanvullende tussenkomst van een raadgevend architect bij tegenstelling van belangen tussen de bouwheer en de promotor.[2474] De laatste regel werd intussen vernietigd door de Raad van State wegens machtsoverschrijding door de Nationale Orde van Architecten.[2475]

Voor meer informatie kan verwezen worden naar Hoofdstuk 12 betreffende 'De bouwpromotieovereenkomst'.

1409. De Architectenwet gaat uit van de premisse dat de architect in het bouwproces een monopoliepositie inneemt en de eindverantwoordelijkheid draagt.[2476] Deze premisse is niet langer in overeenstemming met het hedendaagse bouwproces en de rol van de architect daarin. Het juridische raamwerk rond de architect is toe aan een grondige aanpassing.[2477]

AFDELING 6. DE VERHOUDING TUSSEN DE ARCHITECT EN DE BOUWHEER

§ 1. DE ARCHITECTENOVEREENKOMST

A. *Totstandkoming en bewijs van de overeenkomst*

1. Precontractuele fase

1410. De architect dient bij de uitvoering van zijn taken een dubbel belang voor ogen te houden, namelijk het publiek belang en dat van zijn cliënt.

De miskenning van het publiek belang kan ertoe leiden dat het contract nietig wordt verklaard wegens de overtreding van wettelijke bepalingen die de openbare orde raken. Bovendien kan de architect strafrechtelijk en/of disciplinair worden gesanctioneerd. De miskenning van het private belang van de cliënt (bv. door het feit dat hij zijn cliënt onvoldoende heeft ingelicht of dat het contract niet uitvoer-

---

[2474] Zie hierover Y. HANNEQUART, "Deux règles déontologiques importants concernant l'exercise de la profession d'architecte", *JT* 1992, 649-656; P. RIGAUX, *Le droit de l'architect, évolution des 20 dernières années*, Brussel, Larcier, 1993, 135-150.

[2475] RvS 18 januari 1995, nr. 51.200, *T.Aann.* 1995, 133, noot M.A. FLAMME, zie hierover ook F. MOISES, "L'architecte et la promotion" (noot onder Cass. 1 december 1994), *JLMB* 1995, 1095-1100.

[2476] K. UYTTERHOEVEN, "De wet van 31 mei 2017 betreffende de verplichte verzekering van de tienjarige burgerlijke aansprakelijkheid van aannemers, architecten en andere dienstverleners in de bouwsector van werken in onroerende staat: een eerste aanzet naar een algemene verzekeringsplicht in de bouwsector", *TBO* 2017, 415-459.

[2477] Zie S. NYSTEN, S. PAUWELS en E. VAN ZIMMEREN, "Architect 2.0 – Juridische knelpunten in het Belgisch wettelijk kader voor architecten", *TBO* 2018, 272-285.

baar is zoals voorzien), kan aanleiding geven tot zijn contractuele of buitencontractuele aansprakelijkheid jegens zijn cliënt.

In de onderhandelingsfase dient de architect dan ook deze verschillende belangen in acht te nemen en te respecteren.

1411. Zodoende dienen de partijen elkaar wederzijds voldoende te informeren zodat er, vooraleer er een overeenkomst wordt gesloten, voldoende zekerheid bestaat over de haalbaarheid van het vooropgestelde project.

Indien er desondanks onzekerheden blijven bestaan, kunnen de partijen desgevallend een overeenkomst sluiten tot het maken van een voorstudie en tot het maken van een analyse van programma en budget. Tevens kan er een protocol of intentieverklaring voor de voorbereidende fase van het architectuurontwerp – met omschrijving van de inhoud – worden ondertekend.[2478]

1412. In ieder geval dienen in de precontractuele fase twee essentiële elementen ondubbelzinnig te worden vastgelegd: de vrijheid voor elke partij om een einde te maken aan de onderhandelingen, en de wijze en hoegrootheid van de vergoeding van de architect voor dit voorbereidende werk.[2479]

De architect dient zich onder meer te informeren over de stedenbouwkundige voorschriften, erfdienstbaarheden, de bodemgesteldheid en de staat van de omliggende gebouwen.

De architect heeft niet de taak om na te gaan of het vooropgestelde budget werkelijk haalbaar is voor de bouwheer. Hij dient zich wel te informeren over het budget en het vervolgens te respecteren bij de uitwerking van het project.[2480] Ook de bouwheer heeft hier een informatieverplichting en dient de architect nauwkeurig te informeren over de som die niet mag worden overschreden.[2481] De deontologische verplichting om ontwerpen voor te stellen die binnen de grenzen blijven van het programma en de daaruit voortvloeiende begroting staat er niet aan in de weg dat tijdens de ontwerpfase het programma en zo ook de daaruit voortvloeiende begroting worden aangepast.[2482]

Zolang er geen elementen zijn die aantonen dat er overeenstemming is bereikt tussen de doeleinden van de aspirant-bouwheer en de perceptie van de architect, bevinden partijen zich in een precontractuele fase en is er geen sprake van een architectenovereenkomst.[2483]

[2478] Art. 2, derde lid Aanbeveling 11 oktober 1985 aangaande de toepassing van artikel 20 van het reglement van beroepsplichten (contract architect-opdrachtgever).

[2479] Art. 2 *in fine* Aanbeveling 11 oktober 1985 aangaande de toepassing van artikel 20 van het reglement van beroepsplichten (contract architect-opdrachtgever).

[2480] Art. 16 Reglement van beroepsplichten; Gent 10 november 2006, *TBBR 2009*, afl. 3, 177, noot L. VAN VALKENBORGH.

[2481] Cass. 19 maart 1992, *Arr.Cass.* 1991-92, 701, *Pas.* 1992, I, 655, *RW* 1992-93, 752.

[2482] Brussel (20ᵉ k.) 16 mei 2017, *TBO* 2017, 387.

[2483] Rb. Gent 22 april 1998, *TGR* 1998, 121.

1413. De architect heeft recht op vergoeding voor de geleverde prestaties in de precontractuele fase[2484], behalve wanneer deze totaal onnuttig zijn voor de cliënt. Zo werd geoordeeld dat een architect die geen enkel voorontwerp kan voorleggen dat beantwoordt aan het vooropgestelde programma en budget, geen vergoeding kan vorderen.[2485] In een zaak waarin de ereloonstaat van een architect betwist werd voor zijn prestaties in het kader van de aanvraag van een geweigerde verkavelingsvergunning was de rechtbank van oordeel dat het werk van de architect ter zake, behoudens uitdrukkelijke anderluidende afspraak, geen resultaats-, maar een middelenverbintenis inhield en dat de architect recht had op ereloon ook al was hierover schriftelijk niets overeengekomen.[2486]

Prestaties die de architect over een uitgestrekte periode levert, gaan ruimschoots het kader te buiten van vrijblijvende besprekingen of onderhandelingen voorafgaand aan het sluiten van een overeenkomst. Het is de gewone gang van zaken dat de architect recht heeft op een loon voor zijn advies en zijn ontwerpen, ook wanneer het voorontwerp niet leidt tot het sluiten van een architectenovereenkomst die het definitieve bouwprogramma binnen een bepaald budget tot voorwerp heeft. Ook in die voorafgaande fase verstrekt de architect de diensten van zijn beroep. De voorontwerpen die hij maakt, maken geen aanbod uit tot het verkrijgen van een volledige architectenopdracht, maar zijn als zodanig het resultaat van zijn diensten, waarop de opdrachtgever een beroep heeft gedaan.[2487]

De partijen kunnen evenwel afspreken, bijvoorbeeld in het kader van een wedstrijd, dat de architect geen recht heeft op honoraria voor voorbereidende werken.[2488] Immers, wanneer een architect uit eigen beweging een voorontwerp maakt, in de hoop een opdracht te krijgen, heeft hij geen recht op een honorarium, zelfs niet op de vergoeding van zijn kosten.[2489]

2. Bewijs van de overeenkomst – Geschrift

1414. Artikel 20 Reglement van beroepsplichten van de architect, goedgekeurd bij KB van 18 april 1985[2490], verplicht de architecten de verkregen opdracht in een geschrift te bevestigen ten laatste op het ogenblik dat de opdracht bepaald

---

[2484] Rb. Antwerpen (afd. Antwerpen, AB12ᵉ k.) 12 december 2017, *TBO* 2018, 265; Rb. Brugge 23 november 2007, *TGR* 2008, 192; Gent 23 juni 1994, *TGR* 1995, nr. 6/95; Luik 15 november 1993, *JLMB* 1994, 563; Gent 9 november 1993, *RW* 1993-94, 1234; Brussel 18 juni 1993, *T.Aann.* 1994, 87; Antwerpen 16 maart 1988, *TBBR*1992-93, 160, noot B. LOUVEAUX.

[2485] Rb. Antwerpen 14 maart 1956, *RW* 1956-57, 536; Rb. Brussel 28 juni 1950, *JT* 1951, 252.

[2486] Rb. Antwerpen (afd. Antwerpen, AB12ᵉ k.) 23 februari 2016, *TBO* 2016, 476.

[2487] Brussel (20ᵉ k.) 17 november 2014, *TBO* 2015, 106.

[2488] Bv. Luik 16 mei 1995, *JT* 1996, 81.

[2489] Luik 15 maart 1989, *T.Aann.* 1990, 371, noot O. COLLON, *JT* 1989, 565, *RRD* 1989, 305.

[2490] *BS* 8 mei 1985.

wordt.[2491] Deze overeenkomst moet duidelijk de wederzijdse verplichtingen van de partijen weergeven.[2492]

De Orde van Architecten heeft hierover een Aanbeveling[2493] uitgewerkt, waarin bevestigd wordt dat de architectenovereenkomst de voornaamste elementen van de betrekkingen tussen de bouwheer en de architect nauwkeurig en schriftelijk dient te preciseren. De Orde raadt aan om ook elke andere opdracht dan de normale opdracht schriftelijk vast te leggen. De overeenkomst dient zo spoedig mogelijk ondertekend te worden.

Zodra de opdracht waarmee hij gelast wordt omschreven is, dient de architect, samen met zijn cliënt, het architectuurontwerp te verduidelijken. Het is in het belang van de bouwheer dat hij de draagwijdte van zijn verbintenis kent. De architect van zijn kant moet zijn opdracht en zijn vergoeding kennen.[2494]

1415. Wanneer een architect zich niet houdt aan deze deontologische regel, verliest hij daardoor niet het recht om het bestaan en de inhoud van de overeenkomst te bewijzen volgens de gewone regels van de bewijsvoering in burgerlijke zaken.[2495] Immers, de architectenovereenkomst is een aannemingsovereenkomst (huur van diensten) en heeft een burgerlijk karakter.[2496] Een dergelijke overeenkomst komt consensueel tot stand, zonder dat enige vormvereiste geldt. Naar burgerlijk recht kan men dus rechtsgeldig contracteren met een architect, ook zonder geschreven overeenkomst.[2497]

De niet-nakoming van artikel 20 van het Reglement van beroepsplichten brengt dus enkel deontologische gevolgen met zich mee.[2498]

1416. Bij gebrek aan een schriftelijke overeenkomst kan het bestaan ervan met getuigen en vermoedens worden bewezen voor zover een begin van schriftelijk

---

[2491] Raad van Beroep van de Orde van Architecten 23 februari 2011, *Not. 10/3090*, onuitg.

[2492] Art. 20 van het Reglement van beroepsplichten; Raad van Beroep van de Orde van Architecten 23 februari 2011, *Not. 10/3090*, onuitg.

[2493] Aanbeveling 11 oktober 1985 aangaande de toepassing van artikel 20 van het reglement van beroepsplichten (Contract Architect-Opdrachtgever), goedgekeurd door de Nationale Raad in zijn zitting van 11 oktober 1985.

[2494] Art. 2 Aanbeveling 11 oktober 1985 aangaande de toepassing van artikel 20 van het reglement van beroepsplichten (contract architect-opdrachtgever).

[2495] Gent 9 november 2012, *T.Aann.* 2014, 193; Gent 9 november 1993, *RW* 1993-94, 1235, *AJT* 1994-95, 67, noot B. DE TEMMERMAN, *Pas.* 1993, II, 18; Kh. Leuven 28 oktober 2014, *TBO* 2016, 367; Rb. Brugge 23 november 2007, *TGR* 2008, 192; Rb. Brussel 16 december 1994, *JLMB* 1996, 419; Rb. Dendermonde 8 juni 1989, *RW* 1991-92, 25; Rb. Kortrijk 16 oktober 1987, *RW* 1988-89, 1304; J.-M. JOTTRAND, "La preuve du contrat d'architecte", *T.Aann.* 1990, 422, nr. 5.

[2496] Rb. Dendermonde 18 juni 1989, *RW* 1991-92, 25.

[2497] Rb. Antwerpen (afd. Antwerpen, AB12e k.) 12 december 2017, *TBO* 2018, 265; Rb. Antwerpen (afd. Antwerpen, AB12e k.) 23 februari 2016, *TBO* 2016, 476; Rb. Leuven (10e k.) 10 december 2015, *TBO* 2016, 351; Antwerpen 8 september 2014, nr. 2012/AR/2234, onuitg.; Antwerpen 12 september 2012, nr. 2010/AR/3158, onuitg.

[2498] Brussel 16 november 1989, *JLMB* 1990, 451, *RJI* 1990, 85.

bewijs voorhanden is.[2499] Een begin van schriftelijk bewijs is elke geschreven akte die uitgaat van de persoon tegen wie het bewijs moet worden geleverd en die het bestaan van de architectenovereenkomst waarschijnlijk maakt (art. 1347 BW). Een dergelijk begin van schriftelijk bewijs kan onder meer worden geleverd door:

- een brief van een particulier waarin deze de architect bedankt voor een prijsraming en hem van zijn taak ontheft, eraan herinnerend dat hij enkel een prijsraming en een schets had gevraagd[2500];
- door de handtekening van de opdrachtgever op het plan[2501] en op de vergunningsaanvraag[2502];
- de loutere aantekeningen aangebracht door de bouwheren op de plannen[2503];
- het terugsturen naar de architect van een voorstel voor de berekeningswijze van het ereloon, ondertekend "voor akkoord".[2504]

Het feit dat aan de architect de bestaande plannen werden overhandigd, is geen begin van schriftelijk bewijs indien niet aannemelijk wordt gemaakt dat dit kadert in een architectenopdracht.[2505]

Terecht werd reeds geoordeeld dat, gelet op de uitdrukkelijke deontologische verplichtingen ter zake, de architect de morele onmogelijkheid om een geschrift van zijn cliënt te verkrijgen, niet kan inroepen[2506], zelfs niet wanneer de afwezigheid van een contract te wijten is aan het bestaan van een vriendschapsrelatie tussen hem en de opdrachtgever[2507], behalve voor de opdracht in verband met een onderzoek van de voorafgaandelijke noodzakelijke voorwaarden voor de totstandkoming van een architectenovereenkomst.

1417.   Wanneer de bouwheer ondernemer is en de architectenopdracht werd gegeven in het kader van diens onderneming, mag de mondeling verleende opdracht uiteraard volgens de regels van het ondernemingsbewijsrecht bewezen worden (art. 1348*bis* BW).

[2499]   Gent 23 september 1987, *T.Aann.* 1991, 149, noot G. BAERT; Vred. Namen 15 september 1987, *RRD* 1987, 388.

[2500]   Antwerpen 16 maart 1988, *DCCR* 1992-93, 160, noot B. LOUVEAUX.

[2501]   Rb. Kortrijk 16 oktober 1986, *RW* 1987-88, 1514.

[2502]   Rb. Dendermonde 21 oktober 1982, *RW* 1984-85, 2487, noot; Antwerpen 4 december 2002, *NJW* 2003, 1000, noot W. GOOSSENS.

[2503]   Brussel 18 juni 1993, *T.Aann.* 1994, 87.

[2504]   Luik 15 oktober 2015, *T.Aann.* 2018/1, 49: volgens het hof werd hierdoor niet enkel een begin van bewijs geleverd van het bestaan van de overeenkomst zelf, maar ook van de betwiste identiteit van de opdrachtgever.

[2505]   Rb. Brugge 23 november 2007, *TGR* 2008, 192.

[2506]   Rb. Luik 4 oktober 1991, *JLMB* 1992, 1278, noot; Rb. Brussel 18 november 1932, *RJI* 1933, nr. 240.

[2507]   Vred. Ninove 5 juni 1991, *RW* 1993-94, 1061, noot.

De rechtbank van koophandel van Leuven leidde uit een e-mail, gestuurd door een professionele bouwheer aan een architect waarbij hij instemde om met de architect samen te werken voor het onderdeel "Ruwbouw, water- en winddicht", het bestaan van een architectenovereenkomst af.[2508]

1418. Bepaalde rechtspraak gaat uit van een vermoeden van overeenkomst ten voordele van de architect. Zo werd het bestaan van een architectenovereenkomst afgeleid uit het feit dat de opdrachtgever een lening had aangevraagd. Hieruit bleek immers zijn intentie om te bouwen, wat niet kan zonder de tussenkomst van een architect bij toepassing van de Architectenwet. Bovendien diende hij voor de leningsaanvraag de kostprijs van de werken te kennen, hetgeen enkel mogelijk was na de berekeningen van een architect.[2509]

Anderzijds werd terecht geoordeeld dat de architect die aanspraak maakt op erelonen, moet bewijzen dat hij een opdracht heeft gekregen en wat de omvang van die opdracht was (zie art. 1315, eerste lid BW). Zijn aanspraak op ereloon voor het opmaken van een plan werd afgewezen omdat hij niet kon aantonen dat hij een opdracht tot het maken van dat plan had ontvangen. Dat de architect een plan heeft gemaakt, impliceert niet noodzakelijk het bestaan van een overeenkomst.[2510]

1419. Een volledige architectenopdracht kan, bij gebrek aan geschrift, niet worden vermoed. De studie door de architect van de ideeën en het project van de opdrachtgever, de opmetingen ter plaatse, het opmaken van plannen waardoor er een voorontwerp tot stand komt, besprekingen met aannemers waaruit een beschrijving van de noodzakelijke werken en een kostenraming volgen, behoren nog tot de informatieve fase, vóór het aangaan van een overeenkomst tot een volledige architectenopdracht.[2511]

De architect, die in de regel geacht wordt belast te zijn met een volledige opdracht, is daarentegen, bij gebrek aan een schriftelijke overeenkomst, gerechtigd met alle middelen van recht aan te tonen dat hij niet met een volledige opdracht was belast.[2512]

1420. Het feit dat er geen schriftelijke overeenkomst bestaat, belet dus niet dat zijn prestaties moeten worden vergoed. Het architectencontract, of het nu een mondeling of een schriftelijk contract betreft, wordt immers vermoed ten bezwarende titel te zijn.[2513]

[2508] Kh. Leuven (4ᵉ k.) 26 juli 2016, *TBO* 2017, 100.
[2509] Vred. Hervé 15 april 1986, *JL* 1986, 310: *in casu* werd de intentie afgeleid uit het feit dat een lening was aangevraagd. Hiervoor moet men het juiste bedrag van de werken kennen, wat enkel mogelijk was door de tussenkomst van een architect.
[2510] Kh. Leuven 28 oktober 2014, *TBO* 2016, 367.
[2511] Gent 23 juni 1994, *TGR* 1995, 9, noot G. BAERT.
[2512] Antwerpen 12 oktober 2005, *T.Aann.* 2008, 227.
[2513] Rb. Antwerpen (afd. Antwerpen, AB12ᵉ k.) 12 december 2017, *TBO* 2018, 265.

Bij gebrek aan afspraken rond de verloning of een berekeningswijze van het ereloon dient het ereloon te worden vastgesteld met toepassing van de rechtsfiguur van de partijbeslissing. Dat betekent dat de architect, in functie van de geleverde prestaties, eenzijdig een passend en verantwoord ereloon kan vaststellen onder de (marginale) controle van de rechtbank.[2514] Bij het vaststellen van deze vergoeding moet de architect handelen volgens de regels van de goede trouw, met inachtneming van wat gebruikelijk en billijk is (art. 1134-1135 BW). Bepalend voor de omvang van de prestaties zijn enerzijds de besprekingen die de partijen wijdden aan het opstellen en aanpassen van het voorontwerp en anderzijds het opstellen en aanpassen van het voorontwerp met kostenraming.[2515]

Timesheets kunnen daarbij dienstig zijn als bewijs van de geleverde architectenprestaties.[2516]

De bekendheid en internationale uitstraling van een architect kunnen een rol spelen bij de bepaling van het ereloon, maar die omstandigheid kan op zichzelf een (volgens de rechtbank) klaarblijkelijk overdreven ereloon niet rechtvaardigen.[2517]

1421. De partijen kunnen uiteraard afspreken dat de architect verzaakt aan het recht op ereloon voor de voorbereidende werken, maar het bewijs van een dergelijke verzaking moet worden geleverd door de bouwheer en volgt niet uit de afwezigheid van een geschrift of uit het feit dat er vriendschapsbanden waren tussen partijen.

Indien partijen vooraf geen uitdrukkelijke prijs hebben afgesproken, worden zij geacht zich geschikt te hebben naar de normale en gebruikelijke honorering voor dergelijke prestaties.[2518]

3.   Verplichte vermelding m.b.t. de verzekering voor beroepsaansprakelijkheid van de architect

1422.   De Wet Peeters[2519] stelt dat de architectuurovereenkomst de naam van de verzekeringsonderneming van de architect moet vermelden, evenals diens polis-

---

[2514]   Rb. Antwerpen (afd. Antwerpen, AB12ᵉ k.) 23 februari 2016, *TBO* 2016, 476: vergoeding voor prestaties in het kader van de aanvraag van een verkavelingsvergunning; Brussel (20ᵉ k.) 17 november 2014, *TBO* 2015, 106: de marginale rechterlijke toetsing aan de eisen van de goede trouw houdt in dat de rechter de vergoeding slechts kan verminderen wanneer de opgemaakte rekening klaarblijkelijk overdreven is of wanneer de afrekening een abnormale vergoeding oplevert.

[2515]   Brussel (20ᵉ k.) 17 november 2014, *TBO* 2015, 106.

[2516]   Rb. Antwerpen (afd. Antwerpen, AB12ᵉ k.) 12 december 2017, *TBO* 2018, 265.

[2517]   Er werd een ereloon van 20.654,70 euro inclusief btw gevraagd voor een geheel van prestaties die de fase van het sluiten van de definitieve architectenovereenkomst voorafgaan. Uiteindelijk oordeelde het hof dat een ereloon van 6352,50 euro inclusief btw billijk was (Brussel (20ᵉ k.) 17 november 2014, *TBO* 2015, 106).

[2518]   Rb. Leuven (10ᵉ k.) 10 december 2015, *TBO* 2016, 351.

[2519]   Wet 31 mei 2017 betreffende de verplichte verzekering van de tienjarige burgerlijke aansprakelijkheid van aannemers, architecten en andere dienstverleners in de bouwsector van werken in onroerende staat en tot wijziging van de wet van 20 februari 1939 op de bescherming van de titel en van het beroep van architect, *BS* 9 juni 2017.

nummer en de contactgegevens van de Raad van de Orde van Architecten die kan worden geraadpleegd met het oog op de naleving van de verzekeringsplicht.

B. Het Wetboek van economisch recht

1. Algemeen

1423. Bij wet van 15 mei 2014 werd Boek XIV in het Wetboek van economisch recht ingevoegd. Dit boek onderwierp architecten als beoefenaars van een vrij beroep aan verscheidene bepalingen in verband met marktpraktijken en consumentenbescherming.

Bij wet van 15 april 2018 werd dit Boek XIV opnieuw opgeheven met ingang van 1 november 2018.[2520]

Boek XIV was immers enkel van toepassing op de beoefenaars van een vrij beroep voor de intellectuele prestaties die zij leveren en die kenmerkend zijn voor de beroepen. Wanneer de beoefenaars van een vrij beroep activiteiten uitoefenen die niet specifiek vallen onder hun kenmerkende prestaties, waren ze niet onderworpen aan Boek XIV, maar wel aan Boek VI 'Marktpraktijken en consumentenbescherming' van het Wetboek van economisch recht.

De wet van 15 april 2018 houdende hervorming van het ondernemingsrecht[2521] introduceerde een nieuw ondernemingsbegrip, waarbij een ruime invulling gegeven wordt aan het begrip "onderneming", zodat alle actoren die economisch actief zijn erdoor worden gedekt. Hieronder vallen nu ook de beoefenaars van een vrij beroep. In het licht van de verruiming van het ondernemingsbegrip was het bestaan van twee afzonderlijke Boeken inzake marktpraktijken en consumentenbescherming niet langer wenselijk, reden waarom Boek XIV opgeheven werd.

Voortaan vallen alle prestaties van vrijberoepbeoefenaars onder het toepassingsgebied van Boek VI, net zoals alle andere activiteiten van ondernemingen (zoals niet-intellectuele of niet-kenmerkende prestaties van beoefenaars van een vrij beroep).

2. Toepassingsgebied

A. ONDERNEMINGEN – BEOEFENAARS VAN EEN VRIJ BEROEP

1424. Boek VI heeft betrekking op "ondernemingen". Zoals hiervoor aangegeven, vallen de beoefenaars van een vrij beroep ook onder dit begrip.[2522]

[2520] Art. 256, 2° en art. 260 eerste en tweede lid wet 15 april 2018 houdende hervorming van het ondernemingsrecht.
[2521] *BS* 27 april 2018 (ed. 2).
[2522] Art. I.1, 1° WER.

Het Wetboek van economisch recht bevat daarenboven een afzonderlijk definitie van een beoefenaar van een vrij beroep, zijnde:

"een onderneming wiers activiteit er hoofdzakelijk in bestaat om, op onafhankelijke wijze en onder eigen verantwoordelijkheid, intellectuele prestaties te verrichten waarvoor een voorafgaande opleiding en een permanente vorming is vereist en die onderworpen is aan een plichtenleer waarvan de naleving door of krachtens een door de wet aangeduide tuchtrechtelijke instelling kan worden afgedwongen".[2523]

Een architect dient dus als een beoefenaar van een vrij beroep in de zin van het Wetboek van economisch recht beschouwd te worden.

B.   CLIËNTEN – CONSUMENTEN

1425.   Boek VI legt een aantal verplichtingen op aan ondernemingen die een overeenkomst willen sluiten met een consument. Een consument wordt omschreven als "iedere natuurlijke persoon die handelt voor doeleinden die buiten zijn handels-, bedrijfs-, ambachts- of beroepsactiviteit vallen".[2524]

Een onderscheid dient gemaakt te worden tussen enerzijds de overeenkomst op afstand en de buiten de gebruikelijke plaats van beroepsuitoefening gesloten overeenkomst, en anderzijds de overeenkomsten, andere dan een overeenkomst op afstand of een buiten de gebruikelijke plaats van beroepsuitoefening gesloten overeenkomst.

Voor de eerstgenoemde categorie heeft de wetgever voorzien in een bijkomende bescherming voor de consument (zie verder, punt 5).

Vooraleer een consument gebonden kan zijn door een architectenovereenkomst die niet op afstand of buiten de gebruikelijke plaats van beroepsuitoefening gesloten is (voor de definities hiervan, zie verder, punt 5), dient de architect-beoefenaar van een vrij beroep aan de consument op duidelijke en begrijpelijke wijze bepaalde informatie te verschaffen, indien die informatie al niet duidelijk blijkt uit de context.[2525] Het gaat met name over:
1.   de voornaamste kenmerken van het product[2526], op een wijze die is aangepast aan het gebruikte communicatiemiddel en aan het betrokken product;
2.   de identiteit van de onderneming, onder meer haar ondernemingsnummer, haar handelsnaam, het geografische adres waar zij gevestigd is en haar telefoonnummer;

[2523]   Art. I.1, 14° WER.
[2524]   Art. I.1, 2° WER.
[2525]   Art. VI.2 WER.
[2526]   Het WER begrijpt ook "diensten" (prestaties verricht door een onderneming in het kader van haar professionele activiteit of in uitvoering van haar statutair doel, art. I.1, 5° WER) onder de term "product". "Product" wordt immers gedefinieerd als: goederen en diensten, onroerende goederen, rechten en verplichtingen (art. I.1, 4° WER).

3. de totale prijs van het product, met inbegrip van alle belastingen, en alle diensten die door de consument verplicht moeten worden bijbetaald, of, als door de aard van het product de prijs redelijkerwijs niet vooraf kan worden berekend, de manier waarop de prijs moet worden berekend, en, desgevallend, alle extra vracht-, leverings-, of portkosten of, indien deze kosten redelijkerwijs niet vooraf kunnen worden berekend, in ieder geval het feit dat er eventueel dergelijke extra kosten verschuldigd kunnen zijn;
4. desgevallend, de wijze van betaling, levering, uitvoering, de termijn waarbinnen de onderneming zich verbindt het product te leveren en het beleid van de onderneming inzake klachtenbehandeling;
5. naast een herinnering aan het bestaan van de wettelijke waarborg van conformiteit van de goederen, desgevallend het bestaan en de voorwaarden van diensten na verkoop en commerciële garanties;
6. desgevallend, de duur van de overeenkomst, of, wanneer de overeenkomst van onbepaalde duur is of automatisch verlengd wordt, de voorwaarden voor het opzeggen van de overeenkomst;
7. desgevallend, de verkoopsvoorwaarden, rekening houdend met de door de consument uitgedrukte behoefte aan informatie en met het door de consument meegedeelde of redelijkerwijze voorzienbare gebruik;
8. desgevallend, de functionaliteit van digitale inhoud, met inbegrip van toepasselijke technische beveiligingsvoorzieningen;
9. desgevallend, de relevante interoperabiliteit van digitale inhoud met hardware en software en andere diensten waarvan de onderneming op de hoogte is of redelijkerwijs kan worden verondersteld op de hoogte te zijn;
10. desgevallend, het feit dat bij het aangaan van de overeenkomst het totaalbedrag dat door de consument dient te worden betaald, wordt afgerond naar het dichtstbijzijnde veelvoud van 5 cent overeenkomstig de artikelen VI.7/1 en VI.7/2 WER.

3. Oneerlijke beroepspraktijken jegens consumenten

1426. Boek VI van het Wetboek van economisch recht verbiedt een aantal handelspraktijken, de zogenaamde 'oneerlijke handelspraktijken'.

Om na te gaan of een handelspraktijk oneerlijk is, zal de handelspraktijk eerst getoetst worden aan de artikelen VI.100 en VI.103 WER. Deze artikelen bevatten een opsomming van praktijken die onweerlegbaar vermoed worden oneerlijk te zijn. Enkele relevante voorbeelden zijn:

– artikel VI.100, 4° WER: beweren dat een onderneming, met inbegrip van haar handelspraktijken, of een product door een openbare of particuliere instelling is aanbevolen, erkend, goedgekeurd of toegelaten terwijl dat niet het geval is, of iets dergelijks beweren zonder dat aan de voorwaarde voor de aanbeveling, erkenning, goedkeuring of toelating wordt voldaan;

– artikel VI.100, 10° WER: wettelijke en reglementaire rechten van consumenten voorstellen als een onderscheidend kenmerk van het aanbod van de onderneming. Hierbij kan gedacht worden aan het voorstellen van overheidstussenkomsten als een voordeel komende van de vrijberoepsbeoefenaar zelf;
– artikel VI.100, 12° WER: feitelijke onjuiste beweringen doen betreffende de aard en de omvang van het gevaar dat de persoonlijke veiligheid van de consument of zijn gezin zou bedreigen indien de consument het product niet koopt. Dit is het geval indien een architect zou beweren dat het dak volledig vervangen dient te worden, terwijl dit in werkelijkheid niet nodig is.

1427.   Valt de handelspraktijk niet onder de lijsten van de artikelen VI.100 en VI.103 WER, dan moet nog nagegaan worden of zij misleidend of agressief is door toepassing van de algemene normen inzake misleidende en agressieve handelspraktijken.[2527]

Een handelspraktijk is misleidend wanneer de gemiddelde consument ertoe aangezet wordt om een besluit over een transactie te nemen dat hij anders niet had genomen, hetzij door het meedelen van misleidende informatie[2528], hetzij door het scheppen van verwarring, hetzij door het miskennen van een gedragscode[2529], hetzij door het weglaten van essentiële informatie.[2530]

Een handelspraktijk is agressief als de keuzevrijheid of de vrijheid van handelen van de gemiddelde consument met betrekking tot het product aanzienlijk beperkt wordt of kan worden door intimidatie, dwang, inclusief het gebruik van lichamelijk geweld, of ongepaste beïnvloeding, waardoor hij ertoe wordt gebracht of kan worden over een transactie een besluit te nemen dat hij anders niet had genomen.[2531] Deze norm kan bijvoorbeeld worden aangewend in de situatie waarbij de consument die een perceel bouwgrond koopt, zodanig wordt beperkt in zijn keuzevrijheid of zijn vrijheid van handelen wat betreft het gebouw dat hij wil oprichten op het perceel door de ongepaste beïnvloeding van de architect.[2532]

1428.   Is de handelspraktijk niet misleidend of agressief, dan moet nog nagegaan worden of ze als 'oneerlijke handelspraktijk' moet worden beschouwd.

Een handelspraktijk is oneerlijk wanneer zij in strijd is met de vereisten van professionele toewijding en het economische gedrag van de gemiddelde consument die zij bereikt of op wie zij gericht is of, indien zij op een bepaalde groep consumenten gericht is, het economische gedrag van het gemiddelde lid van deze groep, met betrekking tot het onderliggende product, wezenlijk verstoort of kan verstoren.[2533]

[2527]   Art. VI.97-99 en art. VI.101-102 WER.
[2528]   Art. VI.97 WER.
[2529]   Art. VI.98 WER.
[2530]   Art. VI.99 WER.
[2531]   Art. VI.101 WER.
[2532]   K. DEKETELAERE, M. SCHOUPS en A.L. VERBEKE (eds.), *Handboek bouwrecht*, Antwerpen, Intersentia-die Keure, 2013, 1051.
[2533]   Art. VI.93 WER.

4. Onrechtmatige bedingen

1429. Bij de totstandkoming van een overeenkomst tussen een vrijberoepsbeoefenaar en een consument, moet erop gelet worden dat de overeenkomst geen onrechtmatige bedingen bevat. Dat zijn bedingen of voorwaarden die, alleen of in samenhang met een of meer andere bedingen of voorwaarden, een kennelijk onevenwicht scheppen tussen de rechten en plichten van de partijen ten nadele van de consument.[2534]

Dergelijke bedingen zijn verboden en nietig. De overeenkomst blijft echter bindend voor de partijen indien ze zonder de onrechtmatige bedingen kan voortbestaan.[2535]

1430. Voor de beoordeling van het onrechtmatige karakter van een beding worden alle omstandigheden rond de sluiting van de overeenkomst in aanmerking genomen, alsmede alle andere bedingen van de overeenkomst of van een andere overeenkomst waarvan deze afhankelijk is op het ogenblik waarop de overeenkomst is gesloten. Hierbij wordt tevens rekening gehouden met de aard van de producten[2536] waarop de overeenkomst betrekking heeft en met de vereiste van duidelijkheid en begrijpelijkheid van het beding.[2537]

De wetgever heeft het noodzakelijk geacht een lijst op te stellen met bedingen die in ieder geval onrechtmatig zijn.[2538] In deze lijst komen onder andere de volgende verboden bedingen voor die relevant zijn voor de architectenpraktijk:
- het beding dat de onderneming het recht geeft eenzijdig te bepalen of het geleverde product aan de bepalingen van de overeenkomst beantwoordt of hem het exclusieve recht geeft om een of ander beding van de overeenkomst te interpreteren.[2539] Zo zal een exoneratiebeding voor een oppervlakte bij de verkoop van een appartement op plan onrechtmatig zijn. Bij een dergelijk exoneratiebeding zou de koper immers op voorhand een vermindering in oppervlakte inwilligen die louter van de verkoper afhangt[2540];
- het beding dat, in geval van niet-uitvoering of vertraging in de uitvoering van de verbintenissen van de consument, schadevergoedingsbedragen vaststelt die duidelijk niet evenredig zijn met het nadeel dat door de onderneming kan worden geleden[2541];

[2534] Art. I.8, 20° WER.
[2535] Art. VI.84 WER.
[2536] In het WER dient het woord 'product' geïnterpreteerd te worden als zijnde 'goederen en diensten, onroerende goederen, rechten en verplichtingen': art. I.1, 4° WER.
[2537] Art. VI.82 WER.
[2538] Art. VI.83 WER.
[2539] Art. VI.83, 6° WER.
[2540] Rb. Leuven 7 april 2011, *T.App.* 2012, 30.
[2541] Art. VI.83, 24° WER.

- het beding dat op onweerlegbare wijze de instemming van de consument vaststelt met bedingen waarvan deze niet daadwerkelijk kennis heeft kunnen nemen vóór het sluiten van de overeenkomst[2542];
- het beding dat de onderneming toestaat de door de consument betaalde bedragen te behouden wanneer deze afziet van het sluiten of het uitvoeren van de overeenkomst, zonder erin te voorzien dat de consument een gelijkwaardig bedrag aan schadevergoeding mag ontvangen van de onderneming wanneer deze laatste zich terugtrekt.[2543]

5. Overeenkomsten op afstand en overeenkomsten gesloten buiten de gebruikelijke plaats van beroepsuitoefening

A. DEFINITIES

1431. Boek VI bevat een aantal bepalingen over overeenkomsten op afstand en overeenkomsten gesloten buiten de gebruikelijke plaats van beroepsuitoefening, die voor de architectenpraktijk van belang zijn.

Voor dergelijke overeenkomsten heeft de wetgever immers een bijzondere bescherming voor de consument ingevoerd. Het gaat enerzijds over een specifieke informatieplicht voor de vrijberoepsbeoefenaar en anderzijds over een herroepingsrecht voor de consument. Hieronder wordt nader ingegaan op de informatieplicht. Voor de regelgeving inzake het herroepingsrecht wordt verwezen naar Hoofdstuk 13, afdeling 5, § 8.

1432. Een overeenkomst op afstand is een overeenkomst die tussen de onderneming en de consument wordt gesloten in het kader van een georganiseerd systeem voor verkoop of dienstverlening op afstand zonder gelijktijdige fysieke aanwezigheid van de onderneming en de consument en waarbij, tot op en met inbegrip van het moment waarop de overeenkomst wordt gesloten, uitsluitend gebruik wordt gemaakt van een of meer technieken voor communicatie op afstand.[2544]

Een overeenkomst waarover onderhandeld wordt in de verkoopruimten van de vrijberoepsbeoefenaar, maar uiteindelijk gesloten wordt op afstand, zal niet gekwalificeerd kunnen worden als een overeenkomst op afstand. Er werd namelijk niet 'uitsluitend' gebruikgemaakt van technieken voor communicatie op afstand.

1433. Een overeenkomst gesloten buiten de gebruikelijke plaats van beroepsuitoefening wordt gedefinieerd als zijnde iedere overeenkomst tussen de onderneming en de consument:

[2542] Art. VI.83, 26° WER.
[2543] Art. VI.83, 27° WER.
[2544] Art. I.8.15° WER.

a) die wordt gesloten in gelijktijdige fysieke aanwezigheid van de onderneming en de consument op een andere plaats dan een gebruikelijke plaats van verkoopruimten van de onderneming; of

b) waarvoor een aanbod werd gedaan door de consument onder dezelfde omstandigheden als bedoeld onder a); of

c) die gesloten wordt in de gebruikelijke verkoopruimten van de onderneming of met behulp van een techniek voor communicatie op afstand, onmiddellijk nadat de consument persoonlijk en individueel is aangesproken op een plaats die niet de verkoopruimte van de onderneming is, in gelijktijdige fysieke aanwezigheid van de onderneming en de consument; of

d) die gesloten wordt tijdens een excursie die door de onderneming is georganiseerd met als doel of effect de promotie en de verkoop van goederen of diensten aan de consument.[2545]

B.   Informatieplicht

1434.   De wetgever heeft voor overeenkomsten op afstand en overeenkomsten gesloten buiten de gebruikelijke plaats van de beroepsuitoefening opgelijst welke bijkomende informatie meegedeeld dient te worden aan de consument voordat die gebonden kan zijn door de overeenkomst.

Deze informatie moet in een duidelijke en begrijpelijke taal verstrekt worden[2546] en een integraal onderdeel vormen van de overeenkomsten. De informatie kan niet worden gewijzigd, tenzij de partijen bij de overeenkomst uitdrukkelijk anders zijn overeengekomen.[2547]

De verplicht mee te delen informatie heeft onder meer betrekking op het herroepingsrecht, het bestaan van een gedragscode, de identiteit van de vrijberoepsbeoefenaar, de duur van de overeenkomst en de voorwaarden voor het opzeggen van de overeenkomst enz.

6.   Sancties: de stakingsvordering

1435.   De voorzitter van de ondernemingsrechtbank kan het bestaan van een inbreuk vaststellen en de staking ervan bevelen.[2548]

De vordering wordt ingesteld en behandeld zoals in kort geding. Zij mag worden ingesteld bij verzoekschrift op tegenspraak, overeenkomstig de artikelen 1034*ter* tot 1034*sexies* Ger.W. Het vonnis waarbij een stakingsvordering wordt uitgesproken is uitvoerbaar bij voorraad, niettegenstaande elk rechtsmiddel en zonder borgtocht.[2549]

[2545]   Art. I.8, 31° WER.
[2546]   Art. VI.46 WER.
[2547]   Art. VI.45, § 4 en art. VI.64, § 4 WER.
[2548]   Art. XVII.1 WER.
[2549]   Art. XVII.6 WER.

§ 2. VERBINTENISSEN VAN DE ARCHITECT

A. Algemeen

1436. Wanneer een bouwheer een beroep doet op een architect en zij aldus een overeenkomst sluiten, maken de deontologische verplichtingen een onlosmakelijk deel uit van deze overeenkomst. Het beroep van architect is immers een streng geregulariseerd beroep. Die regelgeving is ingegeven door de nood aan regeling van de verhouding tussen architecten onderling en de Raad van de Orde, alsook om de relatie tussen architect en opdrachtgever te kunnen organiseren.[2550] De opdrachtgever mag er van uitgaan dat de architect zich steeds trouw zal houden aan zijn deontologische verplichtingen.

1437. De architectenovereenkomst dient de opdracht van de architect nauwkeurig te omschrijven.

1438. Indien aan de architect een volledige opdracht wordt gegeven, zijn de taken van de architect ingevolge het Reglement van beroepsplichten de volgende[2551]:
- het verzamelen van de gegevens die nodig zijn voor het ontwerp;
- de studie van het programma;
- het maken van de schets en het voorontwerp;
- het opmaken van het definitief ontwerp en het administratief dossier;
- het opmaken van het aanbestedingsdossier: plannen en bestekken, onderzoek van de inschrijvingen en verslag voor de aanwijzing van de aannemer, klaarmaken van de documenten voor de bestelling;
- het opmaken van het uitvoeringsdossier en de opdracht voor de controle op de werken;
- de bijstand bij de oplevering en het nazicht van de rekeningen.

Volgens het Hof van Cassatie kan onder "volledige architectenopdracht" worden begrepen: ofwel de tussenkomst van de architect, inclusief de controle op de uitvoering van de werken, tot en met de ruwbouw/winddicht-fase van de bouwwerken, ofwel de tussenkomst van de architect, inclusief de controle op de uitvoering van de werken, tot aan de afwerking van het gebouw conform de bestemming ervan.[2552] Het verdient dan ook aanbeveling om in de architectenovereenkomst duidelijk te bepalen wat de taken van de architect zijn, en in geval van een "volledige architectenopdracht" te verduidelijken wat daaronder begrepen dient te worden.

[2550] Antwerpen 21 mei 2007, *Limb.Rechtsl.* 2007, 309.
[2551] Art. 20 Reglement van beroepsplichten.
[2552] Cass. 19 mei 2016, *TBO* 2017, 32-36, noot A. QUIRYNEN.

1439. De bouwheer is niet verplicht om al deze taken toe te wijzen aan een architect. Een dergelijke verplichting geldt enkel voor het opmaken van de plannen en voor de controle op de werken.[2553] Alle andere taken kan hij zelf uitvoeren of uitbesteden aan derden.[2554]

De bouwheer kan ook bepaalde taken, bijvoorbeeld het opmaken van de plannen, toewijzen aan de ene architect, en andere taken, bijvoorbeeld de controle, aan een andere architect. Geen enkele wettelijke bepaling verhindert immers dat de architect enkel belast wordt met het maken van een voorontwerp, en dat de opdracht voor het uitvoeringsontwerp, de technische leiding en het toezicht aan een andere architect worden toevertrouwd na de goedkeuring van het voorontwerp.[2555]

Het Reglement van beroepsplichten schrijft evenwel voor dat de architect de opdracht voor het opmaken van een uitvoeringsontwerp niet mag aanvaarden zonder tegelijkertijd te zijn belast met de controle op de uitvoering van de werken, tenzij hij de verzekering heeft dat een andere architect, ingeschreven op een tableau of op een lijst van stagiairs, met de controle belast is.[2556] In dat geval geeft hij hiervan kennis aan het openbaar bestuur dat de bouwtoelating heeft verleend, evenals aan de raad van de Orde, en deelt hen de naam mee van de architect die hem opvolgt.[2557]

De architect dient op dezelfde wijze te handelen wanneer hij na een uitvoeringsontwerp te hebben afgeleverd, door de bouwheer van zijn controleopdracht wordt ontheven.[2558]

1440. Er bestaat geen wettelijk vermoeden dat de architect werd belast met een volledige opdracht. De rechter kan evenwel op grond van de feitelijke omstandigheden, en met inachtneming van de beperkingen van artikel 1353 BW, aannemen dat er wel degelijk een volledige opdracht werd verleend.[2559] Uit het feit dat de architect aanwezig was op werfvergaderingen en deelnam aan een poging tot verzoening tussen de bouwheer en de aannemer, werd een volledige opdracht afgeleid.[2560]

Bij gebrek aan een schriftelijke overeenkomst is de architect gerechtigd om met alle middelen van recht aan te tonen dat hij niet met een volledige opdracht was belast.[2561]

[2553]   Art. 4, eerste lid Architectenwet.
[2554]   Zie hiervoor uitgebreid Afdeling 4 van dit hoofdstuk.
[2555]   Cass. 26 juni 1992, *Arr.Cass.* 1991-92, 1038, *Pas.* 1992, I, 963, *RW* 1992-93, 302.
[2556]   Art. 21, eerste en tweede lid Reglement van beroepsplichten.
[2557]   Art. 21, tweede lid Reglement van beroepsplichten.
[2558]   Art. 21, laatste lid Reglement van beroepsplichten.
[2559]   Gent 23 september 1987, *T.Aann.* 1991, 191.
[2560]   Luik 26 april 1984, *RJI* 1985, 5.
[2561]   Antwerpen 12 oktober 2005, *T.Aann.* 2008, 227.

B. Het opmaken van plannen en bestek – Informatieplicht

1. Voorontwerp

1441. Dankzij het voorontwerp krijgt de opdrachtgever de mogelijkheid om zich een helder beeld te vormen van het ontworpen werk. Het omvat het geheel van geografische documenten die het programma architecturaal en compositorisch, driedimensionaal in een bepaalde omgeving, duidelijk voorstellen, en de voorafgaandelijke synthese uitmaken ter voorbereiding van het definitieve ontwerp.

De architect die voor een ongebruikelijk concept opteert, moet minimale garanties geven voor het bereiken van een goed resultaat.[2562]

De studie van het voorontwerp houdt een onderzoek van de voorziene bouwplaats in. Dit omvat het onderzoek van de bodemgesteldheid, het eventueel bestaan van erfdienstbaarheden, en van de stedenbouwkundige voorschriften ter zake.

Zo begaat de architect een technische fout en schiet hij in zijn adviesplicht tekort wanneer hij een verkavelingspaal verwart met een afbakeningspaal van een eigendom. De architect moet zich immers steeds vergewissen van de goede inplanting, zelfs indien de overeenkomst dit niet uitdrukkelijk bepaalt, desgevallend door de opdrachtgever te verzoeken een afpaling uit te voeren.[2563]

Het is niet de taak van de architect om te onderzoeken of de bouwheer in aanmerking komt voor een bouwpremie, tenzij dit hem wordt gevraagd of indien hij weet dat het verkrijgen van een dergelijke premie voor de bouwheer een voorwaarde was om te bouwen.[2564] Wel is hij verantwoordelijk wanneer ten gevolge van het laattijdig indienen van documenten de bouwheer geen recht meer heeft op een premie bij verbouwingswerken. De architect dient er immers voor in te staan dat de beloofde diensten binnen het bepaalde of normale tijdbestek uitgevoerd worden.[2565]

2. Definitief of uitvoeringsontwerp

1442. Wanneer het voorlopig ontwerp werd goedgekeurd, kan de architect een definitief ontwerp opstellen. Hij moet erover waken dat zijn ontwerp conform is aan de geldende administratieve en stedenbouwkundige normen en reglementen.[2566]

1443. De architect dient alle nodige inlichtingen ter zake vooraf te verzamelen. Doet hij dat niet en begint hij zijn studie en het opmaken van zijn ontwerp zonder

---

[2562] Luik 22 februari 1988, *JL* 1988, 1276, noot R. DE BRIEY, *RJI* 1989, 27.
[2563] Luik 3 februari 2011, *JLMB* 2013, 858.
[2564] Gent 16 februari 1988, *T.Aann.* 1990, 96; anders: Vred. Luik 19 maart 1993, *JLMB* 1994, 133, noot B. LOUVEAUX.
[2565] Rb. Aarlen 30 april 1987, *Rev.Liège* 1987, 1118.
[2566] Gent 9 december 1994, *RW* 1995-96, 90, *TGR* 1995, 234.

de benodigde informatie, waardoor hij niet in staat is om een resultaat af te leveren dat conform is aan de normen en reglementen geldend voor het bouwterrein, dan is hij niet gerechtigd honoraria te vorderen, aangezien zijn werk geen nut heeft voor de bouwheer. De overeenkomst dient dan desgevallend in zijn nadeel te worden ontbonden met schadevergoeding voor de bouwheer.[2567]

De prestaties die de architect dan moet verrichten voor de aanpassing van het bouwdossier, vallen eveneens onder het oorspronkelijk voorziene forfaitaire ereloon (bv. 20% voor het indienen van het bouwaanvraagdossier) en kunnen dus niet bijkomend worden aangerekend.[2568]

1444. De goede conceptie van het werk houdt onder meer in dat is voorzien in de juiste fundering die is aangepast aan de bodemgesteldheid[2569], alsook in de juiste inplanting van de bouwwerken op het terrein.[2570] De architect moet de nodige informatie inwinnen over de structuur en de kwaliteit van de ondergrond om de stabiliteit van het gebouw te waarborgen. In het algemeen rust er op de architect evenwel geen verplichting om de grondsondering en de stabiliteitsstudie te laten uitvoeren vooraleer het ontwerp op te stellen en de stedenbouwkundige vergunning (thans omgevingsvergunning) aan te vragen. De architect dient wel in te staan voor de coördinatie en voor het integreren van deze studies in het geheel van zijn opdracht, zelfs als de gespecialiseerde technische studies inzake stabiliteit en grondonderzoek uitdrukkelijk conventioneel uitgesloten zijn uit de opdracht van de architect. Voor zover door de eigenheden van de bouwplaats de architect tijdens de ontwerpfase geen uitsluitsel kan verkrijgen over de draagkracht van de grond en de bestaande fundering, moet hij in de uitvoeringsfase – *in casu* na de afbraakwerken – erop toezien dat de stabiliteit van het ontworpen gebouw wordt gewaarborgd.[2571]

Er is geen goede conceptie indien ten gevolge van het te zware concept van de dakconstructie, barsten in naden en muren ontstaan, of indien een septische put en een vervangput met een onvoldoende capaciteit werden voorzien.[2572]

1445. De architect die een onredelijke termijn laat verlopen tussen de goedkeuring van het voorontwerp en de afwerking van het uitvoeringsontwerp, is aansprakelijk voor deze vertraging. Desgevallend kan de ontbinding van de overeenkomst worden gevorderd in zijn nadeel.

[2567] Brussel 19 april 1978, *JT* 1980, 300: plan strijdig met de voorschriften van de verkavelingsvergunning, waardoor de bouwvergunning werd geweigerd.

[2568] Brussel (20ᵉ k.) 24 april 2017, *TBO* 2017, 383.

[2569] Brussel (20ᵉ k.) 23 mei 2017, *TBO* 2017, 392. Zie ook Gent 3 december 1993, *RW* 1994-95, 644; Brussel 6 juni 1986, *RJI* 1986, 249: geen aansprakelijkheid voor gebreken in de grond die te wijten zijn aan de miskenning van de regels van de kunst door de buren en waarvoor geen enkele uiterlijk waarneembare aanwijzing bestond; Rb. Doornik 8 juni 1983, *T.Aann.* 1984, 187, noot M.-A. FLAMME.

[2570] Rb. Nijvel 2 juni 1981, *RJI* 1981, 263; Rb. Antwerpen 26 februari 1981, *Pas.* 1982, 45.

[2571] Brussel (20ᵉ k.) 23 mei 2017, *TBO* 2017, 392.

[2572] Gent 14 maart 2014, onuitg.

1446. De architect mag zich voor het opstellen van de plannen laten bijstaan door derden die niet gemachtigd zijn om het beroep uit te oefenen. De architect is echter steeds de eindverantwoordelijke en de enige auteur van het ontwerp.[2573] De uitvoeringsplannen worden dan ook beschouwd als persoonlijke en unieke intellectuele prestaties van de architect.[2574]

De architect die zijn naam leent voor de ondertekening en de toe-eigening van plannen die *de facto* geheel of gedeeltelijk werden opgemaakt door iemand die niet gemachtigd was om het beroep van architect uit te oefenen, riskeert strafrechtelijke en tuchtrechtelijke sancties.

3. Bestek en aanbesteding

1447. Het uitvoeringsontwerp van de architect moet dienen voor de samenstelling van het volledige dossier voor de uitvoering van de werken, waaronder het bestek.

Het bestek omvat de beschrijving van de werken en de technische voorschriften waaraan moet worden voldaan. Het bevat de voorwaarden van de aanneming, een samenvatting van de taken van de aannemer(s) en de te verwerken bouwmaterialen.

1448. De architect wordt wegens zijn professionele vakkennis geacht in het bestek de aan de bestemming aangepaste materialen voor te schrijven.[2575] Wanneer het gebruik van een bepaald materiaal een bezwaar oplevert, moet de architect de bouwheer daarvan verwittigen. Wanneer deze laatste beslist om, ondanks de raadgevingen van zijn architect, toch dit materiaal te gebruiken, dan dient de architect hetzij zijn medewerking te weigeren indien dit gebruik het geheel of gedeeltelijk tenietgaan van het gebouw kan teweegbrengen, hetzij, in de overige gevallen, zich door de bouwheer van zijn aansprakelijkheid tegenover hem te doen ontslaan. De bouwheer is leek en dient door een specialist, die de architect ter zake is, te worden gewaarschuwd voor de risico's van nieuwe technieken.[2576]

1449. De ondertekening door de bouwheer van de plannen en het bestek, houdt geen goedkeuring in van de technische gebreken waarmee ze zijn behept. De architect blijft hiervoor verantwoordelijk, eventueel samen met de aannemer, indien het grove fouten betreft die de aannemer op zich had kunnen vaststellen.

1450. De architect dient desgevallend in te staan voor de aanbesteding van de werken. Dit houdt in dat hij de aanbesteding aankondigt en eventueel bepaalde aannemers uitnodigt om in te schrijven, dat hij het bestek, de plannen en de bijla-

---

[2573] Cass. 4 mei 1970, *Arr.Cass.* 1970, 810.
[2574] Kh. Antwerpen (afd. Tongeren) 20 november 2015, *TBO* 2015, 78-86, noot K. UYTTERHOEVEN.
[2575] Cass. 11 oktober 2012, *RJI* 2013, 251.
[2576] Luik 16 mei 1988, *JL* 1990, 441.

gen beschikbaar houdt en meedeelt, dat hij de inschrijvingen in ontvangst neemt en dat hij de bouwheer bijstaat bij de keuze van de aannemer(s).[2577]

C. Verzekeringsattest opvragen bij de aannemers en de andere dienstverleners

1451. De architect is verplicht om hem voorafgaand aan het uitvoeren van enig onroerend werk, een verzekeringsattest te doen overhandigen door de aannemers en de andere dienstverleners in de bouwsector, overeenkomstig artikel 12 Wet Peeters.[2578]

Als men hem dit niet spontaan overhandigt, eist de architect dit attest op.

Onder "andere dienstverleners in de bouwsector" moet worden begrepen: elke natuurlijke persoon of rechtspersoon, andere dan bouwpromotoren, die voor rekening van een derde en mits rechtstreekse of onrechtstreekse vergoeding zich ertoe verbindt, in volledige onafhankelijkheid maar zonder vertegenwoordigingsbevoegdheid, immateriële prestaties te verrichten die betrekking hebben op een bepaald onroerend werk op woningen die in België gelegen zijn. Het betreft onroerende werken waarvoor de tussenkomst van de architect verplicht is krachtens artikel 4 van de wet van 20 februari 1939 op de bescherming van de titel en van het beroep van architect.[2579]

D. De verplichtingen inzake de veiligheidscoördinatie[2580]

1452. Ingevolge het KB van 25 januari 2001 betreffende de tijdelijke of mobiele bouwplaatsen dient een veiligheidscoördinator-ontwerp aangesteld te worden tijdens de ontwerpfase en een veiligheidscoördinator-verwezenlijking tijdens de uitvoering van de werkzaamheden, behalve indien met zekerheid vaststaat dat de werken op de tijdelijke of mobiele bouwplaats door één enkele aannemer zullen worden uitgevoerd.[2581]

De architect dient al het nodige te doen om de bouwheer, die op hem een beroep doet, op voorhand in te lichten over de wettelijke verplichtingen inzake het aanstellen van een veiligheidscoördinator.[2582] De architect begaat een fout wanneer hij weet of moet weten dat meer dan één aannemer gelijktijdig of achtereenvolgens werken zal uitvoeren en hij toch adviseert geen veiligheidscoördinator aan te stellen.[2583]

[2577] Art. 22 Reglement van beroepsplichten.
[2578] Wet 31 mei 2017 betreffende de verplichte verzekering van de tienjarige burgerlijke aansprakelijkheid van aannemers, architecten en andere dienstverleners in de bouwsector van werken in onroerende staat en tot wijziging van de wet van 20 februari 1939 op de bescherming van de titel en van het beroep van architect.
[2579] Art. 2, 3° Wet Peeters.
[2580] Zie Hoofdstuk 2, afdeling 7.
[2581] Art. 4*bis* en 4*decies* KB 25 januari 2001 betreffende de tijdelijke of mobiele bouwplaatsen; zie ook Hoofdstuk 7, afdeling 1, § 2, C, 2.
[2582] Parl.Vr. nr. 387 van 8 oktober 2002; Antwerpen 24 januari 2007, *NJW* 2007, 657, noot G.J.
[2583] Antwerpen 24 januari 2007, *NJW* 2007, afl. 167, 657, noot G. JOCQUE.

Bij bouwwerken met een oppervlakte kleiner dan 500 m² is het in beginsel de 'bouwdirectie belast met het ontwerp'[2584] en de 'bouwdirectie belast met de controle op de uitvoering'[2585] die respectievelijk een veiligheidscoördinator-ontwerp en een veiligheidscoördinator-verwezenlijking aanstelt.[2586] Indien de opdrachten van de bouwdirectie geheel of gedeeltelijk worden uitgevoerd door een architect, is de architect ertoe gehouden deze verplichting na te leven.[2587]

De architect mag zelf ook de functie van veiligheidscoördinator-ontwerp en/of veiligheidscoördinator-verwezenlijking uitoefenen als hij voldoet aan de bepalingen van artikel 65*ter*, § 1 van het KB van 25 januari 2001 betreffende de tijdelijke of mobiele bouwplaatsen.[2588] In dat geval hoeft er geen aparte coördinatie-overeenkomst gesloten te worden, maar kan de architectenovereenkomst een beding bevatten waarbij de architect verklaart de functie van coördinator te vervullen gedurende de ontwerpfase en, eventueel, gedurende de verwezenlijkingfase van de werken.[2589]

Bij bouwwerken met een oppervlakte gelijk aan of groter dan 500 m² is het de opdrachtgever die een veiligheidscoördinator-ontwerp en een veiligheidscoördinator-verwezenlijking aanstelt.[2590]

Zolang de coördinator-ontwerp respectievelijk de coördinator-verwezenlijking niet is aangesteld, mogen de werken op de tijdelijke of mobiele bouwplaatsen niet aangevat of voortgezet worden.[2591] Hieruit volgt dat de architect zijn opdracht als beëindigd dient te beschouwen als de bouwheer weigert een veiligheidscoördinator aan te stellen.[2592]

E. De controle over de werken

1. Algemene leiding van de werken

1453. De controle over de werken bestaat in een algemene leiding van de werken, met uitsluiting van het bestendig toezicht op de aanwending van de mate-

---

[2584] Onder "bouwdirectie belast met het ontwerp" moet begrepen worden: iedere natuurlijke of rechtspersoon die voor rekening van de opdrachtgever zorg draagt voor het ontwerp van het bouwwerk (art. 3, § 1, 8° Welzijnswet).

[2585] Onder "bouwdirectie belast met de controle op de uitvoering" moet begrepen worden: iedere natuurlijke of rechtspersoon die voor rekening van de opdrachtgever zorg draagt voor het toezicht op de uitvoering van het bouwwerk (art. 3, § 1, 9° Welzijnswet).

[2586] Art. 4*bis* en 4*decies* KB 25 januari 2001 betreffende de tijdelijke of mobiele bouwplaatsen.

[2587] Art. 14 Welzijnswet.

[2588] Art. 4*bis*, derde lid, 1° en art. 4*decies*, § 3, 1° KB 25 januari 2001 betreffende de tijdelijke of mobiele bouwplaatsen.

[2589] W. NEVEN, "Veiligheidscoördinator – De tijdelijke of mobiele bouwplaatsen", *OGP*, afl. 139, III.I.1-1 – III.I.8-3.

[2590] Art. 5 en 15 KB 25 januari 2001 betreffende de tijdelijke of mobiele bouwplaatsen.

[2591] Art. 4*ter*, 4*undecies*, 6 en 16, § 2 KB 25 januari 2001 betreffende de tijdelijke of mobiele bouwplaatsen.

[2592] Parl.Vr. nr. 387 van 8 oktober 2002.

rialen, waarvoor de aannemer volledig verantwoordelijk blijft. Deze algemene leiding omvat het geven van de noodzakelijke richtlijnen aan de uitvoerders tot coördinatie en controle op de goede uitvoering van de werken volgens de plannen en de regels van de kunst.[2593]

De architect dient in dit opzicht na te gaan of de aannemer zijn plannen, bestek en beschrijving en de regels van de kunst respecteert, alsook of de werken verlopen binnen de voorziene termijnen.

Indien de aannemer een andere uitvoeringsmethode voorstelt dan de door de architect oorspronkelijke voorgeschreven methode en de architect noch voor, tijdens of na de schadeverwekkende werken bezwaren, opmerkingen of voorbehouden heeft geformuleerd, draagt de architect de exclusieve verantwoordelijkheid voor de gevolgen van de verkeerde keuze.[2594]

De architect dient erover te waken dat, eens de werken zijn aangevat, niet wordt afgeweken van de goedgekeurde plannen.[2595] Wanneer de opdrachtgever van het originele plan wenst af te wijken, mag de architect dit – los van eventuele stedenbouwkundige bezwaren – enkel aanvaarden voor zover de veiligheid van het gebouw niet in het gedrang komt. Indien naderhand blijkt dat dit wel het geval was, is hij daarvoor verantwoordelijk indien hij zijn cliënt niet op de mogelijke nadelige gevolgen van de afwijking heeft gewezen.[2596]

Het kan ook voorkomen dat de aannemer de plannen niet opvolgt. Indien de architect in een dergelijk geval beslist om de werken stil te leggen en de uitvoering van de werken hierdoor vertraging oploopt, kan de architect hiervoor niet aansprakelijk worden gesteld. Integendeel, door de werken stil te laten leggen, voldoet de architect aan zijn controleplicht.[2597]

1454. De controle gebeurt door regelmatige bezoeken aan de werf die de architect moeten toelaten na te gaan of de werken effectief conform de plannen worden uitgevoerd en, gelet op zijn vakkennis, op te treden wanneer er problemen bij de uitvoering rijzen.[2598]

Deze controle gebeurt verder door de organisatie en het voorzitten van vergaderingen van de uitvoerders, waarbij de beslissingen worden aangetekend in verslagen. Een architect die geen werfverslagen opstelt[2599] of louter werfverslagen opstelt wanneer er zich problemen voordoen[2600], schendt bijgevolg zijn controle-

---

[2593] Kh. Gent (afd. Oostende, 6e k.) 8 januari 2016, *TGR-TW VR* 2017, afl. 1, 9.
[2594] Rb. Dendermonde 15 februari 2013, *T.Aann.* 2014, 100.
[2595] Gent 19 februari 1987, *TGR* 1988, 14: op advies van het ingenieursbureau werd in een winkelruimte een bijkomende kolom ingebouwd, waardoor de vooropgestelde ruimte niet werd gerealiseerd.
[2596] Cass. 6 juni 1985, *Arr.Cass.* 1984-85, 1378, *RW* 1985-86, 2298, noot, *Pas.* 1985, I, 1256.
[2597] Brussel 17 maart 2009, *TBO* 2009, 185; Brussel 28 februari 2008, *Jurim Pratique* 2008, afl. 2, 83.
[2598] Cass. 13 maart 2008, D.07.0002.N/1; Cass. 27 oktober 2006, AR D.06.0001.N, www.cass.be; Brussel (20e k.) 4 september 2018, *TBO* 2019, 50.
[2599] Raad van Beroep van de Orde van Architecten 23 februari 2011, *Not. 10/3090*, onuitg.
[2600] Raad van Beroep van de Orde van Architecten 8 mei 2013, *Not. 12/3130*, onuitg.

plicht. Dit is eveneens het geval indien de werfverslagen bijzonder summier zijn en alleen de stand van de uitvoering van de werken opgeven, de werfverslagen niet ondertekend werden, er geen bewijs is van het verzenden van de werfverslagen naar de bouwheer en de lastenboeken, detailstaten, briefwisseling met bouwheer of aannemer, opleveringsstaten, vorderingsstaten en eindafrekeningen ontbreken.[2601]

Tevens impliceert de controleplicht dat de architect bijkomend aanwezig dient te zijn op de werf indien er moeilijke, gevaarlijke of delicate werken worden uitgevoerd.[2602] De controlerende taak van de architect beperkt zich immers niet tot het louter verifiëren van de werken naar aanleiding van de voorlopige oplevering, aangezien hij in dit stadium enkel de nog voor hem als professioneel vaststelbare zichtbare gebreken kan constateren, en niet de gebreken die verscholen gaan achter de afwerking.[2603]

Echter, het begrip controle houdt geen bestendig toezicht of permanente aanwezigheid op de werf in, maar impliceert enkel dat er nazicht van het werk wordt gedaan telkens wanneer dit nodig is en wanneer dat contractueel bedongen is. De controleplicht dient dan ook als een inspanningsverbintenis beschouwd te worden[2604], wat wil zeggen dat de architect in de concrete omstandigheden alle inspanningen moet leveren die in dergelijke omstandigheden van een normaal voorzichtig en redelijk architect kunnen worden verwacht.[2605]

Zo oordeelde het hof van beroep van Brussel dat de architect die een "flagrante niet-naleving door de ruwbouwaannemer van de plannen (een stalen ligger voorzien op de plannen werd niet gelegd)" niet opmerkte, zijn controleverplichting niet plichtsbewust naleefde.[2606]

Wanneer een gebrek aan controle wordt ingeroepen door de bouwheer, dient deze het bewijs te leveren van zowel de fout of nalatigheid in de controle als van het causaal verband tussen die fout en de schade. Meer bepaald dient de bouwheer aan te tonen dat, indien er een behoorlijke controle was uitgeoefend, de uitvoeringsfout zou zijn ontdekt en de schade zou zijn vermeden.[2607]

1455. Om de architect toe te laten zijn controletaak uit te voeren, dient de bouwheer hem in kennis te stellen van de aanvang van de werken. Wanneer dit niet gebeurt, is de bouwheer zelf in gebreke.[2608]

[2601] Raad van Beroep van de Orde van Architecten 19 december 2012, *Not. 11/3106*, onuitg.

[2602] Brussel (20e k.) 4 september 2018, *TBO* 2019, 50; Brussel 27 april 2010, *RJI* 2011, 295; Brussel 18 oktober 2002, *RJI* 2003, 195; Bergen 7 mei 1985, *RGAR* 1986.

[2603] Gent 25 februari 2011, nr. 2008/AR/368, onuitg.

[2604] Rb. Nijvel 8 april 2011, *RJI* 2011, 239; Brussel 17 maart 2009, *TBO* 2009, 185; Antwerpen 14 oktober 2003, *NJW* 2003, 1266, noot W. GOOSSENS; Rb. Antwerpen 2 juni 2004, *RW* 2007-08, 1416-1420.

[2605] Brussel (20e k.) 17 november 2014, *RJI* 2015, afl. 2, 130; *RJI* 2016, afl. 4, 271.

[2606] Brussel (20e k.) 4 september 2018, *TBO* 2019, 50.

[2607] Brussel 17 maart 2009, *TBO* 2009, 185; Rb. Antwerpen 2 juni 2004, *RW* 2007-08, 1416-1420.

[2608] Antwerpen 14 oktober 2003, *TBO* 2005, 110, noot; Rb. Antwerpen (afd. Antwerpen) 9 oktober 2018, *TBO* 2019, 61; Rb. Dendermonde 17 juni 1988, *T.Aann.* 1990, 54.

1456. Uit het monopolie van de architect volgt dat de architect de controle op de werken niet kan delegeren aan een derde, al dan niet medewerker, die zelf niet gemachtigd is om het beroep van architect uit te oefenen.[2609] Uiteraard kan hij zich wel laten bijstaan bij zijn controle-opdracht door een niet-architect, zolang hij zelf de leiding en de verantwoordelijkheid houdt.

In dit opzicht werd een overeenkomst tussen een architect en een interieurarchitect nietig verklaard omdat bleek dat de interieurarchitect feitelijk een bepaald aspect van het concept van het werk en van de controle op de uitvoering had toegewezen gekregen.[2610]

1457. Zoals reeds eerder besproken, heeft de bouwheer het recht om aan de architect slechts een beperkte opdracht te geven, bijvoorbeeld beperkt tot het opmaken van de plannen voor het verkrijgen van de nodige omgevingsvergunning. Hij kan zijn beslissing over het effectief bouwen uitstellen.

Indien de architect een beperkte opdracht krijgt, moet hij zich ervan verzekeren dat een andere architect wordt belast met de controle op de uitvoering van de werken.[2611] Deze verplichting heeft tot doel dat gewaakt wordt over de uitvoering van de plannen en te vermijden dat de plannen later gewijzigd worden. Zo worden zowel de veiligheid als de naleving van de toepasselijke regelgeving gewaarborgd.[2612]

Eens hij de overheid heeft ingelicht over het beperkte karakter van zijn opdracht[2613], hoeft hij niet verder na te gaan of de bouwheer de werken wel laat controleren. Hij kan ervan uitgaan dat de overheid zelf hierover waakt.[2614] Dezelfde formaliteiten moeten worden vervuld indien hij door de bouwheer wordt ontslagen van zijn controletaken.

De architect die deze belangrijke regel negeert, riskeert (strenge) tuchtrechtelijke sancties.[2615] Artikel 21 Reglement van beroepsplichten wordt evenzeer mis-

---

[2609] Cass. 13 maart 2008, *Arr.Cass.* 2008, 716; Cass. 27 oktober 2006, *Arr.Cass.* 2006, 2147.

[2610] Brussel (2ᵉ k.) 4 september 2015, *JLMB* 16/161, deels geciteerd door B. LOUVEAUX in "Inédits de droit de la construction 2018-2019", *JLMB* deel 1: 2018, afl. 35, 1656.

[2611] Art. 21 Reglement van beroepsplichten; Raad van Beroep van de Orde van Architecten 13 februari 2013, *Not. 12/3128*, onuitg.; Raad van Beroep van de Orde van Architecten 19 december 2012, *Not. 11/3121*, onuitg.; Raad van Beroep van de Orde van Architecten 13 april 2011, *Not. 10/3091*, onuitg.; Raad van Beroep van de Orde van Architecten 26 januari 2011, *Not. 10/3086*, onuitg.; Raad van Beroep van de Orde van Architecten 26 januari 2005, *Not. 2085/04*, onuitg.; Cass. 22 april 1994, *Pas.* 1994, I, 397, *RW* 1994-95, 538; Cass. 1 december 1994, *Arr.Cass.* 1994, 1048, *JLMB* 1995, 1047, noot F. MOISES, *RW* 1994-95, 1377.

[2612] Corr. Oost-Vlaanderen (afd. Gent) 4 september 2018, *TMR* 2018, afl. 6, 758; Corr. Oost-Vlaanderen (afd. Gent) 7 november 2017, *TMR* 2018, afl. 2, 264.

[2613] Art. 21 Reglement van beroepsplichten.

[2614] Rb. Nijvel 29 januari 1999, *T.Aann.* 1999, 166.

[2615] Bv. Tuchtr. Ber. Architecten (Nl.) 1 april 1999, *TGR* 1999, 82: een schorsing van negen maanden werd in graad van beroep herleid tot een van twee maanden; Raad van Beroep van de Orde van Architecten 13 februari 2013, *Not. 12/3128*, onuitg.: een schorsing van twee jaar werd in graad van beroep herleid tot een berisping; Raad van Beroep van de Orde van Architecten 19 december 2012, *Not. 11/3106*, onuitg.: een schorsing van zes maanden werd in graad van

---

kend wanneer de architect nalaat om de naam van de architect belast met de controle mee te delen, zelfs al maakt hij melding van de beperking van zijn opdracht in zijn aanvraag van een visum.[2616]

Zijn deontologische fout ter zake zal evenwel niet noodzakelijk in oorzakelijk verband staan met de schade die het gevolg is van een gebrekkige uitvoering van de aanneming, nl. een gebrekkige uitvoering in strijd met de regels van de kunst, de plannen en de stedenbouwkundige of omgevingsvergunning, zodat dan uitsluitend de aansprakelijkheid van de bouwheer en de aannemer wordt weerhouden.[2617]

1458. De controleopdracht van de architect omvat het toezicht op de goede uitvoering van het werk en de deugdelijkheid van de materialen.[2618] In de rechtspraak werd dan ook reeds geoordeeld dat een architect die zich onbehoorlijk heeft gekweten van zijn verplichting om leiding te geven en toezicht uit te oefenen, *in solidum* met de aannemer, verantwoordelijk kan worden gesteld voor de schade die voorspruit uit fouten die de aannemer bij de keuze en de aanwending van de materialen beging.[2619]

In die zin kan ook verwezen worden naar een uitspraak van het hof van beroep van Brussel, die bevestigt dat de architect zijn aansprakelijkheid in het gedrang brengt door een tekortkoming aan zijn controleplicht wanneer hij tijdens een wezenlijke fase van de bouw een duidelijke uitvoeringsfout niet 'sanctioneert' (gebruik van materiaal dat niet overeenstemt met het lastenboek en onjuiste toepassing), waarvan de voortzetting *a posteriori* alle controle onmogelijk maakte.[2620]

De architect, belast met de controle op de werken, dient niet alleen alle nuttige richtlijnen te verstrekken, maar ook de fouten in de uitvoering te ontdekken en de herstelling ervan te eisen.[2621]

Indien de aannemer een andere uitvoeringsmethode hanteert dan de door de architect voorgeschreven methode en de architect hierbij geen opmerkingen of enig voorbehoud formuleert, is de architect verantwoordelijk voor de gevolgen van die keuze.[2622]

1459. Het valt niet onder de controleplicht van de architect om de goederen op de werf in ontvangst te nemen.[2623]

---

beroep bevestigd; Raad van Beroep van de Orde van Architecten 26 januari 2005, *Not.* 2085/04, onuitg.: een schorsing van zes maanden werd in graad van beroep bevestigd.

[2616] Tuchtr. Ber. Architecten (Fr.) 11 oktober 1989, *JT* 1990, 402, noot.
[2617] Rb. Antwerpen (afd. Antwerpen) 9 oktober 2018, *TBO* 2019, 61.
[2618] Zie bv. Brussel 3 juni 1992, *T.Aann.* 1998, 47: het ontbreken van uitzettingsvoegen in het gevelmetselwerk van een opgeleverd gebouw wijst op een gebrek aan toezicht door de architect bij de uitvoering van de werkzaamheden.
[2619] Brussel 15 januari 1965, *JT* 1965, 523.
[2620] Brussel 28 februari 2008, *Jurim Pratique* 2008, afl. 2, 83.
[2621] K. VER BERNE en J. EMBRECHTS, "Verdeling van de aansprakelijkheid tussen aannemer, architect, ingenieur of studiebureau en promotor", *OGP*, afl. 35, IV.G.1-1.
[2622] Rb. Dendermonde 15 februari 2013, *T.Aann.* 2014, 100.
[2623] Brussel 20 december 2007, *JLMB* 2012, afl. 1, 9, *RJI* 2008, afl. 1, 9.

1460. Ingevolge artikel 11.1.11, vijfde lid van het Energiedecreet van 8 mei 2009[2624] rust er een verwittigingsplicht op de architect die met de controle op de uitvoering van de werken belast is. Als hij tijdens de uitvoering vaststelt dat er een ernstig risico bestaat dat de EPB-eisen niet gerespecteerd zullen worden, brengt hij de aangifteplichtige en, als dat een andere persoon is dan de architect, de verslaggever hiervan zo snel mogelijk per aangetekende brief op de hoogte. Deze verwittigingsplicht houdt evenwel niet in dat de architect steeds gehouden is toezicht uit te oefenen op de werken die relevant zijn inzake de EPB-eisen.[2625]

1461. Wat betreft de burgerrechtelijke gevolgen van het niet naleven van de wettelijke controleplicht door de architect in hoofde van de bouwheer, wordt verwezen naar § 5, A van afdeling 4 van dit hoofdstuk.

2. Coördinatie van de bouwwerken

1462. Over de vraag of de controleplicht eveneens inhoudt dat de architect bij een gesplitste aanbesteding, namelijk wanneer de werken niet bij globale aanneming worden uitgevoerd, maar bij afzonderlijke delen die onderscheiden bouwovereenkomsten uitmaken (zgn. nevenaanneming), dient in te staan voor de coördinatie van de verschillende werken, lijkt er in de rechtspraak tot op heden geen eensgezindheid te bestaan.[2626]

Bij nevenaanneming lijkt dit nochtans de taak te zijn van de bouwheer, tenzij dit contractueel zou zijn opgedragen aan de architect.[2627]

Echter, meer en meer wordt, zoals in onze buurlanden, hiervoor een (zelfstandige) bouwcoördinator aangesteld. In de meeste modellencontracten van architecten is de bouwcoördinatie trouwens uitdrukkelijk uitgesloten, tenzij met betaling van een meerprijs.

F. Plicht van bijstand en raadgeving

1. Algemeen

1463. De architect is, zolang zijn opdracht loopt, raad en bijstand verschuldigd aan de bouwheer, en dit over alle aspecten van het bouwgebeuren.

[2624] Decr.Vl. 8 mei 2009 houdende algemene bepalingen betreffende het energiebeleid, *BS* 7 juli 2009.

[2625] Cass. 19 mei 2016, *TBO* 2017, 32, *RW* 2017-18, 1218.

[2626] *Pro*: Antwerpen 21 mei 2007, *Limb.Rechtsl.* 2007, 309, noot P. VANHELMONT; *contra*: Bergen 7 mei 1985, *RGAR* 1986.

[2627] B. KOHL, *Le contrat d'entreprise*, 2016, nr. 160; S. BUSSCHER en W. GOOSSENS, "De aannemingsovereenkomst" in K. DEKETELAERE, M. SCHOUPS en A.L. VERBEKE, *Handboek bouwrecht*, 2ᵉ ed., 2013, 843; anders M. DEBAENE, "De controleplicht van de architect – niet zo eenduidig als het lijkt …", *TBO* 2015, 117.

Zo dient de architect de opdrachtgever te informeren over de te verwachten kosten en de moeilijkheden van het bouwproject. Hij dient de bouwheer tevens in te lichten over de essentiële wettelijke bepalingen (bv. over stedenbouwkundige normen, de Woningbouwwet indien van toepassing enz.) en aansprakelijkheden ter zake (bv. over de regels omtrent de foutloze aansprakelijkheid voor schade aan belendende gebouwen).

De architect dient de bouwheer ook bij te staan waar mogelijk. Bijstand dient onder meer te worden verleend in het kader van een aanvraag tot het verkrijgen van de vereiste omgevingsvergunning. Wanneer de architect de werken laat aanvangen vooraleer een omgevingsvergunning wordt verkregen, maakt hij een fout waarvoor hij aansprakelijk kan worden gesteld. De bouwheer neemt in dat geval uiteraard ook deel aan het risico, waardoor hij geen schadevergoeding kan vorderen van de architect.[2628]

De architect moet actief navraag doen naar de toepasselijke stedenbouwkundige voorschriften. Hij mag niet zo maar voortgaan op de informatie die hem werd meegedeeld door de bouwheer.[2629] Dat is eveneens het geval bij het verkrijgen van de volledige liggingsplannen van de ondergrondse installaties in de zone van de uit te voeren werken.[2630]

1464. De architect heeft in het kader van zijn plicht tot raadgeving en bijstand slechts een inspanningsverbintenis en geen resultaatsverbintenis.

2. Onderzoek van de rekeningen

1465. Wanneer de architect is belast met het nazicht van de rekeningen, onderzoekt hij de toestand van het werk, de aanvragen tot betaling van voorschotten en de verrekening van minder of meer uitgevoerd werk. Hij stelt de voorstellen tot voorlopige of definitieve betaalstaten op of verleent in voorkomend geval hieraan zijn medewerking.

De aannemers maken hun betaal- (of vordering-)staten over aan de architect, die nakijkt of de werken voldoende gevorderd zijn opdat de betaling ervan gerechtvaardigd is. In dat geval levert hij een *certificaat van betaling* af aan de bouwheer, die de betaling dan uitvoert. Wanneer de bouwheer mede door het gebrekkig nazicht van de architect een teveel aan voorschotten heeft betaald aan de aannemer, kan de architect *in solidum* met de aannemer worden veroordeeld tot terugbetaling van het teveel betaalde.[2631]

Indien de aannemer zijn voorschotfactuur rechtstreeks aan de bouwheer overmaakt, dient de bouwheer deze factuur over te maken aan de architect. Indien de

---

[2628] Rb. Namen 5 januari 1989, *T.Aann.* 1990, 93.

[2629] Rb. Antwerpen 26 oktober 2006, *TBO* 2007, 227.

[2630] M. DEBAENE en A. VAN GRUNDERBEEK, "De aansprakelijkheid van aannemers en nutsmaatschappijen bij de beschadiging van ondergrondse kabels en leidingen", *TBO* 2007, 11.

[2631] Cass. 11 maart 1988, *T.Aann.* 1990, 75, noot THIERRY.

bouwheer toch betaalt zonder goedkeuring van de architect, gebeurt dit op eigen risico.

De architect dient de eindafrekening van de aannemer te controleren aan de hand van zijn eigen afrekening. Wanneer opmetingen nodig zijn, dienen die te gebeuren op tegenspraak met de aannemer. De eindafrekening van de aannemer kan pas worden nagekeken na de definitieve oplevering.

De architect die de bouwheer had moeten inlichten om het saldo van de aannemingsprijs niet vrij te maken, rekening houdend met diverse gebreken, is tekortgekomen in zijn plicht tot advies en moet de bouwheer vrijwaren van het risico van insolvabiliteit van de aannemer ten belope van dat bedrag.[2632]

3.   Bijstand bij de oplevering van de werken

1466.   De taak van de architect bij de oplevering van de werken bestaat erin de opdrachtgever bij te staan en te oordelen of het werk van de aannemer(s) overeenkomstig de plannen en het bestek is uitgevoerd. Hij gaat na of eventuele tekortkomingen aanleiding dienen te geven tot herstellingen of weigering van de oplevering.

Over de vorm en de betekenis van de oplevering, zie Hoofdstuk 5, afdeling 4, § 3.

De architect maakt een fout wanneer hij werken laat opleveren[2633] waarvan hij weet of behoorde te weten dat ze gebreken hebben of wanneer hij slechts oppervlakkige herstelwerken laat uitvoeren.[2634] Zijn aansprakelijkheid komt eveneens in het gedrang wanneer hij een voorbarige oplevering laat doorgaan.[2635]

Er is geen sprake van een gebrek aan bijstand en advies vanwege de architect tijdens en na de voorlopige oplevering wanneer het proces-verbaal van voorlopige oplevering wat betreft de zichtbare gebreken die klachten vermeldt die de opdrachtgever thans heeft over de uitvoering. Het kan de architect niet worden verweten dat de aannemer de noodzakelijke verdere aanpassingen niet uitvoerde.[2636]

1467.   De goedkeuring van de werken door de opdrachtgever naar aanleiding van de oplevering, geldt enkel jegens de aannemer. De architect zal zich eventueel kunnen beroepen op een stilzwijgende goedkeuring. Zo zal het feit dat de architect het proces-verbaal dat de goedkeuring bevestigt, mee ondertekent zonder opmerkingen hierover vanwege de bouwheer, samen met andere gegevens door de architect ingeroepen kunnen worden als bewijs van de stilzwijgende aanvaarding

---

[2632]   Rb. Nijvel 24 oktober 1997, *JLMB* 2000, 159, noot B. LOUVEAUX.
[2633]   Bergen 30 oktober 1991, *RRD* 1992, 52.
[2634]   Rb. Antwerpen 4 november 1970, *T.Aann.* 1972, 25, noot P. MATHEI.
[2635]   Brussel 12 december 1950, *JT* 1951, 568.
[2636]   Rb. Antwerpen (afd. Turnhout, TB5e k.) 13 maart 2017, *TBO* 2017, 399.

van zijn werk.[2637] De bouwheer die de aanvaarding wil beperken tot de werken van de aannemer zal dan ook op precieze wijze zijn voorbehoud jegens de architect moeten aanduiden op het proces-verbaal.

De partijen kunnen ook contractueel bepalen dat de goedkeuring door de bouwheer ten voordele van een partij (bv. de hoofdaannemer) ook zal gelden ten opzichte van de architect.

G.   Respecteren van het beroepsgeheim

1468.   Buiten het geval waarin hij geroepen wordt om in rechte getuigenissen af te leggen, is het de architect verboden om de geheimen waarvan hij uit hoofde van zijn staat of beroep kennis heeft, bekend te maken.[2638]

De architect die zich daar niet aan houdt, riskeert strafrechtelijke vervolging.[2639]

H.   Mandaat

1469.   De architect heeft in beginsel enkel de taak om technische bijstand te verlenen, en kan de bouwheer juridisch niet verbinden. Hij kan door de bouwheer evenwel bijkomend belast worden met de bevoegdheid om in naam en voor rekening van de bouwheer bepaalde rechtshandelingen te stellen.

Overeenkomstig het Reglement van beroepsplichten dient een dergelijk mandaat vastgelegd te worden in een geschreven overeenkomst waarin, onder meer, de omvang van de hem toegekende volmachten wordt gepreciseerd, alsook de gebeurlijke bezoldiging daarvoor.[2640]

1470.   Een mandaat kan worden gegeven voor diverse aspecten van het bouwgebeuren, zoals het bestellen van bijkomende werken of materialen, het laten verwijderen van slecht werk en het opleggen van herstellingswerken, het opnemen en aanvaarden van werken, het doen van betalingen ... De bouwheer is dan gebonden door de rechtshandelingen gesteld door de architect.

Let wel, de goedkeuring van de vorderingsstaten van de aannemer houdt geen opdracht tot betaling in. Dit maakt deel uit van de technische bijstand van de architect, en bindt de opdrachtgever niet.

1471.   De architect die zijn mandaat te buiten gaat of die ten onrechte voorhoudt belast te zijn met een mandaat van de bouwheer, is verantwoordelijk voor de schade die hij daardoor heeft veroorzaakt aan derden (buitencontractuele aan-

---

[2637] Cass. 18 oktober 1973, *JT* 1974, 210, opm. RIGAUX; Rb. Brussel 22 december 1965, *Het Bouwbedrijf* 7 september 1968, 4.
[2638] Art. 18 Reglement van beroepsplichten.
[2639] Art. 458 Sw.
[2640] Art. 10, 3° Reglement van beroepsplichten.

sprakelijkheid). De bouwheer is dan niet gehouden om de verbintenissen aangegaan door de architect te honoreren, tenzij hij die nadien heeft bekrachtigd of tenzij hij bij de derde de indruk heeft verwekt dat de architect wel degelijk een mandaat had (schijnmandaat).

I. Waken over het budget

1472. Overeenkomstig artikel 16 van het Reglement moet de architect erover waken dat het budget van de bouwheer niet overschreden wordt.[2641] Hij moet erop letten dat hij enkel projecten voorstelt die binnen de grenzen van de toevertrouwde opdracht en het daaraan gekoppelde budget blijven. Elke wijziging van het programma dat zich voordoet in de ontwerp- of uitvoeringsfase moet het voorwerp uitmaken van een afzonderlijke overeenkomst, die tevens melding maakt van de financiële weerslag ervan.[2642]

1473. De architect moet derhalve voorafgaandelijk informeren naar het budget van de bouwheer.

1474. Bepaalde rechtspraak stelt dat de bepaling van het budget tot het voorwerp zelf van de overeenkomst behoort en dat het gebrek aan overeenstemming over het budget tot gevolg heeft dat de architectenovereenkomst zonder voorwerp is en dus nietig.[2643] Deze rechtspraak lijkt te streng. Immers, in de praktijk wordt meestal slechts een raming gegeven, mede omdat de bouwheer zelf nog bepaalde beslissingen moet nemen in de loop van de werken (bv. over het budget voor vloeren, keuken en badkamer enz.).

Het Hof van Cassatie heeft dan ook afwijkend geoordeeld in een arrest van 4 november 2004. Het Hof besliste dat uit het feit alleen dat de partijen bij het sluiten van een architectenovereenkomst noch het budget van het werk, noch het bedrag van het honorarium, noch de berekeningswijze ervan hebben vastgesteld, niet kan worden afgeleid dat die overeenkomst geen bepaald of bepaalbaar voorwerp heeft. Tevens oordeelde het Hof dat de deontologische verplichtingen die de architect moet nakomen inzake budget en honorarium, van die elementen geen essentiële bestanddelen van de architectenovereenkomst maken.[2644]

Ook het hof van beroep van Brussel[2645] oordeelde intussen dat er geen grond is tot nietigverklaring van de architectenovereenkomst als gevolg van een grove

---

[2641] Gent 10 november 2006, *TBBR 2009*, afl. 3, 177, noot L. VAN VALKENBORGH.

[2642] Luik 5 december 2013, *JT* 2014, 46: doet hij dit niet, dan handelt de architect niet zoals een voorzichtig en zorgvuldig architect in dezelfde omstandigheden gehandeld zou hebben en begaat hij een fout.

[2643] Rb. Nijvel 13 februari 1995, *JLMB* 1996, 425.

[2644] Cass. 4 november 2004, *Arr.Cass.* 2004, 174.

[2645] Brussel 15 september 2015, *RJI* 2016, afl. 2, 86.

overschrijding van het bouwbudget of als gevolg van het niet precies bepalen van dat budget. De niet-naleving van een vooropgesteld bouwbudget leidt in beginsel immers niet tot de nietigheid van de architectenovereenkomst.

1475. Vooral het aspect van de budgetoverschrijding komt veelvuldig aan bod in de rechtspraak. Zeker wanneer blijkt dat de bouwheer over een bepaald gelimiteerd budget beschikt of uitdrukkelijk heeft meegedeeld dat hij slechts een bepaald budget wenst te besteden, moet de architect erover waken dat de vooropgestelde bouwkost niet wordt overschreden.

Volgens bepaalde rechtspraak en rechtsleer is, indien de architectenovereenkomst slechts ter informatie voorziet in een begroting van de bouwkost, volgens de gebruiken een overschrijding met 10 tot 15% ten opzichte van de oorspronkelijk voorziene uitgaven toegelaten.[2646] Een overschrijding van 25% werd daarentegen voldoende ernstig geacht om de ontbinding van de overeenkomst ten nadele van de architect te rechtvaardigen.[2647] Ook een overschrijding van 17% werd reeds geacht onaanvaardbaar te zijn.[2648]

Volgens het Hof van Cassatie heeft de bouwheer de plicht om de architect nauwkeurig op de hoogte te brengen van de som die niet mag worden overschreden. Het Hof bevestigde een arrest van het hof van beroep van Luik waarin was beslist dat de architect recht had op honorarium voor de tot op de datum van de verbreking van het contract geleverde prestaties, berekend op basis van het toegezonden bestek. Dit bestek was door de bouwheer als totaal nutteloos afgewezen omdat het een bouwkost vermeldde van drie maal de overeengekomen prijs.[2649]

Het hof van beroep van Brussel[2650] oordeelde in dat kader dat het niet aannemelijk is dat het respecteren van het oorspronkelijk vooropgestelde budget (van 600.000 euro of zelfs van 850.000 euro) voor de bouwheren doorslaggevend was, aangezien ze op de architecten een beroep bleven doen nadat al in de eerste kostenraming het budget 769.500 euro bedroeg, exclusief de erelonen van (o.a.) architecten en ingenieurs en btw, en zeker niet wanneer de daaropvolgende voorontwerpen een steeds hoger budget meebrachten. Er werd geen aansprakelijkheid, noch een precontractuele fout van de architecten in overweging genomen voor het feit dat de geraamde kostprijs van de voorontwerpen het budget van 600.000 euro te boven ging.

1476. Voor de architect creëert het afgesproken budget een verbintenis, die blijft bestaan gedurende de hele duur van de overeenkomst.

[2646] Luik 13 oktober 2011, *JLMB* 2013, 840; Brussel 24 december 1992, *RRD* 1994, 522, noot F.M.; J. WERY en P. DEBROUX, "Dépassement des devis et des estimations, forfait, prix anormaux, suggestion imprévue" in *Statuts et responsabilités des édificateurs*, Brussel, F.V. Saint-Louis, 1989, 138.

[2647] Luik 13 oktober 2011, *JLMB* 2013, 840; Brussel 18 februari 2010, *JLMB* 2013, 830.

[2648] Gent 10 november 2006, *TBBR* 2009, 168, noot L. VAN VALKENBORGH.

[2649] Cass. 19 maart 1992, *Arr.Cass.* 1991-92, 701, *Pas.* 1992, I, 655, *RW* 1992-93, 752.

[2650] Brussel (20ᵉ k.) 17 november 2014, *TBO* 2015, 106.

Wanneer de bouwheer evenwel verscheidene bijwerken gevraagd heeft in de loop van de uitvoering van de werken en de bouwheer zich er noodzakelijkerwijs van bewust diende te zijn dat het oorspronkelijke budget hierdoor overschreden zou worden, kan de architect geen fout worden verweten.[2651] Dit geldt des te meer wanneer de architect kan aantonen dat hij zijn cliënt heeft gewezen op de extra kosten en die hierop nooit kritiek heeft geuit.[2652]

Het overschrijden van het afgesproken budget kan in hoofde van de architect niet enkel tuchtsancties tot gevolg hebben, maar ook leiden tot zijn burgerrechtelijke aansprakelijkheid. De bouwheer kan de overeenkomst laten ontbinden lastens de architect en de betaalde erelonen terugvorderen, aangezien de geleverde prestaties nutteloos waren.[2653]

De architect dient tevens de kosten te vergoeden die de bouwheer heeft gemaakt ten gevolge van de foutieve raming. Zo veroordeelde het hof van beroep van Luik de architect onder meer tot terugbetaling van de bankkosten ten gevolge van een lening voor een project waarvan de tweede fase geen doorgang kon vinden; omdat ze veel duurder zou uitvallen dan oorspronkelijk geraamd.[2654]

J.   Bijstand bij de keuze van de aannemer

1477.   Krachtens artikel 22 van het Reglement van beroepsplichten dient de architect de bouwheer bij te staan bij de keuze van de aannemer(s) en dit met het oog op de verwezenlijking van het project met de beste prijs- en kwaliteitsvoorwaarden.

Dit impliceert dat de architect de opdrachtgever dient te informeren over de technische bekwaamheid van de aannemer en de waarborgen die de aannemer biedt.[2655] Het betreft tevens diens al dan niet beantwoorden aan verplichtingen van dwingend recht die gelden in de bouwsectoren waarvan de niet-naleving de bouwheer nadeel kan berokkenen.

Uiteraard reikt de informatieplicht van de architect in deze materie niet zover dat van de architect kan worden verwacht dat hij diepgaand juridisch advies geeft.[2656]

1478.   In een arrest van 6 november 2012 oordeelde het Hof van Cassatie dat de partijen niet kunnen afwijken van de bijstandsverplichting van de architect in de keuze van de aannemer, aangezien artikel 4 van de wet van 20 februari 1939 en artikel 22 van het Reglement van beroepsplichten de openbare orde raken. Bijgevolg vernietigde het Hof het arrest van het hof van beroep van Luik van

---

[2651]   Brussel 24 oktober, 1985, *RJI* 1987, 5, nr. 6106.
[2652]   Brussel 21 oktober 1983, *T.Aann.* 1984, 172.
[2653]   Brussel 1 juni 1987, *JLMB* 1987, 1105; Brussel 1 april 1981, *RJE* 1981, 125.
[2654]   Luik 14 oktober 1994, *JLMB* 1995, 302.
[2655]   Cass. 9 juni 1997, *Arr.Cass.* 1997, 625.
[2656]   Luik 21 juni 1995, *JLMB* 1996, 416, noot.

5 november 2009 in zoverre hierin geoordeeld werd dat de architect zijn advies-verplichting was nagekomen, aangezien in het architectencontract bepaald was dat de opdrachtgevers de aannemer zouden kiezen en dat het tevens aan de opdrachtgevers toekwam om zich ervan te vergewissen of de aannemer voldeed aan de vereisten inzake registratie, eventueel erkenning, solvabiliteit en burger-lijke beroepsverzekering.[2657]

§ 3. VERBINTENISSEN VAN DE OPDRACHTGEVER

A. De uitvoering van het werk mogelijk maken

1479. De bouwheer dient in de eerste plaats alle nodige inlichtingen aan de architect te verstrekken die nodig zijn voor de uitvoering van zijn taken. Hier-onder vallen alle nuttige inlichtingen over de zakelijke rechten over het bouwter-rein, de aanwezigheid van leidingen en kabels, riolen, stort of andere stoornissen. Desgevallend dient de bouwheer zijn medewerking te verlenen om bij derden deze inlichtingen te verkrijgen.

1480. De opdrachtgever dient vervolgens de opdracht binnen een redelijke ter-mijn te laten uitvoeren. De opdrachtgever die beslist het project niet uit te voeren, kan de opdracht eenzijdig beëindigen (art. 1794 BW). Hij kan de architect even-wel niet in het ongewisse laten. In dat geval kan de architect de ontbinding van de overeenkomst lastens de opdrachtgever vragen.[2658]

Wanneer de termijn voor de uitvoering van een aanneming wordt verlengd ingevolge omstandigheden die buiten het toedoen van de architect zijn ontstaan en voornamelijk zijn toe te schrijven aan de opdrachtgever, heeft de architect recht op vergoeding van de schade die daarvan het gevolg is. Zo werd een bouw-heer veroordeeld tot betaling van interest als vergoeding voor de schade die de architect opliep door de vertraging in de betaling van zijn ereloonstaten, alsook tot een vergoeding voor de schade ontstaan door het feit dat hij door de vertraging niet beschikbaar was voor andere opdrachten.[2659]

1481. Ten slotte moet de opdrachtgever zich onthouden van daden waardoor het voor de architect onmogelijk wordt om zijn taken naar behoren uit te voeren. Hij dient toegang te verlenen tot de werf, hij moet de aannemers opleggen om de instructies van de architect na te leven en hij mag zich niet inmengen in de taken van de architect.

[2657] Cass. 6 januari 2012, AR C.10.0182.F.
[2658] Rb. Doornik 22 oktober 1986, *Rev.Liège* 1987, 113; in dezelfde zin Rb. Nijvel 12 oktober 1977, *RJI* 1978, 177.
[2659] Rb. Aarlen 10 juni 1992, *JMLB* 1993, 1312.

Dit laatste komt meermaals voor wanneer de architect is aangesteld door de promotor. De architect behoudt steeds zijn verantwoordelijkheid. Wanneer hij niet kan instemmen met de handelswijze van de bouwheer, dient hij dit uitdrukkelijk te kennen te geven en zich desgevallend terug te trekken.

Bepaalde rechtspraak stelt de bouwheer samen met de architect aansprakelijk voor gebreken[2660], voor zover bewezen is dat de eerste zich in de taken van de architect heeft ingemengd.[2661]

B.   Verplichtingen inzake de veiligheidscoördinatie[2662]

1482.   Het KB van 25 januari 2001 betreffende de tijdelijke of mobiele bouwplaatsen stelt voor de opdrachtgever een aantal belangrijke verplichtingen in verband met de veiligheidscoördinatie vast.

Bij bouwwerken met een oppervlakte groter dan 500 m^2, dient de opdrachtgever een veiligheidscoördinator-ontwerp aan te stellen tijdens de ontwerpfase en een veiligheidscoördinator-verwezenlijking tijdens de uitvoering van de werkzaamheden.[2663]

Bij bouwwerken met een oppervlakte kleiner dan 500 m^2 rust deze verplichting normaliter op de bouwdirectie. Echter, de opdrachtgever die werkgever is, mag de verplichting van de bouwdirectie te zijnen laste nemen.[2664]

De opdrachtgevers dienen erop toe te zien dat de veiligheidscoördinator[2665]:
- zijn opdrachten volledig en adequaat vervult;
- betrokken wordt bij alle etappes van de werkzaamheden betreffende de uitwerking, wijzigingen en aanpassingen van het ontwerp van het bouwwerk respectievelijk de verwezenlijking van het bouwwerk;
- alle informatie krijgt die nodig is voor de uitvoering van zijn opdrachten;
- hen bij het einde van zijn opdracht een exemplaar van het veiligheids- en gezondheidsplan, het coördinatiedagboek en het postinterventiedossier overmaakt.

C.   Betaling van het honorarium van de architect

1.   Begroting van het honorarium

1483.   Volgens de gebruiken dient het ereloon van de architect te worden berekend op de werkelijke waarde van de volledige werken, zodat het zonder belang

---

[2660]   Brussel 22 januari 1968, *JT* 1968, 11: gedeelde aansprakelijkheid voor te lichte constructie.

[2661]   Brussel 11 mei 1988, onuitg., vermeld door RIGAUX, *Les contrats de construction*, Brugge, La Charte, 1994, 129.

[2662]   Zie Hoofdstuk 2, afdeling 7.

[2663]   Art. 5 en 15 KB 25 januari 2001 betreffende de tijdelijke of mobiele bouwplaatsen.

[2664]   Art. 4*bis*, tweede lid en 4*decies*, § 2*bis* KB 25 januari 2001 betreffende de tijdelijke of mobiele bouwplaatsen.

[2665]   Art. 7 en 17 KB 25 januari 2001 betreffende de tijdelijke of mobiele bouwplaatsen.

is dat de bouwheer een deel van de werken, bijvoorbeeld de afwerking, zelf uit-voert.[2666]

Als basis voor de begroting van het ereloon werd in architectenovereenkomsten vaak verwezen naar de Deontologische Norm nr. 2. Deze norm bevatte immers ereloonschalen. Echter, de ereloonpercentages werd strijdig bevonden met het (toenmalige) artikel 81 EG-Verdrag. De Nationale Raad heeft bijgevolg op 21 november 2003 besloten om de Deontologische Norm nr. 2 in te trekken.

1484. Het komt vaak voor dat partijen in de architectenovereenkomst nalaten het ereloon te begroten. In tegenstelling tot bij koopovereenkomsten, maakt het budget geen essentieel onderdeel uit van de architectenovereenkomst.[2667] Met andere woorden, ook indien de partijen nalaten het ereloon te begroten, is er een overeenkomst tot stand gekomen.[2668]

Indien de partijen geen bedrag of berekeningswijze in hun overeenkomst hebben opgenomen, dient ervan uitgegaan te worden dat de architect, na uitvoering van zijn opdracht of de voorbereidende studies, eenzijdig zijn ereloon mag begroten in functie van de geleverde prestaties. De rechter beschikt evenwel over een (marginale) toetsingsbevoegdheid.[2669] Echter, er is eveneens rechtspraak waarbij gesteld wordt dat het ereloon in bovenstaand geval *ex aequo et bono* begroot moet worden.[2670]

1485. In de overeenkomst kan tevens een contractueel beding opgenomen worden waarbij de partijen aan een derde, *in casu* de Raad van de Orde van Architecten, de bevoegdheid geven om hun wederzijdse contractuele rechten nader te bepalen. Een dergelijke derdenbeslissing bindt de partijen, maar levert geen uitvoerbare titel. Ook hier heeft de rechter een toetsingsrecht omtrent de totstandkoming en de inhoud van de derdenbeslissing. De inhoudelijke toetsing kan evenwel slechts marginaal zijn.[2671]

Wanneer de Raad van de Orde overeenkomstig artikel 18 van de wet tot instelling van een Orde van Architecten op gezamenlijk verzoek van de partijen het bedrag van de erelonen vaststelt, is tegen deze beslissing geen beroep mogelijk bij de

---

[2666] Gent 16 februari 1988, *T.Aann.* 1990, 96.

[2667] Cass. 4 november 2004, *Arr.Cass.* 2004, 174.

[2668] Zie *supra* Afdeling 6, § 1, A, 2; Cass. 24 november 2004, *TBO* 2005, 848, noot K. UYTTERHOEVEN; Cass. 10 oktober 2003, *TBO* 2004, 85, noot K. UYTTERHOEVEN; Antwerpen 3 mei 1999, *TBBR* 2000, 52; Kh. Dendermonde 10 november 2011, *RW* 2013-14, 1468.

[2669] Rb. Antwerpen (afd. Antwerpen, AB12e k.) 23 februari 2016, *TBO* 2016, 476 (vergoeding voor prestaties in het kader van de aanvraag van een verkavelingsvergunning); Brussel (20e k.) 17 november 2014, *TBO* 2015, 106: de marginale rechterlijke toetsing aan de eisen van de goede trouw houdt in dat de rechter de vergoeding slechts kan verminderen wanneer de opgemaakte rekening klaarblijkelijk overdreven is of wanneer de afrekening een abnormale vergoeding oplevert; Rb. Brussel 9 februari 1996, *RJI* 1996, 235.

[2670] Gent 23 november 1998, *TGR* 2000, 63; Rb. Brussel 16 december 1994, *JLMB* 1996, 419.

[2671] Antwerpen 1 maart 1994, *RW* 1994-95, 232.

raden van beroep van de Orde.[2672] De Raad van State kan die beslissing enkel beoordelen op haar wettigheid, maar kan niet oordelen over de grond van de zaak.[2673]

1486. Honoraria die betrekking hebben op het voorafgaandelijk werk en waarover geen overeenkomst bestaat, worden berekend *ex aequo et bono* op grond van de verrichte prestaties en niet op basis van een percentage van de vermoedelijke kostprijs.[2674] Zo wordt in de rechtspraak aangenomen dat de architect recht heeft op een vergoeding voor de voorstudies die hij verricht.[2675]

2. (Niet) afhankelijk van het verkrijgen van de benodigde omgevingsvergunning

1487. Zoals reeds aangegeven, dient het definitieve ontwerp opgenomen te worden in het dossier voor de aanvraag van een omgevingsvergunning. De gegevens bij een vergunningsaanvraag moeten voldoen aan de technische richtlijnen van de Vlaamse overheid, opgenomen in de normenboeken. Een aanvraag kan onvolledig verklaard worden wanneer de richtlijnen van het toepasselijke normenboek niet gevolgd werden. De afkeuring van het ontwerp door een bestuurlijke overheid om een andere reden dan de niet-inachtneming van deze technische richtlijnen en de geldende bouwvoorschriften heeft evenwel geen weerslag op de betaling van het ereloon aan de architect.

In de lijn van deze regel – die op zich uiteraard niet bindend is voor derden of voor de rechtbanken[2676] – liggen de volgende uitspraken. Het hof van beroep van Gent oordeelde dat de architect die zich niet vooraf had geïnformeerd over de geldende bouwvoorschriften slechts recht heeft op een gehalveerd ereloon.[2677] Het hof van beroep van Brussel stelde de architect niet aansprakelijk voor de incoherente en tegenstrijdige eisen van het bestuur. *In casu* werd door de gemeente het eerste bouwontwerp, opgesteld conform het toekomstige BPA, geweigerd omdat het afweek van de geldende voorschriften, en het tweede, opgesteld conform het geldende BPA, werd geweigerd omdat het afweek van de normen van het toekomstige BPA. Het hof was dan ook van oordeel dat de clausule van het contract volgens welke geen ereloon was verschuldigd voor planwijzigingen opgelegd door de dienst Stedenbouw, niet afdwingbaar was. Het tweede ontwerp was trouwens geen herwerking van het eerste, maar totaal anders.[2678]

[2672] RvS 18 februari 1976, nr. 17.488, *T.Aann.* 1976, 94.

[2673] RvS 22 november 1994, nr. 50.292, *TBP* 1995, 345.

[2674] Zie *supra* Afdeling 6, § 1, A, 2; Gent 9 november 2012, *T.Aann.* 2014, 193; Gent 23 juni 1994, *TGR* 1995, 9, noot G. BAERT; Rb. Brussel 16 december 1994, *JMLB* 1996, 419; Vred. Halle 16 november 1988, *T.Vred.* 1992, 194.

[2675] Antwerpen 4 december 2002, *NJW* 2003, 1000, noot W. GOOSSENS; Luik 6 februari 2001, *RRD*, 2002, 139.

[2676] Zie Rb. Luik, 12 juni 1980, *JL* 1980-81, 120, noot P. HENRI.

[2677] Gent 16 februari 1988, *T.Aann.* 1990, 96.

[2678] Brussel 15 september 1988, *T.Aann.* 1990, 403, noot.

3. Vergoeding voor bijkomende prestaties

1488. Extra prestaties die buiten het oorspronkelijke bestek vallen en waarover een akkoord bestaat, moeten worden vergoed op een redelijke wijze volgens de criteria waarover partijen vermoedelijk destijds akkoord zouden zijn gegaan.[2679]

4. Invloed van de aansprakelijkheid voor fouten op het ereloon

1489. De aansprakelijkheid van de architect jegens de opdrachtgever geeft geen aanleiding tot vermindering van diens ereloon. Wel zal hij de berokkende schade moeten vergoeden en zullen de wederzijdse vorderingen worden gecompenseerd.[2680] Volgens de rechtbank van eerste aanleg van Gent had de architect nochtans geen recht op het saldo van zijn ereloon, aangezien hij zijn medewerking had verleend aan het optrekken van een gebouw zonder stedenbouwkundige vergunning. De vordering van de bouwheer tegen de architect in recuperatie van de door hem betaalde meerwaarde en belasting werd afgewezen op grond van het principe *in pari causa turpitudinis cessat repetitio.*[2681]

Bovendien kan de bouwheer de teruggave van de erelonen krijgen wanneer de door de architect geleverde prestaties volledig nutteloos zijn.[2682]

5. Retentierecht

1490. De niet-betaalde architect heeft een retentierecht op de plannen, bestekken en al zijn stukken met betrekking tot zijn opdracht. Dit geldt niet voor de omgevingsvergunning van de opdrachtgever, aangezien dit niet tot diens vermogen als zodanig behoort.[2683]

6. Geschillen over het honorarium

1491. De partijen kunnen geschillen over het honorarium steeds voor de burgerlijke rechtbanken brengen. Indien de bouwheer de opdracht heeft gegeven in het kader van zijn beroepsactiviteit, kan de architect tevens de zaak inleiden voor de ondernemingsrechtbank.[2684]

De rechtbank kan advies vragen aan de Raad van de Orde over de wijze van vaststelling en over het bedrag van de erelonen.[2685] Zij is niet verplicht een dergelijk advies te vragen, en ze is evenmin verplicht om het verkregen advies te volgen.

[2679] Scheidsr.Uitspr. 5 augustus 1987, *T.Aann.* 1988, 303.

[2680] Brussel 25 juni 1986, *RJI* 1988, 5.

[2681] Rb. Gent (15e k.) 22 februari 1995, *TGR* 1996, 6.

[2682] Brussel 1 juni 1987, *JLMB* 1987, 1105; Rb. Nijvel 13 februari 1995, *JLMB* 1996, 425.

[2683] G. BAERT, *Bestendig Handboek Privaatrechtelijk Bouwrecht*, losbl., IV.3 – 38.

[2684] Art. 568, 573 en 590 Ger.W.

[2685] Art. 18, tweede lid wet tot instelling van een Orde van Architecten.

Wanneer de raad om advies wordt gevraagd, is hij niet verplicht vooraf de partijen te horen.[2686]

1492. Wanneer de partijen daar *gezamenlijk* om verzoeken, stelt de raad van de Orde het bedrag van de erelonen vast.[2687]

De vraag rijst of partijen bij het sluiten van de overeenkomst de raad reeds exclusief bevoegd kunnen maken voor de regeling van dergelijke geschillen. Volgens het hof van beroep van Brussel wordt door een dergelijk beding één partij, namelijk de architect, geprivilegieerd bij de aanwijzing van de raad als arbiter en is het daarom nietig.[2688]

Wanneer beide partijen de jurisdictie van de raad in dit opzicht hebben aanvaard kan, bij weigering door de schuldenaar om de beslissing uit te voeren, vonnis worden gevraagd aan de rechtbank, die het zal bekrachtigen.[2689]

7.   Verjaringstermijn voor het ereloon

1493. De vordering tot betaling van het ereloon is een persoonlijke rechtsvordering die overeenkomstig artikel 2262*bis* BW, bij gebreke van een bijzondere verjaringstermijn, verjaart door verloop van tien jaar.[2690]

1494. De verjaring begint te lopen vanaf de dag waarop de vordering opeisbaar is geworden.

Overeenkomstig het gemeen recht inzake aanneming wordt het ereloon van de architect – behoudens andersluidende contractuele bepalingen – opeisbaar op het ogenblik waarop hij zijn opdracht heeft voltooid.

De verjaringstermijn start dus niet vanaf het verzoek tot betaling van het ereloon, maar vanaf het ogenblik waarop de architect het ereloon had kunnen vorderen, dit is bij het beëindigen van zijn opdracht.[2691]

Wanneer de opdracht van de architect is voltooid, is afhankelijk van de omvang van de opdracht die hem is toevertrouwd.

Wanneer aan de architect enkel was gevraagd om een voorontwerp op te stellen en een set van plannen af te leveren nodig om een stedenbouwkundig attest aan te vragen, is zijn opdracht voltooid bij de afgifte van die plannen.[2692]

[2686]   Gent 3 oktober 1968, *RW* 1968-69, 744; Gent 16 mei 1980, *RJI* 1980, 265; vgl. Cass. 12 maart 1992, *RW* 1992-93, 224, i.v.m. advies van de Raad van de Orde van Advocaten.

[2687]   Art. 18, eerste lid wet tot instelling van een Orde van Architecten.

[2688]   Brussel 23 juni 1992, *RJI* 1993, 83, noot M. SENELLE.

[2689]   Rb. Nijvel 17 september 1977, *T.Aann.* 1980, 25, noot.

[2690]   Brussel (20e k.) 12 september 2017, *TBO* 2018, 44; B. KOHL, *Contrat d'entreprise*, Brussel, Bruylant, 2016.

[2691]   Brussel (20e k.) 12 september 2017, *TBO* 2018, 44.

[2692]   Brussel (20e k.) 12 september 2017, *TBO* 2018, 44.

1495. Aan het verzoek tot betaling vanwege de architect komt geen stuitende werking toe.[2693]

§ 4. HET AUTEURSRECHT VAN DE ARCHITECT

A. *Principiële bescherming – Voorwaarden*

1496. Het architecturale werk wordt beschermd door het auteursrecht, thans opgenomen in het Wetboek van economisch recht, Titel 5 van Boek XI, artikel XI.164 e.v.[2694] Voorheen werd het auteursrecht geregeld door de Auteurswet van 30 juni 1994.[2695]

1497. Alleen "werken van letterkunde of kunst" worden beschermd door het auteursrecht.[2696] Dit begrip wordt ruim opgevat, zodat er niet alleen geschriften, tekeningen, beeldhouwwerken en muziek onder vallen, maar ook software, foto's, films enz. Architecten zullen zo op de bescherming van het auteursrecht een beroep kunnen doen voor onder meer tweedimensionale bouwplannen, potloodschetsen, digitale ontwerpbestanden, maquettes, specifieke onderdelen van gebouwen (gevel, interieur, decoratieve elementen) en gebouwen in hun totaliteit.[2697] Ideeën of concepten worden niet beschermd door het auteursrecht.[2698]

1498. Om auteursrechtelijk beschermd te zijn is evenwel vereist dat de werken van letterkunde of kunst voldoende origineel en veruitwendigd (gematerialiseerd) zijn.[2699] Of deze werken ook een artistieke waarde hebben is onbelangrijk.[2700]

Een werk is 'origineel' indien het gaat om een eigen intellectuele schepping van de auteur en het de persoonlijke stempel van de auteur draagt.[2701] Een origineel werk is een werk, een voortbrengsel met een eigen persoonlijk karakter, dat de stempel draagt van de persoonlijkheid van de maker, op het gebied van de toegepaste kunst, zonder dat uit het zicht van het werk moet kunnen worden afgeleid wie de auteur is. Een zekere mentale activiteit is vereist, zo niet komt de persoonlijkheid van de auteur niet tot uiting in het werk. Elementen die op zich

---

[2693] Brussel (20ᵉ k.) 12 september 2017, *TBO* 2018, 44.
[2694] Zie daarover B. LOUVEAUX, "Le droit d'auteur de l'architecte", *TOGOR* 1999, (249), 250.
[2695] Wet 30 juni 1994 betreffende het auteursrecht en de naburige rechten, *BS* 27 juli 1994.
[2696] Art. XI.165 WER.
[2697] S. NYSTEN, S. PAUWELS en E. VAN ZIMMEREN, "Architect 2.0 – Juridische knelpunten in bet Belgisch wettelijk kader voor architecten", *TBO* 2018, 272 e.v.
[2698] Voorz. Kh. Antwerpen (KG) 8 februari 2017, *Auteurs & Media* 2017, afl. 4, 374.
[2699] Cass. 11 maart 2005, C.03.0591.N/1, www.cass.be.
[2700] Gent 27 april 2009, *TBO* 2011, 118; Cass. 27 april 1989, *Pas.* 1989, I, 908.
[2701] Cass. 26 januari 2012, AR C.11.0108.N, www.cass.be.

niet origineel zijn, kunnen door de wijze waarop ze samengebracht zijn, een origineel geheel opleveren.[2702] De architect zal in beginsel beschermd worden in zijn hoedanigheid van schepper van lijnen, vormen en volumes. Hij zal auteursrechtelijke bescherming genieten, zodra hij elementen en/of materialen verwerkt in een originele vorm, die aan het werk een persoonlijk karakter geven.[2703] Echter, bouwplannen zijn in de eerste plaats een functioneel werk. Gelet op de functionaliteit van het werk en de technische vereisten, beschikt de architect meestal over geen tot weinig mogelijkheden om enige originaliteit aan de dag te leggen.[2704] In dergelijke gevallen kunnen bouwplannen niet als een auteursrechtelijk beschermd werk beschouwd worden.

Wanneer het werk enkel een bouwanalyse, het opmaken van een meetstaat en/of van een restauratiedossier omvat, zal er doorgaans onvoldoende originaliteit zijn om van auteursrecht te kunnen spreken. Dit vergt wel deskundigheid en inzet, maar niet noodzakelijk een intellectuele inspanning. Die intellectuele inspanning is een onontbeerlijke voorwaarde om aan het werk het nodige individuele karakter te geven waardoor een vorm ontstaat.[2705]

In een zaak over de inrichting van de winkels van het Italiaanse cosmeticamerk Kiko Milano werd geoordeeld dat de combinatie van banale elementen in bepaalde gevallen kan leiden tot een originele samenstelling in de zin van het auteursrecht. Echter, de combinatie van de zeven elementen die de inrichting van de Kiko-winkels kenmerken, werd op zichzelf als samenstelling niet origineel bevonden. Immers, de samenstelling onthult geen vrije en creatieve keuzes die de stempel van de persoonlijkheid van de maker-architect dragen.[2706]

Het originele werk dient daarnaast ook 'veruitwendigd' te worden. Dit is het geval als het werk is vastgelegd op een materiële drager of als het veruitwendigd is in een maquette, een schets, een tekening, een digitaal ontwerp of een bouwwerk.[2707]

1499. Het is niet vereist dat de architect in de bestelling een voorbehoud opneemt in verband met de uitvoering van het architecturale project, noch moet hij de eigenaar informeren over de mogelijke beperkingen die hij bij het gebruik van zijn werk in aanmerking moet nemen om zich vervolgens op de bescherming van zijn auteursrechten te kunnen beroepen.[2708]

[2702] Gent 27 april 2009, *TBO* 2011, 118.

[2703] Gent 13 mei 2009, *TBO* 2011, 121.

[2704] Brussel 30 augustus 2006, *IRDI* 2006, afl. 4, 36; Rb. Hasselt 16 november 1992, *Limb.Rechtsl.* 1993, 158.

[2705] Gent 27 april 2009, *TBO* 2011, 118, met verwijzing naar Cass. 27 april 1989, *Pas.* 1989, I, 908; Cass. 2 maart 1993, *Pas.* 1993, I, 234; Cass. 24 februari 1995, *RW* 1995-96, 433; Cass. 10 december 1998, *RW* 1999-2000, 325; Cass. 11 maart 2005, www.cass.be.

[2706] Voorz. Rb. Luik 6 december 2016, *Auteurs & Media* 2017, afl. 4, 390.

[2707] Gent 17 mei 2010, *TBO* 2011, 124; Luik 27 februari 2009, *JLMB* 2009, afl. 22, 1033.

[2708] Luik 27 januari 2009, *AM* 2009, afl. 6, 629, *JLMB* 2009, afl. 22, 1033.

B. Begunstigden van het auteursrecht

1500. Overeenkomstig artikel XI.170 WER is de oorspronkelijke auteursrecht-hebbende de natuurlijke persoon die het werk heeft gecreëerd.[2709] Aangezien het auteursrecht enkel intellectuele scheppingen van een auteur beschermt, bepaalt de wet dat enkel natuurlijke personen auteur kunnen zijn. Evenwel kan een natuurlijke persoon zijn auteursrechten later wel overdragen aan een rechtspersoon.[2710]

Tenzij het tegendeel is bewezen, wordt iedereen als auteur aangemerkt wiens naam of letterwoord waarmee hij te identificeren is als dusdanig op het werk, op een reproductie van het werk of bij een mededeling aan het publiek ervan vermeld wordt.[2711]

1501. Wanneer verschillende architecten samenwerken aan een project, kan hieruit een coauteurschap ontstaan als elk van hen een eigen creatieve bijdrage aan het werk geleverd heeft.

Dit coauteursrecht is ondeelbaar wanneer de individuele bijdragen van de auteurs niet meer herkenbaar zijn in het werk. De uitoefening van dit onverdeeld coauteursrecht moet bij overeenkomst geregeld worden overeenkomstig artikel XI.168 WER. In geval van onenigheid tussen de auteurs beslist de rechter.

Het coauteursrecht is deelbaar wanneer de individuele bijdragen van de auteurs nog wel herkenbaar zijn in het werk. In dit geval hebben de auteurs het recht om hun bijdrage afzonderlijk te exploiteren, voor zover die exploitatie het gemeenschappelijke werk niet in het gedrang brengt.[2712] Ze mogen echter niet met iemand anders samenwerken dan met elkaar in het kader van dit werk.[2713]

1502. De vraag rijst in welke mate de opdrachtgever rechten verwerft op de realisaties van de architect. De opdrachtgever kan nooit als aan auteur beschouwd worden, zelfs niet als de architect louter en alleen het idee van de opdrachtgever heeft vormgegeven.

Echter, de opdrachtgever kan middels een overeenkomst met de auteur titularis worden van de auteursrechten. Die overeenkomst kan zelfs stilzwijgend zijn.

Wanneer een architect een bouwplan uitwerkt, dat auteursrechtelijke bescherming kan genieten, is het de bedoeling dat dit plan gereproduceerd wordt in een onroerend goed op een bepaalde locatie. Er kan worden aangenomen dat de architect impliciet akkoord gaat met het verwezenlijken van het gebouw op de overeengekomen locatie.[2714] Dit houdt in beginsel de overdracht in van bepaalde

---

[2709] Art. XI.170, eerste lid WER.
[2710] Door middel van een auteurscontract of een arbeidsovereenkomst waarin de auteursrechten van de werknemer worden over gedragen aan de werkgever-rechtspersoon (art. XI.167 WER).
[2711] Art. XI.170, tweede lid WER.
[2712] Art. XI.169, tweede lid WER.
[2713] Art. XI.169, eerste lid WER.
[2714] K. DEKETELAERE, M. SCHOUPS en A.L. VERBEKE (eds.), *Handboek bouwrecht*, Antwerpen, Intersentia-die Keure, 2013, 1075.

aspecten van het auteursrecht. De opdrachtgever wordt in beginsel titularis van het recht om de plannen van de architect nuttig te gebruiken voor het realiseren van het door de architect geconcipieerde gebouw. De opdrachtgever mag bijgevolg op grond van de geleverde plannen eenmalig een gebouw verwezenlijken op de overeengekomen locatie.

1503. De licentie of overdracht van bepaalde aspecten van het auteursrecht moet evenwel op grond van artikel XI.165, § 2 WER en artikel 1162 BW restrictief worden geïnterpreteerd.

De opdrachtgever van de architect mag in beginsel dus geen tweede maal gebruik maken van de geleverde plannen voor het indienen van een nieuwe bouwaanvraag of deze afstaan aan een derde, ook niet na het betalen van het ereloon voor het opmaken van de plannen. Voor elke nieuwe productie of elk nieuw gebruik van een toegestane reproductie, door wie dan ook (bv. een andere architect of een aannemer), moet de voorafgaande toestemming van de architect worden gevraagd, die deze aan een nieuwe vergoeding kan koppelen.[2715]

Volgens het Franse Hof van Cassatie geldt deze regel zelfs wanneer de plannen gemaakt zijn met het oog op een herhaalde uitvoering.[2716]

Anderzijds werd al geoordeeld dat de architect het recht op verwezenlijking van zijn ontwerp slechts gedeeltelijk heeft afgestaan aan de eerste opdrachtgever en dat hij derhalve vrij is om dezelfde plannen voor andere bouwwerken aan te wenden.[2717]

C. Omvang van de auteursrechten

1. Reproductierecht

1504. Het is het voorrecht van de auteur om al dan niet in te stemmen met de reproductie van zijn werk. Alleen hij heeft het recht om zijn auteursrechtelijk beschermd werk op welke wijze ook, direct of indirect, tijdelijk of duurzaam, volledig of gedeeltelijk te reproduceren of te laten reproduceren.[2718] Hieronder valt ook het exclusieve recht om toestemming te geven tot het verhuren of het uitlenen van een werk.[2719]

Zo oordeelde de rechtbank van eerste aanleg van Nijvel dat de bouwheer die zijn architect van zijn taak had ontheven en een andere architect had aangesteld, niet zomaar het recht had om de plannen te laten kopiëren door de opvolgende architect. Een gerechtsdeskundige werd aangesteld om de plannen van de tweede

---

[2715] Brussel (20ᵉ k.) 13 mei 2014, *TBO* 2014, 328; F. BRISON, "Architectuur: de Assepoester van het auteursrecht", *RW* 1991-92, 313.

[2716] Cass.fr. 15 november 1989, *T.Aann.* 1990, 394.

[2717] Rb. Brussel 3 februari 1984, *T.Aann.* 1984, 141.

[2718] Art. XI.165, § 1, eerste lid WER.

[2719] Art. XI.165, § 1, derde lid WER.

architect te vergelijken met de oorspronkelijke om daaruit te kunnen afleiden of er al dan niet sprake was van plagiaat.[2720]

De auteur heeft tevens het recht om zijn werk voor te (laten) stellen aan het publiek en al dan niet de distributie van het origineel of kopieën van het werk aan het publiek, door verkoop of anderszins, toe te staan.[2721]

Terecht werd dan ook reeds geoordeeld dat de commerciële aanwending van een foto van een gebouw zonder toestemming van de architect een inbreuk was op diens auteursrecht.[2722] Dit geldt ook wanneer de foto's in kwestie reeds werden tentoongesteld in een museum of reeds eerder werden gepubliceerd in tijdschriften.[2723]

Over de vraag of de plannen van de architect als bewijsstuk in een gerechtelijke procedure gehanteerd mogen worden, bestaat discussie. Het hof van beroep van Brussel oordeelde dat dit mogelijk was, aangezien de aanwending van de plannen voor de bewijsvoering niet als een 'gebruik' van de plannen beschouwd kan worden.[2724] In de rechtsleer wordt evenwel geopperd dat elke partij in een gerechtelijke procedure een kopie van de bewijsstukken, *in casu* de plannen, moet krijgen. Die kopie geldt als reproductie en vereist dus in principe de toestemming van de auteur.[2725]

2. Morele rechten

1505. Daarnaast beschikt de auteur ook over onvervreemdbare morele rechten, met name het bekendmakingsrecht, het vaderschapsrecht (recht op naamvermelding) en het recht op eerbied (recht om zich te verzetten tegen elke wijziging ervan).

Vooral dit laatste recht is relevant in de architectenwereld. Het recht op eerbied houdt immers in dat de architect het recht heeft zich te verzetten tegen elke misvorming, verminking of andere wijziging van zijn werk, dan wel tegen enige andere aantasting van zijn werk, die zijn eer of reputatie kan schaden.[2726]

Dit kan er niet toe leiden dat de architect gebruikmaakt van zijn recht op eerbied op een wijze die duidelijk de grenzen van de normale uitoefening ervan door een voorzichtig en verantwoordelijk persoon te buiten gaat. Er is derhalve een spanningsveld tussen de belangen van de architect en eigenaar of het algemeen belang.[2727]

[2720] Rb. Nijvel (9e k.) 6 november 1995, onuitg., weergegeven door B. LOUVEAUX, "Le droit d'auteur de l'architecte", *TOGOR* 1999, (249), 250.

[2721] Art. XI.165, § 1, vierde en vijfde lidWER.

[2722] Vred. Brussel (II) 17 juli 1997, onuitg., opgenomen door B. LOUVEAUX, "Le droit d'auteur de l'architecte", *o.c.*, 258.

[2723] Brussel 21 juni 1988, *Rev.Liège* 1989, 17: foto's van gebouwen in een monografie over een architect.

[2724] Brussel 3 mei 2011, *TBO* 2011, 130.

[2725] T. LAURENS, "De impliciete auteursrechtelijke toestemming van de architect (noot bij Brussel 3 mei 2011)", *TBO* 2011, 131.

[2726] Art. XI.165, § 2, laatste lid WER.

[2727] J.-F. HENROTTE en L.-O. HENROTTE, *L'architecte. Contraintes actuelles et statut de la profession en droit belge*, Brussel, Larcier, 2013, 585-591.

In een geschil waarbij een architect zich verzette tegen het aanbrengen van een veelkleurige keramiek met kronkelige lijnen op en van de gevels oordeelde het hof van beroep van Luik dat de keramiek een stijlbreuk betekende waardoor het architecturale geheel werd aangetast in zijn specifieke karakter, ondanks de bescheiden omvang van het mozaïekwerk. Volgens het hof maakte de architect geen misbruik van zijn recht door te vragen om de keramiek te verplaatsen buiten het gezichtsveld.[2728]

Vanzelfsprekend dient het recht op eerbied wel verzoend te worden met het recht op eigendom van de bouwheer. Zo kan de architect niet de plicht opleggen aan de eigenaar van het door hem ontworpen onroerend goed om geen enkele wijziging aan te brengen aan het onroerend goed. De architect zal de technisch noodzakelijke wijzigingen of de wijzigingen die voortvloeien uit het nuttig gebruik van het goed moeten dulden.[2729]

Zo kan de architect zich niet verzetten tegen de wijziging van een systeem voor het automatisch openen van de deuren van de door hem ontworpen inkomhal en tot het aanbrengen van een zelfs weinig sierlijke bekisting waarin dit nieuwe mechanisme kan worden ondergebracht.[2730]

3.   Recht op herstel bij inbreuk op het auteursrecht

1506.   Het niet respecteren van de auteursrechten van de architect houdt een inbreuk in op artikel XI.167 WER en maakt een fout uit in de zin van artikel 1382 BW.

De inbreuk op het auteursrecht geeft aanleiding tot verschillende vormen van rechtsherstel: een bevel tot staking, een schadevergoeding, de terugroeping uit het handelsverkeer, de definitieve verwijdering uit het handelsverkeer of de vernietiging van de inbreukmakende goederen en eventueel zelfs van de materialen en werktuigen die voornamelijk bij de schepping of vervaardiging van die goederen zijn gebruikt.[2731]

Wanneer de omvang van de schade op geen andere wijze bepaald kan worden, kan de rechter de schadevergoeding in redelijkheid en billijkheid vaststellen op een forfaitair bedrag.[2732]

Bij wijze van schadevergoeding kan de rechter de afgifte bevelen aan de auteur van de inbreukmakende goederen, alsmede, in passende gevallen, van de materialen en werktuigen die voornamelijk bij de schepping of vervaardiging van die goederen zijn gebruikt en die nog in het bezit van namaker zijn. Indien de waarde van die goederen, materialen en werktuigen de omvang van

---

[2728]   Luik 27 januari 2009, *AM* 2009, afl. 6, 629, *JLMB* 2009, afl. 22, 1033.

[2729]   Voorz. Rb. Luik 25 april 2005, *JLMB* 2005, 1650; Brussel 21 maart 2003, *JT* 2003, 512; Brussel (9ᵉ k.) 23 februari 2001, *JLMB* 2002, afl. 20, 852; Rb. Brussel (KG) 25 oktober 2002, *AM* 2003, afl. 1, 59; Rb. Luik 12 juni 1980, *JL* 1981, 121.

[2730]   Brussel 21 maart 2003, *DAOR* 2002, 451.

[2731]   Art. XI.334 e.v. WER.

[2732]   Art. XI.335, § 2 WER.

de werkelijke schade overschrijdt, bepaalt de rechter de door de eiser te betalen opleg.[2733]

Ook kan de rechter, in geval van kwade trouw, bij wijze van schadevergoeding, de afdracht bevelen van het geheel of een deel van de ten gevolge van de inbreuk genoten winst alsmede tot het afleggen van rekening en verantwoording dienaangaande.[2734] Eveneens in geval van kwade trouw kan de rechter de verbeurdverklaring van de inbreukmakende goederen ten voordele van de auteur uitspreken, alsmede, in passende gevallen, van de materialen en werktuigen die voornamelijk bij de schepping of vervaardiging van die goederen zijn gebruikt en die nog in het bezit van de namaker zijn. Indien de goederen, materialen en werktuigen niet meer in het bezit van de verweerder zijn, kan de rechter een vergoeding toekennen waarvan het bedrag gelijk is aan de voor de verkochte goederen, materialen en werktuigen ontvangen prijs.[2735]

De omstandigheid dat de rechthebbende architect (al dan niet) reeds een vergoeding ontving van zijn opdrachtgever voor het opmaken van de plannen, doet geen afbreuk aan zijn recht op een schadevergoeding vanwege de inbreukmakende derde-bouwheer. Het betreft een vergoeding van schade en precies omdat deze losstaat van de eerdere (contractuele)vergoeding die de rechthebbende al dan niet reeds ontving van de opdrachtgever, loopt deze niet gelijk met het (contractuele) ereloon waarop de architect aanspraak zou kunnen maken indien hij een gedeeltelijke of volledige architectuuropdracht had gekregen van de inbreukmakende derde-bouwheer.

De schadevergoeding voor bewezen schade dient in de eerste plaats concreet bewezen te worden, zo niet, moet ze zo precies mogelijk berekend worden. Indien geen concrete berekening mogelijk is, mag en moet de feitenrechter de schadevergoeding naar billijkheid ramen.[2736]

Wanneer de schade haar oorsprong vindt in samenlopende fouten begaan door verschillende personen en elke fout nodig was om de schade te veroorzaken, is elk van de aansprakelijken *in solidum* gehouden tot vergoeding van de gehele schade.[2737]

§ 5.   TEKENINGEN- EN MODELLENRECHT

A.   *Principiële bescherming – Voorwaarden*

1507.   Inzake tekeningen en modellen gelden drie regelingen: het Benelux-modelrecht[2738], het ingeschreven en het niet ingeschreven Gemeenschapsmodel.[2739]

[2733]   Art. XI.335, § 2, tweede lid WER.
[2734]   Art. XI.335, § 2, derde lid WER.
[2735]   Art. XI.335, § 3 WER.
[2736]   Brussel (20ᵉ k.) 13 mei 2014, *TBO* 2014, 328.
[2737]   Brussel (20ᵉ k.) 16 september 2014, *TBO* 2014, 335.
[2738]   Benelux-Verdrag 25 februari 2005 inzake de intellectuele eigendom (merken en tekeningen of modellen), *BS* 26 april 2006; art. XI.163 WER.
[2739]   Verordening (EG) nr. 6/2002 van de Raad van 12 december 2001 betreffende Gemeenschapsmodellen, *Pb.L.* 3/1, 5 januari 2002.

Als tekening of model wordt beschouwd: het uiterlijk van een voortbrengsel of een deel ervan. Het uiterlijk van een voortbrengsel wordt afgeleid uit de kenmerken van met name de lijnen, de omtrek, de kleuren, de vorm, de textuur of de materialen van het voortbrengsel zelf of de versiering ervan.[2740]

Het tekeningen- en modellenrecht biedt dus geen bescherming aan ideeën of stijlvormen. Bovendien moet de tekening of het model steeds betrekking hebben op een voortbrengsel. Er kan dus geen bescherming verkregen worden voor tekeningen of modellen die gelden als een versiering die voor allerlei toepassingen bruikbaar is.

1508. Om bescherming te kunnen genieten, dient de tekening of het model nieuw te zijn en een eigen karakter te hebben.[2741]

Volgens het Benelux-modelrecht wordt een model als nieuw beschouwd indien er geen identiek model voor het publiek beschikbaar is gesteld vóór de datum van depot of vóór de datum van voorrang.[2742] Bovendien wordt een model geacht een eigen karakter te hebben indien de algemene indruk die het bij de geïnformeerde gebruiker wekt, verschilt van de algemene indruk die bij die gebruiker wordt gewekt door modellen die voor het publiek beschikbaar zijn gesteld vóór de datum van depot of vóór de datum van voorrang.[2743]

Inzake het gemeenschapsmodel wordt een model als nieuw beschouwd indien er geen identiek model voor het publiek beschikbaar is gesteld, en wordt een model geacht een eigen karakter te hebben indien de algemene indruk die het bij de geïnformeerde gebruiker wekt, verschilt van de algemene indruk die bij die gebruiker wordt gewekt door modellen die voor het publiek beschikbaar zijn gesteld:
- bij een niet-ingeschreven Gemeenschapsmodel, vóór de datum waarop het model waarvoor bescherming wordt gevraagd voor het eerst voor het publiek beschikbaar is gesteld;
- bij een ingeschreven Gemeenschapsmodel, vóór de datum van indiening van de aanvraag om inschrijving van het model waarvoor bescherming wordt gevraagd of, wanneer aanspraak op voorrang wordt gemaakt, vóór de datum van voorrang.[2744]

Bij de bovenstaande regelgeving dient opgemerkt te worden dat modellen ook geacht worden identiek te zijn indien de kenmerken ervan slechts in onbelangrijke details verschillen.[2745]

[2740] Art. 3.1, punt 2 en 3 BVIE; art. 3.a Vo 6/2002.
[2741] Art. 3.1, punt 1 BVIE; art. 4.1 Vo 6/2002.
[2742] Art. 3.3, punt 1 BVIE.
[2743] Art. 3.3, punt 2 BVIE.
[2744] Art. 5.1 Vo 6/2002.
[2745] Art. 3.3, punt 1 BVIE; art. 5.2 Vo 6/2002.

Daarenboven dient bij de beoordeling van het eigen karakter rekening gehouden te worden met de mate van vrijheid van de ontwerper bij de ontwikkeling van het model.[2746]

Met andere woorden, om te bepalen of aan een tekening of model bescherming verleend kan worden, dient een vergelijking gemaakt te worden tussen de tekening of het model waarvoor bescherming wordt gezocht en de tekeningen en modellen die reeds voor het publiek beschikbaar zijn gesteld.

Een tekening of model is voor het publiek beschikbaar gesteld indien:
- het gepubliceerd is na inschrijving;
- of op andere wijze is gepubliceerd;
- is tentoongesteld;
- in de handel is gebracht;
- anderszins openbaar is gemaakt.

Het voorgaande geldt echter niet indien deze feiten bij een normale gang van zaken redelijkerwijs niet, wat betreft het Benelux-modelrecht, vóór de datum van depot of vóór de datum van voorrang ter kennis konden zijn gekomen van ingewijden in de betrokken sector, die in de Europese Gemeenschap of de Europese Economische Ruimte werkzaam zijn. De tekening of het model wordt eveneens geacht niet voor het publiek beschikbaar te zijn gesteld, louter omdat het onder uitdrukkelijke of stilzwijgende voorwaarde van geheimhouding aan een derde bekendgemaakt is.[2747]

Echter, voor de beoordeling van de nieuwheid en het eigen karakter wordt de beschikbaarstelling voor het publiek van een tekening of model niet in aanmerking genomen indien, binnen twaalf maanden voorafgaand aan de datum van depot (bij het Gemeenschapsmodel de datum van het indienen van de aanvraag) of de datum van voorrang:
- de beschikbaarstelling is geschied door de ontwerper, zijn rechtverkrijgende of een derde op grond van door de ontwerper of diens rechtverkrijgende verstrekte informatie of genomen maatregelen, of
- de beschikbaarstelling is geschied ten gevolge van misbruik jegens de ontwerper of diens rechtverkrijgende.[2748]

1509. Zoals reeds aangegeven in de definitie van een tekening en model, kunnen ook onderdelen van een voortbrengsel beschermd te worden. Onderdelen moeten eveneens aan de vereiste van nieuwheid beantwoorden en een eigen karakter hebben.

Zo bepaalt artikel 3.4 BVIE dat een tekening of model die/dat is toegepast op of verwerkt is in een voortbrengsel dat een onderdeel van een samengesteld voortbrengsel vormt, geacht wordt nieuw te zijn en een eigen karakter te hebben:

[2746] Art. 3.3, punt 2 BVIE; art. 6.2 Vo 6/2002.
[2747] Art. 3.3, punt 3 BVIE; art. 7.1. Vo 6/2002.
[2748] Art. 3.3, punt 4 BVIE; art. 7.2-7.3 Vo 6/2002.

- voor zover het onderdeel, wanneer het in het samengestelde voortbrengsel is verwerkt, bij normaal gebruik van dit laatste zichtbaar blijft, en
- voor zover deze zichtbare kenmerken van het onderdeel als zodanig aan de voorwaarden inzake nieuwheid en eigen karakter voldoen.

1510. In sommige gevallen wordt echter geen bescherming aan een tekening of model verschaft.[2749]

Dit is met name het geval voor:

- de uiterlijke kenmerken van een voortbrengsel die uitsluitend door de technische functie worden bepaald;
- de uiterlijke kenmerken van een voortbrengsel die noodzakelijkerwijs in precies dezelfde vorm en afmetingen gereproduceerd moeten worden om het voortbrengsel waarin de tekening of het model verwerkt is of waarop het toegepast is, mechanisch met een ander voortbrengsel te kunnen verbinden of om het in, rond of tegen een ander voortbrengsel te kunnen plaatsen, zodat elk van beide voortbrengselen zijn functie kan vervullen. Hierbij kan gedacht worden aan reparatieonderdelen. Er is echter in een uitzondering op dit mechanisme voorzien voor uiterlijke kenmerken die een modulair systeem tot doel hebben.[2750]

Modelrechtelijke bescherming kan bijgevolg verleend worden voor, onder andere, een systeem van wandkasten[2751], meubels[2752], een gebouw[2753], een stand op Batibouw[2754] enz.

B. Omvang van de rechten

1511. Wanneer een tekening of model aan de bovenstaande vereisten voldoet, wordt de tekening of het model beschermd gedurende een termijn van vijf jaar vanaf, wat het gemeenschapsmodel betreft, de datum van indiening van de aanvraag en wat het Benelux-model betreft, vanaf de datum van het depot. De inschrijving kan voor vier achtereenvolgende termijnen van vijf jaar worden vernieuwd tot een maximale geldigheidsduur van vijfentwintig jaar.[2755]

De houder van een tekening of model beschikt over een exclusief recht. Hierdoor kan hij zich verzetten tegen het gebruik van een voortbrengsel waarin de tekening of het model is verwerkt of waarop de tekening of het model is toegepast. Onder de term 'gebruik' kan worden verstaan: het vervaardigen, aanbieden, in de

---

[2749] Art. 3.2. BVIE; art. 8 Vo 6/2002.
[2750] Art. 3.2.2 BVIE; art. 8.3 Vo 6/2002.
[2751] Antwerpen 7 december 2004, onuitg.
[2752] Rb. Den Haag (NL) 13 januari 2012, www.iept.nl.
[2753] B. DE VUYST, *Handboek Tekeningen en modellen*, Brugge, die Keure, 2009, 27.
[2754] Cass. 7 februari 2008, AR C.05.0371.N, www.cass.be.
[2755] Art. 3.14 BVIE; art. 12 Vo 6/2002.

handel brengen, verkopen, leveren, verhuren, invoeren, uitvoeren, tentoonstellen, gebruiken of in voorraad hebben voor een van deze doeleinden.[2756]

De houder van een niet-ingeschreven Gemeenschapsmodel kan echter enkel voornoemd gebruik beletten als het aangevochten gebruik voortvloeit uit het namaken van het beschermde model.[2757]

Bij het beoordelen van de draagwijdte van het recht van de houder van de tekening of het model wordt rekening gehouden met de mate van vrijheid van de ontwerper bij de ontwikkeling van het model.[2758] Beschikt de ontwerper over een grote vrijheid, dan zal de draagwijdte van het recht groter zijn.

De ontwerper evenals de aanvrager of de houder van een ingeschreven Gemeenschapsmodel heeft bovendien het recht om in het register als zodanig te worden vermeld.[2759]

Voornoemde rechten mogen echter niet gehanteerd worden voor handelingen:
- in de particuliere sfeer en voor niet-commerciële doeleinden;
- voor experimentele doeleinden;
- bestaande in de reproductie ter illustratie of voor onderricht.[2760]

Indien een inbreuk gepleegd wordt op de bovenstaande rechten, kan de houder een schadevergoeding vorderen en een vordering instellen tot het afdragen van winst.[2761] Daarenboven kan de houder alle roerende zaken waarmee een inbreuk op zijn recht wordt gemaakt of zaken die gebruikt zijn bij de productie van die zaken, als zijn eigendom opvorderen dan wel daarvan de vernietiging of onbruik-baarmaking vorderen. Een gelijke bevoegdheid tot opvordering bestaat ten aanzien van gelden waarvan aannemelijk is dat zij zijn verkregen als gevolg van een inbreuk op het uitsluitend recht op een tekening of model.[2762]

C.   Overdracht van de rechten

1512.   Het tekeningen- en modelrecht van de houder kan worden overgedragen. Dit dient schriftelijk te gebeuren en wat betreft het Benelux-recht dient de over-dracht betrekking te hebben op de volledige Benelux.[2763]

Daarenboven kan het uitsluitend recht op een tekening of model ook het voor-werp uitmaken van een licentie.[2764]

De overdracht of andere overgang of de licentie kan slechts aan derden wor-den tegengeworpen, wat het gemeenschapsmodel betreft, na inschrijving in het

---

[2756]   Art. 3.16 BVIE; art. 19.1 Vo 6/2002.
[2757]   Art. 19.2 Vo 6/2002.
[2758]   Art. 10.2 Vo 6/2002.
[2759]   Art. 18 Vo 6/2002.
[2760]   Art. 3.19 BVIE; art. 20 Vo 6/2002.
[2761]   Art. 3.17 BVIE.
[2762]   Art. 3.18 BVIE; art. 89 Vo 6/2002.
[2763]   Art. 3.25 BVIE; art. 28 Vo 6/2002.
[2764]   Art. 3.26 BVIE; art. 32 Vo 6/2002.

register en wat het Benelux-model betreft, na de inschrijving van het depot van een uittreksel van de akte waaruit die overgang of die licentie blijkt, of van een daarop betrekking hebbende door de betrokken partijen ondertekende verklaring, mits dit depot is verricht met inachtneming van de bij uitvoeringsreglement gestelde vormvereisten en tegen betaling van de verschuldigde rechten.[2765]

D.   Samenloop met het auteursrecht

1513.   De auteur van een auteursrechtelijk beschermd werk kan aan een derde het recht verlenen om het werk te verwerken in een voortbrengsel en dit voortbrengsel vervolgens te deponeren als tekening of model. Dit houdt de overdracht in van het op dit werk betrekking hebbende auteursrecht, voor zover het bedoelde werk in die tekening of dat model is belichaamd. De overdracht heeft dus enkel betrekking op de toepassing van het auteursrechtelijk beschermd werk op de tekening of het model dat gedeponeerd wordt. De overige auteursrechten blijven dus bij de auteur zelf.[2766]

Er geldt tevens een vermoeden dat de deposant van een tekening of model tevens de houder is van het desbetreffende auteursrecht. Dit vermoeden geldt echter niet ten aanzien van de werkelijke ontwerper of zijn rechtverkrijgende. Indien een auteursrechtelijk beschermd werk zonder toestemming van de auteur werd verwerkt in een voortbrengsel en dit voortbrengsel vervolgens gedeponeerd werd als tekening of model, kan de werkelijke ontwerper het vermoeden dus weerleggen.

Een creatie kan bovendien zowel door het auteursrecht als door het tekeningen- en modellenrecht beschermd worden. In een dergelijk geval houdt de overdracht van het auteursrecht inzake een tekening of model tevens de overdracht in van het recht op de tekening of het model en omgekeerd.[2767]

Indien een tekening of model door een werknemer in de uitoefening van zijn functie werd ontworpen, wordt, behoudens andersluidend beding, de werkgever als ontwerper beschouwd. Indien een tekening of model op bestelling is ontworpen, wordt, behoudens andersluidend beding, degene die de bestelling heeft gedaan als ontwerper beschouwd, mits de bestelling is gedaan met het oog op een gebruik in handel of nijverheid van het voortbrengsel waarin de tekening of het model is belichaamd.[2768] In deze situaties komt het auteursrecht op de tekening of het model toe aan degene die als de ontwerper wordt beschouwd, met name de werkgever en degene die de bestelling heeft gedaan.[2769]

[2765]   Art. 3.27 BVIE; art. 28 Vo 6/2002.
[2766]   H. VANHEES, *Het Beneluxmodel*, Gent, Larcier, 2006, 149.
[2767]   Art. 3.28 BVIE.
[2768]   Art. 3.8 BVIE.
[2769]   Art. 3.29 BVIE.

AFDELING 7. DE VERHOUDING MET ANDERE ARCHITECTEN

§ 1. COLLEGIALITEIT EN LOYALITEIT

1514. Ingevolge artikel 25 Reglement van beroepsplichten dient de architect blijk te geven van collegialiteit en loyaliteit.[2770]

1515. Hij beoordeelt het werk van zijn confraters in alle objectiviteit en moet eveneens aanvaarden dat zijn werk in dezelfde geest door zijn confraters beoordeeld wordt.[2771]

1516. Hij moet zich in het algemeen onthouden van elke praktijk die zijn confraters in hun beroepssituatie zou schaden.[2772]

§ 2. OPVOLGING

1517. Wanneer een architect een collega opvolgt, dient hij de confrater[2773] die hij is opgevolgd daarvan schriftelijk op de hoogte te brengen en te vragen naar de bezwaren die uit de opvolging zouden kunnen voortvloeien.[2774] Hij dient dit tevens te melden aan de Raad van de Orde en zijn opdracht te omschrijven.[2775] Hij kan niet optreden vooraleer hij er zich van vergewist heeft dat de honoraria verschuldigd aan zijn voorganger betaald werden aan deze laatste of aan diens rechthebbenden.[2776]

1518. De opgevolgde architect bezorgt aan zijn confrater het volledige dossier alsook alle inlichtingen en documenten in zijn bezit.[2777]

AFDELING 8. PUBLICITEIT

1519. Volgens artikel 13, eerste lid Reglement van beroepsplichten mag de architect, op discrete wijze en in onafhankelijkheid, zijn activiteit aan het publiek bekendmaken.

[2770] Art. 25, eerste lid Reglement van beroepsplichten.
[2771] Art. 25, tweede lid Reglement van beroepsplichten.
[2772] Art. 25, derde lid Reglement van beroepsplichten.
[2773] Of in geval van overlijden zijn erfgenamen.
[2774] Art. 26, eerste lid Reglement van beroepsplichten; Raad van Beroep van de Orde van Architecten 17 oktober 2012, *Not. 12/3117*, onuitg.
[2775] Art. 26, tweede lid Reglement van beroepsplichten.
[2776] Art. 26, tweede lid *in fine* Reglement van beroepsplichten.
[2777] Art. 26, vierde lid Reglement van beroepsplichten.

Onder geoorloofde publiciteit verstaat de Orde van Architecten een objectieve informatie, voorgesteld in een aantrekkelijke vorm, maar steeds met mate en omzichtigheid. Zij dient te beantwoorden aan de bepalingen van artikel 13, eerste en tweede lid Reglement van Beroepsplichten alsmede aan de algemeen aanvaarde regels inzake publiciteitsethiek, met name het weren van elke vorm van misleidende, vergelijkende of verwarring stichtende publiciteit. Geoorloofde publiciteit is bedoeld om bij te dragen tot een grotere bekendheid van de architect en de belangstelling van potentiële cliënten aan te wakkeren.[2778]

Het Reglement van beroepsplichten somt enkele publiciteitsmogelijkheden voor architecten op:

- de architect mag zijn hoedanigheid van architect vermelden in boeken, studies of artikelen in wetenschappelijke, kunst- of vaktijdschriften, alsook ter gelegenheid van elke tussenkomst met het oog op het informeren van het publiek[2779];
- de architect heeft het recht om op zijn werk, na voltooiing, zijn naam aan te brengen, voor zover dit op een bescheiden wijze gebeurt[2780];
- onverminderd de reglementering ter zake mag de architect die gelast wordt te onderhandelen in de verkoop van een onroerend goed, slechts op bescheiden wijze melding maken van zijn hoedanigheid als architect.[2781]

1520. De architect moet opdringerige reclame vermijden[2782], evenals reclame die zou indruisen tegen de eer en de waardigheid van het beroep[2783], of van aard zou zijn dat ze de onafhankelijkheid van de architect in het gedrang kan brengen.[2784]

Elke vorm van opdringerige of overdreven publiciteit wordt als ongeoorloofd beschouwd[2785], zelfs indien die voor een publicatie in het buitenland bestemd was.[2786] Uit de Aanbeveling van de Orde ter zake blijkt dat dit eveneens het geval is voor elke vorm van misleidende, vergelijkende of verwarring stichtende publiciteit.[2787]

1521. De architect moet erover waken dat anderen zijn naam noch zijn titel onrechtmatig en/of met handelsdoeleinden gebruiken.[2788]

[2778] Art. 2 B Aanbeveling 16 juni 1989 aangaande de toepassing van artikel 13 van het Reglement van beroepsplichten (Publiciteit).
[2779] Art. 13, derde lid, a Reglement van beroepsplichten.
[2780] Art. 13, derde lid, c Reglement van beroepsplichten.
[2781] Art. 13, derde lid, d Reglement van beroepsplichten.
[2782] Art. 13, eerste lid Reglement van beroepsplichten.
[2783] Art. 14 Reglement van beroepsplichten.
[2784] Art. 2 C Aanbeveling 16 juni 1989 aangaande de toepassing van artikel 13 van het Reglement van beroepsplichten (Publiciteit).
[2785] Aanbeveling 16 juni 1989 aangaande de toepassing van artikel 13 van het Reglement van beroepsplichten (Publiciteit), goedgekeurd door de Nationale Raad in de zitting van 16 juni 1989.
[2786] Rb. Brussel 4 juni 1991, *RJI* 1993, 7.
[2787] Art. 2 C *in fine* Aanbeveling 16 juni 1989 aangaande de toepassing van artikel 13 van het Reglement van beroepsplichten (Publiciteit).
[2788] Art. 13, tweede lid Reglement van beroepsplichten.

1522.   Vanaf de aanvang van de werken tot en met het beëindigen ervan laat de architect die instaat voor de controle op de uitvoering van de werken een bord aanbrengen op de werf overeenkomstig de bepalingen van de Orde ter zake. Dit bord dient de naam of namen te vermelden van de architecten die met een opdracht belast zijn bij de uitwerking van het ontwerp.[2789]

Deze informatie is intellectueel van aard, heeft een objectief en gereglementeerd karakter en moet sober worden voorgesteld.[2790]

1523.   Bij het voeren van publiciteit dienen de architecten eveneens rekening te houden met de bepalingen opgenomen in Boek VI 'Marktpraktijken en consumentenbescherming' van het Wetboek van economisch recht. Dit boek bevat immers specifieke regelgeving inzake prijsaanduiding in reclame en inzake vergelijkende reclame. Bovendien bevat het boek eveneens een hoofdstuk inzake oneerlijke handelspraktijken jegens consumenten. Onder het begrip 'handelspraktijk' dient tevens het begrip 'reclame' begrepen te worden.[2791] Reclame uitgaande van een architect zal dus niet gekwalificeerd mogen worden als een 'oneerlijke handelspraktijk' in de zin van Boek VI.

Indien de reclame niet aan de bovenstaande regelgeving voldoet, kan de voorzitter van de ondernemingsrechtbank een stakingsvordering opleggen.[2792] In bepaalde gevallen kan de stakingsvordering alleen tegen de adverteerder van de gewraakte reclame worden ingesteld.[2793]

AFDELING 9. DE AANWEZIGHEIDSREGISTRATIE

1524.   Wanneer werken in onroerende staat worden uitgevoerd waarvan het totale bedrag, exclusief btw, gelijk is aan of hoger is dan 800.000 euro, dient de architect zijn aanwezigheid op de bouwplaats onmiddellijk en dagelijks te registreren ingevolge artikel 31bis, § 2 Welzijnswet.

Die wet bepaalt immers dat de bouwdirectie belast met het ontwerp zich moet registreren.[2794] Dit zal doorgaans de architect zijn. Bovendien moet de bouwdirectie belast met de controle op de uitvoering zich eveneens registreren.[2795] Hieronder kan de architect gekwalificeerd worden.[2796]

[2789]   Art. 13, derde lid, b Reglement van beroepsplichten.
[2790]   Art. 2 A Aanbeveling 16 juni 1989 aangaande de toepassing van artikel 13 van het Reglement van beroepsplichten (Publiciteit).
[2791]   Art. I.8, 23° WER: handelspraktijk: iedere handeling, omissie, gedraging, voorstelling van zaken of commerciële communicatie, met inbegrip van reclame en marketing, van een onderneming, die rechtstreeks verband houdt met de verkoopbevordering, verkoop of levering van een product.
[2792]   Art. XVII.1 WER.
[2793]   Art. XVII.10 WER.
[2794]   Art. 31bis, 4° Welzijnswet.
[2795]   Art. 31bis, 6° Welzijnswet.
[2796]   Voor meer informatie over de aanwezigheidsregistratie kan verwezen worden naar Hoofdstuk 9, afdeling 5.

AFDELING 10. ORDE VAN ARCHITECTEN

§ 1. ORGANISATIE VAN DE ORDE VAN ARCHITECTEN

1525. Bij wet van 26 juni 1963[2797] werd de Orde van Architecten ingesteld. Het is een publiekrechtelijke beroepscorporatie met rechtspersoonlijkheid die op verplichte wijze alle architecten verenigt.[2798] Hoewel het geen beroepsvereniging in de zin van de wet van 31 maart 1898 op de beroepsverenigingen[2799] betreft, heeft zij als rechtspersoon wel volledige rechtsbekwaamheid binnen haar wettelijke opdracht.[2800]

De Orde en haar organen zijn belast met een openbare dienst en met diverse diensten van algemeen nut, zoals het opstellen van de tabel van de Orde en de lijst van de stagiairs, het toelaten of weigeren van de inschrijving als architect, het opstellen van en het waken over de regels van de plichtenleer en de uitoefening van de tucht (zie verder). De onroerende goederen die worden aangewend voor de behartiging van de aan de Orde van Architecten toevertrouwde diensten zijn nationale domeingoederen zoals bedoeld in artikel 253, 3° WIB 1992 en genieten de vrijstelling van onroerende voorheffing.[2801]

1526. De Orde omvat alle personen die op een van de tabellen van de Orde of op een lijst van stagiairs ingeschreven zijn. Het betreft zowel de architecten-natuurlijke personen als de architecten-rechtspersonen.[2802] Enkel degenen die voldoen aan de voorwaarden die door de Architectenwet gesteld worden wat betreft de bescherming van de titel van architect of de toegang tot het beroep mogen ingeschreven worden op een tabel of een lijst.[2803]

1527. De Orde heeft drie organen: de provinciale raden, de raden van beroep, die in Gent en Luik gevestigd zijn, en de nationale raad van de Orde.[2804]

A. De raden van de Orde

1528. In iedere provincie is er een raad van de Orde. Deze raad heeft rechtsmacht over alle leden van de Orde die de hoofdzetel van hun activiteit (voor natuurlijke personen) of hun maatschappelijke zetel (voor rechtspersonen) in deze provincie gevestigd hebben. Voor de stagiairs geldt de plaats van de zetel van het lid van de

---

[2797] *BS* 5 juli 1963.
[2798] Art. 1 wet tot instelling van een Orde van Architecten.
[2799] Wet 31 maart 1898 op de beroepsverenigingen, *BS* 8 april 1898.
[2800] GwH 23 februari 2017, nr. 31/2017, *BS* 9 mei 2017 (ed. 1), 55671.
[2801] Cass. (1e k.) 23 november 2018, AR F.16.0090.N, www.cass.be (9 januari 2019).
[2802] Art. 3 wet tot instelling van een Orde van Architecten.
[2803] Art. 4 wet tot instelling van een Orde van Architecten.
[2804] Art. 6 wet tot instelling van een Orde van Architecten.

Orde bij wie zij hun stage doormaken.[2805] Als *hoofdzetel van de activiteit* wordt begrepen: de plaats waar de architect gewoonlijk werkt.[2806]

In de provincies Antwerpen, Limburg, Oost-Vlaanderen en West-Vlaanderen is de door de raden van de Orde gebruikte taal het Nederlands. In de provincies Henegouwen, Luik, Luxemburg en Namen is de door de raden van de Orde gebruikte taal het Frans. Voor de voormalige provincie Brabant[2807] zijn er twee raden van de Orde. De ene raad is Nederlandstalig en heeft rechtsmacht over de architecten(-vennootschappen) die hun zetel gevestigd hebben in de gemeenten in het Nederlandstalige taalgebied. Voor de architecten(-vennootschappen) die hun zetel gevestigd hebben in de gemeenten in het Franstalige taalgebied is er een Franstalige raad van de Orde. Evenwel kan elk lid van de Orde dat onvoldoende kennis heeft van de taal van de raad waaronder hij normaliter valt, bij het begin van een tegen hem ingesteld onderzoek vragen om de rechtspleging in de andere taal voort te zetten. Hierover wordt een gemotiveerde beslissing genomen, waartegen beroep openstaat voor de betrokkene. Als zijn verzoek ingewilligd wordt, wordt de betrokkene verwezen naar de dichtsbijzijnde raad van de Orde die gebruikmaakt van de andere taal. De architecten(-vennootschappen) die hun zetel hebben in de gemeenten van de Brusselse agglomeratie kunnen kiezen onder welk van deze beide raden zij ressorteren.[2808]

1529. Elke raad is samengesteld uit zeven gewone en zeven plaatsvervangende leden, die voor een termijn van zes jaar worden verkozen door de personen die op de tabel van de raad van de Orde ingeschreven zijn.[2809] De raad wordt om de drie jaar voor de helft vernieuwd.[2810] De verkiezing gebeurt bij geheime stemming. Er geldt een stemplicht voor alle ingeschreven architecten-natuurlijke personen.[2811] Het zijn ook enkel deze architecten die verkozen kunnen worden als leden van de raad.[2812] Bij staking van stemmen wordt het lid met de meeste anciënniteit verkozen (waarbij de inschrijvingsdatum op de tabel van de Orde het uitgangspunt is), bij gelijke anciënniteit wordt de oudste weerhouden.[2813]

De organisatie van de verkiezingen wordt geregeld door de artikelen 2 e.v. van het uitvoeringsbesluit bij de Wet tot instelling van een Orde van Architecten.[2814]

[2805] Art. 7, eerste lid wet tot instelling van een Orde van Architecten.

[2806] K. UYTTERHOEVEN en S. SCHOENMAKERS, *De architect*, Antwerpen, Intersentia, 2013, 46.

[2807] Sinds 1 januari 1995: de provincies Vlaams-Brabant, Waals-Brabant en het Brussels Hoofdstedelijk Gewest.

[2808] Art. 7, zevende en achtste lid Wet tot instelling van een Orde van Architecten.

[2809] Art. 9 wet tot instelling van een Orde van Architecten en art. 1 KB 31 augustus 1963 tot regeling van de toepassing van de wet van 26 juni 1963 tot instelling van een Orde van Architecten.

[2810] Art. 11, tweede lid wet tot instelling van een Orde van Architecten.

[2811] Art. 10 wet tot instelling van een Orde van Architecten.

[2812] Art. 9, eerste lid wet tot instelling van een Orde van Architecten.

[2813] Art. 9, vierde en vijfde lid wet tot instelling van een Orde van Architecten.

[2814] Dit is KB 31 augustus 1963 tot regeling van de toepassing van de wet van 26 juni 1963 tot instelling van een Orde van Architecten.

Artikel 11 van de wet tot instelling van een Orde van Architecten stelt een aantal specifieke voorwaarden om verkozen te kunnen worden als gewoon of plaatsvervangend lid:
– onderdaan zijn van een van de lidstaten;
– minstens 30 jaar en maximaal 65 jaar zijn;
– minstens een jaar ingeschreven zijn op de tabel van de raad van de Orde waarvoor men kandidaat is;
– minstens vijf jaar ingeschreven zijn op een van de tabellen van de Orde; en
– geen tuchtstraf hebben opgelopen (tenzij deze werd uitgewist of eerherstel verkregen werd[2815]).

De leden mogen achtereenvolgens niet meer dan twee mandaten uitoefenen.[2816]

Bij het overlijden, de vervallenverklaring of het ontslag van een gewoon lid, wordt dit lid vervangen door de eerste plaatsvervanger. Wanneer er geen plaatsvervangers meer zijn, wordt door middel van een gedeeltelijke verkiezing in de vervanging voorzien. Het plaatsvervangend lid of het bij de gedeeltelijke verkiezing verkozen lid voleindigt het mandaat van zijn voorganger.

De leden van de raden van de Orde van Architecten hebben zitting als rechter in persoonlijke naam en niet als vertegenwoordigers van de Orde.[2817]

1530. De raden van de Orde worden bijgestaan door een rechtskundig bijzitter en verschillende plaatsvervangende rechtskundig bijzitters, die allen evenwel slechts een raadgevende stem hebben[2818] en door de Koning benoemd worden.[2819]

De rechtskundig bijzitters worden voor een termijn van zes jaar gekozen onder de magistraten en de advocaten die minstens tien jaar ingeschreven zijn op een tabel van de Orde van Advocaten.[2820]

1531. Elke provinciale raad kiest onder zijn leden een voorzitter, een ondervoorzitter en een secretaris, die samen met de rechtskundig bijzitter het bureau vormen.[2821] Bij afwezigheid of verhindering van een lid van het bureau wordt dat bureau aangevuld met een plaatsvervanger, die bij de verkiezing van de gewone en plaatsvervangende leden van de raad van de Orde verkozen is.[2822]

1532. De raad van de Orde vergadert op bijeenroeping door de voorzitter, door de rechtskundig bijzitter of op verzoek van twee derde van zijn leden. De bijeenroe-

---

[2815] *Cf.* art. 42, § 3 wet tot instelling van een Orde van Architecten.
[2816] Art. 11, derde lid wet tot instelling van een Orde van Architecten.
[2817] Cass. (1e k.) 13 maart 2008, AR D.07.0002.N, *Arr.Cass.* 2008, 716.
[2818] Art. 13 wet tot instelling van een Orde van Architecten.
[2819] Art. 12 wet tot instelling van een Orde van Architecten.
[2820] Art. 13 wet tot instelling van een Orde van Architecten.
[2821] Art. 14, eerste lid wet tot instelling van een Orde van Architecten.
[2822] Art. 14, tweede lid wet tot instelling van een Orde van Architecten.

ping moet, behoudens in dringende gevallen, ten minste drie vrije dagen voor de vergadering worden toegezonden, met vermelding van de voorgestelde agenda.[2823]

De raad van de Orde kan slechts geldig beraadslagen indien de voorzitter of de ondervoorzitter en twee derde van de leden aanwezig zijn en indien hij bijgestaan wordt door de rechtskundige bijzitter of een van de plaatsvervangende rechtskundig bijzitters.[2824] Om het voor deze beslissingen vereiste quorum te bereiken kan de raad van de Orde plaatsvervangers verzoeken tijdelijk zitting te nemen en hen oproepen in de volgorde van het aantal bij de verkiezingen behaalde stemmen.[2825]

B.   De raden van beroep

1533.   Er zijn twee raden van beroep: een in Gent en een in Luik.[2826] De raad van beroep die in Gent zetelt, is Nederlandstalig en neemt kennis van de beslissingen van de raden van de Orde van de provincies Antwerpen, Limburg, Oost-Vlaanderen, West-Vlaanderen en Vlaams-Brabant. De raad van beroep die in Luik zetelt, is Franstalig en neemt kennis van de beslissingen van de raden van de Orde van de provincies Henegouwen, Luik, Luxemburg, Namen en Waals-Brabant.

Inzake eerherstel nemen de raden van beroep kennis van de aanvragen betreffende de beslissingen tot schorsing of schrapping die zij elk hebben uitgesproken, of die zijn uitgesproken zonder dat er beroep is ingesteld door een raad van de Orde, van wiens beslissingen zij kennis nemen.[2827] Als de aanvraag tot eerherstel betrekking heeft op verschillende straffen van schorsing, wordt slechts met de laatst uitgesproken straf rekening gehouden om de bevoegdheid te bepalen.

1534.   De raden van beroep bestaan elk uit drie raadsheren of ereraadsheren bij het hof van beroep. Zij worden door de Koning aangewezen voor een termijn van zes jaar en hebben een medebeslissende stem. Een van deze (ere)raadsheren neemt het ambt van voorzitter waar.[2828]

Daarnaast zetelen er ook nog drie andere leden in elke raad van beroep. Die leden worden door het lot aangewezen onder de leden van de raden van de Orde die de voor de rechtspleging geldende taal gebruiken en die deel uitmaken van verschillende raden van de Orde.[2829] De wijze waarop de loting gebeurt, is bepaald in de artikelen 33 e.v. van het uitvoeringsbesluit bij de wet tot instelling van een Orde van Architecten. Elke raad van beroep wordt bijgestaan door een griffier die door de raad benoemd wordt.[2830]

[2823]   Art. 15 wet tot instelling van een Orde van Architecten.
[2824]   Art. 16, eerste lid wet tot instelling van een Orde van Architecten.
[2825]   Art. 16, tweede lid wet tot instelling van een Orde van Architecten.
[2826]   Art. 27, eerste tot derde lid wet tot instelling van een Orde van Architecten.
[2827]   Art. 27, vierde lid wet tot instelling van een Orde van Architecten.
[2828]   Art. 28, eerste lid wet tot instelling van een Orde van Architecten.
[2829]   Art. 28, eerste lid wet tot instelling van een Orde van Architecten.
[2830]   Art. 28, zesde lid wet tot instelling van een Orde van Architecten.

Er worden tevens drie plaatsvervangende magistraten en drie plaatsvervangende leden van de raden van de Orde aangewezen, die in de raad van beroep alleen zitting kunnen hebben in geval van wettig belet of gerechtvaardigde afwezigheid van de gewone leden.[2831] Er wordt ook een plaatsvervangende griffier benoemd door de raad.[2832] Het plaatsvervangende lid dat zitting heeft en tot de raad van de Orde behoort, moet behoren tot dezelfde raad van de Orde als het te vervangen gewoon lid.[2833] De plaatsvervangende leden die tot de raden van de Orde behoren, worden aangewezen voor de gehele duur van hun mandaat in de raden van de Orde.[2834]

Uit de omstandigheid alleen dat de raad van beroep van de Orde van Architecten deels is samengesteld uit beroepsgenoten van de betrokkene valt niet af te leiden dat dit rechtscollege niet onafhankelijk en onpartijdig is in de zin van artikel 6.1 EVRM. Deze samenstelling schendt evenmin het algemeen rechtsbeginsel van de onafhankelijkheid en onpartijdigheid van de rechter.[2835]

1535. Een lid van de raad van de Orde mag in hoger beroep geen kennis nemen van een zaak waarover uitspraak is gedaan door de raad van de Orde waarvan hij deel uitmaakt.[2836]

1536. De raad van beroep kan slechts geldig beraadslagen indien twee derde van zijn leden aanwezig zijn en ten minste twee magistraten en twee leden van de raad zich onder hen bevinden.[2837]

Artikel 17, § 1, vierde lid en artikel 31, eerste lid van de wet tot instelling van een Orde van Architecten wordt geschonden door de raad van beroep die de aanvraag tot inschrijving op de lijst van stagiairs afwijst zonder dat uit de beslissing of enig ander stuk blijkt dat de beslissing met een tweederdemeerderheid is genomen.[2838]

De raad van beroep vergadert na bijeenroeping door de voorzitter. De oproeping moet, behoudens in dringende gevallen, ten minste drie vrije dagen vóór de vergadering worden toegezonden, met vermelding van de voorgestelde agenda.[2839]

C. De nationale raad

1537. De nationale raad van de Orde heeft zijn zetel in Brussel. Hij omvat twee afdelingen: enerzijds de Franstalige en Duitstalige raad van de Orde van Architecten en anderzijds de Vlaamse raad van de Orde van Architecten.[2840] Deze afdelingen kunnen afzonderlijk of gezamenlijk beraadslagen.

[2831] Art. 28, tweede lid wet tot instelling van een Orde van Architecten.
[2832] Art. 28, zesde lid wet tot instelling van een Orde van Architecten.
[2833] Art. 28, derde lid wet tot instelling van een Orde van Architecten.
[2834] Art. 28, vierde lid wet tot instelling van een Orde van Architecten.
[2835] Cass. (1e k.) 13 maart 2008, AR D.07.0002.N, *Arr.Cass.* 2008, 716.
[2836] Art. 28, vijfde lid wet tot instelling van een Orde van Architecten.
[2837] Art. 29 wet tot instelling van een Orde van Architecten.
[2838] Cass. (1e k.) 6 mei 2004, AR D.03.0020.N, *Arr.Cass.* 2004, 793.
[2839] Art. 30 wet tot instelling van een Orde van Architecten.
[2840] Art. 35 eerste lid wet tot instelling van een Orde van Architecten.

1538. De nationale raad van de Orde bestaat uit[2841]:

a) tien gewone leden en tien plaatsvervangende leden, die zitting hebben bij verhindering van de gewone leden, en die door de raden van de Orde onder hun
leden gekozen worden voor een termijn van zes jaar, naar rato van een gewoon
en een plaatsvervangend lid per raad;

b) twee leden die voor een termijn van zes jaar door de Koning benoemd worden
onder de gemeentelijke of provinciale architecten-ambtenaren;

c) vier leden, architecten, die voor een termijn van zes jaar door de Koning
benoemd worden en op de volgende wijze gekozen worden:

- één onder de leden van het onderwijzend personeel van de rijksscholen
voor bouwkunde;

- één onder de leden van het onderwijzend personeel van de gesubsidieerde
officiële scholen voor bouwkunde;

- en twee onder de leden van het onderwijzend personeel van de gesubsidieerde vrije scholen voor bouwkunde;

d) twee leden die door de Koning voor een termijn van zes jaar benoemd worden onder de ingenieurs-architecten en de burgerlijk bouwkundig ingenieurs,
professoren aan een universiteit, de ene voor het officieel onderwijs, de andere
voor het vrij onderwijs;

e) twee leden die door de Koning voor een termijn van zes jaar benoemd worden
onder de architecten-ambtenaren die niet bedoeld zijn in b).

De nationale raad van de Orde wordt bijgestaan door een rechtskundig bijzitter en meerdere plaatsvervangende rechtskundig bijzitters, die door de Koning
worden benoemd. De rechtskundig bijzitter heeft raadgevende stem. Zij worden
gekozen onder de voorzitters en de raadsheren, werkende magistraten of eremagi-
straten bij het hof van beroep van Brussel of onder de advocaten van de balie
van Brussel die sedert ten minste tien jaar op een tabel van de Orde van Advocaten zijn ingeschreven. Ze hebben een grondige kennis van de beide landstalen.[2842]

1539. De nationale raad van de Orde kiest onder zijn leden een voorzitter en een
plaatsvervangend voorzitter, een secretaris en een adjunct-secretaris, die respectievelijk lid moeten zijn van raden van de Orde met een verschillend taalstelsel en
die gekozen worden onder de leden die bij stemming zijn aangewezen om deel uit
te maken van de nationale raad.[2843] De voorzitter en de secretaris moeten tot een
verschillend taalstelsel behoren.[2844]

De voorzitter, de plaatsvervangend voorzitter alsook de secretaris en de
adjunct-secretaris zijn van rechtswege voorzitter en secretaris van de afdeling

---

[2841] Art. 34 wet tot instelling van een Orde van Architecten.
[2842] Art. 34, tweede en derde lid wet tot instelling van een Orde van Architecten.
[2843] Art. 36, eerste lid wet tot instelling van een Orde van Architecten.
[2844] Art. 36, tweede lid wet tot instelling van een Orde van Architecten.

waaronder de raad van de Orde waartoe zij behoren ressorteert.[2845] Iedere afdeling kiest onder haar leden een ondervoorzitter.[2846]

1540. De nationale raad en zijn afdelingen kunnen slechts geldig beraadslagen onder het voorzitterschap van de voorzitter of van diens plaatsvervanger en in aanwezigheid van de aangewezen magistraat, en voor zover twee derde van de leden aanwezig zijn.[2847] Zij beraadslagen evenwel geldig na een tweede bijeenroeping, wat het aantal aanwezige leden ook is.[2848]

§ 2. TAKEN VAN DE ORDE VAN ARCHITECTEN

1541. De taken van de Orde zijn wettelijk bepaald. De Orde is er onder meer belast met de regeling van de toegang tot het beroep, het bepalen van de voorschriften van de plichtenleer, het toezicht op de uitoefening van het beroep en de aangifte bij de rechterlijke overheid van elke inbreuk op de wetten en reglementen tot bescherming van de titel en van het beroep van architect.[2849]

De Orde houdt toezicht op de eer, de discretie en de waardigheid van de leden van de Orde in de uitoefening of naar aanleiding van de uitoefening van hun beroep.[2850]

1542. De drie organen van de Orde hebben daarbij elk hun eigen taken.

A. De raden van de Orde

De provinciale raden van de Orde hebben de volgende bevoegdheden.

1. Een tabel en een lijst van stagiairs bijhouden

1543. Elke provinciale raad houdt een tabel en een lijst van stagiairs bij waarop de leden van de Orde worden ingeschreven die de hoofdzetel van hun activiteit in zijn gebied gevestigd hebben.[2851]

2. Beslissen over aanvragen tot inschrijving, machtiging en weglating

1544. Artikel 8, § 1 van de wet tot instelling van een Orde van Architecten legt aan twee categorieën natuurlijke en rechtspersonen de verplichting op om

---

[2845] Art. 36, derde lid wet tot instelling van een Orde van Architecten.
[2846] Art. 36, vierde lid wet tot instelling van een Orde van Architecten.
[2847] Art. 36, vijfde lid wet tot instelling van een Orde van Architecten.
[2848] Art. 36, zesde lid wet tot instelling van een Orde van Architecten.
[2849] Art. 2 wet tot instelling van een Orde van Architecten; *Parl.St.* Senaat 1961-62, nr. 299, 10.
[2850] Art. 2 wet tot instelling van een Orde van Architecten.
[2851] Art. 17, eerste lid wet tot instelling van een Orde van Architecten.

vooraf hun inschrijving op de tabel van de Orde of op de lijst van de stagiairs bij de bevoegde raad van de Orde aan te vragen. Enerzijds betreft het de personen die onderdaan zijn van de lidstaten van de EU alsook de andere staten waarop Richtlijn 2005/36/EG[2852] van toepassing is, die het architectenberoep wensen uit te oefenen en, blijvend of tijdelijk, de zetel van hun activiteit in België willen vestigen, en die krachtens artikel 1 Architectenwet gemachtigd zijn tot het uitoefenen van het beroep van architect. Anderzijds gaat het over de onderdanen van derde landen die gemachtigd zijn tot het uitoefenen van het beroep van architect in België krachtens artikel 8 Architectenwet.

Artikel 8, § 2, eerste lid Architectenwet legt een machtigingsverplichting op aan de onderdanen van derde landen die het architectenberoep in het buitenland uitoefenen en hun beroep bij gelegenheid in België wensen uit te oefenen. De voorschriften van de plichtenleer zijn van toepassing op deze personen.[2853] Zij zijn verplicht om zich daartoe vooraf te doen machtigen door de raad van de Orde van het gebied waarin zij voornemens zijn hun activiteit uit te oefenen.

Elke raad van de Orde[2854] is in het kader van deze aanvragen bevoegd om diploma's, certificaten en andere titels, alsook documenten of inlichtingen bedoeld in Richtlijn 2005/36/EG te ontvangen.[2855]

De raad van de Orde is in dit kader ook bevoegd om de in de richtlijn bedoelde documenten en inlichtingen te verstrekken.[2856] De afgifte van diploma's, certificaten en andere titels met betrekking tot de vorming, van attesten van goed gedrag of betrouwbaarheid die geen verband houden met de beroepswerkzaamheid van architect en van de verklaringen dat er geen faillissement heeft plaatsgehad, behoort echter tot de bevoegdheid van respectievelijk de voor het onderwijs bevoegde overheden, de gemeentebesturen en de griffies van de ondernemingsrechtbanken.[2857]

De raad bevestigt de ontvangst van de aanvragen tot inschrijving en tot machtiging binnen een termijn van tien dagen[2858] en doet er in eerste aanleg uitspraak over binnen de dertig dagen. In voorkomend geval deelt de raad binnen deze termijn aan de aanvrager mee welke documenten ontbreken. In de gevallen als bedoeld in artikel 1, § 4 Architectenwet bedraagt de termijn drie maanden vanaf de indiening van een volledig dossier.[2859]

[2852] Richtlijn 2005/36/EG van het Europees Parlement en de Raad van 7 september 2005 betreffende de erkenning van beroepskwalificaties.

[2853] Art. 8, § 2, vijfde lid van de Wet tot instelling van een Orde van Architecten.

[2854] RvS (11e k.) nr. 161.566, 31 juli 2006, A.P.M. 2006, afl. 7, 144.

[2855] Art. 17, § 2, eerste lid wet tot instelling van een Orde van Architecten.

[2856] Art. 17, § 2, tweede lid wet tot instelling van een Orde van Architecten.

[2857] Art. 17, § 2, derde lid wet tot instelling van een Orde van Architecten.

[2858] Art. 17, tweede lid wet tot instelling van een Orde van Architecten.

[2859] Het betreft diploma's, certificaten en andere titels die werden verworven in een derde land, als die diploma's, certificaten of andere titels in één van de lidstaten werden erkend, alsook de in één van de lidstaten verworven opleiding en/of beroepservaring.

Is de raad van oordeel de aanvraag te moeten afwijzen, dan brengt hij de belanghebbende hiervan op de hoogte bij aangetekende brief. Een definitieve beslissing kan slechts genomen worden met een tweederdemeerderheid en voor zover de belanghebbende de in artikel 24 van de wet tot instelling van een Orde van Architecten bepaalde waarborgen heeft genoten (hoorrecht, wrakingsrecht, bijstandsrecht).

Het komt enkel toe aan de provinciale raden van de Orde om te beslissen over een inschrijving of weglating[2860] op een van de tabellen van de Orde of op een lijst van stagiairs, en niet aan de burgerlijke rechtbanken.[2861] Er kan alleen beroep ingesteld worden tegen een dergelijke beslissing van een provinciale raad van de Orde bij de raden van beroep (zie verder).

De Orde van Architecten heeft evenwel geen inspraak in wie al dan niet gerechtigd is om de titel te voeren. Dit betekent dat Orde niet over de bevoegdheid beschikt om de vernietiging te vorderen van een administratieve beslissing waarbij een buitenlands diploma wordt gelijkgesteld met een Belgisch diploma.[2862]

De wet tot instelling van een Orde van Architecten bepaalt niet uitdrukkelijk dat de provinciale raden van de Orde dienen te beslissen over vragen tot weglating van de tabel, anders dan bij tuchtmaatregel. De vraag kan dan ook rijzen of tegen een dergelijke beslissing beroep openstaat overeenkomstig artikel 31 van de wet. Echter, aangezien de provinciale raden krachtens artikel 17, § 1 van deze wet belast zijn met het bijhouden van de tabel, omvat die bevoegdheid bij ontstentenis van een andersluidende bepaling logischerwijze ook het beslissen over vragen tot weglating.[2863]

3.   Kennisname van de verklaringen van onderdanen van lidstaten die het architectenberoep tijdelijk en voor het eerst in België willen uitoefenen

1545.   Artikel 8, § 2, tweede lid van de wet tot instelling van een Orde van Architecten legt een meldingsverplichting op aan de onderdanen van lidstaten die zich in het kader van het vrij verrichten van diensten voor het eerst naar België begeven om er tijdelijk en incidenteel het architectenberoep uit te oefenen. Zij dienen de Orde van Architecten daarvan vooraf in kennis te stellen door middel van een schriftelijke verklaring, die met alle middelen aangeleverd mag worden, en waarin gegevens betreffende de verzekeringsdekking inzake beroepsaansprakelijkheid[2864] vervat zijn.

[2860]   RvS 14 januari 2002, nr. 102.517.
[2861]   Cass. 28 oktober 2016, *TBO* 2017, 140.
[2862]   RvS 5 oktober 1983, *Arr.RvS* 1983, 1734.
[2863]   RvS (9ᵉ k.) 14 januari 2002, nr. 102.517, *TBP* 2003, afl. 4, 287.
[2864]   Een soortgelijke individuele of collectieve vorm van bescherming inzake beroepsaansprakelijkheid kan ook volstaan.

Bij hun schriftelijke verklaring dient een verzekeringsattest inzake beroepsaansprakelijkheid, met inbegrip van de tienjarige aansprakelijkheid, gevoegd te zijn. Dit attest kan afgegeven worden door een verzekeringsmaatschappij uit een andere lidstaat, indien het vermeldt dat de verzekeraar zich gericht heeft naar de wettelijke en bestuursrechtelijke voorschriften in voege in België wat de aard en de omvang van de dekking betreft.[2865]

De Orde van Architecten schrijft deze onderdanen in het register van de dienstverrichting in. De voorschriften van de plichtenleer zijn van toepassing op die personen.[2866]

De verklaring wordt eenmaal per jaar verlengd indien de dienstverrichter voornemens is om gedurende dat jaar in België tijdelijke of incidentele diensten te verrichten.

Bij de eerste dienstverrichting of indien er zich een wezenlijke verandering heeft voorgedaan, moet deze verklaring vergezeld zijn van:
- een attest waaruit blijkt dat de betrokkene de desbetreffende werkzaamheden wettig uitoefent in de lidstaat waar hij gevestigd is;
- een attest waaruit blijkt dat de betrokkene een van de diploma's, certificaten of andere titels bezit, bedoeld in artikel 1, §§ 2 tot en met 2/3 van de Architectenwet;
- ingeval noch het beroep noch de opleiding die toegang verleent tot het beroep gereglementeerd is in de lidstaat van vestiging, een attest waaruit blijkt dat de dienstverrichter het beroep van architect in de tien jaren die voorafgaan aan de dienstverrichting gedurende ten minste één jaar heeft uitgeoefend;
- een bewijs van de nationaliteit van de dienstverrichter.

Bij overlegging mag het attest van verzekering hoogstens drie, en mogen de overige documenten hoogstens twaalf maanden oud zijn.

Buiten het geval waarin de betrokkene voldaan heeft aan de bepalingen van het tweede en derde lid van § 2 van artikel 8 van de wet tot instelling van een Orde van Architecten, is het tijdelijk of bestendig uitoefenen van het beroep van architect in België door een persoon die niet op een tabel van de Orde is ingeschreven niet mogelijk vooraleer de betrokkene is ingeschreven op een lijst van stagiairs. Hieruit volgt tevens dat de raad van de Orde de inschrijving op de lijst van stagiairs niet retroactief kan toestaan met ingang van de datum van de aanvraag tot inschrijving.[2867]

De dienstverrichting conform artikel 8, § 2, tweede lid gebeurt onder de beroepstitel van de lidstaat van vestiging[2868] wanneer er voor de betrokken

---

[2865] Art. 8, § 2 tweede lid wet tot instelling van een Orde van Architecten.
[2866] Art. 8, § 2, vijfde lid wet tot instelling van een Orde van Architecten.
[2867] Cass. (1e k.) 25 maart 2011, AR D.10.0009.N, *Arr.Cass.* 2011, 881.
[2868] Onder lidstaat van vestiging wordt verstaan: een van de lidstaten van de EU of een staat waarop Richtlijn 2005/36/EG van toepassing is, met uitzondering van België, waar de dienstverrichter wettelijk gevestigd is (art. 8, § 2, zesde lid wet tot instelling van een Orde van Architecten).

beroepswerkzaamheid in die lidstaat een dergelijke titel bestaat. Deze titel wordt vermeld in de officiële taal of een van de officiële talen van de lidstaat van vestiging, om verwarring met de Belgische beroepstitel te vermijden. Wanneer de betrokken beroepstitel in de lidstaat van vestiging niet bestaat, vermeldt de dienstverrichter zijn opleidingstitel in de officiële taal of een van de officiële talen van die lidstaat.

Echter, als de dienstverrichter beschikt over een diploma, certificaat of andere akten bedoeld in artikel 1, § 1 tot en met 2/3 van de Architectenwet, wordt de dienst verricht onder de titel van architect.

Wanneer de dienstverrichter niet beschikt over een diploma, certificaat of andere akten bedoeld in artikel 1, § 1 tot en met 2/3 van de Architectenwet, kan de Orde voor de eerste dienstverrichting de beroepskwalificaties van de dienstverrichter controleren en, in voorkomend geval, hem een proeve van bekwaamheid opleggen. Een en ander gebeurt volgens de voorwaarden en nadere regels opgenomen in artikel 9, § 4 van de wet van 12 februari 2008 tot instelling van een algemeen kader voor de erkenning van EU-beroepskwalificaties.

De bepalingen inzake de gedeeltelijke toegang bedoeld in artikel 5/9 van de wet van 12 februari 2008 tot instelling van een algemeen kader voor de erkenning van EU-beroepskwalificaties, zijn van toepassing indien de dienstverrichter het beroep van architect gedeeltelijk wenst uit te oefenen. De bepalingen betreffende het waarschuwingsmechanisme, de centrale toegang tot informatie en elektronische procedures bedoeld in de artikelen 27/1 en 27/2 van de wet van 12 februari 2008 tot instelling van een algemeen kader voor de erkenning van EU-beroepskwalificaties zijn van toepassing.

4.   Ereloongeschillen beslechten

1546.   De raad van de Orde beslecht ereloongeschillen op gezamenlijk verzoek van de partijen.[2869]

De raad van de Orde verstrekt ook advies inzake ereloongeschillen in de volgende gevallen[2870]:

– op verzoek van de hoven en de rechtbanken;
– ambtshalve, bij ernstige tekortkoming aan de beroepsplicht;
– in geval van betwisting tussen personen die aan de rechtsmacht van de Orde onderworpen zijn.

Een beslissing van de raad van de Orde over het ereloon dat aan de architect verschuldigd is, kan worden gelijkgesteld met een arbitraal vonnis dat gezag van gewijsde heeft.[2871] Het hof van beroep van Luik kwam tot deze beslissing in een

---

[2869]   Art. 18, eerste lid wet tot instelling van een Orde van Architecten.
[2870]   Art. 18, tweede lid wet tot instelling van een Orde van Architecten.
[2871]   Luik (20e k.) 3 april 2014, *JT* 2014, afl. 6583, 765.

zaak waarin de opdrachtgever aan de raad van de Orde op basis van artikel 18, eerste lid van de wet tot instelling van een Orde van Architecten gevraagd had om vast te stellen welk bedrag aan erelonen aan de architect verschuldigd is. Het hof overwoog daarbij dat de beslissing van de raad van de Orde een verplichtend karakter heeft voor de partijen, dat de partijen zijn verschenen na oproeping door de Orde en dat ze uitdrukkelijk hebben verklaard te aanvaarden dat de vaststelling van de erelonen onherroepelijk was.

Deze gelijkstelling wordt niet ontkracht door de omstandigheid dat de procedure voor de raad van de Orde in meerdere opzichten verschillend is van de procedure die van toepassing is op de arbitrage die door het Gerechtelijk Wetboek is georganiseerd. De arbitrale beslissing van de raad van de Orde kan worden vernietigd indien de rechten van verdediging en tegenspraak van de partijen niet zijn nageleefd (art. 1704, 2°, *litt.* g Ger.W.).[2872]

5.   Zorgen voor de naleving van de voorschriften van de plichtenleer

1547.   De raden van de Orde moeten zorgen voor de naleving van de voorschriften van de plichtenleer. Het betreft de voorschriften voor de kwalitatieve uitoefening van het architectenberoep. De raden van de Orde houden toezicht op de eer, de discretie en de waardigheid van de leden van de Orde in de uitoefening of naar aanleiding van de uitoefening van hun beroep.[2873]

De wetgever heeft dus op exclusieve wijze het toezicht op de beroepsuitoefening van architecten toegewezen aan de organen van de Orde van de Architecten. De architecten zijn dus onderworpen aan toezicht door personen uit de eigen beroepsorganisatie.[2874]

6.   Inbreuken op de wetten en de reglementen tot bescherming van de titel en van het beroep van architect aanklagen bij de rechterlijke overheid

1548.   Het Grondwettelijk Hof heeft op 23 februari 2017[2875] als antwoord op een prejudiciële vraag van het hof van beroep van Brussel geoordeeld dat artikel 2 van de wet tot instelling van een Orde van Architecten zo geïnterpreteerd moet worden dat de Orde van Architecten in rechte kan optreden in geval van inbreuken op de wetten en reglementen tot bescherming van de titel en het beroep van architect.

[2872]   Luik (20ᵉ k.) 3 april 2014, *JT* 2014, afl. 6583, 765.
[2873]   Art. 19 wet tot instelling van een Orde van Architecten.
[2874]   Anders dan de landmeters-experten, die onder toezicht van de Raad van landmeters-experten en de Federale Raad van Beroep van landmeters-experten staan. Die Raden zijn samengesteld uit magistraten, advocaten en plaatsvervangende assesoren-landmeters-experten.
[2875]   GwH 23 februari 2017, nr. 31/2017 (prejudiciële vraag), *BS* 9 mei 2017 (ed. 1), 55671, *D & T* 2017, afl. 2, 366, noot J. VAN MALLEGHEM, *JLMB* 2017, afl. 11, 505, *NJW* 2017, afl. 364, 445, noot T. DE JAEGER, *RW* 2016-17, 1440.

De wettelijke bevoegdheid van de Orde van Architecten om aangifte te doen bij de rechterlijke overheid van elke inbreuk op de wetten en reglementen tot bescherming van de titel en van het beroep van architect kan worden opgevat als een machtiging door de wetgever om in een dergelijk geval in rechte op te treden. Uit de parlementaire voorbereiding blijkt dat wanneer inbreuken worden "gepleegd door derde personen tegen de eer en de waardigheid van de titel van architect [...] de Orde zelf niet bevoegd [is] om op te treden, en [...] de tussenkomst van de rechterlijke overheid het enige middel [is] om tot beteugeling te komen".[2876]

Het komt aan de gewone rechtscolleges toe, wanneer een vordering door de Orde van Architecten aanhangig wordt gemaakt, om na te gaan of die strekt tot bescherming van de opdracht die door de wetgever aan de Orde werd toevertrouwd.

Wanneer de Orde van oordeel is dat de rechtsregels die het beroep van architect beschermen, geschonden zijn door een besluit, kan zij tegen dat besluit een annulatieberoep instellen, voor zover haar annulatiemiddelen op een dergelijke schending zijn gesteund.[2877]

Ook hier moet de Orde bij een beroep tot nietigverklaring tegen een bepaalde akte haar grieven kaderen binnen de haar door de wetgever opgedragen taak, met name het doen van aangifte bij de rechterlijke overheid van elke inbreuk op de wetten en reglementen tot bescherming van de titel en van het beroep van architect.[2878]

7. Uitspraak doen in tuchtzaken

1549. De raden van de Orde doen in eerste aanleg uitspraak in tuchtzaken ten opzichte van alle leden die op de tabel van de Orde of op de lijst van stagiairs ingeschreven zijn, alsook ten opzichte van alle personen die voldoen aan de bepalingen van artikel 8, § 2, eerste en tweede lid van de wet op de instelling van een Orde van Architecten.[2879] In geval van artikel 8, § 2, tweede lid is het de raad van de Orde van het rechtsgebied waar het project wordt verwezenlijkt, die bevoegd is.

Artikel 6, eerste lid EVRM vereist niet dat geschillen in tuchtzaken worden berecht door justitiële gerechten in de zin van artikel 92 Gw. (thans art. 144 Gw.), zelfs wanneer het gaat om een schorsing of ontneming van het recht om een beroep uit te oefenen.[2880] Noch een administratief rechtscollege, zoals de Belgische Mededingingsautoriteit (destijds de Raad voor Mededinging) of zijn voorzitter, noch een rechtbank of hof van de rechterlijke macht, hetzij rechtstreeks, hetzij onrechtstreeks door een bevel of een verbod, kunnen de uitoefening van het

---

[2876] *Parl.St.* Senaat 1961-62, nr. 361, 4.
[2877] RvS 19 april 1994, nr. 46.910, *Arr.RvS* 1994.
[2878] RvS 27 september 2012, nr. 220.775.
[2879] Art. 20 wet tot instelling van een Orde van Architecten.
[2880] Cass. 2 november 1989, *RW* 1989-90, 924.

tuchtrecht door de bevoegde organen van de Orde van Architecten verhinderen of belemmeren.

De tuchtstraffen van schorsing, schrapping en intrekking van machtiging kunnen ten laste van een lid van de Orde van Architecten slechts worden uitgesproken met tweederdemeerderheid van de stemmen van aanwezige leden van de raad van de Orde of van de raad van beroep.[2881] Die bijzondere meerderheid dient uitdrukkelijk te worden vastgesteld in de beslissing houdende de tuchtstraf.[2882]

8.   Kennisnemen van de informatie over de verplichte beroepsverzekering

1550.   De Wet Peeters[2883] verplicht verzekeringsondernemingen om periodiek bepaalde informatie over de verplichte beroepsverzekering van architecten ter beschikking te stellen aan de raden van de Orde. Het betreft[2884]:
–   jaarlijks een elektronische lijst van de architecten die bij de verzekeringsonderneming een verzekeringsovereenkomst gesloten hebben, met vermelding van het ondernemingsnummer en de naam van de architect, het nummer van de verzekeringspolis en de begin- en einddatum van de verzekeringsdekking;
–   trimestrieel een elektronische lijst van de verzekeringsovereenkomsten die opgezegd of geschorst zijn, of waarvan de dekking geschorst werd.

Daarnaast moet de verzekeringsonderneming of de architect die een verzekeringsovereenkomst wil opzeggen of ontbinden, dit voorafgaandelijk en per aangetekende zending melden aan de raad van de Orde, ten laatste vijftien dagen voor de inwerkingtreding van de opzegging, waarvan hij tegelijkertijd de datum meedeelt.[2885]

9.   Bevoegdheden inzake de uitoefening van het architectenberoep door een vennootschap, dan wel in het kader van een vennootschap of een vereniging

1551.   In overeenstemming met artikel 7 van de wet tot instelling van een Orde van Architecten blijven de architecten-vennoten onderworpen aan de bevoegdheid van de provinciale raad op het tableau waarop ze officieel zijn ingeschreven.[2886]

[2881]   Art. 21 § 1, tweede lid en § 2, tweede lid wet tot instelling van een Orde van Architecten.
[2882]   Cass. 1 februari 1996, *Arr.Cass.* 1996, 145, *RW* 1996-97, 330.
[2883]   Wet 31 mei 2017 betreffende de verplichte verzekering van de tienjarige burgerlijke aansprakelijkheid van aannemers, architecten en andere dienstverleners in de bouwsector van werken in onroerende staat en tot wijziging van de wet van 20 februari 1939 op de bescherming van de titel en van het beroep van architect (*BS* 9 juni 2017).
[2884]   Art. 11 Wet Peeters.
[2885]   Art. 11, § 1, tweede lid en § 2, tweede lid Wet Peeters.
[2886]   Art. 2.2.1 Aanbeveling 24 november 2017.

Wanneer de maatschappelijke zetel vermeld in de statuten gevestigd is in de Brusselse agglomeratie, kiezen de vennoten wie de bevoegde raad is: de provinciale raad van Brabant gebruik makend van het Nederlands, dan wel de provinciale raad van Brabant gebruik makend van het Frans.[2887]

1552. Voor de ondertekening van de statuten of het verlijden van de authentieke akte tot vaststelling ervan, wordt het ontwerp voorgelegd aan de provinciale raad waar de maatschappelijke zetel van de vennootschap is gevestigd in toepassing van artikel 5 van het Reglement van beroepslichten.[2888]

In geval van wijziging van de statuten moet de gecoördineerde tekst ook ter goedkeuring voorgelegd worden aan de raad van de Orde vooraleer hij wordt aangenomen door de betrokken partijen.[2889]

Het statutenontwerp moet worden gecommuniceerd in de taal van de gekozen raad.[2890]

De bevoegde provinciale raad onderzoekt of de statuten, en in voorkomend geval de gecoördineerde tekst ervan, in overeenstemming zijn met de wetten en voorschriften inzake de uitoefening van het beroep van architect, alsook met de regels van de deontologie, zonder zich uit te spreken of te oordelen over de opportuniteit of juridische regelmatigheid van de daarin gekozen bepalingen.[2891]

De bevoegde provinciale raad bevestigt onmiddellijk de ontvangst van de aanvraag aan de aanvrager en onderzoekt het toegezonden ontwerp binnen de drie maanden na ontvangst. Deze termijn is geschorst van 15 juli tot 15 augustus, evenals tijdens de periode die nodig is om eventuele aanvullende inlichtingen te verkrijgen.[2892]

1553. Het verplaatsen van de maatschappelijke zetel wordt onverwijld meegedeeld aan de raad van de provincie waar de zetel gevestigd was, evenals aan de raad waar de nieuwe zetel gevestigd wordt.[2893]

1554. De oprichting van een of meer bijkomende vestigingen wordt gemeld aan de provinciale raad in wiens rechtsgebied ze gevestigd wordt/worden, evenals aan de provinciale raad van de maatschappelijke zetel van de vennootschap.[2894]

[2887] Art. 2.2.3, eerste lid Aanbeveling 24 november 2017.
[2888] Art. 2.2.2 Aanbeveling 24 november 2017.
[2889] Art. 2.1.2 Aanbeveling 24 november 2017.
[2890] Art. 2.2.3, tweede lid Aanbeveling 24 november 2017.
[2891] Art. 2.3.1 Aanbeveling 24 november 2017.
[2892] Art. 2.3.2 Aanbeveling 24 november 2017.
[2893] Art. 2.2.4, eerste lid Aanbeveling 24 november 2017.
[2894] Art. 2.2.4, tweede lid Aanbeveling 24 november 2017.

10.   Toezicht houden op de stages in hun rechtsgebied

1555.   Elke raad van de Orde houdt toezicht op en controleert de stage in zijn rechtsgebied. Om de uitoefening van deze taak te vergemakkelijken, wijst elke raad van de Orde in zijn schoot een stagecommissie aan.[2895] De stagecommissie heeft tot taak[2896]:
–   de stagecontracten te onderzoeken;
–   elke stage ten minste tweemaal 'per jaar te controleren;
–   de betwistingen die tussen een stagemeester en zijn stagiair kunnen ontstaan, te onderzoeken;
–   een stagedossier te houden waarin alle voor het beoordelen van de stage-uitslagen nodige documenten zijn vervat;
–   bij de raad van de Orde verslag uit te brengen over de handelingen in verband met haar taak.

De raad van de Orde kan toestaan dat de stage in het buitenland wordt vervuld bij iemand die het architectenberoep uitoefent en dezelfde waarborgen biedt als voor een lid van de Orde in België zijn gesteld.[2897]

De raden van de Orde kunnen de stage ook verlengen met één jaar, of een stagiair van de lijst van de stagiairs schrappen indien hij zijn verplichtingen niet nakomt.[2898]

De raden van de Orde kunnen vrijstellingen van de stage verlenen in de volgende gevallen:
–   een automatische vrijstelling van de stage wordt verleend aan de onderdanen van de lidstaten die in het bezit zijn van een diploma, certificaat of andere akten bezitten, bedoeld in artikel 1, § 1 tot en met 2/3 van de Architectenwet, alsook wanneer blijkt dat de diploma's, certificaten of andere titels voldoen aan de voorwaarden vermeld in bijlage 1a van de Architectenwet[2899]; dit geldt niet voor diploma's, certificaten of andere akten afgeleverd door een Belgische instelling bedoeld in bijlagen 1B en 2A van de Architectenwet[2900];
–   een gehele of gedeeltelijke vrijstelling van stage kan verleend worden aan de onderdanen van lidstaten die in het buitenland prestaties hebben geleverd die gelijkwaardig met de stage worden geacht, of aan de onderdanen van derde landen die het beroep gedurende meer dan twee jaar in het buitenland hebben uitgeoefend.[2901]

[2895]   Art. 20 Stagereglement, vastgesteld bij beslissing van 5 februari 1965 van de Nationale raad, goedgekeurd bij KB 13 mei 1965 (*BS* 2 juli 1965).
[2896]   Art. 21 Stagereglement.
[2897]   Art. 50, derde lid wet op de instelling van een Orde van Architecten.
[2898]   Art. 51 wet op de instelling van een Orde van Architecten.
[2899]   Art. 52, § 1, eerste lid wet op de instelling van een Orde van Architecten.
[2900]   Art. 52, § 1, tweede lid wet op de instelling van een Orde van Architecten.
[2901]   Art. 52, § 2 wet op de instelling van een Orde van Architecten.

B. De raden van beroep

De raden van beroep hebben de volgende bevoegdheden.

1. Beroepen tegen beslissingen van de provinciale raden beoordelen

1556. De raden van beroep doen uitspraak over de beroepen ingesteld tegen de beslissingen die de raden van de Orde hebben uitgesproken op grond van de artikelen 17 en 20 van de wet tot instelling van een Orde van Architecten.[2902] Het betreft de beslissingen over aanvragen tot inschrijving en machtiging, en inzake tuchtzaken.

De raden van beroep doen ook uitspraak over de beroepen tegen vragen tot weglating van de tabel, anders dan bij tuchtmaatregel.[2903]

De raden van beroep kunnen ook kennisnemen van de beroepen tegen een beslissing van een raad van de Orde waarbij een individuele maatregel opgelegd wordt.[2904]

2. Beroepen tegen beslissingen van de nationale raad in verband met het register van de dienstverrichting beoordelen

1557. De raad van beroep van Gent doet uitspraak over de beroepen die zijn ingediend tegen de beslissingen van de nationale raad in uitvoering van artikel 38*bis* en die betrekking hebben op de verwezenlijking van een project in de provincies Antwerpen, Limburg, Oost-Vlaanderen, Vlaams-Brabant of West-Vlaanderen.[2905]

De raad van beroep van Luik beoordeelt de beroepen tegen de beslissingen over projecten in de provincies Henegouwen, Luik, Luxemburg, Namen of Waals-Brabant.[2906]

Voor het tweetalige gebied Brussel-Hoofdstad is de raad van beroep van Gent of van Luik bevoegd naargelang de taal van de beroepsakte.[2907]

3. Beroepen tegen de uitslagen van de verkiezingen voor de samenstelling van de raden van de Orde beoordelen

1558. Elke kiezer bij de raad van de Orde kan beroep tegen de uitslagen van de stemming indienen binnen de acht dagen na de bekendmaking. Het beroep moet

---

[2902] Art. 31, eerste lid wet tot instelling van een Orde van Architecten.
[2903] RvS 14 januari 2002, nr. 102.517; Cass. (1e k.) 28 oktober 2016, AR C.15.0134.N, *RABG* 2017, afl. 6, 441, *TBO* 2017, 140.
[2904] Cass. 30 juni 1995, *Arr.Cass.* 1995, 708.
[2905] Art. 31, tweede lid en art. 26, vierde lid wet tot instelling van een Orde van Architecten.
[2906] Art. 31, eerste lid en art. 26, vierde lid wet tot instelling van een Orde van Architecten.
[2907] Art. 31, derde lid wet tot instelling van een Orde van Architecten.

bij een ter post aangetekend schrijven gericht worden aan de voorzitter van de bevoegde raad van beroep.[2908]

Binnen vijftien dagen na ontvangst van het aangetekend schrijven doet de raad van beroep, in laatste aanleg, uitspraak over het beroep.[2909]

Indien de verkiezing geheel of gedeeltelijk nietig wordt verklaard, stelt de nationale raad de datum vast waarop de betrokken raad van de Orde tot nieuwe verkiezingen moet overgaan.

Hoewel krachtens de artikelen 26 en 27 van het uitvoeringsbesluit[2910] elke kiezer voor de raad van beroep beroep kan instellen tegen de in de artikelen 2 tot 25 van het uitvoeringsbesluit bedoelde verkiezingen voor de provinciale raden, hebben ze niet tot gevolg dat beroep kan worden ingesteld tegen de beslissingen van de provinciale raden om twee van hun leden af te vaardigen naar de nationale raad, op grond van artikel 34, eerste lid, a) van de wet van 26 juni 1963.[2911]

4.   Aanvragen tot eerherstel beoordelen

1559. Ieder lid van de Orde dat een of meer tuchtstraffen heeft opgelopen die niet automatisch zijn uitgewist ingevolge artikel 42, § 1 van de wet tot instelling van een Orde van Architecten, kan bij de raad van beroep een aanvraag tot eerherstel indienen.[2912] De raad van beroep beoordeelt deze aanvragen in eerste en laatste aanleg.[2913]

De aanvraag is slechts ontvankelijk als de volgende voorwaarden vervuld zijn[2914]:

– een termijn van vijf jaar is verlopen sedert het ondergaan van de laatste sanctie;
– de betrokkene heeft vroeger niet reeds eerherstel gekregen;
– de betrokkene heeft strafrechtelijk eerherstel gekregen indien hij een tuchtstraf heeft opgelopen voor een feit dat tot een strafrechtelijke veroordeling aanleiding heeft gegeven;
– er is een termijn van twee jaar verstreken sinds de beslissing van de raad van beroep is uitgesproken ingeval deze een vorige aanvraag heeft afgewezen.

Als het eerherstel verleend wordt, stelt dit voor de toekomst alle gevolgen buiten werking van de sancties waarop het eerherstel toepassing vindt.[2915]

[2908]   Art. 26 KB 31 augustus 1963.
[2909]   Art. 27 KB 31 augustus 1963.
[2910]   KB 31 augustus 1963.
[2911]   Cass. (1e k.) 13 juni 2008, AR D.07.0019.F, *Arr.Cass.* 2008, 1546.
[2912]   Art. 42, § 2 wet tot instelling van een Orde van Architecten.
[2913]   Art. 31, vierde lid wet tot instelling van een Orde van Architecten.
[2914]   Art. 42, § 2, tweede lid wet tot instelling van een Orde van Architecten.
[2915]   Art. 42, § 3 wet tot instelling van een Orde van Architecten.

5. Het mandaat van verkozen leden van de provinciale raden vervallen verklaren

1560. De raad van beroep kan de gekozen gewone of plaatsvervangende leden van een raad van de Orde van hun mandaat vervallen verklaren wanneer zij tot een correctionele straf zijn veroordeeld bij een vonnis dat in kracht van gewijsde is gegaan.[2916]

6. Ongewettigde afwezigheden van de verkozen leden van de provinciale raden of van de aangewezen leden van de raad van beroep tuchtrechtelijk sanctioneren

1561. Elk gekozen lid van een raad van de Orde, en elk lid aangewezen om deel uit te maken van een raad van beroep dat, na behoorlijk te zijn opgeroepen, zonder wettige reden afwezig blijft op twee achtereenvolgende vergaderingen van de raad waarvan hij deel uitmaakt, kan door de raad van beroep gestraft worden met waarschuwing of afkeuring. Het betreft een beslissing in eerste en laatste aanleg.[2917]

Deze zaken worden, wat de gekozen leden van een raad van de Orde betreft, bij de raad van beroep aanhangig gemaakt door de voorzitter van de raad van de Orde, of bij ontstentenis van de voorzitter, door de rechtskundig bijzitter of de plaatsvervangende rechtskundig bijzitter.[2918]

C. *De nationale raad*

1562. De nationale raad vertegenwoordigt de Orde[2919] en treedt voor de Orde op, zowel in rechte als bij het aangaan van overeenkomsten.[2920] De nationale raad wordt daarbij vertegenwoordigd door zijn voorzitter of zijn plaatsvervangend voorzitter. In andere omstandigheden mag de nationale raad zich door een van zijn leden laten vertegenwoordigen.[2921]

1563. De nationale raad heeft geen rechtsprekende functie. Hij kan enkel in beroep gaan tegen de beslissingen van de provinciale raden gewezen in tuchtzaken[2922] en cassatieberoep aantekenen tegen de eindbeslissingen van de raden van beroep.[2923]

[2916] Art. 44, tweede lid wet tot instelling van een Orde van Architecten.
[2917] Art. 31, laatste lid en art. 45, eerste lid wet tot instelling van een Orde van Architecten.
[2918] Art. 45, tweede lid wet tot instelling van een Orde van Architecten.
[2919] Art. 37, eerste lid wet tot instelling van een Orde van Architecten.
[2920] Art. 37, tweede lid wet tot instelling van een Orde van Architecten.
[2921] Art. 37, laatste lid wet tot instelling van een Orde van Architecten.
[2922] Art. 26, vierde lid wet tot instelling van een Orde van Architecten.
[2923] Art. 33, eerste lid wet tot instelling van een Orde van Architecten.

De nationale raad van de Orde van Architecten is niet bevoegd om in eigen naam cassatieberoep in te stellen, aangezien het de Orde is, optredend door toedoen van de nationale raad, op zijn beurt vertegenwoordigd door zijn voorzitter, die bij wet is aangewezen om een door een raad van beroep uitgesproken eindbeslissing voor het Hof van Cassatie te brengen.[2924]

Uit de enkele omstandigheid dat de raad van beroep en de nationale raad organen zijn van dezelfde publiekrechtelijke rechtspersoon, kan niet worden afgeleid dat de raad van beroep geen onafhankelijk en onpartijdig gerecht zou uitmaken, zelfs indien de nationale raad aan de debatten deelneemt.[2925]

De nationale raad heeft verder nog de volgende bevoegdheden.

1. De voorschriften van de plichtenleer voor het architectenberoep vaststellen[2926]

2. Een stagereglement opmaken[2927]

1564.   Het stagereglement werd goedgekeurd bij KB 13 mei 1965 tot goedkeuring van het door de nationale raad van de Orde der Architecten vastgesteld stagereglement.[2928]

3. Waken over de toepassing van de voorschriften van de plichtenleer en het stagereglement[2929]

4. Voorstellen doen en advies geven aan de openbare overheden

1565.   De nationale raad heeft tot taak aan de openbare overheden alle voorstellen te doen aangaande wettelijke of bestuursrechtelijke maatregelen in verband met het beroep en advies uit te brengen over alle kwesties inzake de uitoefening ervan.[2930]

5. Huishoudelijke reglementen vaststellen

1566.   De nationale raad stelt de huishoudelijk reglement van de raden van de Orde en van hun bureaus vast.[2931]

[2924]   Cass. 13 juni 2008, AR D.06.0023.F, *Arr.Cass.* 2008, 1539; Cass. 1 april 2004, AR D.03.0009.N, *Arr.Cass.* 2004, 588.

[2925]   Cass. 5 juni 1992, *Arr.Cass.* 1991-92, 944, *Pas.* 1992, I, 878; Cass. 22 april 1994, *Arr.Cass.* 1994, 401, *Pas.* 1994, I, 397, *RW* 1994-95, 538; Tuchtr. Ber. Architecten 18 september 1996, *JLMB* 1997, 1298, noot P. RIGAUX.

[2926]   Art. 38, 1° wet tot instelling van een Orde van Architecten.

[2927]   Art. 38, 2° wet tot instelling van een Orde van Architecten.

[2928]   *BS* 2 juli 1965.

[2929]   Art. 38, 3° wet tot instelling van een Orde van Architecten.

[2930]   Art. 38, 4° wet tot instelling van een Orde van Architecten.

[2931]   Art. 38, 5° wet tot instelling van een Orde van Architecten.

6.   Toezien op de bedrijvigheid van de raden van de Orde en hun uitspraken verzamelen[2932]

7.   Het register van de dienstverrichting bijhouden en er inschrijvingen in doen

1567.   De nationale raad houdt het register van de dienstverrichting bij[2933] en schrijft daarin de onderdanen en de rechtspersonen van de lidstaten in.[2934]

De nationale raad is wat de dienstverrichting bedoeld in artikel 8, § 2, tweede lid van de wet tot instelling van een Orde van Architecten bevoegd om diploma's, certificaten en andere titels, alsook documenten of inlichtingen te ontvangen zoals bedoeld in Richtlijn 2005/36/EG, alsook om de in deze richtlijn bedoelde documenten en inlichtingen te verstrekken. De afgifte van diploma's, certificaten en andere titels met betrekking tot de vorming, van attesten van goed gedrag of betrouwbaarheid die geen verband houden met de beroepswerkzaamheid en van de verklaringen dat er geen faillissement heeft plaatsgehad, behoort echter tot de bevoegdheid van respectievelijk de voor het onderwijs bevoegde overheden, de gemeentebesturen en de griffies van de ondernemingsrechtbanken.[2935]

8.   Alle nodige maatregelen nemen nodig voor de verwezenlijking van het doel van de Orde

1568.   De nationale raad van de Orde van Architecten heeft tot taak alle maatregelen te treffen die nodig zijn voor de verwezenlijking van het doel van de Orde.[2936]

Dit houdt onder meer de vaststelling van het vergoedingsstelsel in met het oog op de materiële organisatie van de werking van de raden van de Orde en van de raden van beroep. De vaststelling en de betaling van vergoedingen van de leden van de raad van beroep, geput uit de bijdragen van alle leden van de Orde, volgens algemeen geldende criteria die inzonderheid niet verbonden zijn met de inhoud van de te wijzen beslissing en hierop geen invloed kunnen uitoefenen, kunnen geen wettige verdenking doen ontstaan bij de rechtsonderhorige ten aanzien van de strikte onpartijdigheid van de raad van beroep bij de beoordeling van de tegen hem ingestelde tuchtvervolging; hieraan staat niet in de weg dat de nationale raad ook als orgaan van de Orde in het geding optreedt. Dit heeft evenmin tot gevolg dat de raad van beroep hierdoor zijn wettelijk vereiste onafhankelijkheid en onpartijdigheid verliest.[2937]

[2932]   Art. 38, 6° wet tot instelling van een Orde van Architecten.
[2933]   Art. 38bis, eerste lid wet tot instelling van een Orde van Architecten.
[2934]   Art. 38, 7° wet tot instelling van een Orde van Architecten.
[2935]   Art. 38bis, laatste lid wet tot instelling van een Orde van Architecten.
[2936]   Art. 38, 8° wet tot instelling van een Orde van Architecten.
[2937]   Cass. (1e k.) 18 december 1997, AR D.97.0015.N, *Arr.Cass.* 1997, 1406.

9.   Publiceren van de lijst van de architecten ingeschreven op de tabellen[2938]

10. Samenwerken en informatie uitwisselen met de lidstaten

1569.   De nationale raad heeft als opdracht om nauw samen te werken en informatie uit te wisselen met de bevoegde autoriteiten van, naargelang het geval, de lidstaat van oorsprong of de ontvangende lidstaat volgens de bepalingen van titel V van de wet van 12 februari 2008 tot instelling van een nieuw algemeen kader voor de erkenning van EG-beroepskwalificaties.[2939]

[2938]   Art. 38, 9° wet tot instelling van een Orde van Architecten.
[2939]   Art. 38, 10° wet tot instelling van een Orde van Architecten.

HOOFDSTUK 12

DE BOUWPROMOTIEOVEREENKOMST

AFDELING 1. DEFINITIE

§ 1. DE BOUWPROMOTOR

1570. Van de term promotor bestaat geen wettelijke definitie. In de rechtsleer en de rechtspraak vindt men evenwel meerdere definities terug.

Zo spreekt men van een persoon die beroepsmatig gebouwen opricht om ze te verkopen, of die voor een ander de verbintenis aangaat één of meer gebouwen op te richten, dit alles eventueel gepaard met de verbintenis, hetzij persoonlijk, hetzij door bemiddeling van anderen, geheel of gedeeltelijk de aan een dergelijk project verbonden juridische, administratieve en financiële verrichtingen uit te voeren.[2940]

De bouwpromotor wordt ook omschreven als zijnde een professioneel die zich tegenover de klant verbindt om, tegen een welbepaalde prijs en bij wege van een contract van huur van diensten, over te gaan of te laten overgaan tot verwezenlijking van het bouwprogramma voor één of meer gebouwen, dit alles eventueel gepaard gaand met de verbintenis, hetzij persoonlijk, hetzij door bemiddeling van anderen, geheel of gedeeltelijk, de aan een dergelijk project verbonden juridische verrichtingen uit te voeren.[2941]

De bouwpromotor wordt tevens gezien als een professioneel bouwheer, dit wil zeggen een natuurlijk persoon of rechtspersoon die beroepsmatig het initiatief neemt tot en de organisatie verzorgt van het verkavelen, slopen, bouwen en/of verbouwen van een onroerend goed ongeacht de benaming of de inhoud van de aangewende overeenkomsten.[2942]

1571. Kortom, de bouwpromotor neemt in alle stadia van de voorbereiding en de totstandkoming van het bouwproject de coördinatie en organisatie van het project op zich. Hij neemt dus de taken en de risico's op zich die normaal bij de bouwheer berusten.[2943]

[2940] Zie Brussel 21 april 1982, *RW* 1984-85, 212, noot.

[2941] G. BAERT, *Privaatrechtelijk bouwrecht*, 5e ed. Antwerpen, Kluwer, 1994, 703.

[2942] B. KOHL en M. SOMERS, "Knelpunten bouwpromotieovereenkomst" in N. CARETTE en A.L. VERBEKE (eds.), *Knelpunten vastgoedpromotor, vastgoedexpert en architect*, Antwerpen, Intersentia, 2011, 47.

[2943] M. DE CLERCQ, "Bouwpromotor, tegen wil en dank?", *TBO* 2015, 54-55.

§ 2. DE BOUWPROMOTIEOVEREENKOMST

1572.   De bouwpromotieovereenkomst is de overeenkomst waarbij de bouwpromotor zich tegenover zijn medecontractant verbindt om tegen betaling van een
welbepaalde prijs een geheel van diensten en/of werken te leveren dat leidt tot het
oprichten, verbouwen, voltooien of verschaffen van één of meer gebouwen, waarvan de eigendom of het genot aan de verwerver wordt overgedragen en waarbij de
bouwpromotor het initiatief, de leiding, de technische en juridische organisatie
en de coördinatie van het vastgoedproject op zich neemt en er het commerciële en
financiële risico van neemt.[2944]

1573.   De vraag rijst of een bouwpromotieovereenkomst beschouwd kan worden
als een aannemingsovereenkomst. Om deze vraag te kunnen beantwoorden, dient
nagegaan te worden welke verplichtingen de bouwpromotor precies op zich neemt.
    Wanneer de bouwpromotor zich ertoe verbindt om in eigen naam en voor
eigen rekening een gebouw op te richten of te laten oprichten om vervolgens het
eigendomsrecht of een ander zakelijk recht op het gebouw tegen betaling van een
prijs over te dragen aan derden, zal de overeenkomst gekwalificeerd worden als
een koopovereenkomst.[2945]
    Draagt de bouwpromotor daarentegen het zakelijk recht op een gebouw in
oprichting of op plan over en verbindt hij zich tot de verdere voltooiing van het
gebouw, dan is de juiste kwalificatie van de overeenkomst minder duidelijk.

1574.   In toepassing van de absorptiemethode wordt nagegaan wat de dominante prestatie is: de overdracht van het zakelijk recht of het uitvoeren van de
bouwwerken. Indien de bouwpromotor zich er in hoofdzaak toe verbindt om alle
(materiële en/of intellectuele) diensten te verrichten die noodzakelijk zijn voor de
realisatie van een bouwwerk op het bouwterrein van de medecontractant, dient
de bouwpromotieovereenkomst als een aannemingsovereenkomst te worden
gekwalificeerd. Een voorbeeld van een dergelijke bouwpromotieovereenkomst is
de opdracht tot realisatie van een zogenaamde 'sleutel-op-de-deur'-project.[2946]

[2944]   Antwerpen 3 april 2017, *TBO* 2017, 381; Antwerpen 14 november 2002, *RW* 2005-06, 667;
Bergen 25 juni 1991, *JLMB* 1992, 758, noot B. LOUVEAUX; Luik 28 februari 2013, *T.Aann.*
2015, afl. 1, 94, e.v., noot R. DE WIT ("Bouwpromotie en buitencontractuele aansprakelijkheid
van de architect"); Brussel (20ᵉ k.) 8 april 2014, *TBO* 2015, 50 e.v.; B. KOHL en M. SOMERS,
"Knelpunten bouwpromotieovereenkomst" in N. CARETTE en A.L. VERBEKE (eds.),
Knelpunten vastgoedpromotor, vastgoedexpert en architect, Antwerpen, Intersentia, 2011,
58-60; K. DEKETELAERE, M. SCHOUPS en A.L. VERBEKE (eds.), *Handboek bouwrecht*,
Antwerpen, Intersentia-die Keure, 2013, 937.

[2945]   Antwerpen 3 april 2017, *TBO* 2017, 381.

[2946]   B. KOHL en M. SOMERS, "Knelpunten bouwpromotieovereenkomst" in N. CARETTE en
A.L. VERBEKE (eds.), *Knelpunten vastgoedpromotor, vastgoedexpert en architect*, Antwerpen,
Intersentia, 2011, 59; K. DEKETELAERE, M. SCHOUPS en A.L. VERBEKE (eds.), *Handboek
bouwrecht*, Antwerpen, Intersentia-die Keure, 2013, 942.

De intentie van de contractpartijen zal hierbij doorslaggevend zijn. Met toepassing van het specificiteitscriterium wordt nagegaan of het bouwwerk volgens de specifieke behoefte van de opdrachtgever wordt geconstrueerd. Verbindt de bouwpromotor er zich toe om een werk te concipiëren en op te richten volgens de specifieke wensen van de verwerver van het goed, dan zal de overeenkomst een aanneming betreffen.[2947]

1575. De bouwpromotie-aanneming zal echter verschillen van een klassieke aannemingsovereenkomst wanneer de promotor de werken uitvoert volgens het concept dat hij zelf heeft opgesteld en heeft voorgesteld aan de bouwheer. Bij een klassieke aannemingsovereenkomst wordt de aannemer immers niet betrokken bij het opstellen van het concept.

1576. Wanneer de bouwpromotor beroep doet op aannemers en architecten voor de realisatie van de werken, zullen deze overeenkomsten onder het gemeen aannemingsrecht vallen.

AFDELING 2. DE TOTSTANDKOMING VAN DE BOUWPROMOTIEOVEREENKOMST

1577. Er bestaat geen specifieke regelgeving omtrent de bouwpromotieovereenkomst. Het algemeen verbintenissen- en contractenrecht beheerst dus de relatie tussen de bouwpromotor en zijn klant.

Hieruit volgt dat de bouwpromotieovereenkomst een consensuele overeenkomst is die tot stand komt door de loutere wilsovereenstemming tussen de partijen. De partijen kunnen dus vrij de inhoud van de overeenkomst bepalen, in de mate dat ze hierbij niet afwijken van regels van openbare orde of dwingend recht.[2948]

Partijen dienen te allen tijde voor ogen te houden dat het voorwerp van de overeenkomst voldoende precies omschreven moet zijn. Wanneer het voorwerp dermate vaag is dat de invulling van de prestaties van de bouwpromotor in werkelijkheid afhangt van de eenzijdige wil van de bouwpromotor, kan de overeenkomst immers nietig verklaard worden.[2949] Dit is eveneens het geval wanneer

---

[2947] B. KOHL en M.SOMERS, "Knelpunten bouwpromotieovereenkomst" in N. CARETTE en A.L. VERBEKE (eds.), *Knelpunten vastgoedpromotor, vastgoedexpert en architect*, Antwerpen, Intersentia, 2011, 67.

[2948] B. KOHL en M. SOMERS, "Knelpunten bouwpromotieovereenkomst" in N. CARETTE en A.L. VERBEKE (eds.) *Knelpunten vastgoedpromotor, vastgoedexpert en architect*, Antwerpen, Intersentia, 2011, 60; K. DEKETELAERE, M. SCHOUPS en A.L. VERBEKE (eds.), *Handboek bouwrecht*, Antwerpen, Intersentia-die Keure, 2013, 938.

[2949] Luik 6 januari 1992, *JLMB* 1992, 1289.

louter verwezen wordt naar een modelwoning, zonder verdere omschrijving van het werk dat specifiek moet worden verricht.[2950]

1578.   Indien de bouwpromotieovereenkomst met een consument gesloten wordt, dient tevens rekening gehouden te worden met de regelgeving vervat in Boek VI 'Marktpraktijken en consumentenbescherming' van het Wetboek van economisch recht.

1579.   De bouwpromotieovereenkomst kan eveneens onder het toepassingsgebied van de Woningbouwwet vallen. Indien dat het geval is, dienen de partijen de dwingende bepalingen van deze wet na te leven.[2951]

AFDELING 3. DE AANSPRAKELIJKHEID VAN DE BOUWPROMOTOR

1580.   De bouwpromotor wordt beschouwd als een specialist ter zake die door de klant wordt belast met de opdracht om hem een voltooid en afgewerkt bouwwerk te verschaffen. Met andere woorden, op de bouwpromotor rust de verplichting om een bepaald resultaat te bereiken, zijnde de realisatie en oplevering van een gebouw conform de overeenkomst, de plannen en de bestekken, tegen een forfaitaire prijs en binnen de contractueel overeengekomen termijn. Bovendien neemt de bouwpromotor eveneens het commerciële en financiële risico van het project op zich.[2952]

1581.   De bouwpromotor is derhalve verbonden door een resultaatsverbintenis. Deze resultaatsverbintenis strekt zich niet alleen uit tot fouten die begaan werden door de constructeurs (bv. architecten, aannemers en technische raadgevers) op wie de bouwpromotor een beroep heeft gedaan, maar tevens tot de stoornissen die niet aan enige fout van de constructeurs te wijten zijn (tenzij die stoornissen het gevolg zijn van overmacht).[2953] De vaststelling dat het geleverde goed gebreken vertoont, is dus reeds voldoende om de bouwpromotor aansprakelijk te kunnen stellen. De bouwpromotor zal enkel aan zijn aansprakelijkheid kunnen ontkomen wanneer hij kan aantonen dat de gebreken te wijten zijn aan overmacht of een bevrijdende vreemde oorzaak.

[2950]   Rb. Bergen 23 oktober 1984 en 25 april 1985, *T.Aann.* 1993, 346.
[2951]   Zie Hoofdstuk 10, afdeling 3.
[2952]   Luik 6 maart 2008, *TBBR* 2011, 453; Luik 26 maart 1997, *T.Aann.* 1998, 263; Brussel 26 oktober 1990, *JLMB* 1992, 364; Gent 1 maart 1984, *RJI* 1984, 331; Rb. Brussel 21 oktober 2011, *RJI* 2012, 31.
[2953]   Cass. 21 oktober 2010, *Arr.Cass.* 2010, 2577.

De bouwpromotor kan zich niet geldig exonereren voor zijn resultaatsverbintenis. De resultaatsverbintenis behoort immers tot de essentie zelf van de promotieovereenkomst.[2954]

1582. Echter, wanneer de bouwpromotor zijn resultaatsverbintenis niet kan nakomen door de fout van de aannemer en/of architect, zal de bouwpromotor een vrijwaringsvordering kunnen instellen tegen de architect en aannemer, die in voorkomend geval *in solidum* gehouden zullen zijn tot vrijwaring.

Een voorbeeld maakt dit duidelijk. De kopers van een woning hadden een bouwpromotie-koopovereenkomst gesloten met de bouwpromotor. De bouwpromotor had hiervoor beroep gedaan op een architect en een aannemer. De uiteindelijke kopers van het gebouw stelden evenwel een vordering in tegen de bouwpromotie wegens tekortkomingen op het vlak van geluidsisolatie. Deze vordering werd terecht ingesteld tegen de bouwpromotor, aangezien de bouwpromotor tekortgekomen was aan zijn resultaatsverbintenis. Hij had namelijk een gebrekkig goed geleverd. Bovendien wordt de promotor met een beroepsverkoper gelijkgesteld, waardoor de bouwpromotor vermoed wordt de gebreken in de door hem verkochte woning te kennen. De bouwpromotor kan weliswaar een vrijwaringsvordering instellen tegen de aannemer en de architect wegens de door hen begane tekortkomingen.[2955]

1583. Indien de bouwpromotieovereenkomst als een aannemingsovereenkomst gekwalificeerd wordt, gelden de bijhorende aansprakelijkheidsregels. Dit impliceert dat de promotor vóór de aanvaarding van de werken aansprakelijk kan worden gesteld op basis van de gemeenrechtelijke contractuele aansprakelijkheid. Na de aanvaarding van de werken is de promotor onderworpen aan de tienjarige aansprakelijkheid[2956] en de aansprakelijkheid voor lichte, verborgen gebreken.[2957]

1584. Ten aanzien van de constructeurs met wie de bouwpromotor heeft gecontracteerd, dient de bouwpromotor als bouwheer of hoofdaannemer beschouwd te worden. Bijgevolg kan verwezen worden naar het aansprakelijkheidsregime van de bouwheer.[2958]

1585. Wanneer de bouwpromotieovereenkomst onder het toepassingsgebied van de Woningbouwwet valt, zal de bouwpromotor steeds rekening moeten houden met de tienjarige aansprakelijkheid en dit ongeacht of de overeenkomst gekwalificeerd wordt als een koopovereenkomst dan wel een aanneming.

[2954] Bergen 26 juni 2003, *TBBR* 2004, 588.
[2955] Antwerpen 3 april 2017, *TBO* 2017, 381.
[2956] Zie Hoofdstuk 6, afdeling 3, § 2.
[2957] Zie Hoofdstuk 6, afdeling 3, § 1.
[2958] Zie Hoofdstuk 5.

1586. De bouwpromotor kan tevens buitencontractueel aansprakelijk gesteld worden door derden op grond van de artikelen 1382 en 1383 BW.

De bouwpromotor kan ook op grond van artikel 544 BW aansprakelijk zijn wegens foutloze burenhinder.[2959] De promotor beschikt namelijk over een recht van gebruik, genot of beschikking op de bouwgrond waarop het gebouw wordt opgericht.[2960] Ook wanneer het opgerichte goed vervolgens wordt overgedragen, blijft de promotor aansprakelijk voor de burenhinder die voortspruit uit werken die werden uitgevoerd vóór de overdracht.[2961]

Het kan ook gebeuren dat het goed reeds verkocht werd vóór of tijdens de oprichting. Wanneer de overeenkomst bijvoorbeeld onder het toepassingsgebied valt van de Woningbouwwet[2962], gaan de rechten van de promotor op de bouwgrond en de bestaande opstallen door het sluiten van de verkoopovereenkomst dadelijk over op de verwerver van het goed. Bovendien gebeurt de eigendomsoverdracht van de nog te bouwen opstallen naarmate de bouwstoffen in de grond of in het gebouw worden verwerkt of geplaatst. Hieruit vloeit voort dat de koper van het gebouw (mee) aansprakelijk zal zijn voor de veroorzaakte burenhinder.[2963]

AFDELING 4. DE WERFMELDING

1587. Zoals reeds eerder aangegeven[2964], dient de aannemer een werfmelding te verrichten. Meer bepaald dient de aannemer, alvorens de werken aan te vatten, aan de RSZ alle juiste inlichtingen te verstrekken die nodig zijn om de aard en de belangrijkheid van de werken te ramen en om de opdrachtgever en, in welk stadium ook, de onderaannemers te identificeren.

Voor toepassing van de bovenstaande meldingsplicht wordt met de "aannemer" gelijkgesteld:

a) iedere aannemer die zijn eigen opdrachtgever is, dat wil zeggen de in artikel 30*bis*, § 1, 1°, a) RSZ-Wet bedoelde werken zelf uitvoert of laat uitvoeren voor eigen rekening om daarna dat onroerend goed geheel of gedeeltelijk te vervreemden;

b) iedere aannemer die de in artikel 30*bis*, § 1, 1°, a) RSZ-Wet bedoelde werken voor eigen rekening uitvoert;

c) voor de werken bedoeld in artikel 30*bis*, § 1, 1°, b) RSZ-Wet, de persoon die een voorafgaande aangifte moet doen met het oog op de bescherming van de

---

[2959] Zie Hoofdstuk 7, afdeling 2.

[2960] Bergen 24 juni 2014, *Rec.jur.ass.* 2014, 187, noot B. DE COCQUEAU.

[2961] Cass. 20 juni 1975, *Arr.Cass.* 1975, 1121.

[2962] Zie Hoofdstuk 10.

[2963] K. DEKETELAERE, M. SCHOUPS en A.L. VERBEKE (eds.), *Handboek bouwrecht*, Antwerpen, Intersentia-die Keure, 2013, 956-957.

[2964] Zie Hoofdstuk 9, afdeling 4, § 3.

veiligheid en de gezondheid van de werknemers krachtens voormelde wet van 4 augustus 1996 (art. 30*bis*, § 7, vijfde lid RSZ-Wet).

Hieruit volgt dat de werfmelding eveneens rust op professionelen in de vastgoed-sector, zoals bouwpromotoren. Zo zal een bouwpromotor die een appartements-gebouw laat bouwen om de appartementen nadien te verkopen, voor de aanvang van de bouwwerkzaamheden een werfmelding dienen te verrichten.

AFDELING 5. DE VERPLICHTE TUSSENKOMST VAN DE ARCHITECT

1588.   Conform artikel 4 van de wet van 20 februari 1939 op de bescherming van de titel en van het beroep van architect, dient de bouwpromotor in beginsel een beroep te doen op de medewerking van een architect voor het opmaken van de plannen en de controle op de uitvoering van de werken waarvoor een omge-vingsvergunning nodig is. Met andere woorden, op grond van artikel 4 dient de architect de aannemer te controleren.[2965]

Bijgevolg bepaalt artikel 6 van voornoemde wet uitdrukkelijk dat het uitoefe-nen van het beroep van architect onverenigbaar is met dat van een aannemer van openbare of particuliere werken.[2966]

1589.   Bovenstaande principes leveren echter moeilijkheden op in het kader van een bouwpromotie die gekwalificeerd kan worden als een aanneming.

Volgens een strikte lezing van artikel 6 van voornoemde wet is het voor de architect onmogelijk om een overeenkomst te sluiten met de promotor-aannemer. Immers, indien de architect controle moet uitvoeren op werken die zijn medecon-tract, de aannemer-bouwpromotor, zelf uitvoert, worden zowel het principe van de onverenigbaarheid van het beroep van architect en aannemer als het principe van de onafhankelijkheid van de architect geschonden.[2967]

Echter, over bovenstaande stelling bestaat geen eensgezindheid. Bepaalde auteurs nemen aan dat de bouwpromotor-aannemer de architect wél kan belas-ten met een gedeeltelijke opdracht die beperkt blijft tot de ontwerpfase, mits de architect voldoende onafhankelijk is van de betrokken promotor en geen inbreuk pleegt op het wettelijke monopolie.[2968]

In de rechtspraak werd bovendien de stelling geuit dat de architect een geldige overeenkomst kan sluiten met de bouwpromotor indien de bouwpromotieover-

---

[2965]   Zie Hoofdstuk 11, afdeling 4.
[2966]   Zie Hoofdstuk 11, afdeling 4.
[2967]   K. DEKETELAERE, M. SCHOUPS en A.L. VERBEKE (eds.), *Handboek bouwrecht*, Antwerpen, Intersentia-die Keure, 2013, 945.
[2968]   K. DEKETELAERE, M. SCHOUPS en A.L. VERBEKE (eds.), *Handboek bouwrecht*, Antwerpen, Intersentia-die Keure, 2013, 945.

eenkomst een zogenaamde aanneming "sleutel-op-de-deur" betreft, waarbij de bouwpromotor optreedt als bouwheer en een resultaatsverbintenis aangaat met betrekking tot zowel het concept als de uitvoering.[2969]

In ieder geval dient de onafhankelijkheid van de architect steeds *in concreto* beoordeeld te worden. Het loutere feit dat een bouwpromotor-aannemer bij het project betrokken is, volstaat niet om te besluiten dat de onafhankelijkheid van de architect geschaad werd.[2970]

1590. Ook wanneer de architect niet rechtstreeks met de bouwpromotor contracteert, kan de onafhankelijkheid van de architect in het gedrang komen. Dit zal met name het geval zijn wanneer de betreffende overeenkomst tot stand is gekomen onder invloed van de bouwpromotor en uit deze overeenkomst voortvloeit dat de architect, om welke reden ook, rekenschap verschuldigd is aan de bouwpromotor. Bijgevolg zullen zowel de architectenovereenkomst als de bouwpromotieovereenkomst absoluut nietig zijn, gelet op het feit dat de wet van 20 februari 1939 de openbare orde raakt.[2971]

[2969] Antwerpen 14 november 2002, *RW* 2005-06, 667-668; Brussel 26 oktober 1990, *JLMB* 1992, 364; Gent 1 maart 1984, *RJI* 1984, 331.

[2970] B. KOHL en M. SOMERS, "Knelpunten bouwpromotieovereenkomst" in N. CARETTE en A.L. VERBEKE (eds.), *Knelpunten vastgoedpromotor, vastgoedexpert en architect*, Antwerpen, Intersentia, 2011, 83; K. DEKETELAERE, M. SCHOUPS en A.L. VERBEKE (eds.), *Handboek bouwrecht*, Antwerpen, Intersentia-die Keure, 2013, 947.

[2971] Luik 26 maart 1997, *T.Aann.* 1998, 263; Bergen 25 juni 1991, *JLMB* 1992, 758, noot B. LOUVEAUX.

HOOFDSTUK 13

UITDOVING VAN HET AANNEMINGSCONTRACT

AFDELING 1. PERFECTE UITVOERING

1591.   De perfecte uitvoering van de overeenkomst doet die van rechtswege uitdoven (art. 1234 BW).

De goede uitvoering van de verbintenissen van de aannemer blijkt uit de aanvaarding van de werken door de opdrachtgever.

De aanvaarding kan blijken uit de voorbehoudsloze inbezitneming of betaling van de werken. In bouwzaken doet de aannemer er goed aan om in het proces-verbaal van definitieve oplevering te laten acteren dat aan alle opmerkingen werd voldaan.

1592.   Nochtans verdwijnen na de aanvaarding van de werken door de opdrachtgever niet alle verantwoordelijkheden in hoofde van de aannemer. Hij blijft gehouden voor gebreken in geval van bedrog, voor verborgen gebreken en, bij werken aan gebouwen, voor gebreken die de tienjarige verantwoordelijkheid raken.

AFDELING 2. NIETIGHEID VAN DE OVEREENKOMST

§ 1. PRINCIPE

1593.   De aannemingsovereenkomst kan behept zijn met een grond tot nietigheid.

Ten eerste kan er sprake zijn van een wilsgebrek in hoofde van een partij of van een ongeoorloofd voorwerp of ongeoorloofde oorzaak. Zo verklaarde het hof van beroep van Gent een overeenkomst tot verkoop op plan van een woning nietig op grond van bedrog omdat een hoogteverschil niet vooraf was meegedeeld noch was aangeduid op de plannen.[2972]

[2972]   Gent 13 april 2018, 2011/AR/464, onuitg.

Ten tweede kan de overeenkomst strijdig zijn met een regel die de openbare orde raakt.

De architectenovereenkomst zal bijvoorbeeld nietig zijn wanneer de architect niet gedekt is door een correcte beroepsaansprakelijkheidsverzekering. Het hebben van een dergelijke verzekering is immers een wettelijke vereiste om het beroep van architect te mogen uitoefenen (art. 2, § 4 wet 20 februari 1939). Deze verplichting raakt de openbare orde. Een architectenovereenkomst die wordt gesloten met een persoon die niet gerechtigd is om het beroep uit te oefenen, heeft een ongeoorloofd voorwerp en is absoluut nietig.[2973]

Ook talrijk zijn de uitspraken waarbij een aannemingsovereenkomst nietigverklaard wordt, omdat de werken waarvoor een vordering wordt ingesteld (omwille van gebreken of betaling van uitstaande facturen), werden uitgevoerd zonder omgevingsvergunning.[2974]

De oorzaak van de nietigheid dient in ieder geval te bestaan vóór het sluiten van de overeenkomst. Zo oordeelde het Hof van Cassatie in een geval waarbij door een koper op plan bedrog werd ingeroepen met betrekking tot het feit dat niet werd gebouwd overeenkomstig de stedenbouwkundige voorschriften, dat de geoorloofdheid van de oorzaak en het voorwerp van een overeenkomst beoordeeld moeten worden naar het tijdstip van het sluiten ervan. *In casu* was dat de onderhandse koopovereenkomst.[2975]

§ 2. TERMIJN

1594. De termijn om een vordering tot nietigheid in te stellen is afhankelijk van de voorliggende situatie.

Indien de nietigheid gebaseerd is op een wilsgebrek, heeft de benadeelde tien jaar tijd om een rechtsvordering in nietigverklaring in te stellen (art. 1304 BW).

Artikel 1304 BW, op basis waarvan de rechtsvordering tot nietigverklaring of tot vernietiging van een overeenkomst verjaart door verloop van tien jaar, tenzij een bijzondere wet een kortere termijn bepaalt, is alleen van toepassing op relatieve nietigheden. Het is dus niet van toepassing op situaties die strijdig zijn met de openbare orde.[2976]

[2973] K. UYTTERHOEVEN, "De wet van 31 mei 2017 betreffende de verplichte verzekering van de tienjarige burgerlijke aansprakelijkheid van aannemers, architecten en andere dienstverleners in de bouwsector van werken in onroerende staat", *TBO* 2017, 454.

[2974] Bv. Brussel (20e k.) 14 juni 2016, *TBO* 2017, 374 (onvergunde ophoging van het terrein).

[2975] Cass. 28 november 2013, www.cass.be; Antwerpen 25 juni 2018, 2015/AR/1234, onuitg.

[2976] Cass. 10 september 2015, *TBO* 2016, 131: *in casu* betrof het een vordering in nietigverklaring van een verdelingsakte waarin, om te voldoen aan een in een verkavelingsvergunning opgelegde last, afstand werd gedaan van een stuk grond. Dit werd beschouwd als een ongrondwettelijke aantasting van het eigendomsrecht zoals bepaald in art. 16 Gw. en 544 BW, dat de openbare orde raakt.

§ 3. GEVOLGEN VAN DE NIETIGHEID

1595. De nietigheid van een overeenkomst heeft in de regel tot gevolg dat de partijen ertoe gehouden zijn aan elkaar terug te geven wat zij door de uitvoering van de overeenkomst hebben verkregen. Indien de teruggave niet in natura kan gebeuren, kan zij bij equivalent worden bevolen.

1596. De restitutieschuldeiser wordt geacht eigenaar te zijn gebleven van de goederen, zodat hij de risico's van de waardestijging of -daling van de goederen dient te dragen, behoudens indien dit verschil in waarde toe te schrijven is aan het doen of laten van de restitutieschuldenaar (art. 1234 BW).

Wanneer teruggave van de goederen niet mogelijk is, dient de waarde van de goederen te worden betaald. De verbintenis tot betaling van de waarde van de goederen vormt een waardeschuld. De restitutieschuldenaar dient aan de restitutieschuldeiser een vergoeding te betalen die gelijk is aan de waarde die de goederen, in de toestand waarin zij werden ontvangen, zouden hebben gehad op het ogenblik van de begroting van de vergoeding.[2977]

Anderzijds kan de rechter bij toepassing van de regel '*in pari causa turpitudinis cessat repetitio*' weigeren de vordering in teruggave in te willigen omdat hij van oordeel is dat de aan één van de partijen toegekende teruggave de preventieve rol van de sanctie van de absolute nietigheid in het gedrang zou brengen. Ook kan de rechter van oordeel zijn dat de sociale orde vereist dat één van de partijen zwaarder dient te worden gesanctioneerd als gevolg van de nietigheid. Dit zal soms het geval zijn in de verhouding tussen een professioneel en een leek.[2978]

Ook wordt soms rekening gehouden met de ernst van de inbreuk op de wetgeving. Zo werd een onderaannemer iedere vergoeding voor het geleverde werk ontzegd omdat hij een beroep had gedaan op Portugese arbeiders die niet waren onderworpen aan de Belgische sociale zekerheid en valse documenten daarover had verschaft aan de hoofdaannemer.[2979]

De rechter is niet verplicht de vordering in terugbetaling af te wijzen van wat in uitvoering van een krachtens artikel 1131 BW nietige overeenkomst is betaald of overhandigd. Het genoemde adagium '*in pari causa …*' is geen verplichte norm.[2980]

1597. De sociale orde vereist op zich niet dat de aannemer zwaarder wordt getroffen dan de opdrachtgevers.[2981] De rechtbank dient erover te waken dat de

---

[2977]   Cass. 13 januari 2017, www.cass.be, concl. A. VAN INGELGEM, *TBO* 2017, 485, concl. A. VAN INGELGEM, *TRV-RPS* 2018, 44, *TBH* 2017, 561.

[2978]   B. LOUVEAUX, "Inédits de la construction 2015-2016", *JLMB* 2016, (1444), 1447, nr. 90.

[2979]   B. LOUVEAUX, "Inédits de droit de la construction 2018-2019", *JLMB* deel 1: 2018, afl. 35, (1652) 1678.

[2980]   Cass. 24 september 1976, *Arr.Cass.* 1977, 98, *RNB* 1977, 602.

[2981]   Brussel (20ᵉ k.) 14 juni 2016, *TBO* 2017, (374) 376.

opdrachtgever niet speculeert op de nietigheid van de overeenkomst om daaruit een excessief voordeel te halen.[2982]

1598. Wanneer wordt gebouwd op grond van een omgevingsvergunning die later wordt vernietigd, is de aannemingsovereenkomst nietig wegens strijdigheid met de openbare orde. Dit belet op zich niet dat de opdrachtgever lastens de aannemer en de architect vergoeding vordert van de schade die hij heeft ondergaan ingevolge de gedeeltelijke instorting van zijn gebouw (zijnde materiële schade aan gebouwen, kosten voor schorings- en opruimingswerken, genotsderving). Deze vordering strekt er immers niet toe, noch rechtstreeks noch onrechtstreeks, een ongeoorloofde toestand te doen ontstaan of in stand te houden.[2983]

1599. Wanneer de opdrachtgevers willens en wetens de aannemer zonder de vereiste omgevingsvergunning bepaalde werken lieten uitvoeren, is er geen buitencontractuele grondslag om de aannemer tot een schadevergoeding te veroordelen (gelijk aan het bedrag van de betaalde werken).[2984]

1600. De nietigheid van de overeenkomst verhindert dat er vorderingen worden ingesteld die hun grondslag hebben in die overeenkomst. Deze vorderingen zijn niet ontvankelijk.

Zo kan de bouwheer geen vordering instellen op grond van de tienjarige aansprakelijkheid van de aannemer, aangezien deze vordering een contractuele basis heeft.[2985] De vordering veronderstelt dus het bestaan van een overeenkomst[2986], wat door de nietigheid niet meer het geval is.[2987]

Om dezelfde reden kan een onderaannemer wiens overeenkomst met de hoofdaannemer werd vernietigd wegens strijdigheid met de openbare orde, geen betaling vorderen van zijn goedgekeurde voorschotfacturen. Omgekeerd kon de hoofdaannemer geen schadevergoeding vorderen van de onderaannemer wegens wanprestaties bij de uitvoering van de overeenkomst.[2988]

[2982] B. LOUVEAUX, "Inédits de droit de la construction 2018-2019", *JLMB* deel 1: 2018, afl. 35, (1652) 1678.

[2983] Cass. 8 maart 2018, *TBO* 2018, 425.

[2984] Brussel (20ᵉ k.) 14 juni 2016, *TBO* 2017, (374) 377.

[2985] Zie o.m. Cass. 15 september 1989, *Pas.* 1990, I, 65.

[2986] Bergen 26 september 2006, *JT* 2006, 812; B. KOHL, *Le contrat d'entreprise*, 2016, nr. 419.

[2987] Brussel (2ᵉ k.) 4 september 2015, *JLMB* 16/161, vermeld door B. LOUVEAUX, "Inédits de droit de la construction 2018-2019", *JLMB* deel 1: 2018, afl. 35, (1652) 1677.

[2988] Luik 16 februari 2018, *JLMB* 18/459, vermeld door B. LOUVEAUX, "Inédits de droit de la construction 2018-2019", *JLMB* deel 1: 2018, afl. 35, (1652) 1677.

AFDELING 3. ONTBINDING

§ 1. GERECHTELIJKE ONTBINDING

A. Principe

1601. Overeenkomstig artikel 1184 BW is in wederkerige contracten de ontbindende voorwaarde altijd stilzwijgend begrepen, voor het geval dat een van de partijen haar verbintenis niet nakomt. In dat geval is het contract niet van rechtswege ontbonden. De ontbinding moet in rechte worden gevorderd.

De partij jegens wie de verbintenis niet is uitgevoerd, heeft de keuze om ofwel de andere partij te noodzaken de overeenkomst uit te voeren, wanneer de uitvoering mogelijk is, ofwel de ontbinding van de overeenkomst te vorderen met schadevergoeding.

De rechter die de keuze van de benadeelde partij niet in acht neemt, schendt artikel 1184 BW.[2989] De benadeelde partij mag evenwel geen misbruik maken van haar keuzerecht.[2990] Dat kan het geval zijn wanneer de werken al bijna zijn voltooid. Het hof van beroep van Antwerpen was van oordeel dat "gelet op de stand van de vordering van de werken en de verstreken tijd, de toepassing van de meest ingrijpende sanctie op een contractuele wanprestatie in casu overdreven is, niet in verhouding tot de inzet van het op dat ogenblik bestaande geschil".[2991]

Het keuzerecht blijft bestaan totdat een rechterlijke beslissing, gewezen op een vordering in ontbinding of een vordering tot uitvoering, kracht van gewijsde heeft. Niets belet dat wie in rechte de uitvoering van een wederkerig contract heeft gevorderd, later de ontbinding eist.[2992]

Ook omgekeerd, wanneer in de dagvaarding uit werkelijkheidszin wordt gekozen voor de ontbinding met schadeloosstelling, kan later nog worden geopteerd voor een uitvoering in natura. Het komt dan aan de rechter toe om te beoordelen of die uitvoering in natura nog mogelijk is.[2993]

1602. De toepassing van het stilzwijgend ontbindend beding, vervat in artikel 1184 BW, is onderworpen aan de voorwaarde van de formele ingebrekestelling, behalve wanneer die ingebrekestelling nutteloos is. De ingebrekestelling strekt ertoe iedere onzekerheid of dubbelzinnigheid over de houding van de schuldeiser weg te nemen. Door de aanmaning weet de debiteur waar hij aan toe is: ze geeft duidelijk aan dat de schuldeiser op de nakoming van de verbintenis staat.[2994]

[2989] Cass. 5 september 1980, *RW* 1980-81, 1323.
[2990] Cass. 6 januari 2011, AR C.09.0624.F, www.cass.be; Cass. 16 januari 1986, *Arr.Cass.* 1988-89, 683, *RW* 1987-88, 1470, noot A. VAN OEVELEN.
[2991] Antwerpen 6 september 2016, *T.Aann.* 2018/1, 180, noot P. PEERENS en S. ELST.
[2992] Cass. 24 juni 1920, *Pas.* 1921, I, 24.
[2993] Luik 19 februari 2001, *TBH* 2001, 531.
[2994] Brussel (20ᵉ k.) 30 september 2014, *TBO* 2014, 336.

De ingebrekestelling geeft de schuldenaar alsnog de mogelijkheid om zijn verplichtingen uit te voeren.[2995]

1603. Ook bij een contract met opeenvolgende prestaties die niet kunnen worden tenietgedaan en evenmin vatbaar zijn voor teruggave, kan de schadelijdende partij de ontbinding van dat contract vorderen.

1604. Dat partijen het erover eens zijn dat de werken nagenoeg volledig zijn uitgevoerd, dat het herstel in de vorige toestand en de raming van het reeds uitgevoerde werk nagenoeg onmogelijk is, belet niet dat een partij toch de ontbinding vordert.[2996]

B.   Fout – Overmacht – Wederzijdse tekortkomingen

1605. De partij die de ontbinding vordert, moet aantonen dat haar wederpartij haar verbintenis niet of slechts gedeeltelijk heeft uitgevoerd. De vastgestelde wanprestatie dient ernstig genoeg te zijn om zo een radicale sanctie te rechtvaardigen. Een onbelangrijke tekortkoming of een tekortkoming aan een nevenverbintenis is dus niet voldoende.[2997]

Zo werd geoordeeld dat een studiebureau dat de opdracht had gekregen om voorstellen te doen inzake energiebesparing, maar geen ernstig onderzoek deed en slechts enkele vaag geformuleerde oplossingen voorstelde, een wanprestatie had begaan die de ontbinding van de overeenkomst rechtvaardigde.[2998] De ontbinding werd eveneens toegestaan in hoofde van een aannemer die, ondanks zijn professionele kennis en zonder enig voorbehoud te maken, pleisterwerken uitvoerde bij vriesweer.[2999]

Daarentegen zullen gebreken en onafgewerktheden in ramen en deuren geen voldoende ernstig en zwaarwichtig karakter vertonen.[3000] Dit is evenmin het geval bij een tekortkoming die niet tot werkelijke genotsderving leidt en waarvan de herstelkosten redelijk zijn, bijvoorbeeld 30% in vergelijking met de kosten voor het geheel van de werken.[3001]

1606. Ook aan de architect toerekenbare tekortkomingen inzake de stedenbouwkundige voorschriften kunnen de ontbinding van de architectenovereen-

---

[2995]   Zie bv. Antwerpen 2 september 2015, *NJW* 2017, 30, noot.

[2996]   Cass. 17 november 2017, *TBO* 2018, 417.

[2997]   Cass. 28 oktober 2013, AR C.12.0596.F, www.cass.be; Cass., 12 november 1976, *Arr.Cass.* 1977, 293; Brussel (20ᵉ k.) 30 september 2014, *TBO* 2014, 336; Antwerpen 6 september 2016, *T.Aann.* 2018/1, 180, noot; Luik 26 november 2015, *T.Aann.* 2018/2, 211: *in casu* was er geen werkelijke genotsderving en de herstelkost bedroeg slechts 30% van de totale kost van de werken.

[2998]   Brussel 10 november 1988, *JT* 1989, 92.

[2999]   Rb. Brussel 22 februari 2008, *RJI*, 2009, 36.

[3000]   Brussel 1 juni 2010, *RJI* 2011, 28.

[3001]   Luik 26 november 2015, *T.Aann.* 2018, afl. 2, 211.

komst rechtvaardigen. Dit is onder meer het geval wanneer de architect plannen opstelt die de bestaande stedenbouwkundige voorschriften totaal negeren en eveneens nalaat afwijkingen te vragen, zodat de omgevingsvergunning wordt geweigerd.[3002] Ook problemen inzake een omgevingsvergunning die tot gevolg hebben dat de aannemingsovereenkomst niet binnen een redelijk afzienbare tijd kan worden uitgevoerd, laat de ontbinding van het architectencontract toe.[3003]

De ontbinding is tevens gerechtvaardigd wanneer de architect een beoordelingsfout begaat bij de raming van de kostprijs van het werk[3004] of wanneer de bouwheer onvoldoende wordt voorgelicht over de kostprijs van een werk.[3005]

De aanbesteder kan eveneens bepaalde fouten maken die leiden tot de ontbinding van de overeenkomst. Dit is bijvoorbeeld het geval wanneer de aanbesteder de voortzetting van de werken (het betonneren van een ligger) verhinderde omdat hij twijfels had over de kwaliteit van het beton, terwijl hij zelf niet was overgegaan tot het laten uitvoeren van de laboratoriumtesten waartoe hij zich had verbonden.[3006]

1607. De partij die een wanprestatie begaat, kan echter aantonen dat de wanprestatie het gevolg is van overmacht. Enkel een onvoorzienbare en onvermijdbare gebeurtenis die onafhankelijk is van de wil van de betrokkene kan evenwel overmacht uitmaken.[3007] De feitenrechter oordeelt op soevereine wijze over het feitelijke bestaan van overmacht[3008] (zie verder Hoofdstuk 13, afdeling 9).

1608. Het gebeurt niet zelden dat beide partijen elkaar beschuldigen van wanuitvoering. Het kan bijvoorbeeld voorkomen dat de opdrachtgever weigert om de factuur van de aannemer te voldoen omdat de werken gebrekkig werden uitgevoerd, maar dat de aannemer de verdere uitvoering van de bouwwerken stopzet omdat zijn factuur niet betaald wordt. De rechtbank zal in een dergelijke situatie moeten uitmaken welke partij (of beide partijen) daadwerkelijk een tekortkoming begaan heeft.

Zo werd reeds geoordeeld dat wanneer (1) er geen contractuele afspraken zijn over de mogelijkheid voor de aannemer om tussentijdse betalingen te vorderen én (2) de architect de aannemer gewezen heeft op de gebrekkige uitvoering van de werken en hem vervolgens heeft aangemaand om de nodige herstellingen uit te voeren alvorens de werken te kunnen voortzetten én (3) de aannemer nooit

---

[3002] Brussel 21 oktober 1983, *RJI* 1983, 261; zie in verband met informaticacontracten, Kh. Brussel 8 mei 1981 en Brussel 9 februari 1983, onuitg., aangehaald door G. VANDENBERGHE, "De computer in het verbintenissenrecht", *TPR* 1984, 492-493.

[3003] Kh. Dendermonde 10 mei 2007, *RW* 2007-08, 968.

[3004] Brussel 18 februari 2010, *JLMB* 2013, 830; Kh. Dendermonde 18 juni 2009, *TGR-TWVR*, 2010, 322; Vred. Antwerpen 30 mei 2001, *RW* 2004-05, 1473.

[3005] Luik 13 oktober 2011, *JLMB* 2013, 840; Brussel 1 april 1981, *RJI* 1981, 125.

[3006] Luik 27 januari 1977 en 15 november 1979, *T.Aann.* 1981, 243, noot G. BRICMONT.

[3007] Cass. 9 oktober 1986, *Arr.Cass.* 1986-87, nr. 74, 165, *RW* 1987-88, 778.

[3008] Cass. 9 december 1976, *Arr.Cass.* 1977, 404.

enige betwisting gevoerd heeft betreffende de opmerkingen van de architect, de opdrachtgevers er terecht van konden uitgaan dat de overeenkomst ontbonden was ten laste van de aannemer. De aannemer had dus niet het recht om de werken stil te leggen wegens niet-betaling van zijn tussentijdse factuur.[3009]

1609.   Dat de rechter oordeelt dat een partij 'wat voorbarig' de uitvoering van haar verbintenis heeft opgeschort via een beroep op de exceptie van niet-uitvoering (die in wederkerige contracten van rechtswege geldt), sluit niet uit dat de rechter de overeenkomst toch kan ontbinden ten laste van de wederpartij, op grond van zijn appreciatie van de ernst en de respectieve tekortkomingen van beide partijen.[3010]

C.   Restitutieplicht – Schadevergoeding

1610.   De ontbinding van de overeenkomst heeft in beginsel terugwerkende kracht, waardoor de partijen geplaatst worden in de toestand waarin zij zich bevonden zouden hebben indien ze nooit gecontracteerd hadden.[3011] Dit betekent dus dat de partijen elkaar over en weer dienen terug te geven wat zij hebben gepresteerd.

1611.   De rechtbank kan evenwel de gevolgen van de ontbinding beperken om rekening te houden met de onmogelijkheid om bepaalde prestaties ongedaan te maken en/of met de rechtmatigheid van bepaalde prestaties.[3012] Zo is het niet de bedoeling dat de ontbinding ertoe leidt dat de prestaties die ter uitvoering van de overeenkomst reeds werden verricht, vernietigd worden als ze niet voor teruggave in aanmerking komen.[3013] Indien de aannemer hiervoor nog geen vergoeding heeft ontvangen, zal de opdrachtgever de werken moeten betalen.[3014] Deze vergoeding zal weliswaar berekend worden aan de hand van de marktwaarde en niet op basis van de prijsbepaling afgesproken in de ontbonden overeenkomst. De ontbonden overeenkomst kan immers geen grondslag van rechten of verplichtingen zijn.[3015]

1612.   Dat partijen zich niet meer kunnen beroepen op de ontbonden overeenkomst, kent een belangrijke uitzondering. Ze kunnen immers de gevolgen van de ontbinding contractueel bepalen. De ontbinding van de overeenkomst sluit niet uit dat deze bedingen verder uitwerking krijgen.[3016]

[3009]   Rb. Brussel 8 april 2016, *TBO* 2017, 211.
[3010]   Cass. 6 november 1997, *Arr.Cass.* 1997, 455, *R.Cass.* 1999, 22, nr. 36, noot B. WYLLEMAN.
[3011]   Cass. 6 juni 1996, *Arr.Cass.* 1996, 558, *RW* 1997-98, 1049; Cass. 19 mei 2011, *TBO* 2012, 166.
[3012]   Rb. Brussel 8 april 2016, *TBO* 2017, 211.
[3013]   Cass. 19 mei 2011, *TBO* 2012, 166.
[3014]   Cass. 19 mei 2011, *TBO* 2012, 166; Cass. 8 februari 2010, *TBO* 2011, 100.
[3015]   Cass. 6 juni 1996, *Arr.Cass.* 1996, 558, *RW* 1997-98, 1049.
[3016]   Cass. 23 oktober 2017, *TBO* 2018, 296.

1613. De restitutieverplichting strekt niet uit tot vergoeding van de schade die het gevolg is van de tekortkomingen door de wederpartij.[3017] De schadelijdende partij kan weliswaar, naast de ontbinding, een bijkomende schadevergoeding vorderen.[3018]

De omstandigheid dat de partijen bij een aannemingsovereenkomst hun wederzijdse verbintenissen niet zijn nagekomen, heft hun contractuele aansprakelijkheid niet op en evenmin hun gehoudenheid, naar evenredigheid van hun aandeel in die aansprakelijkheid, tot vergoeding aan de andere partij van de schade die het onmiddellijke en rechtstreekse gevolg is van hun tekortkomingen.

1614. De rechter die een aannemingsovereenkomst, met toepassing van artikel 1184 BW, ontbonden verklaart wegens wanprestatie van beide partijen, moet de schade waarop iedere partij recht heeft wegens het niet-nakomen door de andere partij van haar verbintenissen, bepalen in evenredigheid met de ernst van de respectieve tekortkomingen.[3019] De ontbinding van de overeenkomst ten laste van een contractpartij heeft immers niet tot gevolg dat die partij het recht verbeurt om aanspraak te maken op vergoeding van de schade die zij heeft geleden wegens de wanprestatie van de wederpartij, ook al heeft zij zelf op grond hiervan niet de ontbinding van de overeenkomst gevorderd.[3020]

In geval van ontbinding van een overeenkomst waarbij herhaalde prestaties dienden te worden geleverd over een bepaalde termijn, dient de winstderving te worden geraamd over de resterende duur van de overeenkomst.[3021]

1615. De rechter kan de schuldenaar alsnog uitstel verlenen (art. 1184 *in fine* BW). Zo werd aan een bouwheer die reeds vijf jaar in gebreke bleef om de voorschotfacturen van de aannemer te betalen, alsnog een respijttermijn toegestaan omdat hij een ernstig aanbod deed om de geplande bouw voort te zetten en het contact met de architecten te hervatten.[3022]

§ 2. BUITENGERECHTELIJKE ONTBINDING

1616. Het handelsverkeer laat toe dat, in bepaalde uitzonderingsgevallen, de overeenkomst op eenzijdige wijze kan worden beëindigd.

[3017] Cass. 21 april 2016, *TBO* 2016, 555.

[3018] Rb. Brussel 8 april 2016, *TBO* 2017, 211.

[3019] Cass. 16 februari 2009, *TBO* 2009, 245; Cass. 5 maart 1993, *Arr.Cass.* 1993, 259, *Pas.* 1993, I, 250, *RW* 1995-96, 60, noot; Cass. 19 maart 1992, *Arr.Cass.* 1991-92, 701, *Pas.* 1992, I, 655, *RW* 1992-93, 752.

[3020] Cass. 5 december 2014, *Arr.Cass.* 2014, 2819, concl. VAN INGELGEM; Cass. 5 januari 2015, www.cass.be, concl. A. VAN INGELGEM, *Pas.* 2014, 2769, *RABG* 2015, afl. 6, 411, concl. O.M., *TBO* 2015, 95.

[3021] Zie bv. Cass. 8 maart 2018, *TBO* 2018, 423: ontbinding van een huur van gemeen recht.

[3022] Rb. Doornik 22 oktober 1986, *Rev.Liège* 1987, 1113.

Het Hof van Cassatie heeft dit principe erkend: de regel dat de ontbinding van een wederkerige overeenkomst wegens wanprestatie in rechte moet worden gevorderd, belet niet dat een contractpartij, op eigen gezag en op eigen risico, beslist haar verbintenissen niet uit te voeren en kennis geeft aan de wederpartij dat zij de overeenkomst als beëindigd beschouwt. Bij het beoordelen van de gevolgen van de ontbinding en van de rechten die de partijen kunnen laten gelden, vermag de rechter die over de gerechtelijke ontbinding beslist, te oordelen dat, gelet op de wanprestatie van haar tegenpartij, de contractpartij geen fout heeft begaan door eenzijdig de overeenkomst als beëindigd te beschouwen.[3023]

Aangezien deze regeling een vorm van eigenrichting is die moeilijk in overeenstemming kan worden gebracht met de tekst van artikel 1184 BW, dienen volgens de rechtspraak drie voorwaarden cumulatief vervuld te zijn:
- de schuldenaar moet zich schuldig maken aan een toerekenbare tekortkoming die van aard is de gerechtelijke ontbinding te rechtvaardigen;
- de verplichte voorafgaandelijke uitstelbevoegdheid van de rechter moet zinloos of zonder voorwerp zijn geworden;
- de schuldeiser moet een kennisgeving richten tot zijn schuldenaar waarin hij zijn ontbindingsverklaring op ondubbelzinnige wijze kenbaar maakt en waarin hij nauwkeurig het motief van de eenzijdige ontbinding opgeeft.[3024]

De rechter kan *a posteriori* die eenzijdige ontbinding goed- of afkeuren. In het laatste geval kan de rechter aan de benadeelde partij een schadevergoeding toekennen die overeenstemt met de geleden verliezen veroorzaakt door de beëindiging en de gederfde winsten die zouden zijn verkregen bij de normale uitvoering van de overeenkomst. Bij contracten van onbepaalde duur kan een schadevergoeding worden toegestaan in functie van de opzegtermijn die redelijkerwijs had moeten worden gerespecteerd.[3025]

1617. De buitengerechtelijke ontbinding is onherroepelijk. Ze kan niet worden omgezet in een opzegging overeenkomstig artikel 1794 BW.[3026]

[3023] Cass. 2 mei 2002, *Arr.Cass.* 2002, 1167, *NJW* 2002, 24, *RW* 2002-03, 501, noot A. VAN OEVELEN, *TBBR* 2003, 33; zie ook Cass. 2 mei 2002, *Arr.Cass.* 2002, 1177, *RCJB* 2004, 293, *TBBR* 2003, 339.

[3024] Cass. 16 februari 2009, *Arr.Cass.* 2009, 537, *RW* 2011-12, 1844-1849, noot J. BAERT; Rb. Hasselt 28 oktober 1999, *TBBR* 2000, 111; voor toepassingen inzake aannemingsovereenkomsten, zie bv. Luik 6 december 1985, *RRD* 1987, 11, noot M. BOURMANNE: zeer gebrekkig onderhoud van een lift van een appartementsgebouw waarin veel bejaarden gehuisvest waren; Kh. Namen 20 december 1999, *TBH* 2000, 510: opzegging van een mondelinge transportovereenkomst met onmiddellijke ingang wegens omkoping van een personeelslid.

[3025] Kh. Namen 20 december 1999, *TBH* 2000, 510.

[3026] Rb. Brussel (Fr.) (75e k.) 19 april 2018, *JLMB* 18/651, vermeld in B. LOUVEAUX, "Les inédits de la construction 2018-2019", *JLMB* 2018, (1652), 1683.

§ 3. HERBESTEDINGSBEDING

1618.   Partijen kunnen overeenkomen dat, bij een gebrekkige uitvoering van de werken, de opdrachtgever het werk door een derde kan laten uitvoeren op kosten van de aannemer.

De rechtspraak aanvaardt een dergelijk beding voor zover de aannemer eerst in gebreke werd gesteld om binnen een welbepaalde termijn de gebreken te verhelpen.

Dergelijk beding houdt een afwijking in van het principe dat de schuldeiser, ingeval de verbintenis niet ten uitvoer wordt gebracht, de machtiging van de rechter nodig heeft om zelf de verbintenis te doen uitvoeren op kosten van de schuldenaar (art. 1144 BW). De schuldeiser dient dergelijk beding dan ook met de nodige voorzichtigheid toe te passen. Er moeten ernstige redenen voorhanden zijn en er kan slechts worden herbesteed wat nodig is en tegen redelijke prijs. Er mag bovendien geen wanverhouding bestaan tussen de aangevoerde gebreken en de prijs van de herbesteding. Dit zou misbruik van recht uitmaken in hoofde van de opdrachtgever.

De toepassing van het herbestedingsbeding leidt niet tot de ontbinding van de overeenkomst, maar wel tot uitvoering in natura van de overeenkomst, hetzij door derden hetzij door de opdrachtgever zelf. De aannemer heeft recht op de afgesproken aannemingsprijs, verminderd met alle kosten van de herbesteding, vertragingsboetes en eventuele andere schade.

Uiteraard moet de staat van de werken vooraf tegensprekelijk worden vastgesteld op minnelijke wijze of door een gerechtsdeskundige.

AFDELING 4. OVERLIJDEN VAN DE AANNEMER

§ 1. PRINCIPE

1619.   Volgens artikel 1795 BW wordt de overeenkomst ontbonden door de dood van de aannemer of de architect. Deze regel is het gevolg van het *intuitu personae*-karakter van de aannemingsovereenkomst. Het principe geldt dan ook enkel indien de overeenkomst werd gesloten met een fysieke persoon.

De regel raakt de openbare orde niet, zodat partijen anders kunnen bedingen.

De ontbinding geschiedt van rechtswege. De opdrachtgever of erfgenamen van de aannemer hoeven derhalve de ontbinding niet in rechte te vorderen.

1620.   Betwistbaar is het standpunt dat de dood van de aannemer niet enkel de ontbinding tot gevolg heeft van de overeenkomst met de opdrachtgever, maar ook de ontbinding van de overeenkomsten gesloten met de onderaannemers.[3027]

[3027]   A. DELVAUX, *Traité juridique des bâtisseurs*, 2ᵉ ed., 1968, nr.141, 2°; M.A. FLAMME en J. LEPAFFE, "Le contrat d'entreprise" in *RPDB*, compl. II, 1966, v° *Devis et marchés*, nr. 300.

1621. Indien meerdere aannemers of architecten zich solidair verbonden hebben tot de uitvoering van de werken, heeft de dood van één van hen niet de ontbinding van de overeenkomst ten aanzien van de anderen tot gevolg. Dat is wel het geval indien men zich niet solidair verbonden heeft: dan is het contract ontbonden ten aanzien van allen.

1622. De ontbinding werkt enkel voor de toekomst (*ex nunc*). De erfgenamen van de aannemer of de architect blijven aansprakelijk voor de financiële gevolgen van fouten begaan bij de uitgevoerde werken.

§ 2. VERGOEDING

1623. Wanneer de aannemer of de architect overlijdt, dient de opdrachtgever, volgens artikel 1796 BW, de waarde van het gedane werk en die van de in gereedheid gebrachte bouwstoffen te betalen aan de nalatenschap en dit naar evenredigheid van de bij de overeenkomst bedongen prijs. Dit geldt echter enkel indien de werken of de bouwstoffen hem van nut kunnen zijn.

1624. Het begrip 'nut' dient beoordeeld te worden in het licht van het ontworpen werk en van het gebruik dat men ervan verwachtte en niet in het licht van de persoonlijke belangen van de opdrachtgever.[3028]

Het is in ieder geval een feitelijke vraag die onder de soevereine beoordeling van de rechter valt. Zo werd reeds geoordeeld dat het niet doorslaggevend is om te weten of het werk nadien effectief gebruikt werd door de opdrachtgever.[3029] Ook het feit dat de werken nog niet zijn begonnen of dat de opdrachtgever de werken nog niet goedkeurde, betekent niet dat de werken geen nut kunnen hebben.

Het is evenmin vereist dat de bouwstoffen door de opdrachtgever persoonlijk gebruikt worden. De bouwstoffen zullen immers van nut zijn voor de opdrachtgever indien de opvolgende aannemer de bouwstoffen kan gebruiken.

Bovendien hoeft de aannemer de bouwstoffen nog niet bewerkt te hebben. Het volstaat dat de aannemer de bouwstoffen met dit doel "in gereedheid" heeft gebracht. Dit "in gereedheid brengen" kan reeds bestaan in het louter bijeenbrengen van de nodige materialen.[3030]

Geoordeeld werd dat de waarde van de goederen dient te worden beoordeeld op het moment dat de goederen door de aannemer werden verworven en niet op het moment van het overlijden van de aannemer.[3031]

[3028] Brussel 29 november 2013, *RJI* 2015, afl. 1, 7.
[3029] Brussel 29 november 2013, *RJI* 2015, afl. 1, 7.
[3030] Cass. 17 mei 1956, *Pas.* 1956, I, 994, *RW* 1956-57, 1601.
[3031] Luik 24 mei 1955, *JT* 1956, 11, noot A. DELVAUX.

AFDELING 5. EENZIJDIGE VERBREKING DOOR DE BOUWHEER

§ 1. PRINCIPE

1625.   Artikel 1794 BW is de uitzondering op de algemene regel dat wederkerige overeenkomsten in principe niet eenzijdig kunnen worden beëindigd.
De tekst van het artikel luidt als volgt:

> "De opdrachtgever kan de aanneming tegen vaste prijs door zijn enkele wil verbreken, ook al is het werk reeds begonnen, mits hij de aannemer schadeloos stelt voor al zijn uitgaven, al zijn arbeid, en alles wat hij bij die aanneming had kunnen winnen."

De *ratio legis* is de volgende: men moet een opdrachtgever niet dwingen om een werk te laten voltooien dat hij niet wenst of kan betalen. Het biedt ook een oplossing in een situatie waarbij de relatie tussen de opdrachtgever en de aannemer verziekt is. Anderzijds is het niet de bedoeling dat de aannemer door deze keuze van de opdrachtgever schade zou lijden.

§ 2. TITULARIS VAN HET RECHT OP EENZIJDIGE BEËINDIGING

1626.   Enkel de opdrachtgever heeft het recht om de overeenkomst eenzijdig te beëindigen. De aannemer heeft geen corresponderend recht.[3032]

1627.   Het recht van de opdrachtgever gaat over op zijn erfgenamen. Ook de rechtsopvolgers onder bijzondere titel, zoals bijvoorbeeld de koper van het gebouw waar werken worden uitgevoerd door de aannemer, en de curator van een failliete opdrachtgever kunnen een beroep doen op artikel 1794 BW om de overeenkomst te beëindigen.[3033]

1628.   De schuldeisers van de opdrachtgever kunnen zich, middels een zijdelingse vordering, niet op dit recht beroepen. De zijdelingse vordering strekt er namelijk enkel toe het vermogen van de schuldenaar intact te houden en houdt

---

[3032]   K. UYTTERHOEVEN en W. GOOSSENS, "Einde van de aannemingsovereenkomst" in K. DEKETELAERE, M. SCHOUPS en A.L. VERBEKE, *Handboek bouwrecht*, Antwerpen, Intersentia-die Keure, 2013, 816, nr. V.650 en V. 651.
[3033]   A. VAN OEVELEN, *Overeenkomsten. Deel 2. Bijzondere overeenkomsten. E. Aanneming van werk – Lastgeving* in *Beginselen van Belgisch privaatrecht*, Mechelen, Kluwer, 2017, 368-369; W. GOOSSENS, *Aanneming van werk: Het gemeenrechtelijk dienstencontract*, Brugge, die Keure, 2003, 1097-1098.

derhalve niet in dat de schuldeisers zich actief kunnen mengen in het beheer van het vermogen van de schuldenaar.[3034]

Er is lang controverse geweest over de vraag of ook de hoofdaannemer zich kan beroepen op artikel 1794 BW ten aanzien van de onderaannemer. Thans beantwoorden rechtspraak en rechtsleer deze vraag bevestigend.[3035]

§ 3. TOEPASSINGSGEBIED – AARD VAN DE OVEREENKOMST

1629. Wegens zijn algemene bewoordingen is artikel 1794 BW van toepassing op onverschillig welk materieel, intellectueel of artistiek werk.[3036] Het is van geen belang of de aannemer de grondstof bijleverde noch of het een aanneming van onroerende dan wel roerende aard betreft. Uiteraard is wel vereist dat de aannemer aantoont dat er een geldig aannemingscontract tot stand is gekomen.

Hoewel de tekst melding maakt van een aanneming tegen vaste prijs, wordt algemeen aanvaard dat de regel ook geldt voor aannemingen tegen eenheidsprijzen of zonder prijsafspraak.[3037]

Wel is vereist dat het voorwerp of de omvang van het werk bepaald is.[3038] Wanneer bijvoorbeeld blijkt dat er geen volledige renovatieopdracht werd toegekend, maar wel verschillende deelopdrachten naargelang de vooruitgang van de werken, is artikel 1794 BW niet van toepassing.[3039]

Ook de duur van de werkzaamheden moet bepaald zijn. Een overeenkomst van onbepaalde duur kan immers door iedere partij worden beëindigd, mits een redelijke opzegtermijn wordt gegeven.[3040]

Artikel 1794 BW is tevens van toepassing op de architectenovereenkomst.[3041]

[3034] A. VAN OEVELEN, *Overeenkomsten. Deel 2. Bijzondere overeenkomsten. E. Aanneming van werk – Lastgeving* in *Beginselen van Belgisch privaatrecht*, Mechelen, Kluwer, 2017, 368-369; W. GOOSSENS, *Aanneming van werk: Het gemeenrechtelijk dienstencontract*, Brugge, die Keure, 2003, 1098-1099; M.A. FLAMME en J. LEPAFFE, *Le contrat d'entreprise*, 1966, Brussel, Bruylant, 19.

[3035] Kh. Brussel 13 januari 1988, *T.Aann.* 1989, 233; Kh. Brussel 21 maart 1986, *T.Aann.* 1986, 181; A. FETTWEIS en A. DELVAUX, *Act.dr.* 1992, 396; G. BAERT, *o.c.*, V.1 – 91; anders DE PAGE, IV, nr. 914; A. VAN OEVELEN, *Overeenkomsten. Deel 2. Bijzondere overeenkomsten. E. Aanneming van werk – Lastgeving* in *Beginselen van Belgisch privaatrecht*, Mechelen, Kluwer, 2017, 369; W. GOOSSENS, *Aanneming van werk: Het gemeenrechtelijk dienstencontract*, Brugge, die Keure, 2003, 1073-1074.

[3036] Cass. 16 februari 1984, *Arr.Cass.* 1983-84, 752; Cass. 4 september 1980, *Arr.Cass.* 1980-81, 7, *Pas.* 1981, I, 7, *RW* 1980-81, 2686, *Pas.* 1984, I, 692; Brussel 15 november 2011, *TBO* 2012, 69.

[3037] Kh. Gent (afd. Kortrijk) 6 mei 2016, nr. 12/02695, onuitg.

[3038] Cass. 29 mei 2015, www.cass.be; Cass. 4 september 1980, *Arr.Cass.* 1980-81, 7, *Pas.* 1981, I, 7, *RW* 1980-81, 2686; D. VAN DRIESSCHE, "De keuze tussen verbreking en ontbinding in aannemingscontracten: bezint eer ge begint", *TBBR* 2008, 614, nr. 11.

[3039] Kh. Gent (afd. Kortrijk) 6 mei 2016, nr. 12/02695, onuitg.

[3040] Antwerpen 4 februari 1980, *BRH* 1980, 456 (agentuurovereenkomst); Antwerpen 23 april 1979, *RW* 1979-80, 722 (drukkersovereenkomst).

[3041] Cass. 16 februari 1984, *Arr.Cass.* 1983-84, 752; Luik 5 juni 1997, *JLMB* 2000, 144, noot B. LOUVEAUX; Rb. Brussel 6 mei 2004, *RJI* 2005, 5.

§ 4. UITOEFENING VAN DE WIL OM TE BEËINDIGEN – TIJDSTIP – VORM

1630. Onder "verbreking door zijn eigen wil" (art. 1794 BW) moet worden verstaan: iedere handeling van de bouwheer waaruit duidelijk zijn wil blijkt om van de uitvoering van het werk door de aannemer af te zien om persoonlijke redenen.[3042]

1631. Het betreft dus een eenzijdige rechtshandeling uitgaande van de opdrachtgever van de werken.

1632. De eenzijdige beëindiging moet, om uitwerking te kunnen hebben, ter kennis gebracht worden van de aannemer. Het betreft een vormvrije rechtshandeling die zowel uitdrukkelijk als stilzwijgend kan plaatshebben. Noch voor de geldigheid van de beëindiging noch voor het bewijs ervan is een geschrift vereist.

Een eenzijdige beëindiging in de zin van artikel 1794 BW kan bijvoorbeeld het geval zijn wanneer de opdrachtgever de aannemer verzoekt om de afrekening te maken en een andere aannemer de werken laat uitvoeren. Ook het schrijven vanwege een opdrachtgever dat de opdracht niet hernieuwd zal worden, kan als een eenzijdige beëindiging beschouwd worden.[3043] Dit is eveneens het geval wanneer de opdrachtgever blijft stilzitten, waardoor de aannemingsovereenkomst geen begin van uitvoering kent, en de werken uiteindelijk worden toevertrouwd aan een derde aannemer.[3044] Een stilzwijgende opzeg werd eveneens afgeleid uit het feit dat de bouwheer de architect niet verwittigde van de start van de werken en deze liet uitvoeren zonder zijn tussenkomst.[3045]

Bovendien wordt dikwijls in architectencontracten voorzien dat de opdracht stilzwijgend als opgezegd in de zin van artikel 1794 BW wordt beschouwd, wanneer de werken voor een periode van meer dan een jaar stilliggen. Dergelijke clausule wordt doorgaans als geldig beschouwd.[3046]

1633. Er dient in ieder geval sprake te zijn van gedragingen van de opdrachtgever die een duidelijke en ondubbelzinnige uitdrukking zijn van zijn wil om de overeenkomst te beëindigen op grond van artikel 1794 BW en die niet voor een andere interpretatie vatbaar zijn.[3047]

[3042] G. BAERT, *Privaatrechtelijk bouwrecht*, Antwerpen, Kluwer, 1994, 615.

[3043] Cass. 22 oktober 1999, *TBH* 2000, 181; Brussel 13 november 1997, *JLMB* 1998, 1825.

[3044] Brussel 1 februari 2016, *RJI* 2017, afl. 3, 213.

[3045] Luik (14ᵉ k.) 3 februari 2015, *JT* 2015, 447.

[3046] Zie bv. Bergen (22ᵉ k.) 14 november 2017, *JLMB* 18/648, weergegeven door B. LOUVEAUX in "Les inédits de la construction 2018-19", *JLMB* 2018: deel 1, (1652) 1684: geen onrechtmatig beding in de zin van de wet van 2 augustus 2002 betreffende de misleidende en vergelijkende reclame, de onrechtmatige bedingen en de op afstand gesloten overeenkomsten inzake de vrije beroepen.

[3047] Cass. 24 mei 2018, *TBO* 2019, 41; Kh. Dendermonde 10 mei 2007, *RW* 2008-09, 968; A. VAN OEVELEN, *Overeenkomsten. Deel 2. Bijzondere overeenkomsten. E. Aanneming van werk – Lastgeving* in *Beginselen van Belgisch privaatrecht*, Mechelen, Kluwer, 2017, 370; G. BAERT,

De rechter oordeelt in feite over het voorhanden zijn van de eenzijdige beëindiging door de opdrachtgever, mits hij geen gevolgen verbindt aan feiten die daaruit niet kunnen worden afgeleid of daarmee niet verenigbaar zijn.[3048]

1634. De eenzijdige beëindiging hoeft niet gemotiveerd te worden.[3049] Er moet niet verwezen worden naar een fout van de aannemer.

1635. De eenzijdige beëindiging mag gebeuren zowel vóór de aanvang[3050] als in de loop van de werken. Het kan niet meer na de voltooiing van de werken. De verbreking moet natuurlijk steeds te goeder trouw gebeuren. Wanneer het werk bijna voltooid is, zou de eenzijdige beëindiging derhalve problematisch kunnen zijn.[3051]

1636. De beëindiging kan tevens betrekking hebben op het geheel of op een deel van de werken die werden toegewezen aan de aannemer.[3052]

1637. Er is uiteraard geen sprake van een opzegging in de zin van artikel 1794 BW wanneer uit de gedragingen van de partijen de wil blijkt om in onderling akkoord het contract te beëindigen.

Dit was volgens het hof van beroep van Bergen het geval in een situatie waarbij een overheid had beslist om de overheidsopdracht tot uitvoering van werken niet toe te kennen en pas na 27 jaar opnieuw een aanbesteding uitschrijft met inbegrip van een architectenopdracht. Uit het feit dat de architect niet eerder had gereageerd, werd het wederzijds akkoord om de architectenovereenkomst te beëindigen afgeleid.[3053]

§ 5. GEVOLGEN

A. Onomkeerbare beslissing

1638. De opdrachtgever die de overeenkomst vereenkomstig artikel 1794 BW heeft verbroken, kan niet meer op zijn beslissing terugkomen, tenzij mits toestemming van de aannemer.

Aanneming van werk in *APR* 2001, 319; W. GOOSSENS, *Aanneming van werk: Het gemeenrechtelijk dienstencontract*, Brugge, die Keure, 2003, 1084.

[3048]   Cass. 24 mei 2018, *TBO* 2019, 41.

[3049]   F. VERMANDER, *De opzegging van overeenkomsten*, 2014, 171, nr. 207.

[3050]   Kh. Hasselt 30 november 2009, *Limb.Rechtsl.* 2011, 277, noot P. VANHELMONT.

[3051]   G. BAERT, *Aanneming van werk* in *APR* 2001, 320; W. GOOSSENS, *Aanneming van werk: Het gemeenrechtelijk dienstencontract*, Brugge, die Keure, 2003, 1094; F. VERMANDER, *De opzegging van overeenkomsten*, 2014, 172, nr. 210; A. VAN OEVELEN, *Overeenkomsten. Deel 2. Bijzondere overeenkomsten. E. Aanneming van werk – Lastgeving* in *Beginselen van Belgisch privaatrecht*, Mechelen, Kluwer, 2017, 373.

[3052]   G. BAERT, *Aanneming van werk* in *APR* 2001, 328, nr. 984.

[3053]   Bergen 30 oktober 2013, *JLMB* 14/117, vermeld in B. LOUVEAUX, "Les inédits de la construction 2018-19", *JLMB* 2018: deel 1, (1652) 1685.

B. Stopzetting van de werken

1639. De eenzijdige verbreking heeft tot gevolg dat de overeenkomst een einde neemt. De aannemer dient de werken dus onmiddellijk stop te zetten zodra hij kennis heeft of kennis kan hebben van de beslissing van de opdrachtgever.[3054] Zet de aannemer de overeenkomst toch verder, dan heeft hij geen recht op betaling van zijn prestaties.[3055]

Hij heeft evenwel de plicht om alle voorzorgsmaatregelen te treffen om schade aan derden te voorkomen indien er door het niet voltooien van het werk een gevaarlijke toestand is ontstaan waarvan hij zich bewust was of had moeten zijn.[3056]

C. Schadevergoeding

1. Algemeen

1640. Wanneer de opdrachtgever de overeenkomst eenzijdig beëindigt, moet hij de aannemer schadeloos stellen voor al zijn uitgaven, al zijn arbeid en alles wat hij bij die aanneming had kunnen winnen.[3057]

1641. De morele schade die de aannemer lijdt als gevolg van de eenzijdige verbreking van de aanneming kan daarentegen slechts aanleiding geven tot schadeloosstelling wanneer dit bij uitdrukkelijke of stilzwijgende overeenkomst is bepaald of wanneer de opdrachtgever bij de uitoefening van dit recht een aquiliaanse fout heeft begaan.[3058]

1642. Wanneer de opdrachtgever het aan de aannemer opgedragen werk eenzijdig verminderd heeft, heeft de aannemer recht op vergoeding voor het gedeelte dat hij niet meer mag uitvoeren.[3059]

1643. De opdrachtgever dient evenwel de overeenkomst te goeder trouw uit te voeren. Indien de opdrachtgever het eenvoudige en winstgevende onderdeel van de aanneming heeft afgelast en het riskante heeft behouden, mag de aannemer de volledige overeenkomst als afgelast beschouwen en zich beroepen op artikel 1794 BW voor het geheel ervan.

[3054] Antwerpen 13 november 2002, *NJW* 2003, 1041.
[3055] F. VERMANDER, *De opzegging van overeenkomsten*, 2014, 180.
[3056] Cass. 10 januari 1969, *Pas.* 1969, I, 407.
[3057] Zie ook voor een opsomming van de diverse schadeposten: W. GOOSSENS, *Aanneming van werk: Het gemeenrechtelijk dienstencontract*, Brugge, die Keure, 2003, nrs. 1111-1120.
[3058] Cass. 8 oktober 1959, *Arr.Verbr.* 1960, 111, *Pas.* 1960, I, 164; Gent 6 maart 1990, *TGR* 1990, 2.
[3059] Sommige auteurs zijn van mening dat een gedeeltelijke afzegging niet kan, J. ROZEMOND, "Eenzijdige opzegging door de opdrachtgever onbeperkt mogelijk?", *T.Aann.* 1990, 111-115.

1644. De aannemer dient aan te geven op welke bedragen hij recht heeft en dient hiervan de bewijzen voor te leggen. Dat zal vaak geen eenvoudige oefening zijn, noch op het vlak van de uitgaven, noch op het vlak van de gederfde winst.

Om deze bewijsmoeilijkheden te voorkomen, maakt men vaak gebruik van clausules die de schade en gederfde winst uitdrukken in een percentage van de aannemingsprijs van de nog uit te voeren werken. Dit is een geldige wijze van schadebegroting die niet onderhevig is aan vermindering op grond van artikel 1231, § 1 BW.[3060]

Zo is een forfaitair bepaalde vergoeding van 20% van de prijs van de resterende werken niet ongebruikelijk voor afwerkingswerken (bv. schilderwerken, leveren en plaatsen keuken). Voor andere werken is dat eerder 10%.[3061] Voor dienstenovereenkomsten ligt dit percentage doorgaans veel hoger (voor vastgoedmakelaars wordt bv. vaak 50% vastgesteld[3062], zie hierna punt 3, a wat betreft de architectenovereenkomst).

1645. Indien partijen de schadevergoeding niet vooraf hebben bepaald en de aannemer er niet in slaagt om zijn concrete schade – waarvan het bestaan nochtans zeker is – aan te tonen, kan de rechter voor het niet-uitgevoerde gedeelte van het werkeen billijke schadevergoeding toekennen. Daarbij zal rekening worden gehouden met de gebruikelijke winstpercentages in de betreffende sector.[3063]

In een geval waarbij een opdracht tot levering en plaatsing van een wintertuin volgens bijgevoegde tekeningen werd opgezegd, oordeelde het hof van beroep van Brussel dat, "rekening houdend met de gebruikelijke winstmarges van aannemers en met het feit dat deze aanneming tot het stadium van de voorbereiding beperkt bleef", een schadevergoeding van 15% van de aannemingssom billijk was.[3064]

1646. Indien de opdrachtgever die de overeenkomst heeft beëindigd, de aannemer niet vergoedt, kan laatstgenoemde in principe zijn *retentierecht* uitoefenen en zich verzetten tegen de afgifte van het door hem reeds gepresteerde werk.[3065]

[3060] Cass. 11 september 2015, *TBO* 2016, 142, noot; M. SOMERS, "Schadebedingen" in G.L. BALLON e.a. (eds.), *Aanneming – Bouwwerken* in Reeks *Contractuele clausules*, 2016, 397.

[3061] G. BAERT, *Aanneming van werk* in APR 2001, 327, nr. 980; Brussel 13 december 1978, *T.Aann.* 1992, 347; Antwerpen 26 mei 1998, *TBBR* 1999, 206.

[3062] Zie bv. Antwerpen (7ᵉ k.) 18 januari 2016, *TBO* 2016, 164 ("dergelijk beding is binnen de grenzen van het KB Vastgoedbemiddeling en conform de vroegere WMPC").

[3063] Cass. 27 februari 2014, AR C.13.0306.N, www.cass.be; Rb. Antwerpen 31 oktober 2017, *TBO* 2018, 254; Rb. Antwerpen 5 september 2017, *TBO* 2018, 240; Brussel 15 november 2011, *TBO* 2012, 69: 12,5%; Brussel 13 december 1979, *T.Aann.* 1992, 347: 10%; Brussel 4 mei 1960, *JT* 1961, 224, noot M. FLAMME; Kh. Brussel 21 maart 1986, *T.Aann.* 1986, 181: 20%; Kh. Hasselt 4 mei 1981, *RJI* 1982, 57: 5%.

[3064] Brussel (20ᵉ k.) 20 oktober 2015, *TBO* 2016, 64.

[3065] Cass. 7 november 1935, *Pas.* 1936, I, 38.

2. Schadevergoeding voor alle uitgaven en alle arbeid

1647. De aannemer kan een vergoeding vorderen voor al het werk en alle uitgaven die hij verricht heeft tot aan de beëindiging van de overeenkomst. Hierbij kan onder andere gedacht worden aan de kostprijs voor het materiaal dat reeds verwerkt werd en de loonkost van de personeelsleden van de aannemer.

Om deze schadepost concreet te begroten, kan men zich in eerste instantie baseren op de overeenkomst tussen de opdrachtgever en de aannemer. Bij een aanneming tegen een vaste prijs kan bepaald worden welk percentage van de totale werken reeds werd uitgevoerd. Dit percentage kan vervolgens toegepast worden op de vaste prijs. Bij een aanneming tegen eenheidsprijzen kunnen de eenheidsprijzen dan weer toegepast worden op het reeds uitgevoerde gedeelte, eventueel met een correctie in min of meer naargelang een deel van de vaste kosten (bv. transportkosten) die hierin begrepen zit, reeds werd uitgegeven of niet.[3066]

1648. Daarnaast heeft de aannemer ook recht op een vergoeding voor de kosten die nutteloos geworden zijn door de beëindiging van de overeenkomst, zoals de aankoopprijs van materiaal dat niet meer verwerkt moet worden. Kan de aannemer deze kosten alsnog recupereren, bijvoorbeeld door het gebruik van de materialen in een ander project, dan zal hij geen vergoeding kunnen vorderen.[3067]

1649. Wat betreft de algemene, vaste kosten van de aannemer, kan slechts een vergoeding worden toegestaan in verhouding tot de omvang van het werkelijk uitgevoerde werk.[3068]

3. Winstderving

1650. De aannemer kan een vergoeding vorderen voor de winst die hij had kunnen maken, maar die hij nu niet meer kan verwezenlijken door de vroegtijdige beëindiging van de overeenkomst door de opdrachtgever. De gederfde winst moet *in concreto* bekeken worden, rekening houdend met alle relevante feiten. Wanneer de aannemer bijvoorbeeld de werken gebrekkig heeft uitgevoerd, waardoor

---

[3066] G. BAERT, *Aanneming van werk*, in *APR*, 2001, 326; W. GOOSSENS, *Aanneming van werk: Het gemeenrechtelijk dienstencontract*, Brugge, die Keure, 2003, 1112-1113; A. VAN OEVELEN, *Overeenkomsten. Deel 2. Bijzondere overeenkomsten. E. Aanneming van werk – Lastgeving* in *Beginselen van Belgisch privaatrecht*, Mechelen, Kluwer, 2017, 378; B. KOHL, *Contrat d'entreprise* in *RPDB*, Brussel, Bruylant, 2016, 742-743.

[3067] W. GOOSSENS, *Aanneming van werk: Het gemeenrechtelijk dienstencontract*, Brugge, die Keure, 2003, 1114-1115; B. KOHL, *Contrat d'entreprise* in *RPDB*, Brussel, Bruylant, 2016, 743-744.

[3068] W. GOOSSENS, *Aanneming van werk: Het gemeenrechtelijk dienstencontract*, Brugge, die Keure, 2003, 1115; G. BAERT, *Aanneming van werk* in *APR*, 2001, 326.

hij gehouden zou zijn tot herstelling, dient de herstelkost in rekening gebracht te worden om de eventuele winst te begroten.[3069]

Het recht op vergoeding voor winstderving reikt echter niet zo ver dat de aannemer tevens een compensatie kan vorderen voor het verlies van de kans dat de aannemer een andere overeenkomst had kunnen sluiten in plaats van de beëindigde overeenkomst. Omgekeerd, mag bij de begroting van de winst evenmin rekening gehouden worden met de mogelijkheid van de aannemer om een nieuwe overeenkomst te sluiten in de opeens vrijgekomen periode. Deze omstandigheden zijn immers vreemd aan de aannemingsovereenkomst.[3070]

Het spreekt voor zich dat de begroting van de gederfde winst, of het verlies van de kans op winst, bijzonder moeilijk is. Daarom wordt de vergoeding vaak forfaitair begroot aan de hand van een percentage. In de bouwsector bedraagt dit percentage meestal 5 à 10% van het overeengekomen bedrag dat overeenstemt met het nog niet uitgevoerde gedeelte.[3071]

Voor winstderving op een aannemingsovereenkomst waarbij de prijs in regie was bepaald, nam het hof van beroep van Bergen aan dat op handarbeid *ex aequo et bono* een winstpercentage van 20% kon worden gerekend.[3072]

A. ARCHITECTENOVEREENKOMST

1651. Volgens bepaalde rechtspraak heeft de architect wiens overeenkomst eenzijdig wordt beëindigd door de opdrachtgever, geen recht op schadevergoeding. Geredeneerd wordt dat het nastreven van een dergelijke winstvergoeding door een beoefenaar van een vrij beroep strijdig is met het absolute breekrecht van de cliënt.[3073]

De meerderheid van de rechtspraak, met inbegrip van het Hof van Cassatie, is echter van oordeel dat het architectencontract voor een volledige opdracht betreffende een bouwproject *ad libitum* door de opdrachtgever kan worden verbroken, mits de totale schadeloosstelling van de architect.[3074] De schadeloosstelling bestaat meer bepaald uit de vergoeding voor de reeds geleverde prestaties en de winstderving.[3075]

Indien men principieel het recht op schadeloosstelling aanvaardt, moet ook worden aangenomen dat partijen contractueel de vergoeding kunnen bepalen.

[3069] Antwerpen 13 november 2002, *NJW* 2003, 1041, noot W. GOOSSENS; Kh. Kortrijk (5ᵉ k.) 14 april 2004, *T.Aann.* 2004, (247), 251, met verwijzing naar G. BAERT, *APR*, nr. 976.

[3070] W. GOOSSENS, *Aanneming van werk: Het gemeenrechtelijk dienstencontract*, Brugge, die Keure, 2003, 1116-1117; G. BAERT, *Aanneming van werk* in *APR*, 2001, 325.

[3071] Brussel 13 april 1994, *RJI* 1995, 47; Antwerpen 26 mei 1998, *TBBR* 1999, 206; W. GOOSSENS, *Aanneming van werk: Het gemeenrechtelijk dienstencontract*, Brugge, die Keure, 2003, 1118.

[3072] Bergen 28 november 2017, *JLMB* 18/110, vermeld in B. LOUVEAUX, "Inédits de droit de la construction 2018-2019", *JLMB* deel 1: 2018, afl. 35, (1652) 1682.

[3073] Luik 6 mei 1992, *JLMB* 1992, 1268, noot B. LOUVEAUX; Gent 6 maart 1990, *TGR* 1990, 2.

[3074] Cass. 16 februari 1984, *Arr.Cass.* 1983-84, 752, *Pas.* 1984, I, 692, *T.Aann.* 1992, 55, noot N. EKIERMAN; in dezelfde zin: Gent (9ᵉ k.) 16 november 1990, *TGR* 1991, 8; Rb. Brussel 28 juni 1991, *RJI* 1991, 191, *JMLB* 1991, 1070, noot P. HENRY; Antwerpen 13 november 2002, *NJW* 2003, 1041.

[3075] Gent (9ᵉ k.) 16 november 1990, *TGR* 1991, 8.

1652. Wanneer de schadevergoeding contractueel niet is begroot, dient de rechtbank te bepalen welk gedeelte van het verloren honorarium als 'winst' in aanmerking te nemen is (zie art. 1794 BW). Bepaalde rechtspraak aanvaardt hier een bedrag van 50%.[3076] Het hof van beroep van Gent stond zelfs een bedrag van 70% toe.[3077]

1653. De bewijslast rust hierbij op de architect. Hij dient te bewijzen wat hij bij de aanneming had kunnen winnen. In een situatie waarbij er geen schriftelijke overeenkomst werd opgesteld tussen de bouwheer en de architect, maar de rechtbank het bestaan van de overeenkomst wel aanvaardde op basis van een e-mail van de professionele opdrachtgever, stelde de rechtbank vast dat de architect geen bewijs leverde van zijn winstderving en werd dat deel van zijn vordering bijgevolg afgewezen.[3078]

1654. Uiteraard dient de rechtbank aandachtig te zijn voor de reden van opzeg vanwege de bouwheer. Wanneer dit gebeurt met aanduiding van de reden van opzeg, kan de rechtbank aannemen dat het niet de bedoeling was van de bouwheer om de overeenkomst op te zeggen overeenkomstig artikel 1794 BW, maar veeleer de overeenkomst buitengerechtelijk te ontbinden lastens de architect. Zo nam het hof van beroep van Luik aan dat de bouwheer de overeenkomst had ontbonden wegens de wanprestatie van de architect en meer bepaald een ernstige overschrijding van het budget.[3079]

B. TEN AANZIEN VAN CONSUMENTEN

1655. De aannemer is verplicht om de consument te informeren over zijn verkoopsvoorwaarden (art. VI.2, 7° WER). In dat opzicht werd aangenomen dat de consument uitdrukkelijk moet worden gewezen op een zwaarwichtig opzegbeding waarbij de consument de overeenkomst – behoudens overmacht – enkel kon annuleren mits betaling van 30% van de prijs. Het hof van beroep van Antwerpen was in dat opzicht van oordeel dat de enkele verwijzing naar de op de achterzijde van de bestelbon afgedrukte verkoopsvoorwaarden niet volstond. Het opzegbeding werd afgewezen als niet tegenstelbaar.[3080]

D. *Aansprakelijkheid voor het uitgevoerde werk*

1656. Aangezien de eenzijdige beëindiging door de opdrachtgever geen terugwerkende kracht heeft, blijft de aannemer aansprakelijk voor de door hem gele-

---

[3076] Bv. Brussel 24 oktober 1985, *RJI* 1987, 5.
[3077] Gent 23 september 1987, *T.Aann.* 1991, 149, noot.
[3078] Kh. Leuven (4e k.) 26 juli 2016, *TBO* 2017, 100.
[3079] Luik 5 december 2013, *JLMB* 16/90, vermeld in B. LOUVEAUX, "Inédits de droit de la construction 2018-2019", *JLMB* deel 1: 2018, afl. 35, (1652) 1682.
[3080] Antwerpen (k. B7) 12 februari 2018, *TBO* 2018, 231.

verde prestaties. De verbreking door de opdrachtgever staat immers los van het feit dat de aannemer een contractuele verantwoordelijkheid heeft voor de goede uitvoering van het opgedragen werk.

Het Hof van Cassatie heeft reeds geoordeeld dat de opzegging niet tot gevolg heeft dat de aannemer bevrijd is van het risico van de werken en dit tot aan de aanvaarding van de werken door de opdrachtgever.[3081] Pas door de aanvaarding van de werken doet de opdrachtgever afstand van zijn recht om van de aannemer schadevergoeding te vragen voor de niet-conforme of slechte uitvoering van de werken.

1657. Deze aanvaarding kan uitdrukkelijk of stilzwijgend gebeuren, zijnde door handelingen van de opdrachtgever waaruit de aanvaarding ontegensprekelijk kan worden afgeleid. Dit zal bijvoorbeeld het geval zijn wanneer de opdrachtgever – na de opzegging – een andere aannemer, zonder enig voorbehoud, herstelwerken laat uitvoeren.

1658. Aangezien de verbreking niet gelijkgesteld kan worden met de aanvaarding van de werken, heeft de opdrachtgever, ook na de beëindiging van de overeenkomst, recht op schadevergoeding wanneer hij kan aantonen dat de aannemer fouten heeft begaan en deze fouten dateren van voor de éénzijdige verbreking van de overeenkomst. Volgens het hof van beroep van Gent is weliswaar vereist dat de opdrachtgever moet aantonen dat de werken tijdens de (beweerd gebrekkige) uitvoering ervan werden geprotesteerd door de opdrachtgever.[3082]

De rechter zal de schadevergoeding kunnen compenseren met de wettelijke of contractueel verschuldigde opzegvergoeding. De rechter kan de wettelijke of contractueel verschuldigde opzegvergoeding daarentegen niet matigen wegens de wanprestatie van de aannemer.[3083]

§ 6. VERGELIJKING MET DE ANDERE BEËINDIGINGSMOGELIJKHEDEN

1659. De eenzijdige beëindiging van de overeenkomst op grond van artikel 1794 BW (= de eenzijdige opzegging/verbreking) mag niet verward worden met de buitengerechtelijke ontbinding van de overeenkomst. Hoewel beide gebaseerd zijn op de eenzijdige (expliciete dan wel impliciete) wilsverklaring van de opdrachtgever,

[3081] Cass. 24 september 1981, *RW* 1982-83, 1062.
[3082] Gent (9e *bis* k.) 8 december 2017, 2014/AR/2962, onuitg., met verwijzing naar M. DUPONT, "L'article 1794 du Code Civil: volte-face impossible" (noot onder Bergen 21 juni 2003), *TBBR* 2007, 234. Zie het overzicht van beide strekkingen bij E. GOOSSENS, "De (on)mogelijkheid om een overeenkomst te ontbinden na opzegging" (noot onder Antwerpen 18 december 2017), *TBO* 2018, 321.
[3083] Cass. 11 september 2015, *TBO* 2016, 142, noot M. SCHOUPS en P. VAN DEN BOS, "De opzegging op grond van artikel 1794 BW en het recht van de bouwheer op schadevergoeding".

geeft artikel 1794 BW de opdrachtgever de bevoegdheid om de overeenkomst te beëindigen buiten een foutmotief of een foutgedachte om. De ontbinding impliceert daarentegen een wanprestatie van de aannemer.[3084]

1660. Om na te gaan of de opdrachtgever de wettelijk toegekende eenzijdige opzeggingsbevoegdheid van artikel 1794 BW uitoefent dan wel een beroep doet op de buitengerechtelijke ontbinding, dient de wil van de opdrachtgever nagegaan te worden. Die kan blijken uit briefwisseling of uit de door hem aangenomen houding.

1661. In ieder geval mag er geen twijfel bestaan over de intentie van de opdrachtgever om de overeenkomst te ontbinden wegens wanprestatie van de aannemer. Wanneer deze intentie niet is uitgedrukt, dient immers besloten te worden dat de opdrachtgever overging tot eenzijdige opzegging overeenkomstig artikel 1794 BW.[3085] De opdrachtgever die de overeenkomst wenst te beëindigen op een andere grondslag dan artikel 1794 BW, zal dit dus in zeer duidelijke bewoordingen moeten doen.[3086] Minstens zal verwezen moeten worden naar de contractuele tekortkomingen van de aannemer die de ontbinding rechtvaardigen.[3087]

Een eenzijdige opzegging kan bovendien niet geherkwalificeerd worden als een buitengerechtelijke ontbinding *c.q.* eenzijdige beëindiging wegens wanprestatie. De opdrachtgever die ervoor geopteerd heeft om de overeenkomst éénzijdig op te zeggen, kan dus achteraf niet voorhouden dat hij de overeenkomst in feite buitengerechtelijk heeft ontbonden.[3088]

In dit kader kan ook verwezen worden naar een arrest van het hof van beroep van Brussel, dat handelde over de beweerde beëindiging van een aannemingsovereenkomst met wederzijdse instemming. Indien de opdrachtgever aanvoert dat de overeenkomst werd beëindigd met wederzijdse instemming, draagt hij daarvan de bewijslast. Tegen een onderneming kan dit bewijs weliswaar door alle middelen van recht worden aangevoerd. *In casu* verwees de opdrachtgever naar een telefoongesprek en naar het gebrek aan handelen van de aannemer. Het hof oordeelde dat de loutere afwezigheid van handelen van de aannemer geen bewijs inhoudt van een instemming met een aangevoerde, maar niet bewezen vraag tot beëindiging van de overeenkomst, in het bijzonder omdat het een belangrijke

---

[3084] S. STIJNS, *De gerechtelijke en de buitengerechtelijke ontbinding van overeenkomsten*, Antwerpen, Maklu, 1994, 630, nr. 489, met aangehaalde rechtspraak en rechtsleer.

[3085] Gent (9ᵉ k. *bis*), 8 december 2017, 2014/AR/2962, onuitg.

[3086] Rb. Antwerpen 5 september 2017, *TBO* 2018, 240; F. VERMANDER, *De opzegging van overeenkomsten*, 2014, 185, nr. 225.

[3087] Kh. Brussel 16 oktober 1990, *T.Aann.* 1998, 51; A. VAN OEVELEN, Overeenkomsten. Deel 2. Bijzondere overeenkomsten. E. Aanneming van werk – Lastgeving in *Beginselen van Belgisch privaatrecht*, Mechelen, Kluwer, 2017, 365; W. GOOSSENS, *Aanneming van werk: Het gemeenrechtelijk dienstencontract*, Brugge, die Keure, 2003, 1041-1042.

[3088] D. VAN DRIESSCHE, "De keuze tussen verbreking en ontbinding in aannemingscontracten: bezint eer ge begint", *TBBR* 2008, 620.

aanneming (100.000 euro) betrof en partijen voordien een gedetailleerde schriftelijke overeenkomst gesloten hadden. Dat de beëindiging dus louter telefonisch afgehandeld zou zijn, leek het hof niet aannemelijk.[3089]

Het opzeggingsrecht van de opdrachtgever geldt onverminderd de andere wettelijke of contractueel bepaalde beëindigingswijzen in de overeenkomst.

1662. Wanneer een aannemingscontract overeenkomstig artikel 1794 BW eenzijdig werd opgezegd en het contract aldus is beëindigd, kan de ontbinding op grond van artikel 1184 BW alsnog worden uitgesproken, zelfs ten nadele van de partij die deze overeenkomst heeft beëindigd.[3090] Ook kan een partij zich nog beroepen op een uitdrukkelijk ontbindend beding wanneer er sprake is van een wanprestatie van de andere partij.[3091]

1663. Omgekeerd kan de opdrachtgever de overeenkomst nog opzeggen wanneer hij reeds een vordering in gerechtelijke ontbinding heeft ingesteld. Zolang de rechtbank de ontbinding niet heeft uitgesproken, bestaat de overeenkomst en kan ze nog worden opgezegd.[3092] Wordt de ontbinding uitgesproken, dan is de overeenkomst reeds definitief beëindigd en kan artikel 1794 BW niet langer ingeroepen worden. Wordt de ontbinding daarentegen afgewezen, dan staat de opdrachtgever niets in de weg om zich alsnog te beroepen op artikel 1794 BW.

§ 7. NIET VAN OPENBARE ORDE – CONTRACTUELE BEPALINGEN

1664. De wettelijke regeling van artikel 1794 BW is niet van openbare orde noch van dwingend recht. Partijen mogen derhalve anders overeenkomen.[3093]

Zo kan afgesproken worden dat de opdrachtgever er geen beroep mag op doen of dat beide partijen het recht hebben. Ze kunnen eveneens een andere vergoedingsregeling overeenkomen.[3094]

1665. Zoals hiervoor aangegeven, worden vaak clausules in de overeenkomst opgenomen die het bedrag bepalen van de vergoeding waarop de aannemer

---

[3089] Brussel (20e k.) 20 oktober 2015, *TBO* 2016, 64.

[3090] Cass. 25 april 2013, *TBO* 2013, 259; Luik 21 februari 2008, *T.Aann.* 2009, 275.

[3091] M. DUPONT, "L'article 1794 du Code civil: volte face impossible?" (noot onder Bergen 21 juni 2004), *TBBR* 2007, 230, nr. 6.

[3092] F. VERMANDER, *De opzegging van overeenkomsten*, 2014, 182, nr. 223.

[3093] Antwerpen 19 januari 1976, *RW* 1976-77, 159: de contractuele afstand werd hier afgeleid uit het feit dat de overeenkomst voor minstens één jaar werd gesloten; Kh. Brussel 7 oktober 1963, *JCB* 1964, 30.

[3094] G. BAERT, *Aanneming van werk* in APR, 2001, 308, nr. 913; W. GOOSSENS, *Aanneming van werk: Het gemeenrechtelijk dienstencontract*, Brugge, die Keure, 2003, 1122, nr. 1195.

recht heeft bij eenzijdige beëindiging van de overeenkomst door de opdrachtgever.

Deze clausule is geen strafbeding of schadebeding in de zin van artikel 1226
BW.[3095] Strafbedingen regelen namelijk de vergoeding die verschuldigd is in
geval van een contractuele fout. Het beding kan derhalve niet op grond van artikel 1231, § 1 BW worden gematigd. De rechter kan de verhouding tussen het overeengekomen bedrag en de schade die door de eenzijdige beëindiging kan worden veroorzaakt, niet beoordelen.[3096] Dit heeft tevens tot gevolg dat het beding
niet getoetst kan worden aan artikel VI.83, 17° WER[3097] of aan artikel VI.83, 24°
WER.[3098] Deze artikelen zijn immers enkel van toepassing op schadebedingen
die worden afgesproken tussen een opdrachtgever-consument en een aannemer-
onderneming.

Het beding betreft wél een opzeggingsbeding, zijnde een beding dat bepaalt
welke vergoeding verschuldigd is wanneer de opdrachtgever zijn recht uitoefent
om de overeenkomst te beëindigen.

1666. Het opzeggingsbeding is onderworpen aan het gemeen contractenrecht.
De rechtbank moet dus nagaan of er geen sprake is van rechtsmisbruik. Indien
de onverkorte toepassing van het opzeggingsbeding tot gevolg heeft dat de aannemer zijn rechten zal uitoefenen op een wijze die kennelijk de grenzen te buiten
gaat van de normale uitoefening van dat recht door een normaal voorzichtig aannemer, geplaatst in dezelfde omstandigheden, kan de rechter de bedongen vergoeding matigen.[3099]

Het recht om de overeenkomst op te zeggen mag bijvoorbeeld niet worden
beknot door de schadevergoeding contractueel dermate hoog te leggen dat zij
ervaren wordt als een sanctie op de eenzijdige verbreking. In dergelijke omstan-

---

[3095] Rb. Antwerpen 9 januari 2017, *RW* 2017-18, 953; R. STEENNOT, "Onrechtmatige bedingen",
TPR 2015, afl. 3-4, 1555-1556; P. CAMBIE, "Opzegbedingen vs. schadebedingen wegens foutieve eenzijdige verbreking: is het een kwestie van formulering?", *Jaarboek Marktpraktijken*
2010, 171-182.

[3096] Cass. 6 september 2002, AR C.00.0150.N, www.cass.be; Cass. 22 oktober 1999, *RW* 2001-02,
1502, *TBH* 2000 (verkort), 181, *JLMB* 2000, 476; in dezelfde zin Cass. 8 december 1988, *Arr.
Cass.* 1988-89, 427, *Pas.* 1989, I, 339; Brussel 13 oktober 2003, onuitg.

[3097] Dit artikel bepaalt dat een beding onrechtmatig is wanneer een bedrag wordt vastgelegd van
de vergoeding verschuldigd door de consument die zijn verplichtingen niet nakomt, zonder in een gelijkwaardige vergoeding te voorzien ten laste van de onderneming; zie ook Rb.
Antwerpen 9 januari 2017, *RW* 2017-18, 953.

[3098] Dit artikel bepaalt dat een beding onrechtmatig is wanneer schadevergoedingsbedragen worden vastgesteld in geval van niet-uitvoering of vertraging in de uitvoering van de verbintenissen van de consument die duidelijk niet evenredig zijn aan het nadeel dat door de onderneming kan worden geleden.

[3099] J. DE CONINCK, "Over schade- en opzegbedingen: waarom de ene bedongen forfaitaire
(schade)vergoeding de andere niet is. Waarom niet eigenlijk", *RW* 2008-09, (1770), 1774, nr. 4;
M. SOMERS, "De opzegging op grond van artikel 1794 BW en het recht van de bouwheer op
schadevergoeding" (noot onder Cass. 11 september 2015), *TBO* 2016, 142.

---

digheden moeten zowel de vergoeding als de honorering van de werkelijk geleverde prestaties *ex aequo et bono* worden bepaald.[3100]

Een opzeggingsbeding kan bovendien getoetst worden aan de algemene definitie van onrechtmatige bedingen.[3101] Wanneer het beding wordt opgenomen in een overeenkomst met een opdrachtgever-consument en het beding tot gevolg heeft dat er een kennelijk onevenwicht ontstaat tussen de rechten van de onderneming en de consument ten nadele van de consument, kan het beding nietig verklaard worden.[3102]

§ 8.   HET HERROEPINGSRECHT: BOEK VI 'MARKTPRAKTIJKEN EN CONSUMENTENBESCHERMING'

1667.   Zoals reeds werd aangegeven, bevat Boek VI van het Wetboek van economisch recht een hoofdstuk over overeenkomsten op afstand en een hoofdstuk over overeenkomsten gesloten buiten de gebruikelijke plaats van beroepsuitoefening. Deze hoofdstukken zijn echter enkel van toepassing tussen de opdrachtgever-consument en de aannemer-onderneming.

Voor de voormelde overeenkomsten wou de wetgever een bijzondere bescherming voor de consument invoeren. Deze bescherming wordt enerzijds gerealiseerd door (1) een informatieplicht voor de onderneming en anderzijds (2) door het toekennen van een herroepingsrecht aan de consument.

Wat de informatieplicht betreft, kan verwezen worden naar Hoofdstuk 10, afdeling 1, § 3. In dit kader is het enkel van belang te weten dat de informatieplicht onder meer betrekking heeft op het herroepingsrecht.

1668.   Bij overeenkomsten op afstand en overeenkomsten die gesloten worden buiten de gebruikelijke plaats van beroepsuitoefening, beschikt de consument over een termijn van veertien dagen om de overeenkomst, zonder opgave van redenen, te herroepen.

De wetgever achtte een dergelijke herroepingstermijn noodzakelijk bij overeenkomsten op afstand, aangezien deze verkooptechniek de consument niet altijd toelaat om onmiddellijk alle inlichtingen te verkrijgen die hij nodig heeft of om alle gewenste vragen te stellen. De herroepingstermijn biedt hem bijgevolg een bescherming die tegemoetkomt aan dit ongemak.[3103]

1669.   Bij overeenkomsten gesloten buiten de gebruikelijke plaats van beroepsuitoefening achtte de wetgever een herroepingsrecht noodzakelijk, gelet op de

---

[3100]   Rb. Tongeren 20 oktober 1980, *T.Aann.* 1990, 363.
[3101]   Art. I.8, 22° WER.
[3102]   Zie bv. Rb. Antwerpen 31 oktober 2017, *TBO* 2018, 254.
[3103]   MvT, *Parl.St.* Kamer 2013-14, nr. 3423/001, 35.

psychologische druk die en/of het eventuele verrassingseffect dat met deze overeenkomsten gepaard gaat.[3104]

1670. Voor dienstenovereenkomsten, zoals de architectenovereenkomst, verstrijkt de herroepingstermijn van veertien dagen de dag nadat de overeenkomst werd gesloten.[3105] Echter, indien de onderneming de consument niet de vereiste informatie over het herroepingsrecht heeft meegedeeld, loopt de herroepingstermijn slechts af twaalf maanden volgend op de oorspronkelijke herroepingstermijn van veertien dagen. Met andere woorden, de herroepingstermijn bedraagt in dat geval één jaar en veertien dagen. Verstrekt de onderneming de informatie over het herroepingsrecht alsnog binnen de twaalf maanden die volgen op de oorspronkelijke herroepingstermijn van veertien dagen, dan verstrijkt de herroepingstermijn veertien dagen na de dag waarop de consument die informatie heeft ontvangen.[3106]

Indien de consument daadwerkelijk zijn herroepingsrecht wil uitoefenen, dient de consument, vóór het verstrijken van de herroepingstermijn, de aannemer op de hoogte te brengen van zijn beslissing om de overeenkomst te herroepen.[3107]

Deze melding kan gebeuren aan de hand van een modelformulier voor herroeping alsook middels ieder andere ondubbelzinnige verklaring waarin hij verklaart de overeenkomst te herroepen.[3108] Bijgevolg volstaat een duidelijke verklaring in een brief of in een telefoongesprek. Echter, de consument dient het bewijs te leveren van het uitoefenen van het herroepingsrecht binnen de vastgestelde termijnen.[3109] Het strekt dus tot aanbeveling dit aan de hand van een duurzame drager te doen.

De aannemer heeft eveneens de mogelijkheid om de consument een online herroepingsformulier aan te bieden. In deze gevallen deelt de aannemer de consument onverwijld op een duurzame gegevensdrager de bevestiging van de ontvangst van de herroeping mee.[3110]

1671. Ten gevolge van deze mededeling dient de aannemer alle van de consument ontvangen betalingen terug te betalen, inclusief, desgevallend, de leveringskosten. Deze bedragen dienen onverwijld en in elk geval veertien dagen na de dag waarop hij wordt geïnformeerd over de beslissing van de consument om de overeenkomst te herroepen, terugbetaald te worden.[3111]

[3104] MvT, *Parl.St.* Kamer 2013-14, nr. 3423/001, 40.
[3105] Art. VI.47; art. VI.67 WER.
[3106] Art. VI.48; art. VI.68 WER.
[3107] Art. VI.49; art. VI.69 WER.
[3108] Art. VI.49; art. VI.69 WER.
[3109] Art. VI.49, § 4; art. VI.69, § 4 WER.
[3110] Art. VI.49, § 3; art. VI.69, § 3 WER.
[3111] Art. VI.50; art. VI.70 WER.

De consument kan de ondernemer uitdrukkelijk verzoeken om de uitvoering van de werken reeds aan te vangen tijdens de herroepingstermijn van veertien dagen.[3112] Wanneer de consument zich vervolgens toch beroept op zijn herroepingsrecht, dient de consument aan de aannemer een bedrag te betalen dat evenredig is aan wat reeds is geleverd op het moment van de kennisgeving van de uitoefening van het herroepingsrecht door de consument. Het evenredige bedrag dat de consument aan de aannemer moet betalen, wordt berekend op basis van de in de overeenkomst bepaalde totale prijs. Als de totale prijs onevenredig is, wordt het te betalen bedrag berekend op basis van de marktwaarde van de verstrekte dienst. Echter, de consument kan niet aangesproken worden voor de kosten van de verstrekte diensten indien de aannemer heeft nagelaten de in het Wetboek van economisch recht bepaalde informatie over het herroepingsrecht mee te delen of indien de consument er niet uitdrukkelijk om heeft verzocht met de uitvoering van de dienst te beginnen tijdens de herroepingstermijn.[3113]

Het kan eveneens voorkomen dat de dienstenovereenkomst reeds volledig werd uitgevoerd. In dergelijk geval kan de consument zich niet meer beroepen op zijn herroepingsrecht als de uitvoering van de overeenkomst is begonnen met uitdrukkelijke voorafgaande instemming van de consument, en mits de consument heeft erkend dat hij zijn herroepingsrecht verliest zodra de aannemer de overeenkomst volledig heeft uitgevoerd.[3114]

1672.   Wat de aannemingsovereenkomsten betreft, dient het herroepingsrecht echter genuanceerd te worden. Immers, indien het een buiten de gebruikelijke plaats van beroepsuitoefening gesloten overeenkomst betreft inzake de constructie van nieuwe gebouwen en de ingrijpende verbouwing van bestaande gebouwen, geldt het herroepingsrecht niet.[3115]

1673.   Daarnaast is het niet mogelijk voor de consument om zich te beroepen op het herroepingsrecht voor onder meer volgende overeenkomsten:
- de levering of verstrekking van goederen of diensten waarvan de prijs gebonden is aan schommelingen op de financiële markt waarop de aannemer geen invloed heeft en die zich binnen de herroepingstermijn kunnen voordoen;
- de levering van volgens specificaties van de consument vervaardigde goederen, of die duidelijk voor een specifiek persoon bestemd zijn;
- de levering van goederen die na levering door hun aard onherroepelijk vermengd zijn met andere producten;
- overeenkomsten waarbij de consument de aannemer specifiek verzocht heeft hem te bezoeken om daar dringende herstellingen of onderhoud te verrichten;

[3112]   Art. VI.46, § 8; art. VI.65, § 2 WER.
[3113]   Art. VI.51, § 3; art. VI.71, § 3 WER.
[3114]   Art. VI.53, 1°; art. VI.73, 1° WER.
[3115]   Art. VI.73, 14° WER.

wanneer de aannemer echter bij een dergelijk bezoek aanvullende diensten verleent waar de consument niet expliciet om heeft gevraagd, of andere goederen levert dan vervangstukken die noodzakelijk gebruikt worden om het onderhoud of de herstellingen uit te voeren, is het herroepingsrecht op die aanvullende diensten of goederen van toepassing;

– de levering van digitale inhoud die niet op een materiële drager is geleverd, als de uitvoering is begonnen met uitdrukkelijke voorafgaande toestemming van de consument en mits de consument heeft erkend dat hij zijn herroepingsrecht daarmee verliest.[3116]

1674.   Ten gevolge van het herroepingsrecht eindigt de verplichting voor de partijen om de overeenkomst uit te voeren of ingeval de consument een aanbod heeft gedaan, een overeenkomst te sluiten.[3117]

1675.   Wat de overeenkomsten op afstand betreft, bepaalt Boek VI WER bovendien uitdrukkelijk dat het aan de aannemer toekomt het bewijs te leveren dat hij heeft voldaan aan de verplichtingen inzake de informatie aan de consument, de naleving van de termijnen, de toestemming van de consument met het sluiten van de overeenkomst en, desgevallend, met de uitvoering ervan gedurende de herroepingstermijn.[3118] Daarenboven zijn de bedingen en voorwaarden, of de combinaties van bedingen en voorwaarden, die ertoe strekken de bewijslast voor de naleving van alle of een deel van de verplichtingen die rusten op de aannemer op de consument te leggen, verboden en bijgevolg nietig. Elk beding waarbij de consument verzaakt aan het voordeel van bovenvermelde rechten, wordt eveneens voor niet geschreven gehouden.[3119]

AFDELING 6.   DE GERECHTELIJKE REORGANISATIE

1676.   Indien de continuïteit van de onderneming onmiddellijk of op termijn bedreigd is, kan de procedure van gerechtelijke reorganisatie opgestart worden conform Titel V van Boek XX WER.[3120]

Oorspronkelijk werd het wettelijk kader hiervoor opgenomen in de wet van 31 januari 2009 betreffende de continuïteit van de ondernemingen (WCO). Deze wet had echter enkel betrekking op de zogenaamde "handelaars", zodat

---

[3116]   Art. VI.53; art. VI.73 WER.
[3117]   Art. VI.52; art. VI.72 WER.
[3118]   Art. VI.62 WER.
[3119]   Art. VI.63 WER.
[3120]   Wet houdende invoeging van het Boek XX "Insolventie van ondernemingen", in het Wetboek van economisch recht, en houdende invoeging van de definities eigen aan Boek XX en van de rechtshandhavingsbepalingen eigen aan Boek XX in het Boek I van het Wetboek van economisch recht.

de vrijberoepsbeoefenaars buiten het toepassingsgebied van de wet bleven. Sinds 1 mei 2018 is het insolventierecht echter opgenomen in Boek XX WER, waardoor het tevens van toepassing werd verklaard op alle ondernemingen.[3121] Hierdoor is het insolventierecht voortaan ook toegankelijk voor vrijberoepsbeoefenaars.

De aanvraag of opening van de procedure van gerechtelijke reorganisatie maakt geen einde aan de lopende overeenkomsten, noch aan de modaliteiten van de uitvoering ervan.[3122] Dit geldt ook voor de contracten met een *intuitu personae*-karakter, zoals de aannemingsovereenkomst.[3123]

De schuldenaar kan evenwel beslissen om een lopende overeenkomst niet langer uit te voeren voor de duur van de opschorting. Dit kan hij enkel op voorwaarde dat die niet-uitvoering noodzakelijk is om een reorganisatieplan te kunnen voorstellen aan de schuldeisers of om de overdracht onder gerechtelijk gezag mogelijk te maken. In dergelijk geval beschikt de schuldeiser, zoals de aannemer, over het recht zijn eigen prestaties op te schorten. Wanneer de schuldenaar beslist een lopende overeenkomst niet langer uit te voeren, dient hij een schadevergoeding te betalen. De schuldeiser beschikt dan over een schuldvordering in de opschorting.[3124]

De strafbedingen, met inbegrip van bedingen tot verhoging van de rentevoet, die ertoe strekken op forfaitaire wijze de potentiële schade te dekken die geleden werd door het niet nakomen van de hoofdverbintenis, blijven zonder gevolg tijdens de periode van opschorting en tot de integrale uitvoering van het reorganisatieplan ten aanzien van de in het plan opgenomen schuldeisers. De schuldeiser kan echter de werkelijk geleden schade aantonen en deze opnemen in zijn schuldvordering in de opschorting.[3125]

AFDELING 7. FAILLISSEMENT

§ 1. FAILLISSEMENT VAN DE AANNEMER

A. *Principe*

1677. Het faillissement van de aannemer heeft op zich geen invloed op het bestaan van de aannemingsovereenkomst.

Op dit principe bestaan enkele uitzonderingen:

[3121] Art. I.22, 7°, art. I.22, 8° en art. I.22, 10° WER.
[3122] Art. XX.56, § 1 WER.
[3123] A. ZENNER, *Wet continuïteit ondernemingen. De eerste commentaar*, Antwerpen, Intersentia, 2009, 101.
[3124] Art. 56, § 2 WER.
[3125] Art. 56, § 3 WER.

- de overeenkomst werd gesloten uit aanmerking van de persoon van de aannemer (*intuitu personae*). Dit zal in bouwzaken minder het geval zijn[3126]:
- de overeenkomst bevat een ontbindend beding daaromtrent.[3127]

Geoordeeld werd dat het beding onwettig is dat een schadevergoeding oplegt in het geval van faillissement, aangezien het de vergoeding van de schade beoogt die de medecontractant oploopt ten gevolge van het faillissement en daardoor de gelijkheid onder de schuldeisers doorbreekt. Indien dit schadebeding daarentegen uitwerking kreeg door de vervroegde beëindiging van de overeenkomst, zelfs indien deze vervroegde beëindiging het gevolg was van de faling van de medecontractant, werd het geldig bevonden. In dit laatste geval staat het schadebeding immers op zich los van het faillissement zelf.[3128]

B.   Keuzerecht van de curator

1.   De curator beslist de werken voort te zetten

1678.   De curator heeft de keuze om de overeenkomst al dan niet voort te zetten. Deze regel is ingegeven door het principe van de gelijkheid van de schuldeisers – een principe dat de openbare orde raakt.

Onder het oude artikel 46 Faill.W. diende de curator onverwijld te beslissen of hij de overeenkomsten die gesloten waren voor de datum van het vonnis van faillietverklaring en waaraan door dat vonnis geen einde werd gemaakt, al dan niet verder zou uitvoeren.

Volgens de rechtspraak van het Hof van Cassatie geldt deze beëindigingsbevoegdheid eveneens voor aan de curator tegenwerpelijke overeenkomsten.[3129] In het arrest van 24 juni 2004 stelde het Hof dat de curator ook tegenwerpelijke overeenkomsten kan beëindigen indien de beëindiging noodzakelijk is voor het beheer van de boedel als een goede huisvader.[3130] In haar arrest van 10 april 2008 voegde het Hof hieraan toe dat de beëindiging noodzakelijk is wanneer de voortzetting van het contract de vereffening van de boedel belet of abnormaal zou bezwaren.[3131]

[3126]   Zie evenwel Kh. Kortrijk 3 juni 1988, *TBH* 1989, 378.

[3127]   Kh. Brussel 17 februari 1997 en Brussel 14 februari 2000, beide vermeld in M.A. FLAMME, P. FLAMME, A. DELVAUX en F. POTTIER, *Le contrat d'entreprise, Chronique de jurisprudence 1990-2000, Les dossiers du Journal des Tribunaux*, Brussel, Larcier, 2001, 499, nr. 604.

[3128]   Bergen 13 oktober 1997, *JLMB* 1999, 15.

[3129]   Zoals beschikkingsbeperkingen opgenomen in een verkoopovereenkomst van een onroerend goed.

[3130]   Cass. 24 juni 2004, *Arr.Cass.* 2004, 1201, *RW* 2005-06, 53, noot W. VAN LEMBERGEN en noot S. BRIJS, *TBH* 2005, 241, noot A. ZENNER en C. ALTER en noot C. VAN BUGGENHOUT en I. VAN MIEROP.

[3131]   Cass. 10 april 2018, *NJW* 2008, 494, noot P. COUSSEMENT, *RW* 2008-09, 1729, noot, *DAOR* 2008, 242, noot J. DERYCKERE en concl. Adv. Gen. G. DUBRULLE, *T.Not.* 2009, 201, noot F. BOUCKAERT, *JT* 2008, 349, noot T. HURNER, *JLMB* 2008, 1592, noot F. GEORGES, *TBH* 2008, 454.

1679. Deze cassatierechtspraak werd opgenomen in het nieuwe artikel XX.139 WER. Thans is voorzien dat de curatoren onverwijld beslissen of zij de overeenkomsten die gesloten zijn vóór de datum van het vonnis van faillietverklaring en waaraan door dat vonnis geen einde wordt gemaakt, al dan niet verder uitvoeren, dan wel of zij de overeenkomsten eenzijdig beëindigen wanneer het beheer van de boedel dit noodzakelijkerwijze vereist.

1680. De beslissing van de curator kan geen afbreuk doen aan *zakelijke* rechten van derden die tegenwerpelijk zijn aan de boedel.

1681. De medecontractant die de overeenkomst met de gefailleerde heeft gesloten, kan de curatoren aanmanen om die beslissing binnen vijftien dagen te nemen. Indien er geen verlenging van termijn is overeengekomen of indien de curatoren geen uitdrukkelijke beslissing genomen hebben voor de termijn verstreken is, wordt de overeenkomst als beëindigd beschouwd. De schuldvordering van de schade die eventueel verschuldigd zou zijn aan de medecontractant wegens deze beëindiging, wordt opgenomen in de boedel.

1682. Indien de curatoren beslissen de overeenkomst uit te voeren, heeft de medecontractant, ten laste van de boedel, recht op de uitvoering van de verbintenis in zoverre zij betrekking heeft op prestaties geleverd na de datum van het vonnis tot faillietverklaring.

De curator van de gefailleerde aannemer kan dus nooit gedwongen worden om het werk te laten voltooien.[3132] Hij dient steeds te handelen in het belang van de gefailleerde aannemer en de gezamenlijke schuldeisers. Hij zal de werken enkel voortzetten indien ze voordelig zijn voor de boedel.

1683. Wanneer de werken worden voortgezet door de curator, wordt de opdrachtgever schuldeiser van de massa voor de verbintenissen en aansprakelijkheden ten aanzien van de goede uitvoering van de werken.

De curatoren zijn derhalve meestal niet geneigd om de werken voort te zetten, aangezien bij problemen bij de werken de afwikkeling van het faillissement met jaren kan worden vertraagd, met alle kosten die daarmee gepaard gaan (bv. van deskundigenonderzoek enz.).

De opdrachtgever zal bij wanprestatie de exceptie van niet-uitvoering inroepen, alsook de compensatie vorderen tussen hetgeen hij verschuldigd is voor de werken en alle schade die hij heeft opgelopen door vertragingen en gebreken in de werken, voor en/of na het faillissement.

1684. Ook dient de curator desgevallend in te staan voor de verzekering van de tienjarige aansprakelijkheid van de aannemer.

[3132] Gent 14 juni 1910, *Pas.* 1910, II, 318, vermeld door J. BAERT e.a., *Bestendig Handboek Privaatrechtelijk Bouwrecht*, Antwerpen, Kluwer, losbl., V.1 – 139, noot 2.

2. De curator beslist de overeenkomst stop te zetten

1685. Meestal zal de curator beslissen de werken niet voort te zetten.

In geval van verbreking van de overeenkomst door de curator kan de bouwheer de schade waartoe de verbreking aanleiding geeft compenseren met de prijs van de nog niet betaalde werken. Het betreft hier immers wederzijdse en samenhangende schulden die hun ontstaan hebben in hetzelfde contract. Dit principe geldt ook indien de aanspraken van de opdrachtgever slechts eisbaar worden na de faillietverklaring.

Indien er geen ernstige gebreken vast te stellen zijn, kan de bouwheer geen schuldvergelijking doen gelden tussen het bedrag dat hij verschuldigd is aan de aannemer en de premie voor een verzekering die hij aangegaan was voor schadegevallen die normaal gezien gedekt zijn door de tienjarige aansprakelijkheid van de aannemer. Er is op dat moment immers geen actuele schade en de schuld van de aannemer is nog louter hypothetisch.[3133]

1686. De curator kan de materialen die zich nog op de werf bevinden, revindiceren voor zover ze nog individualiseerbaar zijn en nog niet verwerkt in het gebouw. Dat de opdrachtgever reeds een voorschot betaalde aan de aannemer maakt hem nog geen eigenaar van die materialen.[3134] Tegenover deze revindicatie zal de opdrachtgever ten aanzien van de materialen zijn retentierecht laten gelden. Het Hof van Cassatie heeft het bestaan van een dergelijk recht bij samenloop van schuldeisers aanvaard.[3135]

Anderzijds kan de opdrachtgever zijn eigen materialen die zich in de massa bevinden en nog niet verwerkt en individualiseerbaar zijn, terugvorderen. De curator zal, indien de opdrachtgever een uitstaande schuld heeft aan de massa, zijn retentierecht doen gelden.[3136]

1687. Overeenkomstig artikel XX.151 WER kan de curator, met machtiging van de rechter-commissaris en na behoorlijke oproeping van de gefailleerde, dadingen aangaan over alle geschillen waarbij de boedel betrokken is, zelfs wanneer het onroerende rechtsvorderingen en rechten betreft. Wanneer de waarde van het voorwerp van de dading 50.000 euro te boven gaat, wordt ze maar verbindend nadat ze door de rechtbank is gehomologeerd op verslag van de rechter-commissaris. De gefailleerde wordt voor de homologatie opgeroepen.

[3133] Antwerpen 5 mei 1987, *T.Gem.* 1987, 691, noot P.R., *Limb.Rechtsl.* 1987, 142.
[3134] Cass.fr. 20 februari 1962, *RTC* 1962, 771, vermeld door BAERT, *o.c.*, V.1 – 140, nr. 7.
[3135] Bv. Cass. 12 september 1986, *Pas.* 1987, I, 41; zie ook Hoofdstuk 5, afdeling 3, § 2, D.
[3136] H. GEINGER, C. VAN BUGGENHOUT en C. VAN HEUVERSWYN, "Overzicht van rechtspraak. Het faillissement en het gerechtelijk akkoord (1990-1995)", *TPR* 1996, 1097.

§ 2.   FAILLISSEMENT VAN DE OPDRACHTGEVER

1688.   Dezelfde regels gelden hier als bij het faillissement van de aannemer, maar dan in omgekeerde zin.

Behalve bij een ontbindend beding heeft het faillissement van de opdrachtgever geen invloed op het voortbestaan van de aannemingsovereenkomst.

De curator heeft de keuze om de werken al dan niet te laten voortzetten. Indien het contract wordt voortgezet, heeft de aannemer, die uiteraard de nodige zekerheden zal wensen, voor de werken uitgevoerd na het faillissement een schuldvordering op de massa.

Indien de curator beslist de aanneming tegen vaste prijs stop te zetten, heeft de aannemer op grond van artikel 1794 BW recht op schadevergoeding voor al zijn uitgaven, al zijn arbeid en alles wat hij bij die aanneming had kunnen winnen. Zijn vordering valt in de massa, maar compensatie is mogelijk met gebeurlijke schadevergoedingen verschuldigd wegens vertraging of gebreken in de werken (zie hierboven).

1689.   De aannemer kan zijn materialen die zich bij de gefailleerde bevinden, revindiceren voor zover ze nog individualiseerbaar zijn en nog niet verwerkt zijn in het gebouw.

1690.   De aannemer beschikt over volgende voorrechten in het faillissement:
- artikel 27, 5° Hyp.W.: een onroerend voorrecht ten belope van de meerwaarde die ontstaan is door de uitvoering van de werken, mits aan de strikte voorwaarden is voldaan (dubbele schatting door een gerechtsdeskundige);
- artikel 20, 4° Hyp.W.: een roerend voorrecht m.b.t. kosten tot behoud van de zaak;
- artikel 20, 12° Hyp. W.: de rechtstreekse vordering[3137], die werd ingesteld vóór het faillissement, blijft haar uitwerking blijft behouden. De rechtstreekse vordering van de onderaannemer tegen de bouwheer kan echter niet meer worden ingesteld na het faillissement van de hoofdaannemer.

1691.   Het faillissement van de opdrachtgever is niet onvoorzienbaar en vormt dus geen overmacht[3138] in hoofde van de aannemer ten opzichte van zijn onderaannemers.[3139]

AFDELING 8.   OVERNAME, FUSIE OF OPSLORPING VAN DE ACTIVITEIT

1692.   Reeds eerder werd aangeduid dat de aannemingsovereenkomst in principe *intuitu personae* gesloten is met de aannemer.

[3137]   Hoofdstuk 5, afdeling 3, § 6.
[3138]   Zie Hoofdstuk 13, afdeling 9.
[3139]   Bergen 30 oktober 1984, *T.Aann.* 1992, 255.

Deze algemene regel kan ook van toepassing zijn indien de aannemingsactiviteit wordt gevoerd onder de vorm van een vennootschap. Inderdaad, de overeenkomst kan zijn aangegaan omwille van de bijzondere hoedanigheden en kunde van de mensen die in deze vennootschap zijn tewerkgesteld of die ze besturen.

Er werd dan ook geoordeeld dat in dergelijk geval het aannemingscontract niet voor overdracht vatbaar was. De overname, fusie of opslorping van de vennootschap (of bedrijfstak daarvan waarin de aannemingsactiviteit wordt uitgevoerd) geeft dan ook de opdrachtgever het recht om de overeenkomst eenzijdig te verbreken zonder schadevergoeding.[3140]

AFDELING 9. OVERMACHT

§ 1. BEGRIP EN GEVOLGEN

1693. Er is sprake van overmacht als er zich een omstandigheid voordoet die de nakoming van de verbintenis van de schuldenaar onmogelijk maakt en de schuldenaar geen fout heeft begaan bij het zich voordoen van deze gebeurtenis.[3141]

1694. Het maakt hierbij niet uit of de schuldenaar een middelen- of een resultaatsverbintenis heeft.[3142]

1695. Indien de overmacht van blijvende aard is en de essentiële verbintenissen van de overeenkomst raakt, wordt deze van rechtswege ontbonden.[3143]

De schuldenaar die zich op overmacht kan beroepen, is bijgevolg bevrijd van zijn verbintenis. De aannemer zal zijn prestaties dus niet meer moeten nakomen. Betreft het een wederkerige overeenkomst, dan wordt aangenomen dat de wederpartij, wegens de onderlinge afhankelijkheid van de wederkerige verbintenissen, ook bevrijd is van zijn verbintenissen.

Eke partij dient bovendien zijn eigen verlies veroorzaakt door de overmacht te dragen. De contractpartijen zijn dus niet gehouden tot betaling van een plaatsvervangende schadevergoeding wegens de niet-uitvoering van de overeenkomst (art. 1147 en 1148 BW).[3144]

De ontbinding geschiedt evenwel *ex nunc* (voor de toekomst). Partijen dienen dus af te rekenen. De opdrachtgever is gehouden de hem geleverde materialen en

---

[3140] Brussel 5 oktober 1988, *TBH* 1989, 883, noot L. LIEFSOENS.
[3141] Cass. 16 maart 1998, *Arr.Cass.* 1998, 320; Cass. 18 september 2000, *Arr.Cass.* 2000, 1385.
[3142] Cass. 18 oktober 2001, www.cass.be; Cass. 21 september 1991, *Arr.Cass.* 1990-91, 66, *RW* 1990-91, 682.
[3143] Cass. 10 januari 1994, *Arr.Cass.* 1994, 17, nr. 10; Cass. 13 januari 1956, *Arr.Cass.* 1956, 367, *Pas.* 1956, I, 461, *RW* 1956-57, 213, noot M. TAQUET.
[3144] Brussel 14 april 1989, *JT* 1989, 356; Brussel 21 januari 1988, *RW* 1990-91, 783.

het gepresteerde werk te vergoeden vooraleer deze hem van enig nut kunnen zijn (vgl. art. 1796 BW).

Wanneer het een enkele verbintenis betreft waarvan de uitvoering materieel onmogelijk is geworden, is de verbintenis in kwestie zonder voorwerp en vervallen.[3145]

Bij vernietiging van de werken door overmacht gelden de regels in verband met de risico's (art. 1788-1790 BW).

Indien de overmacht slechts van tijdelijke aard is, wordt de uitvoering van de overeenkomst geschorst en dit tot wanneer de wijziging van omstandigheden het niet langer onmogelijk maakt om de verbintenis uit te voeren, tenzij de overeenkomst door de vertraging iedere betekenis of ieder nut heeft verloren.[3146]

§ 2. CRITERIA EN VOORBEELDEN

1696. De rechtbank stelt zich doorgaans zeer streng op bij de beoordeling van overmacht. Overmacht dient het gevolg te zijn van een onvoorzienbare, onoverkomelijke en externe gebeurtenis die de uitvoering van de overeenkomst definitief onmogelijk maakt.

De onmogelijkheid dient in de eerste plaats onvoorzienbaar te zijn. Er is geen sprake van overmacht indien de schuldenaar de gebeurtenis had kunnen voorzien voor het sluiten van de overeenkomst.

Overstromingen zijn hiervan een typevoorbeeld, tenminste indien dit gebeurt in een gebied waar dit uitzonderlijk is.[3147] Aanhoudende regen, vorst en sneeuwval worden doorgaans niet aanvaard als overmacht, tenzij dit voor het seizoen in kwestie abnormale weersomstandigheden zijn.[3148]

Een voorbeeld hiervan betrof de situatie waarin de hoofdaannemer in opdracht van de NMBS een nieuw stationsgebouw en een gedeeltelijke pleinoverkapping aan een treinstation bouwde. Een onderaannemer trad op voor de uitvoering van grondwerken. Na een hevige regenbui drong er een hoeveelheid water binnen in de hoogspanningscabine via de door de onderaannemer gelegde kokers, met schade aan de installatie tot gevolg. De rechter oordeelde dat het regenweer ongeveer 12 à 24 uur op voorhand voorspelbaar was en dat de onderaannemer kennis moest hebben van het specifieke risico dat bestond indien het na de werken zou beginnen regenen. De onderaannemer kon zich dus niet beroepen op overmacht.[3149]

[3145] Cass. 25 juni 2010, www.cass.be.
[3146] Cass. 13 januari 1956, *Pas.* 1956, I, 460; A. VAN OEVELEN, "Overmacht en imprevisie in het Belgische contractenrecht", *TPR* 2008, afl. 2, 611; zie uitgebreid: M. DE POTTER DE TEN BROECK, "Tijdelijke versus definitieve overmacht", *NJW* 2017, afl. 363, 378-383.
[3147] Rb. Brussel 1 maart 1988, *RJI* 1992, 230.
[3148] Kh. Brussel 7 augustus 1965, *JT* 1966, 173.
[3149] Brussel 22 juni 2015, *RJI* 2015, afl. 4, 439.

Tevens werd reeds geoordeeld dat de brutale stijging van de prijzen van bepaalde grondstoffen, die de uitvoering van de overeenkomst veel duurder maakte, geen bevrijdende overmacht uitmaakt.[3150] In deze context werd evenwel gepleit voor de toepassing van de leer van het rechtsmisbruik.[3151]

Het faillissement van de opdrachtgever is niet onvoorzienbaar en vormt derhalve geen overmacht in hoofde van de aannemer ten opzichte van zijn onderaannemers.[3152]

1697. De onmogelijkheid om te presteren dient eveneens volstrekt te zijn. Moeilijkheden bij de uitvoering van de overeenkomst, zelfs wanneer die ernstig zijn, vormen geen overmacht.[3153]

Zo werd geoordeeld dat het feit dat men in zware financiële problemen verkeert geen reden van overmacht is, ook al is het onvermogen te wijten aan externe omstandigheden die voor de schuldenaar overmacht uitmaken. Uit het onvermogen om een geldschuld te voldoen, kan de schuldenaar dus niet afleiden dat hij bevrijd is van deze betalingsverbintenis.[3154]

Het faillissement van de schuldenaar en het faillissement van een onderaannemer vormen evenmin overmacht.[3155] Het faillissement van de aannemer-ruwbouw werd in hoofde van de bouwheer dan weer wél aanvaard als overmacht ten aanzien van de contracten met de andere aannemers die zouden instaan voor de verdere afwerking.[3156] Ook het faillissement van de aannemer die twee liften had besteld, werd beschouwd als overmacht in hoofde van de verkoper van de liften ten aanzien van zijn verbintenis om de liften te plaatsen.[3157]

1698. De gebeurtenis dient tevens een vreemde oorzaak te hebben. De schuldenaar mag ter zake geen enkele fout gemaakt hebben.[3158]

Zo is ziekte van de aannemer een grond van overmacht indien het werk alleen door hem kan worden uitgevoerd (art. 1147 BW). Ook de daden van onafhankelijke derden, zijnde de personen voor wie de debiteur niet instaat, worden beschouwd als een vreemde oorzaak.[3159]

Daarentegen werd geoordeeld dat de aannemer zich niet op overmacht kon beroepen omdat een kabel op een diepte lag van 50 centimeter in plaats van op de

---

[3150] Brussel 13 december 1979, *T.Aann.* 1992, 347; Bergen 10 april 1989, *RNB* 1989, 539; Brussel 22 juni 1984, *JT* 1986, 164.

[3151] Zie Hoofdstuk 3, afdeling 3, § 2.

[3152] Bergen 30 oktober 1984, *T.Aann.* 1992, 255.

[3153] Brussel 2 juni 1982, *RW* 1984-85, 1515.

[3154] Cass. 13 maart 1947, *Pas.* 1947, I, 108; Cass. AR C.17.0701.N, 28 juni 2018, www.cass.be.

[3155] Cass. 24 januari 1974, *Pas.* 1974, I, 553; Rb. Brussel 15 september 1987, *RW* 1988-89, 1302.

[3156] Brussel 21 januari 1988, *RW* 1990-91, 783.

[3157] Brussel 6 januari 1985, *JT* 1985, 390.

[3158] Cass. 18 november 1996, *Arr.Cass.* 1996, 1051, *RW* 1997-98, 604, noot; Cass. 9 december 1976, *Arr.Cass.* 1977, 404, *RW* 1977-78, 695.

[3159] Cass. 21 september 1991, *Arr.Cass.* 1990-91, 66, *RW* 1990-91, 682.

wettelijke diepte van 60 centimeter. De aannemer had er immers genoegen mee genomen om de plannen op te vragen, maar had verder niets ondernomen om de ondergrondse hoogspanningskabel te lokaliseren. Dit maakte een inbreuk uit op de AREI. Het gegeven dat in theorie maar tot op een diepte van 30 centimeter gewerkt zou worden, ontsloeg de aannemer er niet van om de kabel toch te lokaliseren.[3160]

Dat er geen omgevingsvergunning wordt verkregen, kan evenmin beschouwd worden als overmacht in hoofde van de bouwheer.[3161] Nochtans stelt bepaalde rechtspraak dat het verkrijgen van een omgevingsvergunning, desgevallend stilzwijgend, een opschortende voorwaarde uitmaakt, wanneer die vergunning vereist is voor de realisatie van een bouwwerk.[3162]

Ook de intrekking van beloofde subsidies kan niet worden ingeroepen als overmacht tegenover de aannemer.[3163]

De fouten of nalatigheden van de lasthebber binden trouwens de lastgever wanneer zij worden begaan binnen de perken van de lastgeving en leveren op zichzelf voor de lastgever geen vreemde oorzaak, toeval of overmacht op.[3164]

§ 3. OVERMACHTSBEDINGEN

1699. Het staat de partijen vrij om de gevolgen van overmacht te regelen en ten laste te leggen van een van de partijen.[3165]

Zo kunnen de partijen een beding in de overeenkomst opnemen dat een opsomming bevat van gebeurtenissen en omstandigheden die door partijen als overmacht in aanmerking worden genomen. Indien deze opsomming uitgebreider is dan wat in het gemeen recht onder het begrip 'overmacht' verstaan wordt, houdt het beding een aansprakelijkheidsbeperking in. Het overmachtbeding kan in dergelijk geval als een exoneratiebeding gekwalificeerd worden.

Wanneer voor een dergelijk beding geopteerd wordt, verdient het aanbeveling om te preciseren dat het om een niet-exhaustieve opsomming gaat. Immers, later kan er discussie bestaan over de kwestie of een gebeurtenis of omstandigheid die niet in de lijst werd opgenomen, maar wel onder het gemeenrechtelijke overmachtsbegrip valt, aan de contractuele omschrijving voldoet. Tevens dient in de clausule bepaald te worden of de gebeurtenissen en omstandigheden al dan niet moeten voldoen aan de gemeenrechtelijke toepassingsvereisten. Het is immers

---

[3160] Rb. Brussel 12 november 2013, *RJI* 2015, afl. 1, 54.
[3161] Luik (3ᵉ k.) 28 juni 1995, vermeld in M.A. FLAMME, P. FLAMME, A. DELVAUX en F. POTTIER, *Le contrat d'entreprise, Chronique de jurisprudence 1990-2000, Les dossiers du Journal des Tribunaux*, Brussel, Larcier, 2001, 515, nr. 634.
[3162] Brussel 21 november 1979, *JT* 1980, 297; Antwerpen, 13 november 1979, *JCB* 1980, 193.
[3163] Bergen 5 maart 1993, *T.Aann.* 1994, 342.
[3164] Cass. 27 april 2010, www.cass.be; Cass. 8 september 1993, *Arr.Cass.* 1993, nr. 335.
[3165] Cass. 11 januari 1883, *Pas.* 1883, I, 29.

belangrijk om te weten aan welke criteria een rechtbank de gebeurtenissen en omstandigheden kan toetsen.

Het kan ook voorkomen dat een overmachtsbeding een verduidelijkende omschrijving van de gebeurtenissen en de omstandigheden bevat die door de partijen als overmacht worden beschouwd.

Vaak beschrijven bovenstaande bedingen eveneens de gevolgen van een overmachtsituatie. Zo kan het beding bepalen dat de schuldenaar, in afwijking van het gemeen recht, voor alle gevolgen van overmacht moet instaan. In dat geval heeft men te maken met een contractuele aansprakelijkheidsuitbreiding. Een dergelijk beding dient dan ook restrictief geïnterpreteerd te worden. In geval van twijfel dient het beding in ieder geval in het voordeel van de schuldenaar te worden uitgelegd.

Indien er een overmachtsbeding wordt opgenomen in een overeenkomst tussen een vrijberoepsbeoefenaar en een consument, mag het beding niet onrechtmatig zijn.[3166] Dit geldt eveneens voor de dienstverleningscontracten die gesloten worden met een consument. Meer in het bijzonder bepaalt artikel VI.83, 12° WER dat het verboden is om de consument niet toe te staan om bij overmacht de overeenkomst te ontbinden, tenzij tegen betaling van een schadevergoeding. Met andere woorden, het recht van de consument om zich op overmacht te beroepen, mag niet beperkt of uitgesloten worden.[3167]

[3166]   Zie Hoofdstuk 10, afdeling 1, § 3, D.
[3167]   A. VAN OEVELEN, "Overmachts- en herzieningsbedingen in het gemene recht en in overeenkomsten met consumenten" in S. STIJNS en K. VANDERSCHOT (eds.), *Contractuele clausules rond de (niet-)uitvoering en de beëindiging van contracten*, Antwerpen, Intersentia, 2006, 276.

HOOFDSTUK 14

HET VERHANDELEN VAN BOUWPRODUCTEN

1700. Oorspronkelijk werd het verhandelen van bouwproducten geregeld door Richtlijn 89/106/EEG van de Raad van de Europese Gemeenschappen van 21 december 1988 betreffende de onderlinge aanpassing van de wettelijke en bestuursrechtelijke bepalingen der lidstaten inzake voor de bouw bestemde producten. De richtlijn werd in de Belgische nationale wetgeving omgezet door de wet van 25 maart 1996 tot uitvoering van voornoemde richtlijn en het koninklijk besluit van 19 augustus 1998 betreffende de voor de bouw bestemde producten.

Richtlijn 89/106/EEG was bedoeld om de technische belemmeringen voor de handel in bouwproducten op te heffen en zo het vrije verkeer ervan binnen de interne markt te bevorderen. Om dat doel te verwezenlijken, voorzag Richtlijn 89/106/EEG in de vaststelling van geharmoniseerde normen voor bouwproducten en het verlenen van Europese technische goedkeuringen (overwegingen 6 en 7 Verordening nr. 305/2011).

Echter, op 9 maart 2011 hebben het Europees Parlement en de Raad Verordening (EU) nr. 305/2011 tot vaststelling van geharmoniseerde voorwaarden voor het verhandelen van bouwproducten en tot intrekking van Richtlijn 89/106/EEG van de Raad[3168] vastgesteld. Richtlijn 89/106/EEG diende immers vervangen te worden om het bestaande kader te vereenvoudigen en te verduidelijken en de bestaande maatregelen transparanter en doeltreffender te maken (overweging 8 Verordening nr. 305/2011).

AFDELING 1. VERORDENING NR. 305/2011

1701. De verordening is van toepassing op bouwproducten, zijnde producten die bestemd zijn om blijvend te worden verwerkt in bouwwerken of delen ervan en waarvan de prestaties invloed hebben op die van de bouwwerken met betrekking tot hun fundamentele eisen (art. 2.1). Zo is de verordening van toepassing op bakstenen, dakpannen, tegels, ramen, kranen enz.

[3168] Verordening (EU) nr. 305/2011 van het Europees Parlement en de Raad van 9 maart 2011 tot vaststelling van geharmoniseerde voorwaarden voor het verhandelen van bouwproducten en tot intrekking van Richtlijn 89/106/EEG van de Raad, *Pb.L.* 4 april 2011.

1702. De verordening bepaalt zeven fundamentele eisen waaraan een bouwwerk moet voldoen (Bijlage I Verordening nr. 305/2011). Deze eisen zijn:
- mechanische weerstand en stabiliteit;
- brandveiligheid;
- hygiëne, gezondheid en milieu;
- veiligheid en toegankelijkheid bij gebruik;
- bescherming tegen geluidshinder;
- energiebesparing en warmtebehoud;
- duurzaam gebruik van natuurlijke hulpbronnen.

Een bouwwerk kan enkel en alleen aan deze eisen voldoen indien de bouwproducten geschikt zijn om in het bouwwerk gebruikt te kunnen worden. De bouwproducten dienen dus over bepaalde essentiële kenmerken te beschikken.

1703. Wanneer een bouwproduct in de handel wordt gebracht, dient een 'prestatieverklaring' opgesteld te worden. Deze prestatieverklaring bevat informatie over de essentiële kenmerken van het bouwproduct (Hoofdstuk 2 Verordening nr. 305/2011).

De essentiële kenmerken worden in de prestatieverklaring per niveau of klasse of door middel van een beschrijving uitgedrukt en dit conform de toepasselijke geharmoniseerde technische specificaties. De Europese Commissie stelt immers een lijst op met geharmoniseerde technische specificaties waarmee de prestaties van de essentiële kenmerken van bouwproducten worden beoordeeld (Hoofdstuk 4 Verordening nr. 305/2011).

1704. Tevens dienen de fabrikanten een 'CE-markering' op het bouwproduct aan te brengen. Door de CE-markering aan te brengen of te laten aanbrengen, geven de fabrikanten te kennen dat zij de verantwoordelijkheid op zich nemen voor de conformiteit van het product met de aangegeven prestaties (art. 8).

AFDELING 2. DE WET VAN 21 DECEMBER 2013

1705. Verordening nr. 305/2011 werd in het Belgische recht omgezet door de wet van 21 december 2013 tot uitvoering van Verordening (EU) nr. 305/2011 van het Europees Parlement en de Raad van 9 maart 2011 tot vaststelling van geharmoniseerde voorwaarden voor het verhandelen van bouwproducten en tot intrekking van Richtlijn 89/106/EEG van de Raad, en tot opheffing van diverse bepalingen.[3169]

[3169] Wet 21 december 2013 tot uitvoering van de Verordening (EU) nr. 305/2011 van het Europees Parlement en de Raad van 9 maart 2011 tot vaststelling van geharmoniseerde voorwaarden

§ 1. FUNDAMENTELE EISEN VOOR DE BOUWWERKEN

1706. Ten eerste bepaalt deze wet dat de Koning de bepalingen kan vaststellen voor de uitvoering van de zeven fundamentele eisen waar de bouwwerken aan moeten voldoen, met inbegrip van de prestaties van de bouwproducten met betrekking tot de essentiële kenmerken of de bepalingen kan vaststellen om de kwaliteit in de bouw te verzekeren (art. 2, § 1).

Zoals reeds aangegeven[3170], dient de aannemer het werk goed uitvoeren, dat wil zeggen met inachtneming van de regels van de kunst, behoudens de contractuele voorschriften. Dit begrip dekt tevens de fundamentele eisen waar de bouwwerken aan moeten voldoen.[3171]

Bovendien dienen de zeven fundamentele eisen beschouwd te worden als minimumvereisten. Indien de wetenschappelijke kennis op een bepaald moment is toegenomen, dient de aannemer zich daarnaar te schikken. Doet hij dit niet, dan voert hij de overeenkomst niet uit volgens de regels van de kunst.[3172]

§ 2. MARKTTOEZICHT

1707. Conform de verordening dient er voldoende markttoezicht uitgeoefend te worden. Zo bepaalt de verordening dat de markttoezichthouders een beoordeling van het bouwproduct moeten uitvoeren in het licht van de in de verordening vastgestelde voorschriften, indien er voldoende reden is om aan te nemen dat een bouwproduct dat onder een geharmoniseerde norm valt of waarvoor er een Europese technische beoordeling is, de aangegeven prestatie niet haalt en dus een risico vormt voor de naleving van de fundamentele eisen voor bouwwerken (art. 56 Verordening nr. 305/2011).

De ambtenaren van de Algemene Directie Economische Inspectie, van de Algemene Directie Kwaliteit en Veiligheid van de Federale Overheidsdienst Economie, KMO, Middenstand en Energie en de ambtenaren en beambten van de inspectiedienst van het Directoraat-generaal Leefmilieu van de Federale Overheidsdienst Volksgezondheid, Veiligheid van de Voedselketen en Leefmilieu houden, ieder wat hen betreft, toezicht op de uitvoering van de bepalingen van de wet en de uitvoeringsbesluiten ervan[3173] (art. 3, § 1).

---

voor het verhandelen van bouwproducten en tot intrekking van Richtlijn 89/106/EEG van de Raad, en tot opheffing van diverse bepalingen, *BS* 20 januari 2014.

[3170] Zie Hoofdstuk 4, afdeling 1, § 1, B.

[3171] Over het begrip van de 'regels van de kunst', zie A. PENNEAU, "La notion de règles de l'art dans le domaine de la construction", *Rev.dr.immo.* 1988, 107.

[3172] Brussel 14 januari 1993, *T.Aann.* 1993, 136; zie ook: R. SIMAR, "Les normes techniques et la responsabilité" in *Actes du Colloque Organisé par la Conference Libre du Jeune Barreau de Liege, Droit de la construction*, Luik, L'ASBL. Editions du Jeune Barreau, 2006, 470-473.

[3173] KB 24 april 2014 tot aanduiding van de ambtenaren belast met het toezicht op de uitvoering van de wet van 21 december 2013 tot uitvoering van de Verordening (EU) nr. 305/2011 van het

1708. Om te controleren of de wet nageleefd wordt, beschikken deze ambtenaren over bepaalde bevoegdheden.

Zo hebben ze het recht om alle dienstige vaststellingen te doen en om te allen tijde binnen te treden in opslagplaatsen, lokalen, werkplaatsen, gebouwen, binnenplaatsen en besloten ruimten waar zij voor het vervullen van hun opdracht toegang toe moeten hebben alsook om elke container of elk voertuig te doorzoeken. Indien nodig kunnen ze zich door de openbare macht laten vergezellen.

Tijdens hun onderzoek mogen ze ook de relevante vaststellingen en het resultaat van de analyses gebruiken die door andere instellingen zijn uitgevoerd.

Ze kunnen tevens bepaalde personen horen, monsters nemen en analyseren (of laten analyseren) en de installaties controleren of laten controleren en, tegen ontvangstbewijs, beslag leggen op documenten die nodig zijn om een overtreding te bewijzen of om de mededaders of de medeplichtigen van de overtreders op te sporen.

Bij de eerste vordering kunnen ze zich, zonder verplaatsing, de bescheiden, stukken of boeken en alle elektronische dragers zoals harde schijven, uitneembare schijven, die zij voor hun opsporingen en vaststellingen nodig hebben, doen voorleggen en een bewijs van hun tussenkomsten bewaren, door elk nuttig middel, inbegrepen kopieën en opnamen (art. 3, §§ 2 en 3).

§ 3. VASTSTELLEN INBREUK

1709. Wanneer vastgesteld wordt dat goederen het voorwerp van een inbreuk uitmaken, kan de aangestelde ambtenaar aan de overtreder voorstellen om vrijwillig afstand te doen van deze goederen. Als de omstandigheden het toelaten, en met het akkoord van de overtreder, gaat de aangestelde ambtenaar over tot de onmiddellijke vernietiging van de ter plaatse achtergelaten goederen. In dat geval staat de overtreder in voor de kosten voor vervoer, bewaring, vernietiging en recyclage ervan. Indien de vrijwillige afstand aanvaard wordt, moeten die verbintenissen in een proces-verbaal van verhoor geacteerd worden (art. 3, § 4).

Een proces-verbaal door de ambtenaren opgesteld, heeft bewijskracht tot het tegendeel is bewezen (art. 3, § 1).

1710. De ambtenaren mogen tevens overgaan tot het bewarend beslag van de producten die het voorwerp van de inbreuk uitmaken. Dit beslag moet door het

---

Europees Parlement en de Raad van 9 maart 2011 tot vaststelling van geharmoniseerde voorwaarden voor het verhandelen van bouwproducten en tot intrekking van Richtlijn 89/106/EEG van de Raad, en tot opheffing van diverse bepalingen, *BS* 9 mei 2014.

Openbaar Ministerie bevestigd worden binnen een termijn van ten hoogste vijftien dagen. De persoon bij wie beslag op de producten wordt gelegd, kan door de aangestelde ambtenaren of het Openbaar Ministerie als gerechtelijk bewaarder van deze producten aangesteld worden (art. 3, § 5).

Ook het Openbaar Ministerie kan, nadat een proces-verbaal werd opgesteld, het bevel geven om beslag te leggen op de producten die het voorwerp van de inbreuk uitmaken. Een dergelijk beslag kan door het Openbaar Ministerie worden opgeheven als de overtreder ervan afziet de producten aan te bieden in de omstandigheden die tot vervolging aanleiding hebben gegeven. Tevens wordt het beslag van rechtswege opgeheven door het vonnis dat een einde maakt aan de vervolgingen, zodra dit in kracht van gewijsde is gegaan, of door seponering van de zaak (art. 4).

1711. Alvorens maatregelen te treffen, kan de controleur er ook voor opteren om een proces-verbaal van waarschuwing op te stellen. Dit wordt binnen dertig werkdagen verzonden.

Indien geen positief gevolg gegeven wordt aan deze waarschuwing binnen de opgelegde termijn, wordt het proces-verbaal door de controleur binnen een termijn van dertig werkdagen naar het Openbaar Ministerie toegezonden of, wanneer de minnelijke regeling wordt toegepast, naar de aangestelde ambtenaar (art. 3, § 7).

1712. Een inbreuk op deze wet kan eveneens strafrechtelijk gesanctioneerd worden (art. 6).

§ 4. TECHNISCHE BEOORDELINGSINSTANTIES

1713. De verordening bepaalt dat de opstelling van ontwerpen van Europese beoordelingsdocumenten (dit zijn documenten waarbij de fabrikant een Europese technische beoordeling kan aanvragen indien een bouwproduct niet of niet volledig onder een geharmoniseerde norm valt) en het verstrekken van Europese technische beoordelingen zou moeten worden toevertrouwd aan technische beoordelingsinstanties. Dergelijke instanties dienen door de lidstaten aangesteld te worden (overweging 22 Verordening nr. 305/2011; art. 29 Verordening nr. 305/2011).

Bijgevolg bepaalt de wet dat de Koning gemachtigd wordt om de maatregelen te nemen tot het ontwikkelen van de procedure betreffende de aanwijzing van, het toezicht op en de beoordeling van de technische beoordelingsinstanties (art. 8).[3174]

[3174] Zie KB 30 september 2014 betreffende de technische beoordelingsinstanties gemachtigd voor het opstellen van een Europees beoordelingsdocument en voor het verstrekken van een Europese technische beoordeling voor bouwproducten, *BS* 13 oktober 2014.

§ 5. PRODUCTCONTACTPUNT

1714. Het is van belang de toegankelijkheid van de nationale technische voorschriften te waarborgen, zodat ondernemingen betrouwbare en nauwkeurige informatie kunnen verzamelen over de wetgeving die van kracht is in de lidstaat waar zij hun producten in de handel willen brengen of aanbieden. De lidstaten moeten daartoe productcontactpunten voor de bouw aanwijzen (overweging 42 Verordening nr. 305/2011; art. 10 Verordening nr. 305/2011).

Daarom machtigt de wet de Koning om een nationaal productcontactpunt te installeren dat inlichtingen kan geven over de nationale regelgevingen met betrekking tot bouwproducten[3175] (art. 10).

§ 6. HET UITVOEREN VAN OPDRACHTEN ALS DERDE PARTIJ

1715. Overeenkomstig artikel 40 van Verordening nr. 305/2011 kunnen bepaalde instanties gemachtigd worden om als derde partijen opdrachten uit te voeren die onder de procedure voor beoordeling en verificatie van de prestatiebestendigheid vallen, alsook onder de controle ervan.

De wet geeft de Koning de bevoegdheid om, op voordracht van de minister bevoegd voor Economie, de procedure te bepalen betreffende de beoordeling en de aanmelding van de instanties die gemachtigd worden om, als derde partijen, taken uit te voeren die deel uitmaken van de procedure voor de beoordeling en de verificatie van de prestatiebestendigheid, alsook van de procedure voor het toezicht op deze instanties (art. 9).

§ 7. TECHNISCHE COMMISSIE VOOR DE BOUW

1716. Ten slotte bepaalt de wet eveneens dat de Koning, op voordracht van de minister bevoegd voor Economie, een adviescommissie opricht, genoemd 'Technische Commissie voor de Bouw – Commission technique de la Construction', afgekort als 'TCB-CTC'. Deze commissie is samengesteld uit vertegenwoordigers van de betrokken federale, gewestelijke en communautaire ministeriële departementen, van de gespecialiseerde instellingen van openbaar nut en van de belanghebbende beroepsorganisaties (art. 11).

[3175] KB 4 april 2014 tot vaststelling van de bepalingen met betrekking tot het Productcontactpunt voor de Bouw, *BS* 15 april 2014.

HOOFDSTUK 15

BOUWTECHNISCHE
VERZEKERINGSCONTRACTEN

AFDELING 1. INLEIDING

§ 1. HET BOUWGEBEUREN KENT BIJZONDERE RISICO'S

1717.   Iedere partij in het bouwgebeuren heeft bepaalde risico's.

In de eerste plaats de opdrachtgever zelf. In bepaalde gevallen zal hij de financiële gevolgen moeten dragen van een verlies of schade aan de bouwwerf. Vervolgens kan hij tevens gehouden zijn op grond van een buitencontractuele aansprakelijkheid voor schade aan derden. Het derde risico dat ten laste kan vallen van de bouwheer is de objectieve aansprakelijkheid volgens artikel 544 BW.

De tweede partij is de architect. De risico's van de architect (en daar zijn in deze context ook de raadgevende ingenieurs, het studiebureau en de ingenieurs speciale technieken onder begrepen) behelzen in de eerste plaats de contractuele aansprakelijkheid voor schade die zich manifesteert tijdens of na de uitvoering van de werken. Daarnaast kunnen deze personen tevens gehouden zijn op extra-contractuele basis.

De derde partij in het bouwgebeuren is de aannemer (en eveneens de onder-aannemers en de installateurs). Het eerste risico voor deze categorie is een beschadiging of verlies van de uitgevoerde werken. Pas bij de oplevering wordt dit risico overgedragen aan de bouwheer. Hun tweede risico is uiteraard de con-tractuele aansprakelijkheid ten aanzien van de opdrachtgever na de uitvoering van de werken en de tienjarige aansprakelijkheid na de oplevering ervan. Het derde risico in hoofde van de aannemers is de buitencontractuele aansprakelijk-heid voor schade aan derden. Deze derden kunnen de opdrachtgever zijn, de architect, maar ook alle partijen vreemd aan het bouwgebeuren. Ten slotte kan de aannemer tevens worden aangesproken op grond van de objectieve aanspra-kelijkheid van de bouwheer volgens artikel 544 BW, voor zover hij dat risico op grond van een overeenkomst (dikwijls via een clausule in het lastenboek) heeft opgenomen.

§ 2. SPECIFIEKE POLISSEN

A. Algemeen

1718. Om de partijen die betrokken zijn in het bouwproces in te dekken tegen de risico's die daarmee gepaard gaan, werden verscheidene specifieke bouwtechnische verzekeringen ontwikkeld. Hierna zullen vier specifieke types worden besproken. Het betreft zowel zaakverzekeringen als aansprakelijkheidsverzekeringen.

In de eerste plaats zijn er de beroepsaansprakelijkheidsverzekeringen die betrekking hebben op hetzij de uitvoerders (aannemers en onderaannemers), hetzij de ontwerpers (de architecten en de raadgevend ingenieurs). Vervolgens is er de verzekering Alle Bouwplaats Risico's (ABR- of werfverzekering) en de controleverzekering. Beide laatste types kunnen worden onderschreven per bouwplaats door alle betrokken partijen. Als laatste wordt ook de verplichte verzekering tienjarige aansprakelijkheid besproken.

De beroepsaansprakelijkheidsverzekering onderscheidt zich van de twee andere types door haar persoonsgebonden karakter. Het is de persoon die verzekerd is en niet, zoals bij het tweede en derde type, een bepaald bouwwerk.

In alle gevallen gaat het om verzekeringspolissen die worden afgesloten vóór de aanvang van de werken voor schadegevallen die zich kunnen voordoen tijdens of na de uitvoering ervan.

De verschillende polissen vallen onder de wet betreffende de verzekeringen van 4 april 2014[3176] (hierna W.Verz.).

B. Zaakverzekeringsovereenkomsten

1719. De verbintenis van de zaakverzekeraar bestaat erin de in de overeenkomst bepaalde prestatie te leveren (art. 5, 14° W.Verz.) en meer bepaald in het kader van dit hoofdstuk verder besproken polissen, een bedrag te betalen. Het te betalen bedrag kan niet hoger zijn dan de schade van de verzekerde (art. 93 W.Verz.) en is beperkt tot de verzekerde waarde. Voor de verzekering van een gebouw komen de nieuwwaarde of de herstelkosten in aanmerking, al dan niet rekening houdend met de vetusteit van het gebouw en de onderdelen ervan.

Bij zaakschadeverzekeringen beslist de verzekerde vrij voor welk maximaal bedrag hij een waarborg wenst.

C. De aansprakelijkheidsverzekering – Leiding van het geschil

1720. Bij een aansprakelijkheidsverzekering is de verzekeraar verplicht tot dekking van alle vorderingen tot vergoeding van schade die in de overeenkomst is beschreven (art. 141 W.Verz.). De verzekeraar betaalt de in hoofdsom verschul-

---

[3176] *BS* 30 april 2014.

digde schadevergoeding ten belope van de dekking (art. 146, eerste lid W.Verz.). Hij betaalt bijkomend ook de interesten, gedingkosten, honoraria en kosten van de advocaat en eventuele deskundige.[3177]

1721. Aan de verzekeraar komt de leiding van het geschil toe, wat betekent dat hij het recht heeft om, in de plaats van de verzekerde, de vordering in aansprakelijkheid van de benadeelde te bestrijden.

Het recht om de leiding van het geschil op te nemen geldt voor zover de belangen van de verzekeraar en de verzekerde samenvallen.[3178] Het houdt geen afstand in om nog dekking te weigeren wanneer er omstandigheden bekend worden waarop de verzekeraar zich kan beroepen om dekking te weigeren.

Zo kan een BA-verzekeraar wachten om standpunt in te nemen over dekking tot nadat de eerste resultaten van een gerechtelijke expertise bekend worden.[3179]

Zodra de verzekeraar weet dat er een belangenconflict is, dient hij standpunt in te nemen of hij zich zal beroepen op een uitsluiting. Wacht hij hiermee te lang, dan kan hij de schijn hebben verwekt om dekking te verlenen. Wanneer hij zich nadien toch een uitsluiting zou opwerpen, kan dat als rechtsmisbruik worden beschouwd, met als sanctie dat hem dat recht wordt ontzegd.[3180, 3181]

AFDELING 2. DE BEDRIJFS- EN BEROEPS-AANSPRAKELIJKHEIDSVERZEKERING VOOR ARCHITECTEN EN RAADGEVENDE INGENIEURS

§ 1. BEGRIP – VERPLICHTING

1722. Hoewel het ondenkbaar is dat men een gebouw kan oprichten zonder dat de betrokken partijen verzekerd zijn voor de gevolgen van hun verantwoordelijkheid, waren in België nochtans, anders dan in verscheidene andere landen[3182], enkel de architecten verplicht om zich te verzekeren voor hun beroeps- en tienjarige aansprakelijkheid.

Aanvankelijk bestond er enkel een deontologische verplichting tot verzekering.[3183]

[3177] Zie hierover verder L. SCHUERMANS en C. VAN SCHOUBROECK, *Grondslagen van het Belgische verzekeringsrecht*, 3e ed., 2015, 551-554.

[3178] Antwerpen 23 januari 2008, *T.Verz.* 2010, 335.

[3179] Gent 6 april 2006, *RW* 2009-10, 1784; Rb. Nijvel 5 oktober 2009, *RGAR* 2010, 14.610.

[3180] Gent 24 december 2009, *T.Verz.* 2010, 314.

[3181] Zie hierover verder L. SCHUERMANS en C. VAN SCHOUBROECK, *Grondslagen van het Belgische verzekeringsrecht*, 3e ed., 2015, 547-550.

[3182] O.a. Frankrijk sedert de Wet Spinetta van 4 januari 1978.

[3183] Art. 15 Reglement van de Nationale Raad van de Orde der Architecten op de Beroepsplichten van Architecten van 29 april 1983, goedgekeurd bij KB van 18 april 1985, *BS* 8 mei 1985.

Vanuit de Nationale Raad van de Orde van Architcten werd een aanbeveling uitgevaardigd omtrent de minimale inhoud van de beroepsaansprakelijkheidsverzekering die de architecten dienen af te sluiten.[3184]

Door de wet van 15 februari 2006 werden de artikelen 2 en 9 van de wet van 20 februari 1939 ingrijpend gewijzigd. Thans werd de plicht om zich te verzekeren bij wet vastgelegd.

Zo bepaalt artikel 9 van de wet van 20 februari 1939 het volgende: "Alle natuurlijke personen of rechtspersonen die ertoe gemachtigd werden overeenkomstig deze wet het beroep van architect uit te oefenen en van wie de aansprakelijkheid, met inbegrip van de tienjarige aansprakelijkheid, kan worden verbonden wegens de handelingen die zij beroepshalve stellen of de handelingen van hun aangestelden dienen door een verzekering te zijn gedekt. Deze verzekering kan kaderen in een globale verzekering voor alle partijen die in de bouwakte voorkomen."

Het beroep van architect kan eveneens uitgeoefend worden door een rechtspersoon. In dat geval zijn alle zaakvoerders, bestuurders, leden van het directiecomité en meer algemeen alle zelfstandige mandatarissen die optreden in naam en voor rekening van de rechtspersoon, hoofdelijk aansprakelijk voor de betaling van de verzekeringspremies.

Is de rechtspersoon niet door een verzekering gedekt, dan zijn de bestuurders, zaakvoerders en leden van het Bestuurscomité hoofdelijk aansprakelijk ten opzichte van derden voor iedere schuld die uit de tienjarige aansprakelijkheid voortvloeit (art. 9).

Bij KB van 25 april 2007[3185] werden de minimumvoorwaarden vastgelegd waaraan de verzekering voor architecten moet voldoen. Het betreft onder meer het minimum te waarborgen plafond, de uitgebreidheid in de tijd van de waarborg en de risico's die gedekt dienen te worden.[3186]

Op ieder ogenblik en onder meer op vraag van zijn raad moet de architect een attest kunnen voorleggen waaruit blijkt dat de dekking van zijn burgerlijke aansprakelijkheid in overeenstemming is met deze aanbeveling.

De beroepsaansprakelijkheidsverzekering valt thans binnen het kader van de wet van 4 april 2014 betreffende de verzekeringen.[3187]

De architect mag in geen geval een ABR-polis (zie verder) in de plaats stellen van een beroepsaansprakelijkheidsverzekering. De waarborgen die verstrekt worden door een dergelijke verzekering zijn immers te beperkt, niet alleen omdat ze slechts een welbepaalde bouwplaats tot voorwerp hebben, maar ook omdat ze

---

[3184] Aanbeveling van de Nationale Raad van de Orde van Architecten van 11 oktober 1985 inzake de inwerkingtreding van artikel 15 van het Reglement van Beroepsplichten (verplichte verzekering).

[3185] KB 25 april 2007 betreffende de verplichte verzekering voorzien door de wet van 20 februari 1939 op de bescherming van de titel en van het beroep van architect, *BS* 23 mei 2007.

[3186] Zie hierna; zie ook I. RAMBOER, "De verplichte aansprakelijkheidsverzekering voor architecten", *TBO* 2007, 194-198.

[3187] *BS* 30 april 2014.

niet alle risico's omvatten die de architect moet dragen bij de uitvoering van zijn opdracht. Bovendien kan de ABR-polis zijn uitwerking verliezen zonder dat de architect daaraan kan te verhelpen (bv. niet betalen van premies door de verzekeringnemer, niet naleven van dwingende bepalingen op straf van verval enz.).

§ 2. GEWAARBORGDE RISICO'S, UITBREIDINGEN EN UITSLUITINGEN

1723. Als verzekerden wordt beschouwd: elke natuurlijke persoon of rechtspersoon die ertoe gemachtigd is het beroep van architect uit te oefenen en die in de verzekeringsovereenkomst vermeld staat alsook zijn aangestelden. Wanneer zij voor rekening van de architect handelen, worden het personeel, de stagiairs en andere medewerkers beschouwd als aangestelden.

Om te vermijden dat er, bij een schadegeval waarbij verschillende architecten van eenzelfde associatie betrokken zijn, een discussie zou ontstaan tussen verschillende verzekeraars, is het wenselijk dat er een polis wordt afgesloten door de vennootschap die deze polis onderschrijft voor rekening van alle betrokken architecten en waarbij zij als verzekerden zijn opgenomen.[3188]

In het geval van een rechtspersoon zijn de bestuurders, zaakvoerders, leden van het directiecomité en alle andere organen van de rechtspersoon die belast zijn met het beheer of het bestuur van de rechtspersoon, welke benaming ze ook hanteren wanneer zij handelen voor rekening van de rechtspersoon in het raam van de uitoefening van het beroep van architect, eveneens verzekerd (art. 3 KB 27 april 2007).

1724. De architect dient in principe zijn volledige aansprakelijkheid te dekken, en dus niet enkel zijn tienjarige aansprakelijkheid.

Met andere woorden, de verzekering dient elke vorm van contractuele of buitencontractuele aansprakelijkheid te dekken wegens handelingen die architecten of hun aangestelden beroepshalve stellen, zowel vóór als na de aanvaarding van de werken, met inbegrip van de tienjarige aansprakelijkheid en de gemeenrechtelijke contractuele aansprakelijkheid voor lichte verborgen gebreken n aanvaarding van de werken.

De verzekering dekt de burgerlijke aansprakelijkheid die voortvloeit uit de activiteiten van architect. Onder activiteiten van de architect dienen alle handelingen begrepen te worden die een architect beroepshalve stelt en die een werkzaamheid betreffen op het gebied van de architectuur, zelfs al behoren zij niet tot de werkzaamheden die uitsluitend voorbehouden zijn aan het beroep van architect.[3189]

Op limitatieve wijze werd bepaald welke posten uitgesloten mogen worden van de dekking.

[3188] I. RAMBOER, "De verplichte aansprakelijkheidsverzekering voor architecten", *TBO* 2007, 196.
[3189] Art. 4.2 Aanbeveling 24 april 2009 betreffende de verplichte verzekering, www.architect.be.

Het betreft twee posten:
- de schade ingevolge radioactiviteit;
- de schade die voortvloeit uit lichamelijke letsels ingevolge de blootstelling aan wettelijk verboden producten (art. 5 KB 25 april 2007).

In het kader van de beroepsaansprakelijkheid neemt de verzekeraar zowel de lichamelijke, stoffelijk als de immateriële schade ten laste.

§ 3. DUUR VAN HET CONTRACT EN DEKKINGSTERMIJN

1725. De verzekeringswaarborg geldt voor alle vorderingen die tijdens de geldigheidsduur van de verzekeringsovereenkomst schriftelijk worden ingesteld tegen de verzekerden of de verzekeringsonderneming op basis van een in deze overeenkomst gewaarborgde aansprakelijkheid en die betrekking hebben op schade die tijdens dezelfde periode is voorgevallen.

Echter, er werd tevens voorzien in een zogenaamde 'posterioriteitsclausule'. De dekking blijft immers verworven voor de vorderingen die worden ingesteld binnen een termijn van tien jaar te rekenen vanaf de dag dat er een einde is gemaakt aan de inschrijving op de tabel van de Orde van Architecten (art. 6 KB van 2 april 2007). Ook in haar aanbeveling heeft de Orde van Architecten gestipuleerd dat de aansprakelijkheid van de architect ingeroepen kan worden voor de niet-aanvaarde werken binnen een termijn die niet langer kan zijn dan tien jaar.[3190]

Los van het bovenstaande, dient ook rekening gehouden te worden met artikel 142 Verz.W. Dit artikel bepaalt immers dat bepaalde vorderingen ook in aanmerking genomen worden, op voorwaarde dat ze schriftelijk worden ingesteld tegen de verzekerde of de verzekeraar binnen zesendertig maanden te rekenen van het einde van de overeenkomst. De vorderingen moeten betrekking hebben op:
- schade die zich tijdens de duur van de overeenkomst heeft voorgedaan indien bij het einde van deze overeenkomst het risico niet door een andere verzekeraar is gedekt;
- daden of feiten die aanleiding kunnen geven tot schade, die tijdens de duur van deze overeenkomst zijn voorgevallen en bij de verzekeraar zijn aangegeven.

§ 4. VERZEKERBARE BEDRAGEN EN KOSTPRIJS

1726. Artikel 4 KB 25 april 2007 bepaalt de minimale dekking per schadegeval.

De dekking in geval van burgerlijke aansprakelijkheid die in de verzekeringsovereenkomst opgenomen is, mag per schadegeval niet lager zijn dan:
1) 1.500.000 euro voor de schade die voortvloeit uit lichamelijke letsels;

[3190] Art. 7.3 Aanbeveling 24 april 2009 betreffende de verplichte verzekering, www.architect.be.

2) 500.000 euro voor het totaal van de materiële en immateriële schade;

3) 10.000 euro voor de voorwerpen die aan de verzekerde zijn toevertrouwd.

§ 5. MELDINGSPLICHT

1727. De architect heeft een mededelingsplicht aan zijn medecontractant en aan de Orde.

In de architectenovereenkomst moet hij de gegevens van de polis (verzekerings-maatschappij en polisnummer) vermelden, alsook de coördinaten van de raad van de Orde van Architecten waaronder hij ressorteert (art. 7, § 2 KB 25 april 2007).

De architect dient tevens kennis te geven aan de raad van de Orde wanneer hij de verzekeringspolis opzegt, en dit minstens vijftien dagen voor de te vermelden einddatum (art. 7, § 1 KB 25 april 2007).

§ 6. VERANTWOORDELIJKHEID VAN DE MANDATARISSEN

1728. Wanneer het beroep van architect wordt uitgeoefend door een rechtspersoon, zijn alle zaakvoerders, bestuurders, leden van het directiecomité en meer algemeen alle zelfstandige mandatarissen die optreden in naam en voor rekening van de rechtspersoon hoofdelijk aansprakelijk voor de betaling van de verzekeringspremies.

Wanneer de rechtspersoon niet door een verzekering is gedekt, zijn de bestuurders, zaakvoerders en de leden van het directiecomité hoofdelijk aansprakelijk ten opzichte van derden voor iedere schuld die uit de tienjarige aansprakelijkheid voortvloeit.

Aangezien deze regel de openbare orde raakt, is er dus geen hoofdelijke aansprakelijkheid voor de gevolgen van vorderingen die niet voortvloeien uit de tienjarige aansprakelijkheid, zoals vorderingen op basis van de contractuele aansprakelijkheid tijdens de bouwperiode en uit hoofde van de lichte, verborgen gebreken die zich manifesteren na de aanvaarding van de werken.[3191]

§ 7. SANCTIONERING

1729. Zowel de architect-natuurlijke persoon als de rechtspersoon lopen het risico te worden gesanctioneerd wanneer er geen verzekering voorhanden is.

[3191] F. BURSSENS, "Het voeren van de titel en de uitoefening van het beroep van architect na de wet van 15 februari 2006" in F. BURSSENS (ed.), *De architectenvennootschap*, Antwerpen, Maklu, 2007, 27; B. KOHL, "Aspects récents des conditions d'excercice de la profession d'architecte" in *Droit de la construction*, Luik, Editions du Jeune Barreau de Liège, 2006, 41.

In de eerste plaats kunnen er tuchtrechtelijke sancties worden opgelegd wegens de overtreding van artikel 15 van het Reglement van beroepsplichten. Daarnaast bepaalt artikel 1 van de wet van 20 februari 1939 dat wie het beroep van architect uitoefent zonder voorafgaandelijke verzekering, gestraft wordt met geldboeten van 200 euro tot 1000 euro, te vermeerderen met de opcentiemen.

§ 8. DISCRIMINATIE TEN OPZICHTE VAN ANDERE BEROEPSGROEPEN?

1730.   De Orde van Architecten heeft bij het Grondwettelijk Hof een beroep tot vernietiging van artikel 2, § 4 en artikel 9 wet 20 februari 1939 ingesteld. De Orde meende dat architecten door deze artikelen gediscrimineerd werden, aangezien de bovenvermelde artikelen enkel een verzekeringsplicht opleggen aan architecten, terwijl eenzelfde plicht niet bestaat voor de andere beroepsgroepen die actief zijn in de bouwsector.

Dit beroep werd verworpen door het Grondwettelijk Hof. Het Hof oordeelde dat de wetgever de architect, wegens de bijzondere opdrachten die met zijn beroep verbonden zijn, heeft willen onderscheiden van een aantal andere actoren binnen de bouwsector, door de architecten aan eigen regels te onderwerpen. Het onderscheid tussen architecten en andere actoren in de bouwsectoren wat betreft de verzekeringsplicht, is bijgevolg objectief en pertinent.

Echter, het Hof heeft toch een discriminatie vastgesteld. Het Hof oordeelde immers dat de verplichtingen van de verschillende actoren in de bouwsector dermate samenhangend zijn dat bij problemen van aansprakelijkheid niet altijd kan worden uitgemaakt wie verantwoordelijk is en voor welk aandeel in de schade. Dat leidt ertoe dat geregeld meerdere personen *in solidum* tot betaling van schadevergoeding worden verplicht. Doordat architecten als enige beroepsgroep in de bouwsector wettelijk verplicht zijn hun beroepsaansprakelijkheid te verzekeren, dreigt hun aansprakelijkheid bij een veroordeling *in solidum* meer dan die van de andere beroepsgroepen in het gedrang te komen, zonder dat voor dat verschil in behandeling een objectieve en redelijke rechtvaardiging bestaat.

Volgens het Hof was de bovenstaande discriminatie niet het gevolg van de verzekeringsplicht opgelegd bij de bestreden wet, maar van de ontstentenis in het recht van toepassing op de andere "partijen die in de bouwakte voorkomen" van een vergelijkbare verzekeringsplicht.[3192]

Thans is door de invoering van de verplichte verzekering 'tienjarige aansprakelijkheid' (deels) een einde gekomen aan deze discussie.

[3192]   GwH 12 juli 2007, *NJW* 2008, afl. 179, 251, noot G. JOCQUÉ, *TBO* 2007, 199, noot.

AFDELING 3. DE BURGERLIJKE AANSPRAKELIJK-HEIDSVERZEKERING VOOR AANNEMERS

§ 1. VERZEKERINGNEMER EN VERZEKERDE

1731. In deze verzekering (ook aangeduid als BA-Exploitatie) is de verzekeringnemer de natuurlijke of rechtspersoon die de verzekering afsluit en die actief is in de bouwsector.

De verzekerde zijn, behalve de verzekeringnemer, tevens de meewerkende gezinsleden, bestuurders, vennoten en werknemers van de verzekerde onderneming, voor zover die personen handelen binnen de verzekerde beroepsactiviteit.

§ 2. VOORWERP VAN DE VERZEKERINGSWAARBORG, UITBREIDING EN UITSLUITINGEN

1732. De verzekering dekt in de eerste plaats de burgerrechtelijke aansprakelijkheid voor schade die zich manifesteert tijdens de duur van de verzekering en die ofwel werd veroorzaakt naar aanleiding van de exploitatie van de verzekerde onderneming, ofwel werd veroorzaakt door de goederen na hun levering of door de werken na hun uitvoering. Tevens wordt de schadevergoeding als gevolg van een objectieve en foutloze aansprakelijkheidsvordering tegen de aannemer wegens burenhinder gedekt krachtens artikel 544 BW.

Waar vroeger het exploitatierisico enkel werd gedekt voor de extracontractuele aansprakelijkheid, hebben thans bepaalde verzekeraars de waarborg uitgebreid tot de contractuele aansprakelijkheid (weliswaar beperkt).

1733. De waarborg omvat de lichamelijke en stoffelijke schade, alsook de onstoffelijke schade, zoals werkstilstand, winstderving, gebruiks- of genotsderving, op voorwaarde dat die voortvloeit uit gedekte lichamelijke of stoffelijke schade. Andere onstoffelijke schade is gedekt voor zover die te wijten is aan een voor de verzekerde abnormale, onvrijwillige en onvoorzienbare gebeurtenis.

In de polissen zijn meestal uitgesloten:

– de aansprakelijkheid voor schade door milieuverontreiniging en voor schade aan personen en goederen die daaruit voortkomt. Bepaalde polissen dekken deze schade voor zover ze het gevolg is van een plotse en voor de verzekerde onverwachte gebeurtenis (ongeval);

– de schade aan goederen waarvan de verzekerde, huurder, bewaarnemer, ontlener of houder is, of die hem werden toevertrouwd om eraan te werken;

– schade veroorzaakt door opzet of zware fout zoals dit door de polis nader wordt omschreven (bv. naar aanleiding van een staat van dronkenschap, door het plegen van geweld op personen, door overtreding van elementaire veiligheidsvereisten of wegens het kennelijk ontbreken van de vereiste beroepsbekwaamheid);

– wat betreft de verzekering burgerlijke aansprakelijkheid na levering van goederen of na uitvoering van werken, de schade aan de geleverde goederen of uitgevoerde werken zelf en de kosten om deze te vervangen of te herstellen.

Ten aanzien van de contractuele aansprakelijkheid wordt uitgesloten:
– schade wegens het geheel of gedeeltelijk niet uitvoeren van een contract;
– boetes en aanspraken op grond van een vrijwaringsclausule voor schade veroorzaakt door derden (waaronder de contractuele overdracht van bouwheer aan aannemer van de aansprakelijkheid op grond van art. 544 BW).

Zo oordeelde de rechtbank van Antwerpen dat een promotor-aannemer die onder meer aansprakelijk werd gesteld wegens het niet-naleven van de bouwvergunning en het niet werken onder de controle van een architect, hierdoor inbreuken had gepleegd op de toepasselijke wetgeving en de regels en gebruiken eigen aan de verzekerde activiteiten, met verval van dekking tot gevolg.[3193]

§ 3. VERZEKERBARE BEDRAGEN EN KOSTPRIJS

1734. Meestal bieden de polissen een waarborg van 1,25 miljoen euro per schadegeval voor schade aan personen, en van 250.000 euro voor schade aan goederen. Afhankelijk van de aard van de onderneming kunnen deze bedragen worden verhoogd.

In de meeste polissen wordt de premie opgesplitst. Voor de waarborg van het exploitatierisico wordt meestal een percentage toegepast op de loonmassa. Wat betreft de waarborg na levering wordt een percentage genomen op de omzet.

De percentages zijn afhankelijk van de aard van de verzekerde activiteit en van de schadestatistiek.

§ 4. VRIJSTELLING

1735. De franchise is afhankelijk van de verleende waarborg en kan tot 2500 euro of meer bedragen per schadegeval.

§ 5. DUUR VAN HET CONTRACT EN DEKKINGSTERMIJN

1736. De polis loopt meestal een jaar en kan telkens stilzwijgend worden verlengd.

[3193] Rb. Antwerpen (afd. Antwerpen) 9 oktober 2018, *TBO* 2019, 61; zie ook C. VAN SCHOUBROECK e.a., "Wet op de landverzekeringsovereenkomsten", *TPR* 2016, 690.

Bij de beëindiging van de verzekering houdt de verzekering op. De schadegevallen die zich nadien voordoen, zijn niet gedekt, tenzij ze vallen onder de burgerlijke aansprakelijkheid na uitvoering van werken.

Het onderscheid tussen de burgerlijke aansprakelijkheid voor het exploitatierisico en die na levering van goederen of na uitvoering van de werken is dikwijls moeilijk te maken. In een geval waarbij een stukadoor pleisterwerken diende uit te voeren en hierbij de koelinrichting loskoppelde en ze vergat na de uitvoering van de werken weer in te schakelen waardoor de koelinrichting en de inhoud ervan beschadigd waren, oordeelde de rechtbank van koophandel van Dendermonde dat de schade gedekt was door de waarborg burgerlijke aansprakelijkheid exploitatie. De oorzaak van de schade lag in het feit dat de koelinrichting niet opnieuw ingeschakeld was. Dat de schade zich pas later manifesteerde, namelijk na de uitvoering van de werken, was van geen belang.[3194]

AFDELING 4. DE BURGERLIJKE AANSPRAKELIJKHEIDSVERZEKERING VOOR ARCHITECTEN, LANDMETERS-EXPERTEN, VEILIGHEIDS- EN GEZONDHEIDSCOÖRDINATOREN EN ANDERE DIENSTVERLENERS IN DE BOUWSECTOR

1737. Op 25 april 2019 werd het wetsontwerp goedgekeurd betreffende de verplichte verzekering van de burgerlijke beroepsaansprakelijkheid van architecten, landmeters-experten, veiligheids- en gezondheidscoördinatoren en andere dienstverleners in de bouwsector van werken in onroerende staat en tot wijziging van diverse wetsbepalingen betreffende de verzekering burgerrechtelijke aansprakelijkheid in de bouwsector.[3195] De inwerkingtreding van de wet is gepland voor 1 juli 2019.

§ 1.   PERSONEEL EN MATERIEEL TOEPASSINGSGEBIED

1738. Middels deze wet wordt een verplichte BA-verzekering opgelegd aan alle intellectuele beroepen in de bouwsector, waaronder architecten, landmeter-experten en veiligheids- en gezondheidscoördinatoren. Meer algemeen rust de verzekeringsplicht op iedere persoon die voor rekening van een derde maar zonder vertegenwoordigingsbevoegdheid, in volle onafhankelijkheid en tegen een vergoeding, hoofdzakelijk immateriële prestaties verricht.[3196] Er dient dus steeds

---

[3194]   Kh. Dendermonde 15 oktober 1992, vermeld door F. VAN AUDENAERDE, *o.c.*, 181.
[3195]   *Parl.St.* Kamer 2018-19, nr. 3602/001.
[3196]   Art. 1 Wetsontwerp.

in concreto geoordeeld te worden of een persoon onder het toepassingsgebied valt van de wet.

Aangezien het gaat over personen die hoofdzakelijk immateriële prestaties verrichten, heeft de wet geen betrekking op aannemers.

Op het bovenstaande geldt één uitzondering. Wanneer de dienstverleners hun activiteiten uitoefenen als ambtenaar, zijn ze niet verplicht om een verzekering af te sluiten, op voorwaarde dat hun aansprakelijkheid reeds wordt gedekt door de overheid.[3197]

1739. Voormelde verzekeringnemers dienen niet enkel zichzelf te verzekeren, maar ook hun aangestelden. Hieronder worden het personeel, de stagiairs, de leerlingen en andere medewerkers begrepen.[3198]

Wanneer de verzekeringnemer een rechtspersoon is, zijn ook de bestuurders, zaakvoerders, leden van het directiecomité en alle andere organen van de rechtspersoon die belast zijn met het beheer of het bestuur van de rechtspersoon gedekt, wanneer zij handelen voor rekening van de rechtspersoon.[3199]

1740. De wet geldt enkel wanneer de intellectuele prestaties uitgevoerd worden in het kader van onroerende werken. Het begrip 'onroerende werken' dient ruim opgevat te worden en is dus niet beperkt tot woningen of tot werken waarvoor de tussenkomst van een architect vereist is. Hierdoor is het toepassingsgebied van de wet ruimer dan dat van de wet die een verplichte tienjarige aansprakelijkheidsverzekering oplegt aan bepaalde bouwactoren.[3200]

§ 2. OMVANG VERZEKERINGSPLICHT – UITSLUITINGEN

A. Omvang

1741. De verzekering dekt de burgerrechtelijke aansprakelijkheid voor schade die veroorzaakt werd gedurende de looptijd van de verzekering naar aanleiding van het verrichten van de intellectuele prestaties.[3201]

De vordering tot vergoeding dient ingesteld te worden tijdens de looptijd van de verzekeringsovereenkomst. Hierop geldt één uitzondering. De verzekering komt ook tussen wanneer de vordering werd ingesteld binnen een termijn van zesendertig maanden te rekenen vanaf het einde van de verzekeringsovereenkomst én wanneer de vordering betrekking heeft op:

[3197] Art. 9 Wetsontwerp.
[3198] Art. 7, tweede lid Wetsontwerp.
[3199] Art. 7, derde lid Wetsontwerp.
[3200] Zie Hoofdstuk 15, afdeling 7.
[3201] Art. 3 Wetsontwerp.

- schade die zich tijdens de looptijd van deze overeenkomst heeft voorgedaan indien bij het einde van deze overeenkomst het risico niet door een andere verzekeringsonderneming is gedekt, of
- daden of feiten die aanleiding kunnen geven tot schade, die tijdens de duur van deze overeenkomst zijn voorgevallen en aan de verzekeringsonderneming zijn aangegeven.[3202]

1742. De wet bepaalt niet voor welke periode de verzekeringsplicht geldt. De wet stipuleert enkel dat de verzekering moet lopen gedurende de termijn waarin de aansprakelijkheid van de dienstverlener in het gedrang kan komen.[3203] Indien het contract met de bouwheer voorziet in een beperkte aansprakelijkheidsperiode, zal de dienstverlener slechts voor die welbepaalde periode verplicht zijn om zijn aansprakelijkheid te verzekeren.

Hierop geldt één uitzondering. De dienstverleners hebben de verplichting om een verzekering af te sluiten die hun aansprakelijkheid dekt voor vorderingen die worden ingesteld binnen een termijn van drie jaar te rekenen vanaf de dag dat ze hun activiteiten stopzetten.[3204]

1743. De verzekering kan onderschreven worden ofwel in de vorm van een jaarpolis ofwel in de vorm van een polis per project. Het is ook mogelijk dat de verzekeringen deel uitmaken van een globale verzekering onderschreven voor rekening van alle verzekeringsplichtigen die op een bepaalde werf moeten optreden.[3205]

B. Uitsluitingen

1744. De verplichte verzekering heeft geen betrekking op de tienjarige aansprakelijkheid.[3206] De problematiek van de tienjarige aansprakelijkheid wordt namelijk reeds geregeld door de wet van 31 mei 2017 betreffende de verplichte verzekering van de tienjarige burgerlijke aansprakelijkheid in de bouwsector.[3207]

1745. Daarnaast bevat de wet een opsomming van schadegevallen die uitgesloten mogen worden in de verzekeringspolis[3208]:
- de schade ingevolge radioactiviteit;
- de schade die voortvloeit uit lichamelijke letsels ingevolge de blootstelling aan wettelijk verboden producten;

[3202] Art. 6 Wetsontwerp.
[3203] Art. 3, eerste lid Wetsontwerp.
[3204] Art. 3, tweede lid Wetsontwerp.
[3205] Art. 8, eerste lid Wetsontwerp.
[3206] Art. 3 Wetsontwerp.
[3207] Zie Hoofdstuk 15, afdeling 7.
[3208] Art. 5 Wetsontwerp.

– schade ten gevolge van de gehele of gedeeltelijke niet-uitvoering van contractuele verbintenissen, daaronder begrepen:
  • de gevolgen van het niet respecteren van een verplichting om eender welke verzekeringsovereenkomst af te sluiten of in stand te houden of om een borgstelling neer te leggen. Het zou immers eenvoudig zijn voor een dienstverlener om allerlei beloftes te doen, omdat hij de niet-naleving ervan toch kan verhalen op zijn verzekeringsmaatschappij;
  • de opgelopen vertraging in de uitvoering van een opdracht of een prestatie;
  • de gemaakte kosten om een slecht uitgevoerde prestatie te herbeginnen of te verbeteren (bv. kosten voor het overdoen van een studie). In de parlementaire voorbereiding wordt verduidelijkt dat deze uitzondering geen betrekking kan hebben op de gevolgen van een loutere vergissing. Wanneer een landmeter een vergissing begaat bij de opmeting van een terrein waardoor het terrein kleiner is dan geschat, zal de verzekering bijvoorbeeld wel tussenkomen om de koper te vergoeden.<fn>*Parl.St.* Kamer 2018-19, nr. 3602/001, 10.</fn> Het zal natuurlijk niet evident zijn om aan te tonen dat de schade louter het gevolg is van een zogenaamde "vergissing" …;
– de contractuele, administratieve of economische boetes;
– de vorderingen betreffende de adviezen die werden verstrekt in verband met:
  • keuze en plaats van een installatie, voor zover die vorderingen betrekking hebben op het financiële of economische nadeel dat volgt uit die keuze en niet op de intrinsieke kwaliteiten van de installatie, inzonderheid de stabiliteit of de werking ervan. Deze uitzondering heeft betrekking op adviezen die verleend worden m.b.t. het rendement dat een toekomstig project zou halen. Wanneer het geschatte rendement uiteindelijk niet behaald wordt, kan de koper een vordering instellen tegen het studiebureau. Dergelijke vorderingen kunnen echter uitgesloten worden in de verzekeringspolis;
  • conjunctuur of marktsituatie, financiële verrichtingen;
– de vorderingen betreffende overschrijdingen van kostenramingen of budgetten, het ontbreken van controles of het maken van fouten in de kostenberekening alsook iedere vordering betreffende betwistingen of inhoudingen van honoraria en kosten;
– schade ten gevolge van financiële verrichtingen, misbruik van vertrouwen, oplichting, verduistering of alle dergelijke handelingen, alsook oneerlijke concurrentie of aantasting van intellectuele rechten zoals uitvindingsoctrooien, handelsmerken, tekeningen of modellen en auteursrechten;
– de vorderingen tot schadeloosstelling wegens milieuaantasting en de schade die daar het gevolg van is;
– de burgerrechtelijke aansprakelijkheid van de maatschappelijke lasthebbers van de verzekerde onderneming krachtens de geldende wetgeving betreffende de fouten in het beheer die zij zouden begaan in hun hoedanigheid van bestuurder of zaakvoerder;

- schade veroorzaakt door motorrijtuigen in de gevallen van aansprakelijkheid als beoogd door de wetgeving op de verplichte verzekering van motorrijtuigen;
- schade waarvoor de regelgeving in een financiële tussenkomst voorziet ten voordele van slachtoffers van terreurdaden.

§ 3. VERZEKERBARE BEDRAGEN

1746.   De dekking mag, per schadegeval, niet lager liggen dan:
- 1.500.000 euro voor de schade die voortvloeit uit lichamelijke letsels. Dit bedrag is gekoppeld aan het indexcijfer der consumptieprijzen;
- 500.000 euro voor het totaal van de materiële en immateriële schade. Dit bedrag is gekoppeld aan de ABEX-index;
- 10.000 euro voor de voorwerpen die aan de verzekerde zijn toevertrouwd door de bouwheer. Dit bedrag is gekoppeld aan de ABEX-index, met een jaarlijkse limiet van 5.000.000 euro, alle schadegevallen gecombineerd.[3209]

§ 4. CONTROLE EN SANCTIONERING

1747.   Indien de verzekeringsplicht niet wordt nageleefd, kan een waarschuwing aan de dienstverlener gericht worden waarin gemeld wordt dat de dienstverlener zich binnen een welbepaalde termijn in regel moet stellen. Gebeurt dat niet, dan kan een transactiesom opgelegd worden. Indien deze som evenmin betaald wordt, kan een strafvordering ingesteld worden tegen de inbreukplegende partij. De wet bepaalt namelijk dat een inbreuk op de wet wordt bestraft met een strafrechtelijke geldboete van 26 tot 10.000 euro.[3210]

AFDELING 5. DE VERZEKERING ALLE BOUWPLAATS RISICO'S

§ 1. BEGRIP

1748.   De verzekering Alle Bouwplaats Risico's (ABR-verzekering, ook project- of werfverzekering genoemd) omvat verschillende waarborgen voor de risico's van alle bij het bouwproces betrokken partijen, en dit tot aan de voorlopige of definitieve oplevering.

[3209]   Art. 4 Wetsontwerp.
[3210]   Art. 15-19 Wetsontwerp.

Deze verzekering heeft derhalve het voordeel dat een aantal risico's die anders slechts fragmentair verzekerd konden worden op basis van uiteenlopende polissen, hier gegroepeerd worden in één polis, waardoor de totale verzekeringskost lager kan zijn.

Doordat de dekking zo ruim is, dient bij een schadegeval niet naar een verantwoordelijke partij te worden gezocht en kunnen de herstellingswerken worden aangevangen zodra er een akkoord is over de omvang van de schade. De verzekeraar zal uiteraard wel vrijuit gaan indien wordt aangetoond dat de schade onder de contractueel uitgesloten risico's valt.[3211]

Het bijkomende grote voordeel voor de bouwheer is dat hij niet langer afhankelijk is van de solvabiliteit van zijn bouwpartners.

Door Assuralia (vroeger de Beroepsvereniging der Verzekeringsondernemingen (BVVO)) werden uniforme algemene polisvoorwaarden opgesteld, waardoor de ABR-polissen op de Belgische markt een grote inhoudelijke eenvormigheid kennen. De laatste versie dateert van 2012.

De ABR-polis bevat zowel een zaakverzekering als een aansprakelijkheidsverzekering. Als zaakverzekering dekt ze het risico van schade aan de werf, de materialen en werktuigen. Als aansprakelijkheidsverzekering dekt de ABR-polis dan weer schade aan derden veroorzaakt door een van de actoren op de werf.[3212]

Waar het een schadeverzekering betreft, is deze polis onderworpen aan de wet van 4 april 2014 betreffende de verzekeringen.

§ 2. VERZEKERINGNEMERS EN VERZEKERDEN

1749. De verzekeringnemer kan de bouwheer zijn, die zichzelf verzekert en zijn bouwpartners, zijnde de aannemer, onderaannemers, architect en adviserende ingenieurs. Hij is op deze wijze zelf verzekerd voor schade uit vertraging in de uitvoering van de werken, zijn aansprakelijkheid voor het gebouw (art. 1386 BW), de verbreking van het evenwicht tussen de erven (art. 544 BW) enz. De bouwpartners zijn dan verzekerd voor de risico's die hen betreffen.

Zeker indien het werk is opgesplitst in verschillende aannemingen, is het voordeliger dat de bouwheer – en niet de verschillende aannemers – de verzekeringnemer is. In de eerste plaats is hij dan zeker dat alle aannemers verzekerd zijn. Bovendien zullen de aannemers de verzekeringspremie doorrekenen aan de bouwheer, en is het derhalve voordeliger dat er slechts één polis wordt afgesloten. Ook wordt het probleem van de verschillende looptijden van de diverse ABR-polissen vermeden.

[3211] Volgens vaste cassatierechtspraak dient de verzekerde zelf aan te tonen dat het verzekeringscontract in het schadegeval voorziet en het niet uitsluit: zie bv. Cass. 5 januari 1995, *RW* 1995-96, 26.

[3212] H. DE RODE, *Les contrats d'assurance particuliers*, Brussel, Larcier, 2017, 112-119, en 184-193.

Wanneer tussen partijen is afgesproken dat de bouwheer een ABR-verzekering zou afsluiten en hij verzuimt de verzekeraar tijdig in rechte aan te spreken, dan begaat hij een fout. Hij dient de aannemer te vergoeden voor de sommen die deze moet betalen en die anders de verzekeraar zou hebben betaald.[3213]

1750. De verzekeringnemer kan ook de coördinator van de werken zijn, met als verzekerden de bouwheer, hoofdaannemer, onderaannemers, ingenieurs, studiebureaus en architecten.

De verzekeringnemer kan ten slotte ook de (hoofd)aannemer zijn. Tot aan de oplevering draagt hij het risico van de werken. Door deze polis is hij verzekerd voor een groot aantal mogelijke schadeoorzaken, waaronder een aantal waarover hij weinig of geen controle heeft (storm, vandalisme, diefstal enz.), en die dikwijls ook zijn eigen goederen (werfmachines en -materiaal) raken.

De algemene aannemer kan een ABR-polis afsluiten waarbij tevens alle bouwpartners verzekerd zijn, met inbegrip van de bouwheer en de architecten. Deze vorm van verzekering is gebruikelijk voor openbare werken.[3214] Soms wordt de aannemer daartoe contractueel verplicht door een clausule in het lastenboek of in de aannemingsovereenkomst zelf.

De algemene aannemer kan tevens een ABR-polis afsluiten waarbij enkel hijzelf en eventueel ook zijn onderaannemers verzekerd zijn. Deze vorm wordt meestal gekozen door algemene aannemers die een *abonnementsverzekering* aangaan. Door een dergelijke polis zijn automatisch alle werven verzekerd die voldoen aan de beschrijving van het risico. Verscheidene partijen die betrokken zijn bij de werken, zijn derhalve niet opgenomen als verzekerde, waardoor de verzekeraar zijn recht van verhaal op de aansprakelijke partij behoudt.

§ 3. DEKKINGSTERMIJN

1751. De ABR-polis geeft in de algemene voorwaarden twee verschillende termijnen aan: enerzijds een bouw-montage-proeftermijn, en anderzijds een onderhouds- of instandhoudingstermijn.

De eerste omvat de periode tussen de aanvang van de werken en de beëindiging ervan. De aanvang van de werken wordt bepaald in de bijzondere voorwaarden. De termijn eindigt bij de eerste van de volgende gebeurtenissen: de voorlopige oplevering, de ingebruikname of de indienststelling, of bij het einde van de duur van de werken zoals bepaald is in de bijzondere voorwaarden van de polis

---

[3213] Bergen 21 juni 1996, *JLMB* 1997, 390.

[3214] Art. 38 Algemene Aannemingsvoorwaarden verplicht de aannemer nochtans enkel tot het afsluiten van een verzekering die zijn aansprakelijkheid dekt voor arbeidsongevallen alsook zijn burgerlijke aansprakelijkheid bij ongevallen die door de werken aan derden worden berokkend.

(bv. achttien maanden). Bij vertraging van de bouwwerken is het mogelijk om deze termijn te verlengen.

De onderhouds- of instandhoudingstermijn sluit onmiddellijk aan op de vorige termijn. Hij vangt aan bij de voorlopige oplevering en eindigt bij de definitieve oplevering. De periode daartussen duurt twaalf of eventueel vierentwintig maanden. De verzekering voor deze tweede periode is facultatief.

§ 4. VERZEKERBARE GOEDEREN EN RISICO'S

1752.   De ABR-verzekering dekt twee groepen van risico's:
- beschadiging en verlies van de bouwwerken en van de verzekerde goederen (*zaakverzekering*);
- de buitencontractuele aansprakelijkheid en de aansprakelijkheid wegens abnormale burenhinder jegens derden die voortvloeit uit de uitvoering van de verzekerde werken (*aansprakelijkheidsverzekering*).

A.   De zaakverzekering

1753.   De waarborgen verleend door de zaakverzekering zijn zeer uitgebreid. Verzekerd is alle schade aan of verlies van de verzekerde goederen voor zover deze is ontstaan en is vastgesteld op de bouwwerf tijdens de gewaarborgde periode.

De verzekerde goederen zijn alle bouwwerken, technische installaties en uitrustingen (verwarmings- en sanitaire installatie, airconditioning enz.), alsook de materialen en bouwelementen die in de bouw zullen worden gebruikt, vanaf het ogenblik dat zij op de bouwplaats aanwezig zijn. De tijdelijke uitrusting voor de inrichting van de bouwwerf, de machines en het materieel zijn bijkomend verzekerbaar.

De reeds bestaande bouwwerken waarop of waartegen wordt gebouwd, zijn in principe niet gedekt, tenzij dit tussen partijen wordt overeengekomen. Ook bij verbouwing of renovatie van bestaande gebouwen kan de waarborg worden uitgebreid tot de materiële schade aan de bestaande structuur als gevolg van de verzekerde werken (zogenaamde waarborg bestaand goed).

Behalve de herstelkosten van de beschadigde bouwwerken worden tevens de afbraak- en opruimkosten verzekerd. Hetzelfde geldt voor de kosten die voortvloeien uit de maatregelen die de verzekeraar heeft gevraagd om de gevolgen van het schadegeval te voorkomen of te beperken, en uit de dringende en redelijke maatregelen die de verzekerde uit eigen beweging heeft genomen om bij nakend gevaar een schadegeval te voorkomen, of, zodra het schadegeval ontstaat, om de gevolgen ervan te voorkomen of te beperken, mits zij met de zorg van een goede huisvader zijn genomen (art. 106 Verz.W.).

Ook tijdens de onderhouds- of instandhoudingstermijn kan de ABR-polis nog bepaalde risico's verzekeren. In de formule 'beperkt onderhoud' zijn ook de beschadigingen verzekerd die aan het verzekerde bouwwerk zijn ontstaan door de uitvoering van de werken die de verzekerde tijdens deze periode nog diende uit te voeren (garantiewerken of verhelpen aan bepaalde opmerkingen gedaan bij de voorlopige oplevering). In de formule 'uitgebreid onderhoud' is bovendien alle schade aan het verzekerde bouwwerk gedekt voor zover deze wordt vastgesteld tijdens de onderhoudsperiode en ze veroorzaakt is tijdens de bouw-montage-proeftermijn. Hieronder valt de gevolgschade wegens verborgen gebreken. Deze waarborg duurt maximaal vierentwintig maanden.

B.   De aansprakelijkheidsverzekering

1754.   De hierboven besproken zaakverzekering kan worden uitgebreid met een aansprakelijkheidsverzekering.

Dit onderdeel van de ABR-polis waarborgt schadegevallen op de bouwplaats die voortvloeien uit een niet voorzienbaar feit waarvoor de verzekerde kan worden aangesproken op grond van de artikelen 1382 tot 1386 BW alsook op grond van de foutloze aansprakelijkheid van artikel 544 BW, en dit tijdens de bouw-montage-proeftermijn en gebeurlijk ook tijdens de waarborgtermijn.

Op dit vlak is de ABR-polis de enige verzekering van de bouwheer, behoudens de dekking die eventueel bestaat via de gezinspolis (familiale verzekering). Voor de aannemer en de architect betekent deze polis eventueel een uitbreiding van de reeds verzekerde kapitalen, voor zover de aannemer reeds een aansprakelijkheidsverzekering zou hebben. De aannemer zal deze verzekering nodig hebben wanneer hij contractueel het risico van artikel 544 BW op zich genomen heeft.

1755.   Ook de *gekruiste aansprakelijkheid* kan mee verzekerd worden. Dit houdt in dat alle natuurlijke en rechtspersonen die in de polis worden vermeld, onderling beschouwd worden als een derde ten opzichte van alle andere partijen. Hierdoor is de onderlinge aansprakelijkheid voor schade toegebracht door een verzekerde aan een andere ook verzekerd. Deze uitbreiding geldt niet voor lichamelijke schade die geregeld wordt door de arbeidsongevallenwetgeving en voor immateriële schade in hoofde van de bouwheer.[3215]

1756.   De wet van 4 april 2014 betreffende de verzekeringen heeft een *rechtstreekse vordering* ingevoerd ten voordele van elke benadeelde persoon tegen de aansprakelijkheidsverzekeraar, onverschillig of de schade al dan niet het gevolg is van een ongeval (art. 150). De verzekeraar kan dan slechts de excepties, de nietigheid en het verval van recht voortvloeiend uit de wet of uit de overeenkomst tegenwerpen aan de benadeelde persoon voor zover die hun oorzaak vinden in een feit dat aan het schadegeval voorafgaat (art. 151).

[3215]   F. VAN AUDENAERDE, "Verzekering van bouwrisico's" in VLAAMSE CONFERENTIE BALIE GENT, *Aanneming en expertise*, Antwerpen, Maklu, 1998, 177.

De verzekeraar kan zich, voor zover hij volgens de wet of de verzekeringsovereenkomst de prestaties had kunnen weigeren of verminderen, een *recht van verhaal* voorbehouden tegen de verzekeringnemer en, indien daartoe grond bestaat, tegen de verzekerde die niet de verzekeringnemer is (art. 152, eerste lid). De verzekeraar is op straffe van verval van zijn recht van verhaal verplicht de verzekeringnemer of, in voorkomend geval, de verzekerde die niet de verzekeringnemer is, kennis te geven van zijn voornemen om verhaal in te stellen zodra hij op de hoogte is van de feiten waarop dat besluit gegrond is (art. 152, tweede lid).

§ 5. UITGESLOTEN RISICO'S

1757. In de eerste plaats is enkel schade verzekerd voor zover die veroorzaakt is door gebeurtenissen die plaatsvinden op het bouwterrein.

Vervolgens zijn er de klassieke uitsluitingen, nl. de niet te berekenen risico's, zoals beschadigingen te wijten aan oorlog, arbeidsconflicten, gerechtelijke of administratieve beslissingen enz.

Daarnaast zijn er de uitsluitingen die eigen zijn aan de aard zelf van de verzekeringsovereenkomst:

– schade te wijten aan opzet van de verzekerde, maar niet die door zijn personeel veroorzaakt; schade te wijten aan grove schuld voor gevallen uitdrukkelijk beschreven in de polis;

– normaal (subjectief) voorzienbare en (objectief) onvermijdelijke schade die voortkomt uit de aard van de activiteiten van de verzekerde of uit de uitvoeringsmodaliteiten van de verzekerde werken.

Deze uitsluiting geeft dikwijls aanleiding tot betwistingen. Zo werd geoordeeld dat een plaatselijke wolkbreuk die op het vers gestort beton van een plat dak terechtkomt, waardoor het beton wegspoelt en de gevel beschadigt, een uitzonderlijke, niet voorzienbare gebeurtenis is, waarvan de schadelijke gevolgen gedekt dienen te worden door de ABR-polis die wolkbreuk niet uitsluit.[3216]

1758. Uitgesloten is de schade die rechtstreeks is veroorzaakt door defecten, breuken, mechanische of elektrische stoornissen, eigen gebreken van materialen, slijtage, oxidatie, vermoeidheid, onvoldoende gebruik, veroudering.

1759. Uitgesloten is tevens de schade veroorzaakt door professionele fouten: ontwerp-, berekenings- en tekenfouten, uitvoeringsfouten en handelingen waartoe wordt besloten door een verzekerde in strijd met de regels van goed vakmanschap; schending van wettelijke, administratieve of contractuele bepalingen; schade wegens het gedeeltelijk of geheel verlaten van de werf, milieu-

---

[3216] Kh. Antwerpen 5 oktober 1988, *T.Aann.* 1990, 293.

schade. De gevolgen van deze fouten kunnen eventueel worden verzekerd, mits betaling van een bijpremie, voorafgaandelijke controle door een onafhankelijk controleorganisme, een dekkingslimiet per schadegeval of een verhoogde vrijstelling.

Uitgesloten is ook de schade aan bepaalde goederen: verlies of schade met betrekking tot het gebruik van vervoermiddelen, behalve deze die op de werf worden gebruikt.

1760. Ten slotte is ook immateriële schade uitgesloten: onstoffelijke schade of onrechtstreekse verliezen zoals gebruiks-, winst- en genotsderving, economische schade in het algemeen en exploitatieverliezen in het bijzonder, alsmede de kosten die moeten worden gedaan om de nadelige gevolgen hiervan te vermijden of te verzachten, esthetische of technische waardevermindering, contractuele vergoeding wegens vertragingen enz. Ook de immateriële schade als gevolg van alle schade aan leidingen en kabels is uitgesloten. Beschadigingen van leidingen en kabels zelf is wel gewaarborgd.

Schade ten gevolge van trillingen, dalingen van het grondwaterpeil of het gebruik van springstoffen is niet verzekerd. Deze uitsluitingen zijn evenwel 'afkoopbaar'.

§ 6. VERZEKERDE BEDRAGEN, PREMIE EN VRIJSTELLING

1761. In het kader van de zaakverzekering is het verzekerde bedrag dat van de reeds uitgevoerde werken. Op het einde van de werken is het verzekerde bedrag gelijk aan de wederopbouwwaarde. Deze bedragen worden verhoogd met de erelonen van de architecten en ingenieurs, alsmede met de niet recupereerbare btw. De materialen worden verzekerd voor de reële waarde, dit is de vervangings- of nieuwwaarde verminderd met de slijtage en technische waardevermindering en vermeerderd met de verpakkings-, transport- en montagekosten.

De partijen bepalen op welke wijze de waarde van goederen wordt begroot voor de verzekering. Zij kunnen een herbouwwaarde, een herstelwaarde of een vervangingswaarde bedingen, zelfs zonder aftrek van waardevermindering wegens ouderdom (art. 107 Verz.W.). De verzekerde som wordt dan weer bepaald door de verzekeringnemer. Indien ze is vastgelegd in akkoord met de gemandateerde van de verzekeraar, wordt deze som geacht gelijk te zijn aan de waarde van het verzekerbaar belang (art. 108 Verz.W.).

Meestal wordt nog een bijkomend bedrag voorzien van 5 à 10% van de verzekerde waarde van het bouwwerk voor afbraak en opruimkosten bij schade.

1762. De vrijstelling voor de waarborg verleend in het kader van de zaakverzekering is afhankelijk van het verzekerde bedrag. Een gebruikelijke minimale franchise is 625 euro. Voor grotere werken kan dit oplopen tot 2500 of zelfs 6250 euro per schadegeval. Voor de bijkomende waarborgen, nl. degene die normaal gezien zijn uitgesloten, maar waarvoor men een afwijking maakt, wordt soms afgesproken dat daar de vrijstelling een percentage (bv. 10%) beloopt van de schade met een voorafbepaald minimum- en maximumbedrag.

Ten aanzien van de aansprakelijkheidsverzekering is het waarborgbedrag voor lichamelijke en stoffelijke schade gemengd doorgaans bepaald op 250.000 à 1,25 miljoen euro. De foutloze aansprakelijkheid wordt gedekt door dit bedrag of door een afzonderlijk kapitaal (bv. 625.000 euro).

1763. De vrijstelling bij de aansprakelijkheidsverzekering wordt dikwijls afhankelijk gemaakt van de aard van de schade en de verzekerde. Voor lichamelijke schade geldt er geen franchise. Voor stoffelijke schade wordt dikwijls voor de architect een franchise aangerekend in functie van het bedrag waarvoor hij reeds gedekt is door zijn eigen verzekering beroepsaansprakelijkheid (bv. 250.000 euro). Voor de bouwheer en meer bepaald voor de waarborg voor foutloze aansprakelijkheid (art. 544 BW) zal de franchise bepaald worden in functie van de risico's ter plaatse.

De premie wordt bepaald in functie van de waarde van het verzekerde bedrag en is afhankelijk van verschillende factoren, waaronder de aard en complexiteit van de verzekerde werken, de duur van de werken, de staat en ouderdom van naburige gebouwen, de aanwezigheid van leidingen, ondergrondse en bovengrondse kabels, verkeersdrukte in de onmiddellijke omgeving enz.

1764. Voor private woningbouw beloopt de gemiddelde premievoet 3 à 4 per duizend, en voor openbare werken is dit gemiddeld 2.5 à 3.5 per duizend van de totale waarde van het gebouw. Bij abonnementsverzekering is dit gemiddeld 1.8 à 2.5 per duizend, met een minimumpremie te betalen per tijdseenheid.[3217]

§ 7. SUBROGATOIR VERHAAL TEGEN DE EIGEN VERZEKERDE

1765. Het wettelijk subrogatierecht van de verzekeraar is voorzien in artikel 95 Verz.W. Dit houdt in dat de verzekeraar zich in de plaats stelt van de verzekerde en alle rechten uitoefent die hij heeft ten aanzien van de aansprakelijke partij.

De mogelijkheid tot subrogatie is evenwel beperkt. Zo mag de verzekeraar door de subrogatie geen nadeel berokkenen aan de verzekerde of benadeelde die slechts gedeeltelijk is vergoed. De laatstgenoemde kan zijn (resterende) rechten bij voorrang uitoefenen ten aanzien van de aansprakelijke partij. Ook kan de verzekeraar enkel een subrogatoire vordering instellen tegen een aansprakelijke derde en dus niet tegen de eigen verzekerde.

[3217] Bv. op een jaarlijks zakencijfer van 400.000.000 BEF een premie van 2.05 per duizend, met een minimumpremie van 250.000 BEF per zes maanden.

Eigen aan de ABR-polis is net dat er meerdere verzekerden zijn. De vraag is bijgevolg of als de verzekeraar één van hen uitbetaald, hij zich in de plaats kan stellen en zich keren tegen een andere verzekerde die de schade heeft veroorzaakt, en deze dus beschouwen als aansprakelijke derde.

In een geval waarbij de ABR-verzekeraar de bouwheer had vergoed wegens schade als gevolg van een gebrekkig aangelegde parking, stelde deze een subrogatoire vordering in tegen het studiebureau dat in de fout was gegaan. Het hof van beroep van Brussel kende de vordering toe en oordeelde dat artikel 41 WLVO (thans art. 95 Verz.W.) er niet noodzakelijk aan in de weg staat dat de verzekeraar een subrogatoir verhaalsrecht uitoefent tegen een aansprakelijke partij die (in bepaalde mate) tevens de hoedanigheid van verzekerde heeft.[3218] Het cassatieberoep van de beroepsaansprakelijkheidsverzekeraar werd afgewezen, zodat de ABR-verzekeraar de vergoeding die hij had betaald aan de bouwheer kon verhalen op de aansprakelijkheidsverzekeraar van het studiebureau.[3219]

AFDELING 6. DE CONTROLEVERZEKERING

§ 1. BEGRIP

1766. De naam van de polis is ontleend aan het feit dat voor deze polis de verzekeraars in het kader van een verzekering van de tienjarige aansprakelijkheid van de ontwerpers en de uitvoerders doorgaans vereisen dat een erkend onafhankelijk controleorganisme een preventieve controle uitoefent op de bouwgrond, de plans, bestekken en de uitvoering van de werken. Dit controleorganisme kan bijkomende werken opleggen of vóór de oplevering vastgestelde gebreken doen herstellen. De bedoeling is dat op deze wijze het risico op schadegevallen vermindert. De bijkomende kosten van deze controle maakt deze polis relatief duur.

De controleverzekering kan net zoals een ABR-verzekering worden afgesloten per bouwwerf of middels een abonnement.

Het kan als een aanvulling van de ABR-polis worden beschouwd die slechts dekking verleend tijdens bouwfase en de proefperiode. Doorgaans is het afsluiten van een dergelijke ABR-polis ook vereist.

§ 2. VERZEKERINGNEMERS EN VERZEKERDEN

1767. Doorgaans is de verzekeringnemer de bouwheer of de hoofdaannemer.

Net zoals bij de ABR-verzekering (zie Afdeling 4) kan elke partij die deelgenomen heeft aan het concept (architect, studiebureau) en aan de uitvoering van de

---

[3218] Brussel 27 januari 2014, *TBO* 2015, 99, noot C. HENSKENS.
[3219] Cass. 24 februari 2017, *RW* 2018-19 (samenv.), 348 noot, *TBO* 2017, 500, *T.Verz.* 2017, afl. 4, 432, noot L. VANHOOFF.

werken (de aannemers, hoofdaannemer, onderaannemers) worden opgenomen als verzekerde. Dit geldt ook voor de bouwpromotor die valt onder de tienjarige aansprakelijkheid op grond van artikel 6 WW.

§ 3. VERZEKERDE RISICO'S

1768. Ook de controleverzekering bevat een dubbele dekking: enerzijds een zaakverzekering en anderzijds een aansprakelijkheidsverzekering.

Als zaakverzekering waarborgt de controleverzekering voor een welbepaald werk gedurende tien jaar de contractuele aansprakelijkheid van de ontwerpers (architecten, raadgevende ingenieurs en studiebureaus) en de uitvoerders (hoofdaannemers en onderaannemers) na het einde van de werken op grond van de artikelen 1792 en 2270 BW. Deze waarborg dekt de schade aan de al dan niet gesloten ruwbouw van de constructie. Een bijkomende dekking kan worden voorzien voor de afwerking en de uitrusting van het gebouw. In dat opzicht dekt de controleverzekering de contractuele aansprakelijkheid van de bovengenoemde partijen.

Als aansprakelijkheidsverzekering wordt de gevolgschade gedekt wegens de buitencontractuele aansprakelijkheid van de partijen op grond van de artikelen 1382 tot 1386 BW als gevolg van een schadegeval dat onder de waarborg van de tienjarige aansprakelijkheid verzekerd is.

Ook de aansprakelijkheid van de bouwheer op grond van artikel 544 BW wegens abnormale burenhinder kan worden verzekerd binnen dezelfde dekkingstermijn, voor zover het schade betreft aan naburige constructies die het rechtstreekse gevolg is van de oprichting van het verzekerde bouwwerk.

§ 4. DEKKINGSTERMIJN

1769. De dekking van de controleverzekering loopt gedurende tien jaar vanaf de oplevering van het verzekerde bouwwerk. Op voorwaarde dat de definitieve oplevering heeft plaatsgehad binnen een termijn van twaalf maanden na de voorlopige oplevering of de ingebruikneming van het bouwwerk, kan worden afgesproken dat de tienjarige dekkingsperiode een aanvang neemt vanaf de definitieve oplevering.

§ 5. UITGESLOTEN RISICO'S

1770. Dezelfde gewone uitsluitingen als degene die gelden onder de ABR-polis gelden ook voor de controleverzekering.

Dikwijls is brandschade uitgesloten, tenzij die schade het gevolg is van een gewaarborgd schadegeval. Ook immateriële schade, zoals gebruiks- en genotsderving en commerciële derving, is in principe uitgesloten.

Schade aan delen van het gebouw waarvan de werken niet werden gecontroleerd door het controle-organisme valt niet onder de dekking.

§ 6. VERZEKERDE BEDRAGEN, PREMIE EN VRIJSTELLING

1771. Het verzekerde bedrag wordt bepaald in functie van het eindbedrag van de gecontroleerde werken aan het bouwwerk, doorgaans aangepast aan de index. Wat betreft de buitencontractuele aansprakelijkheid wordt er doorgaans voorzien in een enkele waarborgsom, eveneens in functie van de waarde van het bouwwerk.[3220]

De premie wordt berekend op de bouwwaarde en wordt betaald bij de aanvang van dekking. De premie bevat enerzijds de kosten van de controle (ongeveer 1 à 2,5% van de waarde van de bouwwerken) en anderzijds de kost van de verzekering zelf (0,5 tot 1% van de waarde van de bouwwerken).[3221]

Doorgaans bedraagt de vrijstelling 10% van het schadebedrag, met een minimum- en maximumbedrag in functie van de waarde van de bouwwerken.[3222]

AFDELING 7. VERPLICHTE VERZEKERING VAN DE TIENJARIGE AANSPRAKELIJKHEID

1772. De wet van 31 mei 2017 voert voor de architecten, aannemers en andere dienstverleners in de bouwsector een wettelijke verplichting in om een verzekering af te sluiten die hun tienjarige aansprakelijkheid (art. 1792 en 2270 BW) dekt, die in het gedrang kan komen ten gevolge van beroepshalve gestelde handelingen.[3223]

De betreffende verzekering is een aansprakelijkheidsverzekering zoals bedoeld in artikel 141 Verz.W.[3224] Dit impliceert dat de verzekeraar slechts dekking zal geven wanneer een aansprakelijkheidsvordering tegen de verzekerde wordt ingesteld en diens aansprakelijkheid vaststaat (eventueel na een gerechtelijke procedure en/of deskundigenonderzoek).[3225]

[3220] B. WEYTS en K. TROCH, "Bouwen en verzekeringsrecht" in K. DEKETELAERE, M. SCHOUPS en A.L. VERBEKE (eds.), *Handboek bouwrecht*, Antwerpen, Intersentia, 2ᵉ ed. 2015, 1464.
[3221] *Ibid.*
[3222] *Ibid.*
[3223] Zie art. 5 wet 31 mei 2017.
[3224] Art. 3, 5 en 7 wet 31 mei 2017.
[3225] Art. 141 Verz.W.

§ 1. VERZEKERDE RISICO'S

1773. Zoals hiervoor aangegeven, dient de verplichte verzekering enkel de tienjarige burgerlijke aansprakelijkheid te dekken. Deze verzekering blijkt echter beperkt tot problemen met de soliditeit en de stabiliteit van de gesloten ruwbouw, alsook tot (problemen met) de waterdichtheid van de gesloten ruwbouw wanneer deze waterdichtheidsproblemen de soliditeit of de stabiliteit van de woning in gevaar brengen.[3226]

De wet bevat echter geen definitie van het begrip "gesloten ruwbouw". Of een gedeelte van een gebouw al dan niet behoort tot dit begrip, zal derhalve een feitenkwestie uitmaken.[3227]

Bovendien strekt de verplichte verzekering zich uitsluitend uit tot de tienjarige burgerlijke aansprakelijkheid, die in het gedrang kan komen als gevolg van beroepshalve verrichte handelingen op in België gelegen woningen door de verzekerde architect, aannemer of andere dienstverlener in de bouwsector evenals de handelingen van hun aangestelden.[3228]

Onder het begrip woning wordt begrepen: gebouw bestemd voor bewoning.[3229] Het maakt niet uit of de werken betrekking hebben op het gehele gebouw dan wel een gedeelte ervan. Enkel de bestemming van het gebouw is van doorslaggevend belang. De voorbereidende werken verduidelijken in dit verband dat enkel gebouwen die uitsluitend of hoofdzakelijk bestemd zijn voor de bewoning door een gezin of door een alleenstaande en waar de verschillende gezinsactiviteiten worden uitgeoefend, onder het begrip "woning" vallen.[3230] Een gebouw wordt beschouwd als hoofdzakelijk bestemd voor bewoning wanneer meer dan 50% van zijn oppervlakte bestemd wordt voor bewoning.[3231] Een gemengd gebruik is dus toegelaten.

1774. Naast deze algemene beperkingen, bevat de wet ook een aantal uitsluitingen van de verzekeringsdekking[3232]:

[3226] Art. 3, eerste lid wet 31 mei 2017.

[3227] K. UYTTERHOEVEN, "De wet van 31 mei 2017 betreffende de verplichte verzekering van de tienjarige burgerlijke aansprakelijkheid van aannemers, architecten en andere dienstverleners in de bouwsector van werken in onroerende staat: een eerste aanzet naar een algemene verzekeringsplicht in de bouwsector?", *TBO* 2017, 433.

[3228] Art. 3 en 5 wet 31 mei 2017.

[3229] Art. 2, 4° wet 31 mei 2017.

[3230] Art. 2, 4°, tweede lid in het voorontwerp van wet onderworpen aan het advies van de Raad van State, *Parl.St.* Kamer 2016-17, nr. 2412/001, 21.

[3231] MvT, wetsontwerp verplichte verzekering van de tienjarige aansprakelijkheid, *Parl.St.* Kamer 2016-17, nr. 2412/001, 8.

[3232] Zie ook K. UYTTERHOEVEN, "De wet van 31 mei 2017 betreffende de verplichte verzekering van de tienjarige burgerlijke aansprakelijkheid van aannemers, architecten en andere dienstverleners in de bouwsector van werken in onroerende staat: een eerste aanzet naar een algemene verzekeringsplicht in de bouwsector?", *TBO* 2017, 436-438; N. CLIJMANS, "De soliditeit, stabiliteit en waterdichtheid van de nieuwe wet betreffende de verplichte verzekering

- de schade ingevolge radioactiviteit;
- de schade voortvloeiend uit lichamelijke letsels ingevolge de blootstelling aan wettelijk verboden producten;
- de schade van esthetische aard;
- de zuiver immateriële schade;
- de zichtbare schade of schade die door de verzekerde is gekend op het moment van voorlopige oplevering of die rechtstreeks volgt uit fouten, gebreken of wanprestaties door hem gekend op het moment van voormelde oplevering;
- de schade ingevolge niet-accidentele pollutie;
- de meerkosten voortvloeiend uit de wijzigingen en/of verbeteringen aan de woning na schadegeval;
- de materiële en immateriële schade lager dan 2500 euro. Dit bedrag is verbonden met de ABEX-index, met als basisindex die van het eerste semester van 2007 en de index te hanteren voor de indexatie, zijnde die van het moment van de aangifte van het schadegeval;
- de uitsluitingen bepaald in de wet van 4 april 2014 betreffende de verzekeringen zijn eveneens van toepassing. Het betreft met name opzettelijke fouten en zware fouten.[3233]

§ 2. VERZEKERINGNEMERS EN VERZEKERDEN

A. Verzekeringnemers

1775. Om te bepalen of een persoon onder het toepassingsgebied valt van de wet van 31 mei 2017, dienen twee voorwaarden vervuld te zijn:
1. de architecten, aannemers en andere dienstverleners in de bouwsector dienen te voldoen aan de definitie van artikel 2 van de wet van 31 mei 2017, en
2. de handelingen die voormelde personen stellen, dienen onder het toepassingsgebied te vallen van de tienjarige aansprakelijkheid.

Er zal bijvoorbeeld geen verzekeringsplicht zijn voor de EPB-verslaggever of de veiligheidscoördinator[3234], aangezien hun handelingen niet kunnen leiden tot de tienjarige aansprakelijkheid.

---

van aannemers en architecten en van andere dienstverleners in de bouwsector ('Wet Peeters')", *T.Verz.* 374-375.

[3233] MvT, wetsontwerp verplichte verzekering van de tienjarige aansprakelijkheid, *Parl.St.* Kamer 2016-17, nr. 2412/001, 9.

[3234] K. UYTTERHOEVEN, "De wet van 31 mei 2017 betreffende de verplichte verzekering van de tienjarige burgerlijke aansprakelijkheid van aannemers, architecten en andere dienstverleners in de bouwsector van werken in onroerende staat: een eerste aanzet naar een algemene verzekeringsplicht in de bouwsector?", *TBO* 2017, 420.

1. Architect

1776. Een architect wordt omschreven als elke natuurlijke persoon of rechtspersoon die ertoe gemachtigd is het beroep van architect uit te oefenen overeenkomstig artikel 2 van de wet van 20 februari 1939 op de bescherming van de titel en van het beroep van architect wanneer zijn tussenkomst wettelijk verplicht is krachtens artikel 4 van dezelfde wet en voor zover zijn of haar activiteit betrekking heeft op in België uitgevoerde werken en geleverde prestaties.[3235]

Hieruit volgt dat zowel zelfstandige architecten, architecten-ambtenaren als architecten-bezoldigden onder het personele toepassingsgebied vallen van de wet. Het maakt daarbij niet uit (1) of de architect een vergoeding ontvangt voor zijn geleverde prestaties en (2) of de architect bevoegd is om de bouwheer te vertegenwoordigen.

De definitie beperkt evenwel het toepassingsgebied tot de architect wiens tussenkomst wettelijk verplicht is overeenkomstig artikel 4 van de wet van 20 februari 1939.

Hoewel dit niet uitdrukkelijk wordt gemeld, dient aangenomen te worden dat het toepassingsgebied tevens beperkt is tot de architect wiens opdracht betrekking heeft op een bepaald onroerend werk aan woningen.[3236]

2. Aannemer

1777. Een aannemer is iedere natuurlijke of rechtspersoon die zich ertoe verbindt om voor rekening van een ander en tegen rechtstreekse of onrechtstreekse vergoeding, in volledige onafhankelijkheid maar zonder vertegenwoordigingsbevoegdheid, een bepaald onroerend werk te verrichten op woningen die in België gelegen zijn waarvoor de tussenkomst van een architect verplicht is krachtens artikel 4 van de wet van 20 februari 1939 op de bescherming van de titel en het beroep van architect.[3237]

In tegenstelling tot bij architecten, dient de aannemer wél een vergoeding te ontvangen en mag hij geen vertegenwoordigingsbevoegdheid hebben.

1778. De wet specificeert niet wat onder het begrip 'vergoeding' verstaan moet worden. Hieruit volgt dat de vergoeding niet noodzakelijk in geld en door de bouwheer zelf betaald moet worden. Voorts maakt het niet uit hoe de prijs werd omschreven (eenheidsprijs, in regie, vaste prijs …).

[3235] Art. 2, 2° wet 31 mei 2017.
[3236] Deze beperking vloeit voort uit art. 3, eerste lid en 5 wet 31 mei 2017; zie ook: K. UYTTERHOEVEN, "De wet van 31 mei 2017 betreffende de verplichte verzekering van de tienjarige burgerlijke aansprakelijkheid van aannemers, architecten en andere dienstverleners in de bouwsector van werken in onroerende staat: een eerste aanzet naar een algemene verzekeringsplicht in de bouwsector?", *TBO* 2017, 423.
[3237] Art. 2, 1° wet 31 mei 2017.

De aannemer dient tevens onafhankelijk op te treden. Deze vereiste doet echter geen afbreuk aan de mogelijkheid van de bouwheer om richtlijnen te geven en controle uit te voeren op de werken van de aannemer.[3238]

Uit voormelde definitie volgt tevens dat de verzekeringsplicht van de aannemer beperkt is tot de werven waarvoor het wettelijk verplicht is een beroep te doen op een architect.

1779. Het is belangrijk om op te merken dat de wet van 31 mei 2017 niet alleen van toepassing is op hoofdaannemers, maar ook op onderaannemers. Echter, artikel 4 van de wet van 31 mei 2017 bepaalt dat de onderaannemer als verzekerde beschouwd moet worden van de hoofdaannemer, die een verzekeringsovereenkomst dient af te sluiten. De onderaannemer zal bijgevolg geen eigen verzekeringspolis dienen af te sluiten, aangezien hij reeds gedekt wordt door de verzekering van de hoofdaannemer.[3239]

3. Andere dienstverleners in de bouwsector

1780. Onder andere dienstverleners in de bouwsector wordt verstaan: elke natuurlijke persoon of rechtspersoon, andere dan bouwpromotoren, die voor rekening van een derde en mits rechtstreekse of onrechtstreekse vergoeding zich ertoe verbindt, in volledige onafhankelijkheid maar zonder vertegenwoordigingsbevoegdheid, immateriële prestaties te verrichten die betrekking hebben op een bepaald onroerend werk op woningen die in België gelegen zijn. Het betreft onroerende werken waarvoor de tussenkomst van de architect verplicht is krachtens artikel 4 van de wet van 20 februari 1939 op de bescherming van de titel en van het beroep van architect.[3240]

Net zoals dit het geval is voor een aannemer, dienen de "andere dienstverleners" een vergoeding te ontvangen, mogen ze geen vertegenwoordigingsbevoegdheid hebben, dienen ze volledig onafhankelijk te zijn en is de verzekeringsplicht beperkt tot de werven waarvoor het wettelijk verplicht is een beroep te doen op een architect.

Het grote verschil met een aannemer betreft de aard van de uit te voeren werken. De andere dienstverleners moeten namelijk immateriële prestaties verrichten, zijnde prestaties van intellectuele aard. Deze prestaties dienen bovendien betrekking te hebben op een bepaald onroerend werk op woningen die in België gelegen zijn. Hieruit volgt dat de zogenaamde immateriële prestaties in werkelijkheid slaan op het uitvoeren van technische studies.

[3238] Cass. 3 september 2010, *Arr.Cass.* 2010, 2091.
[3239] Zie ook K. Uytterhoeven, "De wet van 31 mei 2017 betreffende de verplichte verzekering van de tienjarige burgerlijke aansprakelijkheid van aannemers, architecten en andere dienstverleners in de bouwsector van werken in onroerende staat: een eerste aanzet naar een algemene verzekeringsplicht in de bouwsector?", *TBO* 2017, 426.
[3240] Art. 2, 3° wet 31 mei 2017.

4. Uitzondering

1781. Op het bovenstaande geldt één uitzondering. De aannemer, de architect of de andere dienstverlener in de bouwsector hoeft niet gedekt te zijn door een verzekering wanneer hij zijn activiteit uitoefent als ambtenaar bij de Staat, een Gewest, een Gemeenschap of de Regie der Gebouwen, op voorwaarde dat zijn aansprakelijkheid, met inbegrip van de tienjarige burgerlijke aansprakelijkheid, wordt gedekt door de Staat, het Gewest, de Gemeenschap of de Regie der Gebouwen.[3241]

B. *Verzekerden*

1782. Wordt beschouwd als verzekerde, elke natuurlijke persoon of rechtspersoon die het beroep van architect, aannemer of andere dienstverlener van de bouwsector uitoefent en die vermeld wordt in de verzekeringsovereenkomst, evenals zijn aangestelden en onderaannemers.[3242]

Het personeel, de stagiairs, de leerlingen en andere medewerkers van een natuurlijke persoon of rechtspersoon die het beroep van architect, aannemer of andere dienstverlener van de bouwsector uitoefenen, worden beschouwd als zijn aangestelden wanneer zij voor zijn rekening handelen.[3243]

Elke architect, aannemer of andere dienstverlener dient dus *nominatim* in de verzekeringsovereenkomst vermeld te worden. Voor aangestelden en onderaannemers geldt deze verplichting niet.

In het geval van een rechtspersoon zijn de bestuurders, zaakvoerders, leden van het directiecomité en alle andere organen van de rechtspersoon die belast zijn met het beheer of het bestuur van de rechtspersoon, welke de benaming van hun functie ook is, ook gedekt wanneer zij handelen voor rekening van de rechtspersoon in het kader van de uitoefening van het beroep van architect, van aannemer of van andere dienstverlener in de bouwsector.[3244]

C. *Verzekerde bedragen*

1783. De dekking van de aansprakelijkheid mag, per schadegeval, voor het totaal van de materiële en immateriële schade niet lager zijn dan:
- 500.000 euro, ingeval de waarde van de wederopbouw van het gebouw bestemd voor bewoning 500.000 euro overstijgt;
- de waarde van de wederopbouw van de woning, indien de waarde van de wederopbouw van het gebouw bestemd voor bewoning minder bedraagt dan 500.000 euro.[3245]

[3241] Art. 9, eerste lid wet 31 mei 2017.
[3242] Art. 4, eerste lid wet 31 mei 2017.
[3243] Art. 4, tweede lid wet 31 mei 2017.
[3244] Art. 4, derde lid wet 31 mei 2017.
[3245] Art. 6 wet 31 mei 2017.

Deze bedragen zijn gekoppeld aan de ABEX-index, met als basisindex die van het eerste semester van 2007 en de index te hanteren voor de indexatie, zijnde de index op het moment van de aangifte van het schadegeval.[3246]

Hierbij wordt opgemerkt dat het minimale bedrag voor de dekking wordt bepaald per gebouw en niet per woning. Voor een appartementsgebouw met verschillende appartementen zal de minimale dekking dus ook 500.000 euro bedragen.[3247]

§ 3. DEKKINGSTERMIJN

1784. De verplichte verzekering moet de schade dekken die opgelopen werd gedurende een periode van tien jaar na de aanvaarding van de werken en die het gevolg is van de aansprakelijkheid van de verzekeringsplichtige.[3248]

§ 4. SOORTEN POLISSEN

1785. Er kan geopteerd worden voor een individuele of een globale polis, die de vorm kan aannemen van een jaarpolis of een polis per project.

Wanneer gekozen wordt voor een globale polis, wordt deze onderschreven voor rekening van alle verzekeringsplichtigen die op een bepaalde werf moeten optreden. Wordt de globale verzekering onderschreven voor een project, dan zullen de betrokkenen die door deze globale verzekering worden gedekt vrijgesteld zijn van een individuele verzekering voor dat project.[3249]

§ 5. TARIFERINGSBUREAU

1786. Bij KB wordt een tariferingsbureau opgericht. Dit bureau zal de personen helpen die een verzekering moeten afsluiten, maar door ten minste drie verzekeringsondernemingen geweigerd werden. Meer bepaald zal het tariferingsbureau de verzekeringsvoorwaarden en de verzekeringspremies vaststellen van de verzekeringsplichtige die geen dekking vindt op de reguliere markt. Anders gezegd, het tariferingsbureau zal, rekening houdend met het risico, de premie vastleggen.

Het bureau dient jaarlijks over zijn werking te rapporteren.[3250]

[3246] Art. 6, tweede lid wet 31 mei 2017.
[3247] K. UYTTERHOEVEN, "De wet van 31 mei 2017 betreffende de verplichte verzekering van de tienjarige burgerlijke aansprakelijkheid van aannemers, architecten en andere dienstverleners in de bouwsector van werken in onroerende staat: een eerste aanzet naar een algemene verzekeringsplicht in de bouwsector?", *TBO* 2017, 440.
[3248] Art. 3, eerste lid en art. 7 wet 31 mei 2017.
[3249] Art. 8 wet 31 mei 2017.
[3250] Art. 10 wet 31 mei 2017.

§ 6. BEWIJS

1787. De wet maakt hiervoor een onderscheid tussen de architect enerzijds en de aannemer en de andere dienstverleners anderzijds.

A. De architect

1788. De bewijsregeling van de architect kan als volgt samengevat worden[3251]:
- de verzekeraar dient ten laatste op 31 maart van elk jaar aan de provinciale raden van de Orde van Architecten een elektronische lijst te bezorgen van architecten die bij hem een verzekeringsovereenkomst hebben afgesloten (naam architect, ondernemingsnummer, nummer van de polis, begin- en einddatum van de dekking);
- de verzekeraar dient trimestrieel aan de raad van de Orde van Architecten een elektronische lijst te bezorgen van de verzekeringsovereenkomsten die werden opgezegd of geschorst zijn of waarvan de dekking geschorst werd;
- de verzekeraar of de architect kan de verzekeringsovereenkomst niet opzeggen zonder de bevoegde provinciale raad hiervan per aangetekende zending te hebben verwittigd;
- in de architectuurovereenkomst dient melding gemaakt te worden van de naam van de verzekeraar, het polisnummer en de contactgegevens van de raad van de Orde van Architecten die kan worden geraadpleegd met het oog op de naleving van de verzekeringsplicht.

Er werd echter niet voorzien in een specifieke sanctie bij de overtreding van de voormelde verplichtingen.

B. Aannemers en andere dienstverleners in de bouwsector

1789. De aannemers en andere dienstverleners in de bouwsector dienen een verzekeringsattest te overhandigen aan[3252]:
- de bouwheer (indien er wordt gewerkt in opdracht van een promotor, wordt die als bouwheer beschouwd en niet de latere verkrijgers of gebruikers) en dit alvorens enig onroerend werk aan te vatten;
- de architect en dit alvorens enig onroerend werk aan te vatten;
- de ambtenaren die belast zijn met het toezicht op de naleving van de wet en dit op eerste verzoek;
- de verkrijger in geval van overdracht van de zakelijke rechten vóór de afloop van de periode van de dekking. De notaris moet zich ervan vergewissen dat de titularis van het zakelijk recht het attest aan de verkrijger overhandigt.

[3251] Art. 11 wet 31 mei 2017.
[3252] Art. 12 wet 31 mei 2017.

Wanneer het onroerend goed gefinancierd wordt door middel van een kredieto-vereenkomst bedoeld in Boek VII WER, dient de bouwheer bovendien het attest aan de kredietgever te verschaffen. De kredietgever zal namelijk nagaan of de architecten, aannemers en andere dienstverleners op de werf aan de verzekerings-plicht hebben voldaan. De wet bepaalt echter niet wanneer dit onderzoek moet plaatsvinden.[3253]

De aannemer die belast is met de registratie van de meldingen van werken bedoeld in artikel 30*bis*, § 7 RSZ-Wet, dient ten slotte het verzekeringsattest aan de RSZ te bezorgen.[3254]

Wanneer alle dienstverleners in de bouwsector gedekt zijn door een globale verzekering, wordt een globaal attest overhandigd aan de architect en/of bouw-heer en dit voor zover de architect of de bouwheer niet de verzekeringnemers zijn.[3255]

De aannemers en andere dienstverleners dienen in staat te zijn om op de werf een exemplaar van het verzekeringsattest te overhandigen op eerste verzoek. Er kan worden aangenomen dat de wetgever hiermee bedoelde dat voormelde perso-nen steeds toegang moeten hebben tot het attest en dus niet dat ze permanent in het bezit moeten zijn van het betreffende attest.[3256]

C. Borgstelling

1790. De architect, de aannemer of de andere dienstverleners in de bouwsector kunnen aan de vereiste van een verplichte verzekering ontkomen door het stellen van een borgtocht. De nadere regels hieromtrent dienen evenwel nog in een KB uitgewerkt te worden. De wet bepaalt echter wel reeds dat de borgstelling moet beantwoorden aan dezelfde waarborgvereisten als de verplichte verzekering van de tienjarige burgerlijke aansprakelijkheid.[3257]

De bepalingen inzake het verzekeringsattest zijn van overeenkomstige toepas-sing op het attest van borgstelling dat wordt afgeleverd door de instelling die de borgstelling toekent.[3258]

D. Controle en sanctionering

1. Aannemer en andere dienstverleners in de bouwsector

1791. De Koning dient specifieke ambtenaren aan te stellen die controle houden op de toepassing van de wet. Die ambtenaren kunnen vervolgens een waarschu-

---

[3253] Art. 12, § 1, vijfde lid wet 31 mei 2017.
[3254] Art. 12, § 1, vierde lid wet 31 mei 2017.
[3255] Art. 12, § 2 wet 31 mei 2017.
[3256] Art. 12, § 2 wet 31 mei 2017.
[3257] Art. 13, eerste lid wet 31 mei 2017.
[3258] Art. 13, tweede lid wet 31 mei 2017.

wing richten aan elke natuurlijke of rechtspersoon die de bepalingen van de wet niet naleeft, met vermelding van de termijn waarbinnen de overtreders zich in regel moeten stellen.[3259]

Wanneer geen gevolg gegeven wordt aan de waarschuwing, kunnen de ambtenaren een transactiesom voorstellen waarvan de vrijwillige betaling door de overtreder de strafvordering doet vervallen. Wordt de som niet (tijdig) betaald, dan zal het pv overgemaakt worden aan het Openbaar Ministerie. De ambtenaren kunnen er ook voor opteren om meteen de procureur des Konings in te lichten.[3260] De waarschuwing dient dan ook aan te geven wat het gevolg kan zijn van het zich niet-conformeren aan de regelgeving: het opstarten van een transactieprocedure of de rechtstreekse mededeling aan het Openbaar Ministerie.[3261]

Hierbij dient ook opgemerkt te worden dat de pv's, opgesteld door de bevoegde ambtenaren, bewijskracht hebben tot het bewijs van het tegendeel wat betreft de materiële elementen en vaststellingen van de inbreuk.[3262]

De inbreuken worden bestraft met een strafrechtelijke geldboete van 26 tot 10.000 euro.[3263]

2.   De architect

1792.   De inbreuken worden gesanctioneerd met een strafrechtelijke geldboete van 26 tot 10.000 euro.[3264]

Wat betreft de inbreuken begaan op artikel 5 (verzekeringsplicht) en artikel 12, § 1, eerste lid, 2° (controleplicht m.b.t. verzekeringsattest) bevat de wet echter een bijzondere regeling. Op de voormelde artikelen wordt namelijk toezicht gehouden door ambtenaren die specifiek daartoe werden aangesteld door de minister bevoegd voor Economie.[3265]

Net zoals dit het geval is voor aannemers en andere dienstverleners in de bouwsector, kan een waarschuwing gegeven worden (*ex* art. 31 WER).[3266] Bij niet-nakoming van deze waarschuwing, kan eveneens een transactieprocedure worden opgestart[3267], die kan uitmonden in een verwijzing naar het Openbaar Ministerie met het oog op het invorderen van een geldboete van niveau 1 overeenkomstig artikel XV.70 WER (26 tot 5000 euro).[3268]

[3259]   Art. 14, §§ 1 en 2 wet 31 mei 2017.
[3260]   Art. 14, § 4 wet 31 mei 2017.
[3261]   Art. 14, § 2 wet 31 mei 2017.
[3262]   Art. 14, § 3 wet 31 mei 2017.
[3263]   Art. 14, § 5 wet 31 mei 2017.
[3264]   Art. 15 wet 31 mei 2017.
[3265]   Art. 16, § 1 wet 31 mei 2017.
[3266]   Art. 17 wet 31 mei 2017.
[3267]   Art. 18 wet 31 mei 2017.
[3268]   Art. 19 wet 31 mei 2017.

De pv's opgesteld door de voormelde ambtenaren hebben eveneens bewijskracht tot het bewijs van het tegendeel.[3269]

§ 7. OPHEFFING BESTAANDE VERZEKERINGSPLICHT VAN DE ARCHITECT

1793. De voormalige (ruimere) verzekeringsplicht van de architect zoals bepaald werd in artikel 9 van de wet van 20 februari 1939 verdwijnt door de nieuwe wet van 31 mei 2017. Ook de bijbehorende strafrechtelijke sanctionering van de voormalige verzekeringsplicht, zoals bepaald in artikel 11, vierde lid van de wet van 20 februari 1939, wordt opgeheven.[3270]

[3269] Art. 16, § 2 wet 31 mei 2017.
[3270] Art. 20, § 1, 1° en 2° wet 31 mei 2017; zie voor een vergelijking tussen de nieuwe en oude regelgeving: K. UYTTERHOEVEN, "De wet van 31 mei 2017 betreffende de verplichte verzekering van de tienjarige burgerlijke aansprakelijkheid van aannemers, architecten en andere dienstverleners in de bouwsector van werken in onroerende staat: een eerste aanzet naar een algemene verzekeringsplicht in de bouwsector?", *TBO* 2017, 454-456.

HOOFDSTUK 16
DESKUNDIGENONDERZOEK*

AFDELING 1. INLEIDING – BEGRIP

1794. Er bestaat geen wettelijke definitie van de begrippen deskundigenonderzoek en deskundige.

De *deskundige* (*expert*) kan omschreven worden als de persoon op wie een beroep wordt gedaan wegens zijn bijzondere technische kennis, die hem in staat stelt om in volle onafhankelijkheid de feitelijke elementen van een zaak vast te stellen, te ontleden en de technische inlichtingen of adviezen te verstrekken die nodig zijn voor het voorkomen of oplossen van een geschil tussen partijen.

Het *deskundigenonderzoek* (*expertise*) is het geheel van vaststellingen en/of een technisch onderzoek van een bepaalde situatie door een deskundige op vraag van een of meerdere partijen of van de rechter.

Er bestaan twee soorten van deskundigenonderzoeken, nl. het gerechtelijke en het minnelijke of buitengerechtelijke deskundigenonderzoek. In beide gevallen kan de expertise eenzijdig of tegensprekelijk zijn.

1795. Partijen met een tegenstrijdig belang kunnen gezamenlijk een deskundige aanstellen voor het verrichten van bepaalde vaststellingen of voor de waardering van een bepaalde zaak of de begroting van de gevolgen van een contractuele of extracontractuele fout en zich verbinden om zich te schikken naar het resultaat daarvan. In dat geval spreekt men van een *bindende derdenbeslissing* of *bindend advies*.[3271]

Partijen die een rechtsgeschil hebben of dit op korte termijn verwachten, kunnen tevens een of meerdere scheidsrechters aanstellen om dit geschil te beslechten in plaats van de gewone rechter. Hier spreekt men van *arbitrage*.

Beide voorgaande gevallen zijn verschillend van de expertise aangezien zij principieel leiden tot een oplossing van een conflict, terwijl het deskundigenonderzoek louter dient als bewijsmiddel of als advies voor de partijen of de rechtbank.

---

* Met medewerking van Jana MESSENS.
[3271] M. STORME, "De bindende derdenbeslissing of het bindend advies als middel ter voorkoming van gedingen", *TPR* 1984, 1249, nr. 8. Een bindende derdenbeslissing is te onderscheiden van een arbitrage. De aangewezen deskundige hoeft niet noodzakelijk onafhankelijk te zijn. Hij is ook geen gemeenschappelijk gevolmachtigde (Cass. 13 december 2013, *TBO* 2014, 202).

1796. In bouwzaken wordt de aanstelling van een deskundige vaak gevorderd wanneer er discussie bestaat over de conformiteit van de uitvoering van de werken of installaties. In geval zal de deskundige bewijsmateriaal verzamelen, de stand van de werken beschrijven, nagaan of de werken volgens de regels van de kunst werden uitgevoerd en de afrekening tussen de partijen opstellen. Ook indien er discussie ontstaat over de oplevering of indien er stabiliteitsproblemen dreigen, zal dikwijls een beroep gedaan worden op een deskundige.[3272]

AFDELING 2. MINNELIJK DESKUNDIGEN-ONDERZOEK

§ 1. EENZIJDIG

1797. Een deskundigenonderzoek kan door een enkele partij worden gevraagd. Een dergelijke eenzijdige expertise, buiten de rechter om, is op zich niet afdwingbaar tegenover andere partijen.

Het kan om verschillende reden nuttig zijn:
- om een bepaalde feitelijke situatie vast te stellen omdat dat anders niet meer mogelijk is;
- het kan dienen als begin van bewijs om de aanstelling van een gerechtsdeskundige te verkrijgen[3273];
- het kan aanwijzen welke partijen mogelijk aansprakelijk zijn en in de procedure mee moeten worden betrokken.

Soms wordt er voor eenzijdige vaststellingen een beroep gedaan op een gerechtsdeurwaarder. Hij wordt geacht om op objectieve wijze bepaalde vaststellingen te acteren. De taak van de deskundige gaat verder. Van hem wordt tevens verwacht dat hij de voorliggende gegevens analyseert en er een oordeel aan koppelt ten aanzien van de oorzaak, de gevolgen en de omvang daarvan.

1798. De vraag rijst of de kosten van een dergelijke eenzijdig aangestelde expert verhaalbaar zijn op de uiteindelijke schuldige aan een contractuele of buitencontractuele fout.

Het uitgangspunt is dat het ereloon en de kosten van de eenzijdig aangestelde deskundige moeten worden betaald door de partij die hem heeft aangesteld.

Het Hof van Cassatie was evenwel van oordeel dat de erelonen en kosten die betaald zijn door de benadeelde van een contractuele fout, deel kunnen uitmaken van de schade die moet worden vergoed door de contractpartij die een contrac-

---

[3272] M. SCHOUPS, "Kort geding en bouwrecht" in VLAAMSE CONFERENTIE BALIE GENT (ed.), *Kort Geding*, Gent, Larcier, 2009, 153.

[3273] Bv. Antwerpen 23 september 1997 en Rb. Hasselt 25 maart 1992, *RW* 1998-99, 299.

tuele fout heeft begaan, mits deze erelonen en kosten een noodzakelijk gevolg zijn van de contractuele tekortkoming.[3274]

Hetzelfde principe werd door het Hof van Cassatie aanvaard in gevallen van buitencontractuele aansprakelijkheid.[3275]

Het onderscheid tussen de verhaalbaarheid van de erelonen en kosten van de advocaten enerzijds en van de technische raadgevers anderzijds maakt geen schending uit van de artikelen 10, 11 en 13 Gw., al dan niet in samenhang gelezen met de artikelen 6, 13 en 14 EVRM en artikel 1 van het Aanvullend Protocol bij het EVRM.[3276]

1799. Een eenzijdig minnelijk deskundig onderzoek is een advies voor de opdrachtgever. Dit verslag kan als stuk worden voorgelegd en de rechter zal oordelen over de bewijskracht ervan.

§ 2. TEGENSPREKELIJK

1800. Verschillende partijen met een tegenstrijdig belang kunnen overeenkomen om een deskundige in der minne – dus buiten iedere tussenkomst van de rechtbank – aan te stellen.

Daarbij kunnen zij al dan niet afspreken dat zij zich zullen neerleggen bij de besluiten van de deskundige. Als dit niet het geval is, kunnen zij na afloop van de expertise een dading sluiten ter beëindiging van het geschil of kunnen zij het geschil voorleggen aan de rechtbank, die bij de beoordeling rekening kan houden met de bevindingen van de expert.

Bij de minnelijke expertise bepalen de partijen in de overeenkomst de opdracht van de deskundige. Hij kan zich beperken tot het doen van bepaalde vaststellingen of onderzoek. De expertise kan ook bestaan in het bepalen van de aansprakelijkheid.

De deskundige is niet gebonden door de wettelijke pleegvormen. De partijen zelf bepalen het verloop van het deskundigenonderzoek.

1801. Bepaalde minnelijke deskundigenonderzoeken, de zogenaamde onherroepelijke deskundigenonderzoeken, zijn in feite een bijzondere vorm van vaststellingsovereenkomsten. Een vaststellingsovereenkomst is een contract waarmee partijen zelf een definitief einde maken aan een tussen hen gerezen geschil. Wanneer volgens de vaststellingsovereenkomst de bevoegdheid tot het nemen van een

---

[3274] Cass. 2 september 2004, *Arr.Cass.* 2004, 1271, concl. HENKES, *NJW* 2004, afl. 81, 953, noot RDC, *RW* 2004-05, 535.

[3275] Cass. 28 februari 2002, *RGAR* 2003, nr. 13754, noot F. GLANSDORFF; Cass. 5 mei 2006, *NJW* 2007, 412, noot W. RASSCHAERT (onteigening): indien de kosten noodzakelijk zijn voor het vaststellen van de vergoeding, maken zij deel uit van de onteigeningsvergoeding.

[3276] GwH 18 december 2008, *RW* 2008-09, 1217.

beslissing toekomt aan een met name genoemde of objectief bepaalbare derde, spreekt men van een *bindende derdenbeslissing*.[3277]

Partijen verbinden er zich dan toe om de besluiten van de deskundige onherroepelijk te aanvaarden. De partijen kunnen aan de rechter niet meer de aanstelling van een deskundige vragen aangaande dezelfde problematiek.[3278] Ook de rechter is gebonden door de bindende derdenbeslissing, zo niet, zou aan de overeenkomst een ander gevolg gegeven worden dan de partijen hebben gewild.

Dit principe sluit niet elke rechterlijke controle uit. Ten eerste kan de beslissing getoetst worden aan de regels en vormen die door partijen bepaald werden. De partijen kunnen op grond van de partijautonomie de vormvereisten bepalen die nageleefd dienen te worden en de wijze waarop de verrichtingen dienen te gebeuren.

De rechter gaat ook na of de deskundige binnen zijn bevoegdheidsgrenzen is gebleven, voor zover die werden afgelijnd. Aangezien de bindende derdenbeslissing haar obligatoire kracht ontleent aan de bindende kracht van overeenkomsten, kan de derdenbeslissing geen uitwerking krijgen wanneer de derde zijn opdracht niet of niet volledig heeft uitgevoerd overeenkomstig datgene wat door de partijen was overeengekomen.[3279]

Indien de partijen geen specifieke richtlijnen hebben bepaald, moet de deskundige in overeenstemming met de eisen van billijkheid beslissen.[3280]

Als overeenkomst dient het minnelijk deskundigenonderzoek ook te voldoen aan de geldigheidsvoorwaarden van de overeenkomst.

Verder beoordeelt de bodemrechter de objectiviteit van de buitengerechtelijk aangestelde deskundige. De rechter mag daarbij evenwel de juistheid, nauwkeurigheid en volmaaktheid van de door de deskundige vastgestelde beslissing niet nagaan omdat hij anders de bindende kracht van de overeenkomst zou schenden.

Inhoudelijk kan de rechter de vaststellingen van de deskundige wel marginaal toetsen. Dit houdt in dat kan worden nagegaan of de beslissing van de deskundige niet kennelijk onredelijk is. De partijen hebben zich immers niet verbonden tot een vaststelling die arbitrair is. Enkel indien wordt aangetoond dat de deskundige de grenzen van de redelijkheid op manifeste, flagrante wijze heeft overschreden, kan de bindende kracht van de beslissing teniet worden gedaan.[3281]

De minnelijk aangestelde deskundige dient de rechten van verdediging te respecteren. De rechten van verdediging zijn als algemeen rechtsbeginsel van toepassing telkens wanneer de morele of materiële belangen van een persoon overge-

---

[3277] B. TILLEMAN, "Het minnelijk deskundigenonderzoek" in G. DE LEVAL en B. TILLEMAN (eds.), *Gerechtelijk deskundigenonderzoek. De rol van de accountant en de belastingconsulent*, Brugge, die Keure, 2003, 151; M. STORME, "De bindende derdebeslissing of het bindend advies als middel ter voorkoming van gedingen", *TPR* 1984, 1249, nr. 8.

[3278] Cass. 24 oktober 1990, *De Verz.* 1991, 391.

[3279] Cass. 28 oktober 2016, *TBO* 2017, 141.

[3280] Kh. Antwerpen (afd. Antwerpen, 3e k.) 7 september 2016, *TBO* 2017, (104) 106.

[3281] Kh. Antwerpen (afd. Antwerpen, 3e k.) 7 september 2016, *TBO* 2017, (104) 107.

laten worden aan de beslissing van een ander. De rechter kan bij miskenning van de rechten van verdediging weigeren om enige bewijswaarde te hechten aan een minnelijk deskundigenonderzoek, dan wel het nietig verklaren, dan wel enkel de feitelijke elementen als vermoedens in aanmerking nemen.

Betwist is of bij de verrichtingen van het minnelijk deskundigenonderzoek de partijen moeten worden gehoord, dan wel of de tegensprekelijkheid niet essentieel is.

Eveneens is betwist of de deskundige zijn onderzoek dient te motiveren. Zonder motivering kan de rechter geen controle uitoefenen op het goede verloop van de expertise. In dat opzicht zou men kunnen stellen dat de motivatieplicht op straffe van nietigheid geldt. Men zou evengoed kunnen stellen dat er bij gebrek aan wettelijke bepalingen ter zake geen motiveringsplicht bestaat en dat dit enkel geldt voor het gerechtelijk deskundigenonderzoek. Als derde oplossing zou men kunnen stellen dat de motiveringsplicht alleen geldt wanneer zij niet uitdrukkelijk werd uitgesloten door partijen.

Aanvaard wordt dat de aangewezen deskundige niet noodzakelijk onafhankelijk van de partijen moet zijn. Hij is ook geen gemeenschappelijke gevolmachtigde.[3282]

AFDELING 3. GERECHTELIJK DESKUNDIGENONDERZOEK

1802. Het gerechtelijk deskundigenonderzoek wordt geregeld door de artikelen 962 tot 991 Ger.W. als een van de mogelijke bewijsmiddelen.

Bij wet van 15 mei 2007[3283], bij wet van 30 december 2009[3284] en bij wet van 10 april 2014[3285] werden belangrijke wijzigingen aan deze artikelen aangebracht. De bedoeling daarbij was de procedure te versnellen en te vereenvoudigen.

De rechter heeft een meer actieve rol gekregen wat betreft het verloop van de procedure, zowel ten voordele van de partijen als van de deskundigen, om zo de duurtijd en de kostprijs te verminderen. De nieuwe wetgeving verbetert ten slotte de regeling in verband met de kosten en de consignatie van de voorschotten met de bedoeling hierover van bij aanvang voldoende duidelijkheid te creëren.[3286]

[3282] Cass. 13 december 2013, *TBO* 2014, 202.

[3283] Wet 15 mei 2007 tot wijziging van het Gerechtelijk Wetboek betreffende het deskundigenonderzoek en tot herstel van artikel 509*quater* van het Strafwetboek, *BS* 22 augustus 2007 (van toepassing op deskundigenonderzoeken die bevolen worden na 1 september 2007).

[3284] Wet 30 december 2009 houdende diverse bepalingen betreffende justitie, *BS* 15 januari 2010.

[3285] Wet 10 april 2014 tot wijziging van verschillende bepalingen met het oog op de oprichting van een nationaal register voor gerechtsdeskundigen en tot oprichting van een nationaal register voor beëdigd vertalers, tolken en vertalers-tolken, *BS* 19 december 2014.

[3286] Zie GwH 24 februari 2009, *TBO* 2009, 17, overw. B.1.2, met verwijzing naar *Parl.St.* Kamer 2005-06, nr. 51-2540/007, 5.

1803. Overeenkomstig artikel 962 Ger.W. kan de rechter, voor de oplossing van een voor hem aangebracht geschil of ingeval een geschil werkelijk en dadelijk dreigt te ontstaan, deskundigen gelasten vaststellingen te doen of een technisch advies te geven.

Het Hof van Cassatie omschrijft een *gerechtsdeskundige* als volgt: iemand die wegens zijn vakkennis, maar zonder de lasthebber van de rechter te zijn, door hem is aangesteld om in alle onafhankelijkheid en onpartijdigheid technisch advies te verstrekken dat de rechter in staat stelt zijn opdracht te vervullen.[3287]

Hieruit volgt dat de rechter een deskundigenonderzoek kan weigeren wanneer de eiser zijn vordering tot deskundigenonderzoek op geen enkel gegeven grondt dat de door hem aangevoerde feiten aannemelijk kan maken of wanneer er geen dienstige reden bestaat om die maatregel te bevelen.[3288]

§ 1. DE AANSTELLING

A. *Soevereine beslissing van de feitenrechter*

1804. Behalve in de gevallen waarin de wet de aanstelling van een expert uitdrukkelijk voorschrijft, oordeelt de rechter in feite en op onaantastbare wijze over de opportuniteit en noodzakelijkheid van een deskundigenonderzoek.[3289]

Het uitgangspunt daarbij is dat de rechter de keuze van de door hem bevolen onderzoeksmaatregel beperkt tot wat volstaat om het geschil op te lossen, waarbij de meest eenvoudige, snelle en goedkope maatregel de voorkeur geniet (art. 875*bis* Ger.W.).[3290]

Hieruit blijkt de bedoeling van de wetgever om het deskundigenonderzoek subsidiair te maken aan andere mogelijke onderzoeksmaatregelen.[3291] Een deskundige kan enkel worden aangesteld wanneer dit strikt noodzakelijk is voor de oplossing van het geschil en wanneer er geen andere, goedkopere onderzoeksmaatregelen volstaan voor de oplossing van het geschil.

Wanneer de gevraagde onderzoeksmaatregel niet zal bijdragen tot de waarheidsvinding, kan de rechter zonder de rechten van verdediging te schenden de vordering tot aanstelling van een gerechtsdeskundige afwijzen.[3292]

[3287] Cass. 15 februari 2006, *NJW* 2006, 559; zie ook GwH 24 februari 2009, *TBO* 2009, 17 (overw. B.8.2).

[3288] Cass. 15 juni 2012, AR C.11.0721.F, www.cass.be.

[3289] Cass. 9 mei 2005, *Pas.* 2005, I, 1008; Cass. 12 januari 1990, *Arr.Cass.* 1989-90, 633; Cass. 17 november 1988, *Arr.Cass.* 1988-89, 321, *Pas.* 1989, I, 289; Cass. 29 maart 1974, *Arr.Cass.* 1974, 839, *Pas.* 1974, I, 782.

[3290] Zie Rb. Antwerpen 17 juni 2013, *RW* 2014-15, 30.

[3291] Toelichting bij het wetsvoorstel tot wijziging van het Gerechtelijk Wetboek betreffende het deskundigenonderzoek, *Parl.St.* Kamer 2005-06, nr. 2540/001, 5.

[3292] Cass. 31 januari 2012, AR P.11.1227.N, www.cass.be; Antwerpen 28 januari 2013, *RW* 2014-15, 308.

De kostprijs van het gevraagde deskundigenonderzoek dient in verhouding te zijn met de inzet van het geschil. Het aanbod van de eiser om de kosten te provisioneren is voor deze beoordeling irrelevant. De rechter moet bij de beoordeling over de opportuniteit van de gevraagde maatregel rekening houden met de proceseconomie.[3293]

1805. Voorheen werd aanvaard dat de rechter zelfs niet verplicht was de redenen van de verwerping van de vraag tot aanstelling van een deskundige op te geven.[3294]

Thans bepaalt artikel 972, § 1 Ger.W. dat de beslissing waarbij het deskundigenonderzoek wordt bevolen de omstandigheden moet bevatten die het deskundigenonderzoek noodzaken.

Om een onderzoeksmaatregel te horen bevelen, hoeft een partij niet vooraf de door haar aangevoerde feiten en de gegrondheid van haar vordering te bewijzen, maar volstaat het dat zij feiten aanvoert waarvan, bij ontstentenis van een onmiddellijk op afdoende wijze bijgebracht bewijs van het tegendeel, aangenomen kan worden dat ze waarachtig en ter zake dienend kunnen zijn en waarvan het bewijs door de gevraagde onderzoeksmaatregel toegelaten en redelijkerwijs mogelijk is.[3295]

Zo werd reeds geoordeeld dat het niet volstaat te beweren dat de architect fouten heeft begaan. Het dossier van de bouwheer moet sterke elementen bevatten die deze bewering bevestigen of ze minstens waarschijnlijk maken.[3296]

1806. De rechter kan om verschillende redenen de vraag tot expertise afwijzen:
- hij kan van oordeel zijn dat de maatregel niet noodzakelijk is om zijn overtuiging te vormen. Dit zal het geval zijn wanneer het bewijs reeds afdoende wordt geleverd door de voorliggende stukken of door vermoedens of door een reeds vroeger bevolen onderzoeksmaatregel[3297];
- hij kan van oordeel zijn dat hij zelf technisch voldoende onderlegd is;
- andere overwegingen van zijn beslissing kunnen de expertise overbodig maken, of de rechter kan van oordeel zijn dat het aangevoerde feit waarop de vraag tot expertise is gesteund niet van belang is (art. 17 Ger.W.)[3298];
- wanneer er geen nuttige vaststellingen meer kunnen worden gedaan.[3299]
  Indien evenwel aan de hand van de stukken en reeds afgelegde verklaringen van de partijen nog een objectieve reconstructie kan worden gemaakt en op

---

[3293] Rb. Dendermonde (KG) 24 januari 2019, nr. 09-432-C, onuitg.
[3294] Cass. 16 januari 1976, *Arr.Cass.* 1976, 583; *Pas.* 1976, I, 560.
[3295] Brussel 13 februari 2012, *TBO* 2015, 136, noot Y. GRAUWELS; Rb. Limburg (afd. Hasselt) 3 oktober 2018, *TBO* 2019, 60.
[3296] Brussel (2ᵉ k.) 11 oktober 2012, *JLMB* 2013, afl. 15, 816.
[3297] Cass. 26 juni 1978, *Pas.* 1978, I, 1227; Cass. 3 september 1976, *Pas.* 1977, I, 8; Cass. 24 september 1970, *Pas.* 1971, I, 62; Gent 17 mei 2002, *TBH* 2003, 528; Rb. Antwerpen 13 december 2006, onuitg., vermeld door K. UYTTERHOEVEN, "Het deskundigenonderzoek in bouwzaken", *TBO* 2010, 101.
[3298] Cass. 24 oktober 1990, *De Verz.* 1991, 391.
[3299] Brussel 9 februari 2001, *JT* 2002, 474.

grond daarvan een technisch advies kan worden verstrekt, kan het wel nog nuttig zijn om een gerechtsdeskundige aan te stellen[3300];

- wanneer het deskundigenonderzoek onmogelijk of laattijdig is omdat het te onderzoeken voorwerp niet meer bestaat, bijvoorbeeld omdat het uitgevoerde werk reeds is weggenomen of omdat er reeds herstellingen zijn uitgevoerd zodat de oorspronkelijke werken niet meer kunnen worden nagekeken[3301];
- wanneer de kosten van de expertise niet opwegen tegen de voorgehouden schadeomvang[3302] of tegen het gevorderde openstaande saldo van de factuur van de aannemer[3303], of wanneer het bewijs op een snellere of mindere kostelijke wijze kan worden geleverd[3304];
- wanneer er geen enkele aanwijzing is van het bestaan van een contractuele of extracontractuele fout[3305], of wanneer de aangevoerde feiten niet minstens in rechte aannemelijk worden gemaakt[3306];
- wanneer de gebreken die worden aangevoerd in de dagvaarding gedekt zijn door de definitieve oplevering[3307];
- wanneer *prima facie* vaststaat dat de vordering ten gronde dient te worden afgewezen[3308];
- wanneer ze in strijd is met andere rechtsregels. Dit is het geval wanneer de expertise is bedoeld om het bewijs te leveren van het bestaan van een overeenkomst en de overeenkomst een waarde heeft van meer van 375 euro en er zelfs geen begin van bewijs voorhanden is (art. 1341-1347 BW);
- wanneer de kostprijs van het deskundigenonderzoek niet in verhouding is met de waarde van het geschil[3309];
- wanneer er geen begin van bewijs is (en foto's zonder datum vormen geen begin van bewijs)[3310];

Het hof van beroep van Brussel oordeelde als volgt: "Een onderzoeksmaatregel behoort slechts te worden bevolen wanneer die nuttig is voor de beoordeling van

---

[3300] Antwerpen (2ᵉ k.) 2 maart 2016, *TBO* 2017, 185.
[3301] Gent 11 februari 1999, *TGR* 1999, 55; Brussel 26 oktober 1993, *RJI* 1993, 267; Kh. Brussel 14 juni 1991, *T.Aann.* 1995, 80.
[3302] Gent 26 november 1990, *TGR* 1991, 29.
[3303] Kh. Gent 26 november 1990, *TGR* 1991, 29 (saldo van 1569 euro voor metsel- en bevloeringswerken).
[3304] Voorz. Rb. Luik 9 februari 1995, *JT* 1996, 84, *JLMB* 1996, 472.
[3305] Voorz. Rb. Nijvel 5 maart 1991, *JT* 1991, 604; Rb. Bergen 29 mei 1991, *De Verz.* 1994, 128, noot P. DE SMET.
[3306] Gent 17 mei 2002, *TBH* 2003, 528.
[3307] P. SOURIS, "Mini-chronique de jurisprudence: de l'opportunité d'une mesure d'expertise", *T.Vred.* 1994, 389.
[3308] Zo werd de vordering tot aanstelling van een deskundige afgewezen omdat de vordering in vrijwaring voor verborgen gebreken op grond van art. 1648 BW niet binnen een korte termijn en dus laattijdig werd ingesteld (Bergen 28 maart 1994, *T.Vred.* 1994, 388).
[3309] Gent 26 november 1990, *TGR* 1991, 29; Rb. Oost-Vlaanderen (afd. Dendermonde) (KG) 24 januari 2019, nr. 09-432-C, onuitg.
[3310] Luik 3 december 2015, *T.Aann.* 2018/2, 201.

de zaak. Middelen die kunnen meebrengen dat een onderzoeksmaatregel niet dienend is voor de beslechting van de zaak, zoals bijvoorbeeld het verweermiddel dat de vordering wordt ingesteld door een partij de geen contractuele rechten kan laten gelden tegen de verweerder en die, bijgevolg, niet kan worden veroordeeld, ook niet na een voor de verweerder ongunstig deskundig advies, moeten in het belang van de proceseconomie in beginsel worden aangevoerd ten laatste bij het debat over de opportuniteit van een gevorderde onderzoeksmaatregel."[3311]

Het staat de rechter vrij om een beroep te doen op andere maatregelen. Zo kan hij een gerechtsdeurwaarder gelasten om ter plaatse te gaan en bepaalde vaststellingen van zuiver materiële aard te doen (art. 519, § 1, 2° Ger.W.). Het gaat over authentieke vaststellingen die de gerechtsdeurwaarder zintuiglijk kan waarnemen. Indien nodig, kan de rechter nadien nog beslissen om een meer uitgebreide onderzoeksmaatregel te bevelen.

§ 2. PROCEDURE

A. Aanstelling in een procedure ten gronde

1. Ten gronde

1807. In een procedure ten gronde dient het deskundigenonderzoek om het bewijs te leveren van de gegrondheid van een vordering gesteld als hoofd- of tegeneis.

1808. Een partij kan voor de bodemrechter ook een expertise vragen bij wijze van hoofdeis, zelfs wanneer er geen andere vordering ten gronde wordt ingesteld (zgn. *vordering ad futurum*).[3312] Om van voldoende belang te doen blijken en de vordering toelaatbaar te maken, moet de eiser dan aantonen dat er werkelijk en dadelijk een geschil dreigt te ontstaan (art. 18, tweede lid en art. 962 Ger.W.) en dat er gevaar dreigt dat bepaalde bewijzen verlorengaan.

Zo werd de vordering strekkende tot de aanstelling van een deskundige om te bepalen of bepaalde geplande werken van die aard zouden zijn om burenhinder te veroorzaken en om te adviseren welke preventieve maatregelen konden worden genomen om de hinder te voorkomen, toelaatbaar verklaard.[3313]

1809. Meestal wordt de opdracht gegeven op vraag van een partij. De aanstelling kan evenwel ook ambtshalve door de rechter gebeuren. Dit kan wel problemen opleveren met betrekking tot de inwerkingstelling van de deskundige en de

---

[3311] Brussel (20e k.) 8 november 2016, *TBO* 2017, 72.
[3312] Rb. Nijvel 17 maart 1992, *JT* 1993, 109.
[3313] Rb. Luik 17 januari 1991, *Amén.* 1991, 108 (naar aanleiding van de geplande aanleg van een containerterminal).

betaling van diens provisies. Wanneer geen van de partijen de deskundige aan het werk zet, kan de meest gerede partij een rechtsdag vragen om te doen beslissen als naar recht (art. 875 Ger.W.).[3314]

2. Alvorens recht te doen

1810. De aanstelling van een deskundige kan ook worden gevorderd in elke stand van het geding, alvorens recht te doen. De meest gerede partij kan hiertoe de zaak in elke stand van het geding voor de rechter brengen bij eenvoudig schriftelijk verzoek aan de griffie, waarna de griffier de zaak laat oproepen (art. 19, derde lid Ger.W.).

Indien de aanstelling van een deskundige wordt gevraagd als maatregel alvorens recht te doen op de inleidingszitting, wordt een dergelijk verzoek behandeld in korte debatten, tenzij alle partijen hiervan afstand doen (art. 735, § 2, tweede lid, tweede streepje Ger.W.). Hiervoor is niet vereist dat de zaak spoedeisend is.

1811. Een deskundige kan nog worden aangesteld nadat de vordering reeds ontvankelijk en gegrond werd verklaard. Dit zal bijvoorbeeld het geval zijn indien, na de veroordeling van een partij, de schade nog dient te worden begroot.

Het is aangewezen dat alle procespartijen ook betrokken worden bij de expertise. De rechtbank van eerste aanleg Antwerpen, afdeling Antwerpen benadrukte dat "om reden van goede rechtsbedeling en tot vrijwaring van de rechten van verdediging het noodzakelijk is dat alle procespartijen waartegen de te onderzoeken vorderingen zijn ingesteld, worden betrokken in het deskundigenonderzoek, tenzij reeds onbetwistbaar en buiten iedere mogelijke betwisting vaststaat dat de ingediende eisen ten opzichte van één of meerdere partijen ongegrond zijn".[3315]

3. Verstek

1812. Het vonnis of de beschikking waarbij de gerechtsdeskundige werd aangesteld is vatbaar voor verzet binnen de normale termijn van één maand na de betekening van het vonnis.[3316] Verzet kan evenwel slechts worden aangetekend tegen ieder verstekvonnis dat in laatste aanleg is gewezen.[3317] In de meerderheid van de gevallen zal er derhalve geen verzet mogelijk zijn.

1813. Overeenkomstig artikel 980 Ger.W. is het zo dat wanneer het deskundigenonderzoek is bevolen bij verstek ten aanzien van een of meer partijen, zij zonder verdere formaliteiten deel kunnen nemen aan elke stand van het deskun-

---

[3314] Rb. Nijvel 4 november 1981, *JT* 1982, 397.
[3315] Rb. Antwerpen (afd. Antwerpen) 16 mei 2017, *TBO* 2017, 401-402.
[3316] Art. 1047 en 1050 Ger.W., zoals gewijzigd door wet 6 juli 2017.
[3317] Zie art. 557-562 Ger.W. In de eerste plaats wordt de aanleg bepaalt door de som zoals geëist in de akte van rechtsingang, vermeerderd met de interesten.

digenonderzoek, hetzij door er bij aanwezig te zijn of zich te laten vertegenwoordigen, hetzij door schriftelijke opmerkingen te laten kennen.

1814. In dat geval verlopen ten aanzien van die partijen het onderzoek en de verdere rechtspleging op tegenspraak en kunnen die partijen tegen de voorgaande beslissingen en handelingen geen verzet aantekenen.

Een partij die verstek had gelaten en nadien op actieve wijze heeft deelgenomen aan de expertiseverrichtingen, zoals het voorstellen van interventies aan de gerechtsdeskundige en het dagvaarden in tussenkomst van een bijkomende partij, kan nadien derhalve geen verzet meer aantekenen. De rechtbank van eerste aanleg van Waals-Brabant was van oordeel dat in een dergelijk geval niet alleen het verzet diende te worden afgewezen als niet ontvankelijk, maar veroordeelde de verzetdoende partij ook tot het betalen van een schadevergoeding aan de oorspronkelijke eiser van een schadevergoeding van 5000 euro wegens tergend en roekeloos geding én tot een burgerlijke geldboete van 1500 euro op grond van artikel 780*bis* Ger.W.[3318]

4.   Hoger beroep

1815.   De expertise kan ook voor het eerst worden gevraagd in graad van hoger beroep.

Sinds 1 november 2015 zijn beslissingen alvorens recht te doen niet langer appellabel, tenzij de rechter, ambtshalve of op verzoek van een van de partijen, in het vonnis anders bepaalt (art. 1050 Ger.W.).[3319] Tegen een beslissing alvorens recht te doen dient hoger beroep ingesteld te worden samen het eindvonnis (art. 1055 Ger.W.).

De beslissing van de eerste rechter om geen deskundig advies te vragen over de schade is een eindbeslissing in de zin van artikel 19, eerste lid Ger.W.[3320] Deze beslissing is wel vatbaar voor hoger beroep.[3321]

Wanneer op grond van artikel 875*bis* Ger.W. de rechter de vordering ontvankelijk heeft verklaard en een deskundigenonderzoek heeft bevolen, is er eveneens sprake van een eindvonnis dat vatbaar is voor hoger beroep.[3322]

Op grond van artikel 1397, laatste lid Ger.W. zijn vonnissen alvorens recht te doen van rechtswege uitvoerbaar bij voorraad en kan het deskundigenonderzoek dus starten, ondanks het hoger beroep.

[3318]   Rb. Waals-Brabant (9e k.) 5 februari 2018, *RJI* 2018, afl. 2, 82.
[3319]   Art. 31 wet 19 oktober 2015 houdende wijziging van het burgerlijk procesrecht en houdende diverse bepalingen inzake justitie (*BS* 22 oktober 2015), beter bekend als Potpourri I, waarmee art. 1050 Ger.W. werd vervangen.
[3320]   *Cf.* Cass. 21 april 2016, AR C.15.0142.N, www.cass.be.
[3321]   Brussel (20e k.) 20 februari 2017, *TBO* 2017, 196.
[3322]   MvT bij Potpourri I, *Parl.St.* Kamer 2015-16, nr. 54/1290/001, 22.

1816. Wanneer de eerste rechter reeds de zaak ten gronde heeft beslecht en de vraag tot aanstelling van een deskundige op gemotiveerde wijze heeft afgewezen, en de vordering in beroep tot het aanstellen van een deskundige "alvorens recht te spreken" niet is gesteund op nieuwe feiten die zich voordeden na het bestreden vonnis, is er geen grond tot toepassing van artikel 19, derde lid Ger.W. In die omstandigheden zou de beoordeling van de opportuniteit van de gevorderde maatregel een hervorming inhouden van het vonnis van de eerste rechter en reeds een uitspraak over de grond van de zaak inhouden.[3323]

Wanneer de beroepsrechter de door de eerste rechter bevolen onderzoeksmaatregel bevestigt, zonder daarbij enig geschilpunt anders te beslechten, dient hij de zaak terug naar de eerste rechter te verwijzen (art. 1068, tweede lid Ger.W.).[3324]

5. Ontvankelijkheid van de vordering

1817. Wanneer de ontvankelijkheid van de vordering wordt betwist, kan de rechter slechts een onderzoeksmaatregel bevelen nadat de vordering ontvankelijk werd verklaard, behalve wanneer de maatregel betrekking heeft op het vervuld zijn van de aangevoerde ontvankelijkheidsvoorwaarde (art. 875*bis* Ger.W.).

Wanneer door de verweerder de tijdigheid van de vordering wordt betwist, stellende dat de gebreken reeds lang gekend waren, en besluit tot de niet-ontvankelijkheid van de vordering, kan de rechtbank een deskundige aanstellen om op dit punt technisch advies in te winnen. In dat geval dient hij derhalve niet eerst de vordering ontvankelijk te verklaren. Een deel van de opdracht zal in dat geval zijn dat hij dient na te gaan wanneer de gebreken zichtbaar zijn geworden.[3325]

Zo hervormde het hof van beroep van Gent het vonnis waarin tot de niet-ontvankelijkheid van de vordering werd besloten en werd er een deskundige aangesteld om technisch advies te verlenen omtrent het tijdstip van het ontstaan van bepaalde gebreken, om vervolgens te kunnen oordelen of de vordering al dan niet laattijdig werd ingesteld en al dan niet ontvankelijk is.[3326]

6. Bevoegdheid

1818. Territoriaal wordt de bevoegdheid van de bodemrechter bepaald door de normale regels ter zake (art. 622-638 Ger.W.), ook al dient het onderzoek te worden uitgevoerd in een ander gerechtelijk arrondissement.

De rechter kan derhalve een deskundige uit zijn eigen rechtsgebied aanstellen om in een ander rechtsgebied bepaalde onderzoekdaden te stellen of kan een deskundige uit een ander rechtsgebied aanstellen. De persoon in kwestie dient

---

[3323] Brussel (20e k.) 19 april 2016, *TBO* 2016, 564.
[3324] Cass. 7 september 2015, *TBO* 2016, 517.
[3325] Rb. West-Vlaanderen (afd. Brugge, 1e k.) 19 november 2015, *TBO* 2016, 350.
[3326] Gent (9e k.) 8 juni 2018, 2017/AR/2022, onuitg.

wel de taal van de rechtspleging machtig te zijn. Het ter griffie neergelegde verslag moet immers van de hand zijn van de aangestelde deskundige zijn, en mag geen vertaling daarvan zijn, gemaakt door een derde. Bovendien moet de deskundige in staat zijn om desgevraagd ter zitting mondelinge toelichting te verstrekken aan de rechter.

7. Tussenkomst – Toelaatbaarheid

1819. Het is mogelijk dat tijdens het deskundigenonderzoek duidelijk wordt dat een derde eveneens betrokken is bij het schadegeval en mogelijk aansprakelijk is voor de schade. De meest gerede partij neemt vervolgens best het initiatief om deze derde in gedwongen tussenkomst te dagvaarden, dan wel te overtuigen om vrijwillig tussen te komen in de procedure.

1820. Het kan zijn dat die derde het deskundigenonderzoek reeds heeft opgevolgd, niet als partij maar als observator of om een partij bij te staan. Dit laatste is geregeld het geval wanneer een procedure wordt gestart tegen een aannemer voor gebreken die schijnbaar louter uitvoeringsfouten zijn, en de architect bij de expertiseverrichtingen is betrokken als technisch raadsman van de bouwheer.

1821. De vraag rijst of en tot welk moment een derde nog op ontvankelijke wijze in gedwongen tussenkomst kan worden gedagvaard in een procedure waarin reeds een deskundigenonderzoek werd bevolen. En als de tussenkomst ontvankelijk is, of en in welke mate de reeds uitgevoerde expertiseverrichtingen tegenstelbaar zijn aan de nieuwe partij.

Enerzijds bepaalt artikel 812 Ger.W. dat tussenkomst kan geschieden voor alle gerechten, ongeacht de vorm van de rechtspleging, zonder dat echter reeds bevolen onderzoeksverrichtingen afbreuk mogen doen aan de rechten van de verdediging. Dit artikel betreft de toelaatbaarheid van de vordering.

Anderzijds stelt artikel 981 Ger.W. dat het deskundigenonderzoek niet kan worden tegengeworpen aan de partij die gedwongen tussenkomt nadat de deskundige zijn voorlopig advies heeft verstuurd, tenzij zij van het middel van de niet-tegenwerpbaarheid afziet. De derde die tussenkomt kan niet eisen dat reeds gedane werkzaamheden in zijn bijzijn worden overgedaan, tenzij hij aantoont daar belang bij te hebben. Dit artikel handelt over de tegenwerpbaarheid van het deskundigenonderzoek aan tussenkomende partijen. Met de woorden *voorlopig advies* wordt doorgaans het voorverslag in de zin van artikel 976 Ger.W. bedoeld.[3327]

[3327] T. TOREMANS, "De gedwongen tussenkomst vóór en na het 'voorlopig advies' van de gerechtsdeskundige: toelaatbaarheid van de tussenkomst (artikel 812, eerste lid Ger.W.) en tegenwerpbaarheid van het deskundigenonderzoek (artikel 981, eerste lid Ger.W.)" (noot onder Cass. 30 januari 2015), *RW* 2015-16, nr. 15, (593) 594.

Sinds de invoering van artikel 981 Ger.W. is het onduidelijk in welke mate dit artikel de beoordeling van de toelaatbaarheid van de tussenkomst beïnvloedt, zoals bepaald in artikel 812 Ger.W.

1822. Volgens het Hof van Cassatie blijkt "uit de wetsgeschiedenis [...] dat tussenkomst in een deskundigenonderzoek kan geschieden zolang geen afbreuk wordt gedaan aan het recht van verdediging. Hieruit volgt dat een gedwongen tussenkomst in het deskundigenonderzoek niet is uitgesloten in het geval dat de gerechtsdeskundige reeds een voorlopige mening heeft geformuleerd, wanneer blijkt dat het recht van verdediging van de in gedwongen tussenkomst gedaagde partij is geëerbiedigd".[3328]

1823. Het betrof een situatie waarbij een gerechtsdeskundige reeds een 'verslag' had opgesteld waarin naast de vaststellingen ook diens bevindingen stonden betreffende de technische oorzaak van de waterinfiltraties en de deskundige zijn oordeel had uitgedrukt dat er niet alleen uitvoeringsfouten werden begaan, maar ook fouten in de controle van de werkzaamheden.

1824. Het hof van beroep van Brussel had de vordering in gedwongen tussenkomst van de architect ontvankelijk verklaard omdat de rechten van verdediging niet geschonden waren. Dit was het geval, aldus het hof, omdat mocht worden uitgegaan van de objectiviteit van de expert, de vaststelling dat een gerechtsdeskundige reeds een voorlopige mening heeft over de technische oorzaken van schade op zich geen schending inhoudt van het recht van verdediging van nog niet in de expertise betrokken partijen, er nog aanvullende verrichtingen kunnen gebeuren en finaal ook het feit dat de architecten die in tussenkomst waren gedagvaard rechtstreeks of onrechtstreeks reeds betrokken waren bij de expertise en een van hen het destructief onderzoek had geleid met verslag aan de expert. Het cassatieberoep werd afgewezen.

Uit dat cassatiearrest kan worden afgeleid dat een gedwongen tussenkomst in een procedure waarin reeds een expertise is bevolen, toelaatbaar is. De loutere aanstelling van een gerechtsdeskundige is op zich onvoldoende om de tussenkomst af te wijzen als ontoelaatbaar.

Nadat de gerechtsdeskundige een voorlopige mening heeft geuit (al dan niet in de vorm van een voorverslag), is de gedwongen tussenkomst niet uitgesloten zolang de rechten van verdediging niet in het gedrang komen. Dit zou bijvoorbeeld wel het geval kunnen zijn als in het kader van de expertise reeds herstel-

---

[3328] Cass. 30 januari 2015, *Arr.Cass.* 2015/1, 248, *RW* 2015-16, 592, noot T. TOREMANS, "De gedwongen tussenkomst voor en na het 'voorlopig advies' van de gerechtsdeskundige: toelaatbaarheid van de tussenkomst (artikel 812, eerste lid Ger.W.) en tegenwerpbaarheid van het deskundigenonderzoek (artikel 981, eerste lid Ger.W.)", *P&B* 2015, 147, noot D. MOUGENOT, "Recevabilité de l'intervention forcée en cours d'expertise: la Cour de Cassation fait progresser le débat".

lingen werden uitgevoerd en een eventuele nieuwe expert op de gegevens van de vorige zou moeten terugvallen of ingeval de expert verregaand destructief onderzoek heeft gevoerd met aansluitende herstellingen.[3329]

1825.   Ook een eis in tussenkomst nadat de deskundige het *eindverslag* reeds heeft neergelegd kan op dezelfde grondslag toelaatbaar worden verklaard. Alleen daar zal de kans dat de rechten van verdediging geschonden zijn, wellicht groter zijn. Zo oordeelde het hof van beroep van Antwerpen dat niettegenstaande het feit dat de in tussenkomst gedwongen partij aanwezig was bij de expertiseverrichtingen en zij nog bijkomende opdrachten aan dezelfde of een nieuwe deskundige kon vorderen met toepassing van artikel 984 Ger.W., *in casu* wel de rechten van verdediging waren geschonden. De vordering werd beschouwd als niet-toelaatbaar.[3330]

1826.   Indien de tussenkomst door de rechtbank wordt geweigerd, bestaat enkel nog de mogelijkheid om een nieuw deskundigenonderzoek te vorderen. Dit nieuwe onderzoek zal dan op zijn beurt enkel gelden tussen de daarin betrokken partijen.

De vraag is dan of de rechtbank best dezelfde deskundige aanstelt dan wel een andere. Weliswaar onder de oude wet, oordeelde het hof van beroep van Brussel dat de eerste rechter, die in het kader van een vordering in tussenkomst en vrijwaring een nieuwe onderzoeksmaatregel beveelt en dezelfde deskundige aanstelt, niet noodzakelijk de rechten van verdediging schendt.[3331] Ook het Hof van Cassatie besliste dat de rechten van verdediging niet geschonden zijn indien de rechter zijn beslissing steunt op het advies van een deskundige die reeds eerder advies had gegeven in een zaak waarvan de opdracht geheel of ten dele samenviel.[3332]

B.   *Vordering in kort geding*

1827.   Overeenkomstig artikel 584 Ger.W. kan de voorzitter van de rechtbank – de voorzitter van de rechtbank van eerste aanleg in alle materies behalve degene die de wet aan hem onttrekt, de voorzitter van de ondernemingsrechtbank en van de arbeidsrechtbank in de aangelegenheden die tot hun bevoegdheid behoren – in de gevallen die hij spoedeisend acht, om het even welke vaststellingen of deskundigenonderzoeken bevelen, zelfs met raming van de schade en opsporing van de oorzaken daarvan.

Een dergelijke vordering wordt ingeleid overeenkomstig de artikelen 1035 tot 1041 Ger.W., en gaat in de praktijk meestal een procedure ten gronde vooraf.

[3329]   T. TOREMANS, "De gedwongen tussenkomst vóór en na het 'voorlopig advies' van de gerechtsdeskundige: toelaatbaarheid van de tussenkomst (artikel 812, eerste lid Ger.W.) en tegenwerpbaarheid van het deskundigenonderzoek (artikel 981, eerste lid Ger.W.) (noot onder Cass. 30 januari 2015), *RW* 2015-16, nr. 15, (593) 595, en de geciteerde rechtspraak aldaar.

[3330]   Antwerpen 8 januari 2018, *RW* 2018-19, 145.

[3331]   Brussel 6 juni 1996, *JT* 1996, 616.

[3332]   Cass. 28 april 1995, *Arr.Cass.* 1995, 432, *RW* 1996-97, 121.

Essentieel is dat de gevraagde maatregel hoogdringend is. Zo werd een vordering tot aanstelling van een deskundige in kort geding wegens gebrek aan spoedeisendheid afgewezen omdat bleek dat de eisende partij reeds meer dan twee jaar op de hoogte was van de aangeklaagde gebreken en nooit eerder in rechte had gereageerd.[3333]

Het spoedeisende karakter wordt beoordeeld op het ogenblik van de uitspraak.[3334] De vordering kan derhalve worden toegestaan indien blijkt dat de onderzoeksmaatregel nog steeds dringend is, ook al is de feitelijke toestand reeds jaren oud. Er is urgentie wanneer een onmiddellijke beslissing wenselijk is om schade van bepaalde omvang of ernstige ongemakken te voorkomen.[3335]

Urgentie werd aanvaard in een geval waarbij er onmiddellijk tot het uitvoeren van herstelmaatregelen moest worden overgegaan omdat er nadien geen nuttige vaststellingen meer konden worden gedaan[3336], bij ernstige waterinfiltraties en bij stabiliteitsproblemen.[3337]

Het voorlopige karakter van de maatregelen genomen door de voorzitter in kort geding laat hem toe die maatregelen in te trekken of te wijzigen wanneer er zich nieuwe of gewijzigde omstandigheden voordoen, voor zover het geschil zelf nopens de voorlopige maatregelen bij hem aanhangig is.[3338]

De urgentie is een voorwaarde voor de materiële bevoegdheid van de rechter in kort geding. Wanneer de rechter in kort geding het geval niet spoedeisend acht, dient hij de vordering ongegrond te verklaren.[3339]

1828. Bij de beslechting van het hoger beroep tegen een beschikking in kort geding kan de rechter in hoger beroep ter beoordeling van de urgentie tevens rekening houden met wat zich sedertdien heeft voorgedaan[3340], met de houding die de eiser heeft aangenomen en met de schade die hij zelf heeft veroorzaakt.[3341]

1829. De rechter in kort geding is territoriaal bevoegd indien het door hem te bevelen deskundigenonderzoek ten minste ten dele in zijn rechtsgebied moet

---

[3333] Voorz. Rb. Kortrijk 21 september 1995, *TGR* 1995, 238.
[3334] Cass. 17 april 2009, AR C.08.0329.N, www.cass.be; Cass. 19 januari 2006, *Arr.Cass.* 2006, nr. 44.
[3335] Cass. 9 mei 1994, *Arr.Cass.* 1993-94, 464; Cass. 13 september 1990, *Arr.Cass.* 1990-91, 42; Cass. 21 mei 1987, *Arr.Cass.* 1986-87, 1287.
[3336] Antwerpen 2 december 2004, *TBH* 2005, 779.
[3337] Voorz. Antwerpen 15 februari 2007, nr. 07/118/C, onuitg., vermeld door K. UYTTERHOEVEN, "Het deskundigenonderzoek in bouwzaken", *TBO* 2010, 106.
[3338] Cass. 24 april 2009, AR C.07.0368.N, www.cass.be.
[3339] Cass. 24 april 2009, AR C.07.0368.N, www.cass.be; Cass. 6 mei 1991, *Arr.Cass.* 1990-91, 899, *Pas.* 1991, I, 788; Cass. 11 mei 1990, *Arr.Cass.* 1989-90, 1175, *RW* 1990-91, 987, noot J. LAENENS.
[3340] Cass. 4 november 1976, *Arr.Cass.* 1977, 262, *Pas.* 1977, I, 260, *RW* 1976-77, 2146.
[3341] Cass. 17 maart 1995, *Arr.Cass.* 1995, 320.

worden uitgevoerd, ook al is de rechtbank territoriaal niet bevoegd om van het bodemgeschil kennis te nemen.[3342]

1830. Wanneer de kortgedingrechter krachtens artikel 973, eerste lid Ger.W. dient te oordelen over een incident bij de uitvoering van een door hem bevolen deskundigenonderzoek, is het geschil zelf over de gevorderde voorlopige maatregelen niet bij hem aanhangig. Hij heeft in die omstandigheden niet te oordelen over het spoedeisende karakter van de gevorderde maatregelen.[3343]

1.   Eenzijdige rechtspleging

A.   VOOR DE VOORZITTER VAN DE RECHTBANK ZETELEND IN KORT GEDING IN GEVAL VAN UITERST DRINGENDE NOODZAKELIJKHEID

1831. In geval van volstrekte noodzakelijkheid kan overeenkomstig artikel 584, derde lid Ger.W. de vraag tot een deskundigenonderzoek voor de voorzitter van de rechtbank, zetelend in kort geding, worden gebracht bij eenzijdig verzoekschrift in de zin van de artikelen 1025 tot 1034 Ger.W.

Voor deze uitzonderlijke procedure dient vast te staan dat de situatie dermate hoogdringend is dat iedere andere vorm van procedure-ingang onvermijdelijk een vertraging zou betekenen waardoor de rechten van een partij ernstig zouden zijn geschaad. De vordering zal worden afgewezen indien blijkt dat een procedure in kort geding op tegenspraak voldoende doeltreffend zou zijn.

1832. Het eenzijdige karakter geldt enkel voor de procedure-ingang en de aanstelling van de deskundige. De expertise zelf dient volgens de desbetreffende regels van het Gerechtelijk Wetboek te verlopen.[3344] Eens de verwerende partij door de deskundige is opgeroepen, is het deskundigenonderzoek tegensprekelijk.[3345]

Wanneer echter de aanstelling van een gerechtsdeskundige op eenzijdig verzoekschrift net noodzakelijk is om een verrassingseffect te creëren, zal de opdracht uitzonderlijk beperkt zijn tot loutere vaststellingen.[3346]

[3342]   Cass. 22 december 1989, *Arr.Cass.* 1989-90, 564, concl. E. KRINGS, *RW* 1989-90, 1089, concl. E. KRINGS, *JT* 1990, 556.

[3343]   Cass. 24 april 2009, AR C.07.0368.N, www.cass.be.

[3344]   Art. 972 e.v. Ger.W.; K. VANDERPER, "De vordering tot aanstelling van een deskundige", *Expertise, IUS,* nr. 8, Antwerpen, Kluwer Rechtswetenschappen, 1987, 41, nr. 50; D. SCHEERS en P. THIRIAR, *Het gerechtelijk recht in de hoogste versnelling?,* Antwerpen, Intersentia, 2007, 150.

[3345]   Cass. 22 september 1977, *Pas.* 1978, I, 98, noot.

[3346]   T. LYSENS en L. NAUDTS, *Deskundigenonderzoek in burgerlijke zaken,* in *Recht en Praktijk 97,* Mechelen, Kluwer, 2018, 115.

B. VOOR DE VREDERECHTER

1833. Overeenkomstig artikel 594, eerste lid Ger.W. doet de vrederechter op
verzoekschrift uitspraak op vorderingen tot aanwijzing van deskundigen wanneer dit hem toekomt krachtens een overeenkomst tussen partijen of krachtens de
wet (bv. art. 1199 Ger.W.: de verkoop van een handelszaak die geheel toebehoort
aan een onbekwame), of wanneer het voorwerp van het deskundigenonderzoek
tot zijn volstrekte bevoegdheid behoort (bv. in huurgeschillen).

Het betreft hier een procedure op eenzijdig verzoekschrift overeenkomstig de
artikelen 1025 tot 1034 Ger.W.

De vrederechter mag in deze context de deskundige enkel belasten met materiële vaststellingen, maar mag, op straffe van nietigheid van de opdracht, geen
adviezen vragen omtrent de oorzaak en de omvang van de schade.[3347]

C. VOOR DE VOORZITTER VAN DE RECHTBANK VAN EERSTE AANLEG EN VAN DE
ONDERNEMINGSRECHTBANK

1834. Overeenkomstig de artikelen 585, 1° en 588, 1° Ger.W. doen de voorzitters
van de rechtbank van eerste aanleg en van de ondernemingsrechtbank op verzoekschrift uitspraak over de aanvragen tot benoeming van deskundigen wanneer de overeenkomst tussen partijen of de wet hen die benoeming opdraagt.

Wat de voorzitter van de rechtbank van eerste aanleg betreft, kan in deze context gewezen worden op artikel 1199 Ger.W. (verkoop van een handelszaak – aanstelling door de voorzitter van de familierechtbank) en artikel 27, 5° Hyp.W.

De voorzitter van de ondernemingsrechtbank wordt aangewezen door artikel
X.48 WER in het kader van weigering van vervoerde goederen[3348], door artikel 19
van de wet van 25 oktober 1919 betreffende het in pand geven van een handelszaak, het endossement van de factuur, alsmede de aanvaarding en de keuring van
rechtstreeks voor het verbruik gedane leveringen[3349], en door artikel 58 van de
wet van 5 mei 1936 op de binnenbevrachting.

Ook zijn de voorzitters van de rechtbank van eerste aanleg en van de ondernemingsrechtbank, in de aangelegenheden die tot de respectievelijke bevoegdheid
van die rechtbanken behoren, bevoegd om op vordering van de personen die,
op grond van een wet betreffende de uitvindingsoctrooien, aanvullende bescher-
mingscertificaten, kwekerscertificaten, topografieën van halfgeleiderproducten,

---

[3347] Cass. 12 november 1990, *Arr.Cass.* 1990-91, 298, *Pas.* 1991, I, 268, *RW* 1990-91, 1169; Cass.
21 maart 1979, *Arr.Cass.* 1978-79, 841, noot, *Pas.* 1979, I, 846, noot, *RW* 1979-80, 523, noot.

[3348] Art. 8 wet 25 augustus 1891 tot herziening van titel VII*bis* van het Wetboek van Koophandel
betreffende de vervoerovereenkomst in geval van weigering van de vervoerde goederen werd
opgeheven door art. 256 wet 15 april 2018 houdende hervorming van het ondernemingsrecht,
in werking sinds 1 november 2018.

[3349] Gewijzigd bij art. 252 wet 15 april 2018, *BS* 27 april 2018 (ed. 2), met ingang van 1 november
2018 (art. 260, eerste en tweede lid).

tekeningen en modellen, merken, geografische aanduidingen, benamingen van oorsprong, auteursrecht, naburige rechten of het recht van producenten van databanken, een of meerdere deskundigen te benoemen met als opdracht over te gaan tot de beschrijving van alle voorwerpen, elementen, documenten of werkwijzen die van aard zijn de beweerde namaak alsook de oorsprong, de bestemming en de omvang ervan aan te tonen (art. 1369*bis*/1 Ger.W.).

In al deze gevallen moet geen urgentie te worden aangetoond.

§ 3.   KEUZE VAN DE DESKUNDIGE

A.   Algemeen

1835.   Indien alle partijen het eens zijn over de persoon van de deskundige die ze willen aanstellen, kan de rechter van de keuze van de partijen slechts afwijken bij een met redenen omklede beslissing (art. 962, tweede lid Ger.W.).

Zo zal de rechter, wanneer hij weet dat de voorgestelde deskundige reeds werd aangesteld in tal van andere zaken en hij vreest dat hij zich niet aan de opgelegde termijnen zal kunnen houden, de door partijen voorgestelde deskundige kunnen weigeren.[3350]

1836.   Vóór de wet van 10 april 2014[3351] kon in principe iedere persoon die in staat was om de opdracht naar behoren te vervullen, worden aangesteld als deskundige.[3352]

De rechter kon dan ook, al dan niet op voordracht van de partijen, eenieder die hij geschikt achtte aanduiden, behoudens de bij wet bepaalde afwijkingen.[3353] Hij liet zich daarbij leiden door de diploma's, de bekendheid en de morele en professionele hoedanigheid van de persoon in kwestie.[3354]

De gerechtsdeskundige die door de rechter wordt aangesteld in bouwzaken is niet noodzakelijk een architect.[3355] Slechts ingeval de deskundigenopdracht taken zou omvatten die wettelijk zijn voorbehouden aan architecten die wettelijk gerechtigd zijn het beroep van architect uit te oefenen, dient de gerechtsdeskundige aan de voorwaarden voor het uitoefenen van het beroep van architect te vol-

---

[3350]   MvT, wetsontwerp houdende diverse bepalingen betreffende Justitie (II), *Parl.St. Kamer* 2008-09, nr. 2161/001, 46.

[3351]   Wet 10 april 2014 tot wijziging van verschillende bepalingen met het oog op de oprichting van een nationaal register voor gerechtsdeskundigen en tot oprichting van een nationaal register voor beëdigd vertalers, tolken en vertalers-tolken, *BS* 19 december 2014.

[3352]   Cass. 24 mei 2005, *Pas.* 2005, I, 1103.

[3353]   Cass. 5 april 1996, *Arr.Cass.* 1996, nr. 111, *Pas.* 1996, I, nr. 111; Cass. 24 mei 2005, *P&B* 2006, 34.

[3354]   C. VAN REEPINGHEN, "Verslag van de gerechtelijke hervormingen", *Pasin.* 1967, 355.

[3355]   Cass. 18 mei 2007, *TBO* 2007, 226.

doen. In dat geval dient de deskundige dus ingeschreven te zijn op de tabel of lijst van de Orde van Architecten.[3356, 3357]

De rechter dient erop toe te zien dat de deskundige naast een technische kennis tevens beschikt over een zekere juridische kennis. Zo is het van belang dat de deskundige vertrouwd is met de regels van het Gerechtelijk Wetboek om te vermijden dat bepaalde onderzoekshandelingen of het volledige onderzoek vernietigd worden wegens onregelmatigheden tijdens de expertiseverrichtingen.[3358]

1837. Sinds de wet van 10 april 2014 moet de rechter kiezen uit de lijst van de deskundigen die zijn opgenomen in het nationaal register voor gerechtsdeskundigen (art. 991*ter* Ger.W.). In dit register vindt de rechter alle deskundigen volgens hun specialisatie en regionaal werkterrein.[3359]

Wanneer partijen hun voorkeur van deskundige te kennen willen geven aan de rechter, doen zij er dus goed aan om het register te raadplegen en na te gaan of die deskundige ook vermeld staat onder de specialisatie die het geschil vereist.

Artikel 991*decies* Ger.W. biedt de mogelijkheid aan de rechter om een deskundige aan te stellen die niet voorkomt in het nationaal register in spoedeisende gevallen wanneer er geen gerechtsdeskundige met de vereiste deskundigheid en specialisatie beschikbaar is, wanneer het nationaal register, gelet op de specifieke aard van het geschil, geen gerechtsdeskundige bevat die beschikt over de vereiste deskundigheid en specialisatie of wanneer het gaat om een coördinerende deskundige bij de aanstelling van meerdere gerechtsdeskundigen.

Ondanks de verplichting van de rechter om een deskundige te kiezen die in het nationaal register voorkomt, beschikt de rechter nog steeds over een zekere vrijheid. De rechter kan nog steeds rekening houden met de ervaring en reputatie van de deskundige. Door controle van de neerlegging van de verslagen door die ene deskundige in de verschillende hangende procedures, heeft de rechter zicht op de beschikbaarheid en eventuele achterstand van de aangestelde deskundigen.[3360]

1838. De deskundige dient een natuurlijk persoon te zijn. Een rechtspersoon kan niet worden aangesteld. Deze beperking volgt uit de regels omtrent de wraking van deskundigen (zie verder), die enkel kunnen worden toegepast op natuurlijke personen.[3361] Uiteraard kan de deskundige zijn activiteit wel uitoefenen onder de vorm van een vennootschap.

[3356] Raad van Beroep van de Orde van Architecten 8 mei 2013, *Not. 12/3117*, onuitg.

[3357] Zie Hoofdstuk II, afdeling 3, § 1, A.

[3358] Advies van de Hoge Raad voor de Justitie van 29 juni 2005 betreffende zeven wetsvoorstellen tot wijziging van het gerechtelijk wetboek voor wat betreft het deskundigenonderzoek, *Parl.St. Kamer* 2004-05, nr. 0073/002, 11-13.

[3359] Zie ook verder Afdeling 9. Het nationaal register voor gerechtsdeskundigen.

[3360] T. LYSENS en L. NAUDTS, *Deskundigenonderzoek in burgerlijke zaken* in *Recht en Praktijk 97*, Mechelen, Kluwer, 2018, 115.

[3361] A. FETTWEIS, *Manuel de procédure civile*, Luik, Fac. Droit de Liège, 1985, 382, nr. 518, noot 7.

De persoon die als deskundige wordt aangesteld, dient de taal van de rechtspleging machtig te zijn. Het verslag dient immers te worden opgesteld door de deskundige persoonlijk en in de taal van de rechtspleging en mag geen vertaling zijn. Ook kan de rechtbank de deskundige vragen dat hij zijn verslag komt toelichten ter zitting.

B. Aantal deskundigen

1839. De rechter stelt in principe slechts één deskundige aan, tenzij hij het nodig acht om meerdere deskundigen aan te stellen (art. 982, eerste lid Ger.W.).

Het aanstellen van meerdere deskundigen kan aangewezen zijn in een aantal gevallen. Soms zijn de problemen van diverse aard zodat het college wordt samengesteld uit specialisten in de diverse te behandelen materies. Ook kan het gelaakte werk te omvangrijk zijn om door één deskundige te laten onderzoeken binnen een redelijke termijn.

Het is tevens mogelijk dat er reeds een deskundige werd aangesteld, maar dat er vanwege de partijen en hun technische raadslieden kritiek komt op technisch vlak zodat het aangewezen is dat er bijkomend onderzoek komt door andere deskundigen. De rechter kan dan de eerste deskundige opnemen in het college dat hij aanstelt of hem daardoor vervangen.

Wanneer er meerdere deskundigen worden aangesteld, dient het vonnis de omstandigheden te vermelden die de aanstelling van meerdere deskundigen noodzakelijk maken (art. 972, § 1, eerste lid Ger.W.).

Een college van deskundigen treedt gezamenlijk op en de rechter wijst een van hen aan als voorzitter. Zij stellen één enkel verslag op en geven één advies bij meerderheid van stemmen, maar in het verslag zullen zij de onderscheiden meningen met de gronden dienen te vermelden (art. 982 Ger.W.).

1. De coördinerende deskundige

1840. Wanneer de rechter meerdere deskundigen aanstelt, kan hij een coördinerende deskundige aanstellen (art. 964 Ger.W.).

De coördinerende deskundige heeft als opdracht de werkzaamheden van de door de rechter aangestelde deskundigen te coördineren en te pogen alle partijen te verzoenen, overeenkomstig artikel 977 Ger.W.

1841. De coördinerende deskundige bereidt in voorkomend geval de installatievergadering voor zoals bepaald in artikel 972 Ger.W. Op die vergadering doet hij ook de nodige voorstellen voor het verdere verloop van de werkzaamheden van de door de rechter aangestelde deskundigen en voor het pogen te verzoenen van alle partijen.

1842. De coördinerende deskundige is onderworpen aan alle bepalingen van het Gerechtelijk Wetboek die van toepassing zijn op de deskundigen.

Hij dient evenwel niet te zijn opgenomen in het nationaal register van gerechts-deskundigen voor zover hij enkel belast is met een coördinatieopdracht en niet met een onderzoeksopdracht (art. 991*ter juncto* art. 991*decies*, vierde streepje Ger.W.).

De coördinerende deskundige mag niet dus niet verward worden met de voor-zitter van een college van gerechtsdeskundigen.

1843. Hij kan gewraakt en vervangen worden overeenkomstig dezelfde prin-cipes als een deskundige met een onderzoeksopdracht. Ook moet hij net als de andere gerechtsdeskundigen binnen de acht dagen na de kennisgeving van zijn opdracht de feiten en omstandigheden meedelen op grond waarvan aan zijn onafhankelijkheid of onpartijdigheid zou kunnen worden getwijfeld (art. 972, § 1, vierde lid Ger.W.).

C. Bijstand door technische raadgevers van de deskundige

1844. In bouwzaken komt het geregeld voor dat de gerechtsdeskundige niet alle aspecten van de opdracht alleen kan uitvoeren en hij een beroep dient te doen op derden. Dit kan bijvoorbeeld het geval zijn indien een laboratoriumonderzoek van bepaalde materialen nodig blijkt, of indien er een gespecialiseerde bereke-ning nodig is door een ingenieur.[3362]

Wanneer een gerechtsdeskundige een beroep doet op een dergelijke technische raadgever of *sapiteur* (ook 'domeindeskundige' genoemd), moet deze beschouwd worden als een hulppersoon op wie de gerechtsdeskundige een beroep doet voor de uitvoering van zijn gerechtelijke opdracht.[3363]

Over de aanstelling van de sapiteur beslist de rechtbank. Dit gebeurt hetzij in het vonnis waarbij de deskundige wordt aangesteld of nadien, in de rechterlijke beslissing die genomen wordt na afloop van de installatievergadering (art. 972, § 2, achtste lid Ger.W. en art. 972, § 2, zevende lid, 3° Ger.W.).

Veelal wordt de mogelijkheid tot bijstand door derden reeds opgenomen in het aanstellingsvonnis.[3364]

Indien de rechtbank zich hierover niet heeft uitgesproken, dient de gerechts-deskundige desgevallend de rechtbank hierom te verzoeken bij gewone, gemoti-veerde brief (art. 973, § 2 Ger.W.).

1845. Wanneer is bepaald dat de deskundige zich kan laten bijstaan door speci-alisten van zijn keuze, vormt hij met hen evenwel geen college. Dit is relevant voor de regels voor het opstellen van het verslag.[3365]

[3362] Zo worden geregeld aangesteld als sapiteur: SECO, de Afdeling Technisch Advies (ATA) van het WTCB …

[3363] Brussel (20e k.) 19 januari 2016, *TBO* 2016, 335.

[3364] T. LYSENS en L. NAUDTS, *Deskundigenonderzoek in burgerlijke zaken* in *Recht en Praktijk 97*, Mechelen, Kluwer, 2018, 201.

[3365] Zie § 11. Het eindverslag.

1846.   Uiteraard dient de sapiteur, net als de gerechtsdeskundige, onafhankelijk en onpartijdig te zijn.

In een geval waarbij bleek dat de sapiteur was opgetreden als technisch raadsman van een partij met betrekking tot eenzelfde problematiek, werd bij toepassing van het bovenvermelde principe zijn verslag geweerd uit het verslag van de gerechtsdeskundige.[3366]

1847.   Net zoals de gerechtsdeskundige persoonlijk aansprakelijk blijft voor eventuele fouten van zijn sapiteur, blijft hij evenzeer aansprakelijk voor de nakoming van zijn betalingsplicht ten aanzien van zijn sapiteur. De kost van deze derde maakt deel uit van de staat van kosten en erelonen van de gerechtsdeskundige, die door de rechter moet worden begroot en waarover in het eindvonnis uitspraak wordt gedaan als deel van de gerechtskosten.

De niet-betaling van de gerechtsdeskundige vormt, op zich, geen vreemde oorzaak die de niet-betaling van de sapiteur rechtvaardigt. *In casu* wierp een gerechtsdeskundige die was gedagvaard door SECO in betaling van diens factuur voor bijstand als sapiteur, tevergeefs op dat de procespartij die zich had verbonden tot betaling van de sapiteur gestopt was met betalen.[3367]

De gerechtsdeskundige kan aan de vordering in betaling van sapiteur diens fouten tegenwerpen, gemaakt bij het sluiten van de overeenkomst of tijdens de uitvoering van de overeenkomst.[3368]

1848.   Geen enkele wettelijke bepaling verhindert dat een gerechtsdeskundige zich voor de verwerking van louter uitvoerende en administratieve verrichtingen laat bijstaan door derden, op voorwaarde dat hij noch de leiding, noch de opdracht, geheel of gedeeltelijk, aan derden delegeert.[3369]

§ 4.   DE OPDRACHT

1849.   Overeenkomstig artikel 972 Ger.W. dient de beslissing waarbij het deskundigenonderzoek wordt bevolen, de omstandigheden te vermelden die het deskundigenonderzoek noodzakelijk maken en een nauwkeurige omschrijving van de opdracht van de deskundige te bevatten.

De omschrijving van de opdracht komt derhalve toe aan de rechtbank.

Na afloop van de installatievergadering (zie hieronder) kan de opdracht aangepast worden, indien de partijen het daarover eens zijn (art. 972, § 2, zevende lid, 1° Ger.W.).

De opdracht dient in ieder geval aangepast te zijn aan de inhoud van het dossier.

[3366]   Rb. Antwerpen (afd. Antwerpen, AB12ᵉ k.) 7 juni 2016, *TBO* 2016, 577.
[3367]   Brussel (20ᵉ k.) 19 januari 2016, *TBO* 2016, 335.
[3368]   *Ibid.*
[3369]   Cass. 3 mei 2005, AR P.041700.N, www.cass.be.

De rechtbank van eerste aanleg Oost-Vlaanderen, afdeling Gent gaf terecht aan: "het komt de rechtbank niet toe te bepalen hoe de deskundige zijn werkzaamheden dient uit te voeren. De rechtbank doet precies beroep op een deskundige gelet op diens specifieke kennis in een bepaalde materie".[3370]

1850. Het deskundigenonderzoek, dat berust op accusatoire gronden, kan slechts bevolen worden voor de in de dagvaarding opgesomde punten. De deskundige behoort dan ook niet de rol van de architect over te nemen door in diens plaats alle mogelijke fouten of tekortkomingen op te zoeken.[3371]

Enerzijds kan een te algemene opdracht (bv. 'de gebreken te onderzoeken') aanleiding geven tot een verkeerde interpretatie. Het kan er ook toe leiden dat de deskundige zelf op zoek moet gaan naar alle mogelijke gebreken van de zaak. Op die wijze wordt de deskundige de verdediger van de belangen van een van de partijen. Het zijn de partijen zelf, daarin bijgestaan door hun advocaten en hun technische raadslieden, die de gebreken moeten aanwijzen.

Zo stelde het hof van beroep van Gent dat een gerechtelijke expertise niet als doel heeft tegemoet te komen aan de falende bewijslast van de eisende partij.[3372]

Anderzijds dient de opdracht dan weer ruim genoeg te zijn om te vermijden dat de partijen zich tot de rechtbank moeten wenden om de opdracht te laten uitbreiden.

De rechter mag de door de eiser gevorderde opdracht aanpassen in functie van het verweer van de andere partijen. Hij dient zich daarbij wel te houden aan de grenzen van het geschil zoals die door de partijen in de gedinginleidende akte en in de conclusies werden bepaald.[3373]

De rechter dient het akkoord van de partijen omtrent de opdracht van de deskundige te respecteren.[3374] Hij kan daar enkel zelf ambtshalve onderzoekspunten aan toevoegen indien zij de openbare orde raken.[3375]

1851. Wanneer de deskundige onvolmaaktheden vaststelt die niet zijn opgeworpen door de partijen, mag hij die niet behandelen in het verslag of daarover adviseren dan mits uitdrukkelijke toestemming van alle partijen. Hij mag immers geen nieuwe betwistingen in het leven roepen. Deze regel raakt niet de openbare orde, noch betreft het dwingend recht.[3376]

[3370] Rb. Oost-Vlaanderen (afd. Gent) 16 december 2015, 15/3236/A, onuitg.

[3371] Rb. Dendermonde 25 februari 1993, *RW* 1993-94, 1369.

[3372] Gent 29 september 2016, *T.Verz.* 2017, afl. 2, 199.

[3373] K. UYTTERHOEVEN, "Het deskundigenonderzoek in bouwzaken", *TBO* 2010, 103.

[3374] Cass. 1 maart 1999, *Arr.Cass.* 1999, 122.

[3375] D. SCHEERS en P. THIRIAR, "Repareer de reparatie! De aanpassingen door de wet van 30 december 2009 inzake het deskundigenonderzoek", *RW* 2009-10, 1411.

[3376] Cass. 14 januari 1983, *Arr.Cass.* 1982-83, 654, *RW* 1984-85, 1608, noot.

1852. In de loop van het deskundigenonderzoek kunnen er betwistingen ontstaan tussen de partijen of tussen de partijen en de deskundige over de eventuele uitbreiding van de opdracht van de deskundige.

De partijen (en deskundigen) kunnen zich bij gewone brief, met vermelding van de redenen voor de uitbreiding van de opdracht van de deskundige, tot de rechter wenden. De rechter zal de partijen en deskundigen vervolgens oproepen en een uitspraak doen bij met redenen omklede beslissing (art. 973, § 2 Ger.W.). De beslissing is niet vatbaar voor hoger beroep (art. 963, § 1 Ger.W.).[3377]

De partijen kunnen in onderling overleg de deskundige verzoeken om vragen te beantwoorden die niet in het vonnis vermeld staan. De deskundige kan hierop ingaan zonder dat daarvoor eerst de rechtbank dient te worden gevat, indien de partijen het hierover eens zijn.[3378]

Dit betekent niet dat de deskundige zijn opdracht al te strikt dient te interpreteren. Hij moet antwoorden op alle punten en vragen die op bijkomstige of natuurlijke wijze voortvloeien uit zijn opdracht zoals bepaald in het vonnis.[3379] Het gegeven dat het vonnis bepaalt dat de deskundige moet antwoorden op alle nuttige vragen van de partijen laat niet toe dat de deskundige feitelijk zijn opdracht uitbreidt op vraag van een van de partijen. Bovendien wordt geenszins van de deskundige verwacht dat hij alle mogelijke en onmogelijke zaken onderzoekt, louter omdat die door een partij worden aangevoerd. Zijn opdracht beperkt zich tot de redelijkerwijze dienende discussiepunten.[3380]

De uitbreiding van de opdracht zal in principe maar worden toegestaan indien er zich nieuwe feiten voordoen die de uitbreiding verantwoorden.

Zo oordeelde de rechtbank van eerste aanleg Oost-Vlaanderen, afdeling Gent dat de gerechtsdeskundige die werd aangesteld om de waterinfiltraties aan de gemene delen te onderzoeken, ook een privatief gedeelte mag betreden om zijn onderzoek naar de beweerde gebreken aan de gemene delen en de mogelijke oorzaken hiervan verder te kunnen voeren en tot een goed einde te brengen. De rechtbank ging vervolgens over tot een effectieve uitbreiding van de opdracht, aangezien een privatieve mede-eigenaar vrijwillig tussenkwam in de procedure en een vordering instelde voor de gevolgschade in zijn privatief door de gebreken aan de gemeenschappelijke delen.[3381]

1853. De opdracht dient steeds beperkt te zijn tot het doen van vaststellingen of het geven van een technisch advies (art. 962 Ger.W.).[3382] Omdat de rechter zijn

---

[3377] Brussel 15 mei 2014, *T.Aann.* 2015, 1369, noot; *contra*: Gent 21 februari 2014, *NJW* 2015, noot C. VAN SEVEREN.

[3378] Verslag namens de Commissie voor de justitie, *Parl.St. Kamer* 2009-10, nr. 2161/006, 30.

[3379] D. SCHEERS en P. THIRIAR, *Het gerechtelijk recht in de hoogste versnelling?*, Antwerpen, Intersentia, 2007, 142.

[3380] Gent 23 januari 2009, *TBO* 2010, 67.

[3381] Rb. Oost-Vlaanderen (afd. Gent) 28 juni 2017, nr. 15/3254/A, onuitg.

[3382] Gent 23 januari 2009, *TBO* 2010, (66), 69.

rechtsmacht niet kan overdragen (art. 11 Ger.W.), kan hij niet vragen om juridisch advies.[3383] Deze regel raakt de openbare orde.[3384]

De grens tussen een technisch en een juridisch advies is dikwijls moeilijk te trekken. Wanneer de rechtbank in een bouwgeschil vraagt om de oorzaak te bepalen van de schade, impliceert dit immers dat de expert zich zal uitspreken over het feitelijk oorzakelijk verband tussen de handeling (of het ontbreken ervan) en de schade, wat onvermijdelijk de grond van de zaak raakt.

Om te bepalen of de rechter zijn rechtsmacht met betrekking tot de beoordeling van het geschil heeft overgedragen, dient de formulering van de opdracht in haar geheel nagegaan te worden en moeten alle gegevens in acht worden genomen, zoals de motieven en de context waarin de deskundige met de opdracht wordt belast, de redenen van het vonnis dat het onderzoek beveelt en het technische karakter van de opdracht.[3385] Het gebruik van terminologie van de wet in de formulering van de opdracht volstaat niet om tot een overdracht van rechtsmacht te besluiten.[3386]

Het Hof van Cassatie besliste reeds dat de rechter rechtsgeldig aan een college van deskundigen de vraag kan stellen of er tussen fout en schade een zeker en noodzakelijk verband bestaat.[3387]

1854. De rechter kan een zuiver theoretisch advies vragen, dat hij dan zelf toepast op de feiten.[3388]

1855. De vraag naar het zichtbaar of verborgen karakter van een vastgesteld gebrek is een juridische kwestie. Indien de gerechtsdeskundige in zijn verslag de term "zichtbaar gebrek" gebruikt, zal de rechtbank ervan uitgaan dat hij deze terminologie gebruikte in zijn gangbare betekenis van een "*de visu door hemzelf vastgesteld*" gebrek.[3389]

De opdracht kan tevens beperkt worden tot het beoordelen van opwerpingen van technische aard betreffende een in het geding overgelegd stuk, zoals een in een ander geding neergelegd deskundigenverslag. Volgens het Hof van Cassatie is dit niet in tegenstrijd met het contradictoire kenmerk van het gerechtelijk deskundigenonderzoek, noch met het recht van verdediging of op een eerlijk pro-

---

[3383] Antwerpen 5 november 2012, *T.Verz.* 2013, 220.

[3384] Cass. 6 maart 2014, AR C.12.0615.N, www.cass.be; Cass. 15 november 2012, *RW* 2013-14, 1576; Cass. 19 februari 2010, *TBO* 2011, 26; Cass. 14 september 1992, *Arr.Cass.* 1991-92, 1099, *RW* 1993-94, 45.

[3385] Cass. 15 november 2012, *RW* 2013-14, 1576; Cass. 10 juni 2010, *TBO* 2011, 30; Gent 21 februari 2014, *NJW* 2015, 162 ("Door advies te vragen over het al dan niet zichtbaar karakter van de vast te stellen gebreken, heeft de eerste rechter op generlei wijze zijn rechtsmacht overgedragen aan de gerechtsdeskundige.").

[3386] Cass. 28 april 2015, *Arr. Cass.* 2015, 1091.

[3387] Cass. 15 december 1998, *AR* P.96.1206.N, vermeld door P. VANLERSBERGHE, "De beslissing tot aanstelling van een deskundige" in E. GULDIX (ed.), *Deskundigenonderzoek in privaatrechtelijke geschillen*, Antwerpen, Intersentia, 1999, 13, nr. 12.

[3388] Cass. 13 december 1957, *Pas.* 1957, I, 399: *in casu* was aan de deskundige opgedragen om de juistheid van een medisch advies na te gaan.

[3389] Rb. Gent 10 november 2014, nr. 13/819/A, onuitg.

---

ces, mits de rechter de gegevens van het eerder verrichte deskundigenonderzoek alleen als bron van feitelijke vermoedens in aanmerking neemt.[3390]

1856. Wanneer de deskundige zijn opdracht te buiten is gegaan of indien hij advies geeft van juridische aard, zal de rechter dat onderdeel van het verslag moeten negeren.[3391] Echter, de door de deskundige gedane vaststellingen en uitgebrachte technische adviezen mag de rechter wel als gegevens in aanmerking nemen en, wanneer het bewijs door vermoedens is toegelaten, hieruit desgevallend feitelijke vermoedens in de zin van artikel 1349 BW afleiden.[3392]

1857. De rechtbank kan de deskundige niet opdragen om getuigen te verhoren. Ook dit zou strijdig zijn met het verbod van overdracht van rechtsmacht uit artikel 11 Ger.W.

De rechter kan wel toelaten dat de deskundige alle nuttige inlichtingen bij derden verzamelt. De deskundige hoeft dan geenszins de regels omtrent het getuigenverhoor na te leven.[3393]

1858. De vrederechter mag, wanneer hij op eenzijdig verzoek (art. 1025 Ger.W.) uitspraak doet bij toepassing van artikel 594, 1° Ger.W., de deskundige enkel gelasten om materiële vaststellingen te doen. Hij kan dan geen advies vragen omtrent over de oorzaak en omvang van de schade.[3394]

§ 5. HET VERLOOP

A. *Inwerkingstelling*

1859. Indien een deskundigenonderzoek bevolen wordt, dient de beslissing ten minste volgende zaken te vermelden (art. 972 Ger.W.):
- de vermelding van de omstandigheden die het deskundigenonderzoek en de eventuele aanstelling van meerdere deskundigen noodzaken;
- de vermelding van de identiteit van de aangestelde deskundige of deskundigen;
- een nauwkeurige omschrijving van de opdracht van de deskundige.

1860. De griffier brengt deze beslissing bij gewone brief ter kennis van de partijen, hun raadslieden en de deskundige. De versteklatende partijen worden in

---

[3390] Cass. 22 december 1983, *Arr.Cass.* 1983-84, 473, *Pas.* 1984, I, 456.
[3391] Antwerpen 20 oktober 2003, *IRDI* 2004, 40; Gent 29 april 2004, *De Verz.* 2005, 547; Kh. Charleroi 7 november 1989, *JLMB* 1990, 135.
[3392] Cass. 6 maart 2014, AR C.12.0615.N, www.cass.be; Cass. 25 april 1991, *Arr.Cass.* 1990-91, 874, *RW* 1991-92, 201.
[3393] Cass. 4 februari 1972, *Arr.Cass.* 1972, 531, *Pas.* 1972, I, 527.
[3394] Cass. 12 november 1990, *Arr.Cass.* 1990-91, 298, *Pas.* 1991, I, 268, *RW* 1990-91, 1169.

kennis gesteld bij gerechtsbrief (art. 972, § 1, tweede lid Ger.W. en art. 973, § 2, derde en vierde lid Ger.W.).

1861. Alle partijen die verschenen zijn, kunnen om een opschorting van de kennisgeving verzoeken (art. 972, § 1, tweede lid Ger.W.). Deze mogelijkheid tot opschorting kan nuttig zijn wanneer partijen nog aan het onderhandelen zijn over de regeling van het geschil. Nadien kan elke partij om een kennisgeving van de beslissing verzoeken (art. 972, § 1, tweede lid Ger.W.). Dit kan dan gebeuren middels conclusies, bij gewone brief of zelfs mondeling tijdens de debatten.[3395]

1862. De beslissing tot aanstelling (of vervanging) van een deskundige is uitvoerbaar bij voorraad (art. 963, § 2 Ger.W. *juncto* art. 1397 *in fine* Ger.W.[3396]). In afwijking van artikel 1068, eerste lid Ger.W. maakt het hoger beroep tegen deze beslissingen de andere aspecten van het geschil zelf niet aanhangig bij de rechter in hoger beroep (art. 963, § 2 Ger.W.).

B. Aanvaarding of weigering van de opdracht

1863. Na de kennisgeving van de beslissing beschikt de deskundige over een termijn van acht dagen om de opdracht te weigeren, al dan niet om een door hem vastgestelde reden van wraking.

Van de weigering wordt binnen de vijf dagen kennisgegeven aan de partijen en hun raadslieden en bij gerechtsbrief aan de partijen die verstek hebben laten gaan (art. 972, § 1, derde lid Ger.W. en art. 973, § 2, derde lid Ger.W.).

In dat geval dienen de partijen binnen de acht dagen bij gewone brief hun opmerkingen omtrent deze weigering over te maken aan de rechter, die vervolgens een nieuwe deskundige aanwijst (art. 972, § 1, vierde lid Ger.W.). Zo kunnen de partijen verzoeken om een andere deskundige aan te stellen, al dan niet met een gezamenlijk voorstel omtrent de persoon van de aan te stellen deskundige (art. 962, tweede lid Ger.W.).

§ 6. WRAKING

A. Wrakingsgronden

1864. De deskundigen kunnen worden gewraakt om dezelfde redenen als de rechters (art. 966-971 en 828 Ger.W.). Anders dan bij rechters is het feit dat de

---

[3395] MvT, wetsontwerp houdende diverse bepalingen betreffende Justitie (II), *Parl.St.* Kamer 2008-09, nr. 2161/001, 48.
[3396] Art. 1397 *in fine* Ger.W.: "Vonnissen alvorens recht te doen, waartoe alle voorlopige maatregelen behoren, zijn van rechtswege uitvoerbaar bij voorraad."

deskundige die reeds eerder in dezelfde hoedanigheid van het geschil heeft kennis genomen, geen reden tot wraking.

De deskundige controleert eerst zelf of er tegen hem redenen tot wraking bestaan (art. 967 Ger.W.).

Dat een deskundige aan een partij de raad heeft gegeven om bepaalde feiten te melden aan de bevoegde autoriteiten, is geen reden tot wraking.[3397]

De rechter kan de wraking niet weigeren om de enkele reden dat de deskundige in kwestie de enige is die hem zou kunnen inlichten.[3398]

1865. Iedere deskundige die weet heeft van enige reden tot wraking is ertoe gehouden die onverwijld te melden aan de partijen en zich van de zaak te onthouden indien de partijen hem geen vrijstelling verlenen (art. 967 Ger.W.).

De deskundige die werd gekozen door de partijen kan alleen worden gewraakt om redenen die ontstaan zijn of bekend geworden zijn sedert zijn aanwijzing (art. 968 Ger.W.).

Na de installatievergadering, of, bij gebreke daarvan, na aanvang van de werkzaamheden van de deskundige, mag geen wraking meer worden voorgedragen tenzij de partij maar nadien kennis heeft gekregen van de wrakingsgronden (art. 969 Ger.W.).

1866. Wanneer er meerdere deskundigen werden aangesteld, vindt de beoordeling tot wraking plaats op individueel niveau en niet op college-niveau.[3399]

B. Procedure

1867. Het verzoek tot wraking dient te worden gericht aan de rechtbank die de deskundige heeft aangesteld binnen acht dagen nadat de partij kennis heeft gekregen van de reden van de wraking (art. 970, eerste lid Ger.W.). Deze termijn is evenwel niet voorgeschreven op straffe van verval.[3400] Om die reden wordt aangenomen dat een wrakingsverzoek dat buiten de termijn van acht dagen wordt ingediend, toelaatbaar moet zijn.[3401] Evenwel mag het verzoek niet 'manifest laattijdig' zijn.[3402]

Een partij kan een verzoek tot wraking indienen als de partij kennis heeft van de redenen tot wraking. Een partij heeft kennis van de redenen tot wraking wanneer zij over deze redenen voldoende zekerheid heeft om zich een overtuiging te

---

[3397] Cass. 27 april 1976, *Arr.Cass.* 1976, 967.

[3398] Cass. 17 september 1993, *Arr.Cass.* 1993, 713, *RW* 1993-94, 1456.

[3399] Antwerpen 29 april 2002, *P&B* 2002, 314: wraking van één deskundige van het college van drie.

[3400] Cass. 17 september 1993, *Arr.Cass.* 1993, 713, *RW* 1993-94, 1456; Luik 17 oktober 2013, *JT* 2014, afl. 6550, 97.

[3401] Luik 17 oktober 2013, *JT* 2014, afl. 6550, 97; T. TOREMANS, "De temporele voorwaarden gekoppeld aan het verzoek tot wraking van de gerechtsdeskundige (noot onder Cass. 6 maart 2014)", *TBO* 2010, 142.

[3402] Antwerpen 25 juni 2012, *TBO* 2010, 143: *in casu* werd het wrakingsverzoek zes jaar na de kennisname ingediend.

kunnen vormen. Deze voldoende kennis is niet gelijk te stellen met de mogelijkheid het bewijs van de aangevoerde feiten te leveren.[3403]

Het is bijzonder moeilijk om vast te stellen wanneer de partij kennis heeft gekregen van de wrakingsgrond. Er kan alleszins niet verwacht worden dat aangetoond wordt dat de wrakende partij voorheen geen kennis had van de wrakingsgrond. Zo werd eveneens geoordeeld dat het feit dat een gerechtsdeskundige samen met de advocaat en de technische raadsman van de tegenpartij deel uitmaakt van de werkgroep en het bestaan van deze werkgroep op het internet bekend is, niet bewijst dat de wrakende partij er kennis van had of moest hebben.[3404]

De rechter die de deskundige heeft aangesteld, blijft bevoegd om te oordelen over de wraking, ook al werd hoger beroep aangetekend tegen het aanstellingsvonnis.[3405]

1868. De griffier zendt bij gerechtsbrief een eensluidend afschrift van het verzoekschrift aan de deskundige. De deskundige dient vervolgens binnen de acht dagen te verklaren of hij in de wraking berust dan wel of hij ze betwist (art. 971 Ger.W.).

Bij betwisting doet de rechter uitspraak nadat hij de partijen en de deskundige in raadkamer heeft gehoord (art. 971, tweede lid Ger.W.).

Dat de deskundige zich in het debat mengt, is geen uiting van vijandigheid, maar staat hem toe zijn standpunt nauwkeurig uit te drukken en zijn weigering om de wraking zonder meer te aanvaarden, te verantwoorden.[3406]

Wanneer de deskundige zijn eindverslag heeft neergelegd en van zijn opdracht werd ontheven, is een verzoek tot wraking van deze deskundige doelloos geworden.[3407]

Indien de wraking wordt verworpen, kan de partij die de wraking heeft voorgedragen worden veroordeeld tot schadevergoeding jegens de deskundige indien deze dit vordert. In dit laatste geval kan hij geen deskundige blijven in de zaak.[3408]

Indien de wraking wordt toegestaan, wijst de rechter ambtshalve de nieuwe deskundige aan, tenzij de partijen op het ogenblik van het vonnis het eens zijn over de keuze van een deskundige (art. 971 Ger.W.). De rechter kan evenwel van de keuze van de partijen afwijken bij een met redenen omklede beslissing (art. 971 Ger.W.).

§ 7. BETROKKEN PARTIJEN – VRIJWILLIGE EN GEDWONGEN TUSSENKOMST

1869. De partijen die betrokken worden in de expertise zijn uiteraard in de eerste plaats degenen die als partij zijn aangeduid in het vonnis.

[3403] Cass. 6 maart 2014, AR C.12.0613.N, www.cass.be.
[3404] Rb. Brussel 30 november 2010, *JT* 2011, 450.
[3405] Cass. 26 april 2012, *Arr.Cass.* 2012, 1104.
[3406] Luik 28 oktober 2014, *JT* 2015, afl. 6597, 261.
[3407] Cass. 26 januari 2017, *TBO* 2018, 29.
[3408] Antwerpen 29 april 2002, *P&B* 2002, 314.

Een partij die het nodig acht, kan alsnog derden betrekken in de procedure. Deze derden kunnen hetzij vrijwillig (art. 813, eerste lid Ger.W.), hetzij op gedwongen wijze (art. 813, tweede lid Ger.W.) tussenkomen in de expertise.

1870. Een eis in gedwongen tussenkomst nadat een deskundigenonderzoek werd bevolen is ontvankelijk indien geen afbreuk wordt gedaan aan de rechten van verdediging van de partij die in gedwongen tussenkomst wordt gedaagd (art. 812 *juncto* art. 981 Ger.W.).[3409]

Diegene die in tussenkomst wordt geroepen na verzending van het voorverslag, heeft krachtens artikel 981 Ger.W. het recht om het deskundigenonderzoek aan haar niet tegenwerpbaar te horen verklaren.[3410]

Het hof van beroep van Antwerpen voegde hieraan toe dat deze partij "in ieder geval belang had om de werkzaamheden van de expertise in haar bijzijn te laten overdoen, ook al deed hij geen afstand van het middel van niet-tegenwerpbaarheid. Eventueel zou er onder bepaalde omstandigheden ook aanleiding zijn geweest tot het bevelen van een nieuwe expertise met een andere deskundige".[3411]

Het deskundigenonderzoek is dus wel tegenwerpelijk indien de derde gedwongen tussenkomt voordat het voorverslag verzonden is door de deskundige. Het gegeven dat er voordien reeds een aantal expertiseverrichtingen of zittingen hebben plaatsgehad, doet hieraan geen afbreuk. Met andere woorden, dat een partij later bij de expertisewerkzaamheden werd betrokken, betekent niet noodzakelijk dat die haar niet kunnen worden tegengeworpen. Dit zal enkel het geval zijn indien haar rechten van verdediging daadwerkelijk in het gedrang zijn, wat *in concreto* moet worden beoordeeld.[3412]

Bovendien kan de derde die tussenkomt niet eisen dat reeds gedane werkzaamheden in zijn bijzijn worden overgedaan, tenzij hij aantoont daar belang bij te hebben (art. 981, tweede lid Ger.W.).

1871. Wel kan een *vordering tot bindendverklaring* van een reeds tussen andere partijen gewezen beschikking worden ingesteld.

Volgens de grote meerderheid van rechtspraak en rechtsleer kan een dergelijke vordering slechts gegrond worden verklaard voor zover de rechten van verdediging van de partij ten aanzien van wie de bindendverklaring wordt gevorderd,

---

[3409] Cass. 30 januari 2015, *RW* 2015-16, 592, noot T. TOREMANS, "De gedwongen tussenkomst voor en na het 'voorlopig advies' van de gerechtsdeskundige: toelaatbaarheid van de tussenkomst (artikel 812, eerste lid Ger. W.) en tegenwerpbaarheid van het deskundigenonderzoek (artikel 981, eerste lid Ger. W.)", *P&B* 2015, 147, noot D. MOUGENOT, "Recevabilité de l'intervention forcée en cours d'expertise: la Cour de Cassation fait progresser le débat".

[3410] Zie voor een toepassing: Rb. Hasselt 8 november 2013, *RABG* 2014, afl. 11, 771; zie ook verder Afdeling 5, § 3. Tegenstelbaarheid en sancties.

[3411] Antwerpen (7e k. *bis*) 23 mei 2016, *TBO* 2016, 566.

[3412] Kh. Dendermonde 8 maart 2012, *RW* 2014-15, 28.

niet worden geschonden.[3413] Het criterium daarbij is de mate waarin de deskundige reeds met de uitvoering van zijn opdracht is begonnen. Indien de deskundige reeds handelingen heeft verricht die een negatieve invloed kunnen hebben op de rechtspositie van een niet-aanwezige partij, verzet het algemeen rechtsbeginsel betreffende de eerbiediging van de rechten van verdediging zich tegen de bindendverklaring van het vonnis waarbij het onderzoek werd bevolen.[3414]

In dezelfde zin oordeelde het hof van beroep van Brussel dat wanneer een deskundige zijn onderzoek reeds heeft uitgevoerd, deze expertise niet kan worden uitgebreid ten aanzien van een derde door middel van een nieuwe aanstelling van dezelfde deskundige. Er bestond, aldus het hof, immers de terechte vrees dat de deskundige zijn ingenomen standpunt niet meer zou wijzigen, wat de rechten van verdediging van de derde zou schenden.[3415]

1872.   Wanneer een partij deelneemt aan een expertise 'onder voorbehoud van alle rechten', houdt dit in dat zij haar juridische verantwoordelijkheid ten gronde betwist. Dit maakt haar niet minder aanwezig in de expertise.

Wanneer derden, zelfs onder alle voorbehoud, vrijwillig tussenkomen in de expertise, kunnen zij achteraf de tegenstelbaarheid ervan niet meer betwisten voor zover hen de gelegenheid tot tegenspraak werd gegeven.[3416]

Dit principe geldt ook wanneer het deskundigenonderzoek werd bevolen op eenzijdig verzoekschrift.[3417]

1873.   Uiteraard dient de tussenkomst nuttig te zijn voor de oplossing van het geschil. Zo kan men de architect niet dwingen tussen te komen in het deskundigenonderzoek waarvan de opdracht beperkt is tot de gebreken die desgevallend toerekenbaar zijn aan de aannemer.[3418]

1874.   Het is ook mogelijk dat een partij vrijwillig tussenkomt in het deskundigenonderzoek, maar nog niet formeel betrokken wordt in de gerechtelijke procedure. Deze tussenkomst dient te gebeuren met een uitdrukkelijke verklaring aan de deskundige.[3419]

[3413]   Bv. Brussel 13 december 1972, *JT* 1973, 181; A. CLOQUET, *Deskundigenonderzoek* in *APR*, Gent, 1975, 2ᵉ ed., 93, nr. 232.

[3414]   P. LEMMENS, "De vordering tot bindendverklaring van een reeds gewezen vonnis" (noot onder Voorz. Kh. Brussel 12 maart 1981), *RW* 1981-82, 2624, en de aldaar vermelde rechtspraak.

[3415]   Brussel (8ᵉ k.) 9 juni 1993, *P&B* 1994, 2.

[3416]   Zie bv. Gent 17 mei 1985 en Rb. Dendermonde 8 februari 1983, *T.Aann.* 1987, 191, noot R. VOLCKAERT; Luik 16 februari 1993, *JLMB* 1994, 230; Kh. Charleroi 7 november 1989, *JLMB* 1990, 135: er wordt terecht gesteld dat bij deelname aan de expertise 'onder voorbehoud' dit enkel slaat op grond van de zaak.

[3417]   Vred. Gent (V), *TGR* 1992, 3.

[3418]   Brussel 19 januari 1996, *RJI* 1996, 48.

[3419]   T. LYSENS en L. NAUDTS, *Deskundigenonderzoek in burgerlijke zaken* in *Recht en Praktijk 97*, Mechelen, Kluwer, 2018, 175.

Wanneer een architect louter tussenkomt in het deskundigenonderzoek, is het belangrijk goed voor ogen te houden of deze architect tussenkomt als technisch raadsman van de bouwheer of als betrokken partij. Zo oordeelde het hof van beroep van Brussel dat de rechten van verdediging van de architect die optrad als raadgever van de bouwheer, zouden geschonden worden indien het eindverslag (waarin zijn aansprakelijkheid werd weerhouden) aan hem tegenwerpbaar zou zijn.[3420]

De rechtbank van eerste aanleg Oost-Vlaanderen, afdeling Gent oordeelde dan weer dat het eindverslag wel als bewijsmiddel kan worden opgeworpen ten aanzien van de aannemer die pas na het eindverslag gedwongen werd betrokken in de gerechtelijke procedure, maar aan het deskundigenonderzoek wel vrijwillig heeft deelgenomen en kennis heeft genomen van alle verslagen van de deskundige. De rechten van verdediging van deze partij werden immers geëerbiedigd.[3421]

1875.   Een vordering tot gedwongen tussenkomst in een deskundigenonderzoek voor het eerst ingesteld in graad van beroep is niet mogelijk (art. 812, tweede lid Ger.W.).

Aangezien een tussenkomst in de zin van de artikelen 811 e.v. Ger.W. betrekking heeft op het oproepen van een partij in een geding waarin nog geen beslissing is gevallen, is een vordering in tussenkomst voor de kortgedingrechter die een expertise heeft bevolen niet mogelijk, aangezien er op dat moment bij deze rechter geen geschil meer hangende is.

§ 8.   PLAATSBEZOEK

A.   *Installatievergadering*

1876.   In de beslissing waarbij het deskundigenonderzoek wordt bevolen, belegt de rechter een installatievergadering als hij dit noodzakelijk acht of indien alle verschijnende partijen hierom hebben gevraagd. De rechter bepaalt eveneens de plaats, de dag en het uur van de installatievergadering na samenspraak met de deskundige (art. 972, § 2, eerste lid Ger.W.).

De aanwezigheid van de deskundige op de installatievergadering is vereist, tenzij rechter dit niet nodig acht en een telefonisch contact of een contact via enig ander telecommunicatiemiddel voldoende acht. Indien de deskundige nalaat te verschijnen op de installatievergadering, oordeelt de rechter onmiddellijk over zijn vervanging, waarop een nieuwe installatievergadering georganiseerd wordt (art. 972, § 2, tweede lid Ger.W.).

[3420]   Brussel 28 april 1998, *AJT* 1998-99, 529.
[3421]   Rb. Oost-Vlaanderen (afd. Gent, 12ᵉ k.), 23 maart 2018, nr. 14/5132/A, onuitg.

Na afloop van de installatievergadering wordt neemt de rechter een beslissing, waarin volgende punten worden opgenomen (art. 972, § 2, zevende lid Ger.W.):

1° de eventuele aanpassing van de opdracht, ingeval partijen het daarover eens zijn;

2° de plaats, de dag en het uur van de verdere werkzaamheden van de deskundige;

3° de noodzaak voor de deskundige om al dan niet een beroep te doen op technische raadgevers;

4° de raming van de algemene kostprijs van het deskundigenonderzoek, of ten minste de manier waarop de kosten en het ereloon van de deskundige en de eventuele technische raadgevers berekend zullen worden;

5° in voorkomend geval, het bedrag van het voorschot dat moet worden geconsigneerd, de partij of partijen die daartoe gehouden zijn en de termijn waarbinnen de consignatie dient te gebeuren;

6° het redelijk deel van het voorschot dat kan worden vrijgegeven aan de deskundige, de partij of partijen die daartoe gehouden zijn en de termijn waarbinnen de vrijgave van het voorschot dient te gebeuren;

7° de termijn waarbinnen de partijen hun opmerkingen kunnen laten gelden aangaande het voorlopig advies van de deskundige;

8° de termijn voor het neerleggen van het eindverslag (art. 972, § 2 Ger.W.).

Dit zijn derhalve de essentiële parameters van het deskundigenonderzoek.[3422]

1877. In bouwzaken is de installatievergadering meestal tevens het eerste plaatsbezoek van de deskundige. Dit gebeurt dan buiten de aanwezigheid van de rechtbank en wanneer de beschikking niet de installatievergadering in raadkamer bepaalt.

In dat geval dient het vonnis waarbij het deskundigenonderzoek wordt bevolen, verplicht minstens de volgende elementen te bevatten (art. 972, § 2, laatste lid Ger.W.):

1° de noodzaak voor de deskundige om al dan niet een beroep te doen op technische raadgevers;

2° de raming van de algemene kostprijs van het deskundigenonderzoek, of ten minste de manier waarop de kosten en het ereloon van de deskundige en de eventuele technische raadgevers berekend zullen worden;

3° in voorkomend geval, het bedrag van het voorschot dat moet worden geconsigneerd, de partij of partijen die daartoe gehouden zijn en de termijn waarbinnen de consignatie dient te gebeuren;

4° het redelijk deel van het voorschot dat kan worden vrijgegeven aan de deskundige, de partij of partijen die daartoe gehouden zijn en de termijn waarbinnen de vrijgave van het voorschot dient te gebeuren;

5° de termijn voor het neerleggen van het eindverslag.

[3422] Zie GwH 24 februari 2009, *TBO* 2009, 17, overw. B.1.2.

De bedoeling van de wetgever om de vermelding van deze elementen verplicht te maken was de transparantie van het deskundigenonderzoek en het vergroten van de controle van de rechtbank.[3423]

1878. Van de neutrale deskundige mag worden verwacht dat hij met 'onbevooroordeeld oog' de toestand waarneemt. De deskundige doet er dan ook best aan om vóór de installatievergadering niet ter plaatse te gaan. Volgens het hof van beroep van Gent leidt het feit dat de deskundige reeds ter plaatse was gekomen vóór de installatievergadering op zich evenwel niet tot de onregelmatigheid van de expertise, voor zover weliswaar de andere partijen hierdoor niet zijn benadeeld.[3424]

1879. Indien er geen installatievergadering werd bepaald, beschikt de deskundige na de kennisgeving van zijn aanstelling of, in voorkomend geval, na kennisgeving van de consignatie, over vijftien dagen om de plaats, de dag en het uur van de aanvang van zijn werkzaamheden mee te delen. De deskundige geeft hiervan kennis bij een ter post aangetekende brief aan de partijen en bij gewone brief aan de rechter en de raadslieden (art. 972, § 1, vierde lid Ger.W.).

Deze termijn van vijftien dagen loopt vanaf de datum van de kennisgeving van het vonnis (art. 32, 2° Ger.W.). Aangezien deze termijn niet is voorgeschreven op straffe van nietigheid, tast de overschrijding ervan de geldigheid van de expertise niet aan.

De deskundige bepaalt de datum van de aanvang van de werkzaamheden bij voorkeur in overleg met de partijen, en niet eenzijdig.[3425] Dit is geen algemene regel. Zo zal de deskundige eenzijdig de datum vastleggen wanneer het moeilijk blijkt te zijn om een datum vast te leggen in overleg omwille van het grote aantal partijen of omdat een partij er blijk van geeft de werkzaamheden te willen vertragen.

De installatievergadering kan in principe niet worden uitgesteld. Artikel 972*bis*, § 2 Ger.W., dat de partijen de mogelijkheid geeft om een uitstel te verzoeken, is van toepassing op "verdere werkzaamheden".

1880. De partijen overhandigen minstens acht dagen voor de installatievergadering en, bij gebreke daarvan, bij de aanvang van de werkzaamheden, een geïnventariseerd dossier met alle relevante stukken aan de deskundige (art. 972*bis*, § 1, tweede lid Ger.W.).

De wet voorziet niet in een specifieke sanctie ingeval deze verplichting niet wordt nageleefd. Indien de partijen deze verplichting tot het overmaken van de

---

[3423] MvT, wetsontwerp houdende diverse bepalingen betreffende Justitie (II), *Parl.St.* Kamer 2008-09, nr. 2161/001, 51.

[3424] Gent (22ᵉ k.) 10 mei 2000, nr. 1999/AR/799, onuitg.

[3425] MvT, wetsontwerp houdende diverse bepalingen betreffende Justitie (II), *Parl.St.* Kamer 2008-09, nr. 2161/001, 49.

stukken niet nakomen, kan de rechter hieruit besluiten dat de partijen niet willen meewerken aan het deskundigenonderzoek en daaruit bepaalde conclusies trekken (art. 972*bis*, § 1 Ger.W.). In dat geval is het niet zo dat de rechter de feiten waarvoor een onderzoeksmaatregel werd bevolen, automatisch bewezen of niet-bewezen zal achten. Wanneer de eiser zelf nalatig is, zal de rechter veeleer in dat geval deze partij vervallen verklaren van het recht om de onderzoeksmaatregel nog te doen uitvoeren en de zaak voort te zetten.[3426]

Zo oordeelde de rechtbank van eerste aanleg van Waals-Brabant dat een eisende partij die bleef nalaten om stukken mee te delen ondanks herhaald verzoek van de deskundige, zodat hij zijn verslag niet kon afronden, kennelijk artikel 972*bis* Ger.W. schond. De aanspraken werden afgewezen bij gebrek aan bewijs, en de vraag om een nieuwe deskundige aan te stellen werd afgewezen.[3427]

Eveneens zou de partij die nalaat de stukken over te maken, kunnen worden veroordeeld tot het betalen van een geldboete overeenkomstig artikel 780*bis* Ger.W.

De stukken die werden meegedeeld aan de deskundigen moeten ook worden overgemaakt aan de andere partijen en hun raadslieden en dit op grond van het beginsel van de tegenspraak (art. 6.1 EVRM).[3428]

In de praktijk wordt in bouwzaken de stukkenbundel, al dan niet met bijkomende nota, overgemaakt aan de deskundige en de andere raadslieden bij de aanvang van de werkzaamheden of binnen korte termijn nadien.

1881. Bij de aanvang van het plaatsbezoek neemt de deskundige nota van de aanwezige partijen en hun raadslieden, en leest de opdracht voor. Vervolgens hoort hij de partijen en hun raadslieden en neemt nota van hun verklaringen. Deze verklaringen kunnen tevens in een geschreven nota aan de deskundige worden overgemaakt. Van dergelijke nota's moet melding worden gemaakt in het eindverslag. Het mag de tekst ervan slechts overnemen in zoverre dat nodig is voor de bespreking (art. 978, § 1 Ger.W.).

Meestal maakt de deskundige met de partijen en hun raadslieden dan ook een rondgang op de bouwplaats of in het gebouw en worden de eerste materiële vaststellingen gedaan.

1882. De deskundige stelt een verslag op van de aanvangsvergadering (alsook van alle andere vergaderingen die hij organiseert, art. 972*bis*, derde lid Ger.W.). Hij stuurt bij gewone brief een afschrift ervan aan de rechter, de partijen en de raadslieden en, in voorkomend geval, bij een ter post aangetekende brief aan de partijen die verstek hebben laten gaan. Ook deze formaliteit is geen essentieel vormvoorschrift. De rechter kan op vraag van een partij wel nagaan of de miskenning ervan de rechten van verdediging van partijen heeft geschonden.

[3426] Zie bv. Cass. 12 februari 1999, *Arr.Cass.* 1999, 191 ("aanhoudende en foutieve passiviteit").

[3427] Rb. Waals-Brabant 27 januari 2016, *RJI* 2016, 119.

[3428] Cass. 2 november 2012, *Arr.Cass.* 2012, 2397.

B.   Technisch onderzoek

1883.   Het verdere technisch onderzoek gebeurt door de deskundige, na voorafgaandelijke uitnodiging van de partijen en hun technische raadslieden.

De partijen worden opgeroepen om aanwezig te zijn bij alle verdere verrichtingen van de deskundige door middel van een ter post aangetekende brief, tenzij zij hem toestemming hebben gegeven om gebruik te maken van een andere oproepingswijze (art. 972bis, § 2, eerste lid en art. 972, § 1, vierde lid Ger.W.).

Dikwijls vraagt de deskundige een dergelijke 'vrijstelling van pleegvormen'. Dit betekent dat de verdere correspondentie en de kennisgevingen van bijkomende plaatsbezoeken kunnen gebeuren per gewone brief, per fax of per e-mail in plaats van bij aangetekend schrijven. Deze vrijstelling geldt uiteraard enkel ten aanzien van de partijen die daarmee hebben ingestemd.

De vrijstelling van pleegvormen betekent niet dat de deskundige de partijen niet meer hoeft te verwittigen van volgende plaatsbezoeken.[3429] Het tegenstelbare karakter van de expertise dient te allen tijde te worden gerespecteerd.

In een geval waarbij de deskundige, naar aanleiding van opmerkingen van een partij op het voorverslag, opnieuw ter plaatse was gegaan voor bijkomend onderzoek en dit zonder voorafgaandelijke verwittiging, verwierp de rechter om die reden dan ook het deel van het eindverslag dat betrekking had op die vaststellingen.[3430]

1884.   Het is gebruikelijk dat de technische vaststellingen gebeuren zonder dat de advocaten daarbij aanwezig zijn, en dus enkel in aanwezigheid van de partijen die dat wensen en hun technische raadslieden.[3431] Dit is evenwel nergens voorgeschreven noch afdwingbaar, laat staan dat het aan de partijen opgelegd kan worden.[3432]

1885.   De partijen kunnen om uitstel vragen. De deskundige dient een uitstel, mits gevraagd door alle partijen, toe te staan (art 972bis, § 2, tweede lid Ger.W.).

1886.   Indien het vonnis dit toestaat, kan de deskundige zich laten bijstaan door specialisten van zijn keuze.[3433]

1887.   De deskundige kan ook inlichtingen inwinnen bij derden, zelfs indien daarin niet expliciet werd voorzien in de opdracht.[3434] De partijen en hun raadslieden dienen de mogelijkheid te hebben om aanwezig te zijn bij de ondervraging

---

[3429]   Antwerpen 12 december 1994, *Limb.Rechtsl.* 1998, 1.
[3430]   Vred. Deinze 3 juli 2001, nrs. 99A254 en 99A255, onuitg.
[3431]   Het is de deskundige die dit bepaalt: Cass. 12 april 2000, *Arr.Cass.* 2000, 781.
[3432]   Gent 23 januari 2009, *TBO* 2010, 66.
[3433]   Zie hierboven Afdeling 3, § 1, C. Keuze van de deskundige – Bijstand door technische raadgevers.
[3434]   Cass. 16 oktober 1970, *Arr.Cass.* 1971, 158, *Pas.* 1971, I, 135, noot.

van die derde. Volgens het Hof van Cassatie is dat evenwel geen verplichting die op straffe van nietigheid is voorgeschreven.[3435]

Het horen van derden kan niet worden beschouwd als een getuigenverhoor in de zin van de artikelen 915 e.v. Ger.W. Dit komt immers enkel toe aan de rechter. Er zijn dan ook geen vormvoorschriften aan verbonden.[3436] De deskundige dient wel aan de partijen nadien verslag uit te brengen met een oplijsting van de vragen die aan de derde werden gesteld en van de antwoorden.[3437]

De gegevens die de deskundige ontvangt van derden zijn loutere inlichtingen die hem niet binden. Nochtans is het een gerechtsdeskundige toegelaten verder te bouwen op eerdere vaststellingen gedaan door een andere gerechtsdeskundige of door een expertisebureau dat tegensprekelijk en buitengerechtelijk werd aangesteld.[3438]

1888. Wanneer er een terechte vrees is voor de schending van bedrijfsgeheimen, kan een partij zich verzetten tegen de aanwezigheid van andere partijen tijdens het onderzoek. Zo werd bij een onderzoek van de boekhouding aanvaard dat de tegenpartij zich diende te laten vertegenwoordigen door een bedrijfsrevisor.[3439]

De rechtbank van koophandel van Hasselt aanvaardde om dezelfde reden het verzet van een partij tegen de aanwezigheid van de tegenpartij en haar raadslieden bij het onderzoek van een machine.[3440]

Het hof van beroep van Brussel oordeelde dat het feit dat partijen van bepaalde stukken betreffende bedrijfsgeheimen uit de datakamer geen kopie of nota kunnen nemen, niet van die aard is dat het principe van tegenspraak wordt geschonden, vermits er wel een inzagerecht werd toegekend.[3441] Het Hof van Cassatie, dat de voorziening ingesteld tegen dit arrest afwees, benadrukte het bestaan van artikel 8 EVRM, zijnde de bescherming van het zakengeheim voor rechtspersonen, en dat dit dient afgewogen te worden tegen het beginsel van tegenspraak.[3442]

C. Verzoeningspoging

1889. Artikel 977, § 1 Ger.W. bepaalt dat de deskundige de partijen poogt te verzoenen. Indien een verzoening wordt bereikt, wordt hun overeenkomst schriftelijk vastgelegd.

1890. De vaststelling van de verzoening en een gedetailleerde staat van de kosten en het ereloon van de deskundige worden ter griffie neergelegd. Op de dag

---

[3435] Cass. 9 februari 1995, *Arr.Cass.* 1995, 158, *RW* 1995-96, 445.
[3436] Cass. 4 februari 1972, *Arr.Cass.* 1972, 531, *Pas.* 1972, I, 527.
[3437] Antwerpen 27 mei 2002, *Limb.Rechtsl.* 2002, 303, noot R. BROEKMANS.
[3438] Rb. Antwerpen (afd. Antwerpen) 9 oktober 2018, *TBO* 2019, 61.
[3439] Brussel 22 oktober 1968, *Pas.* 1969, II, 14.
[3440] Kh. Hasselt 24 mei 1995, *RW* 1996-97, 1067.
[3441] Brussel 29 juni 2009, *RW* 2012-13, 385.
[3442] Cass. 2 november 2012, *P&B* 2013, afl. 2, 53.

van de neerlegging van de vaststelling van verzoening zendt de deskundige een afschrift van deze vaststelling bij ter post aangetekende brief aan de partijen en bij gewone post aan hun raadslieden (art. 977, § 2 Ger.W.).

Opmerkelijk is dat de deskundige enkel het feit zelf van de verzoening dient te melden aan de rechtbank en niet noodzakelijk ook de inhoud van het akkoord tussen de partijen. Aangezien de wet evenwel bepaalt dat de bereikte overeenkomst schriftelijk dient te worden vastgelegd, lijkt men voor ogen te hebben dat ook de inhoud van het akkoord aan de rechtbank wordt overgemaakt.[3443] Dit is alleszins het geval wanneer partijen ervoor kiezen om te handelen overeenkomstig artikel 1043 Ger.W.[3444] (art. 977, § 1 *in fine* Ger.W.)

De originele stukken die de partijen aan de deskundige hebben overgemaakt, worden hen terugbezorgd (art. 977, § 2, derde lid Ger.W.).

Wat betreft de staat van kosten en ereloon van de deskundige moeten partijen binnen de dertig dagen meedelen of zij die staat betwisten (art. 991, § 1 Ger.W.).

1891. Bij gebrek aan akkoord wordt in het verslag, gelet op het vertrouwelijke karakter ervan, geen melding gemaakt van de wederzijdse voorstellen en toegevingen.[3445]

Een partij kan de deskundige wel uitdrukkelijk te verzoeken om een aanbod tot regeling (bv. door herstel of betaling van een bepaalde schadevergoeding) te acteren in zijn verslag.

D. Vrijgave van de onderzochte zaak

1892. De bedoeling van het deskundigenonderzoek is om bepaalde feitelijkheden op tegensprekelijke wijze vast te stellen en gebeurlijk vervolgens daarover advies uit te brengen. Pas zodra de deskundige zijn vaststellingen gedaan heeft, kan de eisende partij werken uitvoeren waardoor het gebrek of de hinder wordt weggenomen.

De deskundige zal dit – al dan niet op verzoek van een van de partijen – aldus verklaren (zgn. 'vrijgave').

Voorzichtigheidshalve zal hij eerst aan alle partijen vragen of zij nog bijkomende vaststellingen wensen. Partijen hebben daar het best zicht op eens zij het voorverslag hebben ontvangen. Aan de hand van de opmerkingen die de partijen daarop formuleren kan worden bepaald of er al dan niet bijkomende vaststellingen noodzakelijk zijn.

De partij die voortijdig, d.w.z. vóór de vrijgave, herstellingswerken laat uitvoeren, doet dit op eigen risico. Zo wees de vrederechter van Deinze de beweerde

---

[3443] K. UYTTERHOEVEN, "Het deskundigenonderzoek in bouwzaken", *TBO* 2010, 100, nr. 111.

[3444] Art. 1043 Ger.W.: "De partijen kunnen de rechter verzoeken akte te nemen van de overeenkomst die zij gesloten hebben ter oplossing van het geschil dat bij hem regelmatig aanhangig is gemaakt."

[3445] Kh. Antwerpen 10 april 1991, *T.Aann.* 1995, 169.

klachten over een oprit van de hand en veroordeelde de opdrachtgever tot integrale betaling van de aannemer omdat hij de oprit had laten heraanleggen door een derde vooraleer de expertise was afgesloten en de werken waren vrijgegeven. De rechter oordeelde dat de wegname van de gelaakte werken gelijk diende te worden gesteld met de aanvaarding ervan.[3446]

Dat de werf reeds werd vrijgegeven verhindert niet dat er geen nuttige vaststellingen meer kunnen worden gedaan in het kader van een nieuw deskundigenonderzoek.[3447]

§ 9. TUSSENTIJDSE VERSLAGEN

1893. De rechter bepaalt wanneer de deskundige zijn eindverslag moet indienen. (art. 972, § 2 Ger.W.) Is deze termijn op meer dan zes maanden bepaald, dan bezorgt de deskundige om de zes maanden een tussentijds verslag over de stand van zaken aan de rechter, de partijen en de raadslieden (art. 974, § 1 Ger.W.).

In het tussentijds verslag dient het volgende opgenomen te worden:
- de reeds uitgevoerde werkzaamheden;
- de werkzaamheden die uitgevoerd zijn sinds het laatste tussentijds verslag;
- de nog uit te voeren werkzaamheden.

§ 10. HET VOORVERSLAG

1894. Na afloop van zijn werkzaamheden stuurt de deskundige zijn bevindingen, waarbij hij reeds een voorlopig advies voegt, ter lezing aan de rechter, aan de partijen en aan hun raadslieden. (art. 976 Ger.W.).

Met dit voorlopig advies geeft de deskundige zijn mening te kennen over het antwoord dat hij binnen het kader van zijn opdracht moet geven, zodat de partijen met nuttig gevolg hun opmerkingen kunnen maken en de deskundige hierop kan antwoorden, ter garantie van het tegensprekelijke karakter van het deskundigenonderzoek en de rechten van verdediging van de partijen.[3448]

Opmerkelijk is dat de mededeling van het voorverslag niet is voorgeschreven op straffe van nietigheid.[3449] De niet-mededeling kan wel worden beschouwd als een schending van de rechten van verdediging, waardoor het passend is om onder meer bijkomend onderzoek te bevelen.[3450]

[3446] Vred. Deinze 3 juli 2001, 99A254 en 99A255, onuitg.

[3447] Brussel (20e k.) 8 november 2016, *TBO* 2017, 72.

[3448] Cass. 30 november 2007, AR C.06.0563.F, www.cass.be.

[3449] Ook onder het vroegere recht werd geoordeeld dat bij gebrek aan uitdrukkelijke wetsbepaling omtrent de mededelingsplicht van het voorverslag, dit niet noodzakelijk de nietigheid ervan tot gevolg had, Cass. 23 februari 2004, *Arr.Cass.* 2004, 287.

[3450] Zie bv. Brussel 22 mei 2000, *AJT* 2001-02, 130, noot G.L. BALLON.

1895. Tenzij de rechter in het aanstellingsvonnis een termijn heeft vastgesteld, bepaalt de deskundige, rekening houdende met de aard van het geschil, een redelijke termijn waarbinnen de partijen hun opmerkingen moeten maken. Behoudens andersluidende beslissing van de rechter of door de deskundige in zijn voorlopig advies bedoelde bijzondere omstandigheden, bedraagt die termijn ten minste vijftien dagen (art. 976, eerste lid Ger.W.).

Op grond van artikel 972*bis*, § 2, tweede lid Ger.W. hebben partijen de mogelijkheid om de deskundige om uitstel te verzoeken. Wanneer er geen overeenstemming is tussen partijen over het uitstel van de termijn om opmerkingen te formuleren, kan de deskundige het uitstel weigeren of toestaan, mits inachtneming van de rechten van verdediging.[3451]

1896. Indien de partijen en/of hun technische raadgevers opmerkingen hebben, dienen ze die voor het verstrijken van de termijn op te sturen. De deskundige houdt geen rekening met de opmerkingen die hij te laat ontvangt. De rechter kan deze ambtshalve uit de debatten weren (art. 976, tweede lid Ger.W.).

Hierbij dient een kanttekening gemaakt te worden. In de rechtspraak werd immers geoordeeld dat een korte overschrijding van de termijn kan worden afgewogen tegen artikel 6 EVRM, met name het recht op een eerlijk proces, dat een tegensprekelijke procedure impliceert. *In casu* hadden de eisers gewacht om hun opmerkingen neer te leggen totdat de opmerkingen van de aannemer aan de deskundige waren meegedeeld. Echter, de aannemer meldde de dag voor het verstrijken van de termijn dat hij geen opmerkingen had. Bijgevolg konden de eisers hun opmerkingen slechts neerleggen buiten de toegekende termijn. Gelet op het feit dat de opmerkingen van de eisers in het bijzonder betrekking hadden op een van de hoofdproblemen van het bouwwerk en gelet op het feit dat de snelle afhandeling van het deskundigenonderzoek niet nagestreefd mag worden ten koste van een grondig en technisch onderzoek van de problemen, oordeelde de rechtbank dat er toch rekening gehouden mocht worden met de opmerkingen van de eisers.[3452]

In elk geval is de rechter niet verplicht om laattijdige opmerkingen te weren. Hij kan nog rekening houden met opmerkingen die laattijdig (of helemaal niet) aan de deskundige werden overgemaakt.

De gerechtsdeskundige is niet verplicht om aan de partijen de mogelijkheid van repliek te geven op de opmerkingen van de andere partijen op het voorverslag. Het recht van wederantwoord in het kader van een deskundigenonderzoek houdt enkel in dat een partij in de gelegenheid moet zijn opmerkingen te maken op de vaststellingen van de deskundige in het voorverslag, die nadien door de deskundige moeten worden ontmoet.[3453]

[3451] T. LYSENS en L. NAUDTS, *Deskundigenonderzoek in burgerlijke zaken* in *Recht en Praktijk 97*, Mechelen, Kluwer, 2018, 223, nr. 464 en 465.

[3452] Voorz. Rb. Nijvel 21 september 2012, *RJI* 2013, 20.

[3453] Rb. Brugge 25 november 2014, nr. 13/377/A, onuitg.

Een partij kan steeds nog opmerkingen op het verslag formuleren in conclusies na afloop van de expertise. De rechtbank dient deze opmerkingen dan te beoordelen zonder het advies van de gerechtsdeskundige daarover te kennen, die precies wordt aangesteld omdat de rechtbank niet afdoende technisch onderlegd is om over de betwiste materie te oordelen. Om die reden oordeelde de rechtbank van koophandel van Kortrijk dat het aangewezen was om een partij buiten de door de deskundige gestelde termijn toe te laten opmerkingen op het voorverslag in te dienen.[3454]

1897. Wanneer de deskundige na de ontvangst van de opmerkingen van de partijen nieuwe verrichtingen onontbeerlijk acht, verzoekt hij de rechter daarvoor om toestemming overeenkomstig artikel 973, § 2 Ger.W. De deskundige kan hierover dus niet autonoom beslissen, maar heeft de voorafgaandelijke toestemming van de rechter nodig.

§ 11. HET EINDVERSLAG

A. Neerlegging van het eindverslag

1898. De minuut van het verslag en een gedetailleerde staat van de kosten en het ereloon van de deskundige worden ter griffie neergelegd. Op de dag van de neerlegging van het verslag zendt de deskundige bij een ter post aangetekende brief een afschrift van het verslag en een gedetailleerde staat van de kosten en het ereloon aan de partijen, en bij gewone brief aan hun raadslieden.

De originele stukken die de partijen aan de deskundige bezorgden, worden eveneens aan hen terugbezorgd (art. 978, § 2, derde lid Ger.W.).

Door de neerlegging van het eindverslag komt er een einde aan de opdracht van de gerechtsdeskundige.[3455] De griffier stuurt bij gewone brief een afschrift van het eindvonnis naar de deskundige (art. 983 Ger.W.).

B. Inhoud en eedformule – Nietigheid – Meerdere deskundigen

1899. Het eindverslag wordt gedagtekend en vermeldt de tegenwoordigheid van de partijen bij de werkzaamheden, hun mondelinge verklaringen en hun vorderingen. Het bevat bovendien een opgave van de stukken en nota's die de partijen aan de deskundigen hebben overhandigd; het mag de tekst ervan slechts overnemen in zoverre dat nodig is voor de bespreking (art. 978, § 1, eerste lid Ger.W.).

[3454] Kh. Kortrijk 6 juni 2014, AR A/12/02695 onuitg.
[3455] Luik 1 april 2004, *RRD* 2004, 376; Rb. Antwerpen 9 november 2009, *nr.* 08/4083/A, onuitg., vermeld door K. UYTTERHOEVEN, "Het deskundigenonderzoek in bouwzaken", *TBO* 2010, 113.

Het verslag wordt op straffe van nietigheid door de deskundige ondertekend.

De verplichting om de handtekening te laten voorafgegaan door de eed 'Ik zweer dat ik mijn opdracht in eer en geweten, nauwgezet en eerlijk vervuld heb', werd afgeschaft door de wet van 10 april 2014. De eedformule wordt vervangen door het identificatienummer waaronder de deskundige is opgenomen in het nationaal register voor gerechtsdeskundigen (art. 991*sexies* Ger.W.).

De deskundigen die niet zijn opgenomen in het nationaal register en toch aangesteld worden door de rechter overeenkomstig artikel 991*decies* Ger.W. moeten de eedformule toch nog opnemen in hun eindverslag.

1900.   De nietigheidsleer werd door de wet van 19 oktober 2015[3456] en de wet van 27 mei 2018[3457] grondig gewijzigd. De rechter kan een proceshandeling alleen dan nog nietig verklaren wanneer er sprake is van belangenschade. Bovendien kan de rechter, wanneer belangenschade werd vastgesteld, opleggen de onregelmatigheid te herstellen (art. 861 Ger.W.).

Hoe dan ook is de nietigheid gedekt wanneer zij niet is opgeworpen voor ieder ander middel (art. 864 Ger.W.).

De nietigheid als gevolg van het gebrek aan een handtekening kan steeds worden geregulariseerd ter zitting of binnen de door de rechter bevolen termijn (art. 863 Ger.W.).

De rechtbank van koophandel van Verviers vermeed de nietigheidssanctie door de deskundige, die het verslag niet had voorzien van de eedformule en een handtekening, uit te nodigen om te verschijnen in raadkamer om het verslag te regulariseren. Ook werd de deskundige opgedragen om een aanvullend verslag op te maken, aangezien hij niet op de opmerkingen van de partijen had geantwoord.[3458]

1901.   Wanneer er meerdere deskundigen werden aangesteld, maken zij één verslag op. Ze geven dus één advies bij meerderheid van stemmen. Indien zij verschillen van mening, vermelden ze in hun verslag de onderscheiden meningen met de gronden ervan. Dit verslag wordt door alle deskundigen ondertekend (art. 982 Ger.W.).

Doordat het verplicht is dat de deskundigen samen slechts één verslag maken na stemming, zijn ze verplicht te beraadslagen en dus ook over onderzoeksverrichtingen waar ze mogelijk niet aan hebben geparticipeerd. Eventuele dissidente meningen moeten gemotiveerd worden uitgeschreven. Finaal dienen alle deskundigen het eindverslag te ondertekenen, wat betekent dat ze het eens zijn over de tekst ervan (met uitzondering van de dissidente opinies).

[3456]   Wet 19 oktober 2015 houdende de wijzigingen van het burgerlijk procesrecht en houdende diverse bepalingen inzake justitie, *BS* 22 oktober 2015 (Potpourri I).

[3457]   Wet 25 mei 2018 tot vermindering en herverdeling van de werklast binnen de rechterlijk orde, *BS* 30 mei 2018 (Potpourri VI).

[3458]   Kh. Verviers 21 juni 1993, *JLMB* 1994, 1069.

1902. De regel van artikel 982, tweede lid Ger.W. is niet van toepassing op de coördinerende deskundige.[3459]

1903. Voor verscheidene deskundigen in eenzelfde zaak wordt een gedetailleerde gezamenlijke staat van de kosten en het ereloon opgemaakt, met een duidelijke opgave van ieders aandeel (art. 982 Ger.W.).

1904. De deskundige is niet meer gehouden alle nota's, briefwisseling en stukken van partijen als bijlagen toe te voegen aan het eindverslag.

Artikel 987, § 1 Ger.W. spreekt enkel nog van "een opgave van de stukken en nota's die de partijen aan de deskundige hebben overhandigd". De deskundige mag de tekst van deze stukken overnemen in zijn eindverslag in zoverre dat nodig is voor de bespreking ervan. Het is dus voldoende dat hiervan een inventaris aan het eindverslag wordt toegevoegd.

1905. Het eindverslag wordt neergelegd ter griffie en wordt toegevoegd aan het dossier van rechtspleging (art. 721 Ger.W.).

Let wel op dat het eindverslag van de deskundige aangesteld in een procedure in kort geding best als stuk door de partijen wordt voorgelegd in de procedure ten gronde, vermits de deskundige het eindverslag enkel zal neerleggen in de procedure in kort geding.[3460]

C.   Motivering van het verslag

1906. De deskundige moet zijn eindverslag voldoende motiveren en antwoorden op de tijdig geformuleerde opmerkingen van de partijen en hun technische raadslieden.[3461]

Deze regel betekent niet dat de deskundige verplicht is om de opmerkingen van de partijen en zijn antwoorden daarop op te nemen in het eindverslag. Het volstaat dat deze als bijlage worden gevoegd.[3462] Stukken en nota's van de partijen moeten slechts worden opgenomen in het eindverslag voor zover dit nodig is voor de bespreking (art. 978, § 1, eerste lid Ger.W.).

Bij gebrek aan voldoende motivering is het voor de rechtbank onmogelijk om de noodzakelijke controle uit te oefenen op het deskundigenonderzoek. De rechter moet de gegrondheid van het advies kunnen toetsen aan de hand van de motieven.

[3459]   T. TOREMANS, "De coördinerende deskundige: een commentaar", *TBO* 2018, 371, nr. 57.

[3460]   T. LYSENS en L. NAUDTS, *Deskundigenonderzoek in burgerlijke zaken* in *Recht en Praktijk 97*, Mechelen, Kluwer, 2018, 233, nr. 489.

[3461]   Cass. 30 november 2007, *Pas.* 2007, 2161, *Parl.St.* Kamer 2005-06, nr. 2540/001, 5; zie ook art. 976, tweede lid Ger.W.

[3462]   Cass. 20 maart 2015, *TBO* 2015, 208-212, noot T. TOREMANS, *RW* 2015-16, 1616, noot B. VAN DEN BERGH.

De wet voorziet evenwel niet in een nietigheidssanctie bij een niet of niet voldoende gemotiveerd verslag. Desgevallend kan de rechtbank de deskundige opdragen het verslag te vervolledigen[3463] of een nieuwe expertise bevelen door een andere deskundige (art. 984 Ger.W.).[3464]

De uitspraak waarbij de rechtbank de vordering in aansprakelijkheid afwijst omdat het expertiseverslag dermate vaag is dat de rechter de juistheid ervan niet kan nagaan, is betwistbaar.[3465]

Een advies waarbij de deskundige zich louter beroept op zijn persoonlijke overtuiging zonder feitelijk onderzoek en analyse, is onvoldoende gemotiveerd. Hetzelfde geldt wanneer eenzelfde deskundige in zijn eindverslag een ander standpunt inneemt dan in zijn tussenverslag en de elementen ter staving van dit andere standpunt het geenszins mogelijk maken om de in het tussenverslag aangewezen oorzaak van de schade uit te sluiten.[3466]

D. Taal

1907. Het expertiseverslag dient te voldoen aan de voorschriften van de wet van 15 juni 1935 op het gebruik der talen in gerechtszaken (hierna Taalwet). Artikel 33 van deze wet stelt dat "de verslagen der deskundigen en der vaklieden worden gesteld in de taal van de rechtspleging. De rechter kan nochtans, voor buitengewone vakken en wegens bijzondere redenen, de deskundige ertoe machtigen de taal zijner keus te bezigen".

Vóór de wet van 25 mei 2018[3467] was een expertiseverslag opgesteld in een andere taal absoluut nietig vermits de Taalwet de openbare orde raakt. Deze nietigheid diende ambtshalve te worden uitgesproken door de rechter en kon worden opgeworpen in elke stand van het geding. De nietigheid was gedekt door elk niet zuiver voorbereidend vonnis of arrest op tegenspraak gewezen (oud art. 40 Taalwet).

Het door de Potpourri VI-wet gewijzigde artikel 40 van de Taalwet verwijst thans naar de artikelen 861 en 864 Ger.W., zijnde de gewijzigde nietigheidsleer. De nietigheid kan enkel worden uitgesproken wanneer er belangenschade wordt aangetoond en er geen herstel van de onregelmatigheid meer mogelijk is.

1908. Het verslag moet *integraal* in de taal van de rechtspleging worden opgemaakt.

Zo werd geoordeeld dat het expertiseverslag waarin een bladzijde uit een Nederlandstalige handleiding was overgenomen waar de rechtspleging in de Franse taal werd gevoerd, in zijn geheel (zowel naar de vorm als naar de inhoud)

[3463] Arbrb. Antwerpen 28 februari 1997, *Inf. R.I.Z.I.V.* 1997, 216.
[3464] Rb. Mechelen 28 december 1993, *TBBR* 1995, 156.
[3465] Kh. Brussel 12 september 1990, *T.Aann.* 1993, 87.
[3466] *Ibid.*
[3467] Wet 25 mei 2018 tot vermindering en herverdeling van de werklast binnen de rechterlijk orde, *BS* 30 mei 2018 (Potpourri VI).

absoluut[3468] nietig was. Dat achteraf een van de partijen in zijn conclusies een vertaling had gegeven van de betreffende passage veranderde daar niets aan. Een nieuwe expertise werd bevolen.[3469] Hetzelfde gebeurde in een geval waarbij een gerechtsdeskundige in een geschil omtrent de werking van een computerprogramma bepaalde Engelse woorden gebruikte (hoewel deze woorden behoorden tot het vakjargon ter zake).[3470]

Anderzijds leidt het citeren van een passage, opgesteld in een andere taal, als toelichting of illustratie, niet tot de nietigheid van het verslag.[3471]

Wanneer een partij aan de deskundige een stuk voorlegt dat is opgesteld in een taal die hij niet machtig is, kan de deskundige om een vertaling vragen. Indien de partij daar niet op ingaat, dient de deskundige dit stuk te negeren en daar melding van te maken in het verslag.

Het is mogelijk dat de deskundige dient te corresponderen met derden in een andere taal. De passages uit deze brieven die relevant zijn voor het advies moeten voorzien zijn van een vertaling.

Aangezien het verslag door de deskundige persoonlijk moet worden gemaakt, kan hij het niet opstellen in een andere taal en vervolgens een vertaling laten maken.

§ 12. TOEZICHT VAN DE RECHTER

A. Algemeen

1909. Volgens artikel 973, § 1 Ger.W. vervult de deskundige zijn opdracht onder toezicht van de rechtbank. De rechter (of de daartoe aangewezen rechter) volgt het verloop van het onderzoek op, ziet erop toe dat de termijnen worden nageleefd en dat de tegenspraak in acht wordt genomen.

De rechter kan om redenen van hoogdringendheid de termijnen inkorten of de deskundigen ontslaan van bepaalde oproepingswijzen.

1910. Alle betwistingen die in de loop van het deskundigenonderzoek met betrekking tot dit onderzoek ontstaan tussen de partijen of tussen de partijen en de deskundigen, met inbegrip van het verzoek tot vervanging van de deskundigen en van elke betwisting aangaande de uitbreiding of de verlenging van de opdracht, worden door de rechter beslecht (art. 973, § 2 Ger.W.).

De partijen en de deskundigen wenden zich tot de rechter bij gewone brief met vermelding van de redenen. De rechter gelast onmiddellijk de oproeping van de partijen en de deskundigen. De griffier geeft hiervan binnen acht dagen bij

---

[3468] Op grond van oud art. 40 Taalwet.
[3469] Rb. Nijvel 6 januari 1998, *JLMB* 2000-01, 164.
[3470] Kh. Gent 13 juni 2013, nr. 10/02293, onuitg.
[3471] Op grond van oud art. 40 Taalwet, zie Vred. Wolvertem 16 maart 1995, *RW* 1995-96, 27, met verwijzing naar Cass. 15 februari 1993, *Arr.Cass.* 1993, 184; Cass. 7 november 1996, *Pas.* 1996, 1086; Cass. 30 mei 1996, *RW* 1996-97, 662.

gewone brief kennis aan de partijen, de raadslieden en de deskundige. De griffier geeft kennis van de oproeping bij gerechtsbrief: aan de partijen die verstek hebben laten gaan, aan de gerechtsdeskundige van wie de vervanging wordt gevraagd of betwist en aan de gerechtsdeskundigen die het voorwerp zijn van een vraag tot uitbreiding of verlenging van hun opdracht, of van een betwisting van die vraag (art. 973, § 2, derde lid Ger.W.).

De verschijning in raadkamer vindt plaats binnen een maand na de oproeping.

Partijen hebben de mogelijkheid om conclusies te nemen over het incident dat wordt voorgelegd aan de rechter.[3472]

De rechter doet binnen acht dagen uitspraak bij een met redenen omklede beslissing. De kennisgeving van deze beslissing door de griffier gebeurt bij gewone brief aan de partijen en raadslieden en bij gerechtsbrief aan de deskundige en, in voorkomend geval, bij gerechtsbrief aan de partijen die verstek hebben laten gaan. In geval van een verzoek tot vervanging, weigering van de opdracht door de deskundige of ongewettigde afwezigheid van de deskundige tijdens de installatievergadering, gebeurt de kennisgeving naargelang van het geval aan de deskundige wiens taak is bevestigd of aan de deskundige die van zijn taak is ontheven en de nieuw aangestelde deskundige (art. 973, § 2 Ger.W.).

Een dergelijke beslissing is niet vatbaar voor verzet of hoger beroep (art. 963, § 1 Ger.W.).

Na de neerlegging van het eindverslag kan de rechter niet meer worden gevat op grond van artikel 973, § 2 Ger.W. De opdracht van de deskundige is dan beëindigd.[3473]

1911. Gelet op de actieve rol die de rechter thans heeft gekregen[3474], is de rechtspraak die stelde dat de rechtbank zich niet voortijdig, namelijk vooraleer de expertise werd beëindigd, mag inlaten met de technische aspecten van de expertise[3475], betwistbaar.

Ook na het deskundigenverslag mag de rechter trouwens de juistheid van de technische vaststellingen beoordelen. Het verslag heeft immers geen authentieke kracht.[3476]

1912. De rechtbank kan geen initiatieven nemen ten aanzien van de expertise zonder de partijen daarvan te verwittigen. Om die reden verbrak het Hof van Cassatie een uitspraak waaruit bleek dat de rechter zijn beslissing steunde op gegevens die hem verstrekt werden door de deskundige na de sluiting van de debatten.[3477]

[3472] T. LYSENS en L. NAUDTS, *Deskundigenonderzoek in burgerlijke zaken* in *Recht en Praktijk 97*, Mechelen, Kluwer, 2018, 195, nr. 396.

[3473] Rb. Antwerpen 9 november 2009, 08/4083/A, onuitg., vermeld door K. UYTTERHOEVEN, "Het deskundigenonderzoek in bouwzaken", *TBO* 2010, 114.

[3474] Zie onder meer GwH 24 februari 2009, *TBO* 2009, 17, overw. B.1.2.

[3475] Luik 28 april 1992, *JLMB* 1993, 726.

[3476] Cass. 21 januari 2011, *TBO* 2011, 163.

[3477] Cass. 16 september 1965, *Pas.* 1966, I, 76.

1913. Aangezien de deskundige een gerechtelijk mandaat vervult en geen partij is in de procedure, kan de rechtbank hem geen bevel geven dat gekoppeld is aan een dwangsom.[3478]

De rechter kan daarentegen wel een partij de verplichting opleggen om loyaal haar medewerking te verlenen aan een deskundig onderzoek en hieraan een dwangsom koppelen.[3479]

B. Bijwonen van de verrichtingen

1914. De rechtbank kan te allen tijde, ambtshalve of op verzoek van een van de partijen, de verrichtingen van de expertise bijwonen (art. 973, § 1, derde lid Ger.W.). Hij is daartoe echter niet verplicht.[3480]

C. Interpretatie of uitbreiding van de opdracht en bijkomende opdrachten

1915. De rechtbank kan worden gevraagd om de gegeven opdracht te interpreteren of uit te breiden. Een partij kan, indien daartoe grond bestaat, de zaak opnieuw ter zitting brengen om de opdracht van deskundige te doen uitbreiden (art. 973, § 2 Ger.W.).

Tevens kan de rechter die in het verslag niet voldoende opheldering vindt, aan dezelfde deskundige een aanvullend onderzoek opleggen of een nieuw onderzoek bevelen door een andere deskundige. De nieuwe deskundige mag aan de vroeger benoemde deskundige de inlichtingen vragen die hij dienstig acht (art. 984, eerste lid Ger.W.). De feitenrechter oordeelt op onaantastbare wijze over de opportuniteit van een bijkomend deskundigenonderzoek.[3481]

Zo besloot de rechter tot het opleggen van een volledig nieuw deskundigenonderzoek omdat het deskundig verslag dat voorlag onvoldoende duidelijkheid bood over de oorzaak van de waterinfiltratie in een garagecomplex, mede gelet op de hoge kostprijs van het door de gerechtsdeskundige geadviseerde integraal herstel in natura.[3482]

Bij een nieuw onderzoek door een andere deskundige op grond van artikel 984 Ger.W. is het wel de bedoeling dat de nieuwe deskundige voortwerkt op de

---

[3478] D. MOUGENOT, "Durée des expertises et contrôle du juge", *JT* 1996, 363.

[3479] Beslagr. 18 januari 2000, *AJT* 1999-2000, 654.

[3480] Cass. 20 december 1977, *Arr.Cass.* 1978, 482, *Pas.* 1978, I, 455.

[3481] Cass. 12 februari 1980, *Arr.Cass.* 1979-80, 693, *Pas.* 1980, I, 681.

[3482] Rb. Oudenaarde (5ᵉ k.) 8 november 2018, nr. 10/72/A, onuitg.: "De financiële inzet en de (mogelijke) gevolgen op het vlak van de stabiliteit, met alle risico's van dien voor wat de bewoners en toevallige passanten betreft, verdraagt naar het oordeel van de rechtbank niet dat met dergelijke onzekerheid genoegen wordt genomen zonder alle (andere) mogelijkheden eerst uit te putten. De rechtbank acht het in deze omstandigheden dan ook aangewezen dat uitzonderlijk het advies zou worden ingewonnen van een tweede deskundige. Hoewel de extra kosten en tijd die deze hele operatie in beslag zal nemen absoluut te betreuren zijn, is dit nog steeds te verkiezen boven het alternatief."

vaststellingen gedaan door de eerste deskundige.[3483] Zo werd geoordeeld dat de nieuw aangestelde deskundige een beperktere opdracht krijgt dan de eerst aangestelde deskundige en dit in het licht van artikel 875*bis* Ger.W.[3484]

1916. Een nieuw onderzoek door een andere deskundige kan bevolen worden overeenkomstig artikel 973 *juncto* artikel 984 Ger.W. indien het voorlopig verslag geen antwoord geeft op de primordiale vraag naar de oorzaak van de onbetwiste schade en de eventueel daarmee samenhangende verantwoordelijkheden.[3485]

Eens het eindverslag werd neergelegd door de deskundige, kan de opdracht niet meer worden aangepast, uitgebreid of een nieuwe deskundige aangesteld worden via toepassing van artikel 973 Ger.W.[3486] Partijen zullen in dat geval de zaak opnieuw ten gronde moeten oproepen om een nieuwe deskundige te laten aanstellen overeenkomstig artikel 984 Ger.W.

Om die reden besliste de rechtbank van eerste aanleg van Brussel dat wanneer partijen de zaak voor de rechter brengen in het kader van een tussengeschil met betrekking tot het ereloon en de kosten van de gerechtsdeskundige (art. 991, § 2, samengelezen met art. 973, § 2 Ger.W.), zij in dat geschil niet kunnen verzoeken om de gerechtsdeskundige te belasten met een aanvullend onderzoek en vragen om de begroting van het ereloon in afwachting daarvan uit te stellen.[3487]

D. Aanwezigheid bij een onderzoeksmaatregel

1917. De rechter kan een deskundige aanwijzen die aanwezig moet zijn bij een onderzoeksmaatregel die hij heeft bevolen om technische toelichting te verstrekken (art. 986 Ger.W.). De deskundige die niet is opgenomen in het nationaal register legt mondeling de eed af. Van de verklaring van de deskundige wordt eveneens een proces-verbaal opgemaakt.

De deskundige kan zich van bepaalde stukken bedienen. Deze stukken worden dan na de tussenkomst van de deskundige ter griffie neergelegd, waar de partijen of hun raadslieden er kennis van kunnen nemen.

Het ereloon en de kosten van de deskundige worden door de rechter onmiddellijk begroot onderaan het proces-verbaal met bevel tot tenuitvoerlegging ten laste van de partij of partijen die hij aanwijst en in de verhouding die hij bepaalt. Deze bedragen zullen in de eindbeslissing als gerechtskosten worden begroot (art. 986 Ger.W.).

1918. Op artikel 986 Ger.W. wordt onder meer een beroep gedaan door de rechter die deskundige bijstand wenst bij een plaatsopneming (art. 1007 e.v. Ger.W.).

[3483] T. LYSENS en L. NAUDTS, *Deskundigenonderzoek in burgerlijke zaken* in *Recht en Praktijk 97*, Mechelen, Kluwer, 2018, nr. 600.

[3484] Brussel (20e k.) 8 juni 2015, *RJI* 2015, afl. 4, 377.

[3485] Rb. Antwerpen (afd. Antwerpen, AB12e k.) 10 april 2018, *TBO* 2018, 344.

[3486] Kh. Tongeren (KG) 10 februari 2009, *RW* 2011-12, 1226.

[3487] Rb. Brussel (Nl.) (23e k.) 22 december 2015, *TBO* 2017, 208.

1919. Het gaat om de bijstand van de deskundige ten dienste van de magistraat, die de leiding over de uitvoering van de door hem bevolen onderzoeksmaatregel behoudt.[3488]

§ 13. BEPERKT DESKUNDIG ONDERZOEK

1920. Op grond van artikel 986 Ger.W. kan de rechter er dus ook voor kiezen om een beperkt deskundig onderzoek te bevelen (ook wel de *'mini-expertise' of het 'vereenvoudigd deskundig onderzoek'* genoemd) in de plaats van een volwaardig gerechtelijk deskundigenonderzoek.

In dat geval gaat de deskundige ter plaatse om zonder verdere formaliteiten op een nadere zitting, in aanwezigheid van partijen, mondeling verslag uit te brengen aan de rechter.

1921. De rechter dient immers de voorkeur te geven aan de meest eenvoudige, snelle en goedkope onderzoeksmaatregel die volstaat om het geschil op te lossen (art. 875*bis* Ger.W.).

1922. Rechtspraak toont aan dat de rechter vaak aan de deskundige oplegt een korte technische nota op te stellen en over te maken aan de partijen, hetgeen het tegensprekelijke debat ten goede kan komen.[3489]

De rechter kan immers, op grond van artikel 986, eerste lid *in fine* Ger.W., aan de deskundige vragen om stukken over te leggen die dienstig zijn voor de oplossing van het geschil. Deze nota vormt evenwel geen voorlopig verslag zoals in een volwaardig gerechtelijk deskundigenonderzoek.[3490]

A.   Horen van de deskundige

1923. De rechter kan, tijdens het verloop van de debatten, de deskundigen ter zitting horen. De verklaringen worden dan opgenomen in een proces-verbaal dat de rechter, de griffier en de deskundige ondertekenen na lezing en eventuele opmerkingen. De partijen en hun advocaten worden bij deze verrichtingen opgeroepen overeenkomstig artikel 973, § 2, derde en vierde lid Ger.W. (art. 985 Ger.W.).

De deskundige mag zich bij het verhoor van stukken bedienen. Indien de deskundige dit nuttig acht, kan hij de partijen of hun raadslieden voor het verhoor een kopie van die documenten bezorgen, of ze ter griffie neerleggen. Deze

---

[3488]   T. LYSENS en L. NAUDTS, *Deskundigenonderzoek in burgerlijke zaken* in *Recht en Praktijk 97*, Mechelen, Kluwer, 2018, nr. 608.

[3489]   Rb. Oost-Vlaanderen (afd. Gent, 12ᵉ k.) 24 oktober 2016, 15/908/A, onuitg.; Kh. Namen 30 maart 2009, *JT* 2009, 359.

[3490]   Rb. Oost-Vlaanderen (afd. Gent, 12ᵉ k.), 17/1372/A, onuitg.

stukken worden door de deskundige uiterlijk na het verhoor ter griffie neergelegd. De partijen of hun raadslieden kunnen de ter griffie neergelegde stukken raadplegen.

Het ereloon en de kosten van de deskundige in verband met dit verhoor worden door de rechter onmiddellijk begroot onderaan het proces-verbaal en daarvan wordt een bevel tot tenuitvoerlegging uitgegeven ten laste van de partij of partijen die hij aanwijst en in de verhouding die hij bepaalt. Deze bedragen zullen in de eindbeslissing als gerechtskosten worden begroot (art. 1018, 4° Ger.W.).

B.   Horen van de technische raadslieden

1924.   Op verzoek van de deskundige of van de partijen kan de rechter tevens hun technische raadgevers horen (art. 985, vijfde lid Ger.W). Hun verklaringen worden eveneens opgenomen in een proces-verbaal.

Ook de technische raadslieden mogen zich van stukken bedienen, op dezelfde wijze als de deskundige.

Het horen van de technische raadslieden kan nuttig zijn wanneer hun conclusies sterk afwijken van die van de deskundige.[3491]

§ 14. DE TERMIJN EN DE VERLENGING ERVAN

1925.   Zoals reeds vermeld, bepaalt de rechter de termijn voor het indienen van het eindverslag. Dit gebeurt in de na afloop van de installatievergadering genomen beslissing of, bij gebreke daarvan, in de beslissing waarbij het deskundigenonderzoek werd bevolen (art. 972, § 2, zevende en achtste lid Ger.W.).

1926.   De rechter (en enkel hij) kan deze termijn verlengen. De deskundige kan hierover dus zelf niet beslissen.

De vraag tot verlenging van de termijn kan enkel uitgaan van de deskundige. Hij dient zich daartoe vóór het verstrijken van de oorspronkelijke termijn tot de rechter te wenden met opgave van de redenen waarom de termijn zou moeten worden verlengd (art. 974, § 2, eerste lid Ger.W.). Van dit verzoek worden de partijen en hun raadslieden door de griffier in kennis gesteld volgens de voorschriften van artikel 973, § 2, derde en vierde lid Ger.W.).

De partijen kunnen dan binnen de acht dagen hun eventuele opmerkingen hierop overmaken. De rechter kan de verschijning van de partijen en de deskundige gelasten (art. 974, § 2, eerste lid Ger.W.).

[3491]   Zie bv. Rb. Luik 14 maart 1994, *Rev.trim.dr.fam.* 1995, 577 (schatting van de waarde van een onroerend goed).

De rechter kan de verlenging bij gemotiveerde beslissing weigeren wanneer hij van oordeel is dat die niet redelijk verantwoord is (art. 974, § 2, tweede lid Ger.W.).[3492]

Bij overschrijding van de vooropgestelde termijn en bij gebreke van tijdig ontvangen verzoek tot verlenging gelast de rechter ambtshalve de oproeping van de partijen en de deskundige (art. 974, § 3 Ger.W.).

Er is niet in een wettelijke sanctie voorzien bij overschrijding van de termijn. De rechter zal de deskundige hierover ondervragen, en desgevallend overgaan tot zijn vervanging. Indien de vertraging te wijten is aan een onwillige partij, zal de rechter op vraag van de andere partij(en) desgevallend overgaan tot sanctionering van die partij.

§ 15. VERVANGING VAN DE DESKUNDIGE

1927. Indien een partij hierom verzoekt, kan de rechter de deskundige die zijn opdracht niet naar behoren vervult, vervangen (art. 979, § 1, eerste lid Ger.W.).

Dit verzoek kan eveneens van alle partijen uitgaan. Is dat het geval, dan moet de rechter de deskundige vervangen. Het gezamenlijke en gemotiveerde verzoek van de partijen wordt aan de rechter gericht bij gewone brief. Deze dient hierover uitspraak te doen binnen de acht dagen zonder oproeping of verschijning van de partijen (art. 979, § 1, tweede lid Ger.W.).

De rechter dient vervolgens de deskundigen aan te wijzen over wie de partijen het eens zijn. Hij kan enkel van de keuze van de partijen afwijken op een met redenen omklede wijze. Indien geen van de partijen hierom verzoekt, kan de rechter ambtshalve de oproeping van de partijen en de deskundigen bevelen.

De rechter dient de beslissing tot vervanging te motiveren en dient onmiddellijk over te gaan tot de aanstelling van een nieuwe deskundige.

Indien geen van de partijen om de vervanging verzoekt, kan de rechter ook ambtshalve de partijen oproepen voor de vervanging van de deskundige (art. 979, § 2, derde lid Ger.W.).

1928. De vervangen deskundige legt binnen vijftien dagen de stukken en nota's van de partijen en een gedetailleerde staat van de kosten en het ereloon ter griffie neer. Op de dag van de neerlegging zendt de deskundige bij een ter post aangetekende brief een afschrift van de gedetailleerde staat van de kosten en het ereloon aan de partijen en bij gewone brief aan hun raadslieden (art. 979, § 2, tweede lid Ger.W.).

[3492] Zie Kh. Antwerpen 17 oktober 2013, onuitg.: de rechter oordeelde dat er geen redelijke verantwoording denkbaar is voor een verlenging van de totale duurtijd van een onderzoek, dat initieel na vier maanden klaar had moeten zijn, naar drie jaar.

De vervanging kan aangewezen zijn in alle gevallen waarin de deskundige zijn opdracht niet vervult binnen de voorziene termijn[3493], bij overlijden, ziekte, onbekwaamheid, onervarenheid, nalatigheid of andere professionele fouten.

1929. De rechter oordeelt op onaantastbare wijze of er een geldige reden is om tot vervanging over te gaan en dient de beslissing uiteraard te motiveren (art. 979, § 1 *in fine* Ger.W.).

Geoordeeld werd dat in een geval waarbij de gerechtsdeskundige, op vraag van de bouwheer, zeer snel ter plaatse moest komen voor het doen van dringende materiële vaststellingen, en één van de verwerende partijen weliswaar werd verwittigd maar niet ter plaatse kon zijn, dit geen afdoende reden was voor de vervanging van de deskundige.[3494]

Het verzoek tot vervanging van de deskundige is gerechtvaardigd indien hij zich, door zijn handelswijze, partijdig opstelt of minstens de schijn daarvan geeft of heeft gegeven. De beslagrechter van Antwerpen oordeelde nochtans dat in een dergelijk geval niet de vervanging, maar wel een procedure tot wraking aangewezen was. Hij stelde dat de vervanging enkel kon worden gevraagd wegens omstandigheden die zonder discussie tot een vervanging nopen, wat niet het geval was bij een betwisting over de bekwaamheid of partijdigheid van de deskundige.[3495] Deze redenering kan niet worden gevolgd gelet op het limitatieve karakter van de gronden tot wraking.

De rechter kan tevens de vervanging van de deskundige weigeren en oordelen dat de vervanging niet meer verantwoord is doordat er te veel tijd is verlopen sinds de aanstelling en het gebrek aan initiatief van de partijen om zijn vervanging te eisen.[3496]

Vervanging mag niet verward worden met wraking van de gerechtsdeskundige.[3497] Zo werd geoordeeld dat uit de vaststelling dat de gerechtsdeskundige briefwisseling heeft gevoerd met één van de partijen in het deskundigenonderzoek, zonder medeweten van de andere, en geweigerd heeft een afschrift af te leveren van die briefwisseling aan de andere partij, ondanks meerdere verzoeken daartoe, niet kan worden afgeleid dat de gerechtsdeskundige in hoofde van die partij een gewettigde twijfel heeft veroorzaakt betreffende zijn geschiktheid om zijn opdracht onafhankelijk en onpartijdig te vervullen. Hij kan dus niet gewraakt worden. Daarentegen impliceren deze feiten dat de gerechtsdeskundige ernstig is tekortgekomen aan het beginsel van de tegenspraak, dat essentieel is in het verloop van het deskundigenonderzoek, wat zijn vervanging rechtvaardigt.[3498]

[3493] Gent 31 mei 2013, *NJW* 2014, afl. 297, 177, noot C. VAN SEVEREN; Kh. Antwerpen (afd. Turnhout) (KG) 21 november 2014, *NJW* 2015, 329, noot C. VAN SEVEREN.

[3494] Rb. Gent 23 februari 2000, *TGR* 2000, 168.

[3495] Beslagr. Antwerpen 7 december 1988, *RW* 1988-89, 1067, noot S. RAES.

[3496] Pol. Brussel 22 maart 2017, *VAV* 2017, afl. 3, 19.

[3497] Brussel 5 mei 2015, *TBO* 2015, 153.

[3498] Brussel 20 november 2014, *JT* 2015, afl. 6597, 258.

De rechter kan de deskundige niet veroordelen om zijn opdracht uit te voeren onder verbeurte van een dwangsom; hij kan de gerechtsdeskundige wel vervangen in geval van vertraging in de opstelling van zijn verslag.[3499]

1930. De beslissing omtrent het verzoek tot vervanging van de deskundige is vatbaar voor verzet of hoger beroep. De beslissing is steeds uitvoerbaar bij voorraad. In afwijking van artikel 1068, eerste lid Ger.W. maakt het hoger beroep tegen deze beslissing de andere aspecten van het geschil zelf niet aanhangig bij de rechter in hoger beroep (art. 963 Ger.W.).

§ 16. SANCTIONERING VAN ONWILLIGE PARTIJEN OF DERDEN

1931. De partijen zijn verplicht mee te werken aan het deskundigenonderzoek. Doen zij dat niet, dan kan de rechter daaruit de conclusies trekken die hij geraden acht (art. 972*bis*, § 1 Ger.W.).

Een belangrijk facet van de medewerkingsplicht is het tijdig consigneren van het door de rechter bepaalde voorschot van de expertisekosten (art. 989 Ger.W.).

De loyaliteit van de partijen bestaat er ook in dat alle nuttige informatie aan de deskundige meegedeeld moet worden.[3500]

De deskundige of de partij die geconfronteerd wordt met een onwillige partij, kan de zaak laten oproepen overeenkomstig artikel 973, § 2 Ger.W.

1932. Wanneer er gewichtige, bepaalde en met elkaar overeenstemmende vermoedens bestaan dat een derde een stuk onder zich heeft dat het bewijs inhoudt van een ter zake dienend feit, kan de rechter overeenkomstig de artikelen 877 e.v. Ger.W. deze derde verplichten om een eensluidend afschrift van dat stuk te voegen bij het dossier van rechtspleging. Indien de rechter van oordeel is dat deze stukken dienen te worden onderzocht door de deskundige, kan hij een dergelijk onderzoek opleggen aan de derde.[3501]

Een partij die niet meewerkt aan de expertise, kan op verzoek van de tegenpartij daartoe gedwongen worden. Aan de rechter kan bijvoorbeeld een veroordeling worden gevraagd tot afgifte van stukken, tot het verstrekken van inlichtingen of tot het verlenen van toegang tot een bepaalde plaats, en dit op straffe van een dwangsom.[3502]

[3499] Gent 31 mei 2013, *NJW* 2014, 180.

[3500] Beslagr. Brussel 18 januari 2000, *AJT* 1999-2000, 654.

[3501] Brussel 19 april 1971, *JT* 1971, 367 (*in casu* bevel tot voorlegging van bepaalde delen van de boekhouding).

[3502] Zie bv. Voorz. Kh. Antwerpen 16 januari 1987, *RHA* 1989, 267; Beslagr. Brussel 18 januari 2000, *AJT* 1999-2000, 654.

1933. Een gebrek aan medewerking werd ook afgeleid uit het feit dat een partij geen toegang verleende tot haar pand voor de onderzoeksverrichtingen en uit het feit dat deze partij evenmin de dringende herstellingswerken die sinds het begin van de expertise werden gevraagd door de deskundigeop een adequate wijze heeft uitgevoerd of laten uitvoeren. Om de partij aan te manen haar medewerking te verlenen, achtte de rechtbank het aangewezen een dwangsom uit te spreken.[3503]

1934. De rechtbank van eerste aanleg van Brussel was van oordeel dat een partij die aan de gerechtsdeskundige geen toegang (meer) gaf tot een plat dak, zich deloyaal opstelde en verhinderde dat de door de rechtbank bevolen onderzoeksmaatregel werd uitgevoerd. Er werd een dwangsom van 1000 euro opgelegd per dag dat deze toegang verder opzettelijk werd verhinderd, met een maximum van 10.000 euro. Daarenboven werd de termijn voor het indienen van het eindverslag verlengd.[3504]

1935. Ook kan de rechter de eis van de schadelijder die de expertise heeft tegengewerkt afwijzen of de onwillige partij veroordelen tot (een deel) van de gerechtskosten.[3505]

Zo heeft een aannemer ten slotte, die als gevolg van een betwisting ten aanzien van de kwaliteit van de werken gedurende verscheidene jaren nalaat de bouwheer in betaling van zijn factuur te vervolgen en het deskundigenonderzoek waartoe in gezamenlijk overleg was besloten in werking te stellen, alsook om bewarende maatregelen te nemen om het goed in zijn staat te houden terwijl de cliënt had aangekondigd dat hij de werken door een derde zou laten uitvoeren, door zijn manifest en langdurig gebrek aan belangstelling de uitdoving van zijn schuldvordering veroorzaakt.[3506]

§ 17. BEWIJSKRACHT – BINDENDE KRACHT – TEGENSTELBAARHEID EN SANCTIE

A. Bewijskracht

1936. Oorspronkelijk werd aangenomen dat de rechter de werkelijke inhoud van het deskundigenverslag dient te eerbiedigen, wat impliceert dat de rechter niets mocht toevoegen aan de inhoud en de weergegeven vaststellingen van de deskundige niet kan betwisten.

Het Hof van Cassatie heeft echter geoordeeld dat er geen enkele wettelijke bepaling is die oplegt dat een deskundig verslag "authentieke kracht" heeft. Bij-

---

[3503] Rb. Antwerpen 30 oktober 2013, *TBO* 2014, 30.
[3504] Rb. Brussel 25 november 2016, *TBO* 2018, 56.
[3505] Kh. Luik 3 februari 1978, *RCJB* 1979, 451, noot E. CEREXHE.
[3506] Brussel 4 oktober 1989, *JT* 1990, 161.

gevolg kan de rechter de juistheid van de (technische) vaststellingen toch beoordelen.[3507]

Bovendien miskent de rechter de bewijskracht van het verslag niet omdat hij, tot staving van zijn beslissing, enkel rekening houdt met bepaalde, volgens hem geloofwaardige gegevens van het verslag en niet met andere elementen.[3508]

Het Hof van Cassatie nuanceerde in 2013 haar eerder ingenomen standpunt en oordeelde dat de door de deskundige persoonlijk vastgestelde feiten (maar niet de hieruit getrokken conclusies) in het kader van zijn opdracht wel een authentieke bewijswaarde hebben. Het uit deze vaststellingen door de deskundige afgeleide advies heeft daarentegen geen bijzondere bewijswaarde, maar wordt vrij door de rechter beoordeeld.[3509]

De bewijskracht van het verslag wordt niet miskend door het enkele feit dat de rechter anders oordeelt dan wat er is geadviseerd.[3510]

De rechter mag evenwel aan het verslag geen uitlegging geven die volstrekt onverenigbaar is met de bewoordingen ervan.[3511]

1937. In elk geval is het zo dat het loutere feit dat de gerechtsdeskundige tot de uitsluitende technische verantwoordelijkheid besluit van één bouwpartner (*in casu* de landmeter die een verkeerde vloerpas had uitgezet), en geen technische aansprakelijkheid in aanmerking neemt in hoofde van de aannemer, de architect en de andere landmeters die eerder op de werf actief waren, niet met zich meebrengt dat het expertiserapport niet bewijskrachtig zou zijn of dat de deskundige zich niet goed van zijn taak zou hebben gekweten. De partijen die anders menen, kunnen in de procedure elementen en stukken voorleggen om het beweerde ongelijk of de fouten van de deskundige aan te tonen.[3512]

Dat de gerechtsdeskundige ingevolge het tijdsverloop en de reeds uitgevoerde saneringswerken persoonlijk geen vaststellingen meer heeft kunnen doen met betrekking tot een door de aannemer beschadigde stookolietank, betekende volgens het hof van beroep van Antwerpen niet dat zijn verslag technisch onnuttig zou zijn en dat de aannemer niet zou kunnen worden veroordeeld.[3513]

B.   Bindende kracht

1938.   De rechter is niet verplicht om het advies van de deskundige te volgen indien het strijdig is met zijn overtuiging (art. 962, vierde lid Ger.W.).

[3507]   Cass. 21 januari 2011, *TBO* 2011, 163.
[3508]   Cass. 1 maart 1973, *Arr.Cass.* 1973, 646.
[3509]   Cass. 22 oktober 2013, *TBO* 2016, 26-30, noot T. TOREMANS.
[3510]   Cass. 24 maart 1981, *Arr.Cass.* 1980-81, 827.
[3511]   Cass. 13 september 1979, *Arr.Cass.* 1979-80, 42.
[3512]   Antwerpen (2ᵉ k.) 18 mei 2016, *TBO* 2017, 187.
[3513]   Antwerpen (2ᵉ k.) 2 maart 2016, *TBO* 2017, 185.

De rechter beoordeelt op onaantastbare wijze de bewijswaarde van het verslag, dat slechts geldt als advies.[3514] Zelfs wanneer het een eindverslag betreft, heeft het geen bindend karakter ten aanzien van de rechtbank.[3515]

Ook de partijen kunnen steeds hun bezwaren tegen het deskundigenverslag aan de beoordeling van de rechtbank onderwerpen, zelfs indien zij geen opmerkingen hebben overgemaakt aan de deskundige in de loop van de expertise.[3516]

1939. De rechter dient zijn beslissing te motiveren en kan dan ook niet zonder meer de besluiten van de deskundige overnemen. Maar het feit dat de rechter acht slaat op bepaalde gegevens van een deskundigenverslag impliceert niet dat hij de besluiten ervan overneemt (art. 1319, 1320 en 1322 BW; art. 149 Gw.).[3517]

1940. Indien de rechter in het verslag niet voldoende opheldering vindt, kan hij een aanvullend onderzoek bevelen door dezelfde deskundigen, of zelfs een nieuw onderzoek door andere deskundigen[3518] (art. 984 Ger.W.). Hij kan ook tijdens de debatten de deskundigen of de technische raadslieden van de partijen horen (art. 985 Ger.W.).

C. Tegenstelbaarheid

1. Tegenstelbaarheid aan de partijen – Rechten van verdediging

1941. In het kader van een deskundigenonderzoek houdt het recht van verdediging in dat men, in de eerste plaats, partij is in het debat voor de rechter die de expertise heeft bevolen. Bovendien dient men te worden uitgenodigd om de volledige expertise bij te wonen.

Het recht om uitgenodigd te worden verstrekt aan de partijen de mogelijkheid om zowel hun standpunt uiteen te zetten – zij hebben het recht om de zaak 'technisch te pleiten' voor de deskundige – als om de correcte uitvoering van de opdracht door de deskundige te controleren.

De tegenspraak is een essentieel beginsel van het gerechtelijk deskundigenonderzoek waarop de rechter moet toezien (zie o.m. art. 973, § 1 Ger.W.).

De schending van het recht van verdediging is een feitenkwestie.

Werd aldus beschouwd als een schending van de rechten van de verdediging:
– het niet optekenen van de opmerkingen van de partijen in het verslag[3519],

---

[3514] Cass. 6 maart 2014, *Arr.Cass.* 2014, 629-633; Cass. 21 januari 2011, *TBO* 2001, 163; Cass. 7 mei 2009, *Arr.Cass.* 2009, 1196; Cass. 5 april 1979, *Arr.Cass.* 1978-79, 931; Cass. 4 januari 1974, *Arr. Cass.* 1974, 491.
[3515] Rb. Antwerpen (afd. Antwerpen) 29 april 2015, *TBO* 2016, 339.
[3516] Cass. 17 februari 1984, *Arr.Cass.* 1983-84, 767; Cass. 16 februari 1995, *Arr.Cass.* 1994-95, 183 (met verwijzing naar art. 6.1 EVRM).
[3517] Cass. 17 oktober 2003, *Arr.Cass.* 2003, 1887.
[3518] Zie § 3. Interpretatie of uitbreiding en bijkomende opdracht.
[3519] Luik 19 december 1980, *JL* 1981, 193, noot G. DE LEVAL; Bergen 6 januari 1976, *Pas.* 1976, II, 188.

– het feit dat de deskundige na afloop van het onderzoek zijn bevindingen heeft besproken met de technisch raadsman van slechts één van de partijen en daarvan zelfs geen mededeling heeft gedaan in het verslag[3520],
– de vordering ten gronde tegen een architect, ingesteld twee jaar na de beëindiging van de expertise waarin hij geen partij was[3521],
– het feit dat de deskundige ter plaatse is gegaan zonder de partijen te verwittigen, ook al hebben zij hem vrijgesteld van pleegvormen; dat hij een technisch onderzoek laat uitvoeren door een labo, dat kort voordien reeds door een partij was geconsulteerd, zonder verwittiging, laat staan instemming van de partijen; dat hij zich laat bijstaan door een accountant, die op zijn beurt een beroep doet op een niet nader gespecificeerde bedrijfsrevisor, van wie niet geweten is welke stukken deze ter hand werd gesteld en welk advies deze zou hebben gegeven, en het feit dat de deskundige het advies slechts ter kennis heeft gebracht van de partijen bij mededeling van het definitieve verslag, weze het slechts in de vorm van vraagstelling[3522],
– het feit de deskundige uiteindelijk oordeelde op basis van zijn vaststellingen die hadden plaatsgevonden zonder dat de gedaagde partij (buiten haar wil) hierbij aanwezig of vertegenwoordigd was, hoewel deze partij nadien een kopie had ontvangen van het expertiseverslag en haar opmerkingen had kunnen formuleren en vervolgens zelfs meewerkte aan de expertise[3523],
– het niet oproepen van partijen door de deskundige.[3524]

Hield geen miskenning in van het recht van verdediging:
– het feit dat de deskundige van zijn bevindingen geen kennis heeft gegeven aan een partij maar enkel aan haar advocaat[3525],
– wanneer de 'preliminaria', die slechts de argumenten inhielden van de partijen, aan hen niet werden meegedeeld[3526],
– wanneer een derde, die geen partij was bij de eenzijdige aanstelling van een deskundige, in feite de verrichtingen van de deskundige heeft bijgewoond en hierover zijn mening heeft kunnen uiten[3527],
– het feit dat de deskundige met de ene of andere partij telefonisch contact heeft gehad met het oog op het bereiken van een verzoening[3528],
– het feit dat de deskundige reeds ter plaatse was gekomen vóór de installatievergadering, voor zover de andere partijen hierdoor niet zijn benadeeld[3529],

---

[3520]   Arbrb. Tongeren 23 mei 1997, *RW* 1998-99, 307.
[3521]   Bergen 23 september 1992, *JLMB* 1994, 549.
[3522]   Antwerpen 12 december 1994, *Limb.Rechtsl.* 1998, 1.
[3523]   Kh. Antwerpen (5ᵉ k.) 10 december 1998, 95/16139, onuitg.
[3524]   Vred. Deinze 3 juli 2001, *TOGOR* 2002, afl. 4, 67, noot V. TOLLENAERE.
[3525]   Cass. 6 april 1984, *RW* 1984-85, 1638.
[3526]   Luik 23 mei 1978, *JL* 1978-79, 18.
[3527]   Rb. Namen 8 april 1993, *JLMB* 1993, 1457.
[3528]   Bergen 18 januari 1999, *JT* 1999, 371.
[3529]   Gent (22ᵉ k.) 10 mei 2000, 1999/AR/799, onuitg.

- het voeren van een eenzijdige expertise tijdens het gerechtelijk onderzoek, miskent op zich het recht van verdediging niet[3530],
- het feit dat de deskundige geen mogelijkheid van repliek heeft gegeven op de opmerkingen van de andere partijen op het voorverslag van de deskundige.[3531]

In de loop van de expertise omtrent de gebeurlijke aansprakelijkheid van de aannemer voor schade kwamen ook fouten aan het licht in hoofde van de architect. Die had tot dan opgetreden als technische raadsman van de bouwheer. Volgens het Gentse hof van beroep had hij in die hoedanigheid kennis van het standpunt van de gerechtsdeskundige en verkeerde hij in de mogelijkheid om, door vrijwillig tussen te komen in de procedure, de vereiste tegenspraak te voeren. Nu hij ervoor gekozen had om dat niet te doen, werd de expertise geacht hem tegensprekelijk te zijn.[3532]

2. Tegenstelbaarheid aan derden

1942. Op basis van hetzelfde principe van het recht van verdediging kan een deskundigenverslag niet worden tegengeworpen aan een derde. Onder een derde wordt hier begrepen iemand die in de procedure geen verplichte of vrijwillige partij was.[3533]

Dit houdt in dat de specifieke rechtsgevolgen verbonden aan een deskundigenverslag als bewijsmiddel ten aanzien van die derde achterwege moeten blijven, maar niet verhindert dat het onderzoek als zodanig, de gedane vaststellingen en het uitgebrachte advies bestaande feiten zijn, waarin de rechter, als ze door een partij in het geding zijn gebracht en het bewijs door vermoedens is toegelaten, vermoedens kan vinden als bedoeld in artikel 1349 BW, die bewijs kunnen opleveren onder de voorwaarden van artikel 1353 BW.[3534]

In een geval waarin reeds een deskundigenonderzoek was bevolen op vraag van de bouwheer tegen een aannemer en nadien een procedure werd gestart tegen de architect en de ingenieur, oordeelde het hof van beroep van Brussel als volgt:

"Deze vaststellingen en deze bevindingen werden niet gedaan in aanwezigheid van de architect en het ingenieursbureau, maar dit brengt niet mee dat aan deze vaststellingen en bevindingen geen enkele bewijswaarde kan toekomen. Het verslag V is een bestaand feit en het werd regelmatig in het geding gebracht en onderworpen aan de procestegenspraak van de architect en het ingenieursbureau. Het verslag V heeft een bepaalde bewijswaarde ofwel als vermoeden dat al dan niet bevestigd wordt door

---

[3530] Cass. 10 januari 2012, AR P.11.117.N, www.cass.be.
[3531] Rb. Brugge 25 november 2014, 13/377/A, onuitg.
[3532] Gent (20e k.) 26 april 1999, *TGR* 2000, 22.
[3533] Zie ook Afdeling 3, § 2. Procedure, A, 7. Tussenkomst – Toelaatbaarheid.
[3534] Cass. 22 december 1983, *Arr.Cass.* 1983-84, 473.

andere elementen, ofwel als eenvoudige inlichting. Een door de rechter aangestelde deskundige is een medewerker van het gerecht die zijn taak in volle onafhankelijkheid en onpartijdigheid uitvoert of moet uitvoeren teneinde een oplossing voor het geschil te vinden (Grondwettelijk Hof nr. 31/2009, http://const-court.be)."

Het feit dat in het eerste expertiseverslag reeds ernstige stabiliteitsgebreken waren vastgesteld en thans door de bouwheer een recent proces-verbaal van een gerechtsdeurwaarder met foto's van de problematiek werd voorgelegd, vond het hof voldoende om een nieuwe expertise te bevelen.[3535]

Een derde kan in de procedure tussenkomen op gedwongen of op vrijwillige wijze. Artikel 812, eerste lid Ger.W., bepaalt dat tussenkomst kan geschieden voor alle gerechten, "zonder dat echter reeds bevolen onderzoeksverrichtingen mogen afbreuk doen aan de rechten van verdediging".

Om na te gaan of de rechten van verdediging geschonden zijn, zal *in concreto* dienen te worden nagegaan of de reeds door de deskundige verrichte werkzaamheden de rechtspositie van de voorheen niet aanwezige partij nadelig kunnen beïnvloeden. Dit zal afhankelijk zijn van de mate waarin de deskundige reeds met de uitvoering van zijn opdracht is begonnen, maar eveneens van de vraag of de deskundige zich reeds een idee over het technische probleem heeft kunnen vormen en zich reeds over de eventuele verantwoordelijkheden heeft uitgelaten.[3536]

Een derde die op een expertisebijeenkomst aanwezig is op vraag van een partij of van de deskundige, wordt daardoor geen partij in het deskundigenonderzoek.[3537] De technische vaststellingen gedaan in de loop van een expertise zijn op zich wel tegenstelbaar aan de architect die is opgetreden als technisch raadsman van een partij, maar niet de beoordeling van deze vaststellingen door de deskundige als de architect in kwestie hierover als partij geen standpunt heeft kunnen innemen.[3538]

1943. Het deskundigenonderzoek kan niet tegengeworpen worden aan de partij die gedwongen tussenkomt nadat de deskundige zijn voorlopig advies heeft verstuurd, tenzij zij van het middel van de niet-tegenwerpbaarheid afziet (art. 981, eerste lid Ger.W.).

De derde die tussenkomt kan niet eisen dat reeds gedane werkzaamheden in zijn bijzijn worden overgedaan, tenzij hij aantoont daar belang bij te hebben (art. 981, tweede lid Ger.W.).

1944. Een vordering in tussenkomst na de neerlegging van het *eind*verslag van de gerechtsdeskundige is niet toelaatbaar wanneer het recht van verdediging van

---

[3535] Brussel (20ᵉ k.) 8 november 2016, *TBO* 2017, 72.

[3536] Kh. Antwerpen 28 juni 2016, *T.Aann.* 2017/2, 213, met verwijzing naar Kh. Brussel 26 juni 1997, *T.Deskundige* 1997, afl. 148, 35.

[3537] Gent 12 maart 2001, *AJT* 2000-01, 66.

[3538] Brussel 28 april 1998, *AJT* 1998-99, 529.

deze partij is geschonden.[3539] Volgens het hof van beroep van Antwerpen is de situatie waarbij er reeds een eindverslag is neergelegd, verschillend van de situatie bedoeld in artikel 981 Ger.W. Door de neerlegging van het eindverslag is er een einde gekomen aan het deskundigenonderzoek. De tussenkomende partij kan ook niet meer vragen om bepaalde expertiseverrichtingen over te doen met toepassing van artikel 981, tweede lid Ger.W.

Deze rechtspraak kan worden gevolgd wanneer een loyale en diligente proceshouding tot gevolg zou hebben dat de eiser, wanneer hij tijdens de expertise-verrichtingen reeds heeft vastgesteld dat de aansprakelijkheid van de bijkomende partij aan de orde kwam, deze partij lopende het deskundigenonderzoek en zeker na het voorlopig verslag van de gerechtsdeskundige in gedwongen tussenkomst zou hebben gedaagd.

In een situatie waarbij de gerechtsdeskundige in zijn eindverslag, op basis van de opmerkingen van de partijen op zijn voorverslag, plots tot een ander standpunt komt, kan het wel aanvaardbaar zijn dat een bijkomende partij alsnog betrokken wordt. Desgevallend kan dan een bijkomende opdracht worden gegeven aan de deskundige of een nieuwe deskundige worden aangesteld, met toepassing van artikel 984 Ger.W.

D. Sancties

1945. Een deskundigenverslag kan niet worden *tegengeworpen* aan een derde, dit wil zeggen iemand die daarbij geen verplichte of vrijwillige partij was. Dit betekent dat de specifieke rechtsgevolgen, verbonden aan een deskundigenverslag als bewijsmiddel, ten aanzien van die derde achterwege moeten blijven.[3540]

Dat de expertise geheel of gedeeltelijk in strijd met het recht op tegenspraak werd gevoerd, betekent evenwel niet noodzakelijk dat dit verslag geen enkele bewijswaarde heeft. Het onderzoek als zodanig, de gedane vaststellingen en het uitgebrachte advies zijn bestaande feiten waarin de rechter, als ze door een partij in het geding zijn gebracht en het bewijs door vermoedens is toegelaten, vermoedens kan vinden.[3541]

Het recht van verdediging wordt niet geschonden wanneer het niet tegensprekelijke karakter van een deskundigenonderzoek voor de rechter kan worden tegengesproken en de rechter daaraan slechts de waarde van een inlichting hecht.[3542]

De rechtbank van koophandel van Gent nam de gegevens van een ten aanzien van een in tussenkomst gedaagde partij niet tegensprekelijk gevoerde expertise

---

[3539] Antwerpen (7ᵉ k.) 8 januari 2018, *RW* 2018-19, 145.
[3540] Cass. 19 september 1980, *Arr.Cass.* 1980-81, 74.
[3541] Cass. 22 december 1983, *Arr.Cass.* 1983-84, 473; Cass. 5 februari 1971, *Pas.* 1971, I, 518, *BRH* 1972, 184; Cass. 14 september 1984, *Arr.Cass.* 1984-85, 88; Cass. 25 april 1991, *Arr.Cass.* 1990-91, 874: buitengerechtelijk aangestelde deskundige die zijn opdracht te buiten is gegaan; Luik 12 oktober 1983, *Pas.* 1984, II, 14; Kh. Oudenaarde 30 mei 2000, 99A1170, onuitg.
[3542] Cass. 11 december 1997, AR C.96.0374.N, www.cass.be.

aan als vermoeden, aangezien ze door andere bestanddelen van de zaak bevestigd werden. Niettemin werd een aanvullende expertise bevolen om aan de expert de gelegenheid te geven om te antwoorden op de vragen en opmerkingen van de in tussenkomst opgeroepen partij.[3543]

1946. Er zijn talrijke uitspraken gepubliceerd waarin het deskundigenonderzoek dat niet volledig tegensprekelijk was verlopen, werd *vernietigd*.[3544]

Zo oordeelde de rechtbank van koophandel van Antwerpen dat de miskenning van het recht van verdediging de nietigheid met zich meebrengt van dat deel van het verslag dat met miskenning van dit recht tot stand kwam en van het gehele verslag indien dit nietige gedeelte nauw samenhangt met al het overige. Zij stelde wel dat herstelling steeds mogelijk is en dat de belangenschade moet worden bewezen.[3545]

Dit standpunt is nochtans strijdig met de regel van artikel 860, eerste lid Ger.W., nl. dat "wat de verzuimde of onregelmatig verrichte vorm ook zij, geen proceshandeling kan worden nietig verklaard, indien de wet de nietigheid ervan niet uitdrukkelijk heeft bevolen".

Aangezien de bepalingen die tot doel hebben het contradictoire karakter van het onderzoek te verzekeren (namelijk art. 972, 972*bis*, 973, 974, 976 en 978 Ger.W.) geen nietigheid voorschrijven bij de miskenning daarvan, kan de rechter deze sanctie dan ook niet opleggen.[3546]

Enkel de voorschriften voor de handtekening van de deskundige op het eindverslag (art. 978, § 1, tweede lid Ger.W.), de eedformule in het eindverslag van een deskundige die niet is opgenomen in het nationaal register (art. 991*decies* Ger.W.) en de regels inzake de Taalwet[3547] zijn voorgeschreven op straffe van nietigheid.

Inbreuken op deze voorschriften zouden aanleiding kunnen geven tot de nietigheid van het eindverslag van de gerechtsdeskundige. Maar zoals reeds werd uiteengezet, wijzigden de wet van 19 oktober 2015[3548] en de wet van 27 mei 2018[3549] grondig deze nietigheidsleer.[3550] Zo dient er steeds belangenschade te worden aangetoond en heeft de rechter de mogelijkheid om de onregelmatigheid te laten herstellen. Het is dan ook niet zo eenvoudig meer om de nietigheid van een eindverslag van de gerechtsdeskundige te verkrijgen.

[3543] Kh. Gent 27 juni 1980, *RW* 1981-82, 2463, noot.

[3544] Bv. Gent 25 februari 1986, *TGR* 1986, 65, met afkeurende noot V.V.H.; Brussel 26 februari 1986, *TBBR* 1987, 68, noot J. LAENENS; Luik 23 mei 1978, *JL* 1978-79, 18; Antwerpen 12 december 1994, *Limb.Rechtsl.* 1998, 1, met afkeurende noot BROEKAERT; Rb. Bergen 25 april 1980, *Pas.* 1980, III, 44.

[3545] Kh. Antwerpen (5e k.) 10 december 1998, 95/16139, onuitg.

[3546] Cass. 8 mei 1978, *Arr.Cass.* 1977-78, 1048, *Pas.* 1978, I, 1023, *RW* 1978-79, 1510, noot J.L.; Cass. 6 april 1984, *RW* 1984-85, 1638; Cass. 9 februari 1995, *Arr.Cass.* 1995, 158, *JLMB* 1995, 947.

[3547] Zie § 11. Eindverslag, D. Taal.

[3548] Wet 19 oktober 2015 houdende de wijzigingen van het burgerlijk procesrecht en houdende diverse bepalingen inzake justitie, *BS* 22 oktober 2015 (Potpourri I).

[3549] Wet 25 mei 2018 tot vermindering en herverdeling van de werklast binnen de rechterlijk orde, *BS* 30 mei 2018 (Potpourri VI).

[3550] Zie § 11. Eindverslag. B. Inhoud en eedformule – Nietigheid – Meerdere deskundigen.

1947. Volgens het Hof van Cassatie komt het aan de feitenrechter toe om te oordelen of, volgens de omstandigheden van het geval, het verzuim sommige partijen belet heeft om hun recht van verdediging uit te oefenen en, in voorkomend geval, te beslissen hoe dat moet worden verholpen.[3551]

De rechter heeft hierbij meerdere mogelijkheden.

Hij kan maatregelen nemen ten aanzien van de expertise zelf, door het verslag (geheel of gedeeltelijk) *uit de debatten te weren*[3552], of, minder drastisch, *een aanvullend onderzoek te bevelen*[3553], al dan niet in aanwezigheid van de rechtbank, door dezelfde deskundige, of door *een nieuw onderzoek te bevelen* door een nieuwe deskundige.

Hij kan tevens de eisende partij sanctioneren door bijvoorbeeld de vordering in gedwongen tussenkomst in een lopende expertise op basis van artikel 812 Ger.W. af te wijzen als onontvankelijk[3554], of de vordering in aansprakelijkheid afwijzen als ongegrond.[3555]

§ 18. DE UITVOERING VAN WERKEN ONDER TOEZICHT VAN DE DESKUNDIGE

A.   *Onderzoekswerken in de loop van het onderzoek*

1948. Het deskundigenonderzoek gebeurt in principe door de deskundige zelf, al dan niet met behulp van zijn eigen personeel.

Hij mag tevens de hulp inroepen van derden, specialisten ter zake. Hij dient dan hun namen te vermelden in het verslag samen met hun advies, dat hem evenwel niet bindt.

Dikwijls zijn bepaalde werken vereist om het onderzoek mogelijk te maken (bv. het bouwen van stellingen) of om de juiste oorzaak van de schade te achterhalen (bv. het wegkappen van beton, het verwijderen van bepaalde vervuilingen, het dichtmaken van waterinsijpelingen).

De deskundige kan dan een beroep doen op de aannemer, op de opdrachtgever zelf of op derden.

De kosten die aan dit onderzoek zijn verbonden zijn expertisekosten en dienen te worden voorgeschoten door de partij die de werken uitvoert, hetzij door de meest gerede partij.

[3551]   Cass. 8 mei 1978, gecit.; Bergen 18 januari 1999, *JT* 1999, 371; Arbh. Bergen 9 juli 2014, *P&B* 2015, 32, noot T. TOREMANS; Rb. Brussel 14 augustus 2003, *RGAR* 2004, nr. 13.930.

[3552]   Zie bv. Luik 19 december 1980, *Jl* 1981, 193; Luik 24 september 1993, *JLMB* 1995 (verkort), 112.

[3553]   Bv. Rb. Brussel 5 mei 1989, *RJI* 1990, 187.

[3554]   Rb. Nijvel 27 april 1993, *T.Aann.* 1995, 315: *in casu* de vordering tegen een architect die aan de expertise had deelgenomen als technisch raadsman van de hoofdeisers.

[3555]   Bv. Bergen 23 september 1992, *JLMB* 1994, 549: *in casu* een vordering tegen een architect op grond van een expertise waarin hij geen partij was geweest en die reeds twee jaar tevoren was beëindigd.

Desgevallend zal de deskundige een afzonderlijke boekhouding van de kosten bijhouden.

B. Herstellingswerken onder leiding van de deskundige

1949. De verantwoordelijke aannemer heeft in principe het recht om zelf de noodzakelijke herstellingen uit te voeren. Dit heeft als voordeel dat de aannemer de werken en de problemen kent en daardoor sneller en goedkoper kan werken dan derden. Het heeft voor de bouwheer tevens het voordeel dat daardoor wordt vermeden dat de deskundige de kost van de werken te laag inschat en dat de bouwheer nog moet opleggen wanneer hij de rekening van de hersteller ontvangt.

Aangezien de opdrachtgever nog weinig vertrouwen in de aannemer zal hebben, wordt soms voorgesteld dat de herstellingswerken worden uitgevoerd onder toezicht van de deskundige. Deze oplossing zal dikwijls niet aanvaard worden door de deskundige. Hij treedt dan immers buiten zijn rol als neutrale raadgever van de rechtbank en wordt zelf partij met een eigen verantwoordelijkheid in de werken. Indien de werken opnieuw problemen vertonen, zal zijn eigen aansprakelijkheid dienen te worden onderzocht ten aanzien van het door hem uitgewerkte concept en het door hem uitgevoerde toezicht.[3556]

Een betere oplossing is dat de deskundige de werken laat uitvoeren en zich vervolgens beperkt tot het toetsen van de werken aan zijn adviezen en aan de regels van de kunst ter zake. Desgevallend maakt hij daar een bijzonder verslag over, dat hij aan de partijen, en desgevraagd tevens aan de rechtbank, overmaakt.

§ 19. KOSTEN EN ERELONEN

A. Voorafgaande raming van de algemene kostprijs van het deskundigenonderzoek

1950. Overeenkomstig artikel 972, § 2, 4° Ger.W. dient de rechter in de beslissing waarin hij het deskundigenonderzoek beveelt een raming te geven van de algemene kostprijs van het deskundigenonderzoek, of ten minste de manier aan te geven waarop de kosten en het ereloon van de deskundige en de eventuele technische raadgevers berekend zullen worden.

De aanstelling van de deskundige is evenwel niet afhankelijk van de aanvaarding door de partijen van de raming noch van het door de gerechtsdeskundige meegedeelde gehanteerde uurtarief. Het is pas na de neerlegging van de staat van kosten en erelonen door de deskundige dat de partijen een betwisting ter zake kunnen voorleggen aan de rechter.[3557]

[3556] Zie bv. Cass.fr. 20 juni 1984, *D.* 1985, 492, noot J.P. REMERY, *T.Aann.* 1986, 52-53.
[3557] Brussel (2ᵉ k.) 24 november 2017, *TBO* 2018, 210.

B.   Voorschot

1.   Consignatie

1951.   De rechter kan bepalen dat de partijen een voorschot dienen te consigneren. Hij bepaalt in het aanstellingsvonnis het bedrag dat elke partij moet consigneren ter griffie of bij de kredietinstelling die de partijen gezamenlijk hebben gekozen, en de termijn waarbinnen zij aan deze verplichting moet voldoen (art. 972, § 2, vijfde lid en art. 987, eerste lid Ger.W.).

De consignatie ter griffie van een voorschot heeft tot doel de onafhankelijkheid van de deskundige ten aanzien van de partijen te verzekeren, de deskundige te vrijwaren tegen de insolventie van de partij die de honoraria en de kosten van het deskundigenonderzoek verschuldigd zal zijn, en de deskundige ertoe aan te zetten zijn opdracht met bekwame spoed te vervullen.[3558]

Ingeval de aangestelde partij niet tot uitvoering overgaat, kan de meest gerede partij het voorschot in consignatie geven (art. 987, eerste lid Ger.W.). Wanneer blijkt dat het voorschot niet binnen de door de rechter bepaalde termijn werd geconsigneerd, kan de meest gerede partij eveneens een verzoek richten tot de rechter om een bevel tot tenuitvoerlegging te geven ten belope van het bedrag dat hij vaststelt. Bovendien kan de rechter uit de onwil van de partij de conclusies trekken die hij geraden acht (art. 989 Ger.W.).

1952.   De rechter bepaalt vrij welke partij of partijen de voorschotten dienen te consigneren.

Doorgaans zal dit de "meest gerede partij" zijn, namelijk de partij die het meeste belang heeft bij het onderzoek. Op dat moment staat de aansprakelijkheid van de verweerder immers nog niet vast, zodat het veroordelen van de verweerder tot betaling van de voorschotten blijk zou kunnen geven van vooringenomenheid.[3559]

Wanneer de rechtbank de aansprakelijkheid reeds zou hebben vastgesteld en het deskundigenonderzoek enkel bedoeld is om de omvang van de schade vast te stellen, is het evident dat de aansprakelijke partij wordt aangewezen om te consigneren.[3560]

1953.   Op de vraag van de eiser die deels tot de provisionering van de deskundige was veroordeeld, om, op grond van het voorverslag van de deskundige, niet langer gehouden te zijn tot betaling van de voorschotten van de deskundige, antwoordde de rechtbank van eerste aanleg van Antwerpen afwijzend. Op deze wijze

---

[3558]   GwH 24 februari 2009, *TBO* 2009, 17, overw. B.4.
[3559]   Zie bv. Rb. Nijvel 15 december 2013, *RJI* 2014, 146; Rb. Nijvel 7 december 2012, *RJI* 2013, 262.
[3560]   Zie o.m. H. BOULARBAH, M. PHILIPPET en M. STASSIN, "Etat actuel de la procédure civile d'expertise" in G. DE LEVAL (ed.), *Théorie et pratique de l'expertise civile et pénale*, Luik, Anthemis, 2017, 103, nr. 82.

zou de rechtbank immers op de aansprakelijkheid van een partij vooruitlopen en zou het voorlopige karakter van de onderzoeksmaatregel miskend worden.[3561]

1954. De deskundigen kunnen de vervulling van hun opdracht schorsen of uitstellen tot ze op de hoogte werden gebracht van de consignatie van het voorschot (art. 989 Ger.W.).

Indien een partij niet binnen de termijn consigneert, kan de rechter daaruit de conclusies trekken die hij geraden acht (art. 989, tweede lid Ger.W.).

De rechter kan op verzoek van de meest gerede partij een bevel tot tenuitvoerlegging geven ten belope van het bedrag dat hij vaststelt.

1955. Soms wordt bij de aanwijzing van de partij die gehouden is tot consignatie van de voorschotten rekening gehouden met de financiële draagkracht en daaruit voortkomend het onevenwicht tussen de partijen. Zo oordeelde het hof van beroep van Luik dat de partij die de expertise vordert en dus principieel voor de consignatie zou moeten instaan, hiervan (deels) kan worden vrijgesteld wanneer zij haar moeilijke financiële toestand aantoont. De rechter zou in een dergelijk geval de consignatieplicht kunnen opleggen aan de financieel sterkere partij of die onder de partijen kunnen verdelen.[3562]

1956. De partij die werd veroordeeld tot het voorschieten van de kosten van de expertise en die nalaat de gevraagde betalingen te doen, handelt niet in overeenstemming met het principe van loyaliteit in het gereedmaken van de zaak. De uitoefening van het recht op verdediging kan immers niet van die aard zijn dat ze tot de verlamming van de rechtsvordering leidt. De toepassing van de exceptie van niet-uitvoering van de overeenkomst werd dan ook niet aanvaard en de bouwheer werd veroordeeld tot betaling van de aannemer.[3563]

1957. De rechter is niet verplicht om de consignatie van een voorschot op te leggen. Hij zal dat bijvoorbeeld niet doen indien het gaat om een 'courant, klein deskundigenonderzoek', nl. een deskundigenonderzoek waarvan de kostprijs, de moeilijkheid en de duurtijd, rekening houdend met de praktijk, slechts minimaal kan zijn.[3564]

1958. Zodra het voorschot in consignatie werd gegeven, brengen de partijen die het voorschot hebben geconsigneerd, de deskundige hiervan op de hoogte. Zij bezorgen tevens een bewijs van betaling aan de deskundige. Ingeval de desbe-

---

[3561] Rb. Antwerpen (afd. Antwerpen) 29 april 2015, *TBO* 2016, 339; anders: Voorz. Rb. Brussel 31 maart 2010, *T.Aann.* 2011, 174, noot.
[3562] Luik 1 april 2014, 2014/RG/242, www.cass.be.
[3563] Rb. Namen 3 juni 1999, *T.Aann.* 1999, 258.
[3564] GwH 24 februari 2009, *TBO* 2009, 17, overw. B.9.1. en B.9.2, met verwijzing naar *Parl.St.* Kamer 2005-06, nr. 51-2549/001, 45.

treffende partij(en) niet tot uitvoering overgaan, kan de meest gerede partij de deskundige daarvan op de hoogte brengen (art. 987, vierde en vijfde lid Ger.W.).

Tegen een beslissing met betrekking tot de provisionering van de gerechtsdeskundige in toepassing van artikel 987 Ger.W. staat verzet of hoger beroep open overeenkomstig artikel 963, § 1 Ger.W. Evenwel kan dit krachtens artikel 19, derde lid en artikel 1050, tweede lid Ger.W. slechts samen met een eindbeslissing in de zin van artikel 19, eerste lid Ger.W.[3565]

2. Vrijgeven van het voorschot

1959. Indien een voorschot werd geconsigneerd, kan de rechter het redelijk deel van het voorschot bepalen dat wordt vrijgegeven om de kosten van de deskundige te dekken. Ook de vrijgave van het voorschot wordt bepaald in het aanstellingsvonnis (art. 972, § 2, zevende lid, 6° Ger.W.).

De deskundige die btw-plichtig is, meldt dit aan de rechter, die uitdrukkelijk bepaalt of het vrijgegeven bedrag al dan niet vermeerderd moet worden met de btw.[3566] Meestal zal de deskundige evenwel pas na de betaling een factuur opstellen; de gerecupereerde btw op de expertisekosten zullen evenwel geen deel uitmaken van de gerechtskosten en enkel het nettobedrag zal in rekening gebracht moeten worden.[3567]

In voorkomend geval stort de griffie of de kredietinstelling het vrijgegeven deel door naar de deskundige (art. 987 Ger.W.).

De deskundige kan evenwel van mening zijn dat het voorschot of het vrijgegeven deel daarvan niet volstaat. In dat geval kan hij de rechter om de consignatie van een bijkomend voorschot of verdere vrijgave verzoeken. Verdere vrijgave is ook mogelijk om een redelijk deel van het ereloon voor reeds uitgevoerde werkzaamheden te dekken.

Op dit verzoek hoeft de rechter niet in te gaan. Hij zal de partijen en de deskundige oproepen overeenkomstig artikel 973, § 2, tweede lid Ger.W.). De rechter kan de bijkomende consignatie of verdere vrijgave van het voorschot weigeren wanneer hij van oordeel is dat die niet redelijk verantwoord is. Deze beslissing wordt met redenen omkleed (art. 988 Ger.W.).

De deskundige mag de voortzetting van zijn werkzaamheden ten aanzien van de partijen niet afhankelijk maken van het ontvangen van zijn ereloon. Enkel de rechter kan beslissen over de vrijgave van de provisie.[3568]

De deskundigen mogen slechts een rechtstreekse betaling in ontvangst nemen nadat hun staat van kosten en ereloon definitief is begroot en voor zover het geconsigneerde voorschot ontoereikend is (art. 991*bis* Ger.W.).

[3565] Antwerpen 16 april 2018, *TBO* 2018, 336.
[3566] Antwerpen 29 maart 2010, *P&B* 2011, afl. 3, 105: "De vermelding van de BTW is geen ontvankelijkheidsvoorwaarde voor de vordering tot begroting van de staat van kosten en erelonen ingesteld door de deskundige."
[3567] GwH 5 juli 2018, nr. 88/2018 www.const-court.be.
[3568] Kh. Antwerpen 17 oktober 2013, onuitg.

3. Teruggave van het voorschot

1960. Na de definitieve begroting van de kosten en het ereloon nemen de deskundigen het voorschot op ten belope van de verschuldigde som, in voorkomend geval na voorlegging van de begroting aan de kredietinstelling.

Het eventuele saldo wordt door de griffier ambtshalve of door de kredietinstelling, na voorlegging van de begroting, aan de partijen terugbetaald in verhouding tot de bedragen die zij in consignatie moesten geven en die zij ook daadwerkelijk hebben geconsigneerd (art. 991*bis*, eerste lid Ger.W.).

C. *Staat van de kosten en het ereloon*

1961. De deskundige dient een gedetailleerde staat van de kosten en het ereloon van het deskundigenonderzoek op te maken.

Deze staat vermeldt afzonderlijk:
- het uurloon;
- de verplaatsingskosten;
- de verblijfkosten;
- de algemene kosten;
- de bedragen die aan derden zijn betaald;
- de verrekening van vrijgegeven bedragen.

Indien de deskundige nalaat zijn staat van kosten en ereloon in te dienen, kunnen de partijen de rechter verzoeken deze te begroten (art. 990, tweede lid Ger.W.).

De gedetailleerde staat dient neergelegd te worden ter griffie. Vanaf dat moment hebben de partijen een termijn van dertig dagen om aan de rechter mee te delen of zij het bedrag van het ereloon en de kosten die door de deskundige worden aangerekend, betwisten.

De gedetailleerde staat wordt neergelegd samen met het eindverslag en per aangetekende brief aan de partijen overgemaakt en per gewone brief aan hun advocaten (art. 978, § 2 Ger.W.). Wanneer de partijen aan de deskundige vrijstelling van formaliteiten verleenden, is de mededeling van de neerlegging van de staat van kosten en ereloon per e-mail aan de raadslieden van partijen rechtsgeldig en loopt de termijn van termijn dagen.[3569]

1962. Indien geen enkele partij de staat van kosten en ereloon betwist, worden zij geacht in te stemmen met deze staat en wordt dat bedrag door de rechter begroot onderaan op de minuut van de staat en wordt daarvan een bevel tot tenuitvoerlegging gegeven overeenkomstig het akkoord dat de partijen gesloten hebben of tegen de partij of partijen, zoals bepaald voor de consignatie van het voorschot (art. 991, § 1 Ger.W.). De rechter is niet gehouden deze beslissing te

---

[3569] Antwerpen 20 januari 2016, *P&B* 2016, 200-203.

motiveren; zijn taak is beperkt tot het begroten van het ereloon en het geven van een een bevel tot tenuitvoerlegging.[3570]

Indien één of meer partijen niet akkoord gaan met de staat van kosten en ereloon en hun standpunt met redenen omkleden, gelast de rechter de oproeping van de partijen overeenkomstig artikel 973, § 2 Ger.W. om het bedrag van de kosten en het ereloon te begroten.

1963. Bij het bepalen van het bedrag van de kosten en het ereloon houdt de rechter hoofdzakelijk rekening met de zorgvuldigheid waarmee het werk werd uitgevoerd, de nakoming van de vooropgestelde termijnen en de kwaliteit van het geleverde werk.[3571] Hij kan daarbij ook rekening houden met de moeilijkheid en de duur van het geleverde werk, de hoedanigheid van de deskundige en de waarde van het geschil (art. 991, § 2, derde lid Ger.W.).

Volgens het Grondwettelijk Hof is de deskundige een medewerker van het gerecht, van wie de opdracht erin bestaat zijn medewerking te verlenen aan het gerecht *zonder een winstoogmerk na te streven*.[3572]

1964. Vaak wordt aangenomen dat de vertraging in de uitvoering van de expertise de herleiding van het ereloon van de deskundige rechtvaardigt.[3573]

Vertragingen zijn een veel voorkomend fenomeen. Zeker indien de expertise reeds gevorderd is, zullen de partijen niet geneigd zijn om snel de vervanging van de deskundige te vragen, aangezien de vervangingsprocedure in de praktijk eveneens voor enige maanden vertraging kan zorgen. De dreiging dat het ereloon bij wege van schadevergoeding kan worden verminderd, kan dan ook een goede aansporing zijn voor de deskundige.

Prestaties die zonder enig nut werden geleverd, geven geen recht op vergoeding.[3574]

Wanneer de rechter een wanverhouding vaststelt[3575] tussen de staat van onkosten en erelonen van de deskundige en de waarde van het geschil, komt het gepast voor deze staat te verminderen.

Er is ook rechtspraak waarbij het ereloon herleid wordt wegens de onzorgvuldigheid, langdradigheid en inefficiënte aanpak van het deskundigenonderzoek, de bedenkelijke kwaliteit van het deskundig verslag en de disproportionaliteit van de kosten van het deskundigenonderzoek met de waarde van het geschil.[3576]

[3570] Gent 26 maart 2012, *TGR-TWVR* 2013, afl. 1, 41.
[3571] *Parl.St.* Kamer 2005-06, nr. 51-2540/001, 6.
[3572] GwH nr. 31/2009, http://const-court.be.
[3573] Brussel 11 januari 1990, *JT* 1990, 455; Gent 24 februari 1995, *P&B* 1997, 52; Kh. Hasselt 29 april 1992, *Limb.Rechtsl.* 1992, 270-272 (herleiding tot de helft, aangezien de expertise 3 jaar had stilgelegen).
[3574] Bergen 16 mei 1991, *JT* 1991, 660; Luik 26 november 1981, *JL* 1982, 46.
[3575] Antwerpen 14 december 1993, *P&B* 1994, 24.
[3576] Brussel 25 juni 2013, *TBO* 2013, 236.

Het hof van beroep van Gent oordeelde dat de deskundige, gelet op zijn hoge scholingsgraad, het gebruikelijke uurloon ook tijdens zijn verplaatsingen kan aanrekenen bovenop de verplaatsingskosten, aangezien de deskundige dan geen andere prestaties kan leveren.[3577]

1965. De rechter stelt in ieder geval het bedrag vast van de kosten en het ereloon, onverminderd eventuele schadevergoeding en interesten (art. 991, § 2, tweede lid Ger.W.).

Een dergelijke procedure kan dus niet beschouwd worden als een 'rechtsgeding' tussen de deskundige en de gedingpartijen. De deskundige is geen gedingpartij en mag het ook niet worden. De deskundige vordert immers niets van de partijen, maar verzoekt de rechter het bedrag van de kosten en het ereloon te begroten. De opdracht aan de deskundige heeft geen contractuele basis. Een deskundige die aanvaardt om een gerechtelijke opdracht uit te voeren, heeft geen lucratieve bedoelingen.[3578]

1966. De rechter verklaart het vonnis uitvoerbaar tegen de partij of partijen zoals bepaald voor de consignatie van het voorschot (art. 991, § 2 *in fine* Ger.W.).

Deze regel is duidelijk en laat geen afwijking toe, tenzij partijen intussen een andersluidend akkoord zouden hebben gesloten.[3579]

1967. Overeenkomstig artikel 987 Ger.W. kan de eindstaat niet ten laste worden gelegd van de partij die overeenkomstig artikel 1017, tweede lid of krachtens een overeenkomst tussen partijen zoals bepaald in artikel 1017, eerste lid Ger.W., niet in de kosten kan worden verwezen.

1968. De rechtbank kan verscheidene partijen aanduiden die moeten instaan voor de betaling van de eindstaat van de deskundige. Elke aangewezen partij is dan gehouden voor het geheel[3580], tenzij de rechter de gehoudenheid van elke partij zou bepalen.[3581] Er is geen solidaire verplichting, aangezien de gerechtsdeskundige niet de mandataris is van de partijen.[3582]

1969. Deze beslissing met betrekking tot de vaststelling van de eindstaat van de gerechtsdeskundige is vatbaar voor verzet of hoger beroep (art. 963, § 1 Ger.W.).

[3577] T. LYSENS en L. NAUDTS, *Deskundigenonderzoek in burgerlijke zaken* in *Recht en Praktijk* 97, Mechelen, Kluwer, 2018, 310-311, met verwijzing naar Gent 9 januari 2002, AR/2000/2343, onuitg.

[3578] Brussel 25 juni 2013, *TBO* 2013, 236.

[3579] Nl. Rb. Brussel (23ᵉ k.) 22 december 2015, *TBO* 2017, 209; Rb. Brussel 27 maart 2018, *RNB* 2018, afl. 3132, 711.

[3580] A. CLOQUET, *Deskundigenonderzoek in zaken van privaatrecht* in *APR*, 1988, 185.

[3581] Rb. Luik 19 juni 1975, *Pas.* 1975, III, 53.

[3582] P. LURQUIN, *Traité de l'expertise et toutes matières*, I, 221, nr. 37.

De beperking van artikel 617 Ger.W. (waarde van het geschil) is hier niet van toepassing.[3583]

1970. Het feit dat niet binnen de dertig dagen na neerlegging van de staat betwisting werd gevoerd of de staat integraal werd voldaan, maakt het hoger beroep tegen de beslissing met betrekking tot de staat van onkosten en erelonen niet onontvankelijk.[3584]

1971. De procedure tot taxatie geeft geen aanleiding tot de toekenning van een rechtsplegingsvergoeding. De begroting van de staat van de deskundige is een onderdeel van een lopend geschil en geldt niet als geschil tussen gedingpartijen. De deskundige is geen gedingpartij en er is geen sprake van een in het ongelijk gestelde partij. Er bestaat tussen de gerechtsdeskundige en de partijen geen daadwerkelijke procesverhouding.[3585]

Ook al is de gerechtsdeskundige geen procespartij, algemeen wordt aanvaard dat hij, net zoals de partijen, hoger beroep kan instellen tegen een taxatie die hem benadeelt. Wanneer zijn hoger beroep wordt afgewezen, is er geen sprake van een in het ongelijk gestelde partij, zodat er geen rechtsplegingsvergoeding is verschuldigd.[3586]

De uitspraak over de begroting van de erelonen en kosten van de deskundige kan niet worden verdaagd voor voeging met het bodemgeschil waarin de bewijswaarde van het deskundigenonderzoek wordt beoordeeld.[3587]

Het feit dat er slechts een beperkte schadevergoeding wordt geadviseerd in verhouding tot de expertisekost, betekent niet noodzakelijk dat de deskundige te veel uren heeft aangerekend.[3588]

1972. Merk ook op dat bij toepassing van de artikelen 948 tot 986 Ger.W. (beperkte tussenkomst van de deskundigen) de erelonen en kosten van de deskundige onmiddellijk worden begroot en ten laste gelegd van de partij die de rechter aanwijst en in de verhouding die hij bepaalt.

D. Verwijzing in de kosten – Interesten

1973. De kosten van het deskundigenonderzoek zullen in de eindbeslissing als gerechtskosten worden begroot (art. 991, § 3 Ger.W.).

[3583] Brussel 11 juni 2013, *RW* 2014-15, 183.
[3584] T. LYSENS en L. NAUDTS, *Deskundigenonderzoek in burgerlijke zaken* in *Recht en Praktijk* 97, Mechelen, Kluwer, 2018, 296-297, met verwijzing naar Antwerpen 13 maart 2013, nr. 2012/285, onuitg.
[3585] Brussel 11 juni 2013, *RW* 2014-15, 183.
[3586] Brussel 11 juni 2013, *RW* 2014-15, 183.
[3587] Brussel 27 mei 2014, *P&B* 2014, 18.
[3588] Rb. Antwerpen 21 december 2009, *TBO* 2010, 82.

Tenzij bijzondere wetten anders bepalen, verwijst ieder eindvonnis, zelfs ambtshalve, de in het ongelijk gestelde partij in de kosten, onverminderd de overeenkomst tussen partijen, die het eventueel bekrachtigt (art. 1017, eerste lid Ger.W.).

De kosten kunnen worden omgeslagen zoals de rechter het raadzaam oordeelt (art. 1017, derde lid Ger.W.). Deze bevoegdheid komt enkel toe aan de bodemrechter, en niet aan de rechter die uitspraak moet doen over de voorschotten van de deskundige.[3589]

Het is derhalve zeer goed mogelijk dat de partij die de kosten van de deskundige heeft voorgeschoten, deze voorschotten integraal terugkrijgt van de tegenpartij.

De expertisekosten kunnen ook door de bodemrechter worden verdeeld tussen de technisch aansprakelijke partijen.

1974. De voorschotten worden vermeerderd met de gerechtelijke interesten vanaf de datum van het vonnis waarin een partij tot deze kosten wordt veroordeeld.[3590]

Wanneer diegene die de voorschotten betaald heeft, verhaal wenst uit te oefenen op diegene die uiteindelijk werd veroordeeld om de expertisekosten definitief te dragen, dan heeft die partij geen recht op interesten, vermits de expertisekosten gerechtskosten zijn.[3591] De expertisekosten kunnen als dusdanig niet vóór de veroordeling interesten opbrengen.[3592]

De kosten van de bijstand van een technische raadsman tijdens de expertise komen op grond van de artikelen 1146 tot en met 1153 BW eveneens in aanmerking voor vergoeding.[3593]

1975. Wanneer de rechtbank rechtsmisbruik vaststelt in hoofde van de eiser doordat deze een redelijk voorstel tot vergoeding heeft afgewezen waardoor zowel partijen als de rechtbank zelf nodeloos tot kosten en inspanningen worden genoodzaakt die op geen enkele wijze in verhouding staan tot de inzet van het geding, kan de rechtbank het aangewezen achten om de eiser zelf tot de kosten te veroordelen.[3594]

1976. Na afloop van de expertiseverrichtingen kan, bij verderzetting van het geding, een einduitspraak nog lang op zich laten wachten. De eiser die de expertisekosten heeft voorgeschoten, zal pas aanspraak op terugbetaling kunnen maken

[3589] Cass. 16 november 1989, *Arr.Cass.* 1989-90, 373, *RW* 1990-91, 426.
[3590] Gent 10 september 1999, 1997/AR/151, onuitg.
[3591] Antwerpen 16 maart 1994, *Limb.Rechtsl.* 1994, 21.
[3592] Cass. 30 maart 2001, *RW* 2001-02, 699.
[3593] Cass. 24 april 2014, *TBO* 2014, 320; Rb. Antwerpen (afd. Antwerpen, AB12ᵉ k.) 15 november 2016, *TBO* 2017, 94 ("als ze nuttig zijn").
[3594] Rb. Antwerpen (afd. Antwerpen) 10 april 2018, *TBO* 2018, 342; Kh. Antwerpen 17 juni 2016, *RW* 2017-18, 87; S. MOSSELMANS, "Onzorgvuldig gemaakte expertisekosten" (noot onder Pol. Gent 5 januari 2004), *RW* 2006-07, 335.

van deze kosten nadat de verweerder daartoe in het eindvonnis wordt veroordeeld.

In de regel zal de partij die veroordeeld werd tot de consignatie van de voorschotten, ook gehouden zijn tot betaling van de eindafrekening van de expertisekosten.

Desgevallend zou deze partij eerder terugbetaling van deze kosten en erelonen kunnen krijgen op grond van artikel 19, derde lid Ger.W. Zo besliste de rechtbank te Brussel in een geval waarin zij van oordeel was dat de bouwheer ten aanzien van de projectontwikkelaar een voldoende schijn van recht inriep wat de aansprakelijkheid van de projectontwikkelaar betreft, zonder ernstige betwisting, noch van deze aansprakelijkheid noch van het bedrag van de schade. De rechtbank oordeelde dat deze bouwheer de terugbetaling kon verkrijgen van de kosten van het deskundigenonderzoek die werden gemaakt, als passende maatregel tot herstel van het evenwicht tussen de partijen, en die de voortzetting van de procedure in goede omstandigheden mogelijk maken. Volgens de rechtbank betrof het geen anticipatie op de verdeling van de kosten.[3595]

E.   Verjaring van de vordering van de deskundige

1977.   Artikel 2276*ter*, § 2 BW bepaalt dat de vordering van deskundigen tot betaling van kosten en erelonen verjaart na verloop van vijf jaar.

§ 20. AANSPRAKELIJKHEID VAN DE DESKUNDIGE

A.   Aard van de aansprakelijkheid

1.   Contractuele of buitencontractuele aansprakelijkheid

1978.   De aard van de aansprakelijkheid wordt bepaald door de oorsprong van de verbintenis.

Bij het minnelijk deskundigenonderzoek wordt de deskundige vrijwillig aangesteld door de partijen, hetzij eenzijdig, hetzij gezamenlijk. De deskundige is contractueel verbonden met de partijen van wie hij zijn aanstelling ontvangt. Zijn aansprakelijkheid is dan ook in essentie van contractuele aard.

Begaat de deskundige evenwel een misdrijf waaruit schade voortvloeit voor de partijen die hem hebben aangesteld, dan kan hij door deze partijen ook buitencontractueel worden aangesproken (art. 1382 BW). Veroorzaakt hij in het kader van zijn verrichtingen schade aan derden, dan kunnen deze derden hem eveneens buitencontractueel aanspreken.

[3595]   Rb. Brussel (6e k. Fr.) 26 juni 2018, *JT* 2018, 731.

De gerechtsdeskundige wordt door de rechter aangesteld en belast met een wel-omschreven opdracht. Hij is in die hoedanigheid niet verbonden door enig con-tract. Zijn aansprakelijkheid is dan ook steeds buitencontractueel, met toepassing van het fout- en nalatigheidsbegrip zoals bedoeld in de artikelen 1382-1383 BW.

De eiser draagt dan de bewijslast van het bestaan van de fout of nalatigheid, van de schade en van het causaal verband.[3596]

De deskundige is weliswaar een medewerker van het gerecht, die door de rech-ter wordt aangesteld om zijn taak in volle onafhankelijkheid en onpartijdigheid uit te voeren teneinde een oplossing te vinden voor het geschil. Hij is evenwel, anders dan een curator of een voorlopig bewindvoerder, geen mandataris van het gerecht noch de mandataris van de partijen.[3597]

2. Tuchtrechtelijke en strafrechtelijke aansprakelijkheid

1979. De deskundige kan zich bij de uitvoering van zijn taak schuldig maken aan een misdrijf, bv. valsheid in geschrifte (art. 196 Sw.), valse eed en valse getui-genis (art. 221-224 Sw.) en omkoping (art. 246 e.v. Sw.).

Ook kan de deskundige die een fout begaat, gesanctioneerd worden door zijn tuchtrechtelijke overheid. Een fout tegen de deontologie bij de uitvoering van de expertise kan tevens een fout in de zin van artikel 1382 BW impliceren.

Sinds het KB van 25 april 2017[3598] bestaat er thans een specifieke deontolo-gische code voor de gerechtsdeskundigen die opgenomen zijn in het nationaal register. Inbreuken op deze deontologie kunnen een schorsing of schrapping uit het nationaal register tot gevolg hebben.

Disciplinaire beslissingen worden in principe wel vertrouwelijk gehouden, zodat de benadeelde deze niet kan voorleggen als stuk aan de rechter die de aan-sprakelijkheidsvordering beoordeelt.

B. Foutbegrip

1980. De door de partijen aangestelde deskundige is doorgaans belast met een inspanningsverbintenis.[3599] Hij dient het beloofde resultaat na te streven zoals dit gebeurd zou zijn door een normaal voorzichtig en redelijk deskundige, geplaatst in dezelfde omstandigheden.

Thans wordt door de meerderheid van de rechtspraak aanvaard dat de lichtste afwijking van de ideale gedragsnorm volstaat om tot een wanprestatie te komen (*culpa levissima in abstracto*), zoals in het buitencontractuele aansprakelijkheids-

---

[3596] Gent 7 april 1992, *TGR* 1992-93, 91-93.
[3597] GwH nr. 31/2009, http://const-court.be.
[3598] KB 25 april 2017 tot vaststelling van de voorschriften inzake de deontologische code van de gerechtsdeskundige, *BS* 31 mei 2017.
[3599] De verplichting om de ontvangen stukken te bewaren en ongeschonden terug te geven houdt daarentegen een resultaatsverbintenis in.

recht geldt. Het maakt dan ook nog weinig verschil uit of de deskundige contractueel dan wel buitencontractueel dient te worden aangesproken.[3600]

De rechter zal bij de beoordeling van de algemene zorgvuldigheidsnorm ten aanzien van deze deskundigen nagaan hoe een deskundige met de veronderstelde gedragswijze van een normaal zorgvuldige en omzichtige deskundige, geplaatst in dezelfde concrete omstandigheden, zou handelen.[3601]

De deskundige begaat niet noodzakelijk een fout wanneer zijn advies verkeerd is. Dit is wel het geval wanneer zijn vergissing voortkomt uit nalatigheid. Dit laatste is zeker het geval wanneer hij nalaat bepaalde vaststellingen te doen en de werken heeft vrijgegeven, zodat er geen vaststellingen meer mogelijk zijn en de schadelijder geen verhaalsmogelijkheid meer heeft.[3602]

Wanneer partijen kritiek hebben op het verslag en de rechter daarmee rekening heeft gehouden of erop heeft geantwoord, dan is er geen sprake van aansprakelijkheid in hoofde van de deskundige.[3603]

De fout van de deskundige kan er tevens in bestaan dat hij de expertise niet volledig tegensprekelijk laat verlopen[3604], dat hij verantwoordelijk is voor ernstige vertragingen, dat het verslag onbruikbaar is voor de rechter wegens onduidelijkheden of gebrek aan motivering, of dat hij zijn beroepsgeheim heeft geschonden.[3605]

De gerechtsdeskundige begaat een fout wanneer de kosten van de expertise niet meer in verhouding waren met de inzet van het geschil en hij naliet de partijen daarvan te verwittigen.[3606]

De deskundige kan ook na de uitspraak van de bodemrechter aansprakelijk gesteld worden voor een onjuist advies. Hiervoor is wel vereist dat de bodemrechter zijn beslissing op de onjuistheden heeft gesteund.

De deskundige is verantwoordelijk voor de handelingen van de personen die hij aanstelt in het kader van de expertise. Op grond van de vertegenwoordigingstheorie kan de deskundige door zijn opdrachtgever of door de partijen in het geding zelfs worden aangesproken voor de fouten van gespecialiseerde derden of instituten bij wie hij onderzoeken heeft besteld.[3607]

Wanneer de deskundigen in college handelen, zijn zij *in solidum* aansprakelijk voor de fouten die een van hen begaat. Zij worden immers verondersteld alle ver-

---

[3600] M. BEERENS en L. CORNELIS, "De aansprakelijkheid van de deskundige in privaatrechtelijke geschillen" in E. GULDIX (ed.), *Deskundigenonderzoek in privaatrechtelijke geschillen*, Antwerpen, Intersentia, 1999, 166-167.

[3601] Antwerpen 9 februari 2009, *Ius & Actores* 2010, afl. 1, 13.

[3602] Gent 7 april 1992, *TGR* 1992-93, 91-93.

[3603] Rb. Leuven 4 maart 2008, *T.Verz.* 2009, afl. 4, 439.

[3604] Cass. 2 november 2012, *TBO* 2013, 84: het tegensprekelijk karakter impliceert tevens dat de partijen hun stukken die ze in het kader van het onderzoek willen aanwenden, in de regel aan elkaar moeten overleggen. Bovendien hebben de partijen niet alleen recht op inzage, maar ze hebben tevens het recht om deze stukken af te schrijven of er inzage van te nemen.

[3605] Voor voorbeelden van aansprakelijkheidsgevallen zie M. BEERENS en L. CORNELIS, *o.c.*, nr. 29.

[3606] Kh. Hasselt 26 november 1990, *Limb.Rechtsl.* 1991, 50.

[3607] M. BEERENS en L. CORNELIS, "De aansprakelijkheid van de deskundige in privaatrechtelijke geschillen" in E. GULDIX (ed.), *Deskundigenonderzoek in privaatrechtelijke geschillen*, Antwerpen, Intersentia, 1999, nr. 32.

richtingen samen te hebben gedaan of minstens elkaars handelingen te hebben gecontroleerd.

C. Verjaring van de aansprakelijkheidsvordering

1981.   Artikel 2276*ter*, § 1 BW bepaalt als volgt:

> "Deskundigen zijn ontlast van hun beroepsaansprakelijkheid en zijn niet meer verantwoordelijk voor de bewaring van hun stukken tien jaar na het beëindigen van hun taak of, als deze krachtens de wet is opgedragen, vijf jaar na de indiening van hun verslag. Deze verjaring is niet van toepassing wanneer een deskundige uitdrukkelijk met het bewaren van bepaalde stukken is belast."

Contractuele en buitencontractuele aansprakelijkheidsvorderingen voor fouten die door de deskundige zijn begaan binnen het kader van zijn opdracht, met inbegrip van de bewaring van de stukken, verjaren derhalve in de regel tien jaar nadat de deskundige zijn taak heeft beëindigd. Dit kan het moment zijn waarop hij zijn verslag heeft neergelegd ter griffie, maar ook het moment van zijn vervanging, zijn overlijden en, bij minnelijk aangestelde deskundigen, het moment waarop van zijn diensten wordt afgezien door de partijen, bij de terugzending van het dossier door de deskundige.

Buitencontractuele rechtsvorderingen met betrekking tot fouten die slechts naar aanleiding van de uitvoering van de opdracht gepleegd zijn, doch die er geen rechtstreeks verband mee houden, worden beheerst door de dubbele (buitencontractuele) verjaringstermijn van artikel 2262*bis* BW, namelijk door verloop van:
- vijf jaar vanaf de dag volgend op die waarop de benadeelde kennis heeft gekregen van de schade of van de verzwaring ervan en van de identiteit van de daarvoor aansprakelijke persoon, *in casu* de deskundige; en
- twintig jaar vanaf het feit waardoor de schade is veroorzaakt.

§ 21. HET NATIONAAL REGISTER VOOR GERECHTSDESKUNDIGEN

A.   Opname in het nationaal register

1982.   Het nationaal register voor gerechtsdeskundigen werd in het leven geroepen door de wet van 10 april 2014[3608], die werd aangepast door de wet van 19 april 2017.[3609]

[3608]   Wet 10 april 2014 tot wijziging van verschillende bepalingen met het oog op de oprichting van een nationaal register voor gerechtsdeskundigen en tot oprichting van een nationaal register voor beëdigd vertalers, tolken en vertalers-tolken, *BS* 19 december 2014.

[3609]   Wet 19 april 2017 tot wijziging van het Wetboek van Strafvordering, het Gerechtelijk Wetboek en de wet van 10 april 2014 tot wijziging van verschillende bepalingen met het oog op de

In het Gerechtelijk Wetboek werden een nieuwe onderafdeling 6 'De gerechts-deskundigen' en de artikelen 991*ter* tot 991*undecies* opgenomen.[3610]

Artikel 991*ter* Ger.W. stelt dat enkel de personen die opgenomen zijn in het nationaal register, gemachtigd zijn om de titel van gerechtsdeskundige te voeren. In de uitzonderlijke gevallen opgesomd in artikel 991*decies* Ger.W. kan de rechter bij gemotiveerde beslissing nog steeds een deskundige aanstellen die niet is opge-nomen in het register.

Voorheen beschikten de rechtbanken over officieuze lijsten van deskundigen maar in principe kon eenieder worden aangesteld als deskundige. Thans heeft de rechter geen vrije keuze meer in welke persoon hij aanstelt als deskundige en dient hij het nationaal register te consulteren.

Dit geldt niet enkel voor de klassieke deskundigenonderzoeken; voor alle gerechtelijke opdrachten dient het nationaal register geconsulteerd worden, dus ook voor de eenvoudige of louter eenzijdig adviserende tussenkomsten.[3611]

1983. Het nationaal register voor gerechtsdeskundigen heeft tot doel de profes-sionele kwaliteit en juridische kennis in hoofde van de deskundige te garanderen en transparantie te bieden over wie beschikbaar is.

Het wordt beheerd door de minister van Justitie en wordt op regelmatige tijd-stippen bijgewerkt (art. 991*quinquies* Ger.W.). Het is in de toekomst de bedoeling dat de gegevens automatisch zullen worden aangepast door verbinding met het Rijksregister en de Kruispuntbank voor Ondernemingen.[3612]

Het register bevat de volgende gegevens (art. 991*quinquies*, § 2 Ger.W.);

1° de naam, de voornaam en het geslacht van de gerechtsdeskundige;

2° de contactgegevens welke de gerechtelijke overheden die een beroep kunnen doen op zijn diensten, in staat stellen hem te bereiken;

3° de deskundigheid en de specialisatie waarvoor hij is geregistreerd;

4° de gerechtelijke arrondissementen waarvoor hij beschikbaar is;

5° het identificatienummer van de gerechtsdeskundige, de datum van opname en van verlenging;

6° de talen waarin hij kan optreden als gerechtsdeskundige.

De wet schrijft voor dat het register vrij geraadpleegd kan worden op de website van de FOD Justitie (art. 991*quinquies in fine* Ger.W.).

---

oprichting van een nationaal register voor gerechtsdeskundigen en tot oprichting van een nationaal register van beëdigd vertalers, tolken en vertalerstolken, *BS* 31 mei 2017.

[3610] T. LYSENS en L. NAUDTS, *Wet van 10 april 2014 tot instelling van een nationaal register voor gerechtsdeskundigen, tolken en vertalers zoals gewijzigd bij de wet van 19 april 2017*, Mechelen, Kluwer, 2017, 361-368.

[3611] T. LYSENS en L. NAUDTS, *Deskundigenonderzoek in burgerlijke zaken* in *Recht en Praktijk* 97, Mechelen, Kluwer, 2018, 79, nr. 132.

[3612] T. LYSENS en L. NAUDTS, *Deskundigenonderzoek in burgerlijke zaken* in *Recht en Praktijk* 97, Mechelen, Kluwer, 2018, 87, nr. 152.

1984. De artikelen 28 en 29 van de wet van 10 april 2014 bevatten de overgangs-bepalingen voor het nationaal register, hetgeen noodzakelijk was, aangezien de deskundigen nog niet onmiddellijk kunnen beschikken over alle stukken om te voldoen aan de voorwaarden..[3613]

Deskundigen die reeds werkzaam zijn voor de gerechtelijke overheden dienen uiterlijk vijf jaar na de inwerkingtreding van de wet aan de bepalingen te voldoen. Zij worden opgenomen in een voorlopig register louter op basis van het bewijs van het werkzaam zijn gedurende vijf jaar. Zij zijn wel reeds onmiddellijk gebonden door de deontologische code.

B. Aanvraag tot opname in het nationaal register

1. Minister van Justitie en aanvaardingscommissie

1985. De aanvraag tot opname wordt door de kandidaat-deskundige ingediend bij de minister van Justitie.

Hij of de door hem gemachtigde ambtenaar neemt de beslissing tot opname en dit na advies van de aanvaardingscommissie.

1986. Bij KB van 23 september 2018[3614] werd een aanvaardingscommissie opge-richt die de aanvraagdossiers eerst behandelt en vervolgens advies verleent aan de minister van Justitie.

1987. Deze commissie bestaat uit een Nederlandstalige en een Franstalige kamer; elke kamer bestaat uit 5 leden: een magistraat of eremagistraat als voorzit-ter van de kamer, een magistraat of eremagistraat, een griffier of parketsecretaris, of een eregriffier of ereparketsecretaris, een ambtenaar die de dienst Nationaal register vertegenwoordigt, en een niet-permanent lid.

1988. De niet-permanente leden zijn personen die gekozen worden vanwege hun specifieke deskundigheid (art. 7 KB 23 september 2018).

1989. De aanvaardingscommissie controleert of het voorgelegde diploma toe-gang kan geven tot het gekozen domein, of de aangegeven ervaring relevant is en of het bewijs van de juridische kennis is gegeven (art. 991*ter*, derde lid Ger.W.).

1990. Naast het verlenen van advies voor de opname in het register, ziet de aanvaardingscommissie ook toe op de permanente kwaliteitsbewaking, op de

---

[3613] Zie 21.2. Aanvraag tot opname in het nationaal register. 21.2.2. Voorwaarden tot opname in het register.

[3614] KB 23 september 2018 tot vaststelling van de samenstelling en de werking van de aanvaar-dingscommissie bevoegd voor de gerechtsdeskundigen en voor beëdigd vertalers, tolken en vertalers-tolken en van de bijdrage in de kosten tot opname, *BS* 28 september 2018.

aanstellingen van gerechtsdeskundigen en op de uitvoering van de expertiseopdrachten (art. 991*ter*, vierde lid Ger.W.).

1991. Wanneer de minister van Justitie of de door hem gemachtigde ambtenaar de aanvraag tot opname goedkeurt, worden aan die persoon een identificatienummer en een legitimatiekaart uitgereikt (art. 991*sexies* Ger.W.).

De gerechtsdeskundige is gehouden het identificatienummer te vermelden in het eindverslag (art. 991*sexies* Ger.W.).

1992. De opname geldt voor een periode van zes jaar, die verlengd kan worden voor dezelfde duur. De gerechtsdeskundige kan de aanvraag tot verlenging indienen zes maanden voor het verstrijken van de periode van zes jaar en hij dient bij zijn aanvraag een lijst te voegen van de burgerrechtelijke en administratieve opdrachten die hem werden toevertrouwd, alsook een bewijs van de gevolgde permanente vormingen (art. 991*quinquies*, § 1, tweede lid Ger.W.).

2. Voorwaarden tot opname in het register

A. FORMELE VOORWAARDEN

1993. Artikel 991*quater*, 2° tot 5° Ger.W. omschrijft de formele voorwaarden waaraan een kandidaat dient te voldoen. Het gaat om de natuurlijke personen die:
"2° onderdaan zijn van een lidstaat van de Europese Unie of er wettelijk verblijven;
3° een door het gemeentebestuur van hun woon- of verblijfplaats afgegeven uittreksel uit het strafregister bedoeld in artikel 595 van het Wetboek van strafvordering voorleggen dat niet ouder is dan drie maanden; personen die niet over een woon- of verblijfplaats in België beschikken, leggen een gelijkwaardig document voor van de lidstaat van de Europese Unie waar zij hun woon- of verblijfplaats hebben;
4° niet veroordeeld zijn, zelfs niet met uitstel, tot enige correctionele of criminele straf, bestaande uit een geldboete, een werkstraf of een gevangenisstraf, behoudens veroordelingen wegens inbreuken op de wetgeving betreffende de politie over het wegverkeer en behoudens veroordelingen die volgens de minister van Justitie kennelijk geen bezwaar vormen voor de uitvoering van onderzoeken in het domein van deskundigheid en specialisatie waarvoor ze zich als gerechtsdeskundige laten registreren. Deze bepaling is van overeenkomstige toepassing op personen die in het buitenland tot een soortgelijke straf zijn veroordeeld door een in kracht van gewijsde gegane veroordeling;
5° ten overstaan van de minister van Justitie schriftelijk verklaren dat zij zich ter beschikking stellen van de gerechtelijke overheden, die een beroep kunnen doen op hun diensten;".

B. VEREISTE VAN DE NODIGE BEROEPSBEKWAAMHEID EN JURIDISCHE KENNIS

1994. De kandidaat is gehouden te bewijzen dat hij over juridische kennis beschikt (art. 991*quater*, 6° Ger.W.) door bij zijn aanvraag een getuigschrift te voegen waaruit blijkt dat hij een opleiding heeft gevolgd die beantwoordt aan de door de Koning bepaalde voorwaarden.

Het KB van 30 maart 2018[3615] bepaalt onder andere dat de opleiding voor de gerechtsdeskundige minstens de volgende modules moet bevatten:

1) Rechterlijke organisatie, algemene principes van burgerlijk procesrecht, algemene principes van het bewijsrecht en de bewijsmiddelen in burgerlijke zaken (6 uren);
2) Algemene principes van strafprocesrecht, algemene principes van bewijsrecht in strafzaken en vooronderzoek in strafzaken (6 uren);
3) Minnelijk en gerechtelijk deskundigenonderzoek, arbitrage en bemiddeling. Het nationaal register voor gerechtsdeskundigen (4 uren);
4) Aanstelling van de deskundige, verloop van het onderzoek en het verslag in burgerlijke zaken, tussenkomst van de rechter, erelonen en kosten in burgerlijke zaken (10 uren);
5) Aanstelling van de gerechtsdeskundige, verloop van het onderzoek en verslag in strafzaken, wettelijke vergoeding en tarifering van prestaties in strafzaken (6 uren);
6) Aansprakelijkheid, verzekering en deontologie van de gerechtsdeskundige (4 uren).

De kandidaat is gehouden minstens 80% van de lessen te volgen, tenzij een vrijstelling wordt verleend door de organisator van de opleiding.

Aan het einde van de opleiding legt de kandidaat een test af waaruit blijkt dat hij over voldoende juridische kennis beschikt. Ook de kandidaten die een vrijstelling verkregen hebben, dienen de test af te leggen (art. 8 KB 30 maart 2018).

1995. De kandidaat zal zijn noodzakelijke beroepsbekwaamheid aantonen door het voorleggen van een diploma in het domein van de deskundigheid waarvoor de kandidaat zich als gerechtsdeskundige wil laten registeren. Bij gebrek aan diploma kan hij het bewijs leveren van vijftien jaar relevante ervaring gedurende de twintig jaar voorafgaand aan de aanvraag tot registratie (art. 991*octies* Ger.W.).

Naast het voorleggen van het diploma moet de kandidaat tevens het bewijs leveren van vijf jaar relevante ervaring gedurende een periode van acht jaar voorafgaand aan de aanvraag tot registratie.

De minister van Justitie kan een vrijstelling verlenen van de voorwaarde van vijf jaar relevante ervaring voor de specialiteiten die enkel in het kader van een

---

[3615] KB van 30 maart 2018 betreffende de juridische opleiding zoals bedoeld in artikel 25 van de wet van 10 april 2014 en in artikel 991*octies*, 2°, van het Gerechtelijk Wetboek, *BS* 27 april 2018 (inwerkingtreding 7 mei 2018).

gerechtelijk deskundigenonderzoek kunnen worden uitgeoefend (art. 991*octies in fine* Ger.W.).

C. Permanente vormingen

1996. De kandidaat dient schriftelijk te verklaren dat hij zich ertoe verbindt om permanente vormingen te volgen zowel in zijn domein van deskundigheid als op het vlak van de gerechtelijke procedures en dit volgens de door de Koning bepaalde nadere regels (art. 991*quater*, 6°/1 Ger.W.). Op heden is er echter nog geen KB dat de permanente vorming voor de gerechtsdeskundigen regelt.

D. Deontologische code

1997. Het KB van 25 april 2017[3616] voert de specifieke deontologische code in die de gerechtsdeskundigen die opgenomen zijn in het nationaal register, moeten naleven.

De kandidaat dient bij zijn aanvraag tot registratie schriftelijk te verklaren dat hij instemt met de deontologische code en deze zal naleven (art. 991*quater*, 7° Ger.W.).

E. Eenmalig afleggen van de eed

1998. Vóór de wet van 10 april 2014 was de gerechtsdeskundige gehouden naast de ondertekening van zijn eindverslag de eedformule te vermelden. Tevens diende bij elke tussenkomst van de gerechtsdeskundige voor de rechter de eed te worden afgelegd.

Dit is thans gewijzigd. De kandidaat die voldoet aan de voorwaarden opgelegd in artikel 991*quater*, 1° tot 7° Ger.W., zal eenmalig de eed[3617] afleggen in handen van de eerste voorzitter van het hof van beroep van het rechtsgebied van zijn woonplaats of verblijfplaats. De kandidaat die geen woon- of verblijfplaats heeft in België, legt de eed af in handen van de eerste voorzitter van het hof van beroep te Brussel (art. 991*novies* Ger.W.).

§ 22. TOEZICHT OP DE GERECHTSDESKUNDIGEN

1999. De minister van Justitie en de aanvaardingscommissie houden toezicht op de in het register opgenomen gerechtsdeskundigen.

De minister van Justitie of de door hem gemachtigde ambtenaar heeft de mogelijkheid om de gerechtsdeskundige die aan de plichten van zijn opdracht

---

[3616] KB 25 april 2017 tot vaststelling van de voorschriften inzake de deontologische code van de gerechtsdeskundige, *BS* 31 mei 2017.
[3617] "Ik zweer dat ik mijn opdracht in eer en geweten, nauwgezet en eerlijk zal vervullen."

verzuimt of door zijn gedrag afbreuk doet aan de waardigheid van zijn titel (art. 991*septies*, § 1 Ger.W.):

- te schorsen: de schorsing is een tijdelijke bewarende maatregel die noodzakelijk kan zijn in afwachting van het resultaat van een strafrechtelijk of tuchtrechtelijk onderzoek waarvan de gerechtsdeskundige het voorwerp is[3618];
- tijdelijk, dan wel definitief te schrappen uit het nationaal register.

De wet vermeldt geen specifieke duur van de schorsing of schrapping; dit wordt bepaald door de minister of de door hem gemachtigde ambtenaar zonder dat dit een jaar te boven gaat. De tijdelijke schrapping kan evenwel, bij gemotiveerde beslissing, verlengd worden met telkens maximum een jaar (art. 991*septies*, § 1 *in fine* Ger.W.).

In tegenstelling tot de behandeling van de aanvraag tot registratie, wordt de gerechtsdeskundige in geval van een mogelijke sanctionering wel gehoord. Hij kan opmerkingen maken voor de minister van Justitie of de door hem gemachtigde ambtenaar. Bovendien kan hij gehoord worden door de aanvaardingscommissie.

De beslissing wordt genomen na advies van de aanvaardingscommissie en dient bijzonder gemotiveerd te zijn.

De aanvaardingscommissie kan tevens zelf het initiatief nemen om een voorstel tot schrapping/schorsing van een bepaalde gerechtsdeskundige te richten aan de minister van Justitie.

2000.   Op initiatief en onder toezicht van de aanvaardingscommissie verzekert de FOD Justitie een permanente kwaliteitsbewaking op de aanstellingen van gerechtsdeskundigen en op de uitvoering van de expertiseopdrachten (art. 991*ter*, vijfde lid Ger.W.).

Het gaat over een algemeen toezicht georganiseerd door de FOD Justitie om een beter beleid te voeren in de selectie, de vorming en het aantrekken van kandidaten in ontbrekende specialisaties.[3619]

§ 23. DE DEONTOLOGISCHE CODE VAN DE GERECHTS-DESKUNDIGE

A.   Doel en voorwerp

2001.   Artikel 991*quater*, 7° Ger.W. schrijft voor dat de deskundige die opgenomen wil worden in het nationaal register, moet verklaren in te stemmen met de deontologische code en zich ertoe moet verbinden om deze code ook na te leven.

[3618]   MvT bij wetsontwerp tot wijziging van de wet van 10 april 2014, *Parl.St.* Kamer 2016-17, nr. 2221/001, 7.

[3619]   T. LYSENS en L. NAUDTS, *Deskundigenonderzoek in burgerlijke zaken* in *Recht en Praktijk* 97, Mechelen, Kluwer, 2018, 91, nr. 161.

Bij KB van 25 april 2017[3620] werd deze deontologische code voor gerechtsdeskundigen in het leven geroepen. Voorheen was de gerechtsdeskundige enkel gebonden door zijn eigen deontologie, zoals bijvoorbeeld de deontologie van de architect met het tuchtorgaan van de Orde van Architecten.

De deontologische code heeft tot doel de partijen in een gerechtelijke procedure te beschermen, de waardigheid en de integriteit van het beroep te bewaren en de kwaliteit van de door geregistreerde gerechtsdeskundigen gepresteerde diensten te waarborgen (art. 2 KB 25 april 2017).

De bepalingen van de code hebben algemeen tot doel bepaalde gedragsregels en ethische verplichtingen voor geregistreerde gerechtsdeskundigen vast te leggen, die zij vóór, tijdens en na hun opdracht dienen te respecteren (art. 3 KB 25 april 2017).

B. Aanvaarding en uitvoering van de opdracht

2002. De deskundige dient de opdracht te weigeren waarbij zijn onafhankelijkheid, objectiviteit of onpartijdigheid in vraag zou kunnen worden gesteld door één der betrokken partijen. Dit is het geval wanneer er bindingen bestaan met één van de partijen, de rechter of de opdrachtgever op het ogenblik van de opdracht of in het verleden, welke ook de aard is: zoals financieel, professioneel, familiaal of sociaal, of wanneer er elementen zijn die aanleiding kunnen gegeven tot wraking (art. 4 KB 25 april 2017).

De gerechtsdeskundige mag enkel opdrachten aanvaarden waarvoor hij de vereiste competenties en professionele ervaring bezit.

Tevens dient de deskundige zich ervan te vergewissen of hij over de nodige tijd beschikt om de opdracht binnen de toegestane termijn uit te voeren. Indien dit niet het geval is, dient hij de opdracht te weigeren overeenkomstig artikel 972, § 1, vierde lid Ger.W.

Eens de deskundige de opdracht heeft aanvaard, is hij ertoe gehouden deze in eer en geweten, nauwgezet en eerlijk uit te oefenen. Bij de uitoefening dient hij de wettelijke bepalingen die op zijn opdracht van toepassing zijn, na te leven.

De deskundige is gehouden de partijen op elk moment in te lichten over de feiten en omstandigheden die zijn onafhankelijkheid in het gedrang kunnen brengen en dit binnen de 8 dagen na zijn aanstelling (art. 972, § 1, vierde lid Ger.W.).

2003. De gerechtsdeskundige stelt zich bij de uitvoering van de opdracht steeds op als een onafhankelijk, onpartijdig, zorgvuldig en integer gerechtsdeskundige (art. 5 KB 25 april 2017). Om zijn onafhankelijkheid te waarborgen, stelt artikel 6 van het KB van 25 april 2017 dat de deskundige zich bij zijn besluitvorming niet mag laten beïnvloeden door enige druk, voorspraak of vermoeden van persoon-

---

[3620] KB 25 april 2017 tot vaststelling van de voorschriften inzake de deontologische code van de gerechtsdeskundige, *BS* 31 mei 2017.

lijke baat. Het is verboden voordelen, giften of geschenken van partijen of belanghebbende derden te ontvangen.

Artikel 6 van het KB van 25 april 2017 stelt ook dat de onafhankelijkheid, objectiviteit en evenwichtigheid van de deskundige primeren op de deontologische regels in de eigen beroepsgroep.

2004. De deskundige moet binnen het kader van de burgerlijke of strafrechtelijke procedureregels:
– de rechten en plichten van partijen respecteren;
– het geheim van het onderzoek en het vooronderzoek eerbiedigen;
– zijn taak volbrengen in volledige objectiviteit, onpartijdigheid en met volle kennis van zaken;
– alle partijen gelijk behandelen in zijn benadering en werkmethode;
– handelen volgens een heldere en nauwkeurige werkmethode conform de vereisten eigen aan zijn domein of de technische normen waaraan hij onderworpen is;
– zijn opdracht vervullen binnen de door de opdrachtgever opgelegde of wettelijk bepaalde termijnen, rekening houdend met de complexiteit van de opdracht en de houding van de partijen;
– waken over de sereniteit tijdens de procedure, evenals over de vooruitgang en de economie ervan.

2005. De deskundige beperkt het inwinnen van informatie, het aantal en de kostprijs van zijn onderzoeken, evenals het verslag tot hetgeen voor het volbrengen van de opdracht absoluut noodzakelijk is.

2006. De deskundige is gehouden een gemotiveerd en begrijpelijk verslag op te stellen (art. 5 *in fine* KB 25 april 2017).

2007. De deskundige wordt gestimuleerd om zijn opdracht persoonlijk uit te voeren en slechts in uitzonderlijke omstandigheden en na toelating een beroep te doen op technische adviseurs of domeindeskundigen (art. 7 KB 25 april 2017).

2008. Hij dient zorgzaam om te gaan met door hem verzameld onderzoeksmateriaal (art. 8 KB 25 april 2017) en moet de regels in het Gerechtelijk Wetboek met betrekking tot de kosten en erelonen naleven (art. 9 KB 25 april 2017).

C.   *Gedrag buiten de opdracht en onverenigbaarheden*

2009. De deskundige mag de titel 'gerechtsdeskundige' slechts gebruiken indien hij opgenomen is in het nationaal register en dient steeds zijn identificatienummer te gebruiken (art. 10 KB 25 april 2017).

Hij dient zijn titel met de nodige discretie te behandelen en dient iedere verwarring tussen een optreden als gerechtsdeskundige en als technisch raadsman te vermijden.

Ook buiten zijn gerechtelijke opdrachten mag hij geen handelingen stellen die de waardigheid van zijn functie in gevaar zouden brengen. Hij dient onmiddellijk de minister van Justitie in kennis te stellen van het feit dat hij in verdenking werd gesteld of het voorwerp heeft uitgemaakt van een strafrechtelijke veroordeling, behoudens veroordelingen wegens inbreuken op de wetgeving betreffende de politie over het wegverkeer (art. 12 KB 25 april 2017).

D. Permanente vorming en verzekering

2010. De deontologische code verplicht de deskundige tot het volgen van permanente vorming. Om opgenomen te worden in het nationaal register, dient de deskundige te verklaren dat hij zich ertoe verbindt de permanente vormingen te volgen zowel in zijn domein van deskundigheid als op het vlak van de gerechtelijke procedures (art. 991*quater*, 6°/1 Ger.W.).

De deskundige dient de FOD Justitie jaarlijks in te lichten over de opleidingen die hij heeft gevolgd.

2011. Artikel 14 van het KB van 25 april 2017 legt de deskundige op om zich te verzekeren voor burgerlijke aansprakelijkheid.

Indien hij zijn activiteit uitoefent in het kader van een vennootschap, dient hij uiteraard ook de vennootschapsrechtelijke regels na te leven.

E. Beroepsgeheim – Discretieplicht

2012. De deskundige is gehouden zich in die mate te organiseren dat hij de gegevens waarmee hij in aanraking komt, vertrouwelijk kan behandelen en iedere kennisname door een derde verhinderd wordt (art. 15 KB 25 april 2017).

2013. De deskundige kan gebonden zijn door een beroepsgeheim (art. 458 Sw.) indien dit binnen zijn beroepsgroep zou werd opgelegd.

F. Sancties

2014. Inbreuken op de deontologische code kunnen gesanctioneerd worden door de schorsing, de tijdelijke of de definitieve schrapping van de gerechtsdeskundige in het nationaal register, zoals voorgeschreven in artikel 991*septies* Ger.W.

G. Niet-geregistreerde deskundige

2015. De deskundigen die niet zijn opgenomen in het nationaal register, zijn niet gebonden door deze deontologische code. Dit betekent uiteraard niet dat de basisprincipes van onafhankelijkheid en onpartijdigheid niet op hen van toepassing zouden zijn.[3621]

Zij vallen terug op de volgende beginselen van het Gerechtelijk Wetboek[3622]:
- de deskundige dient onafhankelijk en onpartijdig te zijn zoals gedefinieerd door het Hof van Cassatie[3623] en het Grondwettelijk Hof[3624];
- de deskundige dient bekwaam en technisch onderlegd te zijn (art. 962 en 964 Ger.W.) op risico te worden vervangen indien hij zijn opdracht niet naar behoren uitvoert (art. 979 Ger.W.);
- de deskundige is gehouden het beginsel van tegenspraak te garanderen (art. 973, § 1, eerste lid Ger.W.);
- de deskundige dient de onverenigbaarheden te respecteren op risico te worden gewraakt (art. 966 *juncto* art. 828 Ger.W.);
- de deskundige dient de eedformule wel nog te vermelden in zijn eindverslag, zodat hij zijn opdracht in eer en geweten, nauwgezet en eerlijk moet vervullen.

[3621] Zie bv. GwH 24 februari 2009, nr. 31/2009, randnr. B.7.1: de deskundige is een medewerker van het gerecht die door de rechter wordt aangewezen om zijn taak in alle onafhankelijkheid en onpartijdigheid uit te voeren teneinde een oplossing te vinden voor het geschil.

[3622] T. TOREMANS, "De coördinerende deskundige, een commentaar op artikel 964 Ger. W.", *TBO* 2018, 369.

[3623] Cass. 15 februari 2006, *Arr.Cass.* 2006, 372: "De gerechtsdeskundige is een gekwalificeerde persoon die wegens zijn kennis, en zonder zijn lasthebber te zijn, wordt aangesteld door de rechter om hem in alle onafhankelijkheid en onpartijdigheid een advies te geven van technische aard met het oog op de uitvoering van de opdracht waarmee deze rechter is geadieerd. Hij maakt zijn vaststellingen en besluiten pas over na de eed te hebben afgelegd om naar eer en geweten, nauwgezet en eerlijk toelichtingen te verstrekken."

[3624] GwH 24 februari 2009, nr. 31/2009, www.const-court.be: "De gerechtelijk deskundige is een medewerker van het gerecht die door de rechter wordt aangewezen om zijn taak in alle onafhankelijkheid en onpartijdigheid uit te voeren teneinde een oplossing te vinden voor het geschil."

BIBLIOGRAFIE

MONOGRAFIEËN

BAECK, J., *Restitutie na vernietiging of ontbinding van de overeenkomsten*, Intersentia, Antwerpen, 371 p.

BAERT, B., *Privaatrechtelijk Bouwrecht*, Kluwer Rechtswetenschappen België, 5ᵉ editie, 1994, 994 p.

BAERT, G., *Bestendig handboek Privaatrechtelijk Bouwrecht,* Kluwer, losbl.

BAERT, G., *Aanneming van werk* in *APR*, Antwerpen, Kluwer, 2001, 680.

BURSSENS, F., *De oplevering van bouwwerken* in Reeks 'AdvocatenPraktijk – Burgerlijk Recht', nr. 5, Antwerpen, Kluwer Rechtswetenschappen België, 1997, 78 p.

BURSSENS, F., DAELMAN, S., GIELIS, M., RUYSSCHAERT, S. en JOOSTEN, L., *De architectenvennootschap, juridisch – fiscaal – verzekeringstechnisch*, Antwerpen, Maklu, 2007, 159 p.

CARETTE, N. (ed.), *Handboek Wet Breyne*, Antwerpen, Intersentia, 2015, 556 p.

CHANDELLE, J.M., "La loi Breyne" in *Rép.not.*, dl. VII, Larcier, 1981.

CLAEYS, I., "Opeisbaarheid, kennisname en schadeverwekkend feit als vertrekpunten van de verjaring" in I. CLAEYS (ed.), *Verjaring in het privaatrecht. Weet de avond wat de morgen brengt?*, Mechelen, Kluwer, 2005, 31-85.

CLOQUET, A., *Deskundigenonderzoek* in *APR*, 1975, 2ᵉ ed.

DEBUCQUOY, M., "De rechtstreekse vordering" in *Comm.Bijz.Ov.*, Mechelen, Kluwer, losbl.

DE COSTER, S., *Architect en vennootschap. Een privaatrechtelijke analyse*, Intersentia, 2015, 336 p.

DE JONGHE, J., "Ruimtelijke ordening, stedenbouw en onroerende goederen", *R.N.P.S.*, Kluwer, 2011, 942 p.

DEKETELAERE, K., SCHOUPS, M. en VERBEKE, A.L. (eds.), *Handboek bouwrecht*, Antwerpen, Intersentia, 2013, 1373 p.

M. DELILLE en S. SCHOENMAEKERS, *10-jarige aansprakelijkheid in de bouwwereld*, Turnhout, Story, 2018, 165.

DELVAUX, A., *Traité juridique des bâtisseurs*, 1968, Brussel, Bruylant, 877 p.

DELVAUX, A. en DESSARD, D., "Le contrat d'entreprise de construction" in *Rép.not.*, dl. IX, *Principaux contrats usuels*, Bk. VIII, 1991, 325 p.

DELWICHE, F., "De wet Breyne, (ongeveer) tien jaar later" in *Bijzondere overeenkomsten. Actuele problemen*, Antwerpen, Kluwer, 1982, 251-266.

DE PAGE, H., *Traité élémentaire de droit civil belge*, IV, *Les principaux contrats*, Brussel, Bruylant, 1972.

DEVROEY, M., *De Wet Breyne – Woningbouwwet*, Konstruktieve Publikaties, 2008.

DE WOLF, C. en VERHEGGEN, A., *De sociale en fiscale inhoudingsplicht van opdrachtgevers en aannemers*, Kortijk-Heule, UGA, 2009, 268 p.

DIRIX E. en DE CORTE, R., *Zekerheidsrechten*, Mechelen, Kluwer, 2006, 519 p.

FLAMME, M.A., FLAMME, P., DELVAUX, A. en POTTIER, F., "Le contrat d'entreprise, Chronique de jurisprudence 1990-2000", *Les dossiers du Journal des Tribunaux*, Larcier, 2001, 544 p.

FLAMME, M.A. en LEPAFFE, J., *Le contrat d'entreprise*, Brussel, Bruylant, 1966, 535 p.

FLAMME, M.A., MATEI, P. en FLAMME, P., *Praktische Kommentaar bij de reglementering van overheidsopdrachten*, vijfde ed., Brussel, 1986, 1370 p.

FLAMME, M.A. en FLAMME, P., "Le droit des constructeurs – Analyse de la doctrine et de la jurisprudence", *Entr. et dr.* 1984, 390 p.

FLOOR, D-B., *Tijdelijke handelsvennootschap*, Brussel, Larcier, 2007, 314.

GOOSSENS, W., *Aanneming van werk: het gemeenrechtelijke dienstencontract*, Brugge, die Keure, 2003, 1327.

GULDIX, E. (ed.), *Deskundigenonderzoek in privaatrechtelijke geschillen*, Antwerpen, Intersentia, 1999, 238 p.

HANNEQUART, Y., *Le droit de la construction*, 1974.

KOHL, B., *Droit de construction 2013-2014*, La Charte, 2013, 1342.

KOHL, B., "Contrat d'entreprise" in *RPDB*, Brussel, Bruylant, 2016, 1286 p.

LEBON, C., "Verjaring" in *Comm.Bijz.Ov.*, Mechelen, Kluwer, losbl.

LYSENS, T. en NAUDTS, L., *Deskundigenonderzoek in burgerlijke zaken* in *Recht en Praktijk*, 2005, 289 p.

LYSSENS, T. en NAUDTS, L., *Wet van 10 april 2014 tot instelling van een nationaal register voor gerechtsdeskundigen, tolken en vertalers zoals gewijzigd bij de wet van 19 april 2017*, Mechelen, Kluwer, 2017, 403 p.

LYSENS, T. en NAUDTS, L., *Deskundigenonderzoek in burgerlijke zaken* in *Recht en Praktijk* 97, Mechelen, Kluwer, 2018, 441 p.

PAULUS, C., *Lexicon voor privaatrecht – Gebruikelijke contracten*, 'Aanneming', 1984, die Keure, 101 p.

RENARD, A. en VANDERSMISSEN, P., *La loi Breyne*, Nemesis, 1989, 261 p.

RIGAUX, P., *Le droit de l'architecte*, Brussel, Larcier, 1975, 821 p.

RIGAUX, P., *Le droit de l'architecte – Evolution des 20 dernières années*, Larcier, 1993, 573 p.

ROUSSEAU, L., *La loi Breyne*, Waterloo, Kluwer, 2008, 229 p.

SAGAERT, V., *Goederenrecht in Beginselen van Belgisch Privaatrecht*, 2014, 785 p.

SCHEERS, D, en THIRIAR, P., *Het gerechtelijk recht in de hoogste versnelling?*, Antwerpen, Intersentia, 2007, 222 p.

SCHOENMAEKERS, S., *The Regulation of Architects in Belgium and the Netherlands*, Antwerpen, Intersentia, 2010, 543 p.

SCHOUPS, M. en BUSSCHER, S., *Privaatrechtelijke aanneming van bouwzaken*, Antwerpen, Intersentia, 2016.

SIMAR, R., "Les normes techniques et la responsabilité" in *Actes du Colloque Organisé par la Conference Libre du Jeune Barreau de Liege, Droit de la construction*, Luik, Editions du Jeune Barreau, 2006, 443-474.

SOURIS, P., *La réception des ouvrages et des matériaux. Abrégé juridique et pratique*, Brussel, la Charte, 1995, 226 p.

SOURIS, P., *Manuel d'expertise judiciaire*, Brussel, Créadif, 2007, 353 p.

STIJNS, S. en VUYE, H., *Burenhinder* in *Beginselen van Belgisch Privaatrecht*, 2000, 532 p.

UYTTERHOEVEN, K. (ed.), *De architect in de 21e eeuw*, Antwerpen, Intersentia, 2016, 291 p.

UYTTERHOEVEN, K. en SCHOENMAEKERS, S., *De Architect. Beroepsuitoefening en deontologie*, Antwerpen, Intersentia, 2013, 102 p.

VAEL, L., "Enkele beschouwingen betreffende het leerstuk van de onvoorziene omstandigheden: omtrent de lotsverbondenheid van contractpartijen bij een gewijzigd contractueel verhoudingskader" in J. SMITS en S. STIJNS (eds.), *Remedies in het Belgisch en Nederlands contractenrecht*, Antwerpen, Intersentia, 2000, 396 p.

VAN DEN BERGH, B., "Art. 1610-1611 BW" in *Comm.Bijz.Ov.*, I. Benoemde overeenkomsten, Titel VI. Koop, Hfdst. IV, 1-112, losbl.

VANHEES, H., *Het Beneluxmodel*, Gent, Larcier, 2006, 228 p.

VAN HOUTTE-VAN POPPEL V. en KOHL, B., *De aannemingsovereenkomst. De bepalingen van het Burgerlijk Wetboek. Artikelsgewijze bespreking*, Mechelen, Kluwer, 2012.

VAN OEVELEN, A., "Aanneming van werk – Lastgeving" in R. DILLEMANS, K. GEENS en W. VAN GERVEN (eds.), *Beginselen van Belgisch Privaatrecht*, X/2^E, Mechelen, Kluwer, 2017, 530 p.

VANSWEEVELT, T. en WEYTS, B., *Handboek Buitencontractueel Aansprakelijkheidsrecht*, Antwerpen, Intersentia, 2009, 935 p.

VER BERNE K. en EMBRECHTS, J., "Tienjarige aansprakelijkheid" in *Onroerend goed in de praktijk*, 2012, IV.D.3-1

VERGAUWE, J.P., *Le droit de l'architecture*, Brussel, De Boeck, 1991, 245 p.

VERLINDEN, J., "Veiligheid van producten en diensten en productaansprakelijkheid" in Departement Vorming en Opleiding van de Orde van Advocaten van de Balie van Kortrijk (ed.), *Huur van diensten, Aanneming van werk*, Brussel, De Boeck & Larcier, 2007, 468 p.

VERMANDER, F., *De opzegging van overeenkomsten*, Antwerpen, Intersentia, 2014.

WEYTS, L., *Notarieel contractenrecht, Deel 1, Verkoop uit de hand – vrijwillige openbare verkoop*, Mechelen, Kluwer, 2014, 603 p.

ZENNER, A., *Wet continuïteit ondernemingen. De eerste commentaar*, Antwerpen, Intersentia, 2009, 221 p.

ARTIKELS EN NOTEN

ABBELOOS, W, "De oplevering van bouwwerken", *AJT*-dossier, 1997.

BAERT, G., "De garantieverbintenis van architecten en aannemers uit het gemene recht van de overeenkomst van aanneming van werk", *RW* 1993-94, 241.

BAERT, G., "Aanneming van bouwwerk. Verborgen gebreken die de stevigheid van het gebouw niet raken. Termijn van de vordering", *Rec.Cass.* 1995, 29.

BAERT, G., "Het platte dakarrest. Van de aflopende naar de doorlopende tienjarige garantie" (noot onder Cass. 9 december 1988), *RW* 1988-89, 1232-1234.

BAERT, G., "Geen vorderingsrecht van de onderaannemer op de hoofdaannemer zonder een ingestelde rechtsvordering" (noot onder Antwerpen 1 maart 1995), *RW* 1996-97, 477.

BAERT, G., "De termijn van de vordering op grond van de artt. 1792 en 2270 BW" (noot onder Cass. 18 november 1983), *RW* 1984-85, 47.

BAERT, S., "De verzekering in de bouw" in *Bestendig handboek privaatrechtelijk bouwrecht*, 2018, VI.7-1 – VI.7-20.

BEERENS, M. en CORNELIS, L., "De aansprakelijkheid van de deskundige in privaatrechtelijke geschillen" in E. GULDIX (ed.), *Deskundigenonderzoek in privaatrechtelijke geschillen*, Antwerpen, Intersentia, 1999, 166-167.

BEYAERT, S., "Overdracht van aankoopopties door vastgoedmakelaars" (noot onder Luik 6 april 2000), *TBBR* 2002, 285-292.

BURSSENS, F., "De afdwingbaarheid van een bouwverplichting gekoppeld aan de aankoop van een stuk grond", *RW* 2002-03, 26-27.

BURSSENS, F., "De veiligheidscoördinator: statuut en verantwoordelijkheid" in X, *De veiligheidscoördinatie in de bouw*, 69-120, 2003.

BURSSENS, F., "De definitieve oplevering van werken bij overheidsopdrachten: enkele knelpunten", *TBO* 2003, 57-60.

BURSSENS, F., "De toetsing van het schadebeding opgenomen in een makelaarsovereenkomst aan de Wet Handelspraktijken", *RABG* 2004, afl. 7, 440-443.

BURSSENS, F., "De veiligheidscoördinatie in de bouw: stand van zaken" in *Bouwrecht in al zijn facetten. Een actuele stand van zaken*, 2006, 93-128.

BURSSENS, F. en ALBOORT, E., "Tijdelijke en mobiele bouwplaatsen – recente wettelijke evoluties" in *Jaarboek bouwrecht 2005-2006*, 2007, 193-220.

BURSSENS, F., "De rechtstreekse vordering van de bouwheer tegen de onderaannemer", *RABG* 2007, afl. 9, 586-590.

BURSSENS, F., "Het voeren van de titel en de uitoefening van het beroep van architect na de wet van 15 februari 2006" in F. BURSSENS (ed.), *De architectenvennootschap*, Antwerpen, Maklu, 2007.

BURSSENS, F., "Het tuchtrecht van de architecten" in *Tucht en deontologie. (In)effectiviteit van het tuchtrecht ter handhaving van de waardigheid van het ambt*, 177-225.

BURSSENS, F., "Het consumentenrecht in de bouw" in *Bouwrecht. Van A(anneming) tot Z(akenrecht)*, 2009, 191-207.

BURSSENS, F., "De veiligheidscoördinator" in DEKETELAERE, SCHOUPS, VERBEKE (eds.), *Handboek bouwrecht*, 2e herziene editie, Antwerpen, Intersentia, 2013, 959-989.

BURSSENS, F., "Het controleorganisme" in DEKETELAERE, SCHOUPS, VERBEKE (eds.), *Handboek bouwrecht*, 2e herziene editie, Antwerpen, Intersentia, 2013, 990-989.

BURSSENS, F., "Tijdelijke vennootschap" in DEKETELAERE, SCHOUPS, VERBEKE (eds.), *Handboek bouwrecht*, 2e herziene editie, Antwerpen, Intersentia, 2013, 1107-1112.

BURSSENS, F. en JANSSENS, B., "Het belang van de aannemersregistratie na het arrest van het Hof van Justitie van 9 november 2006" in *Comm.Voor.*, Capita selecta, V, 1-60 (60 p.) – juli 2010.

BURSSENS, F. en DE SMIJTER, L., "Het niet-naleven van de wettelijke leveringsplicht, bewijs van een negatief feit" (noot onder Antwerpen (1e k.) 2 november 2015, *TBO* 2017, 531).

BURSSENS, F. en DE SMIJTER, L., "De sanctioneerbaarheid van onrechtmatige bedingen in vastgoedbemiddelingsovereenkomsten" (noot onder Gent (12e *bis* k.) 14 januari 2015), *TBO* 2017, 168.

BURSSENS, F. en DE SMIJTER, L., "Veiligheid op de werf en preventie", *TBO* 2015, 354-367.

BUSSCHER, S. en GOOSSENS, W., "De aannemingsovereenkomst" in *Handboek bouwrecht*, Antwerpen, Intersentia, 2013, 743-843.

CALLEBAUT, J., "Marktpraktijken, consumentenbescherming en Woningbouwwet: enkele aandachtspunten toegelicht", *Not.Fisc.M.* 2017, afl. 8, 230-262.

CAMBIE., P. "Opzegbedingen vs. schadebedingen wegens foutieve eenzijdige verbreking: is het een kwestie van formulering?" in *Jaarboek Marktpraktijken 2010*, 171-182.

CUYPERS, A., "De rechtstreekse vordering en het voorrecht van de onderaannemer", *RW* 1997-98, 797.

CLAEYS, I., "[Bevrijdende verjaring – Vertrekpunt] Overzicht vertrekpunten – Persoonlijke rechtsvorderingen en de opeisbaarheid – Rechtsvorderingen tot schadevergoeding op grond van buitencontractuele aansprakelijkheid", *TPR* 2018, afl. 1-2, 726-752.

DAMBRE, M., "De vordering van de koper van een gebouw tegen de aannemer of architect: rechtstreekse vordering of uitoefening van een kwalitatief recht?" (noot onder Brussel 15 februari 1988), *TBBR* 1990, 307 e.v.

DEBAENE, M. en VAN GRUNDERBEEK, A., "De aansprakelijkheid van aannemers en nutsmaatschappijen bij de beschadiging van ondergrondse kabels en leidingen", *TBO* 2007, 10-17.

DE BOCK, E., "Stijgende materiaalprijzen. Is er tegemoetkoming?", *NJW* 2005, 477-481.

DE BRIEY, R., "La responsabilité des constructeurs et la nullité des réceptions" (noot onder Luik 22 februari 1988), *JLMB* 1988, 1284.

DE CLERCQ, M., "Bouwpromotor, tegen wil en dank?", *TBO* 2015, 54-55.

DE CONINCK, J., "Over schade- en opzegbedingen: waarom de ene bedongen forfaitaire (schade)vergoeding de andere niet is. Waarom niet eigenlijk", *RW* 2008-09, (1770) 1774.

DE COSTER, S., "De aansprakelijkheid na oplevering voor 'lichte' verborgen gebreken. Grondslag en toepassingsvoorwaarden", *T.Aann.* 1989, 333.

DE COSTER, S., "Aansprakelijkheid van een architectenvennootschap die het beroep van architect niet zelf uitoefent", *TRV-RPS* 2017, 738-752.

DE FOORT, P.-J., "Het aanvangspunt van de vijfjarige verjaringstermijn voor schuldvorderingen op grond van artikel 1382 BW ten laste van de Staat" (noot onder Arbitragehof 15 mei 1996), *AJT* 1996-97, 33-38.

DE KEUSTER, D., "De verkorte verjaringstermijn voor schuldvorderingen t.a.v. de overheid aan banden gelegd" (noot onder Arbitragehof 15 mei 1996), *RW* 1996-97, 297.

DE POTTER DE TEN BROECK, M., "Tijdelijke versus definitieve overmacht", *NJW* 2017, afl. 363, 378-383.

DE REY, S. en TILLEMAN, B., "Het 'vermoeden van kwade trouw' bij verborgen gebreken: welke verkoper past het schoentje?", *TBBR* 2018, afl. 3, 131-143.

DE REY, S., "Vrijwaring voor verborgen gebreken bij koop: mag het wat meer zijn dan artikel 1644 BW?", *TBBR* 2018, afl. 3, 144-153.

DEL CORRAL, J., "Zekerheidsrechten. Stand van zaken", *NJW* 2014, afl. 306, 578-596.

DELVAUX, A., "Transmissibilité des actions en responsabilité", *Act.dr.* 1992, 361.

DELVAUX, A., "Les régimes d'exceptions – Achèvement de l'ouvrage et responsabilités postérieures dans la réglementation des marchés publics", *Act.dr.* 1992, 352-355.

DELVAUX, A. en BEGUIN, T., "La réception de l'ouvrage et ses conséquences juridiques en matière immobiliaire", *Act.dr.* 1992, 305-321.

DERIJCKE, W., "Rechtstreekse vordering van de onderaannemer en faillissement van de hoofdaannemer" (noot onder Kh. Brussel 27 juli 1997), *TBH* 1999, 211.

DERINE, R., "Hinder uit nabuurschap en rechtsmisbruik", *TPR* 1983, 261.

DE VOGELAERE, W., "Voorlopige verkoopovereenkomst of wederzijdse aankoop- verkoopbelofte?", *Not.Fisc.M.* 2013, afl. 3, 88-89.

DEVROEY, M., "De draagwijdte van de zekerheid der erkende aannemers in de Wet Koop op Plan" (noot onder Kh. Antwerpen 28 september 1989), *T.Aann.* 1990, 197.

DIRIX, E., "De aansprakelijkheidsvordering tegen aannemer en architect en de verkoop van het gebouw in de loop van het geding" (noot onder Cass. 15 september 1989), *TBH* 1990, 389 e.v.

DIRIX, E., "Eigendomsvoorbehoud", *RW* 1997-98, 491.

DIRIX, E., "Rechtstreekse vorderingen en samenloop" (noot onder Kh. Antwerpen 24 april 1995), *RW* 1995-96, 264.

DIRIX, E., "Het voorrecht en de directe vordering van onderaannemers", *RW* 1989-90, 1232.

DIRIX, E., "De aanspraakgerechtigden bij zaakschade en burenhinder" (noot onder Cass. 28 juni 1990), *RW* 1990-91, 1403.

DIRIX, E. en CUYPERS, A., "W. 3 januari 1958" *in Comm.Voor.*, Kluwer, losbl., 1995.

DUMORTIER, C., "Les régimes d'exceptions", *Act.dr.* 1992, 341-351.

DUPONT, M., "L'article 1794 du Code civil: volte face impossible?" (noot onder Bergen 21 juni 2004), *TBBR* 2007, 230.

ELIAERTS, L. en COCKX, S., "Specifieke hoofdelijke aansprakelijkheid voor loonschulden in de bouwsector", *TBO* 2017, 126.

EMBRECHTS, J., "De aannemersaansprakelijkheid voor gebrekkige materialen na aanvaarding der werken" (noot onder Bergen 28 juni 1995 en Antwerpen 9 oktober 1990), *T.Aann.* 1997, 167.

FLAMME, M.A. en FLAMME, P., "Les centres de recherches principals dans l'industrie de la construction", *T.Aann.* 1980, 135.

FONTAINE, P. en MOCKEL, O., "Ouvrage en construction: la responsabilité du propriétaire selon l'article 1386 du Code Civil", *T.Aann.* 1999, 8-16.

FRANCK, C., "Over het voorrecht van de onderaannemer bij faillissement van de voor rekening van de Staat werkende aannemer" (noot onder Cass. 25 maart 1993), *RW* 1993-94, 645.

HAMERYCK, M. en UYTTERHOEVEN, K., "Actuele ontwikkelingen inzake de taken en de aansprakelijkheid van de architect (2000-2007)" in K. DEKETELAERE, K. VANHOVE en A. VERBEKE (eds.), *Jaarboek Bouwrecht 2006-2007*, Brugge, die Keure, 2007.

HANNEQUART, Y., "Droit de la construction. Réflexions générales", *Act.dr.* 1992, 429-486.

GEENS, K., "De reglementering van het vrij beroep", *TPR* 1988, 127-262.

GEORGES, F., "De quelques problèmes posées par l'action directe de l'article 1798 du code civil" (noot onder Luik 23 mei 1996), *JLMB* 1997, 602.

GOOSSENS, E., "De (on)mogelijkheid om een overeenkomst te ontbinden na opzegging" (noot onder Antwerpen 18 december 2017), *TBO* 2018, 320-324.

HELSEN, F. "Pand en eigendomsvoorbehoud voorbij de onroerendmaking. De Nieuwe Pandwet en het notariaat", *Not.Fisc.M.* 2018, 17.

HENRION, L.M. en VAN BUGGENHOUT, C., "De vordering van de koper van een gebouw tegen de aannemer of architect: rechtstreekse vordering of uitoefening van een kwalitatief recht?" (noot onder Brussel 15 februari 1988), *TBBR* 1990, 318.

HERBOTS, J., "L'affinage du principe de la transmission automatique des droits du maître de l'ouvrage à l'acquéreur de l'immeuble" (noot onder Cass. 15 september 1989), *RCJB* 1992, 512 e.v.

KEMPE, K., en VAN WALLE, G., "Contractuele aspecten van de verkavelingsvergunning", *TBO* 2017, (112) 120.

KOHL, B. en SOMERS, M., "Knelpunten bouwpromotieovereenkomst" in N. CARETTE en A.L. VERBEKE (eds.), *Knelpunten Vastgoedpromotor, vastgoedexpert en architect*, Antwerpen, Intersentia, 2011, 138 p.

LAURENS, T., "Tekeningen en modellen en bouwrecht: actuele aspecten", *TBO* 2013, 8-12.

LEMMENS, K. en DE LEYN, J., "FIDIC bekent kleur", *TBO* 2018, 15-16.

LOUVEAUX, B., "L'architecte et l'enregistrement des entrepreneurs" (noot onder Cass. 9 juni 1997), *JLMB* 1997, 1279-1282.

MAES, S., "Wet Breyne. Knelpunten bij de toepassing", *NJW* 2008, 68-69.

MISRANI, J.-L., "Le contrôle technique pour la sécurité de la construction, les constructeurs et la jurisprudence", *T.Aann.* 1984, 289-294.

MALEKZADEM, J., "Retentierecht", *NJW* 2017, afl. 360, 250-258.

MOUGENOT, D., "Le nouveau droit de l'expertise" in G. DE LEVAL en F. GEORGES (eds.), *Le droit judiciaire en mutation*, Luik, Anthemis, 2007, 69-128.

MOUGENOT, "Recevabilité de l'intervention forcée en cours d'expertise: la Cour de Cassation fait progresser le débat" (noot onder Cass. 30 januari 2015), *P&B* 2015, 147.

NACKAERTS, W., "Invloed van de aansprakelijkheid voor lichte verborgen gebreken op de tienjarige aansprakelijkheid", *RW* 1992-93, 169.

NACKAERTS, W., "Exoneratieclausules voor lichte verborgen gebreken bij aannemingscontracten", *RW* 1992-93, 1417 e.v.

NYSTEN, S., PAUWELS, S., VAN ZIMMEREN, E., "Architect 2.0 – Juridische knelpunten in het Belgisch wettelijk kader voor architecten", *TBO* 2018, 272-285.

OPDEBEEK, I., "De aanvechtbaarheid in kort geding en ten gronde van de fictieve weigering van de erkenning als aannemer van openbare werken" (noot onder RvS 14 juni 1994), *RW* 1994-95, 846.

PEERAER, F., "De verhouding tussen openbare orde en dwingend recht sensu stricto in het Belgische verbintenissenrecht", *TPR* 2013, 2705-2806.

PETOSA, D., "Gemeenrechtelijke aansprakelijkheid van aannemer voor lichte, verborgen gebreken", *NJW* 2018, 462-470.

QUIRYNEN, A., "Het wettelijk monopolie van de architect en de verplichte bouwbijstand: beperking van de 'volledige' (controle)opdracht tot ruwbouw wind- en waterdicht" (noot onder Cass. 19 mei 2016), *TBO* 2017, 32.

QUIRYNEN, A., "Actualia: Het BIM-referentieprotocol: eerste stap in de (o.m. juridische) omkadering van BIM in België", *TBO* 2018, 286-288.

RAMBOER, I., "De verplichte aansprakelijkheidsverzekering voor architecten", *TBO* 2007, 194-198.

RENARD, J.P. en VAN DEN ABEELE, M., "Les garanties offertes aux sous-traitants en cas de défaillance de l'entrepreneur *général*", *T.Aann.* 1997, 134.

REYNTIENS, T. en BUSSCHER, S., "Kanttekeningen bij de invoering van de nieuwe Pandwet: ook de rechtstreekse vordering en het voorrecht van de onderaannemer worden gewijzigd", *TBO* 2015, 178-179;

ROZEMOND, J., "Eenzijdige opzegging door de opdrachtgever onbeperkt mogelijk?", *T.Aann.*, 1990, 111-115.

SCHEERS, D. en THIRIAR, P., "Deskundigenonderzoek na de wet van 30 december 2009", *TBO* 2010, 154-165.

SCHOENMAEKERS, S. "Over het beroep van architect met dat van aannemer en selectiecriteria bij openbare aanbestedingen" (noot onder RvS nr. 225.192 van 22 oktober 2013), *TBO* 2014, 323.

SCHOUPS, M., "Kort geding en bouwrecht" in Vlaamse Conferentie van de Balie te Antwerpen (ed.)., *Kort Geding*, Larcier, 2009, 145-172.

SCHOUPS, M. en SOMERS, M., "Raakvlakken tussen koop en aanneming: recente tendensen op het vlak van de aansprakelijkheid voor gebreken in het geleverde goed", *TBO* 2012, 233.

SCHOUPS, M. en VAN DEN BOS, P., "De opzegging op grond van artikel 1794 BW en het recht van de bouwheer op schadevergoeding" (noot onder Cass. 11 september 2015), *TBO* 2016, 142.

SCHOUPS, M., en VAN DEN BOS, P., "Het instellen van een rechtstreekse vordering" (noot onder Brussel (20^e k.) 22 februari 2016), *TBO* 2017, 541.

SCHOUPS, M. en BATS, J., "Specifiek regime tienjarige aansprakelijkheid voor stabiliteitsbedreigende gebreken niet ongrondwettig" (noot onder GwH 19 juli 2017, nr. 98/2017), *TBO* 2018, 27-28.

SCHOUPS, M., en VERHOEVEN, D., "Waterinsijpelingen en de tienjarige aansprakelijkheid" (noot onder Antwerpen 6 maart 2017), *TBO* 2018, 40-44.

SCHULPEN, K. en BOSQUET, J. "De juridische aansprakelijkheidsaspecten van het bouwinformatiemodel (BIM) – De juridische aspecten van het bouwinformatiemodel (BIM)", *T.Aann.* 2017, 125-138.

SCHULPEN, K. en BOSQUET, J. "De juridische aansprakelijkheidsaspecten van het bouwinformatiemodel (BIM) – De juridische aspecten van het bouwinformatiemodel (BIM) – Deel 2", *T.Aann.* 2017, 350-367.

SENELLE, M., "De rechtsbescherming van de bouwheer – De oplevering en de tienjarige aansprakelijkheid", *Res Jur.Imm.* 1991, 53 e.v.

SIMAR, R., "Les normes techniques et la responsabilité", *T.Aann.* 2007, 7.

SOMERS, M., "Schadebedingen" in G.L. BALLON e.a. (eds.), *Aanneming – Bouwwerken* in *Contractuele clausules*, Antwerpen, Intersentia, 2016, 397.

SONCK, S., "Herstellingswerken en tienjarige aansprakelijkheid van aannemers en architecten" (noot onder Cass. 9 december 1988), *T.Aann. 1989*, 223-226.

STEENNOT, R. "Onrechtmatige bedingen", *TPR* 2015, afl. 3-4, 1521-1604.

STIJNS, S., TILLEMAN, B., GOOSSENS, W., KOHL, B., SWAENEPOEL E. en WILLEMS, K., "Overzicht van rechtspraak. Bijzondere overeenkomsten: Koop en aanneming 1999-2006", *TPR* 2008, afl. 4, 1411-1742.

STIJNS, S. "De opschortende voorwaarde in de in de onroerende koop: de notariële praktijk tegen het licht gehouden van de recente rechtspraak en rechtsleer", *Not.Fisc.M.* 2008, 77-102.

STORME, M.E., "Het verzuim door eigen verklaring en de betekenis daarvan in aannemingsovereenkomsten" (noot onder Cass. 17 januari 1992), *TBH* 1993, 239-241.

TAELMAN, P. en VAN BAEVEGHEM, B., "Burgerlijke aspecten van het deskundigenonderzoek" in C. ENGELS en P. LECOCQ (eds.), *Rechtskroniek voor de vrede- en politierechters 2007*, Brugge, die Keure, 2007, 179-238.

TIMMERMANS, R., "De appartementswet van 2 juni 2010 – Vereniging van mede-eigenaars met een enkelvoudige indeling. Andere rechtsvorderingen van de mede-eigenaar buiten besluiten van de algemene vergadering" in *Onroerend Goed in de Praktijk*, 2010, 243-253.

TIMMERMANS, R., "Concurrerende procesbekwaamheid Vereniging van Mede-eigenaars en individuele appartementseigenaars m.b.t. gemene delen: Cassatie zet de puntjes op de i", *T.App.* 2013, 23-26.

TOREMANS, T., "De gedwongen tussenkomst voor en na het 'voorlopig advies' van de gerechtsdeskundige: toelaatbaarheid van de tussenkomst (art. 812, eerste lid Ger.W.) en tegenwerpbaarheid van het deskundigenonderzoek (art. 981, eerste lid Ger.W." (noot onder Cass. 20 januari 2015), *RW* 2015-16, 593-596.

TOREMANS, T., "De procedurele gevolgen van de neerlegging van het eindverslag van de deskundige" (noot onder Cass. 26 januari 2016), *TBO* 2018, 29-32.

TOREMANS, T., "De coördinerende deskundige: een commentaar", *TBO* 2018 357-377.

TOREMANS, T., "Enkele beschouwingen over de volledigheid van het deskundig verslag de eedformule en de controle van de rechter op het antwoord van de deskundige" (noot onder Cass. 20 maart 2015), *TBO* 2015, 209-211.

TROCH, K., "Enkele bouwtechnische verzekeringen: minder bekend maar niet onbemind", *TOGOR* 1999, 226-248.

UYTTERHOEVEN, K., "De aansprakelijkheid van de architect die zijn beroep uitoefent in het kader van een professionele of multiprofessionele vennootschap of associatie", *TBO* 2004, 188-201.

UYTTERHOEVEN, K., "De uitoefening van het beroep van architect in het kader van een rechtspersoon na de Wet van 15 februari 2006", *TBO* 2006, 108-125.

UYTTERHOEVEN, K., "Het deskundigenonderzoek in bouwzaken", *TBO* 2010, 100-123.

UYTTERHOEVEN, K., "Tien jaar de tienjarige aansprakelijkheid. Een kritische reflectie over de stevigheid van de artikelen 1792 en 2270 B.W.", *TBO* 2012, 225-232.

UYTTERHOEVEN, K., "De gebreken die onder het toepassingsgebied van de tienjarige aansprakelijkheid vallen: indien niet ernstig, gelieve u te onthouden" (noot onder Antwerpen 5 juni 2000), *TBO* 2008, 192 e.v.

UYTTERHOEVEN, K., "De toepassing van technische normen in de bouwsector en de aansprakelijkheid van de ontwerper", *TBO* 2008, 207.

UYTTERHOEVEN, K., "De contractuele aansprakelijkheid van een 'niet-Laruelle architectenvennootschap'", *TBO* 2017, 354-360.

UYTTERHOEVEN, K., "De tuchtrechtelijke sanctionering van een architect-rechtspersoon" (noot onder Raad van beroep van de Orde van architecten met Nederlands als voertaal 20 mei 2015), *TBO* 2017, 369.

UYTTERHOEVEN, K., "De wet van 31 mei 2017 betreffende de verplichte verzekering van de tienjarige burgerlijke aansprakelijkheid van aannemers, architecten en andere dienstverleners in de bouwsector van werken in onroerende staat", *TBO* 2017, 415-459.

UYTTERHOEVEN, K., "De tuchtrechtelijke sanctionering van een architect-rechtspersoon", *TBO* 2017, 369-374.

UYTTERHOEVEN, K. en GOOSSENS, W., "Einde van de aannemingsovereenkomst" in K. DEKETELAERE, M. SCHOUPS en A.L. VERBEKE, *Handboek bouwrecht*, 2013, 816, nr. V.650 en V. 651.

VAN AUDENAERDE, F., "Verzekering van bouwrisico's" in *Aanneming en expertise*, *Vlaamse* Conferentie der balie van Gent, Antwerpen, Maklu, 1998, 163-189.

VAN BOVEN, R., "De vrije beroepsbeoefenaar en de professionele vennootschap", *Not. Fisc.M. 2003*, 121-175.

VAN CAEYZEELE, J., "De kwalificatie van stabiliteitsbedreigende gebreken: size doesn't matter?", *TBO* 2017, 361-364.

VAN DEN BERGH, B., "De informatieplicht van de aannemer", *RW* 2010-11, 240.

VAN DEN BERGH, B., "Dwaling versus (precontractuele) informatieplicht: the odd couple?" (noot onder Antwerpen 12 juni 2006), *RW* 2008-09, 279.

VANDERPER, K., "De vordering tot aanstelling van een deskundige" in 'Expertise', *IUS*, nr. 8, Antwerpen, Kluwer, 1987, 31-51.

VAN DRIESSCHE, D., "De keuze tussen verbreking en ontbinding in aannemingscontracten: bezint eer ge begint", *TBBR* 2008, 612.

VANHOVE, K., "De proceduretermijn voor een gedwongen vrijwaringsvordering wegens lichte verborgen gebreken inzake aanneming" (noot onder Cass. 14 november 2008), *RW* 2009-10, 1224-1227.

VANHOVE, K., "De 'action directe' wegens verborgen koopgebreken in (onder)aannemingsgeschillen" (noot onder Cass. 15 september 2011), *RW* 2011-12, 1680-1685.

VAN OEVELEN, A., "Geen vermoeden van kennis van de gespecialiseerde aannemer van de verborgen gebreken van het door hem opgeleverde werk", *RW* 2005-06, 420-423.

VAN OEVELEN, A., "Overmachts- en herzieningsbedingen in het gemene recht en in overeenkomsten met consumenten" in S. STIJNS en K. VANDERSCHOT (eds.), *Contractuele clausules rond de (niet-)uitvoering en de beëidiging van contracten*, Antwerpen, Intersentia, 2006, 267-289.

VAN OEVELEN, A., "Rechterlijke matiging van schadebedingen voor vertraging in de nakoming van de verbintenis bij een gedeeltelijke uitvoering van die verbintenis" (noot onder Cass. 10 april 1997), *RW 1998-99*, 1248.

VAN OEVELEN, A., "Overmacht en imprevisie in het Belgische contractenrecht", *TPR* 2008, afl. 2, 603-641.

VAN OMMESLAGHE, P., "De opschortende voorwaarde: goede en slechte gebruiken in de praktijk", *Not.Fisc.M.* 2012, afl. 4, 115.

VAN OSTAEYEN, H., "De rechtstreekse vordering en het voorrecht van de onderaannemer: wijzigingen door de wet van 11 juli 2013", *RW* 2016-17, 477-480.

VAN SCHOUBROECK, C., "De aansprakelijkheid van de aannemer van bouwwerken en de architect voor lichte verborgen gebreken" (noot onder Cass. 25 oktober 1985), *RW* 1988-89, 670.

VANSWEEVELT, T., "Het begrip 'gespecialiseerde verkoper' en de beoordeling in abstracto van de onoverwinnelijke onwetendheid bij de fabrikant en de gespecialiseerde verkoper" (noot onder Cass. 7 december 1990), *RW 1992-93*, 431.

VAN VALCKENBORG, L., "Het recht op en de bekrachtiging van de relatieve nietigheid van de woningbouwovereenkomst wegens schending van artikel 7 van de Wet Breyne", *TBBR* 2013, afl. 5, 258-268.

VITS, P., "De foutloze aansprakelijkheid van de Overheid voor abnormale burenhinder uit openbare werken", *R.Cass. 1995*, 93.

WERY, P., "Le principe de l'exécution en nature et son application à l'article 1144 du Code civil" (noot onder Cass. 14 april 1994), *T.Not. 1996*, 31-38.

WERY, P., "La loi du 23 novembre 1998 modifiant le Code civil et ce qui concerne la clause pénale et les intérêts moratoires: fin de la crise de la clause pénale ou début de nouvelles incertitudes?", *TBBR 1999*, 4.

WYLLEMAN, B., "Matiging van schadebedingen bij gedeeltelijke uitvoering (art. 1231 BW): toepasselijkheid op schadebedingen wegens vertraging in de uitvoering" (noot onder Cass. 10 april 1997), *TBBR 1997*, 520.

WYMEERSCH, E., MICHELS, F. en BLOMMAERT, D., "De garantieregeling in de Wet Breyne", *RW* 1994-95, 181-185.

OVERZICHTEN VAN RECHTSPRAAK

ALLEMEERSCH, B., SAMOY I. en VANDENBUSSCHE, W., "Overzicht van Rechtspraak: Burgerlijk Bewijsrecht 2000-2013", *TPR* 2015, afl. 2, 597-962.

BURSSENS, F., "Rechtspraakkroniek van de vastgoedberoepen, deel II: de architect (1980-2000)", *TOGOR* 2000, 133-152.

BURSSENS, F., "Rechtspraakkroniek van de vastgoedberoepen, deel III: De aannemer van werken en van diensten (1988-2000)", *TOGOR* deel 1: 2001, afl. 10, 50-72; deel 2: 2002, afl. 14, 34-66.

BURSSENS, F. en MARCHAND, K., "Rechtspraakkroniek van de vastgoedberoepen: de vastgoedmakelaar (2004-2006) (deel I)", *TBO* 2007, 48-57.

BURSSENS, F. en JANSSENS, B., "Rechtspraakkroniek van de vastgoedberoepen (2006-2009): de vastgoedmakelaar", *TBO* 2009, 200-209.

DELVAUX, A., DE COCQUEAU, SIMAR, R., DEVOS B. en BOCKOURT, J., "Le contrat d'entreprise. Chronique de jurisprudence 2001-2011", *JT Dossier,* Brussel, Larcier, 2012, 499 p.

HERBOTS, J.H., PAUWELS, C. e.a., "Bijzondere overeenkomsten (1988-1994)", *TPR* 1997, 647-1283.

HERBOTS, J.H. en PAUWELS, C., "Bijzondere overeenkomsten (1982-1987)", *TPR* 1989, 1336-1348, nrs. 389-402.

FLAMME, M.-A. en FLAMME, P., "Chronique de jurisprudence et de doctrine – Le contrat d'entreprise (1966-1975)", *JT* 1983.

FLAMME, P. en FLAMME, M.-A., *Le contrat d'entreprise – Quinze ans de jurisprudence,* 1991, Brussel, Larcier, 215 p.

FORIERS, P.A., "Les contrats commerciaux, Chronique de jurisprudence", *TBH* 1987, 51, nr. 70.

GEINGER, H., VAN BUGGENHOUT, C. en VAN HEUVERSWYN, C., "Overzicht van rechtspraak. Het faillissement en het gerechtelijk akkoord (1990-1995)", *TPR* 1996, 1097.

KOHL, B., "Examen de jurisprudence (1999-2010). Les contrats spéciaux. Le louage d'ouvrage", *RCJB* 2017, deel 1: afl. 2, 311-394, deel 2: afl. 3, 447-548.

KOHL, B. en HOEBEECK, M., "Contractuele aansprakelijkheid in het bouwrecht. Rechtspraakoverzicht 1999-2009", *TBO* 2010, 124-137.

KOKELENBERG, J., VAN SINAY, T. en VUYE, H., "Overzicht van rechtspraak Zakenrecht (1989-1994)", *TPR* 1995, (503), 557-588, nrs. 47-69.

KRUITHOF, R., BOCKEN, H., DE LY, F. en DE TEMMERMAN, B., "Verbintenissenrecht (1981-92)", *TPR* 1994, 171.

LOUVEAUX, B., "Inédits de droit de la construction 2015-2016", *JLMB* deel 1: 2015, afl. 34, 1592-1627, deel 2: 2016, afl. 31, 1444-1491, deel 3: 2016, afl. 34, 1592-1613.

LOUVEAUX, B., "Inédits de droit de la construction 2018-2019", *JLMB* deel 1: 2018, afl. 35, 1652-1686.

STIJNS, S., TILLEMAN, B., GOOSSENS, W., KOHL, B., SWAENEPOEL, E. en WILLEMS, K., "Overzicht van rechtspraak. Bijzondere overeenkomsten: koop en aanneming. 1999-2006", *TPR* 2008-4, 1411-1742.

ZAAKREGISTER